Buch-Updates

Registrieren Sie dieses Buch
auf unserer Verlagswebsite.
Sie erhalten damit
Buch-Updates und weitere,
exklusive Informationen
zum Thema.

Und so geht's
> Einfach **www.galileocomputing.de** aufrufen
<<< Auf das Logo **Buch-Updates** klicken
> Unten genannten **Zugangscode** eingeben

Ihr persönlicher Zugang
zu den Buch-Updates

133368060830

Ulrich Schlüter

Integrationshandbuch Microsoft-Netzwerk

Windows Server 2003 R2, SBS 2003, ADS, Exchange Server, Windows XP und Microsoft Office

Liebe Leserin, lieber Leser,

vielleicht fragen Sie sich, wie ein Buch, das so viele komplexe und ineinander verschachtelte Microsoft-Produkte und -Technologien zum Thema hat, mit »nur« tausend Seiten Umfang auskommen kann. Zumindest wäre es keine unberechtigte Frage, denn zu beinahe jedem dieser einzelnen Produkte gibt es mindestens so umfangreiche Literatur. Und das mit gutem Grund.

Dass der Autor Ulrich Schlüter es dennoch schafft, hat zwei Gründe: Der erste ist wenig spektakulär, denn er liegt auf der Hand: Es ist ein Buch zum Mitnehmen. Es soll als »Handwerkszeug« in den Koffer eines IT-Consultants passen, der täglich unterwegs zu Kunden ist, um Windows-Netzwerke aufzubauen und zu pflegen.

Der zweite Grund ist das kompromisslose Festhalten des Autors und des Verlages am bewährten Konzept des Buches. Ulrich Schlüter setzt seine ganze Erfahrung ein und selektiert Kernwissen, das er sauber strukturiert im Buch unterbringt. Hier finden Sie alles, was Sie über das Zusammenspiel und die Administration von Microsoft-Netzwerken wissen müssen, in kompakter und verständlicher Form. Detail-Wissen, weiterführende Literatur, Tutorials, Whitepapers, Manuskripte, Tipps und Spezialanleitungen sind auf die Buch-DVD ausgelagert. Darüber hinaus wird das Buch regelmäßig durch Updates auf der Verlagsseite gepflegt. So bleiben Sie immer auf dem neuesten Stand.

Dieses Buch wurde mit großer Sorgfalt geschrieben, lektoriert und produziert. Sollten sich dennoch Fehler eingeschlichen haben, wenden Sie sich an mich. Ihre freundlichen Anmerkungen und Ihre Kritik sind immer willkommen.

Jan Watermann
Lektorat Galileo Computing

jan.watermann@galileo-press.de
www.galileocomputing.de
Galileo Press · Rheinwerkallee 4 · 53227 Bonn

Auf einen Blick

	Vorwort	27
	Wie dieses Buch aufgebaut ist	33
1	Die Grundinstallation des Windows Server	39
2	Die Implementierung des Active Directory	55
3	Windows Server 2003 R2	97
4	Die Installation der Exchange-Organisation	111
5	Client-Zugriffslizenzen für Windows Server und Exchange Server eingeben	149
6	Den Server und die Clients remote verwalten	155
7	Die Installation des Remote Installation Service RIS	193
8	Die RIS-Installation eines Windows-XP-Professional-Clients	237
9	Alternative zur RIS-Installation des Musterclients	255
10	Einführung in Gruppenrichtlinien	259
11	Die Gruppenrichtlinien von Windows XP einsetzen	287
12	Eigene Vorlagedateien für fehlende Gruppenrichtlinien	335
13	Microsoft Office im Netzwerk	369
14	Servergespeicherte Benutzerprofile, Basisordner, Ordnerumleitungen und Dokumentvorlageverzeichnisse	435
15	Das Anmeldeskript	467
16	Über das Anmeldeskript Anwendungen und Service Packs verteilen	535
17	Die Erstellung des Komplettabbildes	551
18	Strategische Überlegungen und Tipps	583
19	Namenskonventionen für Active-Directory-Objekte	649
20	Gruppen und Gruppenverschachtelung	661
21	Access-based Enumeration ABE	675
22	Netzwerkdrucker einrichten	681
23	Betriebsmasterfunktionen und der globale Katalogserver	693
24	Serverdienste und Ausfallsicherheit	705
25	Active-Directory-Modelle zur Verteilung der Serverfunktionen	731
26	Der Ausbau der Exchange Server-Organisation	743
27	Outlook und öffentliche Exchange-Ordner praxisnah nutzen	817
28	Exchange-Administrationsaufgaben	875
29	Hinweise zur Exchange-Installation und -Migration	893
30	Sicherheit im verteilten Active Directory	903
31	Einstieg in die Projektierung	933
32	Informationstechnologie und Recht	967
	Index	985

Der Name Galileo Press geht auf den italienischen Mathematiker und Philosophen Galileo Galilei (1564–1642) zurück. Er gilt als Gründungsfigur der neuzeitlichen Wissenschaft und wurde berühmt als Verfechter des modernen, heliozentrischen Weltbilds. Legendär ist sein Ausspruch *Eppur se muove* (Und sie bewegt sich doch). Das Emblem von Galileo Press ist der Jupiter, umkreist von den vier Galileischen Monden. Galilei entdeckte die nach ihm benannten Monde 1610.

Gerne stehen wir Ihnen mit Rat und Tat zur Seite:
jan.watermann@galileo-press.de bei Fragen und Anmerkungen zum Inhalt des Buches
service@galileo-press.de für versandkostenfreie Bestellungen und Reklamationen
stefan.krumbiegel@galileo-press.de für Rezensions- und Schulungsexemplare

Lektorat Jan Watermann
Korrektorat Katrin Fischer, Baden-Baden
Cover Barbara Thoben, Köln
Titelbild Corbis
Typografie und Layout Vera Brauner
Herstellung Vera Brauner
Satz SatzPro, Krefeld
Druck und Bindung Bercker Graphischer Betrieb, Kevelaer

Dieses Buch wurde gesetzt aus der Linotype Syntax Serif (9,25/13,25 pt) in FrameMaker. Gedruckt wurde es auf chlorfrei gebleichtem Offsetpapier.

Bibliografische Information der Deutschen Bibliothek
Die Deutsche Bibliothek verzeichnet diese Publikation in der Deutschen Nationalbibliografie; detaillierte bibliografische Daten sind im Internet über http://dnb.ddb.de abrufbar.

ISBN 3-89842-847-8
ISBN 13   978-3-89842-847-7

© Galileo Press, Bonn 2006
3., erweiterte und aktualisierte Auflage 2006

Das vorliegende Werk ist in all seinen Teilen urheberrechtlich geschützt. Alle Rechte vorbehalten, insbesondere das Recht der Übersetzung, des Vortrags, der Reproduktion, der Vervielfältigung auf fotomechanischem oder anderen Wegen und der Speicherung in elektronischen Medien. Ungeachtet der Sorgfalt, die auf die Erstellung von Text, Abbildungen und Programmen verwendet wurde, können weder Verlag noch Autor, Herausgeber oder Übersetzer für mögliche Fehler und deren Folgen eine juristische Verantwortung oder irgendeine Haftung übernehmen. Die in diesem Werk wiedergegebenen Gebrauchsnamen, Handelsnamen, Warenbezeichnungen usw. können auch ohne besondere Kennzeichnung Marken sein und als solche den gesetzlichen Bestimmungen unterliegen.

Inhalt

Vorwort 27
Wie dieses Buch aufgebaut ist 33

1 Die Grundinstallation des Windows Server 39

1.1	Windows 2000 Server und Windows Server 2003	39
1.2	Windows Server 2003 R2	39
1.3	Einzelprodukte oder Windows Small Business Server 2003	41
1.4	Planung der Installation von Windows Server 2003	44
	1.4.1 Partitionierung der Festplatten des Testservers	44
	1.4.2 Virtuelle Maschinen nutzen	45
	1.4.3 Mehrere Windows-Betriebssysteme parallel betreiben	46
	1.4.4 RIS erfordert eine separate Partition	46
	1.4.5 Flexibilität durch eine Wechselplatte	47
	1.4.6 Hardware einsetzen, wenn es keine Windows Server 2003-Treiber gibt	47
	1.4.7 Startbare Betriebssystem-CD mit integriertem Service Pack verwenden	48
	1.4.8 Namensvergabe für die Testumgebung	48
1.5	Ablauf der Grundinstallation des ersten Domänencontrollers	49
1.6	Von Windows Update zu Microsoft Update wechseln	54

2 Die Implementierung des Active Directory 55

2.1	Installation des Active Directory	55
2.2	Ändern des Kennwortes für den Wiederherstellungsmodus	59
2.3	Die Domänenfunktionsebene auf Windows Server 2003 hochstufen	60
2.4	Den Standort umbenennen	63
2.5	Das Konto »Administrator« zur Sicherheit umbenennen	64
2.6	Das TCP/IP-Protokoll für DNS konfigurieren	65
2.7	Die Konfiguration des DNS-Serverdienstes	67
2.8	Überprüfung der DNS-Server-Konfiguration	72
2.9	DHCP konfigurieren	74
2.10	WINS konfigurieren	77
2.11	Support-Tools und das Windows Server Resource Kit installieren	81
2.12	Anpassungen an der Standardinstallation von Windows Server 2003 vornehmen	81

	2.12.1	Weitere Partitionen anlegen	81
	2.12.2	Die Installationsdateien und Service Packs auf den Server kopieren	82
	2.12.3	Das Startmenü anpassen	82
	2.12.4	Windows Explorer anpassen	85
	2.12.5	Monitoranzeige einstellen	87
	2.12.6	Ein zentrales Verzeichnis für temporäre Dateien erstellen	88
	2.12.7	Fehlerberichterstattung deaktivieren	88
	2.12.8	Visuelle Effekte abstellen und Auslagerungsdatei festlegen	89
	2.12.9	Starten und Wiederherstellen anpassen	89
	2.12.10	Automatische Updates konfigurieren	89
	2.12.11	Remote-Zugriff konfigurieren	90
	2.12.12	Herunterfahren-Abfrage deaktivieren	90
	2.12.13	Alle installierten Windows-Komponenten anzeigen	91
	2.12.14	Java Virtual Machine bei Bedarf installieren	91
	2.12.15	DirectX bei Bedarf aktivieren	92
	2.12.16	IMAPI-CD-Brenn-COM-Dienst aktivieren	92
	2.12.17	Optionen der Ereignisprotokolle festlegen	92
	2.12.18	Den Internet Explorer konfigurieren	93
	2.12.19	Verstärkte Sicherheitskonfiguration für Internet Explorer abschalten	93
	2.12.20	Die Maus konfigurieren	94
2.13		Einen Windows-XP-Client in die Domäne einfügen	94

3 Windows Server 2003 R2 97

3.1		Editionen von Windows Server 2003 R2	97
3.2		Upgrade auf R2 oder zusätzliche Server unter W2003SRV R2	97
3.3		Installation und Upgrade	98
3.4		Anwendungskompatibilität von Windows Server 2003 R2	99
3.5		Lizenzierung von Windows Server 2003 R2	99
3.6		Neue Features von Windows Server 2003 R2	99
	3.6.1	Verbesserte Verwaltungsprogramme	100
	3.6.2	Microsoft Management Console (MMC) 3.0	101
	3.6.3	Dateiserververwaltung	102
	3.6.4	Ressourcen-Manager für Dateiserver	102
	3.6.5	Dateifilterung	103
	3.6.6	Druckverwaltung	103
	3.6.7	Netzdrucker über Gruppenrichtlinien zuweisen	104

	3.6.8	Hardwareverwaltung	104
	3.6.9	Speicherverwaltung für SANs	104
	3.6.10	Stabile Dateireplikation mittels DFS-Namespace und DFS-Replikation und RDC	105
	3.6.11	Active-Directory-Verbunddienste	106
3.7	Windows SharePoint Services Service Pack 2		106
	3.7.1	Features von Windows SharePoint Services 2.0	106
	3.7.2	SharePoint Central Administration	107
	3.7.3	Anwendungen für Windows SharePoint Services zum Download	107
	3.7.4	Unterstützung für erweiterte Extranetkonfigurationen	108
	3.7.5	UNIX-Interoperabilität mit den Microsoft Services for Network File System MSNFS	109
3.8	Gleiche aktuellste Version der Support-Tools im Netzwerk verwenden		109
3.9	Literaturhinweise zu Windows Server 2003 R2		110

4 Die Installation der Exchange-Organisation ... 111

4.1	Vorbemerkungen		111
4.2	Benötigte Dienste hinzuinstallieren		112
4.3	Die Installation des Exchange Server 2003		113
	4.3.1	ForestPrep einmalig für die Exchange-Organisation durchführen	116
	4.3.2	DomainPrep einmalig für jede Domäne durchführen	118
	4.3.3	Exchange Server 2003 installieren	119
	4.3.4	Das neueste Exchange Server Service Pack installieren	122
	4.3.5	Windows Server 2003 fährt langsam herunter, nachdem Exchange 2003 installiert wurde	123
	4.3.6	Exchange-Organisation in den einheitlichen Modus überführen	124
	4.3.7	Das Startmenü für Exchange Server anpassen	125
	4.3.8	Konsolenansichten im Autorenmodus dauerhaft anpassen	126
4.4	Ein erster Blick auf Exchange Server 2003		130
	4.4.1	IFS – Installable File System	130
4.5	Über Outlook auf den Exchange Server zugreifen		133
	4.5.1	Mit echo@tu-berlin.de das Versenden von Mails in und aus dem Internet testen	134
	4.5.2	Unter Outlook 2002 einige Einstellungen vornehmen	135
	4.5.3	Outlook 2003 im Vergleich zu Outlook XP	137

	4.5.4	Umstieg auf Outlook 2003 für wandernde Outlook-Benutzer	139
4.6		Das Format des Anzeigenamens in »Nachname, Vorname« oder »Nachname – Vorname« ändern	139

5 Client-Zugriffslizenzen für Windows Server und Exchange Server eingeben 149

5.1	Das Lizenzmodell von Microsoft BackOffice	149
5.2	Replikation und Überwachen der Benutzerlizenzen an mehreren Standorten	150
5.3	Lizenzverwaltung an einem Standort	151

6 Den Server und die Clients remote verwalten 155

6.1		Dieselben Werkzeuge zur Fernadministration von Servern und Clients	155
6.2		Fernadministration unter Windows 2000 Server	156
6.3		Remotedesktopverbindung unter Windows Server 2003	157
6.4		Remotedesktopverbindung nutzen	160
	6.4.1	Remotedesktopverbindung mit Parametern starten	162
	6.4.2	Remotedesktopverbindung auf dem Server starten	162
6.5		Das Verwaltungsprogramm Remotedesktops	163
6.6		Spezielle Tastenkombinationen in Remotedesktop	164
6.7		Konsolensitzung	165
6.8		Remotedesktop-Webverbindung	165
6.9		Vergleich mit Small Business Server 2003	167
6.10		Administrationswerkzeuge auf einem Windows XP-Client installieren	170
	6.10.1	AdminPak.msi auf dem Windows XP-Client installieren	170
	6.10.2	Exchange-Systemverwaltungstools auf dem Windows-XP-Client installieren	173
	6.10.3	Gruppenrichtlinienverwaltungskonsole GPMC.MSI auf dem Windows-XP-Client installieren	175
	6.10.4	Den Befehl »Ausführen als« verwenden	176
	6.10.5	Remote Control Add-In für die Active Directory MMC	177
	6.10.6	Vergleich von Remotedesktop und Remoteunterstützung	178
	6.10.7	Remoteunterstützung unter Windows XP anbieten	179
	6.10.8	Remoteunterstützung unter Windows Server 2003 anbieten	179

	6.10.9	Einstellungen der Remotedesktopverbindung in einer Datei sichern	187
6.11		Das Benutzerprofil für die Fernwartung optimieren	189
6.12		Das Wirrwarr der Verwaltungswerkzeuge durchschauen	190

7 Die Installation des Remote Installation Service RIS 193

7.1		Abbild-Methode versus unbeaufsichtigte Installation	193
7.2		Merkmale von RIS unter Windows Server 2000/2003	194
7.3		Arten von RIS-Abbildern	196
	7.3.1	CD-basierte Abbilder und RIPrep-Abbilder	196
	7.3.2	Von RIS unterstützte Betriebssysteme	197
	7.3.3	Abbilder bestehen aus einzelnen Dateien, die manipuliert werden können	197
	7.3.4	Für jeden HAL-Typ muss ein Abbild erstellt werden	198
7.4		PXE-basiertes Boot-PROM oder RIS-Startdiskette	199
7.5		Der Ablauf der Installation des Remote Installation Service	201
	7.5.1	Windows XP mit integriertem Service Pack nutzen	201
	7.5.2	Remoteinstallationsdienste auf dem Server hinzufügen	203
7.6		Überprüfen der RIS-Installation	207
7.7		Das Namensformat für RIS-Clients festlegen	209
7.8		Den Container für neue RIS-Clients festlegen	210
7.9		Die Autorisierung eines RIS-Servers im Active Directory	212
7.10		Rechte vergeben, um Abbilder einzuspielen	214
	7.10.1	Das Recht erteilen, neue Computerkonten anzulegen	214
	7.10.2	Das Recht »Anmeldung als Stapelverarbeitungsauftrag« zuweisen	217
	7.10.3	Den verschiedenen Supportgruppen Installationsrechte auf bestimmte Abbilder verweigern	218
7.11		CD-basierte Abbilder oder Antwortdateien hinzufügen	218
7.12		Die Clientinstallationsoptionen	220
7.13		Die Erstellung eines Installationsabbildes mit RIPrep	222
	7.13.1	Welche Anwendungen dürfen auf dem Quellcomputer installiert sein?	223
	7.13.2	Schritte zur Vorbereitung der Erstellung des RIPrep-Abbildes	224
	7.13.3	Ein Standard-Benutzerprofil für die Domäne erstellen	225
	7.13.4	Checkliste zum Erstellen des Musterarbeitsplatzes	227
	7.13.5	Mit dem »Assistenten zur Vorbereitung der Remoteinstallation« ein RIPrep-Abbild erstellen	227

	7.13.6	Die Hardware zwischen Quell- und Zielcomputer muss nicht identisch sein 229
	7.13.7	Windows-XP-Product-ID und Lizenzierung 229
	7.13.8	Datenträgereigenschaften auf dem Quellclientcomputer und den Zielcomputern 230
7.14		Der Groveler-Dienst und das Verzeichnis SIS Common Store 230
7.15		Backup und Restore der RIS-Partition 232
7.16		Die Abbilder zwischen mehreren RIS-Servern synchronisieren 233
	7.16.1	RIPrep-Abbilder mittels Robocopy zwischen RIS-Servern synchronisieren 233
	7.16.2	RIPrep-Abbilder über eine Festplatte oder DVD verschicken 234
	7.16.3	RIPrep-Abbilder mit einem Laptop an den Standorten installieren 234
	7.16.4	Alternativen zu RIPrep-Abbildern 235

8 Die RIS-Installation eines Windows-XP-Professional-Clients 237

8.1		Die prinzipielle Funktionsweise des Clientinstallations-Assistenten 237
8.2		Der Windows XP-Installationsmanager »setupmgr.exe« 240
8.3		Die Steuerdateien risndrd.sif und riprep.sif manuell anpassen 247
	8.3.1	Auswahl der zu installierenden Windows-XP-Komponenten 247
8.4		Zusätzliche OEM-Treiber installieren 252
	8.4.1	Probleme bei NVIDIA nforce3 und nforce4 Chipsatz 253

9 Alternative zur RIS-Installation des Musterclients 255

9.1	Wann sollten Sie den Mustercomputer konventionell über eine CD installieren? 255
9.2	Der Ablauf der Installation 256
9.3	Netzwerkeinstellungen testen 257
9.4	Client in die Testdomäne aufnehmen 257
9.5	Die globale Gruppe »local Admins« in die lokale Gruppe der Administratoren aufnehmen 258

10 Einführung in Gruppenrichtlinien 259

10.1	Wie man sich dem Thema »Gruppenrichtlinien« nähert 259
10.2	Was sind Gruppenrichtlinien? 261

10.3	Was sind Gruppenrichtlinienobjekte (Group Policy Objects, GPOs)?	261
10.4	Was sind Gruppenrichtlinienverknüpfungen?	262
10.5	Was sind Gruppenrichtliniencontainer (GPCs)?	262
10.6	Was sind Gruppenrichtlinienvorlagen (Group Policy Templates, GPT)?	263
10.7	Die Gruppenrichtlinienverwaltungswerkzeuge	266
10.8	Anwenden von Gruppenrichtlinien	270
10.9	Reihenfolge der Richtlinienvererbung	273
10.10	Deaktivierung der Richtlinienvererbung	273
10.11	Die Option »Kein Vorrang« überschreibt die Deaktivierung der Vererbung	274
10.12	Die Einstellungen »Nicht konfiguriert«, »Aktiviert« und »Deaktiviert«	274
10.13	DNS-Server mit SRV Records ist notwendige Voraussetzung	275
10.14	Gruppenrichtlinien wirken auf Benutzer- oder Computerobjekte, nicht auf Sicherheitsgruppen	275
10.15	Konfigurierte Richtlinien werden auch in der Registrierdatenbank gespeichert	276
10.16	Aktualisierung ohne Verzögerung	277
10.17	Sichern, Kopieren und Importieren von Richtlinieneinstellungen	278
10.18	Gruppenrichtlinienverknüpfungen hinzufügen	279
10.19	Eine Gruppenrichtlinie oder deren Verknüpfung löschen	280
10.20	Wiederherstellen der Standarddomänenrichtlinie mit dem Kommandozeilentool	281
10.21	Gruppenrichtlinien vs. reg-Dateien	282
10.22	Fehlersuche, wenn eine Richtlinie nicht wirkt	284
10.23	Tools, Artikel und Quellen zu Gruppenrichtlinien	284

11 Die Gruppenrichtlinien von Windows XP einsetzen ... 287

11.1	Gruppenrichtlinien aktualisieren	287
11.2	Die Windows-XP-Vorlagedateien für Gruppenrichtlinien nutzen	290
	11.2.1 Gruppenrichtlinienvorlagedateien von Windows XP	290
	11.2.2 Service Packs auf aktuellere adm-Dateien überprüfen	291
	11.2.3 Service Packs zu Windows Server enthalten oft nicht aktuelle adm-Dateien	291
	11.2.4 Windows-XP-Gruppenrichtlinien analysieren	292
	11.2.5 adm-Dateien sind abwärtskompatibel	295
11.3	Festlegen der Windows-XP-Gruppenrichtlinien für den Standard-Computer	296

11.4	Wo werden die Einstellungen im Bereich »Computerkonfiguration« auf dem Domänencontroller gespeichert?	307
11.5	Festlegen der Gruppenrichtlinien für den Standardbenutzer	308
11.5.1	Aktivieren der Gruppenrichtlinie »Gruppenrichtlinien-aktualisierungsintervall für Benutzer«	309
11.5.2	Richtlinien für Microsoft Internet Explorer	310
11.5.3	Richtlinien für Windows Explorer	312
11.5.4	Benutzer auf die Verwendung von zugelassenen Snap-Ins beschränken	313
11.5.5	Richtlinien für Windows Updates	314
11.5.6	Richtlinien für Startmenüs, Taskleiste und Desktops	315
11.5.7	Welche Sinnbilder der Systemsteuerung benötigt der Anwender?	320
11.5.8	Richtlinien für Offlinedateien	323
11.5.9	Laptop-Benutzer und Offline-Synchronisierung	323
11.5.10	Positiv- oder Negativlisten für ausführbare Dateien	325
11.5.11	Speicherort der Benutzerkonfigurations-Richtlinien	326
11.6	Wenn zwei Gruppenrichtlinien sich streiten …	327

12 Eigene Vorlagedateien für fehlende Gruppenrichtlinien 335

12.1	Vorlagedateien mit dem Tool »Registry System Wizard« erstellen	335
12.2	Die Struktur von Vorlagedateien für Gruppenrichtlinien	337
12.3	Die selbst erstellte Gruppenrichtliniendatei »WindowsXP-HLM« nutzen	344
12.4	Die selbst erstellte Gruppenrichtliniendatei »WindowsXP-HCU« nutzen	351
12.5	Die selbst erstellte Gruppenrichtliniendatei »Windows Explorer« nutzen	360
12.6	Die selbst erstellte Gruppenrichtliniendatei »ExchangeProvider« nutzen	362
12.7	Die Vorlagedatei CorelDraw11.ADM nutzen	365
12.8	Analyse des Mustercomputers nach dem Einspielen der selbst erstellten Gruppenrichtlinienvorlagedateien	366

13 Microsoft Office im Netzwerk 369

13.1	Microsoft Office 2007	369
13.2	Microsoft Office automatisch installieren	370
13.2.1	Strategien zum Installieren und Warten für Microsoft Office 2003	370

	13.2.2	Eine Administratorinstallation auf dem Server vornehmen	374
	13.2.3	Ein Office Service Pack in die Administratorinstallation integrieren	375
	13.2.4	Installation von einem komprimierten CD-Abbild von Office 2003	377
13.3	Die Office-Installation mit dem Custom Installation Wizard anpassen		380
13.4	Der Microsoft Office 2003 Profile Wizard		405
	13.4.1	Eine OPS-Datei mit dem Profile Wizard erzeugen	405
	13.4.2	Die OPS-Datei in eine mit dem CIW erzeugte MSI-Datei einbinden	408
	13.4.3	Konfigurationseinstellungen, die nicht vom Profile Wizard gesichert werden	410
13.5	Die Microsoft-Office-Gruppenrichtlinien nutzen		411
	13.5.1	Vorlagedateien von Office 2003	411
	13.5.2	Office-2003-Richtlinien in der Kategorie »Computerkonfiguration«	413
	13.5.3	Office-2003-Richtlinien in der Kategorie »Benutzerkonfiguration«	415
	13.5.4	Die Office-2003-Richtlinien unter »Benutzerkonfiguration« konfigurieren	420

14 Servergespeicherte Benutzerprofile, Basisordner, Ordnerumleitungen und Dokumentvorlageverzeichnisse 435

14.1	Servergespeicherte Benutzerprofile		435
	14.1.1	Funktionsweise von servergespeicherten Benutzerprofilen	435
	14.1.2	Servergespeicherte Profile einrichten	436
	14.1.3	Der Gruppe »Administratoren« Vollzugriff auf servergespeicherte Profile erteilen	437
	14.1.4	Die Rechte auf ein servergespeichertes Profilverzeichnis neu setzen	440
	14.1.5	Verzeichnisse aus servergespeicherten Profilen ausnehmen	442
14.2	Basisordner und Ordnerumleitung		443
	14.2.1	Funktion von servergespeicherten Basisverzeichnissen	443
	14.2.2	Basisverzeichnisse auf dem Server zuweisen	444
	14.2.3	Eine Ordnerumleitung für das Verzeichnis »Eigene Dateien« einrichten	445

14.3	Als Systemadministrator unter drei Kennungen diszipliniert arbeiten	451
14.4	Offline-Synchronisation für Benutzer mit mobilen Geräten	453
14.5	Zentrale Verzeichnisse für Dokumentvorlagen definieren	454
	14.5.1 Benutzervorlagen und Arbeitsgruppenvorlagen	454
	14.5.2 Das AutoStart-Verzeichnis über eine Gruppenrichtlinie festlegen	462
14.6	Dokumentvorlagen über mehrere Standorte synchronisieren	465

15 Das Anmeldeskript ... 467

15.1	Das Anmeldeskript als »eierlegende Wollmilchsau« verwenden	467
15.2	Wo liegt das Anmeldeskript auf dem Domänencontroller?	469
15.3	Das Anmeldeskript strukturieren	471
15.4	Die Netlogon-Freigabe mit Unterverzeichnissen strukturieren	472
15.5	Ein Anmeldeskript einem Benutzer zuweisen	473
15.6	Ein Anmeldeskript einer Benutzergruppe zuweisen	476
15.7	Startskripte und Herunterfahrenskripte	477
15.8	Verhindern, dass das Anmeldeskript versehentlich auf einem Server oder unter der Kennung eines Domänen-Administrators abläuft	478
15.9	Für eine Gruppe von Anwendern ein Gruppenlaufwerk definieren	479
15.10	Exkurs zum Verständnis des Befehls »if errorlevel Zahl«	482
15.11	Die Variable LOGONSERVER verwenden	485
15.12	Die Möglichkeiten der Gruppenverschachtelung nutzen	487
15.13	Laufwerkszuordnungen für Unterabteilungen einrichten	492
15.14	Der Befehl »subst« als Alternative zu Freigaben	494
15.15	Den Ablauf des Anmeldeskriptes beschleunigen	495
15.16	Unterroutinen einsetzen	496
15.17	Skripte mit dem Tool Kix32 rasend schnell machen	497
15.18	Switch User nutzen, um mit beliebigen Rechten zu operieren	499
15.19	Beispiele für die Anwendung von SU	506
15.20	Psexec als Alternative zu Runas, SU oder MakeMeAdmin	509
15.21	Ein zentrales Verzeichnis für temporäre Dateien anlegen	511
15.22	Umgebungsvariable setzen	512
15.23	Netzdrucker zentral den Clients oder Benutzern zuweisen	515
15.24	Informationen über den Computer oder den angemeldeten Benutzer auf dem Bildschirm anzeigen	517
15.25	BGInfo von www.sysinternals.com	519

15.26	Verknüpfungen mit dem Tool SHORTCUT.EXE generieren	522
15.27	Hardware- und Softwareinformationen in einer zentralen Serverfreigabe sammeln	522
15.28	MSINFO32 inventarisiert Ihre Computer	523
15.29	Einen Nachrichtentext bei der Anmeldung anzeigen	525
15.30	Zugriff auf Programme zum Bearbeiten der Registrierung verhindern	526
15.31	Ein vollständiges Beispielskript für unsere Organisation »Company.local«	529
	15.31.1 Anmeldeskript für den Small Business Server	530
15.32	Visual-Basic-Skripte verwenden	532

16 Über das Anmeldeskript Anwendungen und Service Packs verteilen ... 535

16.1	Über das Anmeldeskript ganze Anwendungen installieren und Service Packs einspielen	535
16.2	Software aus einem zentralen Softwarearchiv installieren	538
16.3	Den Adobe Reader automatisiert installieren	539
16.4	Microsoft Office automatisch installieren	542
16.5	Mit ScriptIt Setup-Routinen automatisieren	544
16.6	Zusammenfassung und weiteres Vorgehen	546

17 Die Erstellung des Komplettabbildes ... 551

17.1	Grundlegende Vorarbeiten für die Erstellung des Komplettabbildes	551
17.2	Das Startmenü und den Desktop anpassen	557
17.3	Funktionen der Verzeichnisse »Default User« und »All Users«	558
	17.3.1 Verknüpfungen im Startmenü löschen oder verschieben	559
	17.3.2 Administrationstools für Standardanwender nicht zugänglich machen	560
	17.3.3 Verknüpfungen von Systemprogrammen in das Untermenü »Verwaltung« verschieben	562
	17.3.4 Multimedia-Programme über Gruppenrichtlinie deaktivieren	563
	17.3.5 Das Verzeichnis SendTo verschieben	565
	17.3.6 Die Favoriten unter »Default User« löschen	565
17.4	Die Microsoft-Office-Installation überprüfen	565
17.5	Den Schlüssel HKEY_CURRENT_USER für »Default User« anpassen	566

	17.5.1	Microsoft-Explorer-Einstellungen konfigurieren	567
	17.5.2	Voreinstellungen für die Maus	569
	17.5.3	Voreinstellungen für andere Programme und Tools	569
	17.5.4	Voreinstellungen für E-Mail-Signaturen und Disclaimer	570
	17.5.5	Cookies und Cache im Internet Explorer löschen	571
	17.5.6	Taskleiste und Schnellstartleiste konfigurieren	571
	17.5.7	Desktop-Bereinigungsassistenten deaktivieren	572
	17.5.8	Drucker und Plotter einrichten	572
	17.5.9	Profil von »Default User« überschreiben	572
17.6		Test des Musterclients	574
17.7		Das Komplettabbild erstellen	575
	17.7.1	Systemwiederherstellungspunkte löschen	575
	17.7.2	Vorhandene Benutzerprofile überprüfen und entrümpeln	575
	17.7.3	Temporäre Dateien löschen und die Festplatte defragmentieren	576
	17.7.4	Defragmentierung und Datenträgerbereinigung automatisieren	576
	17.7.5	Ereignisprotokolle aufräumen	576
	17.7.6	Einen »domänenneutralen« Client konfigurieren	576
17.8		Die Erstellung des RIPrep-Abbildes	577
17.9		Die RIPrep-Steuerdatei »riprep.sif« anpassen	578
17.10		Zusammenfassung und Ausblick	581

18 Strategische Überlegungen und Tipps ... 583

18.1		Den Speicherverbrauch in den Griff bekommen	583
	18.1.1	Speicherplatz zum Nulltarif zurückgewinnen	583
	18.1.2	Kernentscheidungen zur Vermeidung unnötiger Speicherkosten	585
	18.1.3	Welche Arten von Speicherfressern gibt es?	586
	18.1.4	Wie spüren Sie diese Speicherfresser auf?	587
	18.1.5	Wie vermeiden Sie zukünftig diese Speicherfresser?	589
	18.1.6	Hardlinks und Abzweigungspunkte einsetzen	596
	18.1.7	Verpflichtungserklärung als Anlage zum Arbeitsvertrag	596
18.2		Serverkonsolidierung durch Hardware-Virtualisierung	600
18.3		Windows Storage Server 2003 R2, Windows Compute Cluster Server 2003 oder Data Protection Manager 2006 einsetzen	601
18.4		Das Synchronisieren von Datenbeständen zwischen Servern verschiedener Standorte	602

18.5	Die Zeitsynchronisation innerhalb der Gesamtstruktur	607
18.6	Gruppentypen und Gruppenverschachtelung	607
18.7	Migration oder Neuinstallation	609
18.8	Domäne umbenennen – Domänencontroller mehrere Servernamen zuweisen	610
18.9	Das Rationalisierungspotenzial der RIS- und RIPrep-Methode	611
	18.9.1 Die Testumgebung produktiv nutzen	612
	18.9.2 Abbilder mit einem Laptop als RIS-Server mobil einspielen	613
	18.9.3 Die Ergebnisse der Testumgebung mit geringem Aufwand in mehrere Produktivdomänen übernehmen	613
	18.9.4 Kundendomänen standardisiert hochziehen und warten	614
18.10	Benötigte HAL-Abbilder	615
	18.10.1 Windows mit mehreren HAL-Typen parallel installieren	616
	18.10.2 Wenn mit Imagetools erstellte Systemabbilder nicht starten	617
18.11	Welche Anwendungen gehören in ein Abbild, welche sollten nachinstalliert werden?	618
	18.11.1 MSI-Dateien für unbeaufsichtigte Installationen neu packen oder selbst erstellen	618
	18.11.2 Sollte der Virenscanner in das Abbild eines Mustercomputers eingehen?	621
	18.11.3 Sollte der Client einer kaufmännischen Anwendung in das Abbild eines Mustercomputers eingehen?	621
18.12	Welche Anwendungen können über Gruppenrichtlinien installiert werden?	621
18.13	MSI-Pakete zuweisen oder veröffentlichen?	622
18.14	Software wohl proportioniert verteilen	624
18.15	Ausfallsicherheit bei Servern	625
18.16	Einsparpotenziale bei der Beschaffung von Hardware	628
	18.16.1 Preis- und Garantieverfall verbieten den Kauf auf Vorrat	628
	18.16.2 Wartungsverträge für Server nützen vorwiegend dem Hersteller	629
18.17	Einsparpotentiale bei Software	629
	18.17.1 PCs mit Windows XP Home Edition in eine Domäne aufnehmen	630
	18.17.2 Gebrauchte Software preiswert einkaufen	630
	18.17.3 Was ist »gebrauchte Software«?	631
	18.17.4 Darf man Software weiterveräußern?	631
	18.17.5 Darf man OEM-Software weiterveräußern?	631

	18.17.6 Ist Gebrauchtsoftware updateberechtigt?	631
	18.17.7 Was ist, wenn die gebrauchte Software schon registriert wurde?	632
	18.17.8 Nach gebrauchter Software recherchieren	632
18.18	Kosten für WAN-Verbindungen – Ausbau der dezentralen IT-Struktur oder rigorose Zentralisierung?	632
	18.18.1 Replikationsverkehr zwischen den Standorten abschätzen	633
	18.18.2 In den Ausbau der WAN-Leitungen und nicht in dezentrale Strukturen investieren	635
18.19	Lizenzrechtliche Probleme	635
	18.19.1 Microsoft Office oder OpenOffice?	635
	18.19.2 Welche Microsoft-Office-Edition einsetzen?	638
18.20	Daten von defekten Festplatten wiederherstellen lassen	641
18.21	Das WWW-Prinzip: Work With Winners	641
18.22	Abhängigkeit von Einzelpersonen vermeiden	643
18.23	Das Vieraugen-Prinzip	643
18.24	Das KISS-Prinzip zur Vermeidung unnötiger Komplexität	645
18.25	Empfehlungen in Büchern und in Whitepapers des Internets haben ein sehr kurzes Verfallsdatum	647

19 Namenskonventionen für Active-Directory-Objekte ... 649

19.1	Generelles zu Namenskonventionen im Active Directory	649
	19.1.1 Distinguished Name, Relative Distinguished Name, User Principal Name, Full Qualified Name und NetBIOS Name	649
	19.1.2 Auf Umlaute und Sonderzeichen verzichten	651
19.2	Namenskonvention für Anmeldenamen und E-Mail-Adressen	651
	19.2.1 Üblicherweise genutzte Konventionen	651
	19.2.2 Anonyme Anmeldekennungen verwenden	653
	19.2.3 Anonyme E-Mail-Adressen oder Sammel-E-Mail-Adressen verwenden	654
19.3	Namenskonvention für Servernamen	655
19.4	Namenskonvention für Workstations	656
19.5	Namenskonvention für Drucker	657
19.6	Namenskonvention für Organisationseinheiten (OUs)	657
19.7	Namenskonventionen für persönliche Basisordner, Gruppenverzeichnisse und servergespeicherte Benutzerprofile	659
19.8	E-Mail-Verteilerlisten, Ressourcen und externe Kontakte	660

20 Gruppen und Gruppenverschachtelung 661

- 20.1 Gruppentypen und Gruppenbereiche 661
- 20.2 Altlasten aus Windows-NT-4.0-Domänen 663
- 20.3 Sicherheitsgruppen im Active Directory 664
- 20.4 Umwandlung von Gruppen 666
- 20.5 Globale oder universelle Gruppenbereiche verwenden 667
- 20.6 Einige Ratschläge zur Auswahl des Gruppentyps und des Gruppenbereichs 671

21 Access-based Enumeration ABE 675

- 21.1 Installationsvoraussetzungen und Quelle zum Download 675
- 21.2 Installation und Konfiguration von ABE 675
- 21.3 Bedeutung von ABE für Anwender und IT-Personal 677
- 21.4 Access-based Enumeration (ABE) und Hochverfügbarkeitscluster 680

22 Netzwerkdrucker einrichten 681

- 22.1 Remote-Anschlussmonitore 681
  - 22.1.1 Drucksystem über Standard-TCP/IP-Portmonitor ansteuern ... 682
  - 22.1.2 Drucker über LPR-Anschlussmonitor ansteuern 683
- 22.2 Neutrale Namen für Netzwerkdrucker und deren Freigaben vergeben 684
- 22.3 Netzdrucker mit mehreren Papierschächten mehrfach einrichten 685
- 22.4 Druckserver-Konfiguration anpassen 686
- 22.5 Netzdrucker beim Anwender einrichten 688
  - 22.5.1 Netzdrucker manuell zuweisen 688
  - 22.5.2 Netzdrucker über Skripte zuweisen 689
  - 22.5.3 Netzdrucker über Gruppenrichtlinien zuweisen 689
- 22.6 Unterschied zwischen LocalPort und Standard-TCP/IP-Port 689
- 22.7 Druckwarteschlangen im Notfall durch Domänenbenutzer sicher neu starten 691
- 22.8 Druckverwaltung unter Windows Server 2003 R2 691

23 Betriebsmasterfunktionen und der globale Katalogserver 693

- 23.1 Der globale Katalog und die Betriebsmasterrollen 693
- 23.2 Die Verteilung der Betriebsmasterfunktionen und der Funktion des globalen Katalogservers auf die Domänencontroller 695

23.3	Die Verschiebung der Betriebsmasterrollen	697
	23.3.1 Die Routine DUMPFSMOS.CMD zum Anzeigen der Betriebsmasterfunktionen	698
	23.3.2 Wann sollten Betriebsmasterfunktionen übertragen werden?	699
	23.3.3 Das Tool NTDSUTIL zum Übertragen oder Übernehmen von Betriebsmasterfunktionen	699
	23.3.4 Snap-Ins zur grafischen Anzeige und Übertragung der Betriebsmasterfunktionen	702
23.4	Einem Server die Funktion »Globaler Katalog« zuweisen	703

24 Serverdienste und Ausfallsicherheit ... 705

24.1	DNS-Server	706
24.2	DHCP-Server	706
	24.2.1 Die Gültigkeitsdauer (Lease Duration) für IP-Adressen festlegen	707
	24.2.2 DHCP-Bereiche verwalten	709
	24.2.3 Ausfallsicherheit durch redundante DHCP-Server	709
	24.2.4 Verwenden von DHCP-Bereichsgruppierungen	710
	24.2.5 Bereichsgruppierungskonfigurationen für Multinets	711
	24.2.6 Router sollten DHCP-Request weiterreichen	713
	24.2.7 Clusterunterstützung für DHCP-Server	713
	24.2.8 APIPA-Funktion auf den Windows-XP-Clients deaktivieren	713
	24.2.9 DHCP-Server autorisieren	715
24.3	WINS-Server	715
24.4	Zeitserver	719
24.5	Datei- und Druckserver	721
24.6	Exchange Server	724
24.7	RIS-Server und Softwarearchivserver	726
24.8	Datenbankserver	727
24.9	SQL-Server und SMS-Server	727
24.10	Backup-Server	728
24.11	Terminalserver	728
24.12	SharePoint, Virtuelle Server, Schattenkopien, Windows Storage Server, Cluster, NAS, SAN, iSCSI, Data Protection Manager	729

25 Active-Directory-Modelle zur Verteilung der Serverfunktionen 731

25.1	Aufteilung der Serverfunktionen bei nur einem Standort	731
25.2	Aufteilung der Serverfunktionen bei mehreren Standorten und einer Domäne	734
25.3	Aufteilung der Serverfunktionen bei mehreren Standorten und mehreren Domänen	736

26 Der Ausbau der Exchange Server-Organisation 743

26.1	Das Exchange Server 2003 Service Pack 2	743
26.2	Kompatibilität zwischen Exchange 2000/2003 und Windows Server 2000/2003	745
26.3	Wichtige Exchange Server-Begriffe	746
26.4	Namenskonventionen bei Exchange-Objekten	752
26.5	ForestPrep und DomainPrep in einer Multidomänen-Gesamtstruktur	753
	26.5.1 ForestPrep in der Gesamtstruktur ausführen	753
	26.5.2 DomainPrep in jeder Domäne ausführen	754
26.6	Die eigentliche Installation von Exchange 2000/2003 in einer Multidomänen-Gesamtstruktur	756
26.7	Delegieren von Verwaltungsberechtigungen an Exchange-Objekten	757
26.8	Exchange-Registerkarten werden im Snap-In »Active Directory-Benutzer und -Computer« nicht angezeigt	760
26.9	Namen und Speicherort der Exchange-Speichergruppen und -Datenbanken	761
26.10	Globale Einstellungen für Postfachspeicher	763
26.11	Globale Einstellungen für öffentliche Ordner	766
26.12	Die Berechtigung zum Erstellen öffentlicher Ordner auf oberster Ebene einschränken	767
26.13	Globale oder universelle E-Mail-Verteiler	769
26.14	Verteilerlisten, Ressourcen-Postfächer und externe Kontakte	771
26.15	Empfängerrichtlinien und SMTP-Adressen	772
	26.15.1 MX-Record beim Provider eintragen lassen	773
	26.15.2 SMTP-Adresse für Empfängerobjekte individuell ändern	774
	26.15.3 Aktualisierungsintervall von Empfängerrichtlinien	776
	26.15.4 Unterschiedliche SMTP-Adressen automatisch generieren	777
	26.15.5 Priorität bei mehreren Empfängerrichtlinien	781

26.16	Postfach-Managereinstellungen nutzen, um Postfächer aufzuräumen	782
26.17	Virtueller Standardserver für SMTP	784
26.18	Automatische Antworten, Weiterleitungen, Abwesenheitsmeldungen und Unzustellbarkeitsberichte	787
26.19	Das gewünschte Adressbuch als Standardadressbuch einstellen	788
26.20	Exchange-Offline-Adressbücher	790
26.21	Überwachung des Exchange Server (Monitoring)	792
26.22	Die Exchange-Dienste mit einer Stapeldatei stoppen und starten	795
26.23	Fehler beim Start der Exchange-Dienste	797
26.24	Versenden und Empfangen von Internet-E-Mails für bestimmte Benutzer unterbinden	798
26.25	Verhindern, dass bestimmte Anwender Mails aus dem Internet erhalten	803
26.26	Exchange Backup und Restore	805
26.27	Client/Server-Kommunikation über WAN-Verbindungen	807
26.28	Anbindung über MAPI oder POP3	808
26.29	Outlook Mobile Access (OMA)	809
26.30	Optimierung von Exchange Server	814

27 Outlook und öffentliche Exchange-Ordner praxisnah nutzen 817

27.1	Einfache Groupware- und Workflow-Funktionen nutzen	817
	27.1.1 Senden eines Dokuments zur Überarbeitung	818
	27.1.2 Senden eines Dokuments als Textkörper einer E-Mail-Nachricht	818
	27.1.3 Senden eines Dokuments als Anlage einer E-Mail-Nachricht	818
	27.1.4 Senden eines Dokuments zur Überarbeitung	818
	27.1.5 Senden eines Dokuments an eine Verteilerliste	818
	27.1.6 Aufgaben zuweisen	819
27.2	Verwenden von Gruppenzeitplänen	821
	27.2.1 Was sind Gruppenzeitpläne?	821
	27.2.2 Erstellen, Anzeigen oder Löschen eines Gruppenzeitplans	821
	27.2.3 Anpassen von Gruppenzeitplänen	822
	27.2.4 Senden einer Besprechungsanfrage oder E-Mail-Nachricht aus einem Gruppenzeitplan	823
27.3	Zugriffsrechte für Stellvertretung	823
	27.3.1 Berechtigungsstufen für Outlook-Ordner	823

	27.3.2	Freigeben von privaten Ordnern durch Gewähren von Zugriffsrechten für Stellvertretung	824
	27.3.3	Nur die Berechtigung für die Bearbeitung von Besprechungsanfragen und -antworten erteilen	824
	27.3.4	Freigeben eines öffentlichen oder privaten Ordners mit Hilfe von Berechtigungen	826
	27.3.5	Problembehandlung bei Zugriffsrechten für Stellvertretung	826
	27.3.6	Einen Vertreter für ein gesamtes Postfach bestimmen	827
	27.3.7	Eine kostenlose Helpdesk-Verwaltung	828
	27.3.8	Senden eines Dokuments an einen öffentlichen Ordner	831
27.4	Einheitliche Signaturen für E-Mails		831
	27.4.1	Standardisierte Signaturen statt Wildwuchs	831
	27.4.2	Welchen Inhalt könnte eine standardisierte E-Mail-Signatur haben?	833
	27.4.3	Wie kann eine standardisierte E-Mail-Signatur technisch zentral verwaltet werden?	835
27.5	Den Schriftverkehr standardisieren und rationalisieren		839
27.6	Zentral gepflegte Internetfavoriten über Outlook		840
27.7	Inhalte für ausländische Geschäftskorrespondenz bereitstellen		844
27.8	Den »Knigge« im öffentlichen Exchange-Ordner bereitstellen		845
27.9	Mitarbeiter sehen nur die öffentlichen Ordner, auf die sie zugreifen können		846
27.10	Öffentliche Ordner erstellen		847
27.11	Öffentliche Ordner über den Exchange System-Manager oder in Outlook erstellen		849
27.12	Einen öffentlichen Ordner für E-Mail aktivieren		851
27.13	Anonyme Ordner für E-Mail-Eingang und Faxeingang erstellen		852
27.14	Eine automatische Antwort für eingehende Mails aktivieren		853
27.15	Newsletter in öffentlichen Ordnern sammeln		855
27.16	Öffentliche Ordner offline verfügbar machen		855
27.17	Mit dem Ordner-Assistenten Ordnerregeln erstellen		856
27.18	Mit dem Tool SMTPSEND Nachrichten aus Batchroutinen verschicken		857
27.19	Moderierte Ordner		859
27.20	Weitere mögliche Inhalte von öffentlichen Ordnern		860
27.21	Ordneransichten erstellen und zuweisen		860
27.22	Hierarchie der öffentlichen Ordner		863
27.23	Inhalte in öffentliche Ordner einstellen		865
27.24	Öffentliche Ordner mit sensiblen Daten schützen		866

27.25	Die Bedeutung von Outlook	867
27.26	Abgrenzung von Exchange Server zu einem Intranet- bzw. Internetserver	868
27.27	Abgrenzung Exchange öffentliche Ordner zu SharePoint (Gastbeitrag von Ulrich B. Boddenberg)	869
27.28	Konsequenzen für Small Business Server 2003	873

28 Exchange-Administrationsaufgaben ... 875

28.1	Einrichtung der Exchange-Systemverwaltungstools	875
28.2	Einrichtung eines Postfachs auf dem Exchange Server	878
28.3	Verteilerlisten für E-Mails	884
28.4	Ressourcen anlegen	885
28.5	Den Cleanup-Agenten nutzen	887
28.6	Die »Speichergruppe für die Wiederherstellung« einer Speichergruppe eines beliebigen Exchange Server	888
28.7	Das Mailbox Recovery Center	890

29 Hinweise zur Exchange-Installation und -Migration ... 893

29.1	Allgemeine Hinweise zur Abwärtskompatibilität von Exchange 2000/2003	893
29.2	Exchange Standard und Enterprise Edition	894
	29.2.1 Standard Edition	894
	29.2.2 Enterprise Edition	894
	29.2.3 Betriebssystem-Kompatibilität von Exchange Server 2003	895
29.3	Exchange Server Best Practices Analyzer Tool	896
29.4	Konfigurieren von /Userva und SystemPages	896
29.5	Bei mehr als 1 GB RAM die BOOT.INI verändern	896
29.6	Leistungssteigerung durch separate Laufwerke für Transaktionsprotokolldateien	897
29.7	Festplatten-Cache abschalten	898
29.8	Wozu wird ein SMTP-Connector benötigt?	899
29.9	Frontend-Server sollte kein Clusterserver sein	899
29.10	Hinweise zu verschiedenen Sprachversionen	900
	29.10.1 Der globale Zeichensatz basiert auf der Sprache des ersten installierten Exchange Server	900
	29.10.2 Unterstützung internationaler Clients	901
29.11	Dateibeschränkungen bei Outlook aufheben	901

30 Sicherheit im verteilten Active Directory ... 903

30.1	Sicherheitsrisiken	904
30.2	Sicherheitskonzepte	905
30.3	Sicherheitsmaßnahmen	908
30.4	Überwachungsrichtlinien (Auditing)	921
30.5	Maßnahmen zur Reduzierung und Auswirkungen von sicherheitsrelevanten Vorfällen	926
30.6	Erstellung eines Reaktionsplans für sicherheitsrelevante Zwischenfälle des Systems	928
30.7	Tools für die Sicherheitskonfiguration und Sicherheitsüberwachung	930

31 Einstieg in die Projektierung ... 933

31.1	Ein möglicher Ablauf des Projekts zur Einführung von Active Directory bzw. zur Aktualisierung auf neue Microsoft-Produktversionen		933
	31.1.1	Projektziele eindeutig definieren	933
	31.1.2	Projekt-Qualitätssicherung (PQS) einführen	934
	31.1.3	Details der Projektdokumentation festlegen	934
	31.1.4	Ziele der Ist-Aufnahme	935
	31.1.5	Soll-Konzept nach Top-Down-Methode erstellen	936
	31.1.6	Projekt-Netzplan zeigt den kritischen Weg	936
	31.1.7	Projektteilaufgaben managen	936
	31.1.8	Funktion der Projekt-Meilensteine	937
	31.1.9	Wie Sie den Inhalt dieses Kapitels praktisch umsetzen können	937
31.2	Ist-Analyse		938
	31.2.1	Analyse der Aufbau- und Ablauforganisation	938
	31.2.2	Analyse zum IT-Management	939
	31.2.3	Analyse des Kommunikationsflusses	939
	31.2.4	Analyse der Netzwerkarchitektur	940
	31.2.5	Analyse der Namenskonventionen	941
	31.2.6	Analyse der Serverstruktur	942
	31.2.7	Analyse von DNS, DHCP, WINS	943
	31.2.8	Analyse der technischen Standards	944
	31.2.9	Analyse zur Hardware	945
	31.2.10	Analyse zur Software	946

	31.2.11 Analyse der Datenbestände und der Zugriffsbeschränkungen	947
	31.2.12 Analyse der Sicherheitsstandards	948
31.3	Fragenkataloge und Checklisten zur Erstellung des Soll-Konzepts	949
	31.3.1 Fragenkatalog zur Ermittlung der Anzahl, der Funktion, der Ausstattung und der Konfiguration der Windows Server	949
	31.3.2 Fragenkatalog zur Ermittlung der Anforderungen an die Workstations	954
	31.3.3 Fragenkatalog zur Ermittlung der Anforderungen an die Administration des Gesamtsystems	958
31.4	Vorgehensweise zur Ermittlung des Schulungsbedarfs für Systembetreuer und Anwender	962

32 Informationstechnologie und Recht ... 967

32.1	Das vollständige Kapitel finden Sie auf der Buch-DVD	967
32.2	Warum Sie dieses Kapitel lesen sollten	968
32.3	Das Urheberrecht von Software	971
32.4	Das Mitbestimmungsrecht des Betriebsrates	975
32.5	Der innerbetriebliche Datenschutzbeauftragte	976
32.6	Nutzung von E-Mail- und anderen Internetdiensten am Arbeitsplatz	977
32.7	Basel-II-Richtlinie und deren Auswirkung auf Informationstechnologie	981
32.8	Gesetzliche Archivierungspflicht für E-Mails und geschäftsrelevante digitale Dokumente	982
	32.8.1 Rechtsvorschriften für Archivierung	982
	32.8.2 Aufbewahrungsfristen	982
	32.8.3 Haftung für gelöschte oder manipulierte geschäftsrelevante E-Mails	982
32.9	Rechtsprobleme bei der Bereitstellung von Internetportalen	983

Index ... 985

Vorwort

Active Directory, Exchange Server, Windows XP und Office XP/2003 – ein Puzzlespiel.

Auf den Verpackungen von Microsoft Office 4.3 waren die einzelnen Programme des Softwarepakets als Puzzleteile dargestellt. Wenn ich heute auf Active-Directory-Projekte zurückblicke, in denen ich mitgearbeitet habe, so kommt es mir in der Tat vor, als hätte ich große Puzzles zusammengesetzt.

Nun, was macht einen guten Puzzlespieler aus? Er muss eine Unmenge Geduld und Hartnäckigkeit haben, dazu detektivischen Spürsinn, manchmal Gottvertrauen darauf, dass sich ein fehlendes Teilchen schon irgendwann einfinden wird. Er muss auf eine Gebrauchsanleitung verzichten können und jeden Zweifel daran, dass irgendwann ein fehlerfreies Bild vor ihm liegen wird, sofort im Keim ersticken. Vor allem muss er ein klares Bild vor Augen haben, wie das fertige Puzzle später aussehen soll.

Von netten Menschen, die im Vorbeigehen teils mitleidig, teils fasziniert einen Blick auf das halb fertige Puzzle und die vielen Puzzleteile werfen, die verstreut oder schon zu kleinen Grüppchen geordnet auf dem Tisch liegen, kommt ab und zu ein Tipp, wo denn ein einzelnes Puzzlestückchen wohl passen könnte. Und mit abnehmender Anzahl von noch nicht eingepassten Puzzlestückchen wird die Geschwindigkeit, mit der die richtigen Lücken im fast fertigen Bild gefunden werden, größer und größer, beinahe so, als würde die Erfahrung des Spielers mit jedem eingepassten Puzzlestück wachsen.

Zum Puzzlespiel gehört eine gewisse Besessenheit. Besessenheit und Faszination waren es dann auch wohl, die mich antrieben, Windows Server, Exchange Server, Windows XP und Office XP/2003 nicht nur so professionell wie möglich zusammenzufügen, sondern diese Installation in Form eines Buches niederzuschreiben.

Wirft man einen Blick auf Bücher zur Microsoft-Produktpalette, so drängt sich ein Vergleich zur Bauwirtschaft auf. Stellen Sie sich vor, es gäbe Fachliteratur für Schreiner, Elektriker, Maurer, Dachdecker und Heizungsmonteure, jedoch keine Literatur für Bauingenieure oder Architekten. Sicherlich könnten wir dann Wochenendhäuser, vielleicht sogar Einfamilienhäuser bauen. Doch wie sollten Studenten das Wissen erlangen, um Wolkenkratzer oder große Industrieanlagen zu entwerfen und zu erstellen, für deren Errichtung das Wissen um das Zusammenwirken all dieser Fachdisziplinen notwendig ist?

Es gibt Bücher zu Windows Server, zu Exchange Server, zu Windows XP und Microsoft Office sowie zum Projektmanagement, und wenn Sie sich nur den Seitenumfang der technischen Referenzhandbücher zu Microsoft Active Directory ansehen, erahnen Sie, wie lange ein Systemadministrator lesen muss, um Fachkompetenz nur in einem kleinen Segment aufzubauen, und wie viele andere Bücher er gelesen und wie viele Testszenarien er durchprobiert haben muss, um sich an die Projektierung der Einführung von Microsoft Active Directory, Exchange Server, Windows XP und Microsoft Office in einem Unternehmen heranzutasten.

Das vorliegende Buch ist geschrieben für »Bauingenieure« oder »Architekten« der modernen Informationstechnologie, die ihre neue IT-Infrastruktur mit Produkten der Firma Microsoft erstellen möchten, für Studenten der Fachrichtung Microsoft Active Directory sowie für Studiumswechsler aus den Fachrichtungen Novell NetWare, UNIX oder Apple Macintosh. Es ist aber auch für Projektleiter geschrieben, die diese Fachrichtungen in einer heterogenen IT-Welt unter einen Hut bringen müssen, und zwar in endlicher Projektlaufzeit und mit endlichem Projektaufwand.

Dieses Buch ist aber auch für die Auszubildenden einer IT-Abteilung geeignet. Wenn Sie selbst ein erfahrener Systemadministrator sind, bereits komplexe Domänen unter Windows Server 2003 implementiert haben und umfangreiche Bücher über die Einzelprodukte von Microsoft durchgearbeitet haben, so werden wahrscheinlich einige Kapitel oder zumindest Passagen dieses Buches für Sie »kalter Kaffee« sein. Vielleicht ist in Ihrem Unternehmen sogar schon eine Windows-Server-2003-Domäne in Betrieb, und Sie fragen sich, welchen Mehrwert dieses Buch für Sie haben kann. Sicherlich werden auch Sie im Buch einige Tipps finden und umsetzen, die sich schnell bezahlt machen und den Kaufpreis des Buches schnell wieder hereinspielen.

[o] Spätestens in der umfangreichen Sammlung von Anleitungen, Whitepapers, Tipps und Tools der Buch-DVD werden Sie bestimmt fündig, um Ihre Implementierung von Active Directory zu optimieren und auszubauen. Im Unterverzeichnis »Terminalserver« der Buch-DVD finden Sie z. B. einen Hinweis, wie Sie drei Bücher zum Thema »Windows Terminalservices 2003« kostenlos beziehen können.

Hinzu kommt aber, dass Sie einen Weg finden müssen, das komplexe Wissen an andere Mitarbeiter wie z. B. Auszubildende weiterzugeben. Mein Vorschlag speziell für Active Directory-Experten: Prüfen Sie das Buch gezielt daraufhin, ob es Sie dabei unterstützen und entlasten kann, Auszubildende möglichst schnell und ohne Gefahr für das Produktivsystem an das komplexe Know-how heranzuführen, das notwendig ist, um später mit dem Produktivsystem fachgerecht und verantwortlich umzugehen. Statten Sie einen Auszubildenden mit diesem Buch und zwei Testcomputern aus und überprüfen Sie nach ca. zwei Monaten den Wissensstand des Auszubildenden bezüglich der im Buch angesprochenen Themen.

Der Versuch, eine Art »Integrationshandbuch« für die Microsoft-Produkte Windows Server, Exchange Server und Microsoft Office zu schreiben, ist immer ein Wettlauf mit der Zeit. Sind alle Manuskripte druckbereit und die Buch-DVD erstellt, so gibt es wahrscheinlich schon Beta-Versionen zu einer Folgeversion eines der Produkte. Doch nicht nur Autoren haben mit diesem Zeitproblem zu kämpfen, sondern auch die Entwickler bei Microsoft. Als Folge davon wurde es nur knapp ein Jahr nach dem Erscheinen der Erstauflage des Buches notwendig, es vollständig zu überarbeiten. Lag in der Erstausgabe vom Juli 2003 noch der Schwerpunkt auf Windows 2000 Server, Exchange Server 2000 und Microsoft Office XP, da es zu den Folgeprodukten teils nur Beta-Versionen gab und die Resource Kits fehlten, so lag in der zweiten Auflage von 2004 der Schwerpunkt bereits auf Windows Server 2003, Exchange Server 2003 und Office 2003. Doch finden Sie auf der Buch-DVD das gesamte Manuskript der Erstauflage mit allen Besonderheiten, die unter Windows 2000 Server, Exchange 2000 Server und Office XP zu berücksichtigen sind. In dieser dritten Auflage wurden erneut viele Neuerungen aufgenommen, z. B. das Exchange Server 2003 Service Pack 2 oder das neue Feature Access-based Enumeration.

Ende 2003 wurde außerdem der Microsoft Windows Small Business Server 2003 am Markt eingeführt. Dabei handelt es sich um ein hochintegriertes und im Vergleich zu den Servereinzelprodukten äußerst preisgünstiges Produkt, das in Unternehmen mit bis zu 75 Clients effektiv eingesetzt werden kann. Ich konnte mich in der Zwischenzeit intensiv mit SBS 2003 auseinander setzen und bei Kundenprojekten praxisnahe Erfahrungen sammeln. Bald stand für mich fest, dass dieses Produkt in der Mehrzahl der mittelständischen Unternehmen die vorhandenen Windows-NT-4.0-Netzwerke ersetzen würde. Eine Neuauflage meines Buches »Integrationshandbuch Microsoft-Netzwerk« durfte allein der Vollständigkeit halber das Thema Small Business Server 2003 nicht außen vor lassen. Ein weiterer Grund für die Aufnahme dieses Themas ist aber, dass man aus einer Musterinstallation eines SBS 2003 interessante Rückschlüsse darauf ziehen kann, wie sich Microsoft-Experten ein integriertes Windows-Netzwerk vorstellen, und gewonnene Erkenntnisse daraus in ein Netzwerk übernehmen kann, in dem die Serverprodukte einzeln installiert werden müssen, weil die Anzahl der Clients die Grenze von 75 überschreitet. Umgekehrt ist es aber genauso möglich, das in diesem Buch aufbereitete Wissen über RIS, Gruppenrichtlinien und Skripte in einer SBS 2003-Umgebung Gewinn bringend anzuwenden und das SBS 2003-

Netzwerk dadurch noch stärker an ein Unternehmen anzupassen und kostengünstiger zu fahren.

[O] Aus der Buch-CD wurde eine Buch-DVD, weil eine CD die hinzugekommenen Artikel, Tipps, Anleitungen und Tools nicht mehr hätte fassen können. Diese Buch-DVD wurde für Sie wie ein Schweizer Messer oder ein aufklappbarer Werkzeugkasten aufbereitet. Das Buch vermittelt den großen Leitfaden für ein Active-Directory-Projekt. Die DVD führt die grundsätzlichen Erörterungen des Buches weiter und bietet für viele individuelle Einzelprobleme das passende Werkzeug in Form von Artikeln, Tipps, Skripten oder Tools.

Nicht alle Themen der Microsoft Technologien lassen sich in einem Buch mit weniger als tausend Seiten beschreiben, und diese Seitenanzahl wollte ich nicht überschreiten, damit das Buch preislich erschwinglich bleibt und von Größe und Gewicht her in den Erste-Hilfe-Koffer eines IT-Administrators passt. Zu vielen im Buch nicht angesprochenen Themen finden Sie aber auf der DVD umfangreiche Artikelsammlungen. Das Thema »SharePoint Server« und »SharePoint Services« habe ich allein deshalb ausgespart, weil es bei Galileo Computing zu diesem Thema ein hervorragendes Buch gibt. SharePoint hat allerdings in der aktuellen Version bezüglich der Offline-Nutzung derartig große Einschränkungen, dass ich persönlich dieses Produkt in einer immer mobileren Welt noch für unausgereift halte.

Ich habe die Anregungen und Kritiken der Leser sehr ernst genommen, um die Neuauflage zu verbessern. Das Niveau des Buches wurde ein wenig angehoben, um Profis nicht zu langweilen. Einsteiger im Thema Microsoft Active Directory finden dafür auf der Buch-DVD zusätzliche Schritt-für-Schritt-Anleitungen.

Inzwischen sind die ersten Beta-Versionen zu Windows Vista, Office 2007 und dem Windows-Server-2003-Nachfolger »Longhorn« erschienen. Solange jedoch die Resource Kits noch nicht verfügbar sind, ist eine ganzheitliche Betrachtung der neu angekündigten Microsoft-Produktpalette nicht möglich.

[O] Auf der Buch-DVD finden Sie aber bereits Dokumente zu den neuen Produkten, und auf der Verlagsseite werden diesbezüglich spätestens dann Updates zum Buch als Download verfügbar sein, sobald die neuen Produktversionen in einer Produktivumgebung halbwegs fehlerfrei einsetzbar sind.

Generell geht es in diesem Buch jedoch weniger um die Installation einer bestimmten Version von Windows Server, Exchange Server oder Microsoft Office, sondern darum, zu vermitteln, wie man methodisch an die Installation dieser Produkte herangehen kann. Dazu ist es notwendig, sich ein umfassendes Wissen über Microsoft Active Directory und dessen Zusammenspiel mit Windows XP, Microsoft Office und Exchange Server zu erarbeiten. Sie sollen lernen, systematisch mit Begriffen wie RIS, Gruppenrichtlinien, Registrierdatenbank-Manipulationen und Skripten umzugehen, und einen tiefen Einblick erhalten, was eigentlich wo auf dem Server oder dem Client technisch geschieht, wenn Sie Gruppenrichtlinien einsetzen oder in den Optionen von Windows XP und Office XP/2003 Einstellungen vornehmen.

Ich hoffe, dass dieses Buch Ihnen eine Hilfe ist, Ihr »Active-Directory-Puzzle« erfolgreich zusammenzusetzen.

Ulrich Schlüter

Wie dieses Buch aufgebaut ist

Dieses Buch besteht aus zwei großen Teilen.

Kapitel 1 bis 17: Die Erstellung eines Prototyps

Der erste Teil des Buches dient dazu, Sie am Beispiel einer kleinen Testdomäne mit allen Komponenten von Active Directory, Windows Server 2003, Exchange Server, den Diensten **DNS**, **DHCP**, **WINS**, **RIS** und der Installation eines Windows-XP-Professional-Clients mit Microsoft Office und anderen Standardanwendungen vertraut zu machen. An dieser Testdomäne werden Sie Schritt für Schritt praktisches Wissen aufbauen, um danach einen an Ihr Unternehmen angepassten Prototyp aufsetzen zu können. Sie benötigen dazu zwei Computer. Der erste Computer wird als Windows-Domänencontroller mit Exchange Server aufgesetzt, der zweite Computer als Musterclient mit Windows XP Professional und Office 2003, von dem im letzten Schritt ein RIPrep-Abbild erstellt wird, um es auf viele Clients zu verteilen.

Im ersten Kapitel erfolgt die Grundinstallation des Servers **S1**, danach die Heraufstufung zum ersten Domänencontroller der Domäne **Company.local** und die Einrichtung wesentlicher Dienste wie **DNS**, **DHCP** und **WINS**. Da später ein Musterclient für ein Abbild erstellt werden und dieser Musterclient bereits Zugriff auf einen Exchange Server haben soll, wird nun Exchange Server 2003 auf dem Domänencontroller installiert und anschließend gezeigt, wie Client-Zugriffslizenzen für Windows Server und Exchange Server eingetragen werden.

Kapitel 6, *Den Server und die Clients remote verwalten*, befasst sich intensiv damit, wie Windows Server und das Active Directory ferngewartet werden können. Da dieselben Dienste und Tools zur **Fernadministration** eines Servers aber auch dazu genutzt werden können, Windows-XP-Clients fernzusteuern und Benutzern remote Hilfe anzubieten, wird auch dieses Thema in Kapitel 6 detailliert besprochen.

Im nächsten Kapitel wird der **Remote Installation Service** (RIS) installiert, konfiguriert und erklärt, wie RIS arbeitet und was z. B. bei der Sicherung eines RIS-Servers beachtet werden muss.

Auf dem Weg zu einem Musterclient kann nun auf dem zweiten Computer das Betriebssystem Windows XP Professional über ein FLAT-Abbild mittels des RIS-Servers oder auch konventionell über eine CD – inklusive des neuesten Service Packs – installiert werden.

Für das weitere Vorgehen ist es wichtig, dass Sie zuerst Kenntnisse über **Gruppenrichtlinien** erlangen. In den Kapiteln 10 bis 12 erfahren Sie Grundlegendes über die Arbeitsweise von Gruppenrichtlinien. Sie erhalten einen Vorschlag, welche Gruppenrichtlinien von Windows XP Sie wie einsetzen sollten und wie Sie selbst Vorlagedateien für fehlende Gruppenrichtlinien erstellen können, z. B. für die zentrale Steuerung der Software von Drittanbietern.

Kapitel 13, *Microsoft Office im Netzwerk*, befasst sich Schritt für Schritt damit, wie Microsoft Office im Netzwerk aufwandsminimiert ausgerollt und mit Tools des Microsoft Office Resource Kits wie dem **Office Custom Installation Wizard** oder dem **Office Profil Wizard** angepasst werden kann. Natürlich müssen Sie danach erfahren, über welche Office-Gruppenrichtlinien Sie das Verhalten von Microsoft Office von zentraler Stelle aus manipulieren können.

Servergespeicherte Profile, **Basisordner** und die **Umleitung von benutzerspezifischen Ordnern** wie dem Ordner **Eigene Dateien** auf den Server sind Inhalte des Kapitels 14. Darüber hinaus erhalten Sie in diesem Kapitel Vorschläge, wie Gruppendokumentvorlagen an zentraler Stelle verwaltet, gewartet und über mehrere Server an mehreren Standorten hinweg auf demselben Stand gehalten werden können.

In Kapitel 15, *Das Anmeldeskript*, erhalten Sie einen breiten Überblick, was mit welchen Befehlen und Tools über **Startskripte**, **Anmeldeskripte** und **Abmeldeskripte** erreicht werden kann. Kapitel 16 als Fortführung der Erörterung der grundlegenden Möglichkeiten von Skripten zeigt beispielhaft, wie über ein Anmeldeskript ganze Anwendungen installiert, aktualisiert und Service Packs verteilt werden können.

Früher gab es bei Systemadministratoren unterschiedliche Auffassungen darüber, ob ein Rollout mittels der Abbild-Methode oder mittels der unbeaufsichtigten Installation (unattended installation) durchgeführt werden soll. Der optimale Weg liegt in der Kombination beider Methoden: Wenn Sie den Mustercomputer über dokumentierte Skripte und Steuerdateien erstellen, dann von der Festplatte des Mustercomputers ein Abbild (Image) erzeugen und über die Abbild-Methode die Zeit zum Aufsetzen vieler Clients drastisch reduzieren, nutzen Sie die Vorteile beider Methoden und eliminieren die Nachteile. Das Wissen hierzu erarbeiten Sie sich Schritt für Schritt in den Kapitel 7 bis 16.

In Kapitel 17, *Die Erstellung des Komplettabbildes*, werden die letzten Vorarbeiten für die Erstellung des **RIPrep-Abbildes** anhand einer Checkliste durchgeführt. Wesentliche Punkte sind dabei die **Optimierung des Startmenüs**, das der Anwender später sehen soll, und der **Feinschliff an den Anwendungen und Diensten**. Danach wird das Abbild erstellt und die Steuerdatei zur Massenverteilung des Abbildes angepasst. Die in diesem Kapitel aufgelisteten Vorarbeiten sind nicht nur für die Erstellung von RIS-Abbildern sinnvoll, sondern auch für Abbilder, die Sie mit Image-Tools wie **Ghost** oder **TrueImage** erstellen und später verteilen.

Kapitel 18 bis 32: Projektierung der Einführung von Active Directory

Der zweite Teil des Buches soll Sie theoretisch und praktisch unterstützen, aufbauend auf dem technischen Wissen über die neuen Microsoft-Produkte, das Sie im ersten Teil des Buches erworben haben, nun eine Stoff-, Ideen- und Aufgabensammlung für Ihr Active-Directory-Projekt zu erstellen und diese Sammlung so zu strukturieren, dass alle zu lösenden Probleme sowie alle zu treffenden Entscheidungen erkannt und formuliert sind.

In Kapitel 18, *Strategische Überlegungen und Tipps*, werden übergreifende strategische Überlegungen zu Themen angestellt, die in den nachfolgenden Kapiteln immer wieder von Bedeutung sind:

▶ Wie viele Server werden mit welcher Ausstattung benötigt?

▶ Wie können die Kosten und der Aufwand reduziert werden, ohne dass Zuverlässigkeit und Sicherheit leiden?

▶ Welche Anwendungen sollte man in ein Abbild integrieren, das mittels RIS oder eines Image-Tools von einem Musterclient erstellt wird, welche Anwendungen sollte man nachträglich verteilen?

Darüber hinaus enthält dieses Kapitel eine Sammlung von Tipps, damit Entscheidungsträger diese Tipps und Anregungen an einer Stelle des Buches, und nicht über viele Kapitel verstreut, wieder finden.

In Kapitel 19 werden Vorschläge für **Namenskonventionen** bei Active-Directory-Objekten unterbreitet. Ein gut durchdachtes Konzept für Namenskonventionen ist eine der Voraussetzungen, damit das Active Directory später auch durch mehrere Administratoren standardisiert verwaltet wird und verabschiedete IT-Richtlinien dabei eingehalten werden.

Kapitel 20, *Gruppen und Gruppenverschachtelung*, unterstützt Sie bei der Abbildung der Aufbauorganisation Ihres Unternehmens durch Active-Directory-Gruppen und deren Verschachtelung. Es bringt Licht in die Fragen, ob und wann **lokale**, **globale** oder **universale Gruppen**, ob **Sicherheitsgruppen** oder **Verteilergruppen** genutzt werden sollten.

In Kapitel 21 wird **Access-based Enumeration ABE** behandelt. Es handelt sich um ein neues Feature, das seit 2004 als separater Download von Microsoft angeboten wird und übrigens auch kein integraler Bestandteil von Windows Server

2003 R2 ist. Wird ABE für eine spezielle Freigabe oder global für alle Freigaben eines Servers aktiviert, so sieht ein Anwender nur noch diejenigen Verzeichnisse, auf die er aufgrund seiner Berechtigungen zugreifen kann. Alle anderen Verzeichnisse werden ausgeblendet.

[**○**] In Kapitel 22 erhalten Sie Tipps und Anregungen für die Einrichtung von **Netzwerkdruckern**. Dieses Thema wird außerdem in einem separaten Verzeichnis auf der Buch-DVD durch eine Sammlung von Anleitungen vertieft.

In den Kapiteln 23 und 24 werden die **Betriebsmasterfunktionen** und die Rolle des **globalen Katalogs** sowie deren optimale Verteilung auf die Server besprochen. Ebenso wird erklärt, wie diese wichtigen Funktionen beim Ausfall eines Servers verschoben werden können. Darüber hinaus müssen aber auch die Dienste **DNS**, **DHCP**, **WINS** und **RIS** sowie die Serverfunktionen **Anmeldeserver**, **Datei-** und **Druckserver**, **Exchange Server** und **Datenbankserver** unter Berücksichtigung von Kosten, Ausfallsicherheit, Datensicherheit und Datenschutz verteilt werden. Sie müssen Entscheidungen darüber treffen, welche Anzahl von Servern in den verschiedenen Standorten benötigt werden, welche Funktionen diese Server übernehmen sollen, wie diese Server ausgestattet sein müssen und wie Ihr Sicherungskonzept und Disaster-Recovery-Konzept aussehen soll.

Kapitel 25 zeigt an verschiedenen **Active-Directory-Modellen**, welche Server mit welchen Funktionen benötigt werden, wenn Sie einen oder mehrere Standorte sowie nur eine Domäne oder einen »Domänenwald« betreuen müssen.

In den Kapiteln 26 bis 29 geht es um die Planung, Installation und intensive Nutzung der **Groupware- und Workflow-Funktionen** einer Exchange Server-Organisation in einer komplexen Active-Directory-Gesamtstruktur. Die Neuerungen des **Exchange 2003 Server Service Pack 2** werden in Kapitel 26 kurz angesprochen. Detaillierte Ausführungen zum Service Pack 2 wurden jedoch auf die Buch-DVD ausgelagert.

[**○**]

Kapitel 30, *Sicherheit im verteilten Active Directory*, geht auf die Frage ein, wie unterschiedliche Servertypen durch Gruppenrichtlinien und andere Maßnahmen gegen ungewollte Manipulationen, unberechtigte Zugriffe auf Datenbestände und Sabotage geschützt werden sollten. Es stellt einen **Maßnahmenkatalog** vor, durch den auf **sicherheitsrelevante Zwischenfälle** des Systems planvoll reagiert werden kann. Ausführliche Informationen zu allen Aspekten dieses komplexen Themas finden Sie auf der Buch-DVD im Verzeichnis **Sicherheit – Sicherung – Disaster Recovery**.

Kapitel 31, *Einstieg in die Projektierung*, bereitet Sie auf die **Projektierung** vor. Sie haben in den vorherigen Kapiteln Schritt für Schritt das nötige technische

Wissen über Active Directory und Exchange Server erarbeitet und viele Problemkreise bezüglich Sicherheit, Verfügbarkeit und Administrierbarkeit kennen gelernt. Jetzt muss eine Projektgruppe zusammengestellt und eine Ist-Analyse durchgeführt werden. Sobald im nächsten Schritt das Soll-Konzept steht, müssen alle Aufgaben detailliert und in logischer Reihenfolge erfasst werden, die auf dem Weg zum Ausrollen des neuen Systems abgearbeitet werden müssen. Anhand dieser Aufgabenliste können der Aufwand abgeschätzt und die Aufgaben zu Arbeitspaketen gebündelt werden, um sie den Projektmitarbeitern zuzuweisen. Das kurze Kapitel des Buches kann dieses Thema nur anreißen. Die Inhalte des Verzeichnisses **Projektierung** auf der Buch-DVD vertiefen dann mit konkreten Checklisten, Todo-Listen und Leitfäden diesen Einstieg.

Kapitel 32, *Informationstechnologie und Recht*, gibt einen Überblick über die rechtlichen Vorschriften beim Betrieb eines Netzwerkes und teilt Wissenswertes zum Lizenzmanagement mit. Auch der Inhalt dieses Kapitels wird durch das Angebot des Verzeichnisses **Recht** der Buch-DVD ergänzt.

Die DVD zum Buch

Die **Buch-DVD** lehnt sich hinsichtlich ihrer Verzeichnisstruktur stark an den Aufbau des Buches an. Ihre Inhalte vertiefen das im Buch vermittelte Wissen und gehen auf individuelle Probleme ein. Besonders Themen wie z. B. Mobile Computing, Internet Information Server IIS, Terminal Server, SQL Server, Virtual Server 2005 R2, WSUS, Wireless LAN, VPN, RAS, Migration, SAP-Anbindung, Sicherung und Disaster Recovery werden dort abgehandelt. Auf der Buch-DVD finden Sie außerdem Beiträge zu den neuen Microsoft-Produkten Windows Vista, Office 2007, Exchange 2007 und Windows Server Longhorn. Auch zu technischen Themen wie Cluster, SAN, NAS oder iSCSI finden Sie dort Inhalte, die den Bezug zur Microsoft-Welt herstellen.

[O]

Viele der Anleitungen, Tipps und HowTo-Artikel können Sie mit geringem Aufwand für Ihr Unternehmen anpassen und dann für die Schulung des IT-Personals und der Anwender einsetzen.

[«]

In diesem Kapitel wird die Grundinstallation eines Windows Server für eine Testdomäne beschrieben. Die Testdomäne besteht aus einem Windows Server 2003 und einem Client unter Windows XP. In den Folgekapiteln wird dann das Active Directory für die Testdomäne mit den dafür erforderlichen Diensten konfiguriert und eine Exchange Organisation hinzugefügt. Danach steht eine Art »Testwiese«, auf der Schritt für Schritt das technische Wissen erworben werden kann, um einen Musterclient zu erstellen, dessen Abbild dann später über die RIPrep-Methode oder mit Image-Tools von Drittanbietern auf viele Clients verteilt werden kann.

1 Die Grundinstallation des Windows Server

1.1 Windows 2000 Server und Windows Server 2003

Der Musterserver wird nachfolgend unter Windows Server 2003 erstellt. Anschließend wird die Installation von Exchange Server 2003 und die Verteilung von Microsoft Office 2003 besprochen. In der Erstauflage dieses Buches wurden die Installation eines Active Directory unter Windows 2000 Server mit Exchange 2000 und die Verteilung von Office XP beschrieben, da bei der Erstellung der Erstauflage die 2003-Produktlinie und deren Resource Kits nicht vollständig verfügbar waren. Die Installation von Windows 2000 Server und Exchange 2000 Server war komplizierter, da weniger Assistenten zur Verfügung standen, um Dienste wie DNS, DHCP oder WINS zu konfigurieren. Damit Leser, die ein Active Directory unter Windows 2000 Server und Exchange Server 2000 oder eine Mischumgebung aus Windows 2000 Server und Windows Server 2003 betreuen müssen, die Besonderheiten der alten Versionen nachlesen können, finden Sie die Erstauflage des Buches als PDF-Datei auf der Buch-DVD.

1.2 Windows Server 2003 R2

Windows Server 2003 R2 ist ein Versionsupdate des Betriebssystems Windows Server 2003. Windows Server 2003 R2 basiert auf Windows Server 2003 mit Service Pack 1, bietet aber neue Features, um die Windows Server 2003 auch bei Erscheinen weiterer Service Packs nicht erweitert werden wird. Windows Server 2003 R2 ist somit ein eigenständiges Produkt, das Anfang 2006 auf den Markt kam. Es wird auf zwei CDs ausgeliefert. Auf der CD 1 befindet sich Windows Server 2003 mit SP1, auf CD 2 die neuen Features von Windows Server 2003 R2.

Windows Server 2003 R2 baut auf den Leistungsmerkmalen von Windows Server 2003 SP1 auf und ergänzt sie durch ausgewählte neue Features und Komponenten. Folglich müssen Sie in einer existierenden Domäne unter Windows Server 2003 nur diejenigen Windows Server 2003 auf Windows Server 2003 R2 aktualisieren, auf denen diese neuen Features benötigt werden. Für diese Aktualisierung muss dann eine neue Serverlizenz erworben werden. Nichts spricht aber dagegen, in eine bestehende Domäne unter Windows Server 2003 weitere Server unter Windows Server 2003 R2 hinzuzufügen, um Serverdienste, Serverfunktionen und Last zu verteilen und um die neuen Features von R2 gezielt auf den hinzugefügten Servern zu nutzen.

Für Windows Server 2003 R2 werden dieselben Service Packs und Updates wie für Windows Server 2003 bereitgestellt. Daher können die Betriebssysteme Windows Server 2003 und Windows Server 2003 R2 problemlos in ein und derselben Umgebung miteinander kombiniert werden. Ein späterer Umstieg auf Windows Server Longhorn kann sowohl von Windows Server 2003 als auch von Windows Server 2003 R2 aus erfolgen.

Da Windows Server 2003 R2 auf Windows Server 2003 SP1 basiert, können alle Anwendungen, die unter SP1 laufen, auch unter Windows Server 2003 R2 ausgeführt werden.

Windows Server 2003 R2 wird mit einer neuen, speziellen Serverlizenz ausgeliefert. Es ist deshalb nicht legitim, einen Windows Server 2003 auf Windows Server 2003 R2 zu updaten, ohne diese spezielle Serverlizenz zu erwerben. Doch gibt es keine speziellen Clientzugriffslizenzen (CALs) für Windows Server 2003 R2, sondern nur Windows-Server-2003-CALs. Wird eine neue Domäne auf Basis von Windows Server 2003 R2 errichtet und werden neben den fünf zum Lieferumfang gehörenden CALs weitere CALs benötigt, so erwirbt man Windows-Server-2003-CALs. Wird ein Windows Server 2003 R2 in eine bereits bestehende Windows-Server-2003-Domäne aufgenommen, so müssen folglich die bereits erworbenen CALs nicht ersetzt werden.

[o] Eine ausführlichere Besprechung der neuen Features von Windows Server 2003 R2 erfolgt in einem separaten Kapitel. Außerdem finden Sie auf der Buch-DVD im Unterverzeichnis **Windows Server\Windows Server 2003 R2** eine Sammlung von Anleitungen zur Installation und Verwaltung der neuen Features.

Wenn Sie eine neue Active-Directory-Domäne auf einer »grünen Wiese« errichten müssen, so sollten Sie Windows Server 2003 R2 einsetzen. Ist die Anzahl der Clients kleiner als 75 und ist davon auszugehen, dass innerhalb der nächsten vier bis fünf Jahre diese Größe nicht überschritten wird, so sollten Sie Microsoft Small Business Server 2003 R2 als preiswertere Alternative in Betracht ziehen.

1.3 Einzelprodukte oder Windows Small Business Server 2003

Im Herbst 2003 erschien das Produkt Microsoft Small Business Server 2003 in den zwei Versionen **Standard Edition** und **Premium Edition**, wobei die Premium Edition die zusätzlichen Serverprodukte **ISA-Server** und **SQL-Server** beinhaltet. 2006 erscheint die neue Version Small Business Server 2003 R2. Im Gegensatz zur Vorversion SBS 2000, die auf 50 Clientcomputer beschränkt war, kann SBS 2003 nunmehr in Unternehmen mit bis zu 75 Clients eingesetzt werden. Nicht nur der Preis, sondern auch die zusätzlichen Features von SBS 2003 (z. B. ein integrierter Faxdienst für alle Clients und die SharePoint Portal Services) machen dieses Produkt zu einer äußerst attraktiven Alternative gegenüber der Einzelinstallation der Serverprodukte.

Durch die neuen Features von R2 wird das Produkt Small Business Server erneut aufgewertet. Zwar gibt es weiterhin einige Einschränkungen im Vergleich von SBS 2003 R2 zu den Servereinzelprodukten, doch ist es sowohl technisch möglich als auch lizenztechnisch erlaubt, eine SBS-2003-Domäne um zusätzliche Server unter Windows Server 2003 R2 zu ergänzen, wenn für jeden weiteren Server neben der Serverlizenz eine SBS-2003-Device-CAL erworben wird. Ein zusätzlich hinzugefügter Windows Server 2003 R2 kann sogar zum Domänencontroller hochgestuft werden und damit als Ausfallserver konfiguriert werden, damit der IT-Betrieb zumindest notdürftig weiterläuft, wenn der eigentliche SBS-2003-Hauptserver geplant (z. B. wegen Wartung oder notwendiger Hardwareerweiterung) oder ungeplant (Servercrash) temporär nicht erreichbar ist.

Lesen Sie dazu auch den Artikel »SBS 2003-Domäne mit zusätzlichen Servern ausbauen und absichern« auf der Buch-DVD im Verzeichnis **Lizenzierung**. [⊙]

Die neuen Features von R2 unterstützen speziell die Anbindung von Filialen. Gerade bei der Anbindung von Mitarbeitern, die nicht im Hauptsitz des Unternehmens arbeiten (Filialen; Außendienstmitarbeiter; Mitarbeiter, die zu Hause arbeiten; externe Mitarbeiter usw.) wird zukünftig die Terminalserver-Technologie eine immer wichtigere Rolle spielen. Dazu werden ein oder mehrere Terminalserver unter Windows Server 2003 R2 im Hauptsitz des Unternehmens in die

SBS-2003-Domäne aufgenommen. Zum Thema Terminalserver finden Sie auf der Buch-DVD eine umfangreiche Sammlung von Artikeln und einen Hinweis, wo Sie das kostenloses Buch »The Definitive Guide to Windows Server 2003 Terminal Services« als E-Book sowie zwei weitere kostenlose Bücher über Windows Terminal Services herunterladen können.

Die Installation der SBS 2003 **Standard Edition** (R2) besteht aus dem Einlegen von einigen CDs und läuft automatisch fast ohne Benutzereingriffe ab. Beim Einsatz der SBS **Premium Edition** beachten Sie die Hinweise des Artikels »Completing Setup for Microsoft Windows Small Business Server Premium Technologies« im Verzeichnis **Small Business Server** der Buch-DVD.

Sie können diese zusätzliche Testinstallation z. B. auf einem virtuellen PC unter **Microsoft Virtual Server 2005 R2** oder **VMware** durchführen und benötigen dann keine zusätzliche Hardware. Das erstellte Active Directory und Dienste wie DHCP oder DNS sind anschließend weitgehend musterhaft vorkonfiguriert. Es werden zusätzliche Sicherheits- und Verteilergruppen, Skripte und Gruppenrichtlinien angelegt.

Der Leistungsumfang des Produktes Small Business Server 2000 und auch von dessen Nachfolger Small Business Server 2003 und das speziell für kleine Firmen sehr attraktive Preis-Leistungs-Verhältnis war im deutschsprachigen Raum leider viel zu lang auch Systemhäusern offensichtlich nicht bekannt. Denn immer wieder findet man in kleinen Unternehmen Domänen auf Basis der Einzelprodukte Windows 2000 Server oder Windows Server 2003, die von Systemhäusern verkauft und installiert wurden. Da man den Kunden neben den Kosten für diese Serverprodukte und die zusätzlich benötigten CALs dann wohl nicht auch noch die Kosten für das Einzelprodukt Exchange Server und die dafür extra benötigten CALs zumuten wollte, installierte man billigere E-Mail-Systeme von Drittanbietern. Diese inhomogenen Systeme sind jedoch über die Zeitachse bezüglich der Verwaltung und Fehlersuche dann viel kostenintensiver, fehleranfällig und bezüglich neuerer Entwicklungen (mobile Computing, Spam-Bedrohung usw.) nicht zukunftsorientiert. Stoßen Sie auf derartige Produktmixes, so sollten Sie dem Kunden ein Upgrade auf Small Business Server 2003 R2 dringend empfehlen und die vorhandene Serverlizenz entweder verkaufen oder zum Aufsetzen eines weiteren Servers verwenden (Ausfallserver, Terminalserver oder Filialserver).

[O] Lesen Sie hierzu auch das Dokument »Managing Additional Servers in a Windows Small Business Server Network« im Verzeichnis **Small Business Server** der Buch-DVD.

Im Dokument »How to install Small Business Server 2003 in an existing Active Directory domain« wird Schritt für Schritt erklärt, wie man eine bestehende Windows-2000-Domäne, Windows-2003-Domäne oder SBS-2000-Domäne in eine SBS-2003-Domäne überführt. Die Anleitung lässt sich aber auch für eine NT-4.0-Domäne verwenden: Zuerst überführt man die NT-4.0-Domäne durch die Update-Installationsoption in eine Windows-2003-Domäne und wendet danach die Anleitung an.

Vom Small Business Server 2003 können Sie bei Microsoft eine kostenlose 180-Tage-Evaluierungsversion bestellen. Nehmen Sie dieses Angebot in jedem Fall wahr, installieren Sie den SBS 2003 in einer Testumgebung und analysieren Sie ihn sorgfältig in allen Details. Studieren Sie auch die Whitepapers zum SBS 2003. Viele Standardeinstellungen und Hinweise aus diesen Whitepapers können Sie auch dann verwenden, wenn Sie mehr als 75 Clients in ein Active Directory einbinden müssen und deshalb der SBS 2003 für Ihr Unternehmen keine Alternative ist. Um z. B. etwas über die Art zu lernen, wie Microsoft-Experten Gruppenrichtlinien musterhaft strukturieren und einstellen, sollten Sie auf einem installierten SBS 2003 das Snap-In **Gruppenrichtlinienverwaltung** starten und von allen installierten Gruppenrichtlinienobjekten einen Bericht erstellen, indem Sie die einzelnen GPOs mit der rechten Maustaste anklicken und **Bericht erstellen** wählen.

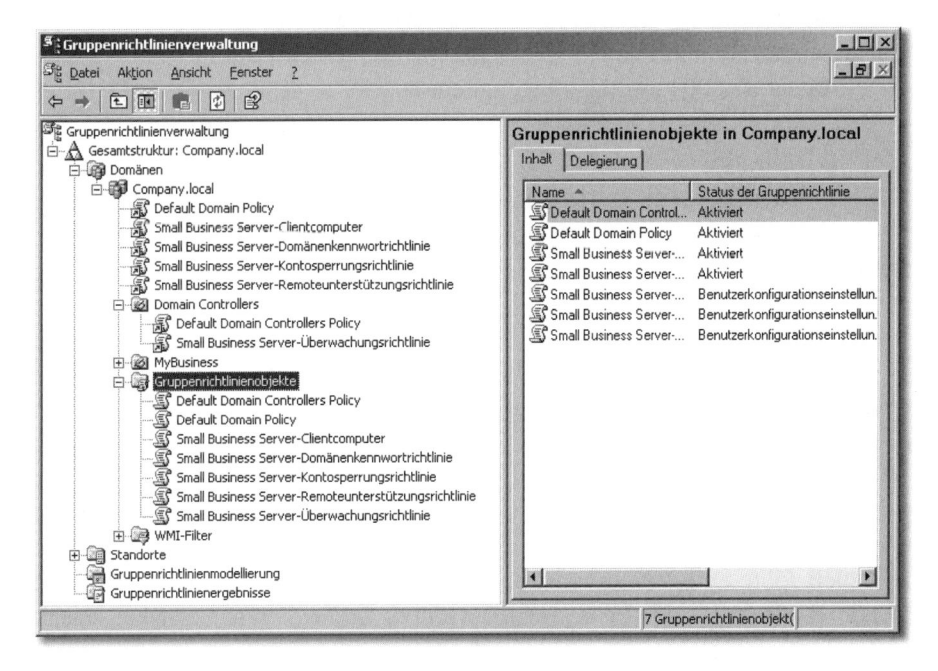

Analysieren Sie anschließend, welche Berechtigungen vergeben wurden und welche Richtlinien wie voreingestellt wurden. Auf der Buch-DVD finden Sie diese Berichte. Es erscheint sinnvoll, darüber nachzudenken, welche dieser Einstellungen und Vorlagen auch in eine Active Directory-Umgebung übernommen werden sollten, in der statt SBS 2003 R2 die einzelnen Serverprodukte installiert wurden.

Haben Sie mit diesem Buch einen Fehlkauf getätigt, wenn Sie SBS 2003 einsetzen werden? Auf keinen Fall! Sie können das Wissen, das Sie durch das Studium dieses Buches aufbauen werden, sowohl in einem großen Active Directory mit vielen Standorten als auch in einem kleinen Active Directory unter SBS 2003 beinahe uneingeschränkt nutzen. Ich habe zu beiden Produktlinien umfassendes Praxis-Know-how zusammengetragen und in die Kapitel einfließen lassen. Auf der Buch-DVD finden Sie eine umfangreiche Sammlung von Anleitungen und Tipps zu SBS 2003. Sie werden in den einzelnen Kapiteln immer wieder Anleihen aus dem Produkt SBS 2003 finden. Andererseits lassen sich die Ausführungen dieses Buches über Skripte, Gruppenrichtlinien und die Musterinstallation eines Clients auch in einer SBS-2003-Umgebung nutzen. Der Supportaufwand kann durch dieses Wissen in beiden Welten drastisch gesenkt werden. Sie, der Leser, wissen darüber hinaus nicht, ob Sie nicht vielleicht schon morgen ein SBS-2003-Netzwerk betreuen oder bei einem wachsenden Unternehmen ein SBS-2003-Netzwerk bald in ein Netzwerk mit den Einzelserverprodukten überführen müssen, weil die Anzahl der Clients die Grenze von 75 überschreitet oder Filialen hinzukommen. Denn in einem wachsenden Unternehmen mit mehreren Standorten ist der SBS 2003 nur noch bedingt einsetzbar.

1.4 Planung der Installation von Windows Server 2003

1.4.1 Partitionierung der Festplatten des Testservers

Der Testserver hat eine Festplatte, die wie folgt aufgeteilt wird:

- C: Mindestens 20 GB für Windows 2003 Server
- D: CD-ROM-Laufwerk
- E: Mindestens 20 GB für ein Softwarearchiv und die Freigaben »Profiles«, »Users«, »Company«
- F: Mindestens 10 GB für eine separate RIS-Partition

Eventuell sollte eine weitere Partition für ein zusätzliches Betriebssystem wie Windows XP Professional eingerichtet werden. Unter diesem zusätzlich installierten Betriebssystem können Sie z. B. im Internet arbeiten oder neue Software austesten, ohne die Servertestumgebung zu gefährden.

Bei der vorgeschlagenen Partitionierung der Festplatte des Testservers handelt es sich um eine Minimalkonfiguration für ein Testsystem, dessen einzige Funktion es ist, Erfahrungen mit einer Windows-Server-2003-Domäne einschließlich

Exchange Server 2003 (bzw. Small Business Server 2003) zu sammeln. Diese Minimalkonfiguration passt sogar auf einen Laptop. Damit ist sie z. B. für die Mitarbeiter eines Active-Directory-Projektteams geeignet, die verteilt arbeiten und sich regelmäßig zu Projektmeetings in einem Besprechungsraum treffen, um ihre Zwischenergebnisse auf dem Laptop vorzuführen. Auch IT-Consultants können einen Laptop mit einer Active-Directory-Testinstallation komfortabel für Vorführungen beim Kunden einsetzen. In Unternehmen, in denen ein Active Directory unter Windows Server 2003 bereits eingesetzt wird, ist diese Minimalkonfiguration für Auszubildende der IT-Abteilung interessant, denn mit geringem Hardwareaufwand kann ein Auszubildender spielerisch sich das Know-how aneignen, das er später im Produktivsystem benötigen wird.

Es versteht sich von selbst, dass ein Produktivserver anders konfiguriert werden muss: Festplatten müssen über RAID abgesichert werden. Die Anzahl der eingesetzten Festplatten und die Wahl des RAID-Systems hängen von der Anzahl der Clients, Benutzer und Exchange-Postfächer ab. In großen Umgebungen werden Technologien wie Servervirtualisierung, Cluster, SAN, NAS, iSCSI sowie DFS eine Rolle spielen und Einfluss auf die Anzahl und Konfiguration der Serverfestplatten haben. Nur ein Beispiel: Das Service Pack 2 zu Exchange Server 2003 erhöhte für die Standard Edition die Maximalgröße der Datenbanken von ehemals 16 Gigabyte auf nunmehr 75 Gigabyte. Wird diese Maximalgröße ausgenutzt, so erhöht sich auch der Speicherbedarf der Exchange-Transaktionsdateien, die dann aus Performancegründen auf einer separaten Partition, besser sogar auf einem separaten mittels RAID abgesicherten Festplattenpaar liegen sollten. Wird der Spam-Filter IMF eingesetzt, so sollte für das Spam-Archiv abhängig von der Größe des Spam-Aufkommens eventuell eine weitere separate Partition oder sogar eine separate Festplatte eingeplant werden.

1.4.2 Virtuelle Maschinen nutzen

Mit inzwischen kostenloser Virtualisierungssoftware wie **Microsoft Virtual Server 2005 R2** oder **VMware** können Sie unter Windows XP Testumgebungen einrichten. Sie können z. B. eine virtuelle Maschine mit den Einzelprodukten Windows Server 2003 R2 mit Exchange Server 2003 aufsetzen, in einer zweiten virtuellen Maschine einen Windows Terminalserver installieren und in die Domäne der ersten virtuellen Maschine integrieren. Als weitere Testumgebung können Sie das Produkt SBS 2003 R2 in einer separaten virtuellen Maschine installieren und sogar den Musterclient in einer virtuellen Maschine aufsetzen. Virtuelle Maschinen werden als Dateien in einem separaten Verzeichnis gespeichert. Zwischenstände einer Testumgebung lassen sich komfortabel als Sicherungskopien dieser Dateien wegspeichern und wieder einspielen, wenn durch

1 | Die Grundinstallation des Windows Server

weitere Installationsschritte ein unbrauchbarer Zustand herbeigeführt wird. Mittels virtueller Maschinen können Sie sogar gleichzeitig mehrere Windows-Server-Installationen auf einem Rechner starten und damit später eine Umgebung simulieren, die aus mehreren Standorten besteht.

[o] Auf der Buch-DVD habe ich im Hauptverzeichnis **Virtual Server 2005 R2** viele Anleitungen und Tipps zum kostenlosen Microsoft Virtual Server zusammengestellt.

Ein Nachteil von virtuellen Maschinen ist, dass eine hochperformante Hardware benötigt wird. Ein weiterer Nachteil, der beim Umgang mit komplexen Serverprodukten hinzukommt, besteht darin, dass die Fehlersuche in einem als virtuelle Maschine aufgesetzten Active Directory für einen Neuling nicht gerade einfacher wird, wenn die Besonderheiten und Einschränkungen der virtuellen Software hinzukommen. Um den Einstieg in Active Directory nicht durch unnötige Fehlerquellen zu erschweren, rate ich deshalb zumindest dem Neuling davon ab.

1.4.3 Mehrere Windows-Betriebssysteme parallel betreiben

Sie können in Ihrer Testumgebung auf mehreren Partitionen getrennt voneinander parallel Windows XP, Windows Server 2003 und Small Business Server 2003 installieren. Die Reihenfolge ist aber wichtig. Wenn Sie zuerst Windows Server 2003 und danach Windows XP installieren, lässt sich später Windows Server 2003 nicht mehr starten, da durch die Installation von Windows XP die Bootdateien von Windows Server 2003 durch die älteren Dateien von Windows XP ersetzt werden. Es handelt sich um die Dateien **C:\NTDETECT.COM** und **C:\NTLDR**. Sichern Sie diese Dateien und die Datei **Boot.ini** vorher in ein Unterverzeichnis. Lässt sich später eines der Betriebssysteme nicht mehr starten, so können Sie im anderen, noch startfähigen Betriebssystem diese Dateien wieder austauschen.

1.4.4 RIS erfordert eine separate Partition

Wichtig ist, dass Sie für die spätere Installation des **Remote Installation Service** (RIS) unbedingt eine separate Partition zur Aufnahme der RIPrep-Abbilder vorsehen. Auf dieser Partition sollten außer den Abbildern keine weiteren Datenbestände liegen, da bei einer Deinstallation von RIS sonst das Risiko eines Datenverlustes besteht. Mit RIS wird ein Dienst installiert, der bei doppelt vorkommenden Dateien mit gleicher Dateiversion zwecks Plattenplatzersparnis alle Duplikate der Dateien durch Links auf eine einzige Urdatei ersetzt und diese Urdatei in den SIS-Store übernimmt. Durch eine Deinstallation des RIS-Dienstes wird dieser Vorgang nicht revidiert. Die Duplikate sind dann nicht mehr vorhanden.

1.4.5 Flexibilität durch eine Wechselplatte

Eine sehr flexible Testumgebung erhalten Sie, wenn Sie drei Festplatten und zwei Wechselrahmen verwenden. Eine größere Festplatte bauen Sie fest in den Testrechner ein und nutzen diese Festplatte später als Softwarearchiv. Die anderen beiden Festplatten bauen Sie in je einen Wechselrahmen ein. Auf der einen Festplatte installieren Sie Windows XP, auf der anderen Windows Server 2003. Wollen Sie im Internet recherchieren oder Software austesten, so schieben Sie den Wechselrahmen mit Windows XP ein. Wollen Sie in der Windows Server-Testumgebung arbeiten, so tauschen Sie den Wechselrahmen im Computer aus. Aus beiden Umgebungen heraus können Sie auf das Softwarearchiv der dritten, fest installierten Festplatte zugreifen.

1.4.6 Hardware einsetzen, wenn es keine Windows Server 2003-Treiber gibt

Eine ISDN-Karte oder ein DSL-Modem sollte vor der Installation von Windows Server 2003 eingebaut werden, damit diese Hardware bei der Installation erkannt wird. Sie wird benötigt, damit ein Internetzugang vorhanden ist, wenn später DNS installiert wird, und damit Updates heruntergeladen werden können. Ich selbst verwende auch unter Windows Server 2003 eine ältere Fritz-PCI-ISDN-Karte, für die Windows Server 2003 keine Treiber zur Verfügung stellt. Leider bietet auch AVM für diese ISDN-Karte keine Windows-Server-2003-Treiber zum Download an, doch über einen Umweg läuft diese Karte auch unter Windows Server 2003, indem die Windows-XP-Treiber dieser Karte unter Windows Server 2003 weiter genutzt werden.

Unter Windows XP lassen Sie sich über **Systemsteuerung · System · Hardware · Gerätemanager** alle Treiberdateien anzeigen, die zu dieser Hardware geladen werden. Sie kopieren diese Treiber auf eine Diskette, auf der Sie vorher die gleichen Unterverzeichnisse einrichten (Windows\System32, Windows\Inf usw.). Unter Windows Server kopieren Sie dann diese Treiber von der Diskette in die entsprechenden Verzeichnisse von Windows Server 2003. Über **Systemsteuerung · System · Hardware · Gerätemanager · Aktion · Nach geänderter Hardware suchen** versuchen Sie anschließend, die Hardware aufgrund der hinzugefügten Treiber einzubinden. Bei der PCI-ISDN-Karte von AVM gibt es ein Update für Windows XP, das jedoch auch unter Windows Server 2003 installiert werden kann, nachdem die Karte mit den eingespielten Windows-XP-Treibern erkannt wurde.

Mit einer ähnlichen Vorgehensweise können Sie wahrscheinlich auch andere Hardware weiter einsetzen, für die es zwar Windows-XP-Treiber, jedoch keine Windows-Server-2003-Treiber gibt.

1.4.7 Startbare Betriebssystem-CD mit integriertem Service Pack verwenden

Als die Erstauflage dieses Buches gedruckt wurde, gab es zu Windows 2000 Server bereits das Service Pack 3, und kurz darauf erschien das Service Pack 4. Wenn Sie dieses Kapitel lesen, wird es auch für Windows Server 2003 bereits ein SP1 oder vielleicht sogar schon ein aktuelleres Service Pack geben. Erstellen Sie eine bootfähige Installations-CD mit integriertem neuestem Service Pack. Das Verfahren zum Erstellen derartiger bootfähiger CDs wird in diversen Artikeln beschrieben, die Sie aus dem Internet (z. B. über www.wintotal.de) herunterladen können. Nach demselben Verfahren können Sie auch eine Windows-XP-Professional-CD mit integriertem Service Pack 2 erstellen. Das Installieren von CDs mit integriertem Service Pack spart nicht nur Zeit und Speicherplatz auf der Festplatte, auch die später beschriebene RIS-Installation des Client-Betriebssystems vereinfacht sich dadurch enorm. Nach der Installation von Windows Server 2003 sollten Sie zuerst die neuesten Updates einspielen, die seit der Veröffentlichung des aktuellen Service Packs erschienen sind.

1.4.8 Namensvergabe für die Testumgebung

In der Erstausgabe dieses Buches wurde als Organisationsname für die Testumgebung »Testfirma« gewählt, und auch sonst wurden deutsche Bezeichnungen für Standardverzeichnisse und Freigaben vorgeschlagen. Da Sie aber vielleicht in einem Unternehmen arbeiten, das international operiert, oder später einmal in einem Projekt tätig sein werden, bei dem Server in der englischen Version aufgesetzt werden müssen, sollten Sie für bestimmte Namen englische Bezeichnungen verwenden. Das erleichtert auch das Verständnis von Whitepapers und Knowledge-Base-Artikeln, die in Englisch verfasst sind. Außerdem lehne ich mich an Konventionen an, die Sie bei einer Musterinstallation von Microsoft Small Business Server 2003 finden. Deshalb wurde in dieser Neuauflage des Buches als Organisationsname **Company** gewählt und als interner Domänenname **Company.local** statt **Testfirma.de**. Aus Sicherheitsgründen hat es sich als sinnvoll erwiesen, dem internen Domänennamen ein anderes Suffix zu geben (»local«) als dem externen Namen (»de« oder »com«), der im Internet angemeldet ist. Das Verzeichnis für persönliche Basisverzeichnisse (englisch: home directories) auf dem Server wird später **Users** genannt, das Verzeichnis zur Ablage von Gruppendokumenten **Company**, das Verzeichnis für wandernde Benutzerprofile (englisch: roaming profiles) **Profiles**.

[o] Sollten Sie in Screenshots, Artikeln und Skripten des Buches und besonders der Buch-DVD auf anders lautende Bezeichnungen stoßen, so verzeihen Sie mir bitte derartige Nachlässigkeiten.

Die in deutschsprachigen Handbüchern und Artikeln gewählten Übersetzungen der US-amerikanischen Fachbegriffe geben oft Anlass zum Schmunzeln. Dennoch werden sie hier zumindest dann verwendet, wenn sich die amerikanischen Termini nicht durchgesetzt haben. Merken Sie sich folgende deutsche Begriffe und deren amerikanisches Pendant:

- Wanderndes Benutzerprofil = roaming profile
- Basisverzeichnis = user home directory
- Organisationseinheit = organization unit (OU)
- Gruppenrichtlinie = group policy

1.5 Ablauf der Grundinstallation des ersten Domänencontrollers

Bevor Sie mit der Serverinstallation beginnen, muss der Netzwerkadapter mit einem Switch oder Hub verbunden sein. Er kann anderenfalls nicht aktiviert werden, was Folgeprobleme z. B. bei der DNS-Konfiguration nach sich ziehen würde.

Alternativ kann, sobald Windows Server installiert ist, der **Microsoft Loopbackadapter** installiert werden, der einen Netzzugang simuliert. Dazu starten Sie den Hardware-Assistenten und wählen den letzten Menüeintrag **Neue Hardware hinzufügen**.

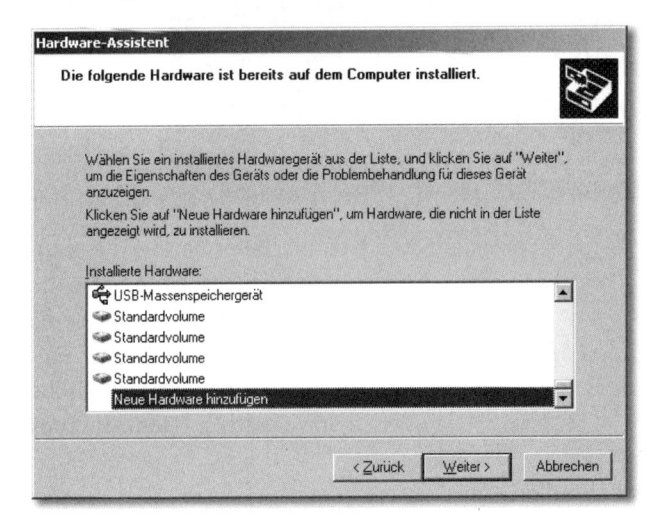

Im Folgefenster wählen Sie **Hardware manuell aus der Liste wählen**, klicken dann auf **Netzwerkadapter** und wählen links als Hersteller **Microsoft** und rechts den **Microsoft Loopbackadapter** aus.

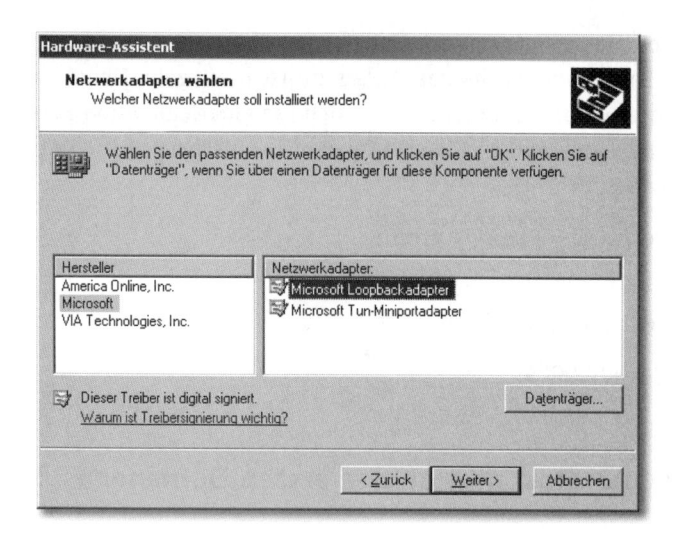

Nach dem Start der Installations-CD und dem Akzeptieren der Lizenzbedingungen erstellen Sie die Installationspartition. Wählen Sie als Formatierungstyp **Partition mit dem NTFS-Dateisystem formatieren**, jedoch nicht die Schnellformatierung, weil bei ihr defekte Sektoren einer Festplatte nicht als solche gekennzeichnet werden.

Nach der Formatierung erfolgt ein Neustart, und jetzt erscheint bereits die grafische Oberfläche (GUI). Im Fenster **Regions- und Sprachoptionen** können Sie die zweite Schaltfläche **Details** anwählen und im Tastaturlayout das Gebietsschema **Englisch (USA)** entfernen, da Sie mit einer deutschen Tastatur arbeiten. Wenn Sie Ihre Server mit der englischen Serverversion installieren und eine englische Tastatur haben, können Sie das Eingabegebietsschema **Deutsch (Deutschland)** entfernen.

Im Fenster **Benutzerinformationen** geben Sie als Namen **Admin** und als Organisation **Company** für die Testumgebung ein. Halten Sie sich nach Möglichkeit an die Vorschläge für Namensvergaben, da ich mich in allen Kapiteln und Abbildungen des Buches auf diese Vorschläge beziehe.

Den **Lizenzierungsmodus** können Sie in der Testumgebung auf **Pro Arbeitsplatz** belassen, müssen ihn aber in einer Produktivumgebung mit mehreren Servern, auf die die verschiedenen Serverfunktionen verteilt sind, später auf **Pro Gerät oder pro Benutzer** umstellen. Ist diese Umstellung einmal erfolgt, so ist sie danach nicht umkehrbar.

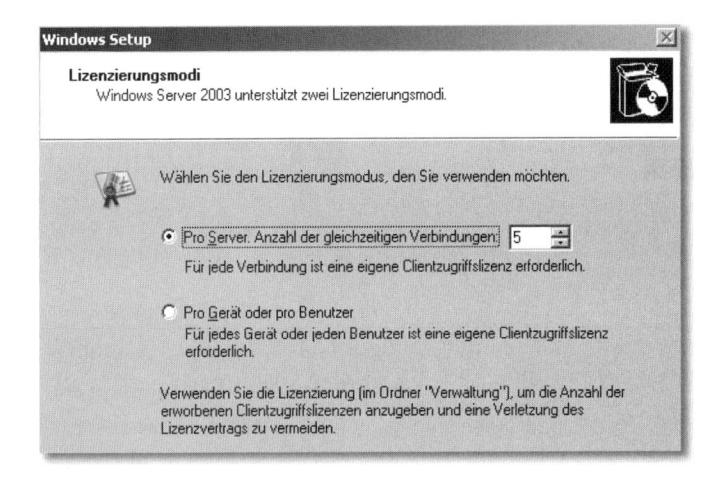

Im Fenster **Computername und Administratorkennwort** gebe ich als Computernamen S1 ein. Je kürzer und prägnanter der Name gewählt wird, desto weniger Tippfehler stellen sich später in Skripten ein. Oft wird vorgeschlagen, in den Namen eines Domänencontrollers die Buchstabenkombination »DC« aufzunehmen. Auf unserem Testserver wird aber später zusätzlich Exchange Server 2003 installiert und er wird weitere Funktionen wie DNS, DHCP und RIS übernehmen. In Kapitel 19, »Namenskonventionen«, wird unter anderem erläutert werden, warum man die Funktion eines Servers nicht in den Servernamen eingehen lassen sollte, sondern dafür besser das Beschreibungsfeld nutzt. Serverfunktionen ändern sich im Laufe der Zeit. Der Inhalt des Beschreibungsfeldes eines Active Directory-Objektes lässt sich ohne großen Aufwand jederzeit ändern, nicht hingegen der Name des Objektes selbst.

Das Administratorkennwort lasse ich wie alle später eingerichteten Kennwörter leer, da es sich um eine Testumgebung handelt und die Tests schneller durchlaufen, wenn man kein Passwort eintippen muss. Besonders auf dem Windows-XP-Client werden Sie sich später oft unter verschiedenen Kennungen anmelden. Es spart dann viel Zeit, wenn Sie kein Kennwort eingeben müssen.

Im Fenster **Netzwerkeinstellungen** wählen Sie nicht die Option **Standardeinstellungen**, sondern **Benutzerdefinierte Einstellungen**, damit Sie eine IP-Adresse manuell vergeben können. Sonst würde diese dynamisch zugewiesen.

1 | Die Grundinstallation des Windows Server

Nach der Auswahl dieser Option erscheint das Fenster **Netzwerkkomponenten**, in dem Sie die Eigenschaften des **Internetprotokolls (TCP/IP)** anwählen.

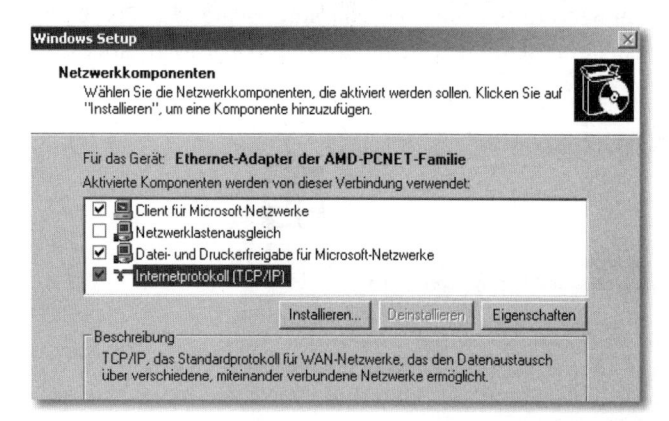

Als IP-Adresse schlage ich für die Testumgebung 192.168.0.1 und als Subnetz-Maske 255.255.255.0 vor. Die anderen Felder werden später nach der Installation und Konfiguration von DNS ausgefüllt.

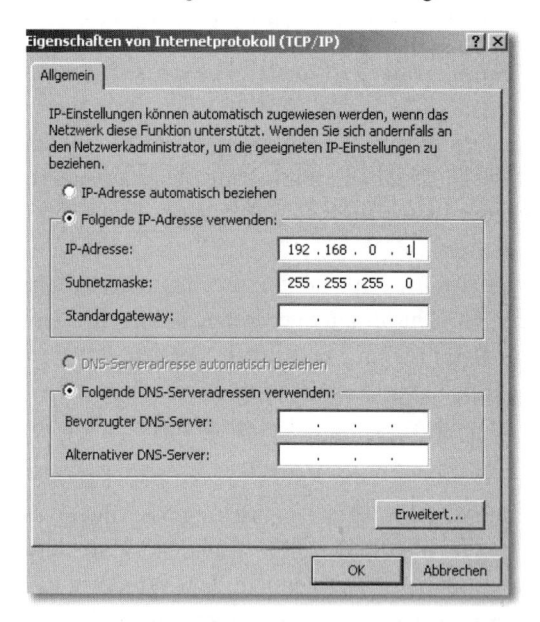

Im Fenster **Arbeitsgruppe oder Computerdomäne** belassen Sie es bei der Voreinstellung **ARBEITSGRUPPE**. Im Zuge der Erstellung des Active Directory wird der Server später automatisch in die Domäne **Company.local** als erster Domänencontroller aufgenommen.

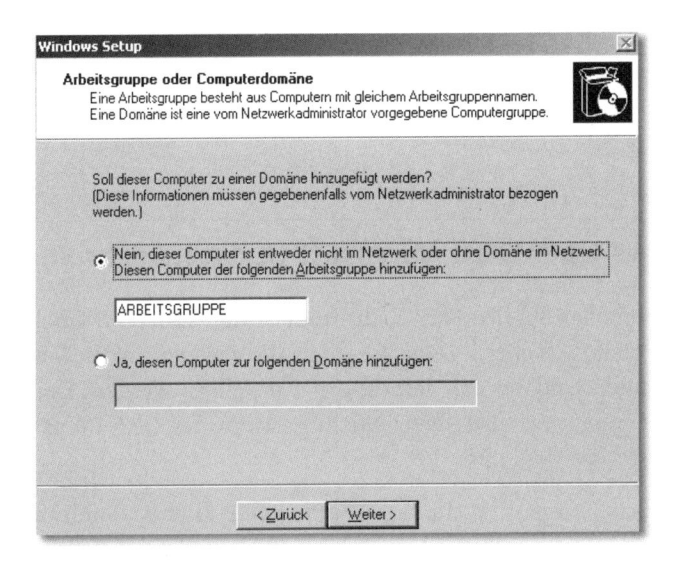

Nun werden automatisch Dateien kopiert, Startmenüs erstellt, die Registrierdatenbank generiert und zuletzt temporäre Dateien gelöscht. Danach erfolgt ein Neustart des Rechners. Die darauf folgende Anmeldung erfolgt unter der Kennung **Administrator** lokal, denn die Domäne ist noch nicht erstellt. Nach der Anmeldung wird automatisch das Snap-In **Serververwaltung** gestartet.

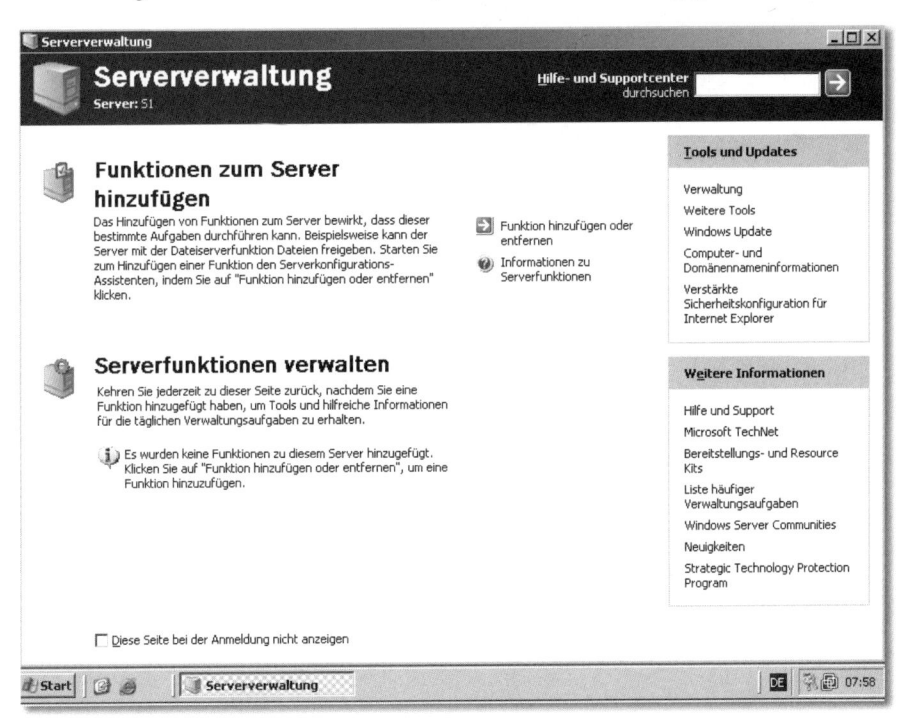

Der automatische Start dieser Verwaltungskonsole kann jedoch durch die Auswahl von **Diese Seite bei der Anmeldung nicht anzeigen** später deaktiviert werden. Das Snap-In **Serververwaltung** lässt sich über **Start · Verwaltung** jederzeit wieder öffnen.

1.6 Von Windows Update zu Microsoft Update wechseln

Wurde ein bereits erschienenes Service Pack nicht in die Installations-CD integriert, so sollte es jetzt installiert werden. Danach sollten alle nach dem aktuellen Service Pack veröffentlichten Updates aus dem Internet installiert werden. Der problemlose Zugang zum Internet wird später wichtig, wenn der DNS-Dienst installiert wird und getestet werden muss.

Generell empfiehlt es sich übrigens, nicht nur Windows-XP-Clients, sondern auch Windows Server von Windows Update auf Microsoft Update umzustellen, damit zukünftig nicht nur die Updates zum Betriebssystem automatisch heruntergeladen werden, sondern auch die Updates zu anderen Microsoft-Produkten, die auf dem Computer installiert sind.

[O] Lesen Sie dazu den Beitrag »von Windows Update zu Microsoft Update wechseln« im Verzeichnis **Windows Server** der Buch-DVD.

In diesem Kapitel wird die Domäne Company.local eingerichtet, die gleichsam als Stammdomäne fungiert. Ebenso wird die Grundkonfiguration der Dienste DNS, DHCP und WINS beschrieben. Ein fehlerfreies Funktionieren dieser Dienste ist eine Grundvoraussetzung für das erfolgreiche Arbeiten mit RIS, Skripten und Gruppenrichtlinien. Schleichen sich bei der Konfiguration des DNS-Serverdienstes Fehler ein, so stoßen Sie später auf Fehlfunktionen, deren Ursachen dann schwer nachvollziehbar sind.

2 Die Implementierung des Active Directory

2.1 Installation des Active Directory

Stellen Sie zuerst sicher, dass der Server **S1** einen funktionierenden Zugang zum Internet hat, bevor Sie nun mit der Einrichtung der Domäne **Company.local** beginnen. Unter Windows 2000 Server wurde der Befehl **dcpromo** für die Erstellung des Active Directory, das Heraufstufen eines Servers zum zusätzlichen Domänencontroller oder das Herabstufen eines Domänencontrollers zum Mitgliedsserver verwendet.

Wir installieren nun den ersten Domänencontroller und das Active Directory über die Auswahl von **Funktion hinzufügen oder entfernen** im Snap-In **Serververwaltung**.

In der PDF-Datei der Buch-DVD können Sie die Vorgehensweise nachlesen. Unter Windows Server 2003 verwenden Sie stattdessen einen Assistenten, der Sie per Menü durch diese Arbeiten führt und hilft, Fehler zu vermeiden. Geben Sie in einer CMD-Box dennoch einmal den Befehl **dcpromo /?** ein und suchen Sie in der Onlinehilfe nach diesem Begriff. Zwar wird er in der Befehlszeilenreferenz nicht mehr aufgeführt, wenn Sie jedoch im Thema **Prüfliste: Installieren eines Domänencontrollers** auf **So erstellen Sie einen zusätzlichen Domänencontroller** klicken, werden Sie fündig. Sie können den Befehl **dcpromo** weiterhin verwenden, um z. B. einen Domänencontroller zum Mitgliedsserver herabzustufen.

2 | Die Implementierung des Active Directory

Serververwaltung
Server: S1

Funktionen zum Server hinzufügen
Das Hinzufügen von Funktionen zum Server bewirkt, dass dieser bestimmte Aufgaben durchführen kann. Beispielsweise kann der Server mit der Dateiserverfunktion Dateien freigeben. Starten Sie zum Hinzufügen einer Funktion den Serverkonfigurations-Assistenten, indem Sie auf "Funktion hinzufügen oder entfernen" klicken.

- Funktion hinzufügen oder entfernen
- Informationen zu Serverfunktionen

Es erscheint der Bildschirm **Serverkonfigurations-Assistent**.

Serverkonfigurations-Assistent

Konfigurationsoptionen
Sie können eine typische Gruppe von Funktionen zu diesem Server hinzufügen, oder Sie können diesen Server anpassen, indem Sie die hinzuzufügenden oder zu entfernenden Funktionen angeben.

Folgenden Setuptyp für die Konfiguration dieses Servers verwenden:

○ **Standardkonfiguration für einen ersten Server**
Vereinfacht das Einrichten eines neuen Netzwerks, indem ein Standardsatz von Serverfunktionen für einen ersten Server hinzugefügt wird. Mit dieser Option wird dieser Server als Domänencontroller eingerichtet, indem der Active Directory-Verzeichnisdienst installiert wird. Außerdem werden der DNS- und DHCP-Server (falls erforderlich) für die IP-Adressverwaltung installiert, das Netzwerkrouting konfiguriert und ein Sicherheitsfirewall aktiviert.

○ **Benutzerdefinierte Konfiguration**
Passt diesen Server an, indem durchzuführende Serverfunktionen (wie z. B. Dateiserver, Druckserver oder Anwendungsserver) hinzugefügt werden. Sie können mit dieser Option auch vorhandene Serverfunktionen vom Server entfernen.

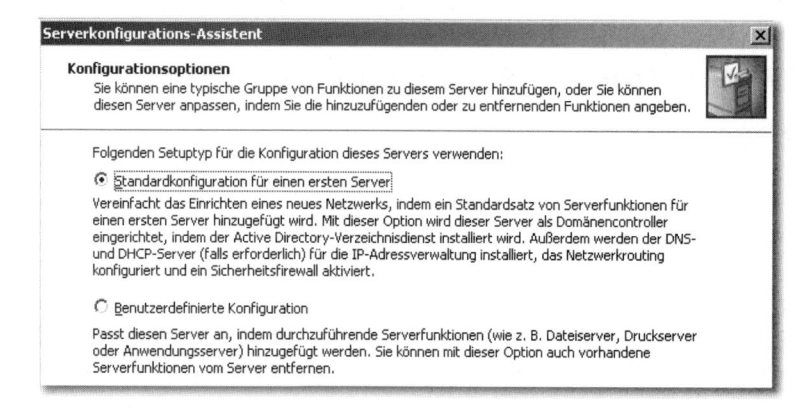

In diesem Fenster wählen Sie **Standardkonfiguration für den ersten Server**, um den Server zum ersten Domänenserver einer neuen Domäne hochzustufen. In Anlehnung an eine Standardinstallation des Small Business Server 2003 wird der Vorschlag übernommen, als Domänenerweiterung »local« statt »com« oder »de« zu wählen. Durch die Wahl der Erweiterung »local« zusammen mit IP-Adressen aus privaten IP-Adressbereichen können Sie sicherstellen, dass die interne Domäne im Internet nicht sichtbar wird.

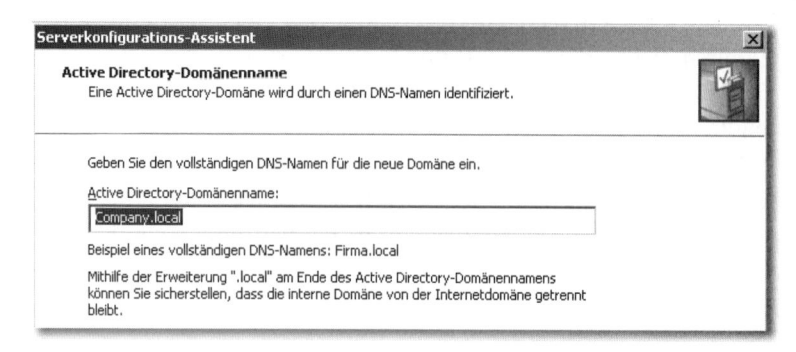

Serverkonfigurations-Assistent

Active Directory-Domänenname
Eine Active Directory-Domäne wird durch einen DNS-Namen identifiziert.

Geben Sie den vollständigen DNS-Namen für die neue Domäne ein.

Active Directory-Domänenname:
Company.local

Beispiel eines vollständigen DNS-Namens: Firma.local

Mithilfe der Erweiterung ".local" am Ende des Active Directory-Domänennamens können Sie sicherstellen, dass die interne Domäne von der Internetdomäne getrennt bleibt.

Für den externen Zugriff auf Ihr Netzwerk ist dieser interne Domänenname nicht maßgeblich. Im Exchange-System-Manager können Sie später die SMTP-Hauptadresse **@Company.local** gegen die passende SMTP-Hauptadresse (z. B. @galileo-press.de) austauschen. Unter dieser SMTP-Hauptadresse sind nun alle Exchange-Postfächer aus dem Internet erreichbar, und diese SMTP-Adresse erscheint dann auch als Versenderadresse.

Im nächsten Fenster **NetBIOS-Namen** übernehmen Sie die beiden Einträge **Company.local** als DNS-Domänennamen und **COMPANY** als NetBIOS-Domänennamen.

Im Fenster **DNS-Abfragen weiterleiten** geben Sie nur dann einen übergeordneten DNS-Server an, wenn dieser bereits feststeht und im Zugriff ist. Die IP-Adresse eines DNS-Servers, an den DNS-Abfragen weitergeleitet werden sollen, kann später über das Verwaltungs-Snap-In **DNS** eingetragen werden.

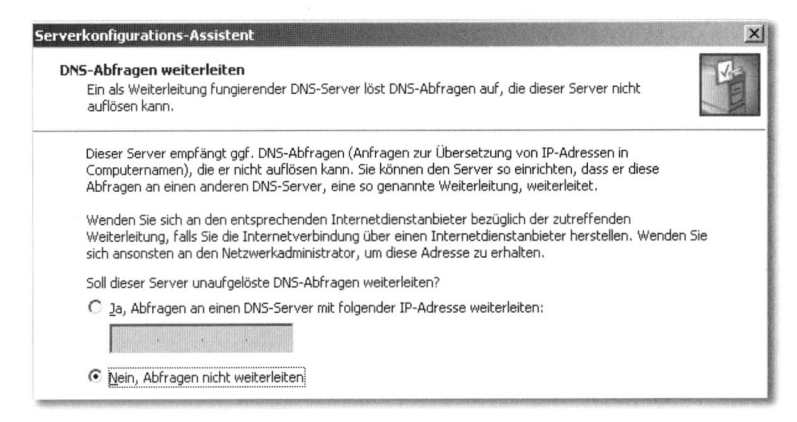

Nun erscheint ein Fenster **Zusammenfassung der Auswahl**. Danach benötigt der Rechner längere Zeit, um das Active Directory und den DNS-Serverdienst zu installieren, bevor der Rechner automatisch neu gestartet wird. Im Anmeldebildschirm müssen Sie nun die Domäne angeben.

2 | Die Implementierung des Active Directory

Nach der Anmeldung erscheint das Fenster **Serverkonfigurationsstatus**, in dem Sie verfolgen können, dass ein DHCP-Serverdienst mit einem DHCP-Adressbereich und der DNS-Serverdienst konfiguriert werden.

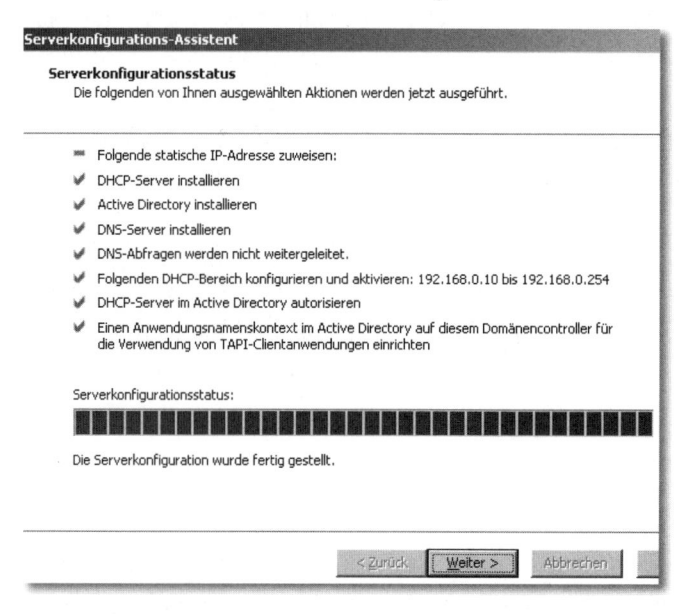

Serverkonfigurations-Assistent

Serverkonfigurationsstatus
Die folgenden von Ihnen ausgewählten Aktionen werden jetzt ausgeführt.

- Folgende statische IP-Adresse zuweisen:
- ✔ DHCP-Server installieren
- ✔ Active Directory installieren
- ✔ DNS-Server installieren
- ✔ DNS-Abfragen werden nicht weitergeleitet.
- ✔ Folgenden DHCP-Bereich konfigurieren und aktivieren: 192.168.0.10 bis 192.168.0.254
- ✔ DHCP-Server im Active Directory autorisieren
- ✔ Einen Anwendungsnamenskontext im Active Directory auf diesem Domänencontroller für die Verwendung von TAPI-Clientanwendungen einrichten

Serverkonfigurationsstatus:

Die Serverkonfiguration wurde fertig gestellt.

[< Zurück] [Weiter >] [Abbrechen]

Serverkonfigurations-Assistent

Dieser Server ist jetzt konfiguriert

Sie haben die Konfiguration dieses Server für das Ausführen der typischen Funktionen eines ersten Servers erfolgreich fertig gestellt

Die nächsten Schritte anzeigen

Änderungseinträge finden Sie im Serverkonfigurationsprotokoll.
Klicken Sie auf "Fertig stellen", um den Vorgang abzuschließen.

Da für den Server **S1** bereits im Vorfeld die IP-Adresse 192.168.0.1 vergeben wurde, steht oben ein roter Strich vor »Folgende statische IP-Adresse zuweisen:«.

Sobald Sie auf **Weiter** klicken, erscheint der Abschlussbildschirm **Der Server ist jetzt konfiguriert**. Sie sollten auf **Die nächsten Schritte anzeigen** klicken und den erscheinenden Text ausdrucken und später lesen. Wichtig ist z. B. folgender Satz:

»Wenn Sie den Server mithilfe der typischen Installation für einen ersten Server konfigurieren, wird das Kennwort des lokalen Administrators automatisch als Kennwort für das Administratorkonto für den Wiederherstellungsmodus festgelegt.«

Bei der Installation eines Produktivservers ist es wichtig, ein nicht leeres Administratorkennwort zu verwenden, dieses Kennwort zu notieren und in einem verschlossenen Couvert in einem Tresor zu hinterlegen. Muss der Server später einmal über die Wiederherstellungskonsole reaktiviert werden, so sollte das Kennwort auffindbar sein. Außerdem sollte nach der Installation das Administratorkennwort am besten sofort geändert werden, damit es sich vom Wiederherstellungskennwort unterscheidet. Wird das Administratorkennwort später versehentlich einer nicht befugten Person bekannt, so muss nur dieses geändert werden, nicht aber das Wiederherstellungskennwort.

2.2 Ändern des Kennwortes für den Wiederherstellungsmodus

Der Knowledge-Base-Artikel 322672 **Reset the Directory Restore Mode Administrator Account Password in Windows Server 2003** erklärt die Vorgehensweise zum Ändern des Kennworts für den Wiederherstellungsmodus unter **Windows Server 2003**. Lesen Sie in der Onlinehilfe unter »Ntdsutil Festlegen des DSRM-Kennworts« nach.

Der Knowledge-Base-Artikel 239803 **Ändern des Administratorkennworts für die Wiederherstellungskonsole auf einem Domänencontroller** erklärt die Vorgehensweise zum Ändern des Kennworts für den Wiederherstellungsmodus unter **Windows 2000 Server**.

Klickt man im Abschlussbildschirm auf **Serverkonfigurationsprotokoll**, so wird folgende Zusammenfassung angezeigt:

(04.05.2004 08:17:15)
Konfigurationen für den ersten Server
Bevorzugter DNS-Server: 192.168.0.1
DHCP wurde erfolgreich installiert.
Dieser Server wurde erfolgreich als Domänencontroller eingerichtet.
Active Directory und DNS installieren
Vollständiger Domänenname: Company.local
NetBIOS-Domänenname: COMPANY
DNS wurde erfolgreich installiert.
DNS-Abfragen werden nicht weitergeleitet.

DHCP-Server wurde erfolgreich autorisiert.
Das TAPI-Verzeichnis wurde erfolgreich eingerichtet.

Ein Anwendungsnamenskontext wurde erfolgreich im Active Directory auf diesem Domänencontroller für die Verwendung von TAPI-Clientanwendungen eingerichtet.

Dieser Anwendungsnamenskontext sollte mit dem Dienstprogramm TAPICFG entfernt werden, wenn dieser Computer nicht mehr als Domänencontroller fungieren soll.

Dieser Anwendungsnamenskontext hat den folgenden DNS-Namen: s1.Company.local.

In den Eigenschaften des IP-Protokolls der Netzwerkkarte wurde die IP-Adresse 192.168.0.1 des Servers **S1** also auch im Feld **Bevorzugter DNS-Server** eingetragen. Im Feld **Standardgateway** können Sie später die IP-Adresse eines Routers eintragen.

[O] Wenn Sie später einen weiteren DNS-Server zur Ausfallsicherheit installieren, lesen Sie die Artikel »Verwenden von sekundären Servern«, »Making your DNS Service fault tolerant« und »DNS Server becomes an island when a domain controller points to itself for the _msdcs.ForestDnsName domain« im Verzeichnis **DNS und TCP-IP-Protokoll** der Buch-DVD.

Nach der Anwahl der Schaltfläche **Fertig stellen** wird wieder das Snap-In **Serververwaltung** angezeigt.

2.3 Die Domänenfunktionsebene auf Windows Server 2003 hochstufen

Unter Windows 2000 Server gibt es die Begriffe **Gemischter Modus** und **Einheitlicher Modus**, und zwar sowohl für das Active Directory als auch für die Exchange-Organisation. Solange sich ein Windows 2000 Active Directory im gemischten Modus befindet, ist es abwärtskompatibel zu einer Windows-NT-4.0-Domäne. Solange sich eine Exchange-2000-Organisation im gemischten Modus befindet, ist sie abwärtskompatibel zu einer Exchange-5.x-Organisation. Der gemischte Modus ist sowohl bezüglich des Active Directory als auch bezüglich Exchange 2000 die Ausgangssituation: Ein neu aufgesetztes Active Directory befindet sich so lange im Mischmodus, bis es über das Snap **Active Directory-Benutzer und -Computer** in den einheitlichen Modus umgewandelt wird. Diese Umwandlung gilt dann für alle Domänencontroller der Domäne. Ebenso muss eine Exchange-Organisation einmalig über den **Exchange System-Manager** in den einheitlichen Modus überführt werden. Beide Vorgänge sind nicht umkehrbar.

Im Mischmodus können Windows-NT-4.0-Server und Exchange-5.x-Server parallel zu Windows-2000-Domänencontrollern und Exchange-2000-Servern gefahren werden. Aus Gründen der Abwärtskompatibilität steht jedoch im Mischmodus nur ein Teil der Funktionalität von Active Directory zur Verfügung. So werden z. B. universelle Sicherheitsgruppen gar nicht und die Gruppenverschachtelung nur stark eingeschränkt unterstützt. Der Mischmodus sollte auch nur so lange beibehalten werden, bis alle NT-4.0-Server und Exchange-5.x-Server migriert sind. Migriert bedeutet: Der alte Server wird auf die neueren Produkte aktualisiert, durch neuere Hardware mit aktueller Serverversion ersetzt oder im Zuge der Serverkonsolidierung nicht weiter benötigt. Unter Serverkonsolidierung wird übrigens verstanden, dass ehemals viele Server durch wenige, dafür leistungsstärkere Server ersetzt werden.

Windows Server 2003 muss nun nicht nur zu einer NT-4.0-Domäne abwärtskompatibel sein, sondern auch zu einem Active Directory unter Windows 2000 Server bzw. einer Exchange-2000-Organisation. Jedoch spricht man jetzt nicht mehr von gemischtem oder einheitlichem Modus, sondern von **Domänen- und Gesamtstrukturfunktionsebenen**. Die Onlinehilfe erklärt diese Begriffe und zeigt, wie von einer Ebene in eine höhere gewechselt werden kann:

»Die Domänen- und Gesamtstrukturfunktionalität, die in Windows Server 2003-Active Directory eingeführt wurde, stellt eine Möglichkeit dar, um domänen- oder gesamtstrukturweite Active Directory-Funktionen in Ihrer Netzwerkumgebung zu aktivieren. Je nach Umgebung sind unterschiedliche Ebenen der **Domänenfunktionalität** *und* **Gesamtstrukturfunktionalität** *verfügbar.*

Wenn alle Domänencontroller in Ihrer Domäne oder Gesamtstruktur unter Windows Server 2003 ausgeführt werden und als Funktionsebene Windows Server 2003 festgelegt ist, sind alle domänen- und gesamtstrukturweiten Funktionen verfügbar. Wenn in Ihrer Domäne oder Gesamtstruktur Windows NT 4.0- oder Windows 2000-Domänencontroller mit Domänencontrollern unter Windows Server 2003 vorhanden sind, sind die Active Directory-Funktionen eingeschränkt.«

Die Domänenfunktionalität ermöglicht Funktionen, die die gesamte Domäne betreffen, jedoch nur diese eine Domäne. Die folgenden vier Domänenfunktionsebenen sind verfügbar:

▸ **Windows 2000 gemischt (Standard)**
 Unterstützt Domänencontroller vom Typ Windows NT 4.0, Windows 2000 Server und Windows Server 2003

▸ **Windows 2000 pur**
 Unterstützt Domänencontroller vom Typ Windows 2000 Server und Windows Server 2003

- **Windows Server 2003-interim**
  Unterstützt Domänencontroller vom Typ Windows NT 4.0 und Windows Server 2003

- **Windows Server 2003**
  Unterstützt nur Domänencontroller vom Typ Windows Server 2003

Wird der erste Windows-Server-2003-Domänencontroller installiert, so befindet er sich standardmäßig in der Funktionsebene **Windows 2000 gemischt (Standard)** und ist damit abwärtskompatibel zu Windows-NT-4.0-Servern und Windows-2003-Domänencontrollern.

In unserer Testumgebung wollen wir alle Funktionen und Möglichkeiten von Windows Server 2003 testen und benötigen keine Abwärtskompatibilität. Wir überführen die Domäne **Company.local** deshalb in die Funktionsebene **Windows Server 2003**. Starten Sie dazu das Snap-In **Active Directory-Benutzer und -Computer** und klicken Sie die Domäne mit der rechten Maustaste an. Wählen Sie den Befehl **Domänenfunktionsebene heraufstufen**.

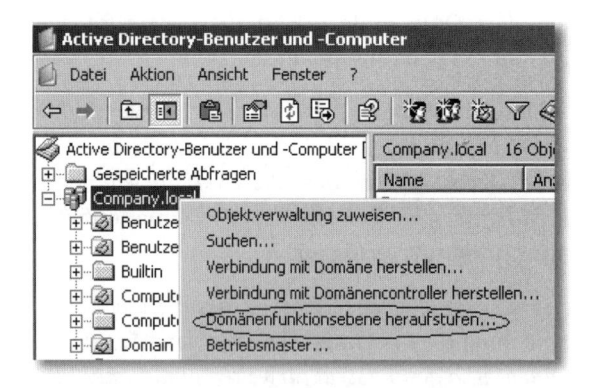

Sie können die Heraufstufung der Domänenfunktionsebene auch über das Snap-In **Active Directory-Domänen und Vertrauensstellungen** vornehmen. Klicken Sie in diesem Snap-In die Domäne mit der rechten Maustaste an. Wählen Sie den Befehl **Domänenfunktionsebene heraufstufen**. Als aktuelle Domänenfunktionsebene wird **Windows 2000 gemischt** angezeigt. Wählen Sie als neue Domänenfunktionsebene **Windows Server 2003**.

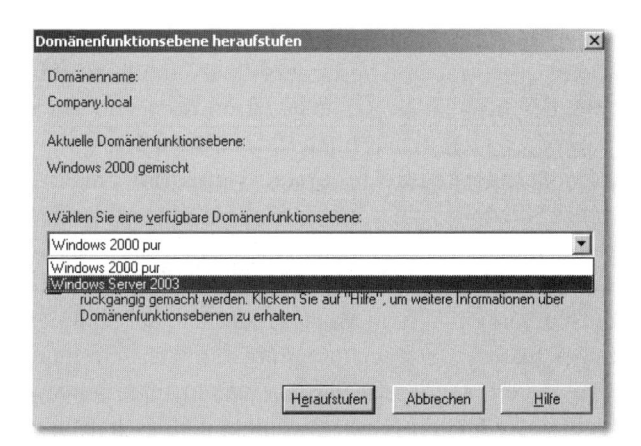

Klickt man in diesem Fenster auf **Hilfe**, so erscheint die Hilfe zum Thema **Domänen- und Gesamtstrukturfunktionalitäten**. Dieses Hilfe-Thema sollten Sie vielleicht ausdrucken und bei Gelegenheit in Ruhe studieren. Wenn Sie eine ältere Windows-Server-Umgebung später migrieren müssen, ist das Thema wichtig.

Wenn Sie die Schaltfläche **Heraufstufen** anklicken, erhalten Sie eine letzte Warnung, dass diese Änderung nicht rückgängig gemacht werden kann.

Mir wird sehr flau im Magen, wenn ich mir vorstelle, dass ein großes Unternehmen mit vielen Standorten und vielen Systemadministratoren mitten in einer Umstellungsphase ist, die sich über mehrere Monate hinziehen kann, und einer der Administratoren diese Heraufstufung versehentlich oder bewusst (z. B. wegen der Verärgerung über seine Kündigung) abends an einem der Domänencontroller vornimmt. Malen Sie sich die Konsequenzen aus: In allen Teilnetzen, in denen die Anmeldung noch über NT-4.0-Server oder Windows-2000-Domänencontroller läuft, gäbe es ein unvorstellbares Chaos. Ein ähnliches Desaster-Szenario kann man sich in einer Exchange-Organisation vorstellen, die im gemischten Modus läuft, weil in einigen Filialen noch Exchange-5.5-Server laufen. Stellt ein Exchange-Administrator auch nur einen Exchange Server 2003 in den einheitlichen Modus um, so haben Sie am nächsten Tag und auch wohl an den Folgetagen wenig zu lachen!

Vielleicht ahnen Sie jetzt, wie wichtig es ist, dass nur wenige Systemadministratoren zu derartigen Aktionen berechtigt sind.

2.4 Den Standort umbenennen

Wählen Sie jetzt **Start · Programme · Verwaltung · Active Directory-Standorte und -Dienste**. Stellen Sie die Maus auf **Active Directory-Standorte und -Dienste**

[S1.Company.local], klicken Sie die rechte Maustaste und wählen Sie **Ansicht · Anpassen**. Stellen Sie sicher, dass alle Optionen, besonders die Option **Beschreibungsleiste**, aktiviert sind. Bei der Installation des ersten Domänencontrollers wurde automatisch der erste Standort unter dem Namen **Default-First-Site** (eventuell auch unter dem Namen **Standardname-des-ersten-Standorts**) erzeugt. Wenn Ihr Unternehmen mehrere Standorte umfasst, an denen Sie Server installieren werden, so sollten Sie diese Standortbezeichnung nun umbenennen. Dazu klicken Sie **Default-First-Site** mit der rechten Maustaste an, wählen den Befehl **Umbenennen** und benennen den Standort um, z. B. in **Musterstadt**. In einer komplexen Produktivumgebung kann es später jedoch auch mehrere räumlich getrennte Standorte innerhalb einer Stadt geben, die durch langsame Leitungen miteinander verbunden sind. Dann sollten Sie Standortnamen wählen, die das Gebäude oder Firmengelände eindeutig identifizieren. Wenn Sie über die rechte Maustaste die Eigenschaften des Standorts aufrufen, können Sie einen beschreibenden Text eingeben (z. B. Straße, PLZ und Ort).

2.5 Das Konto »Administrator« zur Sicherheit umbenennen

Starten Sie das Snap-In **Active Directory-Benutzer und -Computer**. Wählen Sie die Domäne **Company.local** mit der rechten Maustaste an und dann **Eigenschaften**. Dort wählen Sie die Registerkarte **Gruppenrichtlinien**. Sie finden die Richtlinie **Default Domain Policy**. An dieser Richtlinie sollten Sie in der Regel keine Änderungen vornehmen, wenn sich die gewünschten Änderungen auch an Gruppenrichtlinien für Organisationseinheiten vornehmen lassen, die wir später noch erstellen. Klicken Sie trotzdem einmal auf **Bearbeiten**. Unter **Computerkonfiguration · Windows-Einstellungen · Sicherheitseinstellungen · Lokale Richtlinien · Sicherheitsoptionen** finden Sie die Gruppenrichtlinie **Konten: Administrator umbenennen**.

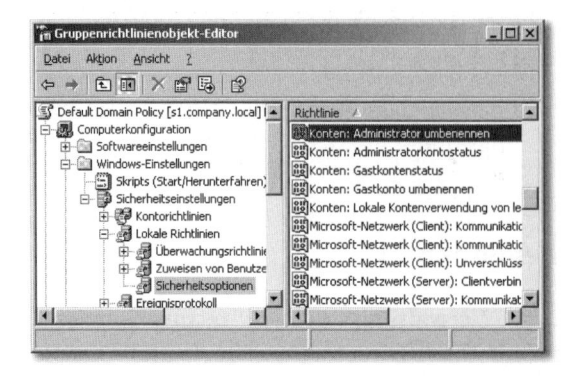

Diese Gruppenrichtlinie sollten Sie in der Produktivumgebung später verwenden, um dem Administratorkonto einen unscheinbaren Namen zu geben, sodass ein Hacker nicht sofort das Objekt seiner Begierde findet.

2.6 Das TCP/IP-Protokoll für DNS konfigurieren

Wenn DNS nicht sauber konfiguriert ist, bekommen Sie später an anderen Stellen Probleme mit Fehlermeldungen, die nicht vermuten lassen, dass die eigentliche Ursache ein fehlerhaft konfiguriertes DNS ist. Unter Windows 2000 Server bin ich einmal am Rand der Verzweiflung gewesen und habe schließlich meinen Server komplett neu aufgesetzt, weil Gruppenrichtlinien, die ich eingerichtet hatte, beim Anmelden auf dem Windows-XP-Rechner keinerlei Wirkung zeigten, jedoch kein Zusammenhang mit einem fehlerhaft konfigurierten DNS erkennbar war. Ein fehlerhaft konfigurierter DNS-Serverdienst äußert sich aber z. B. darin, dass ein gestarteter Client Minuten benötigt, bis endlich das Anmeldefenster mit der Aufforderung erscheint, die Tastenkombination **Strg + Alt + Entf** zu drücken. Auch der dann folgende Anmeldeprozess zieht sich in die Länge.

Unter Windows Server 2003 vermeidet man viele Fehler, wenn man die Installation und Konfiguration von DNS sowie DHCP durch den Assistenten zur Einrichtung des Active Directory automatisch durchführen lässt. Wahrscheinlich müssen Sie weder an der Konfiguration des DNS- noch des DHCP-Serverdienstes in unserer Testumgebung großartige Änderungen vornehmen. In DNS müssen Sie lediglich eine Weiterleitung an den DNS-Server Ihres Providers einrichten.

> **DNS- und DHCP-Konfiguration einer musterhaften Installation von Microsoft Small Business Server 2003 analysieren** [«]
> Der Small Business Server 2003 lässt dem Administrator kaum eine Auswahl bei der Vorgehensweise zur Installation, weil eine hochintegrierte Installationsroutine nacheinander den Windows Server 2003, das Active Directory inklusive DNS- und DHCP-Serverdienst, den Exchange Server 2003 und Fax- sowie SharePoint-Portal-Dienste installiert. Es kann auch für eine große Umgebung, in der SBS 2003 aufgrund der Begrenzung auf höchstens 75 Clients nicht zum Zuge kommen kann, sehr hilfreich sein, eine kostenlose 180-Tage-Testversion von SBS 2003 auf einem Testserver zu installieren und speziell die automatisch vorgenommene Konfiguration von DNS und DHCP dort zu analysieren. Die Erkenntnisse aus einer funktionsfähigen SBS-2003-Umgebung können oft in eine Umgebung mit installierten Einzellizenzen der Microsoft-Serverprodukte übernommen werden.

> **Auf der Buch-DVD finden Sie viele Artikel und Anleitungen zu den Themen DNS und DHCP sowie einen Hinweis auf das kostenlose Tool DNSlint, das im Knowlege-Base-Artikel 321045 beschrieben wird und zur Analyse von DNS-Problemen geeignet ist.** [O]

2 | Die Implementierung des Active Directory

Überprüfen Sie zuerst die TCP/IP-Protokolleinstellungen der Netzwerkkarte des Servers. Unter **Bevorzugter DNS-Server** sollte die IP-Adresse des eigenen Servers stehen, solange dieser der einzige Windows-DNS-Server der Domäne ist. Gibt es einen Router für die Anbindung an das Internet oder an andere Netzwerksegmente, so sollte dessen IP-Adresse unter **Standardgateway** eingetragen werden.

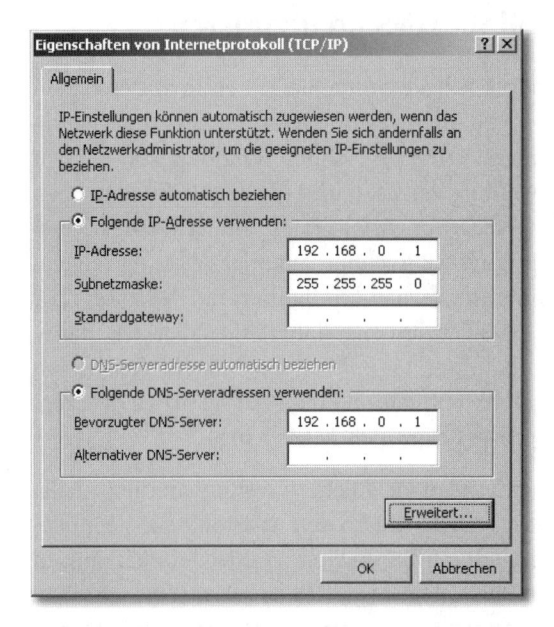

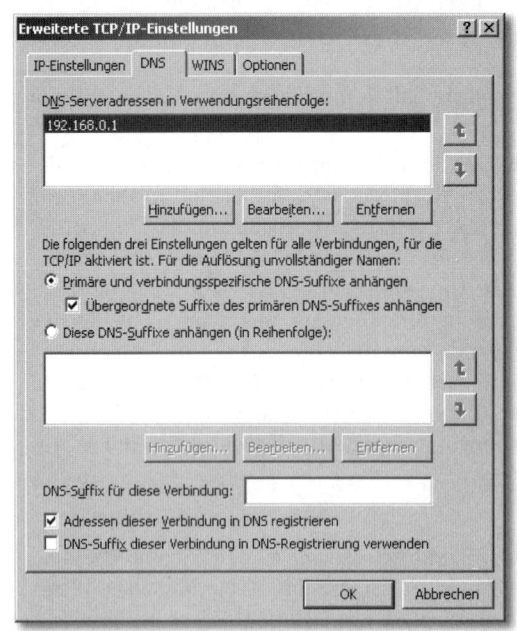

Klicken Sie auf die Schaltfläche **Erweitert**. In der Registerkarte **DNS** sollten folgende Optionen aktiviert sein:

- Übergeordnete Suffixe des primären DNS-Suffixes anhängen
- Adressen dieser Verbindung in DNS registrieren

Wurde aus Gründen der Abwärtskompatibilität zu alten Anwendungen und Diensten der WINS-Serverdienst auf dem Server **S1** installiert, so sollte die IP-Adresse des Servers **S1** in der Registerkarte **WINS** eingetragen sein.

2.7 Die Konfiguration des DNS-Serverdienstes

Rufen Sie das Snap-In **DNS** über **Einstellungen · Systemsteuerung · Verwaltung** oder über **Programme · Verwaltung** auf. Gehen Sie in die **Forward-Lookupzone** und kontrollieren Sie, ob die Ordner **_msdcs**, **_sites**, **_tcp** und **_udp** vorhanden sind.

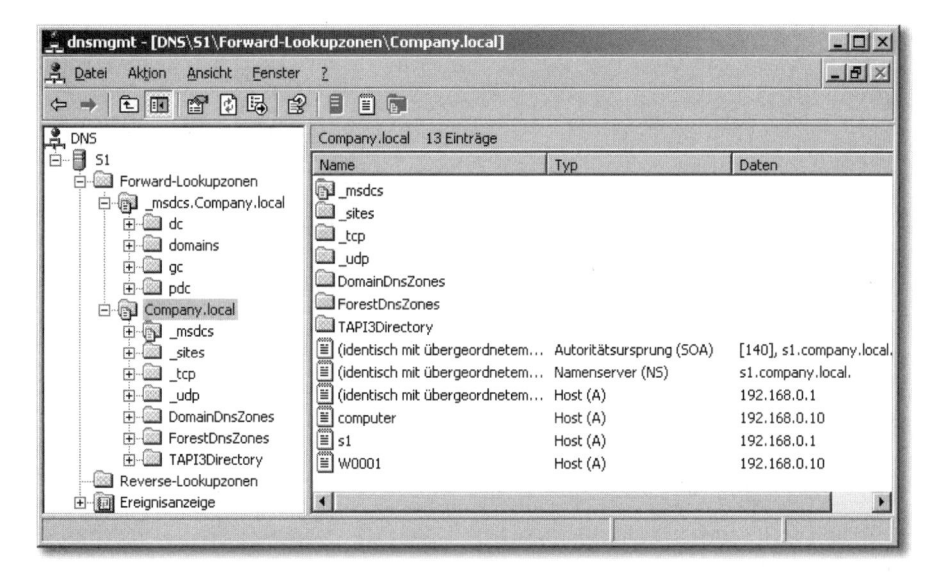

Es müssen folgende Ressourceneinträge für den Server **S1** vorhanden sein:

Autoritätsursprung, **Namenserver**, zwei Mal **Host**.

Gehen Sie in die **Reverse-Lookupzonen**. Kontrollieren Sie, ob eine Reverse-Lookupzone erstellt worden ist. Falls nicht, dann erstellen Sie sie: Über einen rechten Mausklick und Auswahl von **Neue Zone** starten Sie einen Assistenten für eine neue Reverse-Lookupzone.

2 | Die Implementierung des Active Directory

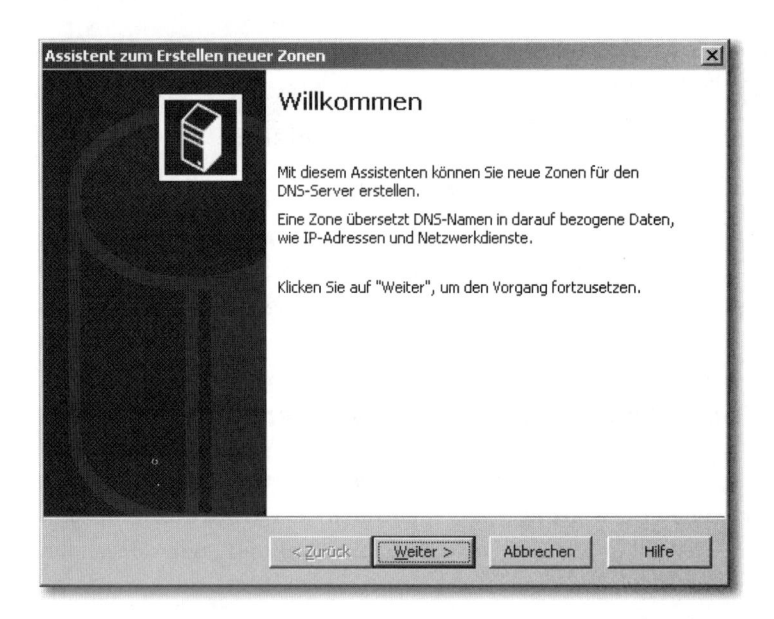

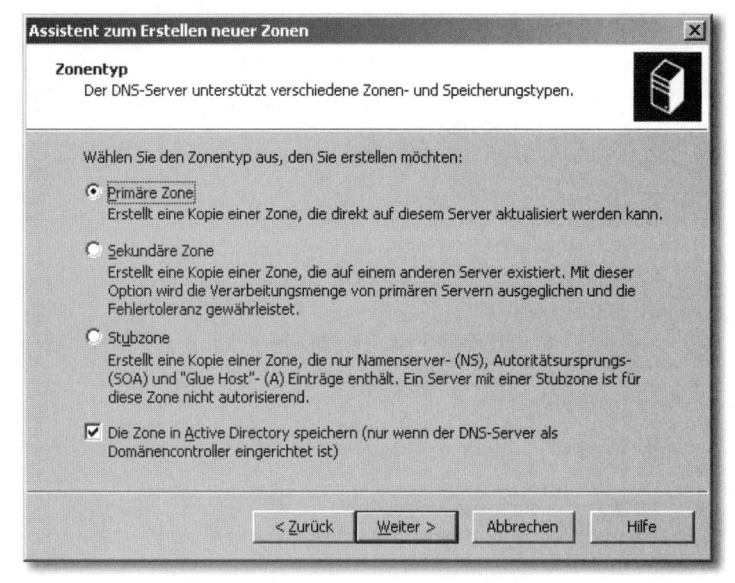

Im Fenster **Zonentyp** wählen Sie **Primäre Zone** und **Die Zone in Active Directory speichern**.

Im Fenster **Active Directory-Zonenreplikationsbereich** wählen Sie die Option **Auf allen DNS-Servern in der Active Directory-Domäne »Company.local«**.

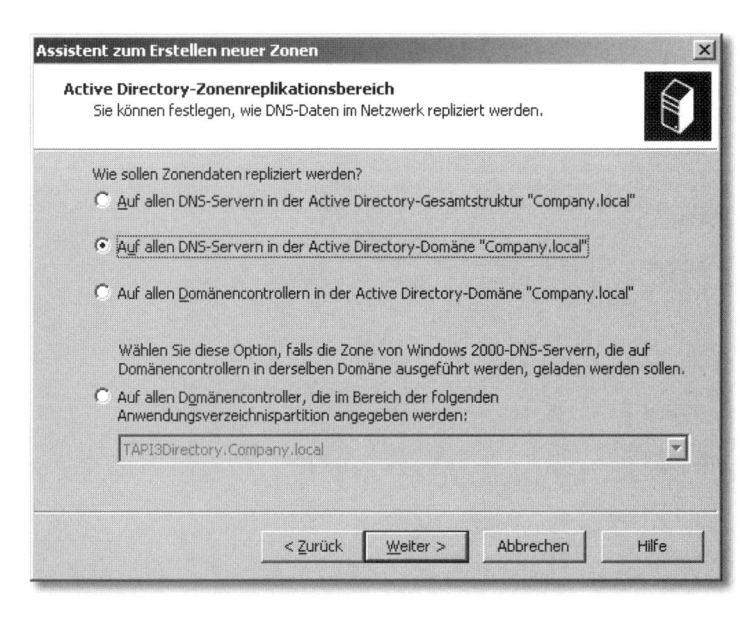

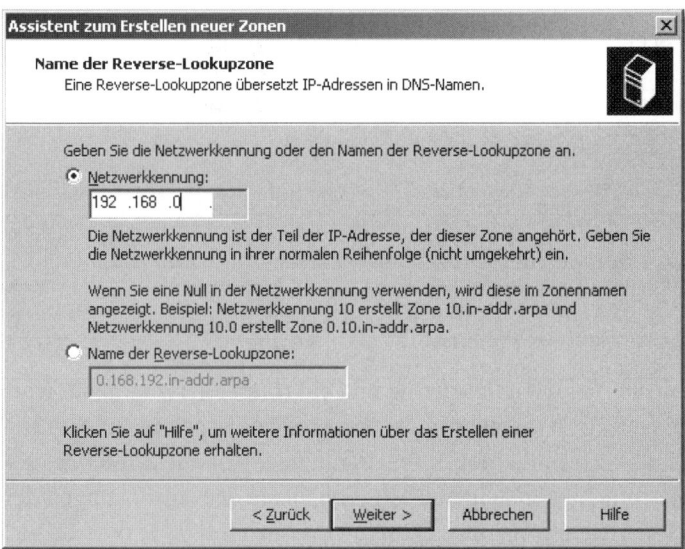

Im Fenster **Name der Reverse-Lookupzonen** geben Sie als Netzwerkkennung **192.168.0** ein. Dadurch erscheint weiter unten als Name der Reverse-Lookupzone **0.168.192.in-addr.arpa**.

Im Fenster **Dynamisches Update** wählen Sie die Option **Nur sichere dynamische Updates zulassen**.

2 | Die Implementierung des Active Directory

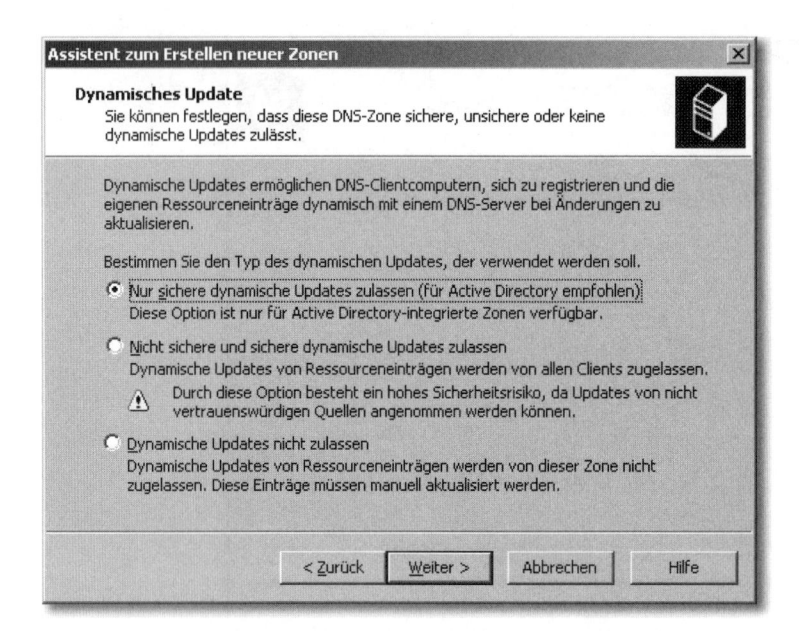

Das Ergebnis nach Beenden des Assistenten sieht wie folgt aus:

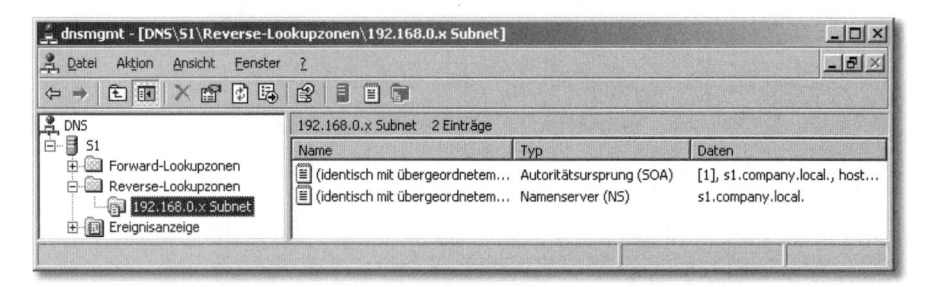

Kontrollieren Sie, ob ein **Autoritätsursprung** und ein **Namenserver** erstellt worden sind. Was noch fehlt, ist ein **Zeiger** in der **Reverse-Lookupzone** auf den Server **S1**. Klicken Sie mit der rechten Maustaste auf die neue Zone **192.168.0.x Subnet** und erstellen Sie einen neuen **Zeiger (PTR)**. Folgen Sie den Anweisungen des Assistenten und wählen Sie jeweils Ihre Domäne und Ihren DNS-Server **S1** aus. Ändern Sie die **Host-IP-Nummer** von 192.168.0.0 in 192.168.0.1 ab. Wählen Sie **Durchsuchen** und klicken Sie sich zum Server **S1** mit der IP-Adresse 192.168.0.1 durch.

Die Konfiguration des DNS-Serverdienstes | 2.7

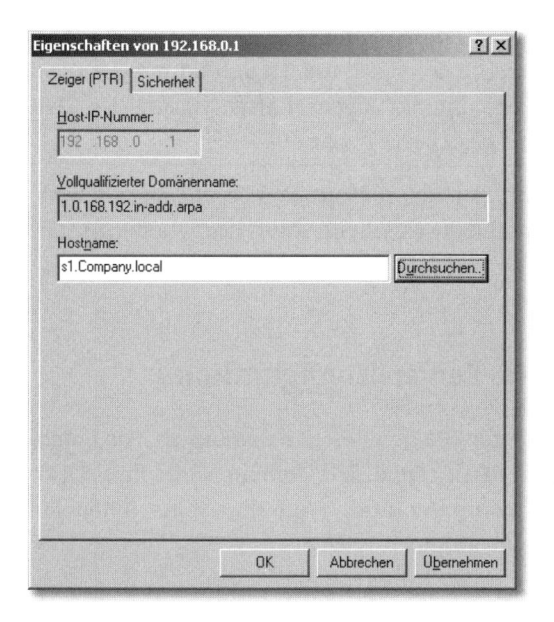

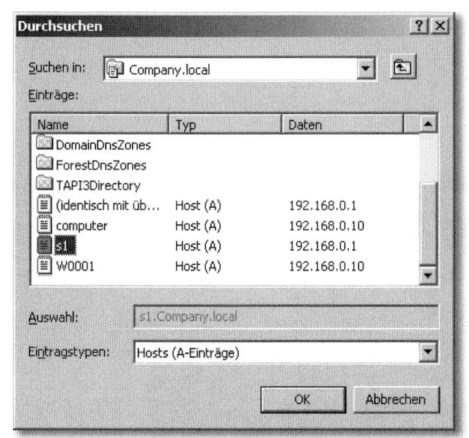

Danach beenden Sie den Assistenten mit der Schaltfläche **OK**. Die Reverse-Lookupzone sollte jetzt wie folgt aussehen:

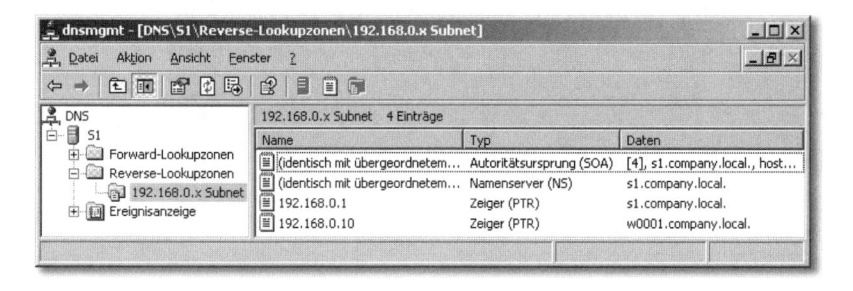

Sie können nun sowohl unter **Forward-Lookupzonen** die Zone **Company.local** als auch unter **Reverse-Lookupzonen** die Zone **192.168.0.x Subnet** mit der rechten Maustaste anklicken und den Menüpunkt **Eigenschaften** starten. Im Feld **Dynamische Updates** ist jeweils **Nur gesicherte** eingestellt.

Wählen Sie den DNS-Server **S1** mit der rechten Maustaste an und beenden Sie den DNS-Dienst über **Alle Tasks**, um ihn anschließend sofort dort wieder zu starten.

2.8 Überprüfung der DNS-Server-Konfiguration

Starten Sie den CMD-Prompt und setzen Sie den Befehl **nslookup** ab. Als Ergebnis sollte Ihnen als Standardserver der **Fully Qualified Domain Name** Ihres DNS-Servers angezeigt werden, z. B. **s1.company.local**. Weiterhin sollte Ihnen die dazugehörige IP-Adresse ausgegeben werden.

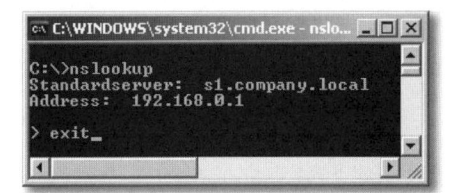

```
C:\>nslookup
Standardserver:  s1.company.local
Address:  192.168.0.1
> exit
```

Vergessen Sie nicht, bevor Sie weitere Punkte testen, **nslookup** mit **exit** zu beenden! Führen Sie einen **Ping** auf den Fully Qualified Domain Name und auf den Servernamen des DNS-Servers aus.

```
C:\>ping s1
Ping wird ausgeführt für s1.Company.local [192.168.0.1] mit 32 Bytes Daten:
Antwort von 192.168.0.1: Bytes=32 Zeit<1ms TTL=128
Antwort von 192.168.0.1: Bytes=32 Zeit<1ms TTL=128
Antwort von 192.168.0.1: Bytes=32 Zeit<1ms TTL=128
Antwort von 192.168.0.1: Bytes=32 Zeit<1ms TTL=128
Ping-Statistik für 192.168.0.1:
    Pakete: Gesendet = 4, Empfangen = 4, Verloren = 0 (0% Verlust),
Ca. Zeitangaben in Millisek.:
    Minimum = 0ms, Maximum = 0ms, Mittelwert = 0ms

C:\>ping s1.company.local
Ping wird ausgeführt für s1.company.local [192.168.0.1] mit 32 Bytes Daten:
Antwort von 192.168.0.1: Bytes=32 Zeit<1ms TTL=128
Antwort von 192.168.0.1: Bytes=32 Zeit<1ms TTL=128
Antwort von 192.168.0.1: Bytes=32 Zeit<1ms TTL=128
Antwort von 192.168.0.1: Bytes=32 Zeit<1ms TTL=128
Ping-Statistik für 192.168.0.1:
    Pakete: Gesendet = 4, Empfangen = 4, Verloren = 0 (0% Verlust),
Ca. Zeitangaben in Millisek.:
    Minimum = 0ms, Maximum = 0ms, Mittelwert = 0ms
```

Überprüfung der DNS-Server-Konfiguration | 2.8

Wird beides korrekt mit der richtigen IP-Adresse beantwortet, können Sie davon ausgehen, dass Ihr DNS nun korrekt implementiert ist.

Öffnen Sie den Internet Explorer und stellen Sie eine Verbindung zum Internet her. Öffnen Sie gleichzeitig eine CMD-Box und führen Sie einen **Ping** auf einen beliebigen Server im Internet durch. Setzen Sie danach einen **nslookup**-Befehl auf einen anderen WWW-Server ab, z. B. **nslookup www.hamburg.de**. Öffnen Sie erneut die DNS-Verwaltung. Der DNS-Server des Internet-Providers ist mit seiner IP-Adresse in der Forward-Lookupzone eingetragen.

Notieren Sie die IP-Adresse des DNS-Servers Ihres Internet-Providers. Wählen Sie in der DNS-Verwaltung den DNS-Server **S1** mit der rechten Maustaste an und klicken Sie auf **Eigenschaften**. Über die Registerkarte **Weiterleitungen** können Sie andere übergeordnete DNS-Server wie den DNS-Server des Internet-Providers oder andere DNS-Server in Ihrer Organisation eintragen.

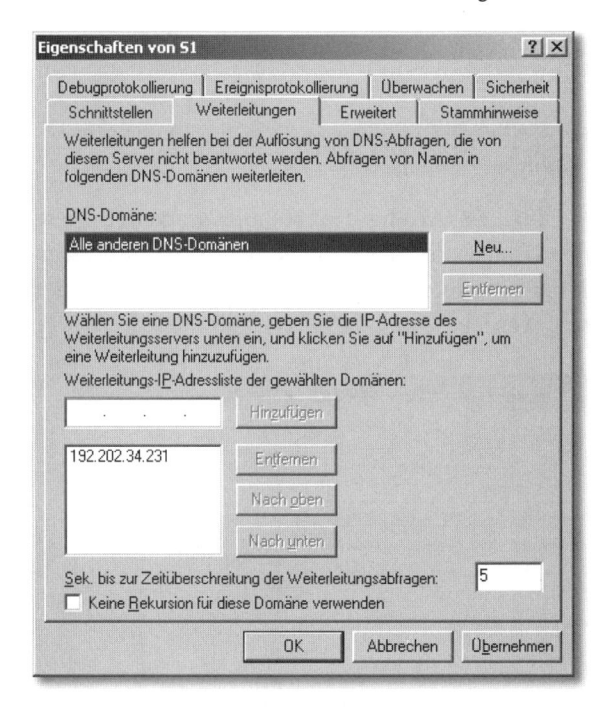

Auf der Buch-DVD finden Sie im Verzeichnis **DNS und TCP-IP-Protokoll** Anleitungen für die Installation und Konfiguration von DNS. Der dort befindliche Artikel »Best practices for DNS client settings in Windows 2000 Server and in Windows Server 2003« beschreibt, wie die DNS-Client-Konfiguration speziell bei mehreren Domänen-Controllern mit mehreren DNS-Serverdiensten optimiert wird.

2.9 DHCP konfigurieren

Für die Planung der DHCP-Server in einem komplexen Netzwerk ist der Artikel »Chapter 4 – Dynamic Host Configuration Protocol« sehr hilfreich.

[O] Sie finden ihn und andere DHCP-Artikel auf der Buch-DVD. In unserem kleinen Testnetzwerk wurde bei der Installation des Active Directory durch den Assistenten bereits der DHCP-Serverdienst auf dem Server **S1** installiert. Starten Sie über **Programme · Verwaltung** das Snap-In **DHCP**.

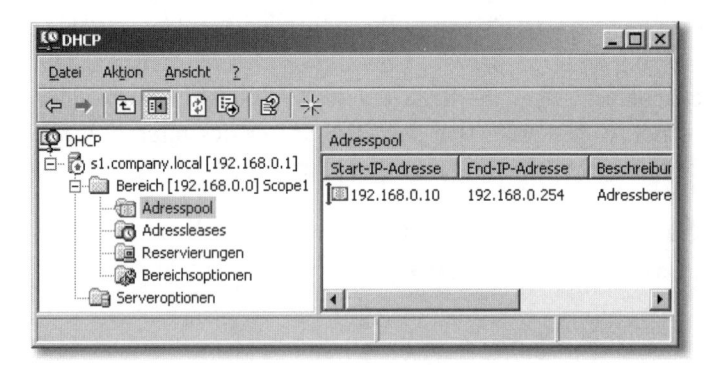

Es wurde ein IP-Adresspool von 192.168.0.10 bis 192.168.0.254 erzeugt. Diese IP-Adressen werden anfragenden Clients zur Verfügung gestellt. Die IP-Adressen 192.168.0.2 bis 192.168.0.9 können anderen Servern, Netzwerkdruckern oder Netzwerkgeräten fest zugewiesen werden.

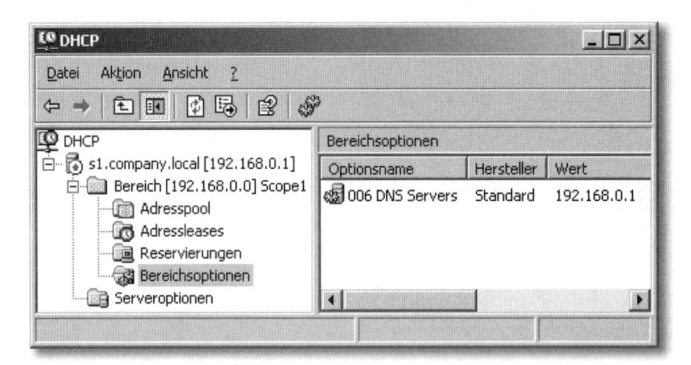

Wenn Sie mit der rechten Maustaste auf **Bereich [192.168.0.0] Scope1** klicken und **Eigenschaften** wählen, können Sie den Bereich nicht nur umbenennen, sondern den IP-Adressbereich auch nachträglich verkleinern.

DHCP konfigurieren | 2.9

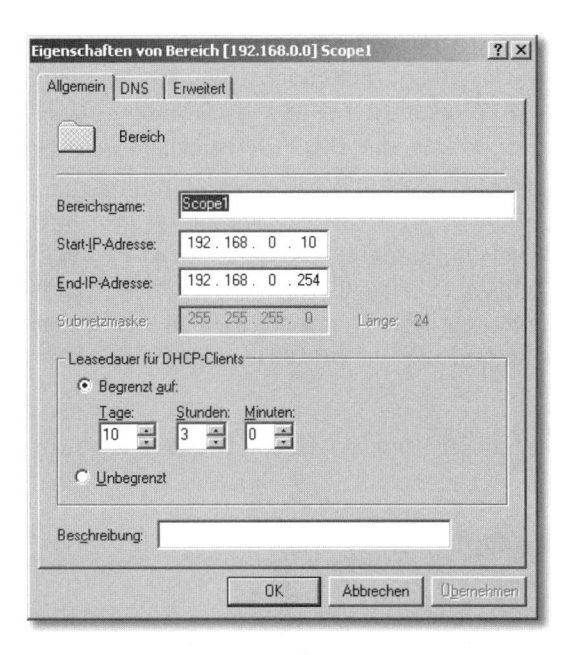

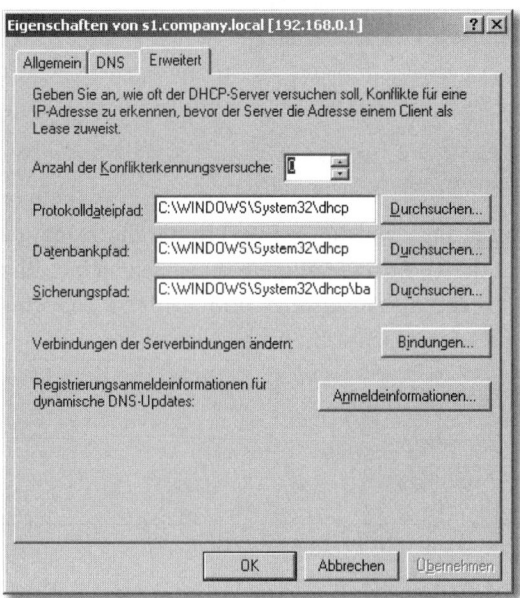

In einem Produktivbetrieb ist es sinnvoll, die Lease-Dauer für DHCP-Clients auf z. B. 30 Tage oder sogar höher zu setzen, wenn sich nach dem Ausrollen der Clients wenige Änderungen ergeben. Je seltener die Clients neue IP-Adressen anfordern, desto geringer fällt die durch die IP-Adressaushandlung verursachte Netzlast aus.

Sehen Sie sich auch die Registerkarten **DNS** und **Erweitert** im Fenster **Eigenschaften von Bereich** an. In der Registerkarte **Erweitert** stehen die Standardpfade für die DHCP-Datenbank, die Protokolldateien und die Sicherungsdatenbank. Unter Windows 2000 Server wurde die DHCP-Datenbank durch das interne Sicherungsprogramm **NTBackup** nicht mitgesichert. Damit gingen die eingestellten Optionen verloren, wenn es zu einem Totalausfall der Hardware kam und der Server vom Sicherungsband wiederhergestellt werden musste. Es kann sinnvoll sein, die DHCP-Datenbank auf ein anderes Laufwerk zu verlagern, um alle Bewegtdaten vom Betriebssystem logisch und physisch zu trennen. In keinem Fall schadet es aber, zu wissen, wo die DHCP-Datenbank und deren Sicherungsdatei liegen.

In den Bereichsoptionen ist bisher nur der Server **S1** als **006 DNS Servers** angegeben.

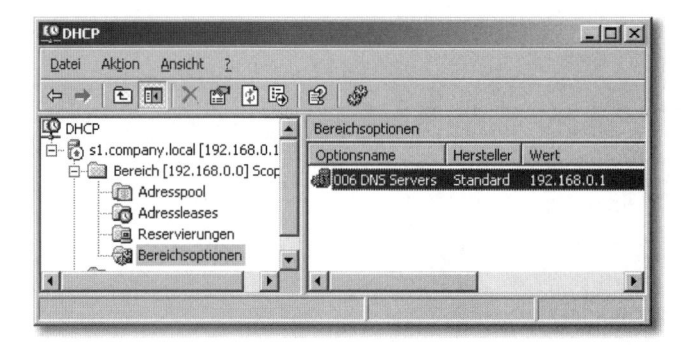

Über die **Bereichsoptionen** legen Sie fest, welche TCP/IP-Protokollinformationen den anfragenden Clients neben der IP-Adresse mitgeteilt werden sollen. Klicken Sie **Bereichsoptionen** mit der rechten Maustaste an und wählen Sie **Optionen konfigurieren**, um weitere Optionen auszuwählen.

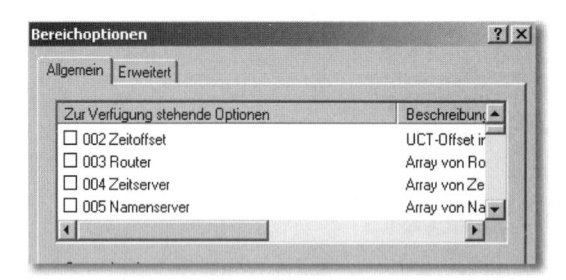

Wenn der WINS-Serverdienst auf dem Server **S1** installiert wird, sollten die Dienste **0044 WINS/NBNS Servers** und **046 WINS/NBT Node Type 0x8** hinzugefügt werden. Fungiert der Server als Standardgateway für die Clients, so wird **003 Router 192.168.0.1** eingefügt, anderenfalls die IP-Adresse des zuständigen IP-

Routers. Außerdem sollte **015 DNS Domain Name** mit dem Wert **Company.local** eingetragen werden.

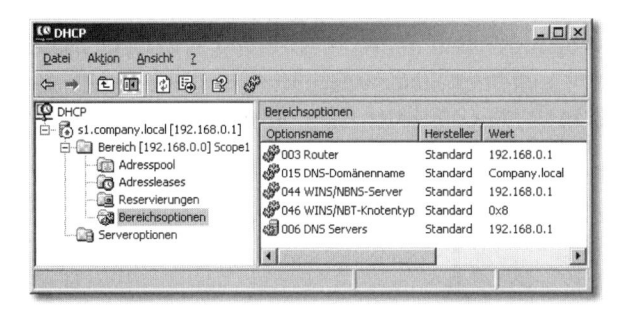

Wenn Sie den DHCP-Server **s1.company.local** mit der rechten Maustaste anklicken, können Sie einen noch nicht autorisierten DHCP-Server autorisieren und über den Menüpunkt **Alle Tasks** den DHCP-Server-Dienst beenden und wieder starten, um diese Änderungen zu übernehmen.

Auf dem Windows-XP-Client geben Sie nun nacheinander die Befehle **ipconfig /release** und **ipconfig /renew** ein. Dadurch holt sich der Client eine neue IP-Adresse vom DHCP-Server und übernimmt auch die Bereichsoptionen. Der Befehl **ipconfig /all** zeigt danach die IP-Konfiguration des Clients vollständig an. Der DNS-Server, der WINS-Server und das Standardgateway sollten angezeigt werden.

2.10 WINS konfigurieren

Interessante Aussagen zum Einsatz und zur Ausfallsicherheit von WINS finden Sie im Artikel »Chapter 7 – Windows Internet Name Service« auf der Microsoft-Website. Der WINS-Dienst wird eventuell für ältere Anwendungen und Dienste benötigt, die den NetBIOS-Namen von Servern erfordern und einen voll qualifizierten Domänennamen nicht interpretieren können. Wenn Sie einen WINS-Serverdienst benötigen, installieren Sie ihn über **Systemsteuerung · Software · Windows-Komponenten hinzufügen · Netzwerkdienste · WINS**. Das Konfigurationsprogramm **WINS** starten Sie danach über **Programme · Verwaltung**.

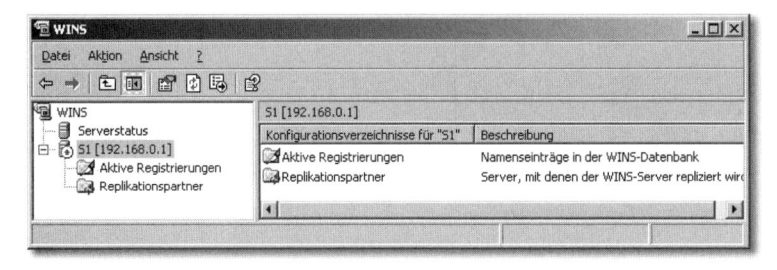

2 | Die Implementierung des Active Directory

Werfen Sie mittels der rechten Maustaste einen Blick auf die **Eigenschaften** des WINS-Servers **S1 [192.168.0.1]**. Es gibt vier Registerkarten, die nachfolgend abgebildet sind. Die WINS-Datenbank sollte regelmäßig gesichert werden. Eine automatische Sicherung kann beim Herunterfahren des Servers erstellt werden, wenn Sie diese Option auswählen und den Pfad zur Sicherungskopie in der Registerkarte **Allgemein** eintragen. In der Registerkarte **Intervalle** können Sie die Frequenz angeben, mit der WINS-Einträge in der Datenbank erneuert, gelöscht und überprüft werden.

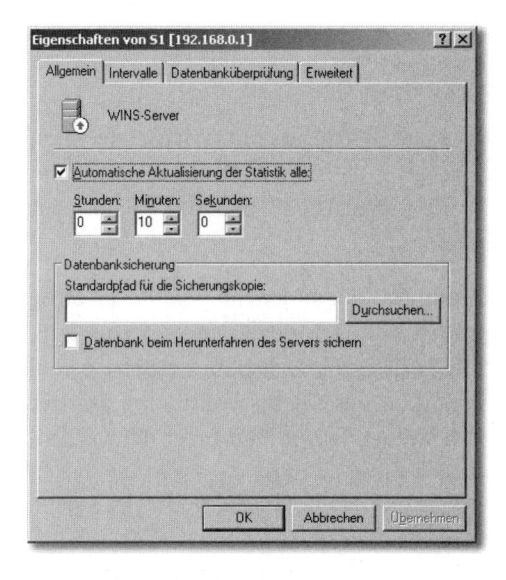

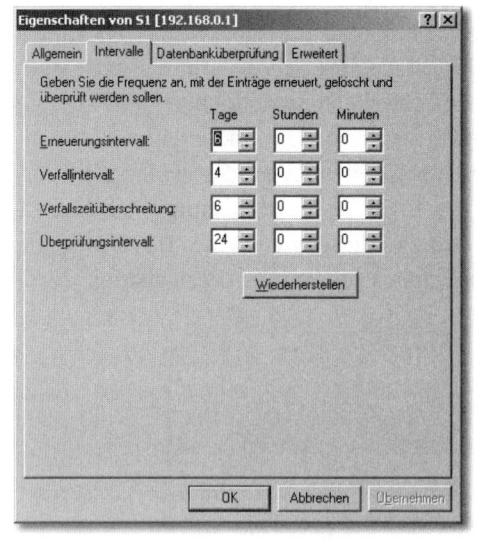

In der Registerkarte **Datenbanküberprüfung** kann die regelmäßige Überprüfung der Datenbankkonsistenz aktiviert werden. Der Datenbankpfad kann über die Registerkarte **Erweitert** von **%windir%\system32\wins** auf eine andere Festplatte oder Partition verlegt werden.

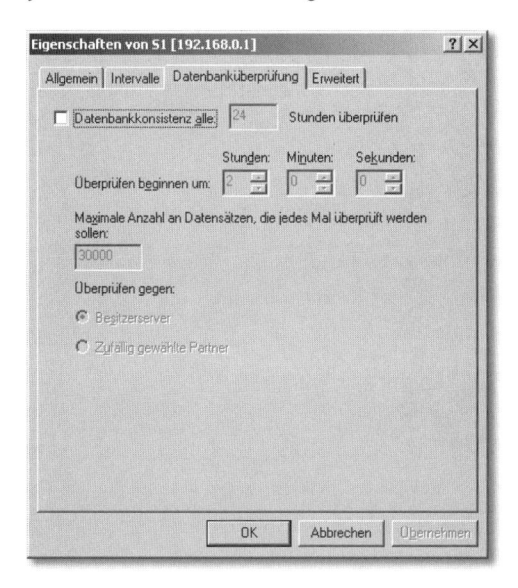

Sie können auch das WINS-Symbol selbst mit der rechten Maustaste anklicken und die Eigenschaften anwählen. Wichtige Befehle wie **Datenbank aufräumen** und **Datenbankkonsistenz überprüfen** finden Sie unter dem Menüpunkt **Aktion**.

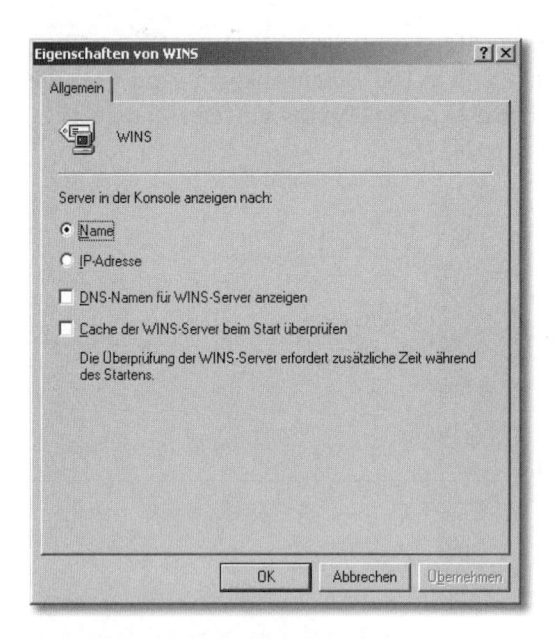

Wenn Sie **Replikationspartner** mit der rechten Maustaste anklicken, können Sie einen anderen WINS-Server als Push- oder Pull-Partner bestimmen.

Bei einem **Push-Partner** handelt es sich um einen WINS-Server, der andere als Pull-Partner konfigurierte WINS-Server auffordert oder benachrichtigt, dass die Datenbankeinträge in einem konfigurierten Intervall repliziert werden müssen. Ein **Pull-Partner** ist ein WINS-Server, der in einem konfigurierten Intervall die Replikation aktualisierter WINS-Datenbankeinträge anderer als Push-Partner konfigurierter WINS-Server anfordert oder abruft.

2.11 Support-Tools und das Windows Server Resource Kit installieren

Als Nächstes sollten Sie über die Datei **SUBTOOLS.MSI** des Verzeichnisses **SUPPORT\TOOLS** der Server-CD die **Windows Support Tools** und danach das **Windows Server Resource Kit** einspielen. Wenn Sie dieses nicht besitzen, so sollten Sie diejenigen Tools des Resource Kits aus dem Microsoft-Forum herunterladen, die kostenlos angeboten werden.

Installieren Sie außerdem das aktuelle Service Pack zu Windows Server 2003 und die Sicherheitsupdates, die nach diesem Service Pack erschienen sind.

2.12 Anpassungen an der Standardinstallation von Windows Server 2003 vornehmen

Nachfolgend finden Sie einige Vorschläge, um die Installation und Konfiguration des Servers **S1** weiter anzupassen, bevor Exchange Server 2003 installiert wird.

2.12.1 Weitere Partitionen anlegen

Sie sollten nun zuerst über **Start · Verwaltung · Computerverwaltung · Datenträgerverwaltung** mindestens zwei weitere NTFS-Partitionen einrichten. Eine Partition nimmt später Freigaben wie **Company**, **Users**, **Profiles** und eventuell die Freigabe **Install** für das Softwarearchiv auf. Sie erhält den Volumenamen **DATEN**. Eine weitere Partition wird für den **Remote Installation Service RIS** benötigt und erhält den Volumenamen **RIS**. Der Systempartition **C:** können Sie nachträglich den Volumenamen **SYSTEM** zuweisen. Werden später viele Server an unterschiedlichen Standorten benötigt, so ist es sinnvoll, die Partitionsnamen zu standardisieren.

2.12.2 Die Installationsdateien und Service Packs auf den Server kopieren

In einer komplexen Umgebung mit vielen Servern kann es sich als sinnvoll erweisen, den Inhalt der Windows-Server-2003-CD sowie zugehörige Service Packs und Sicherheitsupdates in das Softwarearchiv **Install** zu kopieren. In einer verteilten Domäne mit mehreren Standorten ist dieses Vorgehen besonders dann wichtig, wenn Sie die Server mittels Terminalclient fernwarten und Komponenten nachinstallieren müssen. Sie müssen nicht mehr vor Ort sein, um die CD einzulegen. Legen Sie dazu ein Verzeichnis **Install** und darunter das Verzeichnis **W2003SRV** an und kopieren Sie den Inhalt des Verzeichnisses **I386** der Windows-Server-CD dorthin. Sie können alternativ auch auf der Partition **C:** ein Verzeichnis **I386** anlegen und den Inhalt des CD-Verzeichnisses **I386** dorthin kopieren. Starten Sie den Registrierdatenbankeditor **regedit** und nehmen Sie folgende Änderungen vor:

Unter **HKEY_LOCAL_MACHINE\Software\Microsoft\Windows\CurrentVersion\ Setup** stellen Sie folgende Schlüsselwerte um:

Installation Source: von **D:\I386 D:** auf **E:\Install\W2003SRV\I386**

ServicePackSourcePath: von **D:** auf **E:\Install\W2003SRV**

SourcePath: von **D:** auf **E:\Install\W2003SRV**

Doch auch unter **HKEY_LOCAL_MACHINE\Software\Microsoft\Windows NT\ CurrentVersion** gibt es einen Schlüssel **SourcePath**, dessen Wert Sie von **D:\I386** in **E:\Install\W2003SRV\I386** ändern müssen.

Unter Windows 2000 Server müssen Sie für diese Änderungen **regedt32.exe** starten, weil anderenfalls nicht alle Zweige der Registrierdatenbank angezeigt werden. Unter Windows 2003 gibt es keinen Unterschied mehr zwischen **regedit.exe** und **regedt32.exe**.

Installieren Sie anschließend über **Start · Einstellungen · Drucker · Neuer Drucker** einen Drucker und über **Start · Einstellungen · Software · Windows-Komponenten** eine Komponente hinzu, um zu testen, dass Sie nicht mehr aufgefordert werden, die Windows Server-CD einzulegen. Alle hinzuzufügenden Dateien sollten jetzt ohne manuelle Eingabe des Pfades automatisch in **E:\Install\ W2003SRV** gefunden werden.

2.12.3 Das Startmenü anpassen

Das Startmenü von Windows Server 2003 wurde Windows XP angepasst und weist mehrere Bereiche auf. Der linke Bereich enthält die **Liste der angehefteten**

Programme und darunter die **Liste der am häufigsten benutzten Programme**. Über das Sinnbild **Alle Programme** starten Sie das eigentliche Startmenü. Der rechte Bereich enthält Icons zum Öffnen des Arbeitsplatzes, der Systemsteuerung, der Verwaltung, der Drucker, der Onlinehilfe und der Suchfunktion. Meiner Einschätzung nach hat dieses optisch aufgepeppte Startmenü besonders auf einem Server mehr Nach- als Vorteile und ist besonders dann schwieriger anzupassen, wenn später mehrere Administratoren an den Servern arbeiten und die Servermenüs standardisiert sein sollen. Ich schlage Ihnen deshalb vor, das **klassische Startmenü** wieder einzustellen.

Klicken Sie mit der rechten Maustaste die Schaltfläche **Start** an und wählen Sie **Eigenschaften**. Aktivieren Sie die Option **Klassisches Startmenü** und klicken Sie auf die Schaltfläche **Anpassen**. Unter **Erweiterte Startmenüoptionen** aktivieren Sie alle Optionen bis auf die zwei Optionen **Drucker erweitern** und **Persönlich angepasste Menüs verwenden**. Die Option **Drucker erweitern** deaktivieren Sie, weil es später komfortabler ist, den Status vieler Netzwerkdrucker zu überblicken, wenn Sie den Menüpunkt **Start · Einstellungen · Drucker und Faxgeräte** aufrufen und alle Drucker in einem separaten Fenster tabellarisch angezeigt werden. Die Option **Persönlich angepasste Menüs verwenden** deaktivieren Sie, damit immer das vollständige Menü angezeigt wird und nicht nur die zuletzt verwendeten Anwendungen.

Das Startmenü wird später noch weiter angepasst, sobald andere Programme wie der Exchange Server installiert wurden. Die Anpassung erfolgt dabei unter Berücksichtigung des Umstands, dass mehrere Administratoren an der Serverkonsole arbeiten und eine standardisierte Oberfläche vorfinden sollen. Dazu werden dann häufig benutzte Menüpunkte direkt nach **C:\Dokumente und Einstellungen\All Users\Startmenü** verlagert und stehen somit schnell anwählbar direkt über der Schaltfläche **Start**. Vor diesen Anpassungen sieht das klassische Startmenü wie folgt aus:

Starten Sie den Windows Explorer und legen Sie Kopien der Verknüpfungen zu häufig benutzten Programmen direkt unter **C:\Dokumente und Einstellungen\ All Users\Startmenü** an, indem Sie die zugehörigen Verknüpfungen aus dem Untermenü **Verwaltung** dorthin kopieren. Die selten benutzten Icons von **Windows Update** und **Windows-Katalog** verschieben Sie von **C:\Dokumente und Einstellungen\All Users\Startmenü** nach **C:\Dokumente und Einstellungen\All Users\Startmenü\Programme\Verwaltung**. Legen Sie unter **All Users\Startmenü** eine neue Verknüpfung mit dem Namen **Computer sperren** an. Als Ziel geben Sie **%windir%\system32\rundll32.exe user32.dll,LockWorkStation** ein. Als Symbol für diese neue Verknüpfung wählen Sie das Schlüssel-Symbol in der Datei **%SystemRoot%\system32\SHELL32.dll** aus.

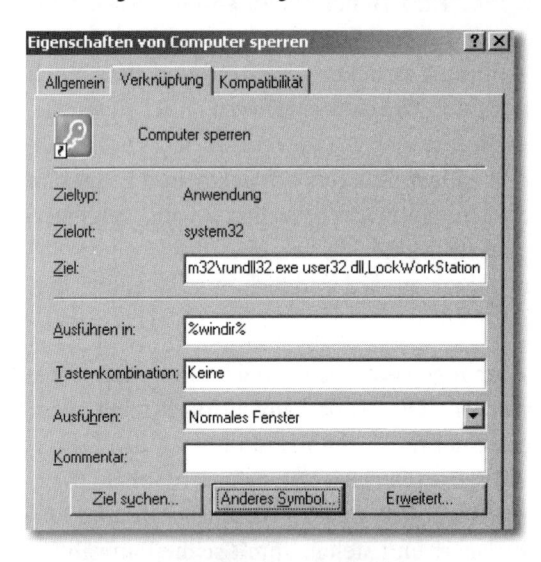

Über die Verknüpfung **Computer sperren** kann der kennwortgeschützte Bildschirmschoner sofort aktiviert werden. Das Ergebnis dieser Veränderungen am Startmenü könnte wie folgt aussehen.

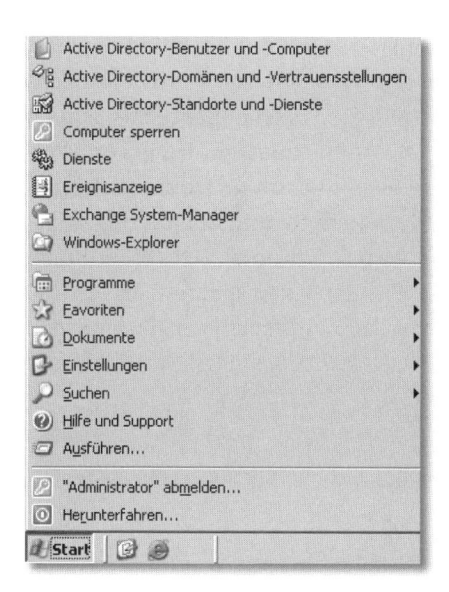

Sie sollten später auch überlegen, ob alle Verknüpfungen unter **C:\Dokumente und Einstellungen\Default User\Startmenü\Programme\Zubehör** nach **C:\Dokumente und Einstellungen\All Users\Startmenü\Programme\Zubehör** verlagert werden sollten. Ähnliche Überlegungen zur Standardisierung des Startmenüs werden Sie in Kapitel 17 über die Erstellung des Windows-XP-Musterclients finden.

2.12.4 Windows Explorer anpassen

Auch der Dateimanager sollte angepasst werden. Starten Sie den **Windows Explorer** und wählen Sie ein Verzeichnis wie **C:\Windows** an. Über den Menüpunkt **Ansicht** wählen Sie die Option **Details** aus, damit bei Dateien das Erstellungsdatum, die Größe und der Dateityp tabellarisch angezeigt werden. Wählen Sie **Extras · Ordneroptionen** an. In der Registerkarte **Allgemein** stelle ich **Herkömmliche Windows-Ordner verwenden** ein, wenn der Servermonitor nur eine Maximalauflösung von 1024 x 768 Pixeln zulässt. Ich verzichte dann auf den Aufgabenblock zugunsten einer übersichtlicheren Verzeichnisdarstellung. Danach wählen Sie die Registerkarte **Ansicht**. Dort deaktivieren Sie folgende Optionen:

▶ Dateinamenserweiterungen bei bekannten Dateitypen ausblenden

▶ Geschützte Systemdateien ausblenden (empfohlen)

Aktivieren Sie folgende Optionen:

▶ Inhalte von Systemordnern anzeigen

▶ Alle Dateien und Ordner anzeigen

- Vollständigen Pfad in Adressleiste anzeigen
- Vollständigen Pfad in der Titelleiste anzeigen

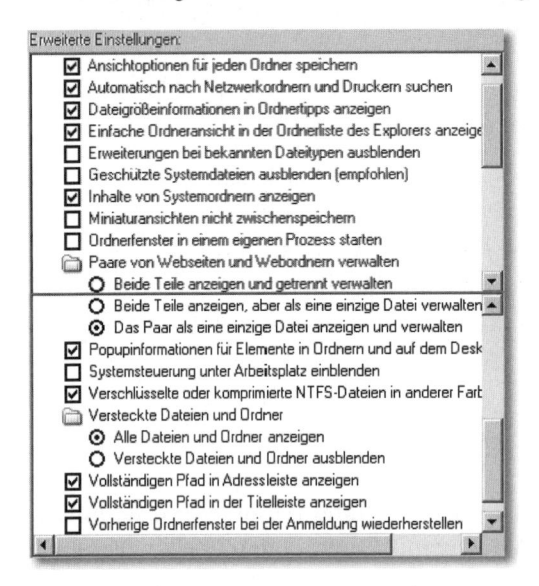

Klicken Sie jetzt zuerst auf **Übernehmen** und danach sofort auf **Wie aktueller Ordner**, damit diese vorgenommenen Einstellungen nicht nur für den aktuellen Ordner, sondern für alle Ordner übernommen werden. Erst jetzt sehen Sie alle Verzeichnisse des Servers und alle Dateien mit vollständigen Dateinamen inklusive der Dateinamenserweiterungen. Zumindest für Systemadministratoren sollte es selbstverständlich sein, dass sie den gesamten Inhalt des Servers einschließlich aller versteckten Verzeichnisse und Dateien sehen und manipulieren können.

In den Folgekapiteln dieses Buches wird davon ausgegangen, dass Sie diese Einstellungen im Windows Explorer nicht nur auf dem Server, sondern auch auf dem Windows XP-Client vorgenommen haben. Wenn Sie bestimmte Verzeichnisse, Dateien oder deren Erweiterungen, von denen die Rede sein wird, im Windows Explorer nicht sehen, so überprüfen Sie zuerst, ob in den Optionen eingestellt ist, dass alle Ordner und Dateien und auch die Dateinamenserweiterungen eingeblendet werden.

Die Dateinamenserweiterung **lnk** von Verknüpfungen wird übrigens auch dann nicht im Windows Explorer angezeigt, wenn die Option **Dateinamenserweiterungen bei bekannten Dateitypen ausblenden** deaktiviert wurde. Das gilt auch für pif-Dateien. Um dieses dennoch zu erreichen, öffnen Sie mit **regedit** die Registrierdatenbank und benennen im Schlüssel **HKEY_CLASSES_ROOT\lnkfile** bzw. **HKEY_CLASSES_ROOT\piffile** den Eintrag **NeverShowExt** in **AlwaysShowExt** um. Sie können in der Registrierdatenbank nach dem Begriff **Never-**

ShowExt suchen, um diese Änderung bei weiteren Dateinamenserweiterungen vorzunehmen: ConferenceLink, DocShortcut, InternetShortcut, SHSCmdFile, ShellScrap und xnkfile. Erst nach einem Neustart werden die Dateinamen vollständig angezeigt.

2.12.5 Monitoranzeige einstellen

Wenn die Auflösung des Bildschirms auf 600 × 400 Pixel steht, klicken Sie mit der rechten Maustaste irgendwo auf dem Desktop und wählen **Eigenschaften** oder alternativ **Start · Einstellungen · Systemsteuerung · Anzeige**. Im Register **Einstellungen** wählen Sie eine Auflösung von mindestens 800 × 600, besser 1024 × 768 Pixel aus. Wenn dies nicht möglich ist, müssen Sie jetzt einen passenden Grafiktreiber installieren.

Da es bei der Arbeit am Server um Funktionalität und nicht um Schönheit oder Effekte geht, können Sie anschließend in der Registerkarte **Darstellung** über die Schaltfläche **Effekte** die Übergangseffekte abwählen und bei dieser Gelegenheit die Option **Unterstrichene Buchstaben für Tastenkombination** aktivieren. Dadurch werden wieder alle Tastenkombinationen für Menübefehle angezeigt.

In der Registerkarte **Einstellungen** klicken Sie auf **Erweitert** und wählen im Fenster **Eigenschaften von (Standardmonitor)** die Registerkarte **Problembehandlung**. Dort stellen Sie sicher, dass die Hardwarebeschleunigung auf den Maximalwert eingestellt ist.

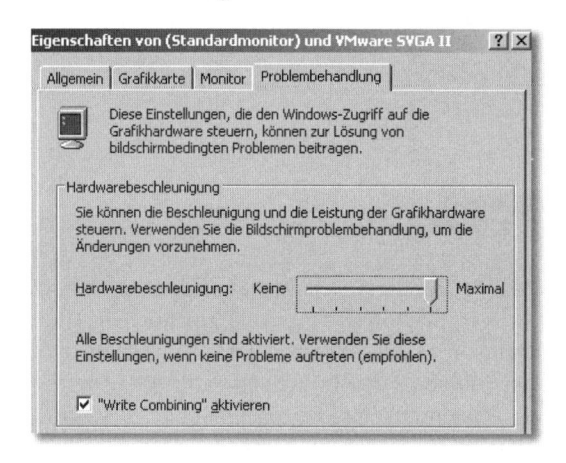

Ein Tipp an dieser Stelle: Wenn Sie später viele Server über den Terminalclient fernwarten, sollten Sie den Hintergrund auf eine andere Farbe stellen und die Bezeichnung des Icons **Arbeitsplatz** in den Namen des Servers ändern. Auf diese Weise werden Sie immer optisch daran erinnert, dass Sie auf dem Server arbeiten und nicht auf Ihrem Windows-XP-Client. Sie dürfen auf keinen Fall unkonzentriert am Server arbeiten und abends aus Versehen über **Start · Beenden** den Server statt Ihren Arbeitsplatzrechner herunterfahren.

2.12.6 Ein zentrales Verzeichnis für temporäre Dateien erstellen

Legen Sie ein Verzeichnis **C:\Temp** an und wählen Sie dann **Start · Einstellungen · Systemsteuerung · System**. In der Registerkarte **Erweitert** klicken Sie auf die Schaltfläche **Umgebungsvariable**. Ändern Sie im Bereich **Benutzervariablen für Administrator** die beiden Variablen **TEMP** und **TMP** auf **C:\Temp** ab. Ändern Sie ebenso im Bereich **Systemvariable** die beiden Variablen **TEMP** und **TMP** auf **C:\Temp** ab. Wenn andere Administratoren ebenfalls die Benutzervariablen **TEMP** und **TMP** auf **C:\TEMP** abändern, werden temporäre Dateien in einem zentralen Verzeichnis statt in benutzerbezogenen Unterverzeichnissen von **C:\Dokumente und Einstellungen** erzeugt. Ein zentrales Verzeichnis für temporäre Dateien kann jedoch gezielter aufgeräumt werden und verbraucht nicht so viel Plattenplatz wie mehrere Temp-Verzeichnisse von unterschiedlichen Administratoren.

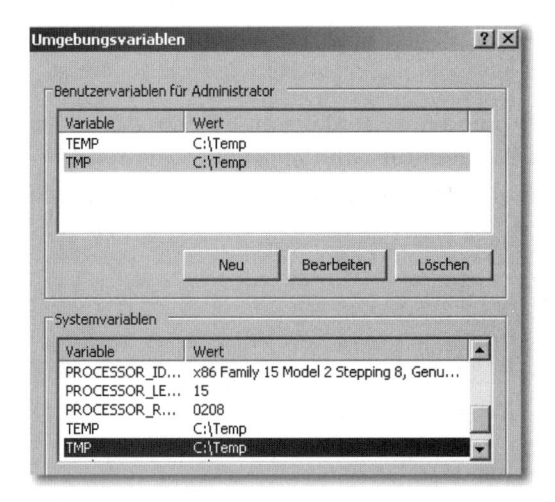

[»] Zu Windows-3.x-Zeiten haben sich die Programmierer nicht immer an den Variablennamen **TEMP** gehalten, sondern **TMP** in ihren Anwendungscode geschrieben. Das Problem existiert aber inzwischen nicht mehr, da alle Programmierer sich inzwischen an die Norm **TEMP** halten. Nur aus Gründen der Abwärtskompatibilität gibt es sowohl unter Windows 2000/2003 als auch unter Windows XP immer noch die Variable **TMP**, die aber nicht mehr genutzt wird.

2.12.7 Fehlerberichterstattung deaktivieren

Da Sie vermutlich nicht wollen, dass bei auftretenden System- oder Programmfehlern Fehlerberichte an Microsoft geschickt werden, sollten Sie die Fehlerberichterstattung über **Start · Einstellungen · Systemsteuerung · System** in der Registerkarte **Erweitert** mit der Schaltfläche **Fehlerberichterstattung** deaktivieren. Es ist eher unwahrscheinlich, dass sich ein Microsoft-Spezialist eines Tages bei Ihnen meldet und Ihre Probleme löst, weil ihm ein Fehlerbericht zugegangen ist.

2.12.8 Visuelle Effekte abstellen und Auslagerungsdatei festlegen

Über **Start · Einstellungen · Systemsteuerung · System** klicken Sie in der Registerkarte **Erweitert** im Bereich **Systemleistung** auf die Schaltfläche **Einstellungen** und wählen in der Registerkarte **Visuelle Effekte** die Option **Für optimale Leistung anpassen**.

In der Registerkarte **Erweitert** wählen Sie im Bereich **Virtueller Arbeitsspeicher** die Schaltfläche **Ändern**. Die Anfangsgröße der Auslagerungsdatei sollte auf denselben Wert wie die maximale Größe gestellt werden, damit der notwendige Speicherplatz für den virtuellen Speicher in einem Block auf der Festplatte reserviert wird.

2.12.9 Starten und Wiederherstellen anpassen

Über **Start · Einstellungen · Systemsteuerung · System** klicken Sie in der Registerkarte **Erweitert** im Bereich **Starten und Wiederherstellen** auf die Schaltfläche **Einstellungen**. Die **Anzeigedauer der Betriebssystemliste** verringern Sie von 30 Sekunden auf einen kleineren Wert, damit das System schneller startet. Im Bereich **Systemfehler** stellen Sie ein, dass bei einem Systemabsturz entweder nur ein kleines Speicherabbild oder kein Speicherabbild erstellt wird. Ein vollständiges Speicherabbild erzeugt nicht nur eine große Datei **MEMORY.DMP**, die später oft nicht gelöscht wird und in die nächtliche Sicherung eingeht. Die wenigsten Systemadministratoren sind in der Lage, dieses Speicherabbild zu analysieren, um die Ursache für Abstürze zu finden.

2.12.10 Automatische Updates konfigurieren

Über **Start · Einstellungen · Systemsteuerung · System** können Sie in der Registerkarte **Automatische Updates** einstellen, ob Updates vom Microsoft-Internetforum automatisch heruntergeladen und installiert werden sollen. Zumindest einer automatischen Installation sollte jeder Administrator sehr skeptisch gegenüberstehen. Es hat in der Vergangenheit nicht nur einmal Updates gegeben, die ein Problem lösten und dafür neue Probleme verursachten. Updates sollten regelmäßig manuell heruntergeladen und in einer Testumgebung auf mögliche Konflikte mit anderen Anwendungen von Microsoft oder Drittanbietern getestet werden, bevor sie in der Produktivumgebung installiert werden.

Einige Updates erfordern einen Neustart des Systems, der jedoch nur zu geplanten und bekannt gegebenen Zeiten stattfinden kann. Standardmäßig erscheint dann alle fünf Minuten ein Fenster mit einer Aufforderung, den Neustart jetzt durchzuführen. Wenn man versehentlich diese Aufforderung bestätigt, wird der Server ohne Vorwarnung der Anwender im laufenden Betrieb neu gestartet. Man kann jedoch in die Registrierdatenbank unter **HKEY_LOCAL_MACHINE\Software\Policies\Microsoft\Windows\Windows Update** einen neuen DWORD-Wert **RebootRelaunchTimeoutEnabled** erstellen und ihm den Wert »0« zuweisen, um diese Aufforderung zukünftig zu unterdrücken. Im Artikel »Registry Keys for Tweaking Windows Update« unter www.windowsnetworking.com/articles_tutorials werden alle Werte der Registrierdatenbank genannt, die Windows Updates steuern.

2.12.11 Remote-Zugriff konfigurieren

Über **Start · Einstellungen · Systemsteuerung · System** können Sie in der Registerkarte **Remote** später festlegen, ob und von welcher Sicherheitsgruppe dieser Server ferngewartet werden darf.

2.12.12 Herunterfahren-Abfrage deaktivieren

Wenn Sie einen Windows Server 2003 herunterfahren, erscheint standardmäßig ein Fenster, in dem zuerst der Grund für das Herunterfahren genannt werden muss. Der Grund jedes Herunterfahrens und jedes Neustarts eines Servers kann durch dieses Feature im Ereignisprotokoll nachvollzogen werden. Es reicht, wenn Sie in der Testumgebung im Feld **Kommentar** einfach einen beliebigen Buchstaben eingeben, damit Sie auf die Schaltfläche **OK** klicken können.

Sie können durch die Deaktivierung einer Gruppenrichtlinie jedoch auch erreichen, dass das Fenster **Windows Herunterfahren** nicht mehr erscheint. Dazu starten Sie über **Start · Programme · Verwaltung** die **Gruppenrichtlinienverwaltung**. In der Organisationseinheit **Domain Controllers** öffnen Sie die Gruppenrichtlinie **Default Domain Controller Policy**. Unter **Computerkonfiguration · Administrative Vorlagen · System** deaktivieren Sie die Richtlinie **Ereignisprotokollierung für Herunterfahren anzeigen**.

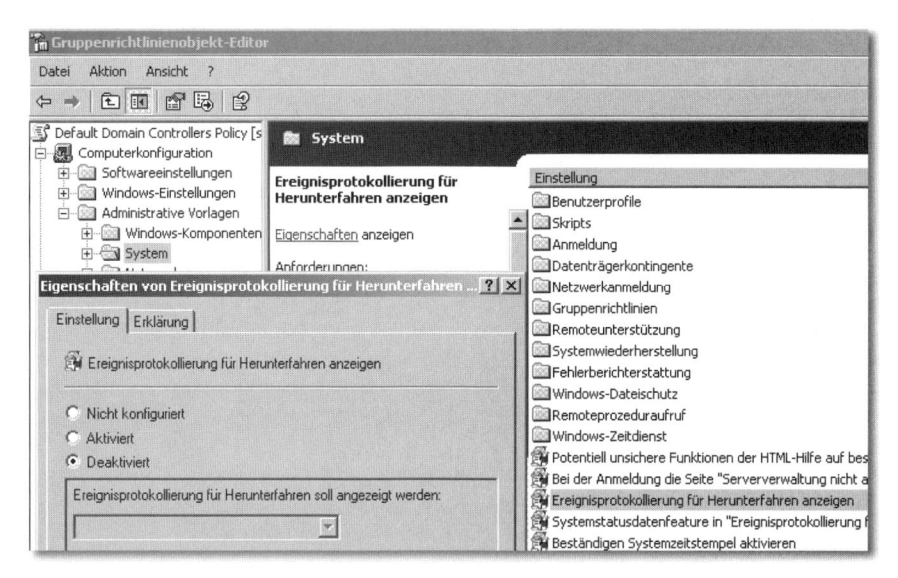

Setzen Sie den Befehl **gpupdate** ab, damit die Änderung sofort und nicht erst nach einem Neustart des Servers wirksam wird.

2.12.13 Alle installierten Windows-Komponenten anzeigen

Wenn Sie sich die installierten Windows-Komponenten über **Start · Einstellungen · Systemsteuerung · Software** vollständig anzeigen lassen möchten, so müssen Sie in der Datei **%SystemRoot%\inf\sysoc.inf** bei einigen Komponenten das Wort **hide** entfernen. Erstellen Sie zuerst eine Sicherheitskopie dieser Datei. Danach entfernen Sie z. B. in der Zeile **MultiM=ocgen.dll,OcEntry,multimed.inf,hide,7** das Wort **hide**, lassen jedoch beide Kommata stehen.

2.12.14 Java Virtual Machine bei Bedarf installieren

Aufgrund von Streitigkeiten zwischen Microsoft und SUN wird Windows 2003 ohne JAVA VM ausgeliefert. Wird die JAVA VM benötigt, kann sie von **http://www.java.com/de/download/manual.jsp** heruntergeladen und installiert werden.

2.12.15 DirectX bei Bedarf aktivieren

[o] DirectX ist standardmäßig deaktiviert, wird aber für Anwendungen wie z. B. Instant CD/DVD von Pinnacle benötigt. Über **Start · Ausführen** können Sie das Tool **dxdiag** starten. In der Registerkarte **Anzeige** wählen Sie zuerst **DirectDraw testen**. Verlaufen die Tests positiv, können Sie über die Schaltfläche **Aktivieren** die DirectDraw-Beschleunigung nutzen.

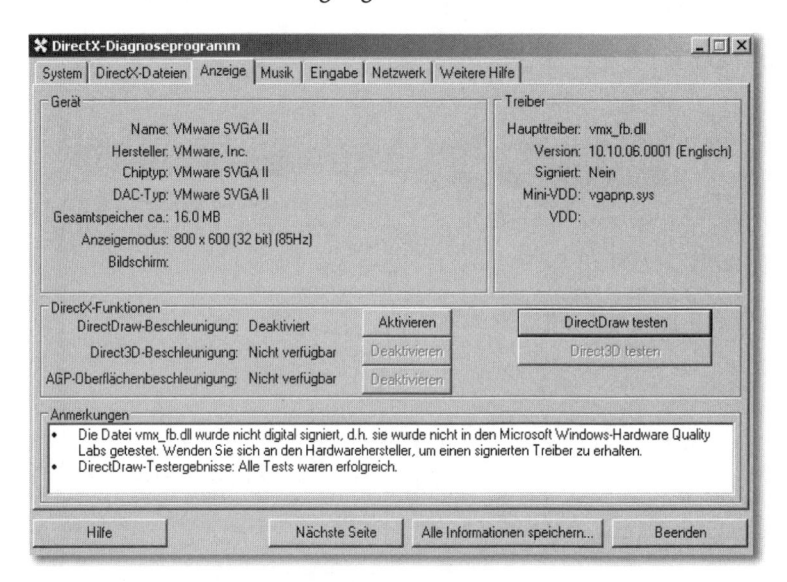

2.12.16 IMAPI-CD-Brenn-COM-Dienst aktivieren

Die IMAPI-Brennfunktion erlaubt das Brennen von Daten auf CD direkt aus dem Explorer, der zugehörige Dienst ist unter Windows Server 2003 jedoch deaktiviert. Über **Start · Programme · Verwaltung · Dienste** können Sie die Startart des Dienstes auf **Automatisch** umstellen und den Dienst dann starten. Ist ein CD- oder DVD-Brenner im Server installiert, so können Sie, nachdem Sie sich erneut angemeldet haben, im Windows Explorer nun über die rechte Maustaste und den Befehl **Senden an** Dateien oder Verzeichnisse direkt an den Brenner schicken. Zum Brennen von DVDs benötigen Sie jedoch das Brennprogramm eines Drittherstellers.

2.12.17 Optionen der Ereignisprotokolle festlegen

Die Ereignisprotokolle können Sie einsehen und konfigurieren, indem Sie entweder über **Start · Programme · Verwaltung** die **Ereignisanzeige** öffnen oder über **Start · Ausführen** den Befehl **eventvwr** absetzen. Auf einem Produktivserver sollten Sie die Optionen für alle Protokolle später standardisiert festlegen. Dazu klicken Sie alle Protokolle nacheinander mit der rechten Maustaste an und wählen **Eigenschaften**. In unserer Testumgebung schlage ich vor, jeweils die maximale Protokollgröße auf 512 KB einzustellen und die Option **Ereignisse nach Bedarf überschreiben** zu wählen. Im späteren Produktivbetrieb werden Sie über ausreichend dimensionierte Server-Festplatten verfügen, um größere Werte für die maximale Protokollgröße festlegen zu können.

2.12.18 Den Internet Explorer konfigurieren

Windows Server 2003 enthält bereits die neuere Version 6 SP1 des Internet Explorers. Auf einem Windows 2000 Server sollten Sie die Version 5.0 durch die neueste Version ersetzen.

Danach ist es wichtig, den Internet Explorer so zu konfigurieren, dass Sie auf das Internet zugreifen können. Hängt der Server im LAN und ist das LAN mit dem Internet verbunden, so müssen Sie den richtigen Proxyserver einstellen. Ist Ihr Testserver mit einem Modem oder einer ISDN-Karte mit einem Provider verbunden, so wählen Sie über **Extras · Internetoptionen · Verbinden** jetzt das Modem oder die ISDN-Karte aus und geben die Telefonnummer zum Internet-Provider sowie die Anmeldekennung und das Passwort ein.

Ich schlage Ihnen vor, über **Extras · Internetoptionen** in der Registerkarte **Allgemein** den Speicherplatz für **Temporäre Internetdateien** auf wenige Megabyte zu begrenzen und die Lage des Verzeichnisses **Temporary Internet Files** in **C:\Temporary Internet Files** zu ändern. Auf dem Server werden sich zwar nur die Domänenadministratoren anmelden, doch es ist sinnvoll, für alle Domänenadministratoren die Lage des Temp-Verzeichnisses unter **C:\Temp** und die Lage der temporären Internet-Dateien (Cache-Verzeichnis) sowie der Cookies in einem Verzeichnis **C:\Temporary Internet Files** zu sammeln und regelmäßig dort zu löschen, damit der Server nicht zumüllt.

2.12.19 Verstärkte Sicherheitskonfiguration für Internet Explorer abschalten

Das Browsen mit dem Internet Explorer ist in Windows 2003 mit Sicherheitseinschränkungen versehen. Sie erhalten eine Warnmeldung, wenn Sie HTML-Seiten aufrufen. Diese Sicherheitseinstellung können Sie in der Testumgebung deaktivieren, aber bitte nicht in einer Produktivumgebung. Über **Start · Einstellungen · Systemsteuerung · Software** wählen Sie **Windows-Komponenten hinzufügen/entfernen**, öffnen die Details von **Verstärkte Sicherheitskonfiguration für Internet Explorer** und entfernen das Häkchen für die Administratorengruppe.

2.12.20 Die Maus konfigurieren

Über **Start · Einstellungen · Systemsteuerung · Maus** können Sie jetzt in der Registerkarte **Bewegung** die Geschwindigkeit des Mauszeigers erhöhen.

2.13 Einen Windows-XP-Client in die Domäne einfügen

Sie sollten nun versuchen, einen Windows-XP-Client in die Domäne als Mitglied aufzunehmen. Für Active-Directory-Neulinge sei dieser Vorgang schnell erklärt, Experten blättern weiter ...

Ein Client wird in die Domäne aufgenommen, indem Sie das Symbol **Arbeitsplatz** mit der rechten Maustaste anklicken, **Eigenschaften** wählen und die Registerkarte **Computername** öffnen. Alternativ können Sie unter **Einstellungen · Systemsteuerung · System** zur Registerkarte **Computername** gelangen. Dort klicken Sie auf die Schaltfläche **Ändern** und geben im Feld **Mitglied von Domäne** den Domänennamen ein. Sie müssen nur den Hauptdomänennamen **Company** eingeben, auf das Suffix **local** können Sie verzichten. Danach erscheint ein Fenster, in dem Sie die Kennung eines Domänenadministrators und dessen Passwort eingeben.

Erscheint stattdessen eine Fehlermeldung, dass kein Domänencontroller gefunden werden kann, so öffnen Sie eine CMD-Box und versuchen, den Server **S1** anzupingen: **ping <Server-IP-Adresse>**. Schlägt dies fehl und ist der Client fehlerfrei mit dem Server »verdrahtet« (Netzwerkadapter wurden erkannt, das IP-Protokoll eingebunden, die Netzverkabelung ist okay), so liegt wahrscheinlich ein Problem in der Konfiguration des Internetprotokolls (TCP/IP) vor.

Bei der Installation des Active Directory über den Installations-Assistenten wurden automatisch die Dienste **DNS-Server** und **DHCP-Server** eingerichtet, und in der DHCP-Serverkonfiguration wurde ein Bereich von IP-Adressen zur automatischen Zuweisung an Clients aktiviert. Auf dem Windows-XP-Client muss das IP-Protokoll zwar installiert, nicht aber konfiguriert sein. In den Eigenschaften des Internetprotokolls (TCP/IP) sollte die Option **IP-Adresse automatisch beziehen** aktiv sein.

Durch die Eingabe des Befehls **ipconfig /all** in einer CMD-Box können Sie überprüfen, ob dem Client eine IP-Adresse aus dem DHCP-Bereich des Servers zugewiesen wurde. Wenn der Client beim Start von Windows XP nicht mit dem Server verbunden war, so hat er entweder überhaupt keine IP-Adresse oder eine IP-Adresse aus dem privaten Bereich von Microsoft. Überprüfen Sie zuerst, ob die Netzkarte aktiv ist. Mit der rechten Maustaste können Sie eine Netzkarte deaktivieren und wieder aktivieren. Geben Sie nacheinander den Befehl **ipconfig /release** und dann **ipconfig /renew** ein. Durch den ersten Befehl wird eine falsch zugewiesene DHCP-IP-Adresse wieder freigegeben, durch den zweiten Befehl fordert der Client eine neue IP-Adresse von einem DHCP-Server an.

Können Sie immer noch keinen Kontakt zum Domänencontroller herstellen, so vergeben Sie in den Eigenschaften des IP-Protokolls eine feste IP-Adresse, die nahe der IP-Adresse des Servers liegt, und achten darauf, dass die Subnetz-Maske dieselbe ist wie beim Server. Danach versuchen Sie erneut, den Server über den **ping**-Befehl zu erreichen. Ist dieser Versuch erfolgreich, so können Sie den Client nun in der Regel auch in die Domäne aufnehmen. Mit großer Wahrscheinlichkeit arbeitet dann der DHCP-Server nicht fehlerfrei. Dazu später mehr.

Windows Server 2003 R2 ist ein Versionsupdate des Betriebssystems Windows Server 2003. Windows Server 2003 R2 basiert auf Windows Server 2003 mit Service Pack 1, bietet aber neue Features, um die Windows Server 2003 auch bei Erscheinen weiterer Service Packs nicht erweitert werden wird.

3 Windows Server 2003 R2

3.1 Editionen von Windows Server 2003 R2

Windows Server 2003 R2 wird auf zwei CDs ausgeliefert. Auf der CD 1 befindet sich Windows Server 2003 mit SP1, auf CD 2 die Features von Windows Server 2003 R2. Es gibt nicht für alle Editionen von Windows Server 2003 eine R2-Version, sondern zumindest derzeit nur für folgenden Versionen:

- Windows Server 2003 Standard Edition
- Windows Server 2003 Enterprise Edition
- Windows Server 2003 Datacenter Edition

Microsoft plant außerdem folgende x64-Editionen von Windows Server 2003 R2:

- Microsoft Windows Server 2003 R2, Standard x64 Edition
- Microsoft Windows Server 2003 R2, Enterprise x64 Edition
- Microsoft Windows Server 2003 R2, Datacenter x64 Edition

Mit Windows Server 2003 R2 wird es keine Änderungen an IIS 6.0 (Internetinformationsdienste) geben.

3.2 Upgrade auf R2 oder zusätzliche Server unter W2003SRV R2

Wann sollte ein Upgrade von Windows Server 2003 auf Windows Server 2003 R2 erfolgen oder wann sollten zusätzliche Server unter Windows Server 2003 R2 in die Domäne aufgenommen werden?

Windows Server 2003 R2 baut auf den Leistungsmerkmalen von Windows Server 2003 SP1 auf und ergänzt sie durch ausgewählte neue Features und Komponenten. Folglich müssen Sie nur die Server unter Windows Server 2003 auf Windows Server 2003 R2 aktualisieren, auf denen diese neuen Features benötigt werden. Für diese Aktualisierung muss dann eine neue Serverlizenz erworben werden. Nichts spricht aber dagegen, in eine bestehende Domäne unter Windows Server 2003 weitere Server unter Windows Server 2003 R2 hinzuzufügen, um Serverdienste, Serverfunktionen und Last zu verteilen und um die neuen Features von R2 gezielt auf den hinzugefügten Servern zu nutzen.

Für Windows Server 2003 R2 werden dieselben Service Packs und Updates wie für Windows Server 2003 bereitgestellt. Daher können die Betriebssysteme Windows Server 2003 und Windows Server 2003 R2 problemlos in ein und derselben Umgebung miteinander kombiniert werden. Ein späterer Umstieg auf Windows Server Longhorn kann sowohl von Windows Server 2003 als auch von Windows Server 2003 R2 aus erfolgen.

Wenn Sie eine neue Active-Directory-Domäne auf einer »grünen Wiese« errichten müssen, so sollten Sie Windows Server 2003 R2 einsetzen. Ist die Anzahl der Clients kleiner als 75 und ist davon auszugehen, dass innerhalb der nächsten vier bis fünf Jahre diese Größe nicht überschritten wird, so sollten Sie Microsoft Small Business Server 2003 R2 als Alternative in Betracht ziehen, die bezüglich der Lizenzen preiswerter, wesentlich leichter zu installieren und mit geringem Aufwand zu warten ist. Auch in einer SBS 2003 R2-Domäne kann durch zusätzliche Server unter Windows Server 2003 R2 Lastverteilung und mit Einschränkungen Ausfallsicherheit erreicht werden.

[O] Lesen Sie dazu auch den Artikel »SBS-2003-Domäne mit zusätzlichen Servern ausbauen und absichern« auf der Buch-DVD im Verzeichnis **Lizenzierung**.

3.3 Installation und Upgrade

Windows Server 2003 R2 wird auf zwei CDs ausgeliefert. Auf der CD 1 befindet sich Windows Server 2003 mit SP1, auf CD 2 die Features von Windows Server 2003 R2 und im Verzeichnis **DOCS** Hilfen zur Installation und zu den Neuerungen.

[O] Anleitungen zur Installation und zum Upgrade finden Sie auf der Buch-DVD im Verzeichnis **Windows Server\Windows Server 2003 R2** (z. B. »Neue Funktionen von Windows Server 2003 R2 installieren« oder »Installing Windows Server 2003 R2«) sowie unter **http://technet2.microsoft.com/WindowsServer**.

3.4 Anwendungskompatibilität von Windows Server 2003 R2

Da Windows Server 2003 R2 auf Windows Server 2003 SP1 basiert, können alle Anwendungen, die unter SP1 laufen, auch unter Windows Server 2003 R2 ausgeführt werden. Weitere Informationen zur Anwendungskompatibilität von Windows Server 2003 SP1 finden Sie im Knowledge-Base-Artikel »Anwendungskompatibilität von Windows Server 2003 Service Pack 1« (**http://support.microsoft.com/kb/896367/de**).

3.5 Lizenzierung von Windows Server 2003 R2

Windows Server 2003 R2 wird mit einer neuen, speziellen Serverlizenz ausgeliefert. Es ist deshalb nicht legitim, einen Windows Server 2003 auf Windows Server 2003 R2 zu aktualisieren, ohne diese spezielle Serverlizenz zu erwerben. Doch gibt es keine speziellen Clientzugriffslizenzen (CALs) für Windows Server 2003 R2, sondern nur Windows-Server-2003-CALs.

Wird eine neue Domäne auf Basis von Windows Server 2003 R2 errichtet und werden neben den fünf zum Lieferumfang gehörenden CALs weitere CALs benötigt, so erwirbt man Windows-Server-2003-CALs. Wird ein Windows Server 2003 R2 in eine bereits bestehende Windows-Server-2003-Domäne aufgenommen, so müssen folglich die bereits erworbenen CALs nicht ersetzt werden.

Das gilt übrigens auch für eine Small-Business-Server-2003-Domäne, die um weitere Server vom Typ Windows Server 2003 R2 erweitert wird. Allerdings muss für jeden Windows Server (egal ob Windows 2000 Server, Windows Server 2003 oder Windows Server 2003 R2), der in eine SBS-2003-Domäne aufgenommen wird, eine SBS-2003-CAL erworben werden.

Lesen Sie dazu auch den Artikel »SBS-2003-Domäne mit zusätzlichen Servern ausbauen und absichern« auf der Buch-DVD im Verzeichnis **Lizenzierung**. [O]

3.6 Neue Features von Windows Server 2003 R2

Windows Server 2003 R2 bietet gegenüber Windows Server 2003 viele Vorteile. So können Sie z. B. mit Windows Server 2003 R2 einfach und kostengünstig die Verbindungs- und Kontrollmöglichkeiten für Identitäten, Standorte, Daten und Anwendungen auf das gesamte Unternehmen sowie über Unternehmensgrenzen hinweg ausdehnen. Die Active Directory-Verbunddienste senken die Betriebskosten und erhöhen die Sicherheit bei der Zusammenarbeit mit Geschäftspartnern oder der Bereitstellung von internetgestützten Webanwendungen. Eine derartige Erweiterung einer bestehenden Active-Directory-2003-Infrastruktur ist insofern kostengünstig, als die bereits beschafften CALs auch beim Zugriff auf die neuen Server unter W2003 R2 verwendet werden können.

Einige der Leistungsmerkmale von Windows Server 2003 R2 wirken sich besonders bei der Einbindung von Zweigstellenservern positiv aus.

[O] Im Microsoft Whitepaper »Windows Server 2003 R2 – Unterstützung für Zweigstellen« (auf der Buch-DVD) wird erläutert, wie die Features von R2 zu einer Vereinfachung der Verwaltung und zu einer Erhöhung der gesamten Produktivität in den Zweigstellen eines Unternehmens beitragen können.

3.6.1 Verbesserte Verwaltungsprogramme

Zur Vereinfachung der Remoteverwaltung der Server installieren Sie die Verwaltungsprogramme für Windows Server 2003 R2 auf der CD 2 im Verzeichnis **Admin**. Diese Verwaltungsprogramme können auf Computern unter Windows XP Professional mit Service Pack 2 (SP2) installiert werden. Legen Sie einfach die CD 2 in den Windows-XP-Client ein und wählen Sie **Zusätzliche Aufgaben – Verwaltungsprogramme installieren**.

[O] Zum Verwalten von Komponenten müssen Sie zunächst die Verwaltungsprogramme von MMC 3.0 installieren. Detaillierte Installationsanweisungen finden Sie auf der Buch-DVD im Dokument »Installing Windows Server 2003 R2« und unter **http://go.microsoft.com/fwlink/?LinkId=54293**.

Die folgenden Komponenten verfügen über Verwaltungsprogramme:

- Microsoft Management Console (MMC) 3.0
- Druckverwaltung
- DFS-Replikation
- Ressourcen-Manager für Dateiserver
- Dateiserververwaltung
- Identitätsverwaltung für UNIX

Diese Verwaltungskonsolen ergänzen die Tools, die bereits in den Windows-Server-2003-Service-Pack-1-Verwaltungsprogrammen enthalten sind. Mit dem Druckerverwaltungstool können zudem Computer mit den Betriebssystemen Windows 2000, Windows XP und Windows Server 2003 remote verwaltet werden. Die Verwaltungsprogramme für Server unter Windows Server 2003 R2 können auch separat unter **http://go.microsoft.com/?linkid=4538412** heruntergeladen und auf Windows-XP-Clients installiert werden.

3.6.2 Microsoft Management Console (MMC) 3.0

MMC 3.0 wird automatisch mit Windows Server 2003 R2 installiert. MMC 3.0 unterstützt umfassendere Funktionen in Snap-Ins, die für die MMC-3.0-Infrastruktur entwickelt wurden. Das neue **Aktionsfeld** wird auf der rechten Seite der Snap-In-Konsole angezeigt. In diesem Feld sind diejenigen Aktionen aufgelistet, die auf der Grundlage der gerade ausgewählten Elemente in der Struktur oder im Ergebnisfeld jeweils verfügbar sind. Um das Aktionsfeld ein- oder auszublenden, klicken Sie auf der Symbolleiste auf die Schaltfläche **Aktionsfeld ein-/ausblenden bzw.** auf die Schaltfläche **Konsolenstruktur ein-/ausblenden**.

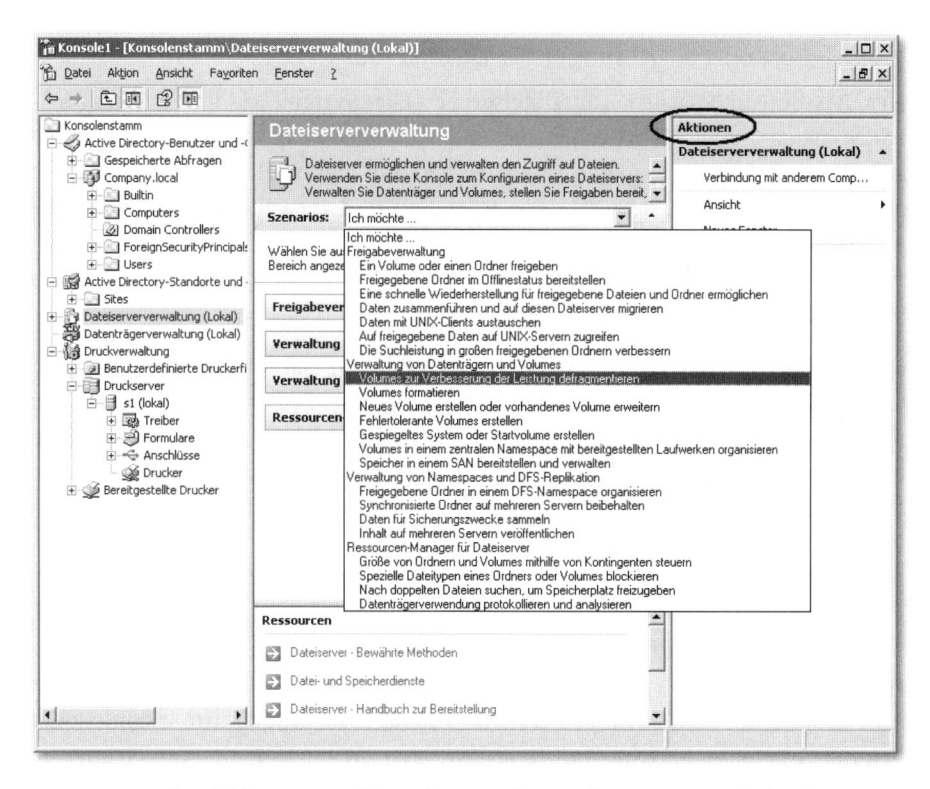

Das neue Dialogfeld **Snap-Ins hinzufügen oder entfernen** vereinfacht das Hinzufügen, Organisieren und Entfernen von Snap-Ins. Sie können steuern, welche Erweiterungen verfügbar sind und ob Snap-Ins, die später installiert werden, automatisch aktiviert werden sollen. Sie können Snap-Ins verschachteln und die Snap-Ins in der Struktur neu anordnen.

3.6.3 Dateiserververwaltung

Mithilfe der Dateiserververwaltung können Sie eine Vielzahl an Aufgaben ausführen:

- Formatieren und Defragmentieren von Volumes
- Erstellen und Verwalten von Freigaben
- Festlegen von Speicherkontingenten
- Erstellen von Berichten zur Speicherauslastung
- Replizieren von Daten auf den Dateiserver und vom Dateiserver
- Verwalten von SANs (Storage Area Networks)
- Freigeben von Dateien für die Nutzung auf UNIX- und Macintosh-Systemen

3.6.4 Ressourcen-Manager für Dateiserver

Der Ressourcen-Manager für Dateiserver (File System Resource Manager – FSRM) ist ein neues Microsoft-Management-Console-Snap-In (MMC). Es handelt sich um eine Sammlung von Werkzeugen, mit deren Hilfe Administratoren Menge und Typ der Daten des Servers steuern und verwalten können. Mithilfe des Ressourcen-Managers für Dateiserver können Administratoren Kontingente für Ordner und Volumes festlegen, Dateien aktiv prüfen und detaillierte Speicherberichte generieren.

Die Betriebssysteme Windows 2000 und Windows Server 2003 boten schon immer die Unterstützung für Datenträgerkontingente. Bisher konnten jedoch nur Speichergrenzen pro Benutzer und pro Volume festgelegt werden. Überschritt ein Benutzer das ihm zugebilligte Speicherkontingent, so wurde der Administrator nur durch einen Eintrag im Ereignisprotokoll darüber informiert. Über den Ressourcen-Manager für Dateiserver ist es in Windows Server 2003 R2 jetzt möglich, Speichergrenzen gezielt pro Verzeichnis statt nur pro Volume festzulegen. Die Quotierung für Verzeichnisse bezieht sich dann auf die Summe aller Dateien, die von allen Benutzern in dem Verzeichnis abgelegt wurden. Wird diese Limitierung überschritten, so kann der Administrator oder z. B. der verantwortliche Abteilungsleiter nun auch per E-Mail, automatisch ausgeführte Skripte oder benutzerdefinierte Berichte informiert werden. Wenn für ein Verzeichnis, in dem viele Benutzer Dateien ablegen, eine Limitierung gesetzt wird, so würde es natürlich wenig Sinn ergeben, die Gruppe der Benutzer direkt per E-Mail zu warnen. Sinnvoller ist es, dass der Administrator aufgrund der Warnung die Ursache für den plötzlichen Anstieg des Speicherverbrauches analysiert und angemessen reagiert: die Kontingentgrenze erhöht, größere Speicherplatten beschafft, einzelne Anwender oder den Abteilungsleiter gezielt anspricht.

3.6.5 Dateifilterung

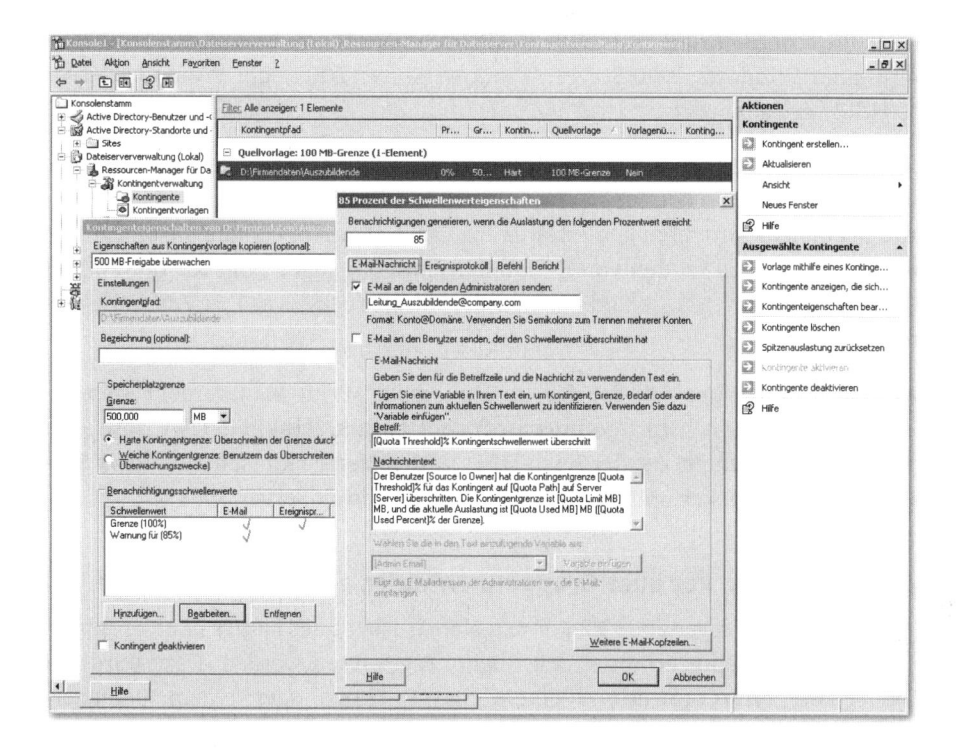

Mittels Dateifilterung (File Screening) kann das Speichern von ausgewählten Dateitypen wie z. B. Audio- und Videodateien unterbunden werden. Der Administrator kann konfigurieren, dass er eine Benachrichtigung erhält, sobald ein Anwender versucht, unerwünschte Dateitypen auf dem Server abzulegen.

Näheres dazu finden Sie in den Artikeln »Step-by-Step Guide for File Server Resource Manager«, »Configuring Volume and Folder Quotas« und »Implementing File Screening in Windows Server 2003 R2« auf der Buch-DVD bzw. unter **http://technet2.microsoft.com/WindowsServer** und unter **www.windowsnetworking.com/articles_tutorials**.

3.6.6 Druckverwaltung

Die PMC (Print Management Console) ist ein aktualisiertes Microsoft-Management-Console-Snap-In (MMC), mit dem Sie Drucker und Druckserver im Unternehmen anzeigen und verwalten können. PMC schafft einen besseren Überblick über die Druckertopologie im Netzwerk, so dass der Administrator besonders auch die Drucker und Plotter in Zweigstellen überwachen und im Falle eines Problems schnell reagieren kann. PMC kann auf jedem Windows Server 2003 R2 ausgeführt werden, und Sie können sämtliche Netzwerkdrucker auf Druckservern unter Windows 2000 Server, Windows Server 2003 oder Windows Server 2003 R2 verwalten.

Über die Filterfunktion der Druckverwaltung können Sie benutzerdefinierte Sichten festlegen. So können Sie beispielsweise eine Sicht erstellen, die nur Drucker in einem bestimmten Fehlerstatus anzeigt. Außerdem können Sie die Druckverwaltung für das Senden von E-Mail-Benachrichtigungen oder Ausführen von Skripten konfigurieren, sobald ein Drucker oder Druckserver Ihre Aufmerksamkeit erfordert.

[O] Weitere Informationen finden Sie im Dokument »Print Management Step-by-Step Guide« unter **http://go.microsoft.com/fwlink/?LinkId=50141** sowie in diversen Dokumenten auf der Buch-DVD in den Verzeichnissen **Windows Server\Netzwerkdrucker** und **Windows Server\Windows Server 2003 R2**.

3.6.7 Netzdrucker über Gruppenrichtlinien zuweisen

Unter Windows Server 2003 R2 können Netzdrucker oder Plotter über Gruppenrichtlinien den Benutzern oder den Clients zugewiesen werden. Dazu wird das Tool **PushPrinterConnections** einem Startup-Skript oder einem Benutzer-Anmeldeskript hinzugefügt.

[O] Die Details lesen Sie in den Beiträgen »Deploying Printers to Users or Computers by Using Group Policy« und »Set Group Policy for Printers« in den oben genannten Verzeichnissen der Buch-DVD.

3.6.8 Hardwareverwaltung

Über die Windows-Remoteverwaltung kann Serverhardware remote über Firewalls hinweg verwaltet werden. Die Windows-Remoteverwaltung wird nicht standardmäßig mit Windows Server 2003 R2 installiert. Sie muss über **Software · Windows-Komponenten hinzufügen/entfernen** nachinstalliert werden.

[O] Detaillierte Informationen zur Hardwareverwaltung finden Sie im Abschnitt »Hardware Management in Windows Server 2003 R2« unter **http://go.microsoft.com/fwlink/?LinkId=45204** und auf der Buch-DVD.

3.6.9 Speicherverwaltung für SANs

Der Speichermanager für SANs (Storage Manager for SANs) ist ein neues Microsoft-Management-Console-Snap-In (MMC), über das LUNs (Logical Unit Numbers, logische Gerätenummern) auf Fibre-Channel- und iSCSI-Laufwerk-Subsystemen in einem SAN (Storage Area Network) erstellt und verwaltet sowie die

Sicherheitseigenschaften für iSCSI-Speichersubsysteme festgelegt werden können. Der Speichermanager für SANs kann für Speichersubsysteme verwendet werden, die VDS (Virtual Disk Server) unterstützen.

Näheres hierzu finden Sie im »Step-by-Step Guide for Storage Manager for SANs« auf der Buch-DVD. **[○]**

3.6.10 Stabile Dateireplikation mittels DFS-Namespace und DFS-Replikation und RDC

Windows Server 2003 R2 umfasst ein vollständig neu entwickeltes Replikationsmodul für DFS (Distributed File System, verteiltes Dateisystem). Die verbesserte DFS-Lösung in Windows Server 2003 R2 soll den Zugriff auf Dateien auch über LAN-Grenzen hinweg für den Anwender vereinfachen und gleichzeitig ausfallsicher machen. Das verteilte Dateisystem besteht aus den zwei Technologien DFS-Namespaces und DFS-Replikation.

Mit **DFS-Namespaces** (DFS-N), bisher als »verteiltes Dateisystem« bekannt, können Administratoren freigegebene Ordner, die sich auf unterschiedlichen Servern befinden, gruppieren und den Benutzern als virtuelle Ordnerstruktur, dem »Namespace«, zur Verfügung stellen. Ein Namespace bietet Vorteile wie die höhere Verfügbarkeit von Daten, die Nutzlastverteilung und den vereinfachten Zugriff auf Daten durch den Anwender.

Die **DFS-Replikation** (DFS-R) ist der Nachfolger des Dateireplikationsdienstes (File Replication Service, FRS). Der neue, statusbasierte Multimaster-Dateireplikationsdienst unterstützt Zeitplanung und Bandbreiteneinschränkung. Die DFS-Replikation verwendet den neuen Komprimierungsalgorithmus RDC (Remote Differential Compression, Remotedifferenzialkomprimierung). RDC ist ein Protokoll für netzwerkgebundene Differenzierung, mit dem Dateien in einem WAN-Netzwerk mit begrenzter Bandbreite effizient aktualisiert werden können. RDC erkennt, wenn Daten in Dateien eingefügt oder umgestellt bzw. aus Dateien entfernt wurden. Über das WAN werden dann nur die Änderungen repliziert, die zur Sicherstellung der globalen Dateiübereinstimmung erforderlich sind. Wenn die WAN-Verbindung nicht hergestellt werden kann, können Daten trotzdem gespeichert werden. Sie werden weitergeleitet, sobald die WAN-Verbindung wieder zur Verfügung steht. Die verbesserte DFS-Replikation benötigt im Zusammenspiel mit RDC erheblich weniger Bandbreite.

Kleinere Dateiserver in Zweigstellen können mittels DFS-Replikation über das WAN auf zentrale Sicherungsmedien mitgesichert werden. In diesem Zusammenhang sei außerdem auf das Produkt Microsoft **Data Protection Manager 2006** hingewiesen. Damit können Kopien von Datenbeständen mehrerer Server auf einem Server zusammengeführt werden, um von diesem zentralen Server mittels konventioneller Streamer Bandsicherungen herzustellen.

[o] Informationen zu Data Protection Manager 2006 finden Sie auf der Buch-DVD im Verzeichnis **Windows Server\Data Protection Manager 2006**.

Weitere Informationen zum verteilten Dateisystem in Windows Server 2003 R2 finden Sie unter **http://go.microsoft.com/fwlink/?LinkId=51679** und im »Step-by-Step Guide for the Distributed File System Solution in Windows Server 2003 R2« auf der Buch-DVD.

3.6.11 Active-Directory-Verbunddienste

Mithilfe der Active-Directory-Verbunddienste (Active Directory Federation Services, ADFS) soll die einmalige Anmeldung und Authentifizierung von Benutzern für mehrere, verwandte Webanwendungen im Verlauf einer einzelnen Onlinesitzung optimiert werden. ADFS realisiert dies durch die sichere gemeinsame Nutzung der digitalen Identität und der Anspruchsberechtigungen über Sicherheits- und Unternehmensgrenzen hinweg. Microsoft hat zu diesem Thema unter **http://go.microsoft.com/fwlink/?linkid=49631** den »Step-by-Step Guide for Active Directory Federation Services« veröffentlicht.

3.7 Windows SharePoint Services Service Pack 2

3.7.1 Features von Windows SharePoint Services 2.0

Auf Microsoft Windows SharePoint Services 2.0 basierende Websites ermöglichen es Teams, miteinander zu kommunizieren, gemeinsam auf Dokumente zuzugreifen und bei Projekten zusammenzuarbeiten. Windows SharePoint Services Service Pack 2 ist in Windows Server 2003 R2 enthalten und kann direkt über den Serverkonfigurations-Assistenten oder über die Serververwaltung installiert werden. Danach stehen die folgenden Features zur Verfügung:

- Teamzusammenarbeit, z. B. Teamkalender, gemeinsam genutzte Kontaktlisten, Weblinks, Problemlisten, Ankündigungen usw.

- Dokumentbibliotheken, in denen Benutzer Dokumente speichern und abrufen und dabei Features wie Ein- und Auschecken, Versionsverlauf, benutzerdefinierte Metadaten sowie flexible, anpassbare Sichten verwenden können.

- Webparts, die Datenzugriff auf externe Datenbanken, Webdienste sowie viele andere Anwendungen und Inhalte für SharePoint-Sites bereitstellen können.

Die Benutzer greifen über den Webbrowser auf diese Webparts zu. Die Microsoft-Office-2003-Komponenten ermöglichen es aber auch, direkt aus der Anwendung heraus Dokumente in SharePoint-Bibliotheken zu speichern, zu öffnen, auf die Website zu verschieben oder mit der Website zu verknüpfen.

Ulrich B. Boddenberg beschreibt in seinem bei Galileo Computing erschienenen Buch »SharePoint Portal Server 2003 & Windows SharePoint Services« die mannigfaltigen Anwendungsmöglichkeiten. Auf der Buch-DVD finden Sie viele Beiträge im Verzeichnis **Sharepoint**.

3.7.2 SharePoint Central Administration

Die **SharePoint Central Administration** ist eine Webbrowser-Benutzeroberfläche, über die Sie einzelne SharePoint-Server oder ganze Serverfarmen verwalten können, um z. B. virtuelle Server zu erweitern, neue Sites zu erstellen oder das Add-In **Self-Service Site Creation** einzuschalten. Mit diesem Add-In können der Administrator oder auch Benutzer eigene Sites erstellen, Sicherheitseinstellungen verwalten, die Liste der Server in der Serverfarm verwalten usw. Sie können aber auch das Befehlszeilen-Dienstprogramm **Stsadm.exe** verwenden, um Server mit Windows SharePoint Services zu verwalten.

3.7.3 Anwendungen für Windows SharePoint Services zum Download

Microsoft bietet auf seiner Website vorgefertigte Beispielanwendungen für SharePoint zum Download an, z. B. eine Projektverwaltung, Nachverfolgung von Helpdeskanfragen, Zeiterfassung und Zeitplanung oder Stellenausschreibungen. Diese Anwendungen können mit geringem Installations- und Anpassungsaufwand verwendet werden. Zur Zeit der Erstellung dieses Textes standen unter **http://go.microsoft.com/fwlink/?LinkId=47987** folgende Downloads bereit:

- Absence and Vacation Schedule
- Board of Directors
- Case Work Management
- Change Management
- Classroom Management
- Competitive Intelligence
- Discussion Database
- Document Library
- Employee Activities Site

- Employee Timesheet and Scheduling
- Employee Training
- Event Coordination
- Expense Reimbursement
- Help Desk
- HR Programs and Services
- IT Developer Team Site
- Legal Document Review Workflow
- Loan Initiation Management
- Marketing Campaigns
- Meeting Management
- New Product Development
- Performance Review
- Professional Svcs Contracts
- Professional Svcs Site
- Project Team Site
- Public Official Activity
- Public Relations Work Site
- Publication Editorial Review
- Recruiting Resource Center
- Request for Proposal Management
- Room and Equipment Reservation
- Team Work Site
- Travel Request

3.7.4 Unterstützung für erweiterte Extranetkonfigurationen

Windows SharePoint Services verwendet zum Generieren einiger Hyperlinks in den Webseiten und E-Mail-Nachrichten absolute URLs. Dies führte bisher dazu, dass Windows SharePoint Services keine Unterstützung für bestimmte erweiterte Extranetkonfigurationen (wie z. B. SSL-Beendung, Hostheaderänderung und Portübersetzung) bieten konnte, in denen ein umgekehrter Proxyserver vor dem Windows-SharePoint-Services-Server bereitgestellt wird. In Windows SharePoint Services Service Pack 2 gibt es nun ein Feature für die Zuordnung von URL-Zonen, das die Interaktion mit einem Proxyserver oder einer Firewall vereinfacht.

Damit können Sie URL-Zonen wie z. B. Internet, Intranet und Extranet einrichten und eingehende und ausgehende URLs diesen Zonen zuordnen, so dass die Extranetkonfigurationen ordnungsgemäß arbeiten. Weitere Informationen zu diesem Thema finden Sie unter **http://go.microsoft.com/fwlink/?LinkId=45560**.

3.7.5 UNIX-Interoperabilität mit den Microsoft Services for Network File System MSNFS

Microsoft-Dienste für NFS (MSNFS) ist nun eine integrierte Komponente von Windows Server 2003 R2. Microsoft-Dienste für NFS ist ein Update der NFS-Komponenten, die vorher im separaten Produkt Windows Services für UNIX 3.5 verfügbar waren. Microsoft-Dienste für NFS unterstützt die Übertragung von Dateien zwischen Windows Server 2003 R2 und UNIX-Computern mithilfe des NFS-Protokolls (Network File System). Computer unter Windows Server 2003 R2 können auf Ressourcen auf UNIX-Dateiservern zugreifen, und UNIX-Clients können auf Ressourcen auf Computern unter Windows Server 2003 R2 zugreifen, um z. B. von dem Schattenkopien-Feature zu profitieren.

In Windows Server 2003 R2 sind der **Server für NIS** und die **Kennwortsynchronisierung** integrierte Features. Der Server für NIS hilft bei der Integration von Windows- und UNIX-basierten NIS-Servern (Network Information Service). Dabei fungiert ein Active-Directory-Domänencontroller als NIS-Masterserver für eine oder mehrere NIS-Domänen. Die Kennwortsynchronisierung vereinfacht den Prozess zur Verwaltung gesicherter Kennwörter. Benutzer benötigen keine separaten Kennwörter für ihre Windows- und UNIX-Konten und müssen auch nicht daran denken, das Kennwort an mehreren Standorten zu ändern.

3.8 Gleiche aktuellste Version der Support-Tools im Netzwerk verwenden

Nachfolgend ein **wichtiger Hinweis** zu den Support-Tools: Nach dem Erscheinen von Windows XP SP2 wurden neue Support-Tools zum Download angeboten, die auch eine neuere Version des Tools **Windows XP Installationsmanager** (setupmgr.exe) und der Datei **Deploy.cab** enthalten.

Lesen Sie den Beitrag »Windows XP Service Pack 2-Support-Tools« im Verzeichnis **Windows XP\Windows XP SP2** der Buch-DVD. Die erste CD von Windows Server 2003 R2 enthält ebenfalls ein Verzeichnis **Support\Tools**. Vielleicht ist aber bereits ein weiteres Service Pack erschienen, oder Microsoft bietet inzwischen einen aktualisierten Download an. Verwenden Sie die neuesten Tools einheitlich über das gesamte Netzwerk.

3.9 Literaturhinweise zu Windows Server 2003 R2

[o] Auf der Buch-DVD finden Sie viele Artikel im Verzeichnis **Windows Server\ Windows Server 2003 R2**.

Unter **http://technet2.microsoft.com/WindowsServer/en/Library** sowie auf der Buch-DVD finden Sie Anleitungen wie den »Step-by-Step Guide to Setting Up Server for NIS« oder den »Step-by-Step Guide to Deploying Password Synchronization«.

Aktuelle Informationen zu Windows Server 2003 R2 finden Sie z. B. unter:

- http://technet2.microsoft.com/WindowsServer
- http://www.microsoft.com/germany/windowsserver2003/technologien/R2
- http://www.windowsnetworking.com/articles_tutorials

Für die weitere Diskussion von Gruppentypen, Gruppenbereichen, Verschachtelung von Gruppen und das Zusammenspiel von Berechtigungen auf Verzeichnisse und öffentliche Ordner des Exchange Server ist es notwendig, bereits jetzt eine Exchange Server-Organisation zu erstellen. Auch bei der späteren Abhandlung von Anmeldeskripten und Gruppenrichtlinien fließen immer wieder Aspekte ein, die den Exchange Server betreffen.

4 Die Installation der Exchange-Organisation

4.1 Vorbemerkungen

In der Erstauflage dieses Buches wurde die Installation eines Exchange 2000 Servers detailliert besprochen, weil zum damaligen Zeitpunkt nur eine Beta-Version von Exchange Server 2003 verfügbar war.

Die Kapitel der Erstauflage zur Installation und Wartung von Exchange 2000 Server finden Sie auf der Buch-DVD. Die Neuauflage beschäftigt sich hingegen mit der Installation und Wartung einer Exchange-2003-Organisation. Auf der Buch-DVD finden Sie im Verzeichnis **Exchange Server** weitere Artikel und Whitepapers, Knowledge-Base-Artikel und Hinweise auf Internetquellen zu den Themen **Exchange Server 2000**, **2003** und **2007** und zu Fragestellungen rund um die Migration einer älteren Exchange-Version nach Exchange Server 2003.

Vor der Installation von Exchange Server 2003 sollten das neueste Service Pack von Windows Server 2003 und die Sicherheitsupdates installiert sein, die nach dem Service Pack veröffentlicht wurden. Stellen Sie außerdem sicher, dass die Testdomäne **Company.local** in die Funktionsebene Windows Server 2003 hochgestuft wurde. Dieser Vorgang wurde bereits beschrieben. Starten Sie dazu wahlweise das Snap-In **Active Directory-Benutzer und -Computer** oder das Snap-In **Active Directory-Domänen und Vertrauensstellungen** und klicken Sie die Domäne mit der rechten Maustaste an. Wählen Sie den Befehl **Domänenfunktionsebene heraufstufen**.

4 | Die Installation der Exchange-Organisation

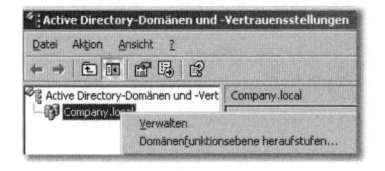

Um sicherzustellen, dass der Server und das Active Directory fehlerfrei laufen, sollten Sie wie folgt vorgehen. Starten Sie die Ereignisanzeige und löschen Sie in allen Kategorien (Anwendung, Sicherheit, System, Verzeichnisdienst, DNS-Server, Dateireplikationsdienst) mit der rechten Maustaste die Protokolldateien. Wenn Sie den Server nun neu starten, werden die Protokolldateien neu erstellt. Öffnen Sie die Ereignisanzeige erneut und prüfen Sie besonders in der Kategorie **System**, ob gravierende Fehlermeldungen angezeigt werden und z. B. Dienste nicht gestartet werden konnten. Wenn Sie einen Fehler mit der Quelle W32Time und der Ereignis-ID 29 bzw. 62 sehen, ist das normal. Die Beschreibung des Fehlers besagt, dass die Uhrzeit des Servers über den Befehl **net time /setsntp:<Servername>** mit einer externen Zeitquelle synchronisiert werden soll. Näheres zum Thema »Zeitsynchronisation in einer Gesamtstruktur« finden Sie im Knowledge-Base-Artikel »216734 – How to Configure an Authoritative Time Server in Windows 2000« und in Kapitel 18, *Strategische Überlegungen und Tipps*. Sie können auch über **Verwaltung · Dienste** prüfen, ob alle Dienste mit dem Starttyp **Automatisch** beim Start des Servers wirklich gestartet wurden.

4.2 Benötigte Dienste hinzuinstallieren

Die Installation des Exchange Server setzt voraus, dass der **SMTP-Dienst**, der **NNTP-Dienst**, **ASP-Net** und bestimmte **WWW-Komponenten** installiert sind und laufen. Da diese Dienste standardmäßig bei der Installation des Windows Server 2003 nicht installiert wurden, muss deren Installation nun nachgeholt werden. Über **Start · Einstellungen · System · Software** wählen Sie **Windows-Komponenten hinzufügen**. In der Kategorie **Anwendungsserver** aktivieren Sie die Komponente **ASP-Net**.

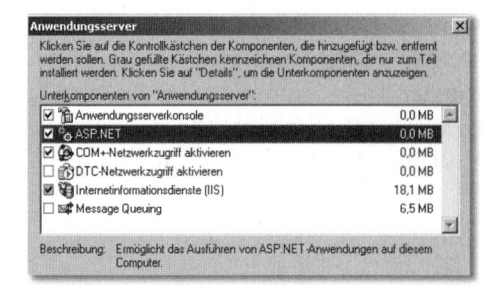

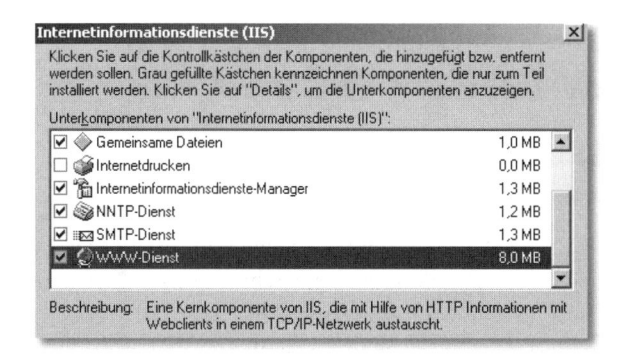

In der Kategorie **Internetinformationsdienste** aktivieren Sie den NNTP- und den SMTP-Dienst. In der Kategorie **WWW-Dienst** wählen Sie die WWW-Komponenten aus.

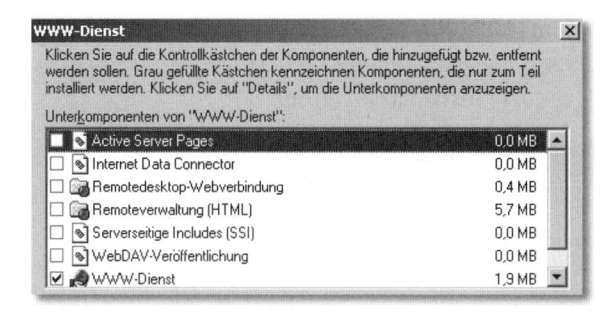

4.3 Die Installation des Exchange Server 2003

Starten Sie nun die Exchange Server-2003-CD. Der Installations-Assistent von Exchange Server 2003 ist gegenüber Exchange 2000 Server sehr ausgereift. Musste man unter Exchange 2000 Server die Schemaerweiterung einer Active-Directory-Gesamtstruktur noch durch den Befehl **setup /forestprep** einleiten und jede Unterdomäne der Gesamtstruktur mit dem Befehl **setup /domainprep** für Exchange 2000 Server vorbereiten, so erledigt der neue Installations-Assistent diese komplizierten Schritte in der richtigen Reihenfolge. Noch komfortabler ist übrigens die Installation beim Microsoft Windows Small Business Server 2003. Dort legen Sie nacheinander vier CDs ein und müssen sich weder um installierte Dienste noch um Sicherheitseinstellungen kümmern. Das SBS-2003-System wird einschließlich Exchange Server, SharePoint Portal Services und zentralem Faxdienst in einem Rutsch passend durchkonfiguriert installiert.

Im Fenster **Microsoft Exchange Server 2003** klicken Sie auf **Exchange-Bereitstellungstools**.

4 | Die Installation der Exchange-Organisation

Im nächsten Fenster wählen Sie **Bereitstellen des ersten Exchange 2003-Servers**. Der darunter befindliche Punkt **Installieren von Exchange 2003 auf weiteren Servern** zeigt Ihnen in diesem Fenster bereits, wie Sie später zusätzliche Exchange Server für weitere Standorte installieren werden.

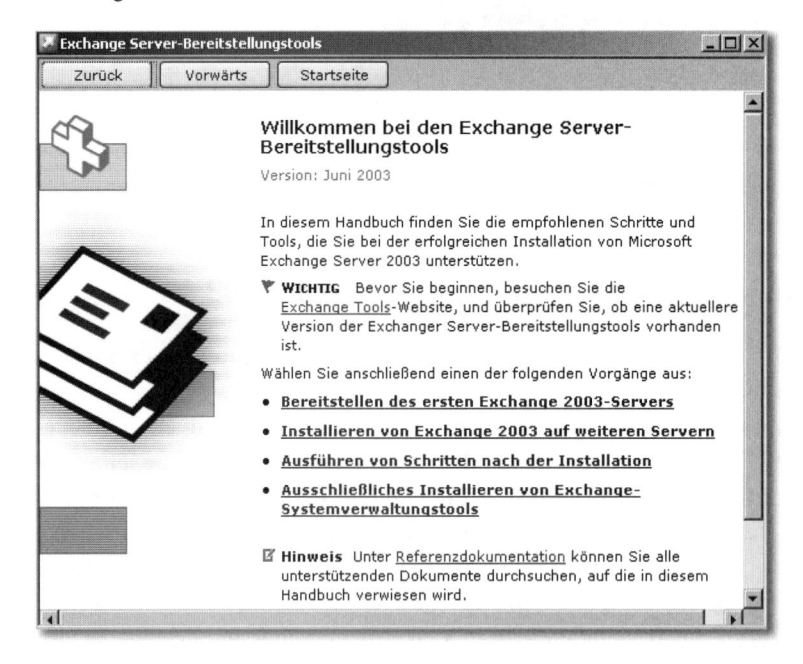

Im nächsten Fenster wählen Sie den letzten Punkt **Neue Exchange 2003-Installation** an. Die übrigen Menüpunkte geben Hinweise, wie zu verfahren wäre, wenn es bereits eine Exchange 5.5- bzw. 2000-Organisation gäbe, die nach Exchange 2003 überführt werden müsste.

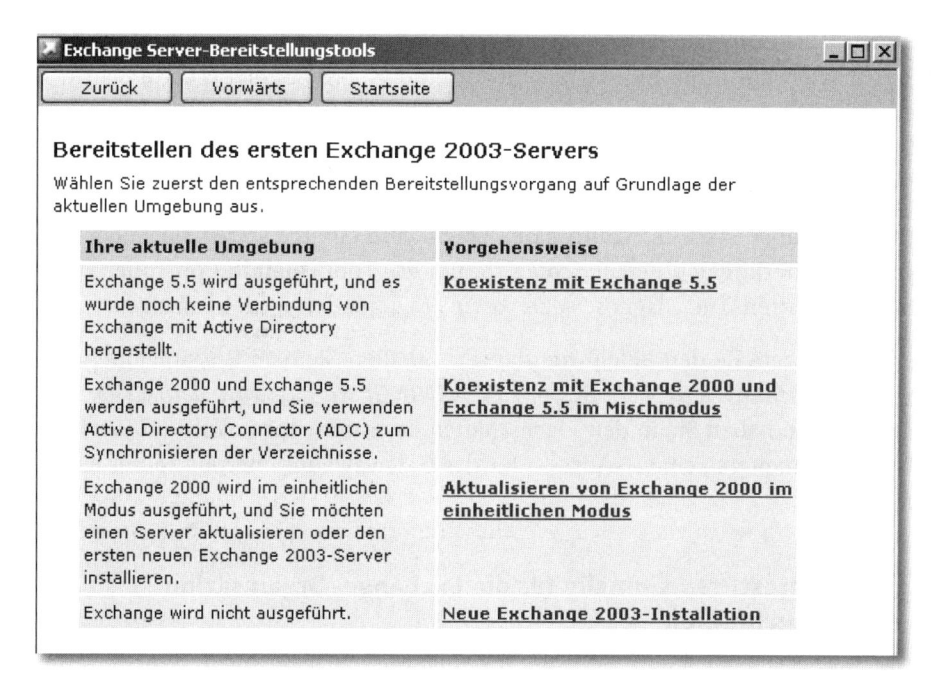

Die Installation des Exchange Server 2003 | 4.3

Bereitstellen des ersten Exchange 2003-Servers

Wählen Sie zuerst den entsprechenden Bereitstellungsvorgang auf Grundlage der aktuellen Umgebung aus.

Ihre aktuelle Umgebung	Vorgehensweise
Exchange 5.5 wird ausgeführt, und es wurde noch keine Verbindung von Exchange mit Active Directory hergestellt.	Koexistenz mit Exchange 5.5
Exchange 2000 und Exchange 5.5 werden ausgeführt, und Sie verwenden Active Directory Connector (ADC) zum Synchronisieren der Verzeichnisse.	Koexistenz mit Exchange 2000 und Exchange 5.5 im Mischmodus
Exchange 2000 wird im einheitlichen Modus ausgeführt, und Sie möchten einen Server aktualisieren oder den ersten neuen Exchange 2003-Server installieren.	Aktualisieren von Exchange 2000 im einheitlichen Modus
Exchange wird nicht ausgeführt.	Neue Exchange 2003-Installation

Im nächsten Fenster werden vorbereitende Schritte zur Installation des ersten Exchange Server 2003 aufgeführt.

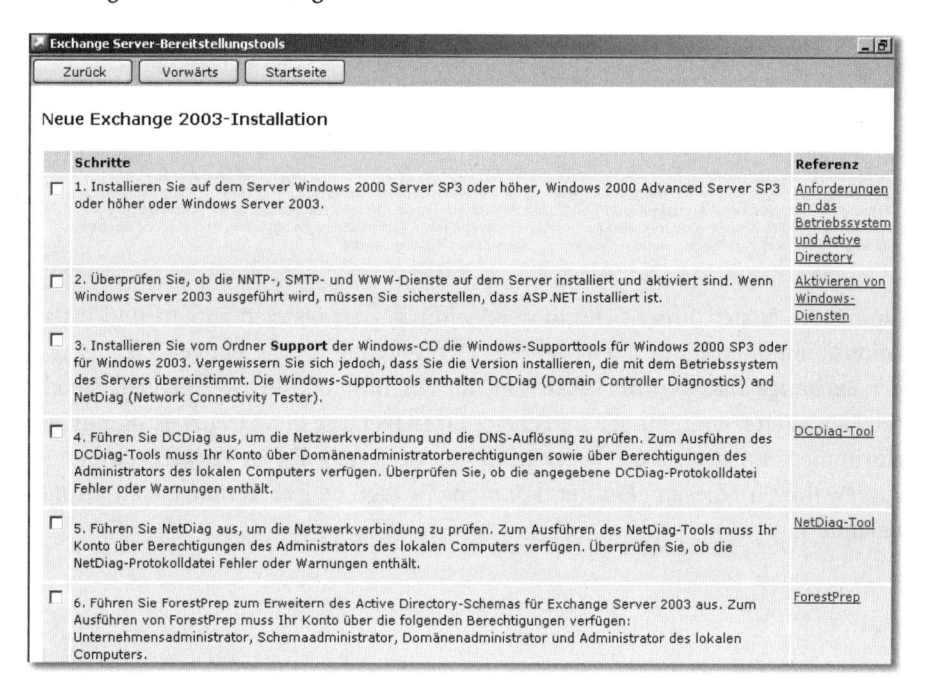

Neue Exchange 2003-Installation

Schritte	Referenz
1. Installieren Sie auf dem Server Windows 2000 Server SP3 oder höher, Windows 2000 Advanced Server SP3 oder höher oder Windows Server 2003.	Anforderungen an das Betriebssystem und Active Directory
2. Überprüfen Sie, ob die NNTP-, SMTP- und WWW-Dienste auf dem Server installiert und aktiviert sind. Wenn Windows Server 2003 ausgeführt wird, müssen Sie sicherstellen, dass ASP.NET installiert ist.	Aktivieren von Windows-Diensten
3. Installieren Sie vom Ordner **Support** der Windows-CD die Windows-Supporttools für Windows 2000 SP3 oder für Windows 2003. Vergewissern Sie sich jedoch, dass Sie die Version installieren, die mit dem Betriebssystem des Servers übereinstimmt. Die Windows-Supporttools enthalten DCDiag (Domain Controller Diagnostics) und NetDiag (Network Connectivity Tester).	
4. Führen Sie DCDiag aus, um die Netzwerkverbindung und die DNS-Auflösung zu prüfen. Zum Ausführen des DCDiag-Tools muss Ihr Konto über Domänenadministratorberechtigungen sowie über Berechtigungen des Administrators des lokalen Computers verfügen. Überprüfen Sie, ob die angegebene DCDiag-Protokolldatei Fehler oder Warnungen enthält.	DCDiag-Tool
5. Führen Sie NetDiag aus, um die Netzwerkverbindung zu prüfen. Zum Ausführen des NetDiag-Tools muss Ihr Konto über Berechtigungen des Administrators des lokalen Computers verfügen. Überprüfen Sie, ob die NetDiag-Protokolldatei Fehler oder Warnungen enthält.	NetDiag-Tool
6. Führen Sie ForestPrep zum Erweitern des Active Directory-Schemas für Exchange Server 2003 aus. Zum Ausführen von ForestPrep muss Ihr Konto über die folgenden Berechtigungen verfügen: Unternehmensadministrator, Schemaadministrator, Domänenadministrator und Administrator des lokalen Computers.	ForestPrep

Schritt 1 erledigt sich, da wir unter Windows Server 2003 den ersten Exchange Server 2003 aufsetzen und nicht unter Windows 2000 Server. Die in Schritt 2 aufgelisteten Dienste haben wir bereits installiert. Die in Schritt 3 genannten Support-Tools installieren Sie, wenn noch nicht geschehen, über die Datei **Subtools.msi** im Verzeichnis **Support\Tools** der Windows Server 2003-CD.

Geben Sie über **Start · Ausführen** den Befehl **cmd** ein und setzen Sie an der Eingabeaufforderung den Befehl **dcdiag** ab, um das Tool **Domain Controller Diagnosis** zu starten. Die Diagnose sollte keine gravierenden Fehler aufzeigen.

Danach setzen Sie den Befehl **netdiag** ab. Erhalten Sie eine Warnmeldung wie »*Default gateway test . . . : Skipped [WARNING] No gateways defined for this adapter*«, so haben Sie in den Eigenschaften des Internetprotokolls (TCP/IP) des Netzwerkadapters keine IP-Adresse für das Gateway zum Internet-Router eingetragen.

4.3.1 ForestPrep einmalig für die Exchange-Organisation durchführen

Um mit der Exchange-Installation fortzufahren, klicken Sie in Schritt 6 auf **ForestPrep**. Die Onlinehilfe zu **ForestPrep** liefert an dieser Stelle folgende zusätzliche Informationen:

ForestPrep

Durch die Option **/ForestPrep** in Exchange-Setup wird das Active Directory-Schema mit Exchange-spezifischen Klassen und Attributen erweitert. Durch **ForestPrep** wird auch das Containerobjekt für die Exchange 2003-Organisation in Active Directory erstellt. Sie müssen **ForestPrep** einmal in der Active Directory-Gesamtstruktur in der Domäne ausführen, in der sich der Schemamaster befindet. (Standardmäßig wird der Schemamaster auf dem ersten in einer Gesamtstruktur installierten Windows-Domänencontroller ausgeführt.) Beim Setup wird geprüft, ob **ForestPrep** in der richtigen Domäne ausgeführt wird. Ist dies nicht der Fall, erhalten Sie eine Meldung darüber, in welcher Domäne sich der Schemamaster befindet.

Das Konto, das Sie zum Ausführen von **ForestPrep** verwenden, muss Mitglied der Gruppen **Organisations-Admins** und **Schemaadministratoren** sein. Während der Ausführung von **ForestPrep** geben Sie ein Konto an, das über die Berechtigungen **Exchange-Administrator – Vollständig** für das Organisationsobjekt verfügt. Dieses Konto verfügt über die Berechtigung, Exchange 2003 in der Gesamtstruktur zu installieren und zu verwalten sowie anderen Administratoren die Berechtigung **Exchange-Administrator – Vollständig** zuzuweisen, nachdem der erste Server installiert wurde.

Ein neues Fenster öffnet sich mit der Meldung, dass Dateien kopiert und Installationskomponenten geladen werden. Der Vorgang dauert einige Zeit, bis sich der **Exchange Installations-Assistent** mit einem neuen Fenster meldet. Sie klicken auf **Weiter** und müssen im Fenster **Lizenzvertrag** den Lizenzbestimmungen zustimmen. Im nächsten Fenster **Komponentenauswahl** ist **ForestPrep** bereits ausgewählt. In diesem Fenster könnten Sie bei Bedarf den Installationspfad umändern.

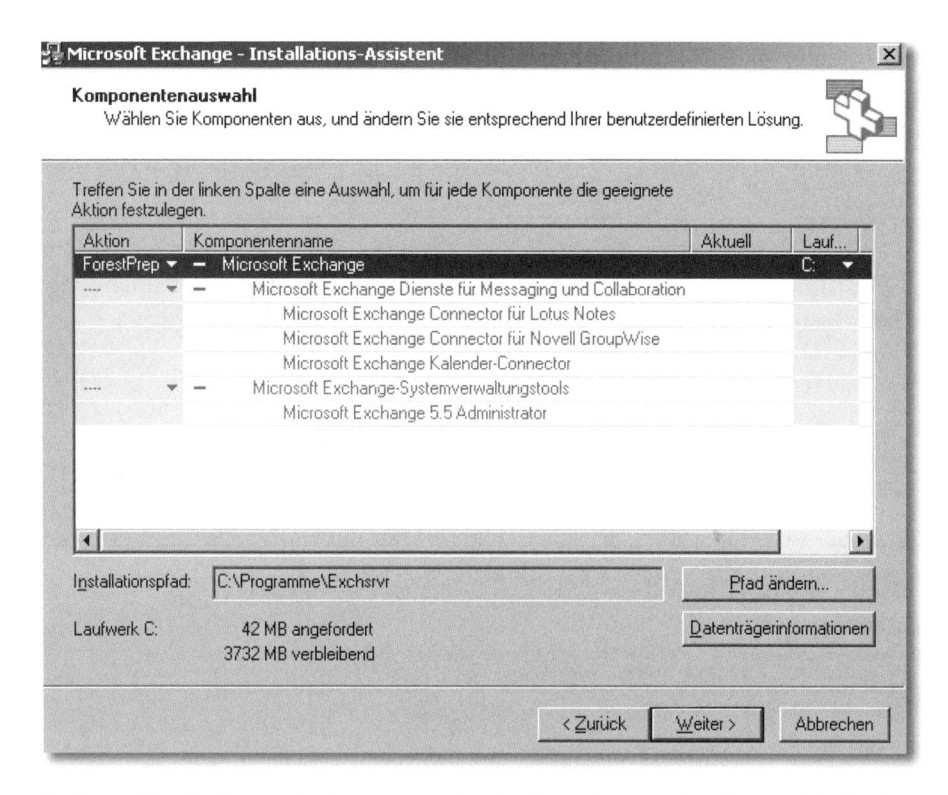

Die Installation des Exchange Server 2003 | 4.3

[Screenshot: Microsoft Exchange - Installations-Assistent, Komponentenauswahl mit ForestPrep-Aktion für Microsoft Exchange, Installationspfad C:\Programme\Exchsrvr]

Wählen Sie **Weiter** und akzeptieren Sie im Folgefenster das Konto **COMPANY\Administrator** als Exchange Server-Administratorkonto.

[Screenshot: Microsoft Exchange Server-Administratorkonto mit Eintrag COMPANY\Administrator]

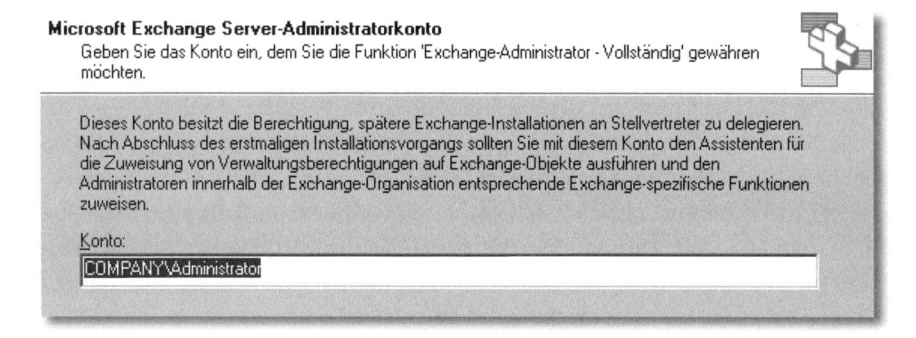

Sie sehen die Meldung **Active Directory-Schema wird aktualisiert**. Der Assistent verabschiedet sich mit der Meldung **Der Assistent wurde erfolgreich durchgeführt**. Klicken Sie auf **Fertig stellen**, um den Installations-Assistenten zu beenden. Es erscheint erneut das Fenster **Exchange Server-Bereitstellungstools**, und Sie fahren mit Schritt 7 fort.

4 | Die Installation der Exchange-Organisation

4.3.2 DomainPrep einmalig für jede Domäne durchführen

> 7. Führen Sie DomainPrep aus, um die Domäne für Exchange 2003 vorzubereiten. Zum Ausführen von DomainPrep muss Ihr Konto über Domänenadministratorberechtigungen sowie über Berechtigungen des Administrators des lokalen Computers verfügen.
>
> **Optional:** Geben Sie einen Pfad für das Setupprogramm an (<*Laufwerk*>:\setup\i386\setup.exe)
>
> ☒ **DomainPrep jetzt ausführen**
>
> 8. Installieren Sie Exchange Server 2003 auf dem neuen Server, indem Sie Exchange-Setup ausführen. Zum Installieren von Exchange Server 2003 muss Ihr Konto über die folgenden Berechtigungen verfügen: Exchange-Administrator - Vollständig (auf Organisationsebene) und Administrator des lokalen Computers
>
> **Optional:** Geben Sie einen Pfad für das Setupprogramm an (<*Laufwerk*>:\setup\i386\setup.exe)
>
> ☒ **Setup jetzt ausführen**
>
> Die Installation des ersten Servers ist abgeschlossen. Klicken Sie auf **Weiter**, um Exchange 2003 auf weiteren Servern zu installieren

Sehen Sie sich zuerst über den Link **DomainPrep** die Onlinehilfe an, bevor Sie den Befehl **DomainPrep jetzt ausführen** anwählen.

> **DomainPrep**
>
> Durch die Option **/DomainPrep** im Exchange-Setupprogramm werden die für Exchange-Server zum Lesen und Ändern von Benutzerattributen erforderlichen Gruppen und Berechtigungen erstellt. DomainPrep erstellt zwei neue Domänengruppen: **Exchange Domain Servers** (eine globale Windows-Sicherheitsgruppe) und **Exchange Enterprise Servers** (eine lokale Sicherheitsgruppe für Windows-Domänen).
>
> Durch DomainPrep wird auch der Öffentliche Ordner-Proxycontainer in Active Directory erstellt. Das Öffentliche Ordner-Objekt (Microsoft Exchange-Systemobjekt) befindet sich außerhalb des Konfigurationscontainers für die Gesamtstruktur. Im Gegensatz zum Tool ForestPrep, mit dem das Schema im Konfigurationscontainer für die Gesamtstruktur erweitert wird, erstellt DomainPrep jeweils einen Öffentliche Order-Proxycontainer pro Domäne.
>
> DomainPrep führt die Setup-Tasks von Exchange aus, die Domänenadministratorberechtigungen erfordern. DomainPrep sollte von einem Mitglied der Gruppe **Domänen-Admins** ausgeführt werden. Sie müssen DomainPrep einmal in jeder Domäne ausführen, die einen Exchange 2003-Server enthält, und in jeder Domäne, die Exchange-Benutzer hostet. (Eine Exchange-Domäne, die E-Mail-aktivierte Benutzer, aber keine Exchange-Server enthält, ist eine Benutzerdomäne.) Exchange erfordert eine Verbindung mit mindestens einem globalen Katalogserver, der sich in einer Domäne befindet, in der DomainPrep ausgeführt wurde.

Nach dem Start von **DomainPrep** erscheint wieder ein Fenster mit der Meldung, dass Dateien kopiert und Installationskomponenten geladen werden. Der Vorgang dauert einige Zeit, bis sich derselbe Installations-Assistent meldet, den Sie bereits beim Ausführen von **ForestPrep** sahen. Erneut müssen Sie die Lizenzbedingungen akzeptieren. Danach erscheint wieder das Fenster **Komponentenauswahl**, in dem jetzt aber **DomainPrep** bereits ausgewählt ist. Klicken Sie auf **Weiter**. Lesen und bestätigen Sie über die Schaltfläche **OK** den erscheinenden Sicherheitshinweis.

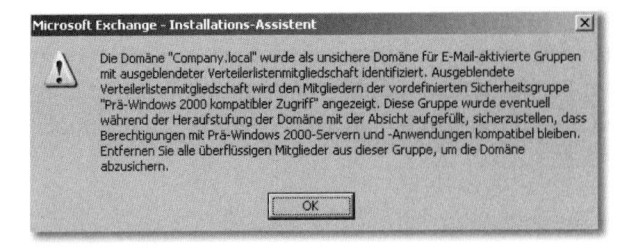

> **Microsoft Exchange - Installations-Assistent**
>
> ⚠ Die Domäne "Company.local" wurde als unsichere Domäne für E-Mail-aktivierte Gruppen mit ausgeblendeter Verteilerlistenmitgliedschaft identifiziert. Ausgeblendete Verteilerlistenmitgliedschaft wird den Mitgliedern der vordefinierten Sicherheitsgruppe "Prä-Windows 2000 kompatibler Zugriff" angezeigt. Diese Gruppe wurde eventuell während der Heraufstufung der Domäne mit der Absicht aufgefüllt, sicherzustellen, dass Berechtigungen mit Prä-Windows 2000-Servern und -Anwendungen kompatibel bleiben. Entfernen Sie alle überflüssigen Mitglieder aus dieser Gruppe, um die Domäne abzusichern.
>
> [OK]

Erneut beendet der Assistent seine Arbeit mit der Meldung **Der Assistent wurde erfolgreich durchgeführt**. Über die Schaltfläche **Fertig stellen** schließen Sie den Installationsschritt 7 ab und starten nun über Schritt 8, **Setup jetzt ausführen**, die eigentliche Installation des ersten Exchange Server 2003.

4.3.3 Exchange Server 2003 installieren

Erneut sehen Sie das Fenster **Komponentenauswahl** des Exchange-Installations-Assistenten. Dort sehen Sie, dass unter anderem die Microsoft-Exchange-Systemverwaltungstools installiert werden. Wenn Sie später auf einem Windows-XP-Client die Active-Directory-Verwaltungstools (ADMINPAK.MSI) installiert haben, so können Sie die Exchange-Systemverwaltungstools ebenfalls auf dem Windows-XP-Client installieren, indem Sie die Exchange-CD einlegen, den Schritt 8 anwählen und im Fenster **Komponentenauswahl** nur die Exchange-Systemverwaltungstools auswählen.

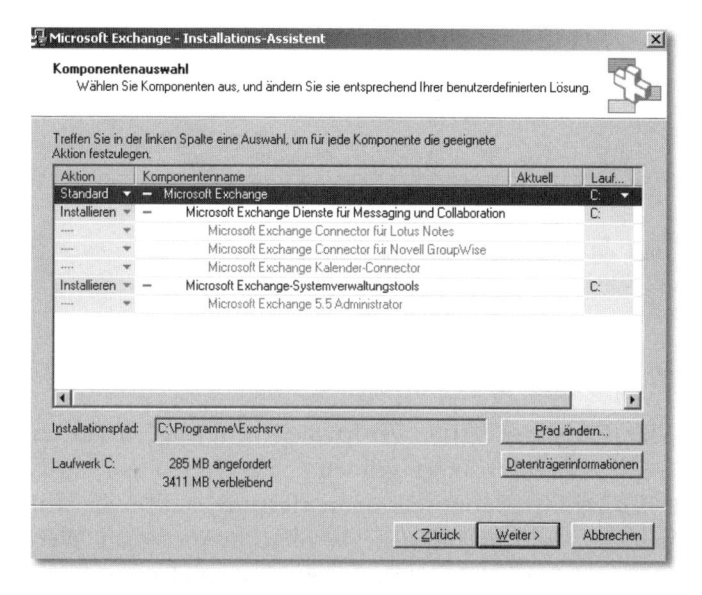

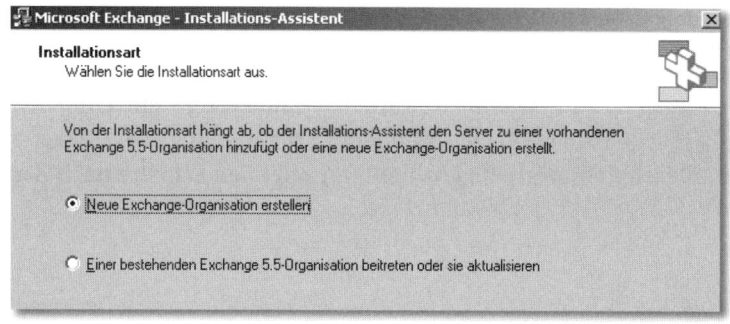

4 | Die Installation der Exchange-Organisation

Nach dem Anklicken von **Weiter** müssen Sie ein weiteres Mal den Bildschirm mit dem Lizenzvertrag abhaken. Im Fenster **Installationsart** wählen Sie **Neue Exchange-Organisation erstellen**, da wir in unserer Testumgebung nicht mit der Umstellung von Altlasten zu kämpfen haben.

Im Fenster **Name der Organisation** wählen Sie nach Möglichkeit den Namen der Stammdomäne ohne Suffix, in unserer Testumgebung also **Company**. In einer Active-Directory-Gesamtstruktur kann es eine Stammdomäne mit mehreren Subdomänen geben, z. B. dann, wenn ein Konzern aus mehreren Tochterunternehmen besteht und für jedes Tochterunternehmen eine Subdomäne erstellt wird. Pro Domänen-Gesamtstruktur kann jedoch nur eine Exchange-Organisation eingerichtet werden. Dennoch ist es auch in einem derart komplexen Gebilde später möglich, den Postfächern der Mitarbeiter der verschiedenen Tochterfirmen unterschiedliche Haupt-SMTP-Adressen zuzuweisen. Der an dieser Stelle gewählte Organisationsname legt also nicht unveränderbar fest, welche Absenderadressen später in den E-Mails der Anwender erscheinen. Mehr zu diesem Thema an späterer Stelle.

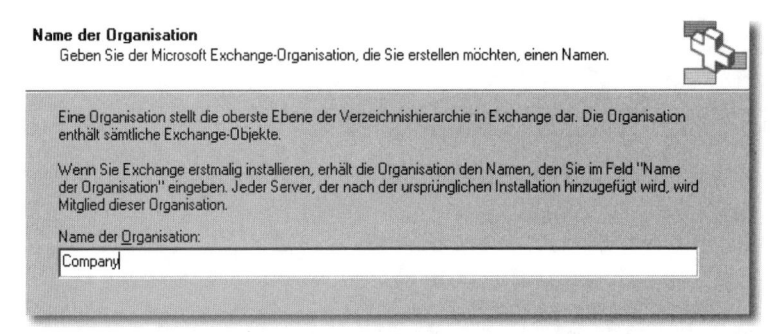

Name der Organisation
Geben Sie der Microsoft Exchange-Organisation, die Sie erstellen möchten, einen Namen.

Eine Organisation stellt die oberste Ebene der Verzeichnishierarchie in Exchange dar. Die Organisation enthält sämtliche Exchange-Objekte.

Wenn Sie Exchange erstmalig installieren, erhält die Organisation den Namen, den Sie im Feld "Name der Organisation" eingeben. Jeder Server, der nach der ursprünglichen Installation hinzugefügt wird, wird Mitglied dieser Organisation.

Name der Organisation:
Company

Nach dem Anklicken der Schaltfläche **Weiter** werden Sie erneut aufgefordert, zu bestätigen, dass Sie die Lizenzvereinbarungen gelesen und akzeptiert haben. Als Nächstes erscheint das Fenster **Installationszusammenfassung**, in dem die ausgewählten Komponenten und Aktionen aufgelistet werden. Sie klicken auf **Weiter**, wodurch die eigentliche Installation beginnt, deren Verlauf im Fenster **Komponentenstatus** angezeigt wird.

Läuft die Installation fehlerlos durch, so erscheint zum Schluss die Meldung »Der Assistent wurde erfolgreich durchgeführt«. Klicken Sie auf **Fertig stellen**, um den Exchange-Installations-Assistenten zu beenden. Erneut wird das Fenster **Exchange Server-Bereitstellungstools** geöffnet und zeigt nun **Schritte nach der Installation** an.

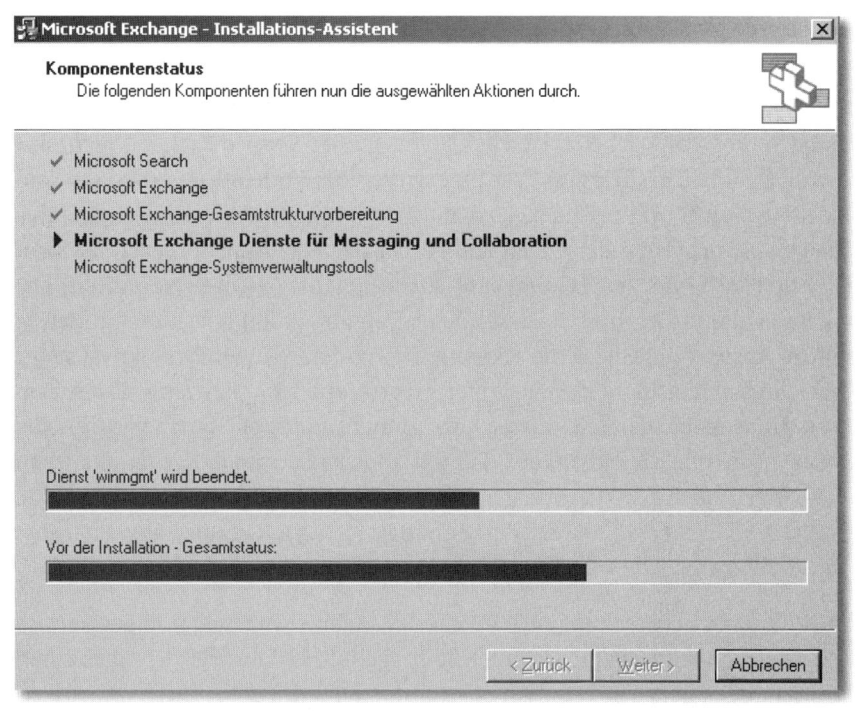

Die Installation des Exchange Server 2003 | 4.3

Microsoft Exchange - Installations-Assistent

Komponentenstatus
Die folgenden Komponenten führen nun die ausgewählten Aktionen durch.

- ✓ Microsoft Search
- ✓ Microsoft Exchange
- ✓ Microsoft Exchange-Gesamtstrukturvorbereitung
- ▶ **Microsoft Exchange Dienste für Messaging und Collaboration**
- Microsoft Exchange-Systemverwaltungstools

Dienst 'winmgmt' wird beendet.

Vor der Installation - Gesamtstatus:

[< Zurück] [Weiter >] [Abbrechen]

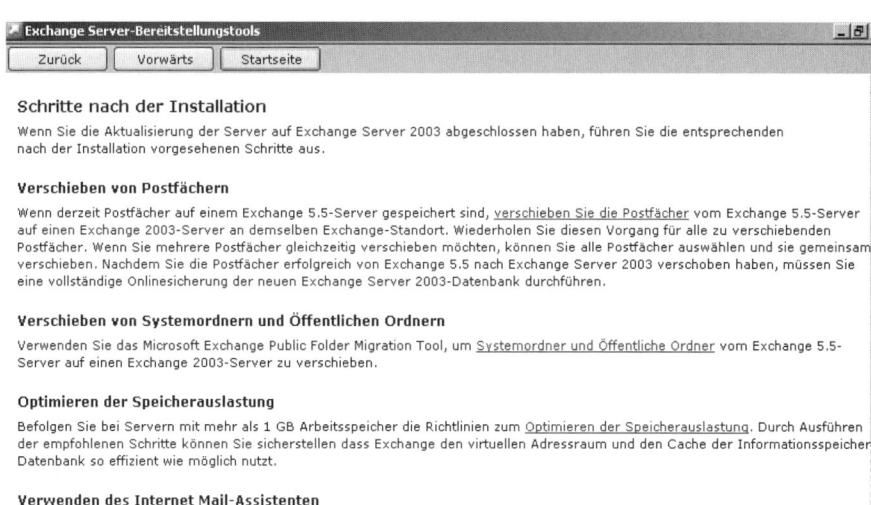

Exchange Server-Bereitstellungstools

[Zurück] [Vorwärts] [Startseite]

Schritte nach der Installation

Wenn Sie die Aktualisierung der Server auf Exchange Server 2003 abgeschlossen haben, führen Sie die entsprechenden nach der Installation vorgesehenen Schritte aus.

Verschieben von Postfächern

Wenn derzeit Postfächer auf einem Exchange 5.5-Server gespeichert sind, verschieben Sie die Postfächer vom Exchange 5.5-Server auf einen Exchange 2003-Server an demselben Exchange-Standort. Wiederholen Sie diesen Vorgang für alle zu verschiebenden Postfächer. Wenn Sie mehrere Postfächer gleichzeitig verschieben möchten, können Sie alle Postfächer auswählen und sie gemeinsam verschieben. Nachdem Sie die Postfächer erfolgreich von Exchange 5.5 nach Exchange Server 2003 verschoben haben, müssen Sie eine vollständige Onlinesicherung der neuen Exchange Server 2003-Datenbank durchführen.

Verschieben von Systemordnern und Öffentlichen Ordnern

Verwenden Sie das Microsoft Exchange Public Folder Migration Tool, um Systemordner und Öffentliche Ordner vom Exchange 5.5-Server auf einen Exchange 2003-Server zu verschieben.

Optimieren der Speicherauslastung

Befolgen Sie bei Servern mit mehr als 1 GB Arbeitsspeicher die Richtlinien zum Optimieren der Speicherauslastung. Durch Ausführen der empfohlenen Schritte können Sie sicherstellen dass Exchange den virtuellen Adressraum und den Cache der Informationsspeicher-Datenbank so effizient wie möglich nutzt.

Verwenden des Internet Mail-Assistenten

Verwenden Sie den Internet Mail-Assistenten, um die Übermittlungskonfiguration für Internet E-Mail in Ihrer Organisation vorzunehmen.

4.3.4 Das neueste Exchange Server Service Pack installieren

Sobald die Installation durchgelaufen ist, installieren Sie das neueste Service Pack zum Exchange Server. Zur Zeit der Erstellung dieses Manuskripts lag für den Exchange Server 2003 das Service Pack 2 vor. Dieses Service Pack hat nicht nur die Stabilität und Sicherheit von Exchange Server 2003 erheblich verbessert, sondern neue Features wie z. B. den jetzt integrierten Spam-Filter IMF eingeführt sowie die Maximalgröße der Datenbanken bei der Exchange Server 2003 Standard Edition von ehemals 16 Gigabyte auf nunmehr 75 Gigabyte erhöht. Die drastische Erhöhung der Maximalgröße der Datenbank hat aber unter anderem erhebliche Auswirkungen auf die Planung der Hardware eines Produktivsystems (separate und ausreichend dimensionierte Partitionen für Exchange-Datenbanken und Transaktionsdateien, ausreichend dimensionierter Streamer zur Sicherung der größeren Datenbanken, Transaktionsdateien und des zusätzlichen Spam-Archivs). Auch das Zusammenspiel der unterschiedlichen Spam-Filter (SCL Spam Confidence Level, Absenderkennungsfilterung, Verbindungsfilterung, Empfängerfilterung, Absenderfilterung etc.) ist komplex.

[O] Eine ausführliche Besprechung der Vorüberlegungen zur Installation des Service Packs 2, der manuell vorzunehmenden Einträge in die Registrierdatenbank und zum Einsatz der Spam-Filter finden Sie auf der Buch-DVD im Unterverzeichnis **Exchange Server\Exchange 2003 Service Pack 2**, dort im Dokument »Exchange Server 2003 Service Pack 2«. In diesem Unterverzeichnis der Buch-DVD finden Sie auch Beiträge, die die Auswirkungen des Service Pack 2 auf öffentliche Exchangeordner oder auf die Anbindung mobiler Geräte betreffen. Bevor Sie einen Produktivserver unter Exchange Server 2003 aufsetzen, sollten Sie diese Dokumente der Buch-DVD unbedingt lesen.

Für die Installation unseres Testservers ist dieses Detailwissen bezüglich des Service Pack 2 vorerst nicht so wichtig. Wenn Sie vor der Installation von Exchange Server 2003 das neueste Service Pack zu Windows Server 2003 und die danach veröffentlichten Post Service Pack Hotfixes installiert haben, sollten keine Installationsprobleme bezüglich des Exchange 2003 Service Packs 2 auftreten. Überprüfen Sie danach auf den Update-Seiten von Microsoft, ob wichtige Exchange Server-2003-Post-Service-Pack-Updates veröffentlicht wurden, die nachinstalliert werden müssen.

Von Windows Update zu Microsoft Update wechseln

Generell empfiehlt es sich übrigens, nicht nur Windows-XP-Clients, sondern auch Windows Server von Windows Update auf Microsoft Update umzustellen, damit zukünftig nicht nur die Updates zum Betriebssystem automatisch heruntergeladen werden, sondern auch die Updates zu anderen Microsoft-Produkten, die auf dem Computer installiert sind.

Lesen Sie dazu den Beitrag »von Windows Update zu Microsoft Update wechseln« im Verzeichnis **Windows Server** der Buch-DVD.

Mit dem Einspielen des neuesten Exchange Server Service Packs haben wir alle wesentlichen Serverprodukte in unserer Testdomäne installiert. Die Feineinstellungen des Exchange Server werden in Kapitel 26, *Der Ausbau der Exchange Server-Organisation*, behandelt. Der Exchange Server ist auch jetzt schon lauffähig.

4.3.5 Windows Server 2003 fährt langsam herunter, nachdem Exchange 2003 installiert wurde

Sollten Sie feststellen, dass das Herunterfahren eines Exchange Server 2003 unverhältnismäßig lange dauert, so kann dieses Verhalten durch ein Timing-Problem verursacht sein: das Active Directory fährt bereits herunter, bevor die Exchange-2003-Dienste vollständig beendet wurden. Da beim Windows Server 2003 der Shutdown beschleunigt wurde, tritt dieses Verhalten verstärkt auf.

Unter **http://support.microsoft.com/default.aspx?scid=kb;en-us;555025** finden Sie den Knowledge-Base-Artikel »Slow shutdown of Windows 2003 Server after installing Exchange 2003 Server«, der drei, nachfolgend zitierte Lösungswege beschreibt:

1. Shutdown Exchange services by using a batch command, before you shutdown the server. The following command can be used:
net stop »Microsoft Exchange System Attendant« /y
2. Stop »WinHTTP Web Proxy Auto-Discovery Service« service manually, before you shutdown the server. The following command can be used:
net stop »WinHTTP Web Proxy Auto-Discovery Service« /y
3. Decrease the value of »WaitToKillServiceTimeout« in the registry:
HKEY_LOCAL_MACHINE\SYSTEM\CurrentControlSet\Control\WaitToKillServiceTimeout
The default value of »WaitToKillServiceTimeout« are: 600000 and should be changed to lower number. This value should be found by experiments and may impact other services in the system and this change is not supported by Microsoft.
4. Change the location of Exchange database to other partition than system partition.
Note: If the problem occurs on Windows Small Business Server 2003, please review: http://support.microsoft.com/?kbid=827610

Wird bei der Installation von Small Business Server 2003 der Exchange Server durch die integrierte Installationsroutine installiert, so tritt das Problem nicht auf, weil in der Installationsroutine der Registrierdatenbankwert **WaitToKillServiceTimeout** vom Standardwert **600000** (entspricht zehn Minuten) auf **120000** (entspricht zwei Minuten) heruntergesetzt wird. Wenn jedoch der Exchange Server 2003 nicht über die integrierte SBS-2003-Installationsroutine, sondern manuell über die zweite Installations-CD installiert ist, so muss der Wert **WaitToKillServiceTimeout** manuell auf 120000 heruntergesetzt werden. (Siehe hierzu den Artikel: **http://support.microsoft.com/?kbid=827610**, Shutdown and restart operations are very slow in Windows Small Business Server 2003.)

Hintergrund: Das Setup-Programm von Exchange Server 2003 trägt in die Registrierdatenbank einen Wert **WaitToKillServiceTimeout** von **600000** ein. Das entspricht umgerechnet einer Zeitspanne von zehn Minuten. Das Betriebssystem soll zehn Minuten auf das Herunterfahren der Exchange-Datenbanken warten, bevor der Server endgültig heruntergefahren wird. Der Wert von zehn Minuten ist jedoch für Exchange Server mit sehr großen oder vielen Datenbanken in Enterprise-Netzwerken ausgelegt, weil dort das Herunterfahren der Exchange-Datenbanken länger dauern kann. Ein Exchange Server 2003 unterstützt mehrere Speichergruppen mit jeweils bis zu fünf Postfachspeichern, auf die die Postfächer der Anwender aufgeteilt werden können. In kleineren Umgebungen mit weniger oder kleineren Datenbanken ist der Wert zu groß ausgelegt und sollte auf **120000** (entspricht zwei Minuten) reduziert werden. Die Installationsroutine von Windows Small Business Server 2003 setzt den Wert automatisch auf **120000** herunter. Wird jedoch Exchange Server 2003 direkt von der zweiten Installations-CD installiert, so tritt auch dort das Problem auf.

Hinweis: Setzen Sie in der Testumgebung den Wert **WaitToKillServiceTimeout** von **600000** auf **120000** herunter, um das Herunterfahren des Servers zu beschleunigen.

4.3.6 Exchange-Organisation in den einheitlichen Modus überführen

Starten Sie das Snap-In **Exchange System-Manager** erneut. Klicken Sie das Symbol der Exchange-Organisation **Company (Exchange)** mit der rechten Maustaste an und wählen Sie **Eigenschaften**. Im sich öffnenden Fenster **Eigenschaften für Company** sollten Sie nicht nur die beiden Optionen **Routinggruppen anzeigen** und **Administrative Gruppen anzeigen** aktivieren, deren Bedeutung später erklärt wird. In diesem Fenster können Sie die Exchange-Organisation auch vom **gemischten Modus** in den **einheitlichen Modus** überführen. Dieser Vorgang ist nicht umkehrbar. Danach ist die Exchange-Organisation nicht mehr abwärtskompatibel zu Exchange 5.5. Muss eine Windows-NT-4.0-Domäne mit Exchange-5.5-Servern migriert werden, so darf diese Modusumstellung erst dann erfolgen, wenn alle Postfächer und öffentlichen Ordner aller Exchange-5.5-Server nach Exchange 2003 umgestellt wurden. Im einheitlichen Modus stehen alle Features von Exchange 2003 zur Verfügung. Da wir diese Features in unserer Testumgebung erforschen wollen, nehmen Sie die Modusumstellung jetzt vor.

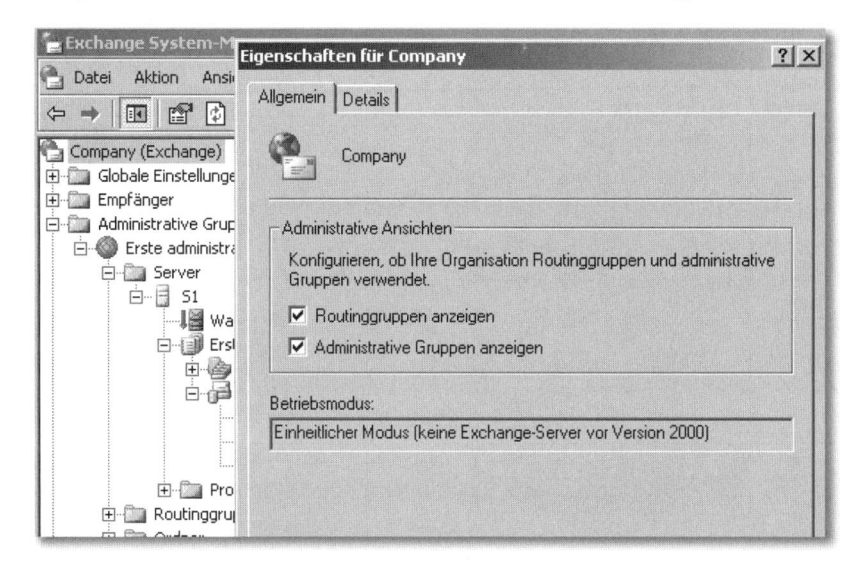

Interessant ist, dass es bezüglich der Domänenfunktionsebenen von Windows Server 2003 nicht nur zwei Modi wie unter Windows 2000 Server gibt, sondern vier Funktionsebenen, um Abwärtskompatibilität zu den beiden Vorversionen Windows NT Server 4.0 und Windows 2000 Server zu gewährleisten. Man hätte ebenso vermutet, dass Exchange Server 2003 mehr als zwei Betriebsmodi anbietet: einen Modus für die Abwärtskompatibilität zu Exchange 5.5, einen weiteren Zwischenmodus für die Kompatibilität zu Exchange 2000 und den dritten Betriebsmodus für eine reine Exchange-Organisation, die nur aus Exchange Servern 2003 besteht. Es gibt aber nur zwei Betriebsmodi: **gemischter Modus** und **einheitlicher Modus**.

4.3.7 Das Startmenü für Exchange Server anpassen

Durch die Installation von Exchange Server 2003 wird unter **C:\Dokumente und Einstellungen\All Users\Startmenü\Programme** ein neues Verzeichnis **Exchange Server** erzeugt. Ich empfehle Ihnen, Kopien der beiden Verknüpfungsdateien **System-Manager** und **Active Directory-Benutzer und -Computer** dieses neuen Verzeichnisses unter **C:\Dokumente und Einstellungen\All Users\Startmenü** anzulegen. Benennen Sie anschließend die Verknüpfung **System-Manager** um in **Exchange System-Manager**. Wenn Sie, wie bereits in Kapitel 2, *Die Implementierung des Active Directory*, angesprochen, das **klassische Startmenü** von Windows Server 2003 aktiviert haben, erscheinen dadurch die oft benötigten Icons des Exchange Server direkt über dem Start-Icon.

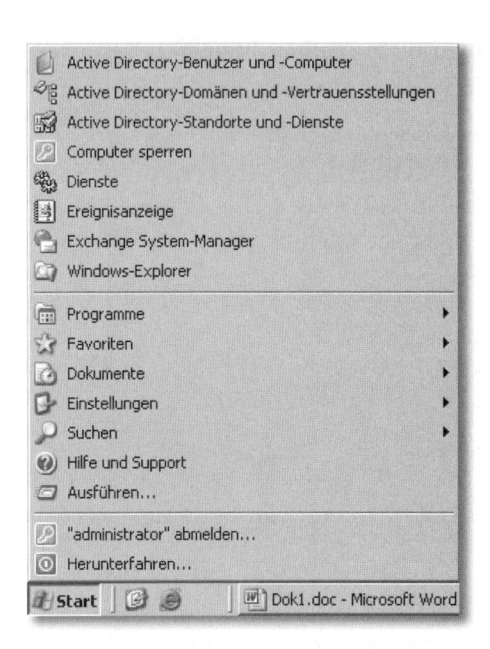

Die Exchange-Verknüpfung **Active Directory-Benutzer und -Computer** verweist übrigens auf **C:\Programme\Exchsrv\Bin\Users and Computers.msc**. Es handelt sich um eine Erweiterung des gleichnamigen Snap-Ins unter **C:\Dokumente und Einstellungen\All Users\Startmenü\Programme\Verwaltung**.

4.3.8 Konsolenansichten im Autorenmodus dauerhaft anpassen

Damit die nachfolgenden Änderungen permanent gespeichert werden, klicken Sie im Startmenü die Verknüpfung **Active Directory-Benutzer und -Computer** mit der rechten Maustaste an und wählen **Im Autorenmodus öffnen**. Aktivieren Sie im Menü **Ansicht** die Optionen **Benutzer, Gruppen und Computer als Container** sowie **Erweiterte Funktionen**.

Außerdem wählen Sie im Menü **Ansicht** den Befehl **Spalten hinzufügen/entfernen**, fügen die Spalte **Anzeigename** hinzu und positionieren diese Spalte mit Hilfe der Schaltfläche **Nach oben** direkt unter die Spalte **Name**.

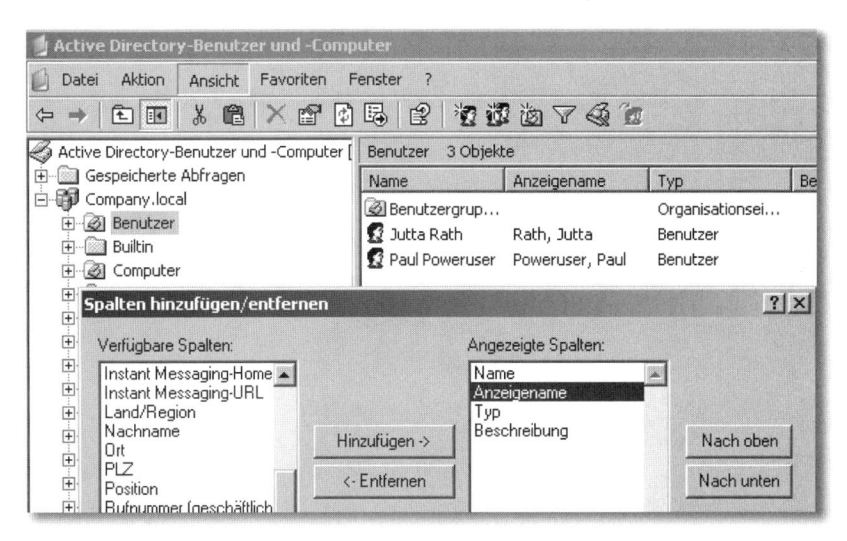

Wenn Sie ein neues Benutzerkonto hinzufügen, so müssen Sie den Vornamen und den Nachnamen angeben. Der **Vollständige Name** wird automatisch aus dem Vornamen und dem Nachnamen gebildet und erscheint in der tabellarischen Auflistung des Snap-Ins **Active Directory-Benutzer und -Computer** in der Spalte **Name**.

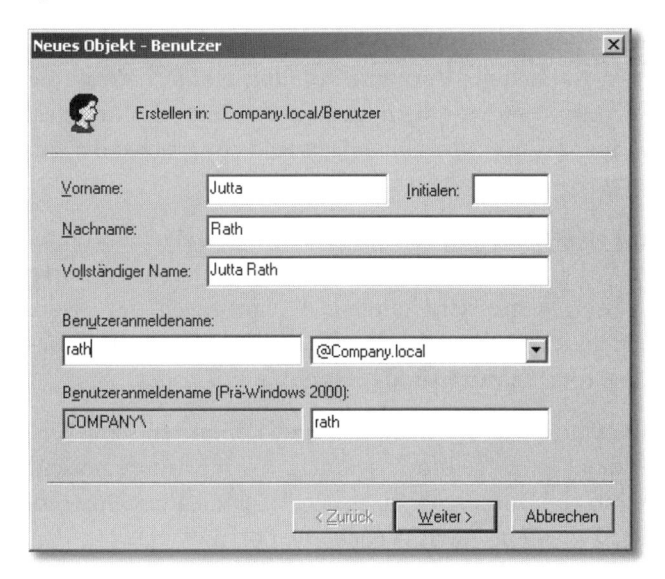

4 | Die Installation der Exchange-Organisation

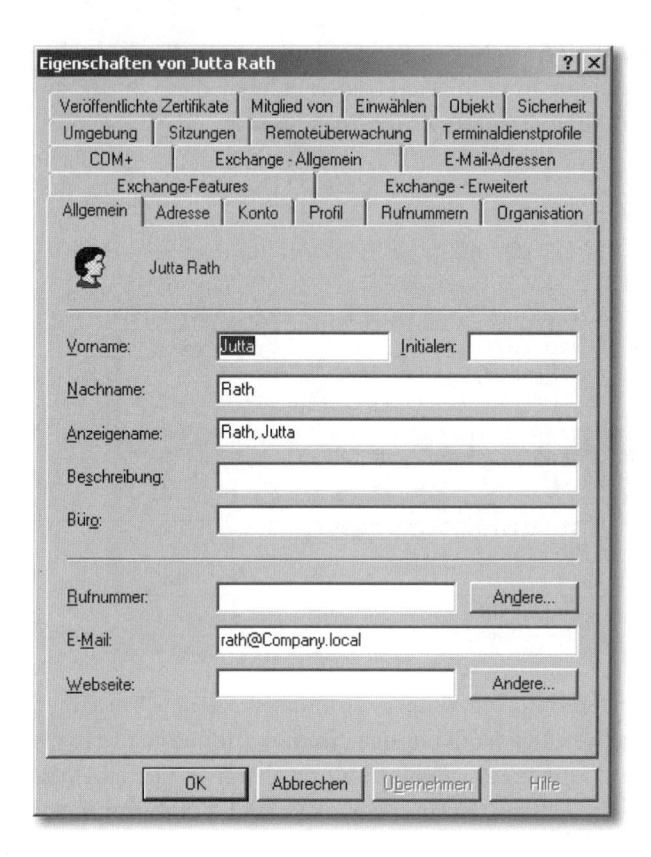

Damit in Outlook später die Namen aller Exchange-Postfächer alphabetisch nach Nachnamen und nicht nach Vornamen sortiert erscheinen, sollte der Anzeigename jedoch in das Format **Nachname, Vorname** geändert werden. Wenn Sie die Eigenschaften eines Benutzerobjekts öffnen, so können Sie in der Registerkarte **Allgemein** den **Anzeigenamen** im gleichnamigen Feld entsprechend abändern.

Sie werden später einen Weg kennen lernen, durch den der Anzeigename automatisch für jede neu erstellte Benutzerkennung im Format **Nachname, Vorname** generiert wird. Dieser Anzeigename wird durch das Hinzufügen der Spalte **Anzeigename** ab jetzt auch in der tabellarischen Auflistung der Benutzerkennungen im Snap-In **Active Directory-Benutzer und -Computer** aufgelistet.

Sobald Sie das Snap-In **Active Directory-Benutzer und Computer** schließen, erscheint ein Fenster, in dem Sie aufgefordert werden, die im Autorenmodus geänderte Konsole **users and computers.msc** zu speichern. Ohne diese Speicherung gehen alle Änderungen im Menü **Ansicht** wieder verloren.

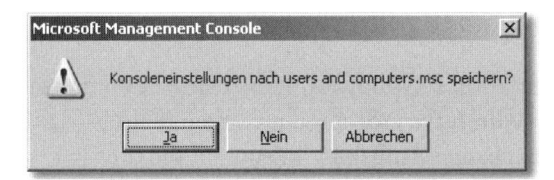

Wenn Sie in einer MSC-Konsole Einstellungen bezüglich der Ansichtsoptionen oder der Spaltenauswahl vornehmen und diese Einstellungen beim nächsten Start der Konsole verloren gegangen sind, so müssen Sie die Konsole über die rechte Maustaste im Autorenmodus starten und die gewünschten Einstellungen vornehmen. Beim Beenden der Konsole werden die Einstellungen dann gespeichert.

[«]

Dasselbe gilt auch für die Konsole **Exchange System-Manager**. Klicken Sie die Verknüpfung mit der rechten Maustaste an und wählen Sie **Im Autorenmodus öffnen**. Unter **Server · S1 · Postfachspeicher** können Sie mit der Maus den Container **Postfächer** anklicken und im Menü **Ansicht** den Befehl **Spalten hinzufügen/entfernen** anwählen, um anschließend weitere Spalten wie z. B. die Spalte **Speichergrenzwerte** hinzuzufügen. Sobald Sie die Konsole **Exchange System-Manager** beenden, werden Sie aufgefordert, die Änderungen an der Konsole zu speichern. Ohne den Aufruf der Konsole im Autorenmodus würde die zusätzlich ausgewählte Spalte **Speichergrenzwerte** beim nächsten Start der Konsole nicht wieder angezeigt werden.

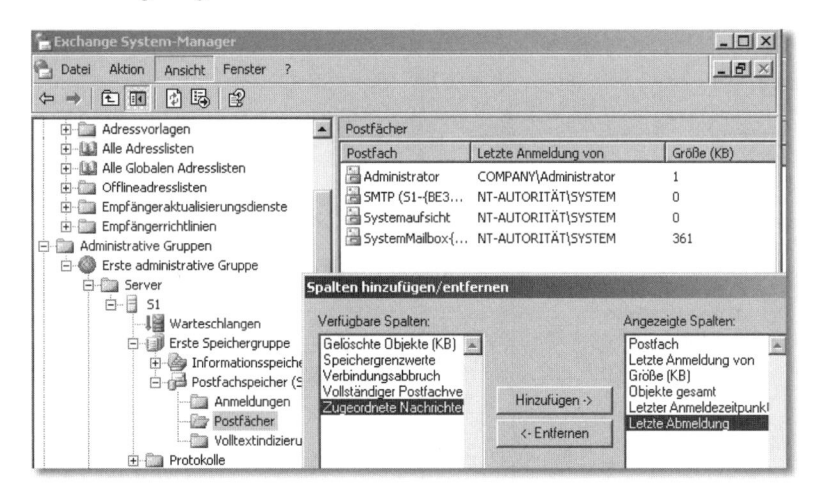

Das Postfach der Kennung **Jutta Rath** wird übrigens im Container **Postfächer** des Informationsspeichers erst dann angezeigt, wenn die Benutzerin Jutta Rath Outlook gestartet und eine Verbindung zum Exchange Server erstmalig hergestellt hat. Auch der Container **Administrative Gruppen** wird standardmäßig nicht angezeigt.

4.4 Ein erster Blick auf Exchange Server 2003

Starten Sie **Active Directory-Benutzer und -Computer**, öffnen Sie den Container **Users** und klicken Sie die Kennung **Administrator** mit der rechten Maustaste an. Sie finden nun den Menüpunkt **Exchange Aufgaben**. Wenn Sie ihn anwählen, finden Sie als **Auszuführende Aufgaben** die Aufgabe **Postfach verschieben**, jedoch nicht **Postfach erstellen**. Bei der Installation von Exchange Server unter der Kennung »Administrator« wurde automatisch das erste Postfach **Administrator** erstellt.

4.4.1 IFS – Installable File System

Nach der Installation von Exchange 2000 Server fanden Sie auf dem Server im Windows Explorer das Laufwerk **M:** vor, das auf den Exchange-Informationsspeicher (Public Store) verwies. Über das Laufwerk **M:** konnten Sie auf die Inhalte der öffentlichen Exchange-Ordner (**PUBLIC FOLDER**) und auf die Objekte derjenigen Postfächer im Unterverzeichnis **MBX** direkt zugreifen, für die der Administrator Vollzugriffsrechte besaß.

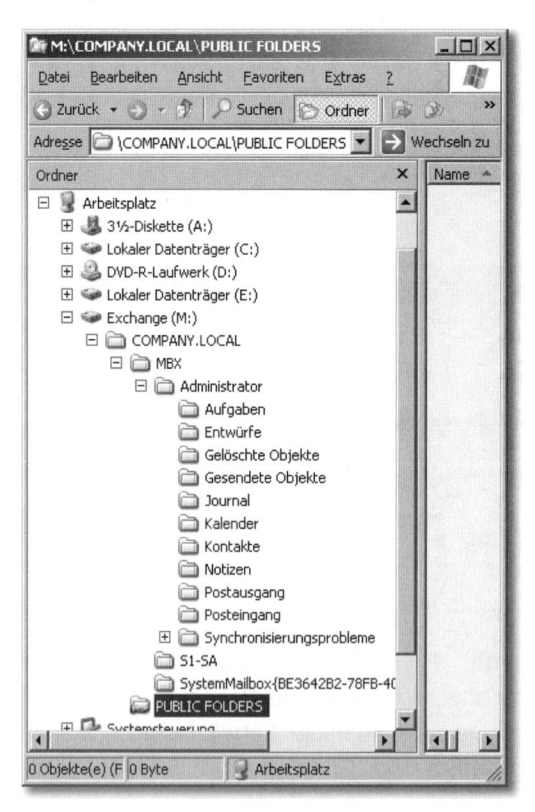

Die Zuordnung zu Laufwerk **M:** bot einen Dateisystemzugang zum Exchange-Informationsspeicher. Wenn der Administrator z. B. für den Unterordner **PUBLIC FOLDER** eine Freigabe erstellte und im Loginskript für alle Anwender den Befehl **net use M: \\Servername\Public Folder** einband, konnte jeder Anwender direkt aus einer Office-Anwendung ein Dokument in einem öffentlichen Ordner speichern und dort auch wieder öffnen. Auch mit dem Windows Explorer konnten Anwender Dokumente zwischen dem Dateisystem und den öffentlichen Ordnern beliebig hin und her schieben oder kopieren. Diese Möglichkeiten stimmten auch mich damals euphorisch, schien es doch, als wenn die öffentlichen Ordner des Exchange Server, die darüber hinaus noch zwischen mehreren Standorten repliziert werden konnten, für Dinge wie ein Dokumentenverwaltungssystem ausgebaut werden könnten. Viele Administratoren fragten sich damals, ob man in Zukunft überhaupt noch ein Gruppenablageverzeichnis auf dem Dateiserver benötigen würde oder ob zukünftig alle gemeinsam genutzten Informationen und Dokumente auf dem Exchange Server liegen würden.

Mit dem Windows Explorer konnte man aber nicht nur Dokumente per Cut and Paste in einen öffentlichen Ordner verlegen, sondern unter **M:** auch neue öffentliche Ordner erstellen und Rechte für diese Ordner oder die darin befindlichen Dokumente vergeben. Das führte dann aber zu Rechtekonflikten, weil das Berechtigungssystem der Exchange-Speicherdatenbank nicht mit dem Berechtigungssystem des NTFS-Dateisystems voll kompatibel ist. Außerdem traten z. B. Probleme mit Virenscannern auf, wenn diese versuchten, das Laufwerk **M:** zu scannen.

In der Nachfolgeversion Exchange Server 2003 ist das Laufwerk **M:** nicht mehr automatisch mit dem Informationsspeicher verbunden. Microsoft propagiert inzwischen den Microsoft SharePoint Portal Server als zukünftige Plattform für Dokumentenmanagement und Groupware-Funktionen (z. B. Projektmanagement). Aufgrund der Virenanfälligkeit von Outlook, besonders bezüglich verseuchter Dateianhänge, wurde ab Outlook 2000 SP2 das Öffnen von fast allen Dateianhängen entweder ganz unterbunden oder maßgeblich erschwert. Anhänge müssen oft erst irgendwo gespeichert und dann im Windows Explorer geöffnet werden. Selbst URL-Dateien, die in einem öffentlichen Ordner liegen, können nicht mehr geöffnet werden, ganz zu schweigen von Access-Datenbanken. Selbst eine kleine Zeitschriftenausleihe-Access-Datenbank kann so nicht mehr in einem öffentlichen Exchange-Ordner zur Verfügung gestellt werden. Outlook selbst, von dem man damals annahm, dass es schlichtweg die (!) Schaltzentrale für die tägliche Büroarbeit werden könnte, hat seitdem für mich viel von seiner Attraktivität eingebüßt.

Dennoch ist es möglich, durch einen Eintrag in der Registrierdatenbank des Exchange Server wieder über einen Laufwerksbuchstaben Zugang zum Exchange-Informationsspeicher wie zu einem Dateisystem zu bekommen, und zumindest in Spezialsituationen kann das hilfreich sein. Im Schlüssel **HKEY_LOCAL_MACHINE\SYSTEM\CurrentControlSet\Services\EXIFS\Parameters** richten Sie die neue Zeichenfolge **"DriveLetter"="M"** ein.

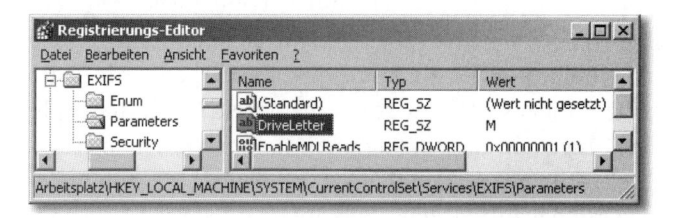

Nach einem Neustart des Exchange Server können Sie im Windows Explorer über das Laufwerk **M:** auf den Informationsspeicher zugreifen.

Nachfolgend finden Sie einige Gründe für das Beibehalten oder die zumindest temporäre Neuerstellung der IFS-Zuordnung:

- Verwendung von Microsoft FrontPage Extensions for Web Storage System Forms
- Softwareentwicklung, bei der die Zuordnung zu Laufwerk **M:** verwendet wird
- Verwendung von Microsoft Internet Explorer zum Durchsuchen von **M:** als Dateisystem
- Sie möchten als Administrator den Inhalt eines öffentlichen Ordners oder eines bestimmten Postfachs schnell über das Dateisystem sichern oder bestimmte Inhalte dort einspielen.

Unter **M:** sehen Sie den Exchange-Organisationsnamen **COMPANY.LOCAL**. Darunter finden Sie das Verzeichnis **MBX**. Es nimmt die Postfächer der Benutzer auf. Den Unterordner **MBX\Administrator** werden Sie erst sehen, wenn der Administrator Outlook auf einem Client installiert und sich anschließend in Outlook unter der Kennung **Administrator** am Exchange Server angemeldet hat. In diesem Moment wird der Unterordner generiert.

Außerdem finden Sie das Verzeichnis **PUBLIC FOLDERS**. Klicken Sie mit der rechten Maustaste auf **PUBLIC FOLDERS** unter **M:\COMPANY.LOCAL** und wählen Sie **Freigabe**. Wenn Sie den Ordner unter dem Namen **Public Folders** mit der Berechtigung **Vollzugriff** für die Gruppe **Domänen-Admins** freigeben, können Sie später auch von jedem Client und aus jeder Anwendung heraus über das Laufwerk **M:** auf die öffentlichen Exchange-Ordner zugreifen, sobald Sie den Befehl **net use m: \\s1\public folders** abgesetzt haben.

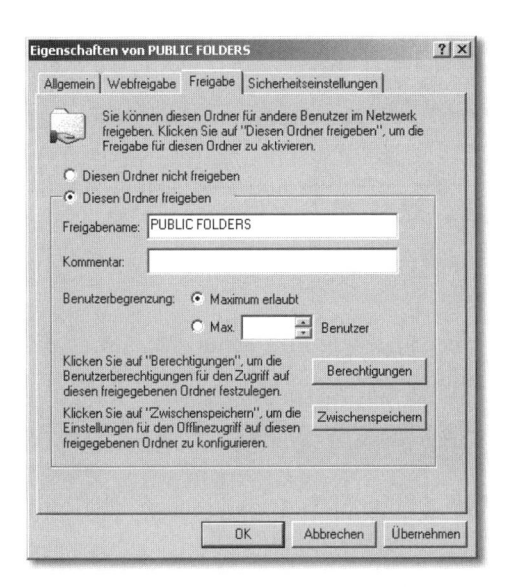

Das bedeutet, dass Sie ab jetzt in Word oder Excel den Befehl **Datei öffnen** oder **Datei speichern** wählen können, dann das so zugeordnete Laufwerk auswählen und darüber Dokumente in jedem Unterordner der Exchange-Datenbank **pub1.edb**, für den Sie ausreichende Berechtigungen haben, ablegen oder öffnen können.

4.5 Über Outlook auf den Exchange Server zugreifen

Damit Sie einen ersten Erfolgstest der Exchange Server-Installation durchführen können, aber auch, um öffentliche Ordner anzulegen und Rechte darauf vergeben zu können, installieren Sie jetzt einen Windows-XP-Client mit Outlook und fügen ihn in die Domäne ein. Melden Sie sich dann mit einer Kennung an, für die bereits ein Exchange-Postfach erstellt wurde. Sie starten Outlook und konfigurieren das Outlook-Profil dieses Benutzers für die Zusammenarbeit mit Exchange Server. Als Servertyp wählen Sie **Microsoft Exchange Server**.

4 | Die Installation der Exchange-Organisation

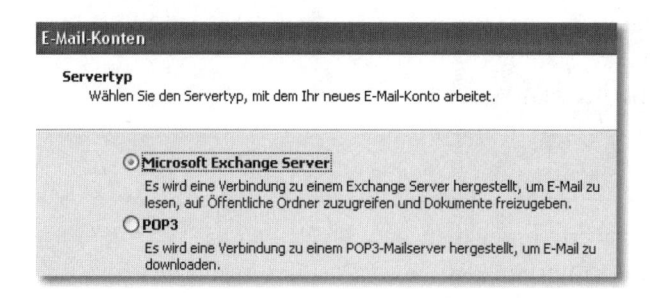

Sie geben den Namen des Exchange Server **S1** sowie Ihre Benutzerkennung ein und wählen die Schaltfläche **Namen prüfen**.

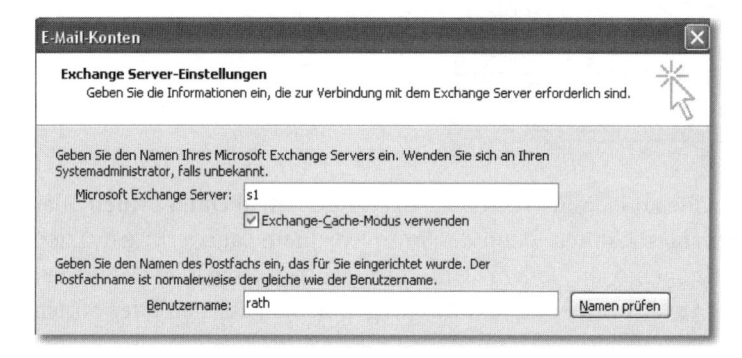

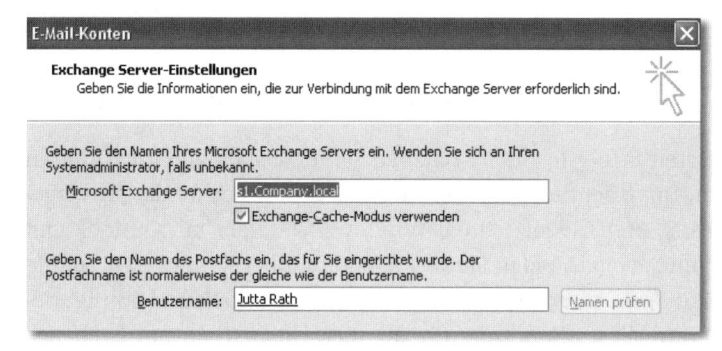

Wenn das Postfach des Benutzers auf dem angegebenen Exchange Server existiert, wird der Benutzername aufgelöst und unterstrichen dargestellt. Das Outlook-Fenster öffnet sich.

4.5.1 Mit echo@tu-berlin.de das Versenden von Mails in und aus dem Internet testen

Wenn der Exchange Server bereits mit dem Internet verbunden ist und ein MX-Record auf dem DNS-Server des Providers eingetragen wurde, damit Mails an Ihre Domäne zugestellt werden, können Sie die Funktionsfähigkeit der Internetanbindung jederzeit dadurch testen, dass Sie eine Testnachricht an **echo@tu-berlin.de** senden. Nach einigen Minuten sollten Sie eine automatisch generierte Rückantwort erhalten, die Aufschluss darüber gibt, welchen Weg die Testnachricht und die Antwortnachricht genommen haben. Nicht selten rufen Benutzer beim Helpdesk an und behaupten, dass E-Mails nicht angekommen sind. Oft liegt aber kein technisches Problem vor, und der Versender hat sich nur bei der Eingabe der Empfängeradresse vertippt. Richten Sie deshalb über das Snap-In **Active Directory-Benutzer und -Computer** einen externen Kontakt mit dem Anzeigenamen **Testnachricht senden** und der SMTP-Adresse **echo@tu-berlin.de** ein und bitten Sie per E-Mail an den Verteiler **alle Mitarbeiter** die Benutzer, zuerst eine Testmail an diesen Kontakt zu schicken und einige Minuten auf die Rückantwort zu warten, statt sofort den Helpdesk zu kontaktieren.

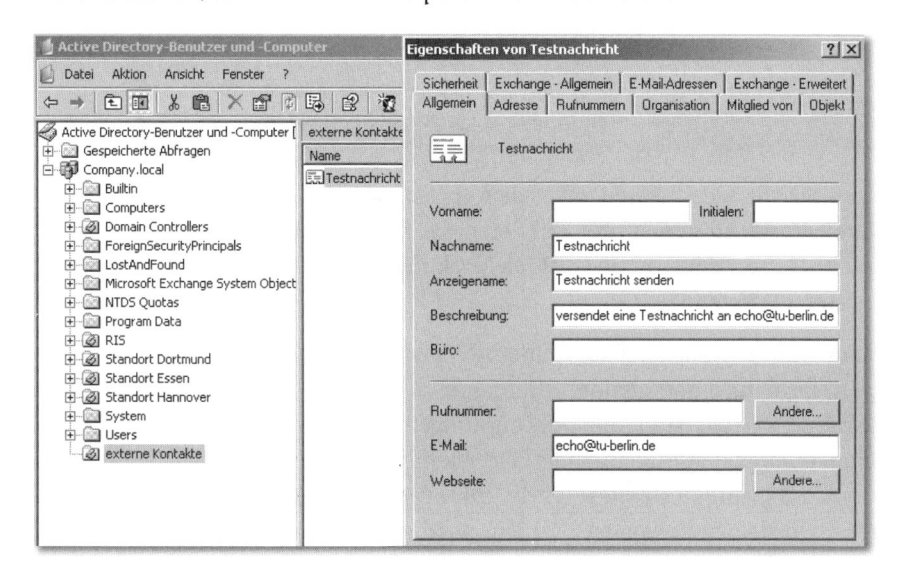

4.5.2 Unter Outlook 2002 einige Einstellungen vornehmen

Wenn Sie noch mit Outlook XP (2002) oder Outlook 2000 arbeiten, sollten Sie einige Einstellungen vornehmen, damit die Outlook-Oberfläche wie nachfolgend abgebildet aussieht. Wählen Sie **Ansicht** und aktivieren Sie zusätzlich zur Outlook-Leiste die Ordnerliste. Sie wird dann als mittlere Spalte angezeigt, und ganz oben sehen Sie **Öffentliche Ordner** mit den Unterordnern **Favoriten** und **Alle Öffentlichen Ordner**.

Wählen Sie erneut **Ansicht** und im Untermenü **Symbolleisten** die weitere Symbolleiste **Erweitert** aus. Sie erhalten eine zweite Symbolleiste, mit deren Symbolen Sie unter anderem komfortabel die Ordnerliste und das Vorschaufenster öffnen und schließen können.

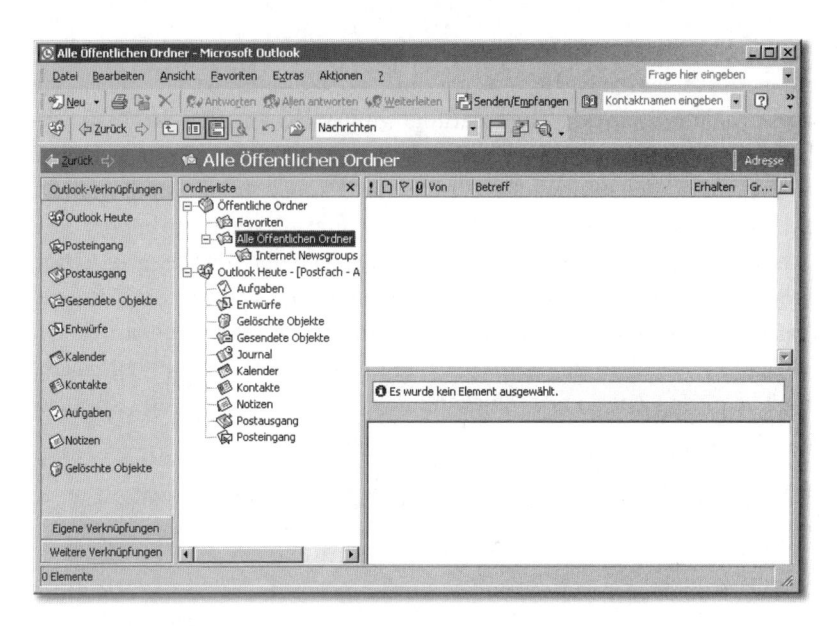

Klicken Sie mit der rechten Maustaste in der Outlook-Leiste (linke Spalte) auf **Outlook-Verknüpfungen** und aktivieren Sie **Kleine Symbole**. Dadurch erhalten Sie mehr Platz in der Gruppe **Outlook-Verknüpfungen**, um weitere Verknüpfungen unterzubringen.

Werfen Sie einen Blick auf die Outlook-Verknüpfungen. Sie sehen die Verknüpfungen Posteingang, Kalender, Kontakte, Aufgaben, Notizen und Gelöschte Objekte. Doch wo sind die Verknüpfungen für Postausgang, Entwürfe und Gesendete Objekte? Aus mir unerklärlichem Grund verbannte Microsoft unter Outlook 2000 und 2002 diese Verknüpfungen in die Gruppe **Eigene Verknüpfungen**, wo sie der Anwender oft nicht wieder findet.

Öffnen Sie die Gruppe **Eigene Verknüpfungen** und ziehen Sie die Verknüpfungen **Postausgang**, **Entwürfe** und **Gesendete Objekte** mit gedrückter linker Maustaste nacheinander hoch auf die Gruppe **Outlook-Verknüpfungen** (Maustaste nicht loslassen!), bis sich die Gruppe öffnet, und bewegen Sie die Maus langsam herunter: Wenn sich die Maus zwischen zwei Symbolen befindet, sehen Sie einen Strich mit zwei Dreiecken: ▶━━━◀

[o] Wenn Sie die linke Maustaste in diesem Moment loslassen, erscheint die verschobene Verknüpfung zwischen den beiden Symbolen.

Es ist sinnvoll, diese Änderungen am Erscheinungsbild von Outlook XP aus folgenden Gründen bei allen Anwendern vorzunehmen. Wenn man die Postfachgröße eines Exchange-Postfachs beschränkt, erhält der Anwender irgendwann eine Warnung, dass sein Postfach voll sei und er es aufräumen solle. Räumt der

Anwender dann seinen Posteingang auf, so erhält er nach kurzer Zeit schon wieder eine Warnung und weiß nicht, was er denn jetzt noch löschen soll. Von jeder versendeten Mail, speziell auch von jeder Mail mit Dateianhang, wird eine Kopie im Ordner **Gesendete Objekte** gehalten. Die Summe dieser Kopien müllt das Postfach des Anwenders mit der Zeit zu. Wenn sich jedoch das zur Verknüpfung **Gesendete Objekte** zugehörige Icon nicht unter Outlook-Verknüpfungen befindet, sondern in der Gruppe **Eigene Verknüpfungen**, die meiner Erfahrung nach viele Anwender niemals öffnen, kommt der Anwender gar nicht auf die Idee, den Ordner **Gesendete Objekte** regelmäßig aufzuräumen.

Ebenso wird der Anwender sich vielleicht wundern, dass er beim Schließen einer noch in Arbeit befindlichen neuen Nachricht gefragt wird, ob er die Änderungen in **Unbekannte Nachricht** speichern möchte. Er bejaht die Frage, findet aber die noch nicht versendete Nachricht nicht wieder, weil der Ordner **Entwürfe** nicht in der ständig geöffneten Gruppe **Outlook-Verknüpfungen** in der Outlook-Leiste erscheint, sondern in der Outlook-Gruppe **Eigene Verknüpfungen**.

Die **Ordnerliste** sollten Sie über **Ansicht** für alle Benutzer aktivieren, damit die Benutzer darauf aufmerksam werden, dass es neben ihrem Postfach auch noch die öffentlichen Ordner gibt, und diese öffentlichen Ordner mit ihrem großen Potential bezüglich Groupware- und Workflow-Funktionalität sind für mich der eigentliche Grund dafür, ein teures und kompliziert zu verwaltendes Produkt wie den Exchange Server zu betreiben und nicht einen einfachen POP3-Server aus der Freeware- oder Shareware-Szene.

4.5.3 Outlook 2003 im Vergleich zu Outlook XP

Die neue Oberfläche von Outlook 2003 war für mich zuerst sehr gewöhnungsbedürftig, da ich unter Outlook XP intensiv mit der Ordnerliste, mit vielen selbst erstellten Verknüpfungen in selbst erstellten Gruppen der Outlook-Leiste gearbeitet hatte. Die Handhabung von Outlook 2003 hat sich gegenüber den Vorgängerversionen drastisch geändert, und Sie müssen mit einem erheblichen Mehraufwand bezüglich Schulung und Administration rechnen, wenn Sie die neue Version zusammen mit den älteren Versionen in einem Netzwerk betreiben. Dabei kann es übrigens zu erheblichen Problemen kommen, wenn Sie mit wandernden Benutzerprofilen (roaming profiles) arbeiten und ein Benutzer sich heute an einem Computer mit installiertem Outlook 2003 und morgen an einem Computer mit installiertem Outlook 2000 oder 2002 anmeldet. Bei der Verwendung von wandernden Benutzerprofilen wird der Ordner **%UserProfile%\lokale Einstellungen** nicht auf den Server repliziert. Diese Ausnahme betrifft Outlook-Benutzer, weil standardmäßig die folgenden Dateien in diesem Ordner gespeichert werden: Offline Folders (OST), Persönliche Ordner (PST) und Persönliches

Adressbuch (PAB). Diese Dateien sind für bestimmte Outlook-Dienste notwendig. Da sie nur lokal und nicht im wandernden Benutzerprofil gespeichert sind, kann Outlook folglich nur auf dem Computer auf sie zugreifen, auf dem sie originär erstellt wurden. Andererseits wird es seitens Microsoft nicht unterstützt, diese Dateien auf eine Netzwerkfreigabe zu verlegen.

Aus dem Dokument »Configuring Outlook for Roaming Users« (**http://www.microsoft.com/office/ork/2003/three/ch8/OutC03.htm**) gehen einige Probleme hervor, die sich einstellen können, wenn Outlook 2003 nicht konsequent auf allen Arbeitsplätzen eingeführt wird. Outlook 2003 führt ein neues Format für den Persönlichen Ordner ein. PST-Dateien im neuen Unicode-Format haben keine 2-Gigabyte-Beschränkung mehr. Die maximale Größe einer Unicode-PST-Datei beträgt 3,9 Terabyte. Diese neuen PST-Dateien sind nicht abwärtskompatibel.

Meine Meinung dazu: Entweder alle Computer auf Outlook 2003 umstellen oder mit den Vorgängerversionen weiterarbeiten oder, zumindest bei Verwendung von wandernden Benutzerprofilen, die Benutzer davor warnen, sich nicht an einem beliebigen Computer anzumelden und eine beliebige Outlook-Version zu starten.

Folgende Strategien und Optionen werden von Microsoft empfohlen:

Das Arbeiten mit Outlook 2003 auf unterschiedlichen Computern funktioniert nur dann reibungslos, wenn auf den Computern dasselbe Betriebssystem und dieselbe Outlook-Version installiert sind.

- So z. B. zwischen Windows 2000 mit mindestens Service Pack 3 oder zwischen Windows XP.
- Stellen Sie sicher, dass die Anwender die Outlook-Informationen auf dem Exchange Server und nicht in PST-Dateien auf Netzwerkfreigaben oder lokalen Laufwerken speichern.
- Stellen Sie sicher, dass der **Cached Exchange-Modus** nicht für Benutzer von Microsoft-Exchange Server-Postfächern konfiguriert ist. Offline-Store-Dateien (OST), die im **Cached Exchange-Modus** benutzt werden, wandern nicht mit. Stattdessen wird auf jedem Computer, auf dem sich ein Benutzer mit aktiviertem **Cached Exchange-Modus** anmeldet, eine neue OST-Datei erstellt.
- Auf allen Computern, die ein Benutzer abwechselnd benutzt, muss dieselbe Sprachversion des Betriebssystems und dieselbe Sprachversion von Outlook sowie dieselbe Outlook-Version installiert sein.
- Outlook sollte in identischen Verzeichnissen installiert werden.

4.5.4 Umstieg auf Outlook 2003 für wandernde Outlook-Benutzer

Wenn Sie von einer älteren Outlook-Version auf Outlook 2003 umsteigen und wandernde Benutzerprofile bereits installiert sind, so stellen Sie sicher, dass Benutzer während der Umstellungsphase nur an Computern arbeiten, auf denen dieselbe Outlook-Version läuft. Stellen Sie ganze Abteilungen oder Domänen in einem Stück um, um die Probleme zu vermeiden, die sich aus den Inkompatibilitäten ergeben. So sind viele neue Funktionen von Outlook 2003 unter älteren Versionen nicht verfügbar. Das kann bei den Anwendern zu erheblicher Verwirrung führen und in der Folge zu entsprechendem Supportaufwand.

4.6 Das Format des Anzeigenamens in »Nachname, Vorname« oder »Nachname – Vorname« ändern

Wenn Sie mit dem Snap-In **Active Directory-Benutzer und -Computer** eine neue Benutzerkennung anlegen und den Vornamen sowie den Nachnamen eingeben, wird standardmäßig sowohl der **Vollständige Name** als auch der **Anzeigename** im Format »**Vorname Nachname**« erzeugt. Dies hat zur Folge, dass im globalen Adressbuch von Exchange Server die Empfänger nicht alphabetisch nach dem Nachnamen geordnet angezeigt werden, sondern nach dem Vornamen. Wenn Sie in Outlook eine neue Nachricht verfassen und auf das Feld **An** klicken, sehen Sie die Empfänger der globalen Adressliste sortiert nach Vornamen statt nach Nachnamen.

4 | Die Installation der Exchange-Organisation

In Nordamerika ist es üblich, Menschen mit dem Vornamen anzusprechen, was jedoch nichts mit dem deutschen Duzen zu tun hat. Man sagt z. B. »John, Sie wissen vielleicht ...« und verbindet dabei den Vornamen mit dem »Sie«. Wenn es später viele Empfänger in der globalen Adressliste gibt, werden Ihre Anwender jedoch nach dem Nachnamen suchen wollen.

Aber auch in der Tabellenansicht des Snap-Ins **Active Directory-Benutzer und -Computer** werden die Benutzer nach Vornamen statt nach Nachnamen sortiert angezeigt.

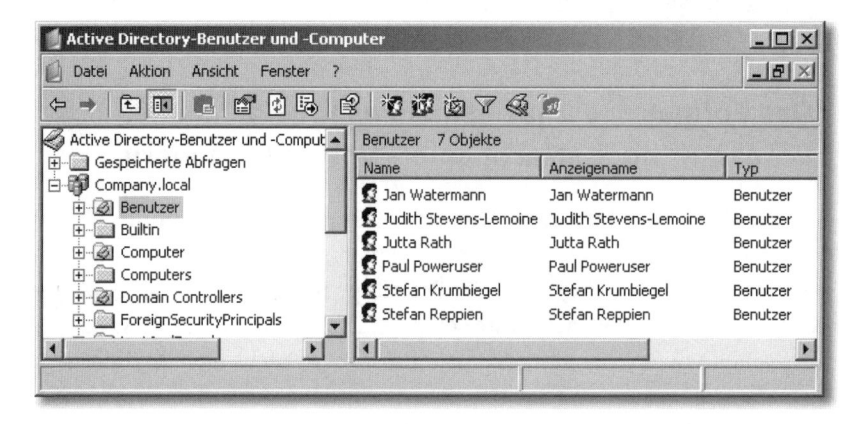

Mit dem Verwaltungstool **ADSI Edit** kann dieses Verhalten geändert werden. Die Vorgehensweise wird im Artikel »250455 – XADM How to Change Display Names of Active Directory Users« für Exchange 2000 beschrieben, funktioniert aber nach demselben Prinzip auch unter Exchange Server 2003.

Unter Windows 2000 Server muss dazu erst die Bibliotheksdatei ADSIEDIT.DLL registriert werden. Unter Windows Server 2003 können Sie direkt mit der Erstellung der MMC-Konsole für **ADSI Edit** fortfahren, wenn die Support Tools der Windows-Server-2003-CD bereits installiert sind.

Damit der Befehl **regsvr32 adsiedit.dll** ausgeführt werden kann, müssen die Support Tools von der Windows-2000-Server-CD installiert werden (SUPPORT\TOOLS\SETUP.EXE). Dadurch wird auch die Datei **adsiedit.dll** installiert. Wenn das Snap-In **ADSI Edit** danach nicht unter den Verwaltungsprogrammen erscheint, müssen Sie über den Befehl **Start · Ausführen · adminpak.msi** die Verwaltungsprogramme von Windows Server 2000 noch einmal komplett installieren. Geben Sie nun in einer CMD-Box (nicht über **Start · Ausführen**) den Befehl **regsvr32 adsiedit.dll** ein. Sie sollten eine Bestätigung erhalten, dass die DLL-Datei registriert wurde. Sowohl unter Windows 2000 Server als auch unter Windows Server 2003 öffnen Sie über den Befehl **Start · Ausführen · mmc** eine neue MMC-Konsole.

Über **Datei · Snap-In hinzufügen/entfernen** gelangen Sie in ein neues Fenster, in dem Sie die Schaltfläche **Hinzufügen** wählen.

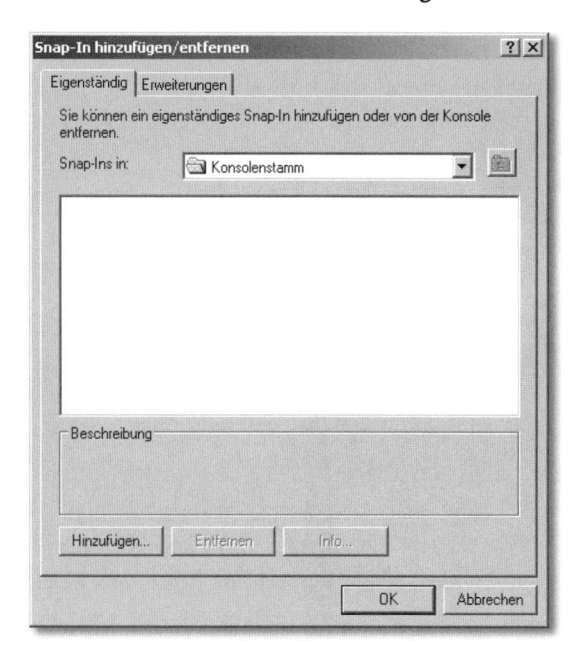

Wählen Sie **ADSI Edit** aus und klicken Sie auf **Hinzufügen**. Schließen Sie dann das Fenster **Snap-In hinzufügen/entfernen** über **OK**.

Klicken Sie auf **OK**, um zum Konsolenfenster zurückzugelangen.

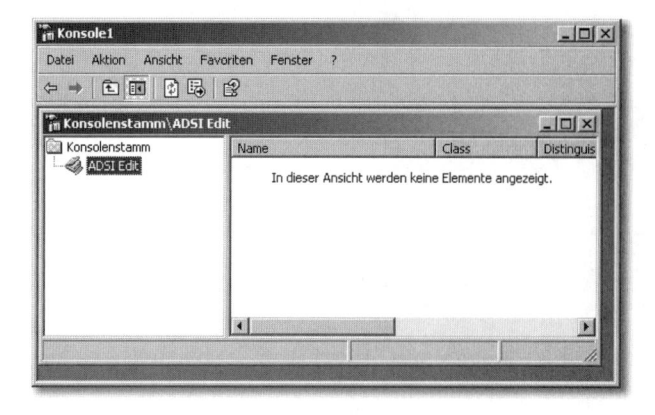

Stellen Sie den Mauszeiger auf **ADSI Edit** und wählen Sie **Aktion · Connect to**. Es erscheint das Fenster **Connection Settings**. Wählen Sie unter **Select a well known Naming Context** statt **Domain** die Auswahl **Configuration**. Das Fenster sieht dann wie in der nachfolgenden Abbildung aus:

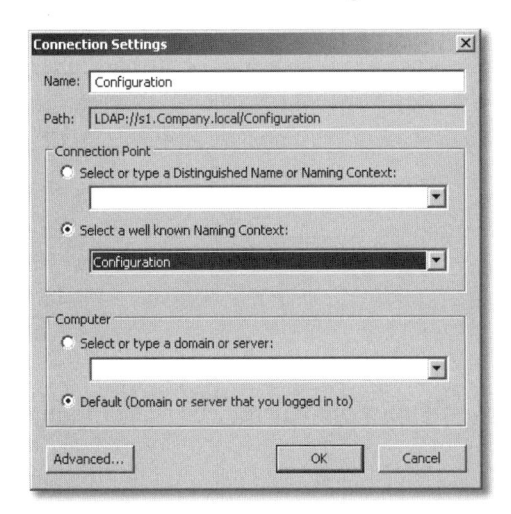

Klicken Sie auf **OK** und klicken Sie sich mit der Maus nach **Configuration [s1.Company.local] · CN=Configuration · CN=DisplaySpecifier · CN=407** durch, wobei 407 für den deutschen Sprachcode steht. Der Sprachcode für US-amerikanisch bzw. englisch ist 409.

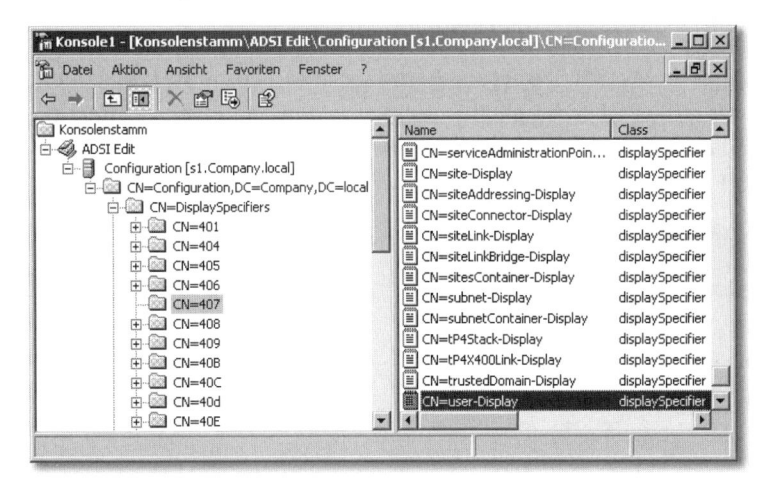

Suchen Sie den Eintrag **CN=user-Display** und öffnen Sie mit der rechten Maustaste dessen Eigenschaften. Im Folgefenster **CN=user-Display Properties** wählen Sie nur die Option **Show optional attributes** und als zu änderndes Attribut **createDialog** aus. Klicken Sie auf **Edit**.

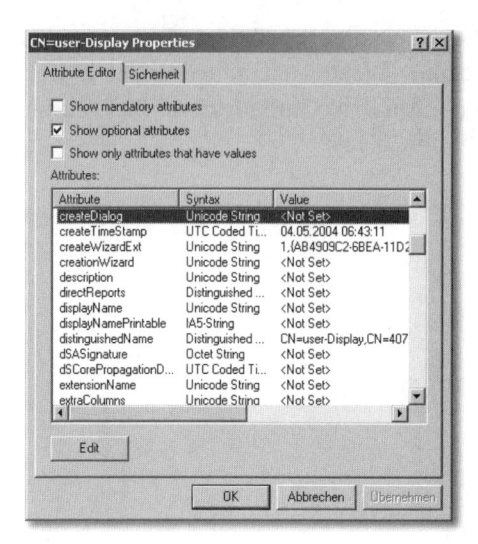

Geben Sie den Ausdruck **%<sn>, %<givenName>** mit einem Leerzeichen hinter dem Komma ein.

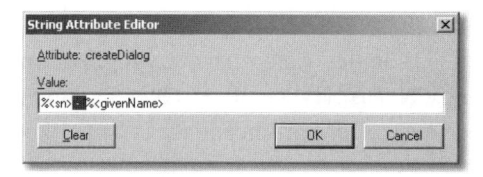

Klicken Sie auf **OK** und dann auf **Übernehmen**.

Legen Sie im Snap-In **Active Directory-Benutzer und -Computer** eine neue Benutzerkennung an und überprüfen Sie anschließend in den Eigenschaften dieser Kennung und danach unter Outlook in der globalen Adressliste, ob der Anzeigename nun im Format **Nachname, Vorname** erscheint.

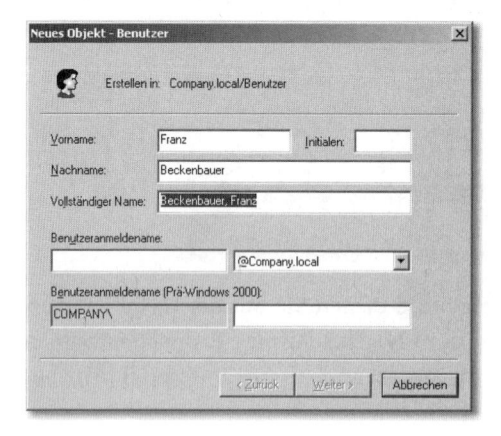

Die mit **ADSI Edit** vorgenommene Änderung führt jedoch nicht dazu, dass bei bereits angelegten Kennungen der Anzeigename geändert wird. Deren Anzeigename müssen Sie manuell ändern, und zwar an zwei Stellen. In der Tabellenansicht des Snap-Ins **Active Directory-Benutzer und -Computer** klicken Sie die Benutzernamen mit der rechten Maustaste an und wählen **Umbenennen**. In der nachfolgenden Abbildung wurde übrigens über den Befehl **Ansicht · Spalten hinzufügen/entfernen** die Spalte **Anmeldename für Prä-Windows 2000** hinzugefügt.

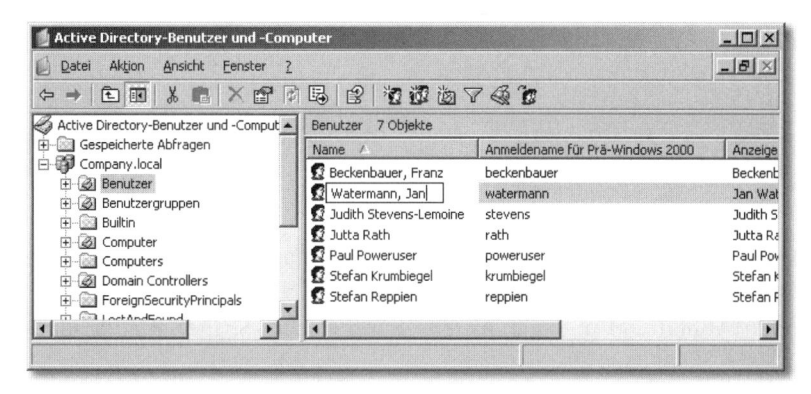

Dadurch wird ein Fenster namens **Umbenennen** geöffnet. Die Umbenennung hat aber nur den **Vollständigen Namen** geändert. Im Feld **Anzeigenamen** müssen Sie erneut manuell den Namen ändern, damit auch im Adressbuch in Outlook die Sortierung stimmt.

Ab sofort erscheinen in Outlook die Empfänger der globalen Adressliste alphabetisch nach dem Nachnamen sortiert.

4 | Die Installation der Exchange-Organisation

Das Komma im **Vollständigen Namen** kann jedoch später eventuell zu Problemen bei der Suche im Active Directory führen. Unter Windows 2000 Server gab es kleinere Probleme, unter Windows Server 2003 konnte ich sie bisher nicht finden. Um derartigen Schwierigkeiten aus dem Weg zu gehen, kann alternativ im vollständigen Namen das Voreinstellungsformat »Vorname Nachname« weiterverwenden werden. Eine andere Möglichkeit wäre, bereits im ADSIEDIT den Bindestrich (dann mit einem führenden und einem angehängten Leezeichen) statt des Kommas zu verwenden:

In der tabellarischen Auflistung der Benutzer im Snap-In **Active Directory-Benutzer und -Computer** wären dann der vollständige Name (linke Spalte in der nachfolgenden Abbildung) und der Anzeigename (rechte Spalte) wieder identisch.

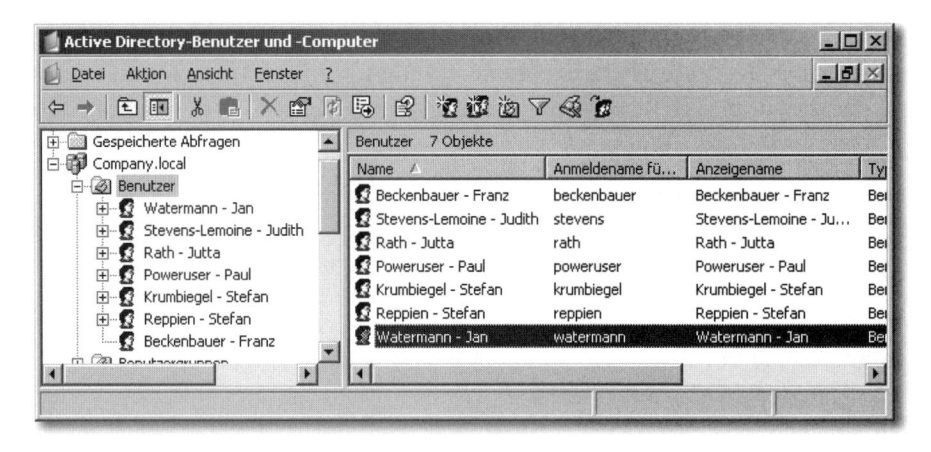

In Outlook würden die Empfänger der globalen Adressliste alphabetisch sortiert nach **Nachname|Vorname** angezeigt werden.

146

Das Format des Anzeigenamens ändern | **4.6**

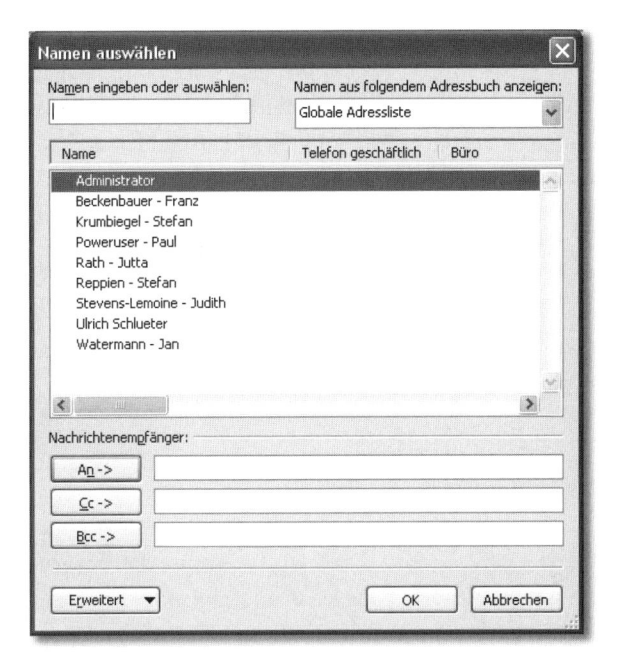

Für den Zugriff auf Microsoft-Server- und -Clientprodukte benötigen Sie neben den Serverlizenzen Client-Zugriffslizenzen (CALs). Der Lizenzvertrag, der die Nutzung von Microsoft-Produkten regelt, wird als Endbenutzerlizenzvertrag (End User License Agreement, EULA) bezeichnet. Die nicht autorisierte Verwendung einer Software stellt eine Verletzung des Urheberrechts dar.

5 Client-Zugriffslizenzen für Windows Server und Exchange Server eingeben

5.1 Das Lizenzmodell von Microsoft BackOffice

Die Lizenzierung für Windows-2003-Server-Produkte unterliegt dem Lizenzmodell von Microsoft BackOffice. Microsoft BackOffice umfasst folgende Produkte:

- Microsoft Windows Server
- Microsoft Exchange Server
- Microsoft SQL Server
- Microsoft Site Server
- Microsoft SNA Server
- Microsoft ISA Server

Unter dem BackOffice-Lizenzmodell werden Server- und Clientcomputer, auf denen Windows ausgeführt wird, separat lizenziert. Für jedes Serverprodukt ist eine Serverlizenz erforderlich. Die meisten Microsoft BackOffice-Serverprodukte erfordern eine Client-Zugriffslizenz (Client Access License, CAL) für jeden Clientcomputer, mit dem auf dieses Serverprodukt zugegriffen wird.

Die derzeitige Lizenzrichtlinie für Microsoft-BackOffice-Serverprodukte umfasst zwei Modi. Durch den Lizenzierungsmodus »Pro Server« werden einem bestimmten Serverprodukt auf einem Computer Client-Zugriffslizenzen zugewiesen, wobei pro Lizenz eine Clientverbindung zulässig ist. Durch den Lizenzierungsmodus »Pro Arbeitsplatz« wird jedem Clientcomputer, der auf ein Produkt zugreift, eine Client-Zugriffslizenz für dieses Serverprodukt zugewiesen. Mit einer Pro-Arbeitsplatz-Lizenz kann ein Clientcomputer auf ein bestimmtes Serverprodukt zugreifen, das sich auf einem beliebigen Computer im Netzwerk befindet.

Alle BackOffice-Produkte, die Client-Zugriffslizenzen benötigen, können im Pro-Arbeitsplatz-Modus lizenziert werden. Einige Produkte wie Windows Server, SQL Server und SNA Server können darüber hinaus im Pro-Server-Modus lizenziert werden. Wenn für ein Produkt beide Modi verfügbar sind, ist für ein Produkt, das im Netzwerk auf mehr als einem Server ausgeführt wird, in der Regel der Pro-Arbeitsplatz-Modus vorzuziehen.

Zur Verwaltung der Microsoft BackOffice-Lizenzierung für Standorte oder das Unternehmen verwenden Sie das Symbol **Lizenzierung** in **Verwaltung**. Standorte werden mittels der auf den jeweiligen Lizenzserver replizierten Lizenzdaten überwacht.

Clientseitig muss außerdem zwischen einer User Client Access License, kurz **User CAL**, und einer **Device CAL** unterschieden werden. Daneben gibt es die **External Connector License** für externe Benutzer, die z. B. auf einen Exchange Server oder einen SharePoint Portal Server von außen zugreifen.

[O] Auf der Buch-DVD finden Sie zum Thema »Lizenzierung der Microsoft-Produkte« eine ausführliche Abhandlung. Hier soll eher der technische Aspekt, nämlich die Eintragung der Lizenzen, erörtert werden.

5.2 Replikation und Überwachen der Benutzerlizenzen an mehreren Standorten

In einem großen, über mehrere Standorte verteilten Unternehmen werden die Lizenzinformationen für die einzelnen Standorte vom jeweiligen Lizenzserver separat aufgezeichnet. Beim Lizenzserver des Standortes handelt es sich in der Regel um den ersten für diesen Standort eingerichteten Domänencontroller. Die Lizenzinformationen werden durch den Lizenzprotokollierdienst aufgezeichnet und auf eine zentrale Datenbank repliziert, die sich auf dem standorteigenen Lizenzserver befindet. Der Standortadministrator oder der Administrator des Lizenzservers kann dann über **Verwaltung · Lizenzierung** die Lizenzdaten, die auf dem Lizenzserver des Standortes gespeichert sind, chronologisch anzeigen lassen.

Wenn Benutzer auf Microsoft-BackOffice-Serverprodukte an mehr als einem Standort zugreifen, können ihnen mehrere Lizenzen für dieses Produkt zugeordnet werden. Durch den Lizenzprotokollierdienst werden auf dem Lizenzserver des Standortes Lizenzdaten für den betreffenden Standort gesammelt. Da die

Lizenzen an einem Standort jedoch unabhängig von anderen Standorten zugewiesen werden, kann es passieren, dass einem Benutzer, der auf ein Serverprodukt an mehreren Standorten zugreift, unbeabsichtigt mehrere Client-Zugriffslizenzen für dasselbe Produkt zugeordnet werden. Wenn Ihr Unternehmen über mehrere Standorte verteilt ist und Sie einen unerwartet hohen Verbrauch von Softwarelizenzen feststellen, sollten Sie prüfen, ob einem Benutzer von mehreren Standorten Lizenzen zugeordnet wurden. Dieses wird besonders für die Kennungen zutreffen, unter denen sich die Mitarbeiter des zentralen Supports an den Servern der verschiedenen Standorte anmelden. Um mehrere Client-Zugriffslizenzen zu suchen, die einem Benutzer an verschiedenen Standorten zugeordnet wurden, müssen Sie die Produktinformationen verschiedener Standorte vergleichen. Über das Symbol **Verwaltung · Lizenzierung** können Sie die unter **Clients (Pro Arbeitsplatz)** aufgeführten Benutzer für verschiedene Standorte vergleichen.

Wurde einem Benutzer, der einem anderen Standort angehört, an zwei Standorten eine Lizenz zugeordnet, können Sie den Benutzer entweder entfernen oder die Lizenz widerrufen. Davon sollte jedoch abgesehen werden, wenn der Benutzer für jeden Standort einen anderen Computer verwendet, wenn er z. B. häufig zwischen verschiedenen Niederlassungen unterwegs ist und an jedem Standort einen anderen Computer zur Verfügung hat. Im letzteren Fall hat die mehrfache Zuordnung von Lizenzen ihre Richtigkeit.

Wenn ein Unternehmen mehrere Standorte unterhält, kann man in der Regel von mehreren Benutzergruppen ausgehen, die geografisch oder nach Abteilungen getrennt sind, jedoch in firmeneigenen Subnetzen zusammenarbeiten. Stellen Sie fest, dass Benutzer regelmäßig auf Server an anderen Standorten zugreifen, so sollten Sie vielleicht die Gliederung der Standorte oder die Verteilung der Ressourcen auf diese Standorte überdenken.

5.3 Lizenzverwaltung an einem Standort

Bei der Installation des Windows Server 2003 konnten Sie sich bezüglich des Lizenzierungsmodus zwischen **Pro Server** und **Pro Gerät oder pro Benutzer** entscheiden. Jetzt muss sowohl für den Zugriff auf die Dateiserver der Domäne als auch für den Zugriff auf die Exchange Server die Anzahl der erworbenen Lizenzen eingegeben werden. Dieses ist in unserer Testumgebung zwar nebensächlich. Sie sollten aber wissen, wie Sie später in der Produktivumgebung die Anzahl der erworbenen Client-Zugriffslizenzen eintragen.

5 | Client-Zugriffslizenzen für Windows Server und Exchange Server eingeben

Bevor Sie die Lizenzierungskonsole starten können, muss zuerst über **Start · Programme · Verwaltung · Dienste** der Starttyp des **Lizenzierungsprotokollierdienstes** von **Deaktiviert** in **Automatisch** geändert werden. Dann starten Sie den Dienst und rufen die Lizenzierungskonsole über **Start · Programme · Verwaltung** auf.

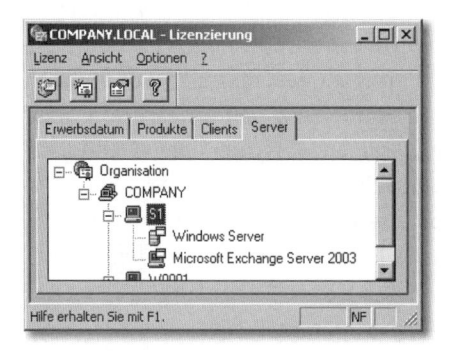

Wenn Sie bei der Installation des Windows Server als Lizenzierungsmodus **Pro Server** gewählt hatten, können Sie über die Registerkarte **Server** die **Eigenschaften** des Servers **S1** öffnen und einmalig in den Lizenzierungsmodus **Pro Gerät oder pro Benutzer** wechseln.

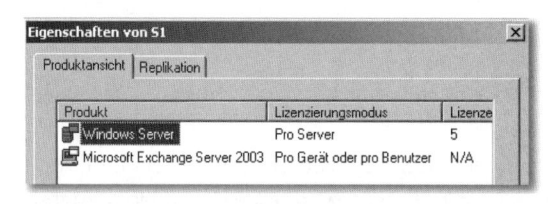

152

5.3 Lizenzverwaltung an einem Standort

Über die Registerkarte **Produkte** wählen Sie das Produkt **Windows Server** mit der rechten Maustaste und den Befehl **Eigenschaften** an, wählen dann die Registerkarte **Erwerbsdatum**, klicken auf **Neu** und geben die Anzahl der erworbenen Lizenzen und einen Kommentar ein, der z. B. den Namen des Lieferanten, die Rechnungsnummer und das Rechnungsdatum enthalten kann.

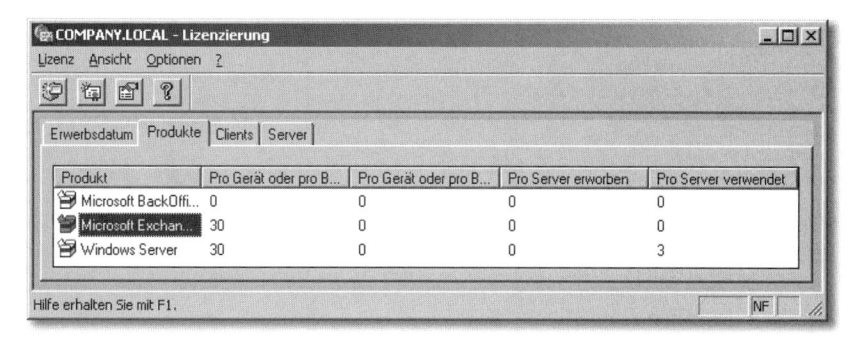

Werden später weitere Lizenzen hinzugekauft, so können Sie am Kommentar leicht feststellen, wo die zugehörigen Rechnungen zu finden sind.

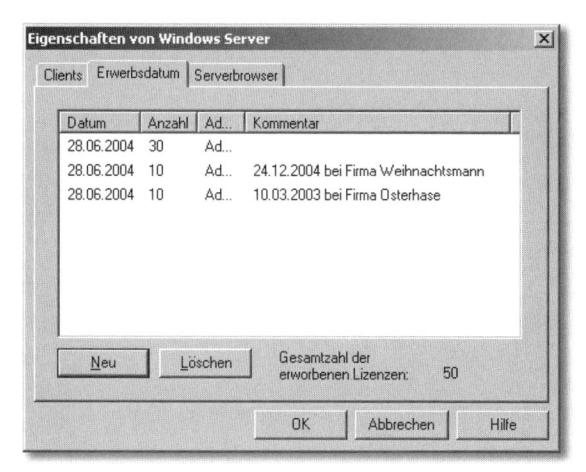

5 | Client-Zugriffslizenzen für Windows Server und Exchange Server eingeben

Auf dieselbe Weise geben Sie die Client-Zugriffslizenzen für den Exchange Server ein. Nach Eingabe aller CALs sieht das Ergebnis dann wie nachfolgend abgebildet aus.

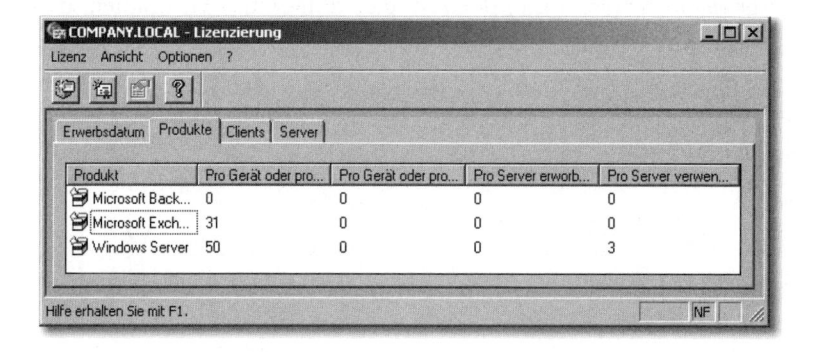

Produkt	Pro Gerät oder pro...	Pro Gerät oder pro...	Pro Server erworb...	Pro Server verwen...
Microsoft Back...	0	0	0	0
Microsoft Exch...	31	0	0	0
Windows Server	50	0	0	3

Die Fernadministration von Servern ist unumgänglich, wenn Sie später viele Server an unterschiedlichen Standorten verwalten müssen. Sowohl unter Windows Server 2003 als auch unter Windows XP können dazu die Terminaldienste genutzt werden. Dabei muss zwischen den Komponenten Remotedesktop und Remoteunterstützung unterschieden werden. Mit denselben Werkzeugen zur Serverfernadministration lassen sich auch Clients fernsteuern. Grundlegende Administrationsaufgaben können aber auch ohne Fernwartung erledigt werden, indem die Administrationstools für Windows Server und Exchange Server auf einem Client installiert werden.

6 Den Server und die Clients remote verwalten

6.1 Dieselben Werkzeuge zur Fernadministration von Servern und Clients

In der Erstauflage dieses Buches hieß dieses Kapitel *Den Server remote verwalten*, weil der Schwerpunkt auf Windows 2000 Server lag. Zeitgleich mit Windows 2000 Server erschien damals als Client Windows 2000 Professional. Unter Windows 2000 Professional war ein Fernwartungswerkzeug noch kein integraler Bestandteil und musste hinzuinstalliert werden. Erst mit dem Erscheinen von Windows XP wurde die Remotedesktopverbindung ein integriertes Fernwartungswerkzeug des Client-Betriebssystems. Mit denselben Tools, mit denen sich Server fernbedienen lassen, können inzwischen aber auch Clients ferngesteuert werden. Um Wiederholungen im Buch zu vermeiden, wird deshalb in der Neuauflage des Buches das Thema »Fernsteuerung von Servern und Clients« in einem Kapitel behandelt.

Auf der Buch-DVD finden Sie weitere Texte und Internet-Quellangaben zum Thema »Remoteunterstützung und Remotedesktop«. **[O]**

6 | Den Server und die Clients remote verwalten

6.2 Fernadministration unter Windows 2000 Server

Um einen Windows 2000 Server über den Terminalserverdienst fernwarten zu können, mussten die Terminaldienste zuerst auf dem Server installiert werden. Am Ende der Installation erschien ein Fenster, in dem zwischen dem **Remoteverwaltungsmodus** und dem **Anwendungsservermodus** gewählt werden musste.

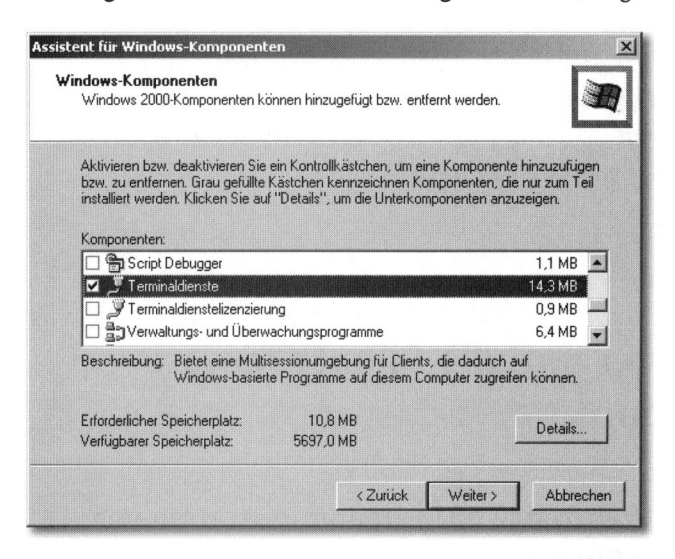

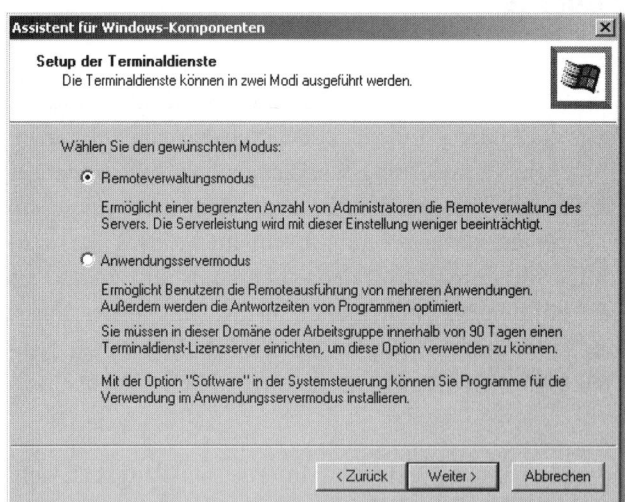

Anschließend musste auf den Windows-2000-Professional-Clients das Terminaldiensteclient-Setup aus dem Serververzeichnis **%SystemRoot%\System32\clients\win32\disks\disk1** gestartet werden, um das Fernwartungswerkzeug auf jedem Client zu installieren, von dem aus die Server ferngewartet werden sollten.

6.3 Remotedesktopverbindung unter Windows Server 2003

Unter Windows Server 2003 existiert bei den Terminaldiensten keine Unterscheidung zwischen **Anwendungsmodus** und **Remoteverwaltungsmodus** mehr. Der **Remoteverwaltungsmodus** muss auch nicht mehr explizit installiert werden. Er heißt jetzt wie unter Windows XP Professional »Remotedesktop« und unterstützt das Remote Desktop Protocol RDP 5.2. Bereits in der Grundinstallation eines Windows Server 2003 sind die Remotedesktopverbindung und die Terminaldienste installiert. Jedoch steht der Starttyp der Terminaldienste auf **Manuell** und sollte auf **Automatisch** umgestellt werden.

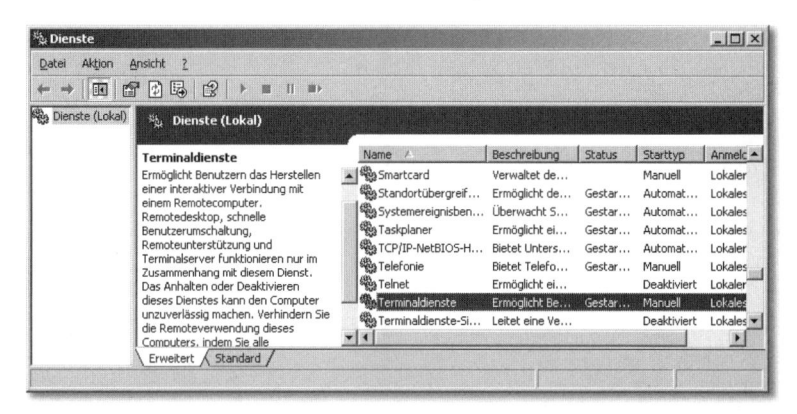

Im Gegensatz zu Windows 2000 Server installieren Sie die Windows-Komponente **Terminalserver** über **Systemsteuerung · Software · Windows-Komponenten hinzufügen/entfernen** nur dann hinzu, wenn der Server als Terminalanwendungsserver fungieren soll, wenn also Benutzer Anwendungen direkt auf dem Terminalserver starten sollen.

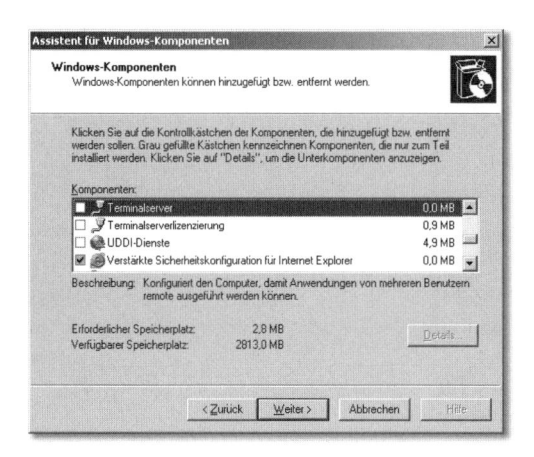

6 | Den Server und die Clients remote verwalten

Nur in diesem Fall muss auch mindestens auf einem Server die Komponente **Terminalserverlizenzierung** installiert und müssen Terminalserverlizenzen für jeden Terminalserverbenutzer erworben werden. Für die reine Fernadministration über die Funktion **Remotedesktop** hingegen sind zwei Zugriffslizenzen bereits im Lieferumfang enthalten. Wir installieren in unserer Testumgebung keine dieser Komponenten.

Sie schalten die Fernadministration eines Windows Server 2003 frei, indem Sie über **Systemsteuerung · System** in der Registerkarte **Remote** die Option **Benutzern erlauben, eine Remotedesktopverbindung herzustellen** aktivieren.

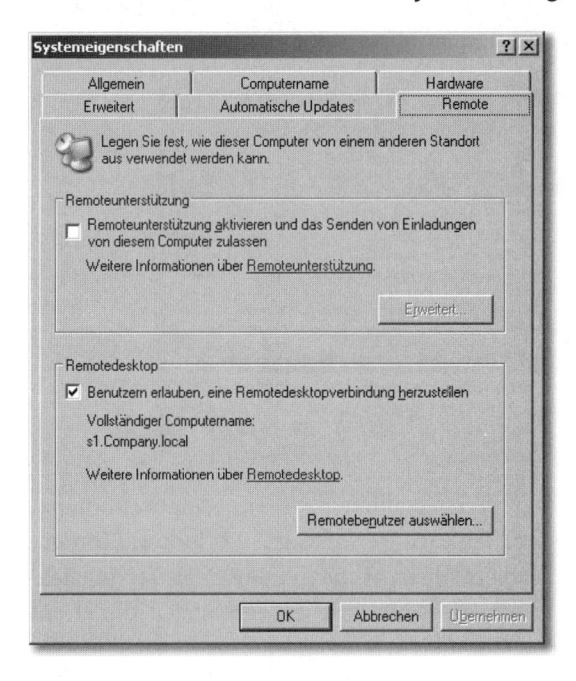

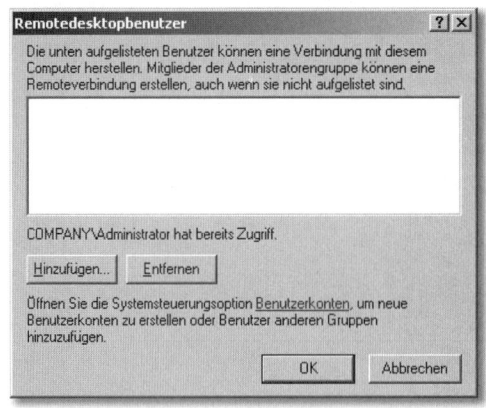

Wenn Sie auf die Schaltfläche **Remotebenutzer auswählen** klicken, lesen Sie im Folgefenster, dass Mitglieder der Gruppe der Administratoren, zu der die **Domänen-Admins** gehören, eine Remoteverbindung erstellen können, ohne dass sie hier explizit hinzugefügt werden muss. Sie müssen hier also keine Gruppe hinzufügen, um als Domänenadministrator den Server fernwarten zu dürfen.

In einer Umgebung mit vielen Domänencontrollern können Sie den Remotedesktop später auch über eine Gruppenrichtlinie für alle Domänencontroller freigeben. Dazu aktivieren Sie in der Richtlinie **Default Domain Controllers Policy** unter **Computerkonfiguration** · **Windows-Einstellungen** · **Sicherheitseinstellungen** · **Lokale Richtlinien** · **Zuweisen von Benutzerrechten** die Richtlinie **Anmelden über Terminaldienste zulassen**. Von dieser Richtlinieneinstellung wären dann allerdings nur die Domänencontroller betroffen, jedoch keine Mitgliedsserver. Für Nicht-Domänencontroller müsste eine separate Gruppenrichtlinie erstellt werden.

Schon jetzt können Sie von einem Windows XP-Client aus den Server fernadministrieren, indem Sie unter Windows XP über **Start** · **Programme** · **Zubehör** · **Kommunikation** die **Remotedesktopverbindung** (%SystemRoot%\System32\mstsc.exe) starten und den Servernamen **S1** oder dessen IP-Adresse angeben. Das Client-Werkzeug zur Fernadministration ist also bereits ein Bestandteil von Windows XP Professional. Auf einem Client unter Windows 2000 Professional, Windows NT 4.0 oder Windows 98 müssen Sie hingegen dieses Werkzeug zuerst hinzuinstallieren. Sie finden es auf dem Server im Verzeichnis **%SystemRoot%\System32\Clients\tsclient\win32** (setup.exe) oder auf der Windows-Server-2003-CD im Verzeichnis **SUPPORT\TOOLS** als **MSRDPCLI.MSI**.

6.4 Remotedesktopverbindung nutzen

Wenn Sie die **Remotedesktopverbindung** starten, erscheint ein Anmeldefenster, in dem Sie eine Domänenadministratorkennung und deren Passwort eingeben. Danach können Sie den Server mit wenigen Einschränkungen so bedienen, als ob Sie direkt vor der Konsole des Servers säßen.

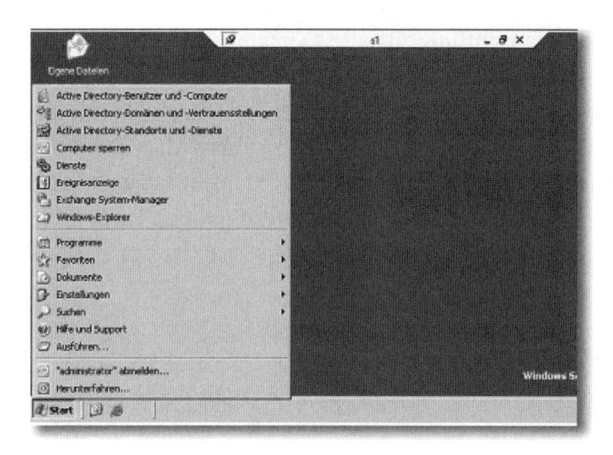

Wenn die Remotedesktopverbindung im Modus **Vollbildschirm** gestartet wird, erscheint am oberen Bildschirmrand die **Verbindungsleiste**, mit deren Hilfe Sie das Fenster der Remotedesktopverbindung minimieren, maximieren oder schließen können. Beim Schließen wird die Verbindung getrennt. Links in der Verbindungsleiste finden Sie das Symbol einer Anheftnadel. Die Nadel können Sie mit der Maus hineingedrückt oder herausgezogen darstellen. Im hineingedrückten Zustand ist die Verbindungsleiste ständig sichtbar. Im herausgezogenen Zustand wird sie nur dann eingeblendet, wenn Sie den Mauszeiger an den oberen Bildschirmrand bewegen.

Die Remotedesktopverbindung bedient sich der 128-Bit-Verschlüsselung und ist daher abhörsicher. Unter dem neuen Protokoll RDP 5.2 sind die lokalen Ressourcen des Clients, wie z. B. die lokalen Festplatten, Disketten- und CD/DVD-Laufwerke sowie die lokal angeschlossenen Drucker, auch in der Remotesitzung verfügbar. Ebenso kann die Zwischenablage genutzt werden, um Inhalte zwischen dem ferngewarteten Host und dem Client zu transferieren. Die Bildschirmauflösung ist nicht mehr auf 256 Farben beschränkt. True Color bis 24-Bit und eine Auflösung bis maximal 1600 × 1200 Pixel werden unterstützt.

Wenn Sie später in einer komplexen Produktivumgebung sehr viele Server über den Terminalserverdienst fernwarten und gleichzeitig mehrere Terminalsitzungen gestartet haben, besteht immer die Gefahr, dass Sie durch einen Anruf oder ein Gespräch abgelenkt werden und danach auf dem Server X Dinge tun, die Sie lieber lassen sollten, da Sie sie eigentlich auf dem Server Y tun wollten. Ich empfehle Ihnen daher, die Bezeichnung des Arbeitsplatzsymbols des Servers sprechend in den Namen des Servers und seiner Domäne umzubenennen. Außerdem sollten Sie eine Hintergrundfarbe wählen, die Ihnen sofort signalisiert, dass Sie gerade auf einem Terminalserver operieren. Am wichtigsten ist jedoch, dass Sie über **Start · Einstellungen · Taskleiste und Taskbar** und dort über die Registerkarte **Erweitert** die Option **Abmeldung anzeigen** aktivieren.

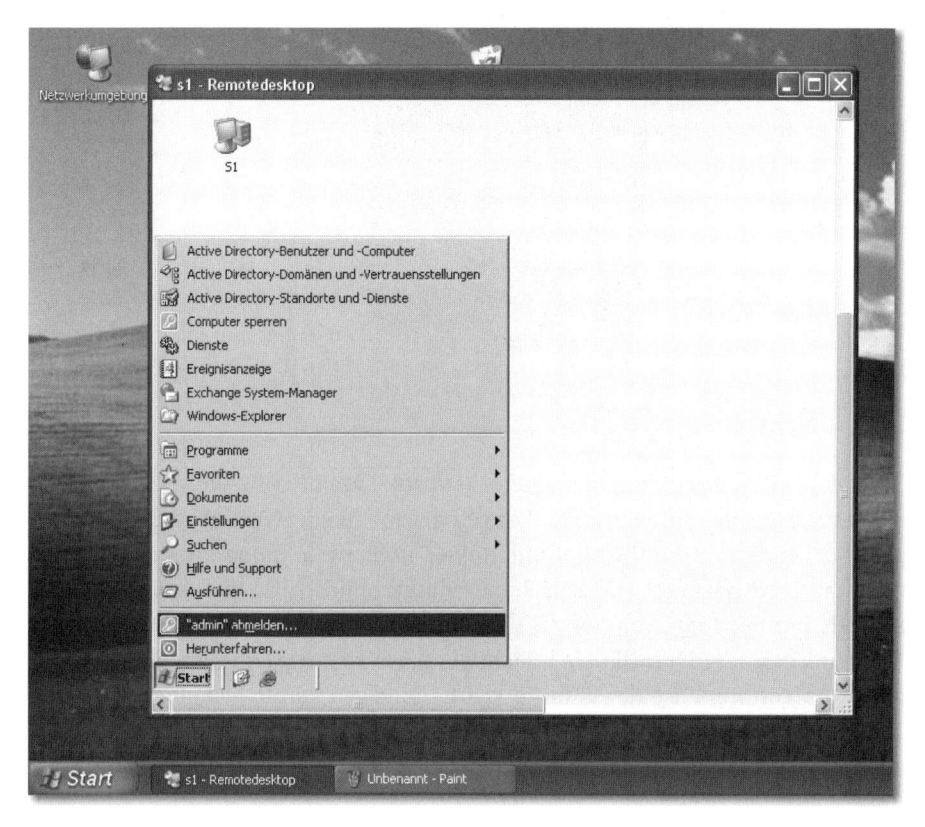

Mir ist es in einer komplexen Umgebung mehr als einmal passiert, dass ich meinen PC herunterfahren wollte, jedoch diesen Befehl in der Hektik oder, weil ich abgelenkt war, nicht auf dem Client, sondern in der Terminalsitzung abgesetzt habe, mit der Folge, dass der Server statt meines Computers heruntergefahren wurde. Kein Angst, Sie merken das sehr schnell. Das Telefon steht anschließend nicht mehr still!

Noch wirkungsvoller ist es, wenn Sie auf dem Server als Hintergrund eine BMP-Datei mit einem nicht übersehbaren Schriftzug des Servernamens haben oder aber das Tool **BGInfo** von **www.sysinternals.com** einsetzen, mit dem Sie beliebige Informationen über den Server auf den Desktop-Hintergrund verlegen.

6.4.1 Remotedesktopverbindung mit Parametern starten

Wenn Sie den Befehl **mstsc /?** auf dem Windows-XP-Client absetzen, werden Ihnen die Parameter des Werkzeugs **Remotedesktopverbindung** angezeigt.

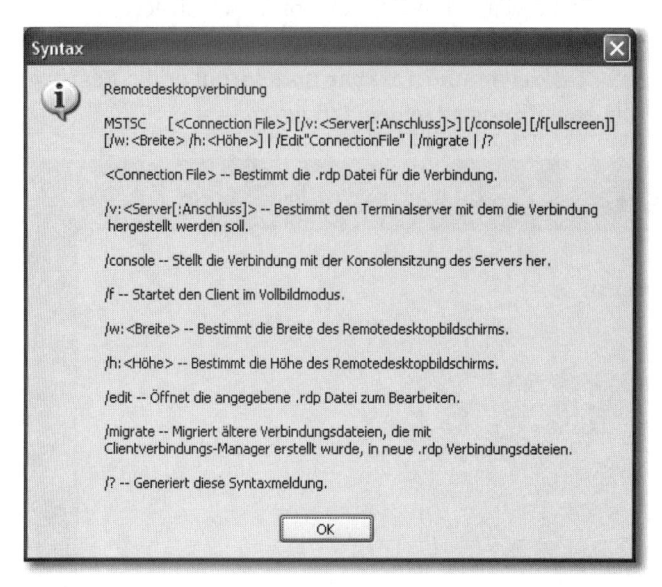

```
Syntax

Remotedesktopverbindung

MSTSC   [<Connection File>] [/v:<Server[:Anschluss]>] [/console] [/f[ullscreen]]
[/w:<Breite> /h:<Höhe>] | /Edit"ConnectionFile" | /migrate | /?

<Connection File> -- Bestimmt die .rdp Datei für die Verbindung.

/v:<Server[:Anschluss]> -- Bestimmt den Terminalserver mit dem die Verbindung
  hergestellt werden soll.

/console -- Stellt die Verbindung mit der Konsolensitzung des Servers her.

/f -- Startet den Client im Vollbildmodus.

/w:<Breite> -- Bestimmt die Breite des Remotedesktopbildschirms.

/h:<Höhe> -- Bestimmt die Höhe des Remotedesktopbildschirms.

/edit -- Öffnet die angegebene .rdp Datei zum Bearbeiten.

/migrate -- Migriert ältere Verbindungsdateien, die mit
  Clientverbindungs-Manager erstellt wurde, in neue .rdp Verbindungsdateien.

/? -- Generiert diese Syntaxmeldung.

          OK
```

Besonders interessant ist der Parameter **/console**, mit dem Sie die volle Kontrolle der Serverkonsole ohne Einschränkungen übernehmen. Arbeitet zu diesem Zeitpunkt ein anderer Administrator unter einer anderen Kennung direkt an der Servertastatur, so erscheint auf dem Remotedesktopbildschirm ein entsprechender Hinweis mit der Frage, ob dessen Verbindung getrennt werden soll. Durch die Trennung gehen jedoch alle noch nicht gespeicherten Änderungen dieses Administrators verloren. Ist der Administrator hingegen unter derselben Kennung angemeldet, unter der Sie eine Remote-Konsolensitzung starten wollen, so übernehmen Sie den aktuellen Bildschirm dieser Kennung mit allen geöffneten Anwendungen.

6.4.2 Remotedesktopverbindung auf dem Server starten

Auf dem Windows Server 2003 selbst finden Sie zwei Werkzeuge zur Remoteverwaltung. Über **Start · Programme · Zubehör · Kommunikation** starten Sie die von Windows XP bereits bekannte **Remotedesktopverbindung** (mstsc.exe). Sie können hiermit die Kontrolle über andere Server oder auch über Windows-XP/2000-Clients übernehmen, immer vorausgesetzt, dass bei Windows Server 2003 bzw. Windows XP/2000-Clients unter **Systemsteuerung · System** in der Registerkarte **Remote** die Option **Benutzern erlauben, eine Remotedesktopverbindung herzustellen** aktiviert ist.

6.5 Das Verwaltungsprogramm Remotedesktops

Außerdem gibt es auf dem Windows Server 2003 unterhalb von **Start · Programme · Verwaltung** das Snap-In **Remotedesktops** (%SystemRoot%\System32\tsmmc.msc /s). Nach dem Start dieses Snap-Ins erscheint ein leerer Container **Remotedesktops**. Über die rechte Maustaste kann dort der Menüpunkt **Neue Verbindung hinzufügen** mehrmals gestartet werden, um die Verbindungsoptionen für mehrere Server oder Clients festzulegen.

Mehrere Server oder Clients können somit komfortabel unter einer Konsole gleichzeitig fernadministriert werden. Eine Verbindung wird aufgebaut, indem der Verbindungsname in der linken Fensterhälfte mit der rechten Maustaste angeklickt und **Verbindung herstellen** gewählt wird. Nach der Eingabe einer Kennung und des zugehörigen Kennwortes erscheint die Konsolensitzung in der rechten Fensterhälfte.

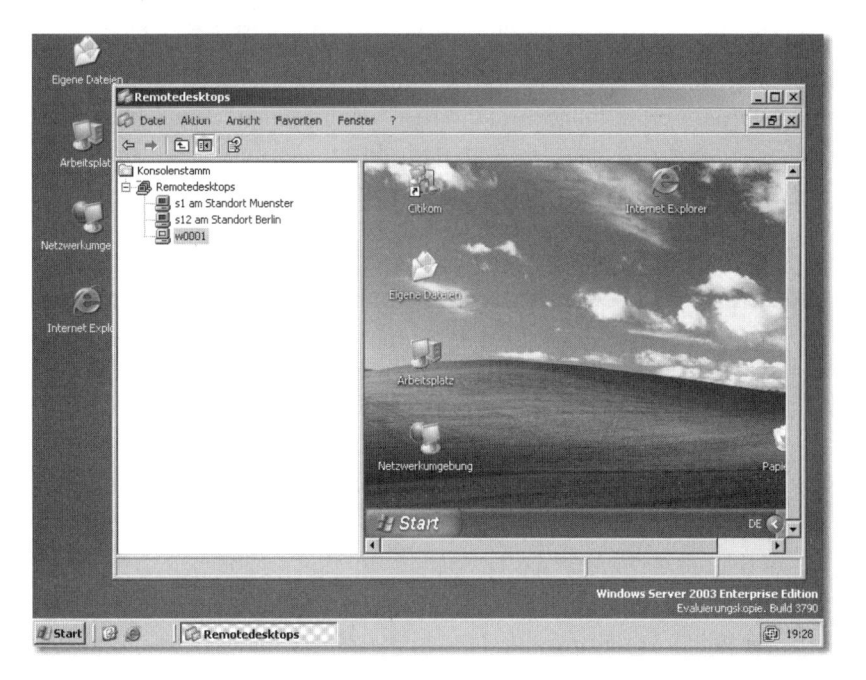

6 | Den Server und die Clients remote verwalten

In den **Eigenschaften** dieser Verbindungen lässt sich unter anderem einstellen, dass die lokalen Laufwerke auf den Remotecomputer umgeleitet werden. Dadurch lassen sich z. B. nachträglich Serverkomponenten von einer Installations-CD auf einem entfernten Server oder Client installieren. In der Registerkarte **Allgemein** einer Verbindung ist die Option **Verbindung mit Konsole herstellen** standardmäßig aktiviert.

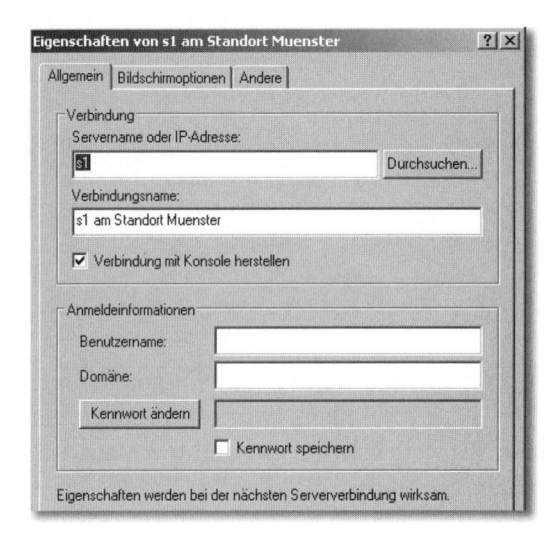

Durch das Aktivieren dieser Option wird eine echte **Konsolensitzung** auf dem entfernten Computer und nicht nur eine virtuelle Sitzung gestartet.

Über den Befehl **Datei · Speichern unter** können Sie diese MMC-Konsole mit allen konfigurierten Verbindungen unter einem neuen Namen abspeichern. Spätestens beim Beenden des Snap-Ins **Remotedesktops** werden Sie aufgefordert, die Änderungen zu speichern.

6.6 Spezielle Tastenkombinationen in Remotedesktop

Innerhalb des Fensters der Remotedesktopverbindung funktionieren einige Tastenkombinationen nicht wie üblich. Dafür gibt es dann spezielle Tastenkombinationen.

- ▶ [Strg] + [Alt] + [Pause] schaltet zwischen Vollbild und Fensterdarstellung hin und her.
- ▶ [Strg] + [Alt] + [Ende] öffnet das Dialogfeld Windows-Sicherheit.
- ▶ [Strg] + [Alt] + [+] auf der Zehnertastatur kopiert den Inhalt des gesamten Fensters der Remotedesktopverbindung in die Zwischenablage.

- `Strg` + `Alt` + `-` auf der Zehnertastatur kopiert den Inhalt des aktuellen Fensters innerhalb der Remotedesktopverbindung in die Zwischenablage.
- `Alt` + `Pos1` öffnet das Startmenü.

6.7 Konsolensitzung

Wenn Sie eine Remotedesktopverbindung (mstsc.exe) nicht mit dem Parameter **/console** starten bzw. für eine Verbindung des Snap-Ins **Remotedesktops** (tsmmc.msc) nicht die Option **Verbindung mit Konsole herstellen** aktiviert ist, so wird beim Verbindungsaufbau auf dem Remotecomputer eine virtuelle Remotedesktopsitzung als Terminaldienstesitzung gestartet und erhält eine Sitzungs-ID größer oder gleich **1**. Im anderen Fall wird eine »echte« Konsolensitzung mit der Sitzungs-ID **0** gestartet, die sich uneingeschränkt so verhält, als würde man die am Remotecomputer angeschlossene Tastatur und Maus bedienen. Einige Befehle und Anwendungen laufen in einer Terminaldienstesitzung nicht oder fehlerhaft.

Unter Windows 2000 Server können Sie mit Bordmitteln keine echte Konsolensitzung aufbauen. Hier helfen Tools wie RealVNC (**www.realvnc.com**) weiter.

6.8 Remotedesktop-Webverbindung

Eine weitere Möglichkeit zum Zugriff auf einen entfernten Windows Server bietet die Remotedesktop-Webverbindung, die im Internetbrowser des Clients gestartet wird. Als Voraussetzung müssen auf einem Windows Server 2003 des Netzwerks der **IIS 6.0-Webserver** und die Komponente **Remotedesktop-Webverbindung** installiert sein. Letztere ist eine Unterkomponente von **Anwendungsserver · Internetinformationsdienste (IIS) · WWW-Dienste**.

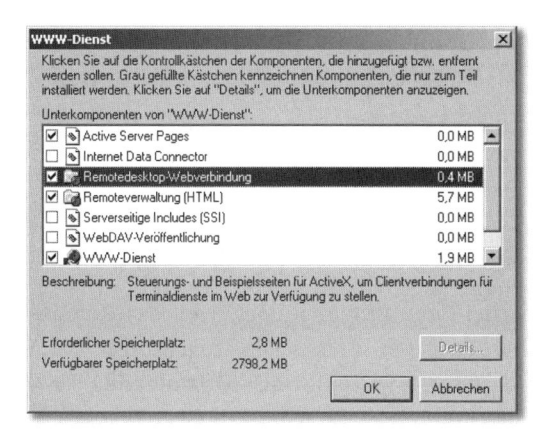

6 | Den Server und die Clients remote verwalten

Installieren Sie die Komponente **Remotedesktop-Webverbindung** auf dem Server **S1**. Wenn Sie auf dem Windows-XP-Client im Microsoft Internet Explorer als Adresse **http://s1/tsweb** eingeben, erscheint die Anmeldeseite der Remotedesktop-Webverbindung. Als Anmeldefenster wird übrigens die Datei **%SystemRoot%\Web\TSWeb\default.htm** auf dem IIS-Server geöffnet. Diese Datei können Sie Ihren Vorstellungen entsprechend anpassen.

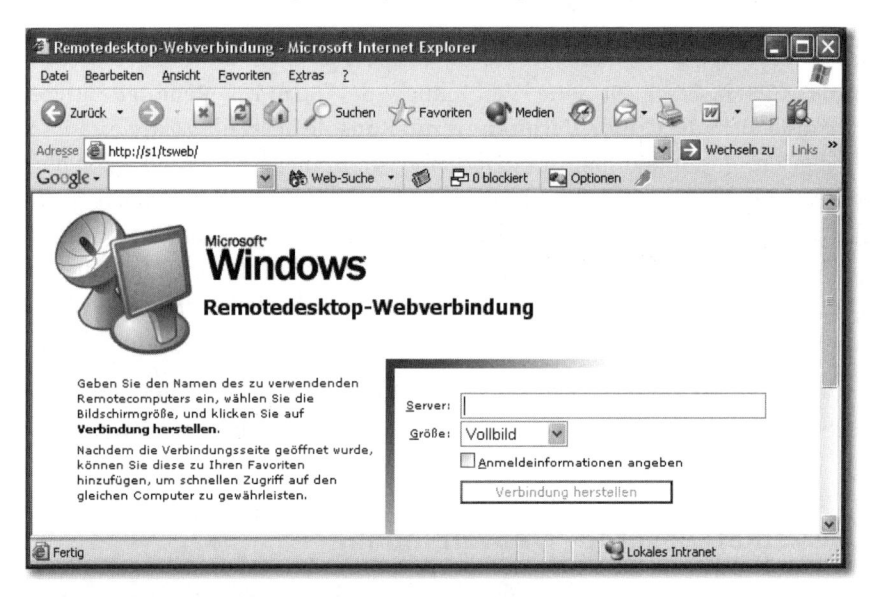

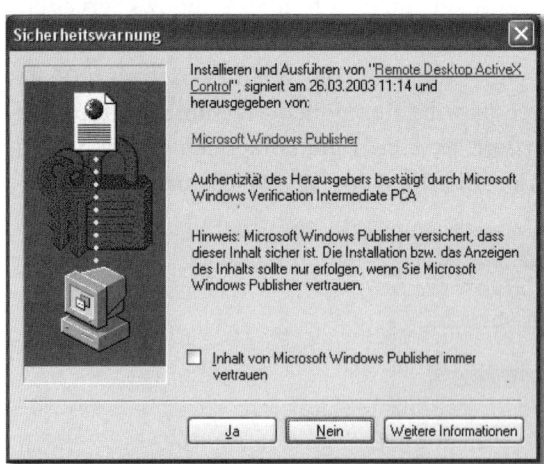

Einmalig wird daraufhin eine Sicherheitswarnung angezeigt, weil das **Remote Desktop ActiveX Control** installiert werden muss. Die zugehörige Datei **msrdp.ocx** finden Sie anschließend unter **%SystemRoot%\Downloaded Program Files**.

Danach können Sie im Internet Explorer einen beliebigen Server (nicht nur den Server mit installiertem IIS) mit denselben Sondertastenkombinationen wie in einer Remotedesktopverbindung fernbedienen.

6.9 Vergleich mit Small Business Server 2003

Interessant ist an dieser Stelle wieder ein Vergleich mit dem Microsoft Windows Small Business Server 2003. Ist dieser bezüglich des Internetzugangs und RAS durchkonfiguriert, so können Sie sich von zu Hause oder unterwegs über einen Internetbrowser mit dem Unternehmensnetz verbinden. Die Adresse **http://s1** liefert folgenden Anmeldebildschirm.

Zur internen Firmenwebsite gelangen Sie über die Adresse **s1.companyname.com/companyweb**. Dort spielen dann die zum Lieferumfang von Small Business Server 2003 gehörenden **SharePoint Services** ihre Stärken aus und bieten Zugriff auf Dokumentenverwaltung und Projektverzeichnisse, die technisch über eine SQL Server Engine in einer Datenbank enthalten sind. Aber auch der Zugriff auf eingegangene Faxe oder den Exchange Server mittels Outlook Web Access ist möglich. Die Portalseite der internen Firmenwebsite kann mit einem Assistenten beliebig verändert werden.

6 | Den Server und die Clients remote verwalten

Wenn Sie den Punkt **Remote-E-Mail-Zugriff** anklicken, finden Sie sich nach einer Anmeldung im »Look and Feel« von Outlook Web Access im Exchange-Postfach wieder.

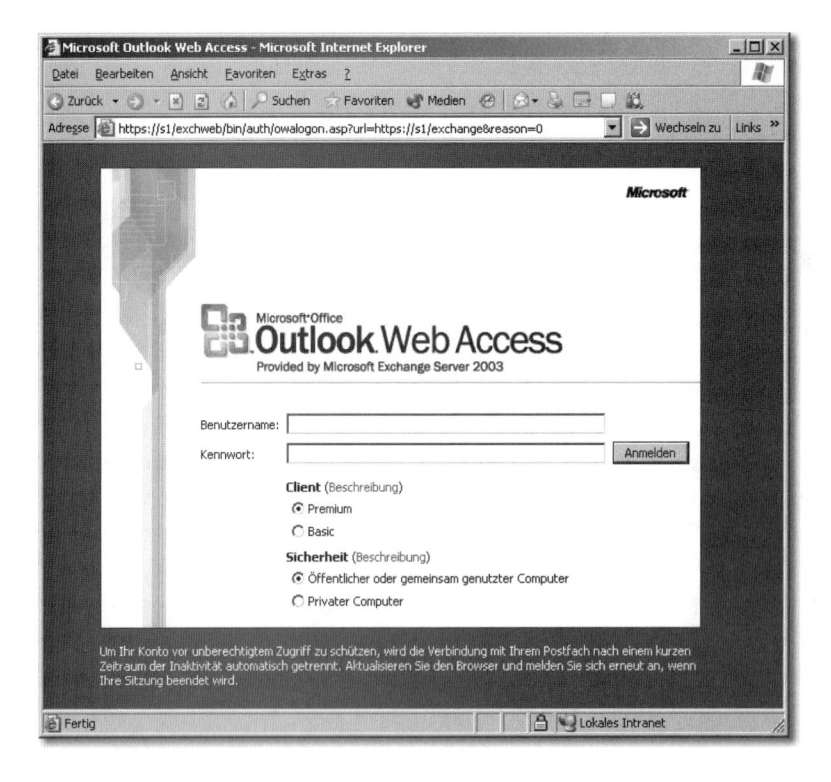

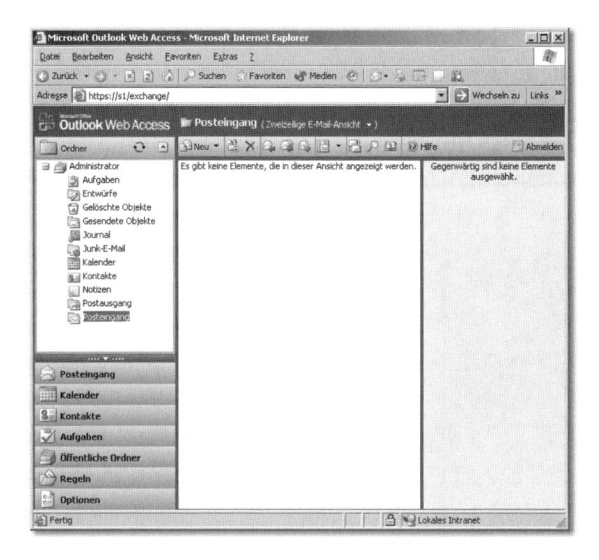

Dies funktioniert von extern genauso wie von intern, und die Oberfläche ähnelt inzwischen stark derjenigen von Outlook 2003.

Besonders interessant sind aber die Möglichkeiten, die im Remote-Webarbeitsplatz von SBS 2003 angeboten werden, erreichbar über eine Adresse wie **https://s1.companyname.com/Remote**. Neben der Möglichkeit, Berichte über die Serverleistung und Servernutzung abzufragen und die interne Firmenwebsite aus der Ferne zu verwalten, können Sie von hier wieder eine Verbindung mit dem Serverdesktop herstellen.

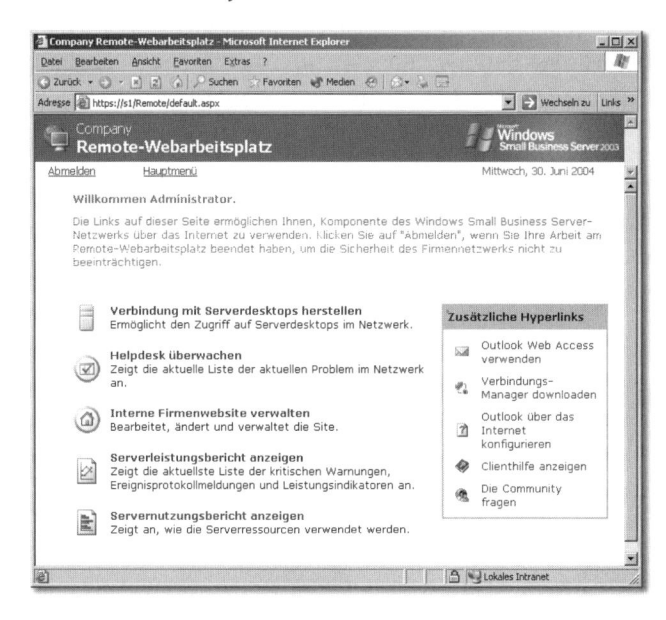

Das Eingangsbild des Remote-Webarbeitsplatzes ist dabei davon abhängig, ob sich ein Administrator oder ein Benutzer anmeldet. Es werden jeweils mehr oder weniger Menüpunkte angezeigt. Wird der Menüpunkt **Verbindung mit Serverdesktop herstellen** angewählt, so erscheint eine Liste der Server oder für einfache Benutzer nur die Liste der Clients im Unternehmen, die für den Remotezugriff freigeschaltet wurden.

Vorausgesetzt, der Mitarbeiter hat seinen Arbeitsplatzcomputer nicht ausgeschaltet, kann nämlich jeder berechtigte Benutzer über das Internet und mittels eines Internetbrowsers seinen oder einen anderen Client fernbedienen.

Was beim Produkt Small Business Server 2003 »out of the box« geliefert wird, kann jedoch in einem Windows-2003-Netzwerk, das aus den Einzelserverprodukten besteht, nachgebaut werden. Dabei ist es durchaus hilfreich, eine kostenlose 180-Tage-Trialversion von SBS 2003 in einem Testsystem laufen zu lassen, um Konfigurationseinstellungen abzukupfern.

6.10 Administrationswerkzeuge auf einem Windows XP-Client installieren

6.10.1 AdminPak.msi auf dem Windows XP-Client installieren

An seinem Windows-XP-Arbeitsplatz hat der Administrator jedoch auch noch eine andere Möglichkeit, sein Active Directory 2003 zu warten. Von der Windows-Server-2003-CD installieren Sie auf dem Windows-XP-Client die Datei **AdminPak.msi** aus dem Verzeichnis **I386**. Wenn es ein Service Pack zum Windows Server 2003 gibt, sollten Sie dieses entpacken und nach einer neueren Version von **AdminPak.msi** suchen.

Nach der Installation von **AdminPak.msi** finden Sie die Verwaltungsprogramme unter **Start · Programme · Verwaltung**. Die Verknüpfungen zu den Verwaltungsprogrammen wurden unter **Dokumente und Einstellungen\All Users\Startmenü\Programme\Verwaltung** erzeugt. Dort vermischen sie sich mit den Windows-XP-Verwaltungsprogrammen. Sie können im Windows Explorer dieses Verzeichnis nach Dateidatum sortieren, wodurch die hinzugekommenen Verknüpfungen leichter selektiert und in ein separates Verzeichnis wie z. B. **Dokumente und Einstellungen\All Users\Startmenü\Programme\Active Directory Verwaltung** verschoben werden können. Danach erscheinen die Active-Directory-Verwaltungswerkzeuge auch im Startmenü getrennt von den Windows-XP-Verwaltungswerkzeugen.

- Active Directory-Benutzer und -Computer
- Active Directory-Domänen und -Vertrauensstellungen
- Active Directory-Standorte und -Dienste
- Active Directory-Verwaltung
- Autorisierungs-Manager
- Clusterverwaltung
- DHCP
- DNS
- Hilfe für Windows Server 2003-Verwaltungsprogramme
- IP-Adressverwaltung
- Netzwerklastenausgleich-Manager
- Remotedesktops
- Remotespeicher
- Telefonie
- Terminaldiensteverwaltung
- Terminalserverlizenzierung
- UDDI-Dienste
- Verbindungs-Manager-Verwaltungskit
- Verteiltes Dateisystem (DFS)
- Verwaltung öffentlicher Schlüssel
- WINS
- Zertifizierungsstelle

Wenn Sie nun die unter Windows XP installierten Active Directory-Verwaltungsprogramme mit den auf dem Server **S1** unter **Start · Programme · Verwaltung** angezeigten Verwaltungswerkzeugen vergleichen, so stellen Sie fest, dass durch die direkte Installation von **AdminPak.msi** mehr Werkzeuge verfügbar sind, als auf dem Server angezeigt werden. Zusätzlich finden Sie auf dem Windows-XP-Client folgende Verwaltungsprogramme:

- Active Directory-Verwaltung
- Autorisierungs-Manager
- Clusterverwaltung
- Hilfe für Windows-Server-2003-Verwaltungsprogramme
- IP-Adressverwaltung
- Remotespeicher
- Telefonie
- UDDI-Dienste
- Verwaltung öffentlicher Schlüssel
- WINS

Dies liegt daran, dass auf dem Server nur ein Teil der möglichen Windows-Server-2003-Komponenten und -Dienste bisher installiert wurde. So wurde der WINS-Serverdienst bislang nicht installiert und wird auch nicht benötigt, wenn es keine Altlasten in Ihrem Unternehmen gibt, die auf den WINS-Dienst angewiesen sind. Dennoch können einige der zusätzlichen Verwaltungsprogramme sehr hilfreich sein, wenn sie über das Startmenü des Servers aufrufbar sind, z. B. dann, wenn Sie den Server fernadministrieren.

Tipp: Installieren Sie auch auf dem Server die neueste Version (Service Pack) von **AdminPak.msi**, um alle Verwaltungsprogramme im Startmenü des Servers verfügbar zu machen.

Starten Sie folgende hinzugekommenen Verwaltungsprogramme, um einen Überblick zu erhalten, welche Funktion sie haben.

- **Active Directory-Verwaltung**: Es handelt sich um eine MMC-Konsole, die vier wichtige AD-Verwaltungswerkzeuge an einer Stelle zusammenfasst.
- **Hilfe für Windows Server 2003-Verwaltungsprogramme**: Lesen Sie dort die Empfehlungen zur Verwaltung von Servern von Windows-2000-Clients und Windows-XP-Clients.
- **IP-Adressverwaltung**: Hierbei handelt es sich um eine MMC-Konsole, die die drei Verwaltungsprogramme DHCP, DNS und WINS zusammenfasst.
- **Remotespeicher**: Beim Start werden Sie nach einem **Remotespeicherserver** gefragt. Wenn Sie den Server **S1** angeben, erhalten Sie die Fehlermeldung, dass der Remotespeicher auf **S1** nicht installiert ist. Dennoch öffnet sich ein Fenster **Remotespeicher** und Sie können die Onlinehilfe starten, um sich über diese Funktion zu informieren.
- **Telefonie**: In der Onlinehilfe können Sie sich einen Überblick über die Telefoniedienste unter Windows Server 2003 verschaffen.

▶ **UDDI-Dienste**: Starten Sie das Verwaltungsprogramm und darin die Onlinehilfe, um sich über UDDI-Dienste zu informieren.

6.10.2 Exchange-Systemverwaltungstools auf dem Windows-XP-Client installieren

Als Nächstes starten Sie auf dem Windows-XP-Client die CD von Exchange Server 2003, um dessen Verwaltungswerkzeuge zu installieren. Sie wählen den Menüpunkt **Exchange-Bereitstellungstools** und im Folgefenster den Punkt **Ausschließliches Installieren von Exchange-Systemverwaltungstools**. Es erscheint ein Fenster, in dem die Voraussetzungen für die Installation der Exchange-Systemverwaltungstools genannt werden. Auf einem Windows-XP-Client müssen demnach der **SMTP-Dienst**, der **WWW-Dienst** und das Windows-Server-2003-Verwaltungsprogramm **AdminPak.msi** installiert sein.

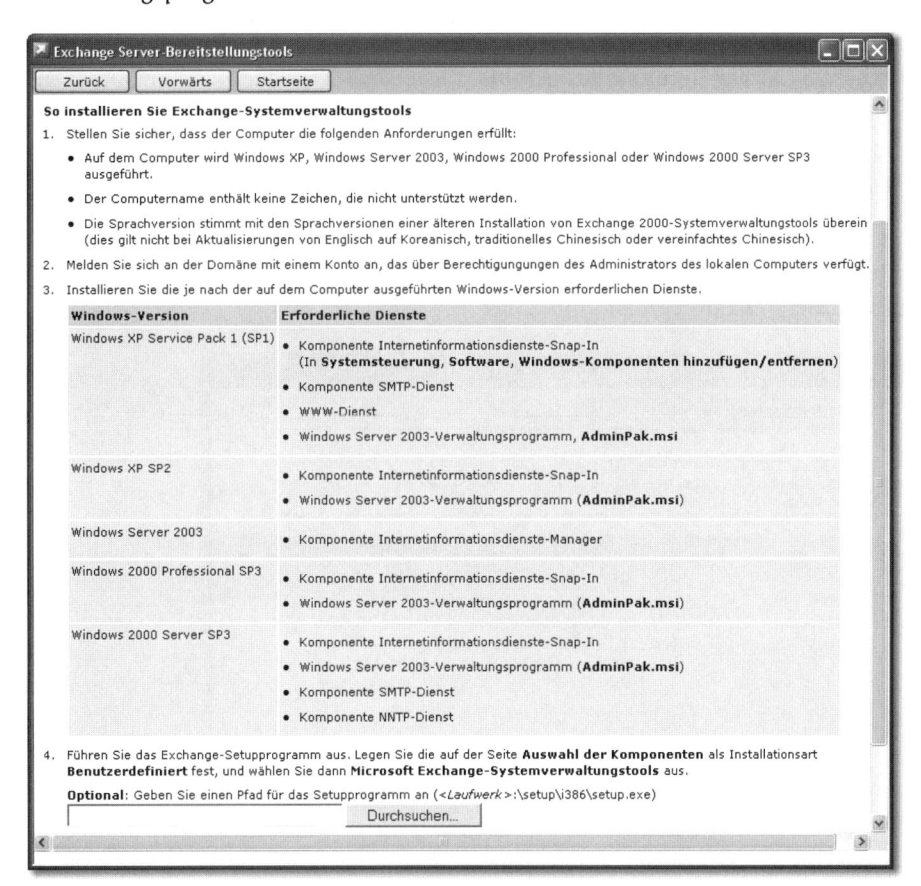

Sie können die Verwaltungsprogramme von Windows Server 2003 (Admin-Pak.msi) unter Windows Server 2003 und Windows XP Professional installieren. Beim Versuch, **Adminpak.msi** von Windows Server 2003 auf einem Windows 2000 Server zu installieren, erhielt ich zumindest in der Beta-Version von **AdminPak.msi** einen Hinweis, dass diese Version der Verwaltungsprogramme nur unter Windows XP und Windows Server 2003 installiert werden kann.

> Setup-Assistent für Windows .NET Server 2003 - Verwaltungsprogramme
>
> Die Windows .NET Server 2003 - Verwaltungsprogramme können nur auf Windows XP Professional mit installiertem QFE Q329357, auf Windows XP Professional Service Pack 1 oder höher oder auf Computern, auf denen ein Windows .NET Server 2003-Betriebssystem ausgeführt wird, installiert werden.

Wenn sich jedoch das Verwaltungswerkzeug **AdminPak.msi** von Windows Server 2003 nicht unter Windows 2000 installieren lässt, andererseits dessen Installation eine Voraussetzung für die Installation der Exchange-2003-Verwaltungsprogramme ist, so scheinen mir die Informationen im obigen Bildschirm **Exchange Server-Bereitstellungstools** nicht den Tatsachen zu entsprechen. Unter Punkt 5 lesen Sie: *»Nachdem Sie das Setupprogramm ausgeführt haben, deaktivieren Sie den SMTP-Dienst, den WWW-Dienst oder den NNTP-Dienst, wenn Sie den jeweiligen Dienst nicht auf dem Computer ausführen möchten.«*

Sie starten die **Setup.exe** aus dem Verzeichnis **setup\i386**. Als Installationsart muss **Benutzerdefiniert** und anschließend **Microsoft Exchange-Systemverwaltungstools** gewählt werden.

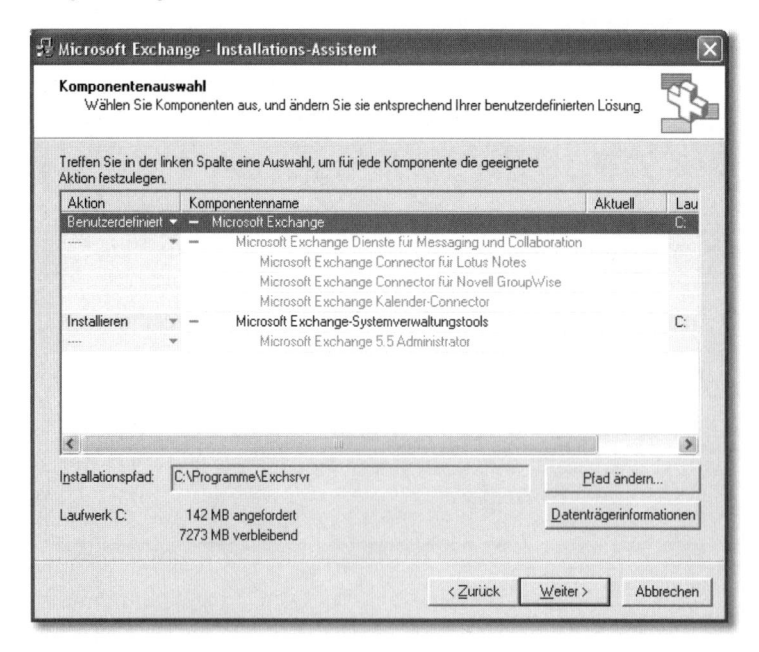

Nach dem Abschluss der Installation finden Sie die Exchange-Verwaltungstools unter **Start · Programme · Microsoft Exchange**. Jedoch sollten Sie jetzt – wie zuvor auf dem Exchange Server selbst – das aktuelle Exchange Server Service Pack installieren, bevor Sie die unter Punkt 5 genannten Dienste deaktivieren.

> Wenn Sie die Verwaltungstools für Windows Server 2002/2003 oder für Exchange Server 2000/2003 auf einem Client installieren, so vergessen Sie anschließend nicht, diese Verwaltungstools durch die aktuellen Service Packs auch auf dem Client zu aktualisieren. [!]

Sie sollten jetzt auf dem Windows-XP-Client das Snap-In **Active Directory-Benutzer und -Computer** und danach das Snap-In **Exchange System-Manager** mit der rechten Maustaste anklicken, **Im Autorenmodus öffnen** wählen und anschließend dieselben Einstellungen bezüglich der Ansichtsoptionen und der hinzugefügten Spalten vornehmen, die Sie auch beim Start dieser Snap-Ins auf dem Server gewählt haben, und anschließend diese Änderungen beim Beenden der beiden Snap-Ins abspeichern.

Unter Windows 2000 Server und Exchange Server 2000 gab es einige Probleme bei der Nutzung der Administrationswerkzeuge auf einem Windows-XP-Client, weil die Verwaltungsprogramme dieser Serverversionen für Windows 2000 Server und Windows 2000 Professional ausgelegt waren, nicht aber für den Client-Nachfolger Windows XP Professional.

Lesen Sie auf der Begleit-DVD im Text der Erstauflage dieses Buches nach, wenn [o] Sie ein Windows-2000-Active-Directory oder ein Windows-2003-Active-Directory administrieren müssen, das sich nicht in der reinen Domänenfunktionsebene »Windows Server 2003« befindet, weil Abwärtskompatibilität gewahrt werden muss.

6.10.3 Gruppenrichtlinienverwaltungskonsole GPMC.MSI auf dem Windows-XP-Client installieren

Sie haben bisher die Active-Directory-Verwaltungsprogramme AdminPak.msi von der Windows-Server-2003-CD und die Exchange Server-Verwaltungsprogramme von der Exchange Server-CD installiert. Wenn Sie auf dem Server bereits das Gruppenrichtlinienverwaltungsprogramm **GPMC.MSI** installiert haben, das separat von der Microsoft-Internetseite zu beziehen ist, so können Sie dieses Programm jetzt auch auf dem Client installieren. Doch erneut der Hinweis: Wenn Sie bisher noch nicht mit Gruppenrichtlinien gearbeitet haben, so machen Sie sich in den Folgekapiteln zuerst ohne den Einsatz dieses Zusatztools mit Gruppenrichtlinien vertraut. Das Zusatztool ist nämlich nicht nur sehr mächtig, sondern auch komplex in seiner Funktionalität. Sobald Sie alle Kapitel dieses Buches zum

Thema »Gruppenrichtlinien« durchgearbeitet und an Ihrer Testumgebung nachvollzogen haben, wird es Ihnen leichter fallen, das GPMC-Tool zu durchschauen und einzusetzen. Bedenken Sie auch, dass in Whitepapers und Knowledge-Base-Artikeln die Installation dieses Werkzeugs nicht immer vorausgesetzt wird und Sie vielleicht übermorgen ein fremdes Active Directory verwalten müssen, in dem das GPMC-Tool noch nicht eingesetzt wird. Spätestens dann werden Sie froh sein, auch mit den Bordmitteln von Windows Server 2000/2003 Gruppenrichtlinien verwalten zu können.

6.10.4 Den Befehl »Ausführen als« verwenden

Die Installation der Verwaltungsprogramme auf einem Clientcomputer verleitet dazu, ständig unter einer Domänen-Administratorkennung zu arbeiten. Wenn Sie unter einer Kennung mit einfachen Domänen-Benutzerberechtigungen angemeldet sind, können Sie die Verwaltungsprogramme zwar starten, jedoch fehlen diejenigen Befehle, für deren Ausführung entsprechende AD-Berechtigungen benötigt werden. Melden Sie sich am Windows-XP-Client einmal unter einer einfachen Kennung an und starten Sie das Verwaltungswerkzeug **Active Directory-Benutzer und Computer**. Sie werden z. B. keine Möglichkeit finden, einen neuen Benutzer, eine Gruppe oder eine Organisationseinheit anzulegen. Es ist jedoch sehr gewagt, ständig unter der Kennung eines Domänenadministrators auf dem Client angemeldet zu sein. Der Start des Internet Explorers und der Zugriff auf unsichere Webseiten oder das Lesen von E-Mails können hohe Risiken bergen, wenn unbemerkt trojanischer Code heruntergeladen wird und sich mittels der Rechte eines Domänenadministrators verbreiten kann. Administratoren sollten generell nur dann unter einer Administratorkennung arbeiten, wenn Administratorberechtigungen unbedingt benötigt werden. Alle anderen Arbeiten sollten unter einer Kennung mit einfachen Berechtigungen durchgeführt werden. Sie können jedoch die AD-Verwaltungsprogramme im Startmenü bei gedrückter Umschalttaste mit der rechten Maustaste anwählen. Daraufhin erscheint im Kontextmenü der Befehl **Ausführen als**. Wenn Sie diesen Befehl wählen und im Feld **Benutzername** die Syntax **Domänenname\Domänen-Administratorname** verwenden, so wird das Verwaltungsprogramm nach der Eingabe des Kennworts unter der Kennung des Domänenadministrators gestartet und alle Befehle und Berechtigungen stehen zur Verfügung.

Dieser Trick ist jedoch noch mühselig, weil Sie bei jedem Start den Domänennamen, die Administratorkennung und das Kennwort eintippen müssen. Sie können wie folgt vorgehen, um den Vorgang komfortabler zu gestalten. Sie legen sich für die wenigen Verwaltungsprogramme, die Sie ständig unter der Administratorkennung starten müssen, Verknüpfungen mit folgender Befehlssyntax an:

%SystemRoot%\System32\Runas.exe /user:adminkennung@company.
local »mmc.exe Verwaltungsprogramm.msc«

Dabei taucht dann jedoch ein Problem auf: Die msc-Dateien zum Aufrufen der Verwaltungsprogramme haben teilweise Namen mit Leerzeichen. Der Aufruf von **mmc.exe** mit einem msc-Dateinamen, der Leerzeichen enthält, als Parameter wird jedoch falsch interpretiert, nämlich so, als würden mehrere Parameter übergeben. Andererseits ist es nicht möglich, in der oben angegebenen Syntax Verschachtelungen von Anführungszeichen zu nutzen. Sie lösen das Problem, indem Sie Kopien der msc-Dateien anlegen und dort die Leerzeichen z. B. durch Unterstriche ersetzen. Ein Beispiel dazu: Durch die Installation der Exchange Server-Verwaltungsprogramme auf dem Windows-XP-Client wurden die beiden Dateien **C:\Programme\Exchsrvr\bin\users and computers.msc** und **C:\Programme\Exchsrvr\bin\Exchange System Manager.msc** erzeugt. Legen Sie zu diesen Dateien folgende Kopien an, in deren Dateinamen Sie die Leerzeichen durch Unterstriche ersetzen:

C:\Programme\Exchsrvr\bin\users_and_computers.msc
C:\Programme\Exchsrvr\bin\Exchange_System_Manager.msc

Jetzt können Sie Verknüpfungen mit folgender Befehlszeile erstellen:

```
%SystemRoot%\System32\Runas.exe /user:adminkennung@company.
local "mmc.exe C:\Programme\Exchsrvr\bin\users_and_computers.msc"
```

```
%SystemRoot%\System32\Runas.exe /user:adminkennung@company.
local "mmc.exe C:\Programme\Exchsrvr\bin\Exchange_System_
Manager.msc"
```

Sobald Sie diese Verknüpfungen starten, werden Sie nach dem Administratorkennwort gefragt und danach startet die MMC-Konsole im Berechtigungskontext des Domänenadministrators.

6.10.5 Remote Control Add-In für die Active Directory MMC

Auf dem Webserver von Microsoft finden Sie unter **http://www.microsoft.com/technet/community/columns/profwin/pw0403.mspx** den Artikel »Professor Windows – April 2003 – Terminal Services in Windows Server 2003: Improvements and Useful Tips«. Der Autor Yossi Saharon verweist in diesem Artikel auf das Active Directory Remote Control Add-On **RControl**. Sobald dieses Add-On, zu finden auf der Buch-DVD, installiert ist, können Sie im Snap-In **Active-Directory Computer und -Benutzer** einen Server oder auch einen Windows-XP-Client mit der rechten Maustaste anklicken und finden einen neuen Menüpunkt, um direkt eine Remoteverbindung zu diesem Computer aufzubauen.

[«]

[o]

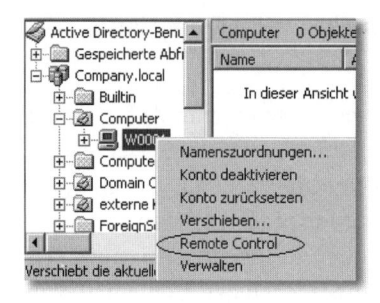

6.10.6 Vergleich von Remotedesktop und Remoteunterstützung

Auf einem Windows-XP-Professional-Client gehört das Fernwartungstool **Remotedesktop** zum Lieferumfang. Der Terminalserver-Client muss also nicht wie auf einem Windows-2000-Client explizit installiert werden. Aber auch der Windows-XP-Client selbst kann ferngesteuert werden. Über die Eigenschaften des Icons **Arbeitsplatz** und dort über die Registerkarte **Remote** können Sie sowohl die Remoteunterstützung als auch den Remotedesktop des Windows-XP-Clients konfigurieren.

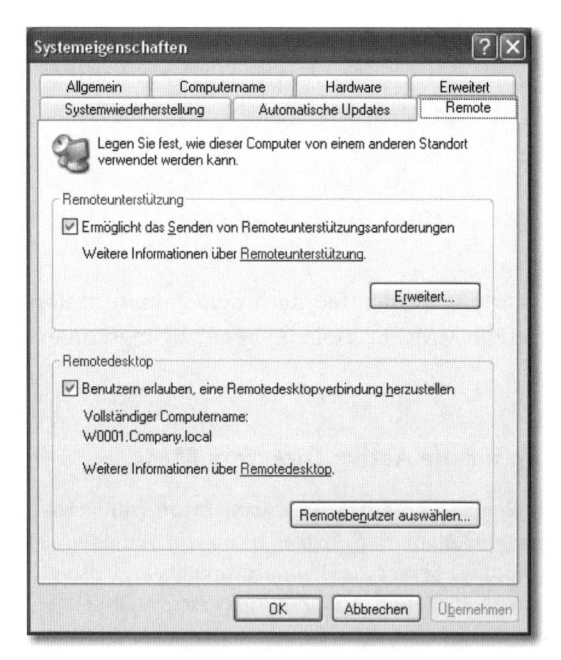

Die Komponente **Remotedesktop** ermöglicht, dass der Windows-XP-Client ferngesteuert werden kann. Über die Schaltfläche **Remotebenutzer auswählen** kann angegeben werden, welche Benutzer oder Benutzergruppen den Computer fernsteuern dürfen. Wenn Sie sich über den Remotedesktop auf einem entfernten

Rechner anmelden, an dem bereits ein anderer Mitarbeiter angemeldet ist, so wird dieser Mitarbeiter abgemeldet.

6.10.7 Remoteunterstützung unter Windows XP anbieten

Die Komponente **Remoteunterstützung** dient dazu, dass der Benutzer des Clients Hilfeanforderungen an andere Mitarbeiter senden kann. Es ist aber auch möglich, Hilfe aktiv anzubieten. Unter Windows XP öffnen Sie dazu **Hilfe und Support**, wählen **Tools zum Anzeigen von Computerinformationen und Ermitteln von Fehlerursachen verwenden** und im nächsten Fenster **Anbieten von Remoteunterstützung**. Sie geben den Computernamen oder alternativ die IP-Adresse des fernen Computers an.

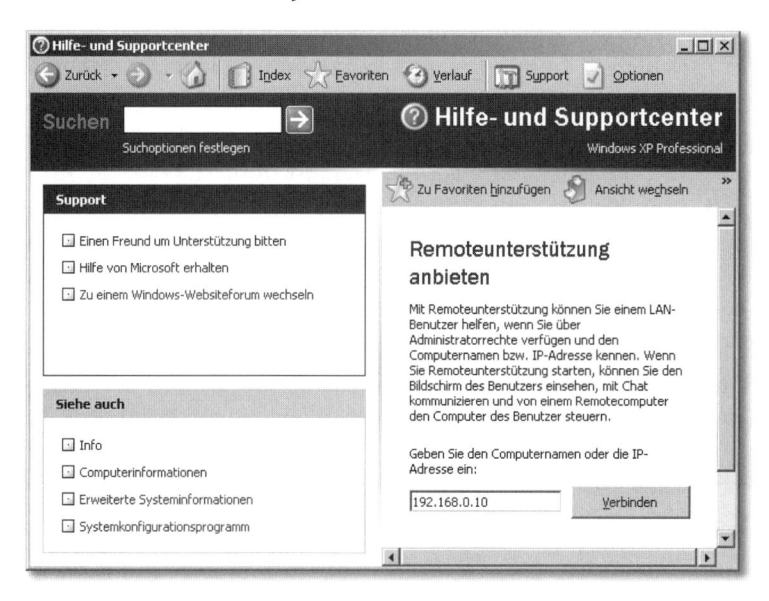

6.10.8 Remoteunterstützung unter Windows Server 2003 anbieten

Sowohl unter Windows Server 2003 als auch unter Windows XP können Sie einem anderen Benutzer Remoteunterstützung anbieten. Der um Unterstützung bittende Mitarbeiter kann dabei ein Benutzer sein, der an einem Windows-XP-Client auf ein Problem gestoßen ist, oder auch ein Administrator, der vor einem Server sitzt und die Hilfe eines anderen Administrators benötigt. Diese Funktion ist deshalb besonders für Mitarbeiter der IT-Abteilung interessant. Hat ein Benutzer oder ein Administrator ein Problem, so ruft er in der IT-Abteilung an und teilt dem Helpdesk-Mitarbeiter den Namen seines Computers mit. Der Mitarbeiter des Helpdesk initiiert daraufhin die Unterstützung, indem er sich auf den Bildschirm des zu unterstützenden Mitarbeiters aufschaltet. Er lässt sich das aufgetretene Problem vorführen und kann dann mit Zustimmung des anfragenden Mitarbeiters die Kontrolle über den fernen Computer übernehmen. Danach können beide Mitarbeiter zusammen den Computer bedienen, gerade so, als seien zwei Tastaturen und zwei Mäuse an diesem Computer angeschlossen.

Wenn Sie einen Windows Server 2003 administrieren und ein Problem mit einem anderen Administrator an einem anderen Standort diskutieren möchten oder dessen Hilfe benötigen, kann es sehr hilfreich sein, wenn der Administrator sich aus der Ferne über die Funktion **Remoteunterstützung anbieten** in Ihre Serversitzung einklinkt und beide Administratoren dann zusammen an der Serverkonsole arbeiten. Auch bei der Schulung von Administratoren kann diese Funktion sinnvoll genutzt werden.

Um die Funktion **Remoteunterstützung anbieten** in der Domäne nutzen zu können, müssen für diejenigen Computer, denen Remoteunterstützung angeboten werden soll, zwei Gruppenrichtlinien aktiviert werden. Wenn diese Funktion sowohl für alle Server als auch alle Clients genutzt werden soll, wäre es prinzipiell möglich, diese Einstellungen in der Richtlinie **Default Domain Policy Richtlinie** vorzunehmen. Wie Sie im Kapitel über Gruppenrichtlinien jedoch lesen, sollte diese Gruppenrichtlinie wie auch die Richtlinie **Default Domain Controllers** nach Möglichkeit nicht verändert werden. Ein Blick auf einen Small Business Server 2003 verrät, wie Microsoft-Entwickler dieses Problem musterhaft angehen. Dort finden Sie eine speziell für den Zweck Remoteunterstützung angelegte Gruppenrichtlinie mit dem Namen **Small Business Server Remoteunterstützungsrichtlinie**.

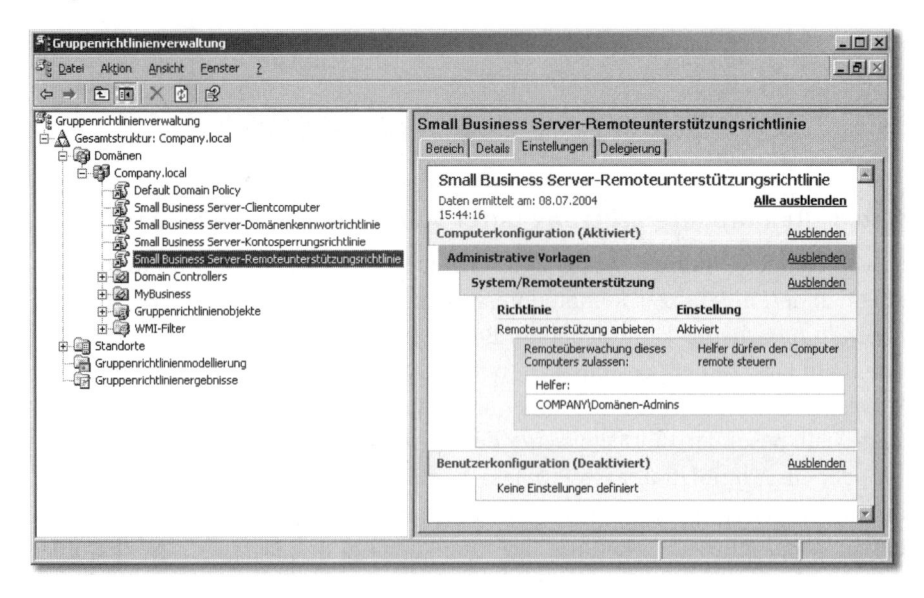

Wie man der Registerkarte **Details** entnimmt, ist in dieser Richtlinie die Benutzerkonfiguration deaktiviert worden, weil nur Einstellungen in der Computerkonfiguration der Richtlinie vorgenommen werden. Durch das Deaktivieren der Benutzerkonfiguration wird die Richtlinie schneller abgearbeitet. Der Startvorgang eines Computers läuft umso schneller ab, je weniger Gruppenrichtlinien abgearbeitet werden müssen.

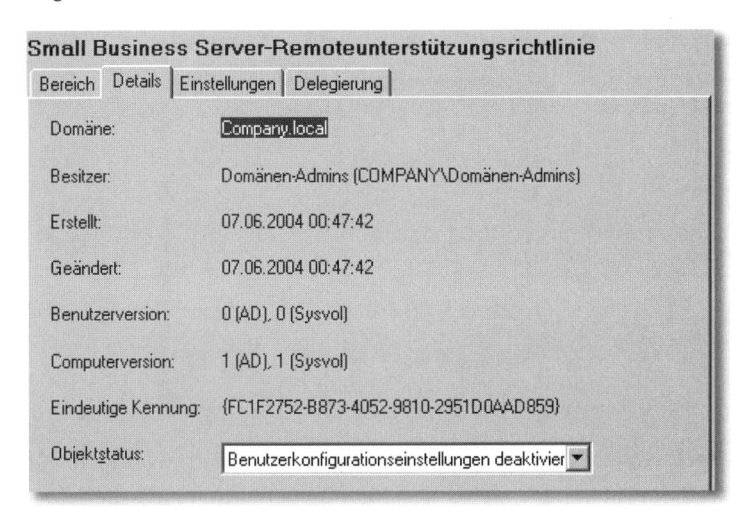

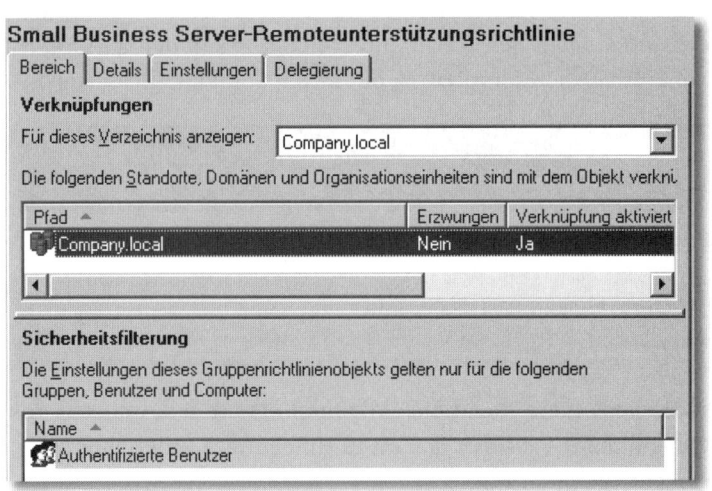

Wenn Sie die Registerkarte **Bereich** öffnen, stellen Sie fest, dass die Richtlinie für die gesamte Domäne gilt, somit nicht nur für Windows-XP-Clients, sondern auch für alle Server der Domäne. Dies bedeutet, dass auch den Administratoren, die an einem Server arbeiten, Remoteunterstützung angeboten werden kann.

Unter **Computerkonfiguration** · **Administrative Vorlagen** · **System** · **Remoteunterstützung** aktivieren Sie nun die beiden Richtlinien **Angeforderte Remoteunterstützung** sowie **Remoteunterstützung anbieten**.

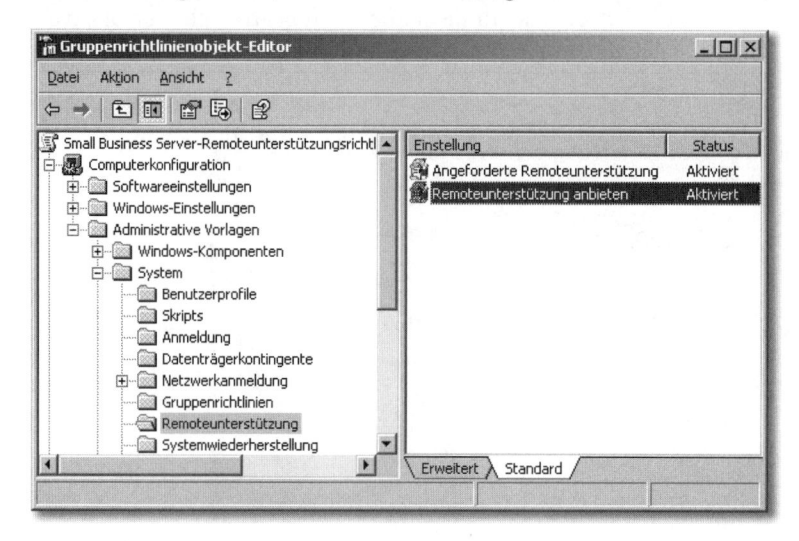

Die Richtlinie **Angeforderte Remoteunterstützung** bezieht sich eigentlich auf eine Situation, in der ein Anwender, der Unterstützung benötigt, eine Hilfeanforderung über eine E-Mail verschickt. Unter Windows XP öffnen Sie dazu **Start** · **Hilfe und Support** und wählen den Menüpunkt »Einen Bekannten auffordern, eine Verbindung über **Remoteunterstützung** mit Ihrem Computer herzustellen«.

Dennoch müssen Sie auch diese Richtlinie aktivieren, damit das Anbieten von Remoteunterstützung ohne eine vorherige E-Mail-Hilfeanfrage funktioniert.

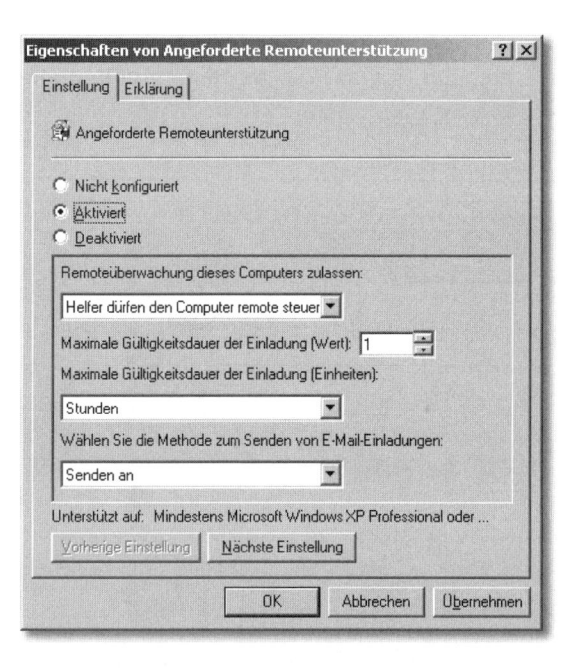

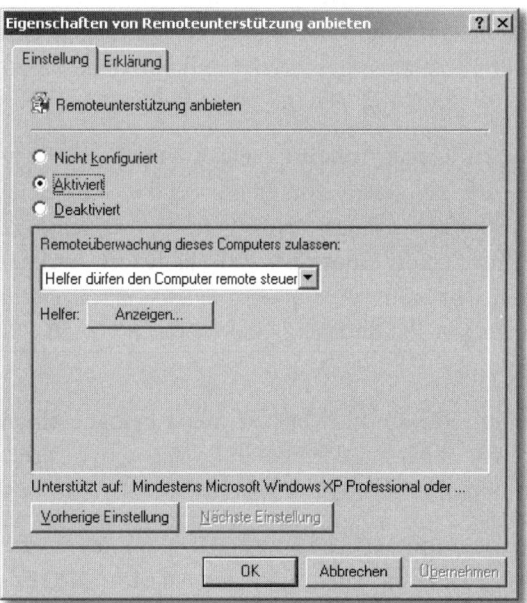

Wenn Sie die Richtlinie **Remoteunterstützung anbieten** aktivieren, müssen Sie hinter **Helfer:** die Schaltfläche **Anzeigen** betätigen. Daraufhin wird das Fenster **Inhalt anzeigen** geöffnet, in dem Sie einzelne Supportmitarbeiter oder aber besser eine Sicherheitsgruppe wie Helpdesk-Mitarbeiter hinzufügen. Verwenden Sie folgendes Format, wenn Sie den Namen des Helfers bzw. der Helfergruppe angeben:

`<Domänenname>\<Benutzername>` oder `<Domänenname>\<Gruppenname>`

```
Inhalt anzeigen
Helfer:
COMPANY\Domänen-Admins
COMPANY\Helpdesk-Mitarbeiter

                                OK
                                Abbrechen
                                Hinzufügen...
                                Entfernen
```

Übrigens muss, so vermute ich, der NetBIOS-Domänenname (COMPANY) und nicht der voll qualifizierte Name der Domäne (Company.local) hier angegeben werden. Der NetBIOS-Name ist auf 15 Zeichen beschränkt und hat keine Kleinbuchstaben.

Ich stutzte, als ich mir den Eintrag im Fenster **Inhalt anzeigen** einer Small-Business-Server-2003-Domäne ansah, die ich gerade für einen Kunden aufgesetzt hatte. Diese Domäne hatte einen Namen, der länger als 15 Zeichen war, wie z. B. »Danker-Mummstedt.local«. Die Installation eines SBS 2003 läuft fast automatisch durch und auch die Gruppenrichtlinien werden automatisch erzeugt und konfiguriert. Im Fenster **Inhalt anzeigen** stand nun folgender Eintrag: DANKER-MUMMSTED\Domänen-Admins

Im Domänennamen fehlte hinten ein »T«, und ich bekam zuerst beinahe einen Herzinfarkt, weil ich dachte, ich hätte mich bei der Erstellung des Active Directory bei der Eingabe des Domänennamens vertippt.

Die neu konfigurierten Gruppenrichtlinien wirken auf den Computern der Domäne erst nach einer Verzögerung bzw. nach dem nächsten Neustart. Sie können die Übernahme der Gruppenrichtlinie jedoch durch den Befehl **gpupdate /force** sofort erzwingen. Unter Windows Server 2003 öffnen Sie nun **Hilfe und Support** und wählen rechts unter **Supportaufgaben** den Menüpunkt **Tools**. Es erscheint ein neues Fenster, in dem Sie links unterhalb von **Tools** auf **Programme des Hilfe- und Supportcenters** klicken und den Unterpunkt **Anbieten** von **Remoteunterstützung** wählen. Auch dort müssen Sie entweder die IP-Adresse oder den Namen des Computers eingeben, dem Sie Unterstützung anbieten möchten.

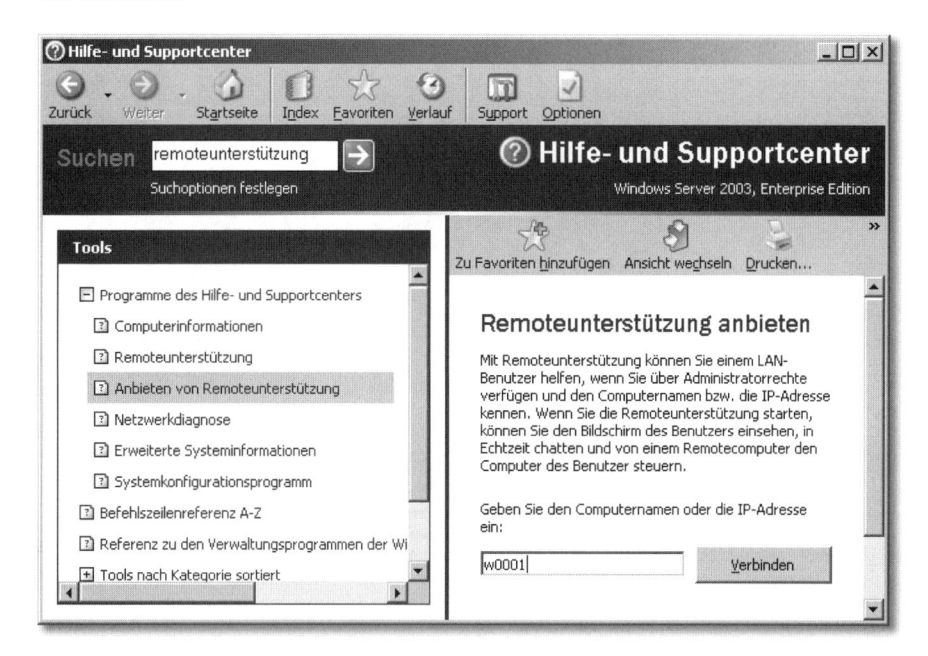

Unter Windows XP öffnet man dazu **Start · Hilfe und Support** und wählt den Menüpunkt »Einen Bekannten auffordern, eine Verbindung über **Remoteunterstützung** mit Ihrem Computer herzustellen«.

Der Mitarbeiter, der an diesem Computer arbeitet, erhält daraufhin ein Fenster mit einer Aufforderung, dem Angebot für Remoteunterstützung zuzustimmen oder es abzulehnen. Nimmt er das Angebot an, wird er aber nicht abgemeldet, sondern beide Benutzer können nun den Computer gemeinsam bedienen.

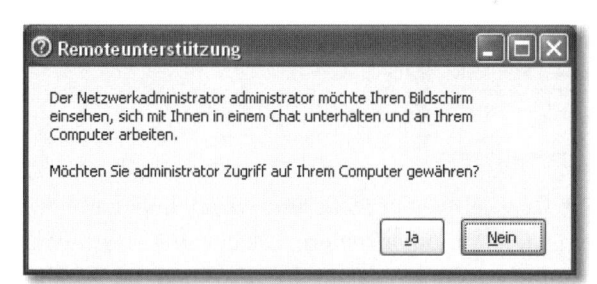

Der Anbieter der Remoteunterstützung kann den Bildschirm des unterstützten Computers zunächst lediglich einsehen.

6 | Den Server und die Clients remote verwalten

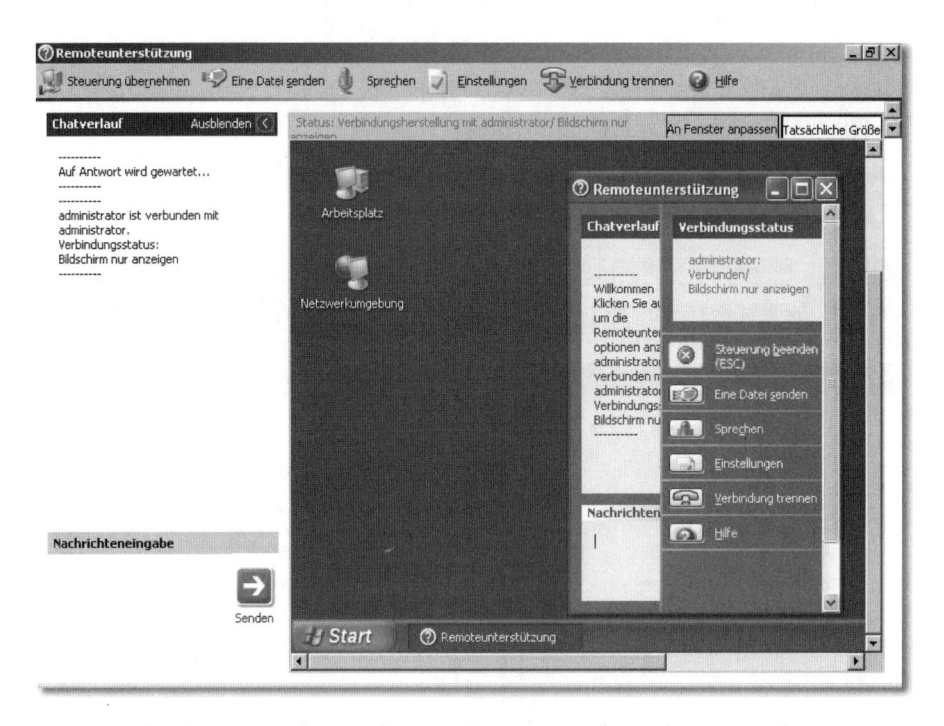

Wenn er die Steuerung des entfernten Computers übernehmen möchte, muss er explizit oben links auf die Schaltfläche **Steuerung übernehmen** klicken. Auf dem Ferncomputer erscheint daraufhin eine Abfrage, ob der angemeldete Anwender der Übernahme der Steuerung zustimmt.

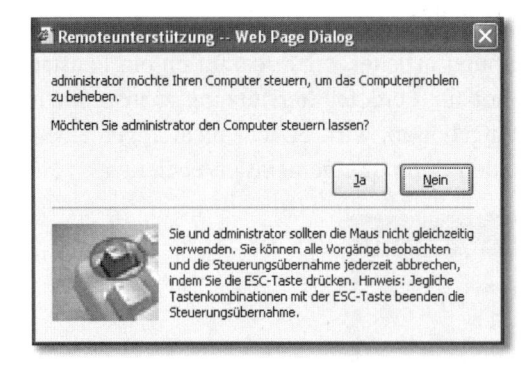

Erst wenn der Anwender in die Übernahme der Steuerung eingewilligt hat, können beide Anwender gleichzeitig den Computer steuern. Dabei kann der Anwender am Ferncomputer die Fernunterstützung jederzeit beenden und die Verbindung trennen.

Remoteunterstützung setzt nicht voraus, dass auf dem Computer, zu dem eine Verbindung hergestellt werden soll, ein Konto für den Fernbenutzer eingerichtet wurde. Mittels **Remotedesktop** können Sie sich nur auf einem Client einwählen, wenn es bereits ein lokales Konto mit einem nicht leeren Kennwort für Sie gibt oder der fernzuwartende Computer ein Mitglied einer Domäne ist und Sie sich mit einer Domänenkennung anmelden, die berechtigt wurde, diesen Computer fernzusteuern.

Arbeitet gerade ein anderer Mitarbeiter an diesem Computer, so erscheint bei einer Remotedesktopverbindung der Warnhinweis, dass dieser Mitarbeiter dadurch abgemeldet wird und die Gefahr von Datenverlust besteht. Über die Schaltfläche **Optionen** können viele Einstellungen für eine bestimmte Remotesitzung vorgenommen werden.

6.10.9 Einstellungen der Remotedesktopverbindung in einer Datei sichern

In der Registerkarte **Allgemein** können diese Einstellungen über die Schaltfläche **Speichern unter** zum Beispiel auf dem Desktop gesichert werden. Auf diese Weise können Sie bestimmte Parameter für die Verbindungen zu verschiedenen Servern auf dem Desktop oder an anderer Stelle des Dateisystems sichern, z. B. in Ihrem Basisverzeichnis auf dem Server.

Die Registerkarte **Anzeige** bietet Einstellungen bezogen auf die Farbtiefe und die Bildschirmauflösung. Über die Registerkarte **Lokale Ressourcen** lässt sich einstellen, ob lokale Laufwerke, Drucker oder serielle Anschlüsse des Clients auch in der Remotesitzung verfügbar sein sollen.

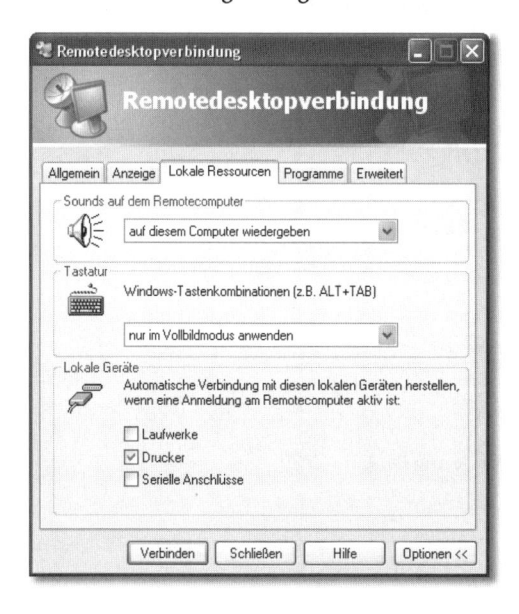

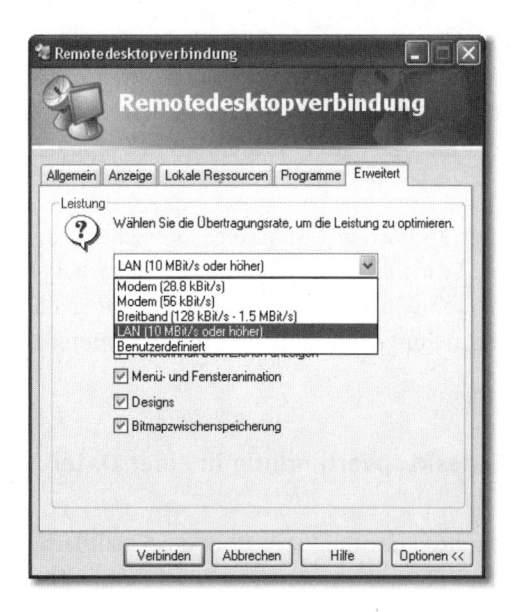

Über die Registerkarte **Erweitert** können Sie die Übertragungsrate festlegen und die Verbindung optimieren, indem Sie z. B. die Menü- und Fensteranimation deaktivieren.

Sie können das Programm **Remotedesktopverbindung** auch direkt über die Datei **mstsc.exe** im Verzeichnis **%SystemRoot%\system32** starten. Wenn Sie über **Start · Ausführen** den Befehl **mstsc /?** eingeben, werden alle Parameter angezeigt, die der ausführbaren Datei mstsc.exe übergeben werden können.

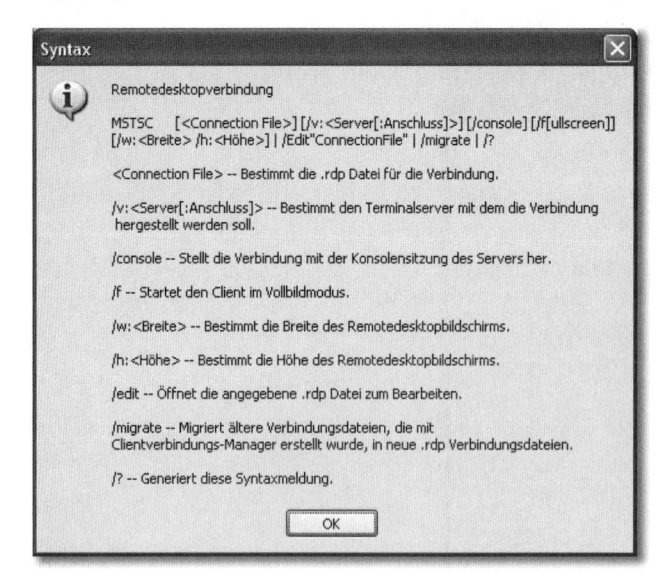

6.11 Das Benutzerprofil für die Fernwartung optimieren

Wenn Sie regelmäßig einen Server oder auch Clients remote administrieren, so sollten Sie in dem Benutzerprofil, unter dem Sie auf dem entfernten Rechner arbeiten, alle die Fernwartung verzögernden Animationen und Effekte deaktivieren. In der Registrierdatenbank können Sie z. B. unter **HKEY_CURRENT_USER\ Control Panel\Desktop** den Wert des Schlüssels **MenuShowDelay** vom Standardwert 400 Millisekunden auf 0 Millisekunden umstellen, sobald Sie die Remotesitzung gestartet haben. Dadurch öffnen sich die Menüs des ferngesteuerten Rechners ohne Verzögerung. Jedoch wird diese Beschleunigung beim Öffnen der Menüs erst bei der nächsten Anmeldung wirksam.

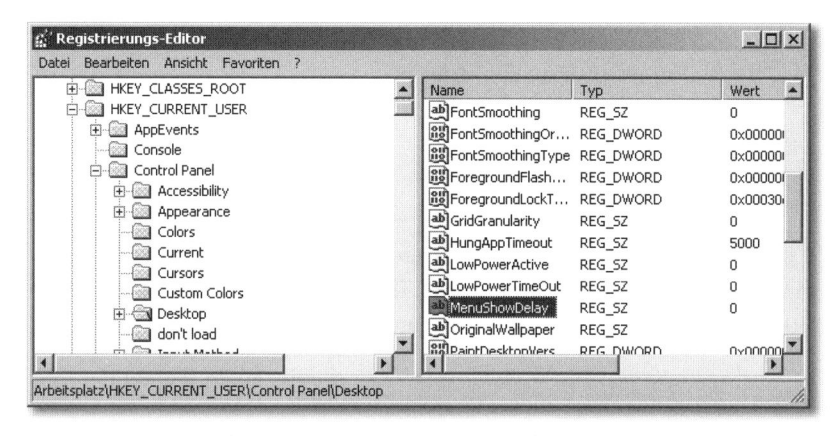

Eine weitere Beschleunigung in der Fernwartung von Computern können Sie erreichen, indem Sie unter **Systemsteuerung · Anzeige** in der Registerkarte **Darstellung** die Schaltfläche **Effekte** anwählen und die Übergangseffekte für Menüs und Quickinfo deaktivieren.

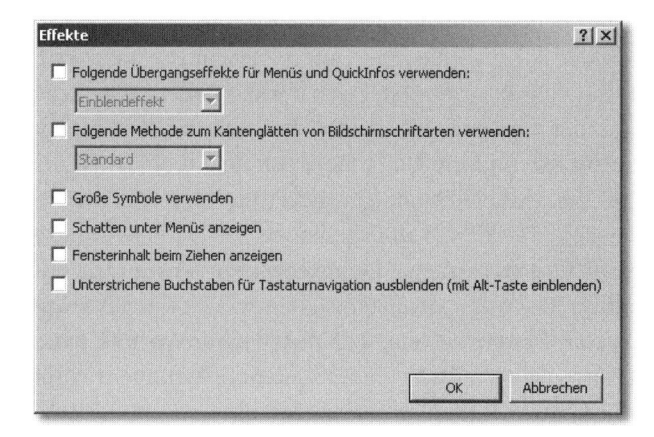

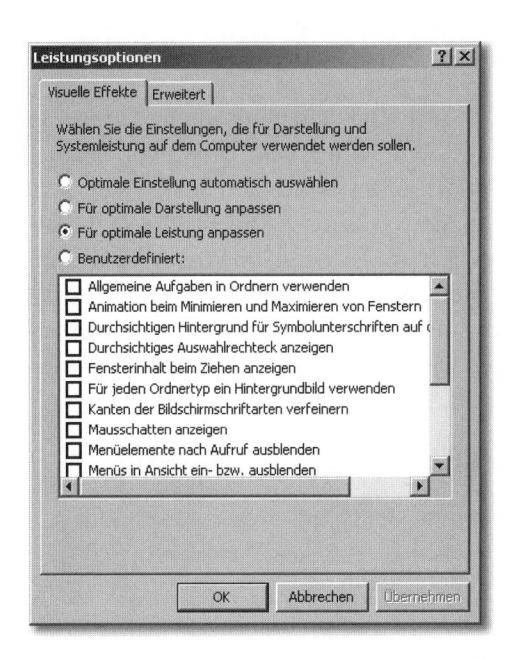

Über die Registerkarte **Erweitert** von **Systemsteuerung · System** können Sie außerdem die **Systemleistung** optimieren, indem Sie in der Registerkarte **Visuelle Effekte** die Auswahl **Für optimale Leistung anpassen** treffen.

6.12 Das Wirrwarr der Verwaltungswerkzeuge durchschauen

Leider ist Microsoft sehr sparsam, was die Beschreibung der Bedeutung vieler Verzeichnisse, MSI-Dateien und Werkzeuge durch Readme-Dateien betrifft, und auch die Onlinehilfe ist oft nur bedingt hilfreich. Im Serververzeichnis **%SystemRoot%\System32\Clients** finden Sie z. B. die drei Unterverzeichnisse **faxclient**, **tsclient** und **twclient**, jedoch keine Readme-Datei, aus der die Bedeutungen der verschiedenen Verzeichnisse hervorgehen. Im Unterverzeichnis **tsclient** finden Sie die Installationsdatei **setup.exe** und die Datei **msrdpcli.msi**, wobei sich die Größe dieser msrdpcli-Datei von der gleichnamigen Datei im Verzeichnis **SUPPORT\TOOLS** der Windows-Server-2003-CD unterscheidet. Die Datei **setup.exe** verwenden Sie, um das Verwaltungswerkzeug **Remotedesktopverbindung** auf Windows-Clients vor Windows XP Professional zu installieren. Die Datei **msrdpcli.msi** im Verzeichnis **%SystemRoot%\System32\Clients\tsclient\win32** kann dazu genutzt werden, den Terminalclient über eine Installations-Gruppenrichtlinie auf Vorversionen von Windows XP Professional zu verteilen.

Auf der Windows-XP-CD finden Sie im Verzeichnis **Support\Tools** die Datei **MSRD-PCLI.EXE**. Damit können Sie die Windows-XP-Komponente **Remotedesktopverbindung** ebenfalls unter Windows 95, Windows 98 und Windows 2000 installieren und nutzen. Doch ist die gleichnamige Datei im gleichnamigen Verzeichnis der Windows-Server-2003-CD größer und wahrscheinlich aktueller als die Datei auf der Windows-XP-CD. Dies kann sich aber mit dem Erscheinen des Windows XP Service Pack 2 wieder ändern. Erscheint danach das Service Pack 1 zu Windows Server 2003, so sollten Sie überprüfen, ob dieses Service Pack eine neuere Version enthält. MSI-Dateien können Sie vor der Installation entpacken und mit dem Windows Explorer den Versionsstand überprüfen. Vermeiden Sie, eine neuere Version eines Verwaltungsprogramms versehentlich durch eine ältere Version zu ersetzen!

Tipp: MSI-Dateien entpacken statt installieren
Wenn Sie die Bedeutung einer MSI-Datei nicht kennen, so sollten Sie diese Datei nicht auf gut Glück installieren, sondern zuerst entpacken und nach einer Readme- oder Hilfe-Datei suchen. Versuchen Sie außerdem, mit dem Windows Explorer festzustellen, welche Version die zugehörige exe-Datei hat (rechte Maustaste klicken, **Eigenschaften** wählen und die Registerkarte **Version** öffnen). Zum Entpacken starten Sie die MSI-Datei mit den passenden Parametern. Um zum Beispiel die Datei **twcli32.msi** zu entpacken, kopieren Sie die Datei nach **C:\Temp** und starten aus diesem Verzeichnis folgenden Befehl:

msiexec.exe /a twcli32.msi /qn TARGETDIR="C:\Temp\TWCLIENT"

Dadurch wird die Datei **twcli32.msi** im Verzeichnis **C:\Temp\TWCLIENT** entpackt. Dort finden Sie anschließend die Hilfedatei **twclient.chm**, aus der die Bedeutung der Installationsdatei **twcli32.msi** hervorgeht.

Das Serververzeichnis **%SystemRoot%\System32\Clients\twclient** enthält einen Windows-XP-Client für die Nutzung der neuen Funktion **Schattenkopie** von Windows Server 2003. Für ältere Client-Versionen können Sie von **www.microsoft.com/windowsserver2003/downloads** den passenden **Shadow Copy Client** herunterladen.

Auch im Verzeichnis **SUPPORT\TOOLS** der Windows Server-CD oder der Windows-XP-CD finden Sie keine beschreibende Datei, aus der die Bedeutung der einzelnen msi- und exe-Dateien hervorgeht.

Immer noch verwirrt durch so viel Wirrwarr? Zum Trost: Mit der nächsten Version »bleibt alles besser«!

Über den Remote Installation Service RIS lässt sich ein Client-Betriebssystem wie Windows XP automatisch vom Server installieren. Es kann aber auch ein Abbild eines Clients mit bereits installierten und konfigurierten Anwendungen auf einem RIS-Server abgelegt werden. Das Abbild kann dann auf viele Computer verteilt werden. Dieses RIPrep-Verfahren ist vergleichbar mit den Tools von Drittanbietern wie Ghost oder TrueImage, jedoch mit dem Unterschied, dass es sich um ein integriertes Feature von Windows Server handelt und damit ohne Zusatzkosten genutzt werden kann.

7 Die Installation des Remote Installation Service RIS

7.1 Abbild-Methode versus unbeaufsichtigte Installation

Früher gab es bei Systemadministratoren unterschiedliche Auffassungen darüber, ob ein Rollout von standardisierten Clients mittels der Abbild-Methode oder mittels der unbeaufsichtigten Installation (unattended installation) durchgeführt werden soll. Bei der Abbild-Methode wird von der Festplatte eines musterhaft installierten Clients ein Abbild (Image) erstellt und anschließend auf die Festplatten der restlichen Clients aufgespielt. Sowohl das Erstellen des Abbildes als auch dessen spätere Verteilung auf viele Clients wird mit einem Tool wie z. B. Ghost oder TrueImage von Drittanbietern oder aber mit RIS vorgenommen. RIS ist ein in Windows Server integrierter Dienst.

Die unbeaufsichtigte Installation läuft hingegen nach dem Prinzip ab, dass zuerst das Betriebssystem automatisch auf Basis einer Steuerdatei **unattended.txt** installiert wird und dann die benötigten Standardanwendungen automatisch nachinstalliert werden. Diese Nachinstallation erfolgt dann wiederum über Steuerdateien oder aber über Skripte bzw. Softwareverteilungstools wie z. B. den Microsoft SMS Server. Der »Massen-Rollout«, das heißt die Installation vieler Clients mit Betriebssystem und Anwendungen, läuft jedoch mit einem Abbild viel schneller ab, da sowohl der RIS-Dienst als auch Tools wie z. B. Ghost oder TrueImage einen Computer innerhalb weniger Minuten betriebsbereit fertig stellen, während eine Komplettinstallation über die Methode der unbeaufsichtigten Installation über Skripte viel mehr Zeit benötigt.

Der optimale Weg liegt in der Kombination beider Methoden: Durch eine automatisierte Installation über Skripte erhalten Sie einen Mustercomputer, dessen Zustandekommen gleichsam dokumentiert ist, wenn die Steuerdateien und Skripte bereits bei der Erstellung ausreichend kommentiert werden. Wenn Sie nur mit der Abbild-Methode arbeiten, besteht die Gefahr, dass später nicht mehr nachvollziehbar ist, wie das Abbild zustande gekommen ist:

1. Welche Rechte wurden verändert?
2. Welche Dateien wurden ausgetauscht?
3. Welche Komponenten wurden bei der Installation des Betriebssystems oder der Anwendungen ausgewählt?
4. Welche Änderungen wurden an der Registrierdatenbank vorgenommen?

Man arbeitet dann quasi mit einer Blackbox. Werden viele solcher Abbilder für eine unterschiedliche Hardware oder für unterschiedliche Standardarbeitsplätze erstellt, steht man schnell vor einem Chaos, weshalb diese Methode aus Sicht des Qualitätsmanagements nicht akzeptabel ist.

Wenn Sie den Mustercomputer aber über dokumentierte Skripte und Steuerdateien erstellen, dann davon Abbilder erzeugen und über die Abbild-Methode die Zeit zum Aufsetzen vieler Clients drastisch reduzieren, nutzen Sie die Vorteile beider Methoden und eliminieren die Nachteile.

Sie müssen vor allem wissen, welche Manipulationen Sie später von zentraler Stelle aus über Gruppenrichtlinien oder über das Anmeldeskript am Client vornehmen können und welche Vorarbeiten manuell oder durch ein besonderes Skript bereits erfolgt sein müssen, bevor ein Abbild von einem musterhaft eingerichteten Client gezogen wird. Das Wissen hierzu erarbeiten Sie sich Schritt für Schritt in diesem Kapitel und den Folgekapiteln.

7.2 Merkmale von RIS unter Windows Server 2000/2003

RIS ist Active-Directory-integriert, das heißt, ohne Microsoft Active Directory lässt sich RIS nicht betreiben. RIS erfordert zwingend die Präsenz eines DHCP-Servers und eines DNS-Dienstes im lokalen Subnetz, wenn ein Router zwischen den Subnetzen DHCP-Pakete nicht durchlässt.

Die Speicherung von Client-Abbildern erfolgt im Gegensatz zu Abbilderstellungsprodukten wie Ghost oder TrueImage auf Dateibasis. Jede Datei des Quellcomputers wird einzeln auf dem RIS-Server abgelegt.

Auf dem RIS-Server wird die Technologie **Single Instance Storage (SIS)** verwendet: Auch wenn mehrere Abbilder auf dem Server gespeichert sind, werden einzelne Dateien, die in jedem Abbild vorhanden, jedoch bezüglich der Version und des Erstellungsdatums identisch sind, nur einmal gespeichert. Dadurch kann extrem viel Speicherplatz gespart werden.

Der Quellcomputer, von dem ein Abbild erstellt werden soll, wird vor dem Erstellen des Abbildes mit dem **Remote Installation Preparation Wizard (RIPrep)** vorbereitet. Dies garantiert eine neue SID sowie die gewünschte Automatisierung auf dem Zielrechner.

Mit RIS kann nur die erste Partition auf einer Festplatte (C:) geklont werden. Im Standardmodus wird diese Partition des Zielrechners neu partitioniert, formatiert und danach installiert. Die Neupartitionierung kann mit einem Eintrag in einer Steuerdatei **risntrd.sif** im Verzeichnis **Templates** verhindert werden. Das Verzeichnis **Templates** mit dieser Steuerdatei wird für jedes Abbild auf der RIS-Partition angelegt. Die Windows-2000-Professional-CD bzw. Windows-XP-Professional-CD wird bei der Installation von RIS ebenfalls auf den Server kopiert. Zusammen mit PXE oder der RIS-Boot-Diskette ersetzt dies die aus Windows NT 4 bekannte Methode mit der DOS-Startdiskette, um eine Verbindung mit dem Distributionspunkt auf dem Server herzustellen.

Ab Windows Server 2003 kann auch ein RIPrep-Abbild von einem Windows Server 2000 bzw. 2003 erstellt werden. Dabei darf es sich jedoch nicht um einen Domänencontroller oder um ein Mitglied eines Clusters handeln. Ebenso ist die Vervielfältigung von Mitgliedsservern problematisch, auf denen andere Active-Directory-Dienste laufen.

Multicasting wird nicht unterstützt. Der RIS-Server hat demzufolge immer eine Punkt-zu-Punkt-Verbindung mit dem Client. Die RIS-Startdiskette unterstützt nur eine eingeschränkte Anzahl von Netzwerkkarten neueren Datums. RIS unterstützt nur das PXE-Protokoll. TCP/IP Boot ROMs, Netware Boot ROMs, RPL etc. werden nicht unterstützt. RIS funktioniert nicht über Wireless LAN, sondern nur über Kabelverbindungen. RIS-Abbilder unterstützen keine mit EFS (Encrypting File System) verschlüsselten Dateien oder Ordner. Mittels RIS kann ein Computer neu installiert, aber nicht aktualisiert werden.

Die Knowledge-Base-Artikel »Step-by-Step Guide to Remote OS Installation« sowie »RIS Technical Guide« führen umfassend in die RIS-Technologie ein. Lesen Sie den »Anhang B – Frequently Asked Questions« im Artikel »Step-by-Step Guide to Remote OS Installation«. Dort gibt es unter anderem Hinweise zur Fehlersuche, wenn der Client keine Verbindung zum RIS-Server herstellen kann. Beachten Sie aber, dass diese Aussagen sich auf Windows 2000 Server und Windows 2000 Professional beziehen und nicht die Veränderungen berücksichtigen, die sich bezüglich RIS durch Windows Server 2003 oder durch das Service Pack 4 zu Windows 2000 ergeben haben.

> [o] Auf der Buch-DVD finden Sie weitere Artikel und Hinweise zum Remote Installation Service. Außerdem finden Sie dort das Manuskript zur Erstausgabe dieses Buches, die sich schwerpunktmäßig mit Windows 2000 Server befasst und die Probleme explizit beschreibt, die im Zusammenspiel von Windows 2000 Server und Windows XP auftraten.

7.3 Arten von RIS-Abbildern

7.3.1 CD-basierte Abbilder und RIPrep-Abbilder

Mit dem Remote Installation Service RIS von Windows Server 2003 können die Betriebssysteme Windows 2000 Professional, Windows XP Professional, Windows Server 2000/2003 oder eine komplette Installation eines Clients mit Betriebssystem und Anwendungen als Abbild verteilt werden. Der RIS-Server ist der Server, der die Abbilder aufnimmt. Als RIS-Client bezeichnet man einen Computer, auf den das RIS-Abbild vom RIS-Server aufgespielt wird.

Microsoft unterscheidet zwischen **CD-basierten Abbildern** (auch **FLAT-Abbilder** genannt) und **RIPrep-Abbildern**. RIPrep steht für »Remote Installation Preparation«. Die CD-basierte Option ähnelt dem Einrichten eines Client-Betriebssystems direkt von der Windows-XP-CD aus, wobei sich jedoch die Quelldateien auf einem RIS-Server befinden. Bei Verwendung eines RIPrep-Abbildes kann ein Administrator einen Clientcomputer wie gewünscht mit Anwendungen bespielen und vorkonfigurieren, von diesem Musterclient ein Komplettabbild erstellen und dieses Abbild auf viele Computer verteilen.

Unter Windows NT 4.0 gab es bereits die Methode der **unattended Installation**. Mittels einer ASCII-Datei namens **unattended.txt** wurde das Betriebssystem parametergesteuert ohne Benutzereingriffe installiert. In der Steuerdatei **unattended.txt** wurden alle Angaben hinterlegt, zu denen man aufgefordert wurde, wenn das Betriebssystem von CD installiert wurde. Die RIS-Methode und auch die RIPrep-Methode verwenden ebenfalls Steuerdateien, in denen die Parameter verändert werden können, mit denen das Betriebssystem bzw. das Komplettabbild verteilt wird. Bei der RIS-Methode (Installation des Betriebssystems) heißt diese Steuerdatei **ristndrd.sif**, bei der RIPrep-Methode (Installation eines Komplettabbilds) heißt sie **riprep.sif**. Diese Dateien können mit dem **Installations-Manager setupmgr.exe** angepasst oder auch neu erstellt werden. Die Datei **setupmgr.exe** finden Sie sowohl auf einer Windows-XP-CD als auch auf einer

Windows-Server-2003-CD in der Datei **deploy.cab** im Verzeichnis **SUPPORT\
TOOLS**. Auf der Windows-Server-2003-CD1 befindet sich jedoch eine neuere
Version.

7.3.2 Von RIS unterstützte Betriebssysteme

RIPrep-Abbilder können nur von Clients mit den Microsoft-Betriebssystemen
Windows 2000 bzw. Windows XP und Windows Server 2000/2003 erstellt werden, nicht von Clients mit älteren Microsoft-Betriebssystemen oder Betriebssystemen von anderen Herstellern. Microsoft empfiehlt außerdem, das Betriebssystem zuerst mittels RIS auf dem Musterclient zu installieren. Diese Vorgehensweise ist aber nicht zwingend. Sie können es auch von einer Installations-CD installieren. Ebenso können Sie von einem Windows-XP-Client, der vom Hersteller vorkonfiguriert wurde, ein RIPrep-Abbild erstellen. Beachten Sie aber, dass in das RIPrep-Abbild nur die Systempartition eines Clients und keine zweite Partition eingeht. Diese Partition darf keine EFS-verschlüsselten Daten enthalten und sollte mit NTFS formatiert sein. Eine FAT- oder FAT32-formatierte Partition kann aber mit dem Befehl **convert c: /FS:NTFS** in ein NTFS-Dateisystem umgewandelt werden.

7.3.3 Abbilder bestehen aus einzelnen Dateien, die manipuliert werden können

Ein mit RIS erstelltes Abbild der Betriebssystem-CD bzw. mit RIPrep erstelltes Abbild eines Mustercomputers – inklusive der installierten und vorkonfigurierten Anwendungen – wird übrigens nicht wie bei ähnlichen Imagetools von Drittanbietern (z. B. Ghost oder TrueImage) als eine große Datei abgelegt. Vielmehr finden Sie auf der RIS-Partition nach der Erstellung des Abbildes jedes Verzeichnis und jede Datei einzeln vor. Ich habe zum Test das Abbild eines mit Office 2003 bespielten Windows-XP-Rechners auf der RIS-Partition manipuliert, um zu sehen, ob die Manipulationen übernommen werden, wenn ich einen Client mit diesem Abbild bespiele. Ich legte an verschiedenen Stellen des Abbildes neue Verzeichnisse an und fügte Dateien hinzu. Ich veränderte z. B. die Datei **win.ini** im Verzeichnis **Windows** und die Datei **config.nt** im Unterverzeichnis **Windows\System32**. Danach spielte ich das Komplettabbild auf meinen Client auf und überprüfte anschließend, ob die Manipulationen am Abbild übernommen wurden. Sie wurden übernommen!

Das bedeutet, dass Sie nicht jedes Mal ein neues Abbild erstellen müssen, wenn z. B. bestimmte Verzeichnisse oder Dateien hinzugefügt oder eine dll-Datei gegen eine neue Version ersetzt werden muss. Gleiches gilt, wenn eine Initialisierungsdatei (z. B. eine ini-Datei) oder eine Skriptdatei (cmd-, bat- oder vbs-Datei) im

Abbild verändert werden muss. Solange sich an der Registrierdatenbank des Clients nichts ändert, kann man anscheinend in beschränktem Umfang das Abbild auf dem RIS-Server selbst verändern und erweitern.

7.3.4 Für jeden HAL-Typ muss ein Abbild erstellt werden

Sie werden in einer Organisation, in der es Computer mit unterschiedlicher Hardware gibt, unter Umständen mehrere Abbilder für die verschiedenen HAL-Typen (HAL = Hardware Abstraction Layer) erstellen müssen. Die Datei **Hal.dll** muss auf dem Originalcomputer, von dem ein Abbild erstellt wird, und auf dem Zielcomputer, auf den das Abbild aufgespielt wird, identisch sein. Laut Microsoft bestehen sechs verschiedene Versionen der **Hal.dll**, die nachfolgend aufgeführt sind:

- ACPI-PIC
- ACPI-APIC-UP
- ACPI-APIC-MP
- Non-ACPI-PIC-UP
- Non-ACPI-APIC-UP
- Non-ACPI-APIC-MP

Die Abkürzungen haben folgende Bedeutung:

- ACPI = Advanced Control and Power Interface
- PIC = Programmable Interrupt Controller
- APIC = Advanced Programmable Interrupt Controller
- UP = Uni Processor
- MP = Multi Processor

Gehen wir davon aus, dass es keine Endanwender-Computer mit mehreren Prozessoren gibt, so verbleiben vier unterschiedliche Typen von Computern, für die bis auf die HAL identische Abbilder erzeugt werden müssen: Computer ohne bzw. mit **Advanced Control and Power Interface** und Computer ohne bzw. mit **Advanced Programmable Interrupt Controller**.

Die benötigten Abbilder könnten dann zur Unterscheidung folgende Namen erhalten:

- ACPI-PIC   Computer mit Advanced Control and Power Interface und Programmable Interrupt Controller
- ACPI-APIC   Computer mit Advanced Control and Power Interface und Advanced Programmable Interrupt Controller

- Non-ACPI-PIC   Computer ohne Advanced Control and Power Interface und ohne Programmable Interrupt Controller
- Non-ACPI-APIC   Computer ohne Advanced Control and Power Interface und ohne Advanced Programmable Interrupt Controller

Seit 1999 unterstützen alle neu gebauten Computer ACPI. Wenn alle älteren Computer, die nicht die PIC- oder ACPI-Funktion haben, auch aus Performance-Gründen beim Ausrollen des neuen Systems gegen neuere Computer ausgetauscht werden, fallen damit Abbilder für Non-ACPI-PIC und Non-ACPI-APIC-HALs weg. Sie werden wahrscheinlich nur zwei Abbilder benötigen: ACPI-PIC und ACPI-APIC.

Neben diesen HAL-Typen kann es jedoch noch herstellerspezifische HAL-Unterschiede geben. Achten Sie bei der Beschaffung neuer Computer darauf, dass die HAL-Typen möglichst einheitlich bleiben. Die Computer sollten ein PXE-basiertes Remotestart-ROM mit einer Version **.99c** oder höher haben, das den Start vom Netzwerk erlaubt. Neu zu beschaffende Netzwerkkarten sollten den Start von einer RIS-Startdiskette unterstützen.

Dennoch werden Sie vielleicht weitere Abbilder erzeugen wollen, weil es mehrere Typen von Standardcomputern geben muss: z. B. Standardarbeitsplätze mit und ohne kaufmännische Software, CAD-Arbeitsplätze oder so genannte Kioskcomputer für Besucher, auf denen nur bestimmte Spezialsoftware wie ein Informationssystem oder ein Buchungssystem laufen soll. Wenn diese verschiedenen Mustercomputer jedoch ansonsten identisch aufgebaut sein und keine Unterschiede aufweisen sollen, die sich durch eine manuelle Konfiguration einschleichen würden, so sollte der Vorgang der Konfiguration dieser verschiedenen Mustercomputer weitgehend automatisiert werden. Sind die Automationsroutinen ausreichend mit Kommentarzeilen versehen, so ist das Zustandekommen der Musterkonfigurationen gleichfalls dokumentiert und erfüllt die Anforderungen eines Qualitätsmanagements.

7.4   PXE-basiertes Boot-PROM oder RIS-Startdiskette

Ein RIS-fähiger Client muss ein PXE-basiertes Remotestart-PROM (PXE = Preboot Execution Environment) mit einer Version **.99c** oder höher und eine PCI-Plug-&-Play-fähige Netzwerkkarte haben oder mit einer Netzwerkkarte bestückt werden, die den Start von einer RIS-Startdiskette unterstützt. Im ersten Fall können Sie später zur Installation des RIS-Abbilds oder des RIPrep-Abbilds beim Booten des Clients eine bestimmte Tastenkombination drücken, um einen Remotestart durchzuführen. Diese Tastenkombination hängt vom BIOS des Computers ab und ist oft die [N]-Taste. Das Booten von Netzwerkkarten muss im BIOS aktiviert werden. Dort lassen sich auch die Boot-Reihenfolge und oft die Anzahl der Sekunden einstellen, wie lange eine Meldung wie **Press N to boot from network** während des Rechnerstarts angezeigt wird.

Im zweiten Fall müssen Sie den Rechner mit einer Netzwerkkarte bestücken, die den Start von einer RIS-Startdiskette unterstützt. Diese Startdiskette erstellen Sie nach der Installation des RIS-Dienstes durch Aufruf der Datei **rgfg.exe** aus dem Verzeichnis **\\RIS-Server\RemoteInstall\Admin\i386**. Die folgenden Netzwerkkarten werden unterstützt:

```
Unterstützte Adapter
3Com 3C900B-Combo
3Com 3C900B-FL
3Com 3C900B-TPC
3Com 3C900B-TPO
3Com 3C900-Combo
3Com 3C900-TPO
3Com 3C905B-Combo
3Com 3C905B-FX
3Com 3C905B-TX
3Com 3C905C-TX
3Com 3C905-T4
3Com 3C905-TX
AMD PCnet Adapters
```

```
Unterstützte Adapter
AMD PCnet Adapters
Compaq NetFlex 100
Compaq NetFlex 110
Compaq NetFlex 3
DEC DE450
DEC DE500
HP DeskDirect 10/100 TX
Intel Pro 10+
Intel Pro 100+
Intel Pro 100B
SMC 8432
SMC 9332
SMC 9432
```

Sind nicht alle Clients des Unternehmens PXE-fähig und haben die nicht PXE-fähigen Clients darüber hinaus keine Netzwerkkarte, die den Netzwerkstart mit Hilfe der RIS-Startdiskette unterstützt, so ist das aber kein K.-o.-Kriterium! In diesem Fall bauen Sie nur für die Installation des Komplettabbilds temporär eine Netzwerkkarte ein, die von der RIS-Startdiskette unterstützt wird. Sobald das Komplettabbild installiert ist, tauschen Sie die Netzwerkkarte wieder aus und installieren, wenn Windows XP die ausgetauschte Netzwerkkarte nicht selbst automatisch erkennt und passende Treiber hat, die benötigten Netzwerkkartentreiber. Jedoch sollten Sie dann bei zukünftigen Beschaffungen von Netzwerkkarten nur noch solche verwenden, die RIS unterstützen.

7.5 Der Ablauf der Installation des Remote Installation Service

Nachfolgend wird beschrieben, wie der RIS-Dienst installiert wird. Ziel unserer Bemühungen wird dabei nicht sein, lediglich ein Betriebssystem wie Windows XP mittels RIS auf einem Client zu installieren, sondern von einem mit Standardanwendungen komplett durchkonfigurierten Musterclient ein RIPrep-Abbild zu erstellen und mit möglichst geringem Aufwand später auf viele Clients zu verteilen.

Die Installation von RIS setzt voraus, dass es in der Domäne bereits einen DNS-Serverdienst und einen DHCP-Serverdienst gibt und dass das Active Directory funktionsbereit ist. Diese Voraussetzungen erfüllt unser Testserver **S1**. In unserer kleinen Testumgebung übernimmt der einzige Server **S1** gleichzeitig alle Funktionen: Domänencontroller, DNS-Server DHCP-Server, Softwarearchiv-Server, Datei- und Druckserver, Exchange Server und nach der Installation des RIS auch RIS-Server. Doch muss der RIS-Server selbst nicht unbedingt ein Domänencontroller mit installiertem DHCP- und DNS-Serverdienst sein. In einer komplexeren Domäne mit mehreren Servern könnte es sich also auch um einen Mitgliedsserver handeln, der außer als RIS-Server z. B. auch noch als Softwarearchiv-Server dient, d. h., dass er über eine Freigabe wie **Install** eine komplette Sammlung der im Unternehmen eingesetzten Software sowie Hardwaretreiber bereitstellt.

Der RIS-Dienst erfordert eine separate Partition, in die ein Abbild der CD des Client-Betriebssystems (Windows 2000 Professional bzw. Windows XP Professional) sowie die Komplettabbilder eingespielt werden. Diese mindestens 4 Gigabyte große Partition darf nicht mit der Systempartition identisch sein und sollte keine anderen Daten enthalten. Wenn Sie jedoch später mehrere Komplettabbilder für die verschiedenen HAL- und Arbeitsplatztypen ablegen möchten, benötigen Sie eine größere RIS-Partition.

Während der Konfiguration des RIS-Dienstes wird zuerst ein Verzeichnis **RemoteInstall** auf einer freien Partition der Server-Festplatte angelegt und unter dem Namen **REMINST** freigegeben. Danach verlangt der RIS-Konfigurations-Assistent nach einer Quelle für die Windows-2000/XP-Professional-CD. Als Quelle kann das CD-Laufwerk oder ein Verzeichnis auf dem Server angegeben werden. Von dieser Quelle wird dann automatisch der Inhalt in ein Unterverzeichnis der REMINST-Freigabe kopiert.

7.5.1 Windows XP mit integriertem Service Pack nutzen

Es ist also möglich, als Quelle statt der Windows-XP-Professional-CD ein Serververzeichnis mit dem Inhalt dieser CD anzugeben. Haben Sie vorher eine Windows-XP-Professional-CD mit integriertem Service Pack erstellt oder aber das neueste Service Pack von Windows XP in ein Serververzeichnis mit Windows XP Professional integriert, so erspart Ihnen das später die zusätzliche Installation des Service Packs.

[O] Anleitungen zur Erstellung von startbaren CDs mit integrierten Service Packs für Windows 2000, Windows XP oder Office XP/2003 finden Sie auf der Buch-DVD.

Wie bereits an anderer Stelle begründet wurde, sollte auf dem Server ein Verzeichnis mit einem Softwarearchiv für das Client-Betriebssystem Windows XP Professional, für Anwendungen wie Microsoft Office und den Adobe Reader sowie für Tools und Hardwaretreiber angelegt werden. Nachfolgend wird davon ausgegangen, dass auf dem Server ein Verzeichnis **Install** angelegt und mit dem gleich lautenden Namen **Install** freigegeben wurde. In diesem Verzeichnis wird nun ein Unterverzeichnis **WindowsXP** angelegt, in das der komplette Inhalt der Windows-XP-Professional-CD hineinkopiert wird. Danach wird das neueste Service Pack in dieses Verzeichnis integriert. Dieser Schritt kann natürlich entfallen, wenn Ihnen bereits eine bootfähige CD mit Windows XP Professional und integriertem Service Pack vorliegt.

Das Service Pack 2 von Windows XP Professional hat folgende Aufrufparameter:

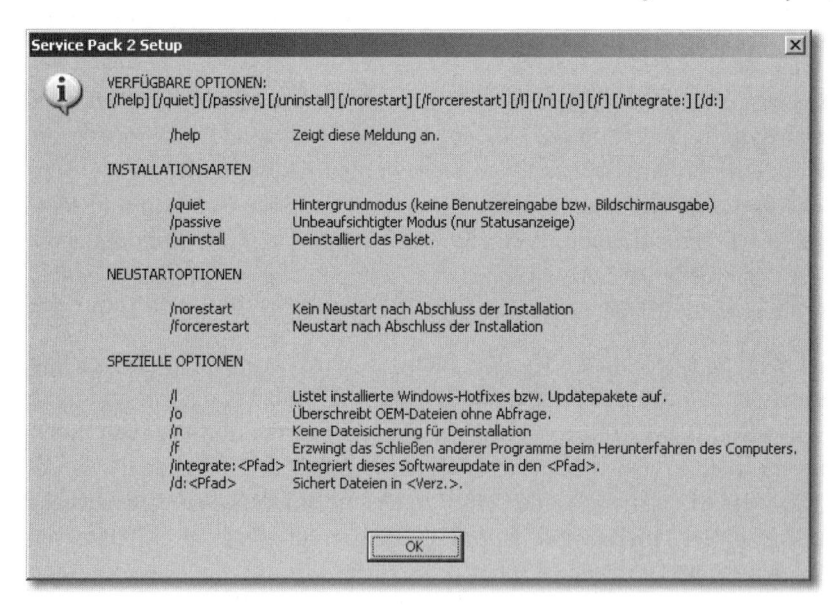

```
Service Pack 2 Setup
VERFÜGBARE OPTIONEN:
[/help] [/quiet] [/passive] [/uninstall] [/norestart] [/forcerestart] [/l] [/n] [/o] [/f] [/integrate:] [/d:]

           /help        Zeigt diese Meldung an.
INSTALLATIONSARTEN
           /quiet       Hintergrundmodus (keine Benutzereingabe bzw. Bildschirmausgabe)
           /passive     Unbeaufsichtigter Modus (nur Statusanzeige)
           /uninstall   Deinstalliert das Paket.
NEUSTARTOPTIONEN
           /norestart   Kein Neustart nach Abschluss der Installation
           /forcerestart Neustart nach Abschluss der Installation
SPEZIELLE OPTIONEN
           /l           Listet installierte Windows-Hotfixes bzw. Updatepakete auf.
           /o           Überschreibt OEM-Dateien ohne Abfrage.
           /n           Keine Dateisicherung für Deinstallation
           /f           Erzwingt das Schließen anderer Programme beim Herunterfahren des Computers.
           /integrate:<Pfad>  Integriert dieses Softwareupdate in den <Pfad>.
           /d:<Pfad>    Sichert Dateien in <Verz.>.

                              OK
```

Das Windows XP Service Pack 2 integrieren Sie mit folgendem Befehl:

xpsp2.exe /integrate:Serverlaufwerk\Install\WindowsXP

Anschließend finden Sie eine Datei namens **win51ip.sp2** und das Verzeichnis **cmpnents** im Verzeichnis **CServerlaufwerk:\Install\WindowsXP**.

7.5.2 Remoteinstallationsdienste auf dem Server hinzufügen

Öffnen Sie **Start · Einstellungen · Systemsteuerung · Software**, klicken Sie auf **Windows-Komponenten hinzufügen/entfernen** und wählen Sie als hinzuzufügende Komponente die **Remoteinstallationsdienste** aus.

Wenn Sie auf **Weiter** klicken, wird die Windows-Server-2003-CD angefordert und der Server muss neu gestartet werden. Nach dem Neustart des Servers wählen Sie **Start · Programme · Verwaltung**. Dort ist die Verknüpfung **Remoteinstallationsdienste-Setup** hinzugekommen. Wenn die Verknüpfung ganz unten im Menü statt alphabetisch eingeordnet steht, klicken Sie eine beliebige Verknüpfung mit der rechten Maustaste an und wählen **Nach Namen sortieren**. Starten Sie die Verknüpfung **Remoteinstallationsdienste-Setup**.

Der **Assistent zur Installation der Remoteinstallationsdienste** begrüßt Sie mit einem Willkommen-Fenster, in dem noch einmal darauf hingewiesen wird, dass ein aktiver DHCP- und ein DNS-Server für die einwandfreie Installation und Verwendung der Remoteinstallationsdienste benötigt werden. Klicken Sie auf **Weiter**. Sie werden nach einem Laufwerk und Pfad gefragt, in dem die Installationsstruktur erstellt werden soll. Geben Sie **RIS-Serverlaufwerk:\RemoteInstall** an.

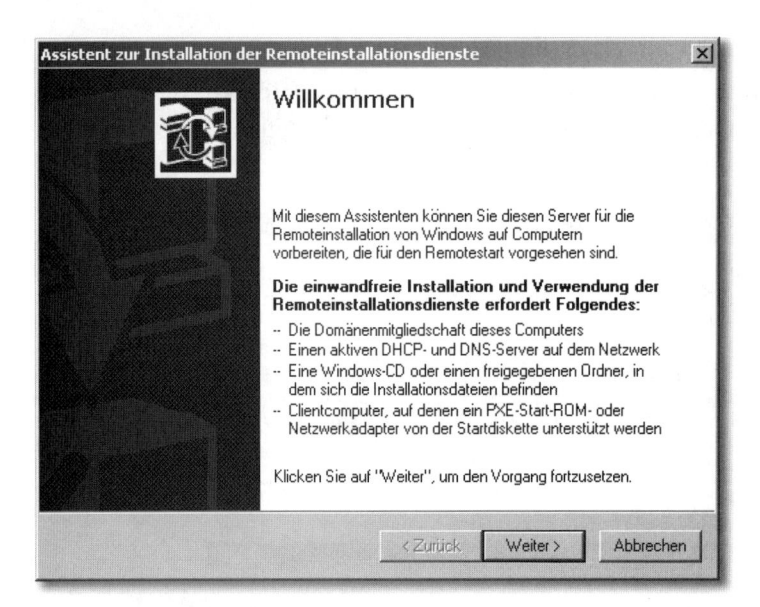

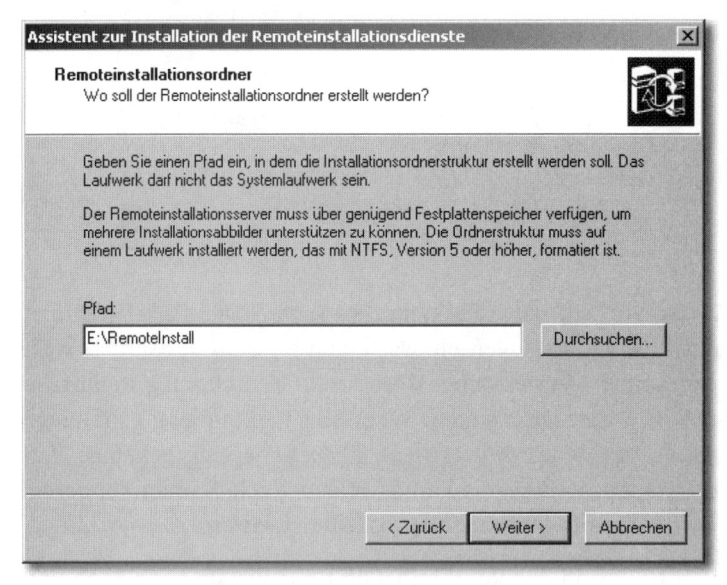

Im nächsten Fenster **Anfangseinstellungen** aktivieren Sie die Option **Auf Dienstanfragen von Clients antworten** und lassen die Option **Unbekannten Clients nicht antworten** deaktiviert. Diese Optionen können später bei Bedarf geändert werden. Nach dem Klick auf **Weiter** erscheint das Fenster **Pfad der Installationsquelldateien**. Dort geben Sie als Quellpfad **Serverlaufwerk:\Install\WindowsXP** oder das CD-ROM-Laufwerk an und klicken auf **Weiter**.

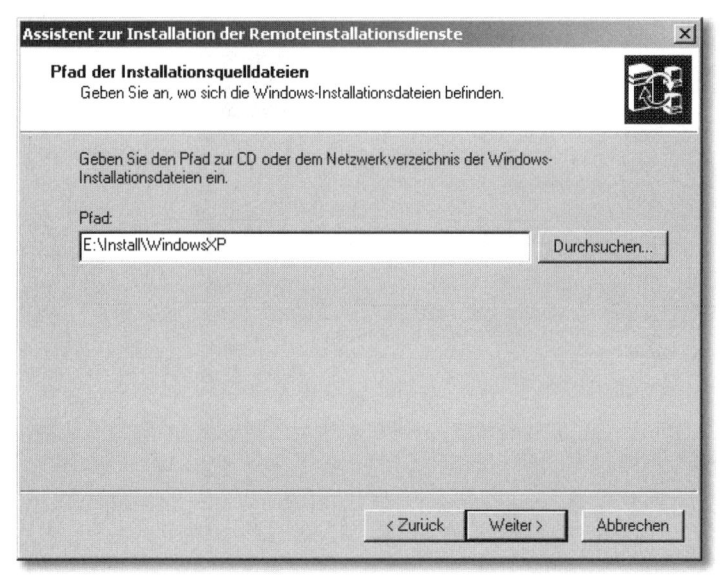

Wenn Sie noch mit Windows 2000 Server arbeiten, erscheint im Fenster **Name des Windows-Installationsabbildordners** die Vorgabe **win2000.pro,** die Sie in **WindowsXP** abändern. Im nächsten Fenster ändern Sie unter **Beschreibung** die Vorgabe **Microsoft Windows XP Professional** in **Microsoft Windows XP Professional mit SP2** ab. Auch den Hilfetext können Sie Ihren Wünschen entsprechend ändern.

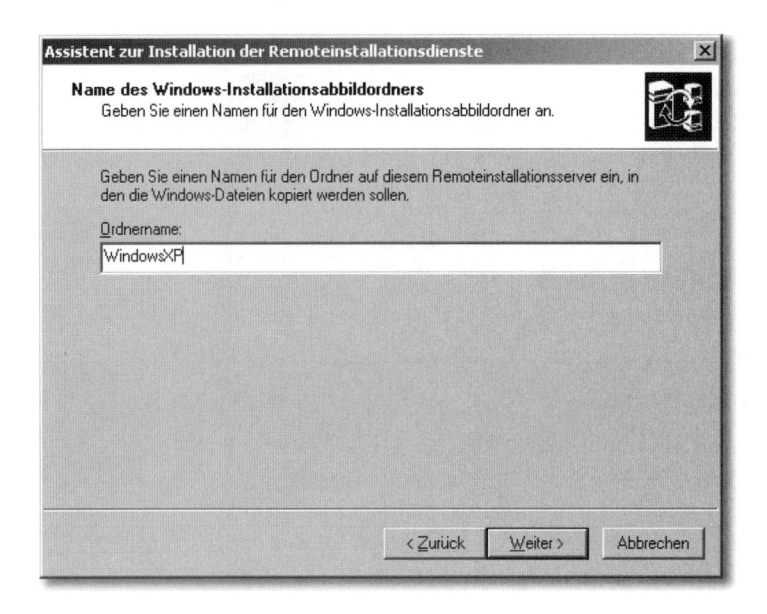

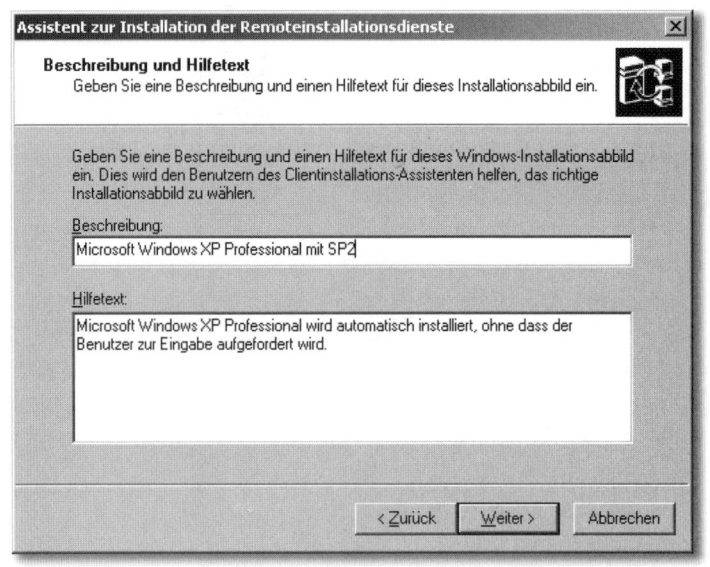

7 | Die Installation des Remote Installation Service RIS

Nun erscheint das Fenster **Einstellungen prüfen**, in dem alle Eingaben noch einmal angezeigt werden, bevor durch einen Mausklick auf die Schaltfläche **Fertig stellen** die Installation beginnt. Die Windows-XP-Quelldateien werden kopiert, eine Antwortdatei für die unbeaufsichtigte Installation sowie die Remoteinstallationsdienste werden erstellt, die Registrierung aktualisiert und danach die Remoteinstallationsdienste gestartet. Ein Fenster zeigt den Installationsverlauf an.

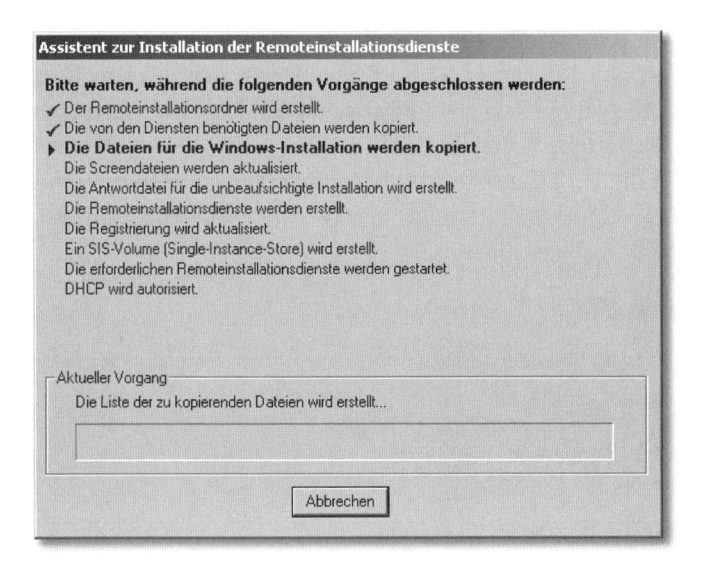

Im Unterschied zu Windows 2000 Server wird übrigens der DHCP-Server durch die RIS-Installation autorisiert. Unter Windows 2000 Server musste die Autorisierung noch manuell vorgenommen werden.

7.6 Überprüfen der RIS-Installation

Bei der Installation von RIS werden auf dem Server zwei Dienste mit dem Starttyp **Automatisch** hinzugefügt: **Einzelinstanz-Speicherung (Groveler)** mit der Beschreibung »Durchsicht Festplatten-Volumes auf einem Remote Installationsdiensteserver (RIS-Server) nach Dateiduplikaten« und **Remoteinstallation** mit der Beschreibung »Verwaltet Anforderungen von Clientcomputern, die für PXE eingerichtet sind«. Unter Windows 2000 Server heißen die Dienste übrigens **Verhandlungsschicht für Startinformationen** bzw. **Single Instance Store (SIS)** und **Single Instance Storage Groveler (Groveler)**.

Lesen Sie zu RIS unter Windows 2000 Server im Manuskript der Erstauflage des Buches auf der Buch-DVD nach. **[O]**

Der Dienst **Einzelinstanz-Speicherung (Groveler)** startet die **grovel.exe**, der Dienst **Remoteinstallation** startet die **tcpsvcs.exe**. Beide Dateien finden Sie unter **%SystemRoot%\System32**. Der Groveler-Dienst kann über den Befehl **net stop groveler** beendet und über den Befehl **net start groveler** wieder gestartet werden, der Dienst **Remoteinstall** kann über die Befehle **net stop/start binlsvc** beendet bzw. gestartet werden.

7 | Die Installation des Remote Installation Service RIS

Nach der Installation von RIS starten Sie das Snap-In **Active Directory-Benutzer und -Computer**, wählen den RIS-Server **S1** im Container **Domain Controllers** mit der rechten Maustaste an und klicken auf **Eigenschaften**. Sie finden jetzt eine Registerkarte namens **Remoteinstallation**. Wählen Sie zuerst die Schaltfläche **Server überprüfen**, um die Funktionsfähigkeit des RIS-Servers zu testen. Wenn keine Fehler beim Test auftreten, erscheint das Fenster **Überprüfung der Remoteinstallationsdienste abgeschlossen**.

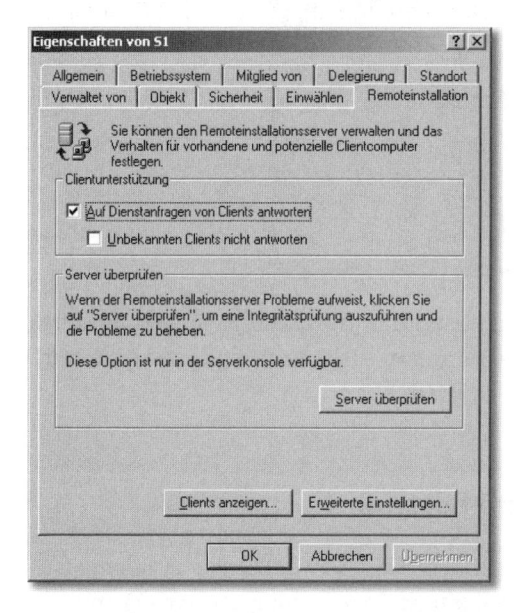

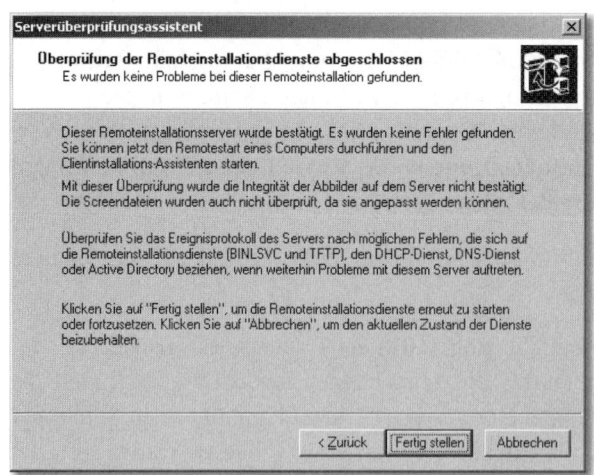

Durch Klicken auf **Fertig stellen** werden die erforderlichen Remoteinstallationsdienste erneut gestartet.

7.7 Das Namensformat für RIS-Clients festlegen

Klicken Sie jetzt in der Registerkarte **Remoteinstallation** auf **Erweiterte Einstellungen**. In der Registerkarte **Neue Clients** können Sie festlegen, wie der Name von neuen RIS-Clients generiert und in welchem Container des Active Directory das Computerkonto angelegt werden soll. Über die Schaltfläche **Anpassen** können Sie eigene Formate für Computernamen erstellen. Die Eingabe **PC%4#** im Feld **Format** generiert z. B. automatisch Computernamen, die mit **PC** anfangen und eine vierstellige Zahl enthalten.

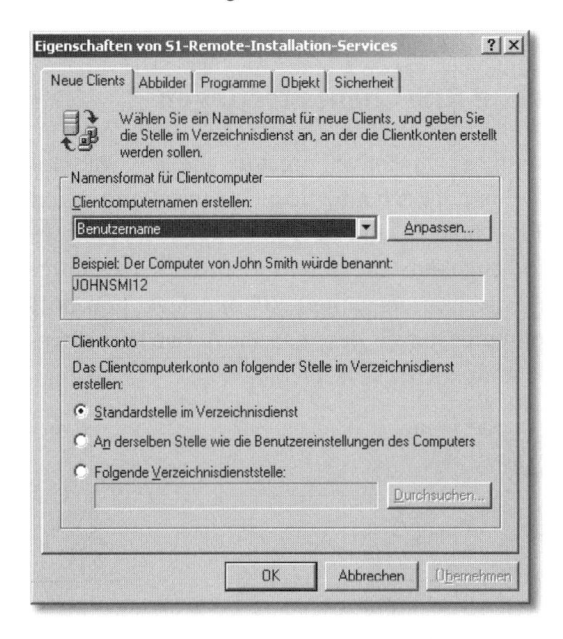

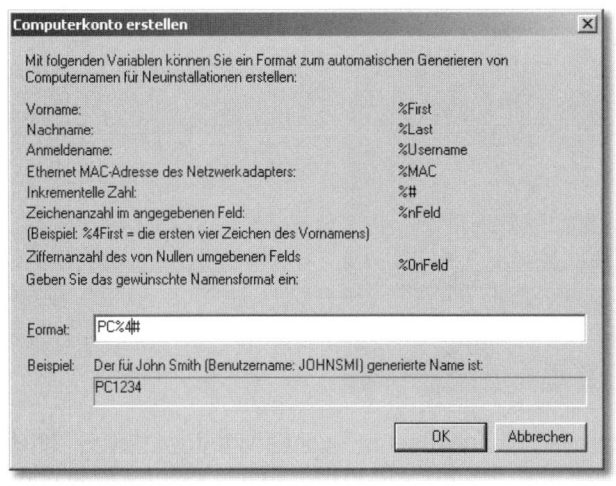

7 | Die Installation des Remote Installation Service RIS

Den so automatisch generierten Computernamen können Sie später nachträglich leicht verändern: Sobald ein Computer mittels RIS installiert wurde und Sie sich an der Domäne erfolgreich angemeldet haben, öffnen Sie über **Systemsteuerung · System** bzw. über **Systemsteuerung · Leistung und Wartung · System** oder durch den Aufruf der Eigenschaften des Arbeitsplatzes das Fenster **Systemeigenschaften**, wählen die Registerkarte **Computername**, klicken auf **Ändern** und ändern den Computernamen des bereits in der Domäne befindlichen Clients. Es ist nicht wie bei Windows NT 4.0 Server notwendig, einen Client erst aus der Domäne zu entfernen, um den Computernamen zu ändern.

7.8 Den Container für neue RIS-Clients festlegen

Die Standardstelle, an der neue Computer im Active Directory angelegt werden, ist der Container **Computers**. Sie können jedoch eine neue Organisationseinheit (OU) z. B. mit der Bezeichnung »RIS« anlegen und im Feld **Folgende Verzeichnisstelle** diese neu angelegte OU **RIS** angeben. Alle mittels RIS installierten Computer werden dann zuerst in der Organisationseinheit **RIS** angelegt. Von dort können Sie die neu installierten Computer mittels des Snap-Ins **Active Directory-Benutzer und -Computer** später in andere OUs verschieben.

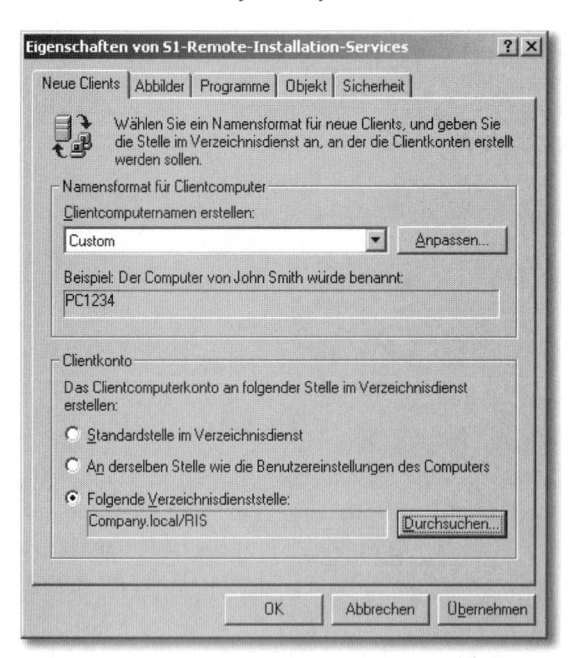

Wenn sich die Domäne in der Domänenfunktionsebene **Windows Server 2003** befindet, kann übrigens auch über den Befehl **REDIRCMP** ein anderer Container als Standardcontainer für neue Computerobjekte bestimmt werden als der Container **Computers**. Haben Sie z. B. eine neue OU mit dem Namen **RIS** erstellt, so können Sie folgenden Befehl eingeben:

`redircmp "OU=RIS,DC=Company,DC=local"`

Mit folgendem Befehl machen Sie diese Änderung wieder rückgängig und bestimmen den alten Standardcontainer **Computers** wieder als Aufnahmecontainer für neu hinzugefügte Computer:

`redircmp "CN=Computers,DC=Company,DC=local"`

Die Idee, alle mittels RIS installierten Computer zuerst in eine spezielle OU einzustellen und später von dieser OU in andere OUs zu verschieben, kann aus folgenden Überlegungen heraus sinnvoll sein. Für die OU **RIS** könnte eine Gruppenrichtlinie erstellt werden, in der ein Startskript definiert wird, das beim Start der Computermitglieder dieser OU weitere Anwendungen automatisch nachinstalliert. Wenn Sie mehrere Standardcomputer definieren müssen, wäre es denkbar, unterhalb der OU **RIS** verschiedene Sub-OUs einzurichten und diesen Sub-OUs unterschiedliche Startskripte zuzuordnen, die unterschiedliche Zusammenstellungen von Anwendungen automatisch nachinstallieren. Statt der Startskripte könnte man der OU **RIS** bzw. den Sub-OUs der OU **RIS** jedoch auch MSI-Pakete per Gruppenrichtlinie zuweisen, die automatisch beim Start der Clients installiert werden. Diese Methoden werden später beschrieben.

Sobald nun ein neuer Clientcomputer über RIS installiert und dabei automatisch in die OU **RIS** aufgenommen wurde, würde der Administrator diesen Computer zuerst in die gewünschte Sub-OU verschieben, abhängig davon, welches Bündel von Anwendungen nachinstalliert werden soll. Nach einem Neustart des Computers würden dann über die der Sub-OU zugeordnete Gruppenrichtlinie die gewünschten Anwendungen installiert. Danach würde der Administrator den Computer in die endgültige OU verschieben. Diese wiederum könnte eine Sub-OU eines speziellen Standortes sein, für die wiederum spezielle Gruppenrichtlinien greifen würden.

Ein Beispiel soll diese Struktur erläutern: Stellen Sie sich vor, Sie würden die Standorte Dortmund, Essen und Hannover betreuen. Dazu hätten Sie dann vielleicht OUs mit den Namen dieser Städte erstellt und in jeder dieser Städte-OUs wiederum Sub-OUs mit den Bezeichnungen **Benutzer**, **Computer** und **Gruppen** erstellt. Ein mittels RIPrep-Abbild grundinstallierter Computer erscheint zuerst in der OU **RIS**. Soll dieser Computer in Essen aufgestellt werden und benötigt der Anwender zusätzlich zu den Standardanwendungen Microsoft Office Standard und Adobe Reader das Frontend von SAP sowie Access 2003, so würden Sie diesen Computer zuerst in die Sub-OU **RIS => SAP => ACCESS** verschieben.

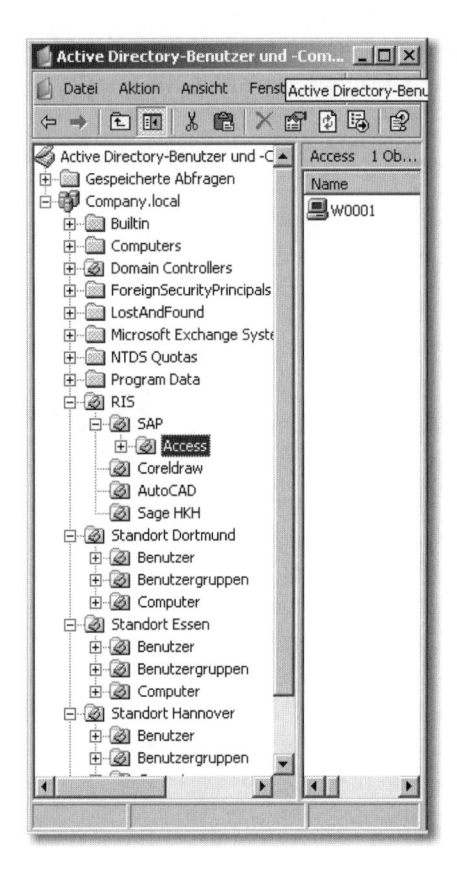

7 | Die Installation des Remote Installation Service RIS

Für die Sub-OU **SAP** würden Sie eine Gruppenrichtlinie definieren, die automatisch SAPGUI installiert. Für die unterhalb der Sub-OU **SAP** liegende Sub-OU **ACCESS** würden Sie eine Gruppenrichtlinie definieren, die ein Access.MSI-Paket nachinstalliert. Nach der Installation dieser Spezialanwendungen würden Sie den Computer in die endgültige Sub-OU **Computer** unterhalb der OU **Essen** verschieben und dann ausliefern.

7.9 Die Autorisierung eines RIS-Servers im Active Directory

Damit in einer komplexen Active-Directory-Umgebung nicht beliebige Server als RIS-Server fungieren, muss ein RIS-Server im Active Directory autorisiert werden. Ein nicht autorisierter RIS-Server antwortet nicht auf die Dienstanforderung eines Clients. Die Autorisierung erfolgt dadurch, dass der DHCP-Server autorisiert wird. Ein nicht autorisierter DHCP-Server zeigt einen roten, nach unten gerichteten Pfeil.

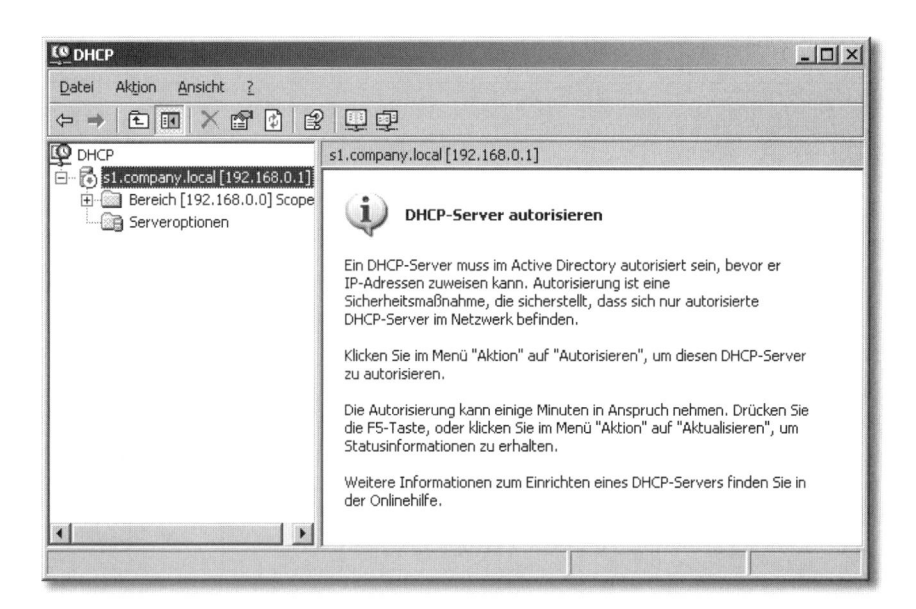

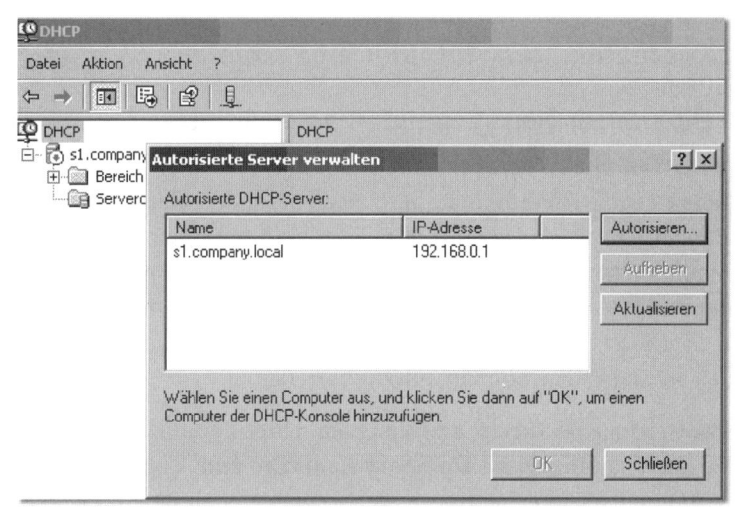

Die Autorisierung eines RIS-Servers im Active Directory | **7.9**

Wenn Sie unter **Verwaltung · DHCP** den zu autorisierenden DHCP-Server mit der rechten Maustaste anklicken, finden Sie den Menüpunkt **Autorisieren**. Wenn Sie das Wort **DHCP** mit der rechten Maustaste anklicken, können Sie außerdem den Menüpunkt **Autorisierte Server verwalten** starten und sehen alle Server, die derzeit als DHCP-Server funktionieren.

Es dauert einige Sekunden, bis die Autorisierung im Active Directory bekannt gemacht ist. Drücken Sie in Zeitabständen die [F5]-Taste, um das Fenster **DHCP** zu aktualisieren. Ein autorisierter DHCP-Server zeigt einen grünen, nach oben gerichteten Pfeil.

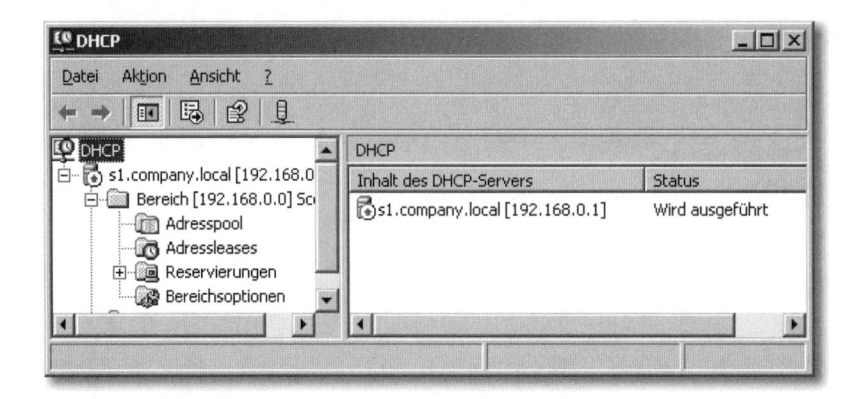

7 | Die Installation des Remote Installation Service RIS

[»] Wenn der RIS-Server nicht auf einem Domänencontroller installiert wurde, sondern auf einem Mitgliedsserver, sollte das Windows-Server-Verwaltungsprogramm **AdminPak.msi** auf diesem Server installiert werden. Damit steht dann unter dem Menü **Verwaltung** auch der Menüpunkt **DHCP** zur Verfügung.

7.10 Rechte vergeben, um Abbilder einzuspielen

7.10.1 Das Recht erteilen, neue Computerkonten anzulegen

In einer größeren Organisation werden Sie bestimmte Mitarbeiter berechtigen wollen, neue Computer mit Abbildern zu bespielen. Besonders dann, wenn es mehrere Standorte gibt, muss pro Standort mindestens ein Mitarbeiter das Recht haben, einen Computer neu einzurichten, was mit dem Recht verbunden ist, einen neuen Computer in das Active Directory aufzunehmen, also Computerkonten zu erstellen. Dieses Recht kann auf der Ebene von Subdomänen vergeben werden, aber auch auf der Ebene von Organisationseinheiten.

Um einer Sicherheitsgruppe das Recht zum Erstellen neuer Computerkonten zu geben, starten Sie das Snap-In **Active Directory-Benutzer und -Computer**, klicken die Domäne mit der rechten Maustaste an und wählen den Befehl **Objektverwaltung zuweisen**.

Ein Assistent startet und fordert zuerst zur Eingabe der Benutzer und Benutzergruppen auf, denen Rechte gegeben werden sollen. Danach können Sie im Fenster **Zuzuweisende Aufgaben** direkt die Option **Fügt einen Computer einer Domäne hinzu** auswählen oder aber über die Option **Benutzerdefinierte Aufgaben zum Zuweisen erstellen** detaillierter die zuzuweisenden Rechte festlegen.

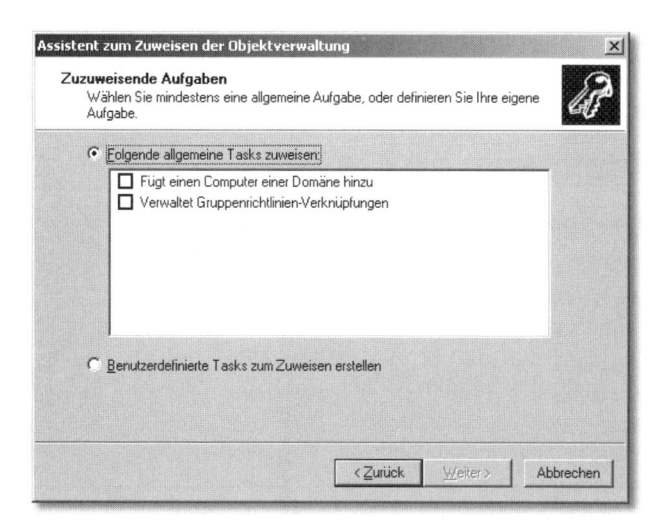

Wenn Sie jedoch nur für eine Organisationseinheit wie **Standort Essen** einer Gruppe wie **Helpdesk Essen** das Recht zum Erstellen von Computerkonten in der OU **Standort Essen** erteilen möchten, klicken Sie die OU mit der rechten Maustaste an und wählen **Objektverwaltung zuweisen**. Der Assistent fragt wiederum nach den Benutzern oder Benutzergruppen, denen Sie Administrationsrechte zuweisen wollen. Danach müssen Sie jedoch die Option **Benutzerdefinierte Aufgaben zum Zuweisen erstellen** auswählen, da die angebotenen **allgemeinen Aufgaben** nicht den Punkt **Computerkonten erstellen** einschließen.

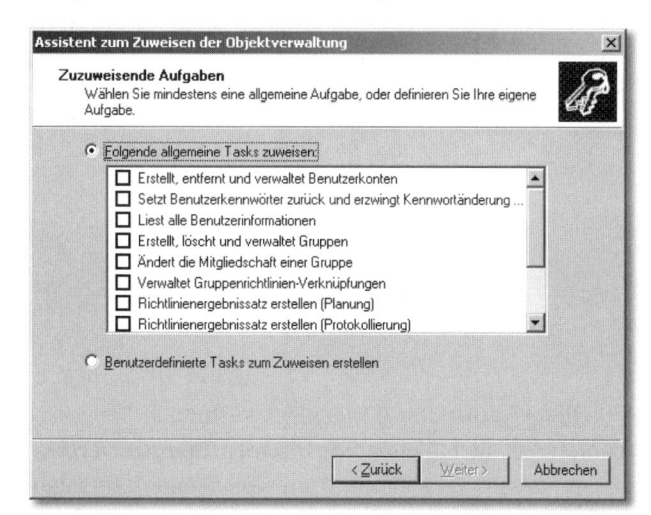

Im Folgefenster **Active Directory-Objekttyp** wählen Sie **Zuweisen der Verwaltung von: Diesem Ordner, bestehenden Objekten in diesem Ordner und dem Erstellen neuer Objekte in diesem Ordner**. Im nächsten Fenster **Berechtigun-**

gen wählen Sie als Optionen **Allgemein** und **Erstellen/Löschen der Berechtigungen** aus und finden danach im Auswahlkasten **Berechtigungen** die Optionen **"Computer"-Objekte erstellen und "Computer"-Objekte löschen**.

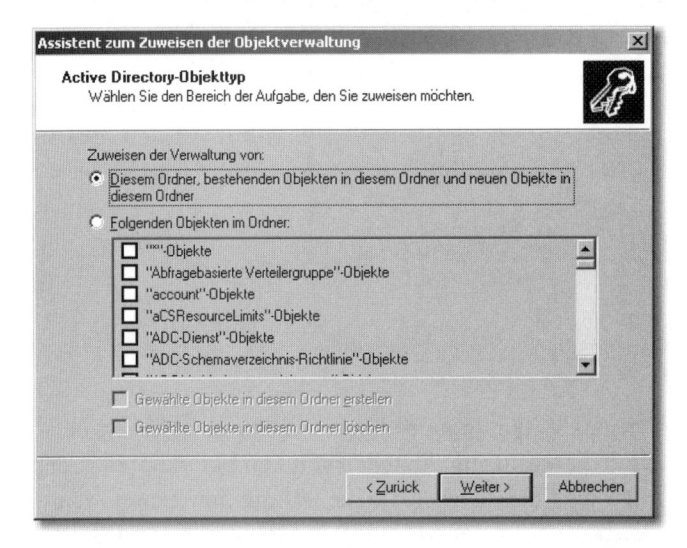

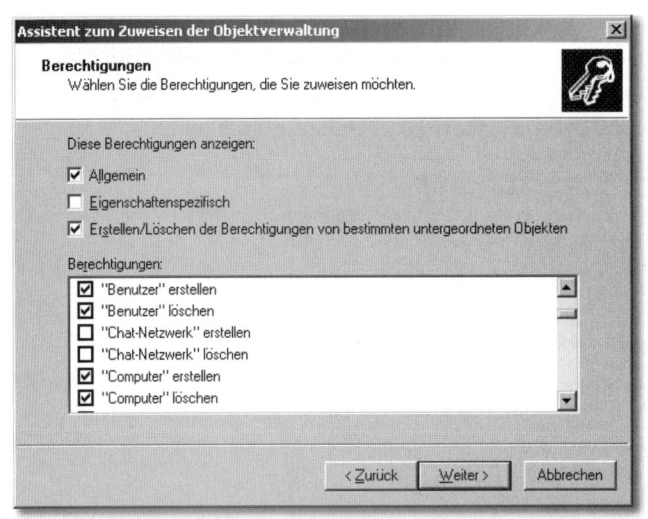

Da die Helpdesk-Mitarbeiter dieses Standortes mindestens auch noch Benutzerkonten verwalten sollen, können Sie auch gleich die Optionen **Benutzer erstellen** und **Benutzer löschen** aktivieren. Eine Option wie »Exchange-Postfächer erstellen« finden Sie hier nicht. Das Zuweisen von Berechtigungen zur Erstellung von Exchange-Postfächern erfolgt über das Snap-In **Exchange System-Manager** und über Exchange-spezifische **Administrative Gruppen**. Dazu mehr in einem späteren Kapitel.

7.10.2 Das Recht »Anmeldung als Stapelverarbeitungsauftrag« zuweisen

Die Helpdesk-Gruppe bzw. die Helpdesk-Mitarbeiter, die berechtigt sein sollen, neue Computer mit Abbildern zu bespielen, müssen weiterhin auf den RIS-Servern die Berechtigung erhalten, sich als **Batch-Job** anzumelden. Dieses Recht vergeben Sie, indem Sie auf dem RIS-Servern über **Start · Ausführen · gpedit.msi** den Gruppenrichtlinien-Editor starten, der dann die **Richtlinie für den lokalen Computer** öffnet. Unter **Computerkonfiguration · Windows-Einstellungen · Sicherheitseinstellungen · Lokale Richtlinien · Zuweisen von Benutzerrechten** aktivieren Sie die Richtlinie **Anmelden als Stapelverarbeitungsauftrag** und fügen die Gruppe hinzu, die RIS-Clients aufsetzen können soll.

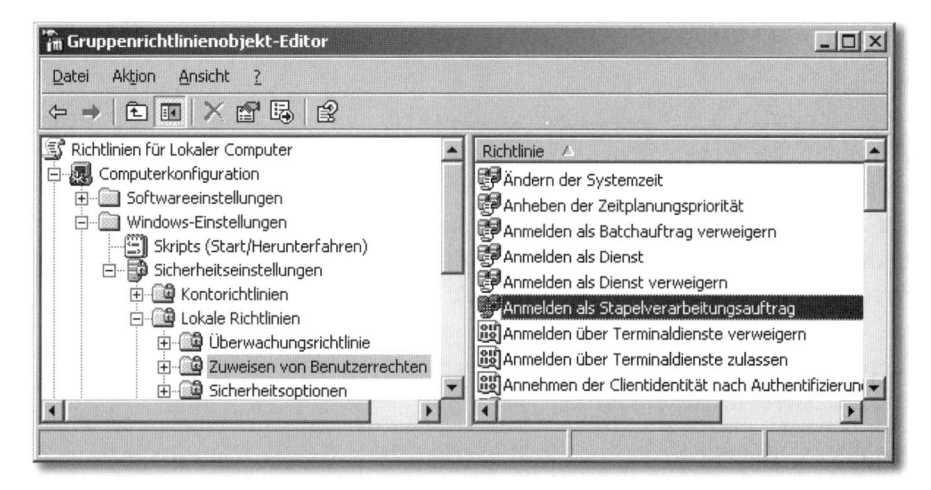

Diese Vorgehensweise ist methodisch unsauber, doch in unserer Musterdomäne zu Testzwecken akzeptabel. Nach dem Studium der Kapitel 10 bis 12 über Gruppenrichtlinien werden Sie wissen, dass es sinnvoller ist, über das Snap-In **Gruppenrichtlinienverwaltung** eine Gruppenrichtlinie mit dem Namen **Anmelden als Stapelverarbeitungsauftrag** zu erstellen und mit dem Container **Domain Controllers** zu verknüpfen, statt zusätzlich zu den Richtlinien der Domäne in der lokalen Richtlinie eines speziellen Servers zu manipulieren. Zu schnell geht anderenfalls der Überblick darüber verloren, welche Richtlinien wo und wie greifen. Ist RIS nicht auf Domänencontrollern, sondern auf Mitgliedsservern installiert, muss diese Richtlinie entsprechend mit den RIS-Mitgliedsservern verknüpft werden.

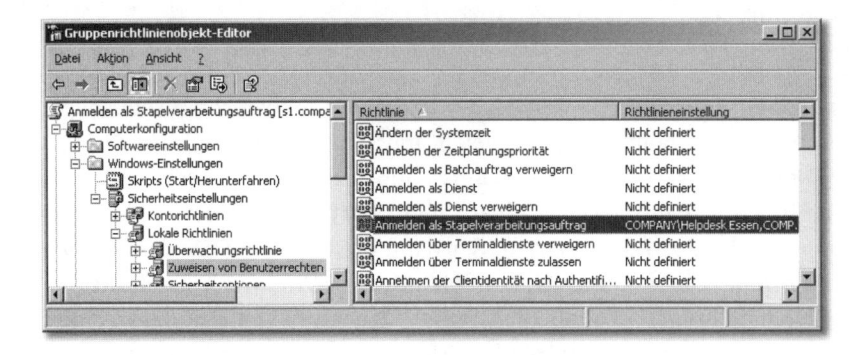

7.10.3 Den verschiedenen Supportgruppen Installationsrechte auf bestimmte Abbilder verweigern

Wenn Sie später mehrere Komplettabbilder auf dem RIS-Server bzw. den RIS-Servern der einzelnen Standorte abgelegt haben, können Sie über die Dateirechte an den unterschiedlichen Steuerdateien **riprep.sif** manipulieren, welche Benutzergruppen welche Abbilder installieren dürfen. Standardmäßig erhält die Gruppe der Administratoren Vollzugriff und die Gruppe **Authentifizierte Benutzer** die Rechte **Lesen** und **Ausführen**. Sie können nun für eine bestimmte Steuerdatei der Gruppe **Authentifizierte Benutzer** alle Rechte entziehen und einer bestimmten Helpdesk-Gruppe die Rechte **Lesen** und **Ausführen** erteilen. Nur Mitglieder dieser Helpdesk-Gruppe sehen dann im Clientinstallations-Assistenten in der Abbildauswahl dieses Abbild.

Abbilder werden im Verzeichnis **\\RIS-Server\RemoteInstall\Setup\<Sprache>\Images** erstellt. Auf dieses Verzeichnis und dessen Unterverzeichnisse hat die Gruppe **Administratoren** Vollzugriffsberechtigungen und die Gruppe **Authentifizierte Benutzer** die Berechtigungen **Lesen**, **Ausführen**, **Ordnerinhalt auflisten** und **Lesen**. Auch diese Berechtigungen müssen angepasst werden, wenn nicht jeder Domänenbenutzer, sondern nur spezielle Administratorgruppen RIS-Installationen durchführen sollen.

7.11 CD-basierte Abbilder oder Antwortdateien hinzufügen

Wenn Sie in den Eigenschaften des RIS-Servers in der Registerkarte **Remoteinstallation** die Schaltfläche **Erweiterte Einstellungen** anklicken und dann die Registerkarte **Abbilder** wählen, sehen Sie die bereits auf dem RIS-Server verfügbaren Abbilder. Über die Schaltfläche **Hinzufügen** können Sie einem bereits vorhandenen CD-basierten Abbild eine weitere SIF-Steuerdatei hinzufügen.

CD-basierte Abbilder oder Antwortdateien hinzufügen | 7.11

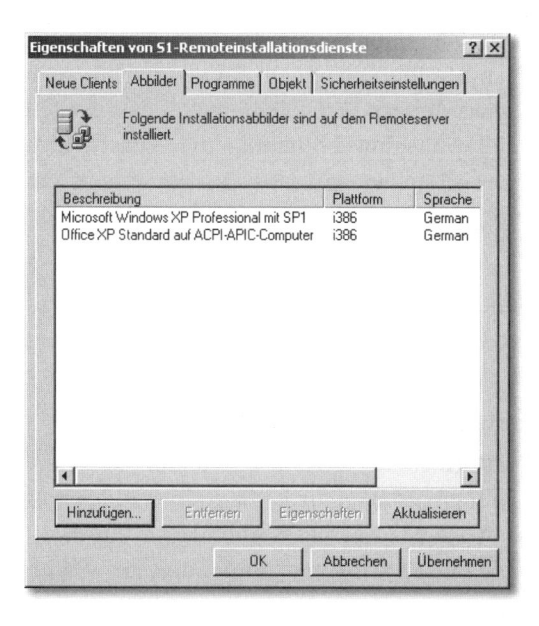

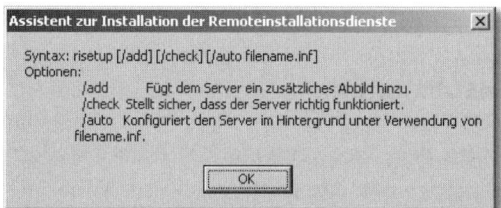

Alternativ können Sie die Datei **%SystemRoot%\System32\risetup.exe** mit dem Parameter **/add** starten. Der Parameter **/?** listet die gültigen Parameter auf.

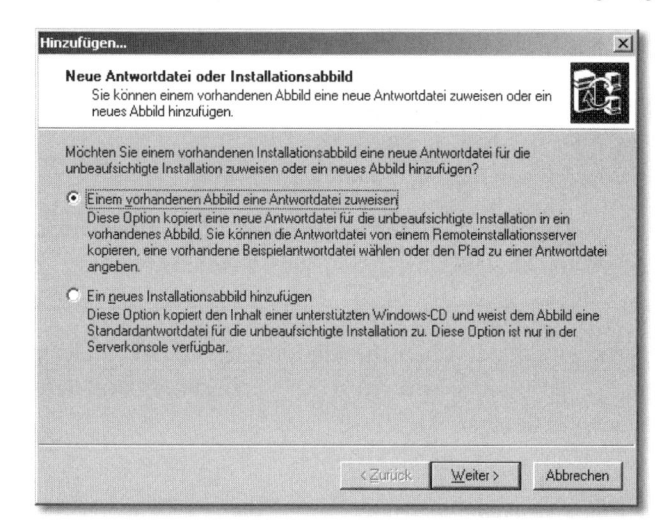

CD-basierte Abbilder (FLAT-Images) sind aber nur Kopien des Client-Betriebssystems. Leider kann man einem RIPrep-Abbild, also einem Komplettabbild von Betriebssystem plus installierten Anwendungen, nicht mehrere Steuerdateien zuweisen. Die Option **Ein neues Installationsabbild hinzufügen** im Fenster **Hinzufügen** ermöglicht es Ihnen, von der CD eines weiteren Betriebssystems ein FLAT-Abbild zu erstellen. RIPrep-Abbilder können hier nicht erstellt werden. Dazu später mehr.

Wenn Sie in der Registerkarte **Abbilder** die Eigenschaften eines bereits vorhandenen Abbildes anwählen, können Sie die Beschreibung und den Hilfetext ändern, den der Administrator im Auswahlmenü sieht, wenn er einen Computer mit einem Abbild bespielen will.

Über die Schaltfläche **Entfernen** können Sie ein vorhandenes Abbild entfernen. Dadurch wird jedoch nicht das Abbild selbst entfernt (d. h. die auf den RIS-Server kopierten Dateien), sondern nur die **sif**-Steuerdatei dieses Abbildes im zugehörigen Verzeichnis **Templates**. Die Abbilddateien selbst müssen Sie über den Dateimanager endgültig löschen.

7.12 Die Clientinstallationsoptionen

Sie können die Willkommensmeldung des Client Installation Wizard ändern oder eindeutschen, indem Sie die Datei **welcome.osc** im Verzeichnis **\\RIS-Server\RemoteInstall\OSCHOOSER** editieren:

Welcome to the Client Installation wizard. This wizard helps you
quickly and easily set up a new operating system on your computer.
You can also use this wizard to keep your computer up-to-date and
to troubleshoot computer hardware problems.
In the wizard, you are asked to use a valid user name, password,
and domain name to log on to the network. If you do not have this
information, contact your network administrator before continuing.

Alternativ können Sie die dort befindliche Datei **multilng.osc** in **welcome.osc** umbenennen, nachdem Sie vorher eine Sicherung der Datei **welcome.osc** erstellt haben.

Sie können die Warnungsmeldung des Clientinstallations-Assistenten ändern oder eindeutschen, indem Sie die Datei **warning.osc** im Verzeichnis **\\RIS-Server\RemoteInstall\OSCHOOSER\German** editieren:

CAUTION
All data on the hard drive will be deleted!

*Before the new operating system is installed, this computer's hard
drive must be repartitioned and formatted. All existing data on the
drive will be deleted during this process.
To continue, press ENTER. To cancel the installation, press ESC.*

Erstellen Sie Sicherungskopien von geänderten OSC-Dateien, denn bei der Erstellung weiterer RIPrep-Abbilder besteht die Gefahr, dass die geänderten OSC-Dateien durch die ursprünglichen Dateien ersetzt werden.

Weitere RIS- und RIPrep-Einstellungen können über die Gruppenrichtlinien vorgenommen werden. Unter **Benutzerkonfiguration** · **Windows-Einstellungen** · **Remoteinstallationsdienste** finden Sie die Richtlinie **Auswahloptionen**. Diese Richtlinie zeigt die vier Unterpunkte **Automatische Installation**, **Benutzerdefinierte Installation**, **Neustart der Installation** und **Extras**.

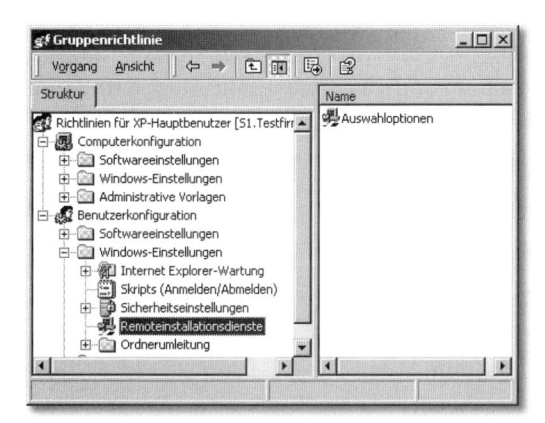

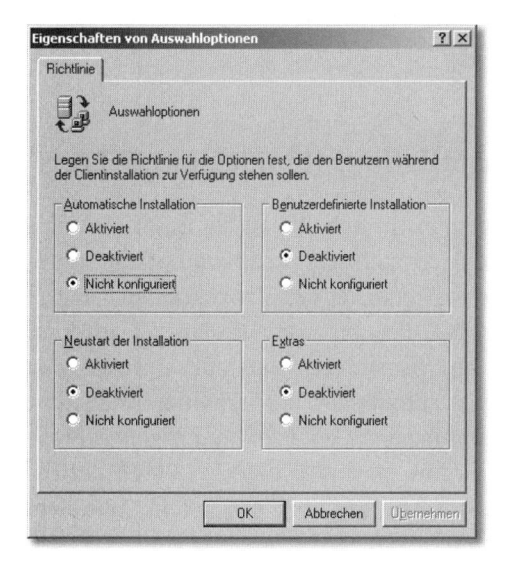

Die Optionen betreffen das Verhalten des Clientinstallations-Assistenten, der den Benutzer durch den Remoteinstallationsvorgang führt. Mit Hilfe der Gruppenrichtlinie können Sie die Installationsoptionen steuern, die dem Benutzer angeboten werden. Sie können zwischen der automatischen und der benutzerdefinierten Installation auswählen. Die Onlinehilfe gibt nähere Informationen über die verschiedenen Optionen.

Automatische Installation
Verwenden Sie diese Option, um den Computernamen und einen Speicherort für Clientcomputerkonten im Active Directory vorzudefinieren. Sie können für einen Clientcomputer außerdem ein Pre-Staging durchführen. Weitere Informationen hierzu finden Sie in der Onlinehilfe unter »So führen Sie ein Pre-Staging für Clientcomputer durch«.

Benutzerdefinierte Installation
Mit dieser Option kann der Administrator während des Ablaufs des Clientinstallations-Assistenten den Computernamen und den Active Directory-Container angeben, in dem das Computerkonto erstellt werden soll.

Neustart der Installation
Startet einen fehlgeschlagenen Versuch zur Installation eines Betriebssystems neu, wenn der Installationsvorgang vor seiner Beendigung fehlschlägt.

Verwaltung und Problembehandlung
Verwenden Sie diese Option, um Benutzern den Zugriff auf Tools im Clientinstallations-Assistenten zu ermöglichen, die zum Warten und Behandeln von Problemen von Clientcomputern verwendet werden. Diese Tools enthalten Speichervirusscanner, Flashing-Aktualisierung des BIOS und Computerdiagnoseprogramme. Diese Tools werden von Drittanbietern bereitgestellt.

7.13 Die Erstellung eines Installationsabbildes mit RIPrep

Die Installation lediglich des Betriebssystems mittels RIS ist für unser Ziel, mit minimalem Aufwand viele Clients gleichartig zu installieren, von untergeordneter Bedeutung. Oft werden Computer vom Hersteller bereits vorkonfiguriert mit Windows XP Professional und Microsoft Office geliefert. Viel interessanter ist hingegen die Möglichkeit, mit Hilfe des **Assistenten zur Vorbereitung der Remoteinstallation (RIPrep)** ein Komplettabbild einer musterhaften Installation von Betriebssystem und Standardanwendungen zu erstellen und dieses RIPrep-Abbild auf dem RIS-Server abzulegen, um es später auf viele RIS-Clients aufzuspielen. Den Assistenten starten Sie vom Client aus über den Befehl **\\RIS-Server\REMINST\Admin\i386\riprep.exe. RIPrep steht für »Remote Installation Preparation«.

> Wenn Sie von einem Hersteller Computer mit vorkonfiguriertem Windows XP Professional und Anwendungsprogrammen beziehen, so sollten Sie entweder mit dem RIPrep-Werkzeug oder mit einem Abbilderstellungswerkzeug eines Drittanbieters (Ghost, TrueImage etc.) zuerst eine Sicherung dieser Werksinstallation vornehmen, bevor Sie die Grundinstallation auf die Bedürfnisse Ihres Unternehmens anpassen. Clients mit der Windows XP Home-Editon lassen sich übrigens nicht als Mitglieder in eine Windows-Domäne aufnehmen.

Um ein RIPrep-Abbild auf einem RIS-Server erstellen zu können, müssen Sie über ausreichende Berechtigungen auf dem RIS-Server verfügen. Die lokale Gruppe der **Administratoren** oder die Gruppe der **Domänen-Admins** verfügt standardmäßig über diese Berechtigungen. Ist eine spezielle Gruppe von IT-Mitarbeitern für die Erstellung und Pflege von RIS-Abbildern zuständig, so muss sie unter anderem über eine Schreibberechtigung für den Ordner **RemoteInstall** auf dem RIS-Server verfügen. Diese Gruppe könnte z.B. als Mitglied in die Gruppe der **lokalen Administratoren** des RIS-Servers aufgenommen werden.

Die Erstellung eines RIPrep-Abbildes eines komplett durchkonfigurierten Muster-Clients wird in Kapitel 17, *Die Erstellung des Komplettabbildes*, beschrieben.

7.13.1 Welche Anwendungen dürfen auf dem Quellcomputer installiert sein?

In der Onlinehilfe von Windows Server 2003 finden Sie dazu die folgende Aussage: »*Wenn Sie Anwendungen installieren möchten, die nicht mit der Windows Installer-Technologie kompatibel sind, sollten Sie dies an dieser Stelle tun. Sie können außerdem Anwendungen installieren, die mit der Windows Installer-Technologie kompatibel sind.*«

So können Sie auch von einem Windows-XP/2000-Client ein RIPrep-Abbild erfolgreich erstellen und verteilen, wenn z.B. statt Microsoft Office und dem Microsoft Internet Explorer ein OpenOffice und ein Freeware-Internetbrowser installiert sind. Sogar von Windows-Servern können Sie RIPrep-Abbilder erstellen. Jedoch sollte es sich beim Client nicht um einen Active-Directory-Domänencontroller handeln und auch andere Serverdienste wie der Clusterdienst sollten nicht installiert sein. Anwendungen, die im Netzwerk eine eindeutige Identifikation voraussetzen und sich mit dieser Identifikation in einer Datenbank eintragen, sind ebenso mit Vorsicht zu genießen und sollten später auf den mit dem RIPrep-Abbild bespielten Clients nachinstalliert werden.

7.13.2 Schritte zur Vorbereitung der Erstellung des RIPrep-Abbildes

- Nachdem alle benötigten Anwendungen installiert sind, sollten Sie den Quellcomputer so konfigurieren, dass er dem Standard für Unternehmensdesktops entspricht. Deinstallieren Sie die Betriebssystemkomponenten, die nicht benötigt werden, konfigurieren Sie die Firewall und die Proxy-Einstellungen des Internet Explorers.
- Optimieren Sie die Leistung des Betriebssystems, indem Sie nicht benötigte Animationseffekte abstellen.
- Konfigurieren Sie das Startmenü, anschließend den Desktop und den Bildschirmschoner.
- Machen Sie sinnvolle Einstellungen in der Registrierdatenbank. Stellen Sie z. B. im Schlüssel **HKEY_CURRENT_USER\Control Panel\Desktop\MenuShowDelay** einen kleineren Wert als 400 Millisekunden ein, damit sich die Menüs schneller öffnen.
- Stellen Sie sicher, dass bei Anwendungen wie Microsoft Office alle benötigten Komponenten installiert sind und nicht beim ersten Start nachinstalliert werden müssen.
- Installieren Sie alle benötigten Druckertreiber sowie die Software und Treiber von Geräten wie digitalen Kameras oder Scannern, wenn diese Geräte von mehreren Anwendern genutzt und abwechselnd an unterschiedliche Clients angeschlossen werden.
- Stellen Sie im Windows Explorer und in allen Anwendungen die Optionen und Standardverzeichnisse optimal ein.
- Stellen Sie die Startmenüs von **All Users** und **Default User** passend um, damit wichtige Verknüpfungen wie die des Windows Explorers und des Taschenrechners direkt über der Start-Schaltfläche liegen und das Startmenü für den Anwender übersichtlich ist.
- Löschen Sie alle persönlichen und vertraulichen Daten und alle Benutzerprofile, die nicht benötigt werden.
- Löschen Sie alle temporären Dateien und Cookies.
- Defragmentieren Sie die Festplatte.
- Damit später die optimierten Desktopeinstellungen für jeden Anwender wirksam werden, kopieren Sie das Profil des Benutzers, unter dem die Einstellungen optimiert wurden, in das Profil **C:\Dokumente und Einstellungen\Default User**.

7.13.3 Ein Standard-Benutzerprofil für die Domäne erstellen

Um das optimierte Benutzerprofil in das Profil von **Default User** zu kopieren, müssen Sie unter einer anderen Administratorkennung angemeldet sein als unter der Kennung, mit der das Musterprofil erstellt wurde. Anderenfalls wären beim Kopiervorgang Daten im Zugriff und könnten nicht kopiert werden. Außerdem wird die Datei **ntuser.dat** des Musterprofils kopiert. Diese wird jedoch erst mit dem Registrierdatenbankzweig **HKEY-CURRENT-USER** aktualisiert, sobald sich der Anwender abmeldet. Außerdem sollten Sie den Computer vorher neu starten, weil anderenfalls die Schaltfläche **Kopieren nach** des Musterprofils eventuell abgeblendet ist. Dies liegt dann daran, dass trotz Abmeldung noch ein Prozess auf das Musterprofil zugreift.

- Öffnen Sie in der Systemsteuerung **System**.
- Klicken Sie auf der Registerkarte **Erweitert** unter **Benutzerprofile** auf **Einstellungen**.
- Klicken Sie unter **Auf diesem Computer gespeicherte Profile** auf das Benutzerprofil, das Sie kopieren möchten, und klicken Sie dann auf **Kopieren nach**. Ist die Schaltfläche **Kopieren nach** abgeblendet, so müssen Sie den Computer einmal neu starten und an dieser Stelle weitermachen.
- Wenn Sie ein Standardprofil für die gesamte Domäne erstellen möchten, geben Sie als Pfad **\\Domänencontroller\NETLOGON\Default User** ein, in unserer Testumgebung also **\\s1\NETLOGON\Default User**. Dadurch liegt das Standardprofil an einer zentralen Stelle und kann auch später problemlos geändert werden, ohne dass neue Abbilder erzeugt werden müssen.
- Klicken Sie unter **Benutzer** auf **Ändern**.
- Geben Sie im Dialogfeld **Benutzer oder Gruppe wählen** in das Feld **Geben Sie die zu verwendenden Objektnamen ein** die lokale Gruppe **Jeder** ein.
- Klicken Sie auf **OK**.

Ein Leser der Erstausgabe berichtete, dass nach dem Verteilen eines RIPrep-Abbildes auf andere Computer eine Fehlermeldung auftrat, wenn bestimmte Anwendungen gestartet wurden, und der Computer scheinbar versuchte, eine Verbindung zum Quellcomputer des Abbildes herzustellen.

Aktivieren Sie bereits vor der Installation von Anwendungen auf dem Quellcomputer die Richtlinie **Shellshortcuts beim Zwischenspeichern auf dem Server nicht überwachen** unter **Benutzerkonfiguration · Administrative Vorlagen · Windows-Komponenten · Windows Explorer**.

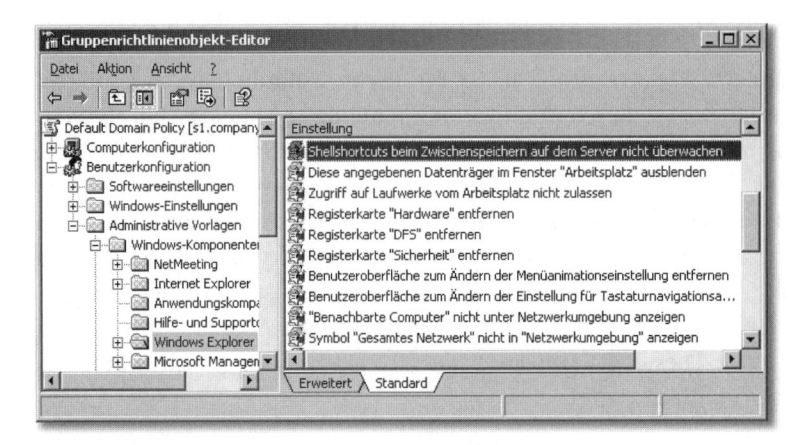

Aktivieren Sie außerdem die beiden Gruppenrichtlinien **Beim Zuordnen von Shellshortcuts nicht die suchbasierte Methode verwenden** und **Beim Zuordnen von Shellshortcuts nicht die verfolgungsbasierte Methode verwenden** unter **Benutzerkonfiguration · Administrative Vorlagen · Startmenü und Taskleiste**.

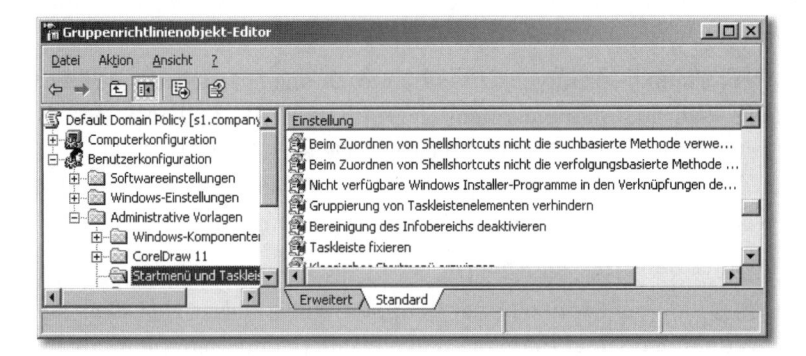

Überprüfen Sie, ob an der Datei **Default User\NTUSER.DAT** noch Änderungen vorgenommen werden müssen, weil der Computername des Quellcomputers sich in der Registrierdatenbank verewigt hat. Stellen Sie zuerst sicher, dass diese Datei nicht die Attribute **schreibgeschützt** oder **versteckt** hat. Dann starten Sie **regedit.exe** und stellen die Maus auf den Zweig **HKEY_USERS**. Wählen Sie **Datei · Struktur laden** und laden Sie die Datei **C:\Dokumente und Einstellungen\ Default User\NTUSER.DAT** bzw. die Datei **NETLOGON\Default User\NTUSER.DAT**. Sie werden nach einem Schlüsselnamen gefragt, unter dem die Struktur erscheinen soll. Geben Sie **Test** ein.

Nun stellen Sie die Maus auf **HKEY_USERS\Test** und durchsuchen den gesamten Zweig nach dem Namen des Quellcomputers. Suchen Sie in diesem Zweig nach Ausdrücken, die den Computernamen des Quellcomputers als Teil eines Verzeichnispfades enthalten (z. B. **\\MUSTERPC\C$\Programme...**) und ersetzen Sie derartige absolute Pfade durch relative Pfade (**C:\Programme\...**). Danach wählen Sie **Datei · Struktur entfernen**. Dadurch wird die Datei **Ntuser.dat** mit den vorgenommenen Änderungen zurückgespeichert.

7.13.4 Checkliste zum Erstellen des Musterarbeitsplatzes

Wenn Sie später mehrere RIPrep-Abbilder für verschiedene Typen von Arbeitsplätzen erstellen müssen, sollten Sie eine Checkliste erstellen, die alle vorbereitenden Schritte für die Installation und Konfiguration des Musterclients vor dem Start des **Assistenten zur Vorbereitung der Remoteinstallation (RIPrep)** auflistet. Nur so ist gewährleistet, dass Sie wichtige Dinge nicht vergessen, die verschiedenen Abbilder keine Fehler enthalten und der Benutzer später immer eine standardisierte Desktopoberfläche vorfindet. Das reduziert den Supportaufwand maßgeblich.

7.13.5 Mit dem »Assistenten zur Vorbereitung der Remoteinstallation« ein RIPrep-Abbild erstellen

Wenn Sie sicher sind, dass der Musterclient in einem fehlerfreien und musterhaften Zustand ist, so beenden Sie alle Anwendungen und starten den **Assistenten zur Vorbereitung der Remoteinstallation** über den Befehl **\\RIS-Server\REMINST\Admin\i386\riprep.exe**. Der Assistent stellt auf dem Quellcomputer einen Grundzustand her. Dabei werden sämtliche Informationen entfernt, die sich eindeutig auf die Clientinstallation beziehen, wie die eindeutige Sicherheitskennung (SID, Security Identifier) des Computers, der Computername und alle weiteren Registrierungseinstellungen, die sich eindeutig auf den Client-Quellcomputer beziehen.

Der Assistent fordert Sie dann zur Eingabe einiger Installationsinformationen auf. Diese umfassen den Namen des RIS-Servers und den Namen des Verzeichnisses auf dem RIS-Server, in dem das Abbild abgelegt wird, eine Beschreibung für das Abbild und einen dazugehörigen Hilfetext. Diese Beschreibung und den Hilfetext sieht später ein Mitarbeiter, wenn er den **Clientinstallations-Assistenten** startet und ein Installationsabbild auswählen muss. Danach versucht der Assistent, einige Dienste zu beenden. Eventuell wird angezeigt, dass bestimmte Dienste nicht beendet werden konnten und dass diese Dienste über die Computerverwaltung beendet werden sollen. In diesem Fall öffnen Sie **Verwaltung · Dienste** und stoppen die angezeigten Dienste. Listet der Assistent darüber hinaus noch Prozesse auf, die er nicht beenden konnte, und werden diese Prozesse unter **Verwaltung · Dienste** nicht angezeigt, so können Sie den **Taskmanager** starten und über die Registerkarte **Prozesse** versuchen, diese Prozesse zu beenden.

Der Assistent überprüft nun zuerst die Windows-Version und analysiert dann die Partitionen. Gibt es mehrere Partitionen, so erscheint folgender Hinweis: »*Diese Version des Assistenten unterstützt keine mehrfachen Partitionen. Stellen Sie sicher, dass sich die Auslagerungsdatei (pagefile.sys), die Ruhezustandsdatei (hiberfil.sys) und alle anderen erforderlichen Dateien und installierten Programme auf der Systempartition befinden.*«

Danach kopiert der Assistent die Partitionsinformationen, dann die Dateien und zuletzt die Registrierungsinformationen auf den RIS-Server. Wenn der RIPrep-Assistent während des Kopierens der Dateien auf den RIS-Server in einem Fenster **Zugriff verweigert** anzeigt, dass einzelne Dateien wegen einer Zugriffsverletzung nicht kopiert werden konnten, so notieren Sie diese Dateien. Das erstellte RIPrep-Abbild ist dateibasiert. Es ist deshalb möglich, fehlende Dateien nachträglich in das Abbild auf dem RIS-Server einzufügen. Sobald das Abbild der Systempartition des Clients auf den RIS-Server repliziert ist, wird das Installationsabbild automatisch in die Liste der verfügbaren Installationsoptionen für Betriebssysteme aufgenommen.

Bevor der Client dann heruntergefahren wird, werden alle Informationen, die den Client im Netzwerk eindeutig ausweisen, aus der Registrierdatenbank entfernt. Außerdem wird ein Verzeichnis **C:\Sysprep** mit dem **Mini-Setup-Assistenten sysprep.exe** und einer Steuerdatei **sysprep.inf** erzeugt. Deshalb durchläuft der Client beim nächsten Start den Mini-Setup-Assistenten und erhält dabei unter anderem eine neue **Security-ID**. Der Mini-Setup-Assistent wertet die Antwortdatei **C:\SYSPREP\SYSPREP.INF** aus. Zuletzt wird das nur für den ersten Neustart benötigte Verzeichnis **C:\Sysprep** wieder gelöscht. Eine Muster-Antwortdatei **sysprep.inf**, die Datei **sysprep.exe** und zwei Hilfedateien finden Sie in der Datei **deploy.cab** im Verzeichnis **SUPPORT\TOOLS** der Windows XP-CD und der Windows Server 2003-CD.

[»] Der **Mini-Setup-Assistent SYSPREP** zusammen mit der Steuerdatei sysprep.inf kann auch für Festplattendupliziertools von Drittanbietern (Ghost, TrueImage) verwendet werden, um eindeutige SIDs zu vergeben. Näheres dazu finden Sie in den Hilfedateien **deploy.chm** und **ref.chm**.

Nachdem der Replikationsprozess für das Abbild abgeschlossen ist, wird der Quellcomputer heruntergefahren. Das verkürzte Installationsprogramm wird beim Neustart des Quellcomputers automatisch ausgeführt. Sie müssen den Installationsvorgang abschließen, wenn Sie diesen Clientcomputer zum Erstellen eines Installationsabbildes verwenden möchten. Wenn auf dem Quellcomputer ein Windows XP Professional mit einer Volumenlizenz-PID installiert ist, können Sie jedoch beliebig oft weitere Installationsabbilder erstellen. Bei Verwendung einer Retail-PID (OEM-Version von Windows XP) können Sie nur dreimal zusätzliche Installationsabbilder erstellen. Sie können jedoch vor dem Neustart z. B. ein Ghost-Abbild anlegen und dieses beliebig oft wieder einspielen.

7.13.6 Die Hardware zwischen Quell- und Zielcomputer muss nicht identisch sein

Die Hardware eines Remotestart-Clientcomputers muss nicht mit der Hardware des Quellcomputers identisch sein, der zum Erstellen des Installationsabbildes verwendet wird. Ein mit dem RIPrep-Abbild bespielter RIS-Client ermittelt mit Hilfe der Plug-&-Play-Funktion neue oder andere Hardware des RIS-Clients im Vergleich zum Quellcomputer und versucht, die passenden Treiber zu finden und zu installieren. Lediglich der HAL-Typ (HAL = Hardware Abstraction Layer) muss zwischen Quell- und Zielcomputer identisch sein. Für Spezialhardware können herstellerspezifische Treiber bereits vor der Erstellung des Abbilds in passende Unterverzeichnisse des Quellcomputers eingespielt werden, sodass beim Vorgang der Hardware-Erkennung auf dem Zielcomputer keine CDs mit Treibern eingelegt werden müssen. Da das RIPrep-Abbild dateibasiert ist, können später weitere Treiberdateien in das Abbild hinzukopiert werden. Diesbezüglich ist die RIS-Technologie oft flexibler als Abbildprogramme von Drittanbietern.

7.13.7 Windows-XP-Product-ID und Lizenzierung

Wenn Sie mit der Hilfe des **Assistenten zur Vorbereitung der Remoteinstallation (RIPrep)** ein Installationsabbild für einen Clientcomputer erstellen, bei dessen Erstinstallation eine Verkaufsversion des Betriebssystems verwendet worden ist, müssen Sie die Antwortdatei (sif-Datei) für die unbeaufsichtigte RIS-Installation so ändern, dass darin die **Product-ID (PID)** enthalten ist. Mit PID wird die eindeutige Kennnummer für jede einzelne Kopie des Betriebssystems bezeichnet. Wenn die PID in der sif-Steuerdatei nicht angegeben ist, wird der Installationsvorgang angehalten und der Benutzer zur Eingabe der Produktkennung aufgefordert, während das Abbild des Assistenten zur Vorbereitung der Remoteinstallation installiert wird. Wenn die Benutzer nicht zur Eingabe der PID aufgefordert werden sollen, fügen Sie die Produktkennung in der mit dem Installationsabbild verknüpften sif-Datei zum Bereich **[UserData]** durch folgende Zeile hinzu:

ProductKey = »xxxxx-xxxxx-xxxxx-xxxxx-xxxxx«

7.13.8 Datenträgereigenschaften auf dem Quellclientcomputer und den Zielcomputern

Die Speicherkapazität der Festplatte des Zielcomputers muss mindestens der Festplattenkapazität des Quellcomputers entsprechen. Das RIPrep-Installationsabbild übernimmt – soweit dieses technisch möglich ist – die Eigenschaften des Volumes und der Partition des Quellcomputerdatenträgers.

Das für RIS empfohlene Dateisystem ist aus folgendem Grund NTFS. Wenn Sie ein Installationsabbild von einem Quellcomputer mit einem 2-GB-FAT-Volume erstellen und dann das Abbild auf einem Clientcomputer mit einem 4-GB-Laufwerk installieren, wird das Laufwerk bei dieser Installation als 4-GB-Volume unter Verwendung von FAT32 formatiert. Die Änderung des Dateisystemtyps auf dem Zielcomputer wird durch die Beschränkungen des FAT-Dateisystems auf maximal 2 GB hervorgerufen. Die Anpassung der Volume-Größe auf dem Zielcomputer durch eine automatische Konvertierung des Dateisystems FAT in ein anderes Dateisystem ist jedoch nicht möglich, wenn das Zielvolume größer als 32 GB ist. Für Zielvolumes von mehr als 32 GB muss bereits der Quellcomputer das NTFS-Dateisystem verwenden. Das NTFS-Dateisystem empfiehlt sich jedoch auch aus sicherheitstechnischen Gründen.

Standardmäßig wird die gesamte Datenträgerkapazität auf dem Zielcomputer formatiert und als ein einziges Volume bereitgestellt. Dieses kann jedoch unterbunden werden, indem in der Steuerdatei **riprep.sif** der Parameter **UseWholeDisk** auf **NO** geändert wird. Die Steuerdatei **riprep.sif** finden Sie im Ordner **\\RIS-Servername\REMINST\Setup\<Sprache>\Images\<Abbildname>\I386\Templates**. Wenn ein RIS-Client dieses Abbild installiert, wird der Datenträger formatiert, um der Kapazität des Quellcomputers zu entsprechen, und der verbleibende Teil des Zieldatenträgers bleibt unformatiert.

7.14 Der Groveler-Dienst und das Verzeichnis SIS Common Store

RIS erfordert eine separate Partition, in die ein Abbild der CD des Client-Betriebssystems (Windows 2000 bzw. XP Professional) sowie später die Komplettabbilder eingespielt werden. Der durch RIS als automatischer Dienst gestartete Groveler-Dienst, den Sie unter der Bezeichnung **Einzelinstanz-Speicherung (Groveler)** unter dem Menüpunkt **Verwaltung · Dienste** finden, erzeugt auf der RIS-Partition das Verzeichnis **SIS Common Store**. SIS steht für **Single Instance Store**.

Immer dann, wenn der RIS-Server wenig ausgelastet ist, erhält der Groveler-Dienst vom Serverbetriebssystem eine höhere Priorität und sucht die RIS-Partition nach gleichnamigen Dateien mit derselben Version ab. Von diesen identischen Dateien legt er dann ein Duplikat im Verzeichnis **SIS Common Store** ab und ersetzt die Originaldateien durch Verweise auf dieses Duplikat. Dadurch werden bei mehreren Abbildern, die in die RIS-Partition eingespielt werden, folglich alle mehrfach vorkommenden identischen Dateien durch nur ein Duplikat an einer Stelle ersetzt und es wird massiv Plattenplatz gespart. Dadurch ist es möglich, mit relativ wenig Speicherplatz eine große Menge an verschiedenen Abbildern auf dem RIS-Server unterzubringen.

Der Groveler-Dienst läuft im Hintergrund mit geringer Priorität. Er steigert über die ersten Betriebsstunden langsam seine Last, um sicherzugehen, dass er keine anderen Systeme auf dem Server davon abhält, ihre Aufgaben zu erledigen. Wenn allerdings der verfügbare Speicherplatz auf einer SIS-Partition unter eine festgelegte Grenze fällt, steigert der Dienst seine Intensität für den notwendigen Zeitraum, um freien Speicherplatz zu schaffen.

Auf einer Windows-2000-Server-CD finden Sie das Tool **grovctrl.exe** im Verzeichnis **I:\386**. Dieses Tool ist auf einer Windows-Server-2003-CD nicht mehr vorhanden, die alte Version funktioniert aber unter Windows Server 2003. Mit diesem Tool können Sie unter anderem die Intensität des Groveler-Dienstes steigern, indem Sie den Groveler-Dienst in den Vordergrundmodus schalten. Dazu muss das Tool über den Befehl **expand <CD-ROM>:\i386\grovctrl.ex_ <%systemroot%>\system32\grovctrl.exe** in das Verzeichnis **%systemroot%\System32** entpackt werden. Der Befehl **grovctrl** zeigt die möglichen Parameter an.

Der Befehl **grovctrl.exe f <Laufwerksbuchstabe>** schaltet den Groveler-Dienst auf dem entsprechenden Laufwerk in den Vordergrundmodus. Dadurch wird die Intensität erhöht, mit der der Groveler-Dienst die Daten indiziert und durch Analysepunkte (reparse points) ersetzt. Gleichzeitig steigt auch die Prozessorlast dieses Prozesses an. Nachdem der Dienst seine Aufgabe erledigt hat, kehrt er automatisch wieder in den Hintergrundmodus zurück.

Ich selbst habe, als ich über die Funktionsweise des Groveler-Dienstes noch nichts wusste, den Hinweis nicht befolgt, für RIS eine separate Partition zu nutzen. Ich nutzte die Partition, auf der auch mein Softwarearchiv lag. Irgendwann später habe ich dann den Server neu installiert. Nach der Neuinstallation konnte ich das merkwürdige Verzeichnis **SIS Common Store** nicht zuordnen, das aus der vorherigen Installation immer noch vorhanden war. Ich löschte es. Als ich dann versuchte, Software aus dem Softwarearchiv zu installieren, stellte ich fest, dass viele exe-Dateien nicht mehr funktionierten und scheinbar ersetzt oder zerstört worden waren. Zuerst vermutete ich, dass ein Virus zugeschlagen hatte. Als ich später las, was der Groveler-Dienst mit Dateiduplikaten macht, ahnte ich die wirkliche Ursache für den Verlust meiner exe-Dateien. Sie waren durch SIS-Linkdateien ersetzt und die Originale waren unter anderen Namen in das Verzeichnis **SIS Common Store** verschoben worden. Dieses Verzeichnis hatte ich aber gelöscht ... Hoffentlich ist mein Missgeschick eine Warnung für Sie!

7.15 Backup und Restore der RIS-Partition

Bei der Sicherung der RIS-Partition muss die eingesetzte Backup-Lösung die Funktionalität der Analysepunkte (reparse points) unterstützen, die der SIS-Dienst aus identischen Dateien erzeugt. Anderenfalls gehen diese Informationen verloren. Das Windows-Server-eigene Sicherungsprogramm **ntbackup.exe** ist in der Lage, diese Informationen zu verarbeiten. Durch die Bereitstellung der Datei **SISbkup.dll** wird die Verwendung der Analysepunkte ermöglicht. Dadurch können auch mehrfach vorhandene Dateien nur ein einziges Mal gesichert und sämtliche Verweise erhalten werden. Sollte andere Sicherungssoftware eingesetzt werden, ist der Hersteller zu diesem Punkt zu befragen.

Wenn die Software in der Lage ist, mit Analysepunkten umzugehen, aber nicht auf die Datei **SISbkup.dll** zurückgreift, kann eine SIS-Partition gesichert werden. Allerdings wird dann jede Datei, die mehrfach vorhanden ist, auch mehrfach gesichert. Um die Speicherplatz sparende Funktion auch auf dem Sicherungsband zu nutzen, muss die Sicherungssoftware die Datei **SISbkup.dll** aufrufen können. Falls die Backup-Software diese Funktionalität nicht unterstützt, muss zur Rücksicherung der Partition der Platz bereitgehalten werden, den alle Daten physikalisch ohne SIS belegen würden, nicht nur der Platz, den die Partition vor dem Backup physikalisch eingenommen hat.

Bevor ein Laufwerk, das mit dem SIS verwaltet wurde, zurückgesichert wird, muss der SIS-Dienst auch wieder auf dem Laufwerk und der Partition, auf dem die Rücksicherung durchgeführt werden soll, installiert werden, damit die Dateien hinterher auch wieder zur Verfügung stehen. Dies ist nur über die Installation der RIS-Dienste und die Auswahl des entsprechenden Laufwerks möglich. Dadurch wird der SIS automatisch installiert.

7.16 Die Abbilder zwischen mehreren RIS-Servern synchronisieren

7.16.1 RIPrep-Abbilder mittels Robocopy zwischen RIS-Servern synchronisieren

Wenn eine Domäne mehrere Standorte umfasst, wird man an jedem Standort mindestens einen RIS-Server einrichten müssen, damit RIS-Clients ein RIPrep-Abbild nicht über langsame WAN-Verbindungen von einem entfernten RIS-Server installieren müssen. Wenn Sie nun aufgrund unterschiedlicher Anforderungen an Standardarbeitsplätze mehrere RIPrep-Abbilder erzeugen und über die Zeit hinweg pflegen müssen, wäre es sehr mühselig, diese Abbilder für jeden RIS-Server separat zu erstellen. Komfortabler wäre es, wenn ein auf einem RIS-Server hinzugefügtes oder aktualisiertes RIPrep-Abbild nachts von diesem RIS-Server auf die übrigen RIS-Server repliziert werden könnte. In der Microsoft-Literatur habe ich bisher zum Thema »Synchronisieren von RIS-Servern« nichts gefunden. Mein Vorschlag, die RIS-Abbilder zwischen mehreren RIS-Servern nachts mittels des Tools **robocopy.exe** aus dem Windows Server Resource Kit abzugleichen, sollte deshalb mit angemessener Vorsicht behandelt werden.

Wenn Sie Abbild-Unterverzeichnisse oder einzelne Dateien aus der RIS-Partition des RIS-Servers in ein Verzeichnis einer anderen Partition desselben Servers oder auf einen anderen Server kopieren, werden nicht die SIS-Linkdateien kopiert, sondern wieder die Originaldateien. Wenn Sie später mehrere RIS-Server an unterschiedlichen Standorten einsetzen wollen, können Sie versuchen, ein auf dem RIS-Server **S1** erzeugtes neues Komplettabbild irgendwann nachts, wenn die WAN-Leitungen wenig ausgelastet sind, komplett auf die anderen RIS-Server zu kopieren und somit alle RIS-Server bezüglich der verfügbaren Abbilder auf demselben Stand zu halten. Zum Kopieren können Sie z. B. das Tool **Robocopy** verwenden.

Hierbei ist zu beachten, dass die RIS-Partition des Zielservers ausreichend groß sein muss. Da das Tool **Robocopy** zwar mit den Analysepunkten (Reparse Points) umgehen, diese aber nicht entsprechend auflösen kann, wird jede Datei so kopiert, als ob sie physikalisch vorhanden wäre. Dadurch vergrößert sich temporär der Platzbedarf der Dateien auf der Zielpartition. Das Tool **Robocopy** scheint jedoch deshalb geeignet zu sein, weil man mit Parametern einstellen kann, dass nur die geänderten Dateien kopiert werden. Beinhalten der RIS-Quellserver und die Zielserver bereits eine Anzahl von Abbildern und wird ein weiteres Abbild auf dem RIS-Quellserver hinzugefügt, so wird nur das neue Abbildverzeichnis auf die RIS-Zielserver kopiert, aber nicht erneut die bereits vorhandenen Abbilder.

Nachdem das Kopieren der Daten stattgefunden hat, wird über den Groveler-Dienst die Datenmenge wieder deutlich reduziert. Dieser Vorgang kann beschleunigt werden, indem der Groveler-Dienst in den Vordergrund geholt und ihm eine hohe Priorität zugewiesen wird. Das entpackte Tool **grovctrl.exe** wird mit dem Befehl **grovctrl.exe f <Laufwerksbuchstabe>** aufgerufen. Dadurch wird die Intensität erhöht, mit der der Groveler-Dienst die Daten indiziert und durch Analysepunkte ersetzt. Gleichzeitig steigt auch die Prozessorlast dieses Prozesses an. Nachdem der Dienst seine Aufgabe erledigt hat, kehrt er automatisch wieder in den Hintergrundmodus zurück.

7.16.2 RIPrep-Abbilder über eine Festplatte oder DVD verschicken

Eine Alternative zum Synchronisieren von RIS-Servern ist folgende Methode. Sie installieren eine Testdomäne mit einem RIS-Server auf einem separaten Computer mit minimaler Hardwareausstattung. Bevor von fertig installierten Clients ein RIPrep-Abbild auf diesem RIS-Server erstellt wird, wird der Client aus der Domäne herausgenommen. Alle Verweise auf die ursprüngliche Testdomäne werden aus der Konfiguration entfernt, bevor dann ein RIPrep-Abbild erstellt wird. Anschließend wird die gesamte Festplatte des Testservers mit einem Image-Tool eines Drittanbieters auf eine zweite Festplatte oder eine DVD gebrannt. Diese Festplatte bzw. die DVD wird an die übrigen Standorte verschickt. Dort gibt es jeweils einen baugleichen Testserver, an den die Festplatte temporär als zweite Platte angehängt wird. Mit dem Image-Tool wird nun der Inhalt der zugeschickten Festplatte auf die eigentliche Festplatte des Testservers dupliziert. Danach wird die zugeschickte Festplatte abgehängt und der Testserver gestartet. Ein neuer Clientcomputer wird dann durch ein gedrehtes LAN-Kabel mit dieser Testdomäne verbunden und mit dem passenden RIPrep-Abbild bespielt. Danach wird er von der Testdomäne abgehängt und mit der Produktivdomäne am Standort verbunden. Im letzten Schritt wird der Client in die Produktivdomäne aufgenommen.

7.16.3 RIPrep-Abbilder mit einem Laptop an den Standorten installieren

Es ist natürlich auch denkbar, auf einem Laptop eine Testdomäne mit RIS einzurichten, auf diesem Laptop alle benötigten RIPrep-Abbilder einzuspielen, mit dem Laptop dann die entfernten Standorte abzufahren und neue Clients mit den passenden Abbildern zu bespielen, um die Clients anschließend in die Produktivdomäne einzuhängen.

Weitere Informationen zu RIS, SIS und SYSPREP finden Sie auf der Buch-DVD. [o]

7.16.4 Alternativen zu RIPrep-Abbildern

Es kann nie schaden, wenn Sie neben der RIPrep-Methode zum Aufsetzen von Clients auch ein Festplattenduplizertool eines Drittanbieters zur Hand haben. Liegt Ihnen z. B. das Programm **Ghost** von Symantec vor, so erstellen Sie eine DOS-Startdiskette, kopieren die Datei **ghost.exe** bzw. **ghostpe.exe** und ein Tool wie **NewSID** (www.sysinternals.com) darauf. Mit dem Tool NewSid können Sie später dem neuen Client einen neuen Computernamen und eine eindeutige Security-ID geben. Alternativ legen Sie das Verzeichnis **C:\Sysprep** mit dem **Mini-Setup-Assistenten sysprep.exe** und einer Steuerdatei **sysprep.inf** an.

> Der **Mini-Setup-Assistent SYSPREP** kann zusammen mit der Steuerdatei **sysprep.inf** auch für Festplattenduplizertools von Drittanbietern (Ghost, Drivelmage, TrueImage) verwendet werden, um eindeutige Security-IDs zu vergeben. Näheres dazu finden Sie in den Hilfedateien **deploy.chm** und **ref.chm**. Die genannten Dateien befinden sich in der Datei SUPPORT\TOOLS\DEPLOY.CAB der Windows Server 2003-CD. [«]

Bevor Sie die Festplatte eines musterhaft vorinstallierten und durchkonfigurierten Windows-XP-Clients dann auf eine Festplatte für einen weiteren Client duplizieren, führen Sie alle vorbereitenden Schritte aus, die in Abschnitt 6.12 über die Erstellung eines RIPrep-Abbildes aufgelistet sind. Erstellen Sie dazu eine Checkliste.

> Entfernen Sie unbedingt den Client vor der Duplizierung der Festplatte aus der Domäne und machen Sie ihn zum Mitglied einer Arbeitsgruppe! [!]

Danach hängen Sie die Festplatte des neu zu installierenden Clients als zweite Platte an den Installationsrechner, starten von der DOS-Startdiskette und duplizieren die musterhaft installierte Quellfestplatte auf die Zielfestplatte. Dann bauen Sie die Zielfestplatte in den Zielcomputer ein und starten den Rechner. Wenn Sie nicht das Verzeichnis **C:\Sysprep** mit den entsprechenden Tools installiert haben, melden Sie sich als lokaler Administrator an und starten das Tool **NewSid**, um dem Client einen neuen Computernamen und eine eindeutige Security-ID zu geben.

Stürzt Windows XP beim Starten ab, so kann dies verschiedene Ursachen haben: eine andere HAL, nicht passende Chipsatz-Treiber, falsche Grafiktreiber usw. Das ist aber kein Grund, sofort aufzugeben. Booten Sie den Rechner mit einer Windows-XP-CD. Wählen Sie **nicht** die Systemwiederherstellung. Auch im Installationsfenster **Windows XP Professional Setup · Willkommen** wählen Sie nicht

7 | Die Installation des Remote Installation Service RIS

R=Reparieren, sondern betätigen ⌈Eingabe⌉ zum Fortsetzen der Installation. Danach sucht die Setup-Routine nach bereits installierten Windows-Versionen. Zeigt der nächste Bildschirm dann die Installation unter **C:\Windows** an, so wählen Sie in diesem Bildschirm **R=Reparieren**. Es erfolgt eine neue Hardware-Erkennung, bei der dann die fehlerhaften Treiber ersetzt werden, ohne dass die installierten Anwendungen und deren Registrierdatenbankeinträge verloren gehen. Danach müssen Sie eventuell die Treiber-CDs des Motherboards und der Grafikkarte einlegen und Windows-XP-Updates nachinstallieren.

Sobald der Remote Installation Service auf dem Server installiert und konfiguriert ist, kann der Musterclient über RIS automatisch mit dem Betriebssystem Windows XP Professional bespielt werden. Zuvor muss jedoch die Steuerdatei angepasst werden.

8 Die RIS-Installation eines Windows-XP-Professional-Clients

8.1 Die prinzipielle Funktionsweise des Clientinstallations-Assistenten

Nach dem Abschluss der Installation von RIS auf dem Server können Sie nun im nächsten Schritt einen Clientcomputer mittels RIS mit dem Betriebssystem Windows XP Professional bespielen. Unter Windows 2000 Server ist jedoch die Installation des neuen Client-Betriebssystems Windows XP Professional nicht unproblematisch, da RIS unter Windows 2000 Server ursprünglich für das Client-Betriebssystem Windows 2000 Professional konzipiert wurde. Mit dem Erscheinen des Service Pack 4 zu Windows 2000 Server wurden viele der Probleme beseitigt.

Auf der Buch-DVD finden Sie die Erstauflage dieses Buches als PDF-Datei und können nachlesen, welche zusätzlichen Hotfixes unter Windows 2000 Server eventuell benötigt werden. Unter Windows Server 2003 sind diese Probleme gelöst.

Wenn es Ihnen nicht gelingt oder zu kompliziert erscheint, das Betriebssystem Windows XP Professional mit RIS zu installieren, so ist das kein Grund, auf die spätere Installation von Komplettabbildern mit der RIPrep-Methode zu verzichten. Mit anderen Worten: Sie können das Betriebssystem Windows XP Professional auch auf konventionelle Weise, also über eine startfähige CD, installieren und trotzdem die RIS-Technologie verwenden. Danach installieren Sie die Standardanwendungen, nehmen alle sinnvollen Einstellungen für das Betriebssystem und die installierten Anwendungen vor und erstellen von diesem Musterclient auf dem RIS-Server ein RIPrep-Abbild, das Sie dann mit minimalem Aufwand auf viele Computer verteilen.

8 | Die RIS-Installation eines Windows-XP-Professional-Clients

Nach dem Abschluss der RIS-Installation ist das Serververzeichnis **RemoteInstall** unter dem Namen **REMINST** freigegeben. Unter dem Verzeichnis **RemoteInstall** wurde eine Struktur mit den Hauptverzeichnissen **Admin**, **OSChooser** und **Setup** angelegt. Die Dateien von Windows XP Professional wurden nach **RemoteInstall\Setup\German\Images\WindowsXP** kopiert. Dort wurde auch ein Verzeichnis **templates** mit einer Steuerdatei **risntrd.sif** angelegt. Diese Datei kann mit einem Editor angepasst werden und hat dieselbe Funktion wie die Steuerdatei **unattended.txt** bei einer unbeaufsichtigten Installation eines Windows-XP-Betriebssystems: Unter anderem steuert diese Datei, welche Komponenten installiert und welche Netzwerkeinstellungen vorgenommen werden sollen.

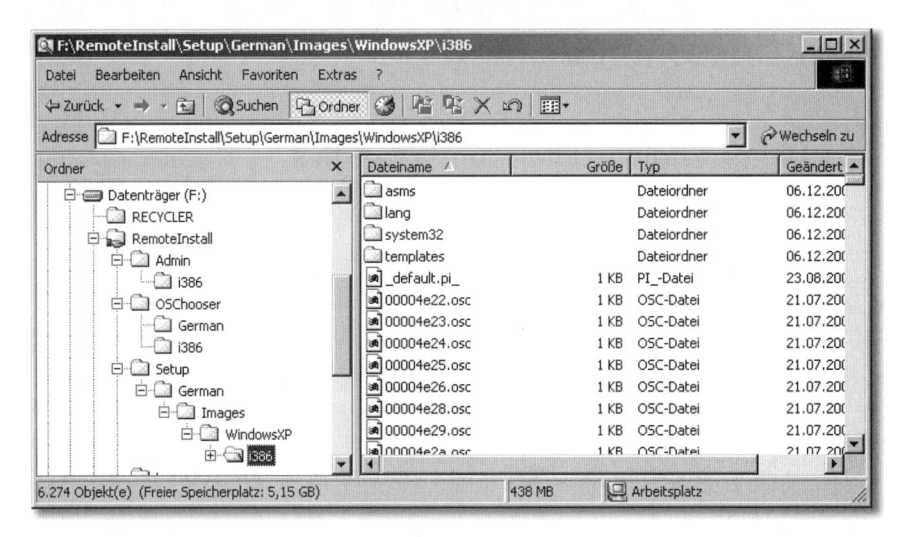

Im Verzeichnis **RemoteInstall\Admin\i386** finden Sie die Datei **rbfg.exe**. Wenn Sie diese Datei starten, werden Sie aufgefordert, eine Diskette einzulegen, um eine **Remotestartdiskette** für derartige RIS-Clients zu erstellen, die nicht mit einem PXE-fähigen Boot-PROM ausgestattet sind. Die Remotestartdiskette unterstützt jedoch nur gängige Netzwerkkarten. Ist Ihr Client nicht mit einem PXE-fähigen Boot-PROM ausgestattet und wird außerdem Ihre Netzwerkkarte nicht von der Remotestartdiskette unterstützt, so bauen Sie temporär eine unterstützte Netzwerkkarte ein.

Der Start von der Netzwerkkarte bzw. vom Diskettenlaufwerk muss im BIOS des Rechners eventuell aktiviert und die Boot-Reihenfolge muss geändert werden. Beim Booten des Computers erscheint sodann für einige Sekunden ein Hinweis, mit welcher Taste von der Netzwerkkarte gestartet werden kann, z. B. **Press N to boot from Network**. Die Meldung bzw. die Tastenkombination hängt vom Systemboard bzw. dem BIOS ab. Sobald der Start von der Netzwerkkarte gewählt wurde, wird die MAC-Adresse angezeigt, und der Client sucht einen DHCP-Server, um eine IP-Adresse zu erhalten. Wenn auf dem Testserver der DHCP-Dienst installiert und ein Bereich mit IP-Adressen freigegeben wurde, erscheint eine Meldung **Press F12 for network service boot**. Drücken Sie [F12] und es erscheint der Eingangsbildschirm **Client Installation Wizard · Welcome**:

Client Installation Wizard
Welcome to the Client Installation wizard. This wizard helps you
quickly and easily set up a new operating system your computer.
You can also use this wizard to keep your computer up-to-date and
to troubleshoot computer hardware problems.

Im nächsten Fenster **Client Installation Wizard · Logon** werden Sie zur Eingabe eines Anmeldenamens, des zugehörigen Kennwortes und der Domäne aufgefordert. Geben Sie vorerst **Administrator** als Anmeldenamen ein. Der Domänenname wird bereits als **Company.local** angezeigt.

> An dieser Stelle ist noch die englische Tastaturbelegung aktiv. Wenn Sie später ein anderes Benutzerkonto für die Installation von RIS-Abbildern verwenden und ein Kennwort mit den Buchstaben x oder y oder mit Sonderzeichen verwenden, so denken Sie daran, dass auf einer englischen Tastatur die Tasten x und y vertauscht sind und die Sonderzeichen auf anderen Tasten liegen als bei einer deutschen Tastatur.

[«]

Wenn Sie bereits ein RIPrep-Abbild eines mit Anwendungen bespielten Musterclients auf dem RIS-Server abgelegt haben, so erscheint nun das Fenster **Client Installation Wizard OS Choices** und bietet als Optionen an, nur das Betriebssystem Windows XP Professional oder das RIPrep-Abbild zu installieren. Unterhalb dieser Auswahl wird die Beschreibung angezeigt, die Sie bei der Erstellung der Abbilder eingegeben haben.

Ein Bildschirm mit einer Warnung erscheint, dass die erste Festplatte neu partitioniert und formatiert wird und dabei Daten verloren gehen können. Ein letzter Bildschirm **Installation Information** erscheint, in dem der vergebene Computername, die zugewiesene Global Unique ID und der RIS-Server genannt werden. Die Installation beginnt erst dann, wenn Sie die Eingabetaste betätigen. Danach wird die Systempartition angelegt und formatiert und das Abbild eingespielt. Das temporäre Verzeichnis **C:\Sysprep** mit dem **Mini-Setup-Assistenten sysprep.exe** und einer Steuerdatei **sysprep.inf** werden erzeugt. Der Client startet neu und durchläuft danach eine Hardware-Erkennung und den **Mini-Setup-Assistenten**. Dabei erhält er unter anderem eine neue **Security-ID**. Nach einem erneuten Start des Clients können Sie sich an der Domäne anmelden.

Bleibt die RIS-Clientinstallation an der Stelle hängen, an der die Festplatte des Clients neu partitioniert und dann formatiert werden soll, und erscheint nach

[o]

mehr als zwei Minuten dann eine Fehlermeldung wie »*Es wurde ein Problem fest-gestellt. Windows wurde heruntergefahren, damit der Computer nicht beschädigt wird. IRQL_NOT_LESS_OR_EQUAL*«, so lesen Sie auf der Buch-DVD im Manuskript zur Erstauflage unter Kapitel 7 nach.

8.2 Der Windows XP-Installationsmanager »setupmgr.exe«

Die Datei **risntrd.sif** im Verzeichnis **\RemoteInstall\Setup\German\Images\Windows-XP\templates** hat dieselbe Funktion wie die Antwortdatei **unattended.txt** bei einer unbeaufsichtigten Installation eines Windows-XP-Betriebssystems. Sie steuert z. B., welche Komponenten installiert und welche Netzwerkeinstellungen vorgenommen werden sollen. Ohne Änderungen an dieser Datei läuft die Installation zwar ab, und der neue PC wird auch ein Mitglied der Domäne, jedoch müssen Sie während der Installation einen Benutzernamen, einen Organisationsnamen und den Product Key eingeben. Ebenso wenig können Sie steuern, welche Komponenten von Windows XP installiert werden sollen und ob die gesamte Festplatte oder nur ein Teil davon formatiert werden soll. Die gesamte Festplatte wird als eine einzige primäre Partition verwendet.

Die nachfolgenden Erläuterungen zur Anpassung der Antwortdatei **risntrd.sif** treffen auch auf die Antwortdatei **riprep.sif** zu. Diese Datei wird im Verzeichnis **RemoteInstall\Setup\German\Images\<RIPrep-Abbild>\templates** für jedes weitere Abbild eines mit Anwendungen bespielten Windows-Clients erzeugt.

Bevor Sie versuchen, Windows XP Professional über RIS zu installieren, überprüfen Sie auf jeden Fall, ob die Steuerdatei **risntrd.sif** im Abschnitt **[data]** eine Zeile mit dem Inhalt **DisableAdminAccountOnDomainJoin = 1** enthält. Ändern Sie den Wert **1** in **0** ab oder deaktivieren Sie diese Zeile, indem Sie ein Semikolon voranstellen. Anderenfalls wird die lokale Kennung **Administrator** deaktiviert, sodass Sie sich nach Abschluss der Installation unter Umständen nicht anmelden können.

Um die Steuerdatei **risntrd.sif** anzupassen, entpacken Sie alle Dateien der Datei **deploy.cab** aus dem Verzeichnis **Support/Tools** der Windows-Server-2003-CD auf einem Windows-XP-Client. Die Hilfedatei **deploy.chm** aus der gepackten Datei **deploy.cab** erklärt die Anwendung des Setup-Managers für XP. Die Hilfedatei **ref.chm** erläutert, was zu beachten ist, wenn Sie ein Festplattenduplizier-tool eines Drittanbieters verwenden.

> **Wichtiger Hinweis** zu den Support-Tools: Nach dem Erscheinen von Windows XP SP2 wurden neue Support-Tools zum Download angeboten, die auch eine neuere Version des Tools **Windows XP Installationsmanager** (setupmgr.exe) und der Datei **Deploy.cab** enthalten. Lesen Sie den Beitrag »Windows XP Service Pack 2-Support-Tools« im Verzeichnis **Windows XP\Windows XP SP2** der Buch-DVD. Die erste CD von Windows Server 2003 R2 enthält ebenfalls ein Verzeichnis **Support\Tools**. Vielleicht ist aber bereits ein weiteres Service Pack erschienen, oder Microsoft bietet inzwischen einen aktualisierten Download an. Verwenden Sie die neuesten Tools einheitlich über das gesamte Netzwerk.

Wenn Sie über den Index der Hilfedatei nach **components** suchen, finden Sie eine Beschreibung, welche Windows-XP-Komponenten im Abschnitt **[Components]** der Datei **risntrd.sif** gezielt zur Installation ausgesucht oder abgewählt werden können.

Erstellen Sie zuerst eine Sicherung der Datei **risntrd.sif** und starten Sie dann den **Windows XP-Installations-Manager** durch Aufrufen der Datei **setupmgr.exe** aus der entpackten **deploy.cab**. Sie können zwischen den Optionen **Antwortdatei neu erstellen** oder **Vorhandene Antwortdatei bearbeiten** wählen. Bei Auswahl der Option **Antwortdatei neu erstellen** sehen Sie im Folgefenster, dass der Assistent auch die Option **Systemvorbereitungsinstallation** bietet, mit der Festplattendupliziertools von Drittanbietern unterstützt werden.

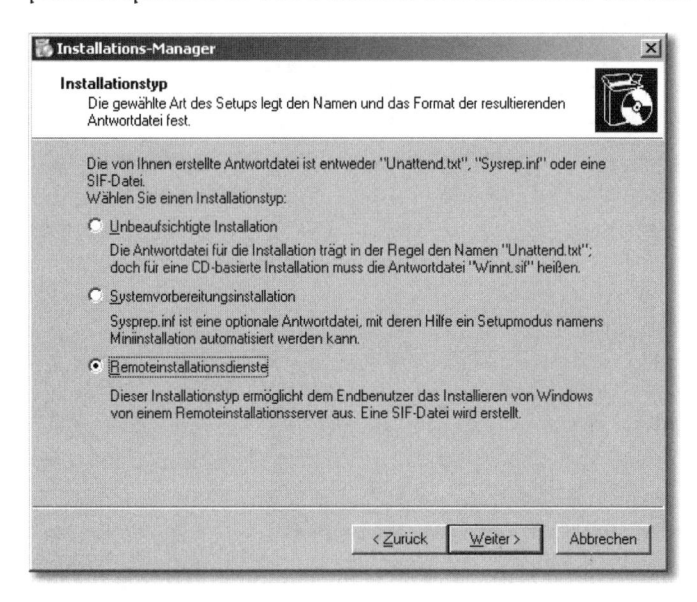

Wählen Sie stattdessen jedoch die zweite Option **Vorhandene Antwortdatei bearbeiten** und geben Sie den Pfad zur Datei **risndrd.sif** oder zur Datei **riprep.sif** ein.

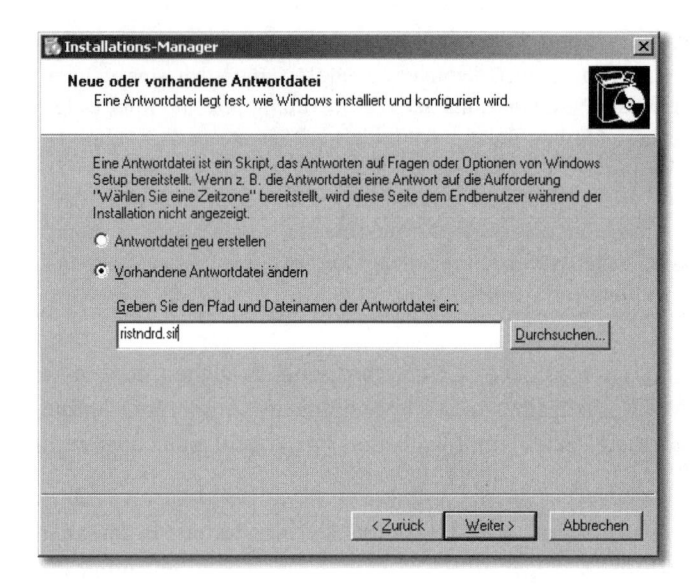

8 | Die RIS-Installation eines Windows-XP-Professional-Clients

Es erscheint ein Hinweis, dass die Datei **ristndrd.sif** nicht mit dem Installations-Manager erstellt wurde. Bestätigen Sie, dass die Datei trotzdem geladen werden soll. Im Fenster **Installationstyp** wählen Sie **Remoteinstallationsdienste** und im Fenster **Produkt** wählen Sie **Windows XP Professional**.

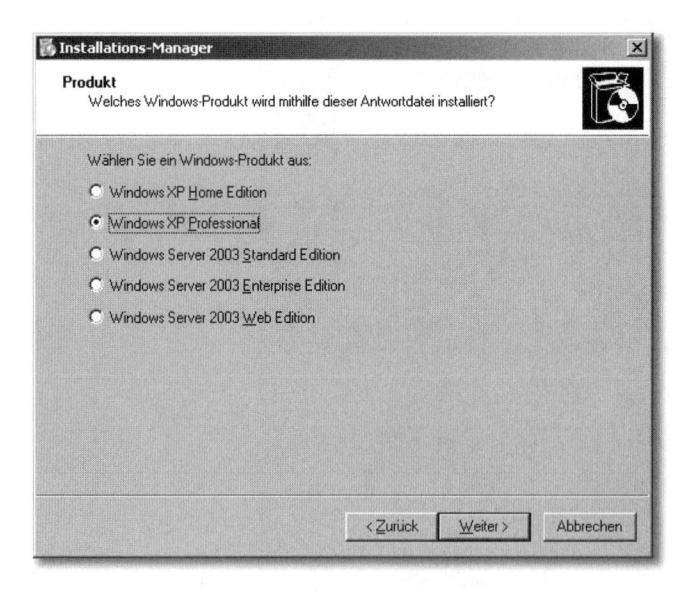

Im nächsten Fenster **Benutzereingriff** wählen Sie die Option **Vollautomatisch**.

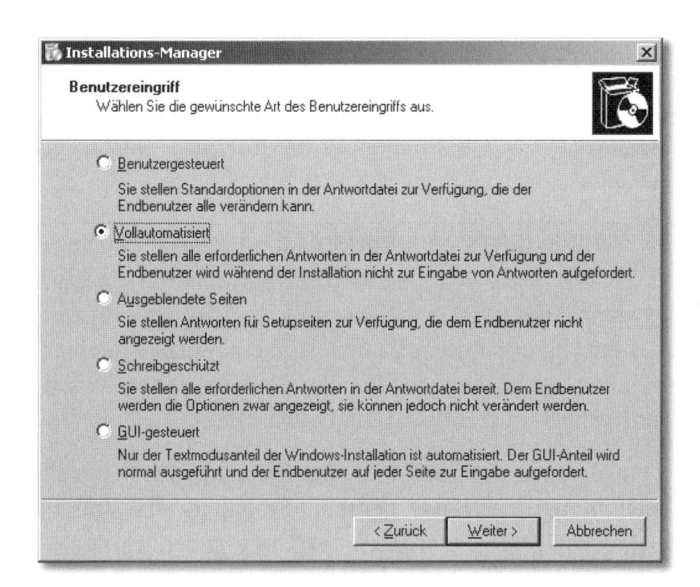

Es erscheint ein Fenster **Lizenzvertrag**, in dem Sie den Bedingungen des Endbenutzerlizenzvertrags für das Windows-Betriebssystem zustimmen müssen. Danach erscheint ein Fenster, in dem Sie verschiedene Voreinstellungen vornehmen können. Unter **Anzeigeeinstellungen** geben Sie an, welche Auflösung, Farbtiefe und Bildschirmfrequenz automatisch voreingestellt werden sollen.

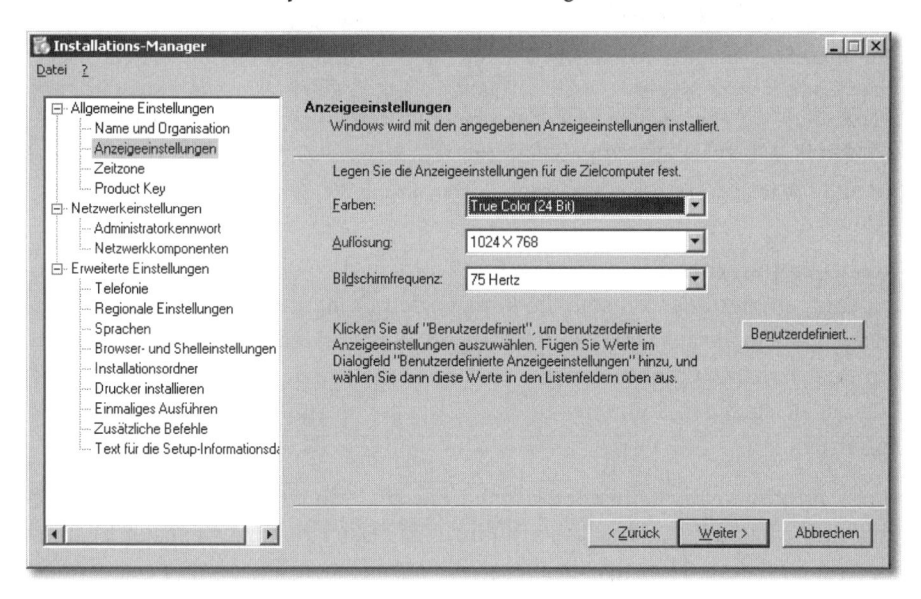

Unter **Zeitzone** belassen Sie die Einstellung auf **Servereinstellung übernehmen**, damit der Client dieselbe Zeitzone wie der RIS-Server erhält.

Unter **Product Key** können Sie einen gültigen Windows-XP-Key eintragen, damit die RIS-Clientinstallation später durchläuft, ohne dass der Key manuell eingegeben werden muss. Wenn Sie eine Windows-XP-Version mit Volume License Key besitzen, die mehrmals installiert und nicht aktiviert werden muss, tragen Sie deren Key hier ein.

[O] Mit Tools wie **Keyfinder**, **WinKeyfinder** oder **RockXP** (alle Tools auf der Buch-DVD) ist es möglich, einen Windows-XP-Key nachträglich zu ändern. Folglich können Sie auch den Key einer Windows-XP-Version eintragen, die aktiviert werden muss. Sobald die Clientinstallation durchgelaufen ist, tauscht man den eingetragenen Key gegen denjenigen aus, der zur rechtmäßig für diesen Client erworbenen Windows-XP-Lizenz gehört, und aktiviert die Lizenz.

Allerdings erscheint der eingegebene Key anschließend unverschlüsselt in der sif-Datei und könnte schnell in falsche Hände geraten. Besonders ein Volume License Key darf nur vertrauenswürdigen Personen bekannt gegeben werden.

[»] **Volume License Key in sif-Datei verschlüsseln**

Bei einer Windows-XP-Version mit Volume License Key und integriertem Service Pack 1 gibt es einen Parameter **/encrypt**, mit dem die Setup-Datei **winnt32.exe** gestartet werden kann. Dadurch kann eine txt-Datei erzeugt werden, die den Volume License Key verschlüsselt enthält. Diese Datei enthält den Abschnitt **[userdata]** mit dem Schlüssel **productkey=** in verschlüsselter Form. Der Inhalt dieser Datei kann nun in eine **unattended.txt** bzw. **ristndrd.sif** übernommen werden, um eine Installation automatisiert ablaufen zu lassen. Der mit diesem Hash-Algorithmus erstellte verschlüsselte License Key ist zwischen 5 und 60 Tagen gültig. Um z. B. einen License Key in einer Datei namens AAA.TXT mit einer Gültigkeitsdauer von 20 Tagen zu verschlüsseln, geben Sie folgenden Befehl ein:

winnt32 /encrypt:"xxxxx-xxxxx-xxxxx-xxxxx-xxxxx:20" /unattend:AAA.TXT

Unter **Computername** kann angegeben werden, dass der Computername automatisch generiert werden soll. Sie können den Computernamen später beliebig ändern, indem Sie aus **Start · Einstellungen · Systemsteuerung · System** starten, die Registerkarte **Computername** und die Schaltfläche **Ändern** wählen. Dort können Sie auch den Computer zu einer Domäne hinzufügen oder wieder aus ihr entfernen.

Unter **Administratorkennwort** können Sie ein Administratorkennwort eingeben und sicherstellen, dass das Passwort in der Datei **risndrd.sif** später nicht im Klartext erscheint. Beachten Sie ebenso die Möglichkeit, in diesem Fenster anzugeben, ob und wie oft nach der Installation eine automatische Anmeldung als Administrator erfolgen soll. Die Möglichkeit einer automatischen Anmeldung kann genutzt werden, um ein Skript vom Server zu starten, das weitere Anwendungen installiert oder beliebige andere Veränderungen an der Clientinstallation vornimmt.

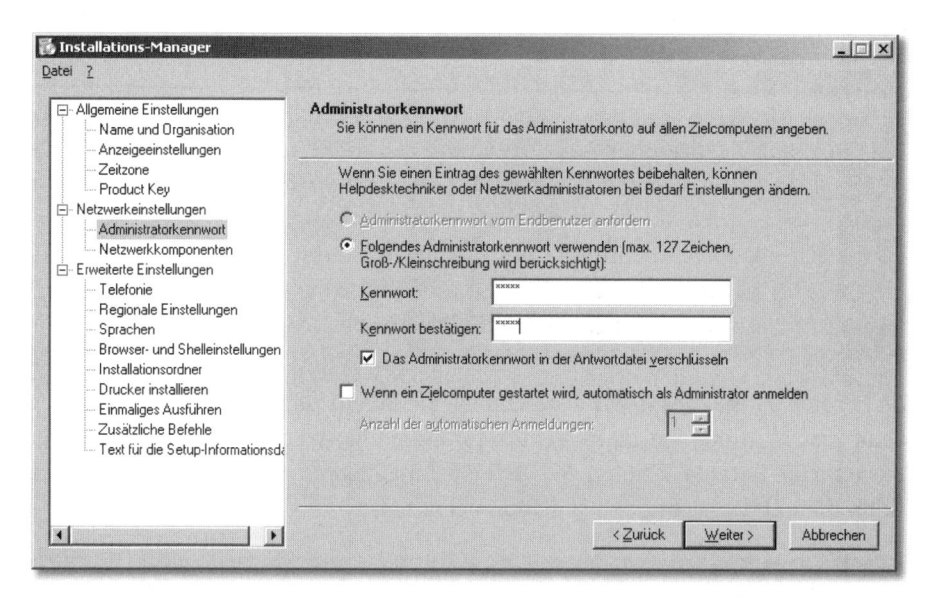

Unter **Netzwerkkomponenten** können Sie bei Bedarf den **Client oder das Gateway für NetWare**, Netzwerkdienste oder Protokolle hinzufügen und deren Eigenschaften verändern. Unter **Browser- und Shelleinstellungen** können die Proxy-Einstellungen und die Starteinstellungen des Microsoft Internet Explorers konfiguriert werden.

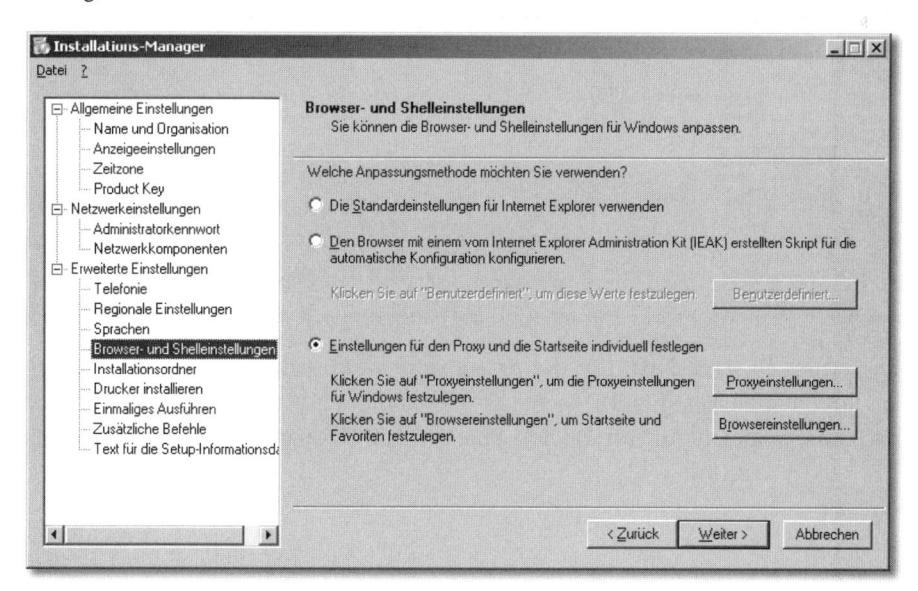

Ebenso können Standardwerte für die Startseite, die Hilfeseite und die Suchseite eingegeben werden, doch können diese Einstellungen auch später über Gruppenrichtlinien dynamisch vorgenommen werden.

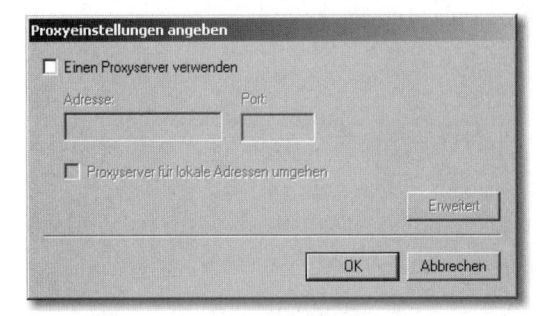

Im Fenster **Einmaliges Ausführen** können Sie Befehle eingeben, die automatisch beim ersten Anmelden eines Benutzers ausgeführt werden sollen. Im Fenster **Zusätzliche Befehle** können Sie Befehle hinzufügen, die ausgeführt werden, wenn die unbeaufsichtigte Installation beendet ist.

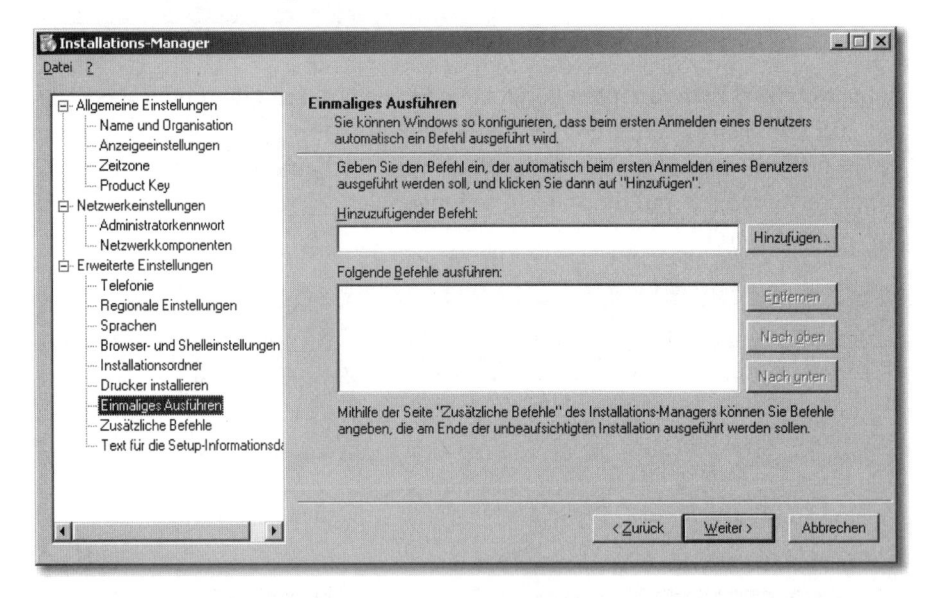

Im letzten Fenster **Text für die Setup-Informationsdatei** können Sie einen beschreibenden Text für das Betriebssystemabbild eingeben. Zuletzt werden Sie nach einem Speicherort für die neu generierte sif-Datei gefragt.

8.3 Die Steuerdateien risndrd.sif und riprep.sif manuell anpassen

Die mit dem **Windows XP-Installations-Manager** (setupmgr.exe) grundkonfigurierte Steuerdatei **risndrd.sif** zur automatischen Installation von Windows XP Professional von einem RIS-Server kann nun mit einem Editor überarbeitet werden. Selbstverständlich sollten Sie vorher eine Sicherungskopie anlegen. Übrigens können Sie viele der nachfolgend beschriebenen Änderungen an der **risndrd.sif** auch für die Steuerdatei **riprep.sif** übernehmen. Die **riprep.sif** steuert die automatische Installation eines Komplettabbildes des Betriebssystems Windows XP mit bereits installierten Anwendungen.

Wenn Sie Hardwaretreiber von Drittanbietern verwenden müssen, die nicht von Microsoft digital signiert sind, können Sie im Abschnitt **[Unattended]** die Zeile **DriverSigningPolicy = Ignore** einfügen. Die Installation von Windows XP Professional würde anderenfalls erwarten, dass die Installation eines nicht signierten Treibers bestätigt wird.

8.3.1 Auswahl der zu installierenden Windows-XP-Komponenten

Sie sollten einen Abschnitt **[Components]** erstellen und dort die Installation derjenigen Windows-XP-Komponenten deaktivieren, die nicht erwünscht sind, z. B. Spiele wie **Freecell**. Ebenso können Sie hier Komponenten aktivieren, die bei einer Standardinstallation nicht automatisch installiert werden. Die Zeile **Freecell = Off** unterbindet z. B. die Installation des Spiels **Freecell**, die Zeile **LPDSVC = On** installiert automatisch die UNIX-Druckdienste mit.

Nachfolgend finden Sie eine Auflistung der Windows-XP-Komponenten und der zugehörigen Kürzel im Abschnitt **[Components]**.

Aktualisierung von Stammzertifikaten	Certsrv_client
Faxdienste	Fax
Indexdienst	indexsrv_system
Internet Explorer	IEAccess
FrontPage 2000 Servererweiterungen	fp_extensions
FTP-Dienst	iis_ftp
SMTP-Dienst	iis_smtp
Snap-In Internet- Informationsdienste	iis_inetmgr
WWW-Dienst	iis_www
MSN Explorer	Msnexplr
Outlook Express	OEAccess

Druckdienste für UNIX	LPDSVC
Windows Media Player	WMPOCM
Windows Messenger	WMAccess

Kategorie »Windows-XP-Spiele«

Freecell	freecell
Hearts	hearts
Pinball	pinball
Spider	spider
Solitaire	solitaire
Internetspiele	zonegames
Minesweeper	minesweeper

Kategorie »Zubehör und Dienstprogramme«

Desktophintergrund	deskpaper
Dokumentvorlagen	templates
Mauszeiger	mousepoint
Paint	paint
Rechner	calc
Zwischenablagenansicht	charmap
Audiorecorder	rec
Lautstärkeregelung	vol
Wordpad	mswordpad
Audio-Schema	media_utopia
Audio-Beispiele	media_clips
Hyperterminal	hyperterm
Wählhilfe	dialer

Der Abschnitt **[Components]** in der Steuerdatei **risndrd.sif** könnte z. B. folgenden Inhalt haben:

```
[Components]
; Spiele nicht installieren
Freecell = Off
Hearts = Off
Minesweeper = Off
Pinball = Off
Solitaire = Off
Spider = Off
```

```
Zonegames = Off
; Outlook Express nicht installieren
OEAccess = Off
; Index Dienst nicht installieren
Indexsrv_system = Off
```

> Windows XP bietet bei der Installation und auch später in der Systemsteuerung unter **Software** keine Möglichkeit, ungewünschte Komponenten aus dem System zu entfernen. Wenn Sie in der Datei **sysoc.inf** im Verzeichnis **C:\Windows\inf** mit dem Editor **Notepad.exe** aber alle hide-Einträge entfernen, können Sie unter **Systemsteuerung · Software · Windows-Komponenten** später wesentlich mehr Softwarekomponenten sehen und auch entfernen. Die Datei **sysoc.inf** finden Sie aber auch im Verzeichnis **RemotInstall\setup\german\images\windowsxp\i386** und bei RIPrep-Abbildern im Verzeichnis **RemotInstall\setup\german\images\<Abbildname>\i386\mirror1\UserData\WINDOWS\inf**. Erstellen Sie zuerst eine Sicherungskopie dieser Datei, bevor Sie die hide-Einträge entfernen.

Bei einer Installation des Betriebssystems Windows XP Professional wird standardmäßig die erste Festplatte in der vollen Größe als Systempartition neu partitioniert und formatiert. Verantwortlich dafür sind die beiden Zeilen **Repartition = Yes** und **UseWholeDisk = Yes** im Abschnitt **[RemoteInstall]**. Für das Betriebssystem und die benötigten Standardanwendungen reicht jedoch in der Regel eine Partition **C:** mit 4 Gigabyte. Leider gibt es keinen Parameter, mit dem man die gewünschte Größe der ersten Partition in der Steuerdatei **risndrd.sif** festlegen kann. Wenn Sie den Rest der Festplatte des Clients später für eine weitere Partition nutzen möchten, so können Sie folgenden Weg einschlagen:

Sie legen bereits vor der RIS-Installation des Betriebssystems auf dem Client eine entsprechend große Partition an, indem Sie mit einer Windows-XP-CD starten und die Installation bis zu dem Punkt durchführen, an dem eine Partition erstellt und mit NTFS formatiert wurde. Anschließend ändern Sie den Abschnitt **[RemoteInstall]** wie folgt ab:

```
[RemoteInstall]
Repartition = NO
UseWholeDisk = NO
```

Wenn Sie später ein Komplettabbild verteilen möchten und dieses RIPrep-Abbild von einem Quellcomputer erstellt wurde, bei dem die Systempartition z. B. 10 Gigabyte groß war, so ändern Sie die zugehörige Steuerdatei **riprep.sif** wie folgt ab:

```
[RemoteInstall]
Repartition = YES
UseWholeDisk = NO
```

Das Komplettabbild soll ja auch auf neuen Computern installiert werden, auf denen noch keine Partition existiert oder die vom Hersteller mit einer Partitionierung geliefert wurden, die nicht Ihren Vorstellungen entspricht. Folglich muss RIS die Festplatte neu partitionieren (Repartition=YES), soll jedoch nicht die komplette Festplatte für die Systempartition verwenden (UseWholeDisk=NO), sondern nur die im RIPrep-Image definierte Größe von 10 Gigabyte.

Im Abschnitt [data] löschen Sie eine eventuell vorhandene Zeile **DisableAdminAccountOnDomainJoin = 1** oder deaktivieren Sie die Zeile durch ein vorangestelltes Semikolon. Das Löschen entspricht dabei dem Ändern des Wertes **1** in **0**. Anderenfalls wird die lokale Administratorkennung deaktiviert:

```
[data]
DisableAdminAccountOnDomainJoin = 0
```

Im Abschnitt [Userdata] tragen Sie die Kennung des Administrators und den Namen der Organisation ein. Unter Windows XP darf weder **Administrator** noch **Gast** eingetragen werden, wenn nach dem Namen des Benutzers gefragt wird, für den die Installation durchgeführt wird. Wenn Sie im Besitz eines Windows XP Professional Volume License Key sind, kann dieser über die Zeile **ProductID=...** eingetragen werden. Mit dem Befehl **winnt32 /encrypt:"xxxxx-xxxxx-xxxxx-xxxxx-xxxxx:20" /unattend:Dateiname.TXT** können Sie eine Datei erzeugen, in der der Volume License Key verschlüsselt ist. Deren Inhalt setzen Sie statt der unverschlüsselten Product-ID hinter **ProductID** ein. Der Wert **20** in der Befehlszeile gibt an, dass die Verschlüsselung nach 20 Tagen ungültig wird. Statt 20 kann ein Wert zwischen 1 und 60 eingegeben werden. Ohne die ProductID-Zeile läuft die Installation eines RIS-Clients mit einem Komplettabbild nicht vollautomatisch durch, weil ein Product Key eingegeben werden muss. Auch ohne Volume License Key kann es sinnvoll sein, einen gültigen Product Key hier einzutragen, mit einem Tool wie Keyfinder oder RockXP den Schlüssel nachträglich zu ändern und die Windows-XP-Lizenz dann ordnungsgemäß zu aktivieren.

```
[UserData]
FullName = "SysAdmin"
OrgName = "Testfirma"
ComputerName = %MACHINENAME%
ProductID=xxxxx-xxxxx-xxxxx-xxxxx-xxxxx
```

Als Sie mit dem **Windows XP-Installations-Manager** (setupmgr.exe) die Steuerdatei **risndrd.sif** konfiguriert haben, konnten Sie ein Passwort für den lokalen Administrator eingeben und bestimmen, dass dieses Passwort in der Steuerdatei verschlüsselt eingetragen wird. Das verschlüsselte Passwort finden Sie jetzt im Abschnitt [GuiUnattended]:

```
[GuiUnattended]
OemSkipWelcome = 1
OemSkipRegional = 1
TimeZone = %TIMEZONE%
AdminPassword=db419622c8d7d104edd3ceb6b26416b1bdbed0fa6fb83b
EncryptedAdminPassword=Yes
```

Im Abschnitt **[Display]** geben Sie die einzustellende Standardauflösung und Bildwiederholfrequenz ein:

```
[Display]
ConfigureAtLogon = 0
BitsPerPel = 24
XResolution = 1024
YResolution = 768
AutoConfirm = 1
```

Der Abschnitt **[OSChooser]** enthält die Beschreibung und den Hilfetext des Images. Diese Texte werden später im Abbild-Auswahlmenü des Clientinstallations-Assistenten angezeigt, wenn ein Helpdesk-Mitarbeiter einen neuen Computer mit dem Image bespielen möchte. Sie können die Texte hier ändern. Das geht aber auch, indem Sie über das Snap-In **Active Directory-Benutzer und -Computer** die Eigenschaften des RIS-Servers öffnen, die Registerkarte **Remoteinstallation** wählen, **erweiterte Einstellungen** anklicken und in der Registerkarte **Abbilder** die Eigenschaften des Abbildes bearbeiten:

```
[OSChooser]
Description="Microsoft Windows XP Professional mit SP2"
```

Help=»Windows XP Professional mit SP2 wird automatisch installiert, ohne dass der Benutzer zur Eingabe aufgefordert wird.«

```
LaunchFile="%INSTALLPATH%\%MACHINETYPE%\templates\startrom.com"
ImageType=Flat
Version="5.1"
```

Beachten Sie: In der Steuerdatei **risndrd.sif** steht im Abschnitt **[OSChooser]** der Ausdruck **ImageType=Flat**. Wenn Sie später RIPrep-Abbilder, d. h. Komplettabbilder eines durchkonfigurierten Mustercomputers erstellen, steht in der zugehörigen Steuerdatei **riprep.sif** an dieser Stelle der Ausdruck **ImageType=SYSPREP** und der HAL-Typ des Quellcomputers in der Zeile **HalName=**:

Bei ACPI-APIC-Computern:

```
    ImageType=SYSPREP
    HalName=halaacpi.dll
```

Bei ACPI-PIC-Computern:

```
ImageType=SYSPREP
HalName=halacpi.dll
```

Bei Non-ACPI-APIC-Computern:

```
ImageType=SYSPREP
HalName=hal.dll
```

8.4 Zusätzliche OEM-Treiber installieren

Wenn Sie in die RIS-Installation des Betriebssystems zusätzliche Hardwaretreiber von Drittanbietern einbauen wollen, so ist das Verfahren im Artikel »254078 – How to Add OEM Plug and Play Drivers to Windows 2000« der Microsoft Technet beschrieben. Auch die Hilfedateien **ref.chm** und **deploy.chm** enthalten hierzu Informationen. Diese Hilfedateien finden Sie in der Datei **deploy.cab** der Windows-Server-2003-CD. Im Verzeichnis **RemoteInstall\Setup\German\Images\WindowsXP** erstellen Sie auf der gleichen Ebene, auf der sich das i386-Verzeichnis befindet, ein weiteres Verzeichnis mit der folgenden Struktur.

```
RemoteInstall\Setup\German\Images\WindowsXP\i386
RemoteInstall\Setup\German\Images\WindowsXP\$oem$\$1\Windows
\drivers\NIC
RemoteInstall\Setup\German\Images\WindowsXP\$oem$\$1\Windows
\drivers\AUDIO
RemoteInstall\Setup\German\Images\WindowsXP\$oem$\$1\Windows
\drivers\VIDEO
```

Damit Windows XP während der Installation per RIS auch auf die entsprechenden Treiber zugreifen kann, muss in der Steuerdatei **risndrd.sif** der Abschnitt **[Unattended]** wie folgt erweitert werden:

```
[Unattended]
OemPreinstall = Yes
OemPnPDriversPath = "Windows\drivers\Chp\Int;Windows\drivers\
NIC;Windows\drivers\AUDIO;Windows\drivers\VIDEO"
```

Dabei muss beachtet werden, dass die Länge des Wertes von **OemPnPDriversPath** bei einer automatischen Installation mit Hilfe von Antwortdateien auf 255 Zeichen begrenzt ist. Bei der Verwendung des Tools **Sysprep** zusammen mit Image-Tools von Drittanbietern ist übrigens die Länge auf 1024 Zeichen beschränkt.

8.4.1 Probleme bei NVIDIA nforce3 und nforce4 Chipsatz

In einem Newsletter von www.layerdrei.de wurde von Problemen mit dem RIS-Dienst bei Computern berichtet, die mit einem NVIDIA-nforce3-Chipsatz oder nforce4-Chipsatz und einer integrierten Netzwerkkarte ausgestattet sind. Lesen Sie mehr zu diesem Problem und der vorgeschlagenen Lösung im Artikel »NVIDIA-nforce-Chipsatz führt zu Abbruch bei RIS-Abbildern« im Verzeichnis **RIS – Remote Installation Service** der Buch-DVD.

> Im Verzeichnis **RIS – Remote Installation Service** der Buch-DVD finden Sie viele Anleitungen, Tipps, Fehlerbeschreibungen und Lösungsvorschläge. **[o]**

*Es kann Gründe geben, das Betriebssystem Windows XP Professional nicht über den RIS, sondern auf konventionelle Weise zu installieren und den RIS nur für die Installation der Komplettabbilder zu nutzen.
In diesem Kapitel lesen Sie, wann solche alternativen Installationsmethoden nötig oder sinnvoll sind und wie sie funktionieren.*

9 Alternative zur RIS-Installation des Musterclients

9.1 Wann sollten Sie den Mustercomputer konventionell über eine CD installieren?

Als Alternative zur Installation des Betriebssystems Windows XP Professional über RIS bietet sich die konventionelle Installation über eine Windows-XP-Professional-CD an. Diese Vorgehensweise hat gegenüber der RIS-Methode den Vorteil, dass Sie die Größe der Systempartition **C:** angeben können. Es wird somit nicht die gesamte Festplatte zur Systempartition. Später kann auf den Clients eine weitere Partition manuell angelegt werden, bevor sie ausgeliefert werden. Ein anderer Grund kann sein, dass Sie viele Clients neu von einem Hersteller beziehen, der das Betriebssystem bereits mit allen Treibern vorinstalliert hat. Damit wird die Installation des RIS-Servers jedoch nicht überflüssig. Denn auf dem RIS-Server werden später die Komplettabbilder abgelegt, um das Ausrollen des Gesamtsystems mit der RIPrep-Methode zu beschleunigen und standardisierte Arbeitsplätze zu installieren, die langfristig wartbar sind. Außerdem können Sie von einem PC oder Laptop, der vom Hersteller bereits vorinstalliert ist, zuerst eine Sicherung als RIPrep-Abbild erstellen, bevor Sie die Installation den Bedürfnissen des Unternehmens entsprechend anpassen.

> Wenn Sie nicht im Besitz eines Volume License Key für Windows XP Professional sind **[«]**
> und folglich das Betriebssystem auf jedem einzelnen Computer aktivieren müssen, so
> können Sie später bei jedem Computer, auf den ein Abbild eingespielt wurde, Tools
> wie den **Keyfinder**, **WinKeyfinder** oder **RockXP** verwenden, um den Produkt-Key
> nachträglich zu ändern und das Betriebssystem dann über das Internet zu aktivieren.

Nach Möglichkeit sollte von einer startfähigen Windows-XP-Professional-CD mit **[●]**
einem integrierten, aktuellen Service Pack installiert werden. Anleitungen zur

9 | Alternative zur RIS-Installation des Musterclients

Erstellung einer startbaren Windows-XP-CD mit integriertem Service Pack finden Sie auf der Buch-DVD im Verzeichnis **Windows XP\Windows XP SP2**. Stellen Sie zuerst sicher, dass der Computer, den Sie jetzt als Mustercomputer installieren, bezüglich der Hardware dem Standard Ihres Unternehmens entspricht, besonders bezüglich des HAL-Typs, des Motherboards, des Festplattentyps inklusive des Festplattencontrollers und der Grafikkarte. Er sollte eine RIS-fähige Netzwerkkarte haben.

9.2 Der Ablauf der Installation

Starten Sie den Computer mit eingelegter Windows XP-CD und booten Sie vom CD-ROM-Laufwerk. Sie können über den Installations-Assistenten eine eventuell bereits vorhandene Partition löschen, eine neue Systempartition anlegen und mit NTFS formatieren. Wählen Sie nicht die Schnellformatierung, damit defekte Cluster erkannt und markiert werden. Wird das später erstellte Abbild auf andere Clients verteilt, so kann es bei Verwendung von RIS vergrößert, aber nicht verkleinert werden. Orientieren Sie sich deshalb bezüglich der Größe der Systempartition an den kleinsten Festplatten, die bei den Clients zum Einsatz kommen werden.

Sie werden zur Eingabe eines Namens (z. B. **SysAdmin** oder **Systembetreuung**) und einer Bezeichnung für die Organisation aufgefordert. Die Namen **Administrator** und **Gast** sind vorbelegt und können nicht vergeben werden.

Geben Sie als Computernamen z. B. **MUSTERPC** und ein lokales Administratorkennwort ein. Dieses sollte später nur den Mitarbeitern der Abteilung »Helpdesk« bekannt gegeben werden.

Belassen Sie die Netzwerkeinstellungen auf **Standardeinstellungen**, speziell die Eigenschaften des Internetprotokolls: **IP-Adresse automatisch von DHCP-Server beziehen** und **DNS-Serveradresse automatisch beziehen**. Da der Mustercomputer am Server **S1** angeschlossen ist und auf dem Server **S1** bereits der DHCP-Serverdienst installiert und konfiguriert wurde, werden dem Client nach dem Abschluss der Installation und der erstmaligen Kontaktaufnahme mit dem Server eine IP-Adresse, die zugehörige Subnetz-Maske, eine Gateway-Adresse und ein DNS-Server zugewiesen.

Nehmen Sie den Computer zunächst in die Arbeitsgruppe »ARBEITSGRUPPE« auf und nicht sofort in die Domäne. Die Aufnahme in die Domäne erfolgt später manuell. Wenn der Bildschirm zur Installation der Internetverbindung erscheint, wählen Sie **Überspringen**. Wenn der Bildschirm mit der Aufforderung zur Online-Registrierung bei Microsoft erscheint, wählen Sie **Nein, jetzt nicht registrieren** und klicken auf **Weiter**.

Im Fenster **Wer wird diesen Computer verwenden** geben Sie einen Namen wie **SysAdmin** oder **Systembetreuung** ein.

Nach der Anmeldung wählen Sie zuerst die Schaltfläche **Start** mit der rechten Maustaste an, dann **Eigenschaften**. Aktivieren Sie das klassische Startmenü, wählen Sie danach **Anpassen** und aktivieren Sie alle erweiterten Startmenüoptionen. Deaktivieren Sie jedoch die Option **Persönlich angepasste Menüs verwenden**.

Wählen Sie **Start** · **Einstellungen** · **Systemsteuerung** · **Maus** und stellen Sie die Mausgeschwindigkeit in der Registerkarte **Zeigeroptionen** auf einen geeigneten Wert ein.

Wählen Sie **Start** · **Einstellungen** · **Systemsteuerung** · **Anzeige**, wechseln Sie zur Registerkarte **Einstellungen** und wählen Sie eine akzeptable Bildschirmauflösung von 1024 × 768 Pixel. Klicken Sie danach auf **Erweitert** und stellen Sie in der Registerkarte **Monitor** eine akzeptable Bildschirmaktualisierungsrate ein.

Wählen Sie **Start** · **Einstellungen** · **Systemsteuerung** · **Benutzerkonten**, wählen Sie den Computeradministrator **SysAdmin** an, klicken Sie auf **Kennwort erstellen** und geben Sie der Kennung **SysAdmin** ein geeignetes Kennwort.

9.3 Netzwerkeinstellungen testen

Wählen Sie **Start** · **Ausführen** und geben Sie den Befehl **cmd** ein. In der CMD-Box setzen Sie den Befehl **ipconfig /all** ab und überprüfen damit, ob der PC eine IP-Adresse vom DHCP-Server **S1** bekommen hat und dieselbe Subnetz-Maske wie der Server verwendet. Geben Sie zusätzlich den Befehl **ping s1** ein, um zu überprüfen, ob sich der Server **S1** mit seiner IP-Adresse meldet. Verlaufen diese Tests erfolgreich, so können Sie den Muster-PC jetzt in die Domäne **Company.local** einfügen.

9.4 Client in die Testdomäne aufnehmen

Wählen Sie **Start** · **Einstellungen** · **Systemsteuerung** · **System** und dort die Registerkarte **Computername**. Klicken Sie auf die Schaltfläche **Ändern**. Im Fenster **Computername ändern** klicken Sie nun die Option **Mitglied von Domäne** an und geben als Domäne **Company** ein. Sie werden aufgefordert, einen Benutzernamen und das Kennwort eines Domänenbenutzers einzugeben, der berechtigt ist, den Client in die Domäne hinzuzufügen. Wenn dieser Vorgang erfolgreich beendet wird, erscheint die Meldung **Willkommen in der Domäne Company**. Der Rechner muss danach neu gestartet werden.

9 | Alternative zur RIS-Installation des Musterclients

Sobald das Anmeldefenster wieder erscheint, wählen Sie zuerst **Optionen**. Dadurch erscheint im Anmeldefenster ein weiteres Feld **Anmelden an**. In diesem Feld können Sie jetzt auswählen, dass Sie sich an der Domäne **COMPANY** anmelden möchten und nicht mehr lokal am Computer **MUSTERPC**. Wählen Sie eine Domänenkennung aus der Gruppe der Domänenadministratoren, z. B. die Kennung **Administrator**, damit Sie weitere Änderungen vornehmen können.

9.5 Die globale Gruppe »local Admins« in die lokale Gruppe der Administratoren aufnehmen

In Kapitel 15, *Das Anmeldskript,* wird vorgeschlagen, in der Testdomäne eine Sicherheitsgruppe **local Admins** zu erstellen. Alle späteren Mitglieder dieser Gruppe sollen berechtigt sein, administrative Tätigkeiten auf den Clients durchzuführen. Außerdem ist es sinnvoll, eine Kennung **InstallXP** in der Domäne anzulegen und in die Gruppe **local Admins** aufzunehmen. Unter dieser Kennung kann dann auch ein Nicht-Domänenadministrator später weitere Mustercomputer für RIPrep-Abbilder vorbereiten.

Starten Sie über **Start · Einstellungen · Systemsteuerung** das Verwaltungsprogramm **Benutzerkonten**. Wählen Sie die Registerkarte **Erweitert**, öffnen Sie die Eigenschaften der lokalen Gruppe der **Administratoren** und fügen Sie die Domänengruppe **COMPANY\local Admins** hinzu.

Die weitere Installation des Mustercomputers können Sie nun über die Kennung **InstallXP** und ein geeignetes Anmeldeskript vornehmen. Dieses Anmeldeskript muss noch erstellt werden und soll dann möglichst alle Anwendungen automatisch installieren und alle Einstellungen am Betriebssystem Windows XP bzw. an den Anwendungen so weit wie möglich automatisch vornehmen, damit die für verschiedene HALs aufgesetzten Mustercomputer immer im selben Zustand sind, bevor von ihnen ein Komplettabbild erstellt wird.

[»] Wenn Sie in der Datei **sysoc.inf** im Verzeichnis **C:\Windows\inf** alle hide-Texte entfernen, können Sie unter **Systemsteuerung · Software · Windows-Komponenten** später wesentlich mehr Softwarekomponenten sehen und auch entfernen. Erstellen Sie zuerst eine Sicherungskopie der Datei **sysoc.inf**, bevor Sie die hide-Texte entfernen.

Es bietet sich im ersten Schritt der Konfiguration des Musterclients an, alle Windows-XP-Spiele zu deinstallieren.

Ein solches Kapitel birgt die Gefahr, dass sich ein fortgeschrittener Administrator bei der Lektüre langweilen wird, weil Begriffsdefinitionen und die Aufzählung der Möglichkeiten, die Gruppenrichtlinien bieten, ihm keine neuen Erkenntnisse vermitteln. Ein Neueinsteiger wird andererseits durch eine viele Seiten umfassende Einführung in die Theorie überfordert. Erst der praktische Umgang mit Gruppenrichtlinien wird ihm die Augen dafür öffnen, wozu diese gut sind und warum sie geeignet sind, die Administration eines Netzwerks unter Windows Server immens zu vereinfachen.

10 Einführung in Gruppenrichtlinien

10.1 Wie man sich dem Thema »Gruppenrichtlinien« nähert

Überfliegen Sie dieses Kapitel, um möglichst schnell in die praktischen Übungen mit Gruppenrichtlinien einzusteigen, die die Folgekapitel beinhalten. Besonders der Einsteiger sollte gar nicht erst versuchen, jede der Ausführungen dieses Einführungskapitels bis in die Tiefe zu durchschauen. Lesen Sie es später ein zweites Mal intensiver, sobald Sie durch die praktischen Übungen gelernt haben, Gruppenrichtlinien anzuwenden. Die graue Theorie ist dann mit praktischem Hintergrundwissen viel leichter zu verstehen. Sobald Sie sich durch die praktischen Übungen ein Grundverständnis für die Anwendung von Gruppenrichtlinien erarbeitet haben, ist dann aber dieses Einführungskapitel wichtig, um das Detailwissen in einen Gesamtzusammenhang einordnen zu können und die zum Thema gehörenden Begriffe sauber gegeneinander abgrenzen zu können.

Ein Profi mag, wie in der Einleitung bemerkt, sich beim Lesen des Kapitels langweilen, wird aber im Verzeichnis **Gruppenrichtlinien** der Buch-DVD auch für ihn interessante Neuigkeiten entdecken. [O]

Die Gruppenrichtlinieneinstellungen einer Small-Business-Server-2003-Installation analysieren und übernehmen [«]

Bei Microsoft können Sie online eine kostenlose 180-Tage-Evaluierungsversion von Windows Small Business Server 2003 R2 bestellen. Die Installation der Standard-Edition besteht aus dem Einlegen von vier CDs und läuft automatisch fast ohne Benutzereingriffe ab. Das erstellte Active Directory und Dienste wie **DHCP** oder **DNS** sind anschließend weitgehend musterhaft vorkonfiguriert. Es werden zusätzliche Sicherheits- und Verteilergruppen, Skripte und Gruppenrichtlinien angelegt.

Um etwas über die Art zu lernen, wie Microsoft-Experten Gruppenrichtlinien musterhaft strukturieren und einstellen, sollten Sie auf einem installierten SBS 2003 das Snap-In **Gruppenrichtlinienverwaltung** starten und von allen installierten Gruppenrichtlinienobjekten einen Bericht erstellen, indem Sie die einzelnen GPOs mit der rechten Maustaste anklicken und **Bericht erstellen** wählen.

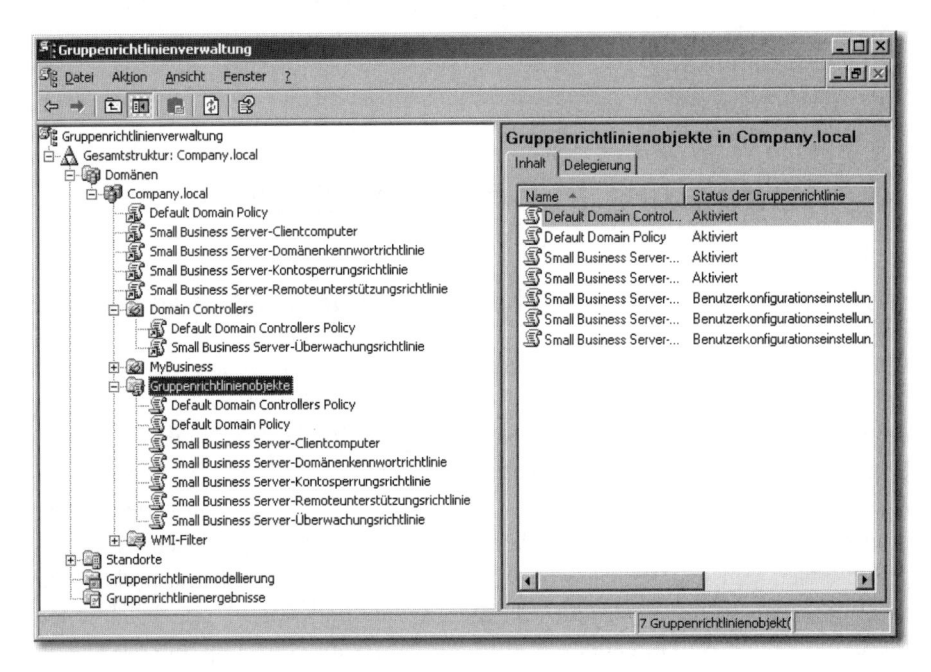

[O] Auf der Buch-DVD finden Sie diese Berichte. Analysieren Sie anschließend, welche Berechtigungen vergeben und welche Richtlinien wie voreingestellt wurden. Es erscheint sinnvoll, darüber nachzudenken, welche dieser Einstellungen auch in einer Nicht-SBS-2003-Umgebung übernommen werden sollten.

[»] Sehen Sie sich bei **www.gruppenrichtlinien.de** um und abonnieren Sie den dort angebotenen kostenlosen Newsletter.

10.2 Was sind Gruppenrichtlinien?

Gruppenrichtlinien sind Sammlungen von Benutzer- und Computerkonfigurationseinstellungen, die mit Computern, Standorten, Domänen oder Organisationseinheiten (OUs) verknüpft werden, um das Verhalten des Benutzerdesktops zu steuern und darüber hinaus Dinge wie Sicherheitseinstellungen, Anmelde- und Abmeldeskripte, Skripte für den Start und das Herunterfahren eines Computers zu definieren oder z. B. Ordnerumleitungen festzulegen. Mit Gruppenrichtlinien kann das Verhalten des Betriebssystems bestimmt und dessen Optionen können eingeschränkt werden. Es gibt aber auch Gruppenrichtlinien, mit denen das Verhalten und die Optionen von Anwendungen wie z. B. Microsoft Office von zentraler Stelle aus gesteuert werden können.

10.3 Was sind Gruppenrichtlinienobjekte (Group Policy Objects, GPOs)?

Unter einem GPO versteht Microsoft eine Zusammenstellung von Gruppenrichtlinieneinstellungen. Neue GPOs erstellen Sie mit Hilfe der Gruppenrichtlinienverwaltungskonsolen. GPOs werden auf Domänenebene (nicht auf Ebene der Active-Directory-Gesamtstruktur) in **Gruppenrichtliniencontainern (GPCs)** gespeichert. GPOs betreffen Computer (bzw. Computergruppen) oder Benutzer (bzw. Benutzergruppen) an Standorten, in einzelnen Domänen oder in Organisationseinheiten. Das bedeutet z. B., dass Sie eine OU mit der Bezeichnung **Laptops** erstellen können, für diese OU ein neues Gruppenrichtlinienobjekt erstellen und in diesem GPO all diejenigen Richtlinien spezifisch definieren, die nur Laptops betreffen, nicht aber andere Computer, die ständig eine Verbindung zum Netzwerk haben. Die in diesem GPO betroffenen Richtlinieneinstellungen wirken sich auf alle Computerobjekte aus, die in die OU **Laptops** verschoben werden.

Darüber hinaus können GPOs auch für allein stehende Computer erstellt werden, das heißt für Computer, die nicht oder nicht ständig an eine Active Directory-Domäne angeschlossen sind, wie z. B. Laptops oder Tablet-PCs. Hier spricht man von **lokalen Gruppenrichtlinienobjekten**.

Auf einen Standort, eine Domäne oder eine OU können mehrere GPOs angewendet werden. Mehrere GPOs können darüber hinaus z. B. in einem Sammelcontainer des Active Directory, z. B. mit dem Namen »organisationsübergreifende Gruppenrichtlinienobjekte« erstellt werden. Danach kann jede dieser GPOs über die Funktion **Gruppenrichtlinienverknüpfung** mehreren anderen Containern (z. B. OUs) zugewiesen werden.

10.4 Was sind Gruppenrichtlinienverknüpfungen?

Ein Beispiel soll die Methode der Gruppenrichtlinienverknüpfung demonstrieren: Sie erstellen für die einzelnen Abteilungen des Unternehmens Organisationseinheiten mit den Abteilungsnamen Verwaltung, Vertrieb, Einkauf, Produktion, Entwicklung. In diesen Abteilungs-OUs legen Sie die Benutzerobjekte an.

Bestimmte Gruppenrichtlinien sind abteilungsspezifisch, andere sollen für alle Mitarbeiter der Organisation gelten. Die Richtlinien, die für alle Mitarbeiter gelten sollen, definieren Sie nur einmal in einem GPO, die für diesen Zweck in der OU **organisationsübergreifende Gruppenrichtlinienobjekte** erzeugt wird. Anschließend verknüpfen Sie dieses GPO mit allen Abteilungs-OUs. Müssen Sie später eine organisationsübergreifende Richtlinie hinzufügen oder anders definieren, so nehmen Sie diese Änderung komfortabel an einer zentralen Stelle vor und nicht für jede Abteilung separat. Die Anzahl der benötigten GPOs bleibt so überschaubar, und die Anzahl möglicher Fehlerquellen ist minimiert.

10.5 Was sind Gruppenrichtliniencontainer (GPCs)?

Der GPC ist ein Active-Directory-Objekt, das GPO-Eigenschaften speichert und Untercontainer für Gruppenrichtlinieninformationen zu Computern und Benutzern enthält. Der GPC enthält Versionsinformationen, um sicherzustellen, dass die Informationen im GPC mit den Gruppenrichtlinienvorlagen (GPT) synchronisiert sind. Darüber hinaus enthält der GPC die Statusinformation, ob das zugrunde liegende GPO derzeit aktiviert oder deaktiviert ist. Der Begriff GPC ist verwirrend, und seine Abgrenzung zum Begriff GPT schwer in den Griff zu bekommen. Deshalb taucht der Begriff GPC auch nur selten auf, und Sie müssen seine Bedeutung nicht ständig parat haben.

Wichtig ist aber der Hinweis, dass ein Gruppenrichtlinienobjekt temporär vollständig deaktiviert werden kann. Haben Sie z. B. die Vermutung, dass ein nicht erklärbares Verhalten im Zusammenspiel mehrerer GPOs durch die Einstellungen eines bestimmten GPO verursacht wird, so können Sie dieses GPO temporär deaktivieren, um die Vermutung zu verifizieren. Soll ein neues GPO mit verschiedenen Richtlinien erst zu einem späteren Zeitpunkt wirksam werden, so erstellen Sie dieses GPO mit allen Einstellungen im deaktivierten Status und aktivieren das neue GPO erst bei Bedarf.

Spätestens jetzt wird einem Einsteiger ins Thema »Gruppenrichtlinien« schwindelig, und das Weiterlesen und Begreifen von Begriffen und Abkürzungen gerät zur Geduldsprobe. Ich erinnere mich noch gut an meine eigene Verwirrung und den aufkommenden Frust beim erstmaligen Studium dieser komplexen Materie. Dessen bewusst, habe ich bereits am Anfang dieses Kapitels vor der Mühsal dieses theoretischen Stoffes gewarnt. Deshalb erneut der tröstende Hinweis: Sie müssen diese theoretischen Grundlagen nicht auf Anhieb verstehen. Sobald wir in den Folgekapiteln mit den Gruppenrichtlinien von Windows XP und Office 2003 herumgespielt haben und spätestens dann, wenn wir unsere eigenen Vorlagedateien für fehlende Gruppenrichtlinien zusammenbasteln, wird die graue Theorie mit praxisnahem Leben erfüllt, und Administratorfreude wird aufkommen. Bis dahin lautet die Devise: »Kopf einziehen und durchhalten«. Ihre Disziplin wird später belohnt, mein Wort drauf.

10.6 Was sind Gruppenrichtlinienvorlagen (Group Policy Templates, GPT)?

Die Gruppenrichtlinienvorlage (GPT) ist eine Ordnerstruktur im Verzeichnis **%systemroot%\SYSVOL\sysvol\<Domänenname>\Policies** von Domänencontrollern. Diese Ordnerstruktur wird in dem Moment erzeugt, in dem ein neues GPO vom Administrator mittels einer Gruppenrichtlinienverwaltungskonsole angelegt wird. Sie speichert in Form mehrerer Konfigurationsdateien die Gruppenrichtlinien, aber auch z. B. Anmelde- und Abmeldeskripte und Skripte für den Start oder das Herunterfahren eines Computers, wenn diese Skripte über eine Gruppenrichtlinie definiert werden.

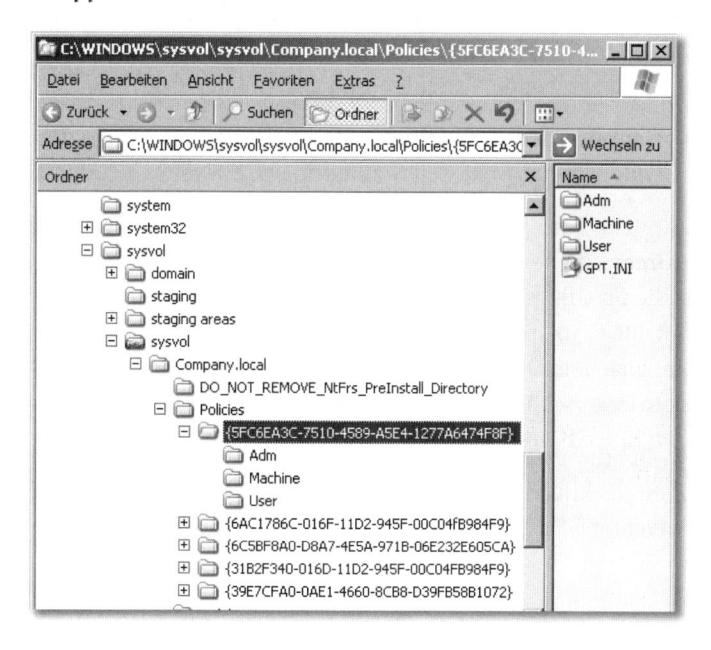

Diese Ordnerstruktur sehen Sie im Windows Explorer nur dann vollständig, wenn Sie die Option **Geschützte Systemdateien ausblenden** deaktiviert und die Optionen **Inhalte von Systemordner anzeigen** sowie **Alle Dateien und Ordner anzeigen** aktiviert haben. Als Administrator sollten Sie generell diese Voreinstellungen des Windows Explorers für alle Ordner übernehmen, und zwar sowohl bei der Arbeit am Server als auch bei der Arbeit an einem Client. In den weiteren Erläuterungen dieses Buches wird davon ausgegangen, dass Sie diese Voreinstellungen im Windows Explorer vorgenommen haben und somit alle Dateien und Ordner zukünftig sehen, also auch diejenigen, die das Attribut **Versteckt** oder das Attribut **System** haben. Ebenso muss die Option **Erweiterungen bei bekannten Dateitypen ausblenden** zumindest bei Administratoren und Mitarbeitern des Helpdesks deaktiviert sein. Diese Mitarbeiter müssen nicht nur um die Bedeutung von Dateinamenerweiterungen wissen, sie müssen die Erweiterungen bei Bedarf auch manipulieren können.

Bei der Erstellung eines Gruppenrichtlinienobjekts wird die entsprechende GPT-Ordnerstruktur auf dem Domänencontroller erzeugt. Gibt es mehrere Domänencontroller, so wird diese neue Ordnerstruktur anschließend auf die anderen Domänencontroller repliziert. Der Ordnername der GPT ist eine 36-stellige Kombination von Ziffern- und Buchstabenkolonnen, getrennt durch Bindestriche, und entspricht der GUID (Global eindeutige Kennung, Globally Unique Identifier) des erstellten GPOs.

Im Wurzelverzeichnis einer GPT-Ordnerstruktur finden Sie die Datei **gpt.ini** und die Unterordner **Adm**, **Machine** und **User**. Diese Hauptordner nehmen Unterordner auf, deren exakte Struktur von den Richtlinien abhängt, die Sie definieren. Die Datei **gpt.ini** enthält folgende Variablen und deren Belegung:

displayName=Neues Gruppenrichtlinienobjekt: Diese Variable übernimmt nicht den Namen des GPO, sondern hat den Standardnamen »Neues Gruppenrichtlinienobjekt«.

Version=Versionsnummer: Ein neu erstelltes GPO erhält die Versionsnummer **0**. Durch jede Richtlinie, die im GPO geändert wird, erhöht sich dieser Wert. Gibt es mehrere Domänencontroller, so stellt Active Directory durch den Vergleich der Versionsstände fest, auf welchem Domänencontroller die aktuellste Version eines GPO liegt, und repliziert sie anschließend auf die übrigen Domänencontroller.

Disabled=0 oder 1, wobei diese Zeile nur in lokalen GPOs vorkommt und definiert, ob die GPO derzeit deaktiviert ist. Für alle anderen GPOs wird der Zustand **aktiviert** oder **deaktiviert** im GPC gespeichert, der sich im Active-Directory-Speicher befindet.

Nachfolgend werden die wichtigsten Ordner und deren Bedeutung genannt.

\Adm
Dieser Ordner nimmt die Gruppenrichtlinien-Vorlagedateien auf, die im Gruppenrichtlinieneditor hinzugeladen wurden. Gruppenrichtlinien-Vorlagedateien befinden sich im Verzeichnis **%Systemroot%\inf** oder müssen hierhin kopiert werden. Sie haben die Dateinamenerweiterung **adm**. Ein installiertes Windows 2000 Server oder Windows 2000 Professional hat andere Vorlagedateien als ein Windows XP Professional oder ein Windows Server 2003.

Die Vorlagedateien von Microsoft Office 2003 gehören nicht zum Lieferumfang der Microsoft-Office-2003-CD. Sie werden bei der Installation des Office 2003 Resource Kits in das Verzeichnis **%systemroot%\inf** eines Computers eingespielt und müssen dann manuell in das Verzeichnis **%systemroot%\inf** des Domänencontrollers kopiert werden. Sie können für bestimmte Zwecke und Anwendungen selbst adm-Vorlagedateien erstellen, in das Verzeichnis **%systemroot%\inf** übernehmen und in einem GPO anschließend hinzuladen. Details zum Umgang mit adm-Dateien finden Sie in späteren Kapiteln.

\Machine
Dieser Ordner nimmt die Datei **Registry.pol** auf. Die Datei **Registry.pol** enthält nur die Einstellungen derjenigen Richtlinien, die in der Kategorie **Computer** aktiviert bzw. deaktiviert wurden, jedoch hat sie keinen Verweis auf Richtlinien, die unkonfiguriert bleiben. Wenn ein Computer gestartet wird und die Verbindung zu seiner Domäne aufnimmt, wird die Datei **Registry.pol** ausgewertet und in den Abschnitt **HKEY_LOCAL_MACHINE** der Registrierdatenbank des Computers übernommen. Das Format der Datei **Registry.pol** ist nicht kompatibel zur gleichnamigen Datei, die unter Windows 95, 98 oder NT 4.0 verwendet wurde.

\Machine\Applications
Dieser Ordner nimmt die Veröffentlichungsdateien (AAS-Dateien) auf, die von Windows Installer zur Installation von MSI-Paketen für Computer verwendet werden.

\Machine\Documents & Settings
Dieser Ordner enthält alle Dateien, die auf dem Desktop jedes Benutzers liegen sollen, unabhängig davon, welcher Benutzer sich anmeldet.

\Machine\Microsoft\Windows NT\SecEdit
Der Ordner nimmt die Datei **GptTmpl.ini** des Sicherheitseditors auf.

\Machine\Scripts\Shutdown
Enthält Skripte und verknüpfte Dateien, die beim Herunterfahren eines Computers ausgeführt werden.

\Machine\Scripts\Startup
Enthält Skripte und verknüpfte Dateien, die beim Start eines Computers ausgeführt werden.

\User
Dieser Ordner nimmt die Datei **Registry.pol** auf. Die Datei **Registry.pol** enthält nur die Einstellungen derjenigen Richtlinien, die in der Kategorie **Benutzer** aktiviert bzw. deaktiviert wurden, jedoch hat sie keinen Verweis auf Richtlinien, die unkonfiguriert bleiben. Wenn sich ein Benutzer anmeldet, wird die Datei **Registry.pol** ausgewertet und in den Abschnitt **HKEY_CURRENT_USER** der Registrierdatenbank des Computers übernommen. Das Format der Datei **Registry.pol** ist nicht kompatibel zur gleichnamigen Datei, die unter Windows 95, 98 oder NT 4.0 verwendet wurde.

\User\Application
Dieser Ordner nimmt die Veröffentlichungsdateien (AAS-Dateien) auf, die von Windows Installer zur Installation von MSI-Paketen für Benutzer verwendet werden.

\User\Documents & Settings
Enthält alle Dateien, die als Teil des Desktops eines Benutzers eingerichtet werden.

\User\Microsoft\RemoteInstall
Enthält die Berechtigungen, die ein Benutzer hat, wenn er einen Computer mittels Remote Installation Service neu installiert.

\User\Scripts\Login
Enthält die Skripte und verknüpften Dateien für ein zugewiesenes Anmeldeskript.

\User\Scripts\Logoff
Enthält die Skripte und verknüpften Dateien für ein zugewiesenes Abmeldeskript.

10.7 Die Gruppenrichtlinienverwaltungswerkzeuge

Mit Gruppenrichtlinien können auch das Verhalten und die Benutzeroberfläche eines einzelnen Computers, der nicht mit einem Netzwerk verbunden ist, definiert werden. Unter Windows XP starten Sie dazu über **Start · Einstellungen · Systemsteuerung · Verwaltung** den Menüpunkt **Lokale Sicherheitsrichtlinie**. Schneller geht das, indem Sie über **Start · Ausführen** den Befehl **gpedit.msc** absetzen.

Die Gruppenrichtlinienverwaltungswerkzeuge | 10.7

Über dieses Snap-In können Sie z. B. einen Laptop so absichern, dass der Anwender später nur wenige Einstellungen auf dem Laptop verändern und nur klar definierte Anwendungen starten kann. Sie minimieren durch diese Einschränkungen den Supportaufwand für Standalone-Computer.

Das typische Betätigungsfeld für Netzwerkadministratoren sind aber nicht die lokalen Gruppenrichtlinien, sondern die Richtlinien, die im Active Directory netzwerkweit implementiert werden und sich auf ganze Domänen, einzelne Standorte oder einzelne OUs auswirken. Diese Gruppenrichtlinien werden über die Snap-Ins **Active Directory-Benutzer und -Computer**, **Active Directory-Standorte und -Dienste**, **Gruppenrichtlinien** oder über das Verwaltungswerkzeug **GPMC.MSI** gesteuert.

Mit dem Snap-In **Active Directory-Benutzer und -Computer** erstellen Sie GPOs für eine Domäne oder eine OU. Sie klicken dazu entweder das Domänenobjekt oder ein Organisationseinheitenobjekt mit der rechten Maustaste an, wählen **Eigenschaften**, öffnen die Registerkarte **Gruppenrichtlinien** und klicken auf die Schaltfläche **Neu**.

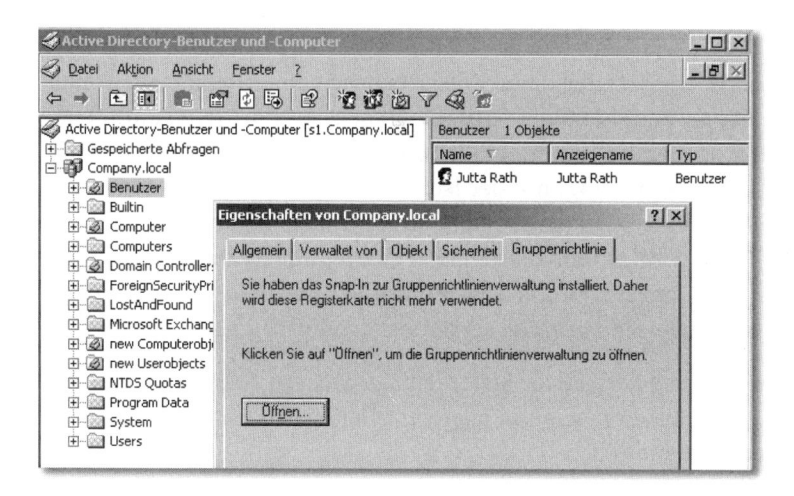

Dann wählen Sie einen Namen für das neue GPO aus und klicken auf **Bearbeiten**. Dadurch starten Sie den Gruppenrichtlinieneditor und können nun einzelne Richtlinien definieren.

Mit dem Snap-In **Active Directory-Standorte und -Dienste** erstellen Sie GPOs für einzelne Standorte. Die Vorgehensweise ist ähnlich der Vorgehensweise im Snap-In **Active Directory-Benutzer und -Computer**. Sie klicken das Standortsymbol mit der rechten Maustaste an, wählen **Eigenschaften**, öffnen die Registerkarte **Gruppenrichtlinien** und klicken auf die Schaltfläche **Neu**, um ein neues GPO für den ausgewählten Standort zu erstellen und ihm einen Namen zuzuweisen. Über die Schaltfläche **Bearbeiten** legen Sie anschließend die einzelnen Richtlinien des GPO fest.

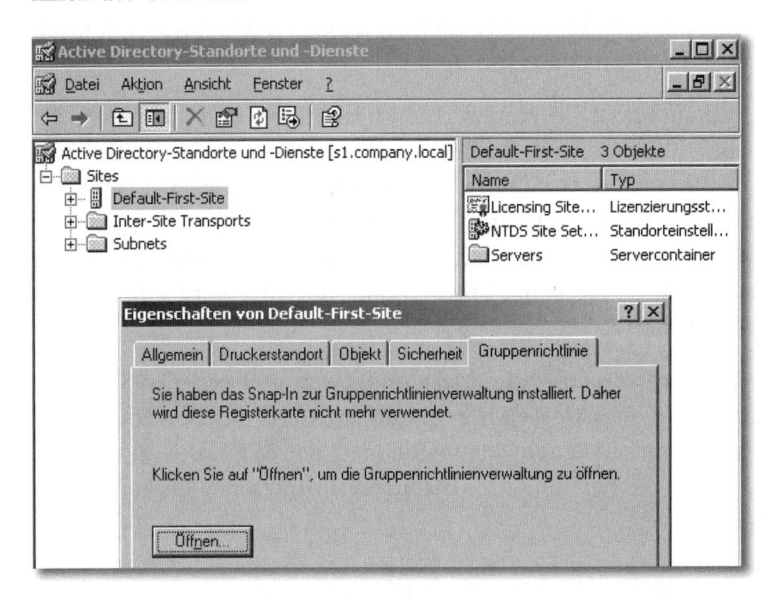

GPOs für Standorte ergeben nur dann Sinn, wenn sich eine Domäne über mehrere Standorte (Sites) ausbreitet und es Gruppenrichtlinien gibt, deren Einstellung sich von Standort zu Standort unterscheiden soll. Ein typisches Beispiel dafür ist die Richtlinie **Ordnerumleitung**, mit der Sie unter anderem den Ordner **Eigene Dateien** für jeden Benutzer auf eine Serverfreigabe umleiten können. Für Mitarbeiter am Standort X wird es sinnvoll sein, den Ordner **Eigene Dateien** auf einen Server am Standort X umzuleiten. Die Ordner **Eigene Dateien** der Mitarbeiter am Standort Y müssen hingegen auf einen Server am Standort Y umgeleitet werden.

Über **Start · Verwaltung** können Sie außerdem das Snap-In **Gruppenrichtlinien** starten, um alle Gruppenrichtlinien in allen erstellten GPOs mit dem **Gruppenrichtlinieneditor** zu definieren.

Wie Sie den obigen Abbildungen entnehmen, erscheint auf meinem Testserver beim Anklicken der Registerkarte **Gruppenrichtlinien** der Hinweis »*Sie haben das Snap-In Gruppenrichtlinienverwaltung installiert. Daher wird diese Registerkarte nicht mehr verwendet. Klicken Sie auf* **Öffnen**, *um die Gruppenrichtlinienverwaltung zu öffnen.*« Die erwähnten Schaltflächen **Neu** und **Bearbeiten** zum Erstellen einer neuen Gruppenrichtlinie und zum Bearbeiten vorhandener Gruppenrichtlinien erscheinen nicht mehr, weil zusätzlich das kostenlos auf **www.microsoft.com** erhältliche Gruppenrichtlinienverwaltungswerkzeug **GPMC.MSI** installiert wurde.

GPMC.MSI steht für ein neues Snap-In **Group Policy Management Console**. In der deutschen Version heißt es **Gruppenrichtlinienverwaltungskonsole**. Dieses Verwaltungswerkzeug wurde von Microsoft erst nach der Freigabe von Microsoft Windows Server 2003 entwickelt und steht zum kostenlosen Download in lokalisierten Sprachversionen bereit. Es kann nicht nur unter Windows Server 2003, sondern auch für Netzwerke unter Windows 2000 Active Directory eingesetzt werden, muss dann aber auf einem Windows-XP-Client installiert werden.

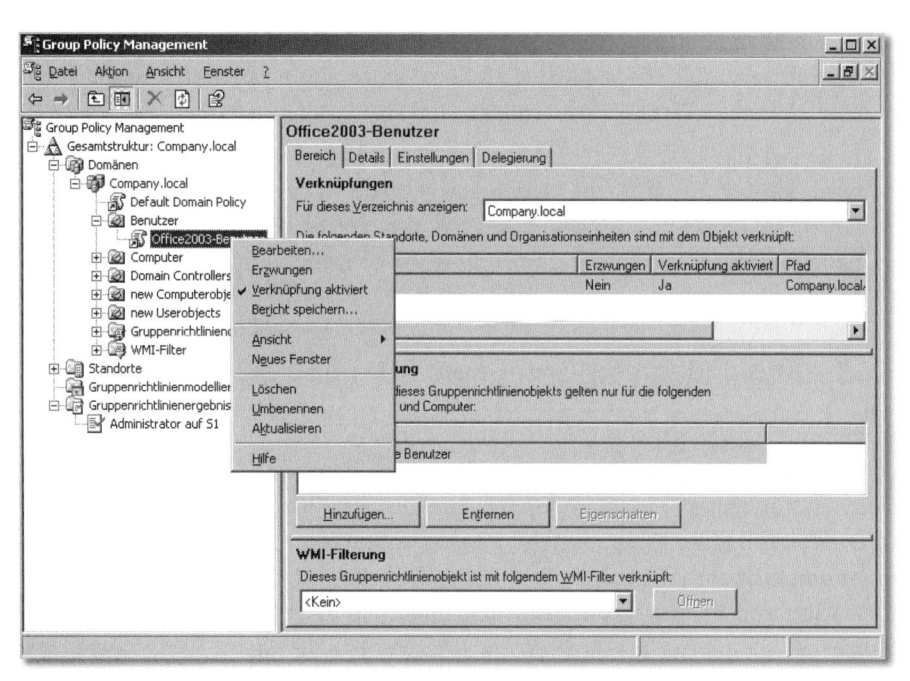

Mit dem neuen **Gruppenrichtlinienverwaltungsprogramm** (Group Policy Management) **GPMC.MSI** ist es nun möglich, alle Verwaltungsarbeiten bezüglich Gruppenrichtlinien, die bisher über mehrere Snap-Ins erledigt werden mussten, über ein zentrales Werkzeug abzuwickeln. Es beinhaltet darüber hinaus viele

Zusatzfunktionen wie den Gruppenrichtlinienergebnissatz, das Sichern, Zurücksichern und Importieren von ganzen GPOs inklusive aller darin definierten Richtlinien und die Verwaltung von WMI-Filtern. Die Installation von zusätzlichen Werkzeugen (Tools), um das daraus resultierende Ergebnis mehrerer Gruppenrichtlinien auf ein Benutzer- oder ein Computerobjekt zu analysieren und Fehler im Zusammenspiel vieler Gruppenrichtlinien zu finden, entfällt damit. Der Preis, den besonders Neulinge bezahlen, ist ein zumindest auf den ersten Blick sehr komplex wirkendes Werkzeug mit einer Fülle von Ansichten, Befehlen und Optionen, deren Bedeutung und Auswirkungen erschlagend wirken kann.

Für Neulinge deshalb folgender Tipp: Arbeiten Sie zuerst ohne das neue Werkzeug GPMC.MSI, um einen einfacheren Einstieg in den Gebrauch von Gruppenrichtlinien zu finden. Installieren Sie das neue GPMC-Werkzeug in einer separaten Testumgebung, z. B. in einer zusätzlichen virtuellen Umgebung, die Sie mit einer Software wie **Microsoft Virtual PC** oder **VMware** auf Ihrem Rechner installieren. Sie sollten die eingeschränkten Möglichkeiten ohne installierte GPMC.MSI allein aus zwei Gründen kennen:

1. Vielleicht müssen Sie später Support an einem fremden Netzwerk leisten, auf dessen Server die neue GPMC-Konsole nicht installiert ist, weil es sich z. B. um einen Windows 2000 Server handelt.
2. In Knowledge-Base-Artikeln, Microsoft-Whitepapers und Artikeln von Dritten wird in der Regel nicht davon ausgegangen, dass das neue Werkzeug GPMC.MSI installiert ist. Um diese Artikel zu verstehen, müssen Sie mit Gruppenrichtlinien auf die herkömmliche Weise umgehen können.

10.8 Anwenden von Gruppenrichtlinien

Bevor eine Gruppenrichtlinie definiert werden kann, muss zuerst ein GPO erstellt werden. Dabei fällt die Entscheidung, ob das GPO für eine gesamte Domäne, für einen Standort oder für eine OU erstellt wird. Die Erstellung des GPO erfolgt in einer Gruppenrichtlinienverwaltungskonsole. Im **Gruppenrichtlinienobjekteditor** gibt es bei jedem GPO die beiden Kategorien **Computerkonfiguration** und **Benutzerkonfiguration**. Innerhalb der Kategorie **Computerkonfiguration** definieren Sie Richtlinien, die unabhängig davon wirken, welcher Benutzer später angemeldet ist. Innerhalb der Kategorie **Benutzerkonfiguration** definieren Sie hingegen Richtlinien, die immer für bestimmte Benutzer gelten sollen, egal an welchem Computer sich diese anmelden.

Enthält eine GPO ausschließlich konfigurierte Richtlinien für Benutzer, so sollte die Computerkonfiguration deaktiviert werden. Die Abarbeitung der GPOs erfolgt dadurch schneller, weil die Computerkonfiguration nicht mehr auf vorgenommene Einstellungen abgesucht wird. Umgekehrt sollte in einer GPO, die ausschließlich konfigurierte Richtlinien für Computer enthält, die Benutzerkonfiguration deaktiviert werden.

Wenn das neue Werkzeug GPMC.MSI nicht installiert ist, so starten Sie das Snap-In **Active Directory-Benutzer und -Computer**, klicken über die rechte Maustaste die **Eigenschaften** des Containers an, der das GPO enthält, und wählen die Registerkarte **Gruppenrichtlinien**. Dort werden alle GPOs aufgelistet, die für den Container bisher erstellt wurden. Sie wählen das betreffende GPO aus und öffnen die Eigenschaften des GPO.

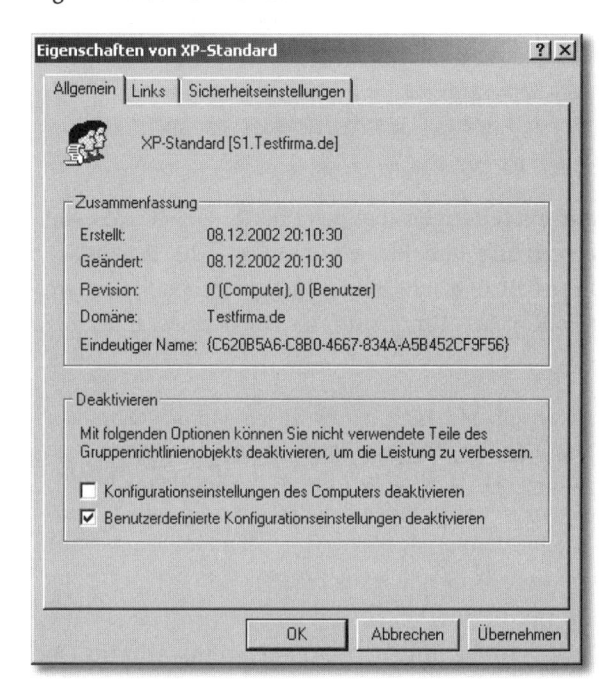

In den Eigenschaften des GPO finden Sie die Optionen **Konfigurationseinstellungen des Computers deaktivieren** und **Benutzerdefinierte Konfigurationseinstellungen deaktivieren**.

Haben Sie bereits das neue Werkzeug **GPMC.MSI** installiert, so finden Sie die Optionen zum Deaktivieren in der Registerkarte **Details** in der Kategorie **Gruppenrichtlinienobjekte**.

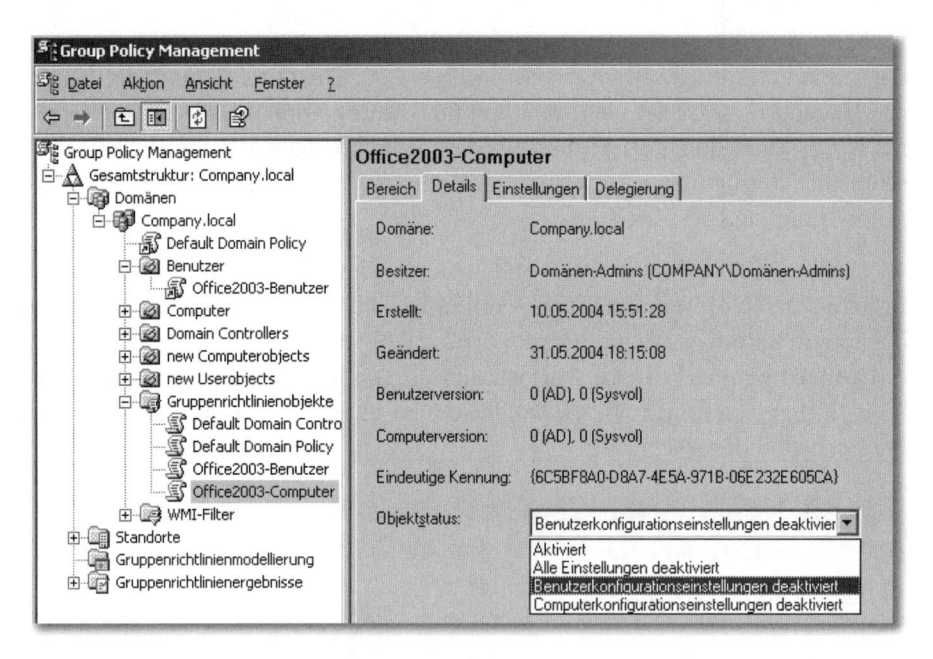

10 | Einführung in Gruppenrichtlinien

[Screenshot: Group Policy Management Konsole mit geöffnetem Office2003-Computer GPO, Registerkarte Details, Objektstatus-Dropdown mit Optionen: Aktiviert, Alle Einstellungen deaktiviert, Benutzerkonfigurationseinstellungen deaktiviert, Computerkonfigurationseinstellungen deaktiviert]

In der Registerkarte **Sicherheitseinstellungen** (bei installierter GPMC.MSI wählen Sie die Registerkarte **Delegierung** und klicken dann auf die Schaltfläche **Erweitert**, um die Berechtigungen einzusehen und zu ändern) geben Sie an, welche Computer- oder Benutzerkonten berechtigt sind, das GPO zu verändern, zu lesen und zu übernehmen.

[!] Ein Gruppenrichtlinienadministrator soll ein GPO zwar einrichten und die Richtlinien einstellen können und benötigt dazu die Rechte **Lesen** und **Ändern**. Er soll jedoch von den GPOs in der Regel nicht betroffen sein, da über Richtlinien die Rechte der betroffenen Benutzer oft stark eingeschränkt werden. Indem Sie das Sicherheitsrecht **Gruppenrichtlinie übernehmen** für Administratoren deaktivieren, verhindern Sie, dass die Arbeitsumgebung des Administrators selbst durch die GPOs betroffen ist.

Für die Sicherheitsgruppen **Domänen-Admins** und **Organisations-Admins** sind die Berechtigungen bei einem neu erstellten GPO bereits passend voreingestellt: Mitglieder dieser Sicherheitsgruppen dürfen die Richtlinien dieses GPO verändern, sind jedoch selbst nicht davon betroffen. Die Berechtigung »Gruppenrichtlinie übernehmen« ist standardmäßig abgewählt.

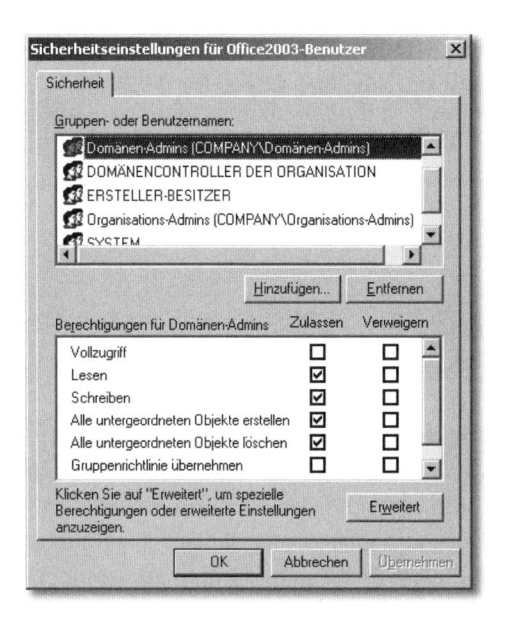

10.9 Reihenfolge der Richtlinienvererbung

Wenn mehrere Container ineinander verschachtelt sind, so wirkt eine Gruppenrichtlinie eines Containers nicht nur auf die Computer- oder Benutzerobjekte dieses Containers, sondern über die Vererbung auch auf Objekte, die in tiefer gelegenen Untercontainern liegen. Haben Sie z. B. eine OU **Standort Berlin** mit den Sub-OUs **Vertrieb Berlin**, **Produktion Berlin** und **Verwaltung Berlin** erstellt, und haben Sie für die OU **Standort Berlin** Gruppenrichtlinien definiert, so wirken diese Richtlinien auf alle Objekte in allen tiefer gelegenen OUs.

Wenn Sie für die Sub-OU **Verwaltung Berlin** ein neues GPO erstellen und dort eine Gruppenrichtlinie anders einstellen als in der übergeordneten Gruppenrichtlinie, so »gewinnt« die Einstellung in der tiefer gelegenen Gruppenrichtlinie. Richtlinien in beiden OUs, die nicht im Widerspruch zueinander stehen, werden kumulativ übernommen, addieren sich also im mathematischen Sinne zu einer Vereinigungsmenge.

10.10 Deaktivierung der Richtlinienvererbung

Mit Hilfe des Kontrollkästchens **Richtlinienvererbung deaktivieren** können Sie jedoch verhindern, dass für eine tiefer gelegene OU außer den Richtlinien, die für diese OU eingestellt wurden, auch noch die Richtlinien einer übergeordneten

OU wirken sollen. Sie finden diese Option in der Registerkarte **Allgemein**. Bei Standortrichtlinien kann die Vererbung nicht deaktiviert werden, weil diese sich an oberster Stelle der Richtlinien-Hierarchie befinden. Zuerst wird also überprüft, ob es eine Standortrichtlinie gibt. Wenn ja, so wird diese übernommen, es sei denn, es gibt eine Domänenrichtlinie, die anders lautet, oder eine OU-Richtlinie, die wiederum anders lautet.

10.11 Die Option »Kein Vorrang« überschreibt die Deaktivierung der Vererbung

Neben der Option **Richtlinienvererbung deaktivieren** gibt es die Option **Kein Vorrang**, die genau das Gegenteil bewirkt. Wenn Sie für die OU **Standort Berlin** eine Gruppenrichtlinie **aktiviert** haben und dort die Option **Kein Vorrang** aktivieren, so greift die Gruppenrichtlinie immer, auch dann, wenn in einer tiefer gelegenen OU wie z. B. **Vertrieb Berlin** dieselbe Gruppenrichtlinie genau umgekehrt definiert wurde, in unserem Beispiel auf **deaktiviert** gesetzt ist. Wurde die Option **Kein Vorrang** im übergeordneten Container aktiviert, so werden die Richtlinieneinstellungen dieses Containers auch dann auf Objekte in tiefer gelegenen Containern angewendet, wenn in den tiefer gelegenen Containern die Option **Richtlinienvererbung deaktivieren** scharf geschaltet wurde.

10.12 Die Einstellungen »Nicht konfiguriert«, »Aktiviert« und »Deaktiviert«

Wird eine Richtlinie auf **Aktiviert** gestellt, so wird sie auf alle Objekte des Containers angewendet. Ist eine Richtlinie im Zustand **Nicht konfiguriert**, bedeutet das jedoch nicht, dass im Endergebnis diese Richtlinie nicht angewendet wird. Gibt es nämlich einen übergeordneten Container, in dem genau diese Richtlinie aktiviert ist, so wirkt diese Einstellung aufgrund der Vererbung auch auf die Objekte in untergeordneten Containern. Die Einstellung **Nicht konfiguriert** bedeutet korrekt, dass die Einstellungen aus der übergeordneten Richtlinie übernommen werden, wenn es übergeordnete Richtlinien gibt. Ist also weiter oben in einer Richtlinie diese Einstellung konfiguriert und in der aktuellen Richtlinie nicht, wird die Einstellung **Nicht konfiguriert** mit der oben angewendeten Einstellung überschrieben.

Um dies zu verhindern, gibt es die Einstellung **Deaktiviert**. Damit wird diese Richtlinie nicht angewendet, und auch eine höher liegende Richtlinieneinstellung kann diese nicht überschreiben. Doch auch hier gibt es eine Ausnahme:

Wurde in den Eigenschaften einer übergeordneten Richtlinie die Einstellung **Kein Vorrang** aktiviert, so kann diese Richtlinieneinstellung auf untergeordneter Ebene nicht außer Kraft gesetzt werden.

10.13 DNS-Server mit SRV Records ist notwendige Voraussetzung

Ein fehlerfrei konfiguriertes DNS ist eine notwendige Voraussetzung für das einwandfreie Funktionieren von Gruppenrichtlinien. Über die SRV Records des DNS-Servers findet der Client seine Zuordnung im Active Directory: Welcher OU sind der Computer und der Benutzer zugeordnet, welche Richtlinien sind dort hinterlegt usw. Durch einen fehlerhaft konfigurierten DNS-Dienst, das Fehlen des DNS-Server-Eintrags bei den Clients oder einen falschen DNS-Eintrag kommt es zu extrem langen Anmeldezeiten, die Gruppenrichtlinien werden nicht übernommen, es kommt zu Problemen bei der Namensauflösung oder die Replikation zwischen den Domänencontrollern wird nicht ausgeführt.

Der Windows Server 2000/2003 mit installiertem DNS-Dienst erfüllt alle nötigen Voraussetzungen für das Funktionieren von Active-Directory-Gruppenrichtlinien. Soll in einer Umgebung, in der DNS bisher über UNIX bzw. Linux-BIND bereitgestellt wurde, auf BIND weiterhin nicht verzichtet werden, so muss BIND so weit aktualisiert werden, dass der DNS SRV Records unterstützt und ein dynamischer DNS (D-DNS) ist. In diesem Fall ist es auf jeden Fall ratsam, bei den Windows-Clients einen Windows Server 2000/2003 als DNS-Server einzutragen und den UNIX-BIND als Forwarder im Windows DNS-Dienst einzutragen. Auf den Windows-Clients muss der DNS-Server, der die SRV Records hält, als erster DNS in den TCP/IP-Eigenschaften eingetragen sein.

10.14 Gruppenrichtlinien wirken auf Benutzer- oder Computerobjekte, nicht auf Sicherheitsgruppen

Der Ausdruck »Gruppenrichtlinien« ist übrigens etwas irreführend. Gruppenrichtlinien wirken sich immer nur auf die Benutzer- oder Computerobjekte aus, die im zugehörigen Container liegen, nicht auf Sicherheitsgruppen. Wenn Sie z. B. eine OU mit dem Namen **Laptops** erstellen, für diese ein GPO erzeugen und in diesem GPO spezielle Richtlinien für Laptops konfigurieren, so müssen Sie anschließend alle Laptops oder aber alle Laptopbenutzer in diese OU verschieben, damit die Richtlinien wirken. Legen Sie in der OU **Laptops** hingegen nur eine Sicherheitsgruppe **Laptops** an, die als Mitglieder die Laptopobjekte enthält, und verbleiben die Laptopobjekte in einer anderen OU, die kein Untercontainer der OU **Laptops** ist, so wirkt die Richtlinie nicht.

Dennoch können Sie Sicherheitsgruppen nutzen, um über Gruppenrichtlinienberechtigungen zu steuern, auf welche Benutzer- oder Computergruppen ein Satz von Richtlinien wirken soll. Um das zu demonstrieren, ändern wir das Beispiel mit den Laptops ab: Sie haben eine OU mit der Bezeichnung **Clients** erstellt. Diese OU nimmt alle Computer bis auf Server auf, das heißt sowohl Arbeitsplatzcomputer als auch Laptops oder Tablet-PCs. Für diese OU erstellen Sie ein GPO, in dem nur spezielle Richtlinien für Laptops und Tablet-PCs konfiguriert werden. Dieses GPO soll nur auf alle Laptops und Tablet-PCs der OU **Clients** wirken, nicht aber auf Clients, die immer online sind. Um das zu erreichen, richten Sie eine Sicherheitsgruppe **Laptops und Tablet-PCs** ein und nehmen alle Laptops und Tablet-PCs in diese Sicherheitsgruppe als Mitglieder auf. Die Berechtigungen des GPO verändern Sie anschließend so, dass dieses GPO nur von der Sicherheitsgruppe **Laptops und Tablet-PCs** gelesen und übernommen werden kann, nicht aber von den anderen Clients.

In den weiteren Ausführungen zu Gruppenrichtlinien wird demonstriert werden, wie Sie über nur zwei GPOs steuern, was einfache Anwender und so genannte Poweruser dürfen. In dem ersten GPO werden dazu Richtlinieneinstellungen für den Standardanwender vorgenommen, die stark restriktiv sind. Das zweite GPO kann nur von der Sicherheitsgruppe **Poweruser** gelesen und übernommen werden. In die Sicherheitsgruppe **Poweruser** werden Programmierer, Helpdesk-Mitarbeiter und andere Mitarbeiter als Mitglieder aufgenommen, die mehr Freiheiten auf ihrem Computer benötigen. In diesem zweiten GPO werden nun einige der Richtlinien, die in dem ersten GPO die Rechte des Standardanwenders stark einschränkten, wieder außer Kraft gesetzt, indem die Richtlinien den Status **deaktiviert** erhalten. Mit einem einfachen und leicht zu durchschauenden Modell aus zwei GPOs lässt sich somit steuern, welche Mitarbeiter in ihrer Arbeitsumgebung starre, nicht veränderbare Vorgaben bekommen und bei welchen Mitarbeiter diese starren Vorgaben wieder gelockert werden, damit sie in der täglichen Arbeit nicht behindert sind.

10.15 Konfigurierte Richtlinien werden auch in der Registrierdatenbank gespeichert

Wo und wie wird eigentlich gespeichert, welche Gruppenrichtlinien für den Computer bzw. den angemeldeten Benutzer wie konfiguriert sind? Die Gruppenrichtlinienvorlage (GPT) ist eine Ordnerstruktur im Verzeichnis **%systemroot%\SYSVOL\sysvol\<Domänenname>\Policies** von Domänencontrollern. Besonders diejenigen Einstellungen, die in einer Gruppenrichtlinie unter »Administrative Vorlagen« vorgenommen werden, werden jedoch auch in die Registrierdatenbank der Computer- und Benutzerobjekte geschrieben, für die sie gelten sollen. Die konfigurierten Richtlinien sollen auch wirken, wenn der Client offline ist, und müssen unter anderem auch deshalb lokal und nicht nur im Active Directory gespeichert sein.

In der Registrierdatenbank gibt es dazu folgende Zweige:

```
HKEY_LOCAL_Machine/Software/Policies
HKEY_LOCAL_Machine/Software/Microsoft/Windows/CurrentVersion/
Policies
HKEY_CURRENT_USER/Software/Policies
HKEY_CURRENT_USER/Software/Microsoft/Windows/CurrentVersion/
Policies
```

10.16 Aktualisierung ohne Verzögerung

Ändern Sie die Einstellung einer Richtlinie, so wird die Auswirkung am betroffenen Client bzw. unter der betroffenen Anwenderkennung erst mit einer Verzögerung wirksam. Änderungen, die den Computer betreffen, wirken oft erst nach dem Neustart des Clients. Änderungen, die einen Benutzer betreffen, wirken spätestens nach einer Neuanmeldung.

Es gibt jedoch Kommandozeilenbefehle, über die alle Gruppenrichtlinien unverzüglich erneut angewendet werden. Unter Windows 2000 nutzen Sie den Befehl **secedit**, wobei über die Parameter **machine_policy** und **user_policy** explizit angegeben werden kann, ob nur die Richtlinien der Kategorie **Computerkonfiguration** oder der Kategorie **Benutzerkonfiguration** neu angewendet werden soll:

```
secedit /refreshpolicy user_policy /enforce
secedit /refreshpolicy machine_policy /enforce
```

Unter Windows XP ersetzt **gpupdate** das ehemalige Tool **secedit**:

```
gpupdate /target:user /force /wait:0
gpupdate /target:computer /force /wait:0
```

Das Tool **gpupdate** kann jedoch auch unter Windows 2000 Professional eingesetzt werden. Es muss dazu in das Verzeichnis **%systemroot%\System32** eingespielt werden. Sehen Sie sich die Onlinehilfe des Tools **gpupdate** an, um mehr über die Bedeutung der verschiedenen Parameter zu erfahren. Der Parameter **/force** sorgt dafür, dass alle Einstellungen erneut angewendet werden, auch wenn der Zähler der Richtlinie noch nicht erhöht wurde.

Außerdem gibt es eine Richtlinie, mit der die standardmäßige Verzögerung, nach der Gruppenrichtlinien erneut angewendet werden, auf einen niedrigeren Wert eingestellt werden kann. Dieses Vorgehen empfiehlt sich während der Testphase.

10.17 Sichern, Kopieren und Importieren von Richtlinieneinstellungen

Stellen Sie sich vor, Sie haben in Ihrer Testdomäne eine Gruppenrichtlinie erstellt und würden gerne alle Einstellungen in eine Produktivumgebung übernehmen. Wie ginge das mit dem geringsten Aufwand?

Stellen Sie sich vor, Sie möchten eine weitere OU einrichten und für diese neue OU identische oder fast identische Gruppenrichtlinien nutzen, wie sie bereits für eine andere OU eingerichtet wurden.

Im Herbst 2003 hat Microsoft die **Gruppenrichtlinienverwaltungskonsole GPMC** zum kostenlosen Download veröffentlicht. Über dieses Snap-In können Sie ein GPO mit allen darin konfigurierten Richtlinien kopieren bzw. importieren. Die Onlinehilfe gibt nähere Auskunft.

Über **Kopieren** können Einstellungen von einem GPO direkt auf ein neues GPO übertragen werden. Beim Kopiervorgang wird ein neues GPO erstellt und erhält einen neuen GUID. Auf diese Weise können Einstellungen auf ein neues GPO in derselben Domäne, in einer anderen Domäne in derselben Gesamtstruktur oder in einer Domäne in einer anderen Gesamtstruktur übertragen werden. Da beim Kopiervorgang ein im Active Directory vorhandenes GPO als Quelle verwendet wird, muss zwischen der Quell- und der Zieldomäne eine Vertrauensstellung bestehen.

Kopiervorgänge eignen sich für die Übernahme von Gruppenrichtlinien zwischen Produktionsumgebungen oder zwischen einer Testdomäne (bzw. Testgesamtstruktur) und einer Produktivdomäne (bzw. Produktivgesamtstruktur). Voraussetzung ist eine Vertrauensstellung zwischen der Quell- und der Zieldomäne. Detaillierte Anweisungen finden Sie in der Onlinehilfe von GPMC unter »Kopieren eines Gruppenrichtlinienobjekts«.

Das Kopieren ähnelt einer **Sicherung** mit anschließendem Import, wobei der Zwischenschritt über das Dateisystem wegfällt und das neue GPO als Teil des Kopiervorgangs erstellt wird. Informationen zum Sichern von GPOs finden Sie in der Onlinehilfe von GPMC unter dem Suchbegriff »Sichern«.

Beim **Import** ist im Gegensatz zum Kopiervorgang keine Vertrauensstellung zwischen den Domänen erforderlich. Informationen zum Importvorgang finden Sie in der Onlinehilfe unter dem Suchbegriff »Importieren«.

Die Verfahren zum Sichern, Kopieren oder Importieren von GPOs und hiermit zusammenhängende Aufgaben können auch mit Hilfe der Beispielskripte durchgeführt werden, die zum Lieferumfang der Gruppenrichtlinienverwaltung GPMC gehören.

Ein Systemhaus, das für viele Kunden Projekte mit Windows 2000/2003 Active Directory durchführt, kann die Gruppenrichtlinien einer sauber durchkonfigurierten Testumgebung also komfortabel weiterverwenden, indem die in der Testumgebung erzeugten Gruppenrichtlinien als Vorlagen gesichert, beim Kunden in das frisch aufgesetzte Active Directory eingespielt und danach lediglich angepasst werden.

10.18 Gruppenrichtlinienverknüpfungen hinzufügen

Wenn Sie jedoch eine identische Gruppenrichtlinie ohne Modifikationen für mehrere OUs verwenden möchten, geht das auch anders, nämlich über eine Verknüpfung. Sie erstellen die Gruppenrichtlinie in einer »neutralen« OU und konfigurieren sie. Danach erzeugen Sie in anderen OUs Verknüpfungen zu dieser zentralen Gruppenrichtlinie. Diese Methode hat den Vorteil, dass Sie später bei Bedarf nur an einer Stelle Änderungen an einer Gruppenrichtlinie vornehmen können und diese Änderungen sofort für alle OUs wirksam werden, die mit der zentral gepflegten Gruppenrichtlinie verknüpft sind.

Sie öffnen die Eigenschaften der OU und dort die Registerkarte **Gruppenrichtlinien**. Dieses Mal klicken Sie aber nicht auf die Schaltfläche **Neu**, sondern auf die Schaltfläche **Hinzufügen**. (Diese Schaltfläche wäre eindeutiger mit »Verbinden« bezeichnet worden.) Wählen Sie die Registerkarte **Alle** an. Es werden alle Gruppenrichtlinien der Domäne aufgelistet, die bisher angelegt wurden.

Wozu können Sie die Möglichkeit nutzen, Gruppenrichtlinien mit mehreren Organisationseinheiten zu verbinden?
Wenn Sie z. B. mehrere Standorte haben und an allen Standorten Server stehen, so können Sie eine zentrale OU mit dem Namen **Gruppenrichtlinien der Organisation** einrichten. Dort können Sie z. B. eine Gruppenrichtlinie **Domänencontroller** generieren, in der alle für Domänencontroller wichtigen Sicherheitsrichtlinien definiert werden. Für jeden Standort sollten Sie dann eine OU erstellen und innerhalb dieser OUs wiederum Sub-OUs für Domänencontroller, Mitgliedsserver, Clientcomputer, Benutzer, Benutzergruppen und externe Kontakte. In den Sub-OUs **Domänencontroller**, die es in jeder Standort-OU gibt, erstellen Sie dann eine Gruppenrichtlinie, indem Sie eine Verknüpfung zur zentralen Richtlinie **Domänencontroller** in der zentralen OU **Gruppenrichtlinien der Organisation** erstellen.

Auf dieselbe Weise gehen Sie für andere Servertypen wie Mitgliedsserver, Exchange Server, SQL-Server vor. Auf dem Microsoft-Webserver finden Sie den »Windows Server Security Operations Guide« mit dem Kapitel 4, »Sichern von Servern basierend auf ihren Rollen«. In diesem Artikel wird beschrieben, wie verschiedene Servertypen mittels Gruppenrichtlinien abgesichert werden.

Sie können die Möglichkeiten der Verknüpfung von Gruppenrichtlinien natürlich auch für Richtlinien verwenden, die für alle Benutzer der gesamten Organisation gelten sollen. Dazu erstellen Sie eine Gruppenrichtlinie wie z. B. **Standardbenutzer-organisationsweit** und vielleicht eine weitere Gruppenrichtlinie wie **Hauptbenutzer-organisationsweit** in der zentralen OU **Gruppenrichtlinien der Organisation**. Die zweite Gruppenrichtlinie ist dann für Poweruser (SW-Entwickler, Helpdesk-Mitarbeiter usw.), bei denen die Umgebung nicht so stark wie bei Standardbenutzern eingeschränkt wird. Diese zentralen Gruppenrichtlinien verbinden Sie dann mit den OUs namens **Benutzer**, die Sie als Sub-OUs unter den verschiedenen Standort-OUs erstellt haben.

Jedoch sollten Sie in diesen zentralen Gruppenrichtlinien wirklich nur solche definieren, die dann auch für alle Benutzer der gesamten Organisation gelten. Die Richtlinie **Ordnerumleitung**, in der jeweils ein Server angegeben werden muss, auf dem sich das Basisverzeichnis des Benutzers befindet, eignet sich vielleicht weniger für eine zentrale Gruppenrichtlinie. Denn die Basisverzeichnisse (Userhome-Directories) einer großen Organisation mit mehreren Standorten liegen auf mehreren Dateiservern. Doch auch hier gibt es einen Trick, um die Zuordnung zu mehreren Servern hinzubekommen. Näheres dazu finden Sie in Kapitel 14, *Servergespeicherte Benutzerprofile, Basisordner und Ordnerumleitung*.

10.19 Eine Gruppenrichtlinie oder deren Verknüpfung löschen

Wenn Sie eine OU löschen, ohne vorher die Gruppenrichtlinien zu löschen, die für diese OU erstellt wurden, so bleiben diese Gruppenrichtlinien im Active Directory und im Verzeichnis **%SYSTEMROOT%\SYSVOL\sysvol\Company.local\ Policies** der Domänencontroller erhalten. Um das zu testen, erzeugen Sie eine neue Test-OU und legen für diese OU eine Testgruppenrichtlinie an. Notieren Sie den eindeutigen Namen der Gruppenrichtlinie, der über die Schaltfläche **Eigenschaften** angezeigt wird. Löschen Sie jetzt die Test-OU und überprüfen Sie, ob das bei der Erstellung der Gruppenrichtlinie erzeugte Verzeichnis unterhalb von **%SYSTEMROOT%\SYSVOL\sysvol\Company.local\Policies** durch das Löschen der OU automatisch gelöscht wurde. Es ist noch vorhanden.

Öffnen Sie jetzt die Eigenschaften einer anderen OU und dort die Registerkarte **Gruppenrichtlinien**. Klicken Sie dieses Mal nicht auf die Schaltfläche **Neu**, sondern auf die Schaltfläche **Hinzufügen**. Wählen Sie die Registerkarte **Alle** an. Es werden alle Gruppenrichtlinien der Domäne aufgelistet, auch die Test-Gruppenrichtlinie, die für die bereits gelöschte Test-OU erzeugt wurde.

Hat man ein GPO mit der Maus angewählt und klickt auf die Schaltfläche **Löschen**, so erscheint eine Abfrage.

Verknüpfung aus Liste entfernen bewirkt, dass andere Container (Standorte, Domänen, OUs) die Richtlinie nach wie vor verwenden können. Es wird also nur die Verknüpfung auf das aktuelle Objekt gelöscht.

Verknüpfung aus Liste entfernen und das Gruppenrichtlinienobjekt unwiderruflich löschen bedeutet, dass die Gruppenrichtlinie selbst gelöscht und nach diesem Vorgang komplett entfernt wird. Es ist nicht möglich, diese Richtlinie zu einem späteren Zeitpunkt auf einen anderen Container anzuwenden.

Bevor Sie jedoch ein GPO unwiderruflich löschen, sollten Sie folgende Einstellung überprüfen: Markieren Sie die gewünschte Richtlinie und klicken auf die Schaltfläche **Eigenschaften**. In der Registerkarte **Links** wählen Sie im Feld **Domäne** die Domäne aus, die nach Verknüpfungen durchsucht werden soll. Klicken Sie auf **Suchen**. Mit diesem Vorgang werden alle Container gesucht, mit denen diese Richtlinie verknüpft ist. Sie können so feststellen, ob diese Richtlinie noch auf einen anderen Container einer anderen Domäne wirkt.

Die beschriebene Vorgehensweise bezog sich auf einen Server ohne zusätzlich installierte Gruppenrichtlinienverwaltungskonsole GPMC. Ist dieses Werkzeug installiert, ist die Vorgehensweise ähnlich.

10.20 Wiederherstellen der Standarddomänenrichtlinie mit dem Kommandozeilentool

Für eine neu eingerichtete Domäne werden automatisch die beiden GPOs **Default Domain Policy** und **Default Domain Controllers Policy** erstellt. Änderungen an den Richtlinieneinstellungen in diesen beiden Standard-GPOs sollten Sie nach Möglichkeit vermeiden oder zumindest exakt dokumentieren. Erstellen Sie besser selbst neue GPOs und nehmen Sie dort die gewünschten Einstellungen vor. Wurden trotzdem Änderungen an den Standardrichtlinien vorgenommen und soll der Urzustand wiederhergestellt werden, so gibt es in Windows Server 2003 den Kommandozeilenbefehl **dcgpofix**. Das zugehörige Tool **dcgpofix.exe** liegt im Verzeichnis **%systemroot%\system32**. In der Onlinehilfe werden die

Verwendung des Tools, die zugehörigen Parameter und die Einschränkungen erklärt.

Durch die Angabe des Parameters **/ignoreschema** können Sie es **dcgpofix.exe** ermöglichen, mit unterschiedlichen Versionen des Active Directory zusammenzuarbeiten. Standardrichtlinienobjekte werden jedoch möglicherweise nicht in ihren ursprünglichen Zustand wiederhergestellt. Um die Kompatibilität sicherzustellen, sollten Sie die Version von **dcgpofix.exe** verwenden, die mit dem aktuellen Betriebssystem installiert wurde. Das folgende Beispiel zeigt, wie Sie den Befehl **dcgpofix** verwenden können, um das Standard-Domänenrichtlinienobjekt wiederherzustellen:

```
dcgpofix /target: domain
```

Weitere Informationen finden Sie in den Knowledge-Base-Artikeln »*HOW TO: Reset User Rights in the Default Domain Group Policy*« (**http://support.microsoft.com/?kbid=226243**) und »*HOW TO: Reset User Rights in the Default Domain Controllers Group Policy Object*« (**http://support.microsoft.com/?kbid=267553**).

10.21 Gruppenrichtlinien vs. reg-Dateien

Über viele Gruppenrichtlinien werden Werte in der Registrierdatenbank des Clients oder der Server verändert. Es stellt sich die Frage, ob man dieselben Ziele nicht auch über reg-Dateien erreichen kann, vielleicht sogar mit geringerem Aufwand. Neben dem Befehl **Regedit** gibt es viele Tools am Markt, mit denen Sie Einstellungen in Windows XP oder Microsoft Office vornehmen und die zugehörigen Registry-Einträge direkt in eine reg-Datei exportieren können, z. B. den **Registry System Wizard**, **X-Setup** oder **RegShot**. Diese reg-Datei kann dann über ein Anmeldeskript oder ein Startskript importiert werden.

Obwohl Microsoft seit der Einführung von Active Directory mit Windows 2000 Server das Instrument der Gruppenrichtlinien immer wieder als das zentrale Verwaltungswerkzeug zur Steuerung der Clients herausstellt, gibt es bisher keine mir bekannten Drittanbieter, die Gruppenrichtlinien-Vorlagedateien (adm-Dateien) anbieten, damit auch ihre Produkte über den Gruppenrichtlinieneditor von zentraler Stelle aus gesteuert werden könnten. Weder für SAP, Sage KHK, AutoCAD, CorelDraw noch für führende Antiviren-Produkte gibt es derartige adm-Dateien. Und selbst das kaufmännische Produkt Navision, das Microsoft inzwischen vertreibt, enthält keine Gruppenrichtlinien-Vorlagedateien zur zentralen Steuerung der Clients.

Dennoch gibt es inzwischen nicht nur Tools zur Umwandlung von reg-Dateien in adm-Dateien (**Registry System Wizard**, **reg2adm**, **ptfe** – Policy Template File Editor) und Artikel, in denen die Erstellung von eigenen adm-Dateien ausführlich beschrieben wird. Es gibt auch viele andere Gründe, sich mit Gruppenrichtlinien zu beschäftigen, denn mittels dieser kann bei weitem mehr erreicht werden als über Manipulationen der Registrierdatenbank:

- Über Gruppenrichtlinien lassen sich auch Werte im Bereich HKEY_LOCAL_MACHINE der Registrierdatenbank manipulieren. Dazu hat der einfache Anwender in der Regel jedoch keine Rechte.
- Über Gruppenrichtlinien können Anwendungen installiert werden.
- Über Gruppenrichtlinien können Start- und Herunterfahrenskripte, aber auch Abmeldeskripte aktiviert werden, was weit mehr an Möglichkeiten bietet als lediglich ein Anmeldeskript.
- Mittels Gruppenrichtlinien können komplexe Active-Directory-Strukturen, die aus mehreren Standorten oder sogar aus mehreren Domänen bestehen, zentral gesteuert werden.
- Mit Gruppenrichtlinien kann das Verhalten einzelner Client- oder Benutzergruppen einzeln gesteuert werden. Sie können z. B. eine OU erstellen, in der Sie alle Laptops und Tablet-PCs unterbringen, und für diese OU spezielle Gruppenrichtlinien einrichten, um die Besonderheiten von Clients, die regelmäßig offline sind, in den Griff zu bekommen.

Das sind nur einige der Vorzüge, die Gruppenrichtlinien gegenüber der Manipulation der Registrierdatenbank mittels reg-Dateien haben. Der Hauptvorteil von Gruppenrichtlinien ist, dass der Administrator zentral vorgeben kann, wie ein Client aussieht, welche Anwendungen und Features freigegeben oder gesperrt sind und was der Anwender nutzen und verändern darf. Diese Einstellungen können über Gruppenrichtlinien jederzeit verändert werden, ohne dass der Anwender zur Gruppe der **lokalen Administratoren** oder der **Hauptbenutzer** gehören muss. Die über Gruppenrichtlinien gesteuerten Einstellungen in der Registrierdatenbank werden mit der Berechtigung der betriebssysteminternen Gruppe **SYSTEM** durchgesetzt.

Mit zentral verwalteten Gruppenrichtlinien lässt sich der Verwaltungsaufwand eines Netzwerks drastisch senken, ebenso die Anzahl möglicher Fehlerquellen und Sicherheitsbedrohungen. So oder so führt für Sie kein Weg daran vorbei, sich mit Gruppenrichtlinien auseinander zu setzen. Denn vielleicht morgen schon müssen Sie ein Netzwerk betreuen, in dem von Gruppenrichtlinien intensiv Gebrauch gemacht wird.

10.22 Fehlersuche, wenn eine Richtlinie nicht wirkt

Grundsätzlich kann es von Umgebung zu Umgebung sehr viele Ursachen dafür geben, dass eine Gruppenrichtlinie auf dem betreffenden Client oder unter der betreffenden Kennung nicht das gewünschte Resultat zeigt, auch wenn man sie aktiviert hat. Wirkt überhaupt keine Gruppenrichtlinie, so liegt das in der Regel an einem fehlerhaft konfigurierten DNS. Überprüfen Sie dann die DNS-Konfiguration der DNS-Server und die DNS-Einträge im Client. Überprüfen Sie am Server das Ereignisprotokoll.

Stellen Sie danach sicher, dass der betreffende Clientcomputer bzw. die betreffende Benutzerkennung in der richtigen OU liegt, auf die die Richtlinie angewendet wird.

Überprüfen Sie, ob die Gruppenrichtlinienberechtigungen richtig eingestellt sind, sodass der Computer bzw. der Benutzer das GPO lesen und übernehmen kann. Wichtig ist dabei, dass Richtlinien nicht auf eine Sicherheitsgruppe angewendet werden können, sondern immer nur auf die Objekte, die in dem Container liegen, auf den die Richtlinie wirkt.

Überprüfen Sie, in welcher Reihenfolge mehrere Richtlinien angewendet werden, ob es geerbte Richtlinien aus übergeordneten Containern gibt. Ein Tool aus dem Windows Server Resource Kit mit dem Namen **GPRESULT** zeigt auch unter Windows 2000 Professional das Ergebnis, wenn mehrere Gruppenrichtlinien auf ein Objekt wirken. Im neuen Verwaltungswerkzeug **GPMC.MSI** ist dieses Werkzeug bereits integriert.

Auf einem Windows-XP-Client können Sie den Kommandozeilenbefehl **gpresult** nutzen, um das Resultat aller wirkenden Gruppenrichtlinien anzuzeigen. Der Befehl **gpresult /?** zeigt alle Parameter an, der Befehl **gpresult > c:\gpresult.txt** leitet das Ergebnis in eine leichter auswertbare Textdatei um. Mit den Parametern **/u** (für User) und **/s** (für System) können Sie sogar herausfinden, was passiert, wenn sich ein bestimmter Anwender an einem anderen Rechner anmeldet: **gpresult /u:benutzername /s:rechnername**.

10.23 Tools, Artikel und Quellen zu Gruppenrichtlinien

[O] Die erste Quelle zu weiteren Informationen rund ums Thema ist die Buch-DVD, die auch dann noch mit weiteren Beiträgen aktualisiert werden wird, wenn das Buch bereits beim Drucker gesetzt wird. Auf der DVD finden Sie ein eigenes Verzeichnis **Gruppenrichtlinien** mit Tools, Whitepapers, Knowledge-Artikeln und

Verweisen auf Webseiten mit weiteren Quellen. Als zweiten Schritt sollten Sie im Internetportal des Verlags auf der Update-Seite dieses Buchs überprüfen, ob es neue Beiträge gibt.

Windows Server, Windows XP und Office XP/2003 bieten eine Fülle von Gruppenrichtlinien, mit denen die Konfiguration des Clients von zentraler Stelle aus gesteuert werden kann. Über Gruppenrichtlinien lassen sich aber auch Anwendungen installieren. Dieses Kapitel soll nun Klarheit verschaffen, welche Einstellungen des Betriebssystems Windows XP Professional über Gruppenrichtlinien zentral verwaltet werden können. Dabei werden die zum Lieferumfang gehörenden Gruppenrichtlinien analysiert. Sie erfahren aber auch, welche fehlenden Einstellungen Sie über selbst erstellte Gruppenrichtlinien vornehmen können. Gruppenrichtlinien lassen sich für den lokalen Computer, für den Standort, die Domäne oder eine einzelne Organisationseinheit definieren und zusätzlich verknüpfen, und das kann zu Konflikten führen.

11 Die Gruppenrichtlinien von Windows XP einsetzen

11.1 Gruppenrichtlinien aktualisieren

Standardmäßig werden Computerrichtlinien und Benutzerrichtlinien alle 90 Minuten im Hintergrund mit einer zufälligen Verzögerung zwischen 0 und 30 Minuten aktualisiert – und natürlich beim Start des Computers bzw. bei der Anmeldung des Benutzers. Das Standardintervall von 90 Minuten und das Zufallsverzögerungsintervall von bis zu 30 Minuten zur Aktualisierung der Gruppenrichtlinien kann jedoch auch verändert werden. Über die Richtlinie **Gruppenrichtlinien-Aktualisierungsintervall für Computer** unter **Computerkonfiguration · Administrative Vorlagen · System · Gruppenrichtlinien** können Sie das Aktualisierungsintervall für Computerrichtlinien festlegen.

Über die Richtlinie **Gruppenrichtlinien-Aktualisierungsintervall für Benutzer** unter **Benutzerkonfiguration · Administrative Vorlagen · System · Gruppenrichtlinien** können Sie das Aktualisierungsintervall für Benutzerrichtlinien festlegen.

11 | Die Gruppenrichtlinien von Windows XP einsetzen

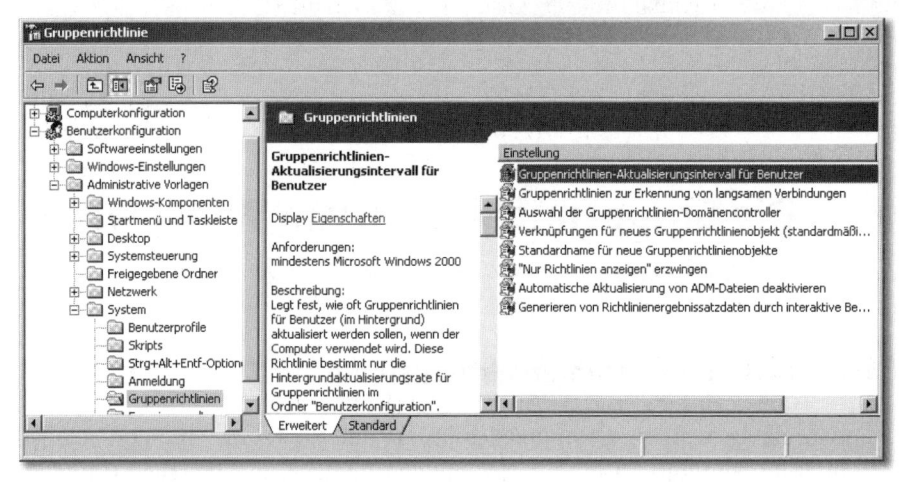

Wenn Sie eine Gruppenrichtlinie geändert haben und die Aktualisierung sofort erzwingen wollen, so können Sie dazu auf einem Windows 2000 Server oder Windows-2000-Professional-Client den Befehl **secedit** mit entsprechenden Parametern verwenden.

Der Befehl **secedit /?** zeigt die möglichen Parameter an. Der Befehl **secedit /refreshpolicy machine-policy /enforce** aktualisiert unter Windows 2000 die Computergruppenrichtlinien, der Befehl **secedit /refreshpolicy user-policy /enforce** aktualisiert die Benutzergruppenrichtlinien.

Unter Windows XP wurde jedoch der Befehl **secedit** durch den Befehl **gpupdate** ersetzt. Er aktualisiert lokale und Active-Directory-basierte Gruppenrichtlinieneinstellungen, einschließlich der Sicherheitseinstellungen. Die Syntax des Befehls **gpupdate** lautet:

```
gpupdate [/target:{computer|user}] [/force] [/wait:Wert] [/logoff]
[/boot]
```

Die Parameter haben folgende Bedeutung:

/target:{computer|user}
Verarbeitet nur die Computer- oder die aktuellen Benutzereinstellungen. Standardmäßig werden beide verarbeitet.

/force
Ignoriert alle Verarbeitungsoptimierungen und wendet alle Einstellungen erneut an.

/wait:*Wert*
Die Anzahl der Sekunden, die die Richtlinienverarbeitung mit dem Beenden wartet. Der Standardwert beträgt 600 Sekunden. **0** bedeutet **nicht warten**; **–1** bedeutet **unbegrenzt warten**.

/logoff
Führt nach Abschluss der Aktualisierung eine Abmeldung durch. Dies ist für clientseitige Erweiterungen der Gruppenrichtlinien erforderlich, die die Gruppenrichtlinien nicht in einem Hintergrundaktualisierungszyklus, aber beim Anmelden des Benutzers verarbeiten. Hierzu gehören Softwareinstallation und Ordnerumleitung durch den Benutzer. Die Option hat keine Auswirkungen, wenn keine Erweiterungen aufgerufen werden, die erfordern, dass der Benutzer sich abmeldet.

/boot
Startet den Computer nach Abschluss der Aktualisierung neu. Dies ist für clientseitige Erweiterungen der Gruppenrichtlinien erforderlich, die die Gruppenrichtlinien nicht in einem Hintergrundaktualisierungszyklus, aber beim Start des Computers verarbeiten. Hierzu gehört die Softwareinstallation durch den Computer. Die Option hat keine Auswirkungen, wenn keine Erweiterungen aufgerufen werden, die einen Neustart des Computers erfordern.

Der Befehl **gpupdate** wendet sowohl die Computer- als auch die Benutzerrichtlinien sofort an. Der Befehl **gpupdate /target:computer** wendet nur die Computerrichtlinien erneut an, der Befehl **gpupdate /target:user** hingegen nur die Benutzerrichtlinien, d. h. die Richtlinien in der Kategorie **Benutzerkonfiguration** der Gruppenrichtlinie.

11.2 Die Windows-XP-Vorlagedateien für Gruppenrichtlinien nutzen

Nachdem in den vorangegangenen Kapiteln das Wissen zusammengetragen wurde, wie ein RIS-Server aufgesetzt und mit der RIS-Methode ein Computer mit Windows XP Professional eingerichtet wird, soll dieses Kapitel nun Klarheit verschaffen, welche Einstellungen des Betriebssystems Windows XP Professional über Gruppenrichtlinien zentral verwaltet werden können. In den folgenden Kapiteln werden Sie dann erfahren, welche fehlenden Einstellungen Sie über selbst erstellte Gruppenrichtlinien vornehmen können und wie Sie mit den Gruppenrichtlinien umgehen, die von Microsoft Office zur Verfügung gestellt werden. Bevor dann das Abbild eines Mustercomputers gezogen werden kann, müssen jedoch weitere Vorarbeiten geleistet werden, die entweder automatisiert oder mit Hilfe einer Checkliste manuell vorgenommen werden.

Bei der Beschreibung der Gruppenrichtlinien werden auch die Schlüsselwerte genannt, die durch die Konfiguration dieser Richtlinien in der Registrierdatenbank geändert werden. Da Sie ein Systemadministrator und nicht nur ein Mausadministrator sind (), sollte es Sie auch interessieren, welche Änderungen wo im Betriebssystem vorgenommen werden, wenn diese Gruppenrichtlinien konfiguriert werden.

11.2.1 Gruppenrichtlinienvorlagedateien von Windows XP

Wenn Sie Windows XP Professional mit dem neuesten Service Pack installiert haben, finden Sie im Verzeichnis **C:\Windows\inf** sieben adm-Dateien. Es handelt sich um die Gruppenrichtlinienvorlagedateien von Windows XP. Kopieren Sie diese Dateien in das Unterverzeichnis **NETLOGON\adm** oder ein anderes Verzeichnis des Servers **S1**, in dem Sie auch andere adm-Dateien wie diejenigen von Microsoft Office und die selbst erstellten Gruppenrichtlinienvorlagedateien sammeln. **NETLOGON** lautet die Freigabe auf einem Domänencontroller, der Anmeldeskripte aufnimmt.

Die Vorlagedateien, die später im Active Directory zum Zuge kommen, sind diejenigen, die Sie im Gruppenrichtlinien-Editor hinzuladen. Beim Vorgang des Hinzuladens von Gruppenrichtlinienvorlagedateien (adm-Dateien) werden im Gruppenrichtlinien-Editor alle adm-Dateien aus dem Verzeichnis **%SystemRoot%\inf** des Servers angezeigt. Nebenbei bemerkt: Dieses Verzeichnis enthält neben adm-Dateien auch noch eine Fülle von inf- und pnf-Dateien. Sicherlich wäre es übersichtlicher geworden, wenn man bei der Konstruktion von Active Directory für adm-Dateien ein separates Verzeichnis, z. B. **%SystemRoot%\adm** angedacht hätte.

11.2.2 Service Packs auf aktuellere adm-Dateien überprüfen

Wichtig zu wissen ist jedenfalls Folgendes: Die adm-Dateien von Windows XP waren umfangreicher und aktueller als die adm-Dateien von Windows 2000 Server, hatten aber dieselben Dateinamen. In der Erstauflage dieses Buches riet ich dazu, die adm-Dateien von Windows XP Professional in das Verzeichnis **%SystemRoot%\inf** des Windows-2000-Servers zu kopieren und dabei in XP-xyz.adm umzubenennen. Die Originaldateien von Windows 2000 Server sollten also nicht mit den Windows-XP-adm-Dateien überschrieben werden. Ich begründete dieses Vorgehen damit, dass so nicht die Gefahr bestünde, durch ein späteres Einspielen eines Windows 2000 Server Service Packs die aktuelleren Windows-XP-adm-Dateien mit Dateien des Service Packs zu überschreiben, welche die Besonderheiten von Windows XP wieder nicht berücksichtigen. Meine Befürchtungen sollten sich als richtig erweisen: Das später veröffentlichte Service Pack 4 zu Windows 2000 Server enthielt wiederum adm-Dateien mit einem alten Stand. Hätten Sie z. B. die Datei **System.adm** von Windows XP in das Verzeichnis **%SystemRoot%\inf** des Windows-2000-Servers kopiert und dabei nicht in **XP-System.adm** umbenannt, so wäre diese Datei beim späteren Einspielen des Windows 2000 Server Service Packs 4 durch eine **system.adm** ersetzt worden, die die Besonderheiten von Windows XP nicht berücksichtigt und eine viel geringere Anzahl von Richtlinien enthält, eben nur diejenigen, die von den Microsoft-Entwicklern für Windows 2000 Professional erstellt wurden. Man kann den Eindruck gewinnen, als wenn beim Hersteller des Service Packs die rechte Hand nicht weiß ...

11.2.3 Service Packs zu Windows Server enthalten oft nicht aktuelle adm-Dateien

Wenn Sie die adm-Dateien von Windows Server 2003 mit denjenigen von Windows XP mit Service Pack 1 vergleichen, werden Sie feststellen, dass die adm-Dateien von Windows Server 2003 alle Richtlinien enthalten, um Windows XP zentral zu verwalten. Sie könnten also auf die Idee kommen, dass Sie mit den Windows-Server-2003-adm-Dateien arbeiten können. Doch mit dem Service Pack 2 zu Windows XP kommen auch neue Richtlinien hinzu. Die adm-Dateien im Verzeichnis **%SystemRoot%\inf** eines Windows-XP-Clients mit SP2 werden also einen aktuelleren Stand haben als die gleichnamigen Dateien im gleichnamigen Windows-Server-2003-Verzeichnis. Folglich werden Sie diese aktuelleren adm-Dateien in das Verzeichnis **%SystemRoot%\inf** des Servers übernehmen müssen. Wenn Sie den Dateien bei der Übernahme auf den Server keine neuen Namen geben, besteht dann wieder die Gefahr, dass beim Einspielen eines zukünftigen Service Packs zu Windows Server 2003 die aktuelleren Dateien durch alte Versionen überschrieben werden, weil die Microsoft-Entwickler vielleicht erneut vergessen haben, im Service Pack auch die adm-Dateien auf den neuesten Stand zu bringen. Deshalb mein dringender Rat:

Benennen Sie die adm-Dateien bei der Übernahme in das Serververzeichnis **%SystemRoot%\inf** um, z. B. in XP-xyz.adm. Ein zweiter Rat: Überprüfen Sie jedes Mal, wenn ein Service Pack zu Windows XP, Windows Server 2000/2003 oder Office XP/2003 erscheint, welche Version der gleichnamigen adm-Dateien die aktuellere ist. Verlassen Sie sich dabei nicht unbedingt auf das Erstellungsdatum der Datei. Überprüfen Sie vielmehr, ob alle benötigten Richtlinien enthalten sind. Die Größe der adm-Dateien ist ein erster Hinweis.

Wenn es mehrere Domänencontroller im Active Directory gibt, so müssen alle adm-Dateien auf allen Domänencontrollern auf demselben Stand sein. Das bedeutet, dass neuere adm-Dateien in die Verzeichnisse **%SystemRoot%\inf** aller Domänencontroller eingespielt werden müssen. Allein deshalb ist es sinnvoll, alle aktuellen adm-Dateien in einem zentralen Serververzeichnis zu sammeln und dort auf dem aktuellsten Stand zu halten. Liegt dieses Verzeichnis in der Freigabe **Netlogon**, so wird es automatisch auf alle anderen Domänencontroller repliziert. Aktualisierte adm-Dateien werden dann ebenfalls repliziert. Sie müssen sich lediglich nacheinander an den verschiedenen Domänencontrollern anmelden und dieselben neuen adm-Dateien aus der Freigabe **Netlogon** des Servers in dessen Verzeichnis **%SystemRoot%\inf** kopieren und dabei aus den angesprochenen Gründen umbenennen!

Nehmen Sie das Einspielen der jeweils aktuellen adm-Dateien in eine Checkliste für die Installation neuer Domänencontroller auf. Muss ein defekter oder unterdimensionierter Domänencontroller ausgetauscht werden, so besteht die Gefahr, dass dieser mit alten adm-Dateien bespielt wird.

Auch bezüglich der Installation weiterer Domänencontroller wäre es vorteilhaft, wenn adm-Dateien in einem Verzeichnis lägen, das wie die Freigabe **Netlogon** automatisch repliziert wird. Auf allen Domänencontrollern würden dann durch die Replikation immer dieselben Versionen von Gruppenrichtlinienvorlagedateien liegen.

11.2.4 Windows-XP-Gruppenrichtlinien analysieren

Um nun herauszufinden, welche Gruppenrichtlinien dieser Windows-XP-Vorlagedateien genutzt werden sollten, richten Sie eine Organisationseinheit **Company** unterhalb der Domäne **Company.local** ein. Unterhalb der OU (= Organization Unit) **Company** richten Sie zwei weitere Sub-OUs mit den Bezeichnungen **Computer** und **Benutzer** ein. Verschieben Sie den Computer **MUSTERPC** aus dem Container **Computers** bzw. **RIS** in die neue Sub-OU **Computer** unterhalb der OU **Company**, denn Gruppenrichtlinien wirken immer nur auf Objekte, die im zugehörigen Container liegen.

Erstellen Sie in der Sub-OU **Benutzer** eine neue Kennung **Testuser** mit dem vollen Namen **Hugo Testuser**. Wenn diese Kennung bereits existiert, weil Sie sie bereits beim Durcharbeiten eines anderen Kapitels benutzt haben, so löschen Sie zuerst sowohl die Kennung als auch ein eventuell vorhandenes Basisverzeichnis (Userhome Directory) und Profilverzeichnis (Roaming Profile Directory), um ohne Vorlasten zu testen.

Nachfolgend wird davon ausgegangen, dass Sie das neue Gruppenrichtlinienwerkzeug **GPMC.MSI** noch nicht installiert haben. Ist dies aber der Fall, so ist die Vorgehensweise ähnlich, jedoch stimmen dann die Abbildungen nicht mit Ihrer Testumgebung überein. Bei Windows Small Business Server 2003 wird die GPMC.MSI standardmäßig mitinstalliert.

Richten Sie nun eine neue XP-Gruppenrichtlinie für die Sub-OU **Computer** ein: Öffnen Sie die Eigenschaften der Sub-OU, dort die Registerkarte **Gruppenrichtlinien** und starten Sie die Schaltfläche **Neu**. Als Namen für die neue Gruppenrichtlinie wählen Sie **XP-Standardcomputer**, weil diese Richtlinie für den Standardcomputer gelten soll.

Wählen Sie die Schaltfläche **Eigenschaften** und aktivieren Sie die Option **Benutzerdefinierte Konfigurationseinstellungen deaktivieren**. Da diese Gruppenrichtlinie nur auf den Schlüssel **HKEY_LOCAL_MACHINE** der Registrierdatenbank angewendet wird, führt die Deaktivierung der benutzerdefinierten Konfigurationseinstellungen dazu, dass die Gruppenrichtlinie schneller abgearbeitet wird.

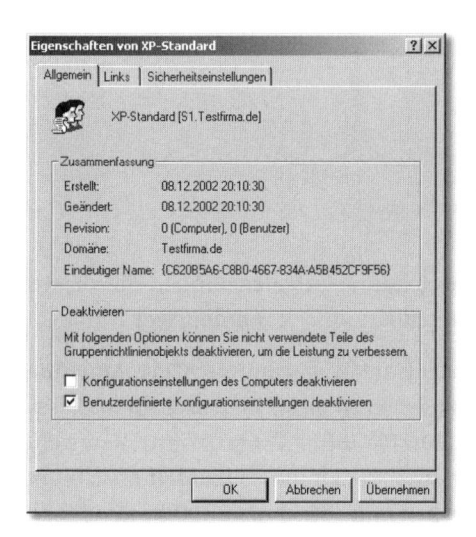

Wählen Sie **OK** und danach **Bearbeiten**. Wählen Sie unter **Computerkonfiguration** die **Administrativen Vorlagen** mit der rechten Maustaste an und klicken Sie auf **Vorlagedateien hinzufügen/entfernen**. Im neuen Fenster **Vorlagen hinzufügen/entfernen** sehen Sie die Standardvorlagedateien, die beim Erstellen einer neuen Gruppenrichtlinie geladen werden. Es handelt sich um die Dateien **conf.adm**, **inetres.adm** und **system.adm**.

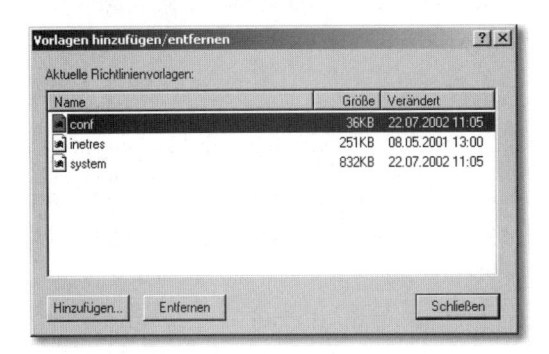

Beim Erstellen einer neuen Gruppenrichtlinie wird im Verzeichnis **%SystemRoot%\SYSVOL\sysvol\Company.local\Policies** ein Unterverzeichnis generiert, dessen Name eine kryptische Aneinanderreihung von Buchstaben und Zahlen, eingeschlossen in geschweiften Klammern ist.

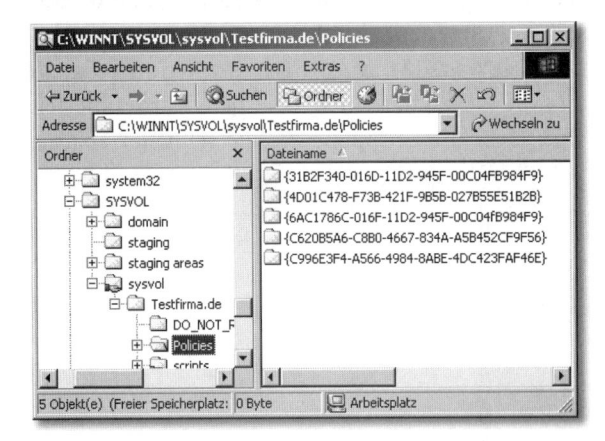

Wenn Sie die Eigenschaften der Gruppenrichtlinie aufrufen, finden Sie diesen Verzeichnisnamen in der Registerkarte **Allgemein** im Feld **Eindeutiger Name**.

Unterhalb dieses Verzeichnisses werden die Unterverzeichnisse **ADM**, **Machine** und **User** automatisch erzeugt und die Dateien **conf.adm**, **inetres.adm** und **system.adm** aus dem Verzeichnis **%SYSTEMROOT%\inf** in das generierte Verzeichnis **ADM** kopiert. Arbeiten Sie mit Windows 2000 Server, so handelt es sich um Vorlagedateien für Windows 2000 Server bzw. für Windows 2000 Professional.

Arbeiten Sie mit Windows Server 2003, so sind diese Vorlagedateien bereits für Windows XP erweitert. Jedoch sind nicht die Erweiterungen eingearbeitet, die durch das Service Pack 2 von Windows XP hinzukommen.

Wenn Sie unter Windows 2000 Server die Vorlagedateien von Windows XP verwenden wollen, müssen Sie im Fenster **Vorlagen hinzufügen/entfernen** die drei Vorlagen **conf**, **inetres** und **system** zuerst über die Schaltfläche **Entfernen** entladen und dann über die Schaltfläche **Hinzufügen** die gewünschten XP-Vorlagen laden.

> Da die Vorlagedateien von Windows XP dieselben Namen haben wie die Vorlagedateien von Windows Server 2000/2003, können Sie später in einer komplexeren Umgebung nicht mehr unterscheiden, ob in einer bestimmten Gruppenrichtlinie die Vorlagedateien von Windows 2000/2003 oder von Windows XP geladen wurden. Ich schlage Ihnen deshalb vor, zuerst alle von Windows XP übernommenen Dateien ***.adm** in **XP-*.adm** umzubenennen, in das Verzeichnis **%SystemRoot%\inf** des Servers einzuspielen und dann diese XP-*.adm-Vorlagedateien hinzuzufügen.

Da Sie später die Windows-XP-Gruppenrichtlinienvorlagedateien und auch selbst erstellte ADM-Vorlagedateien noch oft hinzuladen werden, bietet es sich an, die in XP-xyz.adm umbenannten Vorlagedateien von Windows XP in das Verzeichnis **%SYSTEMROOT%\inf** des Servers zu kopieren, denn dann werden diese wie die Original-Windows-2000/2003-Vorlagedateien sofort angezeigt, sobald Sie die Schaltfläche **Hinzufügen** im Fenster **Vorlagen hinzufügen/entfernen** anklicken.

11.2.5 adm-Dateien sind abwärtskompatibel

Die für Windows XP erweiterten adm-Dateien sind bezüglich Windows 2000 Professional abwärtskompatibel. Abwärtskompatibilität bedeutet in diesem Fall, dass die Vorlagedateien von Windows XP auch in einer Mischumgebung von Clients mit Windows 2000 Professional und Windows XP verwendet werden können. Die speziellen Erweiterungen dieser adm-Dateien um Richtlinien für Windows XP werden von Windows-2000-Professional-Clients ignoriert.

> **Wichtiger Hinweis** Gruppenrichtlinienvorlagedateien (*.adm-Datei) erweitern nur die Kategorie **Administrative Vorlagen**. Diese Kategorie finden Sie sowohl unter **Computerkonfiguration** als auch unter **Benutzerkonfiguration**, wenn Sie eine Gruppenrichtlinie über die Schaltfläche **Bearbeiten** öffnen. Wenn Sie eine *.adm-Datei hinzufügen, werden jedoch die neuen Richtlinien nicht immer sofort angezeigt. Um sicher zu sein, dass Sie alle Richtlinien anschließend in beiden Kategorien **Computerkonfiguration** als auch **Benutzerkonfiguration** sehen, schließen Sie nach dem Hinzuladen einer adm-Datei die Gruppenrichtlinie und öffnen sie erneut über die Schaltfläche **Bearbeiten**.

Doch welche der XP-Gruppenrichtlinienvorlagedateien sollen geladen werden? Welche Funktionen haben die verschiedenen adm-Dateien? Sie können alle Windows-XP-ADM-Dateien mit **Notepad.exe** ansehen und bearbeiten. Ebenso können Sie alle Windows-XP-ADM-Dateien einzeln nacheinander laden, um zu sehen, welche Änderungen sich jeweils unter **Computerkonfiguration** und unter **Benutzerkonfiguration** ergeben. Dabei stellen Sie Folgendes fest:

- **XP-conf.adm** ist für Netmeeting-Richtlinien zuständig und stellt Richtlinien unter **Computerkonfiguration** und **Benutzerkonfiguration** zur Verfügung.
- **XP-inetcorp.adm** stellt unter **Benutzerkonfiguration** eine Richtlinie für die Wartung des Internet Explorers zur Verfügung, die sich aber nicht starten lässt.
- **XP-inetres.adm** ist ebenfalls für den Zugriff auf das Internet zuständig und stellt hierfür sowohl unter **Computerkonfiguration** als auch unter **Benutzerkonfiguration** Richtlinien bereit.
- **XP-system.adm** stellt sowohl unter **Computerkonfiguration** als auch unter **Benutzerkonfiguration** viele wichtige Richtlinien bereit.
- **XP-wmplayer** enthält nur benutzerbezogene Gruppenrichtlinieneinstellungen für den Windows Media Player.
- **XP-wuau.adm** enthält nur maschinenbezogene Gruppenrichtlinien für den Windows Update Service.

Solange Sie Netmeeting nicht einsetzen, sollten Sie die Gruppenrichtliniendatei **XP-conf.adm** nicht hinzuladen. Für die gerade in der OU **Computer** erstellte Gruppenrichtlinie **XP-Standardcomputer** sind die Richtliniendateien **XP-inetres.adm**, **XP-system.adm** und **XP-wuau.adm** interessant.

In der OU **Benutzer** werden wir später eine Gruppenrichtlinie mit dem Namen **XP-Standardbenutzer** erstellen. Für diese werden dann die Gruppenrichtliniendateien **XP-inetres.adm**, **XP-system.adm** und **XP-wmplayer.adm** geladen.

11.3 Festlegen der Windows-XP-Gruppenrichtlinien für den Standard-Computer

Wählen Sie nun die Eigenschaften der Gruppenrichtlinie **XP-Standardcomputer** in der OU **Computer** an, klicken Sie auf **Bearbeiten**, wählen Sie unter **Computerkonfiguration** die **Administrativen Vorlagen** mit der rechten Maustaste an und klicken Sie auf **Vorlagedateien hinzufügen/ entfernen**. Entfernen Sie im neuen Fenster **Vorlagen hinzufügen/entfernen** zuerst die Windows-Server-2000/2003-

Vorlagen **conf**, **inetres** und **system**. Danach fügen Sie die Windows-XP-Vorlagen **XP-inetres.adm**, **XP-system.adm** und **XP-wuau.adm** hinzu.

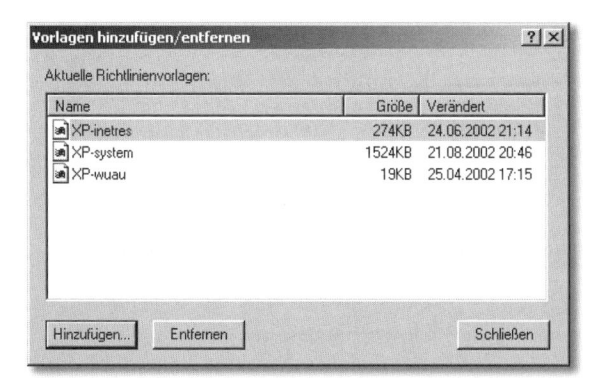

Jetzt werden alle Richtlinien in der Kategorie **Computerkonfiguration** durchgesehen und wichtige Richtlinien aktiviert bzw. konfiguriert.

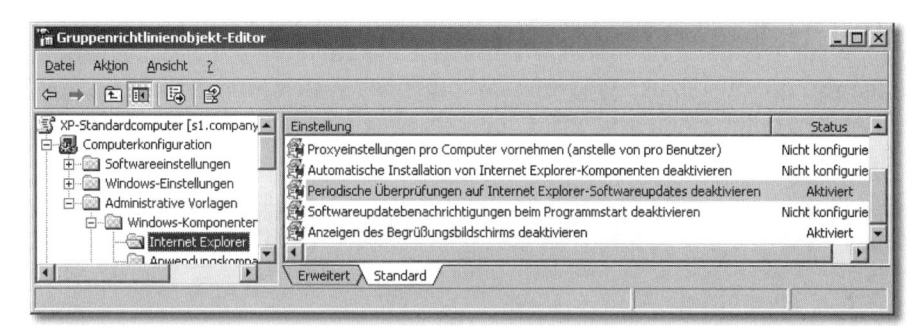

Die Aktivierung der Richtlinie **Periodische Überprüfung auf Softwareaktualisierungen von Internet Explorer** deaktiviert die Überprüfung, ob eine neue Version des Browsers verfügbar ist. Wenn Sie diese Richtlinie aktivieren, werden die Überprüfung, ob die aktuellste verfügbare Browserversion installiert ist, und die Benachrichtigung über eine verfügbare neue Version deaktiviert. Ohne Aktivierung dieser Richtlinie wird standardmäßig im Abstand von 30 Tagen überprüft, ob eine neue Version verfügbar ist.

Die Aktivierung der Richtlinie **Anzeigen des Begrüßungsbildschirms beim Programmstart** deaktiviert die Anzeige des Internet-Explorer-Begrüßungsbildschirms beim Browserstart.

In der Kategorie **Windows Installer** können Sie die Erstellung von Systemwiederherstellungsprüfpunkten deaktivieren, wodurch ein einfacher Benutzer keine neuen Systemwiederherstellungspunkte über **Start · Programme · Zubehör · Systemprogramme · Systemwiederherstellung** mehr erzeugen kann.

11 | Die Gruppenrichtlinien von Windows XP einsetzen

Standardmäßig erstellt **Windows Installer** bei jeder Installation einer Anwendung automatisch einen Systemwiederherstellungsprüfpunkt. Dadurch können Benutzer ihren Computer wieder in den Zustand versetzen, den er vor der Installation der Anwendung aufwies. Durch die Aktivierung der Richtlinie **Erstellung von Systemwiederherstellungsprüfpunkten deaktivieren** kann nur noch ein Administrator über **Start · Programme · Zubehör · Systemprogramme · Systemwiederherstellung** einen neuen Prüfpunkt erstellen. Jeder andere Anwender erhält bei dem Versuch folgende Fehlermeldung.

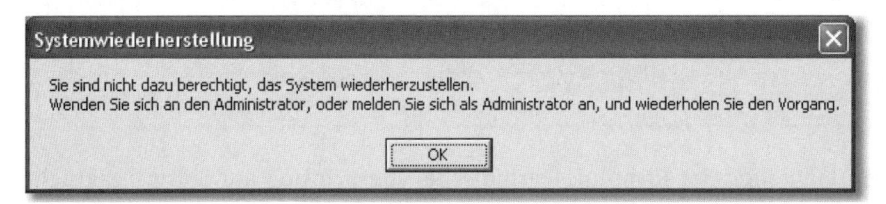

Beachten Sie bitte, dass es zwei weitere Richtlinien in der Kategorie **Computerkonfiguration · Administrative Vorlagen · System · Systemwiederherstellung** gibt:

Systemwiederherstellung deaktivieren und **Konfiguration deaktivieren**.

Die Richtlinie **Systemwiederherstellung deaktivieren** legt fest, ob die Systemwiederherstellung ein- oder ausgeschaltet ist. Standardmäßig ist sie eingeschaltet. Wenn der Administrator auf einem Windows-XP-Computer über die Systemsteuerung das Icon **System** startet und die Registerkarte **Systemwiederherstellung** anwählt, stellt er fest, dass per Standardeinstellung der Maximalwert für Systemwiederherstellungsprüfpunkte 12 % der Systempartition beträgt.

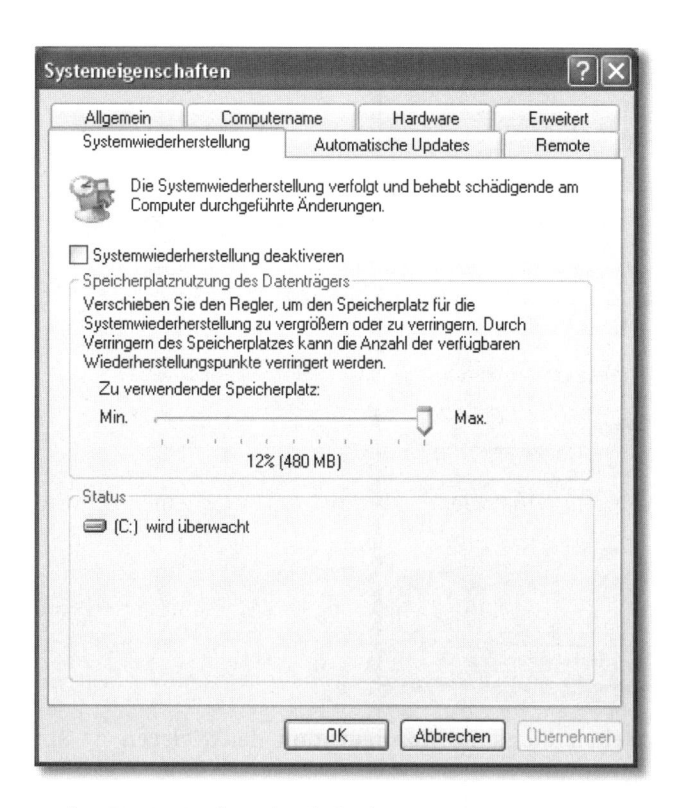

In der Registrierdatenbank finden Sie unter **KHEY_LOCAL_MACHINE\Software\ Microsoft\Windows NT\CurrentVersion\SystemRestore** den Schlüssel **DiskPercent**. Bei aktivierter Systemwiederherstellung hat er den Wert **12**, bei deaktivierter **Systemwiederherstellung** den Wert **c**. Hier finden Sie auch den Schlüssel **DisableSR**, der bei Deaktivierung von **0** auf **1** umgestellt wird. Wird eine der Richtlinien **Systemwiederherstellung deaktivieren** oder **Konfiguration deaktivieren** eingestellt, so finden Sie nach dem nächsten Start des Windows-XP-Computers unter **HKEY_LOCAL_MACHINE\Software\Policies\Microsoft\Windows NT\SystemRestore** die Schlüssel **DisableRestore** und **DisableConfig** mit entsprechenden Werten.

Die Aktivierung der Richtlinie **Erstellung von Systemwiederherstellungsprüfpunkten deaktivieren** erzeugt unter **HKEY_LOCAL_MACHINE\Software\Policies\Microsoft\Windows\Installer** den Schlüssel **LimitSystemRestoreCheckpointing**.

Durch die Aktivierung der Richtlinie **Systemwiederherstellung deaktivieren** wird auch für den Administrator unter **Systemsteuerung · System** die Registerkarte **Systemwiederherstellung** vollständig ausgeblendet.

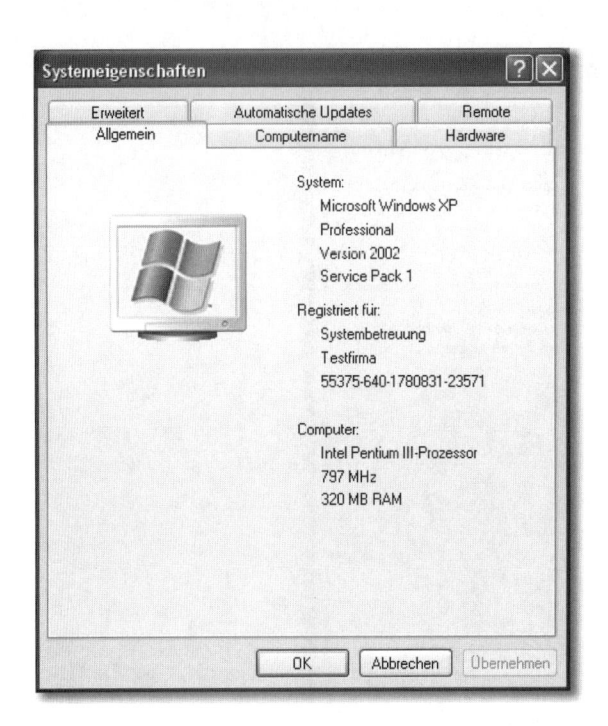

11 | Die Gruppenrichtlinien von Windows XP einsetzen

Die Beschreibung der zweiten Richtlinie **Konfiguration deaktivieren** ist ein wenig verwirrend:

Die Systemwiederherstellung ermöglicht es dem Benutzer bei Vorliegen eines Problems den Computer auf einen vorherigen Zustand zurückzusetzen, ohne persönliche Dateien zu verlieren. Das Verhalten dieser Einstellung ist abhängig von der Einstellung von »Systemwiederherstellung deaktivieren«.

Wenn Sie diese Einstellung aktivieren, verschwindet die Möglichkeit, die Systemwiederherstellung auf der Konfigurationsschnittstelle zu konfigurieren. Wenn die Einstellung »Konfigurationseinstellung deaktivieren« deaktiviert ist, ist die Konfigurationsschnittstelle noch sichtbar, es werden jedoch alle Standardwerte der Systemwiederherstellungskonfiguration erzwungen. Wenn Sie sie nicht konfigurieren, bleibt die Konfigurationsschnittstelle für die Systemwiederherstellung, und der Benutzer kann die Systemwiederherstellung konfigurieren.

Alles verstanden? Gemeint ist Folgendes: Wenn die Richtlinie **Systemwiederherstellung deaktivieren** nicht konfiguriert ist und die Richtlinie **Konfiguration deaktivieren** deaktiviert ist, kann der Administrator die Registerkarte **Systemwiederherstellung** zwar über **Systemsteuerung · System** aufrufen und sieht darin auch, dass die Systemwiederherstellung über eine Gruppenrichtlinie deaktiviert wurde, er kann diese Einstellung aber nicht verändern. Ein einfacher Benutzer sieht die Registerkarte **Systemwiederherstellung** auch weiterhin nicht.

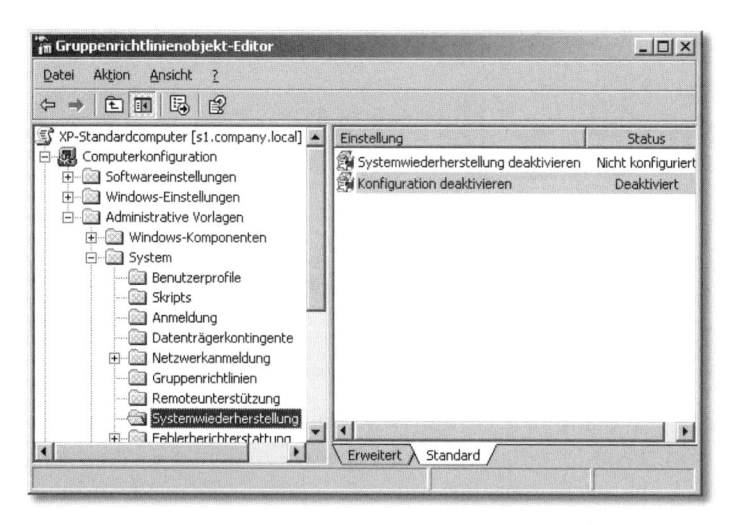

Da Sie in Ihrer Organisation nur durchgetestete und mit Ihrer Umgebung kompatible Anwendungen einsetzen werden und der einfache Anwender keine weiteren Anwendungen oder Hardwaretreiber installieren darf, können Sie wahrscheinlich auf das Windows-XP-Feature **Systemwiederherstellung** verzichten, auf jeden Fall aber unterbinden, dass der Standardanwender neue Systemwiederherstellungspunkte erstellen darf. Die Systemwiederherstellungspunkte speichern auf der lokalen Festplatte den Zustand des Systems vor der Installation einer neuen Anwendung. Dadurch geht Speicherplatz verloren. Da Sie noch einige Standardanwendungen wie Microsoft Office, den Adobe Reader und vielleicht eine kaufmännische Anwendung installieren werden, bevor Sie ein Abbild ziehen, können Sie zumindest für diese vorher durchgetesteten Anwendungen die Erstellung von Systemwiederherstellungspunkten deaktivieren.

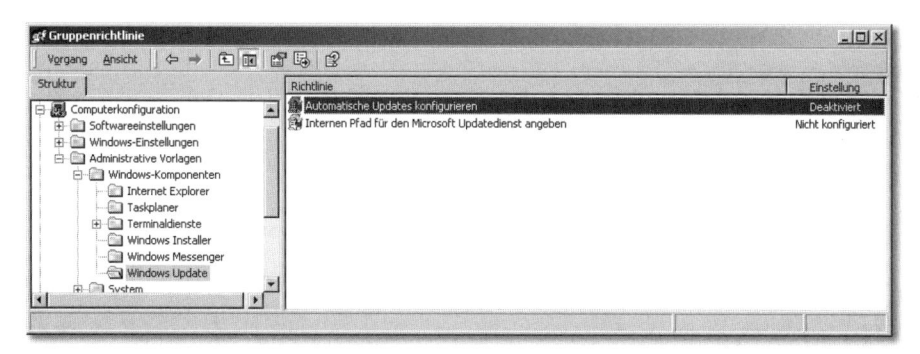

Falls die Richtlinie **Automatische Updates konfigurieren** deaktiviert ist, müssen alle verfügbaren Updates vom Administrator auf der Windows-Update-Website manuell heruntergeladen, getestet und zur Installation freigegeben werden. Dazu kann später auch ein Server mit den SUS-Diensten (SUS = Software Update Service) installiert werden. Die Clients versuchen also nicht, selbstständig und ohne Ihre Kontrolle Updates zu installieren.

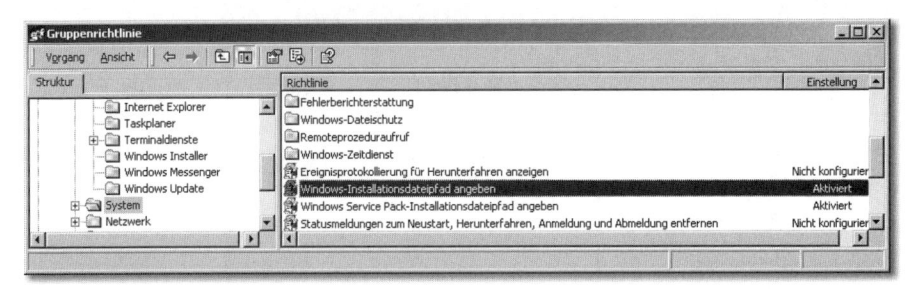

Über die Aktivierung der Richtlinien **Windows-Installationsdateipfad angeben** und **Windows Service Pack-Installationspfad angeben** können Sie erreichen, dass die Quelldateien von nachzuinstallierenden Komponenten im Verzeichnis **Install\WindowsXP** des Servers gesucht werden statt vom CD-ROM-Laufwerk bzw. aus der Freigabe **RemoteInstall** eines Servers, von dem ursprünglich mittels RIS der Client aufgesetzt wurde. In Kapitel 15, *Das Anmeldeskript*, lesen Sie, dass es sinnvoll ist, für alle Anwender im Anmeldeskript das Laufwerk **U:** oder ein anderes fest für diesen Zweck definiertes Laufwerk über den Befehl **net use u: \ \Servername\Install** mit dem Softwarearchiv des Servers am jeweiligen Standort zu verbinden. Wenn Sie diese beiden Richtlinien aktivieren und als Pfad jeweils **U:\WindowsXP** eintragen, können Komponenten von Windows XP jederzeit nachinstalliert werden, vorausgesetzt, der angemeldete Anwender hat die Berechtigungen zur Installation von Komponenten.

In der Kategorie **Computerkonfiguration · Administrative Vorlagen · System · Benutzerprofile** sollten Sie auf jeden Fall die Richtlinie **Sicherheitsgruppe »Administratoren« zu servergespeicherten Profilen hinzufügen** aktivieren.

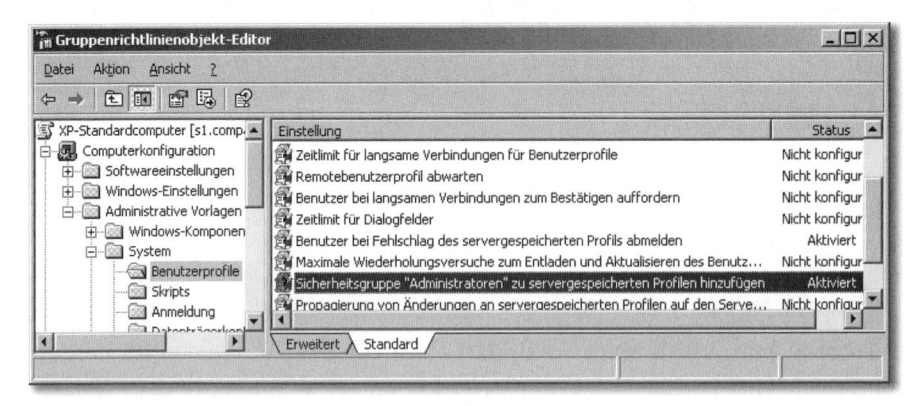

Der Hintergrund ist folgender: Wenn Sie auf dem Server ein Verzeichnis mit dem Namen **Profiles** erstellen und unter demselben Namen freigeben, so können Sie für bestimmte Anwender so genannte servergespeicherte Benutzerprofile (Roaming Profiles) anlegen. Wenn Sie anschließend für die Kennung **Testuser** in der Registerkarte **Profil** als Profilpfad **\\s1\profiles\%Username%** eintragen, wird bei der nächsten Anmeldung des Anwenders **Testuser** automatisch unterhalb der Freigabe **Profiles** ein Verzeichnis mit der Anmeldekennung des sich anmeldenden Anwenders erzeugt und das Profil der Kennung von **C:\Dokumente und Einstellungen\Testuser** dorthin kopiert. Jedoch erhält nur das System und der Anwender **Testuser** selbst Vollzugriff auf das generierte Profilverzeichnis **\\s1\profiles\Testuser**, der Administrator kann es nicht einmal einsehen. Durch die Aktivierung der Richtlinie **Sicherheitsgruppe »Administratoren« zu servergespeicherten Profilen hinzufügen** erhält auch der Administrator Vollzugriff auf neu erstelle Profilverzeichnisse des Servers. Ohne dieses Recht ist aber der Administrator z. B. nicht berechtigt, dieses Serververzeichnis zu löschen, wenn die Kennung **Testuser** nicht mehr benötigt wird und damit auch das servergespeicherte Benutzerprofil gelöscht werden soll.

Durch die Aktivierung der Richtlinie **Benutzer bei Fehlschlag des servergespeicherten Profils abmelden** können Sie verhindern, dass ein Benutzer sich mit der unter **C:\Dokumente und Einstellungen** vorhandenen lokalen Kopie des servergespeicherten Profils auch dann lokal anmelden kann, wenn kein Anmeldeserver antwortet bzw. der Server mit dem servergespeicherten Profil nicht antwortet.

Diese Richtlinie sollten Sie nicht für Laptops aktivieren, denn Laptop-Besitzer sollen sich ja gerade auch dann anmelden können, wenn ihr Laptop nicht mit dem Netzwerk verbunden ist! Für andere Clients ist es durchaus sinnvoll, diese Richtlinie zu aktivieren. Denn wenn das servergespeicherte Profil nicht zur Verfügung steht, sind oftmals auch andere wichtige Verzeichnisse wie das Gruppenablageverzeichnis, das Basisverzeichnis des Anwenders, die Netzwerkdrucker oder der Exchange Server nicht verfügbar, zumindest dann, wenn sich diese Verzeichnisse und Dienste auf dem Server befinden, zu dem der Client keine Verbindung aufbauen kann. Kann der Benutzer sich trotzdem mit einem lokalen temporären Profil anmelden, so findet er anschließend nicht seine durchkonfigurierte Arbeitsumgebung vor. Er beginnt zu arbeiten, kann aber anschließend seine neuen Dokumente nicht an gewohnter Stelle speichern oder drucken. Entweder schickt er Ihnen eine E-Mail oder bittet Sie telefonisch um Hilfe. Nur werden Sie gerade jetzt fürchterlich im Stress sein, weil wahrscheinlich ein Serverausfall all diese Probleme verursachte.

Das Aktivieren der Richtlinie **Willkommenseite für Erste Schritte bei der Anmeldung nicht anzeigen** blendet die Willkommenseite aus, die bei jeder ersten Benutzeranmeldung auf Windows 2000 Professional und Windows XP Professional angezeigt wird.

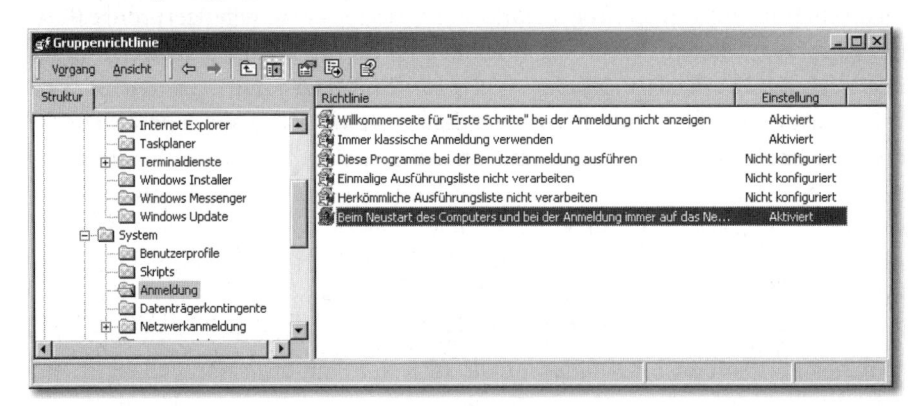

Durch das Aktivieren der Richtlinie **Immer klassische Anmeldung verwenden** wird der Benutzer gezwungen, sich mit dem klassischen Anmeldefenster am Computer anzumelden. Dieses Anmeldefenster hat das alte Design von Windows 2000 Professional. Bei einem Windows-XP-Computer, der nicht an eine Domäne angebunden ist, werden im Anmeldefenster standardmäßig die lokal eingerichteten Benutzerkennungen angezeigt. Über **Systemsteuerung · Benutzerkonten · Art der Benutzeranmeldung ändern** können Sie aber auch unter Windows XP die Option **Willkommenseite verwenden** deaktivieren und das klassische Anmeldefenster erzwingen, das die Eingabe eines Kontonamens erfordert. Bei Windows-XP-Clients, die Mitglieder einer Domäne sind, wird immer das klassische Anmeldefenster angezeigt.

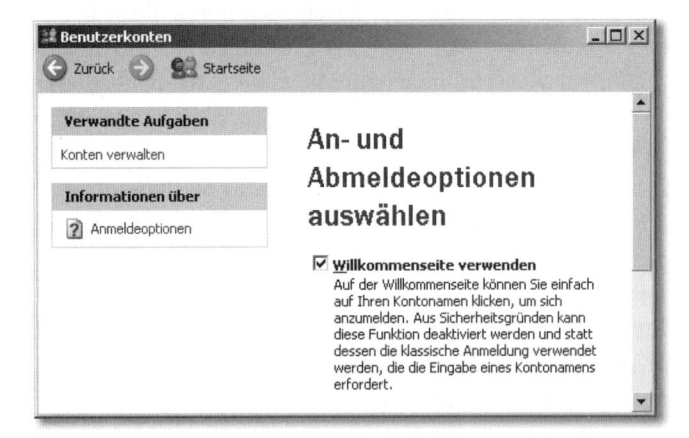

Die Aktivierung der Richtlinie **Beim Neustart des Computers und bei der Anmeldung immer auf das Netzwerk warten** wird in der Erklärung der Richtlinie wie folgt beschrieben und sollte deshalb aktiviert werden:

Legt fest, ob Windows XP beim Start des Computers und bei der Benutzeranmeldung auf das Netzwerk wartet. Standardmäßig wartet Windows XP beim Start und bei der Benutzeranmeldung nicht, bis das Netzwerk vollständig konfiguriert ist. Vorhandene Benutzer werden angemeldet, indem zwischengespeicherte Zugangsberechtigungen verwendet werden, was zu kürzeren Anmeldezeiten führt. Wenn das Netzwerk verfügbar wird, werden im Hintergrund Gruppenrichtlinien angewendet.

Man beachte, dass dies eine Aktualisierung im Hintergrund ist, Erweiterungen wie Softwareinstallation und Ordnerumleitung zwei Anmeldungen benötigen, damit die Änderungen wirksam werden. Um sicher arbeiten zu können, erfordern diese Erweiterungen, dass keine Benutzer angemeldet sind. Daher müssen sie im Vordergrund bearbeitet werden, bevor Benutzer den Computer aktiv verwenden. Zusätzlich dazu kann es sein, dass für Änderungen am Benutzerobjekt, wie z. B. Hinzufügen eines Pfades eines servergespeicherten Profils, eines Basisverzeichnisses oder eines Benutzerobjekt-Anmeldeskripts, das Erkennen von bis zu zwei Anmeldungen erforderlich ist …

Wenn Sie die Anwendung der Ordnerumleitung, Softwareinstallation oder der Einstellungen von servergespeicherten Profilen in nur einem Anmeldevorgang garantieren wollen, aktivieren Sie diese Einstellung, um sicherzustellen, dass Windows darauf wartet, dass das Netzwerk zur Verfügung steht, bevor die Richtlinien angewendet werden.

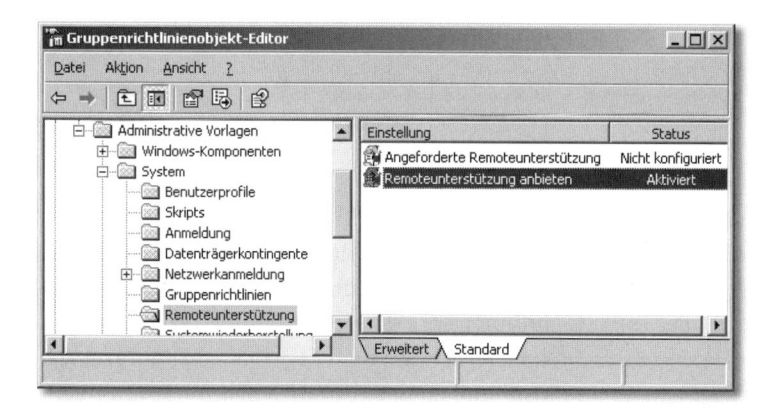

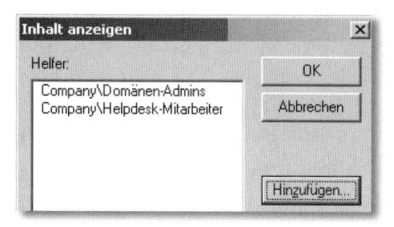

[«]

Über die Aktivierung der Richtlinie **Remoteunterstützung anbieten** können Sie einzelne Mitarbeiter oder eine Gruppe von Mitarbeitern angeben, die die Steuerung eines anderen Computers übernehmen darf, um vom eigenen Arbeitsplatz aus einem Mitarbeiter Hilfe anzubieten (Fernwartung). Dazu muss dann auch die Richtlinie **Angeforderte Remoteunterstützung** aktiviert werden. In der Richtlinie **Remoteunterstützung anbieten** müssen Sie außerdem einzelne Helpdesk-Benutzer oder besser eine Sicherheitsgruppe wie z. B. **Helpdesk-Mitarbeiter** und die Gruppe **Domänen-Admins** als berechtigte Helfer einsetzen. Beachten Sie dabei das zu verwendende Format:

```
<Domänen-NetBIOS-Name>\<Sicherheitsgruppe>
```

Wenn die Richtlinien **Fehlerbenachrichtigung anzeigen** und **Fehler melden** deaktiviert sind, werden Meldungen über Programmfehler nicht an Microsoft gesendet. Wenn derartige Programmfehler wiederholt auftreten, wird es Ihr Job sein, diese zu beheben. Hoffen Sie nicht, dass Microsoft-Mitarbeiter Ihnen diese Arbeit abnehmen. Sie können die Richtlinie also deaktivieren.

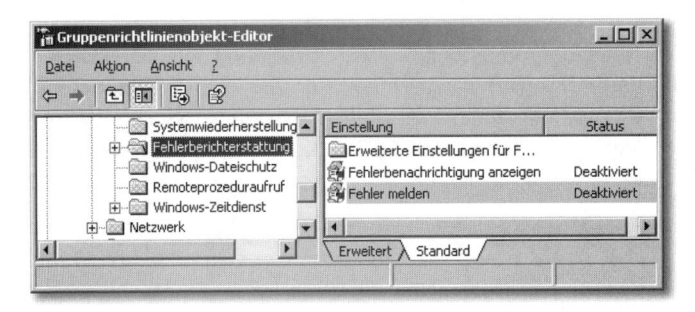

Durch die verschiedenen Richtlinien unter **Offlinedateien** können Sie verhindern, dass sensible Unternehmensdaten durch die Offline-Synchronisation auf lokale Festplatten geraten. Wenn in Ihrem Unternehmen alle Daten nur auf den Servern liegen sollen und es keine Mitarbeiter gibt, die mit Laptops arbeiten und auf Dokumente auch offline zu Hause oder beim Kunden zugreifen können sollen, so können Sie über diese Richtlinien bereits in der Computerkonfiguration verhindern, dass Daten zwischen dem Server und dem Client synchronisiert werden oder der Anwender an den Einstellungen der Offline-Synchronisation manipulieren kann. Überlegenswert ist es, in einer speziellen OU alle Laptops und Tablet-PCs zusammenzufassen und dort über geeignete Richtlinien die Nutzung von Offlinedateien wieder zuzulassen.

Sie können jedoch dieselben Einstellungen auch unter **Benutzerkonfiguration** vornehmen. Wenn es also eine Benutzer-Sicherheitsgruppe gibt, die offline mit Firmendaten arbeiten können muss, so sollten Sie diese Einstellungen nicht unter **Computerkonfiguration** vornehmen, sondern spezielle Offline-Gruppenrichtlinien für bestimmte Anwendergruppen erstellen und die Richtlinien in der **Benutzerkonfiguration** einrichten.

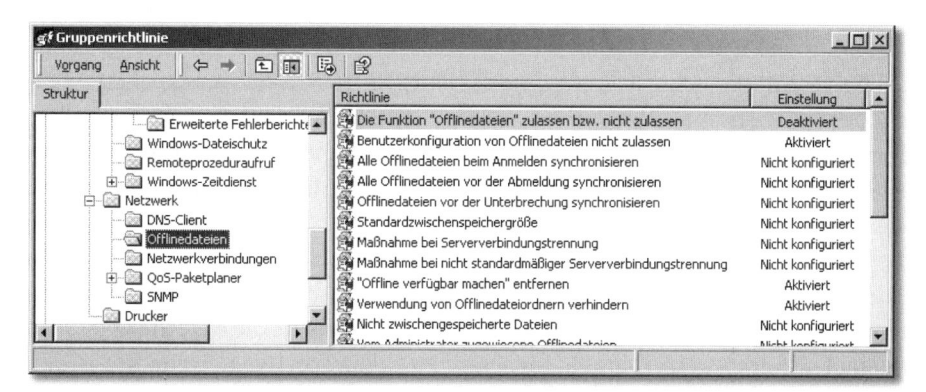

Einstellungen in der Kategorie **Computerkonfiguration** überschreiben in der Regel gleichnamige Einstellungen in der Kategorie **Benutzerkonfiguration**!

Das Thema »mobile Anwender« gewinnt immer mehr an Bedeutung und ist nicht nur technisch komplex. Wenn Sie darüber hinaus Windows Terminal einsetzen, potenziert sich die Komplexität. Dieses Thema und die damit verbundenen Probleme (Sicherheit der Daten, Synchronisation der Daten mit dem Server usw.) müssen Sie deshalb separat behandeln. Erstellen Sie zuerst eine funktionierende Konfiguration für einen Arbeitsplatzcomputer, der ständig online ist. Haben Sie diese Konfiguration im Griff, so können Sie in einer speziellen Testumgebung Schritt für Schritt herausfinden, wie Sie die Skripte, die Installationsroutinen und die Gruppenrichtlinien modifizieren und verfeinern müssen, um auch spezielle Arbeitsplätze wie Laptops, Tablet-PC oder Terminalserver-Clients zu beherrschen.

11.4 Wo werden die Einstellungen im Bereich »Computerkonfiguration« auf dem Domänencontroller gespeichert?

Sie haben nun über das Snap-In **Active Directory-Benutzer und -Computer** Änderungen an einer Gruppenrichtlinie im Bereich **Computerkonfiguration** vorgenommen, und diese Änderungen werden in der Registrierdatenbank jedes Clients vorgenommen, der sich in der OU **Computer** befindet. Wo auf dem Server werden aber diese Änderungen abgespeichert? Im Verzeichnis **%SYSTEMROOT%\SYSVOL\sysvol\Company.local\Policies\{Eindeutiger Name der Gruppenrichtlinie}\Machine** finden Sie jetzt eine Datei namens **Registry.pol**.

Wenn Sie die Datei **Registry.pol** mit einem Hex-Editor öffnen, können Sie lesen, in welchen Pfaden der Registry Änderungen vorgenommen werden: unter **HKEY_LOCAL_MACHINE/Software/Microsoft/Windows/CurrentVersion/Policies** und unter **HKEY_LOCAL_MACHINE/Software/Policies**. Da die gesamte Gruppenrichtlinie unterhalb von **%SYSTEMROOT%\SYSVOL** gespeichert wird und da das gesamte Verzeichnis **%SYSTEMROOT%\SYSVOL** zwischen allen Domänencontrollern der Domäne repliziert wird, muss ein Client-Computer, der an einem anderen Standort steht, nicht bei jedem Start die Gruppenrichtlinie über die langsame WAN-Verbindung von demjenigen Server auslesen, auf dem die Gruppenrichtlinie erstellt wird. Der Client in einer Filiale meldet sich an einem Domänencontroller in der Filiale an und liest die auf diesem Domänencontroller replizierte Gruppenrichtlinie aus. Das verringert die Netzlast und führt zu einer besseren Verfügbarkeit des gesamten Netzwerks, wenn irgendwo in der Organisation einmal ein Domänencontroller ausfällt oder gewartet werden muss und somit nicht verfügbar ist.

11.5 Festlegen der Gruppenrichtlinien für den Standardbenutzer

Richten Sie nun eine neue XP-Gruppenrichtlinie für die Sub-OU **Benutzer** ein. Die Sub-OU **Benutzer** befindet sich unterhalb der OU **Company**. Wählen Sie die Eigenschaften der OU, dort die Registerkarte **Gruppenrichtlinien** und dann die Schaltfläche **Neu**. Als Namen für die neue Gruppenrichtlinie wählen Sie **XP-Standardbenutzer**, weil diese Richtlinie für den Standardanwender gelten soll. Wählen Sie die Schaltfläche **Eigenschaften** und aktivieren Sie die Option **Konfigurationseinstellungen des Computers deaktivieren**. Da diese Gruppenrichtlinie nur auf den Schlüssel **HKEY_CURRENT_USER** der Registrierdatenbank angewendet wird, führt die Deaktivierung der computerdefinierten Konfigurationseinstellungen dazu, dass die Gruppenrichtlinie schneller abgearbeitet wird.

Klicken Sie auf **OK**, dann auf **Bearbeiten**. Klicken Sie unter **Benutzerkonfiguration** die **Administrativen Vorlagen** mit der rechten Maustaste an und wählen Sie **Vorlagedateien hinzufügen/entfernen**. Entfernen Sie im neuen Fenster **Vorlagen hinzufügen/entfernen** zuerst die Windows-Server-2000/2003-Vorlagen **conf**, **inetres** und **system**. Danach fügen Sie die Vorlagen **XP-inetres.adm**, **XP-system.adm** und **XP-wmplayer** hinzu.

Nachfolgend werden alle Änderungen im Bereich **Benutzerkonfiguration** dieser Gruppenrichtlinie aufgeführt, die für unsere Testumgebung sinnvoll erscheinen. In einer komplexen Produktionsumgebung werden Sie jedoch weitere Gruppenrichtlinien aktivieren und die Möglichkeiten, die der Standardbenutzer hat, um sich seine Arbeitsumgebung einzustellen, mehr oder weniger einschränken.

Die Gruppenrichtlinien im Bereich **Benutzerkonfiguration** sind sehr umfangreich. Sie können die Arbeitsoberfläche eines Anwenders über Gruppenrichtlinien so stark einschränken, dass der Desktop und das Startmenü starr vorgeschrieben sind und nicht durch den Anwender verändert werden können, dass der Anwender nur ganz bestimmte Anwendungen (namentlich in einer Positivliste genannte ausführbare Dateien) starten kann und keinen Zugriff auf bestimmte lokale Laufwerke, Verzeichnisse oder die Registrierdatenbank erhält. Sie können jedoch ebenfalls die Anwender in Gruppen kategorisieren und bestimmten Powerusern mehr Manipulationsrechte zubilligen, indem Sie mehrere Gruppenrichtlinien definieren und durch eine geschickte Rechtevergabe steuern, welche Anwendergruppe von welcher Gruppenrichtlinie betroffen ist.

In unserem Testszenario wird später eine zweite Gruppenrichtlinie für fortgeschrittene Anwender wie Abteilungsleiter, Mitarbeiter der Benutzerbetreuung oder Mitarbeiter der IT-Entwicklungsabteilung eingerichtet und gezeigt, wie man mit nur zwei Gruppenrichtlinien ein überschaubares Richtlinienkonzept für alle Mitarbeiter erstellt, das auch nach einigen Monaten nicht nur von dem Systemverwalter, der es erdacht hat, verstanden wird, sondern auch von seinen Kollegen.

11.5.1 Aktivieren der Gruppenrichtlinie »Gruppenrichtlinienaktualisierungsintervall für Benutzer«

Um die Auswirkungen der Änderungen der Gruppenrichtlinie im Bereich **Benutzerkonfiguration** für einen Standardbenutzer zu sehen, melden Sie sich am Windows-XP-Computer unter der Kennung **Testuser** an. Standardmäßig werden Benutzerrichtlinien alle 90 Minuten im Hintergrund mit einer zufälligen Verzögerung zwischen 0 und 30 Minuten aktualisiert – und natürlich bei der Anmeldung des Benutzers. Da Sie sich aber sicherlich nicht ständig unter der Kennung **Testuser** ab- und wieder anmelden möchten oder 90 Minuten warten wollen, um die Auswirkung einer geänderten Richtlinie auf den Client testen zu können, können Sie das Aktualisierungsintervall von 90 auf 0 Minuten sowie das zufällige Verzögerungsintervall von 30 auf 0 Minuten heruntersetzen. Dies hat jedoch wahrscheinlich zur Folge, dass der Bildschirm jede Minute bei der Übernahme der Gruppenrichtlinie kurz flackert. Vergessen Sie also nicht, diese Werte später im Produktionsbetrieb wieder auf geeignete Werte (z. B. die Standardwerte) zurückzusetzen.

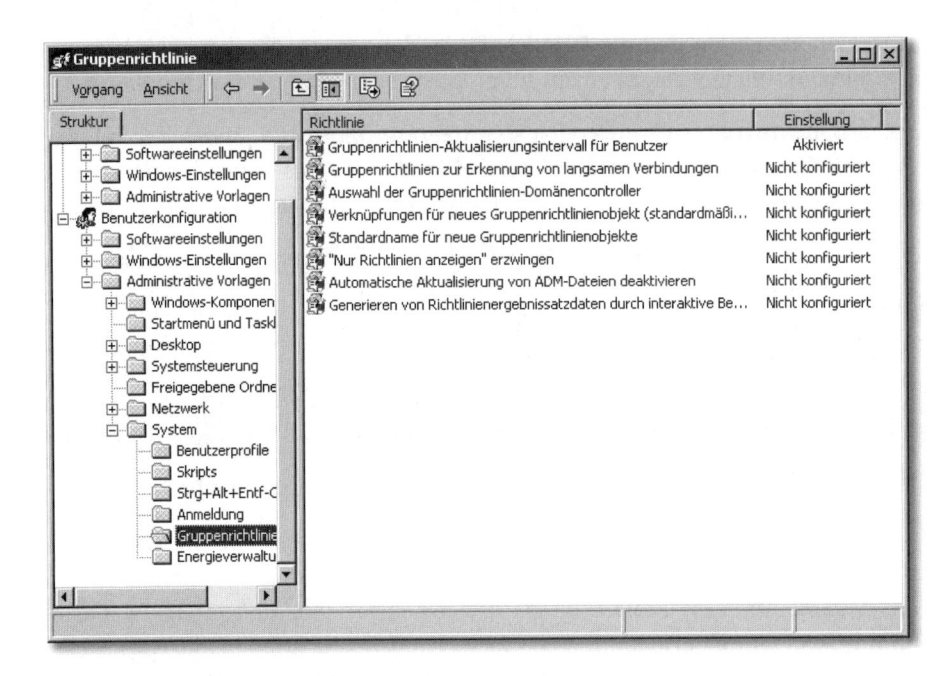

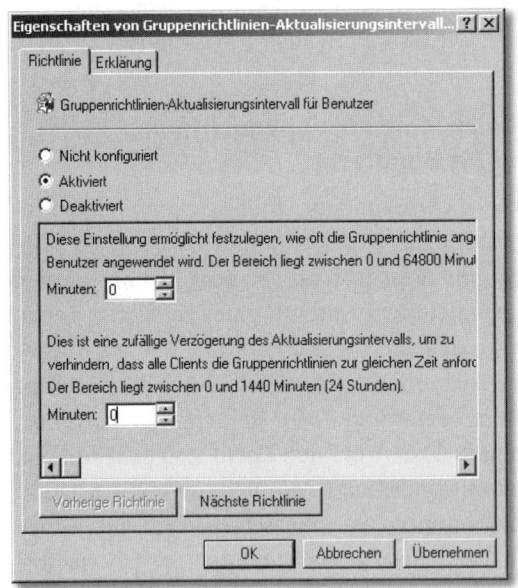

11 | Die Gruppenrichtlinien von Windows XP einsetzen

11.5.2 Richtlinien für Microsoft Internet Explorer

Unter **Benutzerkonfiguration · Windows-Einstellungen · Internet-Explorer Wartung · Benutzeroberfläche** können Sie mit der Richtlinie **Browsertitel** den Fenstertitel des Microsoft Internet Explorers ändern. Wenn Sie hier z. B. den

Organisationsnamen **Company** einsetzen, erscheint als Titelleiste **Microsoft Internet Explorer bereitgestellt von Company**.

Unter **Benutzerkonfiguration · Windows-Einstellungen · Internet-Explorer Wartung · Verbindung** können Sie mit der Richtlinie **Proxyeinstellungen** den zu verwendenden Proxy-Server angeben, z. B. einen ISA-Server.

Unter **Benutzerkonfiguration · Windows-Einstellungen · Internet-Explorer Wartung · URLs** können Sie mit der Richtlinie **Favoriten und Links** wichtige Favoriten und Links für alle Anwender vorkonfigurieren. Wenn Sie die Option **Vorhandene Favoriten und Links löschen** markieren, werden nicht mehr die vom Microsoft Internet Browser voreingestellten Favoriten **MSN** und **Radiostationsübersicht** sowie die Links **Kostenlose Hotmail**, **Links anpassen**, **Windows** und **Windows Media** angezeigt.

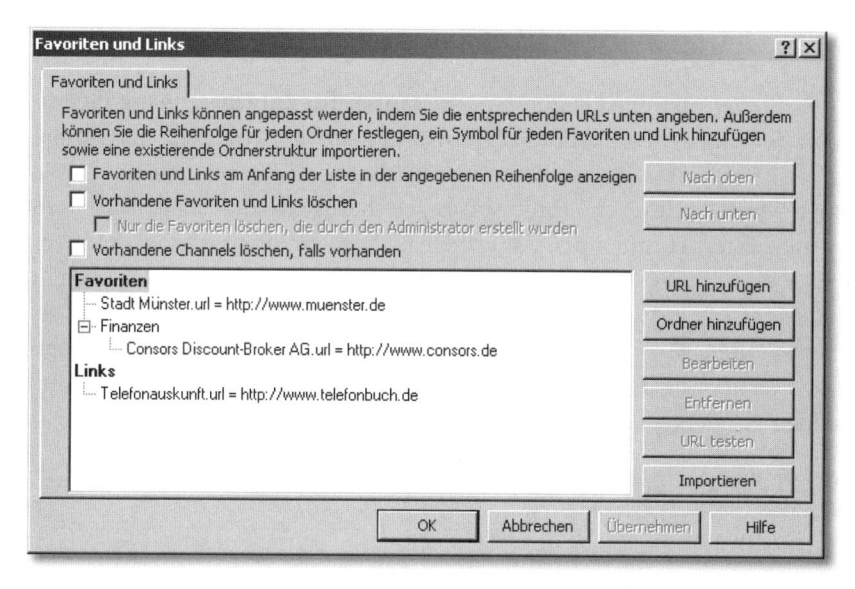

Unter **Benutzerkonfiguration · Windows-Einstellungen · Internet Explorer-Wartung · URLs** können Sie mit der Richtlinie **Wichtige URLs** die Startseite und den Suchdienst für alle Anwender vorgeben. Diese Seiten müssen mit dem Ausdruck **http://** beginnen (siehe nächste Abbildung).

Die Möglichkeiten, die Sie mit den Richtlinien unter **Benutzerkonfiguration · Windows-Einstellungen · Skripts (Anmelden/Abmelden)** und unter **Benutzerkonfiguration · Windows-Einstellungen · Ordnerumleitung** haben, sind vielfältig und äußerst wichtig. Sie werden an anderer Stelle in diesem Buch detailliert beschrieben.

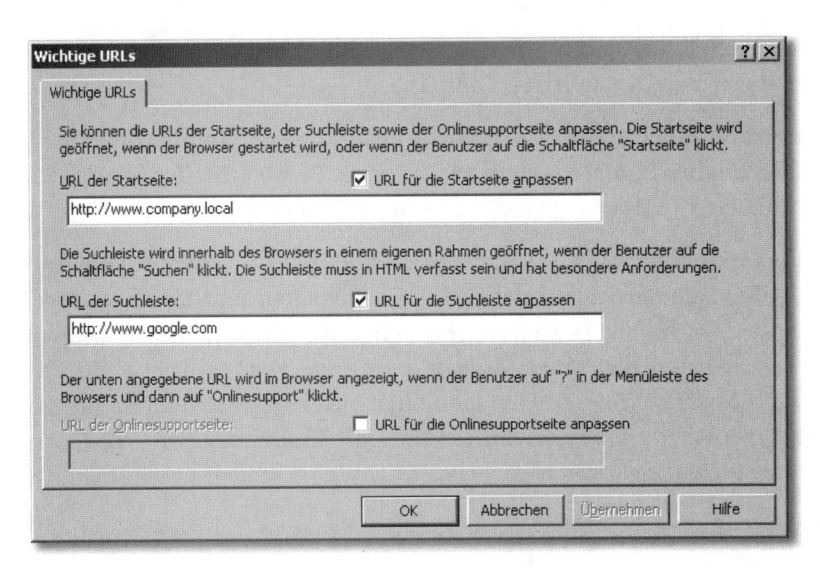

11 | Die Gruppenrichtlinien von Windows XP einsetzen

Durch die Aktivierung der Richtlinien **Assistenten für Internetzugang deaktivieren**, **Änderungen der Verbindungseinstellungen deaktivieren** und **Änderungen der Proxyeinstellungen deaktivieren** können Sie sicherstellen, dass die von Ihnen vorgenommenen Voreinstellungen bezüglich des standardisierten Zugangs zum Internet durch den Anwender nicht manipuliert werden können. Wenn Sie z. B. einen ISA-Server einsetzen und für alle Anwender voreingestellt haben, dass der Zugang zum Internet über diesen ISA-Server, der gleichzeitig als Proxy-Server fungiert, erfolgen soll, können Sie mit dieser Richtlinie sicherstellen, dass Anwender nicht unbemerkt ein Modem oder eine ISDN-Karte anschließen und den ISA-Server umgehen.

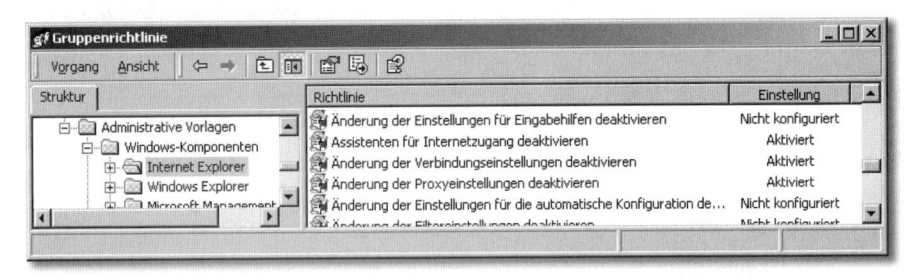

11.5.3 Richtlinien für Windows Explorer

Unter **Administrative Vorlagen** · **Windows Explorer** erscheint zumindest die Aktivierung folgender Richtlinien sinnvoll:

▶ **Klassische Shell aktivieren**
Diese Einstellung ermöglicht das Entfernen der Funktionen **Active Desktop** und **Webansicht**.

▶ **Blendet den Menüeintrag »Verwalten« im Windows Explorer-Kontextmenü aus**
Nur der Administrator, nicht aber der Standardanwender soll den lokalen Computer verwalten können.

▶ **Diese angegebenen Datenträger im Fenster »Arbeitsplatz« ausblenden**
Sie können bestimmte Laufwerke wie die lokalen Laufwerke **A:** und **B:** ausblenden. Wenn in Ihrer Organisation bei den Anwendern in der Regel nur Computer ohne Disketten- oder CD-Laufwerke aufgestellt werden, müssen Sie diese Richtlinie nicht konfigurieren.

▶ **Registerkarte »Hardware« entfernen**
Nur der Administrator, nicht jedoch der Standardanwender soll die Hardware manipulieren können.

▶ **Registerkarte »DFS« entfernen**
Der Standardanwender soll keine Änderungen an DFS-Einstellungen vornehmen können.

▶ **CD-Brennfunktionen entfernen**
Sie möchten verhindern, dass ein Anwender interne Daten auf eine CD brennt.

11.5.4 Benutzer auf die Verwendung von zugelassenen Snap-Ins beschränken

Durch die Aktivierung der Richtlinie **Benutzer auf die Verwendung von zugelassenen Snap-Ins beschränken** wird die Verwendung aller Snap-Ins für den Standardanwender verhindert. In einer großen Organisation werden Sie später bestimmte Mitarbeiter mit eingeschränkten Administrationsaufgaben betrauen. Vielleicht wird es Mitarbeiter geben, die nur neue Benutzerkennungen anlegen oder nur Kennwörter zurücksetzen dürfen. Für diese Mitarbeiter können Sie dann MMC-Konsolen im Autor-Modus erstellen und einschränken.

Über die Richtlinien unter **Administrative Vorlagen · Microsoft Management Console · Eingeschränkte/Zugelassene Snap-Ins** können Sie genau steuern, auf welche Snap-Ins diese Mitarbeiter zugreifen dürfen. Es wird dann sinnvoll sein, diese Mitarbeiter in einer Sicherheitsgruppe wie z. B. »Helpdesk« zusammenzufassen, in einer speziellen Gruppenrichtlinie die Einstellungen für die Richtlinie **Eingeschränkte/Zugelassene Snap-Ins** festzulegen und über die Rechte zu definieren, dass diese Gruppenrichtlinie nur von der definierten Sicherheitsgruppe verarbeitet wird.

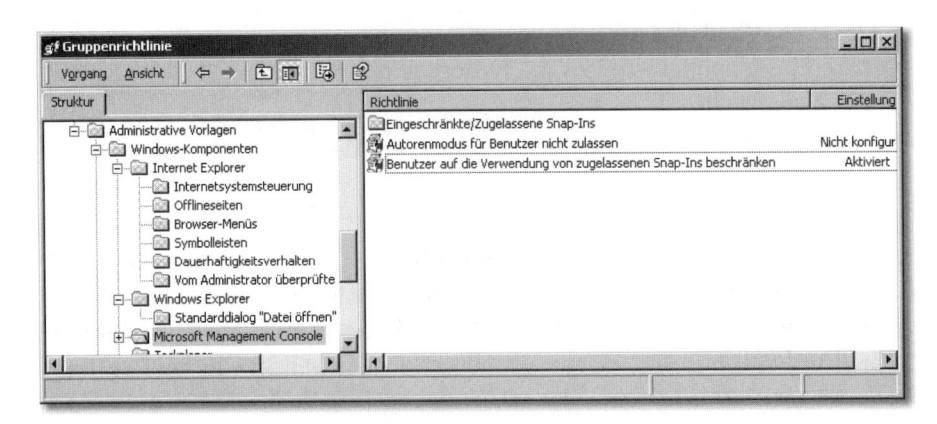

Aktivieren Sie die Richtlinien **Ausführung von Windows Messenger nicht zulassen** und **Windows Messenger nicht automatisch starten** unter **Benutzerkonfiguration · Administrative Vorlagen · Windows Messenger**, um die Verwendung des **Windows Messengers** zu unterbinden.

11.5.5 Richtlinien für Windows Updates

Aktivieren Sie die Richtlinien **Zugriff auf alle Windows Update-Funktionen entfernen**, wenn alle Funktionen von Windows Update entfernt werden sollen. Dies umfasst auch die Blockierung des Zugangs zur Windows-Update-Website unter **http://windowsupdate.microsoft.com** über **Windows Update** im Startmenü und im Menü **Extras** des Internet Explorers. Die automatische Aktualisierung von Windows wird ebenfalls deaktiviert. Der Endanwender wird weder über wichtige Aktualisierungen unterrichtet, noch werden Updates automatisch heruntergeladen und installiert. Durch diese Einstellung wird auch verhindert, dass der Geräte-Manager automatisch Treiberaktualisierungen von der Windows-Update-Website installiert.

[O] Auf der Buch-DVD finden Sie Anleitungen zur Installation eines WSUS-Servers (WSUS = Windows Server Update Services) und andere Anleitungen, um in Ihrer Umgebung sorgfältig durchgetestete Windows-Updates gezielt zu verteilen.

Festlegen der Gruppenrichtlinien für den Standardbenutzer | **11.5**

[Screenshot: Gruppenrichtlinie-Fenster mit Windows Update und Windows Media Player, Richtlinie "Zugriff auf alle Windows Update-Funktionen entfernen" Aktiviert]

Wenn die Richtlinie **Codec-Download verhindern** unter **Benutzerkonfiguration** · **Administrative Vorlagen** · **Windows Media Player** aktiviert ist, werden **Codecs** nicht automatisch übertragen, und das Kontrollkästchen **Codecs automatisch downloaden** in der Registerkarte **Player** im Dialogfeld **Optionen** ist nicht verfügbar.

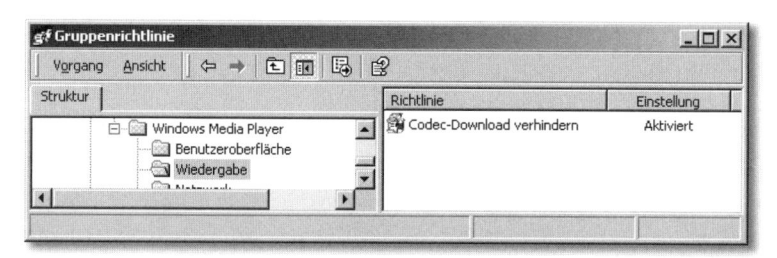

[Screenshot: Gruppenrichtlinie-Fenster mit Windows Media Player / Benutzeroberfläche / Wiedergabe, Richtlinie "Codec-Download verhindern" Aktiviert]

11.5.6 Richtlinien für Startmenüs, Taskleiste und Desktops

Über die Richtlinien des Startmenüs und der Taskleiste und über die Richtlinien des Desktops können Sie das Aussehen der Arbeitsoberfläche des Betriebssystems Windows XP für den Standardanwender sehr stark einschränken. Die Frage, wie stark diese Funktionen für den Standardanwender eingeschränkt werden sollen und wie die Arbeitsoberfläche eines Standardarbeitsplatzes in einem Unternehmen aussehen soll, wird jeder Administrator unterschiedlich einschätzen. Meine Überlegungen zu diesem Thema sind folgende:

Microsoft bietet sowohl Unternehmen als auch Privatpersonen dasselbe Betriebssystem an, wenn auch in zwei verschiedenen Versionen: Windows XP Professional bzw. Windows XP Home Edition. Dabei steht Microsoft in Konkurrenz zu anderen Betriebssystemen wie Linux und muss den Kunden – speziell den Privatkunden – ständig neue Features und eine optisch attraktive Oberfläche bieten. Was für den Privatkunden verspielt, bunt und schön ist, ist jedoch für ein Unternehmen oft wenig interessant und verursacht erhöhte Supportkosten. Viele der Funktionen und speziell der Effekte des Betriebssystems belasten unnötig die Performance der Hardware. Im Unternehmen stehen in der Regel keine Multimediaanwendungen im Vordergrund, sondern eine kaufmännische Anwendung, CAD sowie Textverarbeitung, Tabellenkalkulation und E-Mail. Das Betriebssystem selbst ist in erster Linie ein Mittel zum Zweck.

Letzteres gilt z. B. für das Startmenü. In einem Unternehmen ist es wichtig, dass der Anwender schnell und unkompliziert die häufig benutzten Anwendungen starten kann und diese mit möglichst hoher Performance laufen. Während das Startmenü von Windows 2000 Professional ein schlankes Aussehen hatte, erscheint das neue Design des Startmenüs von Windows XP eher verspielt und unübersichtlich.

Sie können jedoch das **Klassische Startmenü** von Windows 2000 auch unter Windows XP aktivieren, z. B. durch die Richtlinie **Klassisches Startmenü erzwingen** unter **Administrative Vorlagen · Startmenü und Startleiste**.

Wenn Sie nach der Installation der Standardanwendungen die vom Standardanwender jeden Tag benötigten Sinnbilder wie Outlook, Word, das kaufmännische Programm und den Dateimanager Windows-Explorer im Startmenü dann direkt über der Start-Schaltfläche anordnen, sind diese Anwendungen für den Anwender sofort auffindbar, und das Startmenü wirkt aufgeräumt und übersichtlich.

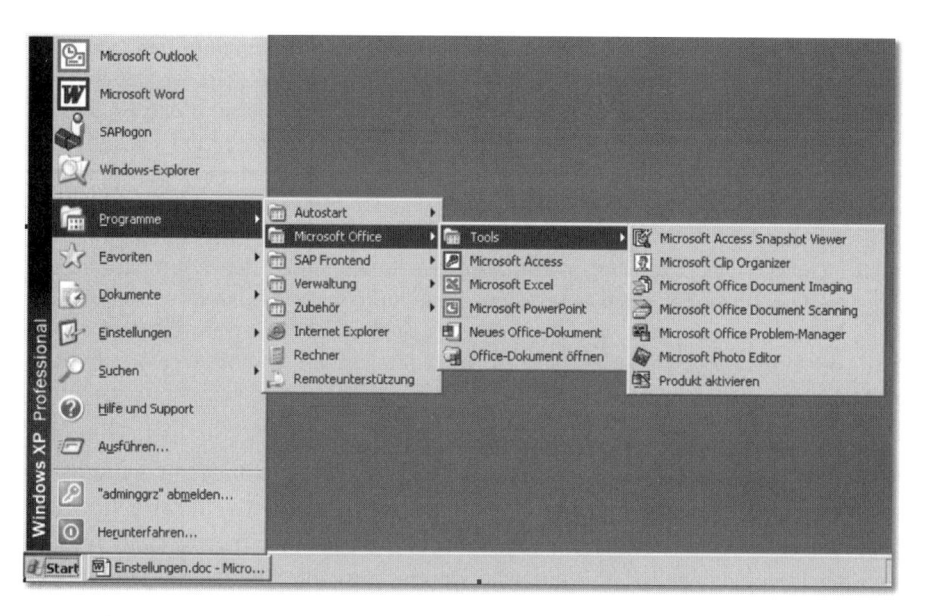

Ein anderer Grund spricht ebenfalls für das klassische Startmenü: Wenn Sie möchten, dass das Icon einer häufig benutzten Anwendung, wie z. B. das Icon des Taschenrechners, nicht tief verschachtelt unter **Start · Programme · Zubehör**, sondern direkt über der Start-Schaltfläche erscheint, so kopieren oder verschieben Sie die Datei **C:\Dokumente und Einstellungen\All Users\Startmenü\Zubehör\Rechner.lnk** einfach nach **C:\Dokumente und Einstellungen\All Users\Startmenü**. Haben Sie aber nicht das klassische Startmenü eingestellt, so hat diese Kopieraktion keine Auswirkung! Nur im klassischen Startmenü erscheint sofort das Symbol **Rechner** direkt über der Start-Schaltfläche.

Wenn Sie später von zentraler Stelle aus, z. B. über ein Anmeldeskript, Änderungen an den Startmenüs aller Clients vornehmen wollen, so wissen Sie bei Verwendung des klassischen Startmenüs, dass Sie im Verzeichnis **C:\Dokumente und Einstellungen\Startmenü** bzw. in Unterverzeichnissen dieses Verzeichnisses lediglich Verknüpfungsdateien hinzufügen oder löschen müssen. Derartige Operationen sind folglich durch einfache COPY- und DEL-Befehle im Anmeldeskript zu bewältigen.

Wie Sie derartige Manipulationen mit den nötigen lokalen Administratorrechten erreichen, wissen Sie, wenn Sie in Kapitel 15, *Das Anmeldeskript*, das Unterkapitel **SU (Switch Users) nutzen, um mit beliebigen Rechten zu operieren** durchgearbeitet haben. Ich schlage Ihnen daher vor, sowohl für das Startmenü als auch für den Desktop die klassische Darstellung einzustellen.

> Bedenken Sie jedoch eines, bevor Sie über Richtlinien das Startmenü, den Desktop und besonders die sichtbaren Icons der Systemsteuerung zu stark einschränken! Wenn ein Benutzer später Probleme mit dem Betriebssystem hat und den Helpdesk anruft, so wird sich ein Helpdesk-Mitarbeiter auf den Computer des Anwenders remote aufschalten wollen, um das geschilderte Problem zu sehen und die Ursache zu erforschen. Dem Helpdesk-Mitarbeiter stehen in einer Remote-Sitzung aber auch nur die Möglichkeiten zur Verfügung, die dem Standardanwender durch Gruppenrichtlinien nicht verweigert werden. Wenn Sie z. B. alle Sinnbilder der Systemsteuerung über eine Gruppenrichtlinie ausgeblendet haben und der Mitarbeiter den Helpdesk-Mitarbeiter bittet, die Maus von Rechtshänder auf Linkshänder umzustellen, so kann auch der Helpdesk-Mitarbeiter diese Umstellung nicht vornehmen, weil er wie der Mitarbeiter selbst keinen Zugriff auf die Mauseinstellungen hat.

Wenn ein Mitarbeiter sich beim Helpdesk beklagt, dass sein Bildschirm flimmert, so kann der Helpdesk-Mitarbeiter die Einstellungen der Grafikkarte und des Monitors nicht remote überprüfen, wenn eine Richtlinie so eingestellt wurde, dass das Icon **Anzeige** beim Standardanwender ausgeblendet ist. Stellen Sie also die Gruppenrichtlinien nicht derart restriktiv ein, dass Sie den Helpdesk-Mitarbeitern die Fernwartung und Fehlersuche unmöglich machen!

Außerdem kann sich ein Anwender zu Recht bevormundet fühlen, wenn Sie die Möglichkeiten des Anwenders über Gruppenrichtlinien zu stark reglementieren. Die Behauptung, der Anwender sei bezüglich der IT unerfahren und überfordert, und es bestehe die Gefahr, dass er sich den Computer verstelle, gilt heute nicht mehr! Jeder Anwender hat in der Regel einen Computer zu Hause und hat bereits auf der Schule und später in der Berufsausbildung regelmäßig intensiv mit dem Computer gearbeitet. IT-mündige Anwender sollten auch als solche behandelt werden. Eins ist allerdings wahr, wie mir die Praxis Tag für Tag zeigt: In die IT-Fortbildung der Benutzer wird immer weniger Zeit und Energie gesteckt. Das ist allerdings kein Versäumnis der Benutzer, sondern der IT-Abteilung! Zu einer musterhaft durchgeplanten Einführung von Active Directory gehört deshalb immer ein Konzept für die Anwenderschulung. Und zu einer dauerhaft kostenminimierten IT-Struktur gehört eine permanente Schulung der Anwender.

Folgende Richtlinien sollten im Startmenü und in der Taskleiste aktiviert werden, um den Supportaufwand in Grenzen zu halten:

- **Netzverbindungen** aus dem Startmenü entfernen
- Menüeintrag **Ausführen** aus dem Startmenü entfernen
- Symbol für **Netzwerkumgebung** aus dem Startmenü entfernen
- Option **Abmelden** dem Startmenü hinzufügen
- Drag & Drop-Kontextmenüs aus dem Startmenü entfernen

- Ändern der Einstellungen für die Taskleiste und das Startmenü verhindern
- Persönlich angepasste Menüs deaktivieren
- Beim Zuordnen von Shellshortcuts nicht die suchbasierte Methode verwenden
- Beim Zuordnen von Shellshortcuts nicht die verfolgungsbasierte Methode verwenden
- Taskleiste fixieren
- Klassisches Startmenü erzwingen
- Keine benutzerdefinierten Symbolleisten in der Taskleiste anzeigen

Sobald die gewünschten Standardanwendungen installiert sind und das Aussehen des Startmenüs vom Administrator auf dem Mustercomputer definiert ist, besteht keine Notwendigkeit, dass ein Standardanwender dieses Menü später verändert. Auch Manipulationen an der Taskleiste durch den Anwender erhöhen die Produktivität des Standardanwenders kaum, sie erhöhen jedoch den Supportaufwand.

Unter »Desktop« sollten Sie folgende Richtlinien aktivieren:

- Desktopsymbol **Netzwerkumgebung** ausblenden
- Pfadänderung für den Ordner **Meine Dateien** nicht zulassen
- Hinzufügen, Verschieben und Schließen der Symbolleisten deaktivieren
- Anpassen der Desktopsymbolleisten nicht zulassen
- Desktopbereinigungs-Assistent entfernen

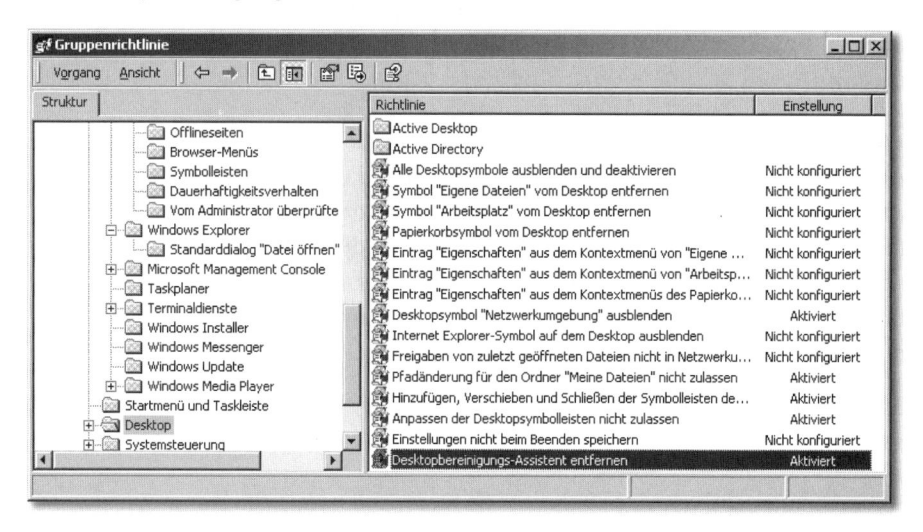

Außerdem sollten Sie den **Active Desktop** deaktivieren, wenn Sie keine Gründe kennen, die diese Funktionalität für den Standardanwender notwendig machen.

![Screenshot Gruppenrichtlinie mit Active Desktop Einstellungen]

11.5.7 Welche Sinnbilder der Systemsteuerung benötigt der Anwender?

Bei der Konfiguration der Richtlinien für die Systemsteuerung sind folgende Überlegungen wichtig: Wie oben bereits erwähnt, müssen die Helpdesk-Mitarbeiter in der Lage sein, über die Fernwartung im Rechtekontext des Anwenders Fehler zu suchen und dabei zumindest die Einstellungen vorzunehmen, die notwendig sind, damit der Anwender komfortabel arbeiten kann.

Auch der Standardanwender muss Zugriff auf die Symbole der Systemsteuerung haben, mit denen er den Computerarbeitsplatz ergonomisch, d. h. bedienerfreundlich einstellen kann.

Ein Mitarbeiter mit schlechter Sehschärfe sollte die Auflösung der Grafikkarte von 1024 x 768 auf 800 x 600 umstellen können. Ein Mitarbeiter, der einen großen Bildschirm hat (19 Zoll oder 21 Zoll) und viel mit grafischen Anwendungen arbeitet, sollte sich eine höhere Auflösung einstellen können. Also sollte das Symbol **Anzeige** nicht komplett ausgeblendet werden, sondern bei Bedarf nur einzelne Optionen oder Registerkarten der Anzeige.

Wenn ein Benutzer sich selbst Netzdrucker einstellen muss, speziell wenn er den Arbeitsplatz manchmal ändert (Springer) und dann auf andere Netzdrucker zugreifen muss, sollte er auf das Symbol **Drucker und Faxgeräte** zugreifen können. Scanner und Kameras werden dagegen in der Regel lokal am Computer angeschlossen und können von einem Mitarbeiter des Helpdesks mit Administratorrechten konfiguriert werden. Der Standardanwender benötigt folglich keinen Zugriff auf das Symbol **Scanner und Kameras**.

Ein Mitarbeiter mit Behinderung sollte auf das Icon **Eingabehilfe** zugreifen können.

Linkshänder müssen in der Lage sein, die Maus von Rechtsbedienung auf Linksbedienung umzustellen. Ebenso sollte der Anwender die Geschwindigkeit der Maus und die Doppelklickgeschwindigkeit für sich optimal einstellen dürfen. Folglich darf das Symbol **Maus** nicht ausgeblendet werden.

Wenn Ihre Mitarbeiter mit anderen Sprachversionen als der deutschen arbeiten oder Briefe z. B. mit anderen Währungssymbolen als dem Eurosymbol schreiben oder andere Zahl- und Datumsformate als die in Europa gängigen Formate nutzen müssen, darf das Symbol **Regions- und Sprachoptionen** nicht ausgeblendet sein.

Auch die Verzögerung und Wiederholrate der Zeichenwiederholung muss sich der Anwender über das Icon **Tastatur** selbst einstellen können.

Es erscheint deshalb sinnvoll, für den Standardanwender bis auf weiteres nur folgende Symbole der Systemsteuerung über eine Richtlinie auszublenden:

- Benutzerkonten
- Datum und Uhrzeit
- Energieoptionen
- Gamecontroller
- Geplante Tasks
- Hardware
- Internetoptionen
- Netzwerkverbindungen
- Ordneroptionen
- Scanner und Kameras
- Schriftarten
- Software
- Sounds- und Audiogeräte
- Sprachein-/ausgabe
- System
- Telefon- und Modemoptionen
- Verwaltung

Diese Auswahl ist nur als ein Vorschlag zu werten. In Ihrer Produktivumgebung werden Sie wahrscheinlich zu anderen Ergebnissen kommen, und die optimale Auswahl stellt sich erst mit der Zeit heraus. Gruppenrichtlinien bieten Ihnen aber die Möglichkeit, derartige Einstellungen für alle oder eine Vielzahl von Benutzern zentral mit minimalem Aufwand jederzeit zu ändern.

Diese Einstellungen nehmen Sie über die Richtlinie **Angegebene Systemsteuerungssymbole ausblenden** unter **Benutzerkonfiguration · Administrative Vorlagen · Systemsteuerung** vor. Damit die verbleibenden Symbole der Systemsteuerung nicht – in meinen Augen umständlich – nach Kategorien geordnet angezeigt werden, schlage ich außerdem vor, die Richtlinie **Klassischen Stil der Systemsteuerung erzwingen** zu aktivieren.

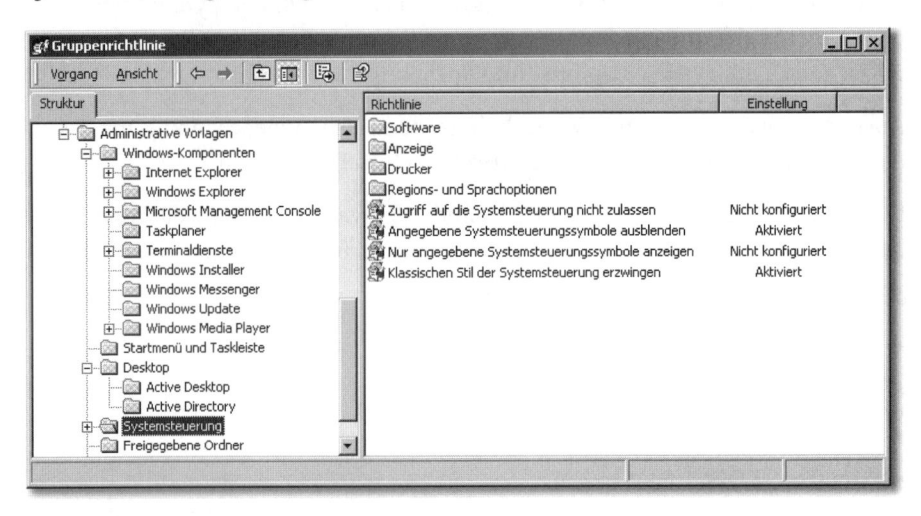

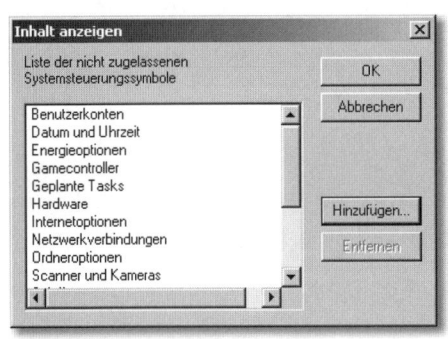

Im Bereich **Benutzerkonfiguration · Administrative Einstellungen · Freigegebene Ordner** sollten Sie die Richtlinien **Veröffentlichung freigegebener Ordner zulassen** und **Veröffentlichung von DFS-Stämmen zulassen** deaktivieren. Wenn aus Datenschutz- und Datensicherungsgründen alle Dokumente auf den Servern und nicht auf lokalen Festplatten der Computer liegen sollten, gibt es keine Notwendigkeit, dass ein Anwender ein Verzeichnis auf der lokalen Festplatte veröffentlicht. Was ein DFS-Stamm ist und wie man ihn einrichtet, weiß ein Anwender in der Regel nicht.

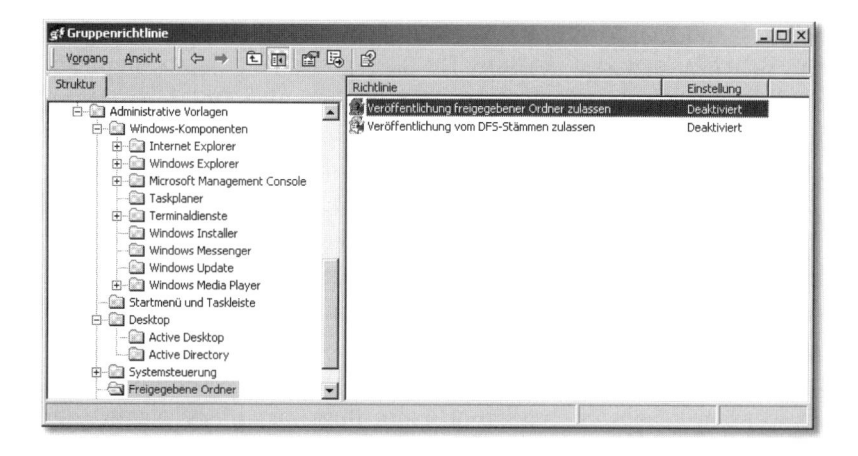

11.5.8 Richtlinien für Offlinedateien

Im Bereich **Benutzerkonfiguration · Administrative Vorgaben · Netzwerk · Offlinedateien** sollten Sie folgende Richtlinien aktivieren, um zu unterbinden, dass Dokumente vom in Bezug auf Datenschutz und Datensicherheit sicheren Server auf die lokale Festplatte gelangen:

- Benutzerkonfiguration von Offlinedateien nicht zulassen
- »Offline verfügbar machen« entfernen
- Verwendung von Offlinedateiordnern verhindern
- Umgeleitete Ordner nicht automatisch offline verfügbar machen

11.5.9 Laptop-Benutzer und Offline-Synchronisierung

Für Laptop-Benutzer, die berechtigt sind, Daten vom Server auf den Laptop zu überspielen und außerhalb des Betriebsgeländes zu verwenden, können Sie eine spezielle Richtlinie erstellen. Die Richtlinie unter **Netzwerk · Offlinedateien** finden Sie aber auch in der **Computerkonfiguration**. Es bietet sich alternativ an, unterhalb der Organisationseinheit **Computer** eine Organisationseinheit **Laptops** oder besser **mobile Clients** einzurichten, denn inzwischen gibt es neben Laptops und Portables auch noch Tablet-PCs. Wer weiß, was es morgen alles an mobilen Geräten gibt. Für die OU **Computer** können Sie dann eine Gruppenrichtlinie einrichten, in der die Verwendung von Offlineordnern verhindert wird. In der OU **mobile Clients** könnten Sie eine weitere Gruppenrichtlinie einrichten, in der die Benutzung von Offlineordnern wieder erlaubt wird. Nebenbei zur vielleicht verwirrenden Wahl meiner OU-Namen: Der Plural von »Computer« ist in der deutschen Sprache »Computer«, in der englischen jedoch »Computers«. Alternativ können Sie den OU-Namen **Computer** z. B. durch **Clients** ersetzen.

Der nachfolgende Hinweis gehört zwar eigentlich nicht zum Thema »Gruppenrichtlinien«, ist aber dennoch wichtig für Sie, wenn Sie Laptop-Benutzer betreuen: Offlinedateien werden nicht im lokalen Profilpfad **Dokumente und Einstellungen\%Benutzername%** gespeichert, sondern im versteckten Verzeichnis **%SYSTEMROOT%\CSC**, auf das nur die Gruppe **Administratoren** Zugriff hat. Mit dem Tool **CACHEMOV** aus dem Windows Server Resource Kit kann dieses Verzeichnis für Offlinedateien übrigens in ein anderes Verzeichnis oder eine andere Partition verschoben werden. Diese Verschiebung kann notwendig werden, wenn Benutzer große Datenmengen offline synchronisieren und die Systempartition zu wenig Speicherplatz hat. Jedoch muss für diesen Vorgang die Gruppe **Administratoren** in die US-amerikanische Bezeichnung **Administrators** umbenannt werden, da das Tool aufgrund eines Bugs lokalisierte Namen der Gruppe **Administrators** nicht akzeptiert. Lesen Sie dazu die Knowledge-Base-Artikel »216581 – How to Change the Location of Client Side Cache in Windows 2000« und »303256 – Cachemov Does Not Work on Localized Versions of Windows 2000«, die auch auf Windows XP zutreffen.

Im Bereich **Benutzerkonfiguration · Administrative Vorlagen · Netzwerk · Netzwerkverbindungen** müssen Sie die Richtlinien nicht mehr konfigurieren, da aufgrund der Richtlinieneinstellungen unter **Systemsteuerung** der Standardanwender auf das Icon **Netzwerk- und DFÜ-Verbindungen** keinen Zugriff mehr hat. Das Symbol wurde in der betreffenden Richtlinie ausgeblendet.

Im Bereich **Benutzerkonfiguration · Administrative Vorlagen · System** sollten folgende Richtlinien aktiviert werden:

- Willkommenseite für »Erste Schritte« bei der Anmeldung nicht anzeigen
- Zugriff auf Eingabeaufforderung verhindern

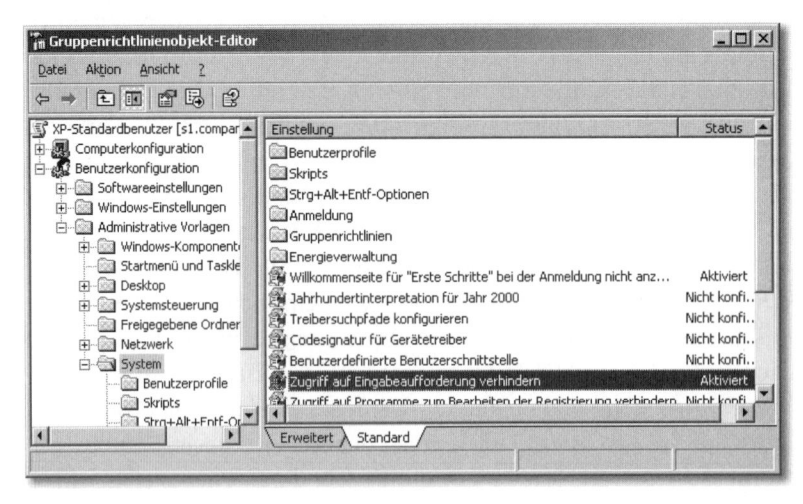

11.5.10 Positiv- oder Negativlisten für ausführbare Dateien

Interessant sind an dieser Stelle auch die Richtlinien **Nur zugelassene Windows-Anwendungen ausführen, Angegebene Windows-Anwendungen nicht ausführen** sowie **Zugriffe auf Programme zur Bearbeitung der Registrierung verhindern**. Mit der zuletzt genannten Richtlinie wird aber nur der Start der Windows-XP-internen Programme **Regedit.exe** und **Regedt32.exe** unterbunden. Es gibt jedoch viele andere Tools im Internet, die den Zugriff auf die Registrierdatenbank ermöglichen. In Kapitel 15, *Das Anmeldeskript*, wird zu dieser Problematik ausführlich Stellung genommen.

Prinzipiell ist es möglich, über die Richtlinie **Nur zugelassene Windows-Anwendungen ausführen** eine Positivliste aller exe-Dateien anzugeben, die durch den Anwender gestartet werden dürfen. Es reicht aber z. B. nicht aus, die Dateien **winword.exe, excel.exe, outlook.exe, msaccess.exe** und **powerpnt.exe** anzugeben, da die Office-Hauptkomponenten weitere Unterkomponenten starten. Sie müssten also über eine Office-Installation einen Befehl wie **dir *.exe /s /b > c:\exe.txt** laufen lassen, um alle in der Positivliste aufzulistenden exe-Dateien anzugeben. Sie dürfen dann jedoch nicht vergessen, auch das Anmeldeskript, alle Unterroutinen des Anmeldeskripts (cmd-, bat- und vbs-Dateien) sowie alle Tools in die Positivliste aufzunehmen, die im Anmeldeskript des Standardanwenders genutzt werden. Mit einer Negativliste können Sie umgekehrt über die Richtlinie **Angegebene Windows-Anwendungen nicht ausführen** eine Liste von ausführbaren Dateien (exe-, com-, cmd-, bat-, vbs-Dateien) erzeugen, deren Ausführung unterbunden werden soll.

Sicherlich können Sie das Netzwerk dadurch sicherer machen, doch ist dieses sehr aufwändig, und sowohl die Positivliste als auch eine Negativliste müssen wahrscheinlich oft erweitert werden, da z. B. auch Peripheriegeräte wie Scanner, Drucker oder digitale Kameras bei der Installation dem System ausführbare exe- oder com-Dateien hinzufügen.

Bei der Verwendung von Anmeldeskripten sollten Sie die Richtlinien **Anmeldeskripts gleichzeitig ausführen** und **Anmeldeskripts sichtbar ausführen** aktivieren, damit der Anwender über Echo-Zeilen sieht, dass die Anmeldung sich verzögert, weil ein Skript abläuft. Aber auch für den Administrator selbst bzw. einen Helpdesk-Mitarbeiter ist es wichtig, beim Ablauf des Anmeldeskripts eventuell auftretende Fehlermeldungen sehen zu können.

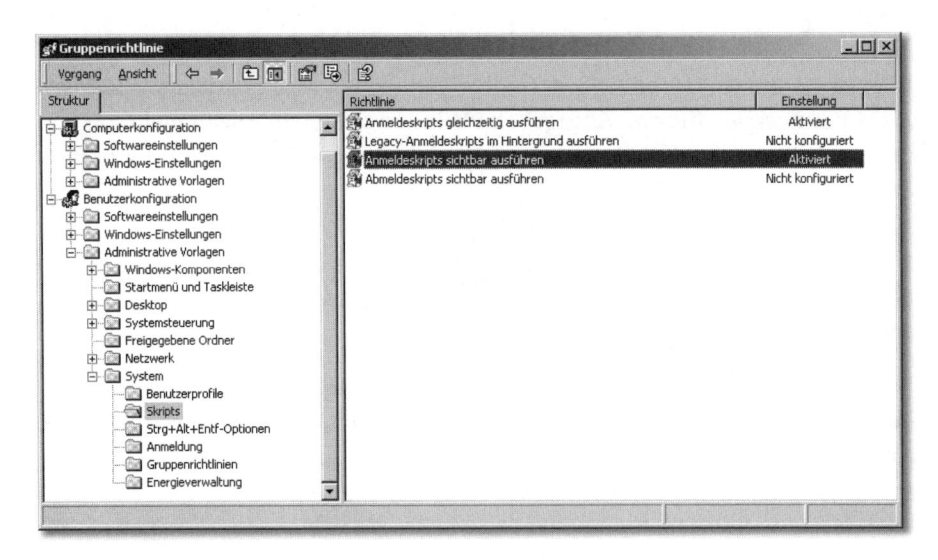

11 | Die Gruppenrichtlinien von Windows XP einsetzen

Damit sind alle für eine erste Testumgebung relevanten Gruppenrichtlinien behandelt, die Microsoft mit dem Betriebssystem Windows XP zur Verfügung stellt, mit Ausnahme derjenigen, die durch das Windows XP Service Pack 2 hinzukommen. Nicht alle gewünschten Optionen lassen sich mit diesen Richtlinien zentral über das Active Directory einstellen.

An späterer Stelle wird gezeigt, wie Sie einige interessante Einstellungen über eine selbst erstellte Gruppenrichtlinie definieren können. Andere Einstellungen können über das Anmeldeskript bewerkstelligt werden. Durch die Installation von Microsoft Office kommt noch einmal eine große Anzahl von weiteren Gruppenrichtlinien hinzu.

11.5.11 Speicherort der Benutzerkonfigurations-Richtlinien

Nun bleibt die Frage: An welcher Stelle im System sind eigentlich die im Bereich der **Benutzerkonfiguration** erstellten Richtlinien auf dem Server gespeichert worden?

Auf dem Domänencontroller finden Sie ein Verzeichnis **%SystemRoot%\SYSVOL\sysvol\Test firma.de\Policies\{Eindeutiger Name der Gruppenrichtlinie}\User** mit der Datei **Registry.pol** und den Unterverzeichnissen **Applications**, **Documents & Settings**, **MICROSOFT** und **Scripts**.

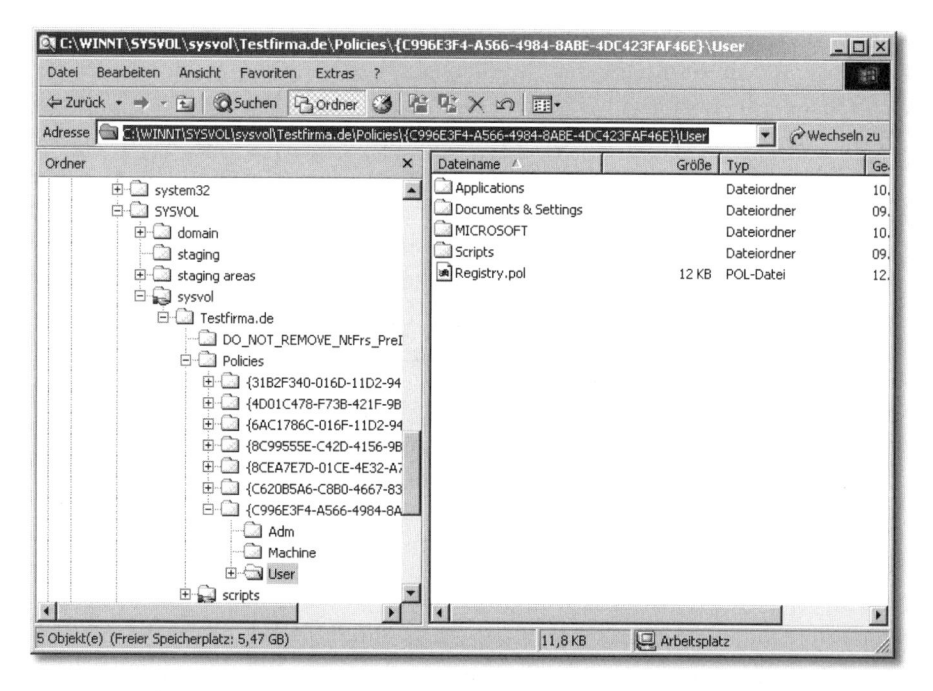

Wenn Sie die Datei **Registry.pol** mit einem Hexeditor öffnen, sehen Sie in der rechten Spalte die Registry-Einträge, die durch die Richtlinien in der Benutzerkonfiguration der Gruppenrichtlinie erstellt werden. In folgenden Pfaden der Registrierdatenbank werden Veränderungen vorgenommen:

HKEY_CURRENT_USER\Software\Policies
HKEY_CURRENT_USER\Software\Microsoft\Windows\CurrentVersion\Policies

11.6 Wenn zwei Gruppenrichtlinien sich streiten ...

Nachfolgend wird gezeigt, wie Sie mit einer zweiten Gruppenrichtlinie die für den Standardanwender erzeugten Beschränkungen wieder lockern können. An diesem Beispiel soll außerdem vorgeführt werden, wie Sie mit Berechtigungen auf Gruppenrichtlinien steuern können, auf welche Objekte (einzelne Benutzer, Sicherheitsgruppen von Benutzern, einzelne Computer, Sicherheitsgruppen von Computern) eine Richtlinie angewendet werden kann, in welcher Reihenfolge mehrere Gruppenrichtlinien abgearbeitet werden und welche Richtlinie den Vorrang erhält, wenn mehrere Richtlinien auf ein Objekt angewendet werden und sich widersprechen.

In den vorangegangenen Ausführungen wurde beschrieben, wie mittels einer Richtlinie **XP-Standardbenutzer** die Benutzeroberfläche von Windows XP für einen Standardbenutzer voreingestellt und damit verhindert werden kann, dass der Standardbenutzer durch Manipulationen das Betriebssystem selbst negativ verändert oder seine Arbeitsumgebung durch mangelnde Kenntnisse in einen Zustand versetzt, der zu erhöhtem Aufwand für die Anwenderbetreuung führt. Dieser Standardanwender soll nur eine begrenzte Anzahl ausgewählter Anwendungen starten können und arbeitet in der Regel nicht mit Multimedia-Anwendungen. Er hat in der Regel einen Computer ohne Diskettenlaufwerk, ohne CD-Laufwerk oder CD-Brenner und ohne Multimedia-Equipment.

Daneben gibt es aber so genannte Poweruser wie IT-Entwickler, die Mitarbeiter des Helpdesks, die neue Anwendungen durchtesten müssen, Abteilungsleiter oder Außendienstler, die mit zahlreicheren und komplexeren Peripheriegeräten (Anschluss für Organizer, Scanner, digitale Kamera usw.) oder einem mobilen Computer ausgestattet sind und auf weitere Anwendungen zugreifen müssen.

Spätestens, nachdem Sie die von Microsoft Office XP/2003 bereitgestellten Gruppenrichtliniendateien eingesehen haben, wird Ihnen jedoch bald bewusst werden, dass das Netzwerk sehr schnell undurchsichtig wird, wenn Sie für alle möglichen Sonderfälle eigene Organisationseinheiten, Sicherheitsgruppen und Gruppenrichtlinien einführen. Schnell gerät das Geflecht aus ineinander geschachtelten Gruppenrichtlinien außer Kontrolle, und die Suche danach, welche Gruppenrichtlinie nun welche andere Gruppenrichtlinie überschreibt, wird zum Fluch. Bei der Fehlersuche werden dann irgendwo Gruppenrichtlinien deaktiviert. Wenn der Fehler danach nicht beseitigt ist, wird an anderer Stelle etwas verändert, ohne zu notieren, was bei der Fehlersuche alles in welcher Reihenfolge angefasst wurde. Auch eine bei der Erstinstallation sauber erstellte Dokumentation der installierten Richtlinien wird so über die Zeit hinweg zur Makulatur. Ein neuer IT-Mitarbeiter findet später ein unüberschaubares und fehlerhaftes System vor.

Die KISS-Methode: Keep It Simple And Smart

Um dieser Undurchsichtigkeit vorzubeugen, hilft nur die KISS-Methode: Keep It Simple And Smart. Erstellen Sie möglichst wenige Organisationseinheiten, Sicherheitsgruppen und Gruppenrichtlinien. Vermeiden Sie, jeden Sonderfall über eine neue Gruppenrichtlinie abbilden zu wollen. Gehen Sie das Risiko ein, dass ein Anwender tatsächlich einmal aufgrund zu vieler Rechte einen Computer oder seine Benutzereinstellungen »ruiniert«. Wenn Sie eine Methode haben, mit der ein fehlerhafter Computer in kurzer Zeit wieder neu eingerichtet werden kann, und wenn Sie sicherstellen, dass dabei keine Anwenderdaten verloren gehen, da diese Daten alle auf dem Server liegen, ist das nicht tragisch. Für Poweruser können Sie eine Sicherheitsgruppe und eine zweite Gruppenrichtlinie einrichten, die nur durch diese Sicherheitsgruppe ausgelesen wird. In dieser Gruppenrichtlinie deaktivieren Sie nun einfach die Einschränkungen, die für den Standardanwender gelten sollen, aber nicht für den Poweruser.

Richten Sie in der Organisationseinheit **Benutzer** einen neuen Benutzer **Paul Poweruser** ein. Legen Sie in der Organisationseinheit **Benutzergruppen** eine Sicherheitsgruppe **Hauptbenutzer** an und nehmen Sie den neuen Anwender Paul Poweruser in diese Sicherheitsgruppe auf. Sie können auch die Gruppe **Helpdesk** oder eine Gruppe **IT-Entwickler** erstellen und in die Gruppe **Hauptbenutzer** aufnehmen.

Nun erzeugen Sie für die Sub-OU **Benutzer** eine weitere Gruppenrichtlinie mit dem Namen **XP-Hauptbenutzer**, öffnen danach die Eigenschaften dieser neuen Richtlinie und aktivieren wie bei der Richtlinie **XP-Standardbenutzer** die Option **Konfigurationseinstellungen des Computers deaktivieren**. Denn auch in dieser Gruppenrichtlinie werden nur Richtlinien in der Kategorie **Benutzerkonfiguration** geändert, und die Abarbeitung der Richtlinie wird beschleunigt, wenn nur die Benutzerkonfiguration ausgelesen werden muss.

Öffnen Sie nun unter den Eigenschaften der Gruppenrichtlinie **XP-Hauptbenutzer** die Registerkarte **Sicherheitseinstellungen**. Sie sehen als Erstes in den Standardeinstellungen, dass es eine Gruppe **Authentifizierte Benutzer** gibt, die die Rechte **Lesen** und **Gruppenrichtlinie übernehmen** besitzt. Zur Gruppe der **Authentifizierten Benutzer** gehören aber nicht nur alle Domänenbenutzer, sondern darüber hinaus alle Computer, die zur Domäne gehören. Die Bezeichnung **Authentifizierte Benutzer** ist hier ein wenig irreführend. Denken Sie daran, dass man eine Gruppenrichtlinie nicht nur für eine Sicherheitsgruppe aktivieren kann, die nur Benutzer als Mitglieder hat.

Sie können auch eine Sicherheitsgruppe erstellen, die z. B. nur Laptops aufnimmt, und für diese Sicherheitsgruppe eine Gruppenrichtlinie anlegen. Sie können aber auch eine gemischte Sicherheitsgruppe erstellen, bestehend aus bestimmten Computern und bestimmten Benutzern der Domäne. In welchen Situationen so etwas sinnvoll wäre, überlasse ich Ihrer Fantasie.

Sehen Sie sich einmal die Standardrechte der Gruppen **Domänen-Admins** und der Gruppe **Organisations-Admins** an. Mitglieder dieser beiden Gruppen dürfen laut Standardeinstellung die Gruppenrichtlinie verändern, haben aber nicht das Recht **Gruppenrichtlinie übernehmen**.

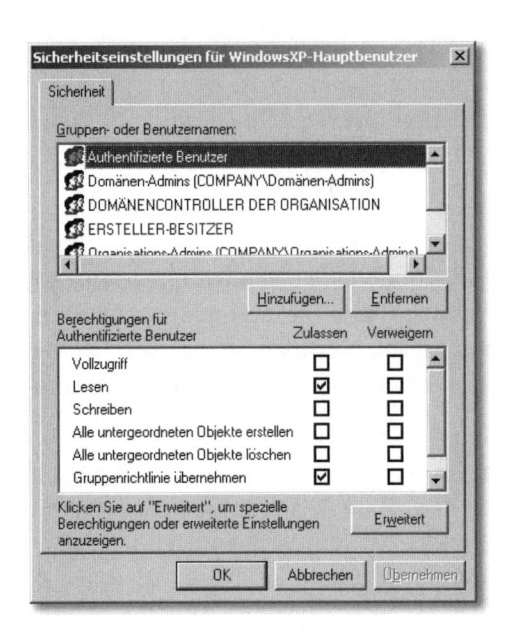

Das ist gut so, denn anderenfalls würden Einschränkungen, die man über eine Gruppenrichtlinie vornimmt, sofort auch für die Administratoren wirksam. Schnell hätte dann ein Administrator durch eine Aktivierung einer Richtlinie alle Administratoren eingeschränkt und vielleicht sich selbst die Rechte entzogen, um die Aktivierung der Richtlinie wieder rückgängig zu machen.

[»] Bei Richtlinien, die auch für Domänen-Administratoren wirken sollen, muss also der Gruppe **Domänen-Admins** explizit das Recht **Gruppenrichtlinie übernehmen** gegeben werden.

Unsere neu erstellte Richtlinie **XP-Hauptbenutzer** soll jedoch nicht für alle Domänenbenutzer wirken und schon gar nicht für Computer, sondern nur für die Sicherheitsgruppe **Hauptbenutzer**. Löschen Sie also die Gruppe **Authentifizierte Benutzer** und fügen Sie die soeben erstellte Sicherheitsgruppe **Hauptbenutzer** über die Schaltfläche **Hinzufügen** hinzu. Erteilen Sie der Gruppe **Hauptbenutzer** die Rechte **Lesen** und **Gruppenrichtlinie übernehmen**. Um es gleich vorweg zu sagen: Sie müssen die Reihenfolge der zwei Richtlinien anschließend mit den Schaltflächen **Nach unten** oder **Nach oben** so vertauschen, dass die Sicherheitsgruppe **XP-Hauptbenutzer** über der Gruppe **XP-Standardbenutzer** steht.

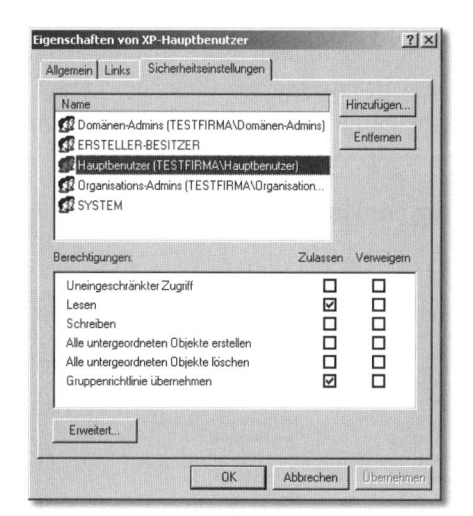

Wenn mehrere Gruppenrichtlinien untereinander stehen, werden die Gruppenrichtlinien in der Reihenfolge von unten nach oben abgearbeitet. Enthalten zwei Gruppenrichtlinien, die nacheinander abgearbeitet werden, Einstellungen, die sich widersprechen, so gewinnt die zuletzt abgearbeitete Richtlinie. Genau dies wollen wir erreichen: In der Gruppenrichtlinie **XP-Hauptbenutzer** sollen für eine kleine Gruppe von Anwendern bestimmte (nicht alle!) Einschränkungen wieder deaktiviert werden, die für alle Anwender in der Gruppenrichtlinie **XP-Standardbenutzer** getroffen wurden.

In der Gruppenrichtlinie **XP-Standardbenutzer** hatten wir unter vielen anderen Einschränkungen eingestellt, dass ein Standardbenutzer den Befehl **Start · Ausführen** nicht durchführen darf, dass er den Befehl **Start · Programme · Zubehör · Eingabeaufforderung** nicht starten darf und dass in der Systemsteuerung nur eine Auswahl von Icons angezeigt werden soll. Diese Einschränkungen sollen nun exemplarisch für die Gruppe **Hauptbenutzer** wieder aufgehoben werden.

Melden Sie sich unter der Kennung **Poweruser** zuerst am Windows XP-Client an und überprüfen Sie, dass diese Einschränkungen tatsächlich auf die Kennung wirken, bevor wir sie aufheben. Klicken Sie nun die Gruppenrichtlinie **XP-Hauptbenutzer** mit der Maus an und wählen Sie die Schalfläche **Bearbeiten**. Nehmen Sie die nachfolgenden Änderungen vor:

Aktivieren Sie zuerst die Richtlinie **Gruppenrichtlinien-Aktualisierungsintervall für Benutzer** und setzen Sie sowohl das Aktualisierungsintervall als auch die zufällige Verzögerung der Aktualisierung auf 0 Minuten, damit Sie die Auswirkungen der Änderungen, die Sie am Server an der Gruppenrichtlinie **XP-Hauptbenutzer** vornehmen, ohne Verzögerung auf dem Windows-XP-Client sehen können. Das Heruntersetzen des Aktualisierungsintervalls ist, wie bereits erwähnt wurde, nur für das Testen von Gruppenrichtlinien hilfreich. Vergessen Sie später im Produktivbetrieb nicht, das Aktualisierungsintervall wieder heraufzusetzen! Alternativ können Sie den Befehl **gpupdate /force** auf dem Client absetzen, um geänderte Gruppenrichtlinien sofort zu übernehmen.

Deaktivieren Sie die Richtlinie **Menüeintrag »Ausführen« aus dem Startmenü entfernen**.

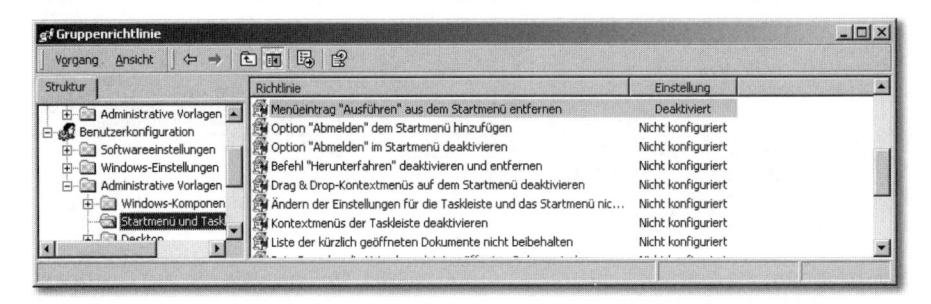

Der Anwender Poweruser sieht nun im Startmenü wieder den Befehl **Ausführen**. Deaktivieren Sie die Richtlinie **Befehlszeilenaufforderung deaktivieren**.

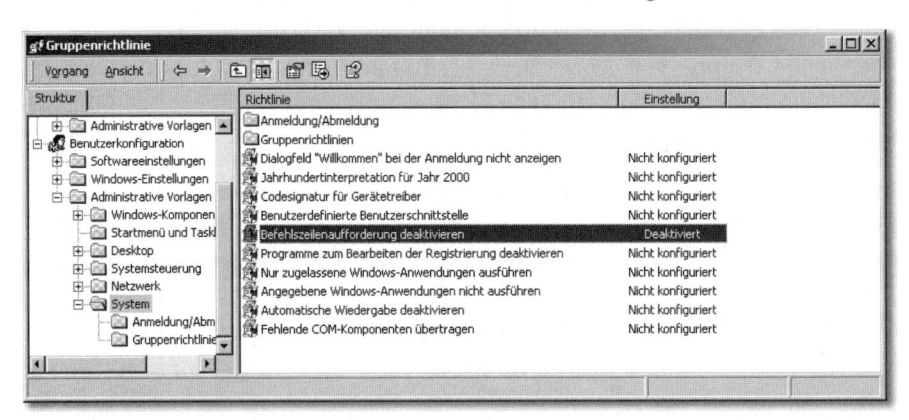

Der Anwender Poweruser erhält nun beim Aufruf der Eingabeaufforderung unter **Start · Programme · Zubehör** nicht mehr die Meldung **Die Eingabeaufforderung ist vom Administrator deaktiviert worden**.

Um die Richtlinie **Nur angegebene Systemsteuerungssymbole anzeigen** der Gruppenrichtlinie **XP-Standardbenutzer** durch die Gruppenrichtlinie **XP-Hauptbenutzer** außer Kraft zu setzen und wieder alle Symbole der Systemsteuerung anzuzeigen, reicht es jedoch nicht aus, in der Gruppenrichtlinie **XP-Hauptbenutzer** die Richtlinie **Nur angegebene Systemsteuerungssymbole anzeigen** zu deaktivieren. Testen Sie es und melden Sie sich als Poweruser am XP-Computer an. Es werden weiterhin nur die Symbole in der Systemsteuerung angezeigt, die in der Richtlinie **Nur angegebene Systemsteuerungssymbole** der Gruppenrichtlinie **XP-Standardbenutzer** hinzugefügt wurden. Hier hilft folgender Trick: Aktivieren Sie die Richtlinie **Angegebene Systemsteuerungssymbole ausblenden**. Sie können nun in einem weiteren Fenster die Symbole angeben, die ausgeblendet werden. Wenn Sie aber in dieser Liste nur einen Eintrag wie **XXX** vornehmen und damit ein nicht existierendes Symbol eintragen, so erscheinen beim Anwender Poweruser wieder alle Symbole in der Systemsteuerung.

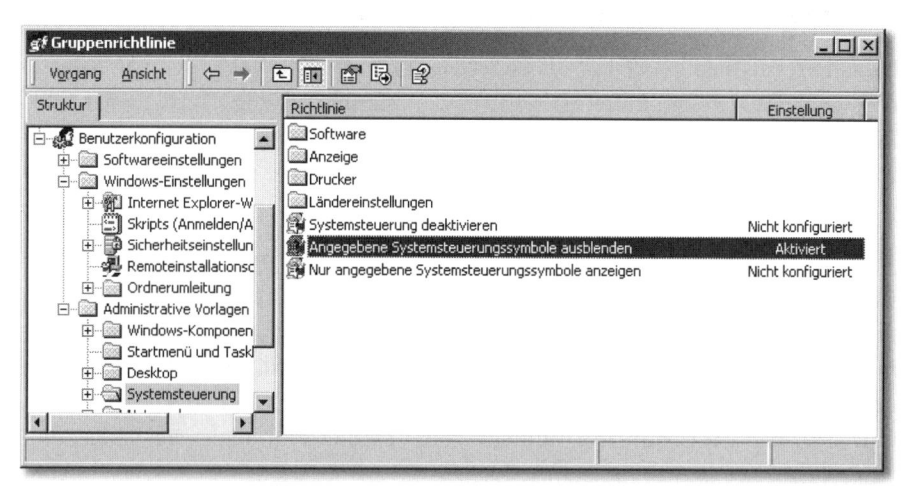

Ich hoffe, Sie haben aufgrund dieser drei Beispiele für das Zurücksetzen von aktivierten Richtlinien für eine bestimmte Gruppe von Mitarbeitern das Prinzip der Idee verstanden: Sie erstellen eine Richtlinie für den Standardbenutzer und schränken die Möglichkeiten des Standardbenutzers so stark ein, dass die Fehlerquellen durch ungewollte Manipulationen bei der Großzahl der Anwender beseitigt werden und damit der Supportaufwand minimiert wird.

Diejenigen Mitarbeiter, für die diese starke Reduzierung der Manipulationsmöglichkeiten auf das für die tägliche Arbeit unbedingt Benötigte nicht akzeptabel ist, fassen Sie in einer Sicherheitsgruppe wie **Hauptanwender** zusammen. Sie erstellen eine weitere Gruppenrichtlinie, z. B. mit dem Namen **XP-Hauptanwender**, die nur für Mitglieder der Gruppe **Hauptanwender** angewendet wird. In dieser Richtlinie deaktivieren Sie diejenigen durch die Richtlinie **XP-Standardanwender** ausgelösten Einschränkungen, die Sie den Powerusern nicht zumuten wollen.

Achten Sie darauf, dass die beiden Richtlinien in der richtigen Reihenfolge untereinander stehen: Untereinander stehende Richtlinien werden nacheinander von unten nach oben und nicht von oben nach unten abgearbeitet!

Dieses Modell von zwei Anwendertypen und zwei zugehörigen Gruppenrichtlinien ist sehr vereinfacht. Wenn Ihr Unternehmen komplex ist, werden Sie sagen, dass sich Ihre Anwender nicht nur in die Typen **Standardanwender** und **Poweruser** untergliedern lassen, sondern, dass es einfache Standardanwender gibt, Abteilungsleiter mit weitergehenden Ansprüchen, die Mitarbeiter der IT-Entwicklungsabteilung, die wiederum andere Berechtigungen benötigen als die Abteilungsleiter, und die Mitarbeiter des Helpdesks. Schnell sind Sie bei vier oder mehr Gruppenrichtlinien, deren Zusammenspiel dann entsprechend komplizierter wird.

Nach dem vorgestellten Prinzip lassen sich auch mehr als zwei Typen von Anwendern abbilden. Dennoch: Halten Sie sich, wann immer es möglich ist, an das KISS-Prinzip: Keep It Simple And Smart. Vermeiden Sie unnötige Komplexitäten! Active Directory ist im Zusammenspiel von Windows Server mit Windows XP Professional, Microsoft Office und Exchange Server kompliziert genug. Machen Sie Ihr Active-Directory-Modell nicht komplizierter, als es erforderlich ist.

Das Tool **gpresult.exe** zeigt übrigens die Gruppenrichtlinieneinstellungen eines Computers oder Benutzers und den Ergebnissatz aller wirksamen Gruppenrichtlinien an. Im neuen Gruppenrichtlinienverwaltungswerkzeug **GPMC.MSI** können Sie sich den auf einen bestimmten Computer und den dort angemeldeten Benutzer wirkenden Gruppenrichtlinienergebnissatz komfortabel anzeigen lassen.

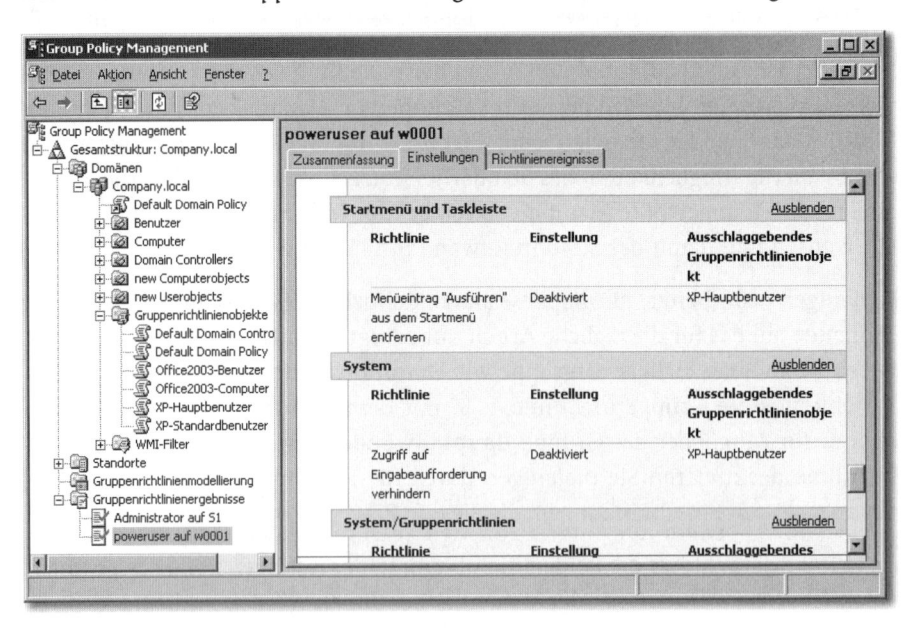

Da Sie über Gruppenrichtlinien viele Einstellungen des Client-Betriebssystems und der auf dem Client laufenden Anwendungen von zentraler Stelle aus steuern können, liegt es nahe, für alle Registrierdatenbankeinträge selbst Gruppenrichtliniendateien anzulegen, wenn es vom Hersteller keine ADM-Dateien oder passende Gruppenrichtlinien gibt.

12 Eigene Vorlagedateien für fehlende Gruppenrichtlinien

12.1 Vorlagedateien mit dem Tool »Registry System Wizard« erstellen

Über Gruppenrichtlinien können nur die Zweige **HKEY_CURRENT_USER** und **HKEY_LOCAL_MACHINE** der Registrierdatenbank verändert werden, nicht aber Einträge in den Zweigen **HKEY_CLASSES_ROOT**, **HKEY_USERS**, **HKEY_CURRENT_CONFIG**. Diese Hauptzweige der Registrierdatenbank haben im Microsoft-Jargon die Bezeichnung »Hives«.

Das Erzeugen einer eigenen ADM-Datei ist nicht so kompliziert, wie vielleicht zu vermuten.

Besonders hilfreich kann hier ein Tool wie der **Registry System Wizard** sein, das Sie auf der Buch-DVD unter **Tools** finden. Nach dem Start des **Registry System Wizards** werden geordnet nach Kategorien alle möglichen Tipps aufgelistet, mit denen Sie die Registrierdatenbank Ihren Wünschen entsprechend verändern können.

Wenn Sie z. B. wissen möchten, welche Änderung an der Registrierdatenbank vorgenommen werden muss, damit nach dem Start des Computers das Anmeldefenster sofort ohne vorheriges Drücken der Tastenkombination `Strg`+`Alt`+`Entf` erscheint, wechseln Sie in die Kategorie **Windows starten/beenden – Login** und finden dort den entsprechenden Tipp und über den **Befehl Bearbeiten – Key Registrypfad** den Registry-Wert, der verändert werden muss.

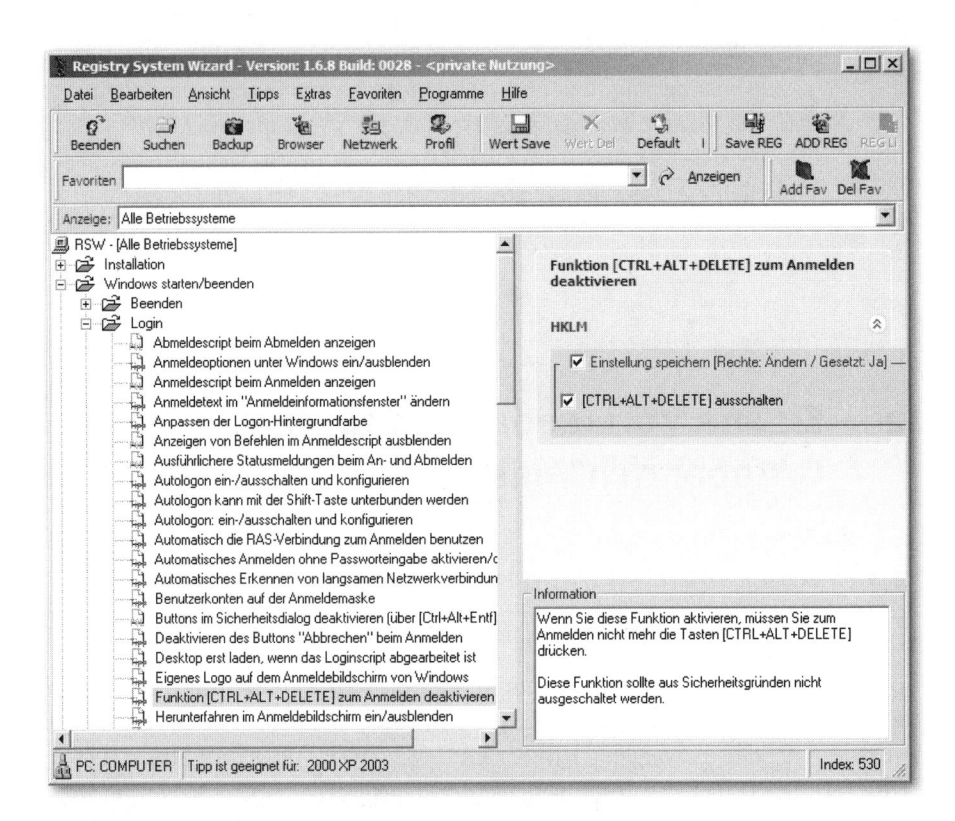

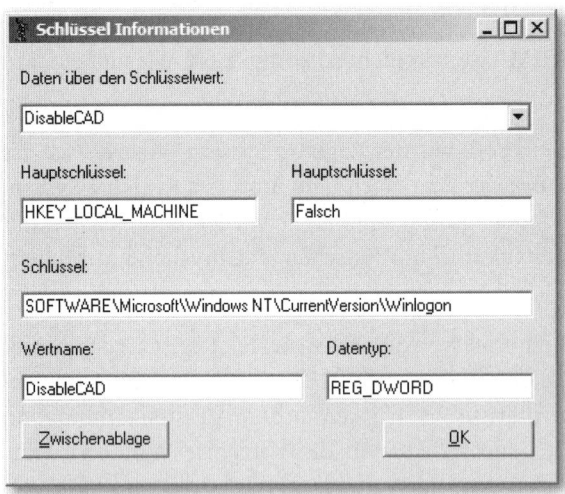

12 | Eigene Vorlagedateien für fehlende Gruppenrichtlinien

Sie können nun den Registry System Wizard auf einem Computer mit Windows XP Professional installieren und anschließend nach interessanten Einstellmöglichkeiten suchen, für die die von Microsoft zur Verfügung gestellten Windows-XP-Gruppenrichtliniendateien keine Richtlinien anbieten.

Wenn Sie im Registry System Wizard den Menüpunkt **Tipps** aufrufen, stellen Sie fest, dass Sie eine REG-Datei bzw. eine ADM-Datei erstellen können und danach weitere Einstellungen über die Befehle **Tipp zur Registry Liste hinzufügen** bzw. **Tipp zur ADM-File Liste hinzufügen** der erzeugten Datei hinzufügen können. Der Menüpunkt **ADM File vom aktuellen Tipp erstellen** bzw. **Tipp zur ADM-File Liste hinzufügen** steht jedoch nicht bei allen Tipps zur Verfügung. Das liegt unter anderem daran, dass mit einer Richtliniendatei (*.adm-Datei) nur die Zweige **HKEY_LOCAL_MACHINE** und **HKEY_CURRENT_USER** manipuliert werden können, nicht aber die drei anderen Zweige **HKEY_CLASSES_ROOT, HKEY_USERS** und **HKEY_CURRENT_CONFIG**.

Haben Sie aber einmal mit dem Tool eine eigene ADM-Datei erzeugt, so können Sie diese ASCII-Datei mit jedem beliebigen Editor öffnen, während die originalen ADM-Dateien sich nur mit speziellen Editoren wie z. B. Notepad öffnen und bearbeiten lassen. Außerdem sind diese Dateien in einem Format, das leicht verständlich ist. Wenn Sie regelmäßig in Computermagazinen, in Newslettern und in den Knowledge-Base-Artikeln von Microsoft »herumschmökern«, werden Sie schnell weitere Tipps zum Betriebssystem Windows XP, zu Microsoft Office oder zu anderen Anwendungen sammeln, die die Registry-Werte in den Zweigen **HKEY_LOCAL_MACHINE** oder **HKEY_CURRENT_USER** betreffen. Haben Sie eine eigene ADM-Datei mit dem Tool **Registry System Wizard** erstellt und deren einfachen Aufbau verstanden, so wird es Ihnen leicht fallen, diese eigene ADM-Datei um die gewünschten **Registry-Keys** zu erweitern. Somit sind Sie in der Lage, all diese Veränderungen zentral über das **Active Directory** zu steuern. Schnell werden Sie so zum Experten im Erstellen von eigenen Gruppenrichtlinienendateien.

Außer dem **Registry System Wizard** gibt es aber auch noch andere Tools wie **reg2adm**, zu denen Sie Hinweise im Verzeichnis **Gruppenrichtlinien\Tools** der Buch-DVD finden.

12.2 Die Struktur von Vorlagedateien für Gruppenrichtlinien

Eine ganz einfache Gruppenrichtliniendatei, die nur zwei Richtlinien enthält, mit denen die **APIPA**-Funktion unter **HKEY_LOCAL_MACHINE** und der Schlüssel **Persistent Connections** unter **HKEY_CURRENT_USER** aktiviert oder deaktiviert werden können, hat zum Beispiel folgendes Aussehen:

```
CLASS MACHINE
  CATEGORY "APIPA-Funktion fuer DHCP-Betrieb deaktivieren"
  KEYNAME "System\CurrentControlSet\Services\TCPIP\Parameters"
  POLICY "IpAutoConfigurationEnabled"
  VALUENAME "IpAutoConfigurationEnabled"
  ValueON NUMERIC "0"
  ValueOff NUMERIC "1"
  Part "Wenn kein DHCP-Server beim Start eines Windows XP
        -Clients verfügbar ist, verliert "Text End Part
  Part "der Client ... beschreibender Text "Text End Part
  END POLICY
  END CATEGORY
CLASS USER
  CATEGORY "Netzwerkverbindungen nicht zwischen Sitzungen
          speichern"
  KEYNAME "Software\Microsoft\Windows NT\CurrentVersion\
          Network\Persistent Connections"
  POLICY "SaveConnections"
  VALUENAME "SaveConnections"
  ValueON "YES"
  ValueOFF "NO"
  Part "Standardmäßig ist diese Funktion aktiviert.
        Das bedeutet, ... beschreibender Text "Text End Part
  END POLICY
  END CATEGORY
```

Das Schema einer ADM-Datei ist somit folgendes: Eine ADM-Datei besteht aus den beiden Kategorien **CLASS MACHINE** und/oder **CLASS USER**. Alle Richtlinien, die unter **CLASS MACHINE** stehen, tauchen später unter **Computerkonfiguration · Administrative Vorlagen** auf und führen zu Änderungen im Zweig **HKEY_LOCAL_MACHINE** der Registrierdatenbank.

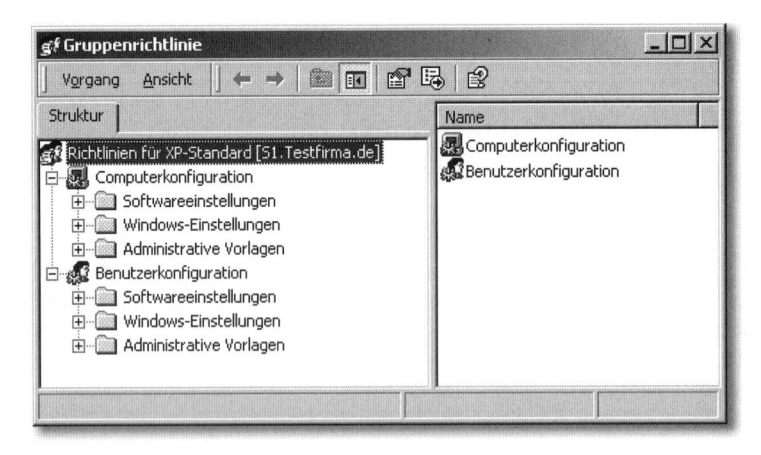

Alle Richtlinien, die unter **CLASS USER** liegen, tauchen später unter **Benutzerkonfiguration · Administrative Vorlagen** auf und führen zu Änderungen im Zweig **HKEY_CURRENT_USER** der Registrierdatenbank.

Die Kategorien **CLASS MACHINE** und **CLASS USER** können nun über den Ausdruck **CATEGORIE Kategoriename ... END CATEGORY** wiederum in Unterkategorien unterteilt werden.

Als Nächstes folgt der **KEYNAME**, der den Schlüssel in der Registry angibt, in dem sich die nachfolgenden **VALUENAMES** befinden. Danach folgen eine oder mehrere Richtlinien mit je einem **VALUENAME**.

Jede Richtlinie wird durch das Schlüsselwort **POLICY** eingeleitet und durch **END POLICY** beendet. Die Richtlinien können einen beschreibenden Text erhalten. Jede Zeile des beschreibenden Textes beginnt mit **Part** und endet mit **Text End Part**. Der beschreibende Text kann jedoch auch in einem separaten Abschnitt mit der Bezeichnung **[Strings]** ganz am Ende der ADM-Datei zusammengefasst werden. Diese Möglichkeit wird weiter unten beschrieben.

Zwei ADM-Beispieldateien namens **WindowsExplorer.adm** und **ExchangeProvider.adm** finden Sie auf der Buch-DVD.

Das Schema sieht also wie folgt aus:

```
CLASS MACHINE
CATEGORY "erste Kategorie für HKEY_LOCAL_MCHINE"
  KEYNAME "Registrypfad"
  POLICY "Beschreibung der ersten Richtlinie"
  VALUENAME "Name des Wertes"
  ValueON NUMERIC "0"
  ValueOff NUMERIC "1"
  Part "beschreibender Text "Text End Part
  Part "aufgeteilt auf mehrere Zeilen "Text End Part
  END POLICY
END CATEGORY
CATEGORY "zweite Kategorie für HKEY_LOCAL_MACHINE"
  KEYNAME "Registrypfad"
  POLICY "Beschreibung der Richtlinie"
  VALUENAME "Name des Wertes"
  ValueON NUMERIC "0"
  ValueOff NUMERIC "1"
  Part "beschreibender Text "Text End Part
  Part "aufgeteilt auf mehrere Zeilen "Text End Part
  END POLICY
END CATEGORY
```

```
CLASS USER
CATEGORY "erste Kategorie für HKEY_CURRENT_USER"
  KEYNAME "Registrypfad"
  POLICY "Beschreibung der Richtlinie"
  VALUENAME "Name des Wertes"
  ValueON NUMERIC "0"
  ValueOff NUMERIC "1"
  Part "beschreibender Text "Text End Part
  Part "aufgeteilt auf mehrere Zeilen "Text End Part
  END POLICY
  POLICY "Beschreibung der nächsten Richtlinie"
  VALUENAME "Name des Wertes"
  ValueON NUMERIC "0"
  ValueOff NUMERIC "1"
  Part "beschreibender Text "Text End Part
  Part "aufgeteilt auf mehrere Zeilen "Text End Part
  END POLICY
END CATEGORY
```

Mögliche Werttypen für **ValueName** können sein:

REG_DWORD-Werte – das sind Binärwerte mit Zahlen wie **0, 1, 2**. Ein Beispiel:

```
CLASS MACHINE
CATEGORY "Warnmeldung wenn Festplatte voll"
    KEYNAME "System\CurrentControlSet\Services\LanmanServer\
    Parameters"
        POLICY "Wert: DiskSpaceThreshold"
        PART "in Prozent" Numeric Required
        Min 0 Max 99
        ValueName "DiskSpaceThreshold"
        Default "10"
        END PART
        END POLICY
END CATEGORY
CATEGORY "APIPA-Funktion fuer DHCP-Betrieb deaktivieren"
    KEYNAME "System\CurrentControlSet\Services\TCPIP\Parameters"
    POLICY "IpAutoConfigurationEnabled"
    VALUENAME "IpAutoConfigurationEnabled"
    ValueON NUMERIC "0"
    ValueOff NUMERIC "1"
    END POLICY
END CATEGORY
```

RG_SZ-Werte – das sind Zeichenfolgewerte wie **C:\Programme**. Ein Beispiel:

```
CLASS MACHINE
CATEGORY "Standardinstallationspfad für Anwendungen verändern"
   KEYNAME "Software\Microsoft\Windows\CurrentVersion"
   POLICY "ProgramFilesDir"
   ValueON ""
   ValueOff ""
   PART "Pfad:" EDITTEXT
   VALUENAME "ProgramFilesDir"
   DEFAULT "C:\Programme"
   END PART
   END POLICY
END CATEGORY
```

REG_EXPAND_SZ-Werte – das sind Werte, die mittels Variableninhalten zur Laufzeit aufgelöst werden. Ein Beispiel:

```
CLASS MACHINE
CATEGORY "Standardinstallationspfad verändern"
   KEYNAME "Software\Microsoft\Windows\CurrentVersion"
   POLICY "ProgramFilesPath"
   Part "Pfad:" EDITTEXT
   VALUENAME "ProgramFilesPath"
   DEFAULT "%ProgramFiles%"
   REQUIRED
   #if VERSION >= 2
   EXPANDABLETEXT
   #endif
   END PART
   END POLICY
END CATEGORY
```

REG_EXPAND_SZ-Werte wurden erst ab Windows 2000 unterstützt. Darum finden Sie in obigem Beispiel die Abfrage **#if VERSION >= 2 EXPANDABLETEXT #endif**. Die Angabe eines DEFAULT-Wertes, wie Sie ihn in obigen Beispielen finden, ist nicht zwingend.

Sie können jedoch auch ein anderes Format verwenden, bei dem die beschreibenden Texte in einem separaten Abschnitt **[strings]** am Ende der Vorlagedatei zusammengefasst werden, statt direkt im zugehörigen Policy-Abschnitt zu erscheinen. Der Name der Richtlinie (**POLICY !!**) wird hierbei ebenso wie der beschreibende Text (**EXPLAIN !!**) durch zwei einleitende Rufzeichen referiert. Sowohl der eigentliche Richtlinienname als auch der beschreibende Text befinden sich dann im Abschnitt **[Strings]**. Im beschreibenden Text können Zeilenum-

12 | Eigene Vorlagedateien für fehlende Gruppenrichtlinien

brüche durch **\n** (ein Zeilenumbruch) bzw. **\n\n** (zwei Zeilenumbrüche) angegeben werden.

[●] Ein Ausschnitt aus der Datei **WindowsExplorer.adm** auf der Buch-DVD verdeutlicht dieses Format:

```
CLASS USER
CATEGORY "Microsoft Explorer"
  CATEGORY "Ansicht"
    POLICY !!AnsichtoptionenfueralleOrdnerspeicher
    KEYNAME "Software\Microsoft\Windows\CurrentVersion\
            Explorer\Advanced"
    EXPLAIN !!AnsichtoptionenfueralleOrdnerspeicher_Explain
    VALUENAME "ClassicViewState"
    VALUEON NUMERIC 1
    VALUEOFF NUMERIC 0
    END POLICY
    POLICY !!Dateierweiterunganzeigen
            KEYNAME "Software\Microsoft\Windows\CurrentVersion\
    Explorer\Advanced"
    EXPLAIN !!Dateierweiterunganzeigen_Explain
    VALUENAME "HideFileExt"
    VALUEON NUMERIC 0
    VALUEOFF NUMERIC 1
    END POLICY
    POLICY !!geschuetzteSystemdateienausblenden
    KEYNAME "Software\Microsoft\Windows\CurrentVersion\
    Explorer\Advanced"
            EXPLAIN !!geschuetzteSystemdateienausblenden_Explain
    VALUENAME "ShowSuperHidden"
    VALUEON NUMERIC 0
    VALUEOFF NUMERIC 1
    END POLICY
END CATEGORY ; "Ansicht"
END CATEGORY ; "Microsoft Explorer"
[strings]
AnsichtoptionenfueralleOrdnerspeicher="eingestellte Ansichtoptionen
für alle Ordner übernehmen"
AnsichtoptionenfueralleOrdnerspeicher_
Explain="Wenn diese Einstellung aktiviert ist, werden Einstellungen,
die in einem Ordner vorgenommen werden, für jeden Ordner übernommen
Die Aktivierung ist sinnvoll.\n\n
Bei deaktivierter Einstellung werden die Einstellungen nicht für
jeden Ordner gespeichert, sondern nur für den aktuellen Ordner."
Dateierweiterunganzeigen="Dateierweiterung auch bei bekannten
```

```
Dateitypen anzeigen"
Dateierweiterunganzeigen_Explain="Wenn diese Einstellung aktiviert
ist, werden alle Dateierweiterungen der Dateien angezeigt. Auch
Erweiterungen wie doc, xls, exe und com werden wieder angezeigt.
Es ist sinnvoll, diese Richtlinie zu aktivieren.\n\n
Bei deaktivierter Einstellung werden Dateierweiterungen bei bekannten
Dateitypen ausgeblendet."
```

Beachten Sie, dass das Ende einer Kategorie durch den Ausdruck **END CATEGORY** angezeigt wird. Wenn eine ADM-Datei viele Kategorien enthält und diese auch noch ineinander verschachtelt sind, sollte der Ausdruck **END CATEGORY** durch einen mit einem Semikolon eingeleiteten Kommentartext ergänzt werden (z. B. **END CATEGORY ; Name der Kategorie**). Besteht der Name einer Kategorie aus mehreren Wörtern, so muss er in Anführungszeichen stehen.

Die von Microsoft gelieferten ADM-Dateien haben unterschiedliche Formate. Die Microsoft-Office-ADM-Dateien, die nicht zum Lieferumfang der Office-Version gehören, sondern nach Installation des zugehörigen Office Resource Kits im Verzeichnis **C:\Windows\Inf** landen, können mit beliebigen Editoren geöffnet werden. Ihr Format ist dasselbe, das Sie sehen, wenn Sie mit dem **Registry System Wizard** eine eigene ADM-Datei erstellen. Leider enthalten die Microsoft-Office-ADM-Dateien keine erklärenden Texte für die einzelnen Richtlinien, so dass man oft nur raten kann, was sie bewirken.

In den zum Lieferumfang von Windows 2000 bzw. Windows XP gehörenden ADM-Dateien stehen die beschreibenden Texte zu den einzelnen Richtlinien jeweils ganz am Ende der ADM-Datei in einem speziellen Abschnitt mit der Bezeichnung **[Strings]**.

> Nehmen Sie keine Veränderungen an den **Original-ADM-Dateien** von Microsoft vor. Kommt irgendwann ein neues Service Pack heraus, so hat dieses eventuell auch neue ADM-Dateien. Wenn Sie das Service Pack einspielen, gehen eventuell die von Ihnen vorgenommenen Änderungen wieder verloren bzw. Sie müssen dann die Änderungen mühselig in die neuen ADM-Dateien des Service Packs integrieren, um die Verbesserungen der neuen ADM-Dateien nutzen zu können und Ihre Anpassungen nicht zu verlieren.

Erstellen Sie sich stattdessen eigene ADM-Dateien mit sprechenden Namen. Testen Sie diese in einer Testdomäne sorgfältig aus. Kopieren Sie die Dateien auf einen der Domänencontroller in das Verzeichnis **%SystemRoot%\inf** und laden Sie die selbst erstellen ADM-Dateien hinzu.

Wenn Sie wissen möchten, welchen **Registry-Key** eine Richtlinie einer der von Microsoft zum Betriebssystem mitgelieferten Vorlagedateien verändert, so schreiben Sie den Namen der Richtlinie bzw. den beschreibenden Text auf, öffnen die entsprechende ADM-Datei mit Notepad.exe und suchen nach dem Namen bzw. nach dem beschreibenden Text der Richtlinie. Sie werden dann irgendwo im Abschnitt **[Strings]** fündig. Gehen Sie an der Fundstelle zum Anfang der Zeile und notieren Sie den Wert vor dem Gleichheitszeichen. Suchen Sie die ADM-Datei danach vom Anfang beginnend nach diesem notierten Wert durch. Sie finden eine Zeile, die mit **POLICY !!notierter Wert** beginnt, und direkt darunter den **KEYNAME** und **VALUENAME**. Jetzt müssen Sie nur noch überprüfen, ob dieser **KEYNAME** unterhalb von **CLASS MACHINE** oder **CLASS USER** steht, um zu wissen, ob der Wert in der Registrierdatenbank im Zweig **HKEY_LOCAL_MACHINE** oder **HKEY_CURRENT_USER** zu finden ist.

12.3 Die selbst erstellte Gruppenrichtliniendatei »WindowsXP-HLM« nutzen

Auf der dem Buch beiliegenden DVD finden Sie zwei ADM-Dateien mit den Bezeichnungen **WindowsXP-HLM.ADM** und **WindowsXP-HCU.ADM**, mit denen weitere interessante Einstellungen in der **Registry** von Windows XP vorgenommen werden können.

Die Gruppenrichtliniendatei **WindowsXP-HLM.ADM** nimmt nur Änderungen im Zweig **HKEY_LOCAL_MACHINE** der Registrierdatenbank vor. Deshalb wurden im Dateinamen die drei Buchstaben **HLM** verwendet. Sie können diese Vorlagedatei auf die Organisationseinheit **Computer** anwenden.

Die Gruppenrichtliniendatei **WindowsXP-HCU.ADM** nimmt nur Änderungen im Zweig **HKEY_CURRENT_USER** der Registrierdatenbank vor. Deshalb wurden im Dateinamen die drei Buchstaben **HCU** verwendet. Sie können diese Vorlagedatei auf die Organisationseinheit **Benutzer** anwenden.

Kopieren Sie beide Dateien in das Verzeichnis **C:\Windows\inf** des Domänencontrollers. Öffnen Sie dann in der Organisationseinheit **Computer** die Gruppenrichtlinie **XP-Standardcomputer**, klicken Sie mit der rechten Maustaste in der Kategorie **Computerkonfiguration** auf **Administrative Vorlagen** und wählen Sie **Vorlagen hinzufügen/entfernen** und im Fenster **Vorlagen hinzufügen/entfernen** erneut **Hinzufügen**. Fügen Sie die Vorlage **WindowsXP-HLM** hinzu.

Sie sollten nun eine neue Kategorie mit der Bezeichnung **selbst erstellte Windows XP-Richtlinien für Hive HKEY_LOCAL_MACHINE** sehen. Die Hauptzweige der Registrierdatenbank haben im Microsoft-Jargon die Bezeichnung »Hives«.

Wenn Sie in Windows Server 2003 die Maus auf **Administrative Vorlagen** stellen und dann unter **Ansicht · Filterung** die Option **Nur vollständig verwaltbare Richtlinieneinstellungen anzeigen** nicht deaktiviert ist, so sehen Sie die einzelnen Richtlinien nicht und können sie auch nicht einstellen! Unter Windows 2000 Server müssen Sie direkt unter **Ansicht** die Option **Nur Richtlinien anzeigen** deaktivieren.

> Wenn sich der Mauszeiger oberhalb von **Administrative Vorlagen** befindet, sehen Sie unter **Ansicht** nicht die Option **Filterung...**, sondern **DC-Optionen**. Stellen Sie die Maus zuerst auf **Administrative Vorlagen**, bevor Sie den Menüpunkt **Ansicht** anwählen.

Echte und unechte Gruppenrichtlinien

Es gibt zwei Arten von Richtlinien, nennen wir sie **echte** und **unechte** Richtlinien: Bei den **echten** Richtlinien werden Änderungen in einem der folgenden **Registry-Keys** vorgenommen:

HKEY_LOCAL_MACHINE\SOFTWARE\Policies
HKEY_LOCAL_MACHINE\SOFTWARE\Microsoft\Windows\CurrentVersion\policies
HKEY_CURRENT_USER\SOFTWARE\Policies
HKEY_CURRENT_USER\SOFTWARE\Microsoft\Windows\CurrentVersion\policies

Der Anwender hat bei Unterschlüsseln und Werten dieser **echten** Richtlinien kein Recht zum Ändern und kann deshalb diese Einstellungen nicht manipulieren. Wenn Sie jedoch z. B. selbst eine **ADM-Datei** anlegen, können Sie auch beliebige andere Schlüssel und Werte in den Zweigen **HKEY_LOCAL_MACHINE** und **HKEY_CURRENT_USER** mit diesen ADM-Dateien steuern, Werte also, die nicht unterhalb der oben genannten Schlüssel liegen. Für Werte, die irgendwo im Schlüssel **HKEY_CURRENT_USER** liegen, hat der Anwender jedoch bis auf die oben genannten Schlüssel das Recht, sie zu ändern. Folglich könnte ein Anwender zumindest während einer Sitzung diese Werte wieder ändern. Spätestens bei der nächsten Anmeldung würde jedoch die gesetzte **unechte** Richtlinie der von Ihnen erstellten **ADM-Datei** wieder greifen.

Wenn Sie über das Snap-In **Active Directory-Benutzer und -Computer** aber eine Gruppenrichtlinie bearbeiten wollen und eine ADM-Datei mit **unechten** Richtlinien geladen haben, so sehen Sie die **unechten** Richtlinien per Standardeinstellung nicht.

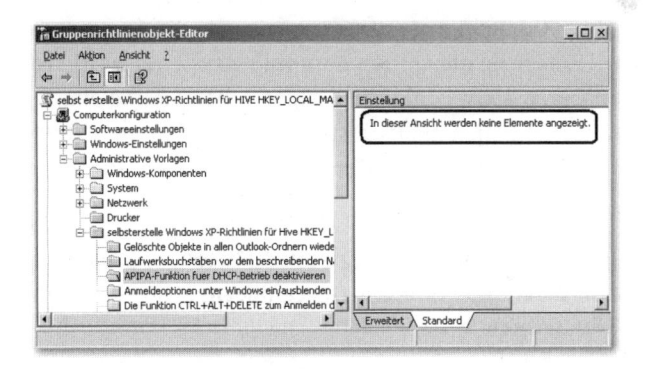

12 | Eigene Vorlagedateien für fehlende Gruppenrichtlinien

Die Ursache: Unter **Ansicht · Filterung** ist standardmäßig die Option **Nur vollständig verwaltbare Richtlinieneinstellungen anzeigen** aktiviert. Stellen Sie die Maus auf **Administrative Vorlagen**, bevor Sie den Menüpunkt **Ansicht** anwählen. Wenn die Maus darüber steht, sehen Sie unter **Ansicht** nicht die Option **Filterung...**, sondern **DC-Optionen**! Erst wenn Sie die Option **Nur vollständig verwaltbare Richtlinieneinstellungen anzeigen** deaktivieren, sehen Sie auch die unechten Richtlinien. Unter Windows 2000 Server müssen Sie direkt unter **Ansicht** die Option **Nur Richtlinien anzeigen** deaktivieren.

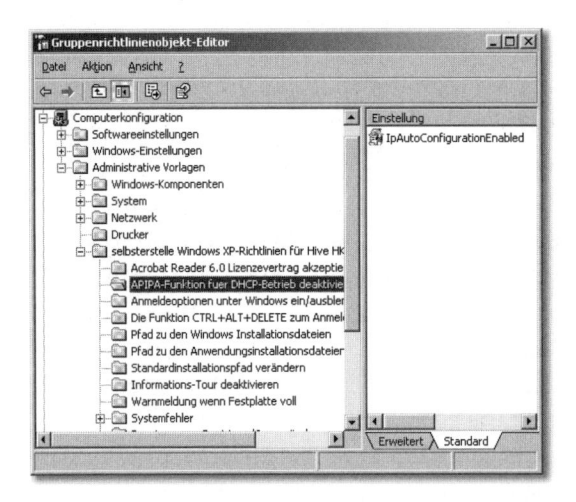

Die dem Datenträger beiliegende Gruppenrichtliniendatei **WindowsXP-HLM.ADM** ermöglicht die Einstellung folgender Richtlinien:

APIPA-Funktion fuer DHCP-Betrieb deaktivieren

Wenn Sie den Clients die IP-Adressen über einen DHCP-Server dynamisch zuweisen, der Server ausfällt und kein Ersatz-DHCP-Server verfügbar ist, so sollte der Client die zugewiesene DHCP-Adresse eigentlich über die Gültigkeitsdauer der Lease behalten. Wurde in den Optionen des DHCP-Servers z. B. eine Gültigkeitsdauer von 30 Tagen eingetragen und hat der Client zuletzt vor 10 Tagen eine neue IP-Adresse zugewiesen bekommen, so ist diese IP-Adresse noch für 20 Tage gültig.

Ein Windows-2000-Professional-Computer wird beim Starten auch keine Probleme machen, wenn der einzige DHCP-Server aus irgendwelchen Gründen momentan nicht verfügbar ist. Windows-XP-Clients jedoch vergessen eine zugewiesene DHCP-Adresse, wenn der Registrykey **IpAutoConfiguration-Enabled** unter **HKEY_LOCAL_MACHINE\System\CurrentControlSet\Services\TCPIP\Parameters** nicht auf **0** umgestellt wird.

Dieses Verhalten liegt an der neuen Funktion **Automatic Private IP Adressing (APIPA)**, mit der automatisch eine IP-Adresse aus dem Bereich 169.254.0.1 bis 169.254.255.254 und eine Subnetzmaske von 255.255.0.0 zugewiesen wird, wenn das TCP/IP-Protokoll für die dynamische Adressierung konfiguriert und kein DHCP-Server verfügbar ist.

Sie können dieses Verhalten leicht testen, indem Sie am Windows-XP-Client das Netzwerkkabel abziehen und sich anschließend mit dem zwischengespeicherten Profil anmelden. Öffnen Sie eine DOS-Box und geben Sie den Befehl **ipconfig /all** ein. Sie erhalten eine Fehlermeldung – jedenfalls nicht als IP-Adresse die zuletzt vom DHCP-Server zugewiesene Adresse. Sobald Sie jedoch den Wert von **IpAutoConfigurationEnabled** von **1** auf **0** umgestellt und das Netzwerkkabel wieder eingesteckt haben, können Sie den Befehl **ipconfig /renew** und danach **ipconfig /all** eingeben bzw. den Computer neu starten und sich anmelden. Der Client erhält eine neue IP-Adresse vom DHCP-Server. Wenn Sie sich jetzt abmelden, erneut das Netzwerkkabel abziehen, sich dann wieder anmelden und erneut den Befehl **ipconfig /all** eingeben, stellen Sie fest, dass der Computer immer noch die vom DHCP-Server zugewiesene IP-Adresse besitzt.

Anmeldeoptionen unter Windows ein-/ausblenden

Wenn Sie diese Funktion aktivieren, werden die erweiterten Anmeldeoptionen beim Computerstart sofort angezeigt und die Schaltfläche **Optionen** muss nicht erst gedrückt werden. Dies ist besonders dann hilfreich, wenn Sie sich regelmäßig an unterschiedlichen Domänen anmelden müssen.

Die Funktion Strg + Alt + Entf zum Anmelden deaktivieren

Wenn Sie diese Funktion aktivieren, müssen die Anwender zum Anmelden nicht mehr die Tastenkombination Strg + Alt + Entf drücken. Jedoch ist das auch eine kleine Sicherheitslücke, da durch diese Tastenkombination sichergestellt wird, dass ein eventuell noch in das System eingeklinkter Hacker die Verbindung verliert.

Pfad zu den Installationsdateien und Pfad zu den Anwendungsinstallationsdateien

Wenn unter Windows XP oder Windows 2000 Komponenten nachinstalliert werden müssen, so sucht das Betriebssystem in den Pfaden, die unter folgenden Schlüsselwerten angegeben sind:

- Software\Microsoft\Windows NT\CurrentVersion: Sourcepath
- Software\Microsoft\Windows\CurrentVersion\Setup: Sourcepath
- Software\Microsoft\Windows\CurrentVersion\Setup: Installation Sources
- Software\Microsoft\Windows\CurrentVersion\Setup: ServicePackSourcePath

Je nachdem, ob Sie das Betriebssystem von einer CD oder von einem RIS-Server installiert haben, stehen in diesen Schlüsseln dann Inhalte wie **E:**, **E:\I386** oder **\\S1\RemInst\Setup\German\IMAGES\WindowsXP**. Diese Pfadeinträge sollten Sie jedoch bei Bedarf anpassen können. In Kapitel 15, *Das Anmeldeskript*, finden Sie den Abschnitt »Software aus einem zentralen Softwarearchiv installieren«, in dem begründet wird, warum auf mindestens einem Server jedes Standorts ein Softwarearchiv angelegt bzw. zwischen diesen verschiedenen Servern synchronisiert und jeweils z. B. unter dem Namen **Install** freigegeben werden sollte. Wenn außerdem über das Anmeldeskript sichergestellt ist, dass immer dasselbe Netzlaufwerk mit jeweils dem Softwarearchiv des Servers am jeweiligen Standort verbunden ist (z. B. durch den Befehl **net use u: \\ServerA1\install** am Standort A und durch den Befehl **net use u: \\ServerB1\install** am Standort B), so können Sie über die beiden Richtlinien **Pfad zu den Installationsdateien** und **Pfad zu den Anwendungsinstallationsdateien** die Registry-Werte auf **u:\WindowsXP** umlegen. Vorausgesetzt, auf diesen Softwarearchiv-Servern befindet sich jeweils eine administrative Installation von Windows XP mit integriertem Service Pack im Verzeichnis **WindowsXP** unterhalb der Freigabe **Install**, so werden nachzuinstallierende Treiberdateien immer gefunden und Sie müssen nicht mehr mit den Installations-CDs zu den Computern laufen. Das ist besonders dann wichtig, wenn die Computer keine eingebauten CD-Laufwerke haben.

Wenn Sie das Betriebssystem Windows 2000 oder Windows XP von einem RIS-Server installiert haben, wird in diesen Registry-Werten ein Pfad wie z. B. **\\S1\RemInst\Setup\German\IMAGES\WindowsXP** stehen. Nach der Installation der Standardanwendungen werden Sie später ein Komplettabbild ziehen und auf dem **RIS-Server** ablegen. Wenn dieser Server **S1** heißt und am Standort A steht, jedoch ein mit diesem Komplettabbild bespielter Computer später am Standort B steht, laufen Sie in folgendes Problem hinein: Selbst wenn Sie am Standort B ebenfalls einen **RIS-Server** aufstellen, würde der Computer bei dem Versuch, eine Betriebssystemkomponente oder eine Komponente von Microsoft Office nachzuinstallieren, nach der Originalquelle suchen und dann wahrscheinlich eine Verbindung über die langsame WAN-Verbindung aufmachen und von demjenigen Server die benötigten Treiber herunterladen, von dem ursprünglich Windows XP bzw. Microsoft Office installiert wurde. Wenn Sie jedoch bei allen Installationen immer ein Unterverzeichnis der fest definierten Laufwerkszuweisung **U:** verwenden und folglich alle Treiber bei einer Nachinstallation unter **U:\WindowsXP**, **U:\OfficeXP** (bzw. **U:\Office2003**) usw. gesucht werden, so ist sichergestellt, dass immer der Softwarearchiv-Server vor Ort und nicht der ursprünglich bei der Erstinstallation als Quelle verwendete Server kontaktiert wird.

Standardinstallationspfade verändern

Drei weitere Richtlinien finden Sie in der Datei **WindowsXP-HLM.adm**, die Sie wahrscheinlich nicht benötigen werden. Dennoch ist es interessant zu wissen, wo in der Registrierdatenbank festgelegt ist, dass für die Installation weiterer Anwendungen immer das Verzeichnis **C:\Programme** und für gemeinsam verwendete Komponenten das Verzeichnis **C:\Programme\Gemeinsame Dateien** vorgeschlagen wird.

Unter **HKEY_LOCAL_MACHINE\Software\Microsoft\Windows\Current Version** finden Sie die Schlüssel **ProgramFilesDir** mit dem Defaultwert **C:\Programme**, **ProgramFilesPath** mit dem Defaultwert **%ProgramFiles%** und **CommonFilesDir** mit dem Defaultwert **C:\Programme\Gemeinsame Dateien**. Hier finden Sie außerdem den Schlüssel **MediaPath** mit dem Defaultwert **C:\WINDOWS\Media**. Wenn Sie irgendwann aus irgendeinem Grund diese Pfade umlegen wollen, wissen Sie nun, wo Sie suchen müssen.

Informations-Tour deaktivieren

Wenn Sie diese Richtlinie aktivieren, wird für einen neu eingerichteten Anwender bei der ersten Anmeldung unter Windows XP nicht mehr gefragt, ob die Windows-XP-Tour gestartet werden soll. Dafür ändert die Richtlinie unter **HKEY_LOCAL_MACHINE\Software\Microsoft\Windows\CurrentVersion\Applets\Tour** den Wert des Schlüssels **RunCount** von **1** auf **0** ab.

Warnmeldung, wenn Festplatte voll

Wenn auf der Systempartition von Windows XP weniger als 10 % frei sind, erhält der Anwender regelmäßig eine Warnmeldung, und es können keine weiteren Anwendungen mehr installiert werden, bevor nicht aufgeräumt wird oder andere Anwendungen deinstalliert werden. Bei einer 10-GB-Partition bedeutet dies aber, dass trotz 1 GByte freien Speichers zu wenig Speicherplatz gemeldet wird. Die Aktivierung der Richtlinie **Warnmeldung wenn Festplatte voll** fordert

Sie auf, einen Wert zwischen **0 und 99** einzugeben, wodurch Sie den **Default-wert 10** (gemeint ist damit 10 % der Partition) vermindern können. Dadurch wird unter **KEY_LOCAL_MACHINE\System\CurrentControlSet\Services\LanmanServer\Parameters** der Schlüssel **DiskSpaceThreshold** neu gesetzt. Ein Wert von **5** scheint angemessen.

Systemfehler

Über die Richtlinien der Kategorie **Systemfehler** können Sie von zentraler Stelle aus für alle Computer der Organisationseinheit **Computer** die Windows-XP-Einstellungen steuern, die das Verhalten bei einem Systemabsturz bestimmen. Wenn Sie in Windows XP über **Start · Einstellungen · Systemsteuerung · System** die Systemsteuerung starten, die Registerkarte **Erweitert** auswählen und im unteren Bereich **Starten und Wiederherstellen** die Schaltfläche **Einstellungen** anwählen, finden Sie dort dieselben Einstellungsmöglichkeiten. Die Kategorie **Systemfehler** hat folgende Richtlinien:

- Ereignis in das Systemprotokoll eintragen
- Administratorwarnmeldung ausgeben bei Systemabsturz
- Bei Systemabsturz automatisch Neustart durchführen
- Debuginformationen speichern
- Gibt den Ort und die Datei an, wo das Fehlerlog abgelegt werden soll
- Legt fest, ob eine Protokolldatei überschrieben werden darf

Ich schlage Ihnen vor, alle Richtlinien zu aktivieren und nur die Richtlinie **Debuginformationen speichern** zu deaktivieren. Ist diese nämlich aktiviert, so wird unter **C:\Windows** bei einem Systemabsturz ein mindestens 64 KB großes Speicherabbild erstellt. Dieser Vorgang benötigt Zeit und Speicherplatz. Wenn Sie jedoch nicht in der Lage sind, dieses Speicherabbild zu interpretieren (und das können oft nur Experten vom technischen Kundendienst bei Microsoft), nützt Ihnen das Abbild nichts. Wenn ein Windows-XP-Computer regelmäßig abstürzt, werden Sie ihn so oder so austauschen und in Ruhe auf Herz und Nieren prüfen.

Benutzername RegisteredOwner ändern und Organisationsname RegisteredOrganization ändern

Angenommen, Sie haben das **RIPrep-Abbild** von Windows XP mit allen Standardanwendungen auf vielen Computern in der Hauptniederlassung und einigen Filialen installiert, und plötzlich fusioniert Ihr Unternehmen und bekommt einen neuen Firmennamen. Oder nehmen wir an, Sie wollen ein und dasselbe Komplettabbild für verschiedene Tochterfirmen verwenden, die jedoch unterschiedliche Firmennamen haben. Ein anderes Beispiel: Stellen Sie sich vor,

Sie haben bei der Installation von Windows XP auf dem Mustercomputer einen bestimmten Namen eingegeben wie z. B. »Systemverwalter«, möchten jedoch nach der Verteilung des Komplettabbildes auf allen Computern diesen Namen ändern.

Mit den beiden Richtlinien **Benutzername RegisteredOwner ändern** und **Organisationsname RegisteredOrganization ändern** geht das sehr komfortabel von Ihrem Arbeitsplatz aus. Diese Richtlinien ändern unter **HKEY_LOCAL_MACHINE\Software\Microsoft\Windows NT\CurrentVersion** die Schlüssel **RegisteredOrganization** und **RegisteredOwner**.

Die »Wheel-Mouse«-Funktion automatisch erkennen

Wenn ein Computer, an dem eine Maus ohne Rad installiert ist, mit Windows XP installiert wird und nachträglich eine Maus mit Rad (Wheels Mouse) angeschlossen wird, so funktioniert das Rad nicht. Erst wenn der Schlüssel unter **HKEY_LOCAL_MACHINE\SYSTEM\CurrentControlSet\Services\i8042prt\Parameters** der DWord-Schlüssel **EnableWheelDetection** erstellt und auf **1** gesetzt wird, wird das Rad erkannt und funktioniert danach.

12.4 Die selbst erstellte Gruppenrichtliniendatei »WindowsXP-HCU« nutzen

Im letzten Unterkapitel wurde erläutert, wie die Gruppenrichtlinie basierend auf der Vorlage **WindowsXP-HLM.ADM** auf die Organisationseinheit **Computer** anwendet wird. Jetzt befassen wir uns mit der Gruppenrichtlinie **WindowsXP-HCU**, die nur Änderungen am Zweig **HKEY_CURRENT_USER** vornimmt und auf die Organisationseinheit **Benutzer** angewendet werden soll.

Auf der Buch-DVD finden Sie die Vorlagedatei **WindowsXP-HCU.ADM**. Kopieren Sie diese Datei in das Verzeichnis **C:\Windows\inf** des Domänencontrollers. Öffnen Sie dann in der OU **Benutzer** die Gruppenrichtlinie **XP-Standardbenutzer**, klicken Sie mit der rechten Maustaste in der Kategorie **Benutzerkonfiguration** auf **Administrative Vorlagen** und wählen Sie **Vorlagen hinzufügen/entfernen** und fügen Sie die Vorlage **WindowsXP-HCU** hinzu.

Sie sollten nun eine neue Kategorie mit der Bezeichnung **selbst erstellte Windows XP-Richtlinien für Hive HKEY_CURRENT_USER** sehen. Wenn Sie unter **Ansicht · Filterung** die Option **Nur vollständig verwaltbare Richtlinieneinstellungen anzeigen** nicht deaktiviert haben, so sehen Sie die einzelnen Richtlinien nicht und können sie auch nicht einstellen!

12 | Eigene Vorlagedateien für fehlende Gruppenrichtlinien

[!] Wenn sich der Mauszeiger oberhalb von **Administrative Vorlagen** befindet, sehen Sie unter **Ansicht** nicht die Option **Filterung...**, sondern **DC-Optionen**. Stellen Sie die Maus zuerst auf **Administrative Vorlagen**, bevor Sie den Menüpunkt **Ansicht** anwählen.

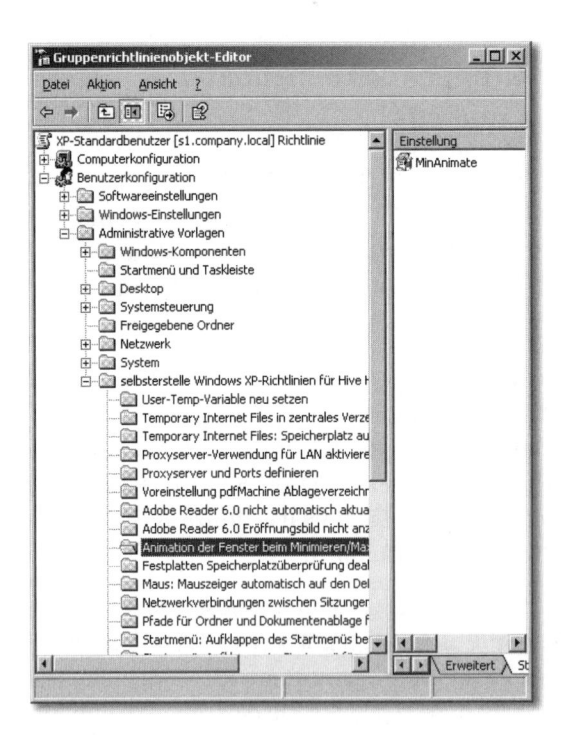

Die hinzugeladene Gruppenrichtlinienvorlagedatei bietet folgende Richtlinien zur Konfiguration an:

Animation der Fenster beim Minimieren/Maximieren ausstellen

Wenn Sie die Größe eines Fensters einer Anwendung minimieren oder maximieren, wird dieser Vorgang per Defaulteinstellung durch eine kleine Animation unnötig verzögert. Sie sehen, wie das Fenster sich vergrößert oder verkleinert. Durch Deaktivierung der Animationsfunktion wird unter **HKEY_CURRENT_USER\Control Panel\Desktop\WindowMetrics** der Schlüssel **MinAnimate** von **1** auf **0** umgestellt. Die Auswirkung stellen Sie aber eventuell wie auch bei einigen anderen **Registrykey-Änderungen** erst nach der nächsten Anmeldung oder sogar erst nach dem nächsten Neustart fest. Anwendungsfenster werden dann ohne jede Verzögerung minimiert oder maximiert.

Festplatten-Speicherplatzüberprüfung deaktivieren

Windows XP überprüft automatisch den verfügbaren Festplattenspeicher. Wird eine bestimmte Größe an freiem Speicherplatz unterschritten, werden Sie mit der Meldung »Sehr wenig Speicherplatz – soll die Partition aufgeräumt werden?« darauf hingewiesen. Wenn Sie diese Richtlinie aktivieren, wird unter **HKEY_CURRENT_USER\Software\Microsoft\Windows\CurrentVersion\Policies\Explorer** der Schlüssel **NoLowDiskSpaceChecks** von **0** auf **1** umgestellt und die Meldung zukünftig nicht mehr angezeigt. Der als Standardwert eingestellte Schwellwert bezüglich des freien Speicherplatzes beträgt 10 % der Windows-XP-Partition. Er kann (siehe die selbst erstellte Richtlinie »Warnmeldung wenn Festplatte voll« in der Datei **WindowsXP-HLM.ADM** im vorangegangenen Abschnitt) mit dem Schlüssel **DiskSpaceThreshold** unter **HKEY_LOCAL_MACHINE\Sysem\CurrentControlSet\Services\LanmanServer\Parameters** auf einen Wert zwischen **0** und **99** gesetzt werden.

Ich schlage vor, diesen Schlüssel entweder zu aktivieren und damit die Warnmeldung komplett auszuschalten oder den Defaultwert für den Schwellwert von **10** auf **5** herunterzusetzen. Wenn Sie Komplettabbilder mit allen Standardanwendungen auf die Festplatten der Computer spielen, so müssen wahrscheinlich nur noch wenige Anwendungen hinzugefügt werden. Wenn Sie als Systempartition 10-Gigabyte-Partitionen anlegen und an den Schlüsseln nichts verändern, würde der Anwender eine Warnmeldung bereits dann erhalten, wenn 10 % von 10 Gigabyte, also 1 Gigabyte freier Speicherplatz unterschritten würde. Dieser Schwellwert erscheint mir sehr hoch.

Maus: Mauszeiger automatisch auf den Defaultbutton setzen

Wenn Sie diese Funktion aktivieren, wird der Mauszeiger von Windows automatisch immer auf die Standardschaltfläche der jeweiligen Anwendung gesetzt. Durch diese Richtlinie wird unter **HKEY_CURRENT_USER\Control Panel\Mouse** der Schlüssel **SnapToDefaultButton** auf den Wert **1** gesetzt. Von Hand können Sie unter Windows XP diese Einstellung über **Systemsteuerung Maus** in der Registerkarte **Bewegung** vornehmen.

Netzwerkverbindungen zwischen Sitzungen speichern/nicht speichern

Die Deaktivierung dieser Richtlinie ändert unter **HKEY_CURRENT_USER\Software\Microsoft\Windows NT\CurrentVersion\Network\Persistent Connections** den Wert des Schlüssels **SaveConnections** von **Yes** auf **No** ab. Standardmäßig ist unter Windows XP diese Funktion aktiviert. Das bedeutet, dass die Erstellung von Netzwerkverbindungen gespeichert wird und bei einem Neustart des Rechners automatisch versucht wird, diese Verbindung wieder aufzubauen. Gerade bei Notebooks, die nicht immer am Netzwerk angeschlossen sind, kann das zu unnötigen Fehlermeldungen führen. Da Sie später die Laufwerkszuweisungen dynamisch über das Anmeldeskript vornehmen wollen, wäre es außerdem hinderlich, wenn bei der Anmeldung des Benutzers bestimmte Laufwerksbuchstaben bereits belegt wären und die Zuweisung über das Anmeldeskript dann zu Fehlern führen würde. Setzen Sie deshalb diese Richtlinie auf **deaktiviert**.

Pfade für Ordner und Dokumentenablage festlegen

Diese Richtlinie werden Sie wahrscheinlich nicht nutzen, da Sie die Ordner **Eigene Dateien**, **Eigene Bilder** und **Desktop** über die Richtlinie **Ordnerumleitung** und durch die Einrichtung von servergespeicherten Benutzerprofilen auf den Server verlegen. Dennoch ist es interessant und in speziellen Situationen hilfreich und wichtig, zu wissen, wo in der Registrierdatenbank die Pfade für bestimmte Verzeichnisse gesetzt werden und manipuliert werden können.

Unter **HKEY_CURRENT_USER\Software\Microsoft\Windows\CurrentVersion\ Explorer\User Shell Folders** finden Sie folgende Schlüssel:

Hier können die Pfade der persönlichen Ordner des Anwenders manipuliert werden. Unter **KEY_CURRENT_USER\Software\Microsoft\Windows\CurrentVersion\Explorer\Shell Folders** finden Sie außerdem Schlüssel und zugehörige Pfade, die die Lage des Startmenüs und der Untermenüs von **All Users** betreffen.

Start Menu	My Pictures	Personal	Desktop
AppData	NetHood	Programs	Recent
SendTo	Startup	Templates	Local Settings
Cache	Cookies	History	Favorites
LocalAppData			

Startmenü: Aufklappen des Startmenüs beschleunigen

Über diese Richtlinie sollten Sie die Verzögerung beim Aufklappen der Untermenüs des Startmenüs ausschalten oder zumindest vermindern, indem Sie als Wert **0** oder **100** Millisekunden eintragen. Der Standardwert des zugehörigen Schlüssels **MenuShowDelay** unter **HKEY_CURRENT_USER\Control Panel\desktop** steht auf 400 Millisekunden.

Das ist schon merkwürdig: Da steht Windows XP in Konkurrenz zu anderen Betriebssystemen wie Linux, und der Hersteller baut standardmäßig Verzögerungen ein, die dem Anwender den Eindruck vermitteln können, dass das Betriebssystem träge ist und eine halbe Sekunde Rechenzeit benötigt, nur um ein Untermenü zu öffnen. Welcher Anwender, der eigentlich Texte schreiben und mit dem Internet arbeiten will, wird schon die ganzen Tipps zu Windows XP durchlesen und dann in der Registrierdatenbank herumexperimentieren wollen, um alle Animationen und nutzlos eingebauten Verzögerungen abzuschalten, damit die teuer bezahlte Hardware nicht unnötig ausgebremst wird?

Startmenü: Aufklappen im Startmenü für andere Funktionen auch aktivieren

Unter **HKEY_CURRENT_USER\Software\Microsoft\Windows\CurrentVersion\ Explorer\Advanced** finden Sie einige Schlüssel, die standardmäßig auf **No** stehen. Wenn das Startmenü auf die klassische Darstellung – die Darstellung wie unter Windows 2000 – eingestellt ist und Sie die Schaltfläche **Anpassen** wählen, so sehen Sie, dass wichtige Optionen standardmäßig deaktiviert sind:

- Drucker erweitern
- »Eigene Bilder« öffnen
- »Eigene Dateien« erweitern
- Abmeldung anzeigen
- Bildlauf für Programme
- Favoriten anzeigen
- Kleine Symbole im Startmenü anzeigen
- Netzwerkverbindungen erweitern
- Systemsteuerung öffnen
- Verwaltung anzeigen

Selbst für den Administrator sind damit diese Untermenüs nicht sichtbar, bevor er die notwendigen Einstellungen vornimmt. Aber auch für den Standardanwender ist es z. B. bequemer, wenn die für ihn verfügbaren Symbole der Systemsteuerung im Startmenü als Untermenüs aufgeklappt werden, statt als eigene Fenster zu erscheinen, die man nachher wieder schließen muss. Die Schlüssel unter **HKEY_Current_User\Software\Microsoft\Windows\CurrentVersion\Explorer\Advanced** sind den Optionen in obigen Abbildungen wie folgt zuzuordnen:

StartMenuAdminTools	Verwaltung anzeigen
CascadeMyDocuments	»Eigene Dateien« öffnen
CascadeMyPictures	»Eigene Bilder« öffnen
CascadeControlPanel	Systemsteuerung öffnen
CascadeNetworkConnections	Netzwerkverbindungen erweitern
CascadePrinters	Drucker erweitern

Aktivieren Sie alle Richtlinien, wenn das Untermenü **Verwaltung** angezeigt und die Menüpunkte **Eigene Dateien**, **Eigene Bilder**, **Systemsteuerung**, **Netzwerkverbindungen** und **Drucker** als Untermenüs und nicht als neue Fenster aufgeklappt werden sollen.

Startmenü: Ausblenden von selten gebrauchten Menüpunkten ausschalten

Über diese Richtlinie wird der Schlüssel **IntelliMenus** unter **HKEY_CURRENT_USER\Software\Microsoft\Windows\CurrentVersion\Explorer\Advanced** gesteuert. Wenn diese Funktion aktiviert ist, werden selten gebrauchte Menüpunkte aus dem Startmenü ausgeblendet. Wenn Sie und Ihre Anwender das Ausblenden von selten benutzten Menüpunkten eher als störend empfinden, so deaktivieren Sie diese Richtlinie. Danach werden immer alle verfügbaren Menüpunkte sofort angezeigt.

Startmenü: Einstellungen für die Taskleiste aus dem Startmenü entfernen

Durch die Aktivierung dieser Richtlinie können Sie unterbinden, dass der Standardanwender durch Anklicken der Taskleiste mit der rechten Maustaste die Eigenschaften der Taskleiste aufrufen und verändern kann. Sie setzen durch das Aktivieren der Richtlinie den Schlüssel **NoSetTaskbar** unter **HKEY_CURRENT_USER\Software\Microsoft\Windows\CurrentVersion\Policies\Explorer** auf **1** um.

Startmenü: Favoriten im Startmenü anzeigen/nicht anzeigen

Wenn der Anwender schon im Internet Explorer oder in Word über den Befehl **Datei öffnen** Objekte in seinem Ordner **Favoriten** erstellen und ändern darf, dann sollte der Inhalt des Ordners **Favoriten** auch komfortabel im Startmenü verfügbar sein. Aktivieren Sie deshalb diese Richtlinie und setzen Sie dadurch den Schlüssel **StartMenuFavorites** in der Registry unter **HKEY_CURRENT_USER\Software\Microsoft\Windows\Current-Version\Explorer\Advanced** auf **1**.

Suchen: Assistent in der Suchfunktion ausschalten

Ab Windows XP hat Microsoft einen Assistenten für die Suchfunktion eingeführt. Sie werden vor der Suche gefragt, nach was Sie suchen wollen, danach nimmt Windows die Einstellungen für die Suche automatisch vor. Wer mit der alten Suchfunktion aber gut vertraut war, findet das eher umständlich und möchte lieber wieder die alte Suchansicht bekommen. Wenn Sie den Assistenten für die Suchfunktion für alle Standardanwender deaktivieren wollen, so aktivieren Sie diese Richtlinie. Der zugehörige Schlüssel **Use Search Asst** findet sich in der Registry unter **HKEY_CURRENT_USER\Software\Microsoft\Windows\CurrentVersion\Explorer\CabinetState**.

Systemlautsprecher deaktivieren

In einem Büro, in dem mehrere Mitarbeiter arbeiten, ist es störend, wenn bei jeder Fehlbedienung der Systemlautsprecher des Computers einen Ton von sich gibt. Sie können von zentraler Stelle aus die Systemlautsprecher aller Clients für den Standardanwender deaktivieren, indem Sie in dieser Richtlinie die beiden Punkte **Beep** und **Extended Sounds** deaktivieren. Dadurch werden unter **HKEY_CURRENT_USER\Control Panel\Sound** die beiden Schlüssel **Beep** und **ExtendedSounds** auf **NO** umgestellt. Ein wahrlich nützlicher Tipp, will man nicht jeden Computer aufschrauben und das Kabel vom internen Lautsprecher abziehen.

Taskmanager: Buttons in der Sicherheitsbox deaktivieren

Unter **Taskmanager: Buttons in der Sicherheitsbox deaktivieren** können Sie mit dem Punkt **DisableLockWorkstation** die Schaltfläche **Computer sperren** ausblenden, mit dem Punkt **DisableChangePassword** die Schaltfläche **Kennwort ändern** ausblenden und mit dem Punkt **DisableTaskMgr** die Schaltfläche **Task-Manager** ausblenden. Diese Schaltflächen sieht der Benutzer, wenn er die Tastenkombination [Strg]+[Alt]+[Entf] drückt und damit das Fenster **Windows-Sicherheit** öffnet.

Diese Richtlinien sollten Sie nicht für den Standardanwender aktivieren, da der Anwender sowohl sein Kennwort ändern können als auch den Computer sperren können muss, wenn er z. B. kurz den Raum verlässt. Sie können aber die Richtliniendatei **WindowsXP-HCU.ADM** auch für eine spezielle Organisationseinheit verwenden, um z. B. für Kiosk-Computerplätze die Manipulationsmöglichkeiten weiter einzuschränken. Denken Sie an Computer für Besucher, bei deren Start automatisch eine bestimmte Kennung angemeldet und eine bestimmte Anwendung wie z. B. ein Auskunftssystem gestartet wird.

Die zugehörigen Schlüssel heißen **DisableLockWorkstation**, **DisableChangePassword** und **DisableTaskMgr** und stehen unter **HKEY_CURRENT_USER\Software\Microsoft\Windows\CurrentVersion\Policies\System**.

Updates: Automatisches Erwerben von Lizenzen beim Media Player konfigurieren

Aktivieren Sie diese Richtlinie, wenn bei der Ausführung des Windows Media Players Lizenzen nicht mehr automatisch erworben werden sollen. Der von der Richtlinie betroffene Schlüssel heißt **SilentAcquisition** und steht unter **HKEY_CURRENT_USER\Software\Microsoft\MediaPlayer\Preferences**.

Updates: Automatischen Codec-Download für den Media Player unterbinden

Aktivieren Sie diese Richtlinie, wenn in der Anwendung **Windows Media Player** angeblich benötigte **Codecs** nicht mehr automatisch aus dem Internet geladen werden sollen. Der von der Richtlinie betroffene Schlüssel heißt **UpgradeCodecPrompt** und steht unter **HKEY_CURRENT_USER\Software\Microsoft\MediaPlayer\Preferences**.

Verknüpfungen mit relativen Pfaden abspeichern

Aktivieren Sie diese Richtlinie, damit beim Speichern einer neu erstellten Verknüpfung, die auf ein Objekt der lokalen Festplatte verweist, keine UNC-Pfadangaben, sondern nur noch relative Pfadangaben abgespeichert werden, also z. B. **C:\windows\system32\note-pad.exe** anstatt **\\musterpc\windows\system32**

notepad.exe. Wird diese Verknüpfung nämlich auf dem Server gespeichert und meldet man sich an einem anderen Computer an und startet die Verknüpfung, so wird versucht, eine Verbindung mit dem ursprünglichen Computer zu starten, statt die Datei **notepad.exe** von **c:\windows\system32** zu laden. Der von der Richtlinie betroffene Schlüssel heißt **LinkResolveIgnoreLinkInfo** und steht unter **HKEY_CURRENT_USER\Software\Microsoft\Windows\CurrentVersion\Policies\Explorer**.

> Diese Änderung ist besonders wichtig für den Musterclient, von dem Abbilder erstellt werden. **[!]**

Visuelle Effekte: Alle deaktivieren, System für optimale Leistung anpassen

Aktivieren Sie diese Richtlinie, damit in Windows XP unter **Systemsteuerung · System** in der Registerkarte **Erweitert** unter **Systemleistung · Einstellungen · Visuelle Effekte** auf **Für Optimale Leistung anpassen** umgestellt wird.

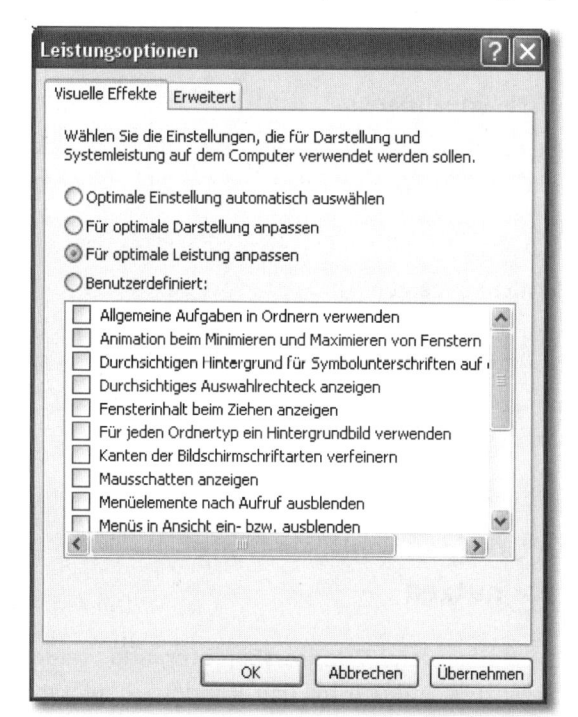

Dadurch werden alle die Systemperformance belastenden Animationen deaktiviert. Standardmäßig steht diese Option auf **Optimale Einstellung automatisch auswählen**. Durch die Aktivierung der Richtlinie wird der Schlüssel **VisualFXSetting** unterhalb von **HKEY_CURRENT_USER\Software\Microsoft\Windows\CurrentVersion\Explorer\VisualEffects** von **0** auf **2** umgestellt. Auf den Computerarbeitsplätzen eines Unternehmens geht es nicht um die Effektvielfalt des Betriebssystems, sondern um die Performance der unternehmenskritischen Anwendungen, oder was denken Sie?

Proxyserver und Ports definieren

Über diese Richtlinie können Sie die IP-Adresse und die Portnummer für einen Proxyserver im Microsoft Internet Explorer definieren. Sie setzen damit in der Registrierdatenbank unter **HKEY_CURRENT_USER\Software\Microsoft\Windows\CurrentVersion\Internet Settings** den Schlüssel **ProxyServer**.

Voreinstellung pdfMachine Ablageverzeichnis

Diese Richtlinie und die beiden folgenden Richtlinien setzen Registrierdatenbankwerte für Drittprodukte. Mit der pdfMachine von **www.broadgun.de** können Sie komfortabel aus jeder Anwendung heraus PDF-Dokumente erzeugen und beliebig zusammenstellen. In der Richtlinie wird definiert, wo der Standardablageort für diese PDF-Dokumente liegen soll.

Adobe Reader 6.0 nicht automatisch aktualisieren

Über diese Richtlinie können Sie einstellen, dass nicht jeder Client im Netzwerk mit installiertem Adobe Reader 6.0 alle 30 Tage versucht, ein Update aus dem Internet herunterzuladen.

Adobe Reader 6.0 Eröffnungsbild nicht anzeigen

Der Start des Adobe Readers Version 6.02 dauert im Vergleich zur Version 5.0 sehr lange, weil viele Plug-Ins geladen werden und der Eröffnungsbildschirm dies anzeigt. Über diese Richtlinie können Sie die Anzeige des Eröffnungsbildschirms deaktivieren und den Start des Adobe Readers beschleunigen.

12.5 Die selbst erstellte Gruppenrichtliniendatei »Windows Explorer« nutzen

[o] Auf der Buch-DVD finden Sie die Vorlagedatei **WindowsExplorer.adm**. Diese Gruppenrichtlinienvorlagedatei ergänzt Richtlinien für den Windows Explorer, die die von Microsoft gelieferten Windows-XP-Gruppenrichtlinienvorlagen nicht anbieten.

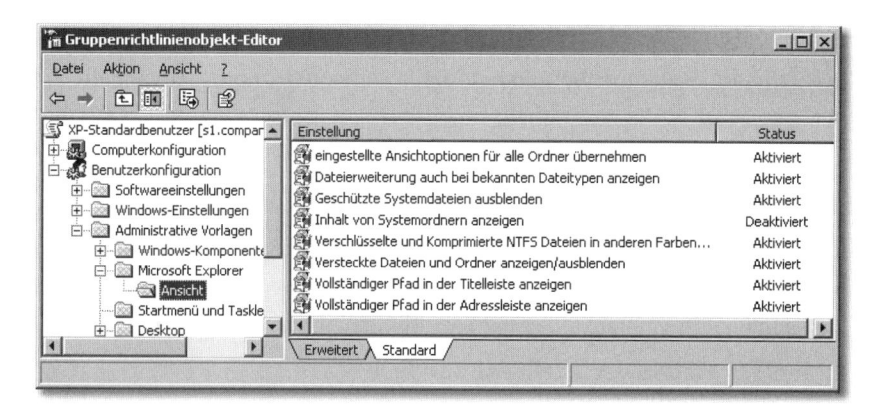

![Screenshot: Gruppenrichtlinienobjekt-Editor mit Einstellungen unter Microsoft Explorer > Ansicht]

Einstellung	Status
eingestellte Ansichtoptionen für alle Ordner übernehmen	Aktiviert
Dateierweiterung auch bei bekannten Dateitypen anzeigen	Aktiviert
Geschützte Systemdateien ausblenden	Aktiviert
Inhalt von Systemordnern anzeigen	Deaktiviert
Verschlüsselte und Komprimierte NTFS Dateien in anderen Farben…	Aktiviert
Versteckte Dateien und Ordner anzeigen/ausblenden	Aktiviert
Vollständiger Pfad in der Titelleiste anzeigen	Aktiviert
Vollständiger Pfad in der Adressleiste anzeigen	Aktiviert

Sie können diese Vorlagedatei einmal für den Standardanwender laden und konfigurieren, für Poweruser können Sie die Datei jedoch unter einem anderen ADM-Namen ein zweites Mal laden und die einzelnen Richtlinien anders konfigurieren. Ein Standardanwender soll wahrscheinlich weder geschützte Dateien wie die Dateien im Wurzelverzeichnis der Systempartition sehen können (**config.sys**, **ntdetect.com** etc.), noch soll er den Inhalt von Systemordnern wie **C:\Windows** einsehen können. Helpdesk-Mitarbeiter müssen diese Dateien und Verzeichnisse sehen können, um Fehlern nachgehen zu können. Für beide Anwendertypen sollten jedoch die Richtlinien **eingestellte Ansichtsoptionen für alle Ordner übernehmen** und **Dateierweiterungen auch bei bekannten Dateitypen anzeigen** aktiviert sein, damit die Anzeigeoptionen nicht in jedem Ordner separat eingestellt werden müssen und damit z. B. bei Word- oder Excel-Dateien die Erweiterungen **doc** bzw. **xls** angezeigt werden.

Durch die Richtlinien der Vorlagedatei **WindowsExplorer.adm** werden folgende **Registrywerte** manipuliert:

- **Erweiterung bei bekannten Dateitypen ausblenden:**
  HKCU\Software\Microsoft\Windows\CurrentVersion\Explorer\Advanced\HideFileExt

  0=enable   1=disable

- **Geschützte Systemdateien ausblenden:**
  HKCU\Software\Microsoft\Windows\CurrentVersion\Explorer\Advanced\ShowSuperHidden

  0=enable   1=disable

- **Inhalte von Systemordnern anzeigen:**
  HKCU\Software\Microsoft\Windows\CurrentVersion\Explorer\Advanced\WebViewBarricade

  1=enable   0=disable

- **Verschlüsselte und komprimierte NTFS-Datei in anderer Farbe anzeigen:**

    HKCU\Software\Microsoft\Windows\CurrentVersion\Explorer\Advanced\ShowCompColor

    1=enable   0=disable

- **Versteckte Dateien und Ordner: alle Dateien und Ordner anzeigen:**

    HKCU\Software\Microsoft\Windows\CurrentVersion\Explorer\Advanced\Hidden

    1=alle Dateien   2=versteckte Dateien ausblenden

- **Vollständigen Pfad in der Titelleiste anzeigen**

    HKCU\Software\Microsoft\Windows\CurrentVersion\Explorer\CabinetState\FullPath

    1=enable   0=disable

- **Vollständigen Pfad in der Adressleiste anzeigen:**

    HKCU\Software\Microsoft\Windows\CurrentVersion\Explorer\CabinetState\FullPath_Address

    1=enable   0=disable

12.6 Die selbst erstellte Gruppenrichtliniendatei »ExchangeProvider« nutzen

Sie finden auf der Buch-DVD eine weitere Gruppenrichtlinienvorlagedatei namens **ExchangeProvider.adm**. Diese adm-Datei stellt eine Lösung für ein Problem bereit, das auftreten kann, wenn Sie mehrere Domänencontroller an unterschiedlichen Standorten aufgestellt haben und diesen Domänencontrollern die Funktion **Globaler Katalogserver** zugewiesen haben, jedoch nur einen zentralen Exchange Server für alle Standorte nutzen. Das Problem und Lösungen dazu werden in folgenden Artikeln der Microsoft Knowledge Base beschrieben:

- 272290 – OL2000 Outlook Performs Load Balancing with Global Catalog Servers
- 319206 – OL2002 How to Specify the Closest or Specific Global Catalog Server
- 317209 – XADM How to Identify your Global Catalog Server Using Outlook 2000 and Outlook 2002

Selbst wenn dieses Problem in Ihrem Netzwerk nicht auftauchen kann, weil Sie nur einen Standort haben oder aber an allen Standorten Exchange Server einsetzen, sollten Sie jetzt weiterlesen und sich die Struktur dieser Vorlagedatei einmal ansehen. Denn diese adm-Datei bietet einen prinzipiellen Lösungsansatz für andere Probleme. Sie können mit demselben Prinzip z. B. allen Computern oder allen Benutzern eines Standortes von zentraler Stelle aus einen bestimmten **Registry-Schlüssel** und einen **Registry-Wert** zuweisen und dynamisch verändern, wenn der Computer oder der Benutzer den Standort wechselt. Diesen zugewiesenen **Registry-Wert** können Sie dann an anderer Stelle (z. B. im Anmeldeskript) wieder abfragen und Aktionen einleiten, die z. B. abhängig vom Standort sind.

Der Artikel »319206 – OL2002 How to Specify the Closest or Specific Global Catalog Server« beschreibt folgendes Problem: Wenn ein neuer Mitarbeiter zum ersten Mal Outlook 2002 startet und sich mit seinem Exchange Server verbindet, sucht der Computer nach einem verfügbaren globalen Katalogserver und schreibt dessen Namen in den Registry-Schlüssel **HKEY_CURRENT_USER\Software\Microsoft\Windows NT\CurrentVersion\Windows Messaging Subsystem\Profiles\<profile_name>\dca740c8c042101ab4b908002b2fe182**.

Fällt nun dieser globale Katalogserver temporär aus oder wird er durch einen anderen Server mit anderem Namen ersetzt, so wird nicht unbedingt automatisch der neue nächstgelegene globale Katalogserver genutzt. Der Administrator kann aber z. B. jedem Benutzer abhängig vom Standort über einen neu anzulegenden Schlüssel **HKEY_CURRENT_USER\Software\Microsoft\Exchange\Exchange Provider\DS Server** einen globalen Katalogserver neu zuweisen.

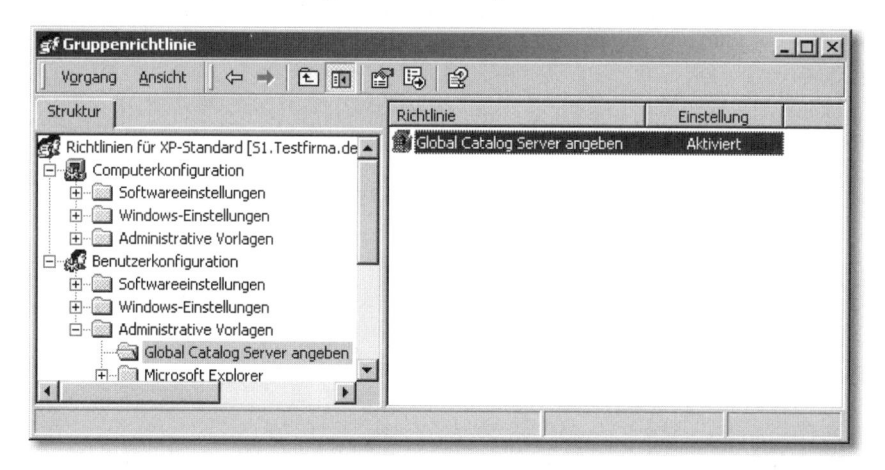

Hätten Sie z. B. für die Standorte Aachen, Bielefeld, Dortmund, Essen und Köln Ihrer Domäne je eine Organisationseinheit erstellt, so könnten Sie die Gruppenrichtliniendatei **ExchangeProvider** nun für jede **Standort-OU** laden und jeweils durch Auswahl des nächstgelegenen globalen Katalogservers aus der Serverliste denjenigen Server auswählen, der für alle Benutzer des Standortes in Outlook die Namensauflösung übernehmen soll.

12 | Eigene Vorlagedateien für fehlende Gruppenrichtlinien

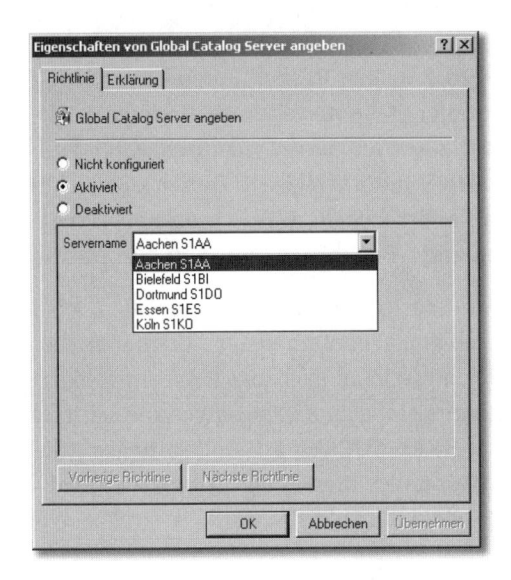

Die Vorlagedatei **ExchangeProvider.adm** hat folgenden Inhalt:

```
CLASS USER
CATEGORY "globalen Katalogserver angeben"
   POLICY !!GlobalCatalogServer
   KEYNAME "Software\Microsoft\Exchange\Exchange Provider"
   EXPLAIN !!GlobalCatalogServer_Explain
   PART "Servername" DROPDOWNLIST REQUIRED
VALUENAME "DS Server"
      ITEMLIST
   NAME "Aachen S1AA" VALUE "S1AA"
      NAME "Bielefeld S1BI" VALUE "S1BI"
      NAME "Dortmund S1DO" VALUE "S1DO"
      NAME "Essen S1ES" VALUE "S1ES"
   NAME "Köln S1KO" VALUE "S1KO"
      END ITEMLIST
   END PART
   END POLICY
END CATEGORY ;"globalen Katalogserver angeben"
[strings]
GlobalCatalogServer="global Katalogserver angeben"
GlobalCatalogServer_Explain="Mit dieser Einstellung wird der
globale Katalogserver für den jeweiligen Standort angegeben. \n\n
Aachen S1AA = Server S1AA \n
Bielefeld S1BI = Server S1BI \n
Dortmund S1DO = Server S1DO \n
Essen S1ES = Server S1ES \n
Köln S1KO = Server A1KO
```

Diese Vorlagedatei ermöglicht es, einen Wert aus einer Liste zu wählen und unter einem Registry-Schlüssel dann einzutragen. Wenn Sie in diesem Beispiel den Schlüssel hinter **KEYNAME** und den Wert hinter **VALUENAME** durch andere Werte ersetzen, wird schnell deutlich, dass mit einer ähnlichen Vorlagedatei auch ganz andere Probleme gelöst werden können. Durch Deaktivierung der Richtlinie **globalen Katalogserver angeben** wird übrigens der Registry-Wert **DS Server** wieder gelöscht.

12.7 Die Vorlagedatei CorelDraw11.ADM nutzen

Auf der Buch-DVD finden Sie die Vorlagedatei **CorelDraw11.ADM**, mit der Sie einige Standardverzeichnisse von CorelDraw 11 zentral festlegen können. Standardmäßig legt CorelDraw von Zeichnungen alle 20 Minuten in einem temporären Verzeichnis unter **C:\Dokumente und Einstellungen\%Username%** eine Sicherungskopie an. Beim Abmelden werden derartige, oft speicherintensive Temp-Dateien dann bei der Nutzung von servergespeicherten Benutzerprofilen auf den Server repliziert. Der An- und Abmeldevorgang dauert dadurch nicht nur länger, mit der Zeit sammelt sich beträchtlicher Datenmüll im Roaming-Profiles-Verzeichnis auf dem Server an. Sie sollten dieses Verzeichnis z. B. nach **C:\Temp** verlegen.

Außerdem können Sie mit der Vorlagedatei Richtlinien für ein Vorlageverzeichnis für CorelDraw festlegen und den Datenträger für primäre und sekundäre CorelDraw-Auslagerungsdateien bestimmen.

Mit einem Tool wie **GetFoldersize** sollten Sie regelmäßig die Freigabe auf dem Server analysieren, in dem sich die servergespeicherten Benutzerprofile befinden.

GetFoldersize finden Sie auf der Buch-DVD. Das kostenlose Tool sortiert alle Verzeichnisse nach deren Speicherbelegung. Sie finden so schnell heraus, welche anderen Anwendungen temporäre Zwischendateien und andere speicherintensive Verzeichnisse in den Profilen der Anwender anlegen. Erstellen Sie dann auch für diese Anwendungen Ihre eigene Gruppenrichtlinienvorlagedatei und ändern Sie damit die Registrierdatenbank der Clients derart ab, dass dieser Datenmüll nicht mehr auf dem Server und den Sicherungsbändern landet.

12.8 Analyse des Mustercomputers nach dem Einspielen der selbst erstellten Gruppenrichtlinienvorlagedateien

Sobald beide selbst erstellten Vorlagendateien **WindowsXP-HLM.ADM** und **WindowsXP-HCU.ADM** eingespielt und konfiguriert sind, sollten Sie sich auf dem Mustercomputer unter den verschiedenen Kennungen Administrator, Testuser und Poweruser anmelden und überprüfen, ob die gewünschten Ergebnisse erreicht wurden.

[O] Welche Auswirkungen die vorgeschlagenen Einstellungen der Gruppenrichtlinien haben, die zum Lieferumfang von Windows XP gehören und die Sie auf der Buch-DVD finden, sehen Sie am eindrucksvollsten, wenn Sie neben den Mustercomputer einen weiteren Computer aufstellen, der nicht mit dem Server verbunden ist und auf dem ein jungfräuliches Windows XP installiert ist.

Das Betriebssystem Windows XP Professional ist jetzt auf dem Mustercomputer immer noch nicht im Idealzustand für die spätere Erstellung eines Abbilds zum Verteilen auf viele Computer. So sind z. B. die Startmenüs von **All Users** und **Default User** noch nicht überarbeitet. Damit würde der Standardanwender Menüpunkte wie z. B. **Programmzugriff und -standards** und **Windows-Katalog** über der Start-Schaltfläche sehen. Er könnte auf die Verwaltungsprogramme, den MSN Explorer, Spiele oder unter dem Menüpunkt **Zubehör** auf den **Programmkompatibilitäts-Assistenten** und auf Systemprogramme wie **Übertragen von Dateien und Einstellungen** zugreifen. Das wollen Sie jedoch wahrscheinlich unterbinden.

Außerdem sind solche Systemeinstellungen noch nicht vorgenommen worden, die über Gruppenrichtliniendateien nicht automatisch erzwungen werden können und vor der Erstellung des Abbildes von Hand vorgenommen werden müssen. Als Beispiel kann die neue Windows-XP-Funktion **Ruhezustand** genannt werden. Wie Sie beim Öffnen der Registerkarte **Ruhezustand** über **Systemsteuerung · Energieoptionen** feststellen können, ist der Ruhezustand per Standardeinstellung aktiviert. Wenn der Anwender die Tastenkombination [Strg]+[Alt]+[Entf] drückt und die Schaltfläche **Herunterfahren** wählt, kann er entscheiden, ob er den Computer herunterfahren, sich abmelden oder den Computer in den Ruhezustand versetzen möchte. Der Computer speichert dann vor dem Herunterfahren zuerst alle im Arbeitsspeicher befindlichen Daten in der Datei **c:\hyperfil.sys**. Diese Datei ist mehrere hundert Megabyte groß und bereits vorhanden, wenn die Option **Ruhezustand** aktiv ist. Sie wird also nicht erst dann erzeugt, wenn der Computer in den Ruhezustand versetzt wird! Wenn

Sie die Option **Ruhezustand** deaktivieren, wird die speicherintensive Datei **c:\hiberfil.sys** gelöscht. Sie geht damit in kein Abbild ein, egal ob das Abbild mit der RIPrep-Methode oder einem Image-Tool eines Drittanbieters erzeugt wird.

Auch die Installation von Standardanwendungen wie Adobe Reader oder Microsoft Office erzeugt aber z. B. Icons im Startmenü von **All Users** und **Default User**, die vor der Erstellung des Komplettabbilds noch überarbeitet werden müssen. Deshalb werden in unserer Testumgebung jetzt zuerst diese Standardanwendungen automatisch installiert. Danach werden die durch die Installation von Microsoft Office hinzugekommenen Gruppenrichtliniendateien in Hinblick auf eine sinnvolle Konfiguration für den Standardanwender untersucht. Erst danach werden wir erneut den Mustercomputer daraufhin prüfen, welche Änderungen jetzt noch durch ein spezielles Skript automatisiert oder manuell vorgenommen werden müssen, um zu einem Endzustand zu gelangen, von dem dann das Abbild gezogen wird.

Nachfolgend wird die automatisierte Installation, Konfiguration und Verwaltung von Microsoft Office 2003 im Netzwerk beschrieben. Unter den Vorgängerversionen Office 2000 und Office XP sind die zu verwendenden Methoden dieselben.

13 Microsoft Office im Netzwerk

13.1 Microsoft Office 2007

Zur Zeit der Erstellung der Manuskripte für die dritte Auflage des Buches war zwar die erste Office-2007-Betaversion verfügbar, jedoch noch kein Office 2007 Resource Kit, dessen Tools und Gruppenrichtlinienvorlagen zur Installation und späteren Pflege in einem Netzwerk unverzichtbar sind.

Auf der Buch-DVD finden Sie aber bereits Dokumente zu Office 2007, und auf der Verlagsseite werden diesbezüglich spätestens dann Updates zum Buch als Download verfügbar sein, sobald die neue Produktversion in einer Produktivumgebung im Zusammenspiel mit Exchange Server 2007 halbwegs fehlerfrei einsetzbar ist.

Bereits ein Mischbetrieb zwischen Office 2003 und älteren Versionen ist problematisch. Beim Einsatz von wandernden Benutzerprofilen (roaming Profiles) können unvorhersehbare Inkompatibilitäten auftreten, wenn ein Benutzer sich nacheinander an Clients anmeldet, auf denen unterschiedliche Microsoft-Office-Versionen installiert sind. Die Formate von Outlook-PST-Dateien sind nicht abwärtskompatibel, und der Cached-Exchange-Modus von Outlook 2003 unterscheidet sich im Handling erheblich von früheren Outlook-Offline-Storage-Dateien (OST-Dateien). Wahrscheinlich wird das auch für Office 2007 im Zusammenspiel mit älteren Office-Versionen gelten.

Dennoch ist es wahrscheinlich, dass Sie diejenigen Techniken, die Sie in diesem Kapitel kennen lernen, in ähnlicher Form auch unter Office 2007 werden anwenden können, sobald Office-2007-Gruppenrichtlinienvorlagedateien und aktualisierte Resource Kit Tools wie z. B. der Custom Installation Wizard verfügbar sind. Da dieses Buch zeitnah auf der Verlagsseite durch Updates gepflegt wird, sollten Sie dann dort nach neuen Updates Ausschau halten oder den Newsletter bei **www.gruppenrichtlinien.de** abonnieren. Doch auch, wenn Sie heute ein Netzwerk mit ausschließlich Office 2007 installieren und warten müssen, sollten Sie die Techniken bezüglich Office 2003 und Office XP beherrschen, denn z. B. nach einem Wechsel des Arbeitgebers kann dieses Wissen unverzichtbar sein.

13.2 Microsoft Office automatisch installieren

13.2.1 Strategien zum Installieren und Warten für Microsoft Office 2003

Volume License Keys können auch kleinere Unternehmen schon ab fünf Lizenzen erwerben.

[O] Auf der Buch-DVD finden Sie weitere Informationen. Wer kleinere Unternehmen betreut, Windows XP oder Microsoft Office telefonisch mehrmals reaktivieren musste, weil ein alter Computer gegen neue Hardware ausgetauscht wurde oder sich in die Installation Fehler eingeschlichen hatten, die eine Neuinstallation notwendig machten, und wer die Stundensätze eines IT-Fachmanns kennt, weiß, dass es zu einem Microsoft Office Volume License Key eigentlich nur die Alternative OpenOffice gibt. Bevor Sie sich dafür entscheiden, rechnen Sie die Mehrkosten eines Volume License Keys verteilt auf fünf Jahre aus, denn so lange können Sie Microsoft Office 2003 bedenkenlos einsetzen.

Wenn Sie nicht im Besitz eines Volume License Keys für Windows XP Professional oder Office 2003 sind und folglich das Betriebssystem und Office 2003 auf jedem einzelnen Computer aktivieren müssen, so können Sie später bei jedem Computer, auf den ein Abbild eingespielt wurde, ein Tool wie **WinKeyfinder**, **Keyfinder** oder **RockXP** verwenden, um den Produkt-Key von Windows XP nachträglich zu ändern und das Betriebssystem dann über das Internet zu aktivieren.

[O] Mit dem WinKeyfinder können Sie auch den Produkt-Key von Office 2003 verändern. Sie finden die Tools auf der Buch-DVD.

[»] Wenn Sie übrigens den gesamten Schlüssel **HKEY_LOCAL_MACHINE/Software/Microsoft/Office/11.0/Registration\{90110407–6000–11D3–8CFE– 0150048383C9}** mit den zugehörigen Unterschlüsseln **Product-ID** und **DigitalProduct-ID** löschen, so werden Sie beim nächsten Start von Word aufgefordert, den Namen des Benutzers, den Organisationsnamen und den Produkt-Key erneut einzugeben. Dadurch wird der Schlüssel erneut erstellt.

Interessant sind in diesem Zusammenhang die Dateien **OEM2.DOC**, **OEM.BAT** und einige Tools, die man auf einer Microsoft-Office-2003-OEM-Preinstallation-Kit-CD findet. Diese CD wird für die Vorinstallation von Office 2003 durch Systembuilder ausgeliefert. Die Routine **OEM.BAT** wird mit einem Parameter wie

PRO für Professional oder **OUTLOOK** aufgerufen. Danach wird unter anderem eine Variable namens **_OPSProductCode** gesetzt und dem Tool **srclist.exe** übergeben. Anschließend ist der oben genannte Schlüssel gelöscht und beim ersten Start einer Office-Komponente wird der Benutzer zur Eingabe des Produkt-Keys aufgefordert.

> Suchen Sie unter www.google.de nach den Begriffen »OEM Preinstallation Kit« oder »Preinstallation Office 2003«. Unter **http://members.microsoft.com/partner/products/windows/windowsxp/Windows_XP_Tools_e.aspx** finden Sie den Artikel »Windows XP Preinstallation Tools and Documentation« und unter **http://members.microsoft.com/partner/products/windows/windowsxp/Preinstallation_Checklist.aspx** eine Checkliste zur Vorinstallation von Windows XP.

Im Wurzelverzeichnis der Office-2003-CD finden Sie die Datei **setup.htm**, in der die Optionszeilenparameter für die **setup.exe** aufgelistet sind. Im Verzeichnis **FILES\PFILES\MSOFFICE\OFFICE11\LCID** der CD finden Sie weitere Infodateien zu den einzelnen Office-Komponenten. Nach der Installation sind diese Dateien auf der Festplatte im Verzeichnis **C:\Programme\Microsoft Office\Office11\LCID** gespeichert. **LCID** steht für die Kennung der jeweiligen Sprache Ihres Produkts.

> **Wichtiger Hinweis:** Microsoft hat eine neue **setup.exe** für Office 2003 veröffentlicht, die weitere Parameter in der **setup.ini** unterstützt. Sie finden Informationen und den Download über **http://www.microsoft.com/office/ork/2003/journ/NewSetupEXE.htm**.

[«]

Wenn Sie Microsoft Office 2003 einmal von einer CD installiert haben, wurden Sie zum Schluss der Installation mit der Frage konfrontiert, ob die Installationsdateien auf der Festplatte des Clients verbleiben sollten. Dabei wird empfohlen, die ca. 250 MB Dateien für Updates und die Wartung auf der Festplatte zu behalten.

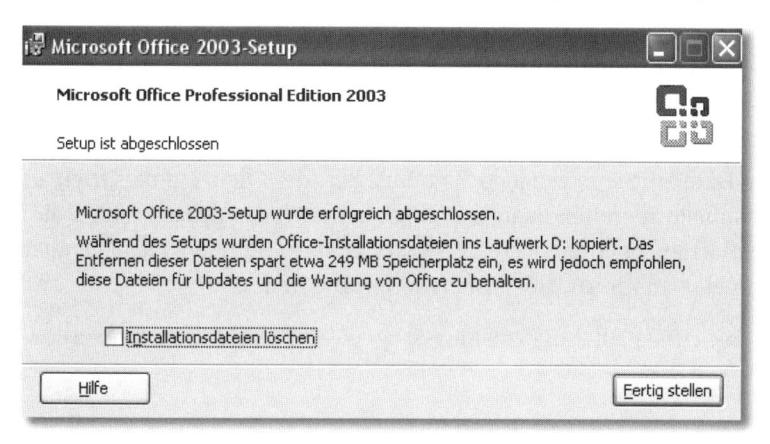

Unter **HKEY_LOCAL_MACHINE\SOFTWARE\Microsoft\Office\11.0\Delivery\ {<ProductCode}** finden Sie nach der Installation den Schlüssel **LocalCacheDrive**, in dem das Laufwerk eingetragen ist, auf dem die gecachten Office-2003-CAB-Dateien im versteckten, schreibgeschützten Verzeichnis **MSOCache** liegen und bei einer Vollinstallation von Office 2003 Professional ca. 260 Megabyte Speicherplatz benötigen. Nur Administratoren können dieses Verzeichnis wieder entfernen.

Für die Art der Installation ist es nun wichtig, zu planen, wie später Updates zu Office 2003 nachinstalliert werden sollen. Microsoft veröffentlicht mehrere Typen von Software-Updates:

- **Service Packs** enthalten Hotfixes, Sicherheitsupdates, kritische Updates, Fehlerbereinigungen und neue oder geänderte Features. Ein Service Pack enthält eine MSI-Datei mit einer neuen Produktversion und repräsentiert deshalb eine neue Basisversion des Produkts.

- **Sicherheitsupdates** werden zwischen Service Packs veröffentlicht und betreffen Sicherheitsschwachstellen des Produkts. Sie setzen oft die Installation des letztgültigen Service Packs voraus.

- **Kritische Updates** werden ebenso zwischen Service Packs veröffentlicht, betreffen aber keine Sicherheitsschwachstellen, sondern Funktionsfehler.

Softwareupdates werden von Microsoft in zwei Formen veröffentlicht:

- **Full-file-Patches** (auch administrative Patches genannt) wechseln alle Dateien aus. In früheren Versionen wurden Full-file-Patches ausschließlich für administrative Installationen benötigt. Administrative Installationen (**setup /a**) sind solche in eine Freigabe auf einem Server, von der dann die Clients die eigentliche Installation ausführen. Unter Office 2003 können Full-file-Patches direkt auf eine Clientinstallation angewendet werden. Es wird dann nicht die Original-Office-2003-CD benötigt, um Dateien nachzuinstallieren, weil das Full-file-Patch alle benötigten Dateien enthält.

- **Binary-Patches** (auch Client Patches genannt) ersetzen nur teilweise alle Dateien, die geupdatet werden. Deshalb sind diese Patchdateien kleiner als die Full-file-Dateien. Sie setzen jedoch voraus, dass der Client auf die Originalinstallationsquelle zugreifen kann, da im Laufe des Updateprozesses von dieser Quelle Dateien benötigt werden. Binary-Updates können nicht genutzt werden, um eine administrative Installation upzudaten.

Microsoft hat mit Office 2003 die Patching-Strategie auf zwei Methoden zurückgeführt.

- **Installation von einem komprimierten CD-Abbild:** Man verteilt Office 2003 von einem komprimierten CD-Abbild, wobei auf jedem Client eine gecachte Installationsquelle im versteckten und schreibgeschützten Verzeichnis **MSO-Cache** verbleiben soll. Dieses Verzeichnis kann ein Benutzer mit einfachen Rechten nicht löschen. Wenn danach Updates verteilt werden, können dies sowohl Full-file-Updates als auch Binary-Updates sein, da der Client jederzeit auf die CAB-Dateien im Verzeichnis **MSOCache** zurückgreifen kann. Ebenso kann jederzeit eine Reparaturinstallation durchgeführt werden. Im Papier »Strategies for Updating Office 2003 Installations« (Quelle: **www.microsoft.com/office/ork/updates/patch_o2k3.htm**) empfiehlt Microsoft diese Methode für die meisten Unternehmen, wenn mit dem Ausrollen von Office 2003 noch nicht begonnen wurde.

- **Installation von einem administrativen Installationspunkt**: Dafür wird zuerst mit dem Befehl **setup /a** eine administrative Installation von Office 2003 auf einer Serverfreigabe durchgeführt. Dabei werden allerdings die Dateien entpackt. Wird von einem administrativen Installationspunkt dann die eigentliche Installation auf einem Client durchgeführt, so kann auf dem Client kein gecachtes Quellverzeichnis **MSOCache** mehr erzeugt werden, da im administrativen Installationspunkt auf dem Server die Dateien nur entpackt vorliegen. Der administrative Installationspunkt kann nur mit Full-file Patches geupdatet werden.

Microsoft begründet die Empfehlung zugunsten der Installation über eine komprimierte Abbild-CD mit folgenden Argumenten:

- Wenn eine Reparaturinstallation von Office 2003 notwendig wird, so stehen die Quelldateien auch ohne einen Server mit einer Installationsfreigabe sofort zur Verfügung und es müssen vor Ort keine Original-CDs vorhanden sein.

- Wenn die Kapazität und die Bandbreite der Leitungen gering sind, kann die kleinere Binary-Updatedatei problemloser verteilt werden als die größere Full-file-Updatedatei.

- Es ist in der Vergangenheit zu Versionskonflikten gekommen, wenn ein neues Service Pack bereits in den administrativen Installationsordner des Servers eingespielt wurde, dieses Service Pack jedoch nicht zeitnah auf alle Clients verteilt werden konnte und Clients für eine Komponenten-Nachinstallation oder aufgrund einer Reparaturinstallation Quelldateien aus der Serverfreigabe anforderten.

Doch sollten Sie diese Argumente und auch die Empfehlung kritisch hinterfragen. Die gepackten CAB-Dateien von Office 2003 belegen neben dem Festplattenverbrauch für die eigentliche Installation zusätzlich ca. 250 Megabyte im Verzeichnis **MSOCache**. Stellen Sie sich vor, wenn Microsoft auch bezüglich einer Installation von Microsoft Project, Visio oder Navision argumentieren würde, dass der empfehlenswerte Weg wäre, die Quelldateien der Original-CD gepackt auf dem Client zu parken. Mit gleichem Recht könnten nun Hersteller von kaufmännischer Software, CAD-Programmen oder Grafikprogrammen die Empfehlung aussprechen, dass ein komprimiertes Abbild der Installations-CD auf dem Client abgelegt werden soll. Überschlagen Sie den Festplattenverbrauch, wenn Sie für alle auf einem Client installierten Anwendungen die Inhalte der Installations-CDs zusätzlich auf die Festplatte des Clients kopieren würden. Und stellen Sie sich vor, wie groß RIS-Abbilder oder Abbilder anderer Produkte (z. B. Ghost-Abbilder) würden, wenn jeder Hersteller eine derartige Empfehlung ausspräche.

[O] Auf der Buch-DVD finden Sie im Verzeichnis **Office** Artikel zur Verteilung von Office 2003 und Office-Updates. Nachfolgend werden beide Methoden beschrieben.

13.2.2 Eine Administratorinstallation auf dem Server vornehmen

Eine Administratorinstallation kann nur von Office-2003-Enterprise-Versionen durchgeführt werden. Wenn Sie den Befehl **setup /a** von einer einfachen Office-2003-Professional-CD oder von einer Office-2003-Basic-Edition-CD aufrufen, erhalten Sie die folgende Meldung und die Installation bricht ab.

Es ist natürlich möglich, den Inhalt einer solchen CD in eine Installationsfreigabe eines Servers zu kopieren und von dort die Installation zu starten, jedoch kann diese Installation in geringerem Umfang angepasst werden. Auch für kleinere Unternehmen können jedoch Enterprise-Versionen beschafft werden.

Legen Sie unter **\\s1\install** ein Verzeichnis **Office2003** an. Starten Sie auf dem Server **S1** von einer Office-Enterprise-Edition-CD das Setup mit dem Parameter **/a** für eine Administratorinstallation.

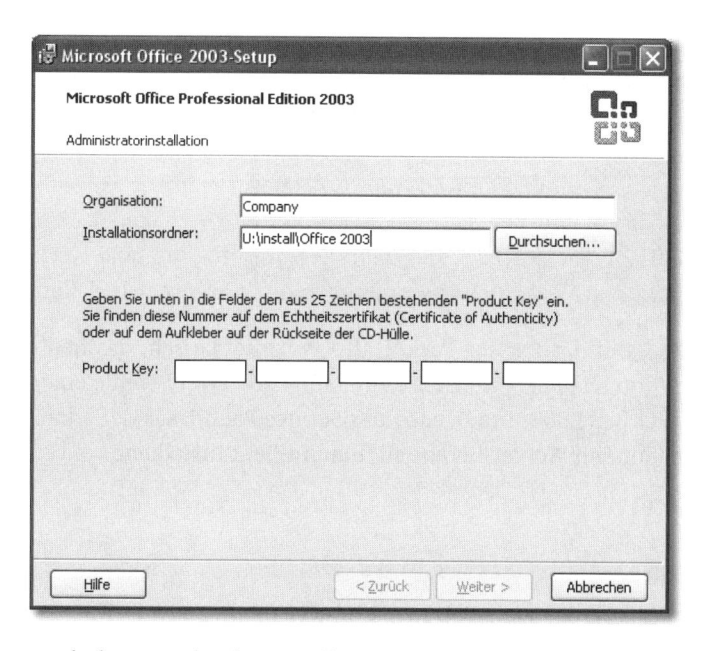

Nach der Eingabe des Installationsordners und des Volume License Keys läuft die Administratorinstallation ohne weitere Installationsfenster ab. Es erscheint lediglich ein weiteres Fenster mit der Meldung **Microsoft Office 2003-Setup wurde erfolgreich abgeschlossen**.

Unter **www.microsoft.com/office/ork/updates/2003** und auf der Buch-DVD finden Sie Informationen zum Thema »Office 2003 Editions Administrative Updates« mit speziellen Anleitungen zur Integration von Service Packs in eine Administratorinstallation. Ebenso sollten Sie das Dokument **www.microsoft.com/office/ork/updates/patch_o2k3.htm** mit dem Titel »Strategies for Updating Office 2003 Installations« einsehen.

13.2.3 Ein Office Service Pack in die Administratorinstallation integrieren

Zum Zeitpunkt der Manuskripterstellung war das Service Pack 1 das aktuellste Service Pack zu Office 2003. Von diesem Service Pack sollten Sie die Full-file-Version (ca. 83 Megabyte groß) herunterladen und nicht die Binary-Version. Wenn Sie die SP-1-exe-Datei mit dem Parameter **/?** starten, erhalten Sie die möglichen Startparameter.

13 | Microsoft Office im Netzwerk

Service Pack 1 (SP1) für Office 2003 - Administratorinstallation

Befehlsoptionen:

/Q -- Vollautomatischer Modus für Pakete.

/T:<Vollständiger Pfad> -- Gibt den temporären Arbeitsordner an.

/C -- Dekomprimierte Dateien nur in den Ordner schreiben, wenn zusammen mit /T verwendet.

/C:<Cmd>: Ersetzen des durch den Autor festgelegten Installationsbefehls

[OK]

Mit dem Parameter **/q** kann das Service Pack 1 also vollautomatisch, das heißt ohne Benutzerintervention installiert werden. Durch folgende zwei Befehle einer Batchdatei wird zuerst Office 2003 und danach das Service Pack 1 aus der administrativen Installation auf dem Server heraus auf einen Client installiert:

```
\\s1\Install\Office2003\setup.exe /settings <Pfad zu einer ini-
Datei> /qb-
\\s1\Install\Office2003SP1\Office2003SP1-Fullfile.exe /q
```

Mit folgender Syntax können Sie das Service Pack 1 zuerst entpacken:

```
[path\name of EXE file] /c /t:[location for extracted MSP file]
```

Der Befehl **c:\Office2003SP1-kb842532-Full-file-deu.exe /c /t:c:\Office2003 SP1_entpackt** erzeugt im Verzeichnis **c:\Office2003SP1_entpackt** diese Dateien:

MAINSP1ff.msp, ohotfix.exe, ohotfix.ini, ohotfixr.dll, OWC102003SP1ff.msp,

OWC11SP1ff.msp

Die entpackten MST-Dateien können Sie nun mit folgender Befehlssyntax in eine Administratorinstallation auf dem Server integrieren:

```
msiexec.exe /p [path\name of MSP file]/a [path\
name of MSI file] /qb /lv* [path\name of log file]
```

Wechseln Sie in das Verzeichnis **c:\Office2003SP1_entpackt** und setzen Sie nacheinander folgende Befehle ab, um die MSP-Dateien **mainsp1ff.msp** und **owc11sp1ff.msp** in die Administratorinstallation **u:\Office2003** zu integrieren (Laufwerk **U:** ist mit der Freigabe **\\S1\Install** verbunden):

```
msiexec.exe /p mainsp1ff.msp /a u:\Office2003\pro11.msi /qb
msiexec.exe /p owc11sp1ff.msp /a u:\Office2003\owc11.msi /qb
```

Wie Sie danach am Datum der Dateien erkennen, werden die Dateien **pro11.msi** und **owc11.msi** aktualisiert. Wenn ein Service Pack aus mehreren MSP-Dateien besteht, muss der msiexec-Befehl für jede MSP-Datei abgesetzt werden.

Wenn Office 2003 vor dem Erscheinen des Service Pack 1 noch nicht verteilt wurde, kann es durchaus sinnvoll sein, eine Administratorinstallation in einer Serverfreigabe durchzuführen, danach das Service Pack 1 in diese administrative Installation zu integrieren und dieses Installationsverzeichnis als neue Basisversion für Clientinstallationen zu verwenden. Diese Administratorinstallation mit integriertem Service Pack kann auch auf eine CD oder DVD gebrannt werden, um z. B. Office 2003 auf dezentralen Arbeitsplätzen zu installieren.

Mit dem später beschriebenen Office Custom Installation Wizard kann die Installationsdatei **pro1.msi** weiter vorkonfiguriert werden, sodass weder der Installationskey noch andere Angaben gemacht werden müssen und die Installation vollautomatisch durchläuft. Ebenso können eine oder mehrere setup.ini-Dateien erzeugt werden, um die Installation vorzukonfigurieren.

Die möglichen Parameter der **setup.ini** finden Sie in einem Artikel der Buch-DVD. Wird nach dem Ausrollen von Office 2003 ein neues Service Pack veröffentlicht, so sollte dieses dann nicht mehr zusätzlich in die Administratorinstallation auf dem Server integriert werden, sondern separat nachinstalliert werden, um die genannten Versionskonflikte zu vermeiden.

13.2.4 Installation von einem komprimierten CD-Abbild von Office 2003

Um ein komprimiertes CD-Abbild zu erstellen, kopieren Sie die gesamte Office-CD einschließlich der versteckten Dateien in ein Serververzeichnis, z. B. nach **\\s1\install\Office2003_CD**. Tauschen Sie die Datei **setup.exe** gegen die neuere Datei aus, die Sie über **http://www.microsoft.com/office/ork/2003/journ/NewSetupEXE.htm** heruntergeladen haben.

Stellen Sie danach sicher, dass in diesem Serververzeichnis die MSI-Dateien und die Datei **setup.ini** im Unterverzeichnis **Files\Setup** nicht schreibgeschützt sind. Wie im folgenden Kapitel beschrieben, können Sie dann mit dem **Custom Installation Wizard** dieses Quellverzeichnis anpassen, indem Sie eine MST-Transformationsdatei erzeugen und dort speichern, welche die spätere Installation auf den Client bis ins Detail vorkonfiguriert. In Schritt 8 **Configure Local Installation Source** des Custom Installation Wizards können Sie nun den Produktkey eingeben und stellvertretend für den Anwender die Lizenzbestimmungen akzeptieren, indem Sie die Option **I accept the terms in the License Agreement** auswählen.

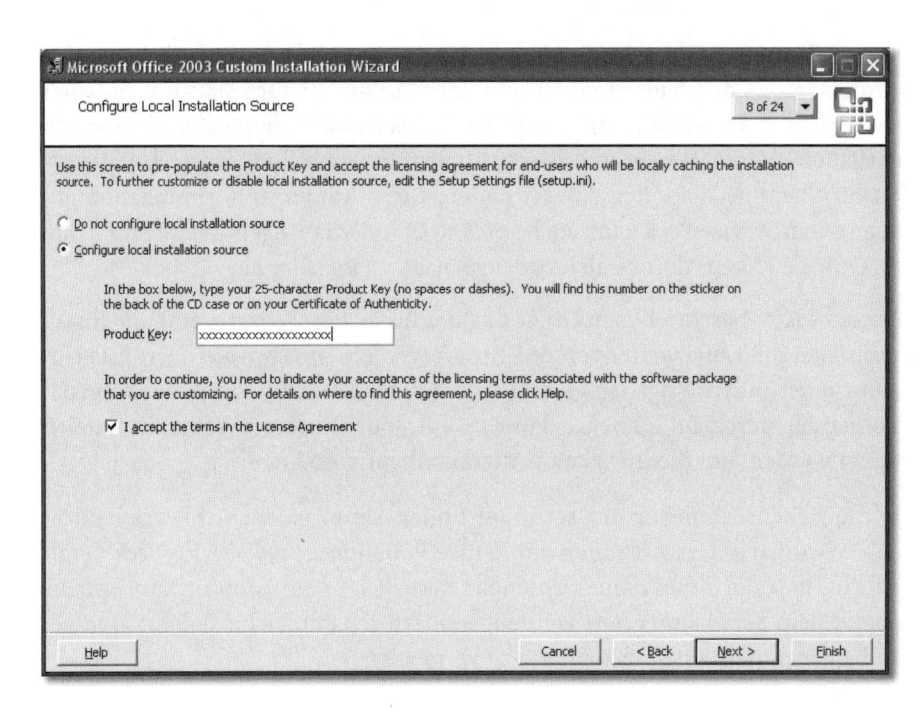

Wenn Sie später nach erfolgter Installation von Office 2003 auf dem Client den gesamten Schlüssel **HKEY_LOCAL_MACHINE/Software/Microsoft/Office/11.0/ Registration\{90110407-6000-11D3-8CFE-0150048383C9}** mit den zugehörigen Unterschlüsseln **Product-ID** und **DigitalProduct-ID** löschen, so werden Sie beim nächsten Start von Word aufgefordert, den Namen des Benutzers, den Organisationsnamen und den Produkt-Key erneut einzugeben. Dadurch wird der Schlüssel erneut erstellt.

Das Löschen eines Zweiges in der Registrierdatenbank kann wiederum über eines der im Kapitel 14, *Das Anmeldeskript*, angesprochenen Tools automatisiert werden. Nimmt man diesen Befehl später in die Installationsroutine für den Musterclient auf, bevor ein RIS-Abbild erstellt wird, so kann der endgültige Produkt-Key eingegeben und Office 2003 danach online aktiviert werden, sobald das RIS-Abbild auf einen neuen Client eingespielt ist.

In Schritt 16 des **Custom Installation Wizards** ist es eigentlich möglich, Programme anzugeben, die nach der Installation von Office 2003 durchgeführt werden sollen. Die Angabe des Befehls **\\s1\Install\Office2003SP1\Office2003SP1-Fullfile.exe /q** führte bei meinen Tests aber nicht zu dem gewünschten Ergebnis, der vollautomatischen Nachinstallation des Service Pack 1. Nach einigen zeitintensiven Tests entschied ich mich deshalb für eine Batchroutine, die zuerst Office 2003 aus dem komprimierten CD-Abbild und danach das Service Pack 1 installierte.

Ändern Sie nun die Datei **setup.ini** ab oder erstellen Sie eine ini-Datei unter einem anderen Namen. Diese Datei sollte dann folgende Einträge enthalten, um sicherzustellen, dass bei der späteren Installation auf dem Client das MSOCache-Verzeichnis im Laufwerk **C:** komplett und nicht nur mit einem Teil der CAB-Dateien erstellt wird:

```
[Cache]
LOCALCACHEDRIVE=C
ENFORCECACHE=1
```

Die Syntax des Parameters **LOCALCACHEDRIVE** ist nicht eindeutig beschrieben. Verwenden Sie die Zeile **LOCALCACHEDRIVE=C:**, wenn das Verzeichnis **MSOCache** in einem anderen Laufwerk erstellt wurde. Hat sich in der Registrierdatenbank unter **HKEY_LOCAL_MACHINE\SOFTWARE\Microsoft\Office\11.0\Delivery\{<ProductCode}** der Schlüssel **LocalCacheDrive** zum Beispiel mit dem Wert **D** einmal verewigt, können Sie wie ich Stunden ohne Erfolg damit zubringen, an der Datei **setup.ini** herumzutesten und zu installieren und zu deinstallieren. Das Cache-Verzeichnis wird dann so lange auf dem Laufwerk **D:** angelegt, bis Sie den Schlüssel oder besser den ganzen Zweig **HKEY_LOCAL_MACHINE\SOFTWARE\Microsoft\Office\11.0** wieder löschen.

Im Abschnitt [MST] der Datei **setup.ini** können Sie außerdem den Pfad und die MST-Transformationsdatei eingeben, die mit dem Custom Installation Wizard erzeugt wird:

```
[MST]
MST1=\\s1\install\office2003_CD\standard.mst
```

Zuletzt erstellen Sie eine Batch-Datei **Office2003_CD_Install.cmd** mit folgenden Befehlen:

```
\\s1\install\office2003_CD\setup.exe /settings \\s1\install\
office2003_CD\angepasste_setup.ini /qb-
\\s1\Install\Office2003SP1\Office2003SP1-Fullfile.exe /q
```

Diese Routine starten Sie nun auf einem Windows-XP-Client, wodurch zuerst unter **C:\MSOCache** die CAB-Dateien von Office 2003 angelegt werden, danach die automatische Installation nach den Vorgaben der MST-Transinformationsdatei erfolgt und anschließend das Service Pack 1 nachinstalliert wird.

Sie können auch das Serververzeichnis **Office2003_cd** mit der Installationsroutine **Office2003_CD_Install.cmd** und einer oder mehreren angepassten MST-Dateien und setup.ini-Dateien auf eine CD oder DVD brennen, um unabhängig von der Verfügbarkeit des Servers automatische Installationen von Office 2003 vorzunehmen.

13.3 Die Office-Installation mit dem Custom Installation Wizard anpassen

Mit dem Custom Installation Wizard (CIW) aus dem Office Resource Kit kann die spätere Office-Installation im Vorfeld angepasst werden. Der Assistent CIW erzeugt eine MST-Transformationsdatei, die später beim Start der Office-Installation als Parameter übergeben werden kann. Der Custom Installation Wizard kann sowohl auf eine Administrationsinstallation (siehe Abschnitt 12.1.2) als auch auf eine Installation als komprimiertes CD-Abbild von Office 2003 (siehe Abschnitt 12.1.4) angewendet werden.

Installieren Sie auf dem Windows-XP-Client das Office 2003 Resource Kit.

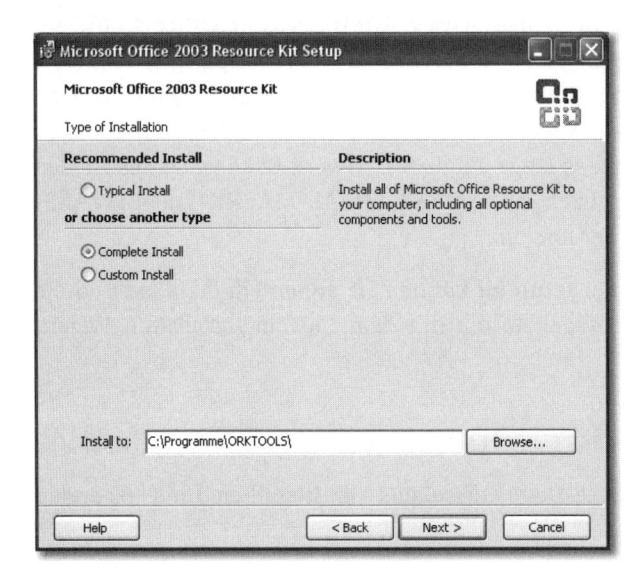

Starten Sie aus den Microsoft Office 2003 Resource Kit Tools den **Custom Installation Wizard**. Sie finden diesen Assistenten über **Start · Programme · Microsoft Office Tools · Microsoft Office 2003 Resource Kit**. Im CIW-Assistenten arbeiten Sie nacheinander 23 Schritte ab. In Schritt 2 geben Sie als zu öffnende MSI-Datei die Datei **\\s1\install\Office2003\pro11.msi** an.

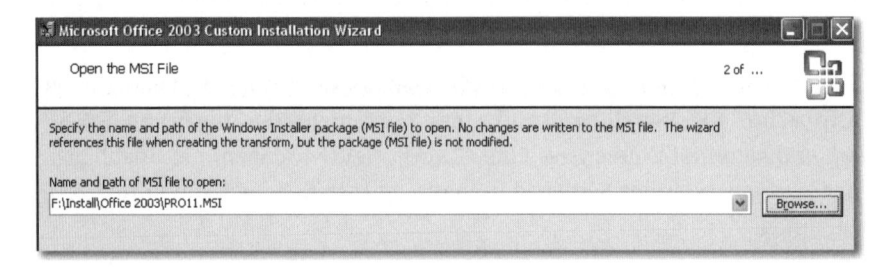

In Schritt 3 wählen Sie **Create a new MST-File** und geben in Schritt 4 als neu zu erstellende Transformationsdatei **\\s1\install\Office2003\Standard.MST** an. Der Dateiname **Standard.MST** soll in unserer Beispielkonfiguration nicht für die Version Office 2003 Standard stehen, sondern für einen Office-Standardarbeitsplatz.

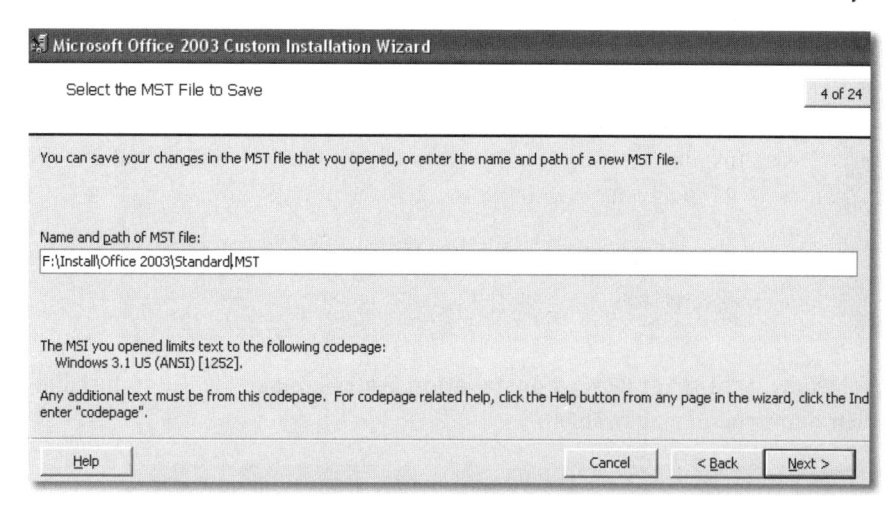

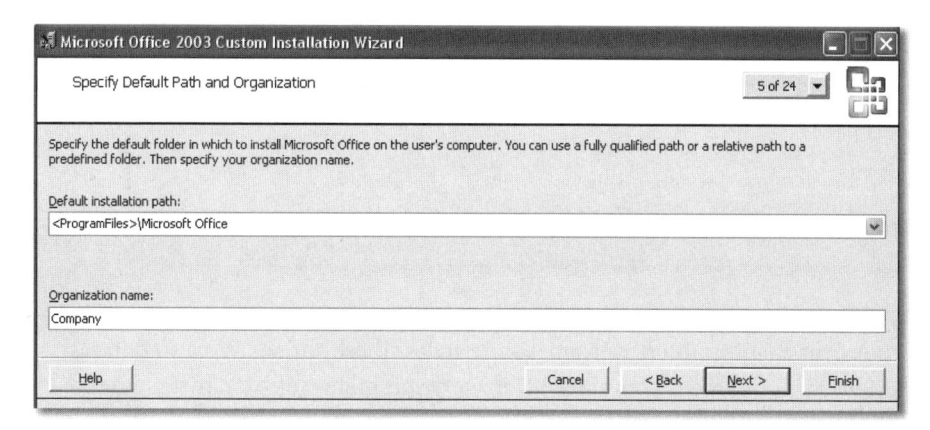

In Schritt 5 geben Sie im Feld **Organization Name** den Namen der Organisation an (z. B. Company). Klicken Sie auf die Schaltfläche **Help** und lesen Sie die Anmerkungen zu diesem Feld. Den standardmäßigen Installationspfad belassen Sie auf **<programFiles>\Microsoft Office**.

In Schritt 7 (Fenster **Remove Previous Version**) übernehmen Sie die Vorauswahl **Default Setup behavior**. Diese Voreinstellung deinstalliert eine eventuell vorhandene Office-Installation, bevor die neue Installation beginnt.

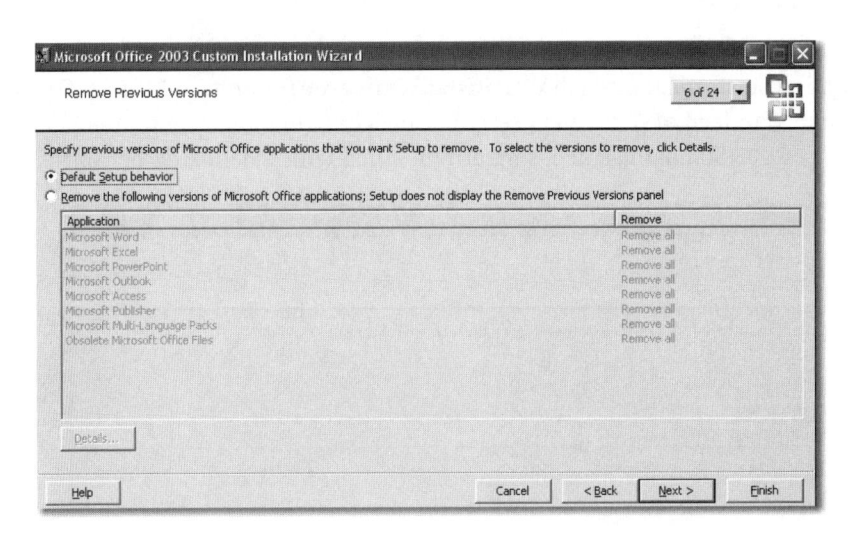

Im folgenden Schritt **Set Feature Installation States** können Sie die zu installierenden Komponenten auswählen.

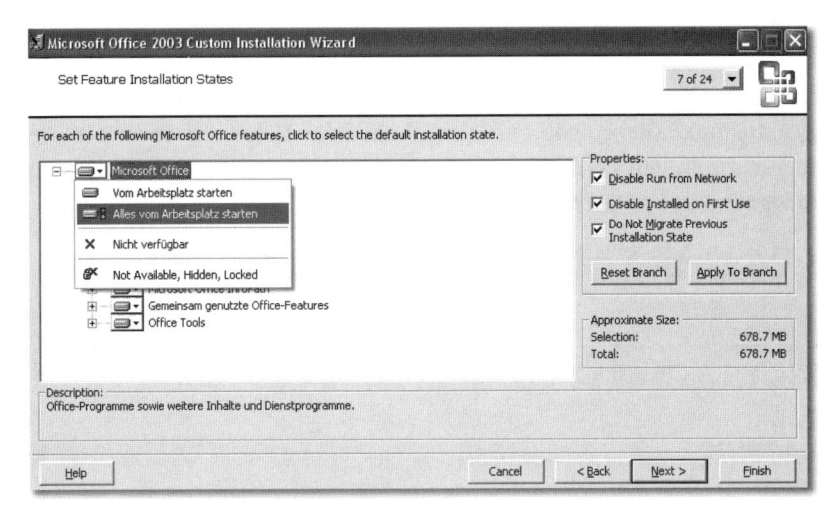

Wichtig ist, dass keine Komponenten vom Server gestartet oder später beim ersten Aufruf nachinstalliert werden, sondern dass diese auf der Workstation installiert werden. In einem komplexen Netzwerk mit mehreren Standorten könnte es zu Problemen führen, wenn ein Client versucht, über eine langsame WAN-Verbindung auf einen Server eines anderen Standortes eine Komponente nachzuinstallieren oder gar von diesem Server auszuführen.

Da die Festplatten in Computern heute so dimensioniert sind, dass der Speicherplatz in der Regel kein Problem mehr darstellt, wählen Sie besser zu viele Komponenten aus, als später feststellen zu müssen, dass eine abgewählte Komponente doch benötigt wird und aufwändig auf hunderten von Computern nachinstalliert werden muss. Seien Sie also nicht zu restriktiv! Wählen Sie keine Komponente ab, wenn Sie sich nicht sicher sind, dass diese Komponente später bei der Erweiterung des Netzwerks (z. B. durch die Einführung weiterer Microsoft-Produkte wie Microsoft SharePoint Server oder die Integration der Telefonanlage in den Exchange Server) doch benötigt wird.

Im Zweifelsfall wählen Sie alle Komponenten aus, indem Sie **Alles vom Arbeitsplatz starten** als Option wählen. Markieren Sie **Disable Run from Network** sowie **Disable Installed on First Use** und klicken Sie dann auf **Apply To Branch**. Lesen Sie die Bedeutung dieser Parameter nach, indem Sie die Schaltfläche **Help** anwählen.

Als Sie eine administrative Installation von Office 2003 Professional im Verzeichnis **\\s1\install\office2003** durchgeführt haben, wurden Sie bereits zur Eingabe des Produkt-Keys aufgefordert. In Schritt 8 können Sie deshalb die Voreinstellung **Do not configure local installation source** übernehmen. Wenn Sie jedoch die Methode eines komprimierten CD-Abbildes von Office 2003 anwenden, wählen Sie an dieser Stelle **Configure local Installation source** und tragen einen gültigen Lizenzschlüssel ein.

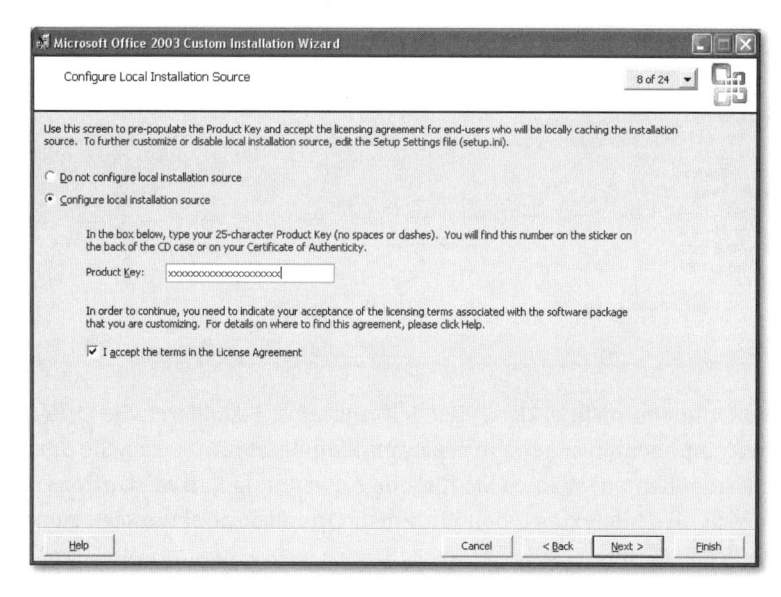

In Schritt 9 werden wir in einem späteren Durchlauf des **Custom Installation Wizard** im Feld **Get values from an existing settings profile** eine OPS-Datei angeben, die wir mit dem Office Resource Kit **Profile Wizard** noch erzeugen werden. Übernehmen Sie jedoch zu diesem Zeitpunkt die Einstellung **Do not customize; use Microsoft default values**.

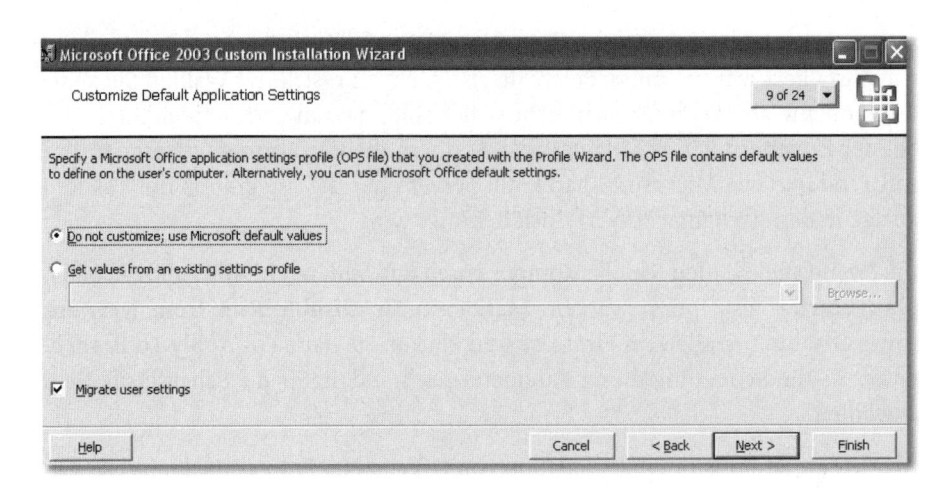

In Schritt 10 **Change Office User Settings** können Sie viele Voreinstellungen für Office-Komponenten vornehmen.

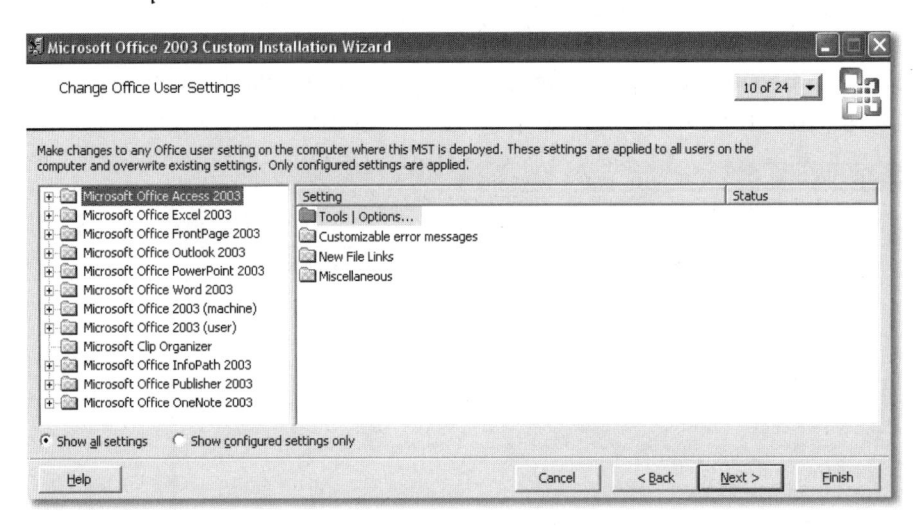

Leider sind die Optionen nicht erklärt. Hier hilft nur eins: Installieren Sie Office 2003 mit allen Komponenten auf einem separaten Computer und starten Sie dort die einzelnen Komponenten. Wählen Sie für jede Anwendung **Extras · Optionen** und sehen Sie sich die Hilfetexte zu den einzelnen Optionen direkt unter einem installierten Office 2003 an.

Bei allen Einstellungen, die Sie in diesem Fenster vornehmen, handelt es sich um Voreinstellungen, die der Anwender später ändern kann. In einem nachfolgenden Unterkapitel werden die Office-2003-Gruppenrichtlinien besprochen. Über die Konfiguration von Gruppenrichtlinien können Sie so gut wie alle Einstellungen, die Sie in Schritt 10 des Custom Installation Wizards vornehmen, erneut definieren, jedoch mit dem Unterschied, dass die über Gruppenrichtlinien definierten Optionen vom Anwender nicht geändert werden können. Sie können z. B. das Standardverzeichnis zum Speichern von Word-Dokumenten über den Custom Installation Wizard oder über eine Gruppenrichtlinie vorgeben.

Ein Beispiel: Wenn 95 Prozent der Anwender ihre Worddokumente vorwiegend im Gruppenverzeichnis des Servers speichern, wäre es vielleicht sinnvoll, das Standardablageverzeichnis für Worddokumente über den Custom Installation Wizard vorzugeben. Diejenigen wenigen Anwender, die z. B. das persönliche Verzeichnis **Eigene Dateien** als Speicherort für ihre Worddokumente bevorzugen, können diese Voreinstellung dann einmalig über **Extras · Optionen · Speicherort für Dateien** anpassen. Nehmen Sie dieselbe Voreinstellung aber über die entsprechende Office-Gruppenrichtlinie vor, so können diese Anwender die Voreinstellung nicht mehr ändern und müssen jedes Mal das Verzeichnis wechseln, wenn sie in Word den Befehl **Speichern unter** anwählen.

Nachfolgend finden Sie Vorschläge für einige Einstellungen in Schritt 10. Die endgültigen Entscheidungen, welche Einstellungen schon hier im Custom Installation Wizard und welche Einstellungen später über Gruppenrichtlinien vorgenommen werden, werden Sie jedoch erst treffen können, wenn das Thema Office-2003-Gruppenrichtlinien abgehandelt ist.

Unter **Preferences · e-mail options · Advanced E-mail options · When sending a message** sollten Sie einstellen, dass neben dem Semikolon auch das Komma als Trennzeichen zugelassen wird.

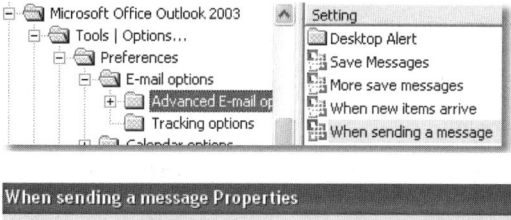

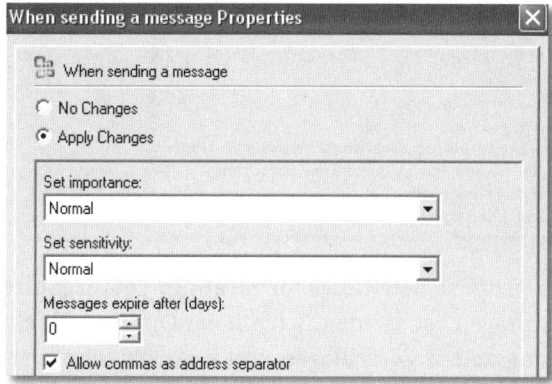

Diese Einstellung bewirkt, dass der Anwender später bei der Erstellung einer neuen Nachricht im Feld **An** zwei Empfänger-Kennungen wie »**schlueter, rath**« durch ein Komma getrennt eingeben kann und Outlook bei der Namensauflösung diesen Eintrag dann als zwei Empfänger interpretiert und nicht als »Nachname, Vorname«.

In einem Büro mit mehreren Mitarbeitern ist es bestimmt unangebracht, wenn bei der Ankunft einer neuen Nachricht der Lautsprecher aktiv wird. Deaktivieren Sie deshalb unter **When new items arrive** die Option **Play a sound**.

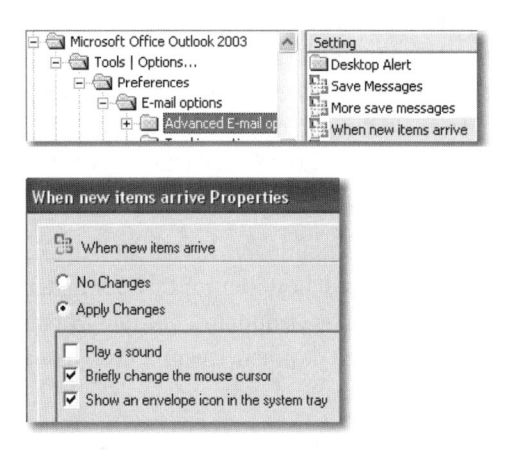

Unter **Calendar Options** sollten Sie die **Working hours** konfigurieren, indem Sie die Arbeitszeiten Ihres Unternehmens eintragen. Sicherlich ist es auch sinnvoll, wenn unter **Calendar week numbers** die Anzeige der Wochennummern aktiviert wird.

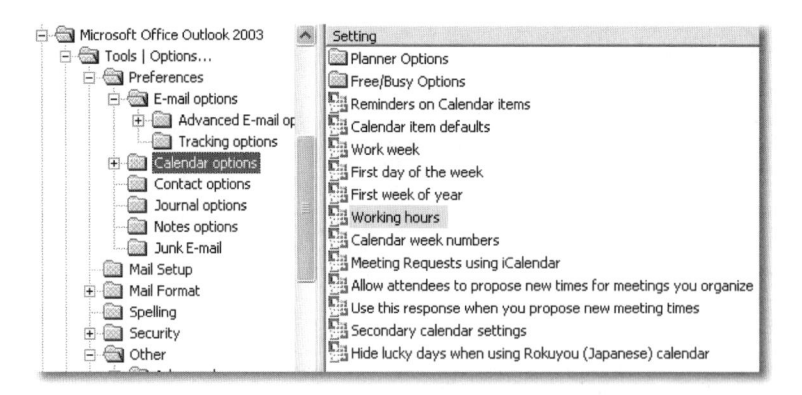

Die Option **Allow attendees to propose new times for meetings you organize** betrifft Outlook-Besprechungsanfragen. Sie ist identisch mit der Option **Teilnehmer dürfen andere Besprechungszeiten vorschlagen** und sollte aktiviert werden.

Aktivieren Sie unter **contact options** die Option **Check for duplicate contacts**. In den Optionen von Outlook wird dadurch bei einem neuen Anwender in den Kontaktoptionen die Option **Nach Duplikaten überprüfen** aktiviert.

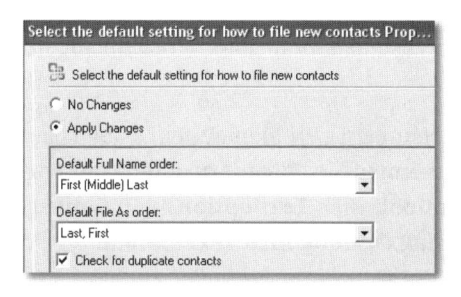

Die Journaloptionen sollten als Voreinstellung für einen neuen Anwender nicht konfiguriert bleiben. Die Journalfunktion wird von den wenigsten Anwendern aktiv genutzt. Sie ist aber ressourcenintensiv.

Unter **Mail Format · Message Format** können Sie darüber nachdenken, die Voreinstellung **Use Microsoft Word to read rich text e-mail messages** zu deaktivieren.

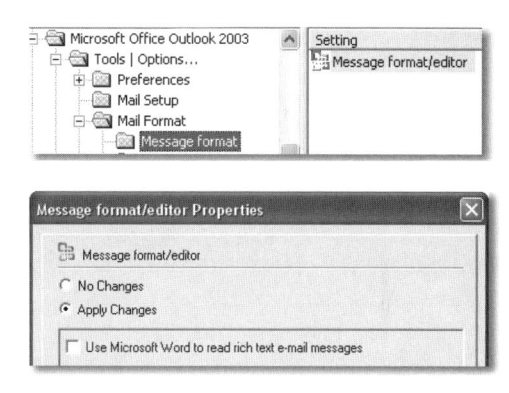

In früheren Office-Versionen waren die Editierfunktionen von Outlook sehr beschränkt, sodass es sinnvoll war, als Editor für Nachrichten jedes Mal Word zu starten. Inzwischen ist jedoch der in Outlook integrierte Nachrichteneditor mächtig genug, um auch »Rich Text Messages« zu schreiben und erhaltene Nachrichten fehlerfrei und sauber formatiert darzustellen, ohne dass Word hinzugeladen werden muss.

Da alle gängigen E-Mail-Produkte inzwischen keine Probleme mehr haben, mit dem erweiterten Zeichensatz umzugehen, können Sie außerdem unter **Mail Format · Internet Formatting** die Option **Outlook Rich Text options** von **Convert to plain text format** umstellen in **Send using Outlook Rich Text format**.

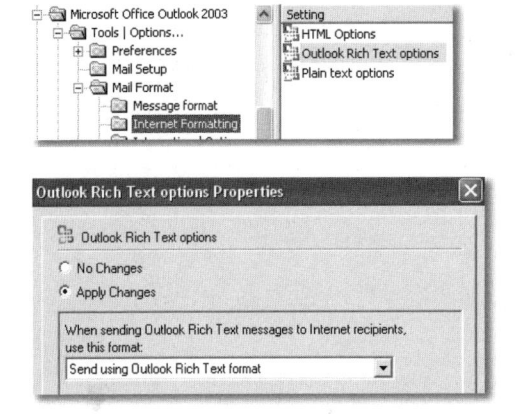

In Outlook finden Sie diese Option in der Registerkarte **E-Mail-Format**.

In den Security-Settings können Sie über den Menüpunkt **Allow access to e-mail attachments** einstellen, welche Dateianhänge in Outlook zugelassen sind.

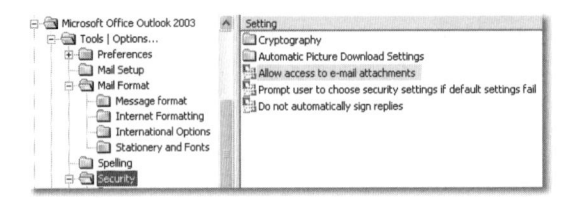

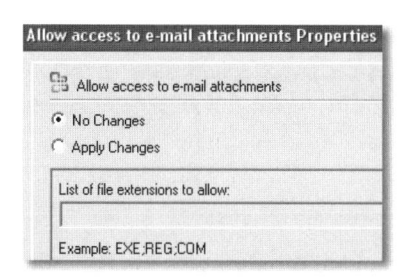

Auf der Buch-DVD finden Sie Tools und auch eine selbst erstellte Gruppenrichtlinie, mit der Sie festlegen können, welche Dateianhänge bei E-Mails erlaubt sein sollen.

[o]

Unter **Security · Crytograhpy** finden Sie eine Fülle von Sicherheitseinstellungen. Jedoch erscheint es mir sinnvoller, das Thema »E-Mail-Sicherheit« später isoliert zu betrachten und die Sicherheitsbedürfnisse dann über Gruppenrichtlinien zu steuern, als bereits im CIW Einstellungen vorzunehmen. In das Thema »E-Mail-Sicherheit« fließen sehr viele Faktoren ein, z. B. die Art der verwendeten Firewall und die Auswahl des Virenscanners. Über Gruppenrichtlinien können die Outlook-Sicherheitsoptionen später dynamisch angepasst werden.

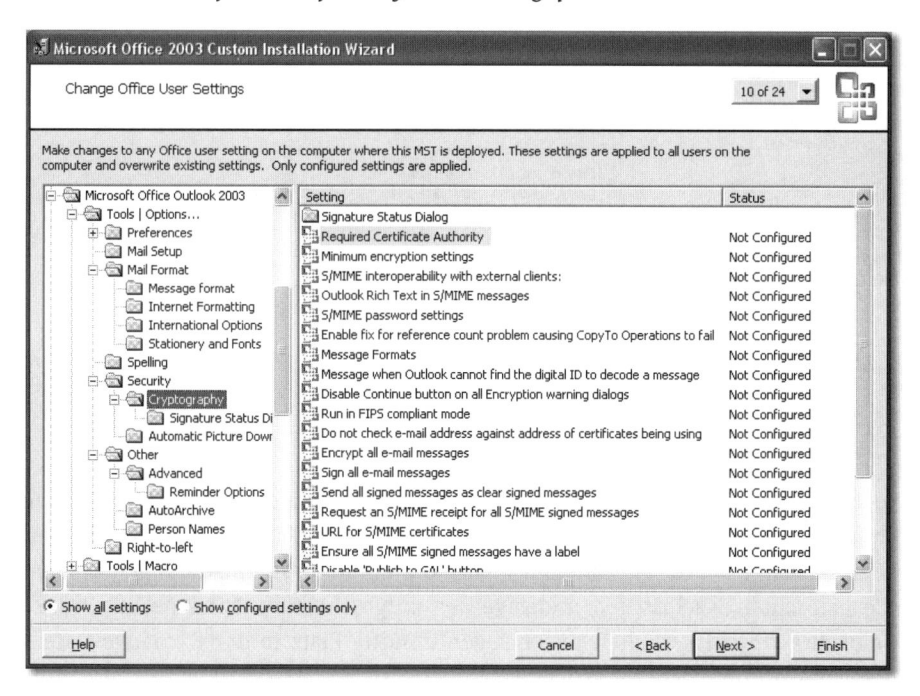

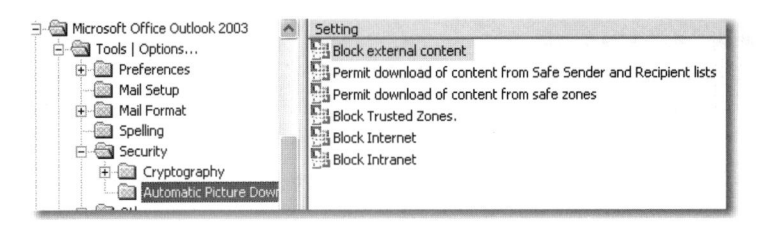

In der Kategorie **Outlook 2003 · Tools · Other** sollten die Optionen **Empty Deleted Intems Folder** sowie **Make Outlook the default program for E-Mail, Contacts and Calendar** aktiviert werden.

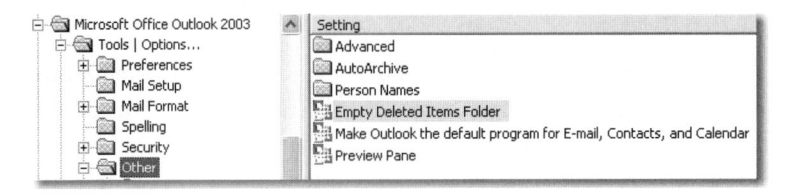

In den **Advanced Options** sollte zusätzlich die Option **Warn before permanently deleting items** deaktiviert werden.

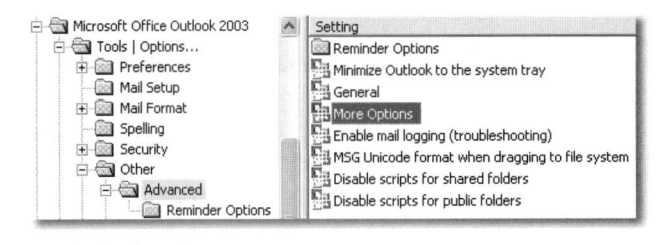

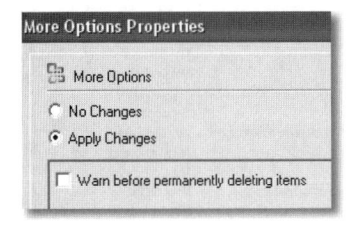

So ist sichergestellt, dass beim Beenden von Outlook die gelöschten Objekte ohne Warnung endgültig gelöscht werden. Die Postfächer der Anwender auf dem Exchange Server laufen dann nicht voll. Ohne diese Einstellungen bleiben alle gelöschten Nachrichten inklusive der mitgeschickten Anhänge im Ordner **Gelöschte Objekte** erhalten und belegen unnötig Platz in der Exchange-Datenbank und auf den Sicherungsbändern.

Was aber, wenn ein Anwender eine E-Mail oder einen Kontakt versehentlich löscht? Sie können im **System-Manager** des Exchange Server einstellen, dass gelöschte Objekte erst nach einer bestimmten Anzahl von Tagen, z. B. 14 Tagen, endgültig gelöscht werden. Bis dahin kann ein Anwender ein versehentlich gelöschtes Objekt jederzeit wiederherstellen: Er öffnet den Ordner **Gelöschte Objekte** und wählt über den Menüpunkt **Extras** den Befehl **Gelöschte Elemente wiederherstellen**. Ist die voreingestellte Zeit verstrichen, bis zu der gelöschte Objekte auf dem Exchange Server wiederherstellbar sind, so können Sie im Notfall das Postfach des betroffenen Anwenders von einem alten Sicherungsband zurücksichern.

Unterhalb von **Advanced** finden Sie in den **Reminder Options** die Möglichkeit, den Lautsprecher für die Erinnerungsfunktion abzuschalten. Dies erscheint besonders dann sinnvoll, wenn mehrere Anwender in einem Büro sitzen oder Kundenkontakt haben. Das ständige Tönen des Computerlautsprechers ist für die Sachbearbeiter und die anwesenden Kunden wahrscheinlich eher lästig als hilfreich.

In der Kategorie **Auto Archive** schlage ich vor, die Autoarchivierung abzuschalten. Ohne gezielte Schulung wird ein einfacher Anwender mit der Funktion **Autoarchivierung** wahrscheinlich überfordert sein.

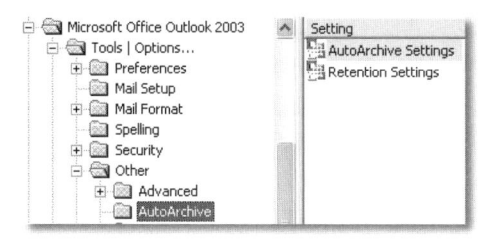

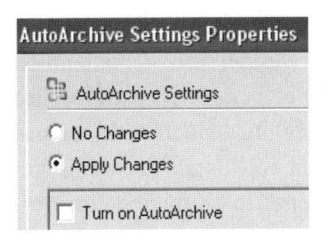

Werden z. B. ältere E-Mails automatisch in einen Archivordner verschoben, so rufen mit großer Wahrscheinlichkeit bald Mitarbeiter im Support an, weil sie wichtige E-Mails vermissen und nicht wissen, wie sie den Archivordner finden, um die verschobenen E-Mails wieder an den alten Platz zurückzuverschieben. Wenn Sie die Autoarchivierung nicht deaktivieren, müssen Sie sich Gedanken darüber machen, wie der Speicherort und der Name der Archivierungsdatei so vordefiniert werden kann, dass die Archivdatei in die tägliche Sicherung mit eingeht. Sonst ist Datenverlust durch eine defekte Festplatte so gut wie vorprogrammiert.

Ein weiteres Argument spricht zumindest beim Einsatz des Exchange Server gegen die Autoarchivierung: Wenn die Mitarbeiter nicht regelmäßig alte Outlook-Objekte löschen, sondern diese außerhalb der Datenbank des Exchange Server in einer PST-Datei archivieren, so müssen Sie in den Speicherplatz auf dem Dateiserver investieren, um diese immer größer werdenden Archivdateien unterbringen zu können. Warum dann nicht gleich in den Speicherplatz des Exchange Server investieren und die Maximalgröße der Postfächer erweitern?

Die Option **Auto-repair of MAPI32.DLL** sollte von **Ask user before running FIXMAPI.EXE** auf **Do not ask; automatically repair** umgestellt werden.

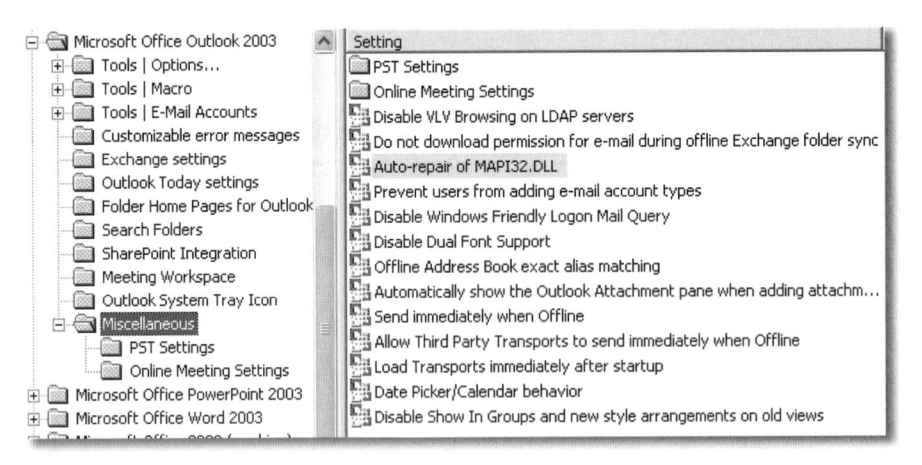

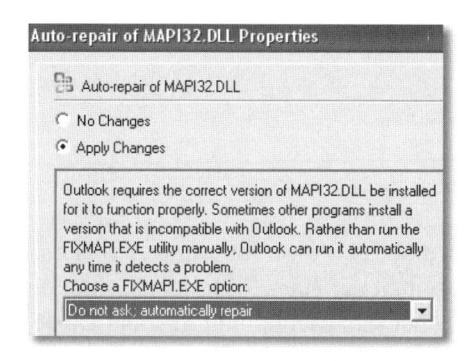

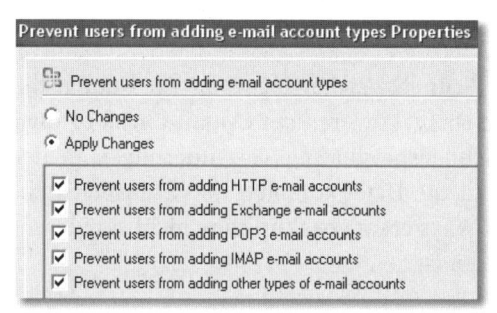

Es erscheint auch sinnvoll, zu verhindern, dass Anwender E-Mail-Konten in einer reinen Exchange-Umgebung selbstständig hinzufügen können. Sie können dies über die Option **Prevent users from adding e-mail accounts** unterbinden.

Sowohl unter den Optionen von Word als auch unter denen von Excel und PowerPoint können Sie jeweils unter **View** die Option **Startup Task Pane** so voreinstellen, dass die Startaufgaben nicht als Spalte rechts erscheinen, wenn Word, Excel oder PowerPoint gestartet werden. Ich empfinde diesen Aufgabenblock, der bei jedem Start von Word oder Excel erscheint, als eher störend, besonders auf Bildschirmen mit einer Maximalauflösung von 1024 x 768 Pixeln. Denn dort belegt der Aufgabenblock dann einen großen Teil des Bildschirms und für das eigentliche Dokument verbleibt umso weniger Platz. Den Aufgabenbereich können Sie auch über das Menü **Ansicht** oder über die Tastenkombination [Strg] + [F1] gezielt starten, wenn Sie dessen Funktionen benötigen.

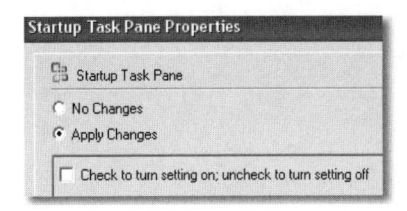

Die Anzahl der Optionen, die Sie für Word, Excel, PowerPoint und Access einstellen können, ist sehr umfangreich. Sie sollten auf einem separaten Computer die einzelnen Anwendungen starten und über den Menüpunkt **Extras · Optionen** unter Verwendung der Hilfefunktion die Bedeutung der einstellbaren Optionen überprüfen.

Mit scheint es ratsam, die Funktion **Schnellspeicherung** von Word durch die Auswahl von **Apply Changes** und das Nichtaktivieren der Option **Check to turn setting on** abzuschalten, weil die Schnellspeicherung Textänderungen in der geänderten Datei hinten anhängt, statt die Datei komplett neu abzuspeichern. Außerdem können Sie die Funktion **Always create backup copy** nicht aktivieren, wenn die Schnellspeicherung zugelassen ist.

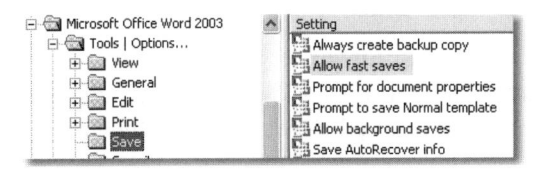

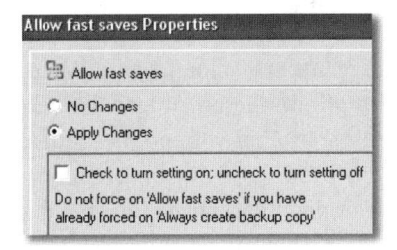

Eine weitere sehr interessante Voreinstellung ist **Prompt for document properties** in der Kategorie **Save**. Durch die Aktivierung dieser Option wird der Benutzer beim erstmaligen Speichern eines neuen Word-Dokuments automatisch mit dem Fenster **Dateieigenschaften** konfrontiert und aufgefordert, die Felder **Titel**, **Thema**, **Stichworte**, **Kategorie**, **Kommentare** und **Autor** auszufüllen. Besonders in einer gemeinsamen Gruppenablage ist es hilfreich, wenn diese Felder ausgefüllt sind und jeder Mitarbeiter anhand der Dateiinformationen schon beim Auflisten der Dateien im Windows Explorer die Bedeutung des Dokuments erahnen kann. Dies hilft, in einer Fülle von Dokumenten schnell das gesuchte Dokument zu finden.

Mit der Option **Save AutoRecover info** können Sie außerdem das Zeitintervall einstellen, nach dem ein in Bearbeitung befindliches Dokument spätestens wieder gespeichert wird, um bei einem Absturz von Word oder einem Stromausfall den Verlust zu begrenzen.

Wenn Sie in der Kategorie **Microsoft Office 2003 (User)** · **Tools** · **Customize** die Option **Always show full menus** aktivieren, werden die Menüs wieder vollständig angezeigt und nicht nur die Menüpunkte, die der Anwender oft verwendet.

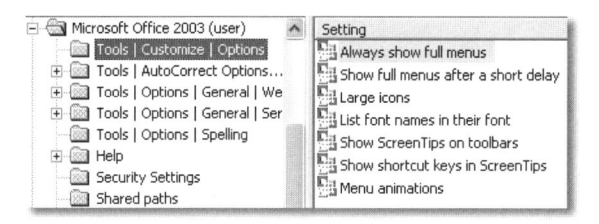

Um den Schutz vor Viren zu erhöhen, ist es an diversen Stellen möglich, einzustellen, ob und mit welcher Sicherheitsstufe VBA oder Makros zugelassen werden sollen und wie beim Öffnen von nicht signierten Makros verfahren werden soll.

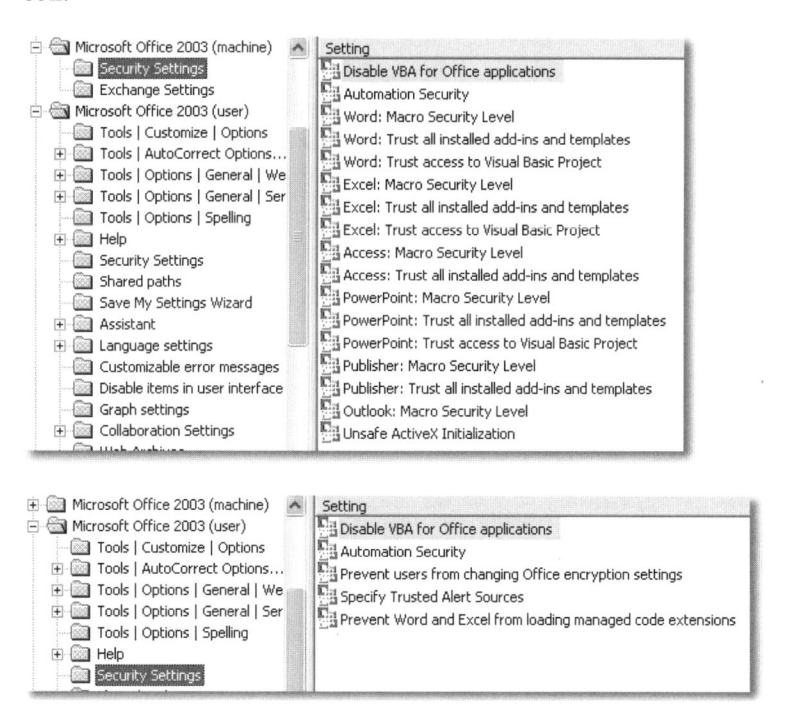

In der Kategorie **Improved Error Reporting** können Sie abschalten, dass bei Fehlfunktionen Fehlerberichte an Microsoft verschickt werden.

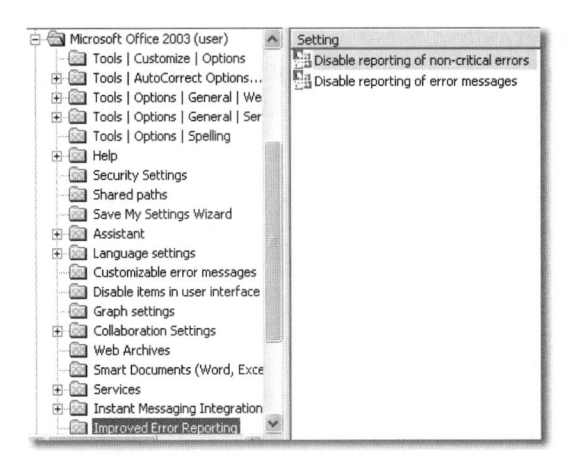

Die Schritte 11 und 12 übergehen Sie im Custom Installation Wizard. Interessant ist der Schritt 13 **Add, Modify, or Remove Shortcuts**, in dem Sie einstellen können, welche Icons an welcher Stelle des Startmenüs erscheinen sollen. Endlich hat Microsoft erkannt, dass es in Unternehmen neben Microsoft Office auch noch andere Anwendungen gibt: Die Icons der Microsoft-Office-2003-Komponenten pflastern nicht mehr das Startmenü direkt unter **Start · Programme** zu, sondern begnügen sich nun mit einer Position im Untermenü **Start · Programme · Microsoft Office**. Nur die beiden Icons **Neues Office Dokument erstellen** und **Office Dokument öffnen**, die meiner Erfahrung nach von den wenigsten Anwendern gestartet werden, liegen standardmäßig direkt über der Schaltfläche **Start**. Im diesem Fenster können Sie das Menü aber umsortieren. Mein Vorschlag: Verschieben Sie die beiden genannten, selten genutzten Icons in das Untermenü **Microsoft Office** und dafür die Icons der häufig genutzten Komponenten Word und Outlook direkt über die Schaltfläche **Start**.

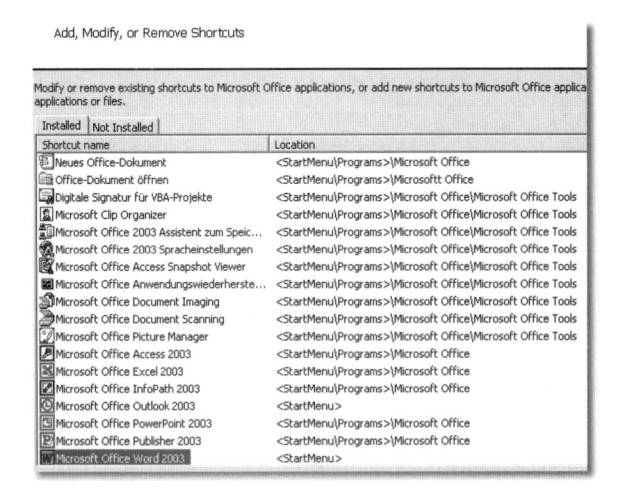

Nicht benötigte Icons löschen Sie. Die Verknüpfung **Microsoft Office** wird standardmäßig unter **Start · Programme · Autostart** erzeugt, belegt aber nur unnötigen Hauptspeicher. Das zugehörige Icon ist ein solcher potenzieller Löschkandidat.

Da sich auch in Ihrem Unternehmen nicht alles um Microsoft Office dreht, sondern kaufmännische Anwendungen oder Grafikanwendungen wie CAD beim Standardanwender die Arbeit bestimmen, können Sie über das Fenster **Add, Modify or Remove Shortcuts** das Startmenü übersichtlich gestalten.

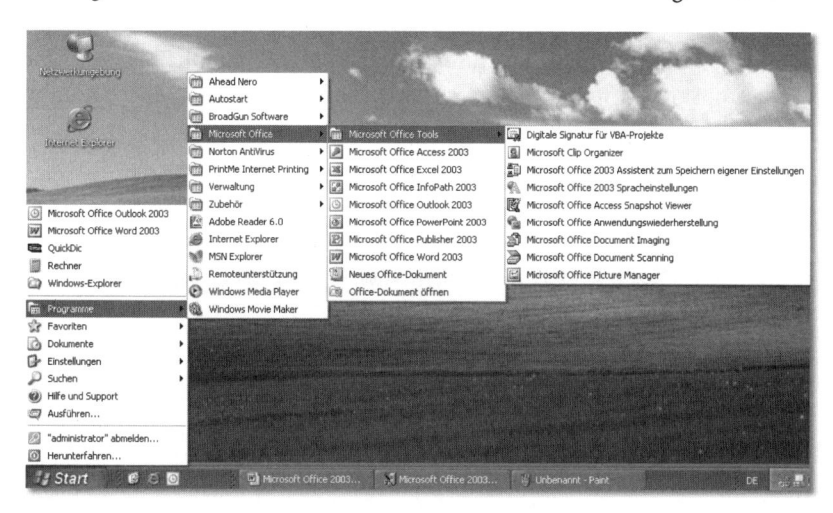

In Schritt 15 **Specify Office Security Settings** können Sie für alle Office-Komponenten den Sicherheitsgrad (Security Level) angeben, jedoch bieten später auch die Office-Gruppenrichtlinien dieselbe Funktionalität. Deshalb werden hier keine Einstellungen vorgenommen.

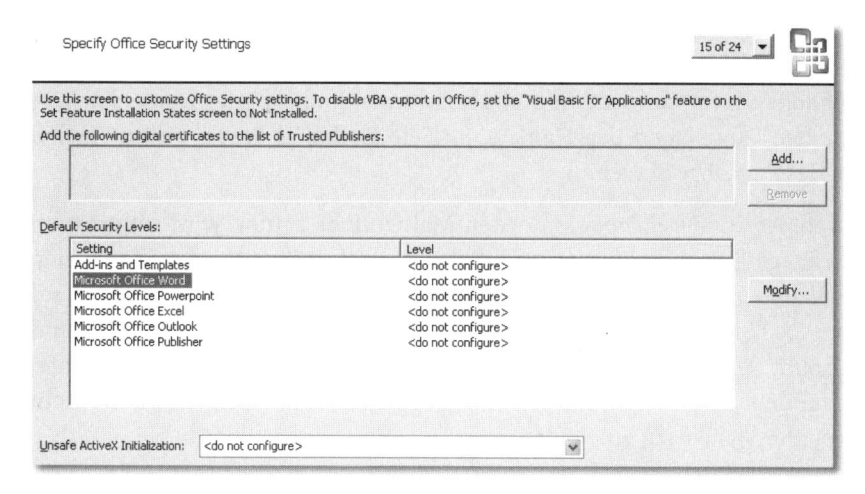

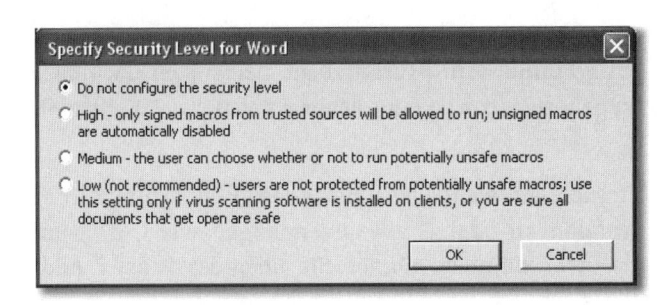

Der Schritt 16 **Add Installations and Run Programs** wird ebenso übersprungen. Zusätzliche Anwendungen und Einstellungen sollen später unabhängig von der Office-Installation skriptgesteuert oder über Installationsrichtlinien durchgeführt werden.

In Schritt 17 wird ein neues Standard-Outlook-Profil konfiguriert, z. B. unter dem Namen **Exchange Server S1**.

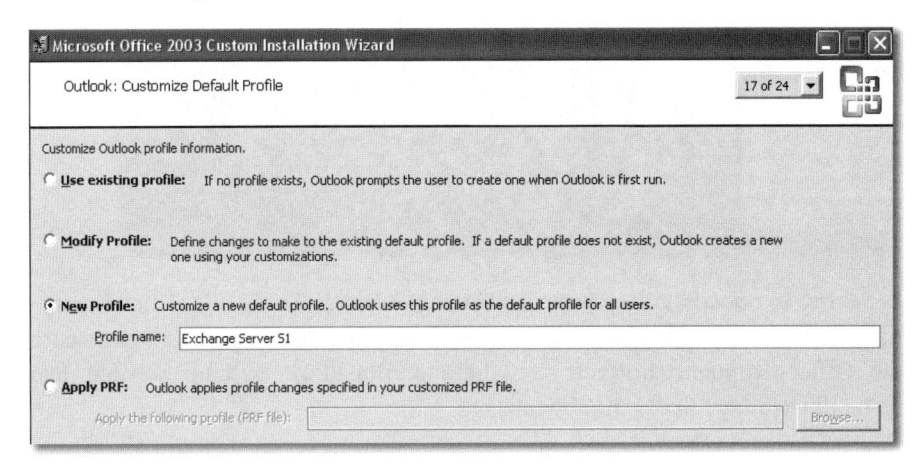

In Schritt 18 **Specify Exchange Settings** aktivieren Sie dazu die Option **Configure an Exchange Server connection** und übernehmen im Feld **User Name** den voreingestellten Parameter **%UserName%**. Im Feld **Exchange Server** geben Sie den Namen des Exchange Server an.

Sobald ein Anwender später zum ersten Mal Outlook startet, wird automatisch der Exchange-Dienst konfiguriert und die Variable **%UserName%** durch den Postfachnamen des Anwenders ersetzt. Sind die Postfächer der Anwender auf mehrere Exchange Server verteilt, so stellt Outlook dies später selbst fest und überschreibt den in Schritt 18 eingetragenen Exchange Servernamen mit demjenigen, auf dem das Postfach des Benutzers liegt. Wenn Sie die Schaltfläche **Help** betätigen, lesen Sie dazu Folgendes:

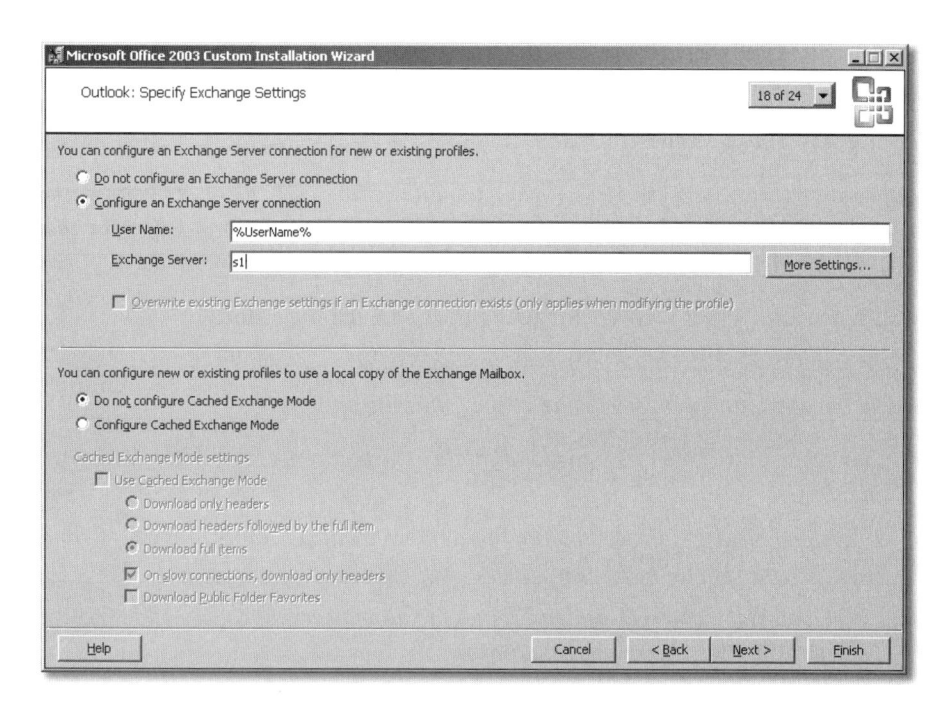

![Screenshot: Microsoft Office 2003 Custom Installation Wizard – Outlook: Specify Exchange Settings (18 of 24)]

»Enter the name of an Exchange server that is likely to be available when users start Outlook. When each user starts Outlook for the first time, Outlook replaces this value with the user's correct Exchange server.«

Ob der **Cache Exchange Mode** standardmäßig in Schritt 18 vorkonfiguriert werden sollte, hängt unter anderem davon ab, ob Sie überhaupt wollen, dass Kopien von Exchange-Postfächern oder von öffentlichen Exchange-Ordnern auf der lokalen Festplatte der Clients gecached werden. Gibt es viele Laptop-Benutzer, die regelmäßig offline arbeiten, so ist das sicherlich sinnvoll. Aus Datenschutzgründen kann jedoch speziell in Behörden und öffentlichen Einrichtungen vieles dagegen sprechen. In einem Krankenhaus sollten z. B. Informationen über Patienten bestimmt nicht als Kopien auf lokalen Festplatten liegen. Wenn der Computer gestohlen würde, gäbe es unter Umständen viel Ärger! Über entsprechende Gruppenrichtlinien von Office 2003 lassen sich die Optionen des Cached Mode zudem feiner dosieren oder auf bestimmte Anwender und/oder Clients einschränken. Über die Schaltfläche **Help** finden Sie folgende Informationen zum Cached Exchange Mode:

Use the following options to configure users' Outlook profile to use a local copy of the Exchange mailbox:

Do not configure Cached Exchange Mode.

By default Exchange mailboxes are accessible from the Exchange server, rather than being cached on users' computers in an OST file.

Configure Cached Exchange Mode.

Create an Offline Store file (OST file) or use an existing OST file; users work with a local copy of their Exchange mailbox. (You specify a file name and folder for the OST file by clicking the More Settings button on this page of the wizard.)

Configure additional settings for using Cached Exchange Mode.

Use Cached Exchange Mode – Select this check box to configure Cached Exchange Mode for users, and then select one of the following options:

- Download only headers – Download copies of headers only from users' Exchange mailboxes.
- Download headers followed by the full item – Download copies of headers from users' Exchange mailboxes, and then download copies of messages.
- Download full items – Download copies of full messages (headers and message bodies) from users' Exchange mailboxes.

Über die Schaltfläche **More Settings** öffnen Sie ein Untermenü, in dem Sie Einstellungen für die Offline-Benutzung und den Zugang zum Server über das Internet mittels Outlook Web Access (OWA) vornehmen können:

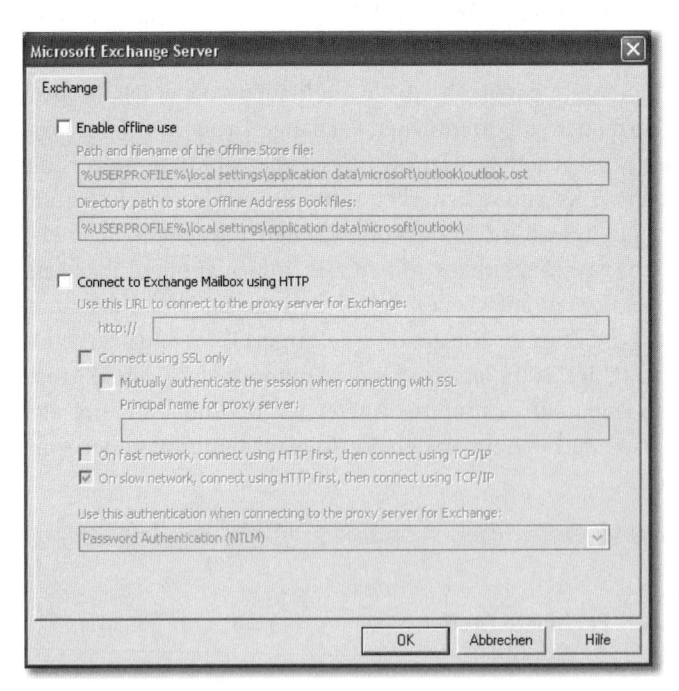

Die Hilfe-Schaltfläche zeigt folgende Informationen:

When you are configuring an Exchange Server connection, click the More Settings button to set up user accounts for offline use or to configure Outlook to connect to an Exchange mailbox by using an HTTP connection.

Select the **Enable offline** *use check box and provide the following information:*

- **Path and file name of the Offline Store file**
- **Directory path to store Offline Address Book**

Note: These options are not equivalent to enabling the Cached Exchange Mode feature. However, if Cached Exchange Mode is configured, then Outlook uses the Offline Store file (OST file) defined here.

Select the **Connect to Exchange Mailbox using HTTP** *check box and provide the following information:*

- **Use this URL to connect to the proxy server for Exchange**
- **Connect using SSL only**
  - Mutually authenticate the session when connecting with SSL
  - In the **Principal name for proxy server** box, specify a name for the proxy server to use for mutual authentication.

By default on a fast network, Outlook attempts to connect by using the LAN connection first. On a slow network, Outlook attempts to connect by using HTTP first. You can override default behavior in either case by changing the following options:

- **On a fast network, connect using HTTP first, then by using the TCP/IP**

To change the default behavior for fast networks, select this check box.

- **On a slow network, connect using LAN first, then by using the HTTP**

To change the default behavior for slow networks, clear this check box.

In this dialog box you can also select an authentication method to use when connecting to the Exchange proxy server:

- **Use this authentication method when connecting to the proxy server for Exchange**

Select an authentication method. The default method is **Password Authentication (NTLM)**.

In Schritt 19 **Outlook: Add Accounts** können Sie das Dienste-Profil weiter definieren. Über die Schaltfläche **Add** öffnen Sie ein Fenster, in dem Sie alle Dienste vorkonfigurieren können, die auch in Outlook selbst über **Extras · E-Mail-Konten** einstellbar sind: POP3, IMAP, http, PST-Dateien (Personal Folders File) oder zusätzliche LDAP-Dienste.

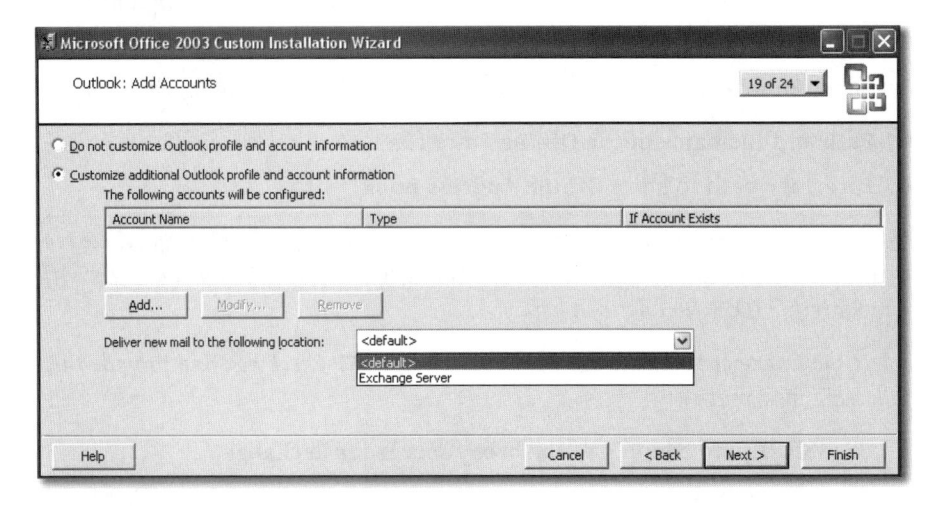

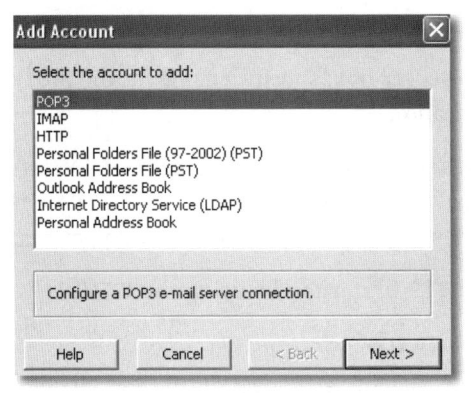

Bei Verwendung eines Exchange Server wird das Outlook-Adressbuch automatisch bereitgestellt und muss hier nicht explizit hinzugefügt werden. Da alle Outlook-Objekte wie Nachrichten, Kontakte oder Termine auf dem Exchange Server vorgehalten werden, wird für einen Standard-Client in der Regel auch keine persönliche Ordnerdatei (PST = Personell Storage File) benötigt. Eine OST-Datei (OST = Offline Storage) ist hingegen bei Laptop-Benutzern erforderlich, die regelmäßig offline arbeiten. Sie kann dann später manuell hinzuinstalliert werden. Das Thema »Laptop-Benutzer« muss zusammen mit dem Thema »Exchange Cached Mode« separat behandelt werden, da hier auch sicherheitstechnische Fragen relevant sind: Welche Daten dürfen das Firmengelände verlassen? Laptop-Benutzer müssen außerdem gesondert in Themen wie Offline-Dateien, Ordnersynchronisation und externer Zugriff auf das Firmennetz geschult werden.

Der POP3-Dienst wäre z. B. dann von Interesse, wenn statt eines Exchange Server ein alternativer POP3-Mailserver genutzt wird. Klicken Sie in diesem Fall auf die Schaltfläche **Help**, um weitere Informationen über diese Dienste zu erhalten.

In Schritt 20 **Outlook: Remove Accounts and Export Settings** können die getroffenen Outlook-Profileinstellungen in eine PRF-Datei exportiert werden.

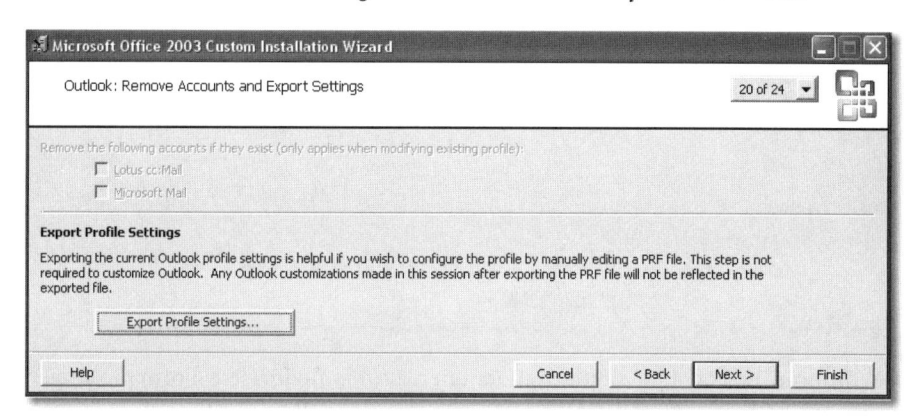

Das Exportieren der Outlook-Profileinstellungen ist für das weitere Vorgehen zwar nicht notwendig. Interessant ist dennoch der Tipp, den Sie lesen, wenn Sie die Schaltfläche **Help** anklicken:

An efficient way to create an Outlook PRF file is to use the Custom Installation Wizard to make your selections and then export them to a PRF file – even if you are not using a transform to deploy Office. You can edit the PRF file to make additional customizations not exposed in the wizard. For example, you can add an e-mail provider not listed in the wizard.

Eine mit dem Custom Installation Wizard erzeugte PRF-Datei kann also weitere Konfigurationseinstellungen aufnehmen, die dieser selbst nicht anbietet, wie z. B. weitere E-Mail-Providerdienste.

Über **http://www.microsoft.com/office/ork/2003/three/ch7/OutB03.htm** und auf der Buch-DVD finden Sie den Artikel »Customizing Outlook Profiles by Using PRF Files« mit der folgenden Bemerkung:

*Note: The Outlook tools **Newprof.exe** and **Modprof.exe** are no longer required. The tools **will not work with Outlook 2003 or Outlook 2002**. You can use the Custom Installation Wizard to quickly modify profile settings and create a new PRF file that includes those settings.*

Mit PRF-Dateien können z. B. die Outlook-Dienste eines bereits ausgerollten Systems nachträglich von zentraler Stelle aus geändert werden. Alten Exchange Server-Profis noch bekannte Tools wie **Newprof.exe** und **Modprof.exe** werden nicht mehr unterstützt.

In Schritt 21 **Outlook: Customize Default Settings** schlage ich Ihnen vor, Outlook statt Word als Default-Editor für Nachrichten einzusetzen und die Option **Default e-mail format** von **html** in **rich text** abzuändern.

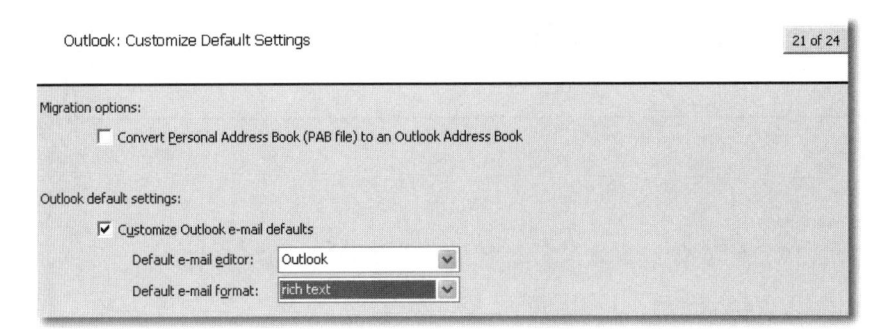

Der interne Editor alter Outlook-Versionen unterstützte viele Formatierungen nicht, weshalb es in früheren Office-Versionen sinnvoll war, Word als Standard-Editor für neue Nachrichten einzustellen. Inzwischen ist der Outlook-Editor jedoch sehr mächtig geworden und reicht zum Schreiben neuer Nachrichten vollkommen aus. Viele Fehlermeldungen beim Schließen von Word wie diejenige, dass die Word-Vorlagedatei **normal.dot** nicht gespeichert werden kann, sind darauf zurückzuführen, dass gleichzeitig in Outlook eine weitere Instanz von Word gestartet wurde und die **normal.dot** blockiert. Sie reduzieren derartige Fehlerquellen, indem Sie Word nicht als Editor für neue Mails einstellen. **HTML** als E-Mail-Format ist ein Sicherheitsrisiko, da HTML-Nachrichten versteckten Code enthalten können, und sollte deshalb durch **rich text** ersetzt werden.

Der Schritt 22 **Specify Send/Receive Group Settings** ist relevant, wenn Clients eine schlechte Verbindung zum Exchange Server haben oder offline arbeiten. Diese Feineinstellungen können später besser über Gruppenrichtlinien vorgenommen werden. Ebenso kann der Schritt 23 übersprungen werden, in dem Installationseigenschaften (Setup Properties) neu definiert werden können.

Im letzten Schritt 24 **Save Changes** wird nun die Transformationsdatei mit allen getroffenen Einstellungen gesichert.

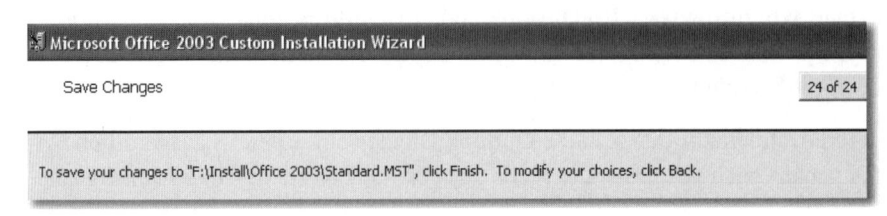

Sobald Sie auf **Finish** klicken, erscheint folgender Hinweis:

*The following command will run SETUP quietly using your transform file:
setup.exe TRANSFORMS=»F:\install\Office2003\Standard.MST« /qb-*

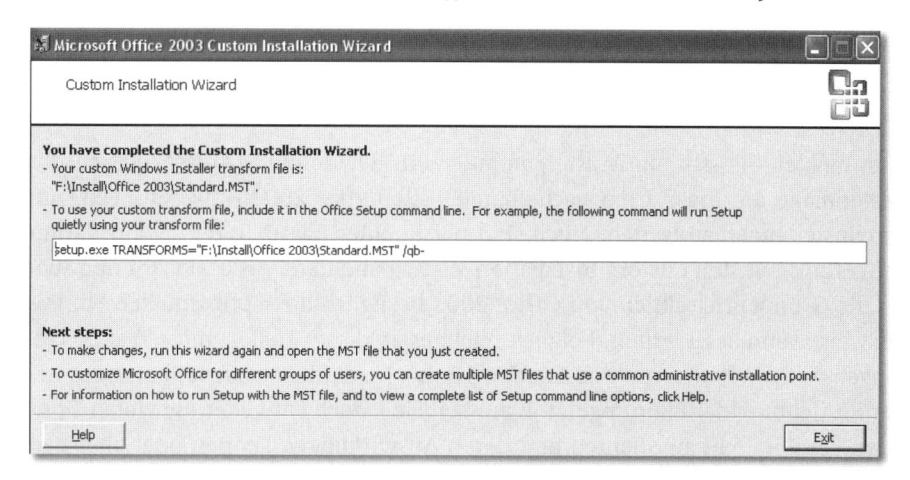

Dieser Hinweis ist sehr wichtig für unser Vorhaben zur automatischen Installation von Microsoft Office und wird direkt in die Routine **\\s1\netlogon\batch\InstallOffice2003.cmd** eingehen.

13.4 Der Microsoft Office 2003 Profile Wizard

Im Microsoft Office 2003 Resource Kit finden Sie das Tool **Profile Wizard**. Mit diesem Tool können Sie alle Einstellungen, die unter einer bestimmten Benutzerkennung in den Komponenten von Microsoft Office 2003 vorgenommen wurden, in eine OPS-Datei schreiben (OPS = Office Profile Settings).

13.4.1 Eine OPS-Datei mit dem Profile Wizard erzeugen

Diese OPS-Datei kann z. B. bei der Erstellung der MST-Datei in Schritt 9 des **Custom Installation Wizards** angegeben werden. Anwender, die sich später zum ersten Mal am System anmelden und Office 2003 starten, übernehmen dann diese Voreinstellungen. Die Verwendung des **Profile Wizards** ist aber nicht zwingend notwendig, da fast alle Office-Einstellungen auch über Gruppenrichtlinien von zentraler Stelle aus gesteuert werden können. Der Umgang mit dem **Profile Wizard** wird deshalb auch nur der Vollständigkeit halber in diesem Kapitel direkt im Anschluss an die Ausführungen über den **Custom Installation Wizard** erklärt. Es kann jedoch für Sie in Spezialsituationen hilfreich sein, dieses Tool und die Möglichkeiten, die es bietet, zu kennen.

Der **Profile Wizard** des Microsoft Office 2003 Resource Kits muss auf dem Computer und unter der Kennung gestartet werden, von dem ein Mitschnitt des Office 2003-Profils erstellt werden soll. Installieren Sie deshalb – sofern noch nicht geschehen – das Office 2003 Resource Kit temporär auf dem Musterclient. Nutzen Sie eine neue Kennung wie z. B. **Office2003**, die in der OU **Benutzer** eingerichtet wird. Erstellen Sie für diese Testkennung ein Exchange-Postfach, damit auch Outlook durchkonfiguriert werden kann.

Nun melden Sie sich am Mustercomputer mit der Kennung **Office2003** an der Testdomäne an und starten nacheinander alle Office 2003-Anwendungen, um Voreinstellungen zu treffen. Noch sind wir in einer Phase, in der es nur darum geht, Tools wie den Custom Installation Wizard und den Profile Wizard und später die Gruppenrichtlinien von Office 2003 bezüglich ihrer prinzipiellen Funktionsweise kennen zu lernen. Folglich reicht es an dieser Stelle, einige Testeinstellungen vorzunehmen, um uns mit den Tools vertraut zu machen. Spätestens bei der Einrichtung der Pilotumgebung müssen Sie jedoch entweder die vielen Optionen der Office-Komponenten und deren Auswirkungen kennen oder aber den Rat eines Kollegen hinzuziehen, der sich auf den Support von Microsoft Office spezialisiert hat.

Starten Sie Word.

- **Zoom** (dort, wo in der Menüleiste »100%« steht) wird auf Seitenbreite gestellt.
- Stellen Sie sicher, dass über **Ansicht · Symbolleisten** die Symbolleisten **Standard** und **Format** ausgewählt sind.
- Gehen Sie alle Registerkarten und Optionen durch. Bitten Sie einen Word-Experten Ihres Hauses um Rat, welche Optionen wie eingestellt werden sollen, wenn Sie selbst nur beschränkte Word-Kenntnisse besitzen.

Starten Sie Excel.

- Wählen Sie **Extras · Add-Ins**. Dort ist standardmäßig nur das Eurowährungs-Tool als verfügbares Add-In aktiviert. Dieses Add-In wurde zum Konvertieren von Werten oder Formeln in Euro oder eine andere Währung benötigt. Da inzwischen alle in ehemaliger Landeswährung gehaltenen Tabellen in den Euro konvertiert sein dürften, stört das Add-In wahrscheinlich mehr, als dass es nützt. Überlegen Sie, ob das Add-In Eurowährungssymbol nicht besser standardmäßig deaktiviert werden sollte. Aktivieren Sie die anderen Add-Ins. Das erspart dem Anwender später langes Suchen nach diesen Funktionen.
- Über **Extras · Optionen** können Sie in der Registerkarte **Allgemein** die Liste der zuletzt geöffneten Dateien auf z. B. neun Einträge erweitern und die

Anzahl der Blätter in einer neuen Arbeitsmappe auf eine größere Anzahl als drei einstellen.

- Sie können die Standardschriftart (Arial) und den Schriftgrad (10) verändern.
- Sie können die Option **Anfrage nach Dateieigenschaften** aktivieren, damit der Anwender beim ersten Speichern einer neuen Excel-Tabelle wichtige Informationen zur Datei wie Titel, Thema, Kategorie, Stichwörter und Kommentare ausfüllt. Dadurch ist es später in einer Arbeitsgruppe einfacher, mit dem Windows-Explorer die benötigte Datei zu identifizieren.
- Gehen Sie alle Registerkarten und Optionen durch. Bitten Sie einen Excel-Experten Ihres Hauses um Rat, welche Optionen wie eingestellt werden sollen, wenn Sie selbst nur beschränkte Excel-Kenntnisse besitzen.

Verfahren Sie ebenso mit den anderen Office-2003-Komponenten (Outlook, PowerPoint, Access etc.) und lassen Sie sich von Experten aus Ihrem Haus beraten, welche Einstellungen in den Komponenten für Ihr Unternehmen sinnvoll sind.

Beenden Sie nun alle Office-2003-Komponenten und starten Sie den **Profile Wizard** über **Start · Programme · Microsoft Office · Microsoft Office Tools · Microsoft Office 2003 Resource Kit Tools**. Der Assistent schlägt vor, alle Office-2003-Einstellungen in einer Datei namens **New Settings File.OPS** zu sichern. Ändern Sie den Namen in **Office2003.OPS** um und wählen Sie **Finish**.

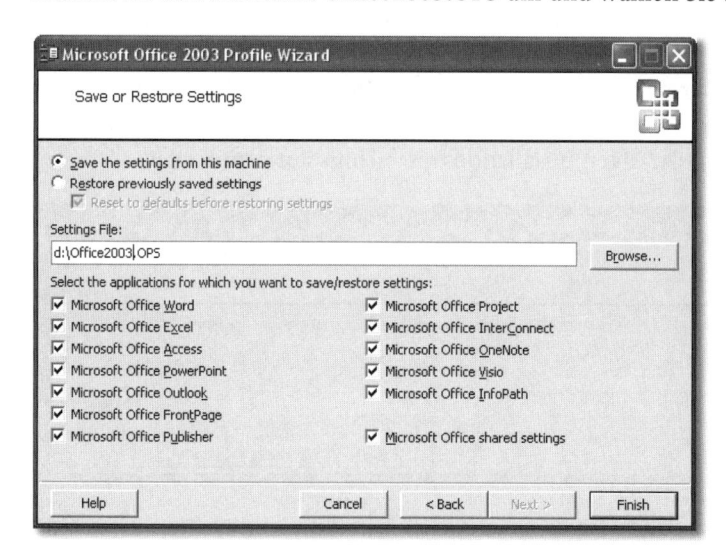

Im letzten Fenster des Assistenten erscheint der folgende Hinweis:

For a silent restore, use the following command line: proflwiz.exe /r <path to OPS file> /d.

13 | Microsoft Office im Netzwerk

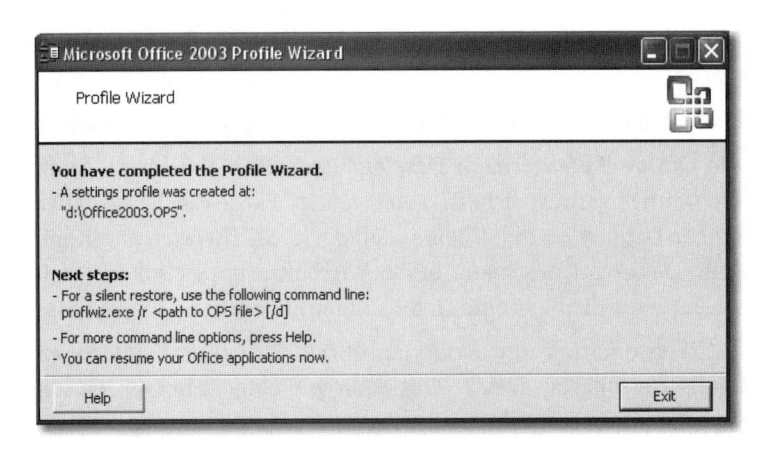

Mit dieser Befehlssyntax kann also das gesicherte Office-2003-Profil wieder eingespielt werden.

[O] Auf der Buch-DVD finden Sie alle Befehlsoptionen von **proflwiz.exe** im Dokument »Die Befehlszeilenparameter des Office 2003 Profile Wizards«.

13.4.2 Die OPS-Datei in eine mit dem CIW erzeugte MSI-Datei einbinden

Melden Sie die Kennung **Office2003** am Mustercomputer ab. Melden Sie sich mit einer administrativen Kennung wieder am Mustercomputer an und verschieben Sie die soeben erzeugte OPS-Datei auf den Server in das Verzeichnis **\\s1\install\Office2003**. Nun starten Sie erneut den **Custom Installation Wizard** des Office Resource Kits und öffnen in Schritt 2 **Open the MSI File** erneut die Datei **pro11.msi** im administrativen Installationsverzeichnis auf dem Server.

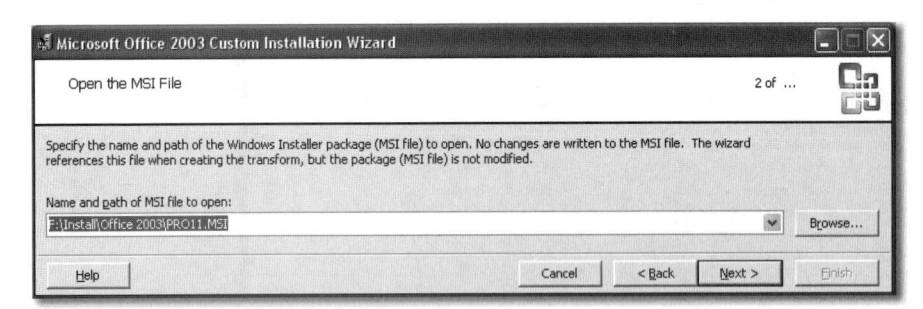

In Schritt 3 **Open the MST File** wählen Sie dieses Mal nicht **Create a new MST file**, sondern geben im Feld **Open an existing MST file** die Transformationsdatei **Standard.MST** an, die im letzten Durchlauf des **Custom Installation Wizards** erzeugt wurde.

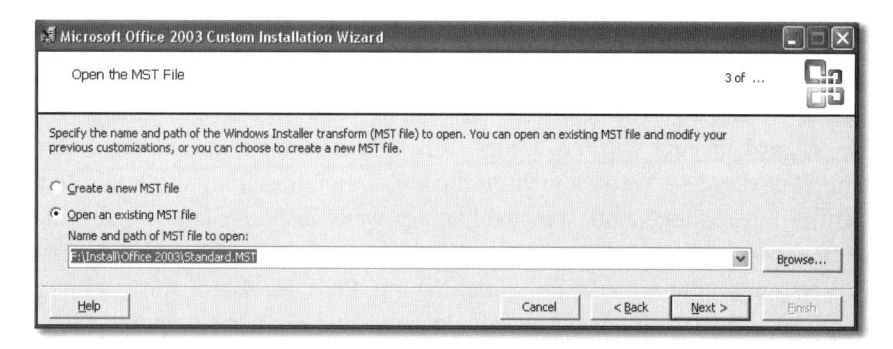

Geben Sie diese Datei auch zum erneuten Abspeichern an, wenn in Schritt 4 das Fenster **Select the MST File to Save** erscheint. Sie durchwandern die nachfolgenden Fenster, ohne Änderungen vorzunehmen, bis Sie Schritt 9 **Customize Default Application Settings** erreichen. Hier wählen Sie nun die mit dem Office Profile Wizard erstellte Datei **Office2003.OPS** aus.

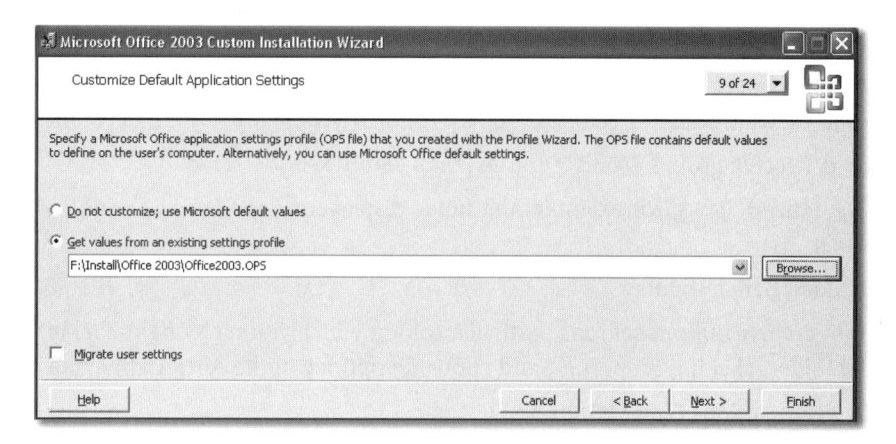

Danach beenden Sie den Assistenten mit der Schaltfläche **Finish**. Im Abschlussfenster des **Custom Installation Wizards** erscheint dieses Mal der Hinweis **A settings profile was read from: ».Office2003.OPS«**.

13.4.3 Konfigurationseinstellungen, die nicht vom Profile Wizard gesichert werden

Es gibt Einschränkungen bezüglich der Benutzung von OPS-Dateien, die mit dem **Profile Wizard** erzeugt wurden. Einige Office-Einstellungen, besonders einige Outlook-Einstellungen, werden nicht in die OPS-Datei übernommen. Außerdem sind Office-Einstellungen oft sprachabhängig, weil die Verzeichnisse, die die Office-Benutzerprofilkonfigurationen enthalten, in den sprachspezifischen Office-Versionen unterschiedliche Namen haben. Eine OPS-Datei, die mit einer deutschen Office-Version erzeugt wurde, kann nicht auf einen Computer eingespielt werden, auf dem eine englische Office-Version installiert ist. Die Onlinehilfe des Profil-Wizards enthält hierzu nähere Informationen.

Ebenso finden Sie in der Hilfe des **Profile Wizards** eine Auflistung von Outlook-Einstellungen, die nicht in der OPS-Datei festgehalten werden.

- Profile settings, including mail server configuration
- Storage settings, such as default delivery location and personal folder files (PST files)
- E-mail accounts and directories (Tools|Options|Mail Setup|E-mail Accounts)
- Send/Receive groups (Tools|Options|Mail Setup|Send/Receive)
- Customized views; for example, the fields displayed in the Inbox or another folder
- Outlook Bar shortcuts
- Auto-archive options set for a particular folder, which you set by right-clicking the folder, clicking Properties, and choosing options in the AutoArchive tab
- Delegate options (Tools|Options|Delegates)
- Send Immediately when connected check box (Tools|Options|Mail Setup)
- When forwarding a message option (Tools|Options|Preferences|E-mail Options)
- Mark my comments with option (Tools|Options|Preferences|E-mail Options)
- Request secure receipt for all S/MIME signed messages check box (Tools|Options|Security)
- Show an additional time zone check box (Tools|Options|Preferences|Calendar Options|Time Zone)
- Automatically decline recurring meeting requests check box (Tools|Options|Preferences|Calendar Options|Resource Scheduling)

- Automatically decline conflicting meeting requests check box (Tools|Options|Preferences|Calendar Options|Resource Scheduling)
- Automatically accept meeting requests and process cancellations check box (Tools|Options|Preferences|Calendar Options|Resource Scheduling)

13.5 Die Microsoft-Office-Gruppenrichtlinien nutzen

13.5.1 Vorlagedateien von Office 2003

Über Gruppenrichtlinien können Sie das Verhalten von Microsoft Office von zentraler Stelle aus steuern. Die Gruppenrichtlinien-Vorlagedateien gehören nicht zum Lieferumfang der Office-2003-CD, sondern zum Lieferumfang des Office 2003 Resource Kits. Nach dessen Installation finden Sie die ADM-Dateien im Verzeichnis **C:\Windows\Inf**. Die Vorlagen selbst sind übrigens sprachunabhängig. Um sie im Active Directory nutzen zu können, müssen sie in das gleich lautende Verzeichnis des Domänencontrollers übernommen werden. Das trifft übrigens auch auf die Versionen Office 2000 und Office XP zu.

Nach der Freigabe von Office 2003 SP1 kam mit den **Office 2003 Policy Template Files** and **Deployment Planning Tools** eine auf das SP1 angepasste Version, die dann auf den Stand von **Office 2003 SP2** aktualisiert wurde und in der Datei **ORKSP2AT.EXE** zum Herunterladen zur Verfügung steht. Neben diesem Vorlagenpaket gibt es auch zwei weitere Vorlagen für **Microsoft Office Visio 2003** und **Microsoft Office Project 2003**.

Auf der Buch-DVD finden Sie viele aktuelle ADM-Dateien. Eine andere interessante Quelle ist **www.gruppenrichtlinien.de**.

Übernehmen Sie alle Office-2003-ADM-Dateien in das Verzeichnis **C:\Windows\Inf** des Domänencontrollers **S1**. Nachfolgend finden Sie eine Auflistung der Office-2003-ADM-Dateien und ihrer Funktionen:

- ACCESS11.ADM-Richtlinien für Access 2003
- EXCEL11.ADM-Richtlinien für Excel 2003
- FP11.ADM-Richtlinien für FrontPage 2003
- GAL11.ADM-Richtlinien für Office 2003 Clip Organizer
- INF11.ADM-Richtlinien für InfoPath 2003
- OFFICE11.ADM-Richtlinien für Office 2003
- OUTLK11.ADM-Richtlinien für Outlook 2003
- PPT11.ADM-Richtlinien für PowerPoint 2003

- PUB11.ADM-Richtlinien für Publisher 2003
- RM11.ADM-Richtlinien für Relationship Manager 2003
- SCRIB11.ADM-Richtlinien für OneNote 2003
- WORD11.ADM-Richtlinien für Word 2003

Unter Office XP haben diese Dateien statt der Versionsnummer **11** die Folgeversionsnummer **10**. Es stellen sich folgende Fragen:

- Welche Funktionen haben diese Office-2003-Vorlagedateien für Gruppenrichtlinien?
- Welche der Vorlagedateien sollten genutzt werden, ohne dass man in einem Wald von Gruppenrichtlinien den Überblick verliert?
- Welche der Vorlagedateien nehmen vorwiegend oder ausschließlich Änderungen an den Computereinstellungen vor, welche sind vorwiegend oder ausschließlich benutzerbezogen?
- Welche der Vorlagedateien sollen demnach auf eine Organisationseinheit, die nur Computer enthält, angewendet werden?
- Welche der Vorlagedateien sollen demnach auf eine Organisationseinheit, die nur Benutzer enthält, angewendet werden?

Öffnen Sie nacheinander alle ADM-Dateien mit einem Editor und suchen Sie nach den Begriffen **CLASS MACHINE** und dann nach **CLASS USER**. Sie werden feststellen: Nur die Datei **OFFICE11.ADM** hat sowohl eine Kategorie **CLASS MACHINE** als auch eine Kategorie **CLASS USER**, die anderen Dateien haben keine Kategorie **CLASS MACHINE**. Dies bedeutet, dass nur die Vorlagedatei **OFFICE11.ADM** neue Richtlinien unter **Computerkonfiguration · Administrative Vorlagen** hinzufügt. Die restlichen Vorlagedateien stellen nur unter **Benutzerkonfiguration · Administrative Vorlagen** weitere Richtlinien bereit.

Um der nachfolgenden Analyse vorzugreifen: Besonders in der Kategorie **Benutzerkonfiguration** erhalten Sie eine Fülle neuer Richtlinien mit englischen Bezeichnungen und einer Registerkarte **Erklärung**, die leider keine einzige Beschreibung enthält! Alle Office-2003-Gruppenrichtliniendateien sind nicht dokumentiert. Ihnen bleibt nur eines übrig: Sehen Sie sich auf einem Computer, auf dem Office 2003 installiert ist, die Optionen der verschiedenen Anwendungen an. Mit ein wenig Fantasie werden Sie dann die Bedeutung vieler Office-2003-Richtlinien erahnen können.

[O] Auf der Begleit-DVD des Buches finden Sie jedoch eine Gegenüberstellung von wichtigen Office-Richtlinien und den zugehörigen Optionen der Office-Komponenten.

Sofern noch nicht geschehen, installieren Sie jetzt die **Gruppenrichtlinien-Verwaltungskonsole mit SP1 GPMC.MSI** auf dem Server. Sie wurde später veröffentlicht als Windows Server 2003 und gehörte deshalb nicht zu dessen Lieferumfang. Sie kann separat vom Microsoft-Internetforum heruntergeladen und auch auf einem Windows-XP-Client installiert werden, wenn bereits das Administrationspaket **AdminPak.msi** dort installiert ist.

13.5.2 Office-2003-Richtlinien in der Kategorie »Computerkonfiguration«

Um sich mit den neuen Gruppenrichtliniendateien vertraut zu machen, starten Sie das Snap-In **Active Directory-Benutzer und Computer** und erstellen eine Organisationseinheit mit dem Namen **Computer**. In dieser Organisationseinheit legen Sie eine neue Gruppenrichtlinie mit dem Namen **Office2003-Computer** an. Öffnen Sie die neue Gruppenrichtlinie zur Bearbeitung, klicken Sie dann unter **Computerkonfiguration** die Kategorie **Administrative Vorlagen** mit der rechten Maustaste an und entladen Sie die Standardvorlagen **conf**, **inetres**, **system**, **wmplayer** und **wuau**. Fügen Sie anschließend die Vorlage **office11.adm** hinzu. Auf diese Weise sehen Sie anschließend ausschließlich die Office-Richtlinien, was eine Analyse erleichtert.

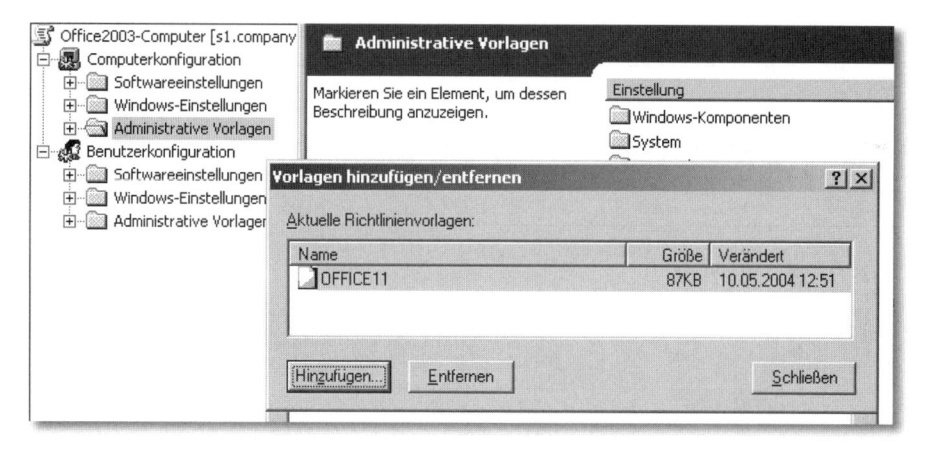

Analysieren wir zuerst, welche Richtlinien die Vorlagedatei **OFFICE11.ADM** in der neuen Gruppenrichtlinie **Office2003-Computer** der Sub-OU **Computer** hinzugefügt hat. In der Kategorie **Computerkonfiguration · Administrative Vorlagen · Microsoft Office 2003** finden Sie die beiden neuen Kategorien **Custom Maintenance Wizard** und **Security Settings**.

13 | Microsoft Office im Netzwerk

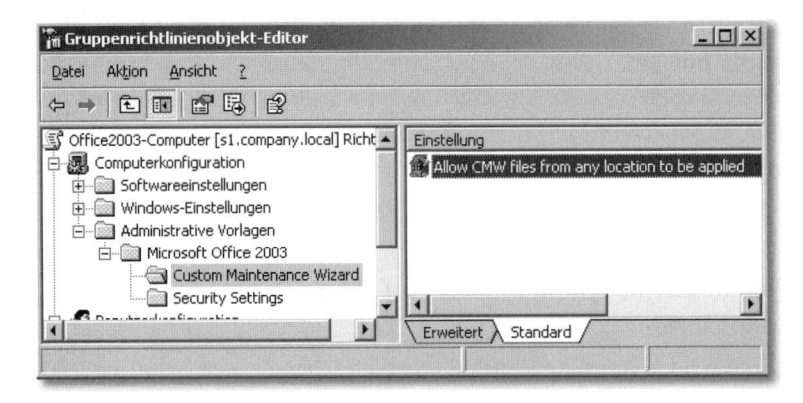

Die Kategorie **Custom Maintenance Wizard** enthält nur die eine Richtlinie **Allow CMW files from any location to be applied**. Mit ihr müssen Sie sich – wenn überhaupt jemals – erst später befassen, wenn Sie sich das Tool **Custom Maintenance Wizard** aus dem Office 2003 Resource Kit angesehen haben und es einsetzen wollen. Mit diesem Tool kann eine CMW-Datei erstellt werden, um ein bereits ausgerolltes Office 2003 zu aktualisieren.

Mit den Richtlinien der Kategorie **Security Settings** können Sie die Makro-Sicherheit je Office-Komponente auf **High**, **Medium** oder **Low** setzen und anderen Sicherheitslücken, die sich aus der Nutzung von Add-Ins, Templates, Visual Basic for Applications (VBA) oder ActiveX-Controls ergeben, bei Bedarf zu Leibe rücken.

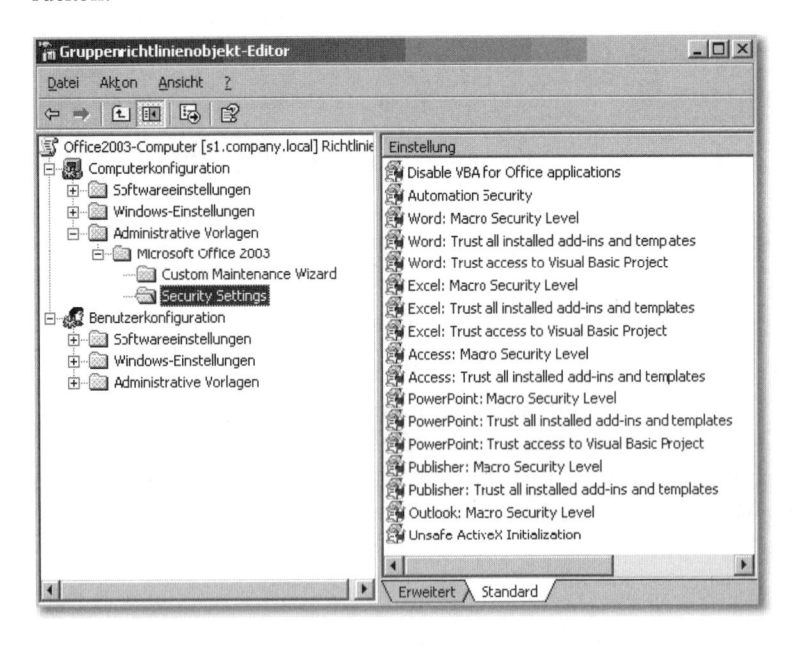

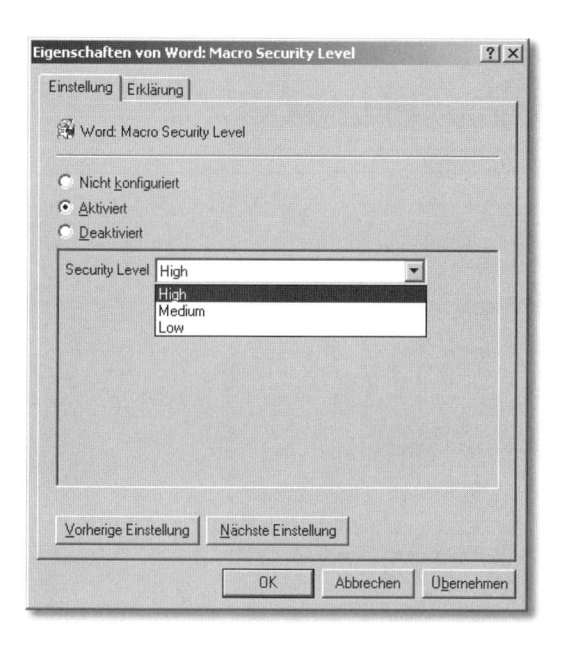

13.5.3 Office-2003-Richtlinien in der Kategorie »Benutzerkonfiguration«

Erstellen Sie nun eine neue Organisationseinheit mit dem Namen **Benutzer**. In dieser erzeugen Sie eine neue Gruppenrichtlinie mit dem Namen **Office2003-Benutzer**. Öffnen Sie die neue Gruppenrichtlinie **Office2003-Benutzer** zur Bearbeitung, klicken Sie unter **Benutzerkonfiguration** die Kategorie **Administrative Vorlagen** mit der rechten Maustaste an und entladen Sie die Standardvorlagen **conf**, **inetres**, **system**, **wmplayer** und **wuau**. Laden Sie anschließend vorerst nur folgende wesentliche Office 2003-Vorlagen hinzu: **Office11**, **Word11**, **Excel11**, **Outlk11** und **Access11**.

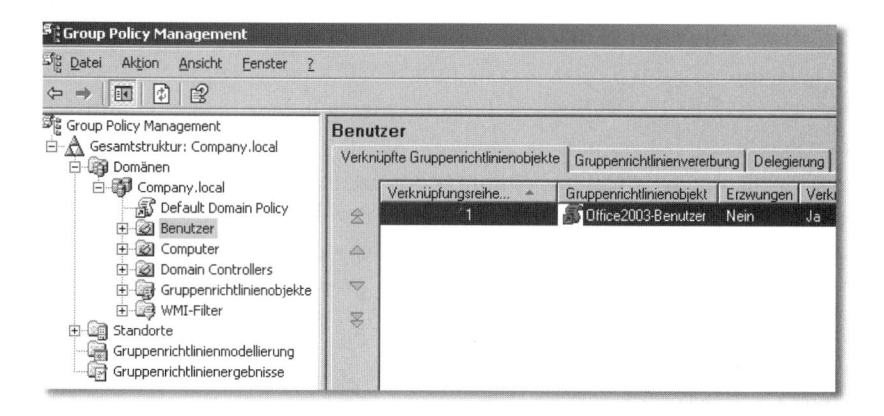

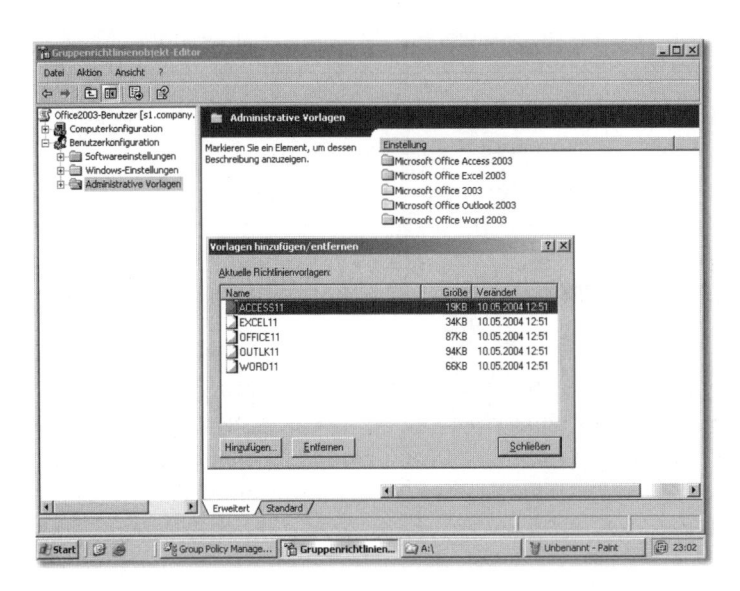

Die Gruppenrichtlinien-Vorlagedateien von Frontpage (FP11.ADM), Clip Organizer (GAL11.ADM), InfoPath (INF11.ADM), PowerPoint (PPT11.ADM), Publisher (PUB11.ADM), Relationship Manager (RM11.ADM) und OneNote (SCRIB11.ADM) sollten Sie zumindest in dieser Phase der Analyse außen vor lassen, um nicht den Überblick zu verlieren. Falls diese Anwendungen auch später nur von wenigen Anwendern genutzt werden, werden die zugehörigen ADM-Dateien wahrscheinlich nie eine Rolle spielen.

Auf diese Weise erhalten wir eine separate Übersicht der wichtigen Office-2003-Benutzerrichtlinien, getrennt von anderen Gruppenrichtlinien wie den Windows-XP-Richtlinien. Sehen wir uns also jetzt die Office-2003-Richtlinien an, die in der Kategorie **Benutzerkonfiguration · Administrative Vorlagen** hinzugekommen sind. Es handelt sich um eine Fülle von Unterkategorien und Richtlinien ohne erklärende Texte. Doch keine Panik! Als wir die vorbereitenden Arbeiten zur Installation von Office 2003 durchführten, haben wir bereits mit dem **Custom Installation Wizard** bei der Erstellung der Transformationsdatei **Standard.mst** viele Office-2003-Voreinstellungen vorgenommen. Diese Voreinstellungen greifen bereits, wenn sich später ein Anwender zum ersten Mal anmeldet. Damit sind viele der Office-2003-Optionen bereits so eingestellt, dass der Anwender mit Office 2003 arbeiten kann und keine Probleme haben wird, sich zurechtzufinden. Nur einige Einstellungen fehlen noch und können über Gruppenrichtlinien nun vorgenommen werden. Im Kapitel über den **Custom Installation Wizard** wurde außerdem die Bedeutung vieler Office-2003-Einstellungen erklärt.

Wenn Sie sich nun die Office-2003-Gruppenrichtlinien nacheinander ansehen und mit den Einstellungen vergleichen, die im **Custom Installation Wizard** vorgenommen werden können, sollte Ihnen erneut deutlich werden, dass Sie sich bei der Konfiguration des Musterclients und des Active Directory bezüglich der Office-Einstellungen entscheiden müssen, welche Einstellungen Sie über den **Custom Installation Wizard** oder über **Gruppenrichtlinien** vornehmen wollen. Einstellungen, die Sie über den **Custom Installation Wizard** vornehmen, sind prinzipiell wie Vorschläge zu betrachten, die der Anwender beim Start der Office-Anwendungen vorfindet, jedoch individuell abändern kann. Einstellungen, die Sie über Gruppenrichtlinien vornehmen, kann der Anwender nicht abändern.

Ob die Erzwingung von Gruppenrichtlinien von Vor- oder Nachteil ist, hängt von mehreren Dingen ab. Es gibt Voreinstellungen, deren Änderung durch den Anwender zu Fehlern oder zu weniger produktivem Arbeitsverhalten führen kann. Es existieren zudem Voreinstellungen, die für den Großteil der Anwender optimal, jedoch für spezielle Anwender nachteilig sind. In diesen Fällen ist es gut, wenn über die MST-Datei die betreffenden Optionen so eingestellt sind, dass die große Anzahl der Anwender die Option nicht ändern muss, aber einzelne Anwender in der Lage sind, die Option ihren Erfordernissen entsprechend anzupassen. Würde für diese Anwender eine Einstellung über eine Gruppenrichtlinie erzwungen, ohne dass der Anwender sie für seine Zwecke individuell anpassen kann, so wäre das für den Anwender sehr ärgerlich.

Ein Beispiel soll dieses erläutern. Als die verschiedenen Optionen der Office 2003-Anwendungen im **Custom Installation Wizard** durchgegangen wurden, schlug ich vor, die Outlook-Option **When sending a message** so vorzukonfigurieren, dass die Unteroption **Allow commas as address separator** aktiviert ist.

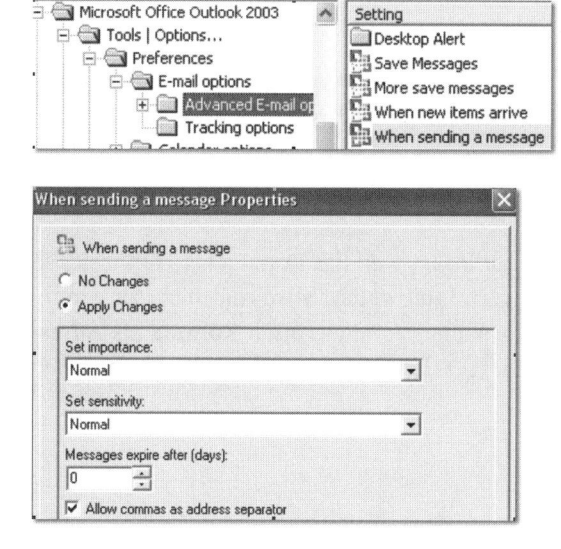

Diese Voreinstellung hat zur Folge, dass bei jedem Anwender, der Outlook zum ersten Mal startet, unter **Extras · Optionen** in der Registerkarte **Einstellungen** unter **E-Mail-Optionen · Erweiterte E-Mail-Optionen** die Option **Komma als Adresskennzeichen zulassen** standardmäßig aktiviert ist. Wenn also ein Anwender eine neue Nachricht an die Empfänger Hugo Testuser und Paul Poweruser versenden will, so kann er in das Feld **An** einfach **Testuser, Poweruser** eingeben.

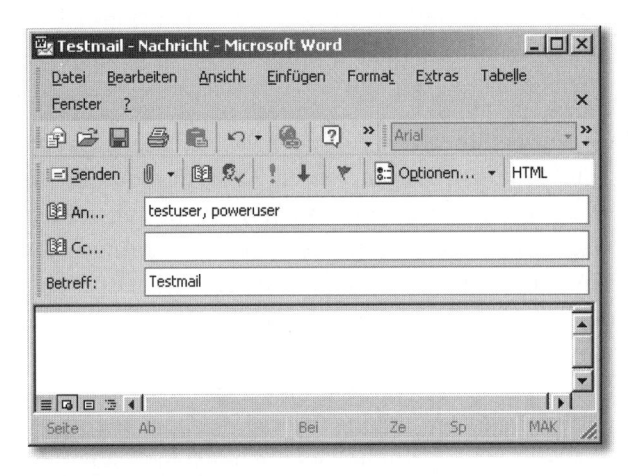

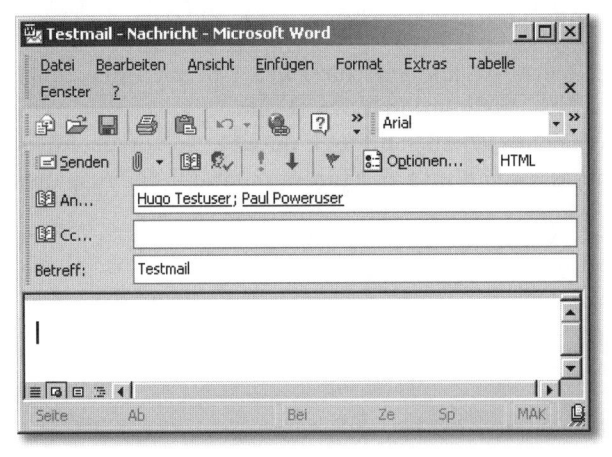

Outlook wird die Empfänger richtig auflösen, weil das Komma als Trennzeichen zwischen unterschiedlichen Empfängern interpretiert wird und nicht als Trennzeichen zwischen dem Nach- und Vornamen. Ist die Option **Komma als Adresstrennzeichen zulassen** nicht aktiviert, erhält der Versender eine Fehlermeldung:

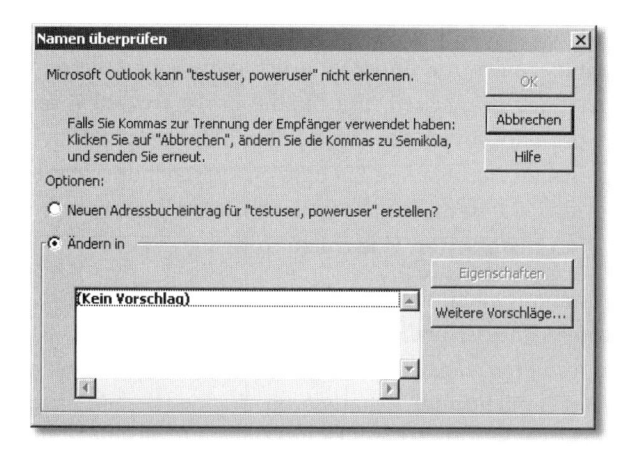

Outlook interpretiert **Testuser** als Nachnamen und **Poweruser** als Vornamen und sucht nach einem Exchange-Empfänger namens **Poweruser Testuser**.

Die Voreinstellung **Komma als Adresstrennzeichen zulassen** ist sicher für den Großteil der Anwender sinnvoll, nicht aber unbedingt für z. B. Engländer oder US-Amerikaner, die nur temporär in Ihrem Unternehmen in einem Projekt mitarbeiten und die ein Komma und ein Semikolon genau umgekehrt verwenden. Solange es sich um eine Voreinstellung handelt, die der Anwender anpassen kann, macht das nichts. Sie können dieselbe Einstellung aber auch über eine Gruppenrichtlinie erzwingen, mit dem Unterschied, dass der Anwender diese Voreinstellung nicht dauerhaft ändern kann.

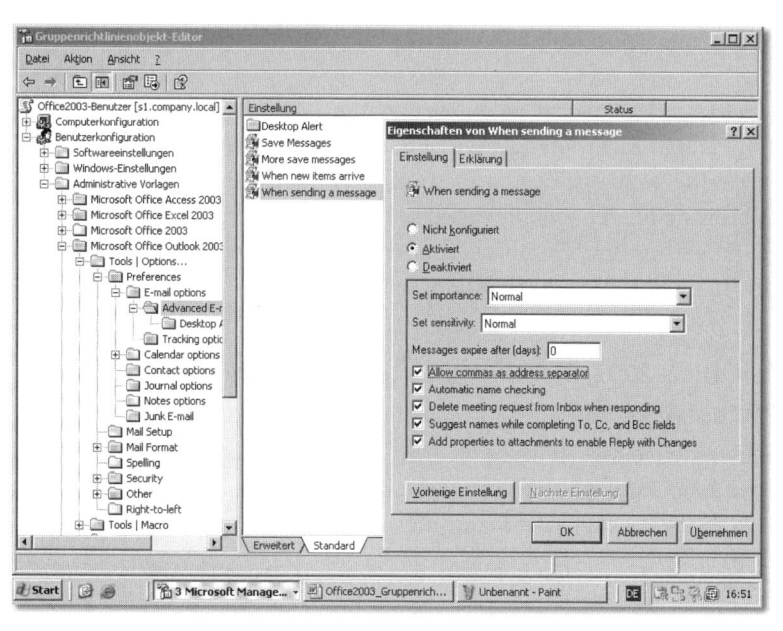

Sie sollten also bei jeder Office 2003-Richtlinie überlegen, ob es sich um eine Einstellung handelt, die dem Benutzer starr und unveränderlich vorgegeben werden soll. Wollen Sie nur Voreinstellungen machen, die für die große Anzahl Ihrer Anwender sinnvoll sind, für spezielle Anwender aber optional, das heißt für ihre Bedürfnisse änderbar bleiben sollen, so belassen Sie eine entsprechende Richtlinie besser im nicht konfigurierten Zustand und versuchen, eine gleichbedeutende Voreinstellung im **Custom Installation Wizard** zu treffen.

Natürlich wäre es technisch auch möglich, die Anwender wieder in Gruppen zu unterteilen und für jede Gruppe unterschiedliche Richtlinien zu entwerfen. So könnten Sie im soeben dargestellten Beispiel eine Gruppe namens **Englisch** erstellen und für diese Gruppe alle Richtlinien deaktivieren, die für ein deutsches Windows XP und ein deutsches Office 2003 sinnvoll sind. Doch gibt es eine Fülle anderer, wahrscheinlich auch besserer Beispiele als das oben angeführte. Wenn Sie für alle Ausnahmen spezielle Organisationseinheiten, Sicherheitsgruppen und Gruppenrichtlinien erstellen, versinken Sie schnell im Chaos, und weder Sie noch Ihre Kollegen durchschauen dann nach einiger Zeit das Zusammenspiel der Gruppenrichtlinien. Eine derartige Vorgehensweise widerspräche schnell dem sinnvollen KISS-Prinzip: Keep It Simple And Smart.

[»] **Ein Rat:** Versuchen Sie, mit Hilfe des **Custom Profile Wizard** ein Office 2003 auf dem Mustercomputer zu installieren, dessen Voreinstellungen für den Standardanwender optimiert sind. Dasselbe gilt für das Betriebssystem selbst und für andere Standardanwendungen. Nutzen Sie eine möglichst geringe Anzahl von aktiven Gruppenrichtlinien, um bestimmte Einstellungen bei jeder Anwendung zu erzwingen. Das System bleibt auf diese Weise transparent und der Supportaufwand gleichzeitig gering.

Und besonders wichtig: Bevormunden Sie nicht unnötig den Anwender, indem Sie alle Optionen über Richtlinien erzwingen und ihm keine Möglichkeiten mehr bieten, sich seine Arbeitsumgebung optimal einzustellen und deshalb bestimmte Voreinstellungen entsprechend seinen Bedürfnissen anpassen zu können. Muten Sie den Anwendern über Gruppenrichtlinien keine Beschränkungen zu, die Sie für sich selbst nicht akzeptieren würden.

13.5.4 Die Office-2003-Richtlinien unter »Benutzerkonfiguration« konfigurieren

Nachfolgend werden einige wichtige Office-2003-Richtlinien besprochen und Vorschläge für eine Konfiguration gemacht. Beginnen wir mit den generellen Office-2003-Richtlinien, bevor die Richtlinien für einzelne Anwendungen durchgegangen werden.

Unter **Microsoft Office 2003 · Tools | Customize | Options** können Sie durch Aktivierung der Richtlinie **Always show full menus** vorgeben, dass in allen Office-2003-Anwendungen die Menüs sofort und ohne Verzögerung komplett angezeigt werden. Durch die Aktivierung der Richtlinie **Show shortcut keys in Screen Tips** erreichen Sie, dass die Tastenkombinationen, mit denen einzelne Befehle ausgeführt werden können, angezeigt werden, wenn man die Maus auf Icons der Symbolleiste stellt.

Wenn Sie die Maus in der Symbolleiste von Word auf das Symbol **F** bewegen, wird nach kurzer Verzögerung »**Fett**« angezeigt. Nach Aktivierung dieser Richtlinie wird »**Fett (Strg+Umschalt+F)**« angezeigt. Der Anwender lernt auf diese Weise die Tastenkombinationen, mit denen die Befehle auch ohne Maus ausgeführt werden können.

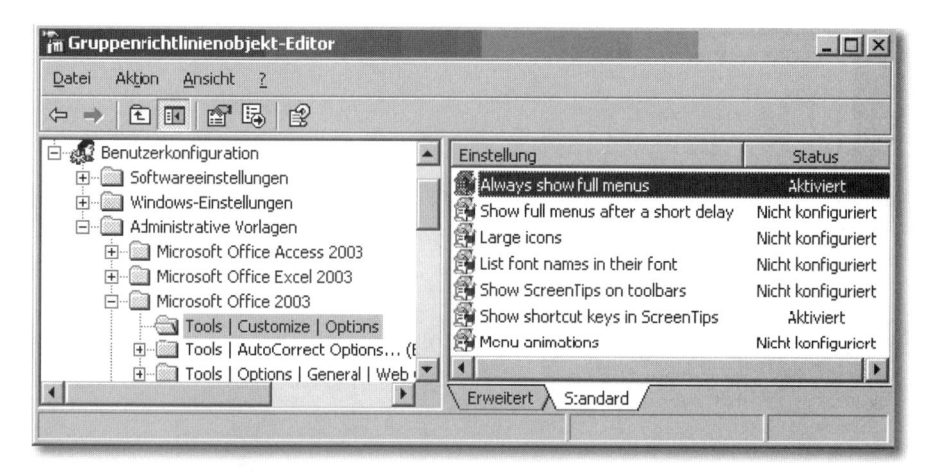

Tritt ein unerwarteter Fehler in einer Office-Anwendung auf, so erscheint eine Fehlermeldung, ob dieser Fehler protokolliert und das Fehlerprotokoll an Microsoft geschickt werden soll. Der Anwender ist durch eine derartige Meldung nur verblüfft, denn der Ansprechpartner für Programmabstürze ist doch seine IT-Abteilung und nicht Microsoft.

Durch die Aktivierung der Richtlinien **Disable reporting of non-critical errors** und **Disable reporting of error messages** können Sie die Einblendung dieser verwirrenden Meldungen endgültig für alle Anwender abschalten. Seien Sie unbesorgt: Wenn eine Anwendung regelmäßig abstürzt, werden Sie als Systemadministrator auch dann davon erfahren, wenn diese Meldungen blockiert sind. Der betroffene Anwender meldet sich schon ...

13 | Microsoft Office im Netzwerk

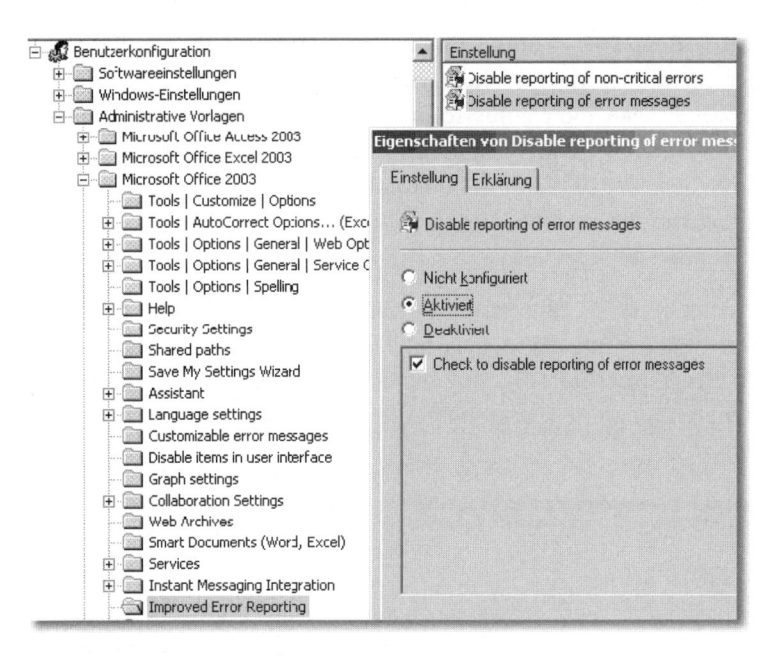

Die Richtlinien unter **Microsoft Office 2003 · Shared paths** sind extrem wichtig. Hier können Sie einstellen, wo das Benutzervorlagen-Verzeichnis und das Arbeitsgruppenvorlagen-Verzeichnis liegen sollen.

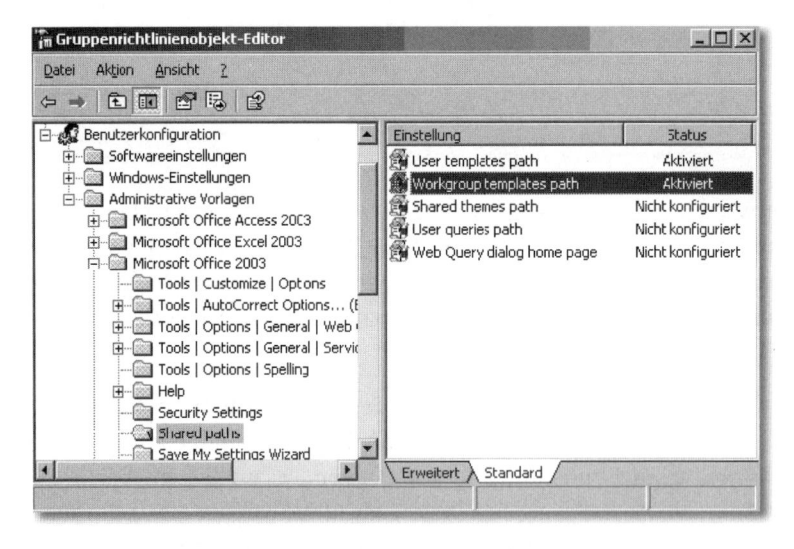

In Word haben Vorlagedateien die Dateinamenserweiterung **dot**, in Excel **xlt**. In den Optionen von Word kann in der Registerkarte **Speicherort für Dateien** ein Verzeichnis für **Benutzervorlagen** und ein Verzeichnis für **Arbeitsgruppenvorlagen** eingestellt werden.

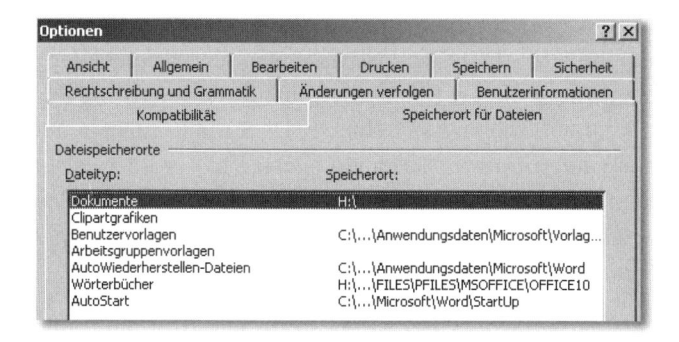

![Optionen-Dialog: Speicherort für Dateien mit Dateispeicherorten für Dokumente (H:\), Clipartgrafiken, Benutzervorlagen (C:\...\Anwendungsdaten\Microsoft\Vorlag...), Arbeitsgruppenvorlagen, AutoWiederherstellen-Dateien (C:\...\Anwendungsdaten\Microsoft\Word), Wörterbücher (H:\...\FILES\PFILES\MSOFFICE\OFFICE10), AutoStart (C:\...\Microsoft\Word\StartUp)]

Das Benutzervorlagen-Verzeichnis verweist standardmäßig auf das Verzeichnis **C:\Dokumente und Einstellungen\%Anmeldename%\Anwendungsdaten\Microsoft\Vorlagen** und nimmt die persönlichen Vorlagedateien auf. Das Vorlageverzeichnis für Arbeitsgruppenvorlagen ist nicht voreingestellt. Auf das persönliche Vorlagenverzeichnis, in dem die Vorlagedatei **normal.dot** von Word liegt, benötigt der Anwender Schreibrechte, weil z. B. beim Start von Word hier eine temporäre Datei namens **~$normal.dot** erzeugt wird. Vorlagedateien, die für das Unternehmen erstellt und angepasst werden, müssen in die Sicherung eingehen. Es ist also darauf zu achten, dass die Vorlageverzeichnisse auf dem Server liegen, der ja im Gegensatz zu den Workstations regelmäßig gesichert wird. Folglich sollte das Gruppenvorlageverzeichnis auf jeden Fall auf ein Serververzeichnis verlegt werden.

Wenn Sie – wie zu empfehlen ist – mit servergespeicherten Benutzerprofilen (Roaming Profiles) arbeiten, wird das Verzeichnis **C:\Dokumente und Einstellungen\%Username%** beim An- und Abmelden mit dem Profilverzeichnis des Anwenders auf dem Server synchronisiert. Folglich liegt dann ebenfalls immer eine Kopie aller persönlichen Vorlagedateien auf dem Server und wird somit regelmäßig gesichert. Dennoch erscheint es mir sinnvoll, das persönliche Vorlageverzeichnis nicht im Profilverzeichnis des Anwenders zu belassen, denn diesen tief verschachtelten Speicherort kennen die wenigsten Anwender. Ich schlage Ihnen stattdessen vor, im Basisverzeichnis (Userhome Directory) eines jeden Anwenders auf dem Server ein Unterverzeichnis namens **Vorlagen** zu erstellen, damit er dieses Verzeichnis leicht findet.

Stellen Sie sich vor, ein Mitarbeiter hat sich eine Vorlagedatei für eine Reisekostenabrechnung erstellt und ein anderer Mitarbeiter möchte davon eine Kopie in sein persönliches Vorlageverzeichnis einstellen, um die Word-Vorlage zukünftig nutzen zu können. Für beide Mitarbeiter ist es wichtig, das Verzeichnis für persönliche Vorlagedateien eindeutig identifizieren zu können. Leider habe ich in letzter Zeit zunehmend die Erfahrung gemacht, dass selbst gut ausgebildete Sekretärinnen den Unterschied zwischen einer Word-Vorlagedatei (dot-Datei) und einem Word-Dokument (doc-Datei) nicht mehr kennen. Als extremstes Beispiel habe ich erlebt, dass eine Mitarbeiterin Vorlagedateien direkt bearbeitete, die neu erstellten Dokumente dann als dot-Dateien statt mit der Erweiterung **doc** speicherte und auch so als E-Mail-Anhänge verschickte. Da E-Mail-Anhänge mit der Erweiterung **dot** jedoch aufgrund von Makrovirengefahr in der Regel nicht zugelassen sind, waren die Probleme vorprogrammiert. Bezüglich der sinnvollen Nutzung von Vorlagedateien in Word und Excel scheint es in vielen Unternehmen einen dringenden Schulungsbedarf zu geben.

Im Kapitel 14, *Das Anmeldeskript*, wird vorgeschlagen, für alle Anwender den Laufwerksbuchstaben **Z:** auf das Basisverzeichnis des Anwenders auf dem Server zu legen, den Laufwerksbuchstaben **I:** auf das Ablageverzeichnis des gesamten Unternehmens und den Laufwerksbuchstaben **G:** auf das Gruppenverzeichnis der Abteilungsgruppe, in der der Anwender arbeitet. Je nachdem, wie komplex Ihr Unternehmen ist, könnten Sie nun wie folgt vorgehen:

Wenn es ein unternehmensübergreifendes Vorlagenverzeichnis geben soll, in dem alle Vorlagedateien liegen und auf die alle Mitarbeiter lesenden Zugriff haben sollen, so legen Sie im Ablageverzeichnis **I:** des Unternehmens ein zentrales Vorlagenverzeichnis mit der Bezeichnung **Unternehmensvorlagen** an. Gibt es darüber hinaus Vorlagedateien, auf die nur bestimmte Abteilungen oder Abteilungsgruppen lesenden Zugriff haben sollen, so legen Sie in dem zentralen Vorlagenverzeichnis entsprechende Unterverzeichnisse an und vergeben die passenden Leserechte auf diese Unterverzeichnisse. Nur ausgewählten Anwendern, die Vorlagedateien hinzufügen oder verändern dürfen, erteilen Sie Schreibrechte auf die entsprechenden Verzeichnisse.

Nun können Sie die Gruppenrichtlinie **User templates path** so einstellen, dass das persönliche Vorlagenverzeichnis immer auf **Z:\Vorlagen** verweist.

Die Gruppenrichtlinie **Workgroup templates path** stellen Sie hingegen so ein, dass sie auf das Verzeichnis **I:\Unternehmensvorlagen** zeigt.

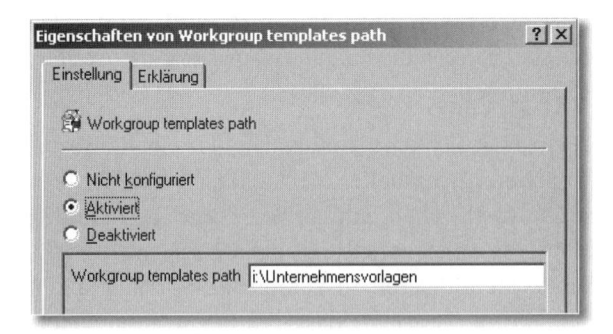

Erstellen Sie zum Testen der Gruppenvorlagen in der Freigabe **Groups** ein Verzeichnis **Unternehmensvorlagen** mit den Unterverzeichnissen **Abteilung A**, **Abteilung B** und **Abteilung C**. Melden Sie sich auf dem Windows-XP-Computer unter der Kennung **Poweruser** an. Stellen Sie sicher, dass das Laufwerk **I:** mit der Freigabe **\\s1\Groups** verbunden ist. Starten Sie Word und wählen Sie den Befehl **Datei · Neu**. Unter Word 2002 wählen Sie **Allgemeine Vorlagen**, unter Word 2003 **Auf meinem Computer**... Sie sehen die Standard-Registerkarten für Dokumentvorlagen.

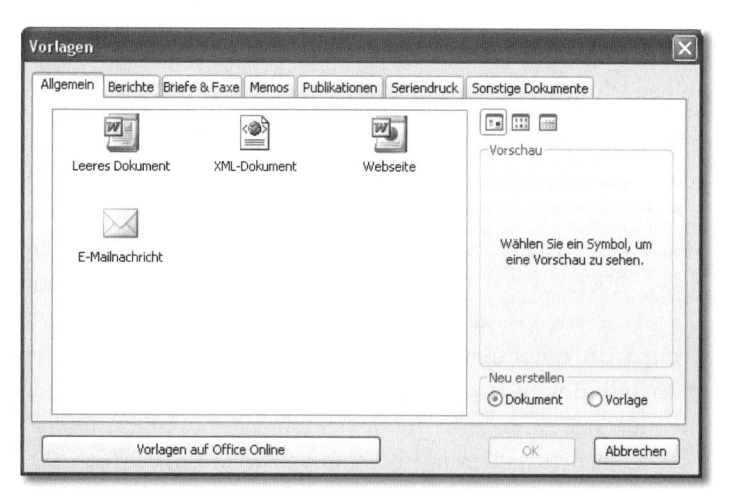

Erst, wenn in den Unterverzeichnissen von **\\s1\Groups\Unternehmensvorlagen** dot-Dateien abgelegt wurden, sehen Sie diese Unterverzeichnisse als neue Registerkarten **Abteilung A**, **Abteilung B** und **Abteilung C**.

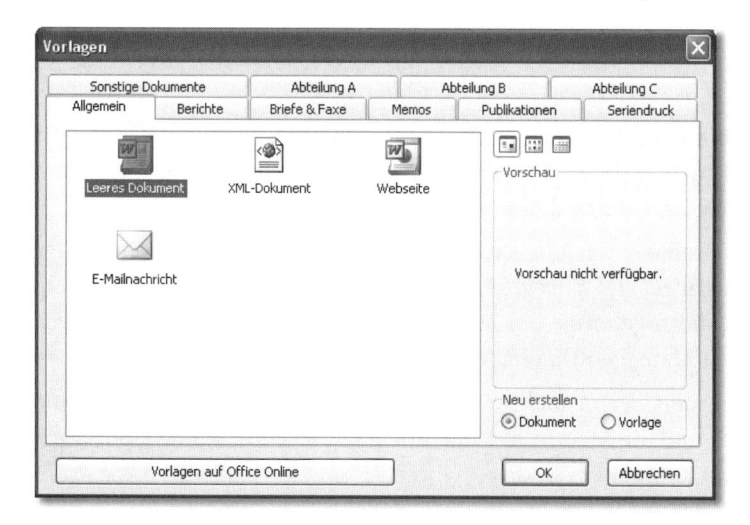

Der Anwender sieht aber auch alle mit Office 2003 vorinstallierten Dokumentvorlagen. Bei einer deutschen Microsoft-Office-Installation ist das Verzeichnis für diese Vorlagedateien und Assistenten **C:\Programme\Microsoft Office\Templates\1031**. In früheren Office-Versionen fanden Sie für jede hier angezeigte Registerkarte im gemeinsamen Vorlagen-Verzeichnis auch ein gleichnamiges Unterverzeichnis, also z. B. für die Registerkarte **Berichte** ein Unterverzeichnis **Berichte**, in dem sich dann dot-Dateien für Berichte befanden. In Office 2003 ist die hinterlegte Technik jedoch undurchsichtig geworden. Wenn Sie nun im Verzeichnis **\\s1\Groups\Unternehmensvorlagen** viele Unterverzeichnisse anlegen, erscheinen auch entsprechend viele Registerkarten und die Vorlagenstruktur wird schnell unübersichtlich.

Sicherlich benötigt Ihr Unternehmen nur einen Bruchteil der zum Lieferumfang von Office 2003 gehörigen Assistenten und Dokumentvorlagen, die sich hinter den verschiedenen Registerkarten verbergen. Um hier die Spreu vom Weizen zu trennen, müssen Sie sich alle Assistenten und Vorlagen ansehen, die interessanten Dokumentvorlagen überarbeiten (eigenes Firmenlogo und die Firmenanschrift einarbeiten) und die angepassten Vorlagen dann im zentralen Vorlagen-Verzeichnis **\\s1\Groups\Unternehmensvorlagen** abspeichern. Dann sollten Sie bereits im **Custom Installation Wizard** die nicht benötigten Assistenten und Vorlagen abwählen oder spätestens vor der Erstellung des Komplettabbildes diese Komponenten wieder deinstallieren. Im Setup von Microsoft Office 2003 können Sie diese Assistenten und Vorlagen als Unterkomponente von Microsoft Office Word finden und deinstallieren.

Das Thema Gruppenvorlageverzeichnis ist hiermit noch nicht erschöpfend ausdiskutiert:

- Welche Rolle spielt in diesem Zusammenhang die Richtlinie **Ordnerumleitung**?
- Welche Gruppenrichtlinien müssen zusätzlich wie definiert werden, um die Verzeichnisse für die Dokumentablage und die Startup-Verzeichnisse von Word und Excel sinnvoll zu definieren?
- Wie kann das Problem behandelt werden, dass eine Word-Dokumentvorlage im Gruppenvorlageverzeichnis gegen eine überarbeitete Version ausgetauscht werden muss, die zugehörige dot-Datei jedoch ständig im Zugriff steht, weil Anwender diese Datei geöffnet haben?
- Wie ist vorzugehen, wenn mehrere Microsoft-Office-Versionen gleichzeitig im Einsatz sind und die Makros in Briefvorlagen z. B. zwischen den einzelnen Versionen nicht kompatibel sind?

- Wie sollte ein Unternehmensvorlageverzeichnis strukturiert werden, damit es nicht nur Vorlagedateien für Microsoft Office aufnimmt, sondern auch Vorlagedateien für andere Anwendungen, wie z. B. AutoCAD?
- Was ist zusätzlich zu beachten, wenn Mitarbeiter regelmäßig offline arbeiten und dabei auch Zugriff auf die Unternehmensvorlagen benötigen (Laptop-Benutzer, Telearbeiter)?
- Welche Besonderheiten sind beim Einsatz von Terminalservern zu beachten?
- Wie können in Unternehmen mit mehreren Standorten Arbeitsgruppenvorlagen zentral eingespielt und gepflegt und auf die dezentralen Server der Standorte repliziert werden?

Die Erörterung dieser Fragen ist für ein aufwandsminimiertes System immens wichtig, würde jedoch aufgrund der Komplexität dieses Kapitel sprengen und wurde deshalb in ein separates Kapitel ausgelagert.

In den Optionen von Word finden Sie in der Registerkarte **Speicherort für Dateien** den Eintrag **AutoStart**. Sie finden eine entsprechende Word-Gruppenrichtlinie unter der Bezeichnung **Startup** in der Kategorie **Tools · File Locations**. Sollen bei jedem Start von Word automatisch bestimmte unternehmensspezifische Makros geladen werden, so können Sie diese Gruppenrichtlinie definieren und sicherstellen, dass z. B. über das Anmeldeskript jedem Benutzer eine zentral angepasste dot-Vorlagedatei in sein Startup-Verzeichnis eingespielt wird.

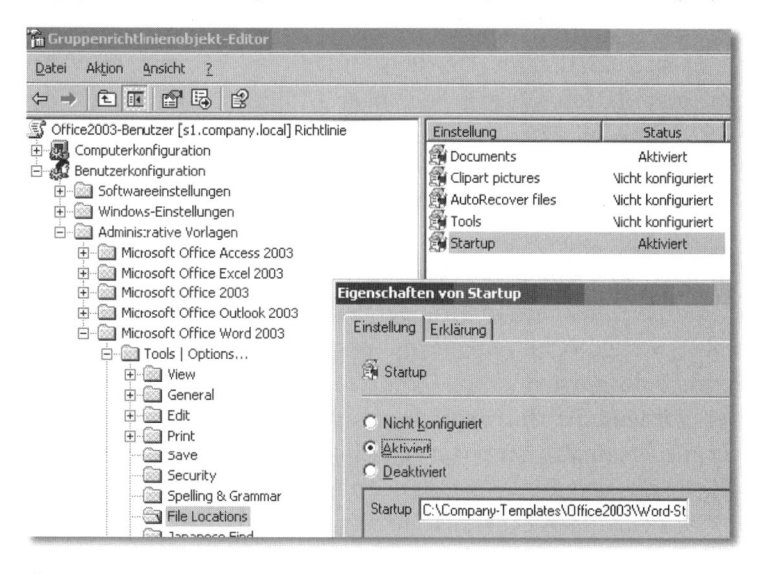

Über Office-Gruppenrichtlinien können Sie aber auch vorgeben, welches Verzeichnis standardmäßig zuerst angezeigt wird, wenn ein Benutzer in einer Office-Anwendung den Befehl **Datei · Öffnen** oder den Befehl **Datei · Speichern unter**

wählt. Die Voreinstellung **Eigene Dateien** sollte überdacht werden. Sie sollten die Mitarbeiter anleiten, standardmäßig alle Dokumente in Unterverzeichnissen des gemeinsamen Gruppenverzeichnisses und nicht im Ordner **Eigene Dateien** abzulegen, damit im Vertretungsfall die Dokumente auch von Kollegen und Vorgesetzten gefunden und weiterbearbeitet werden können. Der Ordner **Eigene Dateien** sollte nur in Ausnahmefällen zum Abspeichern von Dokumenten genutzt werden, und zwar nicht für private Dokumente (die gehören auf den privaten Computer zu Hause und nicht auf den Unternehmensserver!), sondern für Dokumente, die noch in einem Status der Vorbereitung sind und der Gruppe erst später zur Verfügung gestellt werden sollen.

Dieses Postulat klingt auf den ersten Blick sehr bestimmend und scheint die Privatsphäre des Benutzers zu unterhöhlen. Analysieren Sie die privaten Basisverzeichnisse der Benutzer eines »organisch gewachsenen« Unternehmens einmal mit einem Tool wie **GetFoldersize**. Es ist oft erschreckend, welcher Datenmüll sich in den privaten Verzeichnissen der Anwender über Jahre hinweg ansammelt, jede Nacht in die Sicherung eingeht und immense Kosten bezüglich Speicherplatz und Sicherung verursacht. Wie viel Zeit verbringen Systemadministratoren regelmäßig damit, die privaten Verzeichnisse von Mitarbeitern, die das Unternehmen verlassen haben, aufzuräumen und diejenigen Dokumente herauszufiltern, die ein Nachfolger des ehemaligen Mitarbeiters benötigt und die folglich mit großem Aufwand manuell in das Gruppenverzeichnis eingepflegt werden müssen? Welche Kosten sind mit diesen Datenleichen verbunden?

Sinnvoller erscheint es, das Standardverzeichnis für Office-Dokumente entweder über den **Custom Installation Wizard** oder über Gruppenrichtlinien auf das Gruppenablageverzeichnis einzustellen. Der Anwender wird dadurch angehalten, sich zuerst im Gruppenverzeichnis nach einem geeigneten Ablageort für ein neues Dokument umzusehen und nur im Ausnahmefall in den Ordner **Eigene Dateien** zu wechseln. Ein anderes Argument spricht für diese Vorgehensweise: Nehmen wir an, dass 90 Prozent der Word-Dokumente, die ein Anwender erstellt, von diesem Anwender auch im Gruppenverzeichnis gespeichert werden. Wenn in Word als Speicherort für Dokumente das Verzeichnis **Eigene Dateien** eingestellt ist, so muss der Anwender in 90 Prozent der Fälle, in denen er einen der Befehle **Datei · öffnen** oder **Datei speichern unter** aufruft, in einem zusätzlichen Arbeitsschritt zuerst in das Gruppenverzeichnis des Servers wechseln. Dieser Arbeitsschritt entfällt, wenn in Word das Gruppenverzeichnis als Standardspeicherort für Word-Dokumente bereits voreingestellt ist. Schätzen Sie nun einmal grob ab, wie viel Arbeitszeit und damit monetärer Aufwand pro Tag oder pro Jahr eingespart wird, wenn in einem Unternehmen mit 100 Mitarbeitern dieser Arbeitsschritt nicht nur in Word, sondern auch in allen anderen Anwendungen entfällt, weil Sie die Ablageverzeichnisse aller Anwendungen über entsprechende Gruppenrichtlinien sinnvoll vorgegeben haben.

In Word finden Sie die entsprechende Richtlinie **Documents** in der Kategorie **Tools · File Locations** und können dort als Verzeichnis z. B. die Freigabe **\\Servername\Company** einstellen.

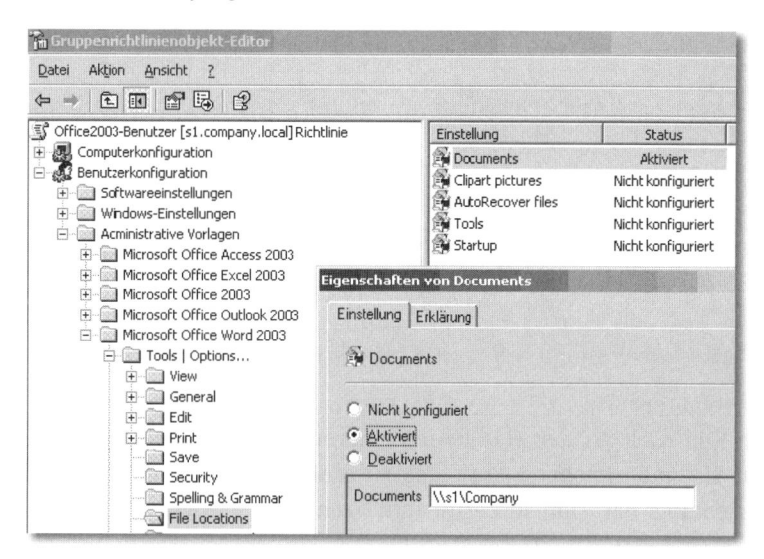

In der Kategorie **Microsoft Office Excel 2003** heißt die entsprechende Gruppenrichtlinie **Default file location** und liegt unterhalb von **Tools · General**.

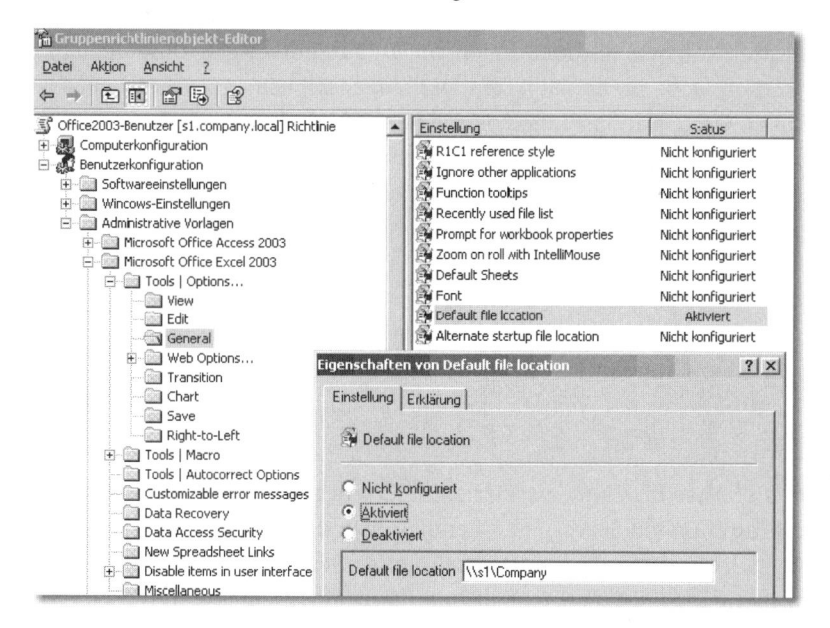

Für Access 2003 stellen Sie die Richtlinie **Default database folder** in der Unterkategorie **Tools · General** entsprechend ein.

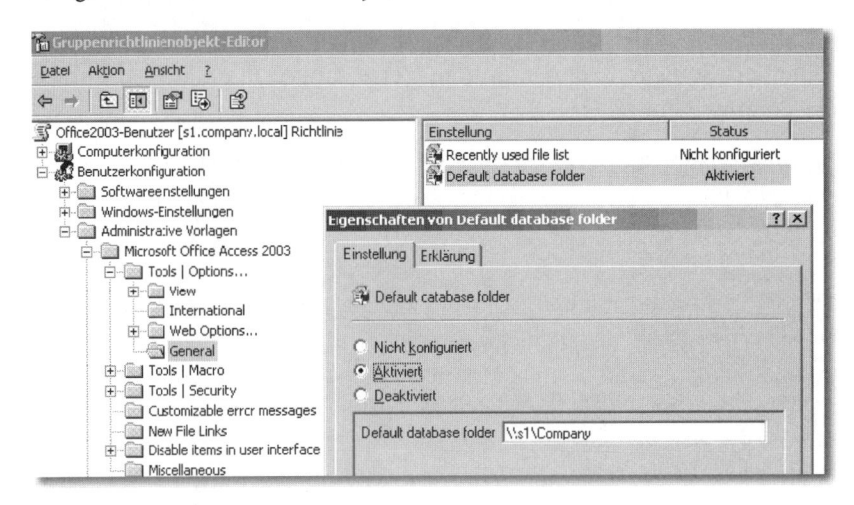

Für andere Anwendungen wie z. B. AutoCAD suchen Sie in der Registrierdatenbank nach dem Schlüssel, der den Standardspeicherort bestimmt. Diesen Schlüssel exportieren Sie und erstellen selbst eine Gruppenrichtliniedatei oder eine REG-Datei, die Sie über das Anmeldeskript aktivieren.

[o] Wie das funktioniert, erfahren Sie in anderen Kapiteln dieses Buches und in Beiträgen der Buch-DVD.

In räumlich verteilten Unternehmen mit dezentralen Servern an unterschiedlichen Standorten müssen die Richtlinien für Dokumentablagen differenzierter definiert werden, z. B. in Abhängigkeit der Zugehörigkeit eines Benutzers zu einer speziellen Organisationseinheit oder einer Sicherheitsgruppe. Für derartige komplexere Gebilde kann es sinnvoll sein, eine spezielle Organisationseinheit z. B. mit dem Namen **Organisationsgruppenrichtlinien** zu erstellen. Diese Organisationseinheit nimmt dann keine Benutzerobjekte oder Computerobjekte auf, sondern einen Satz von Gruppenrichtlinien. In Active Directory können Gruppenrichtlinien einer Organisationseinheit mit anderen Organisationseinheiten verknüpft werden. Der Vorteil eines derartigen Gebildes ist, dass alle organisationsübergreifenden Gruppenrichtlinien übersichtlich in einem Container liegen und dort zentral verwaltet werden, jedoch auf andere Container wirken, in denen dann z. B. die entsprechenden Benutzerobjekte liegen.

Ein Beispiel soll diese Idee kurz zu skizzieren: Es gibt die drei Standorte **Aachen**, **Berlin** und **Frankfurt** mit Servern und Benutzern an den drei Standorten. Sie haben in Active Directory die Organisationseinheiten **Benutzer-Aachen**, **Benutzer-Berlin** und **Benutzer-Frankfurt** erstellt und die Benutzerobjekte in diesen OUs erstellt. Die Benutzer am Standort Aachen sollen ihre Dokumente in der Freigabe **\\SERVER-AACHEN\Groups** ablegen, die Benutzer in Berlin in der Freigabe **\\SERVER-BERLIN\Groups** und die Benutzer am Standort Frankfurt sollen die Freigabe **\\SERVER-FRANKFURT\Groups** nutzen. Sie erstellen in der zentralen Organisationseinheit **Organisationsgruppenrichtlinien** drei Gruppenrichtlinien mit den Bezeichnungen **Dokumentablage-Aachen**, **Dokumentablage-Berlin** und **Dokumentablage-Frankfurt** und nehmen in jeder dieser Gruppenrichtlinien nur die jeweils passenden Einstellungen für die Dokumentenverzeichnisse vor. Anschließend nutzen Sie die Verknüpfungsfunktion, um die Gruppenrichtlinie **Dokumentablage-Aachen** der OU **Benutzer-Aachen** zuzuweisen. Für andere Zwecke erstellen Sie in der zentralen OU **Organisationsgruppenrichtlinien** andere Gruppenrichtlinien mit eindeutigen Namen, aus denen die Funktionen der Gruppenrichtlinien hervorgehen, und verknüpfen diese Gruppenrichtlinien mit den entsprechenden OUs. Zum Beispiel benötigen Sie vielleicht je eine Gruppenrichtlinie für alle Laptops an den verschiedenen Standorten, und an jedem Standort gibt es eine OU **%Standortname%-Laptops**, der die entsprechende Gruppenrichtlinie mittels Verknüpfung zugewiesen ist.

Änderungen an den Gruppenrichtlinien nehmen Sie danach nur noch an einer Stelle im Active Directory vor, nämlich in der OU **Organisationsgruppenrichtlinien**. Und nur ausgewählte, besonders gezielt geschulte Administratoren erhalten die Berechtigung, in dieser zentralen OU **Organisationsgruppenrichtlinien** Änderungen vorzunehmen.

In der Kategorie **Microsoft Office Outlook 2003** gibt es viele Gruppenrichtlinien, die eventuell später in der Pilotierungsphase eingestellt werden müssen und von vielen Faktoren abhängig sind, deren Zusammenspiel jetzt noch nicht durchschaut werden kann:

- Gibt es eine Exchange-Umgebung oder andere Mailsysteme?
- Gibt es mehrere Standorte mit mehreren Exchange Servern?
- Dürfen Dokumente, E-Mails oder Firmenkontakte dezentral z. B. auf Laptop-Festplatten gespeichert werden oder widerspricht das den Grundsätzen der Datensicherheit?

Exemplarisch für derartige Probleme werden deshalb nachfolgend nur wenige Gruppenrichtlinien aufgeführt.

Über die Richtlinie **OST Creation** der Unterkategorie **Exchange Settings** können Sie die Erstellung von Offlineordnerdateien (OST = Offline Storage) für alle Benutzer oder für bestimmte Benutzergruppen unterbinden. Offlineordnerdateien sind in der Regel für Exchange-Postfächer erforderlich, deren Besitzer z. B.

einen Laptop haben und auch unterwegs Zugriff auf ihre Outlook-Objekte oder bestimmte öffentliche Ordner des Exchange Server benötigen. Aus Sicherheitsgründen kann es sinnvoll sein, in einem ersten Schritt für alle Anwender die Erstellung von Offlineordnerdateien zu unterbinden. In einem zweiten Schritt fassen Sie diejenigen Benutzer, denen die Nutzung von Offlineordnern erlaubt sein soll, in einer Sicherheitsgruppe zusammen und heben über eine gesonderte Gruppenrichtlinie, die nur von dieser Sicherheitsgruppe gelesen werden kann, das Verbot von Offlineordnerdateien wieder auf. Dieses Prinzip, den Regelfall über eine allgemeingültige Richtlinie zu definieren und die Ausnahmen von der Regel durch eine spezielle Richtlinie, die »stärker« ist als die generelle Richtlinie, wird in einem anderen Kapitel des Buches genau erklärt und ist dazu geeignet, den Wildwuchs an benötigten Gruppenrichtlinien stark einzudämmen.

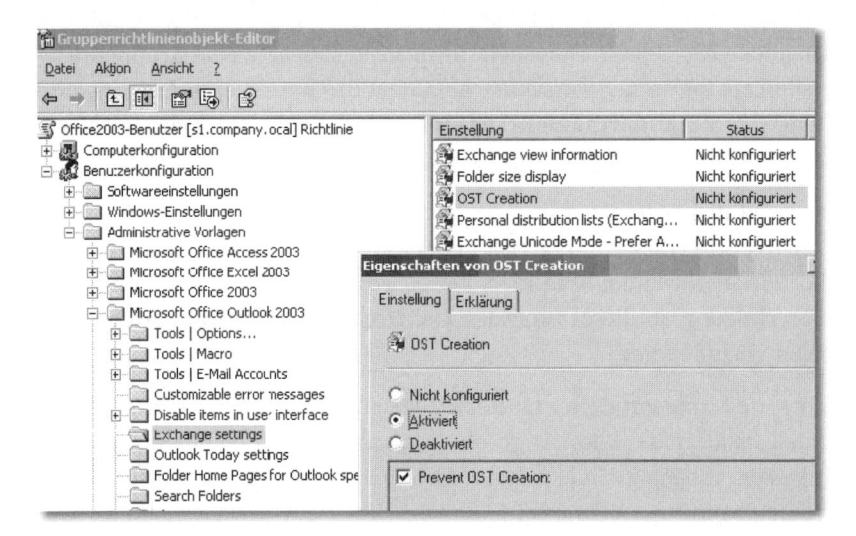

Sie definieren bzw. deaktivieren die Autoarchivierung über die Richtlinie **AutoArchive Settings** in der Kategorie **Tools · Other · AutoArchive**. Bezüglich der Funktion **Autoarchivierung** gilt, was bereits im Kapitel über den **Custom Installation Wizard** präziser als hier begründet wurde: Archivdateien müssen gesichert werden, folglich zumindest als Duplikat auf dem Dateiserver liegen und belegen dort Speicher. Warum das Geld dann nicht gleich in mehr Speicher auf dem Exchange Server investieren und die Begrenzungen der Postfächer auf dem Exchange Server großzügiger auslegen?

Wird die Autoarchivierung nicht deaktiviert, so müssen die Anwender in dieser Funktion geschult werden. Sonst ist vorprogrammiert, dass regelmäßig Anwender im Support anrufen und behaupten, dass E-Mails plötzlich verschwunden sind. In Wirklichkeit hat die automatische Autoarchivierung zugeschlagen und ältere Nachrichten ins Archiv verschoben, der Anwender weiß aber nicht, wie er an diese dann dringend benötigten Objekte wieder herankommt und vermutet, dass das System fehlerhaft arbeitet, oder verdächtigt möglicherweise die Administratoren, dass diese eigenmächtig im Postfach des Anwenders aufgeräumt haben.

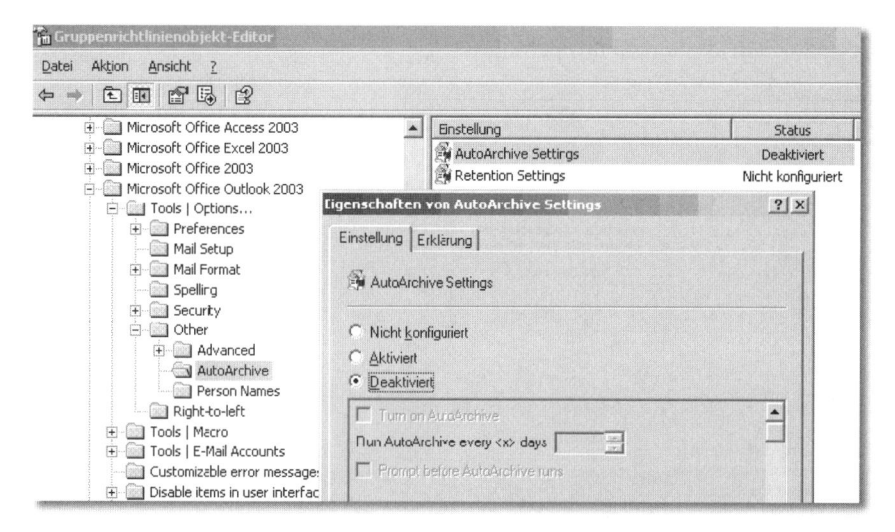

Der Editor für neue Nachrichten und das Nachrichtenformat kann über die Richtlinie **Message format/editor** in der Unterkategorie **Mail Format · Message format** eingestellt werden. Im Kapitel **Custom Installation Wizard** wurde bereits der Rat gegeben und begründet, dass und warum man den Outlook-internen Editor statt Word als Editor einstellen und das Nachrichtenformat von **HTML** in **rich text** abändern sollte.

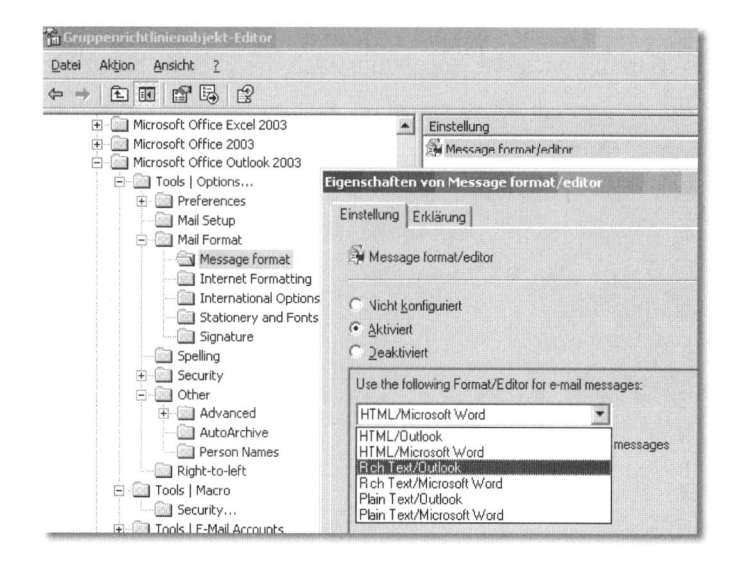

In der Unterkategorie **Tools · Preferences · E-mail options** finden Sie die Richtlinie **On replies and forwards**. Mit dieser Richtlinie können Sie für alle Benutzer an zentraler Stelle einstellen, wie bei einer Antwort oder Weiterleitung mit der ursprünglichen Nachricht verfahren werden soll. Sie können z. B. vorgeben, dass die ursprüngliche Nachricht an die Antwort angehängt und mit einem Präfix wie dem Größer-Zeichen **>** gekennzeichnet wird.

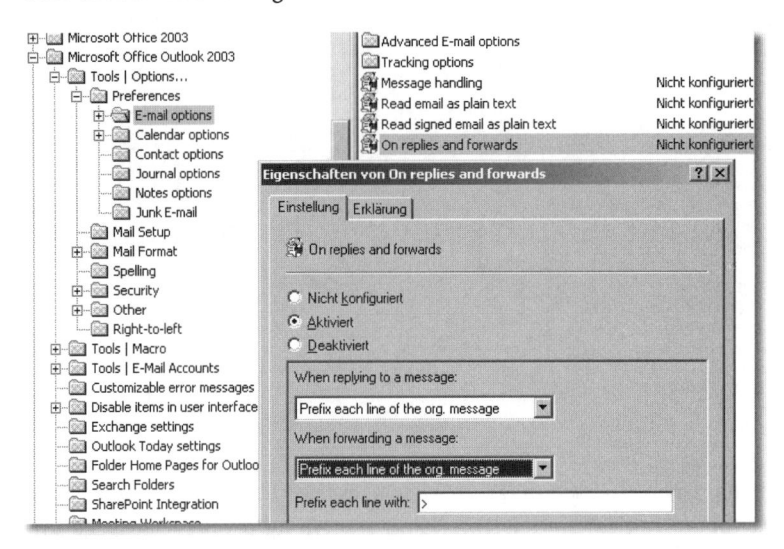

In den einleitenden Worten zu Kapitel 9, *Einführung in Gruppenrichtlinien*, gab ich den Rat, dieses sehr theoretische Kapitel zuerst nur zu überfliegen, weil man es leicht verstehen würde, wenn man durch praktische Übungen gelernt habe, mit Gruppenrichtlinien zu jonglieren. Diesen Punkt sollten Sie am Ende dieses Kapitels erreicht haben. Lesen Sie das Kapitel 9, *Einführung in Gruppenrichtlinien*, jetzt ein zweites Mal, um nach der Praxis nun auch die Theorie bis in die Tiefe zu durchschauen.

Servergespeicherte Benutzerprofile, auf dem Dateiserver eingerichtete, persönliche Ablageverzeichnisse und die Ordnerumleitung des Standardordners »Eigene Dateien« erfüllen mehrere Funktionen. Alle Einstellungen des Benutzers und alle von ihm erstellten Dokumente werden regelmäßig gesichert.

14 Servergespeicherte Benutzerprofile, Basisordner, Ordnerumleitungen und Dokumentvorlageverzeichnisse

Der Benutzer kann sich an einem beliebigen Client anmelden und findet sowohl seine Einstellungen als auch seine Dokumente wieder. Jeder defekt gewordene Client kann ausgetauscht oder mit einem neuen Abbild bespielt werden, ohne dass Daten oder Einstellungen verloren gehen. Schutzwürdige Daten können nicht mehr so einfach missbraucht werden, da sie auf zentralen, leichter zu schützenden Servern statt dezentral und außerhalb der Kontrolle der IT-Abteilung gespeichert sind.

14.1 Servergespeicherte Benutzerprofile

14.1.1 Funktionsweise von servergespeicherten Benutzerprofilen

Servergespeicherte Benutzerprofile dienen eigentlich dazu, Benutzer zu unterstützen, die sich an mehreren Computern anmelden. Deshalb werden sie auch als wandernde Benutzerprofile bzw. Roaming User Profiles (RUPs) bezeichnet. Doch möchte ich gleich betonen, dass es sinnvoll ist, für alle Anwender – bis auf Ausnahmen wie z.B. die Systemadministratoren – servergespeicherte Benutzerprofile anzulegen, also auch dann, wenn sich die Benutzer immer am selben Computer anmelden.

Eine Ausnahme bilden auch Benutzer, die sich regelmäßig an verschiedenen Standorten anmelden, denn in den Pfad des servergespeicherten Benutzerprofils geht der Servername ein, und der Anmeldevorgang würde sich für diese Benutzer hinziehen, wenn das Profil über eine WAN-Leitung geladen werden müsste.

Wenn sich ein Benutzer an einem Computer anmeldet, werden seine persönlichen Einstellungen für das Betriebssystem Windows XP Professional, aber auch die Microsoft Office-Einstellungen und die persönlichen Einstellungen für andere Anwendungen im Verzeichnis **C:\Dokumente und Einstellungen\ <Anmeldekennung>** gespeichert. Meldet sich der Benutzer an einem anderen Computer an, so findet er dort nicht die Einstellungen des ersten Computers wieder, sondern die Standardeinstellungen. Aber auch die Favoriten, die im Internet Explorer angelegt werden, sowie die in Word erstellten Dokumentvorlagen und die selbst angelegten und gepflegten Wörterbücher sind auf dem anderen Computer nicht verfügbar. Alle diese wichtigen Einstellungen und die Favoriten sowie die mit viel Mühe erstellten Dokumentvorlagen und Wörterbücher gehen aber auch verloren, wenn der Computer des Anwenders neu installiert werden muss, weil z. B. die Festplatte den Geist aufgegeben hat und diese Daten vorher nicht gesichert wurden.

Durch servergespeicherte Benutzerprofile werden nun Kopien der clientgespeicherten Benutzerprofile auf dem Server gehalten und bei jeder An- und Abmeldung mit diesen lokalen Profilen synchronisiert. Meldet sich ein Benutzer, für den ein servergespeichertes Benutzerprofil erstellt wurde, zum ersten Mal an einem anderen Computer an, so wird das servergespeicherte Profil nach **C:\ Dokumente und Einstellungen** heruntergespeichert und der Benutzer findet seine Einstellungen, Favoriten und Dokumentvorlagen sowie die persönlichen Wörterbücher vor. Wenn der Computer des Benutzers ausgetauscht oder ein neues Standardabbild eingespielt wird, gehen diese wichtigen Dinge nicht verloren.

14.1.2 Servergespeicherte Profile einrichten

Um servergespeicherte Profile für die Anwender einzurichten, legen Sie auf dem Server ein Verzeichnis z. B. mit dem Namen **Profiles** an und geben es unter derselben Bezeichnung frei. Während unter Windows 2000 Server die Gruppe **Jeder** für eine neu erstellte Freigabe standardmäßig die Freigabeberechtigung **Vollzugriff** erhielt, erhält diese Gruppe unter Windows Server 2003 standardmäßig nur die Berechtigung **Lesen**. Das ist aber nicht ausreichend, denn ein Benutzer, für den ein servergespeichertes Profil eingerichtet wurde, muss die Berechtigung besitzen, in dieser Freigabe einen Unterordner einzurichten. Erweitern Sie deshalb die Freigabeberechtigung für die Gruppe **Jeder** auf **Ändern**. Wenn aus Sicherheitsgründen nicht gewünscht ist, dass die Gruppe **Jeder** auf einem Serververzeichnis Rechte besitzt, können Sie **Jeder** auch durch die Sicherheitsgruppe **Domänen-Benutzer** ersetzen und dieser Gruppe dann das Freigaberecht **Ändern** gewähren.

Bei jeder Kennung, für die ein servergespeichertes Profil angelegt werden soll, tippen Sie in der Registerkarte **Profil** des Benutzers nun hinter **Profilpfad** Folgendes ein: **\\s1\profiles\%username%**

Wenn Sie auf **Übernehmen** klicken, wird die Variable **%username%** durch die Kennung des Benutzers ersetzt. Das Verzeichnis **\\s1\Profiles\testuser** wird aber erst erzeugt, wenn sich der Benutzer **Testuser** zum ersten Mal anmeldet.

Sobald sich alle Benutzer, für die auf diese Weise ein servergespeichertes Profil definiert wurde, einmal an- und abgemeldet haben, finden Sie für diese Benutzer in der Freigabe **\\S1\Profiles** Unterverzeichnisse. Jeder Benutzer, der nach Netzfreigaben suchen darf, kann diese Unterverzeichnisse zwar sehen, jedoch nur sein eigenes Verzeichnis öffnen. Wenn Sie darin ein nicht vertretbares Sicherheitsrisiko sehen, so können Sie das Verzeichnis **Profiles** auch unter dem Namen **Profiles$** freigeben, müssen dann aber bei jedem Benutzer in der Registerkarte **Profil** auch **\\s1\profiles$\%username%** eintragen. Freigabenamen mit angehängtem $-Zeichen werden im Active Directory nicht angezeigt.

14.1.3 Der Gruppe »Administratoren« Vollzugriff auf servergespeicherte Profile erteilen

Bei der Erstellung von servergespeicherten Benutzerprofilen stoßen Sie nun auf folgendes Problem: Standardmäßig erhält nur der Benutzer selbst Vollzugriffsrechte auf dieses Verzeichnis, sobald es bei der ersten Anmeldung erstellt wird. Die Domänenadministratoren können somit das Profilverzeichnis nicht einsehen und auch nicht löschen. Der Grund dafür ist, dass es sich um ein privates Verzeichnis handelt, das auch vor zu neugierigen Augen von Systemadministratoren geschützt werden soll. Für mich ist jedoch ein Systemadministrator vergleichbar mit einem Bankkaufmann. Als Systemadministratoren eignen sich nur vertrauensvolle und verschwiegene Mitarbeiter. Ein Bankkaufmann, der in einer Kleinstadt arbeitet, hat aufgrund seiner Tätigkeit sehr viele Einblicke in die finanzielle Situation der Bürger und Unternehmen dieser Stadt. Er kennt die Gehälter der Bankkunden und weiß sehr früh, wann ein Kunde kurz vor der Zahlungsunfähigkeit steht. Wenn ein Bankkaufmann nachts angetrunken in einer Kneipe derartige Bankgeheimnisse ausplaudert, richtet er immensen Schaden an, nicht nur für den Kunden, sondern auch für seine Bank, was das Vertrauen anderer Kunden in das Bankgeheimnis angeht. Zu Recht müsste er mit einer fristlosen Kündigung rechnen.

Auch Systemadministratoren müssen aufgrund ihrer besonderen Systemrechte Vertrauenspersonen sein. Ein Domänenadministrator kann sich jederzeit selbst Zugriffsrechte auf jedes Serververzeichnis erteilen, ohne dass der Mitarbeiter, dem die zugehörigen Datenbestände gehören, dieses merkt. Doch sollte jeder Administrator sich hüten, von dieser Möglichkeit nur aus Neugierde Gebrauch zu machen. Fällt es irgendwann auf, dass ein Administrator unberechtigt und ohne technisch verursachte Veranlassung Datenbestände einsieht, die dem Datenschutz unterliegen, so ist das zumindest ein Grund zu einer Abmahnung und ein großer Vertrauensbruch gegenüber der Geschäftsleitung und den Mitarbeitern.

Dennoch liegen eigentlich im servergespeicherten Profil eines Benutzers weniger persönliche Daten, vielleicht mit Ausnahme der Favoriten. Das Internet-Cache-Verzeichnis **Anwendungsdaten\Temporary Internet Files**, das Aufschluss über die Internetaktivitäten eines Benutzers gibt, ist standardmäßig wie auch das Verzeichnis **Verlauf** nicht als Duplikat im servergespeicherten Profil vorhanden. Das Basisverzeichnis **Eigene Dateien** wird später in eine Freigabe **Users** auf den Server umgeleitet und befindet sich dann nicht mehr im Benutzerprofil. Und das Verzeichnis **Favoriten** lässt sich zum Beispiel in das Basisverzeichnis (Home Directory) des Benutzers umleiten. Überhaupt ist das Basisverzeichnis des Benutzers dasjenige, das Informationen enthält, die die Privatsphäre des Benutzers betreffen, denn in diesem Verzeichnis legt er Dokumente von privater Natur ab.

Werden jedoch Kennungen von Benutzern gelöscht, weil diese Benutzer das Unternehmen verlassen haben, so müssen auch die servergespeicherten Profile manuell gelöscht werden. Dieser Löschvorgang ist aber sehr aufwändig, wenn der Administrator nicht bereits bei der Erzeugung des Verzeichnisses das Vollzugriffsrecht erhalten hat. Sie können das Verhalten beim Erzeugen von servergespeicherten Profilen durch die Aktivierung einer Gruppenrichtlinie verändern: In der Kategorie **Computerkonfiguration · Administrative Vorlagen · System · Benutzerprofile** aktivieren Sie die Richtlinie **Sicherheitsgruppe »Administratoren« zu servergespeicherten Profilen hinzufügen:**

![Screenshot: Gruppenrichtlinienobjekt-Editor mit Einstellungen zu Benutzerprofilen, u.a. hervorgehoben "Sicherheitsgruppe Administratoren zu servergespeicherten Profilen hinzufügen" – Aktiviert]

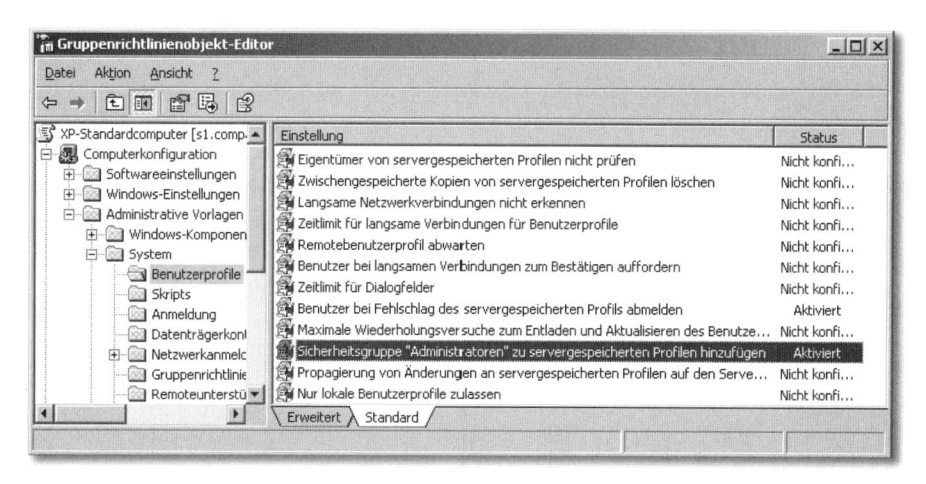

Überfliegen Sie bei dieser Gelegenheit auch einmal die Hilfetexte zu den anderen Richtlinien in **Computerkonfiguration · Administrative Vorlagen · System · Benutzerprofile**, speziell zu den Richtlinien **Eigentümer von servergespeicherten Profilen nicht prüfen** und **Benutzer bei Fehlschlag des servergespeicherten Profils abmelden**.

Die Richtlinie **Sicherheitsgruppe »Administratoren« zu servergespeicherten Profilen hinzufügen** wird auf die Kategorie **Computerkonfiguration** und nicht auf die Kategorie **Benutzerkonfiguration** angewendet. Dies ist verwunderlich, da durch die Richtlinie eigentlich ein Verhalten betroffen ist, das logisch die Benutzeranmeldung und weniger die Computer-Authentifizierung bezüglich der Domäne angeht. Durch die Aktivierung der Richtlinie wird im Zweig **HKEY_LOCAL_MACHINE** der Clients im Schlüssel **Software\Policies\Microsoft\Windows\System** der Wert **AddAdminGroupToRUP** erzeugt und auf **1** gesetzt.

Der Client muss neu gestartet werden, damit die Richtlinie übernommen wird. Sie können auf dem Client aber auch den Befehl **gpupdate /force** absetzen, um die Übernahme der Gruppenrichtlinien sofort zu erzwingen. Wenn Sie sich danach mit der Kennung **Testuser** anmelden und es bisher in der Freigabe **\\S1\Profiles** noch kein Unterverzeichnis **Testuser** gab, so wird das Verzeichnis erzeugt und bei der Abmeldung von **Testuser** wird der Inhalt von **C:\Dokumente und Einstellungen\testuser** in das servergespeicherte Verzeichnis **\\S1\Profiles\testuser** übernommen. Doch jetzt hat neben der Kennung **Testuser** auch die Gruppe **Administratoren** und die systeminterne Gruppe **SYSTEM** die Berechtigung **Vollzugriff** auf das Verzeichnis.

14 | Benutzerprofile, Basisordner, Ordnerumleitungen und Dokumentvorlageverzeichnisse

Die systeminterne Gruppe **SYSTEM** muss Vollzugriffsrechte haben, damit alle servergespeicherten Profile durch die interne Gruppe **Sicherungs-Operatoren** gesichert und auch zurückgesichert werden können.

Doch wie verschaffen Sie sich nachträglich die benötigten Zugriffsrechte, um zum Beispiel ein servergespeichertes Profil löschen zu können, das generiert wurde, bevor Sie die Richtlinie **Sicherheitsgruppe »Administratoren« zu servergespeicherten Profilen hinzufügen** aktiviert hatten? Der nächste Abschnitt erklärt die Vorgehensweise Schritt für Schritt.

14.1.4 Die Rechte auf ein servergespeichertes Profilverzeichnis neu setzen

Wenn bereits in der Freigabe **\\S1\profiles** Profilverzeichnisse erstellt wurden, bevor die Richtlinie **Sicherheitsgruppe »Administratoren« zu servergespeicherten Profilen hinzufügen** aktiviert wurde, können Sie auch nach der Aktivierung dieser Richtlinie nicht auf diese Verzeichnisse zugreifen. Sie müssen zuerst den Besitz am Verzeichnis übernehmen.

Im Windows Explorer öffnen Sie die Eigenschaften des Verzeichnisses **Profiles\Testuser** und dann die Registerkarte **Sicherheitseinstellungen**. Es erscheint eine Sicherheitsmeldung.

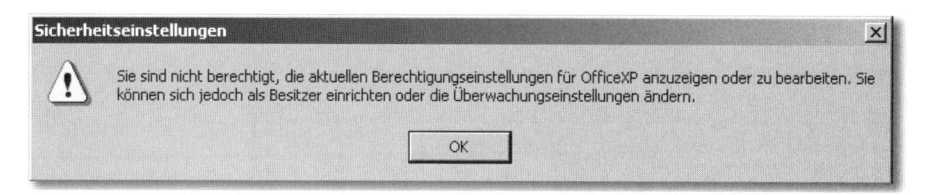

Servergespeicherte Benutzerprofile | 14.1

Sicherheitseinstellungen
Sie sind nicht berechtigt, die aktuellen Berechtigungseinstellungen für OfficeXP anzuzeigen oder zu bearbeiten. Sie können sich jedoch als Besitzer einrichten oder die Überwachungseinstellungen ändern.

Bestätigen Sie die Meldung mit **OK**. Im Fenster **Sicherheitseinstellungen** wählen Sie die Schaltfläche **Erweitert**. In der Registerkarte **Besitzer** markieren Sie den Administrator mit der Maus und aktivieren die Option **Besitzer für Untercontainer und Objekte ersetzen**.

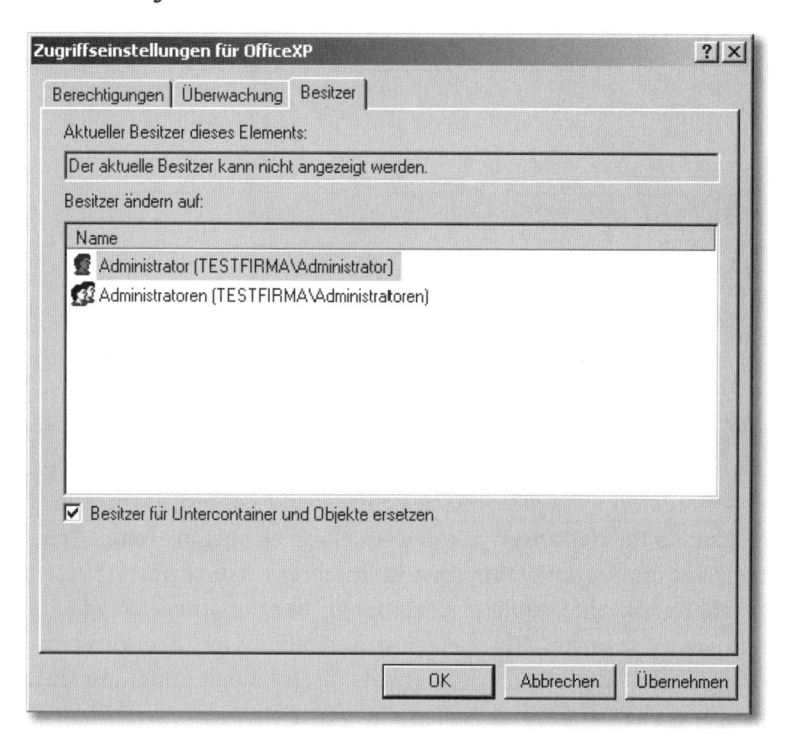

Es erscheint eine Warnmeldung, die Sie mit **Ja** quittieren. Unter Windows Server 2003 können Sie das Verzeichnis **Profiles\Testuser** jetzt problemlos löschen. Unter Windows 2000 Server konnten Sie zwar das Verzeichnis **Profiles\Testuser** öffnen, der Versuch, es zu löschen, schlägt jedoch fehl. Gehen Sie wie folgt vor, um das Verzeichnis **Profiles\Testuser** unter Windows 2000 Server löschen zu können: Öffnen Sie erneut die Eigenschaften des Verzeichnisses **Profiles\Testuser** und die Registerkarte **Sicherheit**. Klicken Sie in der Registerkarte **Berechtigungen** auf **Erweitert** und aktivieren Sie die Option **Berechtigungen in allen untergeordneten Objekten zurücksetzen und die Verbreitung vererbbarer Berechtigungen aktivieren**.

Bestätigen Sie die Warnmeldung, ob der Vorgang fortgesetzt werden soll.

14.1.5 Verzeichnisse aus servergespeicherten Profilen ausnehmen

Unter Windows XP werden übrigens bestimmte Unterverzeichnisse des lokalen Profilverzeichnisses nicht in das servergespeicherte Profil kopiert. Dazu gehört das Verzeichnis **Lokale Einstellungen** mit den Unterverzeichnissen **Temp**, **Temporary Internet Files** und **Verlauf**. Windows XP reserviert standardmäßig einen beträchtlichen Teil der lokalen Festplatte als Cache für Internetseiten. Würde das Verzeichnis **Temporary Internet Files** bei jeder Anmeldung mit dem serverbasierten Profilverzeichnis abgeglichen, so würde diese Synchronisation den Anmeldevorgang erheblich verzögern. Außerdem würde ein erheblicher Plattenplatz des Servers für die Summe sämtlicher Cache-Verzeichnisse aller Anwender verschwendet. Im Verzeichnis **Temp** des lokalen Profils sammelt sich ebenfalls im Laufe der Zeit eine Fülle unnützer temporärer Dateien an, die nicht in das servergespeicherte Profil übernommen werden dürfen.

Die Gruppenrichtlinie **Verzeichnisse aus servergespeichertem Profil ausschließen** unter **Benutzerkonfiguration · Administrative Einstellungen · System · Benutzerprofile** ermöglicht es, Ordner der Liste der ausgeschlossenen Ordner eines servergespeicherten Benutzerprofils hinzuzufügen. Diese Richtlinie erstellt in der Registrierdatenbank unter **[HKEY_CURRENT_USER\Software\Policies\ Microsoft\Windows\System]** den Schlüssel **ExcludeProfileDirs** und weist ihm als Wert weitere auszuschließende Verzeichnisnamen zu. Im Hilfetext dieser Gruppenrichtlinie finden Sie folgende Erklärung:

Mit Hilfe dieser Einstellung können Sie Ordner ausschließen, die normalerweise Teil des Benutzerprofils sind. Folglich müssen diese Ordner nicht auf dem Netzwerkserver, auf dem das Profil gespeichert ist, gespeichert werden. Außerdem werden diese Ordner nicht auf die Computer, die die Benutzer verwenden, übertragen.

Standardmäßig werden die Ordner »Verlauf«, »Lokale Einstellungen«, »Temp« und »Temporäre Internet Dateien« aus den servergespeicherten Benutzerprofilen ausgeschlossen. Durch Aktivieren dieser Einstellung können Sie zusätzliche Ordner ausschließen.

Kontrollieren Sie regelmäßig mit einem Tool wie **GetFoldersize** (auf der Buch-DVD) die Größe der servergespeicherten Benutzerprofile in der Serverfreigabe **Profiles**, um Unterverzeichnisse aufzuspüren, die besonders viel Speicherplatz verbrauchen. Über die genannte Gruppenrichtlinie bzw. über eine selbst erstellte Gruppenrichtlinie können Sie dann verhindern, dass diese Verzeichnisse zukünftig auf dem Server und dem Sicherungsband landen.

14.2 Basisordner und Ordnerumleitung

14.2.1 Funktion von servergespeicherten Basisverzeichnissen

Wenn Sie das Snap-In **Active Directory-Benutzer und -Computer** starten und die Registerkarte **Profil** eines Benutzers öffnen, können Sie jedem Benutzer einen Basisordner zuweisen. **Basisordner** ist die Übersetzung von **Home Directory**. Standardmäßig ist das Basisverzeichnis das Verzeichnis **%Userprofile%\Eigene Dateien** und wird angezeigt, sobald Sie den Windows Explorer oder in einer Anwendung den Befehl **Datei · Speichern unter** starten. Wenn Sie für einen Benutzer ein servergespeichertes Profil angelegt haben, so wird das Basisverzeichnis **Eigene Dateien** bei der An- und Abmeldung mit einem Verzeichnis im Profilverzeichnis auf dem Server abgeglichen, doch heißt es dort **\\s1\%Profiles\Benutzerkennung%\Dateien von %Benutzerkennung%**.

Indem Sie jedem Benutzer ein Basisverzeichnis auf einem Server zuweisen und außerdem über eine Gruppenrichtlinie namens **Ordnerumleitung** sicherstellen, dass auch der Ordner **Eigene Dateien** auf dieses private Benutzerverzeichnis auf dem Server verweist, können Sie sicherstellen, dass alle vom Benutzer erzeugten Dokumente nur auf dem Server und nicht auf der lokalen Festplatte gespeichert werden. Dieses Vorgehen ist nicht nur deshalb sinnvoll, weil in der Regel nur die Serverplatten regelmäßig gesichert werden. Dokumente, die auf lokalen Festplatten von Clients gespeichert werden, können verloren gehen, wenn der Computer gestohlen wird, die Festplatte defekt ist oder ein Administrator ein neues Abbild auf den Client aufspielt und vorher die lokalen Dokumente nicht gesichert hat. Datenschutzrichtlinien Ihres Unternehmens können jedoch auch prinzipiell untersagen, dass unternehmensrelevante Daten auf lokalen Festplatten gespeichert werden und damit dem Risiko von Spionage und Missbrauch ausgesetzt sind.

14.2.2 Basisverzeichnisse auf dem Server zuweisen

Wie so oft ist es interessant, zu analysieren, wie ähnliche Dinge auf einem Windows Small Business Server 2003 automatisch eingerichtet werden. Bei einer Installation von Windows Small Business Server 2003 wird standardmäßig als Name des Basisverzeichnisses für alle Benutzer auf dem Server das Verzeichnis **Users Shared Folders** und als Freigabename **Users** vorgegeben. Die Bezeichnung **Users Shared Folders** ist eigentlich irreführend, denn darunter würde man eher ein Gruppenverzeichnis für gemeinsam genutzte Dokumente vermuten als ein Verzeichnis für private Dokumente. Auf einem Small Business Server 2003 erhalten in der Freigabe **Users** die Gruppen **Domänen-Admins**, **Domänen-Benutzer** und **SBS Folder Operators** standardmäßig die Berechtigungen **Vollzugriff**, **Ändern** und **Lesen**. Dieselben Rechte sind auch vergeben, wenn man die Registerkarte **Berechtigungen** des Ordners **Users Shared Folders** ansieht.

Erstellen Sie auf dem Server ein Verzeichnis mit dem Namen **Users** und geben Sie dieses unter demselben Namen frei. Wie bereits bei der Erstellung der Freigabe für serverbasierte Profile angesprochen, können Sie dem Freigabenamen auch ein $-Zeichen anhängen, um die Freigabe vor neugierigen Benutzern zu verstecken. Unter Windows Server 2003 wird als standardmäßige Freigabeberechtigung für eine neue Ordnerfreigabe nur **Lesen** für die Gruppe **Jeder** eingetragen. Wenn Sie bezüglich der Berechtigungen nun zu restriktiv sind, werden Sie sich später wundern, warum die Ordnerumleitung nicht funktioniert. Geben Sie der Gruppe **Jeder** zusätzlich die Freigabeberechtigungen **Vollzugriff** und **Ändern**. Anderenfalls können die pro Benutzer erzeugten Unterverzeichnisse nicht automatisch generiert werden. Sie können die Sicherheitsgruppe **Jeder** auch durch die beiden Gruppen **Domänen-Benutzer** und **Domänen-Admin** ersetzen und diesen beiden Gruppen die Freigabeberechtigung **Vollzugriff** erteilen.

Wenn Sie nun in der Registerkarte **Profil** eines neuen Benutzers im Bereich **Basisordner** z. B. das Laufwerk **Z:** mit **\\s1\userhomes\%username%** verbinden und auf **Übernehmen** oder **OK** klicken, wird in diesem Moment ein Unterverzeichnis in der Freigabe **Users** mit der Anmeldekennung generiert, und die Rechte werden passend vergeben.

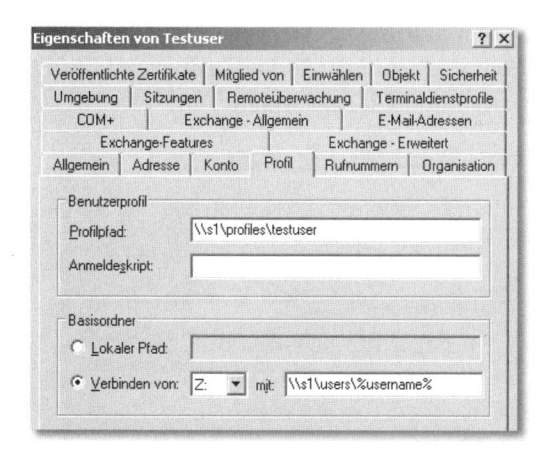

Für das neu erstellte Verzeichnis haben die Kennung **Testuser** und die Gruppen **Administratoren** und **SYSTEM** die Berechtigung **Vollzugriff**. Meldet sich der Benutzer **Testuser** an, so findet er im Microsoft Explorer unter dem Laufwerk **Z:** sein Basisverzeichnis.

In den Microsoft-Office-Anwendungen ist jedoch als Standardpfad für Dokumente immer noch der Ordner **Eigene Dateien** eingetragen. **Eigene Dateien** liegt jedoch unter **C:\Dokumente und Einstellungen\Testuser**. Da jedoch ein serverbasiertes Benutzerprofil für die Kennung angelegt wurde, wird der Inhalt von **C:\Dokumente und Einstellungen\Testuser** bei jedem An- und Abmeldevorgang mit dem Serververzeichnis **\\s1\Profiles\Testuser** synchronisiert. Dieses führt einerseits zu ungewollter Netzlast. Andererseits haben wir für den Benutzer kein Basisverzeichnis auf dem Server angelegt, wenn seine Office-Dokumente anschließend an anderer Stelle gespeichert werden. Der Ordner **Eigene Dateien** muss also in das Basisverzeichnis auf dem Server umgeleitet werden.

14.2.3 Eine Ordnerumleitung für das Verzeichnis »Eigene Dateien« einrichten

Zuerst ein Vergleichsblick auf einen Windows Small Business Server 2003. Dort finden Sie in der Serververwaltungskonsole unter der Kategorie **Benutzer** den Menüpunkt **Weiterleitung des Ordners »Eigene Dateien« konfigurieren**. Startet Sie ihn, so erhalten Sie neben der Option **Die Ordner »Eigene Dateien« nicht umleiten** nur zwei Optionen: **Alle Dateien namens »Eigene Dateien« an den Standardfreigabeordner für Benutzer umleiten** und **Die Ordner »Eigene Dateien« an einen Netzwerkordner umleiten**. Wählt man die erste Option, so erscheint eine Meldung, dass die Ordner **»Eigene Dateien«** umgeleitet werden, sobald sich die Benutzer das nächste Mal anmelden, und schon funktioniert alles. Weitere Handarbeit ist nicht notwendig. Startet man dann über **Start · Verwal-**

tung das Snap-In **Gruppenrichtlinienverwaltung**, so stellt man fest, dass eine neue Gruppenrichtlinie namens **Small Business Server-Ordnerumleitung** erstellt wurde, die mit dem Container **Company.local** verknüpft ist.

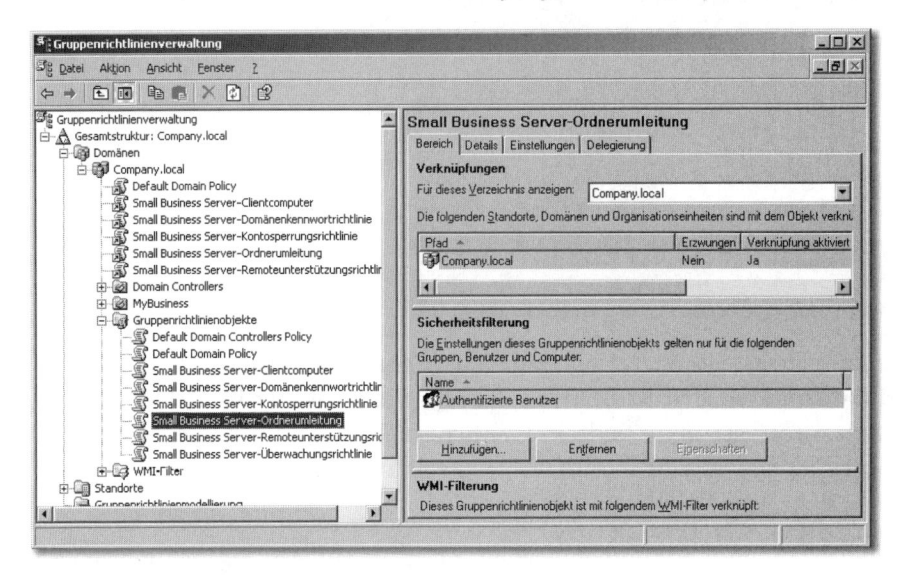

Klicken Sie die Gruppenrichtlinie mit der rechten Maustaste an und wählen **Bearbeiten**, so finden Sie unter **Benutzerkonfiguration · Windows-Einstellungen** in der Kategorie **Ordnerumleitung** folgende Einstellungen für die Umleitung von **Eigene Dateien**:

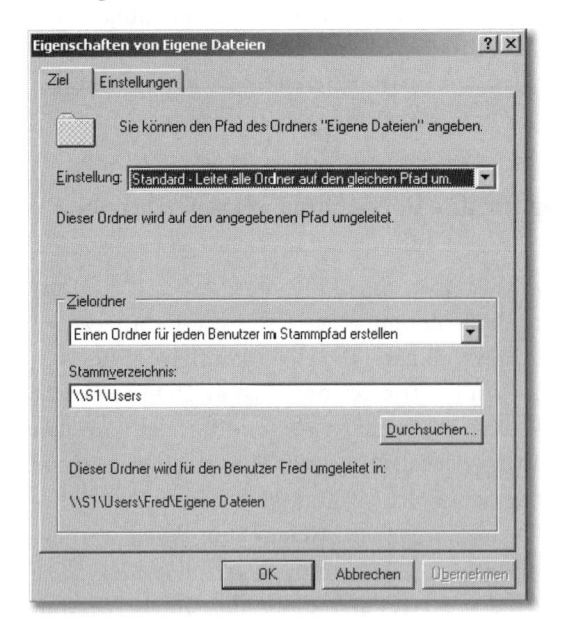

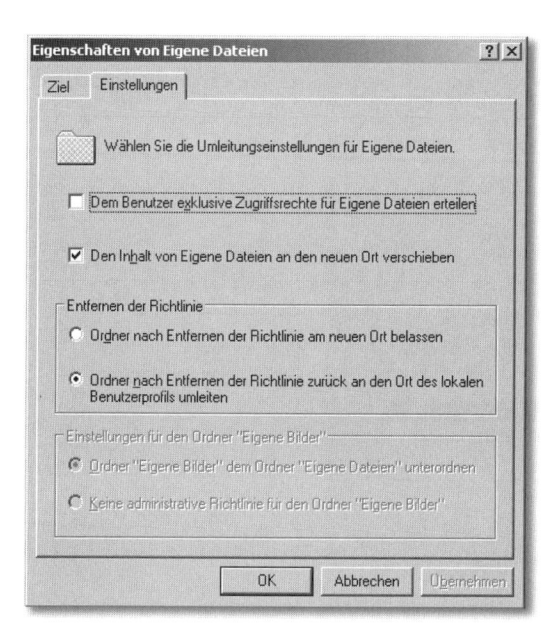

Bauen wir also diese Ordnerumleitung aus einer SBS2003-Konfiguration jetzt nach. In Kapitel 11, *Die Gruppenrichtlinien von Windows XP einsetzen*, wird beschrieben, wie Sie die Vorlagedateien für Windows-XP-Gruppenrichtlinien auf den Server einspielen und eine Organisationseinheit **Benutzer** anlegen. Lesen Sie bitte in diesem Kapitel nach, wie Sie nun eine Gruppenrichtlinie namens **XP-Standardbenutzer** erstellen, die für alle Benutzer dieses Containers gilt. In dieser Gruppenrichtlinie finden Sie unter **Benutzerkonfiguration · Windows-Einstellungen** die Kategorie **Ordnerumleitung**.

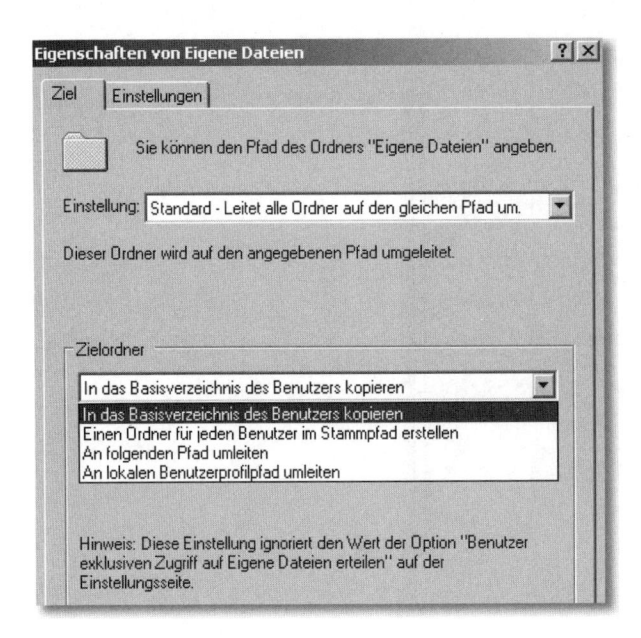

14 | Benutzerprofile, Basisordner, Ordnerumleitungen und Dokumentvorlageverzeichnisse

Klicken Sie darin den Menüpunkt **Eigene Dateien** mit der rechten Maustaste an und wählen Sie **Eigenschaften**. Unter **Einstellung** können Sie die Option **Standard: Leitet alle Ordner auf den gleichen Pfad um** und als Zielordner **In das Basisverzeichnis des Benutzers kopieren** wählen.

Wenn Sie das Hilfesymbol **?** auf das Feld **Zielordner** ziehen, erhalten Sie folgende Erklärungen zu den verschiedenen Optionen:

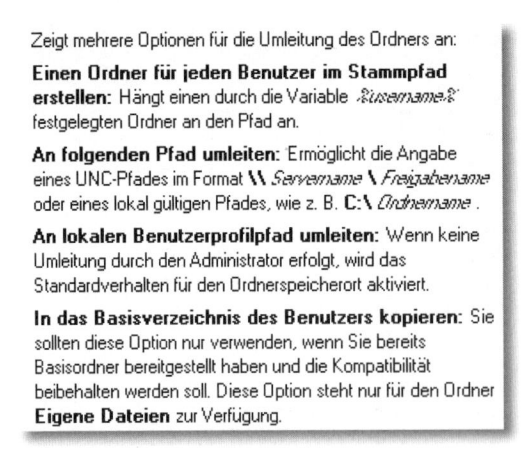

Unter Windows 2000 Server steht diese Auswahl nicht zur Verfügung. Dort tragen Sie **\\s1\users\%USERNAME%** ein.

448

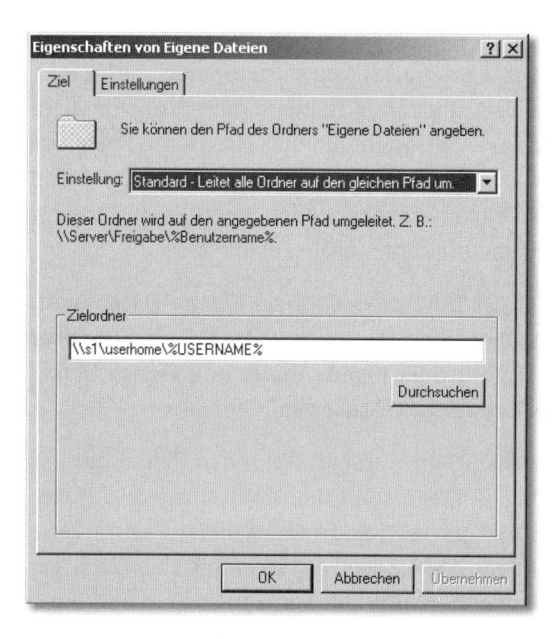

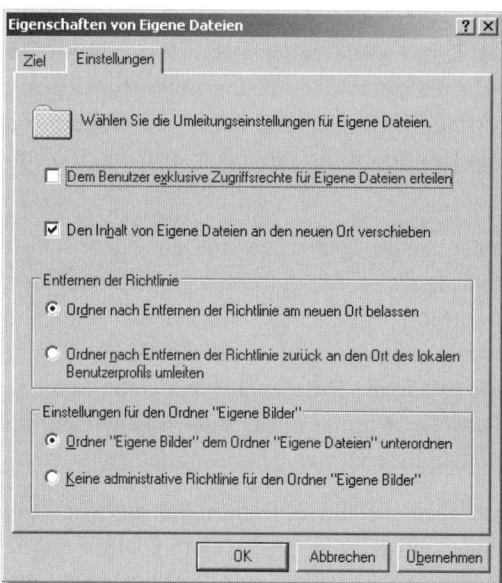

Danach kontrollieren Sie die Registerkarte **Einstellungen**. Deaktivieren Sie die Option **Dem Benutzer exklusive Zugriffsrechte für Eigene Dateien erteilen**, denn sonst können Administratoren anschließend wiederum nicht auf das Serververzeichnis zugreifen.

Melden Sie sich mit der Testkennung **Testuser** erneut an. Wenn Sie die Eigenschaften des Symbols **Eigene Dateien** auf dem Desktop starten, sehen Sie als Zielordner **\\s1\Users\testuser**, wobei der Anwender **Testuser** diese Vorgabe nicht ändern kann. In Word ist unter **Extras · Optionen** in der Registerkarte **Speicherort für Dateien** nun ebenso das Basisverzeichnis auf dem Server eingetragen und auch das Standard-Dokumentenverzeichnis in Excel oder PowerPoint verweist auf das Serververzeichnis und nicht mehr auf die lokale Festplatte.

Spätestens nach der Abmeldung ist der Inhalt des Ordners **Eigene Dateien** aus dem Verzeichnis **\\s1\Profiles\Testuser** in das Verzeichnis **\\s1\Users\Testuser** verschoben worden und auch die Unterordner **Eigene Bilder** und **Eigene Musik** liegen nun im Basisverzeichnis des Benutzers **Testuser** auf dem Server.

Es besteht übrigens auch die Möglichkeit, im Anmeldeskript den Befehl **net use z: \\s1\users\%username%** einzufügen. Das erspart die Arbeit, für jeden Benutzer die Zeile **Verbinden von Z: mit \\s1\users\%username%** in der Registerkarte **Profil** auszufüllen. Vielleicht benötigen Sie und Ihre Anwender aber auch gar keine Laufwerkszuordnung zum Basisverzeichnis auf dem Server.

Die Richtlinie **Ordnerumleitung** bietet für die Umleitung des Ordners **Eigene Dateien** neben der Option **Standard: Leitet alle Ordner auf den gleichen Pfad um** die Option **Erweitert: Gibt Pfade für verschiedene Benutzergruppen an**. Wenn die Basisverzeichnisse auf verschiedenen Servern liegen, so können Sie über diese Option den Ordner **Eigene Dateien** in Abhängigkeit von einer Gruppenmitgliedschaft verschieben.

Gibt es z. B. die Standorte Aachen, Essen und Dortmund und an jedem dieser Standorte einen Dateiserver (z. B. die Dateiserver **S3AA** in Aachen, **S3ES** in Essen und **S3DO** in Dortmund), so erstellen Sie auf jedem Dateiserver eine Freigabe **Users** und konfigurieren die Ordnerumleitung derart, dass für alle Mitglieder der Gruppe **Benutzer in Aachen** der Ordner **Eigene Dateien** auf den Dateiserver in Aachen, für die Mitarbeiter in Essen und Dortmund der Ordner **Eigene Dateien** aber jeweils auf die lokalen Dateiserver in Essen und Dortmund umgeleitet wird.

Die Richtlinie **Ordnerumleitung** ist übrigens ein typisches Beispiel für eine Gruppenrichtlinie, die Sie nur einmal an zentraler Stelle definieren, zum Beispiel in einer speziellen OU namens **organisationsübergreifende Richtlinien**. In der Sub-OU **Benutzer** der OU **Standort Dortmund** würden Sie dann eine Verknüpfung auf diese zentrale Gruppenrichtlinie erstellen.

14.3 Als Systemadministrator unter drei Kennungen diszipliniert arbeiten

Inzwischen wurden servergespeicherte Benutzerprofile oft erwähnt. Doch sollten sie für Systemadministratoren aus bestimmten Gründen nicht angelegt werden. Ebenso sollte verhindert werden, dass ein generelles Benutzeranmeldeskript abläuft, wenn man sich als Systemadministrator anmeldet. Es ist Zeit, einige Ratschläge zu geben, wie Systemadministratoren sich verhalten müssen, um zu vermeiden, dass sie durch Unachtsamkeit mit ihren herausragenden Berechtigungen Schaden am Netzwerk anrichten.

Jeder Systemadministrator eines größeren Netzwerkes sollte unter drei verschiedenen Kennungen arbeiten. Die erste Kennung sollte die ganz normalen Berechtigungen eines Standardanwenders haben. Unter dieser Kennung kann der Administrator die Dinge austesten, die er mit einer Administratorkennung im System definiert hat. Er sieht genau das, was jeder andere Benutzer auch sieht, und er arbeitet genau mit den Berechtigungen, mit denen jeder andere Kollege auch arbeitet. Dies zwingt den Administrator dazu, die Arbeitsoberfläche und die Berechtigungen des Standardanwenders so zu gestalten, dass ein angenehmes Arbeiten ohne zu große Restriktionen möglich ist.

Ruft ein Mitarbeiter an, weil er auf ein Problem gestoßen ist, so kann der Administrator sofort überprüfen, ob das Problem auch auftaucht, wenn er unter seiner einfachen Kennung angemeldet ist, und zwar auf dem Computer des Mitarbeiters. Tritt es auf, so handelt es sich um ein generelles Problem, das für alle Anwender gelöst werden muss. Taucht es nicht auf, so liegt das Problem wahrscheinlich in den individuellen Einstellungen des Benutzers, der das Problem gemeldet hat.

Unter dieser Kennung kann der Administrator aber auch unbesorgt Mails schreiben und empfangen, Dokumente in Office erstellen und Tools aus dem Internet herunterladen, ohne aus Versehen Viren in das System einzuschleusen oder ungewollt Änderungen auf den Servern vorzunehmen.

Mit einer zweiten Kennung mit Administratorrechten sowohl am lokalen Computer als auch auf den Servern arbeitet der Systemverwalter, wenn er administrative Tätigkeiten ausführt, z. B. neue Abbilder für RIS erzeugt oder vorhandene Abbilder überarbeitet, Verzeichnisse und Freigaben auf dem Server erstellt und Berechtigungen für diese Serververzeichnisse vergibt oder Netzdrucker anlegt. Sowohl für diese administrative Kennung als auch für die Kennung mit einfachen Rechten kann er ein servergespeichertes Profil verwenden. Meldet er sich unter diesen beiden Kennungen am Computer eines Kollegen an, um einem Problem nachzugehen, so kann er unter der ersten Kennung überprüfen, ob das Problem des Kollegen sowohl unter der einfachen Kennung des Administrators als auch unter der Kennung mit Administratorberechtigungen auftritt. Tritt das Problem unter der administrativen Kennung nicht auf, so ist es wahrscheinlich, dass es sich um ein Berechtigungsproblem handelt. Mit der administrativen Kennung ist er berechtigt, Änderungen am System vorzunehmen oder Anwendungen und Hardwaretreiber neu zu installieren, um das Problem zu lösen.

Auf dem Server sollte der Administrator jedoch nur mit einer dritten Konsolenkennung arbeiten, und zwar auch dann, wenn er remote auf dem Server arbeitet oder die Windows-Server-Verwaltungsprogramme (auf einem Windows-XP-Client installiertes **AdminPak.msi**) startet. Für diese Kennung sollte er kein servergespeichertes Profil verwenden! Auf dem Server sollten keine Anwendungsprogramme wie Microsoft Office installiert sein. Folglich sollten auch keine Profileinstellungen bei der Arbeit auf dem Server greifen, die dann benötigt werden, wenn der Administrator an seinem Arbeitsplatz-PC mit Outlook oder Access arbeitet. Ebenso darf auf keinen Fall das allgemein verwendete Anmeldeskript abgearbeitet werden, wenn der Administrator sich am Server anmeldet, denn in diesem Anmeldeskript stehen vielleicht Befehle, die Anwendungen oder Tools installieren, die Registrierdatenbank verändern oder Dateien im Verzeichnis **%WINDIR%\System32** austauchen. Diese Anmeldeskript-Befehle sind für einen Standardarbeitsplatz erstellt worden und können verheerende Folgen haben, wenn sie versehentlich auf einem Server ausgeführt werden.

Ein wichtiger anderer Grund, dem Konto eines Domänenadministrators kein servergespeichertes Profil zuzuweisen, ist folgender: Wenn Sie verschiedene Standorte mit langsamen WAN-Verbindungen betreuen müssen, so würde das servergespeicherte Profil über die langsame WAN-Verbindung geladen, wenn Sie sich abwechselnd an Computern der verschiedenen Standorte anmelden. Wenn Sie sich nach getaner Arbeit an diesem Computer wieder abmelden, so würde das lokale Profil bei der Abmeldung mit dem servergespeicherten Profil erneut synchronisiert. Diese An- und Abmeldevorgänge wären nicht nur unerträglich zeitraubend, sie würden auch die WAN-Verbindung unnötig stark belasten.

Gewöhnen Sie sich an, mit einer Kennung, die zur Gruppe der Domänenadministratoren gehört, ausschließlich nur dann zu arbeiten, wenn Sie administrative Tätigkeiten im Active Directory, also auf den Servern, ausführen müssen. Diese Kennung besitzt dermaßen umfassende Berechtigungen, dass Sie ungewollt großen Schaden anrichten können, wenn Sie unkonzentriert arbeiten oder z. B. durch Telefonate abgelenkt werden. Diese Aussage gilt besonders dann, wenn das zu administrierende System komplex ist und mehrere Personen als Domänenadministratoren arbeiten. Fehler, die sich durch eine undisziplinierte Nutzung dieser Kennungen einschleichen, sind später oft nicht nachvollziehbar und dann irreparabel. Es versteht sich von selbst, dass zumindest in einer komplexeren Gesamtstruktur mit mehreren Subdomänen unter einer Kennung, die zur Gruppe der Organisationsadministratoren oder Schemaadministratoren gehört, nur dann gearbeitet werden sollte, wenn Aufgaben zu erledigen sind, zu deren Erfüllung die herausragenden Berechtigungen dieser beiden Sicherheitsgruppen benötigt werden.

14.4 Offline-Synchronisation für Benutzer mit mobilen Geräten

Die Zuweisung von Basisverzeichnissen und die Umleitung des Ordners **Eigene Dateien** auf den Server hat den Vorteil, dass sich Benutzer an beliebigen Computern anmelden können und immer Zugriff auf ihre Dokumente haben, weil diese Dokumente auf einer Serverfestplatte liegen und nicht auf einem bestimmten Client. Lediglich bei Anwendern, die mit Laptops oder Tablet-PCs offline arbeiten dürfen (z. B. Außendienstmitarbeiter oder Mitarbeiter, die auch zu Hause arbeiten), müssen spezielle Überlegungen angestellt werden. Bei diesen Mitarbeitern sollte das Basisverzeichnis mit dem lokalen Verzeichnis **Eigene Dateien** bei der Anmeldung und Abmeldung synchronisiert werden, damit sie auch offline Zugriff auf Dokumente haben. In diese Offline-Synchronisierung müssen dann in der Regel aber auch bestimmte Gruppenverzeichnisse, das Exchange-Postfach und eventuell bestimmte öffentliche Ordner des Exchange Server einfließen. Außerdem muss dann auf dem Exchange Server ein Offline-Adressbuch erstellt und mit dem Outlook-Client synchronisiert werden, damit der Benutzer offline Mails verfassen kann.

Auf der Buch-DVD finden Sie einige Hinweise zu speziellen Problemen der Offline-Synchronisation. [⊙]

Wenn für Benutzer von mobilen Geräten ein servergespeichertes Benutzerprofil angelegt wurde, kann auf die Umleitung des Ordners **Eigene Dateien** auch ganz verzichtet werden. Der Ordner **Eigene Dateien** verbleibt also unter **C:\Dokumente und Einstellungen\%Benutzername%**. Dieses lokale Benutzerprofil wird aber bei jeder An- und Abmeldung an der Domäne mit dem servergespeicherten Benutzerprofil synchronisiert. Da der Server jede Nacht gesichert wird, werden somit auch die Dokumente dieses Benutzers immer mit dem Stand des Tages gesichert, an dem er sich zuletzt am Server angemeldet hatte.

Generell sollten die Anwender angehalten werden, Dokumente im Gruppenverzeichnis zu speichern und nur in Ausnahmefällen private Dokumente im Verzeichnis **Eigene Dateien** abzulegen. Die Gruppenverzeichnisse, in denen ein mobiler Benutzer Dokumente ablegt, muss er über die Funktion **Offline-Dateien** bei der An- und Abmeldung mit seiner lokalen Festplatte synchronisieren. Der Benutzer muss die gewünschten Gruppenverzeichnisse im Windows Explorer über **Extras · Ordneroptionen** in der Registerkarte **Offlinedateien** auswählen.

EFS-verschlüsselte Verzeichnisse und Dateien können übrigens nicht mit einem servergespeicherten Profil synchronisiert werden. In der Online-Hilfe von Windows Server 2003 lesen Sie unter dem Suchbegriff »Erstellen eines servergespeichertes Benutzerprofils« folgenden Satz:

Betriebssysteme der Windows Server 2003-Produktfamilie unterstützen nicht die Verwendung von verschlüsselten Dateien innerhalb der servergespeicherten Benutzerprofile.

Unter dem Suchbegriff »Empfehlungen« lesen Sie weiter:

*Verschlüsseln Sie den Ordner **Eigene Dateien**, wenn Sie die meisten Ihrer Dokumente im Ordner **Eigene Dateien** speichern. Auf diese Weise wird sichergestellt, dass persönliche Dokumente standardmäßig verschlüsselt werden. Für servergespeicherte Benutzerprofile ist dies nur empfehlenswert, wenn der Ordner **Eigene Dateien** zu einem Netzwerkpfad umgeleitet wurde.*

[»] Offline-Dateien werden übrigens für alle Benutzer des Computers im Verzeichnis **%Systemroot%\CSC** gespeichert, doch kann ein Nicht-Administrator dieses Verzeichnis nicht einsehen. Mit dem Tool **moveuser.exe** aus dem Windows Server Resource Kit kann dieses Verzeichnis auf eine andere Partition verschoben werden.

14.5 Zentrale Verzeichnisse für Dokumentvorlagen definieren

14.5.1 Benutzervorlagen und Arbeitsgruppenvorlagen

Ein weiteres Ziel besteht nun darin, das Standardverzeichnis für Microsoft-Office-Dokumentvorlagen wie z. B. Word-dot-Dateien festzulegen und über Gruppenrichtlinien für alle Benutzer vorzugeben.

Vor der Verwendung von Gruppenrichtlinien und der Ordnerumleitung findet ein Benutzer mit der Kennung **schlueter** in Word unter **Extras · Optionen** in der Registerkarte **Speicherort für Dateien** folgende Einstellungen:

Dokumente:
C:\Dokumente und Einstellungen\schlueter\Eigene Dateien

Benutzervorlagen:
C:\Dokumente und Einstellungen\schlueter\Anwendungsdaten\Microsoft\Vorlagen

Arbeitsgruppenvorlagen:
Nicht definiert

AutoWiederherstellen-Dateien:
C:\Dokumente und Einstellungen\schlueter\Anwendungsdaten\Microsoft\Word

Wörterbücher:
C:\Programme\Microsoft Office\Office11

AutoStart:
C:\Dokumente und Einstellungen\schlueter\Anwendungsdaten\Microsoft\Word\StartUp

In Excel findet der Anwender unter **Extras · Optionen** in der Registerkarte **Allgemein** folgende Einstellungen:

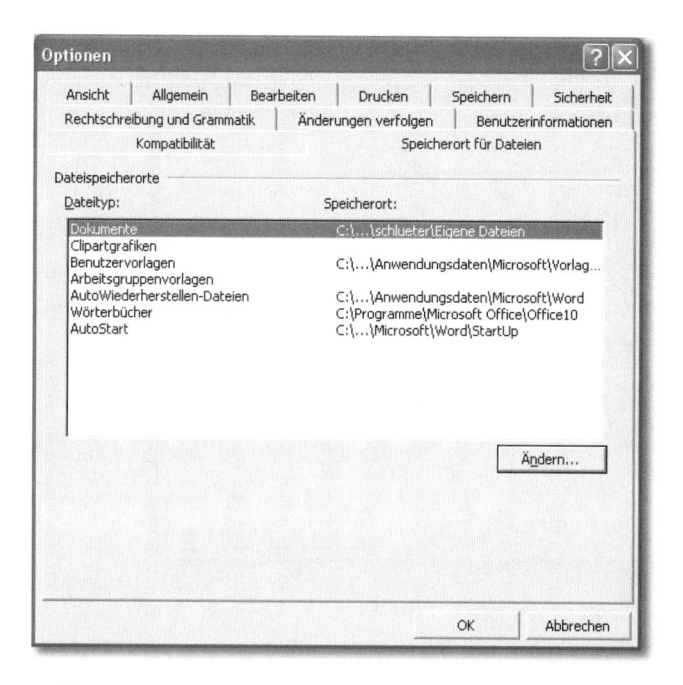

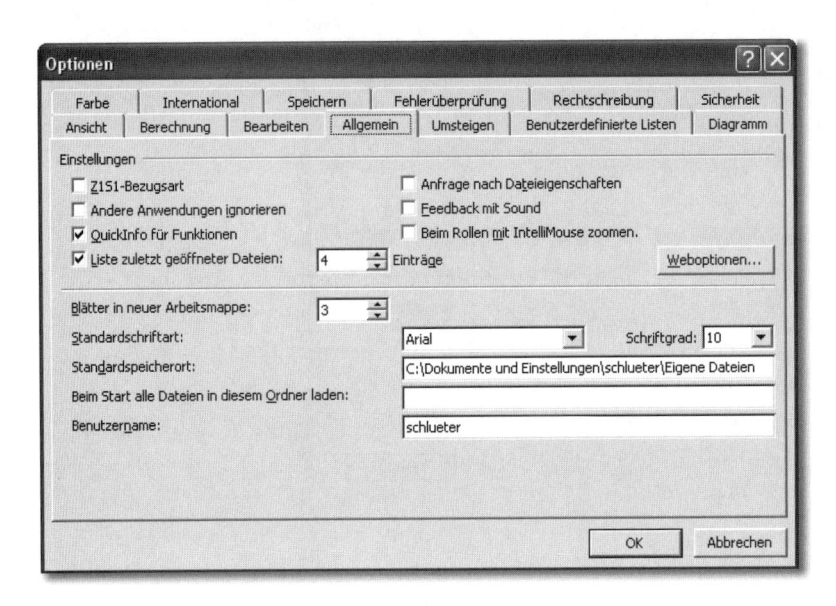

Standardspeicherort:
C:\Dokumente und Einstellungen\schlueter\Eigene Dateien

Beim Start alle Dateien in diesem Ordner laden:
Nicht definiert

Starten Sie den Gruppenrichtlinien-Editor und öffnen Sie zuerst die Kategorie **Benutzerkonfiguration · Administrative Vorlagen · Microsoft Word 2003 · Tools · Options File Location**. Über die Gruppenrichtlinie **Documents** können Sie ein anderes Standardablageverzeichnis für Word-Dokumente als das Basisverzeichnis des Anwenders **\\s1\users\%username%** festlegen, z. B. die Serverfreigabe **\\s1\Company** bzw. **\\s1\Groups**. Aus folgenden Gründen kann es sinnvoll sein, in dieser Gruppenrichtlinie als Standardverzeichnis das Gruppen-, Abteilungs- oder Projektverzeichnis der Anwender einzutragen. Wird diese Gruppenrichtlinie nicht definiert, so wird dem Anwender sein Basisverzeichnis zum Öffnen und Speichern von Dokumenten vorgeschlagen, sobald er in Word auf **Datei · Öffnen** oder **Datei · Speichern unter** klickt. Für die Mehrzahl der Anwender ist es jedoch angebracht, den Großteil der am Arbeitsplatz erstellten Dokumente nicht im privaten Verzeichnis, sondern im Gruppenverzeichnis abzulegen. Dadurch haben nicht nur die Kollegen Zugriff auf gemeinsam benötigte Dokumente. Im Krankheitsfall oder während des Urlaubs eines Mitarbeiters erspart diese Vorgabe für die Dokumentenablage auch, dass der Administrator von der Vertretung oder dem Vorgesetzten gebeten wird, im privaten Verzeichnis des abwesenden Mitarbeiters nach einem dringend benötigten, aber im Abteilungsverzeichnis nicht auffindbaren Dokument zu suchen. Im privaten Verzeichnis eines Arbeitnehmers sollten eigentlich nur solche Dokumente gespeichert werden, die explizit für die Abteilung oder die Projektmitglieder noch nicht zugänglich sein sollen.

Stellen Sie sich eine Abteilung vor, in der viele Mitarbeiter jeden Tag Anträge, Angebote oder anderen Kundenschriftverkehr in Word verfassen. Jedes Mal, wenn ein Sachbearbeiter ein neues Dokument im Gruppenverzeichnis abspeichern will, klickt er in Word auf **Datei · Speichern unter**. Wird jetzt sein persönliches Basisverzeichnis vorgeschlagen, so muss er zuerst in das Gruppenverzeichnis wechseln. Will er in Word ein zu überarbeitendes Gruppendokument öffnen, so klickt er in Word auf **Datei · Öffnen** und muss erst vom Verzeichnis **Eigene Dateien** in das Gruppenverzeichnis wechseln. Wird jedoch durch die Gruppenrichtlinie **Documents** das gemeinsam genutzte Company-Verzeichnis oder sogar das Abteilungsverzeichnis vorgegeben, so entfällt dieser Aufwand und der Anwender wird darüber hinaus dazu »erzogen«, Arbeitsergebnisse im Gruppenverzeichnis und nicht in der persönlichen Ablage abzulegen.

Öffnen Sie nun die Kategorie **Benutzerkonfiguration · Administrative Vorlagen · Microsoft Office 2003 · Shared paths**. Über die Richtlinie **User templates path** können Sie einstellen, welcher Pfad für die privaten Benutzervorlagen definiert werden soll. Auf das Benutzervorlagenverzeichnis benötigt der Anwender schreibende Rechte, denn dort wird z. B. die **NORMAL.DOT** von Word angelegt. Über die Gruppenrichtlinie **Workgroup templates path** können Sie hingegen einstellen, welches Verzeichnis in Word als Gruppenvorlagenverzeichnis definiert werden soll. Auf das Gruppenvorlagenverzeichnis benötigt die Mehrzahl der Anwender nur das Leserecht. Nur diejenigen Mitarbeiter, die Gruppenvorlagedateien hinzufügen und ändern dürfen, müssen weitergehende Verzeichnisrechte auf dieses zentrale Serververzeichnis haben.

Ein möglicher Ansatz wäre nun, im Basisverzeichnis **Z:** für jeden Anwender über das Anmeldeskript ein Unterverzeichnis **Z:\Vorlagen** zu erzeugen und dieses Verzeichnis als Benutzervorlagenverzeichnis zu definieren. In der Freigabe **\\Servername\Company** könnte wiederum ein Unterverzeichnis **Firmenvorlagen** erzeugt werden. Dieses Verzeichnis würde als **Workgroup templates path** definiert, wobei z. B. der Gruppe **Domänen-Benutzer** das Leserecht und der Gruppe **Domänen-Administratoren** oder einer speziellen Gruppe **Vorlagenverwalter** weitere Rechte für das Verzeichnis **\\Servername\Company\Firmenvorlagen** eingeräumt würden.

Wenn Sie in Ihrem Unternehmen neben Microsoft Office andere Anwendungen wie CAD oder eine kaufmännische Anwendung einsetzen, so werden Sie eventuell unterschiedliche Vorlageverzeichnisse für unterschiedliche Anwendungen

14 | Benutzerprofile, Basisordner, Ordnerumleitungen und Dokumentvorlageverzeichnisse

benötigen. Der vorgeschlagene Ansatz wäre dann aber zu kurzsichtig. Als weitsichtigere Lösung bietet sich an, sowohl für Benutzervorlagen als auch für Firmenvorlagen die Verzeichnisse weiter zu untergliedern:

In der Freigabe **\\Servername\Company legen Sie z. B.** das Verzeichnis **Firmenvorlagen** mit den Unterverzeichnissen **Office**, **AutoCAD** usw. an. Über das Anmeldeskript stellen Sie sicher, dass im servergespeicherten Basisverzeichnis **Z:** jedes Anwenders ein Verzeichnis **Vorlagen** mit den gewünschten Unterverzeichnissen wie **Office**, **AutoCAD** usw. erzeugt wird.

Damit diese Vorgehensweise funktioniert, muss z. B. über ein Anmeldeskript gewährleistet sein, dass für jeden Benutzer im servergespeicherten Basisverzeichnis **Z:** ein Verzeichnis **Z:\Vorlagen** erzeugt wird und darunter die gewünschten Unterverzeichnisse angelegt werden. Das Anmeldeskript könnte folgende Struktur haben:

```
@echo off
rem Homedirectory wird ueberprueft und wichtige XXX Verzeichnisse
rem erzeugt:
if /i "%HOMEDRIVE%"=="Z:" goto HOMEOKAY
cls
echo Der Basisordner Z: wurde nicht oder fehlerhaft gesetzt.
echo Wenden Sie sich an den Helpdesk unter Tel. 12345
echo.
pause
c:
%LOGONSERVER%\netlogon\util\logoff.exe
exit
:HOMEOKAY
if not exist "Z:\Vorlagen" md "Z:\Vorlagen" > NUL: 2>&1
md Z:\Vorlagen\Office > NUL: 2>&1
md Z:\Vorlagen\AutoCAD > NUL: 2>&1
md Z:\Vorlagen\Sage KHK > NUL: 2>&1
rem Gruppenverzeichnis "Company" wird mit G: verbunden:
net use g: /del > NUL: 2>&1
net use g: "\\S1\Company" > NUL: 2>&1
```

Dieses Anmeldeskript überprüft zuerst, ob der Administrator bei der Einrichtung einer neuen Kennung nicht vergessen hat, in der Registerkarte **Profil** unter **Basisordner** das Laufwerk **Z:** mit **\\Servername\Users\%USERNAME%** zu verbinden. In diesem Fall wird eine Fehlermeldung ausgegeben und der Anwender wird sofort wieder abgemeldet, damit keine Folgefehler auftreten. Auf gleiche Weise lässt sich im Anmeldeskript überprüfen, ob für einen neuen Benutzer ein Profilpfad für ein servergespeichertes Benutzerprofil angegeben wurde.

Danach wird das Verzeichnis **Z:\Vorlagen** mit den Unterverzeichnissen erzeugt. Die Umleitung **> NUL: 2>&1** hinter den md-Befehlen (md = makedir) sorgt dafür, dass weder eine Bestätigungsmeldung wie **Verzeichnis wurde angelegt** noch eine Fehlermeldung wie **das Verzeichnis xxx existiert bereits** angezeigt wird.

Über den Befehl **net use g: \\S1\Company > NUL: 2>&1** wird für alle Benutzer das Laufwerk **G:** mit der Freigabe **\\Servername\Company** verbunden. Die Anwender finden nun unter dem Laufwerk **Z:** ihre persönlichen Dokumente und Vorlagen und unter dem Laufwerk **G:** die Gruppendokumente und Gruppenvorlagen.

Wenn mit unterschiedlichen Versionen von Microsoft Office gearbeitet wird (2000/2002/2003), kann es sinnvoll oder unumgänglich sein, separate Unterverzeichnisse für Dokumentvorlagen einzurichten, damit es keine Konflikte gibt, denn das Makroverhalten der verschiedenen Office-Versionen ist z. B. unterschiedlich:

- \\Servername\Company\Vorlagen\Office\2000
- \\Servername\Company\Vorlagen\Office\2002
- \\Servername\Company\Vorlagen\Office\2003

Nun kann die Richtlinie **User templates path** mit **Z:\Vorlagen\Office** definiert werden. Im Feld **User templates path** kann übrigens auch ein UNC-Pfad mit der Variablen %USERNAME% stehen:

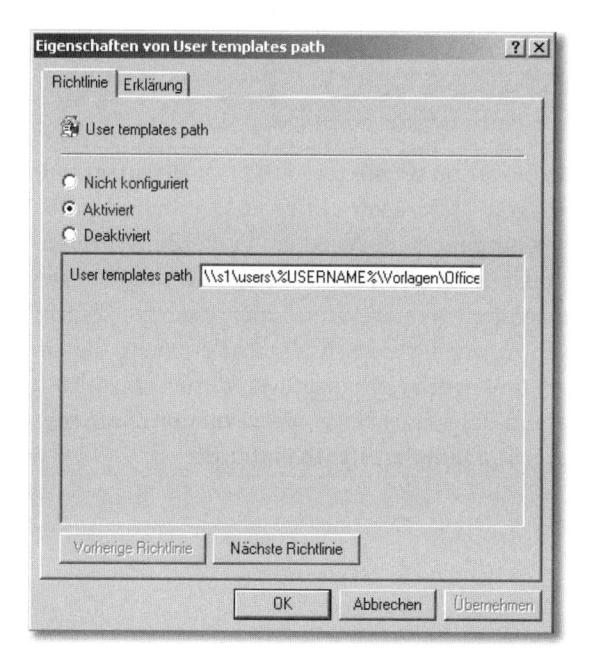

14 | Benutzerprofile, Basisordner, Ordnerumleitungen und Dokumentvorlageverzeichnisse

Nachdem die Richtlinie **User templates path** auf **\\Servername\Users\%username%\Vorlagen\Office** eingestellt wurde, findet der Anwender diese Einstellung in Word unter **Optionen** in der Registerkarte **Speicherort für Dateien** als unveränderlichen Eintrag hinter **Benutzervorlagen**. Sobald Sie sich am Windows-XP-Client erneut angemeldet haben, sollte in Word unter **Extras · Optionen · Speicherort für Dateien** der über die Gruppenrichtlinien **User templates path** eingestellte Pfad angezeigt werden:

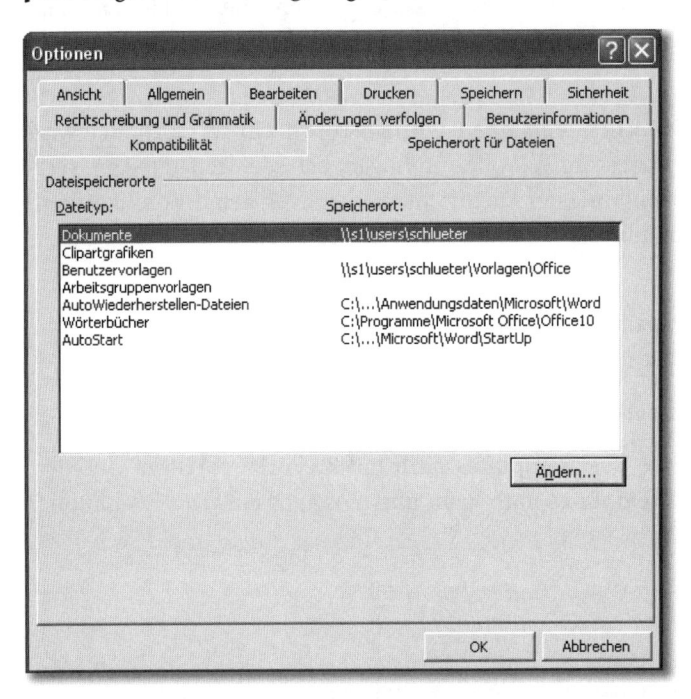

Als Nächstes wird die Richtlinie **Workgroup templates path** unter **Benutzerkonfiguration · Administrative Vorlagen · Microsoft Office 2003 · Shared paths** eingestellt. In der Server-Freigabe **Company** wird zuerst ein Verzeichnis **Firmenvorlagen** mit den gewünschten Unterverzeichnissen **Office**, **AutoCAD** usw. erstellt. Auf dieses Verzeichnis sollten zwar alle Anwender lesenden Zugriff bekommen, jedoch nur diejenigen Anwender ein Schreibrecht erhalten, die die Vorlagedateien ändern und neue Firmenvorlagen hinzufügen dürfen. Man kann nun den einfachen Weg wählen und das Verzeichnis **\\Servername\Company\Firmenvorlagen\Office** als **Workgroup templates path** eintragen.

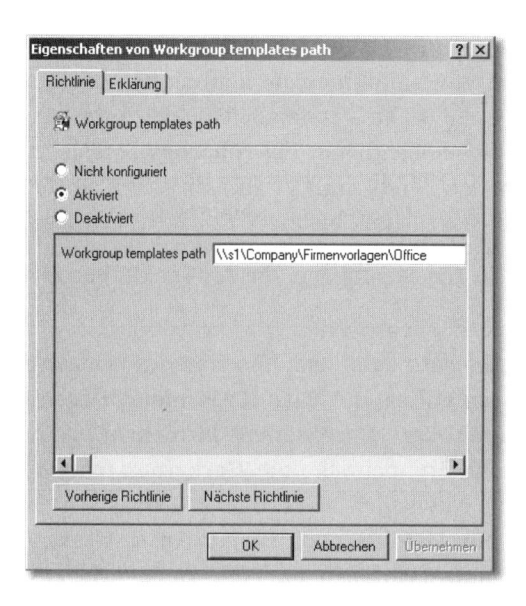

Diese Vorgehensweise hat aber einen gravierenden Nachteil: Wenn tagsüber die Anwender mit Word arbeiten und die Firmenvorlagen von Word benutzen, sind diese dot-Dateien ständig im Zugriff und können nicht bei Bedarf ad hoc geändert werden. Um dieses Problem zu umgehen, bietet sich folgende Vorgehensweise an:

Über das Anmeldeskript wird das komplette Verzeichnis **Firmenvorlagen** mit dem Tool **Robocopy.exe** nach **C:\Firmenvorlagen** repliziert. Das Tool **Robocopy.exe** und die zugehörige Dokumentation **Robocopy.doc** gehören zum Windows Server Resource Kit. Das Tool **Robocopy** synchronisiert das zentrale Verzeichnis **\\Servername\Company\Firmenvorlagen** mit dem dezentralen Verzeichnis **C:\Firmenvorlagen** rasend schnell. Das Anmeldeskript muss nun um folgende Zeile ergänzt werden:

```
start /min %LOGONSERVER%\netlogon\util\robocopy.exe \\s1\Company\
Firmenvorlagen c:\Firmenvorlagen /mir /w:0 /r:0 > NUL: 2>&1
```

Wenn es aus Sicherheitsgründen Bedenken gibt, dass die Vorlagedateien lokal auf den Clients liegen, so können sie auch mittels **Robocopy** in das Basisverzeichnis des Anwenders **Z:** gespiegelt werden. Dieses Vorgehen bietet sich besonders dann an, wenn Office von einem Terminalserver gestartet wird, denn bei einer Terminalserversitzung hat der Benutzer auf das Laufwerk **C:** keine Schreibrechte. In diesem Fall wird folgender Befehl an das Anmeldeskript angefügt:

```
start /min %LOGONSERVER%\netlogon\util\robocopy.exe \\s1\Company\
Firmenvorlagen \\Servername\Users\%USERNAME%\Firmenvorlagen
  /mir /w:0 /r:0 > NUL: 2>&1
```

14 | Benutzerprofile, Basisordner, Ordnerumleitungen und Dokumentvorlageverzeichnisse

Der Ausdruck **start /min** bewirkt übrigens, dass die Synchronisation des Verzeichnisses **Firmenvorlagen** im Hintergrund und in einem minimierten Fenster abläuft. Im Hintergrund bedeutet, dass die nachfolgenden Befehle des Anmeldeskriptes abgearbeitet werden, ohne auf die Beendigung des **robocopy**-Befehls zu warten. Geben Sie in einer CMD-Box den Befehl **start /?** ein, um sich über die Möglichkeiten zu informieren, die der **start**-Befehl bietet.

Der Ausdruck **> NUL: 2>&1** unterdrückt alle Meldungen, die das Tool **Robocopy** sonst auf dem Bildschirm ausgibt.

In der Richtlinie **Workgroup templates path** kann jetzt also statt des Pfades **\\Servername\Company\Firmenvorlagen\Office** der Pfad **C:\Firmenvorlagen\Office** oder der UNC-Pfad **\\Servername\Users\%username%\Firmenvorlagen\Office** eingetragen werden. Nachdem die Gruppenrichtlinie **Workgroup templates path** so definiert wurde, zeigt beim Anwender in Word unter **Extras · Optionen** die Registerkarte **Speicherort für Dateien** nunmehr **\\s1\users\%username%\Vorlagen\Office** im Feld **Benutzervorlagen** und **C:\Firmenvorlagen\Office** im Feld **Arbeitsgruppenvorlagen** an:

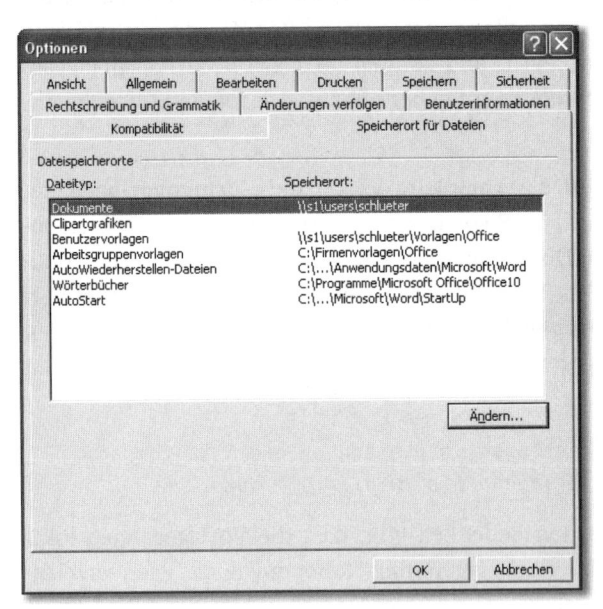

14.5.2 Das AutoStart-Verzeichnis über eine Gruppenrichtlinie festlegen

In großen Unternehmen soll zusätzlich oft eine Vorlagedatei beim Start von Word geladen werden. Diese Vorlagedatei soll bestimmte Makros ausführen oder die Menüs von Word für das Unternehmen anpassen. Standardmäßig wer-

14.5 Zentrale Verzeichnisse für Dokumentvorlagen definieren

den beim Start von Word alle Dateien geladen, die sich im Verzeichnis befinden, das unter **Extras · Optionen · Speicherort für Dateien** als **AutoStart**-Verzeichnis angegeben ist. Da bereits ein zentrales Verzeichnis für Firmenvorlagen auf dem Server erstellt wurde, bietet es sich an, dieses Verzeichnis um ein Startup-Verzeichnis zu erweitern. Es gibt jedoch nicht nur in Word ein Startup-Verzeichnis, sondern auch in Excel. In Excel können Sie das Startup-Verzeichnis über **Extras · Optionen** in der Registerkarte **Allgemein** im Feld **Beim Start alle Dateien in diesem Ordner laden** finden.

Folgende Vorgehensweise ist denkbar: Im zentralen Serververzeichnis **\\Servername\Company\Firmenvorlagen\Office** richten Sie die beiden Unterverzeichnisse **Word-Startup** und **Excel-Startup** ein. Die Robocopy-Routine des Anmeldeskripts stellt sicher, dass auch diese Unterverzeichnisse mit dem lokalen Verzeichnis **C:\Firmenvorlagen** synchronisiert werden. Über entsprechende Gruppenrichtlinien werden nun die dezentralen Verzeichnisse **C:\Firmenvorlagen\Office\Word-Startup** und **C:\Firmenvorlagen\Office\Excel-Startup** definiert. Die dot-Dateien im zentralen Serververzeichnis **\\Servername\Company\Firmenvorlagen\Word-Startup** sind damit tagsüber nicht durch Anwender blockiert und können von Mitarbeitern der Systemadministration gepflegt werden.

Nun müssen noch die Richtlinien für die Startup-Verzeichnisse von Word und Excel definiert werden. Für Word 2003 finden Sie die zugehörige Richtlinie unter **Benutzerkonfiguration · Administrative Vorlagen · Microsoft Word 2003 · Tools | Options · File Locations · Startup**.

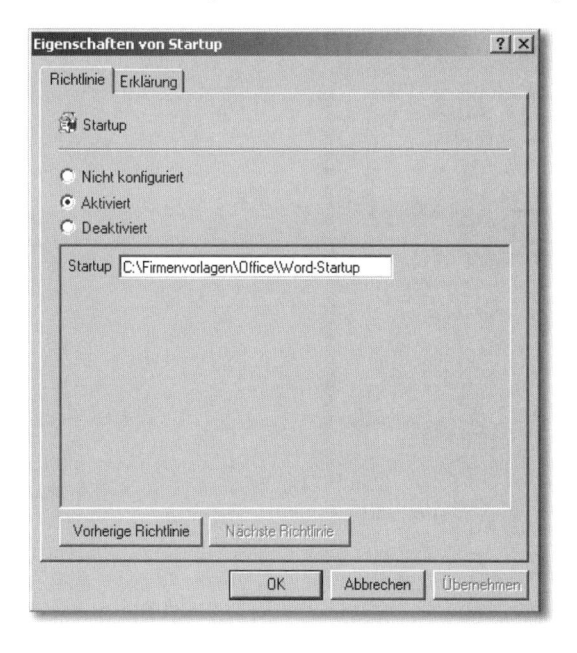

14 | Benutzerprofile, Basisordner, Ordnerumleitungen und Dokumentvorlageverzeichnisse

Das Startup-Verzeichnis für Excel definieren Sie über **Benutzerkonfiguration · Administrative Vorlagen · Microsoft Excel 2003 · Tools | General · Alternate startup directory**.

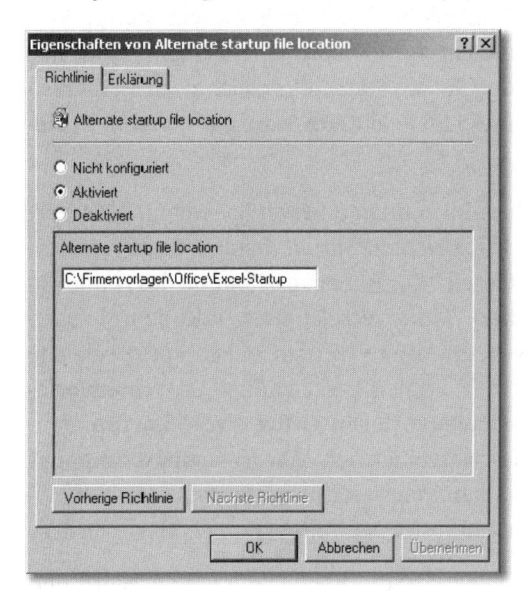

Um das Ergebnis auf dem Windows-XP-Client zu sehen, setzen Sie den Befehl **gpupdate** über **Start · Ausführen** ab. In Word sehen Sie über **Extras · Optionen** in der Registerkarte **Speicherort für Dateien** folgendes Ergebnis:

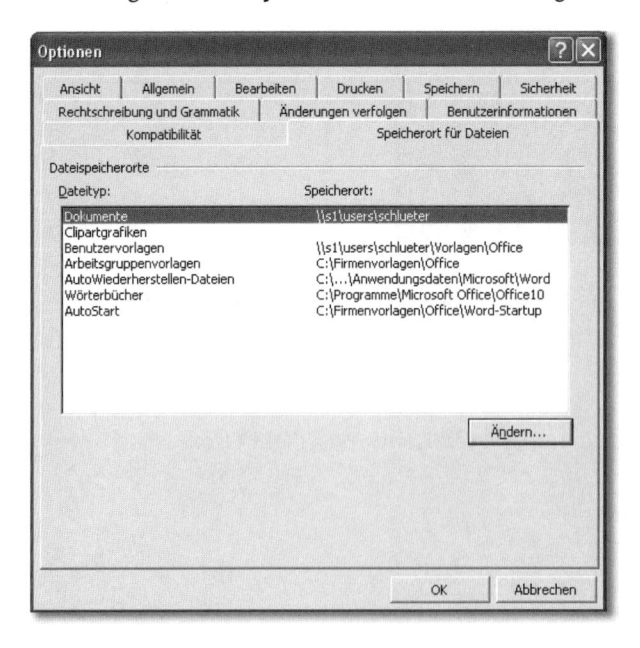

In Excel öffnen Sie unter **Extras · Optionen** die Registerkarte **Allgemein**, um das Ergebnis der neu definierten Gruppenrichtlinien zu überprüfen:

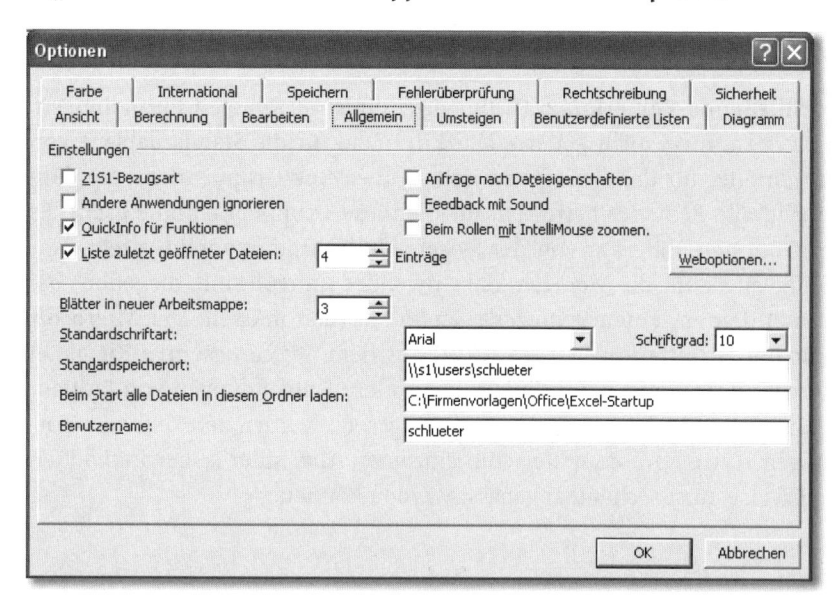

14.6 Dokumentvorlagen über mehrere Standorte synchronisieren

Verfügt Ihr Unternehmen über mehrere Standorte, so wäre es sicher nicht sinnvoll, wenn für einen Mitarbeiter am Standort X als Dokumentvorlageverzeichnis ein Firmenvorlageverzeichnis eines Servers am Standort Y mittels der Richtlinie **Workgroup templates path** vorgegeben würde. Ebenso verhält es sich für die Richtlinien, die den Speicherort für AutoStart-Dokumente bestimmen. Sinnvoll wäre, dass alle Firmen-Dokumentvorlagen in einem zentralen Verzeichnis **Firmenvorlagen** auf einem Server der Hauptniederlassung von ausgewählten Mitarbeitern gepflegt würden und dieses zentrale Verzeichnis dann auf die dezentralen Server der Niederlassungen repliziert würde. Sie können z. B. in der NETLOGON-Freigabe des Domänencontrollers der Hauptniederlassung ein Unterverzeichnis **Firmenvorlagen** erstellen und dort alle Dokumentvorlagen einstellen und pflegen. (Hinweis: Das Verzeichnis **%SystemRoot%\SYSVOL\%Domänenname%\scripts** ist standardmäßig unter der Bezeichnung **NETLOGON** freigegeben.) Der Inhalt der NETLOGON-Freigabe wird automatisch auf alle Domänencontroller repliziert. Für die Mitarbeiter des Standortes X richten Sie nun eine Organisationseinheit ein und erstellen für diese OU eine Richtlinie, in der das Verzeichnis **\\Server_Standort_X\NETLOGON\Firmenvorlagen** in der Richtlinie **Work-**

group templates path eingetragen wird. Umständlicher wäre es, das Verzeichnis **Firmenvorlagen** an anderer Stelle auf dem zentralen Server unterzubringen und über die Einrichtung von DFS (Distributed File System) sicherzustellen, dass dieses Verzeichnis auf die Server aller Standorte der Domäne repliziert wird.

Eine abschließende Bemerkung: Gruppenrichtlinien erzwingen Einstellungen. Der Benutzer kann sie nicht ändern. Wird der Pfad für die Standardablage von Dokumenten oder für das Vorlageverzeichnis über eine Gruppenrichtlinie definiert, so sind alle Benutzer betroffen, für die diese Gruppenrichtlinie greift. Es gibt aber Optionen, die zwar von der Systemadministration voreingestellt werden sollen, weil sie für die Mehrzahl der Anwender sinnvoll sind, die jedoch bei Bedarf durch den einzelnen Benutzer geändert werden müssen. Der **Microsoft Office Custom Installation Wizard** (CIW) aus dem Office Resource Kit bietet eine Alternative zu Gruppenrichtlinien. Für andere Anwendungen von Drittanbietern können wiederum Anmeldeskripte eingesetzt werden, um sinnvolle Voreinstellungen zu treffen, die später vom einzelnen Anwender seiner individuellen Arbeitsweise entsprechend angepasst werden können.

Unter Windows Server 2000/2003 gibt es viele Möglichkeiten, beim Start eines Computers oder bei der Anmeldung eines Anwenders die Arbeitsumgebung des Computers oder des Anwenders zu definieren und beinahe beliebige Manipulationen am Computer vorzunehmen, bis hin zur Verteilung oder zum Update von Anwendungssoftware.

15 Das Anmeldeskript

15.1 Das Anmeldeskript als »eierlegende Wollmilchsau« verwenden

Unter Windows Server 2000/2003 haben Sie die Möglichkeiten, ein Startskript beim Start des Server- oder Clientbetriebssystems oder ein Herunterfahrenskript beim Shutdown des Betriebssystems ablaufen zu lassen sowie ein Anmelde- oder Abmeldeskript für Benutzeran- und -abmeldung an der Domäne einzusetzen. So können Sie mittels eines Anmeldeskripts z. B. folgende Vorgänge zentral gesteuert durchführen:

- Sie können zentral gesteuert in der Registrierdatenbank der Clients beliebige Registrierdatenbankschlüssel einfügen, löschen und manipulieren.
- Sie können die Rechte auf Verzeichnisse oder einzelne Dateien der lokalen Festplatten verändern und dort Dateien austauschen oder neu einspielen.
- Sie können ASCII-Dateien auf allen Clients beliebig manipulieren, z. B. jede noch benötigte INI-Datei im Verzeichnis **C:\Windows** oder eine der Dateien **hosts**, **lmhosts**, **protocol** oder **services** im Verzeichnis **C:\Windows\System32\drivers\ETC**.
- Sie können das Startmenü oder den Inhalt des Desktops von **All Users** oder **Default User** oder des sich gerade anmeldenden Benutzers beliebig verändern oder z. B. eine überarbeitete Version der **NTUSER.DAT** in das Verzeichnis **C:\Dokumente und Einstellungen\Default User** einspielen.
- Sie können während der Anmeldung des Anwenders mittels des Tools **Switch User (su.exe)** aus dem Windows Server Resource Kit Unterroutinen starten, die nur mit lokalen Administratorrechten ausgeführt werden können, wie z. B. die Deinstallation oder Neuinstallation einer Anwendung, das Update

von Antivirendateien, das Hinzufügen oder Entfernen von Diensten und die Manipulation am Zweig **HKEY_LOCAL_MACHINE** der Registrierdatenbank.

Eigentlich gibt es nichts, was man nicht mit Hilfe des Anmeldeskripts erledigen kann. Und deshalb ist es wichtig, sich diese Möglichkeiten zu erarbeiten. Dieses Kapitel dient dazu, Sie Schritt für Schritt an dieses Potenzial heranzuführen. Arbeiten Sie es konzentriert durch! Vollziehen Sie die Beispiele in Ihrer Testumgebung nach. Alle in anderen Kapiteln sich anschließenden Ideen und Routinen basieren auf den Kenntnissen, die Sie in diesem Kapitel erwerben werden.

Ich arbeite in den folgenden Übungen ausschließlich mit CMD-Batchroutinen und glaube, dass ein Systemadministrator auch weiterhin das Wissen um CMD-Batchroutinen benötigen wird. Das soll Sie später jedoch nicht davon abhalten, mit VB-Skripten zu arbeiten und diese auch in Anmeldeskripten einzusetzen!

[O] Auf der Buch-DVD finden Sie im Unterverzeichnis **NETLOGON\VBS** einige Beispielskripte, die Sie aber erst antesten sollten, wenn Sie mit den folgenden Übungen einige Erfahrungen gemacht haben. Unter **www.microsoft.com/technet/scriptcenter** finden Sie eine Fülle von Informationen zu VBS sowie Tools und Beispielskripte.

In meiner Testumgebung heißt der erste Domänenserver **S1**. Die Domäne heißt **Company.local**. Der Server wurde unter **C:\Windows** installiert, das Verzeichnis **SYSVOL** unter **C:\Windows** belassen. Es wird ein Testanwender namens **Hugo Testuser** angelegt. Dieser Testuser hat die einfachen Rechte eines Domänenbenutzers. Er meldet sich am Windows-XP-Computer **PC01** an. Prinzipiell funktionieren die beschriebenen Dinge jedoch auch auf einem Computer mit dem Betriebssystem Windows 2000 Professional.

[»] **Zwei Hinweise** Aufgrund der Möglichkeit, unter Windows-Objekten wie Verzeichnissen, Dateien, Sicherheitsgruppen usw. lange Dateinamen mit Leerzeichen anzugeben, werden Sie diese Namen in Skripten in Anführungszeichen setzen müssen. Dabei sollten Sie einen guten und – nach Möglichkeit – immer denselben Editor verwenden. Die Anführungszeichen von Word machen hier Probleme. Verwenden Sie edit.exe, notepad.exe oder ein Drittanbieter-Tool. Ich selbst arbeite bei vielen Administrationsaufgaben mit dem Norton Commander. Es gibt aber auch gute Freeware-Produkte, die dem Norton Commander nachgebaut wurden und einen besseren Funktionsumfang besitzen.

> Sie werden unter Umständen auch Schwierigkeiten haben, wenn diese Objekte Umlaute und Sonderzeichen enthalten. Es kann z. B. problematisch sein, eine Linkdatei wie den Windows Explorer von **C:\Dokumente und Einstellungen\Default User\ Startmenü\Programme\Zubehör** nach **C:\Dokumente und Einstellungen\All Users\ Startmenü** zu kopieren, weil die Umlaute »ü« und »ö« in den Wörtern »Startmenü« und »Zubehör« beim Ausführen des Skripts andere Zeichen liefern, als man erwartet. Auch hier ist der richtige Editor der Schlüssel zur Lösung des Problems.

> **Ein Hinweis zum vorliegenden Datenträger** Wenn Ihnen meine Sammlung von Dokumenten, Skripten und Tools auf der Buch-DVD zur Verfügung steht, so denken Sie bitte daran, dass Dateien einer CD oder DVD oft schreibgeschützt sind. Kopieren Sie deshalb den gesamten Inhalt der DVD in ein Verzeichnis Ihrer Festplatte und wenden Sie den Befehl **attrib -r -s -h *.* /s** auf dieses Verzeichnis an, um sicherzustellen, dass Sie später Änderungen an den Routinen vornehmen können.

Alle Routinen, die zum Anmeldeskript gehören, finden Sie im Verzeichnis **NETLOGON**. Sobald Sie Ihren Windows Server mit dem Snap-In **Serververwaltung** oder über den Befehl **dcpromo** zum Domänencontroller hochgestuft haben, können Sie den gesamten Inhalt dieses Verzeichnisses in die Freigabe **Netlogon** Ihres Servers kopieren. Setzen Sie dazu den Befehl **net use L: \\s1\netlogon** ab. Danach können Sie bequem über das Laufwerk **L:** auf die Netlogon-Freigabe zugreifen.

15.2 Wo liegt das Anmeldeskript auf dem Domänencontroller?

Auf jedem Domänencontroller einer Windows-2000/2003-Domäne gibt es ein Verzeichnis **%SystemRoot%\sysvol\sysvol**, das unter dem Freigabenamen **SYSVOL** und dem Kommentar »Ressource für Anmeldeserver« freigegeben ist.

Darunter finden Sie ein Verzeichnis mit dem Namen der Domäne und wieder darunter ein leeres Unterverzeichnis namens **scripts**. Dieses Verzeichnis **scripts** ist unter dem Freigabenamen **NETLOGON** freigegeben. Dort können Sie Anmelderoutinen als BAT-, CMD- oder auch als VBS- oder exe-Dateien ablegen.

Wenn Sie im Snap-In **Active Directory-Benutzer und -Computer** bei einem Anwender in der Registerkarte **Profil** im Feld **Anmeldeskript** z. B. »LOGON« eintragen, überprüft das System bei der nächsten Anmeldung dieses Anwenders, ob es in der NETLOGON-Freigabe des Servers eine Datei mit der Bezeichnung LOGON.BAT, LOGON.CMD, LOGON.VBS, LOGON.COM oder LOGON.EXE findet und führt diese Datei aus.

15 | Das Anmeldeskript

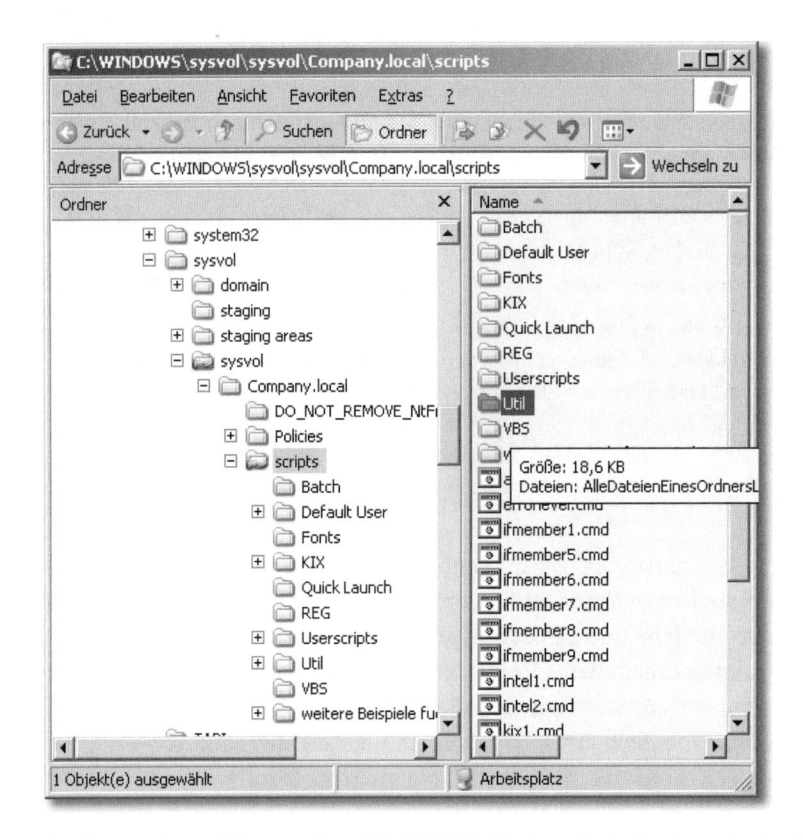

Im Verzeichnis **%SystemRoot%\SYSVOL** finden Sie jedoch auch das Verzeichnis **domain** mit den beiden Unterverzeichnissen **Policies** und **scripts**. Das Verzeichnis **scripts** ist ein Spiegelbild der Freigabe **NETLOGON**: Wenn Sie eine Datei nach **NETLOGON** kopieren, erscheint sie sofort auch unter **%SystemRoot%\SYSVOL\domain\scripts**. Im Verzeichnis **Policies** wird für jede Gruppenrichtlinie, die Sie für eine OU anlegen, automatisch ein Unterverzeichnis generiert.

Da das komplette Verzeichnis **SYSVOL** zwischen den Domänencontrollern Ihrer Domäne repliziert wird, wird auch die Freigabe **NETLOGON** repliziert. Verteilt sich Ihre Domäne physisch über mehrere Standorte, so liegt der Inhalt der Freigabe **NETLOGON** also auf jedem Domänencontroller an jedem Standort vor und wird über die Replikation immer synchron gehalten. Ebenso werden Gruppenrichtlinien, die sich physisch im Unterverzeichnis **%SystemRoot%\SYSVOL\domain\policies** befinden, über alle Domänencontroller der Domäne repliziert. Meldet sich ein Anwender z. B. am Standort **Essen** an, so wird nicht über die langsame WAN-Verbindung zum Standort **Aachen** das Anmeldeskript auf dem Server in **Aachen** abgearbeitet, sondern das Skript auf dem nächstgelegenen Domänencontroller.

> Wenn mittels des Befehls **dcpromo** der letzte Domänencontroller einer Domäne entfernt wird, wird auch das komplette Verzeichnis **SYSVOL** gelöscht. Sichern Sie deshalb in Ihrer Testdomäne regelmäßig die komplette Freigabe **NETLOGON** bzw. das Verzeichnis **%SystemRoot%\SYSVOL\SYSVOL\sysvol\company.local\scripts**, damit Ihre mühevoll erarbeiteten Anmelderoutinen nicht ins Nirwana verschwinden, wenn Sie die Domäne aus irgendwelchen Gründen neu installieren müssen.

Bei den folgenden Ausführungen wird davon ausgegangen, dass der Domänencontroller **S1** heißt und mit dem Befehl **net use L: \\s1\netlogon** das Laufwerk **L:** der Freigabe **NETLOGON** zugewiesen wurde. Melden Sie sich also als Administrator am Server **S1** an und geben Sie den Befehl **net use L: \\s1\netlogon** ein.

15.3 Das Anmeldeskript strukturieren

Weil man mit Anmeldeskripten komplexe Netzwerke steuern und bereits ausgelieferte Clients nachträglich fast beliebig manipulieren kann, nehmen sie mit der Zeit immer mehr Befehle und Unterroutinen auf. Damit ein derartig gewachsenes Anmeldeskript auch für einen Dritten durchschaubar bleibt, sollte es von Anfang an strukturiert angelegt werden. Unter Novell Netware gab es ein System-Anmeldeskript und ein User-Anmeldeskript. Im System-Anmeldeskript wurden Befehle ausgeführt, die die Umgebung aller am Netz sich anmeldenden Computer und Anwender definierten. Im User-Anmeldeskript wurden Befehle ausgeführt, die nur für denjenigen Anwender gültig sein sollten, der sich gerade am Netz anmeldete.

Am Anfang eines Anmeldeskriptes, das für alle Anwender mit Ausnahme der Mitglieder der Gruppen **Domänen-Admins** und **Organisations-Admins** durchlaufen wird, könnte eine Sicherheitsabfrage stehen, die das Skript sofort beendet, wenn es versehentlich auf einem Server oder unter einer Administratorkennung abläuft. Da das Anmeldeskript Befehle enthalten kann, die nur für Windows-XP-Clients sinnvoll sind, könnte es sehr schädlich sein, wenn es versehentlich ausgeführt wird, während sich ein Administrator an einem Server anmeldet.

Werden über das Anmeldeskript Service Packs oder Updates zu Windows XP oder Microsoft Office installiert oder Anwendungen hinzugefügt oder geupdatet, so sollte dieses geschehen, bevor die weiteren benutzerspezifischen Befehle ausgeführt werden, denn eventuell muss danach der Client neu gestartet werden, oder die nachfolgenden Befehle basieren vielleicht auf der Voraussetzung, dass die Installationsroutinen erfolgreich durchgeführt wurden.

Danach sollten Befehle eingefügt werden, die den Windows-XP-Client betreffen und daher maschinenspezifisch sind. Diesen Befehlen können sodann Befehle oder Unterroutinen folgen, die für alle Benutzer der Domäne gelten sollen, gefolgt von Befehlen, die für bestimmte Benutzergruppen wie ganze Abteilungen gültig sein sollen.

Zum Schluss folgt dann eine Abfrage, ob es ein individuelles Anmeldeskript für den Benutzer gibt, der sich gerade anmeldet. Ein solches Skript nimmt z. B. spezielle Netzdruckerzuweisungen für einzelne Benutzer vor oder verbindet für diesen Benutzer eine spezifische Serverfreigabe mit einem Laufwerk:

```
if exist %LOGONSERVER%\netlogon\Userscripts\logon\%USERNAME%.cmd
%LOGONSERVER%\netlogon\Userscripts\logon\%USERNAME%.cmd
```

Über Konstrukte wie z. B. **if Bedingung goto Sprungmarke** können Teile des Anmeldeskripts übersprungen werden. Wird ein Anmeldeskript immer länger, so ist auch die Fehlersuche immer komplizierter. Spätestens dann sollten Teile des Skripts in Unterskripte ausgelagert werden. Die Ausführung dieser Unterskripte kann ebenso von einer Bedingung abhängen:

```
if not exist %SystemRoot%\System32\DateiXYZ call %LOGONSERVER%\
NETLOGON\Batch\xyz.cmd
```

Jedes Skript sollte durch Remark-Zeilen ausreichend dokumentiert sein.

15.4 Die Netlogon-Freigabe mit Unterverzeichnissen strukturieren

Je mehr Sie die Möglichkeiten eines Anmeldeskripts ausschöpfen, desto mehr werden Sie Tools aus dem Windows Server Resource Kit und von Drittanbietern in Ihr Anmeldeskript einbauen. Das Anmeldeskript wird größer und mächtiger werden. Schnell werden Sie sehen, dass Sie weitere Unterroutinen komfortabel mit dem Tool **KiXtart** nutzen können.

[o] Sie finden KiXtart auf der Buch-DVD. Sie sollten deshalb von Beginn an die Freigabe **NETLOGON** in Unterverzeichnisse untergliedern und strukturiert halten.

▸ Ich schlage vor, im NETLOGON-Verzeichnis zuerst ein Unterverzeichnis **Util** anzulegen und alle Tools, die im Anmeldeskript verwendet werden, dorthin zu kopieren.

- Weiterhin sollte man ein Verzeichnis **Batch** anlegen und dort alle Unterroutinen des Anmeldeskriptes ablegen, also CMD- und VBS-Dateien. Damit Sie auf eine Vorversion eines Skriptes später schnell zurückgreifen können, rate ich dazu, ein weiteres Unterverzeichnis **Batch.bak** anzulegen und vor jeder Veränderung einer Batchdatei die ursprüngliche CMD-Routine dorthin zu sichern. Dabei können Sie die Datei umbenennen und das Speicherungsdatum in den Namen der Sicherungsdatei aufnehmen.

- Viele Veränderungen an der Registrierdatenbank können Sie über Gruppenrichtlinien vornehmen. Gibt es keine passende Gruppenrichtlinien-Vorlagedatei, können Sie eine eigene erzeugen. Sie werden in diesem Buch an die Erstellung eigener adm-Vorlagedateien herangeführt. Dennoch gibt es Schlüssel in der Registrierdatenbank, die nicht über Gruppenrichtlinien verändert werden können. Jedoch können die gewünschten Schlüssel über reg-Dateien eingefügt und manipuliert werden. Legen Sie dazu ein Unterverzeichnis mit der Bezeichnung **Reg** an und sammeln Sie dort alle reg-Dateien, die über Befehle wie **regedit.exe /s %LOGONSERVER%\NETLOGON\reg\abc.reg** bei der Anmeldung importiert werden sollen.

- Gibt es in Ihrem Unternehmen spezielle Schriftfonts, so sammeln Sie die zugehörigen ttf- und fon-Dateien im Unterverzeichnis **Fonts**. Über einen **robocopy**-Befehl stellen Sie im Anmeldeskript sicher, dass Fontdateien dieses Unterverzeichnisses in das Verzeichnis **%SystemRoot%\Fonts** aller Windows-XP-Clients übernommen werden. **Robocopy** ist ein Tool aus dem Windows Resource Kit.

- Das Unterverzeichnis **Userscripts** hat wiederum die Unterverzeichnisse **login** und **logoff**. Diese Unterverzeichnisse nehmen bei Bedarf für einzelne Benutzer spezielle Anmelde- oder Abmeldskripte auf.

- Außerdem sollten Sie ein Verzeichnis **Kix** anlegen und dort das Tool **kix32.exe** inklusive **kix32.doc** sowie alle KiXtart-Skripte hinterlegen. Je mehr man sich mit KixtArt befasst, desto mehr Ideen kommen, wozu man es gebrauchen kann, und desto mehr kix-Skripte entstehen.

15.5 Ein Anmeldeskript einem Benutzer zuweisen

Ein Anmeldeskript kann über das Snap-In **Active Directory-Benutzer und -Computer** im Feld **Anmeldeskript** angegeben werden, und zwar ohne einen Pfad zur Freigabe **NETLOGON**.

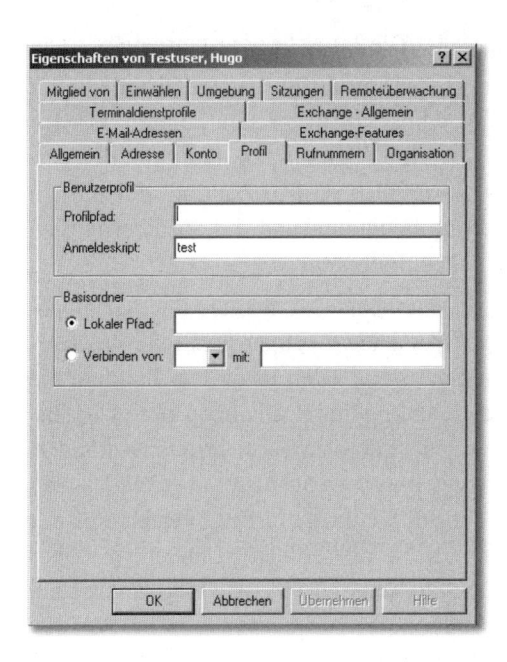

Eine andere Möglichkeit, ein Anmeldeskript über eine Gruppenrichtlinie zuzuweisen, wird später erklärt. Wird der Name des Anmeldeskriptes ohne Erweiterung angegeben (**test** statt **test.cmd** oder **test.bat**), so wird zuerst nach einer **test.bat** gesucht. Gibt es keine **test.bat** in der Freigabe **NETLOGON**, dann wird nach einer **test.cmd** gesucht. Sie können dies überprüfen, indem Sie eine Datei **test.bat** und eine Datei **test.cmd** unter **\\s1\netlogon** mit folgenden Inhalten anlegen:

Inhalt der test.bat:

```
Echo Die Datei test.bat wurde gestartet.
pause
```

Inhalt der test.cmd:

```
Echo Die Datei test.cmd wurde gestartet.
pause
```

Wenn Sie sich unter der Kennung **Testuser** anmelden, werden Sie jedoch nur eine zum Icon geschlossene Command-Box in der Taskleiste des Benutzers finden. Erst, wenn Sie diese Command-Box anklicken, öffnet sich ein Fenster, in dem Sie folgende Meldung sehen:

```
Echo Die Datei test.bat wurde gestartet.
Die Datei test.bat wurde gestartet.
pause
Drücken Sie eine beliebige Taste...
```

Wie erreichen Sie, dass die erste Zeile »Echo Die Datei test.bat wurde gestartet« und die dritte Zeile »pause« nicht angezeigt werden? Verändern Sie dazu die test.bat derart, dass Sie eine Zeile »@echo off« voranstellen:

```
@echo off
Echo Die Datei test.bat wurde gestartet.
pause
```

Sie sollten zwar, nachdem Sie sich erneut als **Testuser** angemeldet und den Unterschied bemerkt haben, diese Zeile bei weiteren Versuchen eingefügt lassen, jedoch durch ein vorangestelltes REM deaktivieren. Denn so können Sie während der Versuche mit dem Anmeldeskript Fehler leichter orten. Wenn Sie die **test.bat** jetzt löschen und nur noch die **test.cmd** in der Freigabe NETLOGON verbleibt, wird bei der nächsten Anmeldung der Text erscheinen: »Die Datei test.cmd wurde gestartet.«

Kommen wir zu einem anderen Problem: Das Startmenü und der Desktop des Benutzers werden bereits angezeigt, bevor das Anmeldeskript abgearbeitet wird. Außerdem wird das Anmeldeskript nicht in einem geöffneten Fenster angezeigt. Um dies zu erreichen, müssen Sie in der OU, in der der Testuser angelegt wurde, eine Gruppenrichtlinie anlegen, bei der folgende Einstellungen aktiv sind:

Unter **Benutzerkonfiguration · Administrative Vorlagen · System · Skripts** muss die Richtlinie **Anmeldeskripts gleichzeitig ausführen** aktiviert werden. Die Erklärung zu dieser Richtlinie lautet: »*Wartet, bis die Anmeldeskripts zu Ende ausgeführt wurden, bevor das Windows Explorer-Schnittstellenprogramm gestartet und der Desktop erstellt wird*« Lesen Sie die vollständige Erklärung! Aktivieren Sie außerdem die Richtlinie **Anmeldeskripts sichtbar ausführen**.

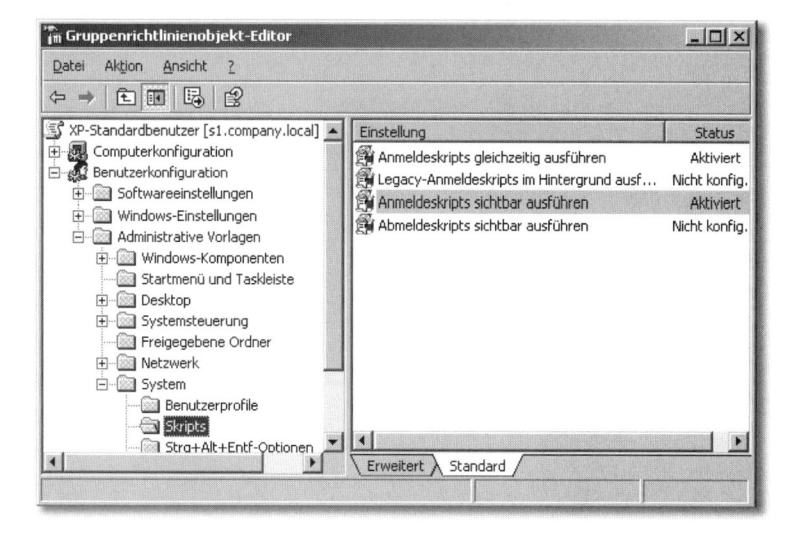

15.6　Ein Anmeldeskript einer Benutzergruppe zuweisen

Eine weitere Möglichkeit, ein Anmeldeskript für eine ganze Gruppe von Anwendern zu aktivieren, läuft über die Gruppenrichtlinie der OU, in der die Benutzerkonten liegen.

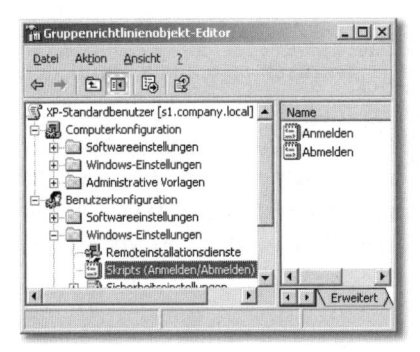

Das Betriebssystem sieht als Speicherort für Anmeldeskripte, die über eine Gruppenrichtlinie erstellt werden, einen Unterordner **\User\Scripts\Logon** des Speicherortes der Gruppenrichtlinie selbst vor. Der Pfad dorthin sieht dann wie folgt aus:

\\Company.local\SysVol\Company.local\Policies\ {ID-Nummer der Gruppenrichtlinie}\User\Scripts\Logon

Nachteilig hierbei ist, dass die Skripte nicht an einer zentralen Stelle liegen, wenn Sie mehrere Anmeldeskripte für unterschiedliche Anwendergruppen benötigen. Sie können aber auch hier die Freigabe **NETLOGON** des Servers verwenden: **%LOGONSERVER%\NETLOGON\test**

Es ist auf den ersten Blick fehleranfälliger, wenn bei jedem Benutzer separat in der Registerkarte **Profil** der Name des Anmeldeskriptes eingetragen werden muss. Denn dann kann beim Einrichten einer neuen Kennung schnell vergessen werden, den Eintrag in der Registerkarte **Profil** im Feld **Anmeldeskript** vorzunehmen. Wenn Tests nicht gegen die Lösung sprechen, liegt es scheinbar nahe, über eine Gruppenrichtlinie ein Anmeldeskript für eine ganze OU einzutragen. Doch sollten Sie das Skript nicht in die Richtlinie **Default Domain Policy** eintragen, weil es z. B. eventuell Spezialkennungen gibt (für automatische Anmeldung an einem PC mit Sonderaufgaben), bei deren Anmeldung ein Skript nicht automatisch ablaufen darf. Generell gilt, dass an der Domänenrichtlinie nicht herumgetestet werden sollte!

In den nachfolgenden Übungen wird das Anmeldeskript des Testusers jedoch nicht über eine Gruppenrichtlinie definiert, sondern über das Snap-In **Active Directory-Benutzer und -Computer** und die Registerkarte **Profil**, dort im Feld **Anmeldeskript**. Wir werden oft ein anderes Skript aktivieren müssen, und der Weg über die Gruppenrichtlinie ist umständlicher. Halten Sie sich an diese Anweisung, damit Ihre Testumgebung sich wie die meine verhält!

Wenn beim Abarbeiten des Anmeldeskriptes als Erstes eine Fehlermeldung wie »*UNC-Pfade werden nicht unterstützt. Stattdessen wird das Windows-Verzeichnis als aktuelles Verzeichnis gesetzt*« erscheint, so können Sie als ersten Befehl **cls** einsetzen und (cls = clear screen) diese Fehlermeldung damit ausblenden. Die Fehlermeldung muss nicht weiter beachtet werden. Sobald das Anmeldeskript sauber läuft, sollten Sie der cls-Zeile die Zeile **@echo off** voranstellen, damit nur noch die gewünschten Hinweise eingeblendet werden.

15.7 Startskripte und Herunterfahrenskripte

Der Vollständigkeit halber sei an dieser Stelle schon einmal erwähnt, dass man über eine Gruppenrichtlinie unter **Computerkonfiguration · Windows-Einstellungen · Skripts (Start/Herunterfahren)** für eine Gruppe von Computern ein Startskript oder auch ein Herunterfahrenskript angeben kann. Das Startskript wird immer dann ausgeführt, wenn der Computer hochgefahren wird. Eventuell müssen Sie den Computer zweimal hochfahren, wenn Sie für eine OU, in der sich der Computer befindet, ein Startskript über die Gruppenrichtlinie neu angeben. Beim ersten Start übernimmt der Computer die neue Einstellung in seine Registrierdatenbank, führt sie aber erst bei den nächsten Starts aus. Das Startskript wird ausgeführt, egal ob sich ein Anwender anmeldet oder nicht. Es läuft unter Systemrechten ab, jedoch muss man sich schon einmal einige Sekunden gedulden, bis das Startskript abläuft. Wir werden später mit Startskripten experimentieren. Alles der Reihe nach ...

15.8 Verhindern, dass das Anmeldeskript versehentlich auf einem Server oder unter der Kennung eines Domänen-Administrators abläuft

Das Anmeldeskript wird mit der Zeit immer mehr Befehle und Tools starten, die für die Definition der Umgebung der Clients oder eines einfachen Domänenbenutzers nützlich sind. Jedoch sollten Sie verhindern, dass das Anmeldeskript auf einem Server oder unter der Kennung eines Domänen-Admins abläuft, der sich z. B. über eine Remote-Sitzung an einem Server angemeldet hat. Um dieses auszuschließen, kann das Anmeldeskript mit folgenden Befehlen beginnen:

```
@echo off
REM Wichtig: Bei Anmeldung am Server darf dieses Skript nicht
REM ausgefuehrt werden!
if "%COMPUTERNAME%"=="%LOGONSERVER%" exit
if "%COMPUTERNAME%"=="S2" exit
REM Fuer Administratoren und bestimmte andere Kennungen
REM darf das Skript nicht ausgefuehrt werden.
REM Der Parameter /i steht fuer "Ignorieren von Gross-
/Kleinschreibung":
if /i "%USERNAME%"=="administrator" exit
if /i "%USERNAME%"=="admin2" exit
%LOGONSERVER%\netlogon\util\ifmember.exe "Company\Domänen-Admins" > NUL: 2>&1
if errorlevel 1 exit
REM Fuer Nicht-Windows-XP-Computer (z.B. Windows 95) das Skript
REM nicht abarbeiten!
if not "%OS%"=="Windows_NT" echo Das Anmeldeskript ist fuer Nicht-NT-Rechner nicht geeignet
if not "%OS%"=="Windows_NT" pause
if not "%OS%"=="Windows_NT" exit
REM Fuer Nicht-Standard-Installationen, das Skript nicht abarbeiten:
REM if not exist %windir%\bestimmte_Datei exit
```

In obigem Beispiel wird das Anmeldeskript durch den Befehl **exit** sofort abgebrochen, wenn sich **Administrator**, **admin2** oder ein Mitglied der Gruppe **Domänen-Admins** anmeldet oder wenn sich ein Administrator an der Konsole eines Domänencontrollers oder des Mitgliedservers **S2** anmeldet. Außerdem wird es abgebrochen, wenn das Betriebssystem des Computers, von dem die Anmeldung erfolgt, älter als Windows NT ist. Ein Hinweis hierzu: Wenn Sie unter Windows 2000 Professional oder unter Windows XP Professional eine DOS-Box öffnen und den Befehl **set** eingeben, werden Sie feststellen, dass als Variable **OS** wie unter Windows NT »Windows_NT« und nicht »Windows_2000« oder »Windows_XP« zurückgegeben wird.

Die letzte, mittels **REM** deaktivierte Zeile **if not exist %windir%\bestimmte_ Datei exit** zeigt Ihnen beispielhaft, wie Sie verhindern können, dass das Anmeldeskript auf Computern gestartet wird, die nicht Ihrer Standard-Konfiguration entsprechen. Wenn sich z. B. alle Ihre Standardcomputer dadurch auszeichnen, dass es eine Datei **C:\WINDOWS\ABC.TXT** gibt, so würden Sie die Zeile entsprechend in **if not exist c:\windows\abc.txt exit** ändern und damit sicherstellen, dass das Skript niemals bei der Anmeldung an einem Computer abläuft, auf dem es diese Datei nicht gibt.

15.9 Für eine Gruppe von Anwendern ein Gruppenlaufwerk definieren

Um Netzlaufwerke zuzuweisen, können Sie das Tool **ifmember.exe** aus dem Windows Server Resource Kit oder **KiXtart** verwenden. Die Syntax von **ifmember.exe** lautet beispielhaft:

```
ifmember.exe Domänenname\Gruppenname
if errorlevel 1 net use I: \\S1\Gruppenablage
```

Legen Sie zum Testen die globalen Sicherheitsgruppen **Einkauf**, **Marketing**, **Produktion** und **Verkauf** an. Legen Sie auf dem Server **S1** ein Verzeichnis **Groups** an und geben Sie es unter dem Freigabenamen **Groups** mit der Berechtigung **Vollzugriff** für **Jeder** frei.

Hinweis: An anderer Stelle dieses Buches wurde das Verzeichnis und die gleichnamige Freigabe für gemeinsame Dokumente übrigens nicht **Groups**, sondern **Company** genannt. Sie können ein Verzeichnis aber auch unter mehreren Freigabenamen freigeben, z. B. unter **Groups** und gleichzeitig unter **Company**.

Erzeugen Sie unter dem Verzeichnis **Groups** die Unterverzeichnisse **Einkauf**, **Verkauf**, **Marketing** und **Produktion** und geben Sie vorerst nur das Unterverzeichnis **Verkauf** unter dem Freigabenamen **Verkauf** frei. Als Freigabeberechtigung wählen Sie Vollzugriff für die Gruppe **Jeder**.

Öffnen Sie in den Eigenschaften des Verzeichnisses **Verkauf** die Registerkarte **Sicherheit**. Die Gruppe **Benutzer** hat Lese-Berechtigungen auf dieses Verzeichnis. Stattdessen soll der Gruppe **Verkauf** die Berechtigung **Ändern** erteilt werden. Klicken Sie zuerst auf die Schaltfläche **Erweitert**. Entfernen Sie unten das Häkchen bei **Berechtigungen übergeordneter Objekte, sofern vererbbar, über alle untergeordneten Objekte verbreiten**. Es öffnet sich ein Fenster **Sicherheit** mit dem Text »Wenn *Sie diese Option wählen, werden die Berechtigungseinträge des übergeordneten Elements nicht mehr auf dieses Objekt angewendet. Wie möch-*

ten Sie verfahren? Kopieren • Entfernen • Abbrechen«. Wählen Sie **Kopieren** und einmal **OK**, um in das erste Fenster zurückzugelangen. Wählen Sie jetzt die Gruppe **Benutzer** aus und entfernen Sie diese Gruppe. Wählen Sie **Hinzufügen** und geben Sie **Verkauf** ein. Geben Sie anschließend der Sicherheitsgruppe **Verkauf** das Recht **Ändern**.

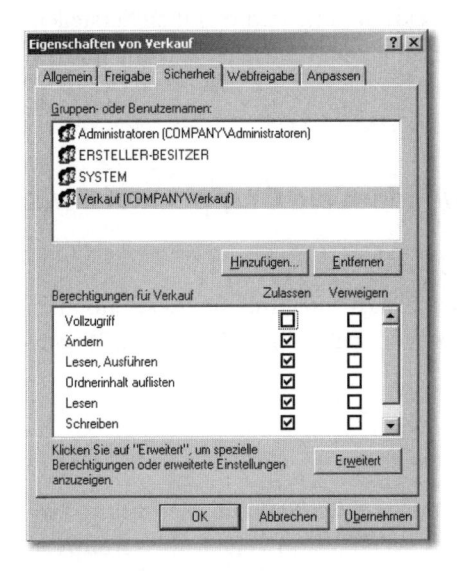

Verfahren Sie ebenso mit den Sicherheitsrechten der drei Verzeichnisse **Einkauf**, **Marketing** und **Produktion**: Neben der Gruppe **Administratoren**, ERSTELLER-BESITZER und SYSTEM soll anschließend nur die gleichnamige Sicherheitsgruppe das Recht **Ändern** auf die jeweiligen Ordner besitzen.

Das Tool **ifmember.exe** liefert die Anzahl der Gruppen zurück, für die die Bedingung zutrifft. Gibt man den Befehl mit mehreren Gruppennamen hintereinander ein, so gibt der Errorlevel die Anzahl der Gruppen an, in denen der Anwender ein Mitglied ist. Die Abfrage **ifmember.exe gruppe1 gruppe2 gruppe3 gruppe4 gruppe5** liefert z. B. den Errorlevel **2**, wenn der Anwender ein Mitglied von 2 der aufgezählten Gruppen ist.

In der Registerkarte **Profil** der Kennung **Testuser** geben Sie hinter **Anmeldeskript** »ifmember1.cmd« ein, wählen dann die Registerkarte **Mitglied von** und fügen die Kennung **Testuser** in die Gruppe **Verkauf** ein.

Erzeugen Sie unter **L:** (=NETLOGON-Freigabe) die Batchroutine **ifmember1.cmd**. Sie hat folgenden Inhalt:

```
\\s1\netlogon\util\ifmember.exe company\Verkauf
if errorlevel 1 net use g: \\s1\Verkauf
pause
```

15.9 Für eine Gruppe von Anwendern ein Gruppenlaufwerk definieren

Der letzte Befehl **pause** stoppt das Anmeldeskript, damit Sie sehen können, ob Fehler bei der Abarbeitung des Skripts auftauchen und welche Meldungen ausgegeben werden.

Melden Sie sich unter der Kennung **Testuser** am Client an. Sobald die Anmeldung durchlaufen ist, starten Sie den Explorer und öffnen den Arbeitsplatz. Sie sollten folgendes Laufwerk sehen: **Verkauf auf »s1« (G:)**

Damit Sie sich nicht erneut ab- und anmelden müssen, geben Sie über **Start · Ausführen** den Befehl **\\s1\netlogon\ifmember1.cmd** ein. Bei der Abarbeitung der Befehlszeile **if errorlevel 1 net use g: \\s1\Verkauf** erscheint die Fehlermeldung **Systemfehler 85 aufgetreten**. Dieser Fehler beruht darauf, dass das Laufwerk **G:** bereits belegt ist und jetzt erneut belegt werden soll. Selbst wenn Sie sich als **Testuser** abmelden und erneut anmelden, erscheint die Fehlermeldung, denn Windows merkt sich per Grundeinstellung die zuletzt verbundenen Laufwerke. Ändern Sie das Skript wie folgt ab:

```
net use g: /d
\\s1\netlogon\util\ifmember.exe company\Verkauf
if errorlevel 1 net use g: \\s1\Verkauf
pause
```

Geben Sie über **Start · Ausführen** erneut den Befehl **\\s1\netlogon\ifmember1.cmd** ein. Das Laufwerk **G:** wird jetzt zuerst getrennt, bevor es erneut mit der Freigabe **\\s1\Verkauf** verbunden wird. Eine Alternative wäre, den Parameter **/persistent:no** hinter jeden **net use**-Befehl anzuhängen, damit sich Windows Laufwerkszuordnungen nicht merkt. Dennoch ist es sinnvoll, im Anmeldeskript generell mittels des Befehls **net use Laufwerk: /del** sicherzustellen, dass der Laufwerksbuchstabe wirklich frei ist. Es könnte nämlich sein, dass ein Anwender selbst eine Laufwerkszuordnung vorgenommen hat, z. B. über **Windows Explorer · Extras · Netzlaufwerk verbinden**, und dabei das Häkchen vor der Option **Verbindung bei der Anmeldung wiederherstellen** nicht entfernt hat.

Testen Sie den Parameter **/persistent:no** aus, indem Sie in die **ifmember1.cmd** die Zeile **net use l: \\s1\netlogon /persistent:no** einfügen:

```
net use l: \\s1\netlogon /persistent:no
net use g: /d
\\s1\netlogon\util\ifmember.exe company\Verkauf
if errorlevel 1 net use g: \\s1\Verkauf
pause
```

Setzen Sie über **Start · Ausführen** erneut den Befehl **\\s1\netlogon\ifmember1.cmd** ab. Unter **Arbeitsplatz** sollte jetzt das Laufwerk **L:** erscheinen. Deaktivieren Sie die erste Zeile, indem Sie den Befehl durch ein vorangestelltes **rem** (Remark) auskommentieren: **rem net use l: \\s1\netlogon /persistent:no**

Melden Sie sich jetzt als **Testuser** ab und wieder an. Laufwerk **L:** sollte dann nicht mehr vorhanden sein. Man kann übrigens generell über den Registry-Key **HKEY_CURRENT_USER\Software\ Microsoft\Windows NT\CurrentVersion\Network\Persistent Connections** und dort über die Zeichenfolge **SaveConnections** einstellen, ob sich Windows Netzwerk-Laufwerkszuordnungen merkt. Diese Zeichenfolge hat standardmäßig den Wert **yes** und sollte zu diesem Zweck auf **no** umgestellt werden. Nach der Umstellung können Sie eine reg-Datei durch Export des Schlüssels erstellen und dann über ein Anmeldeskript bei allen Anwendern importieren.

[O] Auf der Buch-DVD finden Sie die Datei **PersistentConnection.reg**, die diesen Key umstellt. Doch dazu später mehr. Sie können auch eine eigene Gruppenrichtlinien-Datei erzeugen, in der dieser Key umgestellt werden kann (siehe dazu die Datei **PersistentConnection.adm** auf der Buch-DVD). Leider habe ich diese Gruppenrichtlinie in keiner der Microsoft-ADM-Dateien gefunden.

Jedoch ist es in Ihrem Netzwerk vielleicht gewollt, dass der Benutzer zumindest bestimmte Laufwerksbuchstaben selbst permanent mit Netzfreigaben verbinden kann. Sie sollten in diesem Fall eine Anzahl von Netzlaufwerken fest belegen (z. B. die Laufwerksbuchstaben **A:** bis **P:**) und dem Anwender mitteilen, welche Buchstaben für ihn verfügbar sind (z. B. die Buchstaben ab **O:**).

Da das Verzeichnis **Groups**, welches das Unterverzeichnis **Verkauf** enthält, selbst auch unter dem Namen **Groups** freigegeben wurde, könnten Sie übrigens auch den Befehl **net use g: \\s1\Groups\Verkauf** statt des Befehls **net use g: \\s1\Verkauf** einsetzen. Sie können also die Freigaben der Unterverzeichnisse **Verkauf**, **Einkauf**, **Marketing** und **Produktion** einsparen. Je weniger Freigaben es gibt, desto überschaubarer bleibt das Active Directory.

15.10 Exkurs zum Verständnis des Befehls »if errorlevel Zahl«

Der Errorlevel liefert beim Tool **ifmember.exe** die Anzahl der Gruppen zurück, in denen der Anwender ein Mitglied ist. Der Befehl **if errorlevel Zahl** oder auch seine Negation **if not errorlevel Zahl** kann jedoch generell dazu genutzt werden, den Erfolg oder Misserfolg von Befehlen abzufragen. Sie können sich den erzeugten Errorlevel einmal anzeigen lassen, indem Sie dem Testuser folgendes Anmeldeskript zuweisen:

```
@echo off
\\s1\netlogon\util\ifmember.exe "Company\Verkauf" "Company\Einkauf"
```

```
echo %ERRORLEVEL%
pause
```

Machen Sie den Testuser zum Mitglied der Gruppen **Verkauf** und **Einkauf** und melden Sie sich unter der Kennung **Testuser** an. Bei der Abarbeitung des Anmeldeskriptes erhalten Sie die Meldung **echo 2**, weil **Testuser** Mitglied von beiden Gruppen ist. Entfernen Sie die Kennung **Testuser** aus der Gruppe **Einkauf** und melden Sie sich erneut unter **Testuser** an. Sie erhalten die Meldung **echo 1**. Ändern Sie das Anmeldeskript wie folgt ab:

```
@echo off
net use i: /d
\\s1\netlogon\util\ifmember.exe "Company\Verkauf"
echo %ERRORLEVEL%
if errorlevel 1 echo %USERNAME% ist Mitglied von Verkauf!
echo %ERRORLEVEL%
if errorlevel 1 net use I: \\s1\Verkauf
echo %ERRORLEVEL%
pause
```

Melden Sie sich wieder als **Testuser** an. Sie erhalten folgende Meldungen:

```
1
testuser ist Mitglied von Verkauf!
1
Der Befehl wurde erfolgreich ausgeführt!
0
Drücken Sie eine beliebige Taste...
```

Aus diesem Beispiel lernen Sie Folgendes: Da **Testuser** Mitglied von **Verkauf** ist, ist der Errorlevel zuerst gleich **1**. Der Befehl **echo %USERNAME% ist Mitglied von Verkauf!** wird zwar fehlerlos durchgeführt, verändert aber den Wert des Errorlevels nicht. Der nachfolgende Befehl **echo %ERRORLEVEL%** zeigt einen unveränderten Errorlevel von **1** an. Der dann folgende Befehl **if errorlevel 1 net use I: \\s1\Verkauf** wird erfolgreich ausgeführt. Folglich ist danach der Wert des Errorlevels gleich **0**. Mit der Abfrage des Errorlevels kann man also den Erfolg von Befehlen abfragen. Hätten Sie vergessen, das Verzeichnis **Verkauf** freizugeben, oder hätten Sie sich vertippt und statt **if errorlevel 1 net use I: \\s1\Verkauf** den Befehl **if errorlevel 1 net use I: \\s1\Verkoff** eingefügt, so würden Sie folgende Meldungen erhalten:

```
1
testuser ist Mitglied von Verkauf!
Systemfehler 53 aufgetreten.
Der Netzwerkpfad wurde nicht gefunden.
```

```
2
Drücken Sie eine beliebige Taste...
```

Sie können also mit der Abfrage des Errorlevels feststellen, ob Befehle erfolgreich abgearbeitet wurden. Wenn sie fehlerhaft abgearbeitet wurden, können Sie aufgrund des erzeugten Errorlevels alternative Schritte einleiten.

Im folgenden Beispiel führt der Befehl **net use I: \\S1\Verkoff** zu einem Errorlevel, der größer als 0 ist. Mittels der nachfolgenden **echo**-Befehle werden drei Meldungen auf dem Bildschirm erzeugt. Der Befehl **echo** mit angehängtem Punkt (**echo.**) erzeugt eine Leerzeile, damit die durch den Pause-Befehl erzeugte Aufforderung **Drücken Sie eine beliebige Taste...** von diesen Meldungen optisch getrennt wird. Sobald der Anwender dann eine Taste drückt, wird das Anmeldeskript mit dem Befehl **exit** an dieser Stelle beendet.

```
@echo off
net use I: /d
\\s1\netlogon\util\ifmember.exe "Company\Verkauf"
if errorlevel 1 net use I: \\S1\Verkuff
if not errorlevel 0 goto OKAY
    echo Fehler in der Ausführung des Anmeldeskriptes
    echo Melden Sie sich bei der Systemadministration!
    echo Die weitere Abarbeitung des Anmeldeskriptes
    echo wird abgebrochen.
    echo.
    pause
    exit
:OKAY
echo Das Laufwerk I: wurde erfolgreich mit der Freigabe Verkauf
verbunden.
pause
```

In obigem Beispiel hätte der Befehl **if errorlevel 0 goto OKAY** übrigens nicht das gewünschte Resultat erbracht. Nimmt nämlich der Errorlevel z. B. den Wert **2** an, so hat er gleichzeitig auch alle Werte unterhalb von **2**, also den Wert **1** und den Wert **0**. Dieses können Sie überprüfen, indem Sie das Beispiel-Anmeldeskript **errorlevel.cmd** testen:

```
@echo off
net use i: /del
\\s1\netlogon\util\ifmember "Company\Verkauf"
if errorlevel 1 net use I: \\s1\Verkoff
if errorlevel 2 echo Errorlevel hat den Wert 2
if errorlevel 1 echo Errorlevel hat aber auch den Wert 1
if errorlevel 0 echo Errorlevel hat aber auch den Wert 0
pause
```

Alle drei echo-Zeilen werden angezeigt. Wenn Sie jetzt »Verkoff« in »Verkauf« berichtigen und das Skript erneut durchlaufen lassen, wird nur noch die letzte echo-Zeile **Errorlevel hat aber auch den Wert 0** angezeigt.

Die Auswertung des Erfolgs oder Misserfolgs von **if errorlevel**-Befehlen muss also sauber durchgetestet werden.

15.11 Die Variable LOGONSERVER verwenden

Wenn Sie später mehrere Domänencontroller haben und der Server **S1** ausfällt, so würde der Befehl **\\s1\netlogon\util\ifmember.exe company\Groups\Verkauf** zu einer Fehlermeldung führen. Es ist deshalb sinnvoll, statt **\\S1** die Variable **LOGONSERVER** zu verwenden. Deren Inhalt zeigt zwei Backslashs »\\« und den Namen des Anmeldeservers an. Außerdem ist es sinnvoll und vermeidet Fehler, wenn Sie an den Anfang des Anmeldeskriptes den Befehl **net use L: %LOGONSERVER%\netlogon /persistent:no** stellen, weil die nachfolgenden Befehle dann kürzer ausfallen und die Gefahr von Schreibfehlern vermindert wird. Der Befehl **%LOGONSERVER%\netlogon\util\ifmember.exe company\Groups\Verkauf** verkürzt sich dann auf **L:\util\ifmember.exe company\Groups\Verkauf**. Die Routine **ifmember1.cmd** hat jetzt folgendes Aussehen:

```
net use l: %LOGONSERVER%\netlogon /persistent:no
net use g: /d
l:\util\ifmember.exe company\Verkauf
if errorlevel 1 net use g: \\s1\Groups\Verkauf /persistent:no
pause
```

Wenn Sie sich erneut als **Testuser** anmelden und der letzte Befehl **pause** aktiv ist, so sehen Sie einige Meldungen, die der Anwender später nicht sehen soll. Wie können diese Meldungen unterdrückt werden? Fügen Sie als erste Zeile den Befehl **@echo off** hinzu. Dadurch werden die Befehlszeilen selbst nicht mehr angezeigt. Dennoch sehen Sie beim nächsten Anmeldeversuch Meldungen wie **Der Befehl wurde erfolgreich ausgeführt**, wenn der **net use**-Befehl zum Erfolg führt, oder die Meldung **Die Netzwerkverbindung konnte nicht gefunden werden** beim Versuch, die nicht vorhandene Verbindung **G:** mit dem Befehl **net use g: /d** zu löschen. Abhilfe schaffen Sie, indem Sie an alle Befehle hinten die Zeichenfolge **> NUL: 2>&1** anhängen und damit alle Systemmeldungen ins »Nirwana« umleiten:

```
@echo off
cls
net use l: %LOGONSERVER%\netlogon /persistent:no > NUL: 2>&1
```

```
net use g: /d > NUL: 2>&1
l:\util\ifmember.exe company\Groups\Verkauf > NUL: 2>&1
if errorlevel 1 net use g: \\s1\Groups\Verkauf
  /persistent:no > NUL: 2>&1
pause
```

Bei der nächsten Anmeldung sehen Sie nur noch die Meldung **Anmeldung an der Domaene Company.local** und durch den Pause-Befehl die Zeile **Drücken Sie eine beliebige Taste...** Dennoch ist es für die weiteren Tests sinnvoll, die Zeile **@echo off** wieder auszukommentieren (**rem @echo off**) und vorerst auf die Umleitung der Befehlsmeldungen zu verzichten, damit Sie den Erfolg und Misserfolg der folgenden Übungen am Bildschirm sehen und die Fehlersuche leichter wird.

Wenn der Gruppenname ein Leerzeichen enthält, muss der Ausdruck »Domänenname\Gruppenname« in Anführungszeichen gestellt werden. Dasselbe gilt für Freigabenamen oder Verzeichnisnamen mit Leerzeichen:

```
ifmember.exe "Company\Verkauf Gruppe 1"
if errorlevel 1 net use I: "\\S1\Groups\Verkauf Gruppe 1"
```

In unserem Beispiel gibt es bisher im Gruppenverzeichnis **GROUPS** nur die vier Unterverzeichnisse »Einkauf«, »Verkauf«, »Produktion« und »Marketing«. Hätte Ihr Unternehmen eine derartig einfache Aufbauorganisation, so würde folgendes Anmeldeskript ausreichen, um jedem Mitarbeiter über das Laufwerk G: sein Gruppenverzeichnis zuzuweisen:

```
@echo off
cls
echo Anmeldung an der Domaene %USERDNSDOMAIN%
net use l: %LOGONSERVER%\netlogon /persistent:no
net use g: /d
l:\util\ifmember.exe company\Einkauf
if errorlevel 1 net use g: \\s1\Groups\Einkauf /persistent:no
l:\util\ifmember.exe company\Verkauf
if errorlevel 1 net use g: \\s1\Groups\Verkauf /persistent:no
l:\util\ifmember.exe company\Produktion
if errorlevel 1 net use g: \\s1\Groups\Produktion /persistent:no
l:\util\ifmember.exe company\Marketing
if errorlevel 1 net use g: \\s1\Groups\Marketing /persistent:no
```

Ihr Unternehmen wird jedoch vermutlich eine komplexere Aufbaustruktur haben und außerdem werden alle Mitarbeiter nicht nur auf ihr persönliches Basisverzeichnis und ein Gruppenverzeichnis zugreifen wollen, sondern auf ein gemeinsames Ablageverzeichnis des gesamten Unternehmens, auf ein gemeinsames Unterverzeichnis ihrer Abteilung, auf Projektverzeichnisse und auf öffentliche Ordner des Exchange Server. Als Folge müssten Sie sehr viele Freigaben einrichten und sehr viele **ifmember**-Befehle in Reihe schalten. Die Abarbeitung des Skripts wird dann länger und länger dauern. In den nachfolgenden Beispielen wird eine typische komplexe Aufbaustruktur verwendet, um Lösungsansätze darzustellen.

15.12 Die Möglichkeiten der Gruppenverschachtelung nutzen

Unsere Musterorganisation **Company.local** lässt sich in folgendem Organigramm darstellen:

- Leitung
  - Leitung und Sekretariat
  - Stabsstelle Organisation
  - Stabsstelle Controlling
- Abteilung A
  - Gruppe A1
  - Gruppe A2
  - Gruppe A3
- Abteilung B
  - Gruppe B1
  - Gruppe B2
  - Gruppe B3
- Abteilung C
  - Gruppe C1
  - Gruppe C2
  - Gruppe C3

Außerdem gibt es die drei Projektgruppen **Projekt X**, **Projekt Y** und **Projekt Z** jeweils mit Projektmitarbeitern aus verschiedenen Abteilungsgruppen. Alle Projektmitarbeiter des **Projekts X** müssen auf ein Projektverzeichnis zugreifen können.

Alle Mitarbeiter des Unternehmens müssen lesend auf ein gemeinsames Unternehmensverzeichnis zugreifen, in dem z. B. gemeinsam genutzte Briefvorlagen oder Produktinformationen liegen.

15 | Das Anmeldeskript

Alle Mitarbeiter der Gruppen **A1**, **A2** und **A3** müssen lesend auf ein gemeinsames Abteilungsverzeichnis zugreifen, in dem gruppenübergreifende Dokumente der **Abteilung A** liegen. Nur der Abteilungsleiter der **Abteilung A** und sein Stellvertreter sollen dort Schreibrechte besitzen.

Löschen Sie auf dem Server in der Freigabe **Groups** alle dort eingerichteten Unterverzeichnisse und richten Sie folgende Verzeichnisstruktur ein:

Groups\
Groups\Leitung
Groups\Sekretariat
Groups\Organisation
Groups\Controlling
Groups\Abteilung A
Groups\Abteilung A\Abteilungsablage
Groups\Abteilung A\Gruppe A1
Groups\Abteilung A\Gruppe A2
Groups\Abteilung A\Gruppe A3
Groups\Abteilung B
Groups\Abteilung B\Abteilungsablage
Groups\Abteilung B\Gruppe B1
Groups\Abteilung B\Gruppe B2
Groups\Abteilung B\Gruppe B3
Groups\Abteilung C
Groups\Abteilung C\Abteilungsablage
Groups\Abteilung C\Gruppe C1
Groups\Abteilung C\Gruppe C2
Groups\Abteilung C\Gruppe C3
Groups\Allgemein
Groups\Dokumentvorlagen
Groups\Infos
Groups\Install
Groups\Schulung
Groups\Projekt X
Groups\Projekt Y
Groups\Projekt Z
Groups\Personalrat

Richten Sie gleich lautende globale Sicherheitsgruppen in der Organisationseinheit **Benutzergruppen** ein und außerdem die globale Sicherheitsgruppe **alle Mitarbeiter**. Legen Sie für alle Gruppen gleichzeitig eine E-Mail-Adresse an. Die Sicherheitsgruppen werden damit gleichzeitig zu E-Mail-Verteilerlisten.

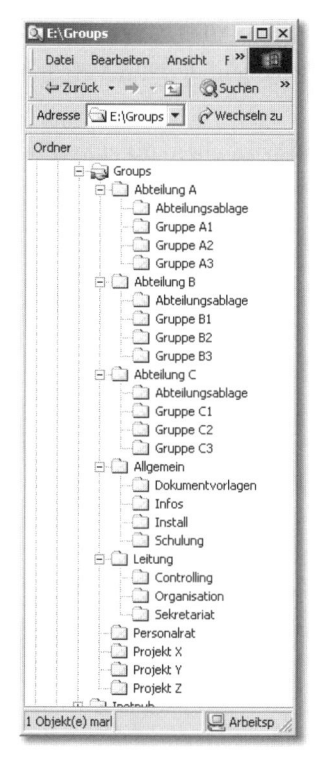

Durch Gruppenverschachtelung können Sie nun in diesem Beispielszenario erfahren, wie einfach die Vergabe von Berechtigungen und die Verwaltung von Gruppenzugehörigkeiten wird, wenn die Unternehmensorganisation eins zu eins in der Struktur der Sicherheitsgruppen, der Struktur der Exchange-Verteilerlisten, des Ablagesystems und der öffentlichen Ordner unter Exchange Server abgebildet wird.

Fügen Sie der Gruppe **Alle Mitarbeiter** folgende Gruppen als Mitglieder hinzu:

- **Abteilung A**, **Abteilung B**, **Abteilung C**, **Sekretariat**, **Controlling**, **Personalrat**
- Richten Sie einen Benutzer mit dem Namen **Volker Vorstand** ein und machen Sie ihn ebenfalls zum Mitglied der Gruppe **Alle Mitarbeiter**.
- Fügen Sie der Gruppe **Abteilung A** die Gruppen **Gruppe A1**, **Gruppe A2** und **Gruppe A3** als Mitglieder hinzu.
- Fügen Sie der Gruppe **Abteilung B** die Gruppen **Gruppe B1**, **Gruppe B2** und **Gruppe B3** als Mitglieder hinzu.
- Fügen Sie der Gruppe **Abteilung C** die Gruppen **Gruppe C1**, **Gruppe C2** und **Gruppe C3** als Mitglieder hinzu.

- Richten Sie drei Benutzerkennungen für Abteilungsleiter ein:
- **Anja Albers** ist die Leiterin der **Abteilung A** und wird ebenfalls zum Mitglied der Sicherheitsgruppe **Abteilung A**.
- **Brigitte Bensing** ist die Leiterin der **Abteilung B** und wird ebenfalls zum Mitglied der Sicherheitsgruppe **Abteilung B**.
- **Christoph Clausen** ist der Leiter der **Abteilung C** und wird ebenfalls zum Mitglied der Sicherheitsgruppe **Abteilung C**.

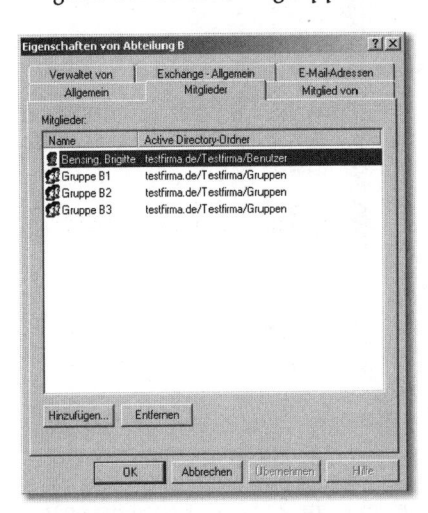

Die Mitarbeiter einer Abteilungsuntergruppe werden durch ihre Gruppenzugehörigkeit zur Abteilungsuntergruppe automatisch auch zu Mitgliedern der Abteilung selbst. Die Abteilungsleiter sind jedoch nicht Mitglied in einer der Abteilungsuntergruppen. Deshalb müssen sie der Sicherheitsgruppe ihrer Abteilung direkt hinzugefügt werden.

Wenn Sie nun **Hugo Testuser** zum Mitglied von **Gruppe A1** machen, so ist er gleichzeitig über die Gruppenverschachtelung Mitglied von **Abteilung A**. Da **Abteilung A** Mitglied von **alle Mitarbeiter** ist, ist damit auch **Hugo Testuser** ein Mitglied von **alle Mitarbeiter**. Jetzt erkennen Sie, wie nützlich es war, wenn Sie im Mathematikunterricht beim Thema »Mengenlehre« gut aufgepasst haben.

Ein Teilergebnis dieser Gruppenverschachtelung können Sie nun sofort sehen, wenn Sie alle Gruppen und Anwender in Exchange »e-mail-enabled« haben, d. h., Sie haben für die Anwender Postfächer eingerichtet und für die Sicherheitsgruppen eine E-Mail-Adresse erstellt.

Melden Sie sich auf dem Windows-XP-Computer unter der Kennung **Albers** an, starten Sie Outlook und wählen Sie **Datei · Neu · E-Mail-Nachricht**. Klicken Sie im Nachrichtenfenster auf die Schaltfläche **An**. Sie finden dort die Verteilerlisten.

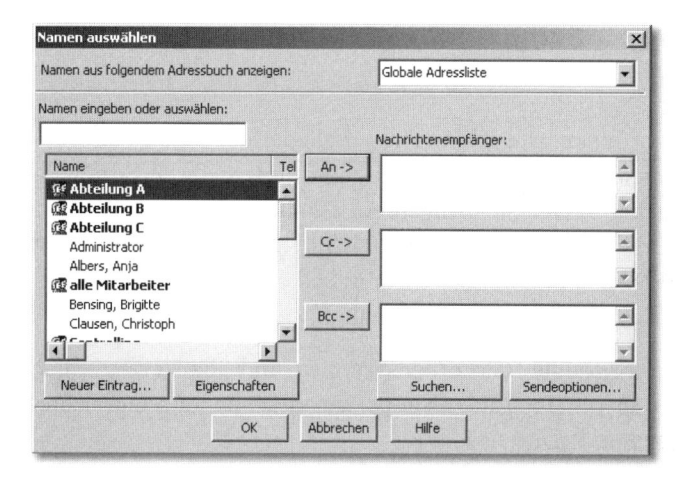

Wählen Sie die verschiedenen Verteilerlisten mit der Maus an und sehen Sie sich über die Schaltfläche **Eigenschaften** die Mitglieder an.

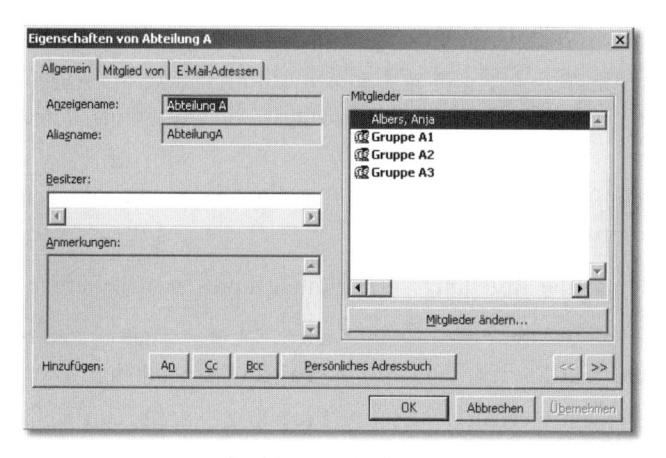

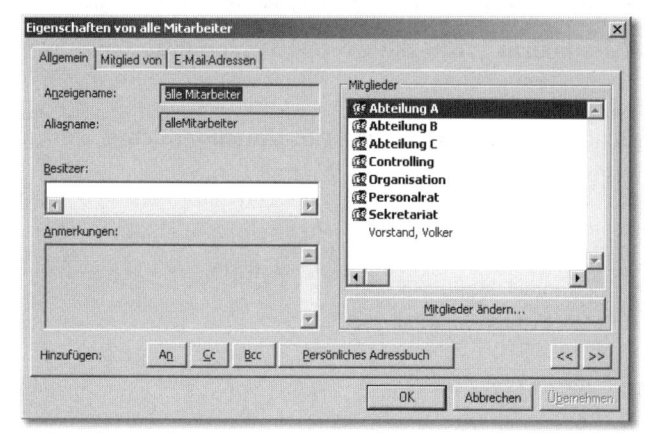

15.13 Laufwerkszuordnungen für Unterabteilungen einrichten

Doch zurück zu unserem Ausgangsproblem: Die Mitglieder der Sicherheitsgruppen sollen über das Anmeldeskript eine Laufwerkszuordnung zu ihrem Gruppenverzeichnis, aber auch zum Verzeichnis **Allgemein** erhalten. Wenn ein Anwender ein Mitglied des Personalrats ist, soll er zusätzlich Zugriff auf die Ablage **Personalrat** erhalten. Wenn ein Anwender ein Mitglied einer Projektgruppe ist, soll er zusätzlich Zugriff auf die Projektablage erhalten.

Nachdem Sie alle dafür benötigten Sicherheitsgruppen und alle Verzeichnisse und Unterverzeichnisse in der Freigabe **Groups** wie beschrieben eingerichtet haben, müssen Sie zuerst die Rechte setzen:

- Auf das Verzeichnis **Allgemein** und dessen Unterverzeichnisse erhält die Sicherheitsgruppe **alle Mitarbeiter** Lesezugriff. Dort sollen später nur ausgewählte Mitarbeiter (Geschäftsleitung, Sekretariat) Dokumente ablegen und ändern dürfen.
- Auf das Verzeichnis **Abteilung A** und auf dessen Unterverzeichnis **Abteilungsablage** erhält die Gruppe **Abteilung A** Lesezugriff, der Abteilungsleiter erhält Schreibzugriff.
- Auf das Unterverzeichnis **Gruppe A1** erhalten nur die **Gruppe A1** und der Abteilungsleiter Schreibzugriff.

Nach diesem Muster ist für alle Abteilungsverzeichnisse und deren Unterverzeichnisse zu verfahren.

- Auf das Verzeichnis **Projekt X** erhält die Gruppe **Projekt X** Schreibzugriff.
- Auf das Verzeichnis **Projekt Y** erhält die Gruppe **Projekt Y** Schreibzugriff.
- Auf das Verzeichnis **Projekt Z** erhält die Gruppe **Projekt Z** Schreibzugriff.
- Auf das Verzeichnis **Personalrat** erhält die Gruppe **Personalrat** Schreibzugriff.

Verwenden Sie zuerst das nachfolgende Anmeldeskript **ifmember5.cmd**, um zu testen, ob die Berechtigungen stimmen:

```
@echo off
cls
echo Anmeldung an der Domaene %USERDNSDOMAIN%
net use l: %LOGONSERVER%\netlogon /persistent:no
net use i: /d
net use i: \\s1\groups /persistent:no
net use g: /d
```

```
l:\util\ifmember.exe "company\Gruppe A1"
if errorlevel 1 net use g: "\\s1\Groups\Gruppe A1"
l:\util\ifmember.exe "company\Gruppe A2"
if errorlevel 1 net use g: "\\s1\Groups\Gruppe A2"
l:\util\ifmember.exe "company\Gruppe A3"
if errorlevel 1 net use g: "\\s1\Groups\Gruppe A3"
l:\util\ifmember.exe "company\Gruppe B1"
if errorlevel 1 net use g: "\\s1\Groups\Gruppe B1"
l:\util\ifmember.exe "company\Gruppe B2"
if errorlevel 1 net use g: "\\s1\Groups\Gruppe B2"
l:\util\ifmember.exe "company\Gruppe B3"
if errorlevel 1 net use g: "\\s1\Groups\Gruppe B3"
l:\util\ifmember.exe "company\Gruppe C1"
if errorlevel 1 net use g: "\\s1\Groups\Gruppe C1"
l:\util\ifmember.exe "company\Gruppe C2"
if errorlevel 1 net use g: "\\s1\Groups\Gruppe C2"
l:\util\ifmember.exe "company\Gruppe C3"
if errorlevel 1 net use g: "\\s1\Groups\Gruppe C3"
l:\util\ifmember.exe "company\Organisation"
if errorlevel 1 net use g: "\\s1\Groups\Organisation"
l:\util\ifmember.exe "company\Sekretariat"
if errorlevel 1 net use g: "\\s1\Groups\Sekretariat"
l:\util\ifmember.exe "company\Controlling"
if errorlevel 1 net use g: "\\s1\Groups\Controlling"
net use l: /d
```

Weisen Sie dem Benutzer Hugo Testuser das neue Anmeldeskript **ifmember5.cmd** über die Registerkarte **Profil** zu und machen Sie ihn zum Mitglied von **Gruppe A1** und **Projekt Z**.

Melden Sie sich am Windows-XP-Computer unter der Kennung **Testuser** an und öffnen Sie den Windows Explorer. Überprüfen Sie, ob der Testuser über das Laufwerk **I:** zwar alle Abteilungs- und Projektordner sehen kann, jedoch nur die Ordner **Allgemein**, **Abteilung A\Abteilungsablage**, **Abteilung A\Gruppe A1** und **Projekt Z** öffnen kann. Beim Versuch, einen anderen Ordner zu öffnen, sollte die Meldung **Zugriff verweigert** erscheinen. Über das Laufwerk **I:** kann er alle Verzeichnisse erreichen, die er einsehen darf, über das Laufwerk **G:** gelangt er schnell in das Unterverzeichnis seiner Abteilungsgruppe. Da der Mitarbeiter **Testuser** am häufigsten Dokumente in diesem Abteilungsunterverzeichnis bearbeiten muss, ist es für ihn komfortabel, über das separate Laufwerk **G:** dieses Verzeichnis direkt erreichen zu können.

Entfernen Sie den **Testuser** aus **Gruppe A1** und **Projekt Z** und fügen Sie ihn in die Gruppen **Gruppe C2**, **Personalrat** und **Projekt X** ein. Nach erneuter Anmeldung darf der Anwender **Testuser** nur noch Zugriff auf **Allgemein**, **Personalrat**, **Projekt X** und die beiden Unterordner **Abteilungsablage** und **Gruppe C2** des Ordners **Abteilung C** haben.

Wenn Sie, wie in einem anderen Kapitel besprochen, eine Freigabe **Users** angelegt haben und in der Registerkarte **Profil** im Feld **Basisordner** »Verbinden von Z: mit \\s1\users\%USERNAME%« eingetragen haben, greift der Anwender **Testuser** außerdem über das Laufwerk **Z:** auf sein privates Basisverzeichnis zu.

Wenn Sie nicht wollen, dass der Anwender im Explorer über **L:** den Inhalt der NETLOGON-Freigabe sieht, können Sie am Ende des Anmeldeskriptes den Befehl **net use L: /d > NUL: 2>&1** einfügen.

15.14 Der Befehl »subst« als Alternative zu Freigaben

Auf die Gefahr hin, Sie nun ein wenig zu verwirren, sei an dieser Stelle noch auf die Möglichkeit hingewiesen, den Befehl **subst** zu verwenden. Dieser Befehl wird aber in den weiteren Ausführungen nicht verwendet, und Sie dürfen diesen Abschnitt überspringen, wenn Ihnen bereits »der Kopf schwirrt«. Der Abschnitt ist etwas für »Hartgesottene«.

Wenn bereits das Laufwerk **I:** mit dem Gruppen-Wurzelverzeichnis »Groups« verbunden ist, können Sie auch für Clients, die noch unter dem Betriebssystem Windows NT 4.0 oder Windows 98 laufen, den Befehl **subst** im Skript verwenden, um einen Laufwerksbuchstaben mit einem tiefer gelegenen Unterverzeichnis zu verbinden. Der Befehl **subst** setzt dabei nicht voraus, dass dieses Unterverzeichnis freigegeben ist. Mit dem Befehl **subst g: »i:\Abteilung C\Gruppe C2«** können Sie also das Laufwerk **G:** dem viel tiefer gelegenen Unterverzeichnis **Gruppe C2** zuweisen. Mit dem Befehl **subst g: /d** heben Sie eine derartige Zuweisung wieder auf.

Ein Vorteil der Verwendung des Befehls **subst** ist, dass Sie auch für Clients, die unter älteren Betriebssystemen wie Windows NT 4.0 oder Windows 98 laufen, lediglich das Verzeichnis **Groups** freigeben müssen. Auf die Freigaben der Unterverzeichnisse **Gruppe A1**, **Gruppe A2**, **Gruppe A3** usw. könnten Sie also auch dann verzichten, wenn es noch Clients unter Windows 98 oder NT 4.0 gibt, die eine Zeitlang weiterhin unterstützt werden müssen.

Ein weiterer Vorteil: Der Anwender kann im Explorer nicht mit der rechten Maustaste auf das Laufwerk **G:** klicken und **Trennen** wählen. Er erhält dann die Fehlermeldung **Die Netzverbindung konnte nicht gefunden werden**. Die Netzverbindung existiert aber, lässt sich jedoch nur durch Eingabe des Befehls **subst g: /d** beenden.

Ein Nachteil des Befehls **subst** ist folgender: Der Anwender sieht im Windows Explorer **Nichtverbundenes Netzlaufwerk (G:)** statt **Gruppe C2 auf »s1« (G:)**, obwohl das Laufwerk mit dem Gruppenverzeichnis **Gruppe C2** verbunden ist. Daran gewöhnt man sich aber schnell.

Ein weiterer Nachteil: Der Befehl **subst g: /d** zur Trennung der Verbindung wirkt unter Windows XP nicht sofort. Anscheinend muss der PC erst heruntergefahren und erneut gestartet werden, damit die mittels des **subst**-Befehls erzeugte Verbindung zu einem Unterverzeichnis endgültig gelöscht wird.

Es gibt noch eine andere Einsatzmöglichkeit für den Befehl **subst**. In Netzwerken wird der Ordner **Eigene Dateien**, der sich standardmäßig im Benutzerprofil unter **C:\Dokumente und Einstellungen\%Username%** befindet, oft auf eine Serverfreigabe umgelenkt, weil man aus sicherheitstechnischen Gründen keine Dokumente auf den lokalen Festplatten von Clients duldet. Diesem auf dem Server erstellten Basisverzeichnis wird dann in der Registerkarte **Profil** ein Laufwerksbuchstabe zugewiesen. So wurde im obigen Beispiel für die Kennung **Testuser** das Laufwerk **Z:** mit dem Basisverzeichnis **\\s1\users\Testuser** verbunden. Für Mitarbeiter mit mobilen Geräten wie Laptops und Tablet-PCs ist diese Umleitung des Ordners **Eigene Dateien** jedoch nicht zufrieden stellend, weil sie auch offline auf ihre Dokumente zugreifen möchten. In diesem Fall kann über den Befehl **subst Z: »%HOMEDRIVE%%HOMEPATH%\Eigene Dateien«** auch diesen Benutzern ein Laufwerk zur Verfügung gestellt werden, über das sie in gewohnter Weise auf ihre privaten Dateien zugreifen können. Es gibt jedoch auch andere Lösungsansätze für dieses Problem, wie z. B. die Verwendung von Offline-Ordnern.

15.15 Den Ablauf des Anmeldeskriptes beschleunigen

Je komplexer Ihre Organisation ist, desto mehr **ifmember**-Abfragen kommen im Anmeldeskript hinzu, umso länger dauert dann auch die Abarbeitung des Skripts. Es gibt viele Möglichkeiten, die Abarbeitung des Skripts wieder zu beschleunigen:

- Sie kopieren häufig verwendete Tools wie **ifmember.exe** in das Verzeichnis **C:\Windows\System32** jedes Clients, damit diese Tools nicht bei jeder Abfrage über die LAN-Leitung vom Anmeldeserver in das RAM der Clients geladen werden. Danach ändern Sie alle Zeilen »%LOGONSERVER\NETLOGON\util\ifmember.exe …« um in »ifmember.exe …«.
- Sie verwenden eine möglichst maschinennahe Skriptsprache, z. B. KiXtart.

- Sie lassen Unterroutinen oder Tools über den Befehl **start** mit entsprechenden Parametern zeitgleich laufen. Der Befehl **start /?** listet alle Parameter auf.
- Sie arbeiten mit Sprungmarken.

Schauen Sie sich noch einmal das Anmeldeskript an, welches das Tool **ifmember.exe** verwendet, um in Abhängigkeit von der Mitgliedschaft in einer Unterabteilung das Laufwerk **G:** mit dem Gruppenverzeichnis der Unterabteilung zu verbinden. Dort finden Sie **ifmember**-Befehle, die für alle Anwender, die nicht zur betreffenden Gruppe gehören, die Abarbeitung des Skripts unnötig verlangsamen. Wenn der Anwender, der sich anmeldet, zur Gruppe **Gruppe A1** gehört, so gehört er in der Regel nicht gleichzeitig zur Gruppe **Gruppe A2** oder **Gruppe B1**. Folglich wäre es sinnvoll, durch einen Sprungbefehl die Abarbeitung der zugehörigen **ifmember**-Abfragen zu überspringen.

```
net use g: /d > NUL: 2>&1
ifmember.exe "company\Gruppe A1"
if errorlevel 1 net use g: "\\s1\Gruppe A1"
if exist g: goto GRUPPENENDE
c:\windows\system32\ifmember.exe "company\Gruppe A2"
if errorlevel 1 net use g: "\\s1\Groups\Gruppe A2"
:GRUPPENENDE
```

Wenn der sich anmeldende Benutzer ein Mitglied der Gruppe **Gruppe A1** ist, wird mit dem nachfolgenden Befehl **if errorlevel 1 net use g:** »**\\s1\Gruppe A1**« das Laufwerk **G:** mit der Freigabe **\\s1\Gruppe A1** verbunden. Ab sofort gibt es eine Netzwerkverbindung **G:** und die nächste If-Abfrage **if exist g:** ist wahr. Der Sprungbefehl **goto GRUPPENENDE** wird ausgeführt und die dazwischen liegenden **ifmember**-Abfragen werden übersprungen.

15.16 Unterroutinen einsetzen

Wenn Sie später für Mitglieder einer Unterabteilung nicht nur eine Laufwerkszuordnung vornehmen wollen, sondern noch andere Befehle wie z. B. Druckerzuweisungen pro Gruppe einfügen, sollten Sie das Anmeldeskript in Unterroutinen zerlegen. Als Erstes können Sie alle Befehle »ifmember…« in eine Unterroutine namens **group.cmd** verlagern und diese Unterroutine aus dem Haupt-Anmeldeskript mittels des **call**-Befehls aufrufen. Die nachfolgende Routine zeigt das Resultat:

```
@echo off
cls
echo Anmeldung an der Domaene %USERDNSDOMAIN%
```

```
net use l: %LOGONSERVER%\netlogon > NUL: 2>&1
net use i: /d > NUL: 2>&1
net use i: \\s1\groups > NUL: 2>&1
call %LOGONSERVER%\NETLOGON\batch\group.cmd
weitere Befehle...
net use l: /d > NUL: 2>&1
```

Die Unterroutine **\\s1\netlogon\batch\group.cmd** hat folgendes Aussehen:

```
@echo off
cls
REM Gruppenspezifische Befehle
net use g: /d > NUL: 2>&1
%LOGONSERVER%\NETLOGON\Util\ifmember.exe "company\Gruppe A1"
if errorlevel 1 call %LOGONSERVER%\NETLOGON\batch\GruppeA1.cmd
if exist g:NUL goto GRUPPENENDE
%LOGONSERVER%\NETLOGON\Util\ifmember.exe "company\Gruppe A2"
if errorlevel 1 call %LOGONSERVER%\NETLOGON\batch\GruppeA2.cmd
if exist g:NUL goto GRUPPENENDE
weitere ifmember-Abfragen auf Mitgliedschaft in Abteilungsgruppe
:GRUPPENENDE
```

15.17 Skripte mit dem Tool Kix32 rasend schnell machen

Kix32 war früher ein Tool des Windows Server Resource Kit. Sie finden das Tool auf der Buch-DVD oder unter **www.kixtart.org**. **KixtArt** ist CareWare: Sie dürfen **KixtArt** kostenlos nutzen, werden jedoch gebeten, eine Spende an eine der aufgeführten wohltätigen Organisationen zu tätigen.

Kix32 bietet eine Menge Möglichkeiten, die man in einem Anmeldeskript nutzen kann, ist maschinennah geschrieben und deshalb rasend schnell. Kix32 ist jedoch – so meine Erfahrung mit älteren Versionen – mit Vorsicht zu genießen: Wenn Sie in einer CMD- oder BAT-Routine einen Fehler einbauen, erhalten Sie eine Fehlermeldung (vorausgesetzt, »echo off« wurde nicht an den Anfang der Routine gestellt!), der Rest der Routine wird jedoch abgearbeitet. Bauen Sie einen Fehler in ein Kix-Skript ein, so wird das Skript mit einer kurzen Fehlermeldung sofort beendet, ohne dass die Befehle abgearbeitet werden, die dem Fehler im Kix-Skript folgen. Da ein gutes Anmeldeskript in einer komplexen Organisation nie perfekt ist – da eine große Organisation sich permanent verändert und folglich das Anmeldeskript ständig angepasst werden muss – können sich kleine Denkfehler oder Schreibfehler in einem Kix-Skript gravierend auswirken, wenn die Änderungen im laufenden Betrieb vorgenommen werden und der Fehler nicht gleich erkannt wird.

15 | Das Anmeldeskript

Deshalb folgender Rat: Verwenden Sie eine CMD-Routine für das Haupt-Anmeldeskript und rufen Sie bei Bedarf überschaubare kleinere Kix-Unterroutinen aus dieser Hauptroutine auf. Schleicht sich ein Syntaxfehler in eine Kix-Unterroutine ein, so wird nur die Unterroutine beendet, das Hauptskript wird danach aber weiter abgearbeitet. Testen Sie jede Änderung an einer Kix-Unterroutine und jede neu hinzukommende Kix-Unterroutine sorgfältig. Machen Sie Änderungen niemals kurz vor Feierabend scharf. Sonst kommen Sie morgens ins Büro und werden schon an der Pforte angesprochen, weil sich niemand fehlerlos am Netz anmelden konnte. Machen Sie Änderungen erst morgens scharf, wenn die Mehrzahl der Anwender sich bereits angemeldet hat und Sie jederzeit bereit sind, bei plötzlich auftretenden Problemen die Änderung wieder rückgängig zu machen.

Ein Kix-Skript hat die Dateinamenerweiterung **kix**. Sie starten es aus der Anmelderoutine **netlogon.cmd** mit folgender Syntax:

```
%LOGONSERVER%\NETLOGON\kix\kix32.exe %LOGONSERVER%\NETLOGON\kix\abc.kix
```

Die Hauptroutine ruft also im Unterverzeichnis **NETLOGON\kix** das Tool kix32.exe mit der Skriptdatei **abc.kix** auf. Kix-Skripte sind ASCII-Dateien. Sehen Sie sich den Inhalt von **group1.kix** an:

```
; Laufwerke I: und G: zuerst loeschen, dann neu zuweisen:
   USE I: /delete
   USE G: /delete
USE I: "\\S1\Groups"
; Abteilung A
   IF INGROUP("Gruppe A1")
      USE G: "\\S1\Groups\Gruppe A1"
   ENDIF
   IF INGROUP("Gruppe A2")
      USE G: "\\S1\Groups\Gruppe A2"
   ENDIF
   IF INGROUP("Gruppe A3")
      USE G: "\\S1\Groups\Gruppe A3"
   ENDIF
```

Kommentarzeilen werden in einem Kix-Skript mit einem Semikolon eingeleitet. Statt des **net use**-Befehls verwenden Sie nur **use g:** ..., statt des **echo**-Befehls verwenden Sie das Fragezeichen **?** und geben den auf dem Bildschirm anzuzeigenden Text in Anführungszeichen ein. Ein Beispiel für die Syntax:

```
? "Anmeldung an der Domaene Company.local"
```

Den **pause**-Befehl geben Sie durch **get $Taste** an, jedoch erscheint nicht automatisch ein Text wie **Drücken Sie eine beliebige Taste....** Diesen Text müssen Sie selbst mit einem Befehl wie **? »Drücken Sie eine beliebige Taste«** initiieren. Nachfolgend ein weiteres Kix-Beispielskript:

```
?
color b/w+
? "Dies ist ein Test"
color w/n
? "Benutzer: " + @USERID + "an Computer: " + @WKSTA
?
? "Drücken Sie eine beliebige Taste ..."
get $Taste
; 5 Sekunden warten:
? "In 5 Sekunden wird eine Datei kopiert."
sleep 5
goto WEITER
? Diese Zeilen werden uebersprungen.
:WEITER
copy \\S1\NETLOGON\KIX\kix32.exe C:\Windows\System32\kix32.exe
exit
```

Drucken Sie die Hilfedateien zu KiXArt aus, um sich die vielfältigen Möglichkeiten dieses Tools zu erschließen. Trotz seiner Mächtigkeit ist die Syntax der Kix-Befehle leicht erlernbar.

15.18 Switch User nutzen, um mit beliebigen Rechten zu operieren

Das Anmeldeskript soll aber nicht nur dazu dienen, Laufwerksbuchstaben nach Gruppenzugehörigkeit zuzuweisen. Wie in der Einleitung dieses Kapitels erwähnt wurde, können mit Hilfe des Anmeldeskripts beliebige Operationen und Einstellungen in der Umgebung des sich anmeldenden Benutzers, aber auch im Betriebssystem selbst vorgenommen werden, bis hin zur Deinstallation, zur Installation oder zum Update ganzer Anwendungen und natürlich zum Einspielen von Service Packs für das Betriebssystem Windows XP.

Nun läuft aber das Anmeldeskript im Rechtekontext des sich anmeldenden Anwenders ab. Der Anwender gehört jedoch in der Regel zur Gruppe der Domänenbenutzer und ist damit nicht berechtigt, Dateien an beliebiger Stelle der lokalen Festplatte auszutauschen, neue Verzeichnisse anzulegen, Registrierschlüssel unter **HKEY-LOCAL-MACHINE** zu ändern, zu löschen oder einzufügen oder Dienste zu installieren. Alle diese Aufgaben können jedoch über ein zentrales Anmeldeskript erfüllt werden, wenn man das Tool **Switch User** (su.exe) aus dem

Windows Server Resource Kit einsetzt. **Switch User** (SU) arbeitet ähnlich wie unter Windows XP der Befehl **run as**, jedoch mit dem Unterschied, dass man in einer Batchdatei die Kennung und das Passwort eines anderen Benutzerkontos übergeben kann. **SU** besteht aus den zwei Komponenten **su.exe** und **suss.exe**. Auf jeden Windows-XP-Rechner müssen diese beiden exe-Dateien unter **C:\Windows\System32** eingespielt und der SU-Dienst muss einmalig mit dem Befehl **suss -install** installiert werden. Diese Routine erledigt eine Batch-Datei, die beim Start des Clients mittels einer Gruppenrichtlinie aktiviert wird: Die beiden exe-Dateien **su.exe** und **suss.exe** werden in das Verzeichnis **\\s1\netlogon\util** kopiert. Im Verzeichnis **\\s1\netlogon\batch** wird eine Routine **Start.cmd** mit folgendem Inhalt angelegt:

```
@echo off
cls
echo Startskript wird durchgefuehrt ...
if exist c:\windows\system32\su.exe goto WEITER
copy \\s1\netlogon\util\su.exe c:\windows\system32\su.exe /y
copy \\s1\netlogon\util\suss.exe c:\windows\system32\suss.exe /y
suss.exe -install
:WEITER
```

Der Parameter **/y** hinter dem **copy**-Befehl stellt sicher, dass eine bereits vorhandene Datei überschrieben wird, ohne dass um eine Bestätigung gebeten wird. Der Befehl **suss · install** installiert den SU-Dienst als automatisch zu startenden Dienst. Sie können weitere **copy**-Befehle anhängen, um über diese Routine andere Tools in den Suchpfad **%SystemRoot%\system32** der Clients einzuspielen.

Als Nächstes erzeugen Sie mit dem Snap-In **Active Directory-Benutzer und -Computer** eine neue OU **Computer** und verschieben den Windows-XP-Client dorthin. Jetzt erstellen Sie für die neue OU **Computer** eine Gruppenrichtlinie: Sie stellen die Maus auf die OU **Computer**, klicken die rechte Maustaste und wählen **Eigenschaften**, dann die Registerkarte **Gruppenrichtlinien** und die Schaltfläche **Neu**. Als Namen für die neue Gruppenrichtlinie vergeben Sie **Install**. Wählen Sie nun die Schaltfläche **Eigenschaften** und dort **Benutzerdefinierte Konfigurationseinstellungen deaktivieren**. Da diese Richtlinie nur für Computer genutzt wird, jedoch keine Einstellungen für Benutzer in dieser Richtlinie vorgenommen werden, kann die Abarbeitung der Richtlinie beschleunigt werden, wenn diese Option markiert wird.

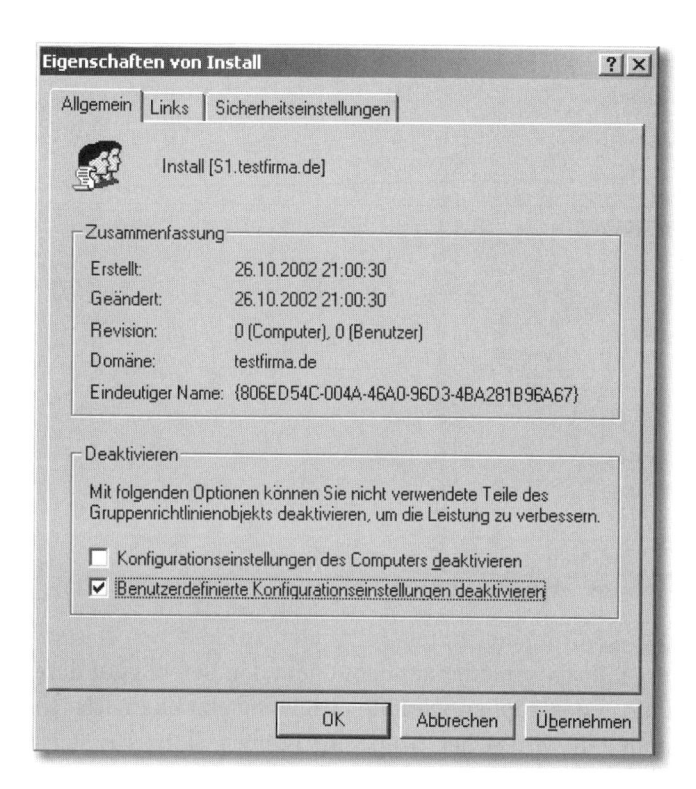

Switch User nutzen, um mit beliebigen Rechten zu operieren | 15.18

Über die Schaltfläche **OK** verlassen Sie die Eigenschaften und wählen sofort **Bearbeiten**, um ein Startskript für alle Computer zu aktivieren, die in dieser OU **Computer** liegen. Wählen Sie dafür unter **Computerkonfiguration · Windows-Einstellungen · Skripts (Start/Herunterfahren)** die Richtlinie **Starten**.

Geben Sie über die Schaltfläche **Hinzufügen** das Startskript **\\s1\netlogon\batch\start.cmd** an.

15 | Das Anmeldeskript

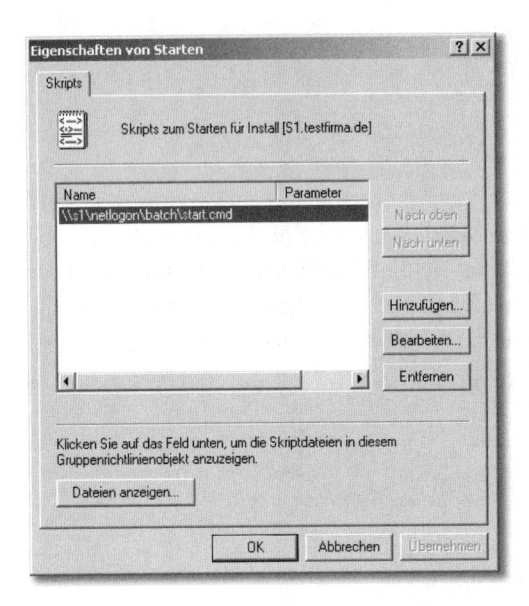

Sie müssen den Windows-XP-Computer unter Umständen zweimal neu starten, damit das Startskript ausgeführt wird, oder auf dem Client den Befehl **gpupdate /force** eingeben, damit die neue Gruppenrichtlinie nicht erst beim übernächsten Start des Clients übernommen wird. Über Gruppenrichtlinien aktivierte Startskripte werden ausgeführt, sobald der PC neu startet. Es muss sich niemand an diesem PC anmelden, damit das Startskript abläuft.

Das Startskript läuft im Rechtekontext **System** ab. Somit können beliebige Aktionen ausgeführt werden. Wenn Sie beobachten möchten, wie das Startskript abläuft, müssen Sie entweder die Zeile **@echo off** deaktivieren oder eine Echo-Zeile einbauen (**echo Startskript wird abgearbeitet**) und außerdem unter **Computerkonfiguration · Administrative Vorlagen · System** die Richtlinie **Startskripte sichtbar ausführen** aktivieren.

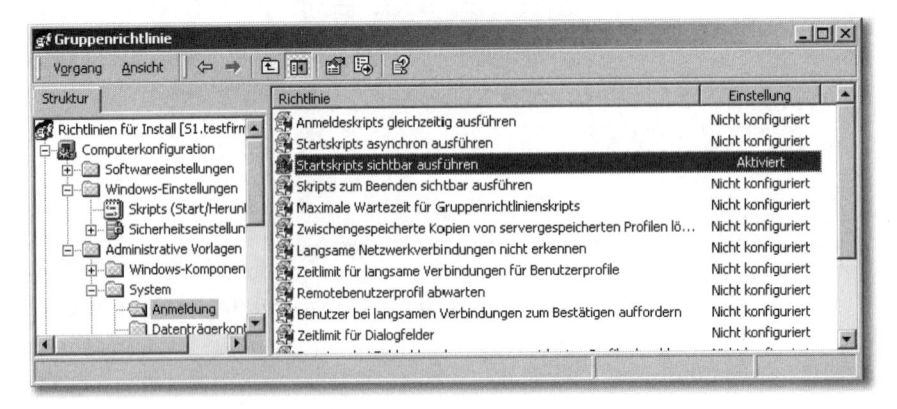

Beachten Sie bei der Erweiterung von Startskripten Folgendes: Da das Startskript auch ohne die Anmeldung eines Benutzers ausgeführt wird, sobald der Computer eine Verbindung zur Domäne aufgebaut hat, kann man in einem Startskript nicht die Variable **%LOGONSERVER%** verwenden.

Für das weitere Vorgehen benötigen Sie eine neue globale Sicherheitsgruppe **local Admins** oder **Client Admins** und eine unscheinbare Kennung, die in die Gruppe **local Admins** aufgenommen wird. Legen Sie die Sicherheitsgruppe **local Admins** und die Kennung **Intel** mit dem Passwort **telin1** an. Die Kennung **Intel** wird in die Gruppe **local Admins** aufgenommen und erhält kein Exchange-Postfach.

> Es versteht sich von selbst, dass Sie in einer Produktivdomäne eine andere Kennung als »Intel« und ein komplexes Kennwort für diese Kennung verwenden sollten. Wählen Sie eine Kennung, aus deren Namen nicht hervorgeht, wozu sie verwendet wird.

Die nächste Aufgabe besteht darin, dafür zu sorgen, dass die Domänengruppe **local Admins** in die lokale Gruppe der **Administratoren** aller Clients eingepflegt wird. Jeder Domänenbenutzer, der später in die Gruppe **local Admins** aufgenommen wird, kann alle Computer der Organisation administrieren, ohne zur Gruppe der **Domänen-Admins** zu gehören. Sie können also später alle Mitglieder des Benutzersupports in diese Gruppe einpflegen. Sie können aber auch andere Poweruser zumindest temporär in diese Gruppe aufnehmen.

Ein Beispielszenario soll die Möglichkeiten der Gruppe **local Admins** verdeutlichen: Sie haben ihre gesamte Anwendersoftware in der Freigabe **\\s1\install** auf dem Dateiserver abgelegt. Dort gibt es auch ein Verzeichnis **\\s1\install\visio**, auf das nur die Gruppe **local Admins** Leserechte hat. Die Anwendung Visio soll nur auf bestimmten Clients installiert werden. Ein Mitarbeiter, auf dessen PC bisher kein Visio installiert war, soll zukünftig mit Visio arbeiten. Es handelt sich um einen EDV-erfahrenen Mitarbeiter, dem Sie zutrauen, dass er sich Visio selbst installieren kann. Sie nehmen den Mitarbeiter in die Domänengruppe **local Admins** auf, rufen ihn an und bitten ihn, sich mit der Freigabe **\\s1\install** zu verbinden und das Setup aus dem Unterverzeichnis **\\s1\install\visio** zu starten. Sobald die Installation von Visio durchlaufen ist, entfernen Sie den Benutzer wieder aus der Gruppe **local Admins**. Dadurch entziehen Sie dem Benutzer wieder das Recht, Unterverzeichnisse der Freigabe **\\s1\install** zu sehen oder Anwendungen auf dem Client installieren zu dürfen.

Um die globale Gruppe **local Admins** der lokalen Gruppe **Administratoren** hinzuzufügen, benötigen Sie den Befehl **net localgroup Administratoren »Company\local Admins« /add**. Diesen Befehl nehmen Sie in die Routine **\\s1\netlogon\batch\start.cmd** mit auf:

15 | Das Anmeldeskript

```
@echo off
cls
echo Startskript wird durchgefuehrt ...
if exist c:\windows\system32\su.exe goto WEITER
copy \\s1\netlogon\util\su.exe c:\windows\system32\su.exe /y
copy \\s1\netlogon\util\suss.exe c:\windows\system32\suss.exe /y
suss.exe -install
net localgroup Administratoren "Company\local Admins" /add
:WEITER
```

Der Befehl **su.exe** hat folgende Syntax: su.exe Kennung <Befehl>

Der Befehl **su.exe Intel %LOGONSERVER%\netlogon\cmd\xyz.cmd** würde die Routine **xyz.cmd** mit allen in ihr enthaltenen Befehlen unter lokalen administrativen Rechten durchführen, weil die Kennung **Intel** Mitglied der globalen Gruppe **local Admins** ist und diese globale Gruppe wiederum ein Mitglied der lokalen Gruppe **Administratoren**. Jedoch würde der Befehl interaktiv zuerst nach dem Passwort der Kennung **Intel** fragen. Der Befehl **echo telin1| su.exe intel %LOGONSERVER%\netlogon\cmd\xyz.cmd** würde das Passwort **telin1** zwar mit dem Umleitungszeichen an das Tool **su.exe** übergeben (beachten Sie, dass zwischen dem Passwort und dem Umleitungszeichen »|« kein Leerzeichen stehen darf!), jedoch wäre es ein Sicherheitsloch, wenn das Passwort der Kennung **Intel** in Klarschrift in einem Anmeldeskript stünde. Jetzt kommt »Trick 17 mit Selbstüberlistung«. Dieses Problem lässt sich nämlich prinzipiell ungefähr so lösen: Man erzeugt eine Batchroutine namens **intel.bat** mit folgenden Befehlen:

```
@echo off
cls
c:
cd\
if %1.==. goto ENDE
echo telin1| su.exe intel %1 /e /l
:ENDE
```

Zuerst sorgt die Routine dafür, dass in die Wurzel des Laufwerks **C:** gewechselt wird. Die Routine **intel.bat** wechselt ja später in den Sicherheitskontext des neuen Benutzers **Intel**. Der Kennung **Intel** sind jedoch das Laufwerk und der Pfad eventuell nicht bekannt, die zu dem Zeitpunkt aktiv sind, zu dem mittels **su.exe** in die Kennung **Intel** gewechselt wurde. Befindet sich der Benutzer, der sich anmeldet, in seinem Basisverzeichnis und sind für diesen Benutzer z. B. bestimmte Netzlaufwerke wohl definiert, so gilt dieses nicht zugleich für die Kennung **Intel**, zu der gewechselt wird. Wird aber vorher nach **C:** gewechselt, so steht auch die Kennung **Intel** im Verzeichnis **C:**, sobald sie mittels **su.exe** aktiviert wird.

Die Zeile **if %1.==. goto ENDE** stellt sicher, dass **su.exe** nicht ohne Angabe eines Parameters gestartet wird. Der Parameter ist später die unter der Kennung **Intel** auszuführende Routine. Eine alternative Syntax wäre **if »%1«==»« goto ENDE**.

Die Parameter **/e** und **/l** in der Zeile, in der das Tool **su.exe** gestartet wird, sorgen dafür, dass der Kennung **Intel** die Umgebungsvariablen der aufrufenden Kennung übergeben werden. Damit kennt die Kennung **Intel** z. B. anschließend den Inhalt der Variablen **%LOGONSERVER%**. Das Passwort **intel1** wird über das Umleitungszeichen »|« an das Tool **su.exe** übergeben, wobei zwischen dem Passwort und dem Umleitungszeichen kein (!) Leerzeichen stehen darf.

Lesen Sie in der Dokumentation des Resource Kits unter »Switch User« nach, welche Bedeutung die einzelnen Parameter haben. Machen Sie sich generell kundig, welche Möglichkeiten **SU** bietet.

Erscheint die Fehlermeldung **CreateProcessAsUser error! (rc=3)** beim Aufruf des SU-Tools, so deutet sie darauf hin, dass nicht in den Kontext des neuen Users gewechselt werden kann, weil die Umgebung, aus der gewechselt werden soll, für den neuen User nicht passt. Die zu Windows 2000 Server gehörende SU-Version verursachte allerdings nicht nur bei mir, sondern auch bei anderen Lesern der Erstauflage einige Probleme und diverse Fehlermeldungen wie z. B. **Fehlermeldung »CreateProcessAsUser error! (rc=1780), An den Stub wurde ein Nullzeiger übergeben.** In den Knowledge-Base-Artikeln 265401 und 821546 wird auf das Problem eingegangen. Außerdem wird auf eine neuere Version von SU hingewiesen, die allerdings nicht zum Download angeboten wird: *»Contact Microsoft Product Support Services to obtain the fix.«* Ich habe übrigens bisher erfolgreich mit dem alten SU-Tool aus dem Resource Kit von Windows NT 4.0 unter Windows XP gearbeitet.

In obiger Batchroutine lautet das Passwort der Kennung Intel **telin1**. In dieser Batchroutine steht das Passwort noch lesbar und könnte von einem pfiffigen Anwender missbraucht werden. Diese Batchroutine wandelt man mittels des Tools **batcom.exe** in eine exe-Datei um: **batcom intel.bat**.

Sie finden das Tool **batcom** auf der Buch-DVD im Verzeichnis **NETLOGON\Util**. In der so erzeugten Datei **intel.exe** kann man das Passwort nur noch mittels eines Hexeditors einsehen. Um noch mehr Sicherheit zu bekommen, verdichtet man die erzeugte exe-Datei mit einem Tool wie **upx.exe**, das Sie ebenfalls auf der Buch-DVD finden: **upx intel.exe**

Die mittels **upx** verdichtete Datei **intel.exe** lässt sich dann auch mit einem Hexeditor nicht mehr analysieren. Das so erzeugte Tool **intel.exe** kopiert man nach **%LOGONSERVER%\netlogon\util**.

Auf das Verzeichnis **netlogon\util** haben die Domänenbenutzer Leserechte. Auf dem Unterverzeichnis **netlogon\util\batcom** entzieht man allen Benutzern – abgesehen von den Domänen-Admins – die Rechte, so dass kein Anwender die ursprüngliche Routine **intel.bat** mit dem lesbaren Passwort **telin1** einsehen kann.

Das neu generierte Tool **intel.exe** können Sie für alle möglichen Zwecke einsetzen. Der Befehl **%LOGONSERVER%\netlogon\util\intel.exe %LOGONSERVER%\netlogon\cmd\test123.cmd** im Anmeldeskript würde z. B. die Routine **test123.cmd** im Rechtekontext der Kennung **Intel** ausführen, also mit lokalen administrativen Rechten. In der Routine **test123.cmd** könnten z. B. Befehle stehen, die den Zweig **HKEY_LOCAL_MACHINE** in der Registrierdatenbank verändern oder neue Anwendungen installieren. Mit diesem mächtigen Werkzeug können Sie über das Anmeldeskript tun, wonach Ihnen der Sinn steht. Einige Beispiele sollen nachfolgend verdeutlichen, welche Möglichkeiten Ihnen ab sofort zur Verfügung stehen.

> In einer Produktivumgebung sollten Sie aus Sicherheitsgründen einen anderen Dateinamen für die Routine **intel.bat** und für das daraus hervorgehende Tool **intel.exe** verwenden. Ebenso sollten Sie eine andere Kennung als die von mir beispielhaft vorgeschlagene Kennung »Intel« verwenden und für diese Kennung ein sehr sicheres Kennwort vergeben, denn Sie sind nicht der einzige Leser dieses Buches.

15.19 Beispiele für die Anwendung von SU

[o] Im Unterverzeichnis **NETLOGON\REG** der Buch-DVD finden Sie die Datei **ArbeitsplatzUmbenennen.reg**, die drei Schlüssel unter **HKEY_CLASSES_ROOT\CLSID\{20D04FE0-3AEA-1069-A2D8-08002B30309D}** so umändert, dass das Desktopsymbol **Arbeitsplatz** anschließend nicht mehr die Bezeichnung »Arbeitsplatz«, sondern den Namen des aktuell angemeldeten Anwenders und dahinter den Namen des PCs trägt, z. B. »Testuser an PC0001«.

Die Datei **MachineTempPath.reg** verändert im Registry-Pfad **HKEY_LOCAL_MACHINE\SYSTEM\CurrentControlSet\Control\SessionManager\Environment** die beiden Variablen **Temp** und **Tmp** derart, dass sie zukünftig nicht mehr auf **%SystemRoot\Temp** verweisen, sondern auf **C:\Temp**.

Die Datei **NoDebugFile.reg** ändert unter **[HKEY_LOCAL_MACHINE\SYSTEM\CurrentControlSet\Control\CrashControl]** den Wert des Schlüssels **CrashDumpEnabled** in **0** ab, so dass bei einem Absturz des Rechners kein Speicherabbild mehr erzeugt wird.

Die Datei **WheelMouseErkennen.reg** erzeugt unter **HKEY_LOCAL_MACHINE\ SYSTEM\ CurrentControlSet\Services\i8042prt\Parameters** den Schlüssel **EnableWheelDetection«=dword:1**, wodurch eine Maus mit Rad zukünftig automatisch erkannt wird.

Alle diese Änderungen kann ein normaler Benutzer nicht durchführen, da er im Maschinenteil der Registrierdatenbank keine Änderungen vornehmen kann. Mit dem erzeugten Tool **intel.exe** sind derartige Manipulationen nun möglich.

Legen Sie eine Routine **hlm1.cmd** unter **netlogon\batch** mit folgendem Inhalt an. Sie finden **hlm1.cmd** auch auf der DVD:

```
@echo off
cls
if exist c:\temp\NUL goto TEMPOKAY
md c:\temp > NUL
%LOGONSERVER%\netlogon\util\xcacls.exe c:\temp /e /g Benutzer:wc /y
regedit /s %LOGONSERVER%\netlogon\reg\MachineTemp.reg
:TEMPOKAY
regedit.exe /s %LOGONSERVER%\netlogon\reg\ArbeitsplatzUmbenennen.reg
regedit.exe /s %LOGONSERVER%\netlogon\reg\NoDebugFile.reg
regedit.exe /s %LOGONSERVER%\netlogon\reg\WheelMouseErkennen.reg
```

Diese Routine erzeugt das Verzeichnis **C:\Temp**, falls es noch nicht existiert, und erteilt der lokalen Gruppe **Benutzer** die zusätzlichen Rechte Schreiben, Ändern und Löschen. Danach werden die oben genannten Änderungen im Schlüssel **HKEY_LOCAL_MACHINE** der Registrierdatenbank vorgenommen. Der Parameter **/s** hinter dem Befehl **regedit.exe** bewirkt, dass der Regedit-Befehl im »Silent-Mode«, d. h. ohne Aufforderung zur Bestätigung durchgeführt wird. Ohne diesen Parameter würden zwei Fenster erscheinen und der Anwender müsste bestätigen, dass die jeweilige reg-Datei importiert werden soll.

Aktivieren Sie als Anmeldeskript für die Kennung **Testuser** das nachfolgende Skript **intel1.cmd**. Es startet die Unterroutine **NETLOGON\batch\hlm1.cmd**:

```
@echo off
cls
echo Anmeldung an der Domaene %USERDNSDOMAIN%
c:
net use L: /d > NUL: 2>&1
net use L: %LOGONSERVER%\netlogon > NUL: 2>&1
L:\util\intel.exe %LOGONSERVER%\netlogon\batch\hlm1.cmd
```

Beachten Sie, dass das erzeugte Tool **intel.exe** aus dem Verzeichnis **L:\util** aufgerufen wird, der übergebene Parameter jedoch **%LOGONSERVER%\netlogon**

batch\hlm1.cmd und nicht etwa **L:\batch\hlm1.cmd** lauten muss. Warum? Sobald mittels SU in den Kontext der Kennung **Intel** gewechselt wurde, ist die Laufwerkszuweisung **net use L: %LOGONSERVER%\netlogon** nicht mehr gültig und damit würde die Routine **L:\batch\hlm1.cmd** nicht gefunden. Denn die Laufwerkszuweisung **L:** gilt nur für den sich gerade anmeldenden Anwender, nicht aber für die Kennung **Intel**, die mittels SU aktiviert wird. Würde hier stattdessen die Zeile **L:\util\intel.exe L:\batch\hlm1.cmd** stehen, so erhielten Sie die Fehlermeldung **CreateProcessAsUser error! (rc=3)**.

Die Unterroutine **hlm1.cmd** wird somit nicht mit den Rechten des sich anmeldenden Anwenders durchgeführt, sondern mit den Rechten der Kennung **Intel**, also mit administrativen Rechten. Da die Routine **hlm1.cmd** Änderungen am Zweig **HKEY-LOCAL-MACHINE** vornimmt, werden diese Änderungen eventuell erst wirksam, wenn der Computer neu gestartet und dieser Zweig in der Registrierdatenbank neu ausgelesen wird.

Durch das Aktivieren der Gruppenrichtlinie **Zugriff auf Programme zum Bearbeiten der Registrierung verhindern** unter **Benutzerkonfiguration · Administrative Vorlagen · System** können Sie übrigens verhindern, dass ein Anwender ein Registry-Tool wie **regedit.exe** überhaupt starten kann. Die Sonderkennung **Intel** sollte deshalb nicht in einer OU liegen, für die die Verwendung von **regedit** mit einer Gruppenrichtlinie verboten ist. Sie können jedoch alle benötigten Manipulationen an der Registrierdatenbank auch mittels eines Kix-Skriptes vornehmen. Kix-Befehle wie **ADDKey**, **WriteValue**, **DelKey**, **DelTree** oder **DelValue** funktionieren aus einem Anmeldeskript heraus auch dann, wenn die Gruppenrichtlinie **Zugriff auf Programme zum Bearbeiten der Registrierung verhindern** aktiviert ist.

Zum Lieferumfang von Windows XP gehören aber auch die Tools **regini.exe** und **reg.exe**. Beide Tools werden bei der Installation in das Verzeichnis **c:\windows\system32** eingespielt. Beide finden Sie übrigens auch im Windows Server Resource Kit und dort sind sie und viele weitere Registrierdatenbank-Tools in ihrer Funktionsweise ausführlich beschrieben. Zu **regini.exe** finden Sie dort eine **regini.doc**. Die Parameter des Tools **reg.exe** erhalten Sie über den Befehl **reg.exe /? > c:\reg.txt**.

[O] Verzeichnis- und Dateirechte können Sie mit den Tools **Xcacls** und **SubInACL** beliebig setzen. Informationen zu diesen Tools finden Sie auf der Buch-DVD.

15.20 Psexec als Alternative zu Runas, SU oder MakeMeAdmin

Das Tool **psexec.exe** von **www.sysinternals.com** kann in Verbindung mit einem Tool wie **batcom** und **upx** zur Lösung vieler Probleme genutzt werden. Immer dann, wenn die Berechtigungen eines einfachen Domänen-Benutzers erweitert werden müssen, um Anwendungen oder Routinen ausführen zu können, für die die Berechtigungen des einfachen Benutzers nicht ausreichen, kann man mit Hilfe der Kombination dieser Tools eine exe-Datei erstellen, die diese Anwendung oder Routine mit erweiterten Rechten (Administratorrechten) ausführt. Das Tool **psexec.exe** ist damit eine Alternative zu Routinen wie **MakeMeAdmin** bzw. **MachMichAdmin** (finden Sie über Google.de) oder **SU** (Super User aus dem Resource Kit von Windows Server).

Das Tool **psexec** ermöglicht es, auf dem eigenen Computer oder remote auf einem anderen Computer unter einem beliebigen Rechtekontext ein Programm oder eine Routine zu starten. Die Syntax von **psexec.exe** mit den wichtigsten Parametern lautet:

```
psexec.exe \\Remotecomputer -u Kennung  -p Kennwort   auszuführende_
Routine
```

Darüber hinaus gibt es weitere Parameter, die Sie bitte der Dokumentation des Tools entnehmen (siehe auch das Verzeichnis **Tools\psexec** auf der Buch-DVD).

Bereits in der Erstausgabe dieses Buches beschrieb ich, wie man das SU-Tool nutzen kann, um z. B. über das Anmeldeskript Anwendungen auf die Clients zu verteilen, indem während der Anmeldung des Benutzers der Benutzerkontext gewechselt wird (siehe dazu die vorangegangenen Unterkapitel). Nachdem Microsoft jedoch neue Versionen bzw. Service Packs des Betriebssystems Windows XP bzw. des Tools SU selbst veröffentlichte, berichteten einige Leser meines Buches über Probleme und Fehlermeldungen bei der von mir vorgeschlagenen Vorgehensweise zur Verwendung dieses Tools. Wenn die verfügbare Version des Tools **su.exe** aus dem Windows Server Reskit im Zusammenspiel mit Windows XP, den eingespielten Service Packs und Hotfixes Probleme bereitet, so schlage ich vor, statt des Tools **su** das Tool **psxcec** einzusetzen. Die abgewandelte Routine **intel.bat** hätte dann folgenden Inhalt:

```
@echo off
cls
c:
cd\
if %1.==. goto ENDE
```

```
psexec.exe -u intel -p telin1 %1
:ENDE
```

Da in dieser Batchdatei das Kennwort der Kennung **intel** lesbar ist, wird die Datei **intel.bat** mit dem Tool **batcom** in eine exe-Datei konvertiert und diese exe-Datei mit dem Tool **upx123w** komprimiert. Als Ergebnis erhält man das selbst gestrickte Tool **intel.exe**, das dann in ein zentral zugängliches Tool-Verzeichnis **\\Servername\netlogon\util** eingestellt wird. Wenn ein Anwender die Datei intel.exe mit einem Hexeditor öffnet, wird er keine Hinweise mehr finden, wozu das Tool gut ist und wie es funktioniert.

Angenommen, unter **%LOGONSERVER%\Netlogon\Batch** gibt es eine Routine **xyz.cmd**, die eine Anwendung installiert. Sie könnten nun in das Anmeldeskript der Benutzer eine Zeile mit folgendem Inhalt einfügen:

```
if not exist C:\Programme\xyz %LOGONSERVER%\netlogon\util\
intel.exe %LOGONSERVER%\netlogon\batch\xyz.bat
```

Das Tool **intel.exe** stellt zuerst fest, dass der Parameter **%1** nicht leer ist, sondern den Inhalt **%LOGONSERVER%\Netlogon\Batch\xyz.bat** hat. Wäre keine Routine übergeben worden, so würde die Routine **intel.exe** nach **ENDE** springen, ohne irgendetwas auszuführen. Jetzt aber wird die Installationsroutine **xyz.bat** an das Tool **psexec** übergeben und unter der Kennung **intel** mit dem Kennwort **telin1** gestartet. Da dem Tool **psexec** als erster Parameter kein Remotecomputername über die Syntax **\\Remotecomputername** übergeben wurde, wird die Routine **xyz.bat** standardmäßig auf dem aufrufenden Computer ausgeführt. Die Routine **xyz.bat** läuft deshalb mit Administratorrechten auf dem Client ab, an dem sich der Benutzer an der Domäne angemeldet hat.

> An dieser Stelle erneut der Sicherheitshinweis: Verwenden Sie eine andere Kennung als die von mir beispielhaft vorgeschlagene Kennung »intel«, ein sicheres Kennwort für diese Kennung und andere Dateinamen für die Routinen intel.bat und intel.exe.

Schnell werden Sie feststellen, dass die beschriebene Methode auch für andere Zwecke geeignet ist. Da es möglich ist, mit dem Tool **psexec** auch Aktionen auf anderen Computern remote auszuführen, können Sie ein Tool bereitstellen, das es ermöglicht, dass ein einfacher Anwender die Druckwarteschlange auf dem Server im Notfall neu starten darf. Lesen Sie die Anleitung »Druckwarteschlange durch Benutzer neu starten« im Verzeichnis **Scripting\Druckwarteschlangen mit einfachen Benutzerrechten auf Server neu starten** der Buch-DVD. Denkbar ist auch, ein Tool zu erstellen, mit dem bestimmte Anwender im Notfall die Exchange Server-Dienste neu starten oder eine Datenbank neu starten können. Der Artikel beschreibt eine Beispielanwendung.

Weitere Anleitungen und Tipps finden Sie in den Verzeichnissen **Netlogon**, **Scripting** und **Windows XP\als Nichtadmin arbeiten** auf der Buch-DVD.

15.21 Ein zentrales Verzeichnis für temporäre Dateien anlegen

Wenn Sie als Administrator bereits weitere Programme auf dem PC installiert haben, werden Sie unter **C:\Dokumente und Einstellungen\Administrator\ Lokale Einstellungen\Temp** wahrscheinlich eine Menge weiterer Verzeichnisse finden, die mit **_ISTMP?.DIR** beginnen. Überprüfen Sie bei dieser Gelegenheit einmal, welcher »Datenschrott« sich unter anderen Kennungen jeweils unter **C:\ Dokumente und Einstellungen\Kennung??? \Lokale Einstellungen\Temp** oder aber unter »**Lokale Einstellungen\Temporary Internet Files**« angesammelt hat. Windows XP legt wie sein Vorgänger Windows 2000 für jeden Anwender, der sich anmeldet, ein separates Temp-Verzeichnis und ein separates Verzeichnis **Temporary Internet Files** an. Dies gilt übrigens auch für die Windows-Server-Versionen! Je mehr Anwender sich mit unterschiedlichen Kennungen an einem Computer anmelden, desto mehr »Datenmüll« sammelt sich in diesen verschiedenen Verzeichnissen für temporäre Dateien. Die Privatsphäre des Anwenders soll geschützt werden, deshalb existiert kein gemeinsames Verzeichnis **C:\Temp** bzw. **C:\Temporary Internet Files** mehr.

Da ich von Zeit zu Zeit die an der Domäne hängenden Clients über das Anmeldeskript »entmüllen« möchte (dies funktioniert über den Befehl **del c:\temp*.* /p /s /q** im Anmeldeskript), lege ich die Temp-Verzeichnisse aller Anwender zurück nach **C:\Temp**. Dazu müssen über das Anmeldeskript die Werte der Schlüssel »**TEMP**« und »**TMP**« unter **HKEY_CURRENT_USER\Environment** geändert werden.

Ebenso lässt sich das Verzeichnis **Temporary Internet Files** (Schlüssel »Cache«) und auf Wunsch auch das Verzeichnis **Cookies** (Schlüssel »Cookies«) für alle Anwender z. B. nach **C:\TEMP\Temporary Internet Files** und **C:\TEMP\Cookies** oder alternativ nach **C:\Temporary Internet Files** und **C:\Cookies** umlegen. Die Verzeichnisse finden Sie unter **HKEY_CURRENT_USER\Software\Microsoft\ Windows\CurrentVersion\Explorer\Shell Folders** und unter **HKEY_CURRENT_ USER\Software\Microsoft\Windows\CurrentVersion\Explorer\ User Shell Folders**. Sie müssen nur über das Anmeldeskript dafür Sorge tragen, dass diese Verzeichnisse existieren und der Domänenbenutzer dort volle Rechte besitzt, um Unterverzeichnisse und Dateien anlegen und löschen zu dürfen.

15.22 Umgebungsvariable setzen

Es gibt verschiedene Möglichkeiten, Umgebungsvariablen zu setzen. Dabei muss zwischen Benutzervariablen und Systemvariablen unterschieden werden. Die bereits gesetzten Variablen sehen Sie, wenn Sie unter Windows XP in der Systemsteuerung **System · Erweitert · Umgebungsvariablen** wählen. Durch die Anmeldung an der Domäne kommen jedoch noch einige Variablen hinzu, deren Wert Sie sehen, wenn Sie in einer CMD-Box den Befehl **set | more** oder besser **set > set.txt** absetzen und die erzeugte Datei **set.txt** anschließend öffnen.

Melden Sie sich als Administrator am Windows-XP-Rechner an, öffnen Sie in der Systemsteuerung **System · Erweitert · Umgebungsvariablen** und erzeugen Sie eine Benutzer-Umgebungsvariable namens **AdminVariable** mit dem Wert **VariableAdmin** sowie eine Systemvariable namens **SystemVariable** mit dem Wert **VariableSystem**. Wenn Sie erneut eine CMD-Box öffnen und den Befehl **set | more** eingeben, werden beide Variablen angezeigt. Doch wo haben Sie sich im System verewigt? Starten Sie **regedit.exe** und suchen Sie nach **VariableAdmin**. Unter **HKEY_CURRENT_USER\Environment** werden Sie fündig. Wählen Sie **Datei · Exportieren** und geben Sie als Dateinamen **userset1** ein.

Nun wählen Sie **Bearbeiten · Suchen** und geben als Suchbegriff **VariableSystem** ein. Dieses Mal landen Sie unter **HKEY_LOCAL_MACHINE\System\ControlSet001\Control\Session Manager\Environment**. Wählen Sie **Bearbeiten · Weitersuchen**, denn der wirklich für unsere Arbeit relevante Schlüssel ist **HKEY_LOCAL_MACHINE\System\CurrentControlSet\Control\Session Manager\Environment**. Exportieren Sie diesen Key über den Befehl **Datei · Exportieren** unter dem Namen **systemset1**.

Starten Sie jetzt **notepad.exe** und öffnen Sie die Dateien **userset1.reg** und danach **systemset1.reg**. Damit die reg-Dateien angezeigt werden, müssen Sie im Feld **Dateityp** auf **Alle Dateien** umschalten. Sie finden in den erzeugten reg-Dateien nicht nur die von uns erzeugten Variablen, sondern auch andere Variablen wie **TEMP, TMP, windir** oder **PATHEXT**. Beachten Sie Folgendes:

- Die mit den zu Windows 2000 oder Windows XP gehörenden Registry-Tools **regedit.exe** oder **regedt32.exe** per Export-Befehl erzeugten reg-Dateien haben die Überschrift »Windows Registry Editor Version 5.00«.

- Variablen unter Windows 2000 und Windows XP sind bezüglich Groß- und Kleinschreibung »casesensitive«. In Skripten müssen Sie bei Abfragen darauf achten. Bei If-Abfragen können Sie jedoch den Parameter **/i** eingeben, um das Problem in den Griff zu bekommen. Die möglichen Parameter des If-Befehls erhalten Sie, indem Sie eine CMD-Box öffnen und den Befehl **if /?** absetzen. Ein Beispiel dazu:

```
if /i not "%HOMEDRIVE%"=="G:" echo Der Basisordner wurde nicht oder
fehlerhaft gesetzt.
```

Sie haben nun verschiedene Möglichkeiten, Variablen zu setzen:

- Sie können auf dem Windows-XP-Mustercomputer die Variablen über die Systemsteuerung verändern und neue Variablen definieren. Anschließend exportieren Sie mittels **regedit.exe** die betreffenden Registry-Werte, bearbeiten die erzeugte reg-Datei nach Ihren Wünschen und schließen die neuen SET-Werte über das Anmeldeskript mit dem Befehl **regedit /s %LOGONSERVER%\netlogon\reg\XYZ.REG** ein.
- Sie benutzen das Tool **XSET** aus dem Windows Server Resource Kit, das in der Hilfe ausführlich beschrieben ist.
- Sie benutzen ein Kix-Skript und dort die Kix-Befehle.

Wenn Kix32 läuft, sind weitere Variablen aktiv, die es nach der Beendigung von Kix32 nicht mehr gibt. Sie können jedoch diese flüchtigen Variablen in permanente Variablen umwandeln. Testen Sie einmal das Kix-Skript **variable.kix** mit folgendem Inhalt.

```
; zusaetzliche Maschinenvariablen erzeugen:
$productname = ReadValue("HKEY_LOCAL_MACHINE\Software\Microsoft\
Windows NT\CurrentVersion","ProductName"
if $productname = "Microsoft Windows XP"
setm "productname=WindowsXP"
endif
if $productname = "Microsoft Windows 2000"
  setm "productname=Windows2000"
endif
$CSDVersion = ReadValue("HKEY_LOCAL_MACHINE\Software\Microsoft\
Windows NT\CurrentVersion","CSDVersion")
if $CSDVersion = "Service Pack 1"
setm "servicepack=SP1"
endif
if $CSDVersion = "Service Pack 2"
setm "servicepack=SP2"
endif
```

Dieses Kix-Skript erzeugt die Maschinenvariablen **productname** und **servicepack**, die Sie an anderer Stelle des Anmeldeskripts abfragen können, um festzustellen, ob Windows XP oder Windows 2000 und welches Service Pack installiert ist. Das sind nützliche Informationen! Wenn z. B. ein neues Service Pack 3 erschienen ist, können Sie die neu generierte Maschinenvariable **servicepack** abfragen und automatisch das neue Service Pack installieren, wenn die Variable »servicepack« den Wert »SP2« enthält.

15 | Das Anmeldeskript

Im Rootverzeichnis des Windows-XP-Clients finden Sie die 0 Byte große Datei **AUTOEXEC.BAT**. Auch über diese Datei können Sie Variablen setzen. Übernehmen Sie zum Test folgende **AUTOEXEC.BAT** nach **C:** und starten Sie den Windows-XP-Computer neu.

```
@echo off
REM geänderte AUTOEXEC.BAT zur Demonstration von SET-Variablen
PATH C:\TEMP;C:\PROGRAMME
SET TEMP=C:\TEMP
SET TMP=C:\TEMP
Set ABCD=AbCd
```

Wenn Sie nach dem Neustart den Befehl **set > c:\set.txt** eingeben und die Datei **set.txt** öffnen, werden Sie feststellen, dass der Suchpfad **PATH** tatsächlich um **C:\TEMP;C:\Programme** erweitert wurde und auch die Variable **ABCD** nun existiert. Die Variablen **TEMP** und **TMP** wurden aber nicht aus der **autoexec.bat** beibehalten, sondern durch die Werte in der Registrierdatenbank überschrieben. Es ist nun denkbar, die Datei **C:\Autoexec.bat** über das Anmeldeskript auszutauschen. Vergessen Sie nicht, die **autoexec.bat** anschließend nach diesem Test wieder zu löschen. Beim nächsten Rechnerstart ist die PATH-Variable dann wieder die alte.

Betrachten wir nun das Tools **pathman.exe** aus dem Windows 2000 Server Resource Kit. Damit können Sie nicht nur den Suchpfad um weitere Verzeichnisse erweitern, sondern auch eine beliebige Zeichenfolge aus dem vorhandenen Suchpfad wieder löschen. Der Befehl **\\s1\netlogon\util\pathman.exe /ru ;;z:\kkh\;m:\ingres\bin;;u:\programme\dbengines\sybase\dll;u:\programme\dbengines\Sybase\BIN** durchkämmt den Suchpfad des Anwenders und löscht die angegebenen Pfade einschließlich leerer Pfade (zwei Semikolons hintereinander: ;;).

Der Befehl **\\s1\netlogon\util\pathman.exe /\\s1\netlogon\util\pathman.exe /au u:\programme\dbengines\oracle\bin** fügt hingegen den Pfad **u:\programme\dbengines\oracle\bin** an den benutzerbezogenen Suchpfad an. Dasselbe funktioniert für den Systemsuchpfad:

```
/as  path[;path[;path ...]]
```

Adds the semicolon-separated paths to the system path

```
/au  path[;path[;path ...]]
```

Adds the semicolon-separated paths to the user path

```
/rs  path[;path[;path ...]]
```

Removes the semicolon-separated paths from the system path

```
/ru  path[;path[;path ...]]
```
Removes the semicolon-separated paths from the user path

15.23 Netzdrucker zentral den Clients oder Benutzern zuweisen

Stellen Sie sich vor, Sie möchten von zentraler Stelle aus allen Benutzern oder Computern jeweils die nächstgelegenen Netzdrucker zuweisen. Wäre es nicht komfortabel, wenn Sie eine ASCII-Datei hätten, in der alphabetisch untereinander alle Benutzer oder alternativ alle Computer aufgelistet wären und jeweils dahinter die zuzuweisenden Drucker? Das Tool **Kix32** macht es möglich. Sie erstellen eine ASCII-Datei namens **drucken.txt** mit folgendem Inhalt:

```
PC0001,\\s1\HP-444,
PC0002,\\s1\HP-616,
PC0010,\\s1\hp-615,
PC0012,\\s1\HP-444,\\s1\HP-616,
PC0101,\\s1\HP-444
PC0103,\\s1\qms-ps41,
PC0104,\\s1\qms-ps41,
PC0105,\\s1\HP-522,\\s1\HP-616,
PC0107,\\s1\HP-522,
PC0202,\\s1\HP-444,
```

Sie legen außerdem ein Kix-Skript namens **drucken.kix** an, das Sie auf der Buch-DVD finden. Dieses Kix-Skript arbeitet wie folgt: Zuerst wird die Datei **drucken.txt** nach **C:\Temp** kopiert. Der Grund ist folgender: Sie müssen an der zentralen Datei **\\s1\netlogon\kix\drucken.txt** regelmäßig Änderungen vornehmen. Wenn ein Anwender sich anmeldet, so kann es sein, dass er die zentrale Datei blockiert, wenn diese Datei direkt mit dem Kix-Skript **drucken.kix** bearbeitet wird. Das Skript kopiert deshalb die Datei **drucken.txt** nach **C:\Temp** und öffnet in der zweiten Zeile des Skripts nunmehr diese dezentrale Datei **drucken.txt**. Somit ist die ursprüngliche Datei **\\s1\netlogon\kix\drucken.txt** sofort wieder freigegeben.

Das Skript sucht nun alle Zeilen der Datei **drucken.txt** danach ab, ob es eine Zeile findet, die mit demselben Computernamen beginnt wie der Computer, an dem der Benutzer sich gerade anmeldet. Wird es fündig, so springt es zur Sprungmarke **DRUCKEN** und arbeitet in einer Schleife die entsprechende Zeile ab. In der **drucken.txt** können – vom Computernamen durch Komma getrennt – jetzt die Freigabenamen eines oder mehrerer Netzdrucker erscheinen. Sobald ein

Komma gefunden wird, wird der zwischen zwei Kommata stehende Begriff als Variable **$Drucker** dem Kix-Befehl **AddPrinterConnection** übergeben. Die Syntax **if AddPrinterConnection($Drucker)=0** überprüft dabei sofort, ob der **AddprinterConnection**-Befehl erfolgreich war. Dies bedeutet, dass der übergebene Errorlevel gleich **0** war. Wenn ein Errorlevel größer **0** zurückgegeben wird, so wird dem Anwender die zurückgegebene Errormeldung angezeigt (**? "Fehler " + @ERROR + " = " + @SERROR**) und ein weiterer Hinweis eingeblendet.

Um das Skript zu testen, schließen Sie einen Drucker am Server an und geben ihn unter dem Namen **HP-444** frei. Melden Sie sich als Administrator am Windows-XP-Computer an und stellen Sie sicher, dass es ein Verzeichnis **C:\Temp** gibt. Wenn der Windows-XP-Rechner nicht den Namen **PC0001** hat, so ändern Sie die Datei **drucken.txt** entsprechend ab.

Öffnen Sie eine CMD-Box und setzen Sie dort folgenden Befehl ab:

\\s1\netlogon\kix\kix32 \\s1\netlogon\kix\drucken.kix

Beim ersten Mal dauert es etwas länger, bis die Meldung **UNC-Drucker \\s1\HP-444 erfolgreich angeschlossen** erscheint, denn die Druckertreiber müssen vom Server heruntergeladen und installiert werden. Wenn Sie den Befehl ein zweites Mal absetzen, kommt die Meldung dann sofort.

Löschen Sie den angeschlossenen Drucker über **Start · Einstellungen · Drucker- und Faxgeräte** über die rechte Maustaste und den Menüpunkt **Löschen**. Sie können jetzt die Datei **drucken.txt** variieren und durch erneutes Starten des Skripts überprüfen, wie sich das Skript verhält. Täuschen Sie dem Server **S1** vor, dass am Anschluss **LPT2** ebenfalls ein Drucker namens **HP-616** installiert ist. Installieren Sie also am Server einen weiteren Drucker am Anschluss **LPT2** und geben Sie ihn unter dem Namen **HP-616** frei. Testen Sie das Skript mit folgender geänderten **drucken.txt**:

```
PC0012,\\s1\HP-444,
PC0002,\\s1\HP-616,
PC0010,\\s1\hp-615,
PC0001,\\s1\HP-444,\\s1\HP-616,
PC0101,\\s1\HP-444
PC0103,\\s1\qms-ps41,
PC0104,\\s1\qms-ps41,
PC0105,\\s1\HP-522,\\s1\HP-616,
PC0107,\\s1\HP-522,
PC0202,\\s1\HP-444,
```

Wenn der PC den Namen **PC0001** hat, wird die fett markierte Zeile abgearbeitet und es werden nacheinander zwei Netzdrucker angeschlossen. Dieser Vorgang dauert beim ersten Mal länger, denn es müssen zwei verschiedene Druckertreiber vom Server heruntergeladen und installiert werden. Wenn Sie sich als einfacher Benutzer unter der Kennung **Testuser** anmelden und das Skript starten, werden Sie bemerken, dass die Netzdrucker auch mit den einfachen Rechten eines Domänenbenutzers hinzugefügt werden können. Versuchen Sie hingegen, einen lokalen Drucker über **Start · Einstellungen · Drucker und Faxgeräte · Drucker hinzufügen** an einem der LPT-Ports anzuschließen, so ist diese Option aufgrund der fehlenden Rechte nicht anwählbar.

Als Alternative zu diesem Kix-Skript finden Sie auf der Buch-DVD im Verzeichnis **NETLOGON\VBS** das Visual Basic-Skript **NetzdruckerVerbinden.vbs**. Es leistet Ähnliches, setzt aber voraus, dass die Ausführung von VB-Skripten überhaupt zulässig ist und nicht über eine Gruppenrichtlinie unterbunden wurde. Letzteres könnte aber sinnvoll sein, da Computerviren sich auch über VB-Skripte verbreiten. Ein Ausweg ist, nur signierte VB-Skripte zuzulassen und alle VB-Skripte, die im Anmeldeskript eingesetzt werden, zu signieren. Dieser Vorgang ist jedoch nicht unkompliziert und mit gewissem Aufwand verbunden, wenn neue VB-Skripte hinzukommen und vorhandene geändert werden.

15.24 Informationen über den Computer oder den angemeldeten Benutzer auf dem Bildschirm anzeigen

Windows XP hat das implementierte Feature, dass ein Mitarbeiter des Helpdesks sich remote auf einen PC aufschalten kann, um einem Benutzer bei der Lösung eines Problems zu helfen. Dafür startet der Mitarbeiter des Helpdesks auf seinem Windows-XP-Computer über die Komponente **Hilfe und Support**, wählt danach **Tools zum Anzeigen von Computerinformationen und Ermitteln von Fehlerursachen verwenden** und im nächsten Fenster **Anbieten von Remoteunterstützung**. Dasselbe erreichen Sie über **Start · Programme · Zubehör · Kommunikation · Remotedesktopverbindung** oder durch das Starten von **C:\Windows\System32\mstsc.exe**. Spätestens jetzt muss er den Computernamen oder die IP-Adresse des Mitarbeiters kennen, der ihn telefonisch um Rat bittet.

15 | Das Anmeldeskript

Damit das Anbieten von Remoteunterstützung funktioniert, muss unter **Computerkonfiguration · Administrative Vorlagen · System · Remoteunterstützung** die Gruppenrichtlinie **Remoteunterstützung anbieten** aktiviert werden. Über die Schaltfläche **Anzeigen** muss in der Richtlinie ein Benutzername oder eine Sicherheitsgruppe wie z. B. **Company\Helpdesk** hinzugefügt werden, der die Berechtigung erteilt wird, den Computer fernzusteuern.

Nebenbei bemerkt: Sie können, als Administrator am Windows-XP/2000-Client angemeldet, übrigens auch die Konsole **gpedit.msc** über **Start · Ausführen** lokal starten und dann die Remoteunterstützung aktivieren. Durch den Start von **gpedit.msc** wird im versteckten und schreibgeschützten Verzeichnis **C:\Windows\System32\GroupPolicy** im Unterverzeichnis **MACHINE** eine Datei namens **Registry.pol** erzeugt.

Die aktivierte Gruppenrichtlinie erzeugt jedenfalls folgenden Schlüssel:

[HKEY_LOCAL_MACHINE\SOFTWARE\Policies\Microsoft\Windows NT\Terminal Services\RAUnsolicit] »Company.local\\Helpdesk«=»Company.local\\Helpdesk«

Der Anwender, der Sie anruft und um Fernunterstützung bittet, kann Ihnen eventuell den Namen und die IP-Adresse des Rechners, an dem er arbeitet, nicht nennen. Sie könnten ihn auffordern, das Symbol **Arbeitsplatz** mit der rechten Maustaste anzuklicken und dann **Eigenschaften** zu wählen oder eine CMD-Box zu starten und den Befehl **IPCONFIG** abzusetzen. Doch haben Sie vielleicht über eine andere Gruppenrichtlinie verboten, dass Anwender eine CMD-Box starten dürfen, oder aber unterbunden, dass Anwender überhaupt den Befehl **Ausführen** im Startmenü vorfinden.

Folglich wäre es ideal, wenn dem Anwender einige Informationen direkt auf dem Bildschirm angezeigt würden. Eine Möglichkeit wäre, die Bezeichnung des Symbols **Arbeitsplatz** derart umzubenennen, dass unter dem Symbol immer der Name des angemeldeten Benutzers und der Name des Computers erscheint.

[o] Dies funktioniert mit der reg-Datei **ArbeitsplatzUmbenennen.reg** im Unterverzeichnis **netlogon\reg** der Buch-DVD. Diese reg-Datei ändert übrigens einen Eintrag im Zweig **HKEY_CLASSES_ROOT**. Über eine selbst gestrickte Gruppenrichtliniendatei können Sie diese Manipulation nicht erreichen, denn über Gruppenrichtlinien können nur Änderungen im Zweig **HKEY_LOCAL_MACHINE** oder im Zweig **HKEY_CURRENT_USER** vorgenommen werden.

Mittels des Anmeldeskriptes und unseres **intel.exe**-Tools können Sie aber die durch die reg-Datei **ArbeitsplatzUmbenennen.reg** vorgenommene Änderung an der Registrierdatenbank auf alle Clients verteilen. Spätestens nach dem Drücken der **F5**-Taste (Aktualisieren) sollte danach der Desktop und der Windows Explorer wie folgt aussehen: Unter dem Arbeitsplatz-Symbol erscheint **<Benutzerkennung> an <Computernme>1**, im Windows Explorer sehen Sie ebenfalls **<Benutzerkennung> an <Computername>**.

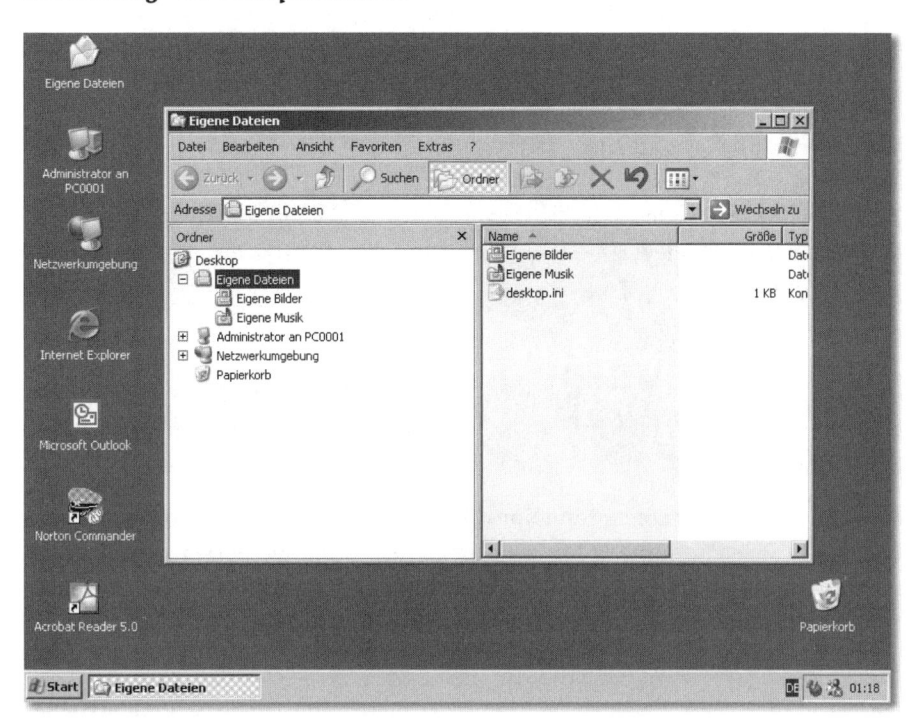

15.25 BGInfo von www.sysinternals.com

Eine andere überzeugende Möglichkeit bietet das Freeware-Tool **BGInfo** von **www.sysinternals.com**. Wenn Sie **BGInfo.exe** aus dem Verzeichnis **\\s1\netlogon\util** ohne Parameter starten, können Sie die auf dem Desktop anzuzeigenden Informationen konfigurieren. Danach starten Sie zukünftig **BGInfo.exe** aus dem Anmeldeskript mit folgender Syntax:

\\s1\netlogon\util\bginfo.exe /iq\\s1\netlogon\util\bginfo.bgi /timer:0

Dabei ist wichtig, dass zwischen dem Parameter **/iq** und dem Pfad für die **bginfo.bgi** kein Leerzeichen steht. Der Desktop könnte danach folgende Informationen bereitstellen, wobei Sie die Anzahl, Ausrichtung und Formatierung der Informationen fast beliebig konfigurieren können.

15 | Das Anmeldeskript

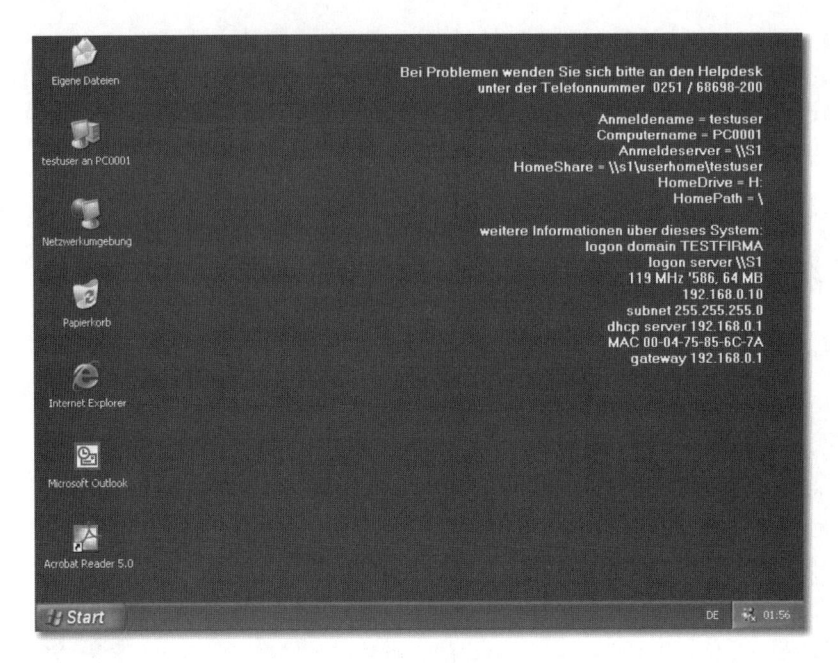

Sie werden mir zustimmen: Ein feines Tool, das Sie auch sinnvoll einsetzen können, wenn Sie später mittels Terminalclient viele Windows-Server remote administrieren müssen und der Server-Desktop immer anzeigen soll, auf welchem Server Sie sich gerade befinden. Sie würden den Befehl zum Start des Tools dann als Verknüpfung einfach in die Autostart-Gruppe legen.

Doch soll nicht verschwiegen werden, dass dieses Tool einen Schönheitsfehler hat: Es generiert eine Datei namens **BGInfo.bmp** ausgerechnet im Verzeichnis **C:\Windows**. Dort hat ein einfacher Anwender aber keine Schreibrechte. Wie lösen Sie das Problem? Wenn die Datei einmal existiert, reicht es aus, dass der Gruppe **Domänen-Benutzer** nur auf diese Datei zusätzlich das Schreibrecht gegeben wird. Sie müssten also über das Anmeldeskript und unsere **Intel.exe**-Routine einmalig die Datei erzeugen oder eine unter **%LOGONSERVER%\util** abgelegte **BGInfo.bmp** nach **C:\Windows** kopieren und dann mittels des Tools **xcacls.exe** der Gruppe **Domänen-Benutzer** auf diese Datei das Schreibrecht geben.

Da jedoch bekanntlich viele Wege nach Rom führen, sei zuletzt eine weitere Variante genannt.

[O] Sie starten aus dem Anmeldeskript die Unterroutine **netlogon\batch\logoninfo.cmd**, die Sie ebenfalls auf der Buch-DVD finden. Diese Batchroutine hat folgenden Inhalt:

```
@echo off
REM LOGONINFO.TXT wird ueber das Icon Start\Programme\Info
```

```
REM eingesehen:
if exist c:\temp\logoninfo.txt del c:\temp\logoninfo.txt > NUL
echo Anmeldename:      %USERNAME%>> c:\temp\logoninfo.txt
echo Voller Name:      %FULLNAME%>> c:\temp\logoninfo.txt
echo Computername:         %Computername%>> c:\temp\logoninfo.txt
echo Anmeldeserver:    %LOGONSERVER%>> c:\temp\logoninfo.txt
echo Userhome:     %HOMESHARE%>> c:\temp\logoninfo.txt
echo Homedrive:    %HOMEDRIVE%>> c:\temp\logoninfo.txt
echo Userprofil:   %USERPROFILE%>> c:\temp\logoninfo.txt
echo Suchpfad:     %PATH%>> c:\temp\logoninfo.txt
ipconfig.exe /all >> c:\temp\logoninfo.txt
copy %LOGONSERVER%\netlogon\util\selbstauskunft.lnk "%USERPROFILE%\
startm~1\programme" > NUL
```

Vorausgesetzt, der Anwender hat Schreibrechte auf **C:\Temp**, erzeugt diese Routine eine ASCII-Datei namens **c:\temp\logoninfo.txt** und kopiert eine Verknüpfung namens **Selbstauskunft.lnk** in das Startmenü des Anwenders. Ruft der Anwender den Helpdesk an und bittet um Unterstützung, so bittet der Helpdesk-Mitarbeiter den Anwender, **Start · Programme · Selbstauskunft** zu wählen. Dadurch wird die erzeugte Datei **c:\temp\logoninfo.txt** angezeigt und der Benutzer kann dem Helpdesk-Mitarbeiter den Computernamen und eine Menge weiterer Informationen geben. Der Helpdesk-Mitarbeiter kann sich jetzt aber auch remote auf den PC aufschalten und sich zuerst über **Start · Programme · Selbstauskunft** einen Überblick verschaffen.

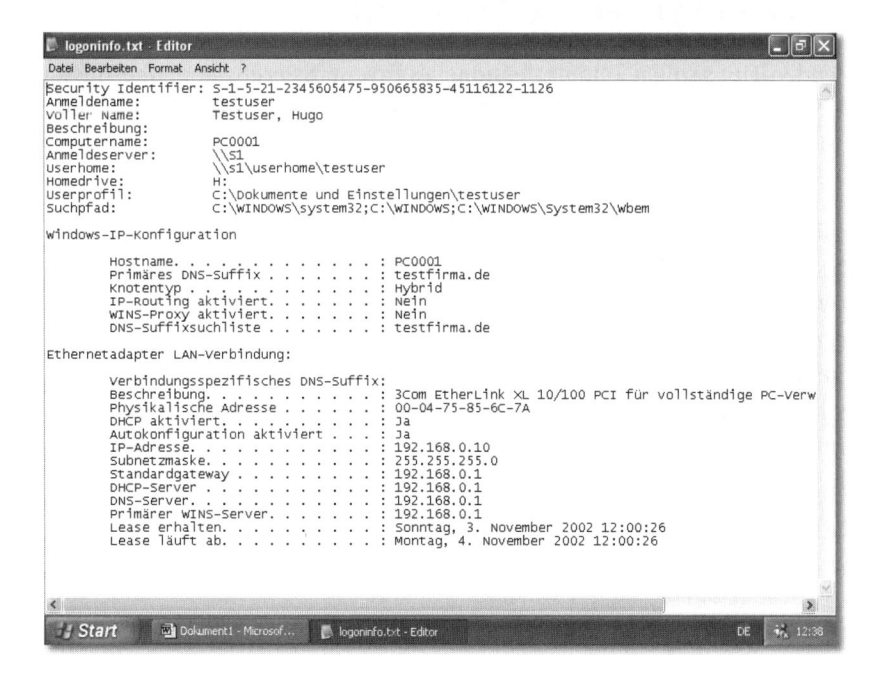

15.26 Verknüpfungen mit dem Tool SHORTCUT.EXE generieren

In der Unterroutine **logoninfo.cmd** wurde die Verknüpfung **Selbstauskunft.lnk** vom zentralen Serververzeichnis **netlogon\util** in das Startmenü des Anwenders kopiert. Dieses Icon können Sie aber auch mit dem Tool **Shortcut.exe** erzeugen. Die Routine **netlogon\batch\shortcut.cmd** erledigt das automatisch. Sie hat folgenden Inhalt:

```
@echo off
REM Verknuepfung fuer c:\temp\logoninfo.txt anlegen
REM logoninfo.txt wird mit der Routine logoninfo.cmd erzeugt
REM und zeigt wichtige Informationen ueber den angemeldeten
REM Anwender und die Systemumgebung an. Das Ziel der
REM Verknuepfung wird ueber den Parameter -n angegeben.
REM Die erzeugte Verknuepfung soll als Symbol das Fragezeichen
REM von C:\Windows\winhelp.exe erhalten.
%LOGONSERVER%\netlogon\util\shortcut.exe -n "%USERPROFILE%\startm~1\
progra~1\Selbstauskunft" -t c:\temp\logoninfo.txt -i c:\windows\
winhelp.exe -f
```

15.27 Hardware- und Softwareinformationen in einer zentralen Serverfreigabe sammeln

Die folgenden Tipps sollen kein professionelles Inventarisierungstool überflüssig machen. Sie zeigen aber, dass Sie über das Anmeldeskript eine Menge wichtiger Informationen über die Benutzer und Computer an zentraler Stelle sammeln können.

Sie erstellen dazu eine Freigabe namens **LOG** auf einem Server, z. B. unterhalb der NETLOGON-Freigabe. Alle Benutzer müssen Schreibrechte auf diese Freigabe bzw. auf Unterverzeichnisse dieser Freigabe erhalten. Dann legen Sie ein Unterverzeichnis namens **LogonInfo** in dieser Freigabe an. In der letzten Übung wurde gezeigt, wie im Anmeldeskript mittels der Umleitung des **echo**-Befehls und des **ipconfig**-Befehls eine logoninfo.txt-Datei unter **c:\temp** erzeugt wurde. Diese Datei können Sie jetzt in das zentrale Serververzeichnis **LOG\LogonInfo** übernehmen und sie dabei umbenennen, entweder in **%COMPUTERNAME%.txt** oder in **%USERNAME%.txt**.

```
if exist c:\temp\loginfo.txt copy c:\temp\loginfo.txt %LOGONSERVER%\
LOG\loginfo\%COMPUTERNAME%.txt /y > NUL
```

```
if exist c:\temp\loginfo.txt copy c:\temp\loginfo.txt %LOGONSER-
VER%\LOG\loginfo\%USERNAME%.txt /y > NUL
```

Wenn Sie in der Freigabe **NETLOGON** ein Verzeichnis wie das vorgeschlagene **LOG** erstellen möchten, damit dort über das Anmeldeskript Dinge mitprotokolliert oder die Clients inventarisiert werden, so muss der sich anmeldende Benutzer im Verzeichnis **LOG** und in dessen Unterverzeichnissen das Schreibrecht haben. Außerdem muss die Berechtigung der Freigabe **NETLOGON** gelockert werden. Standardmäßig hat dort die Gruppe **Jeder** nur das Leserecht. Sie können der Gruppe **Domänen-Benutzer** als Freigabeberechtigung Vollzugriff geben. Das bedeutet nicht, dass ein Domänenbenutzer das Anmeldeskript verändern oder löschen kann, denn die Verzeichnisrechte stehen danach immer noch auf **Lesen**. Sie können aber auch in einer anderen Freigabe, auf die die Domänenbenutzer schon Vollzugriff haben, ein Verzeichnis wie **LOG** einrichten und die Routine entsprechend abändern.

15.28 MSINFO32 inventarisiert Ihre Computer

Sie können für andere Zwecke weitere Unterverzeichnisse in der Freigabe **LOG** erstellen, um beliebige Dinge pro Computer oder pro Benutzerkennung bei der Anmeldung mitzuprotokollieren. Ein mächtiges Tool namens **MSINFO32** gehört zum Lieferumfang von Windows 2000/2003 und Windows XP und ist in der Lage, den Computer zu inventarisieren. Beachten Sie, dass die MSINFO32-Version von Windows XP nicht unter Windows 2000 startet und umgekehrt. Leider inventarisiert **MSINFO32** aber neben der Hardware nur Microsoft-Software und nicht die installierte Software von Drittanbietern, aber immerhin ... Sie finden die Datei **msinfo32.exe** im Verzeichnis **C:\Programme\gemeinsame Dateien\Microsoft Shared\MSINFO**.

Der Befehl **MSINFO32.EXE /NFO C:\temp\%COMPUTERNAME%.NFO** erzeugt eine nfo-Datei, die Sie anschließend direkt starten können. Diese nfo-Datei enthält ein Hardware- und Softwareinventar des Computers. Die Erzeugung dieser Datei dauert auf langsamen Computern mehrere Minuten! Starten Sie den Taskmanager (Strg+Alt+Entf) und öffnen Sie die Registerkarte **Prozesse**. Dort sehen Sie, dass **msinfo32.exe** aktiv ist.

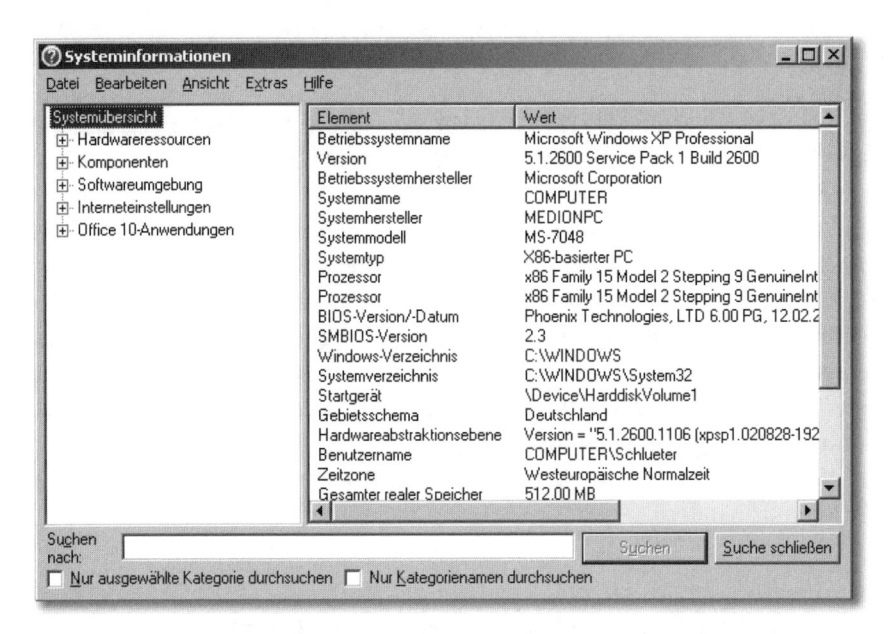

Sobald **MSINFO32** seine Arbeit beendet hat, können Sie folgenden Befehl starten:

MSINFO32.EXE /msinfo_file=C:\temp\%COMPUTERNAME%.NFO /report C:\temp\%COMPUTERNAME%.txt

Er erzeugt eine Textdatei, die in Word gelesen werden kann. Auch dieser Prozess benötigt einige Zeit. Sie müssen die so erzeugten Inventardateien nur in einem zentralen Verzeichnis unterhalb der LOG-Freigabe sammeln:

copy c:\temp\%COMPUTERNAME%.txt %LOGONSERVER%\LOG \MSINFO32\%COMPUTERNAME%.txt /y > NUL

Wenn Sie auf diese Weise von allen Clients des Netzwerkes Hardware- und Softwareinformationen zentral auf dem Server sammeln, werden Sie erstaunt sein, welche Fülle von Informationen Sie über die Hardware, die geladenen Module, Dienste und Treiber und die installierten Microsoft-Produkte der Clients vorfinden.

[»] Im Windows Server 2003 Resource Kit finden Sie das Tool **SrvInfo.exe**. SrvInfo (Remote Server Information) ist ein Befehlszeilentool, das viele Informationen über den Server oder den Client anzeigt, unter anderem den freien Speicherplatz der Partitionen, die Partitionstypen, die Windows-Product-ID, die Version des installierten Service Packs, den Hal-Typ, die CPU, BIOS-Typ und -Version, die installierten Netzwerkkarten, Freigaben, Dienste und deren Status. Die Ausgabe von SrvInfo kann in eine Datei umgelenkt werden.

15.29 Einen Nachrichtentext bei der Anmeldung anzeigen

Wenn Sie dem Benutzer bei der Anmeldung einen Nachrichtentext einblenden möchten, fügen Sie in das Anmeldeskript folgende Zeilen ein:

```
@echo off
if not exist %LOGONSERVER%\netlogon\util\
helpdesk.txt goto NOHELPDESK
echo.
echo ============= Company =============
echo.
type %LOGONSERVER%\netlogon\util\helpdesk.txt
echo.
echo ============= Company =============
echo.
pause
cls
:NOHELPDESK
```

Außerdem erstellen Sie im Verzeichnis **netlogon\util** eine Textdatei, die die Nachricht enthält. Sobald die Nachricht nicht mehr benötigt wird, benennen Sie die Datei **helpdesk.txt** in **helpdesk.bak** um. Durch den Sprungbefehl **goto NOHELPDESK** wird jetzt dieser Teil des Anmeldeskriptes übersprungen.

Wenn Sie die Nachricht professioneller als Windows-Fenster aufblenden wollen, hilft ein kleines Freeware-Tool namens **message.exe** weiter.

Sie finden das Tool auf der Buch-DVD unter **netlogon\util**. Ebenso finden Sie dort eine bereits erstellte Nachricht **msg.cfg**. Fügen Sie folgenden Befehl in das Anmeldeskript ein oder setzen Sie ihn einmal am Windows-XP-Computer ab. Wichtig dabei: Zwischen dem Parameter **/C** und **%LOGONSERVER%** darf kein Leerzeichen stehen.

%LOGONSERVER%\netlogon\util\message.exe /c%LOGONSERVER%\netlogon\util\msg.cfg

Sie erhalten ein Fenster wie dieses:

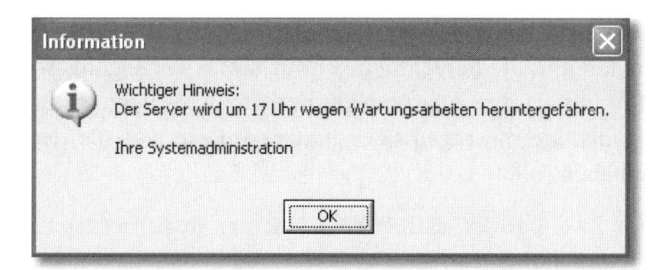

15.30 Zugriff auf Programme zum Bearbeiten der Registrierung verhindern

Welche Möglichkeiten gibt es, den Zugriff auf Programme zum Bearbeiten der Registrierung für den Benutzer zu unterbinden und dennoch über das Anmeldeskript gewünschte Manipulationen im Zweig **HKEY_CURRENT_USER** der Registrierdatenbank vornehmen zu können? Die Richtlinie **Zugriff auf Programme zum Bearbeiten der Registrierung verhindern** finden Sie unter **Benutzerkonfiguration · Administrative Vorlagen · System.** Wenn Sie über diese Gruppenrichtlinie blockieren wollen, dass ein Anwender ein Registry-Tool wie **regedit** überhaupt starten kann, so können Sie alle benötigten Registry-Manipulationen auch mittels eines Kix-Skripts vornehmen. Kix-Befehle wie **ADDKey**, **WriteValue**, **DelKey**, **DelTree** oder **DelValue** funktionieren aus einem Anmeldeskript heraus auch dann auf den Zweig **HKEY_CURRENT_USER**, wenn die oben genannte Gruppenrichtlinie aktiviert ist.

Eine Alternative zur Verwendung dieser Richtlinie und eines Kix-Skripts wäre z. B., die Dateien **regedit.exe** und die **regedt32.exe** auf allen Clients in unscheinbare Dateien umzubenennen (etwa **_aabbdd.exe**) und über die Richtlinie **Angegebene Windows-Anwendungen nicht ausführen** unter **Benutzerkonfiguration · Administrative Vorlagen · System regedit.exe** und **regedt32.exe** explizit anzugeben. Wenn sich dann der Benutzer z. B. von zu Hause die fehlende **regedit.exe** als Mailanhang zuschickt, kann er sie anschließend nicht starten. Nur die Administratoren kennen die neuen Dateinamen der Registrierungstools und könnten sie dann weiter im Anmeldeskript verwenden. Dabei lässt sich der Registry-Editor **regedit.exe** sogar starten, wenn Sie ihn in eine Datei mit der Erweiterung **cmd**, **bat** oder **com** umbenennen. Kein Anwender würde jedoch vermuten, dass sich z. B. hinter **_dllevent.cmd** oder **twain32.com** eine umbenannte **regedit.exe** versteckt.

Zum Lieferumfang von Windows XP gehören aber auch die Tools **regini.exe** und **reg.exe**. Beide Tools werden bei der Installation in das Verzeichnis **c:\windows\system32** eingespielt und müssten ebenfalls umbenannt oder in ein sicheres Verzeichnis verschoben werden.

Sie können aber auch auf jedem Client oder zentral in der Freigabe **NETLOGON** ein Unterverzeichnis erstellen und die Berechtigungen für dieses Verzeichnis so einschränken, dass nur Administratoren zugreifen können. In dieses Verzeichnis verlagern Sie dann alle Tools wie die **regedit.exe** und **regini.exe**, auf die der Anwender keinen Zugriff haben soll.

Benötigte Änderungen im Zweig **HKEY_CURRENT_USER** der Registrierdatenbank, die nicht über Gruppenrichtlinien vorgenommen werden können, können

Sie über das Anmeldeskript mittels Kix-Skript vornehmen. Ein Beispiel: Wenn viele Mitarbeiter in einem Raum sitzen, stört das ewige Piepsen des Systemlautsprechers. Sie können den Lautsprecher komplett abschalten, indem Sie die Schlüssel **Beep** und **ExtendedSounds** auf **No** umstellen. Diese beiden Schlüssel finden Sie in der Registrierdatenbank an zwei Stellen: Unter **HKEY_USERS\ .DEFAULT\Control Panel\Sound** und unter **HKEY_CURRENT_USER\Control Panel\Sound**. Wenn Sie die Schlüssel unter **HKEY_USERS\.DEFAULT\Control Panel\Sound** auf **No** umstellen, wirkt diese Einstellung auf alle Anwender, die später neu eingerichtet werden. Wenn Sie die Schlüssel unter **HKEY_CURRENT_ USER\Control Panel\Sound** auf **No** umstellen, wirkt diese Einstellung auf bereits aktive Anwender.

Auf der Buch-DVD finden Sie im Unterverzeichnis **NETLOGON\REG** für beide Schlüssel je eine reg-Datei **SpeakerOff.reg** und **SpeakerOffDefaultUser.reg**. Ebenso finden Sie im Unterverzeichnis **Gruppenrichtlinien\ADM Gruppenrichtlinienvorlagen** eine selbst erstellte Gruppenrichtliniendatei **SpeakerOnOff.adm**, mit der Sie den Lautsprecher ab- bzw. anschalten können. Wie Sie derartige Gruppenrichtliniendateien selbst erzeugen können, wird an anderer Stelle erläutert.

Angenommen, Sie haben über eine Gruppenrichtliniendatei für die OU **Company** den Zugriff auf Programme zur Bearbeitung der Registrierdatenbank verhindert. Wie können Sie ohne passende Gruppenrichtlinie über das Anmeldeskript trotzdem die beiden Schlüssel **Beep** und **ExtendedSounds** im Schlüssel **HKEY_CURRENT_USER\Control Panel\Sound** oder auch im Schlüssel **HKEY_ USERS\.DEFAULT\Control Panel\Sound** auf **No** umstellen?

Das Test-Anmeldeskript **intel2.cmd** zeigt, wie es geht. Es startet **Kix32.exe** mit dem Kix-Skript **SpeakerOff.kix**. Überprüfen Sie zuerst, dass der Lautsprecher unter der Kennung **Testuser** aktiv ist. Dazu melden Sie sich als Testuser an, starten den Windows-Explorer und drücken die Tastenkombination **Alt+q**. Da diese Tastenkombination im Windows-Explorer nicht belegt ist, sollte der Lautsprecher einen Piepton von sich geben.

Löschen Sie in der Registerkarte **Profil** einen eventuell vorhandenen Eintrag für ein Anmeldeskript und aktivieren Sie die Gruppenrichtlinie **Zugriff auf Programme zum Bearbeiten der Registrierung verhindern** für die OU **Benutzer XXX**. Melden Sie sich unter der Kennung **Testuser** an und versuchen Sie, über **Start · Ausführen regedit.exe** zu starten. Der Lautsprecher gibt einen Piepton von sich und Sie erhalten die Fehlermeldung **Das Bearbeiten der Registrierung wurde durch den Administrator deaktiviert.**

15 | Das Anmeldeskript

Aktivieren Sie nun für die Kennung **Testuser** auf der Registerkarte **Profil** das Anmeldeskript **intel2.cmd**. Es hat folgenden Inhalt:

```
%LOGONSERVER%\NETLOGON\kix\kix32.exe %LOGONSERVER$NETLOGON\kix\
SpeakerOff.kix
%LOGONSERVER%\NETLOGON\util\intel.exe %LOGONSERVER%\NETLOGON\batch\
hlm2.cmd
```

Zuerst wird das Kix-Skript **SpeakerOff.kix** durchgeführt. Sein Inhalt ist:

```
$X=WriteValue ("HKEY_CURRENT_USER\Control Panel\Sound",
  "Beep", "no", "REG_SZ")
$X=WriteValue ("HKEY_CURRENT_USER\Control Panel\Sound",
  "ExtendedSounds", "no", "REG_SZ")
```

Beachten Sie, dass vor dem eigentlichen Kix-Befehl **WriteValue** eine willkürliche Variable mit vorangestelltem **$**-Zeichen definiert wird, in diesem Beispiel die Variable **X**. Ohne das Voranstellen von **$X=** vor den eigentlichen WriteValue-Befehl würde nämlich für beide Befehle der Errorlevel-Code angezeigt. Die gewählte Syntax **$X=WriteValue** unterdrückt die Anzeige der Errorlevels. Sie können dies leicht überprüfen, indem Sie über **Start · Ausführen** das Testskript **SpeakerOff.kix** starten:

```
\\s1\netlogon\kix\kix32.exe \\s1\netlogon\kix\SpeakerOff.kix
```

Eine CMD-Box öffnet sich, zwei Nullen erscheinen – nach 10 Sekunden schließt sich die CMD-Box wieder. Da in diesem Testskript zwei WriteValue-Befehle erfolgreich abgesetzt werden, wird zweimal eine **0** als Errorlevel angezeigt. Damit Sie diese Ausgabe überhaupt sehen können, wurde als letzter Befehl **sleep 10** angehängt, so dass die CMD-Box nach Ausführung der zwei WriteValue-Befehle noch 10 Sekunden geöffnet bleibt.

Der letzte Befehl **%LOGONSERVER%\NETLOGON\util\intel.exe %LOGONSERVER%\netlogon\batch\hlm2.cmd** im Anmeldeskript **intel2.cmd** führt die Routine **hlm2.cmd** im Kontext der Kennung **Intel** aus. Das Skript **hlm2.cmd** hat folgenden Inhalt:

```
regedit /s %LOGONSERVER%\netlogon\reg\SpeakerOffDefaultUser.reg
```

Die Datei **\NETLOGON\reg\SpeakerOffDefaultUser.reg** können Sie mit dem Editor Notepad.exe öffnen. Sie hat folgenden Inhalt:

```
Windows Registry Editor Version 5.00
[HKEY_USERS\.DEFAULT\Control Panel\Sound]
"Beep"="no"
"ExtendedSounds"="no"
```

Melden Sie sich erneut als Testuser an, damit das neue Skript **intel2.cmd** durchlaufen wird. Versuchen Sie erneut, über **Start · Ausführen regedit.exe** zu starten. Sie erhalten wieder die Fehlermeldung **Das Bearbeiten der Registrierung wurde durch den Administrator deaktiviert,** jedoch ohne Piepton. Starten Sie den Windows-Explorer und drücken Sie die Tastenkombination **Alt+q**. Der Lautsprecher bleibt dieses Mal trotz des Betätigens einer nicht definierten Tastenkombination stumm.

15.31 Ein vollständiges Beispielskript für unsere Organisation »Company.local«

Nachdem in den vorangegangenen Übungen an vielen Einzelbeispielen demonstriert wurde, was alles über Tools des Windows Server Resource Kits oder mit Freeware-Tools aus der Freeware-Szene möglich ist und wie man diese Tools in Batchroutinen verwendet, zeige ich Ihnen nun ein vollständiges Beispielskript für unsere Company. Sie finden das Skript unter dem Namen **NETLOGON.CMD** und können es unter der Kennung **Testuser** ausprobieren.

Das Skript überprüft unter anderem, dass nicht vergessen wurde, bei der Einrichtung des Anwenderkontos das Laufwerk **Z:** mit **\\s1\users\%username%** zu verbinden, wie die folgende Abbildung zeigt.

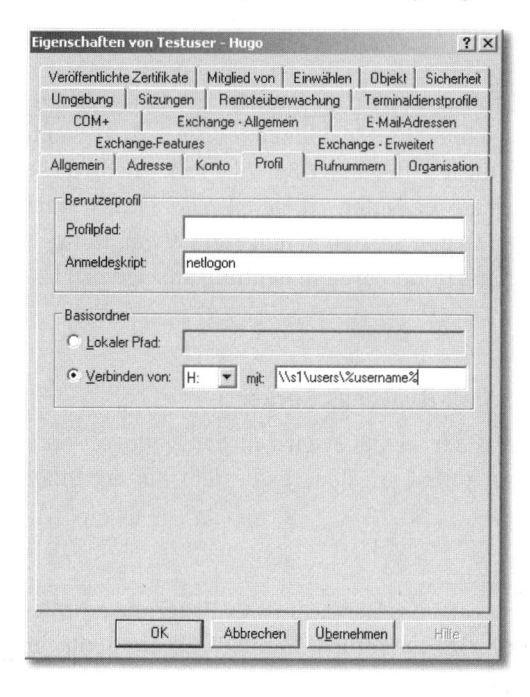

Wenn Sie ein Verzeichnis **Users** auf dem Server eingerichtet hatten und dieses Verzeichnis unter demselben Namen freigegeben ist, wird sofort ein Unterverzeichnis mit dem Anmeldenamen des Benutzers generiert und mit passenden Rechten versehen, sobald Sie auf die Schaltfläche **Übernehmen** klicken. Die Variable **%username%** wird durch den Anmeldenamen des Anwenders ersetzt. Der Anwender hat jetzt ein Basisverzeichnis auf dem Server. Auf ähnliche Weise, wie das Skript nachprüft, dass ein Basisverzeichnis mit dem Laufwerk **Z:** verbunden wurde, können Sie im Skript auch prüfen, ob ein Profilpfad für ein servergespeichertes Anwenderprofil auf dem Server erstellt wurde.

Das Skript ist durch REM-Zeilen ausreichend dokumentiert, so dass jeder Administrator der Organisation jederzeit nachvollziehen kann, was dort geschieht. Sensible Befehle wie diejenigen, die mittels des SU-Befehls administrative Dinge ausführen, sind allerdings nicht kommentiert. Ein zu neugieriger Anwender soll schließlich nicht erfahren, wie er sich administrative lokale Rechte auf seinem Computer verschaffen kann.

Wenn das Skript bei Ihnen Fehlermeldungen ergibt oder bestimmte Ergebnisse nicht eintreffen, gehen Sie wie folgt vor:

Kommentieren Sie die Zeile **@echo off** aus (REM @echo off) und fügen Sie an mehreren Stellen **pause**-Befehle ein. Sie können so eingrenzen, wo im Skript etwas schief läuft. Wahrscheinlich werden Sie dann auch noch die Umleitung der Befehlsmeldungen **> NUL** bzw. **> NUL: 2>&1** deaktivieren müssen, damit Sie die Fehlerquelle ermitteln können.

Durch den Aufruf der Unterroutine **hlm.cmd** wird ein zweites Fenster geöffnet. Das sieht – zugegeben – ein wenig unschön aus. Sie können jedoch später, wenn das Skript **hlm.cmd** fehlerlos läuft, mittels des **start**-Befehls versuchen, diese Unterroutine in einem minimierten Fenster laufen zu lassen. Die Syntax **start /min <Befehl>...** ermöglicht so etwas. Geben Sie den Befehl **start /?** ein, um sich die möglichen Parameter des Befehls **start** und deren Bedeutung anzeigen zu lassen.

15.31.1 Anmeldeskript für den Small Business Server

Bei der Installation des Small Business Server 2003 wird in der Netlogon-Freigabe das Anmeldeskript **sbs_login_script.bat** angelegt. Es besteht nur aus einer Zeile:

```
\\%Servername%\Clients\Setup\setup.exe /s %Servername%
```

Die dort eingetragene Freigabe »Clients« ist das Verzeichnis **C:\Programme\Microsoft Windows Small Business Server\ClientSetup\Clients**. Wird ein Benutzer über den Benutzer-Assistenten der Serververwaltungskonsole angelegt, so wird dieses Anmeldeskript in das Konto des Benutzers eingetragen. Es wird damit bei jeder Anmeldung eines Benutzers ausgeführt. Über die in diesem Default-Anmeldeskript gestartete **setup.exe** werden z. B. die Updates und Anwendungen auf einem neuen Client installiert, die dem Client über den Clientcomputer-Assistenten zugewiesen wurden. Vermutlich ist diese Routine aber auch noch für andere Dinge zuständig. Deshalb sollte sie nicht gelöscht oder deaktiviert werden.

Dennoch wollen Sie nach dem Lesen des Kapitels *Das Anmeldeskript* bestimmt mehr über das Anmeldeskript bewerkstelligen, als die eine Zeile des SBS-Default-Anmeldeskriptes abzuarbeiten. Prinzipiell können Sie alles, was Sie nach dem Lesen des Kapitels für sinnvoll halten, auch in das Anmeldeskript eines Small Business Servers integrieren. Sie können sogar eine cmd-Datei wie z. B. **netlogon.cmd** statt der Datei **sbs_login_script.bat** verwenden und in die Konten der Benutzer eintragen, denn cmd-Skripte bieten gegenüber bat-Skripten mehr Befehle mit mehr nutzbaren Parametern. Wenn Sie die bei der Installation des Small Business Servers angelegten Benutzervorlagen entsprechend ändern, wird für neu angelegte Benutzer zukünftig der geänderte Name des Anmeldeskriptes automatisch eingetragen.

Nachfolgend finden Sie ein erweitertes SBS-Anmeldeskript, in das die Zeile des originalen Anmeldeskriptes eingefügt wurde. Dieses Skript können Sie als Vorlage nehmen und beliebig erweitern.

```
@echo off
cls
echo.
echo Anmeldung an der Domaene %USERDNSDOMAIN%
echo.
md c:\Temp > NUL: 2>&1
REM Das Gruppenverzeichnis wird auf T: gemappt:
net use t: /del > NUL: 2>&1
net use t: "\\S1\Daten" > NUL: 2>&1
REM Das zentral auf dem Server gepflegte Gruppenvorlagenverzeichnis
REM wird mit dem lokalen Vorlagenverzeichnis synchronisiert,
REM damit auf Gruppenvorlagedateien auch im Offlinebetrieb
REM zugegriffen werden kann.
start /min %LOGONSERVER%\netlogon\util\robocopy.exe t:\Vorlagen
c:\Vorlagen /mir /w:0 /r:0 > NUL: 2>&1
REM Die einzige Befehlszeile des Standard-Anmeldeskriptes
REM SBS_LOGIN_SCRIPT.bat wird jetzt ausgeführt:
\\S1\Clients\Setup\setup.exe /s S1
REM Wenn es für einen Benutzer zusätzlich ein spezielles
REM Anmeldeskript gibt, wird dieses zuletzt gestartet:
```

```
if exist %LOGONSERVER%\netlogon\Userscripts\logon\%USERNAME%.cmd↵
    %LOGONSERVER%\netlogon\Userscripts\logon\%USERNAME%.cmd
```

15.32 Visual-Basic-Skripte verwenden

Sie können Ihr gesamtes Anmeldeskript auch mit Visual Basic erstellen oder aber bestimmte Unterroutinen als VBS-Dateien aufrufen. Dazu benötigen Sie nur einen Editor wie Notepad.

[O] Auf der Buch-DVD finden Sie folgende Beispielskripte:

- AlleDateienEinesOrdnersLoeschen.vbs
- Anzeigen-der-Versionen-von-WSH-VBScript-WMI-ADSI.vbs
- Benutzer-aus-Gruppe-loeschen.vbs
- BenutzerkontoAttributeAendern.vbs
- Benutzerkonto-Attribute-setzen.vbs
- BenutzerkontoErstellen.vbs
- Benutzerkonto-im-AD-loeschen.vbs
- BenutzerProfileKonfigurieren.txt
- BenutzerProfilKonfigurieren.vbs
- Computerkonto-in-OU-verschieben.vbs
- Computerkonto-umbenennen.vbs
- DateiLoeschen.vbs
- Datei-verschieben.vbs
- Dienst-intallieren.vbs
- Dienst-loeschen.vbs
- Dienst-starten-und-alle-abhaengigen-Dienste.vbs
- Dienst-stoppen-und-alle-abhaengigen-Dienste.vbs
- Drucker-installieren-aus-Treiberverzeichnis.vbs
- DruckerLoeschen.vbs
- GlobaleGruppeErstellen.vbs
- GlobaleGruppenErstellen.vbs
- Gruppe-im-AD-loeschen.vbs
- GruppeVerschieben.vbs

- MapNetworkShare.vbs
- Nachricht-senden.txt
- Nachricht-senden.vbs
- Nachricht-senden2-ohne-SMTP-Dienst.vbs
- Nachricht-senden-ohne-SMTP-Dienst.vbs
- NetzdruckerVerbinden.txt
- NetzdruckerVerbinden.vbs
- NetzfreigabeErstellen.txt
- NetzfreigabeErstellen.vbs
- NeuenOrdnerErstellen.vbs
- OfficeXP-auf-lokalem-Computer-installieren.vbs
- OfficeXP-deinstallieren.vbs
- OrdnerErstellen.vbs
- OrdnerFreigabeLoeschen.vbs
- OrdnerLoeschen.vbs
- OrdnerMitUnterordnernLoeschen.vbs
- Ordner-verschieben.vbs
- OUerstellen.vbs
- OUloeschen.vbs
- OUundGruppeundBenutzerErstellen.vbs
- Software-auf-lokalem-Computer-installieren.vbs
- Software-auf-RemoteComputer-installieren.vbs
- Software-deinstallieren.vbs

Sie finden auf der Buch-DVD ebenfalls interessante Artikel zum Thema »Scripting« und Hinweise auf interessante Quellen im Internet. VB-Skripte können wie CMD-Routinen verschlüsselt werden. Ein Skript zum Verschlüsseln von VB-Skripten finden Sie ebenso auf der Buch-DVD. Der Artikel »Running Programs From WSH Scripts« beschreibt, wie ausführbare Dateien (EXE, COM, CMD) aus einem VB-Skript gestartet werden.

VB-Skripte können eine Menge leisten, speziell bei Operationen im Active Directory. Denken Sie aber daran, dass das Active Directory eine »sensible Kiste« ist. Zerschießen Sie durch Testskripte nicht ihre Produktivumgebung! Testen Sie Ihre Skripte in einer Testdomäne sorgfältig aus.

Wenn Sie übrigens Exchange Server installiert haben, stehen Ihnen im erweiterten Snap-In **Active Directory-Benutzer und -Computer** einige weitere Registerkarten zur Verfügung. Dazu müssen Sie unter **Ansicht** die **Erweiterten Funktionen** auswählen. Sie sehen dann bei einem Benutzer die Registerkarten **Exchange · Allgemein**, **Exchange · Erweitert**, **E-Mail-Adressen**, **Exchange-Features** und **Objekt**. Die Registerkarte **Objekt** zeigt Ihnen den voll qualifizierten Domänennamen des Objekts an. Wenn dort etwas wie »company.local/Test-OU/Mustermann, Karl« steht, funktionieren einige Skripte nicht, da sie mit dem Komma zwischen dem Nachnamen und dem Vornamen nicht klar kommen.

Das Problem rührt wahrscheinlich daher, dass Sie mittels **ADSI Edit** im **Configuration Container** unter **Display-Specifier CN=407**, **CN=User-Display** unter **Property · createDialog** im Eingabefeld **Edit Attribute** die Formel **%<sn>, %<givenName>** eingetragen haben, damit zukünftig beim Anlegen neuer Benutzer der Anzeigename nicht mehr in der Form »Vornamen Zuname« erscheint, sondern in der Form »Zuname, Vorname«. Verlassen Sie dann die Eigenschaften des Benutzers Mustermann, klicken Sie die Kennung **Mustermann, Karl** mit der rechten Maustaste an, wählen Sie **Umbenennen** und geben Sie der Kennung einen Namen wie **Mustermann** oder **MustermannK**. Der Anzeigename **Mustermann, Karl** bleibt davon unberührt, aber das VB-Problem ist gelöst.

In diesem Kapitel erfahren Sie anhand eines Beispiels, wie Sie Service Packs und ganze Anwendungspakete über Skripte installieren können. In Kapitel 18, Strategische Überlegungen und Tipps, wird diskutiert werden, ob und welche Anwendungen in ein Abbild gehören oder nachinstalliert werden sollten. Für die Entscheidung, ob Anwendungen über ein Skript oder eine Gruppenrichtlinie bzw. eine Kombination von beiden installiert werden sollten, benötigen Sie aber auch detailliertes Wissen über die Funktionsweise von Gruppenrichtlinien.

16 Über das Anmeldeskript Anwendungen und Service Packs verteilen

16.1 Über das Anmeldeskript ganze Anwendungen installieren und Service Packs einspielen

Wenn Sie das vorangegangene Kapitel 15, *Das Anmeldeskript*, Schritt für Schritt durchgearbeitet und alle Übungen in Ihrer Testumgebung nachvollzogen haben, stehen Ihnen mit dem erlangten Wissen ungeheure Möglichkeiten zur Verfügung. Einige Beispiele sollen dieses demonstrieren.

Sicherlich werden Sie sagen, dass man Anwendungen unter Windows Server 2000/2003 doch über die Gruppenrichtlinie **Softwareeinstellungen · Softwareinstallation** installieren kann, wenn Sie als MSI-Dateien vorliegen. Das ist richtig! Diese Art der Installation werde ich an anderer Stelle ebenfalls behandeln. Sie setzt jedoch voraus, dass Ihnen eine MSI-Datei des Produkts vorliegt oder dass Sie auf einem »sauberen« Mustercomputer mit einem Tool wie WinInstall LE eine MSI-Datei erzeugen. Sie finden WinInstall LE übrigens auf der Windows-2000-Server-CD unter **VALUEADD\3RDPARTY\MGMT\WINSTLE** (zu dieser Version ist inzwischen ein wichtiger Patch erschienen), jedoch nicht mehr auf der CD von Windows Server 2003.

Weitere Informationen zu diesem Produkt finden Sie auf der Buch-DVD. **[O]**

Dennoch erhalten Sie durch die Möglichkeit, über das Anmeldeskript mittels des Tools **SU** oder auch über ein Startskript Software zu deinstallieren, zu installieren, Updates und Patches einzuspielen, eine große Flexibilität. Wenn Sie dazu noch ein Freeware-Tool wie **ScriptIt** verwenden, können Sie jede beliebige Setup-Routine automatisieren. Ich selbst habe damit z. B. vor einigen Jahren am Klinikum der Universität Münster die Version 4.5 des SAP GUI komplett deinstalliert, bevor ich ebenfalls mittels **ScriptIt** über das Anmeldeskript die komplexe Neuinstallation der Version 4.6d des SAPGUI-Clients auf 600 Computer verteilte, alles automatisiert, ohne Microsoft SMS oder WinInstall. Diese Softwareverteilprodukte benötigen in der Regel übrigens einen Datenbankserver wie den Windows SQL Server und eine entsprechende Anzahl von Client-Zugriffslizenzen für den Datenbankserver. Auch darauf können Sie in der Folge verzichten, und somit auch auf ein Backup von dezentralen SQL-Servern.

Doch wie werden neue Hotfixes, Patches, Updates und neu benötigte Anwendungen auf bereits im Betrieb aufgestellte Computer verteilt? Über das Anmeldeskript mit Hilfe der beschriebenen SU-Methode, also über ein Konto, das administrative Rechte hat. Kann man eine derartige Verteilung einer Anwendung über das Anmeldeskript dosieren, oder heißt das, dass plötzlich morgens zur Stoßzeit beim Anmeldevorgang auf allen Computern gleichzeitig ein neues Windows Service Pack installiert wird, die Netzleitungen und der Verteilserver völlig überlastet sind und nichts mehr geht? Eine Dosierung ist einfach: Sie richten eine temporäre Sicherheitsgruppe ein und nehmen von Tag zu Tag mehr Mitarbeiter als Mitglieder in diese Gruppe auf. Das Einspielen des neuen Service Packs wird nur dann vorgenommen, wenn der sich anmeldende Benutzer ein Mitglied dieser Gruppe ist.

Ein Beispiel soll diese Vorgehensweise erläutern: Nehmen wir an, zu Windows XP ist das Service Pack X erschienen und soll auf 600 Clients verteilt werden, wobei zur Lastreduzierung die Verteilung des Service Packs X auf ca. 10 Arbeitstage aufgeteilt werden soll. Sie erstellen eine Sicherheitsgruppe mit dem Namen **WINXPSPx** und nehmen an den nächsten 10 Arbeitstagen jeweils mittags 60 Anwender in diese Gruppe auf. Im Anmeldeskript fragen Sie mittels des Tools **Ifmember.exe** ab, ob der sich anmeldende Anwender bereits ein Mitglied der temporären Gruppe **WINXPSPx** ist. Wenn ja, so stellen Sie fest, ob das Service Pack X bereits auf dem Client eingespielt wurde. Sie können dazu entweder einen passenden Registry-Key abfragen, z. B. unter **HKEY_LOCAL_MACHINE\Software\Microsoft\Windows NT\CurrentVersion** den Wert des Schlüssels **CSDVersion**, Sie können die Existenz eines Schlüssels abfragen, den Sie selbst bei der Installation des Service Packs X in der Registrierdatenbank erstellt haben, oder die Existenz einer Dummydatei, die Sie z. B. nach der Installation des Service Packs X unter **C:\Windows** erzeugt haben.

Folgendes Kix-Skript liest zuerst den Inhalt des Wertes **CSDVersion** aus. Ist der Inhalt identisch mit »Service Pack X«, so wird das Skript sofort mit dem Befehl

Über das Anmeldeskript ganze Anwendungen installieren und Service Packs einspielen | **16.1**

exit beendet, da das Service Pack X bereits installiert ist. Anderenfalls wird der Benutzer über die Installation des Service Packs informiert, das Service Pack durch die Parameter **/passive /f /n** unbeaufsichtigt installiert und ein Neustart herbeigeführt. Dieses kleine Kix-Skript würden Sie mit unserer Intel-Routine, d. h. mittels **su.exe**, unter einer Kennung namens **Intel** mit administrativen Rechten ausführen.

```
$SERVICEPACK = ReadValue("HKEY_LOCAL_MACHINE\Software\Microsoft\
Windows NT\CurrentVersion","CSDVersion")
if $SERVICEPACK = "Service Pack x"
exit
endif
? "Das Service Pack X von Windows XP wird installiert."
? "Danach wird der PC neu gestartet."
? "Haben Sie ein wenig Geduld ..."
shell "cmd /c u:\windowsxp.spx\i386\update.exe /passive /f /n"
```

Die nachfolgende Abbildung zeigt die Aufrufparameter des Windows XP Service Pack 2, die sich bestimmt bei weiteren Service Packs nicht maßgeblich ändern werden.

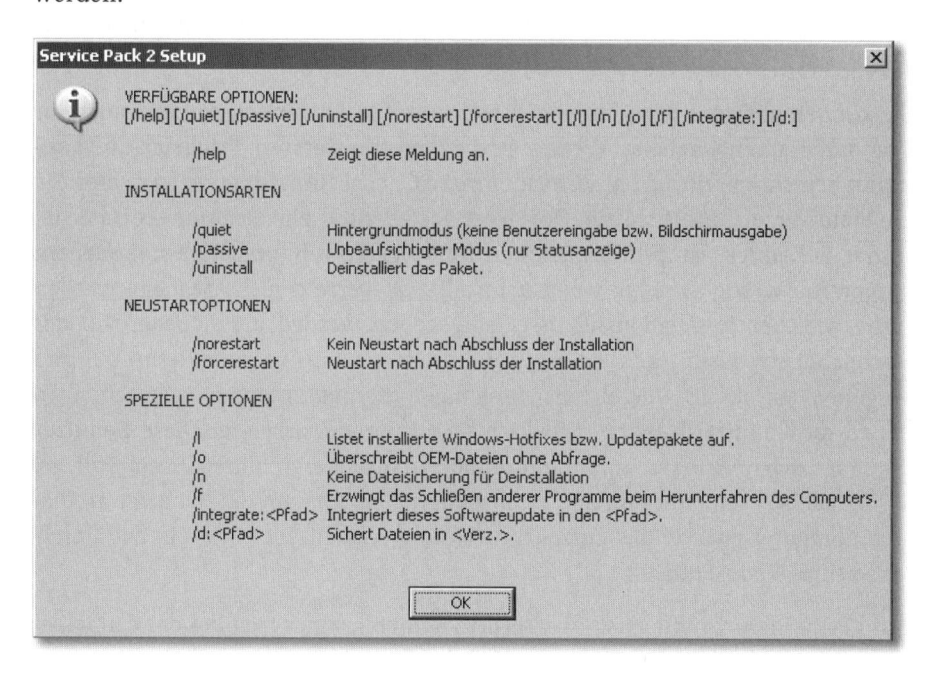

```
Service Pack 2 Setup
    VERFÜGBARE OPTIONEN:
    [/help] [/quiet] [/passive] [/uninstall] [/norestart] [/forcerestart] [/l] [/n] [/o] [/f] [/integrate:] [/d:]

        /help           Zeigt diese Meldung an.

    INSTALLATIONSARTEN

        /quiet          Hintergrundmodus (keine Benutzereingabe bzw. Bildschirmausgabe)
        /passive        Unbeaufsichtigter Modus (nur Statusanzeige)
        /uninstall      Deinstalliert das Paket.

    NEUSTARTOPTIONEN

        /norestart      Kein Neustart nach Abschluss der Installation
        /forcerestart   Neustart nach Abschluss der Installation

    SPEZIELLE OPTIONEN

        /l              Listet installierte Windows-Hotfixes bzw. Updatepakete auf.
        /o              Überschreibt OEM-Dateien ohne Abfrage.
        /n              Keine Dateisicherung für Deinstallation
        /f              Erzwingt das Schließen anderer Programme beim Herunterfahren des Computers.
        /integrate:<Pfad>  Integriert dieses Softwareupdate in den <Pfad>.
        /d:<Pfad>       Sichert Dateien in <Verz.>.

                            OK
```

Ich sagte bewusst, dass Sie nicht kurz vor Feierabend, sondern mittags derartige Skripte scharf machen sollten. Denn garantiert werden sich noch einige Mitarbeiter im Laufe des Nachmittags erneut anmelden. Wenn dann ein Fehler im Skript wäre, würden Sie es wahrscheinlich im Laufe des Nachmittags mitbekommen.

> **[»] Ein wichtiger Tipp aus eigener Erfahrung** Aktivieren Sie derartige Skripte nie kurz vor Feierabend und gehen dann nach Hause! Nehmen Sie generell vor Feierabend keine Änderungen mehr am Anmeldeskript oder an Startskripten vor! Geht etwas schief und können die betroffenen Mitarbeiter dann morgens nicht arbeiten, so werden Sie am nächsten Morgen in Stress geraten.

16.2 Software aus einem zentralen Softwarearchiv installieren

Die Beispiele gehen davon aus, dass es auf dem Server **S1** eine Freigabe namens **Install** gibt. Diese Freigabe nimmt alle Anwendungsprogramme, Tools und Treiber auf, die auf dem Standard-Computer installiert werden sollen oder auf Spezial-Arbeitsplätzen später nachinstalliert werden sollen. Dazu enthält die Freigabe **\\s1\Install** Unterverzeichnisse für eine administrative Installation von Microsoft Office sowie für Adobe Reader, diverse sinnvolle Freeware und Anwendungsprogramme wie Access oder Visio, die nur von wenigen Anwendern benötigt werden. Durch sinnvolle Berechtigungsvergabe auf die einzelnen Unterverzeichnisse kann verhindert werden, dass unberechtigte Anwender Zugriff auf Spezialsoftware erhalten und gegen das Lizenzrecht verstoßen wird.

Sie können übrigens Berechtigungen nicht nur für Anwender, sondern auch für Computernamen vergeben. Wenn z. B. die Benutzer **Kersten**, **Friedrich** und **Laumann** berechtigt sein sollen, Visio auf ihren PCs nachzuinstallieren, so richten Sie ein Unterverzeichnis **Visio** ein. Dort legen Sie aber nur eine Readme.txt-Datei ab, in der Sie einige Setup-Informationen hinterlegen, z. B. welche Komponenten ausgewählt werden sollten, welches Installationsverzeichnis angegeben werden sollte, welcher Installationsschlüssel eingegeben werden muss. Unterhalb des Verzeichnisses **Visio** legen Sie ein weiteres Verzeichnis namens **Setup** ein und vergeben auf dieses Verzeichnis denjenigen Computernamen Leserechte, an denen die Benutzer Kersten, Friedrich und Laumann arbeiten. Diese Benutzer können danach Visio nur auf ihren Computern installieren. Bittet Sie ein Kollege, Visio auch auf seinem Computer zu installieren, so können die Benutzer an diesem Computer zwar in das Verzeichnis **Visio** wechseln, nicht aber in das Unterverzeichnis **Visio\Setup**.

Aus bestimmten Gründen ist es außerdem sinnvoll, wenn Sie über das Anmeldeskript immer dasselbe Laufwerk (z. B. **U:**) der Freigabe **\\s1\install** zuweisen und alle Installationen (angefangen bei der Installation des Betriebssystems über die Installation von Standardanwendungen bis zur Installation von Spezialprogrammen) immer über denselben Laufwerksbuchstaben **U:** abwickeln, nicht aber über die Freigabe **\\s1\install**. Warum? Bei der Installation von Anwendungen wird die Installationsquelle oft in die Registrierdatenbank eingetragen. Wenn Sie später Komponenten der Anwendung nachinstallieren oder die gesamte Anwendung deinstallieren möchten, so sucht das Setup-Programm nach dieser Installationsquelle. Wurde hier für alle Computer als Quelle **\\s1\install** eingetragen (oder schlimmer noch: das lokale CD-Laufwerk des Computers), wird aber der Computer in einer großen Organisation an einem anderen Standort aufgestellt, so würde er versuchen, die Komponenten von der ursprünglichen Quelle nachzuinstallieren, d. h. über eine langsame WAN-Verbindung vom Server in der Zentrale oder sogar vom lokalen CD-Laufwerk.

Wenn Sie aber das Verzeichnis **Install** auf alle Dateiserver mittels **Robocopy.exe** oder mittels **DFS** replizieren und synchron halten, so können Sie erreichen, dass am Standort A das Laufwerk **U:** auf die Freigabe **Install** des Dateiservers des Standortes A verweist, am Standort B aber auf die Freigabe **Install** desjenigen Servers, der am Standort B steht. Immer dann, wenn ein berechtigter Anwender ein komplettes Anwendungsprogramm installieren oder auch nur eine Teilkomponente nachinstallieren muss, wird diese über das Laufwerk U: aus der Freigabe **Install** des nächstgelegenen Servers gesucht.

16.3 Den Adobe Reader automatisiert installieren

Das erste Beispiel zeigt, wie über ein Anmeldeskript der Adobe Reader Version 7.0.5 nachinstalliert wird. Wenn Sie die Installationsdatei **AdbeRdr70_deu_full.exe** mit dem Parameter **/?** aufrufen, erhalten Sie den folgenden Hinweis:

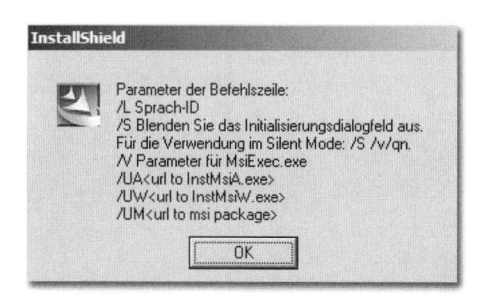

```
InstallShield
Parameter der Befehlszeile:
/L Sprach-ID
/S Blenden Sie das Initialisierungsdialogfeld aus.
Für die Verwendung im Silent Mode: /S /v/qn.
/V Parameter für MsiExec.exe
/UA<url to InstMsiA.exe>
/UW<url to InstMsiW.exe>
/UM<url to msi package>
        OK
```

Starten Sie die Datei **AdbeRdr70_deu_full.exe**. Sie entpackt sich im Verzeichnis **C:\Programme\Adobe\Acrobat 7.0\Setup Files\RdrBig705\DEU**. Überprüfen Sie auch bei anderen Anwendungen, deren Installation Sie automatisieren möchten, in welchem temporären Verzeichnis sie sich entpacken.

Sobald das eigentliche Installationsfenster erscheint, wechseln Sie zum Windows Explorer, sichern das Verzeichnis **C:\Programme\Acrobat 7.0\Setup Files\RdrBig705\DEU** in ein anderes Verzeichnis und brechen die Installation des

Adobe Readers hier ab. Dadurch wird das Verzeichnis **C:\Programme\Adobe\Acrobat 7.0\Setup Files\RdrBig705\DEU** zwar gelöscht, in dem erstellten Sicherungsverzeichnis finden Sie aber eine **setup.exe**. Geben Sie den Befehl **setup.exe /?** ein. Sie erhalten erneut den InstallShield-Bildschirm mit den möglichen Parametern. In der entpackten Datei **0x0407.ini** stehen jedoch weitere Parameter:

- 1636=/P Kennwortmodus
- 1637=/A administrative Installation
- 1638=/J Advertise-Modus
- 1639=/X Deinstallationsmodus
- 1640=/F Repair-Modus
- 1641=/B lokale Cache-Installation

Überprüfen Sie bei anderen Installationspaketen ebenso nach dem Entpacken, ob es ähnliche ini-Dateien gibt.

Besonders interessant ist der Parameter **/A**. Geben Sie den Befehl **setup.exe /a** ein, um eine administrative Installation auf einer Netzwerkfreigabe auszulösen.

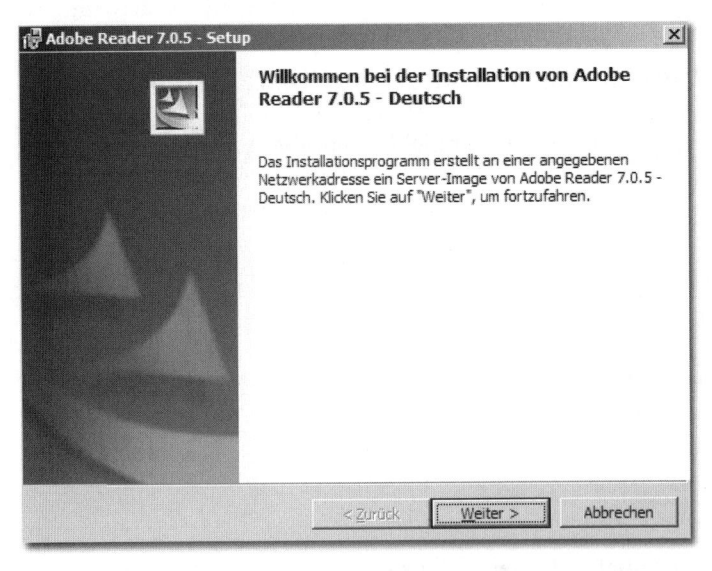

Wenn Sie vorher über den Befehl **net use u: \\s1\install** das Laufwerk **U:** mit der Serverfreigabe **Install** verbunden hatten, so können Sie nun im Fenster **Netzwerkspeicherort** z. B. **U:\Adobe\Adobe Reader 7.0.5** als administratives Installationsverzeichnis angeben.

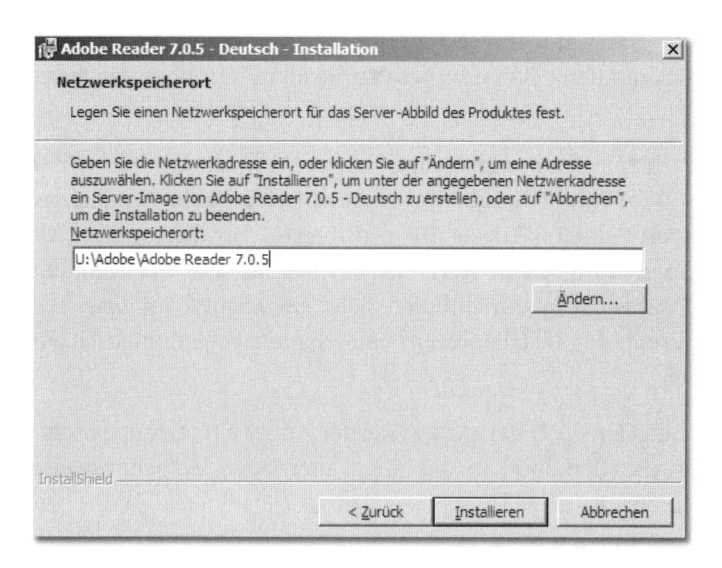

In diesem Verzeichnis finden Sie nach Beendigung der administrativen Installation eine Datei namens »**Adobe Reader 7.0.5 – Deutsch.msi**«. Wenn Sie diese Datei mit dem Parameter **/q** (q steht für »quiet«) aufrufen, wird der Acrobat Reader unbeaufsichtigt installiert. Sie sollten die Datei »**Adobe Reader 7.0.5 – Deutsch.msi**« mit einem Namen ohne Leerzeichen umbenennen (z. B. AdobeReader705.msi), um unnötige Komplikationen zu vermeiden. In das Anmeldeskript können Sie nun folgende Zeilen einbauen:

```
if exist "C:\Programme\Adobe\Acrobat 7.0\Reader\
AcroRd32.exe" goto NoInstallAR7
\\s1\NETLOGON\Util\intel.exe "U:\Adobe\AcrobatReader 7.0.5\
AdobeReader705.msi /q"
:NoInstallAR7
```

Wenn der Acrobat Reader 7.0.5 bereits auf dem Client installiert ist, geschieht nichts. Anderenfalls wird das im Buch beschriebene, selbst erstellte Tool **Intel.exe** gestartet und der Befehl zur unbeaufsichtigten Installation des Adobe Readers als Parameter an das Tool **Intel.exe** übergeben. Das Tool **Intel.exe** führt nun die unbeaufsichtigte Installation im Rechtekontext eines lokalen Administrators durch.

Eine Alternative zum Tool **Intel.exe** ist das Tool **psexec** von www.sysinternals.com. Auch **psexec** ermöglicht es, eine Installationsroutine unter einem Benutzerkonto mit ausreichenden Rechten ablaufen zu lassen und das Kennwort dieses Administratorkontos während des Ablaufs zu übergeben.

Die Installation des Adobe Reader 7.0.5 über die entpackten Dateien der ursprünglichen Datei **AdbeRdr70_deu_full.exe** läuft sehr viel schneller ab als über die ursprüngliche Datei selbst. Der Anwender sieht von diesem Vorgang nichts. Er kann aber nach kurzer Zeit den Acrobat Reader 7.0.5 über das Startmenü starten.

Adobe stellt unter **http://www.adobe.com/support/downloads** das Tool **InstallShield Tuner 7.0 for Adobe Acrobat** und eine »**Distributable-Version des Adobe Readers (derzeit** AdbeRdr707_de_DE_distrib.exe)« zur Verfügung. Mit diesem Tool kann man eine angepasste MST-Transformationsdatei erzeugen, um den Adobe Reader 7 über Gruppenrichtlinien oder ein Loginskript bzw. ein Startskript von einem zentralen Installationsort eines Servers vollautomatisch auf die Clients zu verteilen.

[O] Auf der Buch-DVD finden Sie die Datei »Adobe Reader 7 über eine Gruppenrichtlinie oder ein Skript verteilen.doc«, in der diese alternative Vorgehensweise detailliert beschrieben wird.

16.4 Microsoft Office automatisch installieren

Nachfolgend wird die automatisierte Installation von Office 2003 beschrieben. In Kapitel 13, *Microsoft Office im Netzwerk*, wurden die dazu erforderlichen Vorarbeiten Schritt für Schritt beschrieben. Unter Office XP sind die zu verwendenden Methoden übrigens dieselben. Die Erstauflage des Buches befasste sich mit der automatischen Installation von Microsoft Office XP.

[O] Das Manuskript dazu finden Sie auf der Buch-DVD. Sobald das Endprodukt von Microsoft Office 2007 und die benötigten Resource-Kit-Tools verfügbar sind, werden Sie auf der Update-Seite dieses Buches beim Verlag auch Informationen zur unbeaufsichtigten Installation von Office 2007 finden.

Legen Sie unter **\\s1\install** ein Verzeichnis **Office2003** an. Starten Sie auf dem Server **S1** von der Office-CD das Setup mit dem Parameter **/a** für eine administrative Installation. Von einer Office 2003 Small Business Edition kann man übrigens keine administrative Installation auf einem Serververzeichnis erzeugen. Bei dieser Office Edition halten Sie sich an die beschriebene Methode eines komprimierten CD-Abbildes von Office 2003.

Wie Sie das Service Pack 1 von Office 2003 integrieren, finden Sie ebenfalls in Kapitel 13 beschrieben.

Installieren Sie auf dem Windows-XP-Client das Office 2003 Resource Kit und starten Sie aus den Microsoft Office 2003 Resource Kit Tools den **Custom Installation Wizard**, um eine Transformationsdatei **Standard.mst** zu erzeugen, die alle

16.4 Microsoft Office automatisch installieren

von Ihnen gewünschten Konfigurationsmerkmale von Office 2003 enthält. Wichtig ist, dass keine Komponenten vom Server gestartet oder später beim ersten Aufruf nachinstalliert werden. In einem komplexen Netzwerk mit mehreren Standorten könnte es zu Problemen führen, wenn ein Client versucht, über eine langsame WAN-Verbindung auf einen Server zuzugreifen, der nicht am jeweiligen Standort steht, um eine Komponente nachzuinstallieren oder gar vom Server zu laden.

Im letzten Fenster des **Custom Installation Wizard** klicken Sie auf **Finish** und es erscheint folgender Hinweis:

The following command will run SETUP quietly using Your transform file:

setup.exe TRANSFORMS=U:\install\Office.XP\Standard.MST /qb-

Dieser Hinweis ist sehr wichtig für unser Vorhaben und wird direkt in die Routine **\\s1\netlogon\batch\InstallOffice2003.cmd** zur automatischen Installation von Office 2003 eingehen.

Um den Zweck dieser Übung, mehrere Anwendungen automatisch nacheinander zu installieren, ein wenig anschaulicher zu machen, deinstallieren Sie zusätzlich den in der vorangegangenen Übung installierten Adobe Reader. Für den Testuser aktivieren wir jetzt in der Registerkarte die Batch-Routine **Office2003.cmd** und übernehmen vom Datenträger die beiden Routinen **Office2003.CMD** und **Batch\InstallOffice2003.CMD**. Die Routine **\\s1\netlogon\Office2003.CMD** hat jetzt folgenden Inhalt:

```
@echo off
cls
echo Anmeldung an der Domaene %USERDNSDOMAIN%
net use u: /d > NUL: 2>&1
net use u: \\s1\install > NUL: 2>&1
c:
if not exist "C:\Programme\Adobe\Acrobat 6.0\Reader\
AcroRd32.exe" goto NoInstallAR6
%LOGONSERVER%\netlogon\Util\intel.exe "U:\Adobe\AcrobatReader 6.0\
AdobeReader6.msi /q"
echo Microsoft Office 2003 wird installiert…
%LOGONSERVER%\netlogon\Util\intel.exe  %LOGONSERVER%\netlogon\batch\
InstallOffice2003.cmd
:NoInstallAR6
```

Wenn also der Acrobat Reader noch nicht installiert ist, wird davon ausgegangen, dass es sich um eine »nackte« Windows-XP-Installation handelt und alle benötigten Standardanwendungen nacheinander installiert werden sollen. Dazu wird mittels unseres SU-Tools **intel.exe** in einen Userkontext mit lokalen administrativen Rechten gewechselt und die Unterroutine **netlogon\batch\InstallOffice2003.cmd** gestartet. Die Unterroutine **batch\InstallOffice2003.cmd** hat folgenden Inhalt:

```
echo Microsoft Office 2003 wird installiert...
net use u: \\s1\install
u:\office2003\setup.exe TRANSFORMS=u:\Office2003\Standard.MST /qb-
```

Alternativ könnte über das Intel-Tool auch eine Unterroutine (z. B. Netlogon\Batch\Install.cmd) gestartet werden, die nacheinander alle Befehle zur Installation der benötigten Anwendungen enthält, darüber hinaus gewünschte Verzeichnisse auf dem Windows-XP-Client anlegt, Rechte für diese Verzeichnisse mit dem Tool **Xcacls** vergibt, durch den Import von reg-Dateien (regedit /s %LOGONSERVER%\NETLOGON\reg\xyz.reg) die Registrierdatenbank beliebig verändert und die Startmenüs von **C:\Dokumente und Einstellungen\All Users** sowie **C:\Dokumente und Einstellungen\Default User** aufräumt und Ihren Wünschen entsprechend anpasst.

16.5 Mit ScriptIt Setup-Routinen automatisieren

Das Freeware-Tool **ScriptIt** habe ich vor Jahren irgendwo auf einer Microsoft-Webseite gefunden und bereits unter Windows NT 4.0 vielfach eingesetzt, und auch unter Windows 2000 und XP arbeitet es nach wie vor fehlerfrei. Eine Alternative zu **SkriptIt** ist das Tool **Maus und Tastatur Recorder** (www.kratronic.com/recorder-de).

Mit einem Tool wie **ScriptIt** lassen sich prinzipiell fast alle Anwendungen automatisiert installieren, für die es keine MSI-Datei gibt, so dass sie nicht über eine Gruppenrichtlinie verteilt werden können. Derartige Tools sammeln die Namen aller Fenster, die während einer Installation eingeblendet werden, sowie die Tastatureingaben und Mausbewegungen in einer Skriptdatei.

[O] Auf der Buch-DVD finden Sie unter **\\netlogon\util\scriptit** das Beispielskript **acrobat.ini** für die Installation der alten Version 5.0 des Adobe Readers:

```
[SCRIPT]
run=u:\acrobat\rp500deu.exe
Acrobat Reader 5.0 Setup=~
Zielpfad wählen=!w
Setup abgeschlossen={down}~
[ADLIB]
```

```
Setup abgeschlossen={down}~
Informationen=~winclose
```

Das ScriptIt-Skript arbeitet nach folgendem Muster. Sie starten es über den Befehl:

```
%LOGONSERVER%\netlogon\util\scriptit\scriptit.exe %LOGONSERVER%\
netlogon\util\scriptit\acrobat.ini
```

Da die Installation von Anwendungsprogrammen nur mit administrativen Rechten möglich ist, würden Sie diesen Befehl wieder in eine Batch-Routine einfügen, die Sie mit unserem SU-Tool **intel.exe** aus dem Anmeldeskript heraus starten. Die Datei **acrobat.ini** hat die Funktion eines Skripts. Über den RUN-Befehl wird zuerst die sich selbst entpackende Datei **rp500deu.exe** gestartet. Danach wartet **ScriptIt**, bis ein Fenster mit dem Titel **Acrobat Reader 5.0 Setup** erscheint. Dieses Fenster fordert dazu auf, die Installation des Adobe Readers mit der Enter zu bestätigen. Die Enter-Taste entspricht in der ScriptIt-Syntax dem Zeichen ~.

ScriptIt wartet jetzt, dass ein Fenster mit der Bezeichnung **Zielpfad wählen** erscheint. Dort würde ein Zielpfad vorgeschlagen, den man abändern oder mit der Schaltfläche **Weiter** bestätigen kann. Da das **W** auf dieser Schaltfläche unterstrichen ist, wird entweder wieder ~ oder **!w** hinter das Gleichheitszeichen gesetzt.

Jetzt ist die Vorgehensweise zur Verwendung des Tools **ScriptIt** klar: Sie starten die Setup-Routine einer beliebigen Software und notieren die Namen der nacheinander erscheinenden Fenster und die Auswahloptionen, die diese Fenster bieten. Aus diesen Informationen generieren Sie eine INI-Datei. Diese starten Sie später als Parameter des Tools **Scriptit.exe**. Als Ergebnis startet die Setup-Routine sichtbar für den Endanwender. Doch muss dieser keine Eingaben vornehmen, denn wie von Geisterhand erfolgen die benötigten Eingaben automatisch. Nachfolgende Fenster öffnen sich automatisch, und der Anwender ist völlig verblüfft, was dort auf seinem Computer automatisiert abläuft.

Damit der Anwender nicht denkt, dass sich ein wilder Virus eingeschlichen hat oder jemand ohne seine Zustimmung sich einen Remote-Zugang zum Computer verschafft und die Kontrolle einfach übernommen hat, sollten Sie solche Skripte jedoch nicht aktivieren, ohne den Anwender vorher durch einige Echo-Befehle aufzuklären, was jetzt geschieht. Eine beispielhafte Batch-Routine würde ungefähr wie folgt aussehen:

```
@echo off
cls
if exist "c:\programme\adobe\acrobat reader\acrord32.exe goto ENDE
echo Das Programm Acrobat Reader Version 5.0 wird jetzt voll-
```

```
echo automatisch installiert. Greifen Sie nicht ein, auch wenn
echo Installationsfenster erscheinen, die Sie dazu auffordern.
echo Die benötigten Antworten in diesen kurzzeitig erscheinenden
echo Installationsfenstern werden über ein Skript übergeben.
echo Bei Problemen im Ablauf dieses Skripts wenden Sie sich bitte
echo sofort an den Helpdesk unter der Telefonnummer 123456.
pause
\\s1\netlogon\util\scriptit\scriptit.exe   \\s1\netlogon\util\
scriptit\acrobat.ini
:ENDE
```

Der Anwender erhält einige Hinweise. Der Pause-Befehl fordert ihn auf, die Installation zu starten (»Drücken Sie eine beliebige Taste…«). Natürlich besteht auch bei diesem Tool die Möglichkeit, die Installation nicht über das Anmeldeskript vorzunehmen, sondern über ein Startskript, das über eine Gruppenrichtlinie unter **Computerkonfiguration** · **Windows-Einstellungen** · **Skripts (Start/Herunterfahren)** · **Starten** initiiert wird.

16.6 Zusammenfassung und weiteres Vorgehen

Sie haben in den letzten beiden Kapiteln eine Fülle von Möglichkeiten kennen gelernt, um über Start- und Anmeldeskripte die Arbeitsumgebung eines Clients zu definieren, nachträglich zu verändern und ganze Anwendungen zu installieren, zu deinstallieren oder zu updaten. In weiteren Kapiteln wurden Sie mit den Möglichkeiten vertraut gemacht, MSI-Dateien über Gruppenrichtlinien zu installieren.

[O] Auf der Buch-DVD werden Sie außerdem viele zusätzliche Hinweise und Beispielskripte in den Verzeichnissen **Netlogon** und **Scripting** finden, um dieses Wissen auszubauen. Speziell zu den Themen »VB Scripting« und »WSH Scripting« finden Sie auf der DVD weiterführende Artikel und Verweise auf Internetquellen, die Sie auch in dieses nicht unkomplizierte Thema einführen. Doch was haben Sie von diesem Wissen, und wozu benötigen Sie es in unserem Bestreben, einen Musterclient zu erstellen? Fassen wir die Schritte zur Erstellung eines Musterclients noch einmal zusammen.

Wir installieren einen PC mit dem Betriebssystem Windows XP, entweder von der CD, einer Netzfreigabe wie **\\s1\install\Windows.XP** oder mittels des Remote Installation Service. Danach installieren wir über ein Skript alle benötigten Standardanwendungen.

Alle Registrierungsvorgaben, die wir für die Zweige **KEY_CURRENT_USER** oder **HKEY_LOCAL_MACHINE** erzwingen wollen, werden wir über geeignete Gruppenrichtlinien aktivieren und notfalls selbst Gruppenrichtlinien-Vorlagedateien erstellen. Alle anderen gewünschten Änderungen in der Registrierdatenbank, für die uns keine Gruppenrichtliniendatei zur Verfügung steht, können wir über ein Start- oder Anmeldeskript vornehmen, falls nötig unter Verwendung des SU-Tools.

Derartige Skripte können wir nun ausbauen, um zusätzlich gewünschte Verzeichnisse wie **C:\Temp** anzulegen, die Rechte für diese Verzeichnisse zu manipulieren, die Verknüpfungsdateien nach der Installation aller Anwendungen beliebig zwischen **C:\Dokumente und Einstellungen\Default User** und **C:\Dokumente und Einstellungen\All Users** zu verschieben und damit ein einheitliches und aufgeräumtes Aussehen des Startmenüs herbeizuführen.

Damit haben wir über Routinen, die durch Kommentarzeilen (REM-Zeilen) dokumentiert sind, einen Standard-Client erstellt. Sobald dieser Standard-Client bis ins Detail unseren Vorstellungen entspricht, ziehen wir mittels RIPrep-Methode ein Abbild, das auf dem RIS-Server abgelegt wird. Alle weiteren Clients mit derselben HAL (Hardware Abstraction Layer) versorgen wir schnell und mit immer gleicher Qualität mit diesem Abbild. Für Computer mit einer anderen HAL erzeugen wir auf dieselbe Weise je ein weiteres Abbild, das sich aber aufgrund derselben verwendeten Routinen bezüglich der Windows-XP-Einstellungen und der Konfigurationseinstellungen der Anwendungsprogramme nicht vom ersten Abbild unterscheidet. Auf diese Weise erzeugen wir für alle Computer mit unterschiedlicher HAL Abbilder mit demselben Aufbau und Inhalt. Wir kombinieren also die Installationsmethode einer »Unattended Installation« mit der RIS-Methode, um eine Methode zu entwickeln, mit der wir beliebig viele Computer mit unterschiedlicher HAL immer auf dieselbe Art und Weise, dazu selbstdokumentierend, massenhaft installieren können.

Werden später Änderungen in diesen Abbildern notwendig, so nehmen wir diese nicht pro Abbild manuell vor, was fehleranfällig wäre. Stattdessen ändern wir die zugrunde liegenden Skripte, bis der durch diese Routinen gewünschte, neue Standard-Computer wieder steht, und ziehen dann davon erneut ein Abbild. Bei bereits ausgelieferten Rechnern ziehen wir diese Änderungen mit entsprechenden Anpassungen des Start- oder Anmeldeskripts durch, so dass nach kurzer Zeit alle ausgelieferten Computer auf demselben Stand sind wie die neu erstellten Abbilder. Im günstigsten Fall können Sie durch diese Vorgehensweise auf Produkte wie Microsoft SMS Server, WinInstall oder andere kosten- und schulungsintensive Softwareverteilprodukte völlig verzichten.

An welcher Stelle stehen wir nun in unserer Absicht, einen Mustercomputer für ein Abbild zu erstellen? Folgende Schritte haben wir in der angegebenen Reihenfolge vollzogen:

- Ein RIS-Server wurde installiert und konfiguriert.
- Auf einem Musterclient wurde mittels RIS das Betriebssystem Windows XP Professional automatisch installiert. Als Alternative wurde die konventionelle Installation mittels einer startfähigen CD mit Windows XP Professional und integriertem aktuellen Service Pack durchgeführt.
- Die zum Lieferumfang von Windows XP Professional gehörenden Gruppenrichtlinien-Vorlagedateien wurden analysiert, auf dem Server eingespielt und musterhaft konfiguriert, um festzustellen, welche gewünschten Einstellungen des Client-Betriebssystems von zentraler Stelle aus gesteuert werden können.
- Es wurden selbst erstellte Vorlagedateien für Gruppenrichtlinien hinzugefügt, um sowohl für den Computer als auch für den Benutzer weitere Einstellungen von zentraler Stelle aus steuern zu können.
- Am Beispiel von Microsoft Office 2003 und dem Adobe Acrobat Reader wurde gezeigt, wie Standardanwendungen auf dem Mustercomputer installiert und vorkonfiguriert werden können. Nach derselben Methode, mit der die Vorlagedateien für Gruppenrichtlinien von Windows XP auf Brauchbarkeit untersucht wurden, wurden dann auch die Vorlagedateien für Gruppenrichtlinien von Office 2003 analysiert und ein detaillierter Vorschlag erarbeitet, wie diese Gruppenrichtlinien nutzbringend eingesetzt werden können, immer nach dem KISS-Prinzip: Keep It Simple And Smart – So viel wie nötig, so übersichtlich wie möglich.
- Es wurden die Möglichkeiten von servergespeicherten Benutzerprofilen, der Ordnerumleitung für den Ordner **Eigene Dateien**, der Anpassung wichtiger Speicherpfade für Dokumente, private und Gruppendokumentvorlagen sowie Autostart-Dateien erörtert.
- Es wurde ausführlich demonstriert, welche Manipulationsmöglichkeiten Start- und Anmeldeskripte bieten.

Jetzt sind wir bei der Installation und Konfiguration des Musterclients an einem Punkt angekommen, an dem die von Microsoft angebotenen Möglichkeiten des Active Directory (Gruppenrichtlinien, Remote Installation Service, IntelliMirror) und Tools der Resource Kits von Windows XP und Office 2003 weitgehend erschöpft sind. Und dennoch ist der Musterclient immer noch nicht in einem optimalen Zustand, um ein Abbild zu erstellen und dieses anschließend auf vielen Computern auszurollen.

In Kapitel 17, *Die Erstellung des Komplettabbildes* wird deshalb der Mustercomputer einer weiteren Analyse unterzogen:

- Der Aufbau und der Inhalt des Startmenüs, des Desktops und des Ordners **Favoriten**, den der Endanwender und der Administrator später erhalten sollen, werden überarbeitet.
- Der Dateimanager Windows-Explorer wird für alle Anwender weiter vorkonfiguriert, ebenso einige Einstellungen des Betriebssystems, die nicht über Gruppenrichtlinien zentral einstellbar sind.
- In Microsoft Excel werden zusätzliche Add-Ins nachinstalliert.
- Alle Office-2003-Anwendungen werden unter einer Musterkennung mit einfachen Rechten durchgetestet. Dabei werden weitere Einstellungen vorgenommen.
- Von dem Profil dieser Musterkennung wird anschließend eine Kopie in das Verzeichnis **C:\Dokumente und Einstellungen\Default User** oder als domänenweites Standardprofil nach **NETLOGON\Default User** übernommen, damit jeder neue Anwender bei der ersten Anmeldung sofort optimierte Einstellungen in allen Anwendungen vorfindet.
- Zum Schluss werden überflüssige Testkennungsprofile und temporäre Dateien gelöscht, die Festplatte wird defragmentiert und die Registrierdatenbank gesäubert.
- Danach ist der Computer in einem optimierten Zustand, so dass ein Abbild erstellt werden kann.

Sind Sie inzwischen erschöpft vom Lesen und Nachvollziehen all dieser besprochenen Dinge und Tools? Sind Sie ungeduldig, wann denn nun endlich das Komplettabbild erstellt werden kann? Wenn Sie die Kapitel bis hierhin sorgfältig durchgearbeitet und alle Anweisungen in Ihrer Testumgebung nachgespielt haben, so haben Sie sich inzwischen ein umfassendes Wissen über Microsoft Active Directory und dessen Zusammenspiel mit Windows XP, Microsoft Office und Exchange Server erarbeitet. Sie können systematisch mit Begriffen wie RIS, Gruppenrichtlinien, Registrierdatenbank-Manipulationen und Skripten umgehen und haben einen tiefen Einblick erhalten, was eigentlich technisch wo auf dem Server oder dem Client geschieht, wenn Sie Gruppenrichtlinien einsetzen oder in den Optionen von Windows XP und Office 2003 Einstellungen vornehmen.

Also: Auf geht's in die letzte Runde, das Kapitel 17, an dessen Ende dann – ich verspreche es – die Erstellung des Komplettabbildes steht.

Bevor ein Abbild vom Musterclient erzeugt wird, müssen Abschlussarbeiten durchgeführt werden, um den Client in den optimalen Zustand zu versetzen. Sie fallen jedes Mal an, wenn wieder ein neues Abbild erzeugt werden muss. Dieser Zustand sollte anhand einer Checkliste überprüft werden.

17 Die Erstellung des Komplettabbildes

17.1 Grundlegende Vorarbeiten für die Erstellung des Komplettabbildes

Sie haben durch die vorangegangenen Kapitel das Wissen erlangt, um nun ein Komplettabbild für einen Mustercomputer zu erstellen. Dieser Computer wird als Betriebssystem Microsoft Windows XP mit dem neuesten Service Pack haben und mit den Standardanwendungen Microsoft Office mit aktuellem Service Pack sowie dem Adobe Reader und weiteren individuellen Anwendungen bespielt und durchkonfiguriert sein.

> Die in diesem Kapitel aufgelisteten Vorarbeiten sind nicht nur für die Erstellung von RIS-Abbildern sinnvoll, sondern auch für Abbilder, die Sie mit Image-Tools wie Ghost oder TrueImage erstellen und später verteilen.   [!]

Wenn Sie bereits mit Office 2007 arbeiten, so übernehmen Sie die nachfolgenden Hinweise zu Office 2003 und ergänzen sie um Arbeitsschritte für Office 2007. Suchen Sie auf der Verlagsseite des Buches nach Buchupdates zum Thema Office 2007.

Auf der Buch-DVD finden Sie Beiträge im Verzeichnis **Office\Office 2007**.   [o]

Melden Sie sich auf dem Mustercomputer mit einer Kennung wie **InstallXP** an, die aufgrund ihrer Mitgliedschaft in der Domänengruppe **local Admins** über administrative Rechte am Mustercomputer verfügt.

Stellen Sie das **Klassische Startmenü** ein und aktivieren Sie über die Schaltfläche **Anpassen** alle erweiterten Startmenüoptionen bis auf **Persönlich angepasste Menüs verwenden** und »Drucker« erweitern.

Starten Sie den Windows Explorer und stellen Sie sicher, dass Sie alle Dateien und Verzeichnisse sehen, auch die Systemdateien und die versteckten Dateien.

Stellen Sie die Bildschirmauflösung auf mindestens 1024 × 768 Pixel ein und veranlassen Sie über die Schaltfläche **Erweitert** und die Registerkarte **Monitor**, dass die Bildschirmaktualisierungsrate optimal eingestellt ist. Bei LCD-Monitoren stellen Sie immer 60 Hertz ein, bei Röhrenmonitoren den höchstmöglichen Wert.

Viele der nachfolgend aufgeführten Tätigkeiten können später durch eine Batchroutine automatisiert werden. Außerdem sollte eine Checkliste zusammengestellt werden, anhand derer vor der endgültigen Erstellung des Komplettabbildes überprüft werden kann, dass der Mustercomputer sich exakt in dem geplanten Zustand befindet, wie er später ausgerollt werden soll.

- Ersetzen Sie **Windows Update** durch **Microsoft Update**.

- Auf der Buch-DVD finden Sie dazu die Anleitung »von Windows Update zu Microsoft Update wechseln« im Verzeichnis **WSUS – Windows Software Update Services**.

- Installieren Sie alle Sicherheitsupdates zu Windows XP und Microsoft Office nach, die nach dem aktuellen Service Pack erschienen sind. Überprüfen Sie, ob es weitere Microsoft-Updates gibt, die in Ihrem Unternehmen eingespielt werden sollten.

- Installieren Sie die neuesten Versionen von **Windows Media Player** (Version 11 oder höher), **Microsoft Movie Maker** (Version 2.0 oder höher), **Windows Live Messenger** (Version 8.0 oder höher), **Windows Desktop Search** (Version 2.6.5 oder höher), **Microsoft Internet Explorer Version 7**.

- Auf der Buch-DVD finden Sie im Verzeichnis Tools Hinweise für den Download.

- Installieren Sie weitere hilfreiche und kostenlose Tools wie **GetFolderSize** (Version 1.4.1 oder höher), **Picasa** von Google, **Fotostory 3** (**Photo Story 3**) von Microsoft, Wörterbücher wie z. B. **Quick Dictionary** (wwww.quickdic.de) oder **Lingo4u Dictionary**, eine einheitliche Brennsoftware für CDs und DVDs oder ein Tool, mit dem man aus beliebigen Anwendungen heraus PDF-Dokumente erzeugen kann. Durchsuchen Sie das Verzeichnis **Tools** der Buch-DVD, um eine Liste sinnvoller Tools aufzustellen.

- Installieren und konfigurieren Sie Zusatztools und Add-Ins zu Microsoft Office wie z. B. **SetHolidays** von **www.theprojectgroup.com**, mit dem Sie automatisch alle deutschen Feiertage bis 2049, nur bundesweit gültige Feiertage und/oder die Feiertage bestimmter Bundesländer in den Kalender von Microsoft Outlook einfügen können.

- Auf der Buch-DVD finden Sie einige interessante Office-Tools im Verzeichnis **Office\Tools** bzw. **Office\Outlook\Tools**. In diesen Verzeichnissen finden Sie auch die Quellen auf dem Microsoft-Webforum für Office-Zusatzanwendungen.
- Installieren und konfigurieren Sie alle weiteren Anwendungen, die in das Standardabbild eingehen sollen.
- Installieren Sie außerdem die Treiber und Tools von Peripheriegeräten, die heute an diesen, morgen an jenen Client angeschlossen werden, wie z. B. Scanner, digitale Kameras, digitale Camcorder, Drucker oder Plotter. Eventuell kann es auch sinnvoll sein, die gängigen Netzwerkdrucker oder zumindest deren Treiber jetzt bereits zu installieren. Das Kapitel 22, *Netzwerkdrucker einrichten*, und die Anleitungen und Tipps im Verzeichnis **Windows Server\ Netzwerkdrucker** der Buch-DVD liefern diesbezüglich entscheidende Hinweise.
- Kontrollieren Sie die installierten Windows-XP-Komponenten über **Systemsteuerung · Software**. Wenn man in der Datei **sysoc.inf** im Verzeichnis **C:\Windows\inf** alle **hide**-Einträge löscht, kann man unter **Systemsteuerung · Software · Windows-Komponenten** wesentlich mehr Softwarekomponenten sehen und auch entfernen. Deinstallieren Sie Komponenten, von denen Sie absolut sicher sind, dass sie auch in Zukunft nicht benötigt werden, z. B. unter **Zubehör und Dienstprogramme** alle Spiele. Installieren Sie Komponenten nach, die eventuell benötigt werden. So benötigen Sie z. B. wahrscheinlich **Outlook Express** auch mit installiertem Microsoft Office, da Outlook Express einen **Newsreader** bietet.
- Öffnen Sie unter **Systemsteuerung · System** die Registerkarte **Erweitert** und klicken Sie unter **Starten und Wiederherstellen** auf die Schaltfläche **Einstellungen**. Reduzieren Sie die **Anzeigedauer der Betriebssystemliste** von 30 auf 3 Sekunden und ebenso die **Anzeigedauer der Wiederherstellungsoptionen** von 30 auf 3 Sekunden. Dadurch ändern Sie in der Datei **C:\boot.ini** den Wert **timeout** von 30 in 3.
- Überprüfen Sie unter **Systemsteuerung · System** die Einstellungen in der Registerkarte **Systemwiederherstellung**. Die Systemwiederherstellung kann über eine zentrale Gruppenrichtlinie (**Computerkonfiguration · Administrative Vorlagen · System · Systemwiederherstellung**) deaktiviert werden. Wenn Sie das nicht wünschen, so überprüfen Sie jetzt über die Schaltfläche **Einstellungen**, ob die eingestellten Werte für die Festplattenpartitionen geeignet sind.
- Über die Registerkarte **Hardware** können Sie in **Systemsteuerung · System** das Verhalten bestimmen, wenn bei Installation von Hardwaretreibern keine

von Microsoft digital signierten Treiber installiert werden. Auch diese Richtlinie lässt sich zentral über eine Gruppenrichtlinie steuern (**Computerkonfiguration · Administrative Einstellungen · System · Codesignatur für Gerätetreiber**). Für eine automatische Softwareverteilung ist es eventuell sinnvoll, Treibersignaturen nicht abzuprüfen (die Option **ignorieren** wählen), damit die automatische Installationsroutine nicht stecken bleibt, weil eine Bestätigung zur Installation eines nicht von Microsoft signierten Treibers erwartet wird.

▶ Starten Sie über **Verwaltung** das Programm **Dienste** und überprüfen Sie, ob es Dienste gibt, die automatisch gestartet werden, jedoch unerwünscht sind und nur das System belasten. Stellen Sie bei diesen Diensten die Startart von **Automatisch** in **Manuell** oder **Deaktiviert** um. Verändern Sie nur dann die Startart von Diensten, wenn Sie deren Funktion genau kennen und sicher sind, dass der Dienst nicht benötigt wird! Sie können auch das Systemkonfigurationsprogramm **MSCONFIG** über **Start · Ausführen** starten und dort in den Registerkarten **Dienste** bzw. **Systemstart** alle unerwünschten Dienste und Anwendungen deaktivieren, die beim Start des Computers bzw. bei der Anmeldung eines Benutzers gestartet werden. In der Registerkarte **Dienste** sollten Sie die Option »Alle Microsoft-Dienste ausblenden« aktivieren, damit kein wichtiger Systemdienst deaktiviert wird. In Testberichten von Fachmagazinen wie PC Professionell oder c't magazin kam man zu dem Ergebnis, dass durch das Deaktivieren von Microsoft-Betriebssystemdiensten kaum ein Performance-Gewinn erzielt wird, das Deaktivieren dieser Dienste aber risikoreich ist, da unvorhersehbar ist, ob der Dienst in irgendeinem Zusammenhang doch benötigt wird.

[»] In der Spezialausgabe »c't special Windows XP« (c't special 02/2006) finden Sie Testberichte wie »Mit erhöhter Schlagzahl – Tipps und Tricks für Windows XP auf dem Prüfstand«, »Boot-Rennen – Was Tuning-Tipps zum Windows-Start wirklich bringen«, »Viel Wind um nichts – Speicheroptimierung unter Windows XP«, darüber hinaus Artikel zum Installieren, Absichern und Troubleshooting, Arbeiten ohne Admin-Rechte, eine CD mit vielen Tools. Eine Beschreibung dieser Ausgabe finden Sie im Dokument »Sonderausgabe c't special 02–2006 XP Praxis im Verzeichnis **Windows XP**« der Buch-DVD. Sie können diese Sonderausgabe online bei **http://www.heise.de/kiosk/special** bestellen.

▶ Öffnen Sie **Systemsteuerung · Energieoptionen** und deaktivieren Sie über die Registerkarte **Ruhezustand** den Ruhezustand, um die mehrere hundert MByte große Datei **c:\hyperfil.sys** zu löschen. Diese Datei belegt nicht nur viel Speicher, sie macht auch Probleme, wenn Sie statt der RIPrep-Methode ein Tool eines Drittanbieters verwenden, um ein Abbild zu erstellen und dieses Abbild inklusive der Datei **hyperfil.sys** auf einen anderen PC aufgespielt wird. Die Aktivierung des Ruhezustands ist eigentlich nur auf mobilen Geräten sinnvoll, um deren Akkus zu schonen. Dort sollte sie später wieder aktiviert werden. Generell müssen für mobile Computer zwei separate Todo-Listen erstellt werden. Die erste Liste muss die Besonderheiten vor der Erstellung eines Abbildes enthalten. Die zweite Liste muss aufzählen, welche Konfigurationsarbeiten an einem mobilen Computer durchgeführt werden müssen, bevor er einem Mitarbeiter ausgehändigt wird. Dazu gehört übrigens auch die Einweisung des Mitarbeiters z. B. in den Umgang mit Offline-Dateien und mit Datenverschlüsselung.

- Überprüfen Sie die Eigenschaften der LAN-Verbindung und speziell die Eigenschaften des TCP/IP-Protokolls.

- Stellen Sie über **Verwaltung · Computerverwaltung** unter **lokale Benutzer und Gruppen** sicher, dass das Konto **Gast** und das Konto **Support_xxx (Microsoft Herstellerkonto für Hilfe- und Supportdienste)** deaktiviert ist. Überprüfen Sie, welche lokalen Konten zur lokalen Gruppe **Administratoren** gehören.

- Überlegen Sie, ob die lokale Kennung **Administrator** aus Sicherheitsgründen umbenannt werden soll. Geben Sie dazu den Befehl **gpedit.msc** ein. Damit starten Sie den Editor für lokale Gruppenrichtlinien. Unter **Computerkonfiguration · Windows-Einstellungen · Sicherheitseinstellungen · Lokale Richtlinien · Sicherheitsoptionen** finden Sie die Richtlinie **Konten: Administrator umbenennen**. Wenn Sie diese anklicken, öffnet sich ein Fenster, in dem Sie die Kennung **Administrator** in einen unscheinbaren Namen umbenennen können, der nur der Systemadministration bekannt gegeben wird.

Wichtiger Hinweis Wenn Sie über den Befehl **gpedit.msc** die Richtlinien für **Lokaler Computer** starten und Veränderungen unter **Computerkonfiguration · Administrative Vorlagen** bzw. unter **Benutzerkonfiguration · Administrative Vorlagen** vornehmen, werden im versteckten Verzeichnis **C:\Windows\System32\GroupPolicy** in den Unterverzeichnissen **Machine** oder **User** Dateien mit dem Namen Registry.pol erzeugt. Einstellungen der Richtlinien, die Sie hier vornehmen, werden jedoch durch Gruppenrichtlinien überschrieben, die auf Standortebene, der Ebene von Organisationseinheiten oder auf Domänenebene eingerichtet wurden. Bis auf die oben genannte Richtlinie **Konten: Administrator umbenennen** sollten Sie aber über das Snap-In **gpedit.msc** keine Änderungen an den Richtlinien des lokalen Computers vornehmen, sondern nur über das Snap-In **Active Directory-Benutzer und -Computer**. Sie verlieren sonst den Überblick, welche Richtlinieneinstellung gültig ist.

Sie finden übrigens auch in der Gruppenrichtlinie der Domäne oder einer OU die Richtlinie **Administrator umbenennen** Mit dieser Richtlinie benennen Sie aber nicht die Kennung **Administrator** auf Clients um, sondern auf Servern der Domäne.

- Kopieren Sie wichtige Tools aus dem Verzeichnis **Util** der Serverfreigabe **Netlogon** auf den Mustercomputer nach **C:\Windows\System32**:

  bginfo.exe, ifmember.exe, pathman.exe, shortcut.exe, psexec.exe (www.sysinternals.com), su.exe, suss.exe, xcacls.exe

  Es handelt sich um Tools, die im Anmeldeskript häufig benötigt werden. In Kapitel 15, *Das Anmeldeskript*, wird erläutert, dass die Abarbeitung des Anmeldeskripts beschleunigt und das Netz weniger belastet wird, wenn diese Tools auf dem lokalen Computer liegen und nicht von der Netlogon-Freigabe des Domänencontrollers geladen werden müssen.

- Installieren Sie auf dem Mustercomputer den Dienst **SUSS.EXE** durch Eingabe des Befehls **suss -install**. In Kapitel 15, *Das Anmeldeskript*, wurde beschrieben, dass es mit Hilfe dieses Dienstes später möglich ist, administrative Aufgaben über das Anmeldeskript auf dem Client durchzuführen, indem während der Anmeldeprozedur in einen anderen Benutzerkontext mit lokalen Administratorrechten gewechselt wird, ohne dass der sich anmeldende Anwender sich diese Rechte aneignen kann. Wenn Ihnen die dort beschriebene Lösung nicht behagt oder sie nicht fehlerfrei funktioniert, so denken Sie über eine andere Lösung nach, über die administrative Dinge erledigt werden können, ohne dass der Benutzer ein Mitglied der lokalen Gruppe »Administratoren« ist. Im Artikel »Windows XP – Anwenden des Prinzips der geringsten Rechte auf Benutzerkonten« (zu finden im Verzeichnis Scripting der Buch-DVD) macht Microsoft Aussagen zu diesem Thema. Der Knowledge-Base-Artikel 825069 klärt außerdem auf, dass die lokale Gruppe **Hauptbenutzer** ein Sicherheitsrisiko ist und dass Anwender nicht(!) in diese Gruppe aufgenommen werden sollten (siehe den Beitrag »Gruppe Hauptbenutzer ist Sicherheitsloch« im Verzeichnis **Sicherheit** der Buch-DVD).

- Legen Sie zumindest für alle Typen von Netzwerkkarten, die es in Ihrem Unternehmen gibt und die nicht von Windows XP automatisch erkannt werden, ein Verzeichnis **C:\Windows\Treiber\Netzwerkkarten** an und kopieren Sie für alle Typen von Netzwerkkarten die Treiber in entsprechende lokale Unterverzeichnisse. Alle anderen Treiber für Videokarten, Soundkarten etc. können später von einem ständig aktualisierten Netzverzeichnis hinzuinstalliert werden, wenn erst einmal die Verbindung zum Softwarearchiv auf dem Server hergestellt ist. Hat also später ein Computer, auf den dieses Abbild installiert wird, eine andere Netzwerkkarte und fordert das Betriebssystem Sie auf, das Verzeichnis für die Treiberdateien einzugeben, so können Sie die Treiber aus dem entsprechenden Unterverzeichnis des Verzeichnisses **C:**

Windows\Treiber\Netzwerkkarten installieren. Nach dem nächsten Start des Computers können Sie dann eine Verbindung zum Treiberverzeichnis auf dem Server herstellen und andere Hardwaretreiber installieren.

▶ Wenn Sie das Office-2003-MSI-Paket nicht über die Gruppenrichtlinie installieren wollen, wie es in einem der vorangegangenen Abschnitte beschrieben wurde, so verbinden Sie Laufwerk **U:** mit der Freigabe **\\S1\Install** und geben folgenden Befehl ein: **u:\install\Office2003\setup.exe TRANSFORMS=u:\install\Office2003\Standard.MST /qb-**. Dadurch installieren Sie Microsoft Office 2003 mit den in der Transformationsdatei **standard.mst** hinterlegten Voreinstellungen.

17.2 Das Startmenü und den Desktop anpassen

Wenn ein Anwender mehrere Anwendungen wie z. B. Outlook, Word und eine kaufmännische Anwendung geöffnet hat, ist der Desktop mit den Fenstern dieser Anwendungen verdeckt. Auf dem Desktop des Anwenders sollten sich deshalb keine Icons befinden, mit denen der Anwender wichtige Programme starten kann. Stattdessen sollten alle Anwendungen über das Startmenü leicht auffindbar und startbar sein. Seine Dokumente findet der Anwender über **Start • Dokumente** in seinem Ordner **Eigene Dateien**, der über die Gruppenrichtlinie **Ordnerumleitung** auf das Basisverzeichnis des Anwenders auf dem Server verweist oder im Gruppenverzeichnis auf den Server. Der Desktop wird damit funktionslos und der Anwender sollte geschult werden, keine Verknüpfungen zu Dokumenten und erst recht keine Dokumente auf dem Desktop abzulegen.

> Viele der hier beschriebenen Vorschläge zur Konfiguration des Desktops und des Startmenüs können Sie übrigens auch verwenden, um auf einem Terminalserver eine sauber strukturierte, benutzerfreundliche und abgesicherte Bedienoberfläche zu erzielen.

Ich habe in der Praxis erlebt, dass Mitarbeiter nicht nur Dokumente, sondern ganze Ordnerstrukturen mit Dokumenten auf dem Desktop gespeichert hatten statt im Gruppenverzeichnis. Wenn solch ein Mitarbeiter ausfällt, hat seine Vertretung oder sein Vorgesetzter schlechte Karten, wenn er auf diese Dokumente dringend zugreifen muss. Bei der Nutzung von servergespeicherten Benutzerprofilen sind Dokumente, die vom Anwender auf dem Desktop gespeichert wurden, ebenfalls problematisch, weil bei jeder An- und Abmeldung des Anwenders ein Abgleich zwischen dem lokalen Profil und dem Serverprofil stattfindet und somit auch das Verzeichnis **Desktop** abgeglichen werden muss.

Wir werden als Nächstes umfassende Änderungen an den Profilen **Default User** und **All Users** vornehmen, um z. B. das Startmenü weiter anzupassen, das der Standardanwender zu sehen bekommt. Vorher sollten die Profile jedoch gesichert werden. Erstellen Sie eine Sicherung des Verzeichnisses **C:\Dokumente und Einstellungen\Default User** mit allen Unterverzeichnissen und allen Dateien unter **C:\Dokumente und Einstellungen\Default User.sic**. Wenn Sie das Verzeichnis **C:\Dokumente und Einstellungen\Default User** im Windows Explorer nicht sehen, haben Sie die Option **Alle Dateien und Ordner anzeigen** im Windows Explorer nicht – wie oben empfohlen – aktiviert. Erstellen Sie ebenso eine Sicherung des Verzeichnisses **C:\Dokumente und Einstellungen\All Users** mit allen Unterverzeichnissen und allen Dateien unter **C:\Dokumente und Einstellungen\All Users.sic**.

17.3 Funktionen der Verzeichnisse »Default User« und »All Users«

Wenn sich ein in der Domäne neu eingerichteter Anwender zum ersten Mal an einem Computer der Domäne anmeldet, so wird für ihn unter **C:\Dokumente und Einstellungen** ein Verzeichnis mit seiner Anmeldekennung erstellt und es werden alle Unterverzeichnisse und Dateien des Verzeichnisses **C:\Dokumente und Einstellungen\Default User** in das neu erstellte Profilverzeichnis des Anwenders kopiert. Das Startmenü des Anwenders setzt sich später aus allen Verknüpfungsdateien zusammen, die unter **C:\Dokumente und Einstellungen\ All Users\Startmenü** liegen, und aus denjenigen Verknüpfungen, die aus dem Startmenü von **Default User** in das persönliche Startmenü **C:\Dokumente und Einstellungen\%USERNAME%\Startmenü** kopiert wurden. Es ist darüber hinaus möglich, das Profil einer musterhaft durchkonfigurierten Kennung über **Systemsteuerung · System · Erweitert · Benutzerprofile** in das Verzeichnis **NETLOGON\Default User** des Domänencontrollers zu kopieren und dabei der Gruppe **Jeder** das Leserecht zu erteilen. Dadurch wird ein domänenweites Profil **Default User** erzeugt und das lokale Profil **C:\Dokumente und Einstellungen\Default User** außer Kraft gesetzt.

Auf dem Desktop des Anwenders findet er wiederum alle Verknüpfungsdateien, die unter **C:\Dokumente und Einstellungen\All Users\Desktop** liegen, und außerdem diejenigen Verknüpfungen, die aus dem Desktop-Verzeichnis von **Default User** in das persönliche Desktop-Verzeichnis **C:\Dokumente und Einstellungen\%USERNAME%\Desktop** kopiert wurden.

Möchten Sie später von zentraler Stelle aus (z. B. über das Anmeldeskript) die Verknüpfungen, die der Anwender in seinem Startmenü oder auf dem Desktop sieht, mit möglichst geringem Aufwand manipulieren können, so wäre es doch wünschenswert, wenn Sie nur das Verzeichnis **C:\Dokumente und Einstellungen\All Users\Startmenü** manipulieren müssten, nicht aber auch noch das Startmenü im Profilverzeichnis aller Anwender. Ebenso verhält es sich hinsichtlich der Verknüpfungen, die auf dem Desktop liegen. Ich schlage Ihnen deshalb vor, alle Verzeichnisse und Verknüpfungsdateien aus dem Verzeichnis **C:\Dokumente und Einstellungen\Default User\Startmenü** ausnahmslos in das Verzeichnis **C:\Dokumente und Einstellungen\All Users\Startmenü** zu verschieben. Löschen Sie außerdem Verknüpfungen, die Sie eventuell im Verzeichnis **C:\Dokumente und Einstellungen\Default User\Desktop** vorfinden. Als Nächstes passen Sie das Startmenü und den Desktop von **All Users** den Bedürfnissen Ihres Unternehmens entsprechend an.

> Einige Anwendungen wie z. B. das Freeware-Tool GetFoldersize legen die bei der Installation erzeugten Verknüpfungen im Startmenü bzw. auf dem Desktop derjenigen Kennung ab, unter der sie installiert wurden. Verschieben Sie diese Verknüpfungen unbedingt in das Profil von **All Users**. [!]

17.3.1 Verknüpfungen im Startmenü löschen oder verschieben

Nach der Installation des Adobe Readers finden Sie eine Verknüpfung für den Adobe Reader sowohl unter **C:\Dokumente und Einstellungen\All Users\Desktop** als auch unter **C:\Dokumente und Einstellungen\All Users\Startmenü\Programme**. Löschen Sie eine der Verknüpfungen und verschieben Sie die andere in den Unterordner **Startmenü\Programme\Zubehör**. Liegen im Desktop-Verzeichnis von **All Users** noch weitere Verknüpfungen, so überlegen Sie, ob diese Verknüpfungen wichtig sind und auf dem Desktop jedes Anwenders erscheinen sollen, ob sie gelöscht werden können oder in ein Unterverzeichnis des Startmenüs verschoben werden sollten.

Überprüfen Sie dann, ob im Verzeichnis **C:\Dokumente und Einstellungen\All Users\Startmenü\Autostart** Verknüpfungen liegen, die gelöscht oder verschoben werden sollten, damit die zugehörigen Anwendungen nicht für jeden Anwender bei der Anmeldung sofort gestartet werden. Anwendungen, die für bestimmte Benutzergruppen automatisch bei jeder Anwendung gestartet werden sollen, können später auch über das Anmeldeskript aktiviert werden. Außer über den Ordner **Autostart** werden viele Prozesse auch über die Registry gestartet. Sie finden die zugehörigen Einträge über das Windows-XP-Konfigurationsprogramm **MSCONFIG** in der Registerkarte **Systemstart**.

Löschen Sie das Verzeichnis **C:\Dokumente und Einstellungen\All Users\Startmenü\Programme\Spiele**.

Wenn Sie wie ich glauben, dass ein Dateimanager eine Anwendung ist, die sowohl Standardanwender als auch Administratoren ständig benötigen und schnell finden sollten, dann verschieben Sie die Verknüpfung des Windows Explorers von **C:\Dokumente und Einstellungen\Default User\Startmenü\Programme\Zubehör** nach **C:\Dokumente und Einstellungen\All Users\Startmenü**, wodurch der Windows Explorer nunmehr direkt über der Start-Schaltfläche liegt. Auch der Taschenrechner **calc.exe** wird von den Anwendern nur wenig genutzt, solange er im Unterverzeichnis Zubehör liegt. Kopieren Sie dessen Verknüpfung nach **C:\Dokumente und Einstellungen\All Users\Startmenü** und geben Sie den Anwendern den Tipp, dass der Taschenrechner kaum Wünsche offen lässt, wenn man ihn startet und unter **Ansicht** die Option **wissenschaftlich** einstellt. Es gibt jedoch auch alternative Freeware zum Windows-XP-internen Taschenrechner, die mehr Funktionen hat, z. B. die Umrechnung in andere Währungen. Microsoft bietet inzwischen selbst eine Alternative zum Download an.

Erzeugen Sie unter **C:\Dokumente und Einstellungen\All Users\Startmenü** eine neue Verknüpfung mit dem Namen **Computer sperren**. Als Befehlszeile geben Sie Folgendes ein:

```
%windir%\System32\rundll32.exe user32.dll,LockWorkStation
```

Als Symbol für diese Verbindung wählen Sie z. B. **%windir%\system32\SHELL32.dll** und dort das Icon mit dem Schlüssel aus. Der neue Menüpunkt **Computer sperren** erscheint direkt über der Start-Schaltfläche.

[O] Auf der Buch-DVD finden Sie im Verzeichnis **Windows XP** die vorgefertigte Verknüpfungsdatei »Computer sperren.lnk«. Doppelklicken Sie einmal auf diese Datei, um die Wirkung zu sehen. Der Computer sollte sofort gesperrt sein und nur durch Eingabe des Kennwortes wieder entsperrt werden können. Mit diesem Menüpunkt kann der Anwender also schnell seine Daten schützen, wenn er kurzfristig den Raum verlassen muss.

17.3.2 Administrationstools für Standardanwender nicht zugänglich machen

Wie gehen wir mit Verknüpfungen zu Anwendungen vor, die nur lokale Administratoren starten sollen oder die bis auf weiteres durch den Standardanwender nicht benötigt werden, von denen wir aber nicht wissen, ob sie später einmal benötigt werden, wenn neue Dienste hinzukommen? Meiner Meinung nach ist es besser, im Zweifelsfall Komponenten von Windows XP oder Microsoft Office zu viel zu installieren und erst einmal zu deaktivieren, als diese Komponenten abzuwählen und später mühselig auf vielen Computern nachzuinstallieren, weil sich irgendwann herausstellt, dass sie doch benötigt werden.

Es gibt mindestens drei Möglichkeiten, Programme nur für bestimmte Anwender wie lokale Administratoren zugänglich zu machen:

- Sie können die ausführbaren Dateien über die Gruppenrichtlinie **Angegebene Windows-Anwendungen nicht ausführen** in der Kategorie **Benutzerkonfiguration · Administrative Vorlagen · System** in einer Positivliste angeben.
- Sie können den entsprechenden Verknüpfungsdateien im Startmenü von **All Users** das Dateiattribut **versteckt** zuordnen. Damit erscheinen diese Verknüpfungen nicht mehr im Startmenü des Anwenders. Sie müssen sich neu anmelden, damit Sie dieses überprüfen können.
- Sie können die Zugriffsrechte auf das Verzeichnis **C:\Dokumente und Einstellungen\All Users\Programme\Verwaltung** so einschränken, dass nur die Gruppe der lokalen Administratoren dort Zugriff hat. Der Anwender sieht zwar im Startmenü unter **Programme** den Menüpunkt **Verwaltung**, kann ihn aber nicht öffnen. Nun können Sie alle Verknüpfungen zu Programmen, auf die der Standardanwender bis auf weiteres nicht zugreifen können soll, in das Unterverzeichnis **C:\Dokumente und Einstellungen\All Users\Programme\Verwaltung** verschieben.

Alle diese Manipulationen lassen sich an zentraler Stelle schnell wieder ändern oder rückgängig machen, entweder durch Änderung der Gruppenrichtlinie **Angegebene Windows-Anwendungen nicht ausführen** oder durch entsprechende Zeilen im Anmeldeskript, die mittels des Befehls **attrib** das Dateiattribut **versteckt** zurücksetzen oder mittels des Tools **xcacls** aus dem Windows Resource Kit die Rechte des Verzeichnisses **All Users\Startmenü\Programme\Verwaltung** abändern.

> Zu **Xcacls** finden Sie den Artikel »HOW TO Use Xcacls.exe to Modify NTFS Permissions« im Verzeichnis **Windows XP** der Buch-DVD. Beachten Sie außerdem, dass nach dem Erscheinen von Windows XP SP2 **neue Support-Tools** zum Download angeboten wurden, die auch eine **neuere Version von Xcacls** enthalten. Lesen Sie den Beitrag »Windows XP Service Pack 2-Support-Tools« im Verzeichnis **Windows XP\Windows XP SP2** der Buch-DVD. Die erste CD von Windows Server 2003 R2 enthält ebenfalls ein Verzeichnis Support\Tools. Vielleicht ist aber bereits ein weiteres Service Pack erschienen, oder Microsoft bietet inzwischen einen aktualisierten Download an. Verwenden Sie die neuesten Tools einheitlich über das gesamte Netzwerk.

Natürlich ist es auch möglich, eine in das Unterverzeichnis **All Users\Startmenü\ Programme\Verwaltung** verschobene Verknüpfungsdatei über das Anmeldeskript wieder an den Ursprungsort zurückzuschieben.

Ich schlage vor, die Rechte des Verzeichnisses **C:\Dokumente und Einstellungen\All Users\Startmenü\Programme\Verwaltung** so einzuschränken, dass der lokalen Gruppe **Benutzer** sowie der Gruppe **Jeder** alle Rechte entzogen werden. Danach haben nur noch die Gruppen **Administratoren**, **Hauptbenutzer** und **SYSTEM** Zugriff auf das Untermenü **Verwaltung**.

17.3.3 Verknüpfungen von Systemprogrammen in das Untermenü »Verwaltung« verschieben

Wenn Sie sich die Anwendungen ansehen, die über **Start · Programme · Zubehör · Systemprogramme** erreichbar sind, werden Sie mir zustimmen, dass der Standardanwender diese Tools ebenfalls nicht benötigt. Eine Ausnahme bildet vielleicht das Tool **Zeichentabelle**. Verschieben Sie also das Verzeichnis **C:\Dokumente und Einstellungen\All Users\Startmenü\Programme\Zubehör\Systemprogramme** komplett nach **C:\Dokumente und Einstellungen\All Users\Startmenü\Programme\Verwaltung**. Dasselbe trifft auf die Anwendungen zu, die über **Start · Programme · Zubehör · Kommunikation** erreichbar sind. Verschieben Sie das Verzeichnis **C:\Dokumente und Einstellungen\All Users\Startmenü\Programme\Zubehör\Kommunikation** nach **C:\Dokumente und Einstellungen\All Users\Startmenü\Programme\Verwaltung**.

[o] Wenn Sie Windows Update durch Microsoft Update ersetzt haben (siehe den Artikel »von Windows Update zu Microsoft Update wechseln« im Verzeichnis WSUS der Buch-DVD), finden Sie über dem Startbutton neben der Verknüpfung **Windows Update** auch die Verknüpfung **Microsoft Update**. Jetzt können Sie die Verknüpfungen **Microsoft Update**, **Windows Update**, **Programmzugriff und -standards** und **Windows-Katalog**, auf die der einfache Anwender keinen Zugriff benötigt, aus dem Verzeichnis **C:\Dokumente und Einstellungen\All Users\Startmenü** in das Verzeichnis **C:\Dokumente und Einstellungen\All Users\Startmenü\Programme\Verwaltung** oder ein Verzeichnis tiefer in die **Systemprogramme** verlagern.

Ebenso sollten Sie die Verknüpfung **C:\Dokumente und Einstellungen\ All Users\Startmenü\Zubehör\Programmkompatibilitäts-Assistent** in das Verzeichnis **C:\Dokumente und Einstellungen\All Users\Startmenü\Programme\ Verwaltung\Systemprogramme** verschieben, denn auch auf dieses Tool benötigt nur ein Administrator Zugriff.

Ich persönlich finde, das häufiger benötigte Icon für den Rechner sollte nicht so tief im Untermenü **Programme · Zubehör** verschwinden und verschiebe deshalb die Verknüpfung **Rechner.lnk** von **C:\Dokumente und Einstellungen\All Users\ Startmenü\Zubehör** nach **C:\Dokumente und Einstellungen\All Users\Startmenü\Programme**. Ebenso verfahre ich mit den ständig benötigten Verknüpfungen für Word, Outlook, Internet Browser und kaufmännische Anwendungen.

17.3.4 Multimedia-Programme über Gruppenrichtlinie deaktivieren

Jetzt müssen Sie noch entscheiden, wie Sie mit den Verknüpfungen **Programme\ Windows Media Player** und diversen Verknüpfungen unter **Programme\Zubehör** umgehen möchten, speziell mit den Verknüpfungen **Windows Movie Maker**, **Windows XP-Tour**, **Audiorekorder** und **Lautstärke**. Das hängt auch davon ab, ob und welche Anwender Zugriff auf eine Soundkarte haben sollen.

Es besteht die Möglichkeit, die durch diese Verknüpfungen gestarteten exe-Dateien über die Gruppenrichtlinie **Angegebene Windows-Anwendungen nicht ausführen** für die Standardanwender zu blockieren und über eine andere Gruppenrichtlinie für eine bestimmte Anwendergruppe (Poweruser, Multimedia-User) wieder freizuschalten. Jeder Anwender sieht dann zwar die Icons, aber nur die Mitglieder der speziellen Sicherheitsgruppe können die Anwendungen auch starten. Das Sperren bestimmter ausführbarer Dateien durch eine Gruppenrichtlinie ist gerade dann, wenn man sich bei der Konzeption des Startmenüs noch nicht sicher ist, eine gute Möglichkeit, Anwendungen bis auf weiteres zu blockieren und diese Blockaden schnell wieder aufzuheben.

Melden Sie sich unter der Kennung **Testuser** am Musterclient einmal an, um das Startmenü zu sehen, das ein neu eingerichteter Standardbenutzers erhält. Wenn es in der Freigabe **\\S1\Profiles** – es handelt sich um die Freigabe für serverbasierte Anwenderprofile – noch das Unterverzeichnis **Testuser** aus früheren Tests gibt, so müssen Sie dieses Unterverzeichnis vorher komplett löschen, denn anderenfalls wird auch das alte Startmenü dieser Testkennung wieder auf den neu eingerichteten Computer übernommen. Das Startmenü und der Desktop eines Standardanwenders sollten jetzt sehr aufgeräumt aussehen. Direkt über der Start-Schaltfläche liegen die häufig benötigten Icons von Outlook, Word, dem Taschenrechner und dem Windows Explorer. Die anderen Office-Icons sind im Untermenü **Programme · Microsoft Office** eingeordnet. Zwar sieht der Anwender **Testuser** das Untermenü **Programme · Verwaltung**, er kann es aber nicht öffnen.

17 | Die Erstellung des Komplettabbildes

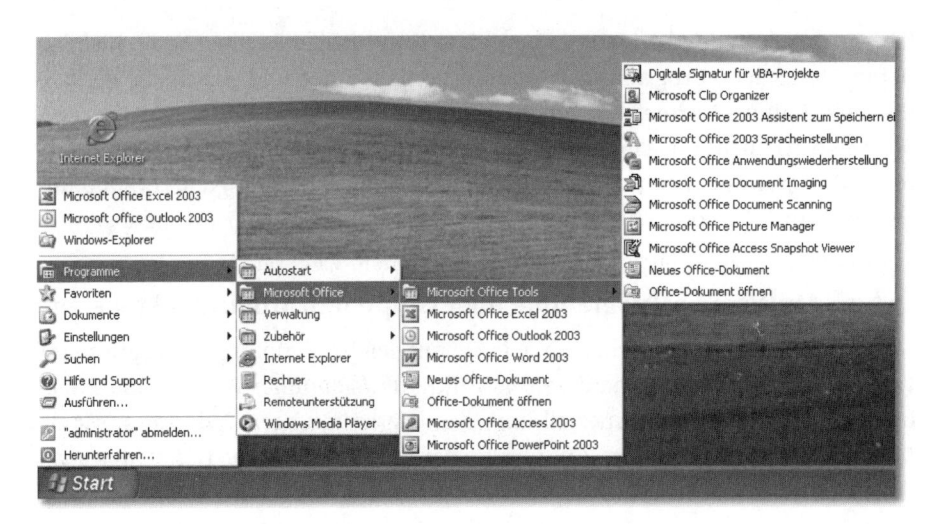

Auch das Untermenü **Programme · Zubehör** wirkt aufgeräumt und weist keine Verknüpfungen mehr auf, auf die ein Standardanwender nicht zugreifen können soll.

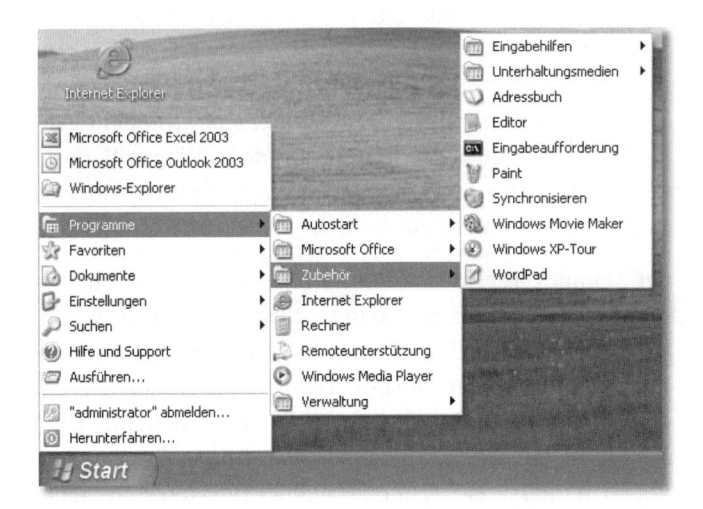

Sobald die Verzeichnisse **C:\Dokumente und Einstellungen\Default User\Startmenü** und **C:\Dokumente und Einstellungen\All Users\Startmenü** in dem von Ihnen gewünschten Zustand sind, sollten Sie Sicherungen dieser Verzeichnisse auf dem Server ablegen. Denken Sie daran, dass Sie wegen der unterschiedlichen HAL-Typen wahrscheinlich mehrere Komplettabbilder der Clientcomputer erzeugen müssen. Es wäre fehleranfällig und unnötige Arbeit, diese Vorarbeiten erneut manuell auf einem weiteren Mustercomputer mit anderer HAL durchzuführen. Schneller geht es dann, wenn Sie das auf den Server gesicherte, musterhafte Startmenü einfach auf den nächsten Mustercomputer kopieren.

17.3.5 Das Verzeichnis SendTo verschieben

Verschieben Sie das Verzeichnis **C:\Dokumente und Einstellungen\Default User\SendTo** nach **C:\Dokumente und Einstellungen\All Users** und fügen Sie im Verzeichnis **C:\Dokumente und Einstellungen\All Users\SendTo** eine neue Verknüpfung zu **C:\Windows\System32\Notepad.exe** hinzu. Wenn ein Anwender später eine beliebige Textdatei öffnen will, kann er sie im Windows Explorer mit der rechten Maustaste anklicken und über den Menüpunkt **Senden an** dem Editor Notepad übergeben.

17.3.6 Die Favoriten unter »Default User« löschen

Unter **C:\Dokumente und Einstellungen\Default User\Favoriten** und im Unterverzeichnis **Favoriten\Links** sollten Sie die Favoriten und Links entfernen, die nicht jeder Anwender automatisch erhalten soll: MSN, Radiostationsübersicht, Kostenlose Hotmail, Links anpassen, Windows und Windows Media. Stattdessen können Sie den Link zu Ihrem Intranet-Server einpflegen.

17.4 Die Microsoft-Office-Installation überprüfen

Ziehen Sie das Netzwerkkabel am Clientcomputer einmal ab und versuchen Sie, eine Office-Komponente hinzuzuinstallieren. Sie erhalten folgende Meldung: *»Die Funktion, die Sie verwenden möchten, befindet sich auf einer Netzressource, die nicht zur Verfügung steht«*. Darunter wird ein Quellpfad angezeigt, unter dem die Routine versucht hat, die Quelldateien zu finden. Wenn hier ein UNC-Pfad mit einem Servernamen wie z. B. **\\S1\Install\Office2003** statt eines absoluten Pfades wie **u:\Office2003** erscheint, so haben Sie später ein Problem bei der Nachinstallation von Office 2003-Komponenten, wenn der Quellserver an einem anderen Standort steht oder gar nicht mehr verfügbar ist. Dieses Problem wurde in Kapitel 15, *Das Anmeldeskript* erörtert. Dort wurde auch der Vorschlag unterbreitet, immer denselben Laufwerksbuchstaben mit einem Quellarchiv zu verbinden (z. B. **net use u: \\s1\install**) und dann alle Anwendungen und Treiber immer aus Unterverzeichnissen dieses Netzlaufwerks zu installieren, damit dieser Laufwerksbuchstabe und nicht ein absoluter Servername in die Registrierdatenbank eingetragen wird.

Wenn oben ein UNC-Pfad wie **\\S1\Install\Office2003** angezeigt wird, so durchsuchen Sie mit dem Tool **regedit.exe** die Registrierdatenbank nach **\\S1\Install\Office2003**. Ändern Sie diese Quellangaben von **\\s1\Install\Office2003** um in **u:\Office2003**.

17.5 Den Schlüssel HKEY_CURRENT_USER für »Default User« anpassen

Bei den folgenden Abschlussarbeiten geht es darum, für jeden Anwender Voreinstellungen für bestimmte Anwendungen zu treffen, die nicht über Gruppenrichtlinien und auch nicht über den **Profile Wizard** oder den **Custom Installation Wizard** des Office Resource Kits vorgenommen werden können.

Sie können diesen Schritt auch auslassen. Der Anwender muss dann beim ersten Start bestimmter Anwendungen selbst einige Einstellungen vornehmen, die Sie ihm über eine kleine Anleitung mitteilen. Eine andere Vorgehensweise, die mögliche Fehler seitens des Anwenders ausschließt, ist die, dass sich der Administrator nach der Einrichtung eines neuen Benutzerkontos zuerst selbst unter dieser neu angelegten Kennung anmeldet und die notwendigen Anpassungen anhand einer Checkliste vornimmt. Sobald er sich abmeldet, werden die Einstellungen in das servergespeicherte Anwenderprofilverzeichnis übernommen. Das setzt allerdings voraus, dass servergespeicherte Profile eingesetzt werden. Meldet sich später der Benutzer auf einem anderen Computer an, so wird das servergespeicherte Profil heruntergeladen, und der Anwender findet alle wichtigen Einstellungen so vor, wie sie der Administrator für ihn vorgenommen hatte.

Die Vorgehensweise ist prinzipiell folgende: Sie melden sich mit einer speziell für diesen Zweck erstellten Kennung an, starten alle Anwendungen, in denen noch sinnvolle Einstellungen zu tätigen sind, und melden sich dann ab. Anschließend melden Sie sich unter einer administrativen Kennung an und überschreiben das Profil **C:\Dokumente und Einstellungen\Default User** mit dem Profil, unter dem Sie vorher die Einstellungen vorgenommen hatten. Alternativ kopieren Sie das Profil nach **NETLOGON\Default User**, wodurch Sie ein **domänenweites Default-User-Profil** erzeugen. Dieses Profil hat danach Vorrang vor dem lokalen Default-User-Profil. Nachfolgend werden die einzelnen Schritte aufgeführt.

Melden Sie sich z. B. mit der Testkennung **Office2003** an, die in der OU **Benutzer** erstellt wurde. Öffnen Sie unter **Systemsteuerung · Anzeige** die Registerkarte **Bildschirmschoner** und nehmen Sie hier sinnvolle Einstellungen bezüglich des zu verwendenden Bildschirmschoners und der Wartezeit vor. Überprüfen Sie die Einstellungen unter **Energieverwaltung**. In der Registerkarte **Darstellung** sollten Sie über die Schaltfläche **Effekte** sicherstellen, dass unnötige Übergangseffekte für Menüs und Quickinfos abgeschaltet sind, da sie nur die Arbeit verzögern. Die Option **Unterstrichene Buchstaben für Tastaturnavigation ausblenden** sollte deaktiviert werden, denn warum sollten Mitarbeiter nicht sehen, dass sie über bestimmte Tastenkombinationen häufig verwendete Menübefehle auch ohne die Maus starten können.

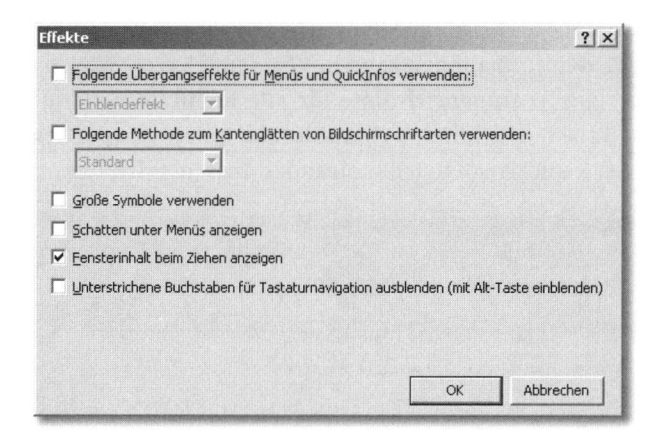

17.5.1 Microsoft-Explorer-Einstellungen konfigurieren

Starten Sie jetzt den Dateimanager **Microsoft Explorer** und nehmen Sie sinnvolle Einstellungen vor. Unter **Ansicht** wählen Sie **Details**. Unter **Ansicht · Details auswählen** wählen Sie folgende Spalten in folgender Reihenfolge: Name, Größe, Attribute, Typ, Erstellt am, Geändert am, Autor, Titel, Thema, Kategorie.

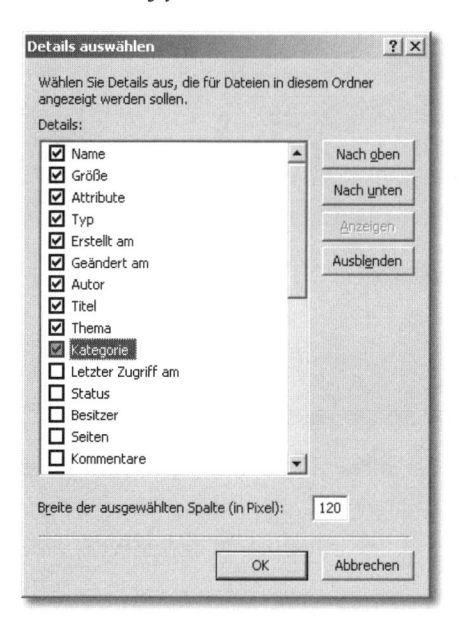

Danach optimieren Sie die Breite der einzelnen Spalten. Wenn der Abteilungsleiter seine Mitarbeiter bittet, beim erstmaligen Abspeichern eines neuen Word- und Excel-Dokuments die Eigenschaftsseite auszufüllen, wird durch diese Einstellungen in Gruppenverzeichnissen nicht nur der Name der Dokumente ange-

17 | Die Erstellung des Komplettabbildes

zeigt, sondern es werden weitere wichtige Informationen angezeigt. Die Aufforderung zur Eingabe dieser Dateiinformationen kann in Word und Excel übrigens erzwungen werden, indem über **Gruppenrichtlinie für alle Benutzer** verbindlich unter **Tools · Options · Save** die Richtlinie **Prompt for document properties** aktiviert wird. Der Microsoft Explorer sollte jetzt folgendes Aussehen haben:

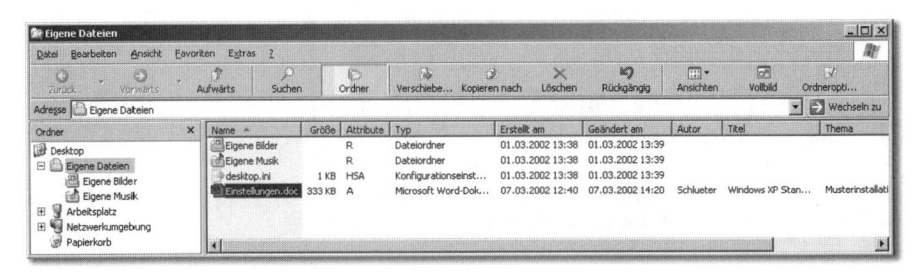

Über den Menüpunkt **Ansicht · Symbolleisten · Anpassen** werden die Schaltflächen **Vollbild** und **Ordneroptionen** zu den bereits verfügbaren hinzugefügt. Unter Textoptionen wählen Sie **Symboltitel anzeigen**, unter **Symboloptionen** wählen Sie **Kleine Symbole**. Dadurch werden die Symbole mit einer Bezeichnung versehen. Der Anwender prägt sich so schneller die Bedeutung der Symbole in der Symbolleiste des Explorers ein.

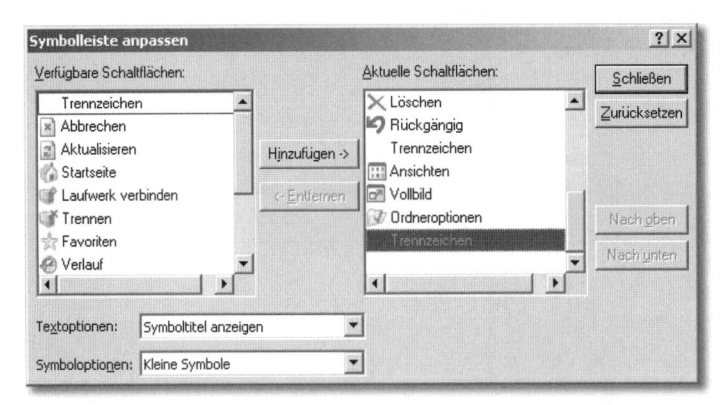

Unter **Extras · Ordneroptionen** sollten Sie nicht die Option **Herkömmliche Windows-Ordner verwenden** wählen! Das hat nämlich zur Folge, dass in einem Ordner, der Bilddateien enthält, später nicht die Ansicht **Filmstreifen** gewählt werden kann.

Unter **Extras · Ordneroptionen · Ansicht** schlage ich vor, die Option **Erweiterungen bei bekannten Dateitypen ausblenden** zu deaktivieren. Anwender sollen wieder begreifen, dass es z. B. in Word doc-Dateien für Dokumente und dot-Dateien für Dokumentvorlagen gibt, oder dass Sicherungsdateien von AutoCAD die Erweiterung »bak« haben und in »dwg« umbenannt werden müssen, um sie wieder öffnen zu können. Hotline-Mitarbeiter, die telefonisch jeden Tag dem Anwender derartige Grundkenntnisse wieder beibringen müssen, wissen, wie nervig das ist. Deshalb mein Vorschlag:

> Erstellen Sie zu den Themen »Windows Explorer sinnvoll einstellen« und »mit Dateinamenerweiterungen umgehen können« einmalig eine Anleitung und drücken Sie diese Anleitung jedem neuen Mitarbeiter sofort in die Hand.

[«]

Eine weitere Auflistung sinnvoller Anleitungen, die Ihnen und der Hotline zukünftig viel Zeit ersparen kann, finden Sie im nächsten Kapitel.

Die Optionen **Vollständigen Pfad in Adressleiste anzeigen** und **Vollständigen Pfad in der Titelleiste anzeigen** sollten Sie aktivieren.

Wenn alle Ordneroptionen passend eingestellt sind, klicken Sie zuerst auf **Übernehmen** und danach auf **Für alle übernehmen**, damit diese Einstellungen zukünftig für alle Ordner und auch z. B. für die Symbole der Systemsteuerung wirksam werden. Danach müssen Sie allerdings für den Ordner **Eigene Bilder** die Ansicht wieder auf **Miniaturansicht** zurückstellen.

17.5.2 Voreinstellungen für die Maus

Unter **Systemsteuerung · Maus** könnten Sie die standardmäßig sehr träge Zeigergeschwindigkeit ein wenig erhöhen und die Option **In Dialogfeldern automatisch zur Standardschaltfläche springen** aktivieren, um den Arbeitskomfort zu erhöhen. Auch hier sollte eine Anleitung für die Mitarbeiter erstellt werden, denn der eine Mitarbeiter mag diese Einstellung als hilfreich empfinden, der andere als störend.

17.5.3 Voreinstellungen für andere Programme und Tools

Überprüfen Sie, dass auf dem Desktop keine unnötigen Verknüpfungen mehr liegen und löschen Sie solche Verknüpfungen. Alle Windows-XP-Zubehörprogramme sollten gestartet werden, und es sollte anschließend überprüft werden, ob Voreinstellungen vorgenommen werden müssen. Alle installierten Anwendungsprogramme sollten Sie auf diese Weise durchgehen. Speziell in Excel sollten Sie über den Menüpunkt **Extras · Add-Ins** alle noch nicht installierten Add-Ins installieren, das störende und inzwischen nicht mehr benötigte Add-In **Eurowährungstool** jedoch deaktivieren. Überprüfen Sie auch andere Anwendungen daraufhin, ob alle benötigten Add-Ins installiert sind und störende Add-Ins deaktiviert sind.

Bezüglich sinnvoller Voreinstellungen bei Spezialanwendungen wie Grafikanwendungen, CAD oder ERP holen Sie den Rat eines Anwenders ein, der täglich mit dem Programm umgeht, oder kontaktieren Sie den Hersteller oder einen auf die Anwendung spezialisierten Trainer.

Outlook: Betreff-Zeile in eingegangenen Nachrichten abändern

Wenn der Betreff einer eingegangenen Nachricht in Outlook nicht eindeutig ist, so wäre es zum späteren Wiederfinden einer Nachricht hilfreich, wenn der Anwender den Betreff ändern könnte. Wählen Sie in Outlook **Ansicht · Aktuelle Ansicht · Aktuelle Ansicht anpassen**. Im sich öffnenden Fenster **Ansichtseinstellungen** wählen Sie **Weitere Einstellungen**. Im nächsten Fenster setzen Sie ein Häkchen in der Option **Bearbeiten in der Zelle ermöglichen**.

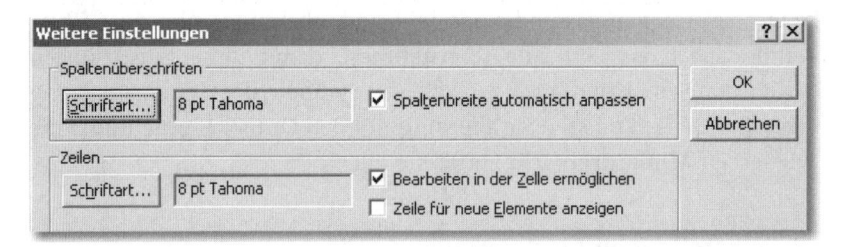

Ab jetzt können Sie bei eingegangenen Nachrichten das Feld **Betreff** ändern. Es ist danach z. B. denkbar, dass der Anwender bei allen zum **Projekt ABC** eingehenden Nachrichten den Betreff so abändert, dass **Projekt ABC** dem ursprünglichen Inhalt der Betreffzeile vorangestellt wird. Auch hier sollte eine Anleitung für die Mitarbeiter erstellt werden, denn der eine Mitarbeiter mag diese Einstellung als hilfreich empfinden, der andere als störend.

17.5.4 Voreinstellungen für E-Mail-Signaturen und Disclaimer

In Outlook können Sie eine Mustersignatur über **Extras · Optionen** in der Registerkarte **E-Mail-Format** erstellen. Diese Mustersignatur sollte eine Grußzeile und darunter den Eintrag »i. a. Vorname Zuname« enthalten. Ebenso sollte die zentrale Telefon- und Faxnummer des Unternehmens, ein Link auf die Unternehmenswebseite, die Durchwahl und die Zeile »email to: name@company.com« dort musterhaft angelegt werden, nach Möglichkeit im internationalen Format. Denken Sie darüber nach, auch einen E-Mail-Disclaimer anzuhängen.

Auf der Buch-DVD finden Sie Mustersignaturen mit Muster-Disclaimern. Der Anwender muss diese Signatur später nur ändern, indem er seinen Namen, seine Telefonnummer und seine E-Mail-Adresse passend einsetzt.

Lesen Sie zu diesem Thema auch in Abschnitt 27.4, *Einheitliche Signaturen für E-Mails*.

17.5.5 Cookies und Cache im Internet Explorer löschen

Wenn Sie den Internet Explorer unter der Kennung **Office2003** gestartet hatten, so löschen Sie jetzt über **Extras · Internetoptionen** alle temporären Dateien und alle Cookies. Wählen Sie **Start · Einstellungen · Taskleiste und Startmenü**, klicken Sie in der Registerkarte **Startmenü** auf die Schaltfläche **Anpassen** und dort auf die Schaltfläche **Löschen**, um die Liste der zuletzt geöffneten Dokumente und Websites zu leeren. Außerdem sollten Sie den vom Internet Explorer belegten Speicher für temporäre Internetdateien auf einen sinnvollen Wert einstellen. Da aufgerufene Internetseiten im Cache des Proxyservers bereits vorgehalten werden, kann dieser Wert sehr klein eingestellt werden.

17.5.6 Taskleiste und Schnellstartleiste konfigurieren

Überprüfen Sie die Programm-Icons, die in der Taskleiste angezeigt werden. Über **Start · Einstellungen · Taskleiste und Startmenü** müssen Sie zuerst sicherstellen, dass die Optionen **Taskleiste fixieren** und **Taskleiste automatisch ausblenden** nicht aktiviert sind und die Option **Schnellstartleiste anzeigen** aktiviert ist. Danach können Sie Programmverknüpfungen mit der gedrückten linken Maustaste aus dem Startmenü in die Taskleiste ziehen und dort fallen lassen. Sobald Sie die Maustaste loslassen, öffnet sich ein Menü, aus dem Sie den Menüpunkt **Hierher kopieren** wählen. Sie können auf diese Weise die Icons der häufig benutzten Anwendungen in der Taskleiste anordnen. Dadurch werden die zugehörigen Link-Dateien (*.lnk) übrigens unter **C:\Dokumente und Einstellungen\ %USERNAME%\Anwendungsdaten\Microsoft\Internet Explorer\Quick Launch** erzeugt. Da Sie den Speicherort nun kennen, können Sie sich auch leicht vorstellen, wie die Icons der Taskleiste später über ein Anmeldeskript von zentraler Stelle aus manipuliert werden können. Über einen Befehl im Anmeldeskript wie

```
if exist %USERPROFILE%\Anwendungsdaten\Microsoft\Internet Explorer\
Quick Launch\xyz.lnk   del   %USERPROFILE%\Anwendungsdaten\Microsoft\
Internet Explorer\Quick Launch\xyz.lnk
```

können Sie ein beliebiges Symbol aus der Taskleiste löschen. Über einen Befehl wie

```
copy %LOGONSERVER%\Quick Launch\xyz.lnk %USERPROFILE%\
Anwendungsdaten\Microsoft\Internet Explorer\Quick Launch\xyz.lnk
```

können Sie über das Anmeldeskript die Taskleiste mit gewünschten Icons auffüllen. Da jedoch das Startmenü übersichtlich angeordnet wurde, wird die Taskleiste eigentlich nicht benötigt. Sie führt bei servergespeicherten Benutzerprofilen sogar zu Problemen, wenn die Anwendungen nicht auf allen Clients im selben Verzeichnis installiert oder unterschiedliche Office-Versionen im Einsatz sind.

17.5.7 Desktop-Bereinigungsassistenten deaktivieren

Über **Systemsteuerung · Anzeige** wählen Sie die Registerkarte **Desktop**, klicken auf **Desktop anpassen** und deaktivieren den **Desktop-Bereinigungs-Assistenten**, damit der Anwender später nicht alle 60 Tage mit der Frage konfrontiert wird, ob nicht verwendete Symbole verschoben werden sollen.

17.5.8 Drucker und Plotter einrichten

Binden Sie die benötigten Netzdrucker und Plotter ein und wählen Sie bei jedem Drucker passende Voreinstellungen, besonders bezüglich der Auswahl der Papierschächte und -formate. Sie können diese Voreinstellungen aber auch direkt auf dem Druckserver vornehmen. Das Kapitel 22, *Netzdrucker einrichten*, enthält die entsprechende Anleitung und viele Tipps zu diesem Thema.

17.5.9 Profil von »Default User« überschreiben

Jetzt sollte das Profil der Testkennung **Office2003** in einem Idealzustand sein, so dass Sie es als Vorlage für neue Benutzer verwenden können. Melden Sie die Kennung **Office2003** ab und melden Sie sich unter einer administrativen Kennung wieder am Mustercomputer an. Sie überschreiben nun das Profil von **Default User** mit dem Profil der soeben genutzten Testkennung **Office2003**. Starten Sie dazu **Systemsteuerung · System** und wählen Sie in der Registerkarte **Erweitert** unter **Benutzerprofile** die Schaltfläche **Einstellungen**. Markieren Sie die gerade benutzte Kennung **Office2003** und klicken Sie auf die Schaltfläche **Kopieren nach**.

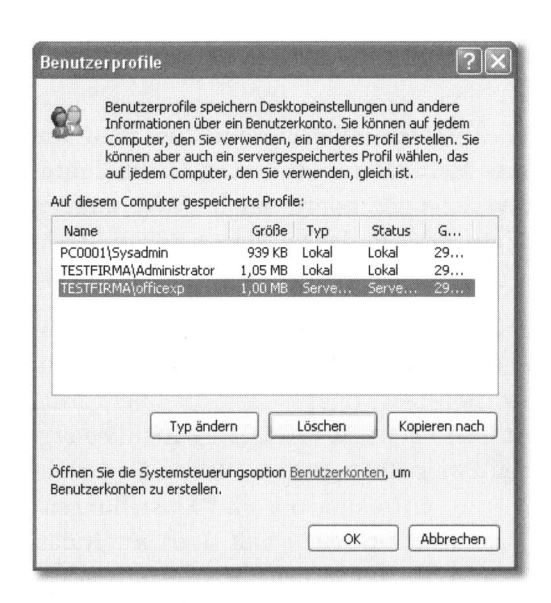

Im Feld **Profil kopieren nach** wählen Sie das Verzeichnis **C:\Dokumente und Einstellungen\Default User**. Damit erhält die Kennung **Default User** alle Einstellungen, die soeben unter der Kennung **Office2003** getroffen wurden. Alternativ können Sie als Zielordner auch **\\s1\netlogon\Default User** angeben, um ein domänenweites Default-User-Profil zu erzeugen. Es hat danach Vorrang vor dem lokalen Profil **Default User**. In der Onlinehilfe zu Windows Server 2003 lesen Sie, dass man als Zielpfad **NETLOGON\Standardanwender** angeben soll. Das ist ein typischer Übersetzungsfehler! Klicken Sie auf die Schaltfläche **Benutzer** und tragen Sie die Gruppe **Jeder** ein, damit jeder neue Benutzer auf dieses neue Default-User-Profil zugreifen darf.

Im Verzeichnis **Projektierung** der Buch-DVD finden Sie die Vorgehensweise im Dokument »Das Standardbenutzer-Profil Default User anpassen« noch einmal genau beschrieben. Meldet sich später ein Benutzer, dessen Kennung neu in der Domäne angelegt wurde, zum ersten Mal an, so erhält er die Einstellungen der Kennung **Default User** als Vorlage. Damit ist sein Windows Explorer optimal eingestellt, in Excel sucht er nicht mehr nach fehlenden Add-Ins und auch seine Maus ist flink und wendig eingestellt.

Ein Leser der Erstausgabe berichtete, dass nach dem Verteilen eines RIPrep-Abbildes auf andere Computer eine Fehlermeldung auftrat, wenn bestimmte Anwendungen gestartet wurden, und der Computer anscheinend versuchte, eine Verbindung zum Quellcomputer des Abbildes herzustellen. Aktivieren Sie bereits vor der Installation von Anwendungen auf dem Quellcomputer die Richtlinie **Shellshortcuts beim Zwischenspeichern auf dem Server nicht überwa-**

chen unter **Benutzerkonfiguration · Administrative Vorlagen · Windows-Komponenten · Windows Explorer**.

Aktivieren Sie außerdem die beiden Gruppenrichtlinien **Beim Zuordnen von Shellshortcuts nicht die suchbasierte Methode verwenden** und **Beim Zuordnen von Shellshortcuts nicht die verfolgungsbasierte Methode verwenden** unter **Benutzerkonfiguration · Administrative Vorlagen · Startmenü und Taskleiste**.

Überprüfen Sie, ob an der Datei **Default User\ntuser.dat** noch Änderungen vorgenommen werden müssen, weil der Computername des Quellcomputers sich in der Registrierdatenbank verewigt hat. Stellen Sie zuerst sicher, dass diese Datei nicht die Attribute **schreibgeschützt** oder **versteckt** hat. Dann starten Sie **regedit.exe** und stellen die Maus auf den Zweig **HKEY_USERS**. Wählen Sie **Datei · Struktur laden** und laden Sie die Datei **C:\Dokumente und Einstellungen\ Default User\ntuser.dat** bzw. die Datei **NETLOGON\Default User\ntuser.dat**. Sie werden nach einem Schlüsselnamen gefragt, unter dem die Struktur erscheinen soll. Geben Sie **Test** ein.

Nun stellen Sie die Maus auf **HKEY_USERS\Test** und durchsuchen den gesamten Zweig nach dem Namen des Quellcomputers. Suchen Sie in diesem Zweig nach Ausdrücken, die den Computernamen des Quellcomputers als Teil eines Verzeichnispfades enthalten (z. B. **\\MUSTERPC\C$\Programme** ...) und ersetzen Sie derartige absolute Pfade durch relative Pfade (C:\Programme\ ...). Danach wählen Sie **Datei · Struktur entfernen**. Dadurch wird die Datei **ntuser.dat** mit den vorgenommenen Änderungen zurückgespeichert.

17.6 Test des Musterclients

Jetzt sollten Sie sich mit einer neuen Domänenkennung mit einfachen Anwenderrechten anmelden und alle erhaltenen Einstellungen (Startmenü, Desktop, Systemsteuerung etc.) überprüfen. Alle Anwendungsprogramme sollten gestartet und durchgetestet werden. Sie müssen überprüfen, ob die im Profil **Default User** vorgenommenen Manipulationen greifen und ob die Gruppenrichtlinien funktionieren. Ebenso muss getestet werden, ob die gewünschten Drucker und andere Peripheriegeräte fehlerfrei funktionieren.

Vor der Erstellung des Abbildes sollten Sie auch testen, ob das **Anbieten von Remoteunterstützung** funktioniert. Dazu müssen Sie allerdings von einem zweiten Client der Domäne, auf dem Windows XP Professional installiert ist, das Programm **Hilfe und Support** starten, den Punkt **Tools zum Anzeigen von Computerinformationen und Ermitteln von Fehlerursachen verwenden** und im nächsten Fenster **Anbieten von Remoteunterstützung** auswählen und als Computernamen den Namen oder die IP-Adresse des Musterclients eintragen. Wenn Sie auf die Schaltfläche **Verbinden** klicken, sollten Sie die Kontrolle über den Client übernehmen können.

> Vergessen Sie zum Schluss besonders bei der Verwendung von kaufmännischen Anwendungen nicht, den Ausdruck auf einem Netzdrucker als auch auf einem lokalen Drucker zu testen.

[«]

17.7 Das Komplettabbild erstellen

Verlaufen alle Tests erfolgreich, so meldet man sich als lokaler Administrator am Computer (nicht an der Domäne!) an, um die letzten Vorbereitungen für die Erstellung des Abbildes zu treffen.

17.7.1 Systemwiederherstellungspunkte löschen

Alle unnötigen Systemwiederherstellungspunkte sollten gelöscht und danach ein neuer Systemwiederherstellungspunkt erzeugt werden. Das spart Plattenplatz und verkleinert somit das Abbild, das zuletzt erstellt wird. Starten Sie dazu **Systemsteuerung · System**, wählen Sie die Registerkarte **Systemwiederherstellung** und deaktivieren Sie die Systemwiederherstellung. Dadurch werden die Systemwiederherstellungspunkte gelöscht. Danach können Sie die Systemwiederherstellung wieder aktivieren. Über **Start · Programme · Verwaltung (bzw. Zubehör) · Systemprogramme** können Sie das Tool **Systemwiederherstellung** starten und einen neuen Wiederherstellungspunkt erstellen. Als beschreibenden Namen geben Sie das aktuelle Datum ein.

17.7.2 Vorhandene Benutzerprofile überprüfen und entrümpeln

Alle Benutzerprofile bis auf die Profile von **Administrator**, **Default User** und **All Users** sollten über **Systemsteuerung – System – Registerkarte Erweitert – Benutzerprofile Einstellungen** gelöscht werden. Bei den verbleibenden Profilen sollten folgende, teilweise versteckte Verzeichnisse überprüft und entrümpelt werden:

▸ Lokale Einstellungen – Temp
▸ Lokale Einstellungen – Temporary Internet Files
▸ Anwendungsdaten – Microsoft – Internet Explorer – Quick Launch
▸ Anwendungsdaten – Microsoft – Office – Zuletzt verwendet

- Anwendungsdaten – Microsoft – Word – Startup
- Eigene Dateien – Eigene Bilder – Beispielbilder
- Eigene Dateien – Eigene Musik – Beispielmusik
- Favoriten
- Cookies

17.7.3 Temporäre Dateien löschen und die Festplatte defragmentieren

Alle Dateien in den Verzeichnissen **C:\Windows\TEMP**, **C:\Temp**, **Internet Temporary Files**, **Cache** und **Cookies** sollten nun gelöscht werden. Starten Sie mehrmals hintereinander die Defragmentierung aus dem Untermenü **Systemprogramme**, bis die Festplatte weitestgehend defragmentiert ist. Dadurch laufen die Anwendungen später schneller. Wenn Sie temporär vor der Defragmentierung die Auslagerungsdatei auf **Keine Auslagerungsdatei** stellen (über **Systemsteuerung · System** · Registerkarte **Erweitert** · **Einstellungen** · **Virtueller Arbeitsspeicher** · **Ändern**), erzielen Sie bei der Defragmentierung ein optimales Ergebnis, weil der durch die Datei **pagefile.sys** belegte Festplattenspeicher dann in die Defragmentierung einbezogen wird. Vergessen Sie nicht, danach wieder eine Auslagerungsdatei anzulegen. Dadurch wird nebenbei auch die Auslagerungsdatei defragmentiert, da sie ja neu erzeugt wird.

17.7.4 Defragmentierung und Datenträgerbereinigung automatisieren

[o] Übrigens lässt sich auf dem Computer mit geringem Aufwand eine Routine erstellen, die die Festplattenpartitionen zukünftig automatisiert im Hintergrund in festgelegten Intervallen defragmentiert und bereinigt. Lesen Sie dazu den Artikel »Automatisieren der Datenträgerbereinigung in Windows XP« im Verzeichnis **Windows XP\ausgewaehlte Microsoft Artikel** der Buch-DVD.

17.7.5 Ereignisprotokolle aufräumen

Öffnen Sie über **Start · Programme · Verwaltung** die Ereignisanzeige und löschen Sie durch Rechtsklick auf **Anwendungen**, **Sicherheit** und **System** nacheinander alle Ereignisse, ohne Sicherungen der Protokolldateien anzulegen.

17.7.6 Einen »domänenneutralen« Client konfigurieren

Eventuell sollte der PC jetzt von der Domäne getrennt und mit einem neutralen Namen versehen werden. Sie können ein Musterabbild erstellen, das keine Verweise mehr auf die ursprüngliche Domäne enthält, in der es erstellt wurde. Dieses Abbild funktioniert dann auch in jeder anderen Domäne fehlerlos. Das ist ideal für Systemhäuser, die das Abbild bei verschiedenen Kunden nutzen möchten. Sie können so aber auch vorgehen, wenn es eine Gesamtstruktur mit mehreren Domänen gibt, die Clients aber nur an zentraler Stelle konfiguriert werden.

Die Trennung von der Domäne erfolgt, indem Sie **Systemsteuerung · System** starten, die Registerkarte **Computername** öffnen und die Schaltfläche **Ändern** anklicken. Dort wählen Sie die Option **Arbeitsgruppe** und geben **ARBEITSGRUPPE** als Name ein.

Mittels **regedit.exe** sollte die Registrierdatenbank und über **Start · Dateien auf Inhalt suchen** die gesamte Festplatte auf Verweise zu Servernamen (**\\s1**), Domänennamen (**company**) oder IP-Adresseinträgen durchsucht werden. Gefundene Einträge sollten nach Begutachtung eventuell gelöscht oder verändert werden. Der Client muss in einen neutralen Zustand versetzt werden: Er soll später in jeder beliebigen Domäne fehlerfrei funktionieren und darf deshalb keine Abhängigkeiten mehr zum Server der Installationsdomäne haben.

17.8 Die Erstellung des RIPrep-Abbildes

Danach ist der Computer bereit zur Erstellung des RIPrep-Abbildes. Öffnen Sie dazu eine DOS-Box und verbinden Sie sich mit der Freigabe **\\s1\reminst**, indem Sie den Befehl **net use \\s1\reminst** eingeben. Wenn die lokale Administratorkennung des Mustercomputers nicht mit der Kennung eines Domänenadministrators übereinstimmt, müssen Sie die Kennung des Domänenadministrators als Parameter mit angeben:

```
net use \\s1\reminst /user:company\administrator
```

Über Start – Ausführen geben Sie nun den Befehl \\s1\reminst\Admin\i386\riprep.exe ein. Ein Assistent startet mit dem Fenster **Welcome to the Remote Installation Preparation Wizard**. Klicken Sie auf **Weiter** und bestätigen Sie, dass das Abbild auf dem RIS-Server **S1** erstellt werden soll. Geben Sie einen Verzeichnisnamen ein. Wenn Sie später für Computer mit unterschiedlichen HALs vier Abbilder erstellen müssen, bietet es sich eventuell an, den HAL-Typ in den Namen einfließen zu lassen: ACPI-PIC, ACPI-APIC, Non-ACPI-PIC, Non-ACPI-APIC. Die Abkürzungen haben folgende Bedeutung:

- ACPI = Advanced Control and Power Interface
- PIC = Programmable Interrupt Controller
- APIC = Advanced Programmable Interrupt Controller

17 | Die Erstellung des Komplettabbildes

Unterstützt der Mustercomputer z. B. ACPI und APIC, so wählen Sie als Verzeichnisnamen »ACPI-APIC-Office2003-Standard«.

Im nächsten Fenster können Sie einen beschreibenden Text und einen Hilfetext eingeben. Dieser beschreibende Text erscheint später als Menüpunkt, wenn man einen Computer mit dem Abbild bespielen will. Da dieses Menü mehrere Abbilder zur Auswahl anbieten wird, sollte der Text den Inhalt des Abbildes eindeutig erklären, z. B. **Office 2003 Standard auf ACPI-APIC-Computer**. Der Hilfstext kann auch näher erläutern, welche Anwendungen sich im Abbild befinden. Beide Eingaben erscheinen später in der ASCII-Datei namens **riprep.sif** und können nachträglich geändert werden.

Sie werden darauf hingewiesen, dass verschiedene Dienste gestoppt werden müssen, um Fehler zu vermeiden. Bestätigen Sie diesen Hinweis mit der Schaltfläche **Weiter**. Sollte eine Meldung erscheinen, dass bestimmte Dienste nicht beendet werden können, so notieren Sie diese Dienste und versuchen, die Dienste über **Verwaltung · Dienste** oder die zugrunde liegenden Prozesse über den Taskmanager ([Strg]+[Alt]+[Entf]) manuell zu stoppen, bevor Sie auf **Weiter** klicken.

Es erscheint ein weiterer Bildschirm **Review Settings**, bevor durch das Anklicken von **Weiter** der eigentliche Prozess der Abbilderstellung beginnt. Dabei wird unter **\\s1\reminst\setup\german\images** das neue Verzeichnis erstellt. Es enthält nach dem Abschluss des Kopiervorgangs ein Unterverzeichnis **i386\Mirror1** mit einer Datei **IMirror.dat**. Schauen Sie sich diese Datei mit einem Binäreditor an. In der rechten Spalte lesen Sie **Uniprocessor Free ACPI Compatible Eisa/Isa HAL**. Die Datei enthält also Informationen über den HAL-Typ und über die Lage des Betriebssystems.

17.9 Die RIPrep-Steuerdatei »riprep.sif« anpassen

Im Verzeichnis **i386\Templates** finden Sie eine ASCII-Datei namens **riprep.sif**, die ähnlich einer **unattended.txt** später die unbeaufsichtigte Installation des Abbildes steuert. Die Hilfedatei **ref.chm** aus der gepackten Datei **deploy.cab** von der Windows-Server-2003-CD erklärt die Bedeutung der Parameter, die in der Steuerdatei verwendet werden können.

[O] Auf der Buch-DVD finden Sie dazu ebenfalls Artikel im Verzeichnis **RIS – Remote Installation Service**. Bereits in Kapitel 8, *Die RIS-Installation eines Windows XP Professional-Clients*, wurden viele Parameter besprochen, die auch in der Steuerdatei **riprep.sif** verwendet werden können. Durch das Voranstellen eines Semikolons können Sie nicht nur Zeilen in dieser Steuerdatei deaktivieren, sondern auch Kommentare einfügen.

Standardmäßig wird bei der Erzeugung der Steuerdatei **riprep.sif** im Abschnitt **[data]** ein Parameter **DisableAdminAccountOnDomainJoin = 1** eingefügt. Dieser Parameter deaktiviert das lokale Administratorkonto. Wenn das Einfügen des Clients in die Domäne nicht funktioniert, können Sie sich selbst mit einer Domänen-Administratorkennung jedoch nicht anmelden und haben sich ausgesperrt. Schützen Sie sich so vor einer bösen Überraschung: Deaktivieren Sie diese Zeile, indem Sie ihr ein Semikolon voranstellen, oder setzen Sie den Parameter vorerst auf den Wert **0** oder löschen die Zeile, bevor Sie das Abbild zum ersten Mal auf einem Client einspielen.

Im Abschnitt **[UserData]** können Sie den Eintrag **FullName = "%USERFIRSTNAME% %USERLASTNAME%"** durch **FullName = "SysAdmin"** und den Eintrag **OrgName = "%ORGNAME%"** durch **OrgName = "Company"** ersetzen. Dadurch erscheint bei der Installation des Abbilds kein Bildschirm, in dem ein Benutzername und Organisationsname angegeben werden muss. Verwenden Sie aber nicht **FullName = »Administrator«**. Sie erhalten sonst später die Meldung, dass die Namen **Administrator** und **Gast** nicht als Benutzername verwendet werden dürfen. Sie können auch das Passwort eingeben und dieses sogar verschlüsseln: Im Abschnitt **[GuiUnattended]** existieren dafür die Parameter **AdminPassword** und **EncryptedAdminPassword**. Um jedoch das Passwort zu verschlüsseln, müssen Sie das Tool **Windows XP Installationsmanager** (setupmgr.exe) verwenden. Mit diesem Assistenten-Tool können Sie eine sif-Datei bearbeiten. Sie finden dieses Tool in der gepackten Datei **deploy.cab** im Verzeichnis **Support\Tools** der CD von Windows XP Professional oder Windows Server 2003. Die Hilfedatei **deploy.chm** aus der Datei **deploy.cab** erklärt die Anwendung des Setupmanagers für XP.

> Nach dem Erscheinen von Windows XP SP2 wurden **neue Support-Tools** zum Download angeboten, die auch eine **neuere Version von setupmgr.exe** enthalten. Lesen Sie den Beitrag »Windows XP Service Pack 2-Support-Tools« im Verzeichnis **Windows XP\Windows XP SP2** der Buch-DVD. Die erste CD von Windows Server 2003 R2 enthält ebenfalls ein Verzeichnis Support\Tools. Vielleicht ist aber bereits ein weiteres Service Pack erschienen, oder Microsoft bietet inzwischen einen aktualisierten Download an. Verwenden Sie die neuesten Tools einheitlich über das gesamte Netzwerk.

Im Abschnitt **[Display]** stellen Sie die gewünschte Bildschirmauflösung und Bildwiederholfrequenz ein:

```
[Display]
BitsPerPel = 24
XResolution = 1280
YResolution = 1024
```

17 | Die Erstellung des Komplettabbildes

Über die Parameter des Abschnitts **[Unattended]** können Sie regeln, dass beim Versuch, nicht von Microsoft digital signierte Hardware-Treiber zu installieren, keine Meldung erscheint (**DriverSigningPolicy = Ignore**), dass benötigte OEM-Hardwaretreiber sich im Verzeichnis **OemPnPDriversPath** befinden und dass nicht die gesamte Festplatte für die Systempartition verwendet werden soll, sondern nur eine Größe, die derjenigen des RIPrep-Images entspricht:

```
[Unattended]
OemPreinstall = yes
OemPnPDriversPath = "Windows\drivers"
DriverSigningPolicy = Ignore
FileSystem = LeaveAlone
ExtendOEMPartition = 0
TargetPath = \WINDOWS
OemSkipEula = yes
```

Im Abschnitt **[RemoteInstall]** müssen die Parameter **Repartition** auf **Yes** und **UseWholeDisk** auf **No** gestellt werden, wenn Sie erreichen möchten, dass die Festplatte eines neuen Computers zwar partitioniert wird, jedoch als Systempartition nicht die gesamte Festplatte verwendet wird, sondern eine Größe, die der ehemaligen Quellpartition des RIPrep-Abbildes entspricht:

```
[RemoteInstall]
Repartition = YES
UseWholeDisk = NO
```

Ganz unten in der Datei **riprep.sif** finden Sie einen Abschnitt **[OSChooser]**, der jetzt den beschreibenden Text und den Hilfetext enthält. In diesem Abschnitt steht auch, dass es sich um ein SYSPREP-Abbild und nicht um ein FLAT-Abbild handelt, und welcher Hal-Typ dem Abbild zugrunde liegt:

```
[OSChooser]
Description="ACPI-APIC-Office2003-Standard"
Help="Office 2003 Standard auf ACPI-APIC-Computer"
LaunchFile="%INSTALLPATH%\%MACHINETYPE%\templates\startrom.com"
ImageType=SYSPREP
Version="5.1 (2600)"
SysPrepSystemRoot="Mirror1\UserData\WINDOWS"
HalName=halaacpi.dll
ProductType=0
```

17.10 Zusammenfassung und Ausblick

Mit dem Abschluss dieses Kapitels haben Sie sich das technische Grundwissen angeeignet, um einen Musterclient professionell aufzusetzen, diese Musterinstallation anschließend auf viele Clients zu verteilen und sie auch nachträglich von zentraler Stelle aus beliebig manipulieren zu können. Wenn ich von »technischem Grundwissen« spreche, so meine ich damit, dass nun in den Folgekapiteln ein eher konzeptionelles Grundwissen vermittelt wird. Denn sicherlich werden Sie mit mir übereinstimmen, dass Ihr technisches Grundwissen nach dem aufmerksamen Studium der letzten Kapitel sehr tief greifend ist.

Sie haben gelernt, wie Sie fast alle Einstellungen des Client-Betriebssystems und der Microsoft-Anwendungen wie Office über die Manipulation der Registrierdatenbank oder über Gruppenrichtlinien erreichen können. Sie haben einen umfassenden Einblick in die Funktionsweise von Gruppenrichtlinien und deren Zusammenspiel erhalten. Sie wissen nun auch, wie Sie selbst Gruppenrichtlinien für fehlende Einstellungen erstellen können.

Sie kennen Startskripte, Anmeldeskripte, Abmeldeskripte, Herunterfahrenskripte und haben eine breite Palette von Tools kennen gelernt, um von zentraler Stelle aus die verteilten Clients des Netzwerkes manipulieren zu können. Sie wissen, wozu man Active-Directory-Organisationseinheiten verwenden kann und wie man über die Anordnung von Gruppenrichtlinien in Organisationseinheiten gezielt steuern kann, auf welche Objekte welche Gruppenrichtlinien wirken sollen.

In den folgenden Kapiteln werden nun Strategien und Konzepte erläutert, um die an einer kleinen Testumgebung gewonnenen Erkenntnisse auf eine komplexe Umgebung anzuwenden, die Sie wahrscheinlich in Ihrer Organisation vorfinden:

- Mehrere räumlich getrennte Standorte
- Viele Server mit unterschiedlichen Funktionen an diesen Standorten
- Eine komplexe Aufbaustruktur mit unterschiedlichen Arbeitsplatztypen
- Eine IT-Abteilung mit zentralen und dezentralen Administratoren und Helpdesk-Mitarbeitern mit unterschiedlichen Aufgabenbereichen
- Unterschiedliche Anforderungen an Verfügbarkeit, Ausfallsicherheit und Datensicherheit

Ziel dieser nun folgenden Kapitel ist es, möglichst viele Probleme und mögliche Lösungsansätze aufzuzeigen, bevor in Kapitel 31, *Einstieg in die Projektierung*, dann der Versuch unternommen wird, Ihnen einige Hilfsmittel für das eigentliche Projekt »Einführung von Active Directory und Exchange Server« an die Hand zu geben. Da die Situation jedes Unternehmens sehr spezifisch ist und dieses Projekt in der Regel nicht auf einer »grünen Wiese« durchgeführt wird, sondern Altlasten migriert werden müssen, können die Probleme und mögliche Lösungsansätze auch nur angerissen werden.

[o] Sowohl im Buch als auch auf der Buch-DVD werden Sie aber viele Hinweise auf weitere Quellen finden, die Ihnen bei der Lösung der unternehmensspezifischen Umstellungsprobleme weiterhelfen.

In den ersten Kapiteln des Buches wurde am Beispiel einer Einzeldomäne das technische Wissen vermittelt, mit dem ein Musterclient für ein RIPrep-Abbild erstellt wird.

18 Strategische Überlegungen und Tipps

In der Realwelt gibt es komplexe Strukturen mit mehreren Standorten. Auch die Administrationsaufgaben müssen durch eine strukturierte Berechtigungsvergabe auf das IT-Personal aufgeteilt werden. Dieses Kapitel fasst nun viele Anregungen und Tipps zusammen, bevor in den Folgekapiteln das technische Wissen für komplexe Gesamtstrukturen weiter ausgebaut wird.

18.1 Den Speicherverbrauch in den Griff bekommen

18.1.1 Speicherplatz zum Nulltarif zurückgewinnen

In wirtschaftlich schwierigen Zeiten finden geplante IT-Projekte oft nur dann die Unterstützung durch die Unternehmensleitung, wenn sie zu einer spürbaren Kostenersparnis führen. Diese Kostenersparnis muss jedoch messbar sein und innerhalb eines akzeptablen Zeitraums eintreten, z. B. innerhalb von zwölf Monaten. Kostenreduzierung kann erreicht werden durch

- die Vermeidung von Neuinvestitionen oder Ersatzinvestitionen in Hardware oder Software-Lizenzen
- die Kündigung von nicht mehr benötigten Wartungsverträgen oder Miet- und Leasingverträgen
- die Vermeidung von überflüssigem Schulungsaufwand durch eine stärkere Standardisierung der Software und der IT-Dienste, wenn diese Standardisierung zu einer einfacheren und weniger fehlerbehafteten Nutzung der Informationstechnologie führt
- eingesparte Leitungskosten (WAN, Telefon)
- eingesparte Energiekosten (Stromverbrauch für IT-Geräte und Klimaanlage im Serverraum)
- eingesparte Raummiete

Am leichtesten lässt sich die Geschäftsleitung wahrscheinlich für ein IT-Projekt gewinnen, bei dem keine neue Hardware oder Software benötigt wird, sondern dessen Ziel es ist, die bereits vorhandene Hardware sinnvoller und sparsamer einzusetzen und dadurch anderenfalls unausweichlich notwendige Neuinvestitionen zu vermeiden oder zumindest zeitlich verzögern zu können.

Viele IT-Entscheidungsträger wissen, was ein Megabyte Speicherplatz in der Beschaffung kostet. Viel wichtiger ist es aber, zu wissen, wie viel ein Megabyte Speicherplatz bezüglich der Beschaffung und der sich anschließenden Administration pro Zeiteinheit kostet, inklusive der Kosten für Sicherung, Archivierung und den Schutz der Daten vor Viren und Spionage. Die Schutzbehauptung, Speicherplatz sei inzwischen so preiswert, dass der Aufwand zur Reduzierung der Daten zwecks Einsparung von Speicherplatz in keinem vernünftigen Verhältnis zu den Anschaffungskosten für weiteren Speicherplatz stehe, führt in eine Falle. Anfallende Daten müssen nicht nur gespeichert werden, sondern auch wieder auffindbar sein. Misst man jedoch den Aufwand, den ein Sachbearbeiter durchschnittlich pro Tag betreibt, um Daten seines Vorgängers oder eines anderen Sachbearbeiters aufzufinden, so wird schnell offensichtlich, welche Kosten vermeidbar sind, wenn ausschließlich geschäftsrelevante Daten eindeutig abgelegt im permanenten Zugriff liegen.

Außerdem gibt es gesetzliche Vorschriften, wie lange Daten archiviert werden müssen und wie sie gespeichert werden müssen, damit die Anforderungen der internen Revisionsabteilung, des Finanzamtes, der Hausbank oder der Analysten des Kapitalmarktes erfüllt werden. Schlagworte sind hier Kreditwürdigkeit, Revisionssicherheit, Basel-II-Richtlinie für das Kreditwesen, Bilanzierungsgrundsätze wie IFRS, gesetzliche Aufbewahrungspflichten wie die »Grundsätze zum Datenzugriff und zur Prüfbarkeit digitaler Unterlagen (GDPdU)« und die »Grundsätze ordnungsmäßiger DV-gestützter Buchführungssysteme (GoBS)«.

[O] Detaillierte Informationen zu diesen Schlagworten finden Sie im Kapitel *Informationstechnologie und Recht* und auf der Buch-DVD in den Verzeichnissen **Recht**, **Sicherheit** und **Projektierung**. Hilfreich sind außerdem das Downloadcenter von **www.voi.de** (dort z. B. der »VOI Leitfaden für die Durchführung eines Projektes zu Abdeckung der Anforderungen der Grundsätze zum Datenzugriff und zur Prüfbarkeit digitaler Unterlagen (GDPdU)«, das Informationsangebot auf dem Webportal der Landesfinanzverwaltung, das Angebot auf **www.elektronische-steuerpruefung.de** und natürlich die vom BSI Bundesamt für Sicherheit in der Informationstechnologie unter **www.bsi.bund.de** angebotenen Dokumente und Tools.

Kommt es nach Jahren z. B. zu einer Reklamation an einem Bau und damit verbunden zu einem Rechtsstreit, so muss der Bauträger anhand der alten Datenbestände und des alten Schriftverkehrs die Beweislage klären. Spätestens dann offenbaren sich die Vorteile einer Datenspeicherung, die auf das wirklich benötigte Maß reduziert ist.

Doch wie kann zusätzlicher Speicherplatz zum Nulltarif gewonnen werden? Indem der bereits vorhandene Speicherplatz entrümpelt und zukünftig sinnvoller genutzt wird.

18.1.2 Kernentscheidungen zur Vermeidung unnötiger Speicherkosten

Es gibt prinzipielle Fragen, deren klare Beantwortung den zukünftig benötigten Speicherplatz drastisch reduzieren kann:

- Sollen Benutzerkonten mit persönlichen Anmeldenamen oder mit anonymen Anmeldenamen eingerichtet werden?
- Soll die private Nutzung des Internets erlaubt werden?
- Wer benötigt Zugriff auf das Internet?
- Welche Benutzer sollen E-Mails nur intern versenden dürfen?
- Sollen Sammelpostfächer oder E-Mail-aktivierte öffentliche Ordner statt persönlicher E-Mail-Postfächer eingerichtet werden?
- Sollen alle oder ausgewählte Benutzer zwar E-Mails für externe Empfänger versenden dürfen, die eingehenden Antworten jedoch generell in E-Mail-aktivierte Abteilungsordner (öffentliche Exchangeordner) eingestellt werden, um den Eingang privater E-Mails einzudämmen und zu verhindern, dass wichtige Eingangsnachrichten bei Abwesenheit eines Mitarbeiters unbearbeitet bleiben?
- Dürfen Geschäfts- und Projektnachrichten und deren Anhänge im Mailsystem (Postfächer, PST-Dateien, OST-Dateien, öffentliche Exchangeordner) verbleiben, oder sollen sie unverzüglich in die betreffenden Abteilungsordner oder Projektorder des Dateiservers, in das Dokumentablagesystem eines SharePoint-Servers oder in ein Dokumenten-Management-System (DMS) verschoben werden?
- Benötigen alle Benutzer ein persönliches Basisverzeichnis? Welche Daten dürfen dort liegen?
- Sollte der Standardablageort für Office-Dokumente auf das Gruppenverzeichnis statt auf **Eigene Dateien** verweisen, um die Benutzer zu erziehen, Dokumente im Gruppenverzeichnis statt anderswo abzulegen?
- Welche Daten können archiviert werden oder auf eine DVD gebrannt werden? Welche gesetzlichen Aufbewahrungsfristen sind zu beachten? Sind die getroffenen Regelungen und deren technische Ausgestaltung revisionssicher?

- Welche Dateitypen sind für welche Benutzergruppen oder welche Serververzeichnisse nicht zugelassen (z. B. digitale Videos, Musikdateien, PowerPoint-Shows)?
- Gibt es eindeutige Regeln, wie neue Gruppenordner und Projektordner benannt werden?
- Gibt es eindeutige Regeln, wie Dokumente benannt werden sollen?
- Gibt es Regelungen, wie der Versionsstand eines Dokumentes ersichtlich bleibt?

18.1.3 Welche Arten von Speicherfressern gibt es?

Dateileichen, im Englischen »Junk Files« genannt, lassen sich wie folgt klassifizieren:

- redundante Dateien (Dateiduplikate) und redundante Dateiordner – mehrfach vorhandene identische Dateien in unterschiedlichen Verzeichnissen, Partitionen, auf mehreren Servern oder unter anderen Namen. Dazu gehört auch die Unart, Dateien intern als Anhang einer E-Mail zu versenden, statt lediglich eine Verknüpfung auf die Originaldatei zu versenden oder den Speicherort der Datei in der E-Mail zu nennen. Der Empfänger der E-Mail speichert nämlich anschließend den Anhang ein weiteres Mal ab.
- automatisch als Backup-Dateien abgelegte Daten (z. B. bak-Dateien), die aber nicht benötigt werden, da es Bandsicherungen und unter Windows Server 2003 die Funktion »Schattenkopien« gibt.
- temporäre Dateien wie z. B. *.tmp-Dateien, die aufgrund von Programmfehlern oder Abstürzen nicht gelöscht wurden.
- Dateien, die bei der Installation von Anwendungen in einem temporären Verzeichnis erstellt und nach Abschluss der Installation nicht gelöscht wurden.
- gepackte Dateien wie z. B. zip-Dateien, die bereits entpackt wurden, wobei die ursprünglichen zip-Dateien nicht gelöscht wurden. Häufig verbleiben als E-Mail-Anhänge zugeschickte zip-Dateien im Postfach, während die entpackten Dateien im Dateisystem liegen.
- überalterte Dateibestände
- ungenutzte Dateien, z. B. persönliche Datenbestände von ausgeschiedenen Mitarbeitern, die überhaupt nicht übergeben wurden oder vom Nachfolger nie gesichtet und aussortiert wurden (Vorschlag: auf CD brennen und dem Vorgesetzten übergeben.) Ebenso mehrfache Versionen von Dateien oder Ordnern. Anwender speichern geänderte Dateien oft unter einem neuen Namen ab, damit sie im Notfall (defekte Datei oder nachträglich ungewollte

Veränderungen) auf eine ältere Version zurückgreifen können (Vorschlag: Schattenkopien verwenden und Anwender in deren Benutzung schulen).

- verwaiste Dateien (Dateien ohne Besitzer)
- ungewollte Dateien, wie z. B. Video-Dateien oder als Fax eingehende Werbung
- nicht komprimierte PowerPoint-Präsentationen
- Bilddateien, die im BMP-Format statt in vielfach speicherschonenden Formaten wie JPG, GIF, TIF oder TNG abgelegt wurden.
- niemals aufgeräumte Postfächer, speziell die Ordner »Posteingang«, »Gesendete Objekte«, »Gelöschte Objekte«

18.1.4 Wie spüren Sie diese Speicherfresser auf?

- Untersuchen Sie, wie viel Speicherplatz auf den verschiedenen Serverplatten prozentual ungenutzt ist.
- Führen Sie mit einem Tool wie **GetFoldersize** eine ABC-Analyse der größten Verzeichnisse in den servergespeicherten Benutzerprofilen, in den persönlichen Basisverzeichnissen und in den Gruppenverzeichnissen durch.
- Finden Sie heraus, welche Dateibestände auf den Servern keinen Besitzer haben. Ein geeignetes Tool ist **Diskuse** aus dem Windows Server Resource Kit. Der Befehl **diskuse /s /v** zeigt als Erstes an, welche Dateien keinen Besitzer haben, weil dieser gelöscht wurde.

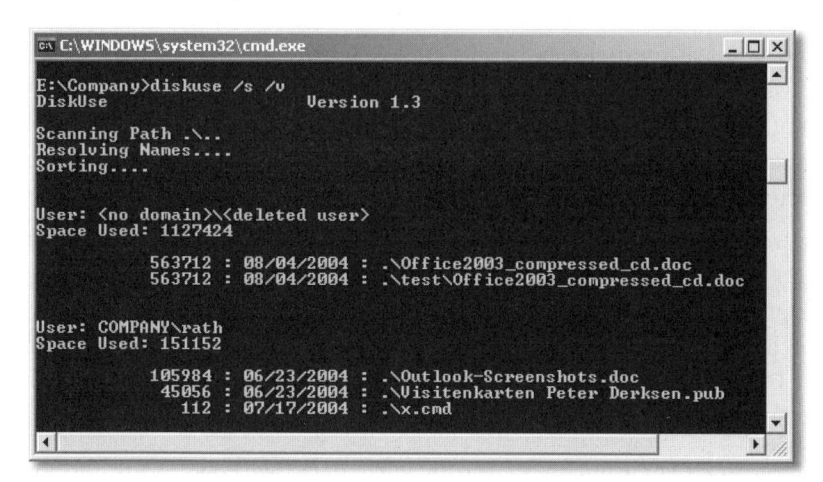

```
C:\WINDOWS\system32\cmd.exe
E:\Company>diskuse /s /v
DiskUse                    Version 1.3

Scanning Path .\..
Resolving Names....
Sorting....

User: <no domain>\<deleted user>
Space Used: 1127424
        563712 : 08/04/2004 : .\Office2003_compressed_cd.doc
        563712 : 08/04/2004 : .\test\Office2003_compressed_cd.doc

User: COMPANY\rath
Space Used: 151152
        105984 : 06/23/2004 : .\Outlook-Screenshots.doc
         45056 : 06/23/2004 : .\Visitenkarten Peter Derksen.pub
           112 : 07/17/2004 : .\x.cmd
```

- Bereinigen Sie das Active Directory. Durchsuchen Sie das AD nach mehr verwendeten Benutzerkonten und Computerkonten. Der Befehl **dsquery** ist seit Windows Server 2003 im Lieferumfang enthalten und ermöglicht es, beliebige LDAP-Abfragen ans Active Directory zu senden. DSQuery kann auch unter Windows 2000 Server genutzt werden. Dazu kopieren Sie die Datei dsquery.exe in das System32-Verzeichnis von Windows 2000 Server. Mit dem Befehl **dsquery user -inactive <Wochenanzahl>** kann man im Active Directory nach Benutzern suchen, die seit mindestens <Wochenanzahl> Wochen nicht mehr angemeldet waren. Damit finden Sie nicht mehr genutzte Benutzerkonten. Mit dem Befehl **dsquery computer -inactive <Wochenanzahl>** kann man im Active Directory nach Computern suchen, die seit mindestens <Wochenanzahl> Wochen nicht mehr angemeldet waren. Damit finden Sie nicht mehr genutzte Computerkonten.

▶ Löschen Sie den von nicht mehr existierenden Benutzerkonten und Computerkonten belegten Speicher: Löschbare Objekte im zugehörigen Postfach und im Homedirectory des Benutzers, löschbare wandernde Benutzerprofile (roaming Profiles), löschbare Sicherungen und Abbilder von nicht mehr existierenden Computerkonten. Verschieben Sie die noch benötigten Objekte in die zugehörigen Abteilungsablagen und Projektablagen auf dem Dateiserver oder dem SharePoint Server oder in das Dokument-Management-System.

▶ Durchsuchen Sie auf dem Server das Verzeichnis, das wandernde Benutzerprofile (roaming profiles) enthält, nach alten **ntuser.dat**-Dateien. Wenn sich ein Anwender abmeldet, erhält die Datei **ntuser.dat** im lokalen Profilverzeichnis des Anwenders den aktuellen Zeitstempel. Danach wird das lokale Profilverzeichnis mit dem servergespeicherten Profil abgeglichen. Wenn Sie im Serververzeichnis für wandernde Benutzerprofile ntuser.dat-Dateien mit einem Alter von mehr als zwei Monaten finden, sollten Sie überprüfen, ob der Benutzer das Unternehmen bereits verlassen hat. Übrigens werden servergespeicherte Benutzerprofile nicht automatisch gelöscht, wenn die zugehörige Benutzerkennung gelöscht wird. Nehmen Sie deshalb die Aufgabe »Löchen des servergespeicherten Benutzerprofils« in die Aufgaben-Liste auf, die abgearbeitet werden muss, wenn ein Mitarbeiter das Unternehmen verlässt.

▶ Untersuchen Sie mithilfe der Suche-Funktion von Windows XP/2003, ob es z. B. große Dateien vom Typ ppt (PowerPoint), zip, tar, arc, bmp, mp3, gho, avi, pst, bak, ost, wmv, wp3, exe und msi verstreut über die Server und lokalen Clients gibt, z. B. Duplikate von Service Packs zu Windows XP oder Microsoft Office. Beauftragen Sie einen Mitarbeiter, die gefundenen PowerPoint-Dateien nachträglich zu komprimieren.

[O] ▶ Auf der Buch-DVD finden Sie im Verzeichnis **Office\Powerpoint** die Anleitung »PowerPoint-Dateien verkleinern«.

▶ Nutzen Sie die Suchen-Funktion von Windows XP/2003 oder ein geeignetes Tool, um den Server nach Dateien abzusuchen, die besonders viel Speicherplatz belegen. In der Suchen-Funktion lassen Sie das Feld »Gesamter oder Teil des Dateinamens« leer und setzen in der Option »Wie groß ist die Datei?« einen Wert ein. Oftmals wundert man sich, wie viele alte gho-Abbilddateien von Tools wie Ghost, TrueImage oder msi-Installationsdateien vielfach irgendwo auf den Serverplatten liegen und von niemandem genutzt werden. Wurde die Erstellung von Outlook-Archivdateien und PST-Dateien nicht frühzeitig unterbunden, so werden Sie auch umfangreiche pst-Dateien und ost-Dateien auf den Festplatten finden.

- Analysieren Sie, wie viele unerwünschte Dateien auf den Servern existieren. Eine Liste von unerwünschten Dateitypen könnte folgende Typen aufführen: mpg, mp3, avi, bmp, jpg, mpeg, gho, zip, tar, arc, wmv, wp3, msi, log, bak. Ein einfacher Befehl wie **dir *.mp3 /s** listet alle MP3-Dateien in allen Unterverzeichnissen auf.

- Suchen Sie aber auch nach temporären Dateien wie ***.tmp**, die aufgrund von Programmfehlern oder nach einem Absturz nicht gelöscht wurden.

- Der Befehl **dir *.* /od /s** zeigt die Dateien sortiert nach dem Datum an. Die ältesten Dateien werden zuerst angezeigt. Suchen Sie nach Freeware-Tools, die mehr und bessere Optionen bieten.

- Dateiduplikate finden Sie mit Freeware- und Shareware-Tools wie DoubleKiller, DuplikatFinder, FindDuplicates, Showman, Wintidy oder AllDup.

- Die Tools befinden sich auf der Buch-DVD.

- Das Tool **Robocopy** aus dem Windows Server Resource Kit bietet Parameter, mit denen Dateien eines bestimmten Alters verschoben werden können.

- Im Exchange-System-Manager können Sie sich die Postfächer aller Benutzer sortiert nach der Postfachgröße ansehen. Finden Sie heraus, welche Postfächer ungewöhnlich groß sind, und analysieren Sie anschließend die Ursachen. Auf dieselbe Weise analysieren Sie die öffentlichen Exchangeordner.

- Wenn eingehende Faxe elektronisch gespeichert werden, so analysieren Sie, wie groß der Anteil der Werbung in diesen Faxen ist, wie alt diese Faxe sind und ob die Werbefaxe überhaupt von einem Mitarbeiter regelmäßig gesichtet und z. B. zur Produkt- und Lieferantenauswahl genutzt werden.

18.1.5 Wie vermeiden Sie zukünftig diese Speicherfresser?

Beim Speicherverbrauch auf Festplatten verhält es sich wie beim Hausmüll. Nur über die Kostenschiene kann er langfristig in akzeptablen Grenzen gehalten werden. Wer für seinen Müll zur Kasse gebeten wird, ist selbst bestrebt, von vornherein so wenig Müll wie möglich zu produzieren. Problematisch ist, dass es in der Regel für den einzelnen Benutzer keine Speicherbegrenzungen auf den Servern des Unternehmens gibt und die Kosten des belegten Speicherplatzes nicht den verursachenden Kostenstellen zugewiesen werden.

Hatte vor der Einführung der digitalen Informationsverarbeitung ein Mitarbeiter eine beschränkte Raumgröße in seinem Büro zur Verfügung, um seinen in Papierform ein- und ausgehenden Schriftverkehr abzulegen, und war er für die Ordnung seiner Dokumentenablage selbst verantwortlich, so übergibt der Mitarbeiter heute seine elektronischen Akten dem Server, ohne sich Gedanken darüber machen zu müssen, wie viel Platz und Kosten diese elektronischen Dokumente verursachen und wer sich um deren Sicherung und spätere Archivierung kümmert. Besonders in kleinen und mittelständischen Unternehmen gibt es aber oft keine Mitarbeiter, die sich hauptberuflich und professionell mit den Folgeproblemen dieser Verlagerung der Daten von Papier auf zentrale digitale Speicher kümmern können.

- Um dieser Fehlentwicklung entgegenzuwirken, müssen die IT-Kosten den Verursachern wieder zugeordnet werden. Alle Clients müssen als Kostenstelle geführt werden. Der Speicherverbrauch auf Servern, Sicherungsbändern und externen Speichermedien muss die Abteilungen monetär belasten.

- Treffen Sie zusammen mit der Geschäftsleitung die im Abschnitt »Kernentscheidungen zur Vermeidung unnötiger Speicherkosten« aufgezählten Kernentscheidungen.

- Schränken Sie den Kreis der Benutzer ein, die E-Mails in das Internet verschicken und von dort empfangen dürfen. Denken Sie darüber nach, ob es neutrale E-Mail-Gruppenempfänger (z. B. einkauf@company.com) statt personenbezogener Postfächer für externe Mailkorrespondenz geben soll und die externe Mailberechtigung nur in genehmigten Ausnahmefällen erteilt wird.

- Denken Sie über eine Anweisung nach, dass E-Mail-Anhänge sofort in das Gruppenverzeichnis auf dem Dateiserver übernommen bzw. gelöscht werden, wenn sie nicht benötigt werden. Es ist auch denkbar, eine Anweisung zu erlassen, dass versendete und empfangene E-Mails zu einem bestimmten Projekt oder Vorgang sofort in das entsprechende Projekt- oder Vorgangsverzeichnis übernommen und im Mailsystem anschließend gelöscht werden.

- In den Empfängerrichtlinien von Exchange Server können Sie den **Postfach-Manager** konfigurieren und z. B. einstellen, dass bei allen von einer Richtlinie betroffenen Postfächern alle Objekte im Ordner **Versendete Objekte** nach einer bestimmten Anzahl von Tagen gelöscht werden oder dass in regelmäßigen Abständen ein Bericht erstellt wird und dieser Bericht dem Benutzer oder Abteilungsleiter als Kostenstellenverantwortlichem zugeschickt wird. Es können aber auch alle Objekte eines bestimmten Alters in regelmäßigen Abständen automatisch gelöscht werden.

- Schreiben Sie die Versender von Werbefaxen und Werbemails an, wenn die weitere Zusendung von Werbung unerwünscht ist. Richten Sie Filter ein und nutzen Sie den Regelassistenten von Outlook, um unerwünschte Werbung und Spam sofort und endgültig zu löschen. Endgültig bedeutet dabei, dass diese Objekte nicht im Ordner **Gelöschte Objekte** verbleiben.
- Wenn Sie die verwaisten Datenbestände lokalisiert haben (Datenbestände ohne Besitzer), so informieren Sie alle Benutzer, dass diese Datenbestände nach einer festgelegten Frist vom Server entfernt werden.
- Brennen Sie diese verwaisten Datenbestände auf eine DVD, bevor Sie sie vom Server entfernen.
- Nutzen Sie die Möglichkeit von Windows Server, Verzeichnisse auf dem Server zu komprimieren. Zwar mag es Tools geben, die stärkere Komprimieralgorithmen haben. Jedoch können Sie mit der Komprimierfunktion des NTFS-Dateisystems z. B. die Freigaben Profiles, Users oder die Gruppen- und Projektverzeichnisse dauerhaft und für die Anwender völlig transparent komprimieren, ohne einen spürbaren Performance-Verlust beim Öffnen und Speichern von Dokumenten festzustellen. Auch die Sammlung von Software und Treibern im Softwarearchiv auf dem Server kann so komprimiert werden. Beachten Sie aber, dass für die Auslegung der Bandsicherung der unkomprimierte Speicherverbrauch zugrunde gelegt werden muss.
- Klassifizieren Sie die Daten nach hoch geschäftskritischen und weniger geschäftskritischen Daten sowie nach **Stammdaten** und **Bewegtdaten**. Ein Serververzeichnis **Install** mit dem Softwarearchiv kann z. B. aus einem teuren RAID-Array des Servers auf eine extern angeschlossene, preiswertere Festplatte ausgelagert werden und muss nicht täglich gesichert werden. Im Folgekapitel »Hardlinks und Abzweigungspunkte einsetzen« lesen Sie, wie man auf ausgelagerte oder verschobene Datenbestände zugreifen kann. Je weniger Daten täglich gesichert werden müssen, desto weniger kostenaufwendig fällt die Sicherungshardware inklusive der Sicherungsbänder aus, und desto schneller kann ein Server oder ein Datenbestand im Notfall vom Sicherungsband wiederhergestellt werden.
- Prüfen Sie, ob die Microsoft Produkte **Windows Storage Server 2003 R2**, **Windows Compute Cluster Server 2003** oder **Data Protection Manager 2006** geeignet sind, die Kosten der Datenspeicherung und Datensicherung zu senken.

18 | Strategische Überlegungen und Tipps

[●] ▸ Auf der Buch-DVD finden Sie zu diesen Produkten Informationen.

▸ Daten von abgeschlossenen Projekten und Vorgängen können auf CD oder DVD gebrannt oder auf externe Speichermedien ausgelagert werden. Sie belasten dann nicht mehr das teure RAID-Array des Servers und gehen auch nicht mehr in die tägliche Sicherung ein. Nach Möglichkeit sollten nur die aktuellen und sich häufig ändernden Datenbestände auf teuren Speichermedien verbleiben und in die tägliche Sicherung eingehen.

▸ Standardisieren Sie die verwendeten Versionen von Anwendungen und reduzieren Sie die Anzahl der Anwendungen und Tools, damit Dateien auf jedem Arbeitsplatz ladbar sind und Inkompatibilitäten vermieden werden. Je weniger unterschiedliche Versionen von Anwendungen und Tools im Einsatz sind, desto weniger Quelldatenträger und zugehörige Service Packs und Patches müssen bereitgehalten werden und desto weniger Spezial-Know-how muss vorhanden sein.

▸ Stellen Sie zusammen mit der Personalabteilung eine Checkliste auf, wie bei einem Personalabgang, einem Personalzugang und einem internen Stellenwechsel vorzugehen ist. Die IT-Abteilung muss automatisch und frühzeitig erfahren, zu welchem Zeitpunkt neue Kennungen benötigt werden, Kennungen von ausscheidenden Mitarbeitern nicht mehr erforderlich oder Mitarbeiter längere Zeit abwesend sind (Kur, Auslandsaufenthalt, Beurlaubung), um durch veränderte Zugriffsrechte auf Dateibestände und Postfächer die Stellvertretung zu klären und verwaiste Dateibestände zu vermeiden. Bei einem Stellenwechsel oder Stellenabbau muss umgehend mit dem zuständigen Vorgesetzten geklärt werden, wer für die Dateibestände des ehemaligen Stelleninhabers zukünftig verantwortlich ist und welche Datenbestände gelöscht oder auf ein externes Speichermedium (CD, DVD) ausgelagert werden können.

▸ Stellen Sie eine Unternehmensrichtlinie auf, in der festgehalten wird, welche Dateitypen auf dem Server unerwünscht sind. Oft werden MP3-Dateien, Computerspiele, digitale Fotos und Filme oder auch PowerPoint-Dateien nicht gewünscht. Eine Liste unerwünschter Dateitypen könnte folgende Typen beinhalten: mpg, mp3, avi, jpg, mpeg, gho, zip, tar, arc, msi, log, bak, ppt, bmp, avi, wmv, wp3. Wurde die Erstellung von Outlook-Archivdateien und persönlichen Outlookdateien nicht frühzeitig unterbunden, so werden Sie auch umfangreiche ost- und pst-Dateien auf den Festplatten finden. Unter Windows Server 2003 R2 gibt es das neue Feature **Dateifilterung** (File Screening), über das man die Speicherung bestimmter Dateitypen für bestimmte Anwendergruppen oder bestimmte Serververzeichnisse zentral unterbinden kann (siehe Kapitel 3).

- Unter Windows Server 2003 R2 können Sie Datenträgerkontingente nicht mehr nur global für ganze Partitionen einsetzen, sondern gezielt für einzelne Verzeichnisse (siehe Kapitel 3).
- Denken Sie über Software zur Archivierung von E-Mails oder deren Dateianhänge und über ein Dokumenten-Management-System (DMS) nach und informieren Sie sich über Leitfäden zur Einführung derartiger Software unter Berücksichtigung der rechtlichen Vorschriften.
- Sie finden derartige Leitfäden auf der Buch-DVD in den Verzeichnissen **Projektierung**, **Recht** und **Sicherheit**.
- DFS von Windows Server 2003 R2 sowie Tools, die Abzweigungspunkte (Junction Points), Hardlinks und Softlinks erstellen, bieten die Möglichkeit, Redundanzen bei Dateien und Verzeichnissen zu vermeiden und trotzdem komfortabel von verschiedenen Standorten oder aus verschiedenen Unterordnern heraus auf identische Datenbestände zuzugreifen. Informationen zu DFS und den angesprochenen Tools finden Sie später in diesem Kapitel.
- Erstellen Sie leicht verständliche Anleitungen für die Anwender, wie z. B. ältere Dateiversionen oder versehentlich gelöschte Dateien und Ordner mit den Features von Schattenkopien wiederhergestellt werden können, wie man in internen E-Mails auf Dateien verweist, statt diese als Anhang mitzuschicken, wie generell mit versendeten und empfangenen E-Mail-Objekten und E-Mail-Anlagen umgegangen werden soll (wohin speichern? wann löschen?), welche Formate man beim Erstellen und Abspeichern von Bilddateien verwenden soll, wie man PowerPoint-Präsentationen komprimieren kann usw. Entlasten Sie Ihre Hotline durch Anleitungen, die immer wieder auftretende Probleme Schritt für Schritt mit Screenshots bebildert erklären:
    - Wie stellt man den Monitor richtig ein?
    - Wie passt man die Mausgeschwindigkeit individuell an?
    - Wie sortiert man das Startmenü alphabetisch?
    - Wie stellt man den Windows Explorer sinnvoll ein?
    - Wie sortiert man dort die Spalten und die Sortierfolge um?
    - Was sind Dateinamenerweiterungen?
    - Welche davon muss man kennen?
    - Wie macht man sie sichtbar?
    - Was sind gepackte Dateien und wie geht man damit um?
    - Wie versende ich Dateianhänge, damit sie beim Empfänger später nicht blockiert sind?

- Was ist der Unterschied zwischen einem Dokument, einer Dokumentvorlage, einer Verknüpfung auf ein Dokument und einem Hyperlink auf ein Dokument?
- Wie sollte ich mit dem Desktop umgehen, was sollte ich dort nicht speichern?
- Wo sollen welche Daten gespeichert werden?
- Wie ist das lokale Verzeichnis **Dokumente und Einstellungen** aufgebaut? Was muss man beachten, damit neue Menüpunkte für jeden Benutzer verfügbar sind? Was ist der Unterschied zwischen **All Users\Startmenü** und **angemeldeter Benutzer\Startmenü** sowie zwischen **All Users\Desktop** und **angemeldeter Benutzer\Desktop**?
- Wie findet man Netzwerkdrucker und Netzwerkplotter und wie wählt man denjenigen Papierschacht aus, in dem die Firmenbriefbögen liegen? Welche Einstellungen muss man in den Eigenschaften des Plotters vornehmen?
- Wie stellt man die Oberfläche von Outlook sinnvoll ein?
- Wie fügt man die Spalte »Empfänger« im Outlook-Ordner »gesendete Objekte ein«?
- Wie erstellt man eine der Corporate Identity entsprechende Outlook-Signatur?
- Wie geht man mit dem Abwesenheitsassistenten um?
- Welche Verteilerlisten gibt es und wo findet man sie?
- Welche Adresslisten gibt es neben der globalen Adressliste und wie wählt man sie aus?
- Was muss ein Laptop-Benutzer beachten?
- Welche Einstellungen muss er in Outlook vornehmen, um sein eigenes Postfach und auch ausgewählte öffentliche Exchange-Ordner und das globale Adressbuch offline nutzen zu können?
- Wie kann er Ordner für den Offline-Betrieb auswählen?
- Wie synchronisiert er Daten zwischen dem Server und dem Offline-Ordner und welche Meldungen haben dabei welche Bedeutung?
- Wie verschlüsselt man Daten auf dem Laptop?
- Wie synchronisiert man Daten zwischen Handy und Laptop?
- Welche Dokumente und Informationen gehören ins Dateisystem, in öffentliche Exchangeordner oder in eine SharePoint-Bibliothek?

> Wie checked man in SharePoint ein Dokument aus?
> An wen wende ich mich bei welchen Problemen und wo finde ich weitere Anleitungen und Hilfen?

▶ Die Mitarbeiter Ihrer Hotline werden diese Liste schnell ergänzen können.

▶ Auf der Buch-DVD finden Sie im Verzeichnis **Office\Powerpoint** die Anleitung »PowerPoint-Dateien verkleinern«. Generell finden Sie auf der Buch-DVD viele Tipps und Anleitungen für Microsoft-Office-Anwendungen und für Windows XP. Viele dieser Anleitungen können Sie mit geringem Aufwand anpassen und dann Ihren Anwendern über ein zentrales Verzeichnis **Anleitungen** mit Unterordnern für alle in Ihrem Unternehmen eingesetzten Anwendungen zugänglich machen. Fordern Sie anschließend in einer E-Mail Ihre Mitarbeiter auf, Ihnen Anregungen für zusätzlich gewünschte Anleitungen zuzusenden. Fordern Sie die Mitarbeiter des Helpdesk auf, zukünftig bei wiederkehrenden Problemen kurze Anleitungen zu erstellen und in das Serververzeichnis **Anleitungen** einzustellen.

▶ Denken Sie darüber nach, die wichtigsten Anleitungen (z. B. die Anleitung zum Wiederherstellen einer älteren Dateiversion bzw. einer irrtümlich gelöschten Datei mithilfe von Schattenkopien) auszudrucken und einen Ordner mit den wichtigsten Anleitungen an neue Mitarbeiter auszuhändigen. Dieser Ordner sollte auch eine Kurzanleitung enthalten, wie das Netzwerk aufgebaut ist, wo der neue Anwender Dokumentablagen, Netzdrucker und Plotter und andere Hardware findet, wie er Faxe versenden kann usw. In regelmäßigen Abständen sollten Sie außerdem für neue Mitarbeiter eine Schulung »Einführung in die IT unseres Unternehmens« anbieten.

▶ Denken Sie darüber nach, ob es sinnvoll ist, für Dateinamen und Dateiversionen genormte Namen zu vergeben oder alle an Externe versandten oder herausgegebenen Dokumente (Word-Dateien, CAD-Pläne, Angebote, Rechnungen etc.) einheitlich in einem nicht mehr (oder nur mit krimineller Energie) veränderbaren Format (z. B. PDF) zu erzeugen, zu versenden und zu archivieren.

▶ Erstellen Sie aus der Auflistung dieses Unterkapitels und des vorigen Unterkapitels *Wie spüren Sie diese Speicherfresser auf?* eine Todo-Liste, die zukünftig regelmäßig von einem IT-Mitarbeiter abgearbeitet wird. Ergänzen Sie diese Todo-Liste um weitere Punkte. Prüfen Sie z. B., welche Tools und Anleitungen der Buch-DVD in diese Liste aufgenommen werden sollten.

18.1.6 Hardlinks und Abzweigungspunkte einsetzen

Ein **Abzweigungspunkt (Junction Point)** ist eine Funktion des NTFS-Dateisystems, mit der man einen Link auf einen Ordner anlegen kann. Dabei wird ein leerer Ordner erstellt, der auf den Originalordner verweist. Startet man z. B. ein Programm aus diesem »Abzweigungsordner«, so werden alle Schreib- u. Lesevorgänge durch den Dateisystemtreiber an den Originalordner weitergeleitet. Diese Technik wird auch beim Windows Server Remote Installation Service RIS benutzt um bei mehreren RIS-Abbildern den Speicherplatz zu reduzieren. Ebenso wird sie unter Windows Server 2003 Storage Server R2 eingesetzt, um identische Dateiduplikate zu vermeiden.

Ein **Hardlink** stellt diese Funktion für einzelne Dateien bereit. Im Unterschied zu einem Softlink (Verknüpfung, Datei mit der Dateinamenerweiterung »lnk«) macht ein Programm, das einen Hardlink aufruft, keinen Unterschied zwischen der Originaldatei und dem Hardlink.

Über Abzweigungspunkte und Hardlinks kann man z. B. nachträglich den Speicherort für installierte Programme oder Datenbestände und Datenbanken ohne Neuinstallation oder Eingriffe in die Registrierdatenbank verändern. Leider bieten Windows 2000 und XP keine integrierten Funktionen für die Verwaltung von Abzweigungspunkten und Hardlinks. Es gibt aber zwei Tools: Linkd.exe aus den Windows Server 2003 Resource Kit Tools und NTFS Link von **www.elsdoerfer.info**.

[O] Auf der Buch-DVD finden Sie im Verzeichnis **Windows Server\Hardlinks und Abzweigungspunkte** Beiträge zum Thema »Hardlinks und Abzweigungspunkte und Hinweise«, was beim Einsatz der genannten Tools zu beachten ist.

18.1.7 Verpflichtungserklärung als Anlage zum Arbeitsvertrag

[O] Auf der Buch-DVD finden Sie im Ordner **Recht\Musterformulare** eine »Verpflichtungserklärung zur Datensicherheit und zur verantwortungsbewussten und kostenbewussten Nutzung der Informationstechnologie des Unternehmens«. Einige Regelungen aus dieser Musterverpflichtungserklärung werden nachfolgend zitiert. Überprüfen Sie einmal, wie weit einige Aussagen auch auf Ihr Unternehmen zutreffen und ob die vorgeschlagenen Regeln geeignet wären, die Datenflut einzudämmen und organisatorische Probleme zu lösen:

»Die zu speichernden Datenmengen verursachen Mengenprobleme, Strukturierungsprobleme und Archivierungsprobleme und damit Kosten:

- *Wie können die beim einzelnen Sachbearbeiter anfallenden Daten so abgelegt werden, dass die Datenstruktur auch von Dritten schnell überblickt wird und einzelne Dokumente schnell wieder auffindbar sind?*

▸ *Wie können verschiedene Versionsstände von Dokumenten oder CAD-Zeichnungen unterschieden werden, so dass jederzeit eindeutig ist, welcher Versionsstand zu welchem Zeitpunkt aktuell oder rechtsverbindlich war?*

▸ *Wie können die Daten über Nacht komplett und kostengünstig auf Sicherungsbändern gesichert werden, damit beim Ausfall eines Servers die Daten auf einem Ersatzserver innerhalb akzeptabler Zeit wieder verfügbar gemacht werden können?*

▸ *Welche Daten können wann auf externe Medien ausgelagert und archiviert werden, damit die verbleibenden Datenbestände bezüglich ihrer Menge handhabbar bleiben (Kosten der Speicherung und der täglichen Sicherung) und die Gesamtdatenstruktur für die Mitarbeiter überschaubar bleibt?«*

»Waren bis vor wenigen Jahren die Kosten für einen privaten Computer nebst Drucker, Scanner oder digitaler Kamera hoch und ein privater Internetzugang mit E-Mail nur für wenige EDV-Interessierte erschwinglich, so besitzt heute fast jeder private Haushalt einen Computer mit umfassender digitaler Peripherie sowie einen Internetzugang nebst E-Mail-Erreichbarkeit. Damit ist es aber zukünftig weder notwendig noch wünschenswert, dass Mitarbeiter ihre privaten Internetgeschäfte in die Arbeitszeit verlagern, private digitale Dokumente auf den Speicherplatten des Arbeitgebers speichern oder den Arbeitsplatzcomputer missbrauchen, um private Software oder Computerspiele aus dem Internet durchzutesten. Da die Gefahren des unkontrollierten Internetsurfens sowie privater, eventuell virenverseuchter E-Mails und die Kosten, die die Speicherung und Sicherung dieser zusätzlichen, nicht unternehmensrelevanten Daten verursachen, nicht tragbar sind, sollte aus Gründen der Gleichbehandlung aller Mitarbeiter die private Nutzung der Unternehmens-Informationstechnologie prinzipiell verboten werden.

Gleichzeitig müssen die Mitarbeiter jedoch auch angehalten werden, mit den Ressourcen der Informationstechnologie sparsam, kostenbewusst und sinnvoll umzugehen. Dabei handelt es sich weniger um eine technische Herausforderung, sondern um organisatorische Maßnahmen zur eindeutigen Bezeichnung und Strukturierung der Dateien und der Verzeichnisse. Unter anderem sollte sichergestellt werden, dass Redundanzen (mehrfache Speicherorte derselben Datenbestände) vermieden werden und im Vertretungsfall (Abwesenheit wegen Krankheit oder Kur) und beim Ausscheiden eines Mitarbeiters Dokumente auffindbar sind.«

»Mit seiner Unterschrift erkennt sie der Mitarbeiter an:

1. Im EDV-Netzwerk des Unternehmens und besonders auf allen Servern, Computern und Laptops dürfen nur Softwareprodukte installiert und genutzt werden, die von der Geschäftsleitung bzw. vom Leiter der Abteilung Informationstechnologie genehmigt wurden und die rechtmäßig lizenziert wurden. Ausnahmen von dieser

Regelung (z. B. der Testbetrieb neuer Software oder aktualisierter Softwareversionen) bedürfen der Genehmigung des Leiters der EDV.

2. Die Installation von Software darf ausschließlich durch Personen erfolgen, die durch die Geschäftsführung damit beauftragt wurden. Insbesondere gelten folgende Regelungen:

- *Betriebssysteme, Anwendungsprogramme, Updates und Hotfixes dürfen nur von Beauftragten der Geschäftsleitung installiert werden.*
- *Mitarbeiter dürfen ohne Befugnis keine fremde Software aus dem Internet herunterladen oder auf anderem Weg auf Computern des Unternehmens installieren. Dazu gehören auch Bildschirmschoner, Demoprogramme, Computerspiele oder Utilities.*
- *Ohne besondere Genehmigung dürfen keine fremden Programme direkt aus dem Internet oder aus E-Mail-Anhängen gestartet werden.*
- *Alle Datenbestände, die von außerhalb des Firmengeländes (z. B. auf externen Datenträgern wie externen Festplatten, Disketten, CDs, DVDs, Memory-Sticks etc.) kommen, müssen durch das aktuelle Antivirenprogramm des Unternehmens überprüft werden, bevor sie verwendet werden.*

3. Unbefugte Personen dürfen weder von zugekaufter noch von im Unternehmen selbst erstellter Software Kopien erstellen. Die Lizenzbedingungen von Softwareherstellern sind einzuhalten […]

5. Unternehmensinterne Daten dürfen nur mit Genehmigung der Geschäftsleitung das Firmengelände verlassen oder außerhalb des Firmengeländes verwendet werden. Insbesondere dürfen ohne Zustimmung der Geschäftsleitung firmeninterne Datenbestände, speziell Adressbestände, Kundendaten oder Produktdaten, weder mittels E-Mail oder Fax noch mittels anderer Datenträger (Laptop, Diskette, CD, DVD, Memory-Stick, externe Festplatte etc.) oder in ausgedruckter Form außer Haus gebracht werden […]

8. Bei Verdacht auf Virengefahr, Datenspionage oder andere Umstände, die die Sicherheit der Informationstechnologie des Unternehmens betreffen, ist unverzüglich ein Vorgesetzter oder der EDV-Beauftragte des Unternehmens zu informieren.

9. Störungen und Defekte bei informationstechnischen Einrichtungen und auftretende Fehler in der Software sind unverzüglich den dafür verantwortlichen Personen zu berichten.

10. Mitarbeiter, die mit der Datensicherung beauftragt sind, haben diese Aufgaben mit besonderer Sorgfalt durchzuführen und müssen andere Vorgesetzte bzw.

den EDV-Verantwortlichen unverzüglich informieren, wenn Probleme aufgetreten sind oder Gefahr im Verzug ist.

11. Jeder Mitarbeiter ist angehalten, die technischen Einrichtungen pfleglich zu behandeln und mit den informationstechnischen Ressourcen sparsam umzugehen. Das betrifft auch den Verbrauch von Speicherplatz auf den Servern und von Verbrauchsmaterialien wie Druckerpapier, Druckfolien, Druckerpatronen usw.

12. Betriebsdaten müssen generell so gespeichert werden, dass bei Ausfall eines Mitarbeiters dessen Vertretung oder der Vorgesetzte auf diese Daten zugreifen kann. Für die Speicherung von Betriebsdaten ist das persönliche Verzeichnis, auf das nur der einzelne Mitarbeiter über sein Passwort zugreifen kann, nicht geeignet. Betriebsdaten wie Word- oder Excel-Dateien sollten vielmehr in Gruppenverzeichnissen abgelegt werden. Damit bei Ausfall eines Mitarbeiters diese Daten von anderen Mitarbeitern gefunden werden, muss die Ordnerstruktur im Gruppenverzeichnis auf dem/den Servern ständig mit den zuständigen Kollegen abgesprochen werden. Namen für Ordner oder Dokumente sollen eindeutig gewählt werden, damit Dokumente auch von Kollegen schnell geortet werden können.

13. Jeder Mitarbeiter ist angehalten, nicht mehr benötigte Dateien und E-Mails regelmäßig zu löschen und damit dazu beizutragen, dass die Datenbestände und deren Strukturen überschaubar bleiben und die Kosten der Datenhaltung und Datensicherung in vertretbaren Grenzen bleiben. Dazu gehört auch, dass die Mitarbeiter regelmäßig die EDV-Verantwortlichen informieren, welche Datenbestände auf externe Medien (CD-ROM, DVD usw.) ausgelagert werden können.

14. Verlässt ein Mitarbeiter/eine Mitarbeiterin befristet (Mutterschaftsurlaub, Kur) oder unbefristet (Kündigung, Rente) das Unternehmen, so ist er/sie angehalten, nicht mehr benötigte Datenbestände und E-Mails zu löschen und die verbleibenden Datenbestände an einen Kollegen/eine Kollegin zu übergeben. Vorgesetzte sind angehalten, die ordnungsgemäße Übergabe von Datenbeständen sicherzustellen.

15. Die informationstechnischen Einrichtungen, besonders E-Mail und der Zugriff auf das Internet, dürfen prinzipiell nicht für private Zwecke gebraucht werden. Auf den Computern dürfen prinzipiell keine privaten Daten gespeichert werden.

(Alternativ kann folgende abgeschwächte Formulierung verwendet werden:)

Die Mitarbeiterinnen und Mitarbeiter sind angehalten, nach Möglichkeit keine oder nur begrenzt private Daten (Dokumente, digitale Fotos etc.) auf den Computern zu speichern, da Speicherplatz und dessen Sicherung auf Sicherungsbändern kostenintensiv ist.

16. Der Zugriff auf pornografische oder politisch radikale Internetinhalte ist generell verboten. Prinzipiell darf nur auf Internetinhalte zugegriffen werden, die zur Erledigung der Aufgaben nützlich sind. Das unnötige Surfen im Internet und Herunterladen von Internetinhalten, die nicht bereits im Netz vorhanden sind und/oder die für private Zwecke benötigt werden, ist verboten. Die Mitarbeiter sind verpflichtet, die durch die Nutzung des Internets auftretenden Kosten (Provider- und Leitungskosten) minimal zu halten und das Internet nach Durchsicht der für die Erfüllung der Aufgaben benötigten Internetinhalte zügig wieder zu verlassen, um unnötige Leitungskosten zu vermeiden. Ein Zuwiderhandeln wird als unnötige Verschwendung von Arbeitsmaterialien oder Betriebsmitteln betrachtet.

17. Da die Existenz des Unternehmens in hohem Maße von der Funktionsfähigkeit der informationstechnischen Einrichtungen abhängig ist, kann ein fahrlässiger Verstoß gegen eine oder mehrere der vorgenannten Regeln als Anlass für eine Beendigung des Beschäftigungsverhältnisses dienen, ohne dass es einer zusätzlichen Abmahnung bedarf.

18. Ferner haftet derjenige Mitarbeiter/diejenige Mitarbeiterin, der/die gegen die genannten Regeln verstößt, zivilrechtlich für die dadurch entstehenden Schäden nach den gesetzlichen Regeln in unbegrenzter Höhe.«

18.2 Serverkonsolidierung durch Hardware-Virtualisierung

Die Einführung von Microsoft Active Directory kann auch mit einer Serverkonsolidierung verbunden werden. Viele bisher vorhandene Server können zur Reduzierung des Supportaufwands durch wenige leistungsfähigere Server ersetzt werden. Dezentrale Server können durch wenige zentrale Server ersetzt werden. Die Reduzierung der Anzahl der zukünftig benötigten Server durch Zusammenlegung kann IT-Kosten bereits mittelfristig drastisch senken. Weniger Server-Hardware bedeutet

- geringere Hardwarekosten
- geringere Lizenzkosten
- geringeren Administrationsaufwand
- geringeren Sicherungsaufwand
- leichter zu identifizierende Datenleichen
- höhere Sicherheit und Verfügbarkeit
- eindeutigere Zugriffsrechte und damit ein vermindertes Risiko von Spionage oder Verletzung des Datenschutzes

Die Optimierung der IT-Infrastruktur in Unternehmen wird immer wichtiger, da die Rechenzentren bezüglich Leistung und Speicherplatz zunehmend an ihre Kapazitätsgrenzen stoßen. Hardware-Virtualisierungs-Technologie dient dazu, die zahlreichen Hardware-Einheiten auf weniger Systeme zu reduzieren. Außerdem können damit alte IT-Umgebungen erneuert werden. Denn die Wartung älterer Hardwaregenerationen ist schwierig und teuer. Mit Hilfe der Windows-Server-Virtualisierung arbeiten Software und Hardware getrennt voneinander. So hilft die Lösung auch bei Systemwiederherstellung nach Abstürzen. Virtualisierungssoftware wie **Virtual Server 2005 R2** sind inzwischen kostenlos verfügbar und zur Serverkonsolidierung (Reduzierung der Anzahl physischer Server) geeignet. OS-Virtualisierung wird übrigens ein integriertes Feature von Windows Server Longhorn, dem Nachfolger von Windows Server 2003 R2 sein.

Im Verzeichnis **Projektierung** der Buch-DVD ist der Artikel »Improving IT Efficiency at Microsoft Using Virtual Server 2005« bezüglich des Themas Serverkonsolidierung aufschlussreich. Sehen Sie sich auch im Verzeichnis **Virtual Server 2005 R2** der Buch-DVD um. [O]

Das Microsoft-Produkt **Data Protection Manager 2006** führt übrigens auch zu einem Konsolidierungseffekt, indem viele Server über einen speziellen Sicherungsserver gesichert werden, der die Schattenkopie-Technologie zentral nutzt. Im Verzeichnis **Windows Server\Data Protection Manager 2006** der Buch-DVD finden Sie weitere Informationen.

18.3 Windows Storage Server 2003 R2, Windows Compute Cluster Server 2003 oder Data Protection Manager 2006 einsetzen

Neben den bekannteren Serverprodukten Windows Server 2003, Windows Server 2003 R2 und Small Business Server 2003 R2, die in diesem Buch besprochen werden, gibt es inzwischen einige weniger bekannte Microsoft-Produkte wie den Windows Storage Server R2, Windows Compute Cluster Server und die zentrale Sicherungslösung Data Protection Manager. Diese Produkte sind unter bestimmten Voraussetzungen geeignet, die Datenhaltung und Datensicherung maßgeblich zu vereinfachen und die Ausfallsicherheit zu erhöhen.

Auf der Buch-DVD finden Sie zu den genannten Microsoft-Produkten wie auch zum Microsoft Terminalserver eigene Ordner mit umfangreichen Sammlungen von Anleitungen, Whitepapers und Tipps. [O]

18.4 Das Synchronisieren von Datenbeständen zwischen Servern verschiedener Standorte

In einer komplexen Umgebung mit über mehrere Standorte verteilten Servern wird es Datenbestände geben, die zwischen den Servern synchron gehalten werden müssen. Beispiele dafür sind zentral gepflegte Dokumentvorlagen für Word, Antragsformulare für Urlaub, Reisekostenabrechnung usw. oder Telefonlisten, Projektdokumente von Projektgruppen, aber auch ein Softwarearchiv, aus dem Anwendungsprogramme, Treiber oder Service Packs verteilt werden müssen. Die Verzeichnisse, die derartige Datenbestände aufnehmen, müssen zwischen den verschiedenen Servern durch Replikation auf demselben Stand gehalten werden, denn sicherlich soll vermieden werden, dass z. B. neue Software oder Service Packs direkt aus dem Softwarearchiv eines Zentralservers über die langsamen WAN-Verbindungen auf die Workstations verteilt wird.

Wenn die über Standorte zu replizierenden Datenbestände nicht zu umfangreich sind, ist es denkbar, das SYSVOL-Verzeichnis für diese Aufgabe mit zu nutzen, denn dieses Verzeichnis wird standardmäßig zwischen allen Domänencontrollern einer Domäne repliziert. Auf jedem Domänencontroller einer Windows-Domäne existiert ein Verzeichnis **%windir%\SYSVOL\sysvol**, das unter dem Freigabenamen **SYSVOL** und dem Kommentar **Ressource für Anmeldeserver** freigegeben ist. Darunter befindet sich ein Verzeichnis mit dem Namen der Domäne und darin wiederum ein Unterverzeichnis namens **scripts**. Dieses Verzeichnis **scripts** ist unter dem Freigabenamen **NETLOGON** freigegeben.

Sie können die Domänencontroller der Standorte bezüglich der Hardware so auslegen, dass Sie den Pfad zum SYSVOL-Verzeichnis auf eine separate, gespiegelte und ausreichend dimensionierte Festplatte oder auch einen mittels RAID-5 erstellten Festplattenverbund legen. Der Zugriff auf Festplatten mittels RAID-5 ist allerdings langsamer als der mittels RAID-1. Zudem kann die Ausfallsicherheit von Festplatten, die mittels RAID-1 gespiegelt werden, durch den Einsatz von redundanten Festplattencontrollern (Duplexing) weiter erhöht werden.

Auf diese Weise könnten Sie bestimmte Datenbestände, die an allen Standorten in aktueller Version vorliegen müssen, dann in ein Unterverzeichnis von **SYSVOL** einstellen und dieses Verzeichnis freigeben. So könnten Sie dort z. B. ein Softwarearchiv-Verzeichnis **Install** einrichten und unter demselben Namen freigeben. In einem freigegebenen Verzeichnis namens **Organisationsvorlagen** könnten Sie z. B. die Vorlagen für Geschäftsbriefe unterbringen.

Über die Gruppenrichtlinie **Workgroup templates path** können Sie dann in Abhängigkeit vom Standort, an dem der Benutzer arbeitet, das Gruppenvorlage-

18.4 Das Synchronisieren von Datenbeständen zwischen Servern verschiedener Standorte

verzeichnis der jeweiligen Freigabe auf dem Domänencontroller des Standortes zuweisen.

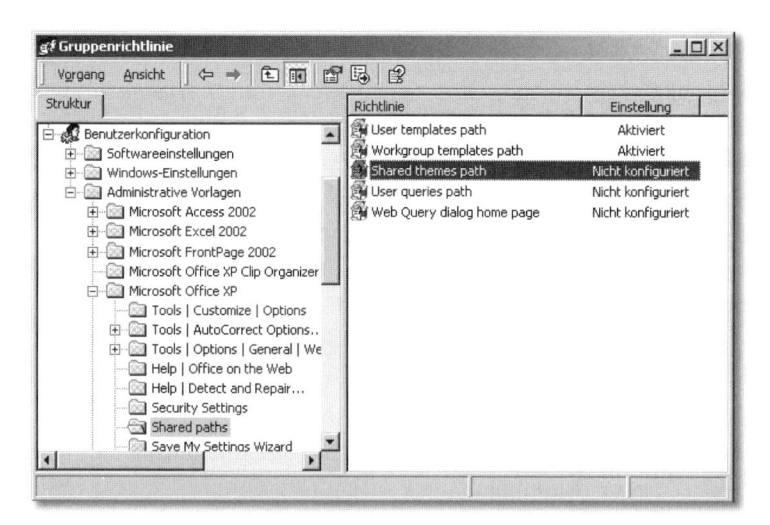

Der Pfad für **Workgroup templates** wird auf **I:\Unternehmensvorlagen** eingestellt, wobei das Netzlaufwerk I: in diesem Beispiel jeweils mit der Freigabe **SYSVOL** oder aber mit der Freigabe **NETLOGON**, die unter der Freigabe **SYSVOL** liegt, verbunden wird.

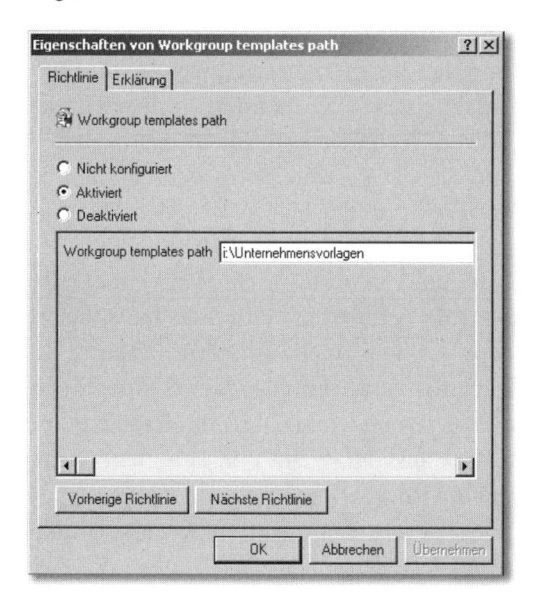

Sind jedoch die Datenbestände, die über mehrere Standorte synchron gehalten werden müssen, komplex, so sollten Sie DFS-Verzeichnisse einrichten. DFS steht für »Distributed File System« und bedient sich derselben Replikationstechnik wie das SYSVOL-Verzeichnis. Unter Windows Server 2003 R2 wurde das Replikationsmodul für DFS komplett neu entwickelt und maßgeblich verbessert. Das verteilte Dateisystem besteht aus den zwei Technologien DFS-Namespaces und DFS-Replikation. Die DFS-Replikation verwendet den neuen Komprimierungsalgorithmus RDC (Remote Differential Compression, Remotedifferenzialkomprimierung). RDC erkennt, wenn Daten in Dateien eingefügt oder umgestellt bzw. aus Dateien entfernt wurden. Über das WAN werden dann nur die Änderungen repliziert, die zur Sicherstellung der globalen Dateiübereinstimmung erforderlich sind.

Inhalte über öffentliche Exchangeordner replizieren

Eine Alternative dazu sind öffentliche Ordner des Exchange Server, wenn dezentrale Exchange Server aufgestellt werden. Diejenigen öffentlichen Ordner, die zwischen den Exchange Servern repliziert werden sollen, müssen jedoch dafür konfiguriert werden, denn standardmäßig werden neue öffentliche Ordner nicht automatisch repliziert. Jeder neu eingerichtete öffentliche Ordner ist zwar nach kurzer Zeit an allen Standorten in Outlook sichtbar. Die Inhalte liegen jedoch so lange physisch auf dem Exchange Server, auf dem der Ordner eingerichtet wurde, bis die Replikation konfiguriert wurde.

Zentral aktualisierte DVDs verteilen

Um an allen Standorten ein identisches Softwarearchiv zu halten, ist noch eine andere Lösung denkbar: Sie bauen in jeden dezentralen Server ein DVD-Laufwerk ein und beschaffen für die Zentrale einen DVD-Brenner. In der Zentrale liegt das Softwarearchiv auf einem Server. Wenn sich am Inhalt des zentralen Softwarearchivs etwas ändert, brennen Sie das gesamte Softwarearchiv auf so viele DVDs, wie es dezentrale Standorte gibt, und schicken an jeden Standort eine aktuelle DVD. Dort legt ein Mitarbeiter die DVD in das DVD-Laufwerk des Servers ein. Entweder wird das DVD-Laufwerk selbst als Archiv verwendet oder eine Routine, die über den Zeitplandienst in definierten Zeitintervallen aktiviert wird, gleicht mittels des Tools **Robocopy** aus dem Windows Server Resource Kit den Inhalt der DVD mit dem Serverfestplattenverzeichnis ab, das das Softwarearchiv enthält. Durch diese Vorgehensweise vermeiden Sie, dass der Replikationsverkehr zwischen den Standorten zu stark ansteigt, wenn z. B. eine neue Visio-Version in das Softwarearchiv eingespielt wird.

Zentral aktualisierte externe Festplatten verteilen

Da Festplatten in externen Gehäusen, die über USB oder Firewire angeschlossen werden, inzwischen sehr preiswert sind, können Sie auch eine zentral aktuell gehaltene externe Festplatte duplizieren und die Duplikate an die Filialen senden. Festplatten mit SATA können im laufenden Betrieb abgezogen und hinzugefügt werden. Der Datendurchsatz ist natürlich viel höher als bei USB und Firewire. Es gibt Lösungen für externe SATA-Festplatten und sogar für externes SATA-RAID. Suchen Sie danach im Internet nach Testberichten, z. B. bei Toms Hardware Guide (**www.thgweb.de**). Der dort abonnierbare Newsletter ist sehr empfehlenswert.

Laufwerk in ein Verzeichnis einer Festplatte einhängen

Interessant ist in diesem Zusammenhang ein Feature, das mit Windows 2000 eingeführt wurde. Sie können eine externe Festplatte oder ein DVD-Laufwerk in ein Serververzeichnis einhängen. Dazu starten Sie aus den Verwaltungsprogrammen die **Computerverwaltung** und dort die **Datenträgerverwaltung**. Sie klicken mit der rechten Maustaste auf das externe Laufwerk und wählen **Laufwerksbuchstaben und Pfade ändern**. Wenn Sie die Schaltfläche **Ändern** anwählen, erscheint das links abgebildete Fenster, in dem Sie die Option **In folgendem leeren NTFS-Ordner bereitstellen** auswählen können. Wenn jedoch einem externen Laufwerk bereits ein Laufwerksbuchstabe zugeordnet ist, können Sie die Option **In folgendem leeren NTFS-Ordner bereitstellen** nicht aktivieren. Sie müssen zuerst den Laufwerksbuchstaben durch Klicken auf die Schaltfläche **Entfernen** löschen.

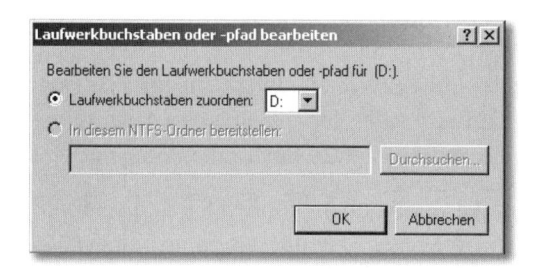

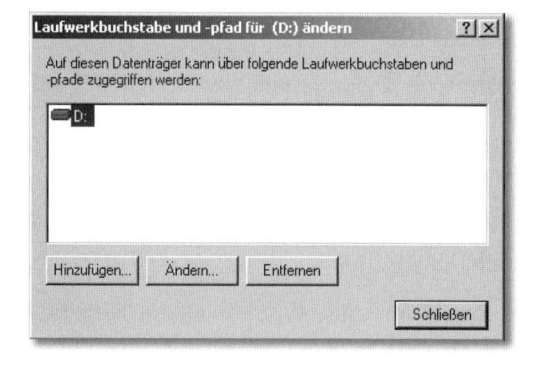

Jetzt können Sie erneut das externe Laufwerk mit der rechten Maustaste anklicken und den Befehl **Laufwerksbuchstaben und Pfade ändern** wählen. Wenn

Sie die Schaltfläche **Ändern** nun anwählen, können Sie im Eingabefeld **In folgendem leeren NTFS-Ordner bereitstellen** ein Festplattenlaufwerk und darunter ein Verzeichnis wählen. Der Inhalt einer CD oder DVD, die in das externe Laufwerk gesteckt wird, erscheint dann als gemountetes Laufwerk in diesem Verzeichnis.

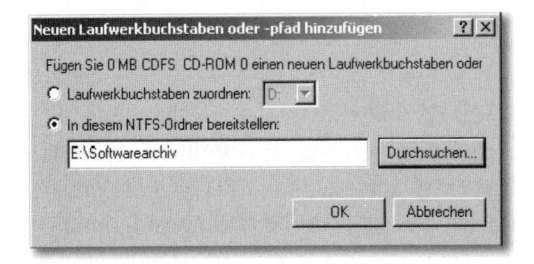

Dieses Feature bietet eine Vielzahl denkbarer Anwendungen: Sie können mehrere DVD-Laufwerke in einen Server einbauen und alle DVD-Laufwerke unterhalb einer einzigen Freigabe des Servers bereitstellen. Sie legen z. B. auf der Partition **E:** des Servers ein Verzeichnis **E:\Archiv** an und geben dieses Verzeichnis unter dem Namen **Archiv** frei. Im Anmeldeskript verbinden Sie für alle Anwender über den Befehl **net use S: \\S1\Archiv** das Netzlaufwerk **S:** mit dieser Freigabe. Unterhalb des Verzeichnisses **E:\Archiv** erstellen Sie so viele weitere Verzeichnisse, wie DVD-Laufwerke im Server eingebaut sind. Jedes DVD-Laufwerk verbinden Sie über die Computerverwaltung mit einem dieser Unterverzeichnisse. Anschließend kann der Anwender über ein Netzlaufwerk auf alle CDs bzw. DVDs zugreifen, die Sie in die DVD-Laufwerke des Servers einlegen. Damit können Sie auch die Begrenzung der Netzlaufwerke auf 26 Buchstaben umgehen.

Da auf eine DVD viele Daten gebrannt werden können, können Sie so die Serverplatten entlasten. Und das Auslagern derartiger Datenbestände auf eine DVD oder auch RAM-DVD verringert dann auch das Volumen der Daten, die nachts gesichert werden müssen. DVDs sind außerdem nicht virengefährdet.

Denken Sie einmal darüber nach, wie groß die Datenbestände wären, die Sie auf diese Weise auf DVDs auslagern könnten. Jedoch sollten Sie berücksichtigen, dass sich die Zugriffszeiten auf Daten einer DVD erhöhen, wenn gleichzeitig mehrere Anwender oder Computer über das LAN auf das DVD-Laufwerk zugreifen. Diese Lösung kommt deshalb vorwiegend dann in Betracht, wenn nur selten mehrere Clients gleichzeitig auf eine DVD zugreifen.

Sie können jedoch nicht nur DVD-Laufwerke auf diese Weise in einem Verzeichnis mounten, sondern auch Festplatten. Droht z. B. eine Festplatte, die das Gruppenverzeichnis enthält, vollzulaufen, so bauen Sie eine weitere Festplatte in den Server ein oder schließen sie extern über USB oder Firewire oder Seriell ATA an. Dann mounten Sie diese Festplatte als neues Unterverzeichnis der Festplatte, die das Gruppenverzeichnis enthält. Aber auch ein bisher noch nicht partitionierter Bereich der alten Festplatte kann in einem Unterverzeichnis einer vorhandenen Partition gemountet werden und damit die Kapazität der ersten Partition erhöhen.

Vielleicht können Sie die dezentrale Datenhaltung aber auch weitgehend durch den Einsatz von **Terminalservern** vermeiden.

Auf der Buch-DVD finden Sie zu diesem Thema eine umfangreiche Sammlung von Anleitungen und Hinweise auf kostenlose Bücher im Internet. Der **SharePoint Server** bietet in der aktuell vorliegenden Version noch keine Möglichkeiten, seine Inhalte über mehrere Server an verteilten Standorten zu synchronisieren. Durch den Einsatz von zentralen Terminalservern ist das dann aber gar nicht notwendig.

18.5 Die Zeitsynchronisation innerhalb der Gesamtstruktur

In Kapitel 24, *Serverdienste und Ausfallsicherheit*, wird das Thema »Zeitsynchronisation innerhalb der Active-Directory-Gesamtstruktur« ausführlich behandelt.

Auf der Buch-DVD finden Sie im Verzeichnis **Active Directory\Time Service** weitere Artikel zum Thema Zeitdienst.

Sie müssen am Domänencontroller der Stammdomäne den Befehl **net time /setsntp:<DNSName>** bzw. den Befehl **net time /setsntp:<IPAddress>** absetzen und <DNSNAME> durch einen Zeitserver im Internet ersetzen. Das FrewareTool **NetTime** hilft Ihnen, Zeitserver im Internet zu finden. Deren DNS-Namen bzw. IP-Adresse können Sie dann im obigen Befehl einsetzen. Folgende Zeitserver können Sie z. B. im deutschsprachigen europäischen Raum nutzen:

ntp0.fau.de	ntp1.fau.de
ntp2.fau.de	ntps1-0.cs.tu-berlin.de
ntps1-1.cs.tu-berlin.de	ptbtime1.ptb.de
ptbtime2.ptb.de	rustime01.rus.uni-stuttgart.de
swisstime.ethz.ch	ntp0.nl.net

18.6 Gruppentypen und Gruppenverschachtelung

Gruppenverschachtelung bietet die Möglichkeit, die Aufbauorganisation des Unternehmens eins zu eins in der Struktur der Sicherheitsgruppen, der Struktur der Exchange-Verteilerlisten, des Ablagesystems auf den Dateiservern und der öffentlichen Ordner unter Exchange Server abzubilden. Bei der Einrichtung der Gruppen müssen Sie jedoch entscheiden, ob Sie domänenlokale, globale oder universale Gruppen oder eine Mischform dieser Gruppenbereiche einrichten, wie Sie diese Gruppen ineinander verschachteln und ob Sie sich für den Typ **Sicherheitsgruppe** oder **Verteilergruppe** entscheiden.

Das Thema »Gruppentypen und Gruppenbereiche« ist auf den ersten Blick schwer zu durchschauen. In Kapitel 20, *Gruppen und Gruppenverschachtelung*, finden Sie deshalb eine detaillierte Auseinandersetzung zur Problematik, welche Gruppentypen und Gruppenbereiche eingesetzt werden sollten. Viele Empfehlungen in der Literatur machen leider keinen Unterschied, ob alte NT-4.0-Domänen und Exchange-5.x-Organisationen migriert werden müssen oder ob sowohl das Active Directory als auch die Exchange Organisation sofort im einheitlichen 2003-Modus gefahren wird. Ist Letzteres nämlich möglich, so fallen viele der Beschränkungen, die es in einem Mischbetrieb aus Active Directory und Windows-NT-4.0-Domänen gibt, von Anfang an weg. Dies führt dann aber dazu, dass sich das Gruppenkonzept stark vereinfachen lässt.

Wenn Sie das Kapitel 20, *Gruppen und Gruppenverschachtelung*, und speziell den Abschnitt über die Altlasten von Windows-NT-4.0-Domänen aufmerksam gelesen haben, so verstehen Sie, warum es überhaupt die Unterscheidung in **Sicherheitsgruppen** und **Verteilergruppen** gibt, warum es die drei Gruppenbereiche **lokal**, **global** und **universal** gibt und was der Unterschied zwischen einer **lokalen** Gruppe unter Windows NT 4.0 und einer **domänenlokalen** Gruppe unter Active Directory ist. In einem Mischbetrieb aus Windows-NT-4.0-Domänen und Active Directory sowie Exchange-5.x-Organisationen und Exchange-2000/2003-Organisationen ist dieses komplexe Wissen erforderlich, um ein reibungsloses Zusammenspiel der beiden Welten zu ermöglichen. Doch auch dann, wenn Sie keine Altlasten in Ihrer Active-Directory-Designplanung berücksichtigen müssen, ist dieses Wissen sehr aufschlussreich, um die Empfehlungen der Fachliteratur zum Gruppendesign kritisch hinterfragen zu können.

Meine Schlussfolgerungen führen zu dem Ergebnis, auf die Verwendung lokaler und globaler Gruppenbereiche weitgehend zu verzichten, keine Gruppen vom Typ **Verteiler** zu erstellen, sondern ausschließlich **universelle Sicherheitsgruppen** zu verwenden, für diese Sicherheitsgruppen auf dem Exchange Server eine Mailadresse einzurichten und sie sinnvoll ineinander zu verschachteln. Dieses leicht zu durchschauende Gruppendesign ist jedoch nur möglich, wenn es keine Windows-NT-4.0-Domänen und Exchange-5.x-Organisationen gibt, die migriert werden müssen. Denn dann kann sowohl das Active Directory als auch die Exchange-Organisation sofort in den einheitlichen 2003-Modus umgeschaltet werden. Nur im einheitlichen 2003-Modus können die flexiblen **universellen Sicherheitsgruppen** verwendet und Gruppen beliebig ineinander verschachtelt werden.

18.7 Migration oder Neuinstallation

Migration bedeutet im Gegensatz zu einem schlagartigen Systemwechsel oder zu einem getrennten Parallelbetrieb, dass eine Windows-NT-4.0-Domäne in eine Windows-2003-Domäne bzw. eine Exchange-5.x-Organisation in eine Exchange-2003-Organisation überführt wird. Während dieser Übergangsphase müssen bei einer Migration beide Welten fehlerfrei miteinander kommunizieren. Als Folge darf die neue Welt nur im gemischten Modus gefahren werden. Im gemischten Modus gibt es eine Vielzahl von Beschränkungen bezüglich der verwendbaren Gruppenbereiche und Verschachtelungsmöglichkeiten, um die Abwärtskompatibilität zur alten Welt zu gewährleisten.

Wenn es in Ihrer Organisation aber Windows-NT-4.0-Domänen und Exchange-5.x-Organisationen gibt, so muss dieser Umstand kein K.-o.-Kriterium sein, um sowohl Active Directory als auch Exchange 2003 sofort im einheitlichen Modus einzuführen und damit von Anfang an alle Vorteile zu nutzen und die Beschränkungen des gemischten Modus zu eliminieren. Sie müssen sich allerdings gegen eine Migration der alten NT-4.0-Welt und für eine schlagartige Einführung von Active Directory entscheiden. »Schlagartig« bedeutet wiederum nicht, dass an einem Wochenende Ihre gesamte IT-Struktur, die sich vielleicht auf viele Standorte verteilt, umgestellt werden muss. Dieses wäre in einer größeren Organisation weder organisatorisch zu leisten noch bezüglich des Risikos zu verantworten. Eine Komplettumstellung zu einem bestimmten Zeitpunkt kann sich auch auf einzelne Standorte oder sogar auf einzelne Abteilungen beziehen.

In der Praxis lässt sich eine derartige Umstellung wie folgt skizzieren: Sie installieren die neuen Windows-2003-Server parallel zur vorhandenen NT-4.0-Welt. Sie legen alle Verzeichnisse, Freigaben, Benutzer und Sicherheitsgruppen einer Abteilung oder eines Standortes im Active Directory an und vergeben die gewünschten NTFS-Berechtigungen. Sie testen diese neue Umgebung sorgfältig aus. An einem bestimmten Stichtag, z. B. an einem verlängerten Wochenende, werden dann die Workstations mit dem neuen Abbild bespielt und die Datenbestände vom NT-4.0-Server auf den neuen Windows-2003-Server übernommen. Ab diesem Zeitpunkt arbeiten die Mitarbeiter dieser Abteilung bzw. dieses Standortes nur noch mit der neuen Welt. In den Folgetagen werden auftretende Probleme gelöst und die Umstellung der nächsten Abteilung bzw. des nächsten

Standortes sorgfältig vorbereitet. In zügiger Folge werden die übrigen Abteilungen bzw. Standorte umgestellt.

Um das Funktions- und Rationalisierungspotenzial von Active Directory im Zusammenspiel mit Exchange Server voll auszuschöpfen, sollten Sie bei der Konzeption des neuen Systems den Idealzustand in den Fokus Ihrer Planung stellen und nicht die Migrationsfähigkeit von Altlasten. Haben Sie den Mut und planen Sie den Soll-Zustand ideal, ohne ständige Bedenken, wie alte Systeme dorthin überführt werden können. Erst dann, wenn das ideale Konzept steht, planen Sie in der zweiten Phase, wie Sie vom Ist- zum Soll-Zustand gelangen. Je tiefer Sie in die neue Technik eindringen und sich mit den Migrationstools auseinander setzen, desto mehr werden nach und nach scheinbar unüberwindbare Hürden fallen.

Verbauen Sie sich durch einen komplex erscheinenden, jedoch einmalig zu bewältigenden Umstellungsaufwand nicht den Weg zu einem langfristig die »Total Costs of Ownership« drastisch senkenden Gesamtsystem.

[O] Auf der Buch-DVD finden Sie in den Verzeichnissen **Migration** und **Exchange Server\Migration – Upgrade** weitere Literatur. Mithilfe des kostenlosen Dienstprogramms **Microsoft Printer Migrator** 3.1 können Sie Servereinstellungen samt Druckertreibern und Druckwarteschlangen sichern, wiederherstellen und migrieren. Das ist auch möglich, wenn die Server unterschiedliche Windows-Versionen aufweisen. Näheres lesen Sie im Dokument »Migrieren von Druckservern mit Printer Migrator«.

Im Dokument »How to install Small Business Server 2003 in an existing Active Directory domain« des Verzeichnisses **Small Business Server** der Buch-DVD wird Schritt für Schritt erklärt, wie man eine bestehende Windows-2000-Domäne, Windows-2003-Domäne oder SBS-2000-Domäne in eine SBS-2003-Domäne überführt. Die Anleitung lässt sich aber auch für eine NT-4.0-Domäne verwenden: Zuerst überführt man die NT-4.0-Domäne durch die Update-Installationsoption in eine Windows-2003-Domäne und wendet danach die Anleitung an. Natürlich kann man auch hier das Printer Migrator Tool einsetzen.

18.8 Domäne umbenennen – Domänencontroller mehrere Servernamen zuweisen

Es kann während und nach einer Migration und in anderen denkbaren Situationen übrigens sehr hilfreich sein, einem Server neben seinem primären DNS-Namen alternative NetBIOS-Namen oder sogar alternative DNS-Namen zu geben, ohne den primären Namen zu ändern. Oft ist an vielen Stellen in Konfigurationsdateien von Anwendungen oder Datenbanken, in ini-Dateien oder in der Registrierdatenbank von Servern und Clients der alte Servername einer inzwischen migrierten oder ersetzten Domäne vielfach verdrahtet, und der neue Server hat einen anderen Namen erhalten.

Auf der Buch-DVD finden Sie im Verzeichnis **Active Directory\Domäne oder Server umbenennen** die Anleitung »Domänencontroller umbenennen oder alternativen Namen zuweisen«, mit deren Hilfe einem neuen Server der Name des ausrangierten Servers als sekundärer Name gegeben werden kann.

[○]

18.9 Das Rationalisierungspotenzial der RIS- und RIPrep-Methode

Ziel der Auseinandersetzung mit RIS (Remote Installation Service) ist es nicht, nur das Betriebssystem Windows XP Professional auf vielen Clients per RIS zu verteilen, sondern vielmehr ein komplettes Abbild eines mit Anwendungen vorkonfigurierten Musterclients mittels RIPrep-Methode oder alternativ mit Tools von Drittanbietern mit geringem Aufwand und gleich bleibender Qualität auszurollen. Wie Sie in den Kapiteln, die sich mit der musterhaften Installation und Konfiguration eines Client-Arbeitsplatzes mit Standardsoftware beschäftigen, feststellen werden, ist nicht nur das notwendige Wissen um RIS komplex. Auch die Konzeption eines funktional optimierten Arbeitsplatz-Clients mit sauberer Vergabe der Rechte ist sehr kompliziert. Sie werden sehr viel über Tools aus dem Windows Server Resource Kit und dem Office Resource Kit, speziell über den Custom Installation Wizard erfahren, sich intensiv mit den von Microsoft ausgelieferten Vorlagedateien für Gruppenrichtlinien auseinander setzen und sogar lernen, wie Sie eigene Vorlagedateien für Gruppenrichtlinien erstellen können, um die Clients des Netzwerks optimal in den Griff zu bekommen und von zentraler Stelle aus auch später im Griff zu behalten.

Aber benötigen Sie dieses ganze Wissen auch dann, wenn das einzurichtende Netzwerk nur einen Standort, wenige Server und wenige Clients umfasst?

Das Wissen um RIS kann viel Aufwand und damit Geld sparen. Die RIS-Funktionalität von Windows Server gehört zum Lieferumgang und ist damit kostenlos im Vergleich zu ähnlichen Produkten von Drittanbietern. Sicherlich kennen Sie die Untersuchungen zu den »Total Costs Of Ownership«. Von namhaften Forschungsfirmen wurde immer wieder untersucht, wie sich die Gesamtkosten der Informationstechnik (Hardware-, Software-, Support-, Schulungskosten und verdeckte Kosten) zusammensetzen und wie sie reduziert werden können. Das größte Einsparpotenzial ergibt sich offensichtlich nicht bei der Hardware oder den Software-Lizenzen, sondern im Faktor »Support«. Der Supportaufwand kann drastisch reduziert werden, je mehr es gelingt, zu standardisieren und zu automatisieren.

Standardisieren kann man sowohl die Hardware, indem möglichst wenige Typen von Computern und Peripheriegeräten betreut werden müssen, als auch die Software, indem die eingesetzten Softwareprodukte vereinheitlicht werden. Die Supportkosten für die verbliebenen Hardware- und Softwareprodukte reduziert man, indem standardisierte und weitgehend automatisierte Routinen erdacht werden, mit denen die Dienste installiert und anschließend über den Produktzyklus gewartet werden. Der Zyklus ist der Zeitraum von der Einführung eines Produkts bis zur Ablösung durch ein anderes oder zu einem Update auf eine neue Version.

Ist RIS in kleinen Domänen zu aufwendig?

Selbst dann, wenn Sie zu dem Ergebnis kommen, dass es zu aufwendig wäre, an allen Standorten des Unternehmens RIS-Server aufzustellen und synchron zu halten, kann die RIPrep-Methode für Sie interessant sein. Warum? Die in dieser Dokumentation erstellte Testumgebung besteht aus einem Testserver namens **S1** und einem Clientcomputer. Der Testserver ist ein handelsüblicher PC mit einer Standardfestplatte, der weniger als 1.000 Euro kostet. Auf diesem Testserver wird eine Windows-Domäne mit allen benötigten Diensten wie DNS, DHCP und RIS erstellt, um Abbilder von komplett mit Standardsoftware installierten und bis ins Detail durchkonfigurierten Clients auf der Festplatte des Servers zu erstellen. Die Abbilder können so konfiguriert werden, dass sie zwar in der Testdomäne **Company.local** erstellt wurden, anschließend aber keine Verweise mehr auf diese Testdomäne beinhalten. Ein neu beschaffter PC kann später in einer Kleinverkabelung (Minihub oder gedrehtes LAN-Kabel) an diesen Testserver angeschlossen und mit dem Komplettabbild bespielt werden. Danach kann der PC jedoch in jede beliebige Produktivdomäne eingehängt werden.

18.9.1 Die Testumgebung produktiv nutzen

In einer größeren Organisation mit mehreren verteilten Standorten wäre nun Folgendes denkbar: In der Zentrale als auch in jedem Standort wird ein Testserver mit derselben Hardwareausstattung wie der Testserver **S1** aufgestellt. Die Festplatten in allen Servern werden in austauschbaren Einbaurahmen mit Schubladenfach installiert. Durch den Tausch der Festplatte können diese Computer zwischendurch als Arbeitsplatzcomputer genutzt werden. Der Testserver **S1** in der Zentrale erhält zwei Festplatten-Einbaurahmen und zwei Festplatten gleichen

Typs. Sobald sich irgendetwas an den Abbildern auf dem Testserver **S1** in der Zentrale ändert (ein Standardabbild wurde aufgrund von Updates oder hinzukommenden Standardanwendungen aktualisiert oder es wurde ein weiteres Abbild für einen neuen Typ von Standardarbeitsplatz erstellt), wird anschließend die gesamte Festplatte des Servers **S1** mit einem Imagetool wie Ghost oder TrueImage auf die zweite Festplatte gespiegelt. Danach wird die Schublade mit der zweiten Festplatte aus dem Server herausgezogen und zur Filiale geschickt. Da alle Festplatten in Schubläden montiert sind, die einfach nur in die Einbaurahmen geschoben werden, ist der Austausch der Festplatten denkbar einfach. In der Filiale tauscht ein Mitarbeiter die erhaltene Festplatte gegen die vorhandene Festplatte aus und schickt diese zurück an die Zentrale. Dort wird diese Festplatte erneut mit dem Dupliziertool auf den aktuellen Stand des Servers **S1** gebracht und anschließend an die nächste Filiale versandt. Auf diese Weise erhält nach und nach jede Filiale eine Serverfestplatte mit aktualisierten RIS-Abbildern. Ein Mitarbeiter in der Filiale hängt nun nach und nach die Clients über den Minihub oder das verdrehte LAN-Kabel an die Testserver und spielt das aktuelle Abbild auf die Clients. Anschließend werden die Clients wieder in die Produktivdomäne der Filialen eingehängt.

18.9.2 Abbilder mit einem Laptop als RIS-Server mobil einspielen

Eine weitere mögliche Spielart von RIS und RIPrep ist folgende: Für den Testserver **S1** und die Testdomäne **Company.local** verwenden Sie einen Laptop. Dieser Laptop enthält alle benötigten Komplett-Abbilder Ihres Unternehmens oder aber Ihrer Kunden, wenn Sie ein Mitarbeiter eines IT-Systemhauses sind. Muss irgendwo in Ihrem Unternehmen oder bei einem Ihrer Kunden ein neuer Computer eingerichtet werden oder ein vorhandener ein aktualisiertes Abbild erhalten, so schicken Sie einen Mitarbeiter mit diesem Laptop und einem gedrehten LAN-Kabel vor Ort. Der Mitarbeiter verbindet den zu überarbeitenden Client über das gedrehte LAN-Kabel mit dem Laptop und überspielt das Abbild anschließend vom Laptop auf den Computer. Danach schließt er den Client wieder an das Produktivnetzwerk an und macht ihn zum Mitglied der Produktivdomäne.

18.9.3 Die Ergebnisse der Testumgebung mit geringem Aufwand in mehrere Produktivdomänen übernehmen

Die erstellten RIPrep-Abbilder können also nicht nur in der Domäne verwendet werden, in der sie generiert wurden, sondern in beliebigen anderen Active-Directory-Domänen, z. B. auch in den Domänen von Kunden, wenn Sie in einem IT-Systemhaus arbeiten. Aber auch die von Ihnen konfigurierten Gruppenrichtlinien, egal ob sie auf den von Microsoft gelieferten Vorlagedateien (ADM-Dateien) beruhen oder auf selbst erstellten Vorlagedateien, können von einer Domäne in eine andere übernommen werden. Das Unterkapitel *Sichern, Kopieren und Importieren von Richtlinieneinstellungen*, in Kapitel 10, *Einführung in Gruppenrichtlinien*, erklärt die Vorgehensweise. Ebenso können die Anmeldeskripte und Installationsskripte von der Testdomäne in eine andere Domäne übernommen werden, wenn sie von Anfang an allgemein gültig konzipiert wurden (Verwendung von Variablen für Servernamen und Domänennamen). Der Anpassungsaufwand ist dann sehr gering.

18.9.4 Kundendomänen standardisiert hochziehen und warten

Folglich können Sie in der Testdomäne nicht nur einen Musterclient erzeugen, über die RIPrep-Methode von diesem Musterclient ein Abbild erstellen und dieses Abbild in vielen Produktivdomänen weiterverwenden. Sie können die Arbeitsergebnisse des Testservers **S1** der Testdomäne **Company.com** selbst in andere Domänen übernehmen: die Gruppenrichtlinien, die Skripte, das komplette Netlogon-Verzeichnis sowie das durchgestylte Softwarearchiv. Mit geringem Aufwand können Sie so bei Kunden weitgehend identisch konzipierte Active Directory-Domänen in gleich bleibender Qualität aufbauen und später auf dieselbe Art – nämlich standardisiert – warten. Diese Vorgehensweise minimiert nebenbei den Dokumentationsaufwand.

Da es unter Windows Server 2003 zudem möglich ist, eine Domäne vollständig umzubenennen, ist es sogar denkbar, die Festplatten der Server einer Testdomäne mit einem Imagetool zu duplizieren, diese Festplatten in andere Serverhardware einzubauen und anschließend die Domänen **Company.local** in den vom Kunden gewünschten Domänennamen umzubenennen. Danach müssen nur noch die Benutzerkonten und Sicherheitsgruppen eingerichtet und kundenspezifische Anpassungen vorgenommen werden. Eine standardisierte Musterdomäne könnte somit als Vorlage für eine Kundendomäne dienen. Da nach außen hin jedoch der interne Domänenname **Company.local** gar nicht bekannt gemacht wird und die SMTP-Hauptadresse für Exchange-Postfächer mit geringem Aufwand in der Empfängerrichtlinie geändert werden kann, ist es aber eigentlich nicht einmal notwendig, die Domäne umzubenennen.

[o] Literatur zum Umbenennen eines Servers oder einer Domäne finden Sie auf der Buch-DVD im Verzeichnis **Active Directory\Domäne oder Server umbenennen**.

Ahnen Sie jetzt den Umfang des Rationalisierungspotenzials, das Sie für Ihr Unternehmen oder auch für Ihre Kunden mit der RIS- und RIPrep-Methode erschließen können?

18.10 Benötigte HAL-Abbilder

Egal, ob Sie sich später bezüglich der Erstellung des Komplettabbilds für die RIPrep-Methode oder für Tools von Drittanbietern wie z. B. Ghost oder TrueImage entscheiden, Sie werden in einer Organisation, in der es Computer mit unterschiedlicher Hardware gibt, mehrere Abbilder für die verschiedenen HAL-Typen (HAL = Hardware Abstraction Layer) erstellen müssen. Die Datei **Hal.dll** muss auf dem Originalcomputer, von dem ein Abbild erstellt wird, und auf dem Zielcomputer, auf den das Abbild aufgespielt wird, identisch sein. Laut Microsoft existieren sechs verschiedene Versionen der **Hal.dll**:

ACPI-PIC	Non-ACPI-PIC-UP
ACPI-APIC-UP	Non-ACPI-APIC-UP
ACPI-APIC-MP	Non-ACPI-APIC-MP

Die Abkürzungen haben folgende Bedeutung:

- ACPI = Advanced Control and Power Interface
- PIC = Programmable Interrupt Controller
- APIC = Advanced Programmable Interrupt Controller
- UP = Uni Processor
- MP = Multi Processor

Gehen wir davon aus, dass es keine Endanwender-Computer mit mehreren Prozessoren gibt, so verbleiben vier unterschiedliche Typen von Computern, für die bis auf die HAL identische Abbilder erzeugt werden müssen. Wenn alle älteren Computer, die nicht über die PIC- oder ACPI-Funktion verfügen, auch aus Performance-Gründen beim Ausrollen des neuen Systems gegen neuere Computer ausgetauscht werden, fallen damit Abbilder für Non-ACPI-PIC und Non-ACPI-APIC-HALs weg. Dennoch werden Sie vielleicht weitere Abbilder erzeugen wollen, weil es mehrere Typen von Standard-Computern geben muss: z. B. Standardarbeitsplätze mit und ohne kaufmännische Software, CAD-Arbeitsplätze oder so genannte Kiosk-Computer für Besucher, auf denen nur eine bestimmte Spezialsoftware wie ein Informationssystem oder ein Buchungssystem laufen soll.

Wenn diese verschiedenen Mustercomputer jedoch ansonsten identisch aufgebaut sein sollen und keine Unterschiede aufweisen sollen, die sich durch eine manuelle Konfiguration einschleichen würden, so muss die Konfiguration dieser verschiedenen Mustercomputer weitgehend automatisiert erfolgen. Sind die Automationsroutinen ausreichend mit Kommentarzeilen versehen, so ist das Zustandekommen der Musterkonfigurationen gleichfalls dokumentiert und erfüllt die Anforderungen eines Qualitätsmanagements.

18.10.1 Windows mit mehreren HAL-Typen parallel installieren

Windows lässt sich aber auch mit mehreren parallelen HALs installieren. Bei einer entsprechend angepassten Datei **boot.ini** kann beim Start der gewünschte Kernel gewählt werden. Bei einem System, das nach dem Wechsel des Motherboards nicht mehr startet, kann die **boot.ini** nachträglich manipuliert werden, um den Start zu erzwingen und anschließend eine Update-Installation aus dem laufenden System vorzunehmen, um eine neue Hardware-Erkennung zu erzwingen.

Um eine andere Kombination aus HAL und Kernel zu starten als die Default-Installation, müssen Sie in der Datei **boot.ini** die Dateinamen von Kernel und HAL als zusätzliche Parameter übergeben, indem Sie den folgenden Eintrag an die entsprechende Zeile in den Abschnitt **[operating systems]** anfügen:

```
/HAL=meinehal.dll /KERNEL=meinkernel.exe
```

Die Default-Namen für HAL und Kernel sind **hal.dll** und **ntoskrnl.exe**. Auf der Windows-CD finden Sie die entsprechenden Dateien im Ordner **i386**. Von dort entpacken Sie die gewünschte Version in das Verzeichnis **%Windir%\System32**. Um also beispielsweise die HAL für einen Standard-PC mit ACPI zu kopieren, verwenden Sie die Befehle:

```
copy halacpi.dl_ c:\windows\system32\meinehal.dl_ expand meinehal.dl_ meinehal.dll
```

Dasselbe Verfahren führen Sie mit dem NT-Kernel durch. Im Verzeichnis **i386** der Windows-CD finden sich unter anderem die folgenden HAL- und Kernel-Versionen. Bei der Installation wird jeweils die von Windows ausgewählte unter dem Namen **hal.dll** bzw. **ntoskrnl.exe** in das System32-Verzeichnis von Windows kopiert.

HAL-Varianten

Dateiname	Beschreibung
HAL.DL_	Standard-PC, kein ACPI, kein APIC
HALACPI.DL_	ACPI-PC, kein APIC
HALAPIC.DL_	Standard-PC, kein APCI, mit APIC
HALAAPIC.DL_	Standard-PC, mit ACPI, mit APIC
HALMACPI.DL_	Multi-Prozessor-PC, mit ACPI
HALMPS.DL_	Multi-Prozessor-PC, ohne ACPI

APIC steht für Advanced Programmable Interrupt Controller. Dieser Interrupt-Controller dient zur Steuerung von Interrupts in einem Multiprozessor-System.

Kernel-Varianten

Dateiname	Beschreibung
ntoskrnl.ex_	Standard-Single-Prozessor-Kernel
ntkrnlmp.ex_	Multi-Prozessor-Kernel

Nach der Installation eines Service Packs sollten Sie immer auch die alternativen HALs und Kernels durch Extrahieren und Kopieren aus den Service Packs aktualisieren. Dazu entpacken Sie das Service Pack, indem Sie es mit dem Parameter **-x** aufrufen.

Es kann eventuell auch helfen, den Quellcomputer vor der Erstellung des RIPrep-Abbildes mit den originalen Windows-XP-Treibern bzw. Windows-2000-Treibern zu »impfen«.

Eine Anleitung finden Sie auf der Buch-DVD im Verzeichnis **Windows XP\inaccessable Boot Device – System vorher impfen**. [●]

18.10.2 Wenn mit Imagetools erstellte Systemabbilder nicht starten

Sie können übrigens ein mithilfe von Imagetools wie Ghost oder TrueImage erstelltes Abbild eines Computers auch auf einem Computer mit anderem HAL-Typ durch einen Trick zum Laufen bringen. Haben Sie das Abbild auf einen anderen Client übernommen und stürzt Windows XP beim Starten ab, so kann dieses verschiedene Ursachen haben: eine andere HAL, nicht passende Chipsatz-Treiber, ein anderer Festplattencontroller, falsche Grafiktreiber usw. Dies ist aber kein Grund, sofort aufzugeben. Booten Sie den Rechner mit einer Windows-XP-CD. Wählen Sie **nicht** die Systemwiederherstellung. Auch im Installationsfenster **Windows XP Professional Setup · Willkommen** wählen Sie nicht **R=Reparieren**, sondern betätigen die Eingabetaste zum Fortsetzen der Installation. Danach sucht die Setup-Routine nach bereits installierten Windows-Versionen. Zeigt der nächste Bildschirm dann die Installation unter **C:\Windows** an, so wählen Sie in diesem Bildschirm **R=Reparieren**. Es erfolgt eine neue Hardware-Erkennung, bei der dann die fehlerhaften Treiber ersetzt werden, ohne dass die installierten Anwendungen und deren Registrierdatenbankeinträge verloren gehen. Danach müssen Sie eventuell die Treiber-CDs des Motherboards und der Grafikkarte einlegen und Windows-XP-Updates nachinstallieren.

Oft hilft es auch, den Quellcomputer vor der Erstellung des Abbildes mit den originalen Windows-XP-Treibern bzw. Windows-2000-Treibern zu »impfen«.

Im nachfolgenden Kapitel wird untersucht, welche Anwendungen bereits auf dem Musterclient installiert werden sollten, bevor das Komplettabbild erstellt und dann auf viele Clients verteilt wird, und welche Anwendungen später nachinstalliert werden sollten. Sie werden feststellen, dass viele Spezialanwendungen nicht in ein spezielles Abbild gehören, sondern aus technischen Gründen über ein spezielles Skript oder eine MSI-Datei verteilt werden sollten. Die Anzahl der benötigten RIS-Abbilder reduziert sich dadurch erheblich. Vielleicht werden Sie sogar zu dem Schluss kommen, dass ein einziges RIPrep-Abbild eines Musterclients ausreicht.

18.11 Welche Anwendungen gehören in ein Abbild, welche sollten nachinstalliert werden?

Mittels RIPrep oder Imagetools von Drittherstellern können Sie Abbilder von einem Computer erzeugen, auf dem das Betriebssystem und Standardanwendungen musterhaft installiert wurden. Dass die neueste Version von Microsoft Office sowie der Adobe Reader in dieses Abbild aufgenommen werden, scheint selbstverständlich zu sein. Sicherlich wird es in Ihrem Unternehmen weitere Anwendungen geben, die auf dem Mustercomputer eingespielt und konfiguriert werden, bevor dann ein Abbild von diesem Computer erstellt wird, um es anschließend auf vielen Computern mit derselben HAL zu verteilen. Zu diesen Anwendungen wird vielleicht eine kaufmännische Anwendung, ein CAD-Programm oder ein Grafikprogramm gehören. Doch schon beim Virenscanner stellt sich die Frage, ob er in das Abbild eingehen oder über einen Software-Verteilemechanismus später dynamisch nachinstalliert werden soll.

18.11.1 MSI-Dateien für unbeaufsichtigte Installationen neu packen oder selbst erstellen

Der Acrobat Reader 7.x wird wie viele andere Anwendungen als sich selbst installierende exe-Datei geliefert. Die Installationsroutine wurde mit dem Programm **InstallShield** erstellt. Unter **www.installshield.com** finden Sie nähere Informationen zu InstallShield und Demoversionen. Unter **http://support.installshield.com/kb/view.asp?articleid=q102394** finden Sie den Artikel »INFO: Setup.exe and Command Line Parameters«. Er listet auf, mit welchen Parametern die **Setup.exe** einer Installationsroutine gestartet werden kann, die mit InstallShield erstellt wurde. Diese Parameter können Sie nutzen, um als exe-Dateien gepackte Anwendungen zu entpacken und die entpackte Datei **setup.exe** bzw. die entpackte MSI-Datei über einen Parameter **/s** oder **/q** dann im »Quiet-Mode« zu starten. Auf diese Weise können diese Anwendungen oft unbeaufsichtigt verteilt werden. Die mühselige Neuerstellung eines MSI-Paketes entfällt damit.

Der **InstallShield Tuner 7.0 for Adobe Acrobat** von Adobe ermöglicht die Anpassung der Installationen von Acrobat Elements und Acrobat Standard/Professional und kann über **http://www.adobe.com/support/downloads** bezogen werden.

Auf der Buch-DVD finden Sie im Verzeichnis **Scripting** unter anderem die Anleitungen »Unbeaufsichtigtes Installieren von Installerpaketen«, »InstallShield Setup Silent Installation Switches« und »MSI-Repackaging«, in denen viele Hilfen gegeben werden, wie man MSI-Dateien von Anwendungen entpackt, neu packt und mit welchen Parametern die Anwendungen dann über Gruppenrichtlinien, Loginskripte und Startskripte verteilt werden können.

Tools zum Erstellen von MSI-Dateien wie **WinINSTALL LE**, **WinPack**, **Installer2GO**, **InstallRite** oder **InstallWatch**, zu finden auf der Buch-DVD im Verzeichnis **Tools**, und Webportale wie z. B. **www.noadmin.de** (Siehe Verzeichnis Windows XP\noadmin.de auf der Buch-DVD) unterstützen Sie beim Erstellen von unbeaufsichtigten Installationen.

Wird eine Packer-Software benötigt?

Der Windows Explorer von Windows XP Professional kann auch ZIP-Archive öffnen und erstellen. Dazu müssen Sie die Dateien markieren, die rechte Maustaste drücken und »Senden an ZIP-komprimierten Ordner« wählen. Folglich werden Sie wahrscheinlich kein spezielles Komprimierprogramm wie z. B. WINZIP für den Standardanwender benötigen. Denn die Lizenzkosten selbst für Shareware-Packer sind beträchtlich, wenn man mehrere hundert Lizenzen benötigt. Außerdem sind die Kosten für größere Festplatten derart gefallen, dass Sie kostengünstiger fahren, wenn Sie in weitere Serverplatten mit größerer Kapazität investieren, als wenn Sie die Anwender auffordern, Dateibestände zu komprimieren.

Wenn es zu Engpässen auf dem Dateiserver kommt, können Sie bestimmte Verzeichnisse auf dem Windows Server mit eigenen Mitteln komprimieren, z. B. das Softwarearchiv-Verzeichnis, die Gruppenablagen oder die Basisverzeichnisse der Anwender (Home Directories). Dazu klicken Sie ein Verzeichnis mit der rechten Maustaste an und wählen **Eigenschaften · Erweitert · Inhalt komprimieren**. Die Komprimierrate ist ähnlich der Komprimierrate gängiger Packer-Software. Der Anwender sieht dabei gar nicht, dass diese Datenbestände auf dem Server in gepackter Form vorliegen, und der Performance-Verlust beim Öffnen der Dateien ist meiner Erfahrung nach nicht spürbar.

18 | Strategische Überlegungen und Tipps

Testen Sie das selbst einmal durch, indem Sie von einem Verzeichnis mit Office-Dokumenten sowie installierbaren exe-Dateien ein Duplikat erstellen und das Duplikat komprimieren. Öffnen Sie dann vom Windows-XP-Client aus zuerst die Office-Dokumente im nicht komprimierten und danach dieselben Dokumente im komprimierten Verzeichnis. Installieren Sie danach z. B. Office 2003 einmal aus dem nicht komprimierten Verzeichnis und danach aus dem komprimierten Verzeichnis.

Jedoch muss darauf hingewiesen werden, dass auf dem Sicherungsband die komprimierten Datenbestände des Servers nicht komprimiert gesichert werden. Mit der Komprimierfunktion können Sie also die Speicherkapazität des Dateiservers kostenlos erweitern, müssen jedoch eventuell die Kapazität des Backupsystems vergrößern, um das Mehr an Daten auf dem Server auch wegsichern zu können.

> Übrigens gibt es zwei weitere interessante Tools, die zum Lieferumfang von Windows XP gehören. Mit **makecab.exe** können Sie Kabinettdateien (cab-Dateien) erstellen, mit **iexpress.exe** können Sie ein selbstextrahierendes Archiv erstellen. Beide Tools liegen im Verzeichnis System32.

Selbstextrahierende Archive mit Iexpress erstellen
Unter Windows XP lassen sich selbstextrahierende Archive mit dem undokumentierten Tool **Iexpress** erstellen. Sie finden dieses Tool im Verzeichnis **System32**. Iexpress legt mit Hilfe eines Assistenten selbstextrahierende Archive als exe-Dateien an. Über den Assistenten können Sie außerdem festlegen, ob Windows nach dem Entpacken noch ein Programm aufrufen oder eine Nachricht anzeigen soll.

18.11.2 Sollte der Virenscanner in das Abbild eines Mustercomputers eingehen?

Große Hersteller von Antiviren-Software stellen i. d. R. einen eigenen Mechanismus bereit, um die Clients mit der Antiviren-Software und mit Updates zu versorgen. Das sollte auch ein wesentliches Kriterium bei der Auswahl des Antiviren-, Antispam- und Antispywareproduktes für ein Netzwerk sein. Dieser Mechanismus des Herstellers muss dann auch verwendet werden, weil sonst Upgrades nicht möglich sind oder der Support des Herstellers entfällt.

Im Verzeichnis **Sicherheit\Antivirenprodukte** der Buch-DVD finden Sie übrigens Hilfestellungen zur Auswahl derartiger Produkte.

18.11.3 Sollte der Client einer kaufmännischen Anwendung in das Abbild eines Mustercomputers eingehen?

Auch die Beantwortung dieser Frage hängt von verschiedenen Faktoren ab:

- Wird die kaufmännische Anwendung auf der Mehrheit der Clients benötigt oder nur auf bestimmten Arbeitsplätzen?
- Wie schnell ändern sich die vom Hersteller aufgrund von aufgetretenen Programmfehlern veröffentlichten Release-Stände?
- Stellt der Hersteller einen eigenen brauchbaren Mechanismus zur Verfügung, um das Frontend des Produkts auf die Clients zu verteilen?
- Wird das Produkt pro installiertes Frontend lizenziert oder pro Zugriff auf die Serverdatenbank?
- Viele ERP-Anwendungen können auf Terminalservern installiert werden. Einige benötigen als Frontend lediglich einen Webbrowser. Bei derartigen Anwendungen ist es dann auch möglich, remote auf sie zuzugreifen. Teilweise ist es auch möglich, in Webparts des SharePoint Servers oder der SharePoint Services Abfragen auf die zugrunde liegende Datenbank zu integrieren. Derartige Ad-hoc-Abfragen sind für viele Mitarbeiter wie z. B. Außendienstler oder die Unternehmensleitung oft ausreichend, so dass auf deren Clients kein komplettes Frontend der Anwendung installiert werden muss.

18.12 Welche Anwendungen können über Gruppenrichtlinien installiert werden?

Ist nun auch der Adobe Reader oder eine andere Anwendung über eine Gruppenrichtlinie installierbar? Ja, immer dann, wenn der Hersteller eine MSI-Datei mitliefert oder wenn Sie mit einem Tool eines Drittanbieters in der Lage sind, nachträglich eine MSI-Datei zu erstellen. Diese Tools arbeiten alle nach derselben Methode: Sie starten das Tool und erzeugen eine Ist-Aufnahme (Snapshot) des Clients. Danach starten Sie die Installation der betroffenen Anwendung. Nach dem Abschluss der Installation starten Sie die Anwendung und nehmen gewünschte Einstellungen vor. Dann starten Sie erneut das Tool und erzeugen eine weitere Ist-Aufnahme des Clients. Anschließend vergleicht das Tool die beiden Ist-Aufnahmen und legt eine Differenzdatei in Form einer MSI-Datei an, aus der alle Änderungen am System hervorgehen: neu hinzugekommene Verzeichnisse und Dateien, Änderungen an der Registrierdatenbank usw. MSI-Dateien können dann über einen eigenen Verteilungsmechanismus des Tools, über Anmeldeskripte oder Startskripte oder über Gruppenrichtlinien automatisch auf den Clients installiert werden.

Doch Vorsicht: Diese Tools arbeiten nicht immer sauber! Oft enthalten die erzeugten MSI-Dateien nicht die hinzugekommenen Icons des Startmenüs oder es fehlen irgendwelche Dateien oder Einträge in ini-Dateien.

Es ist damit zu rechnen, dass viele Hersteller von Software dazu übergehen, MSI-Dateien mitzuliefern, da sich die von Microsoft promotete Installer-Technik mehr und mehr durchsetzt. Jedoch sollten Sie bei solchen Produkten auch überprüfen, ob der Hersteller ein Tool ähnlich dem **Custom Installation Wizard** aus dem Office Resource Kit mitliefert, damit Sie eine Transformationsdatei (MST-Datei) erzeugen können und somit die automatisierte Installation an Ihre Bedürfnisse anpassen können.

18.13 MSI-Pakete zuweisen oder veröffentlichen?

Noch ein Rat zur Installation von MSI-Paketen über Gruppenrichtlinien: Sie können nicht nur über **Computerkonfiguration · Softwareeinstellungen · Softwareinstallation** ein Installationspaket hinzufügen. Prinzipiell funktioniert dies auch über **Benutzerkonfiguration · Softwareeinstellungen · Softwareinstallation**. Fügen Sie ein MSI-Paket der Kategorie **Benutzerkonfiguration** hinzu, so können Sie das Paket wahlweise **zuweisen** oder **veröffentlichen**. Die Methode »Veröffentlichen« führt dazu, dass das Paket nicht sofort installiert wird. Entweder hat der Benutzer die Möglichkeit, über **Systemsteuerung · Software** die Anwendung endgültig zu installieren, oder aber der Anwender sieht bereits im Startmenü die Icons der neuen Anwendung, die Installation erfolgt jedoch erst, wenn der Anwender zum ersten Mal auf die Icons klickt.

Die Zuweisung von Installationspaketen an Benutzer oder Benutzer-Sicherheitsgruppen statt an Computer bzw. Computer-Sicherheitsgruppen ist aber lizenzrechtlich problematisch. Meldet sich ein Benutzer, dem ein Installationspaket über eine Gruppenrichtlinie zugeordnet wird, später an mehreren Computern an und startet das Icon der zugewiesenen Anwendung, so wird die Anwendung auf mehreren Computern installiert. Sie müssen in der Regel jedoch so viele Lizenzen einer Software erwerben, wie auf verschiedenen Computern installiert wird. Der Überblick darüber geht aber schnell verloren, wenn sich z. B. ein Mitarbeiter des Helpdesks, dem eine Anwendung zugeordnet wurde, an vielen Computern anmeldet. Solange Sie Installationspakete nur einer Organisationseinheit zuordnen, die Computer enthält, und diese Installationspakete nur über die Kategorie **Computerkonfiguration · Softwareeinstellungen · Softwareinstallation** zuordnen, müssen Sie auch nur die Anzahl der Computer abzählen, die zu dieser Organisationseinheit gehören, um die benötigte Anzahl von Lizenzen zu bestimmen.

Die Zuordnung von Installationspaketen zur Kategorie **Benutzerkonfiguration** setzt außerdem voraus, dass die Benutzer überhaupt ausreichende Rechte haben, um Installationen durchzuführen. Das ist in der Regel bei Standardanwendern nicht gegeben. Zur Lösung dieses Problems gibt es die Richtlinie **Immer mit erhöhten Rechten installieren**, die jedoch laut ihrer eigenen Beschreibung mit Vorsicht zu genießen ist.

Außerdem müssen Sie dann verhindern, dass eine umfangreiche Installation automatisch über eine Richtlinie gestartet wird, wenn sich ein Benutzer über eine langsame Verbindung wie z. B. ein Modem anmeldet. Ich rate generell davon ab, über eine Gruppenrichtlinie Installationspakete Benutzern oder Benutzergruppen statt Computern zuzuordnen. Verwenden Sie immer nur die Kategorie **Computerkonfiguration · Softwareeinstellungen**. Dort ist übrigens die Methode der »Veröffentlichung« von Paketen nicht auswählbar. Die Pakete können nur zugewiesen werden bzw. es kann die **Erweiterte Methode von Zuweisen** ausgewählt werden. Verwenden Sie immer die erweiterte Methode, da diese mehr Optionen in den nachfolgenden Registerkarten bietet, unter anderem die Angabe einer MST-Transformationsdatei.

Doch auch diese Methode hat ihre Probleme. Prinzipiell läuft die Installation eines Paketes, das einem Computer zugewiesen wurde, mit Systemrechten ab, auch ohne dass ein Anwender sich anmeldet. Doch kann sich ein Anwender anmelden, noch bevor die Installation begonnen hat. Startet der Anwender nun z. B. eine Anwendung und soll durch das dem Computer zugewiesene Paket ausgerechnet diese Anwendung durch eine neuere Version ersetzt werden, so sind Konflikte vorprogrammiert – vielleicht sogar mit beträchtlichem Datenverlust:

Stellen Sie sich vor, Sie hätten dem Computer ein Installationspaket zugewiesen, mit dem das Buchungssystem einer kaufmännischen Anwendung durch eine neue Version ersetzt wird. Der Anwender startet morgens seinen Computer, meldet sich an und startet sofort das Buchungssystem. Er beginnt, Datensätze einzugeben. Plötzlich läuft die Installationsroutine an und deinstalliert zuerst die alte Version des Buchungssystems, um danach die neue Version einzuspielen. Das Ganze findet statt, während der Anwender Rechnungen eingibt oder Reservierungen vornimmt ... Ich stelle mir das lieber nicht vor!

Wenn Sie nacheinander mehrere MSI-Dateien als Pakete der Kategorie **Computerkonfiguration · Softwareeinstellungen** hinzufügen, so muss sauber ausgetestet werden, dass diese Pakete konfliktfrei in einer definierten Reihenfolge installiert werden, bei der keine Probleme mit gleichnamigen Treibern oder DLL-Dateien auftauchen. Sie kennen Meldungen wie diese: »Es gibt bereits eine gleichnamige Datei mit neuerem Erstellungsdatum. Soll diese Datei überschrieben werden?« Da die Installation von MSI-Dateien, die als Installationspaket der Computerkonfiguration zugewiesen wurden, ohne Anmeldung und über das Systemkonto abläuft, bekommt der Anwender aber derartige Installationsmeldungen gar nicht zu sehen. Folglich besteht die Gefahr, dass die Installation in einem undefinierten Zustand hängen bleibt.

Testen Sie deshalb Installationspakete sorgfältig in unterschiedlichen Konfigurationen durch, bevor Sie eine entsprechende Gruppenrichtlinie einer Organisationseinheit zuordnen, die viele Computer enthält. Sie ersparen sich unter Umständen viel Stress! Das Arbeiten mit Installationspaketen über Gruppenrichtlinien funktioniert mit Microsoft-Produkten in der Regel recht gut, bei MSI-Dateien von Drittanbietern ist es mit angemessener Vorsicht zu genießen. Außerdem ist es natürlich auch bei einem Update von Microsoft Office nicht unproblematisch, wenn ein Anwender umfangreiche Änderungen in einem Dokument vorgenommen hat, dieses aber noch nicht zwischengespeichert hat und plötzlich ein Office-Update unvermutet im laufenden Betrieb eingespielt wird.

18.14 Software wohl proportioniert verteilen

Außerdem ist es sicherlich sinnvoll, ein neu zu installierendes Paket nicht einer OU zuzuordnen, die alle Computer des Unternehmens als Mitglieder enthält. Denn das führt unter Umständen dazu, dass am nächsten Morgen zu einer Stoßzeit viele Installationen gleichzeitig beginnen und die LAN-Leitungen sowie der Server, auf dem das MSI-Paket liegt, völlig überlastet werden.

Um dies zu vermeiden, können Sie temporär eine Sicherheitsgruppe erstellen, in die Sie jeden Tag weitere Computer aufnehmen. Außerdem erstellen Sie eine separate Gruppenrichtlinie, in die das Installationspaket unter **Computerkonfi-**

guration • **Softwareeinstellungen** • **Softwareinstallation** hinzugefügt wird. In den Eigenschaften dieser Richtlinie entfernen Sie in der Registerkarte **Sicherheitseinstellungen** anschließend die Gruppe **Authentifizierte Benutzer**, zu der auch die Computer der Domäne gehören, fügen die temporäre Sicherheitsgruppe stattdessen hinzu und geben dieser Sicherheitsgruppe die Rechte **Lesen** und **Gruppenrichtlinie übernehmen**. Das hat zur Folge, dass die Installation immer nur auf den Mitgliedscomputern der temporären Sicherheitsgruppe durchgeführt wird. Sie können so von Tag zu Tag justieren, auf welchen weiteren Computern die Software als Nächstes installiert wird.

Diese Vorgehensweise hat außerdem den Vorteil, dass von einem Fehler in der Installationsroutine oder im verteilten MSI-Paket nicht sofort alle Clients betroffen sind. Sie sollten zuerst die Computer der IT-Abteilung in die temporäre Sicherheitsgruppe aufnehmen und die Mitarbeiter der IT-Abteilung über eine E-Mail auffordern, sofort Feedback zu geben, wenn irgendwelche Probleme mit der Installationsroutine oder der neuen Software auftauchen. Warten Sie danach einige Tage ab, bevor Sie das Installationspaket für weitere Abteilungen freigeben.

18.15 Ausfallsicherheit bei Servern

Werden mehrere Server in einer Domäne eingesetzt und besitzen diese Server unterschiedliche Funktionen, so stellt sich permanent die Frage, ob und welche Serverfunktionen redundant ausgelegt werden sollen und ob ein sinnvolles Arbeiten überhaupt möglich ist, wenn eincr der Server ausgefallen ist. Holen Sie sich den Rat von drei unabhängigen Beratern zur Verteilung der Serverfunktionen und zur Absicherung der Server ein, und Sie werden mit großer Wahrscheinlichkeit drei verschiedene Konzepte als Lösungsvorschläge erhalten. Die Ursache ist nicht unbedingt ein unterschiedliches Wissen der Experten oder der Wunsch, Ihnen als neuem Kunden einen möglichst großen Auftragswert zu entlocken. Es gibt schlichtweg keine allgemein gültigen Konzepte, die auch in Bezug auf Kosten und Nutzen auf jedes Unternehmen nach »Schema F« anwendbar sind. Ebenso ist es sehr schwierig, das in der IT-Abteilung vorhandene Know-how treffend zu bewerten, das notwendig ist, um in Problemsituationen richtig vorzugehen, den Schaden gering zu halten und den aufgetretenen Fehler sachkundig zu analysieren und zu beheben.

Gibt es mehrere Standorte, an denen Server dezentral aufgestellt werden müssen, so wächst die Komplexität des Systems nicht linear, sondern eher exponentiell an. Sofort stellt sich die Frage, ob dezentrale Systemadministratoren auf ausreichend hohem Niveau geschult werden können, um mit Problemsituationen sachkundig umgehen zu können, oder ob es nicht kostengünstiger und bezüglich einer über die Standorte hinweg gleich bleibenden Qualität besser ist, fehlendes Know-how durch teure Anfangsinvestitionen zu kompensieren.

Gleichfalls schwer zu treffen sind quantifizierbare Aussagen darüber, wie kritisch die Verfügbarkeit der IT-Systeme für den Geschäftsprozess des Unternehmens ist: Welchen Schaden erleidet z. B. ein Unternehmen, wenn die IT-Dienste mehrere Stunden oder mehrere Tage nicht verfügbar sind? Was kostet der Produktionsausfall? Mit welchen Regressansprüchen seitens der Kunden muss eventuell gerechnet werden, wenn aufgrund des IT-Ausfalls Fertigstellungs- oder Liefertermine nicht eingehalten werden können? Wie groß ist der Image-Schaden für die IT-Abteilung gegenüber der Geschäftsleitung, wie groß ist der Image-Schaden des Unternehmens gegenüber den Kunden?

Eine mögliche Lösung: das Clustern von Servern

Das Clustern von Windows-Servern ist nicht mehr so teuer und kompliziert wie in den Anfangstagen dieser Technologie. Inzwischen bieten Server-Hersteller preiswerte Clusterlösungen »out of the box« an. Besteht Ihr Unternehmen aus vielen Filialen mit Benutzerzahlen, bei denen der Ausfall des Systems geschäftskritisch ist, das Aufstellen und Managen von Ausfallservern jedoch andererseits zu teuer und zu aufwändig erscheint, so sollten Sie einmal ein Angebot über einen Clusterserver einholen und Aufwand und Kosten mit ausfallsicheren Lösungen vergleichen, bei denen die Last und die Dienste auf mehrere Server pro Standort verteilt werden. Wie die Verkaufszahlen des Small Business Servers beweisen, ist es durchaus möglich, bis zu 75 Anwender mit einem Server zu bedienen und alle wichtigen Dienste wie DNS, DHCP, WINS, globaler Katalog, RIS, Datei- und Druckserver, Exchange Server, ja sogar SQL-Server und SMS-Server auf diesem Server unterzubringen, wenn an der Hardware-Ausstattung des Servers nicht gespart wird.

Ausfallszenarien

Zur Veranschaulichung skizzieren wir eine Beispieldomäne: Sie besteht aus zwei Domänencontrollern, damit sich die Mitarbeiter bei einem Ausfall des ersten Domänencontrollers über den zweiten weiter anmelden können. Liegen die servergespeicherten Profile (Roaming Profiles), die Basisverzeichnisse (Home Directories) der Anwender oder die Gruppenablagen auf dem ausgefallenen Server, so wird die Arbeit trotz geglückter Anmeldung über den zweiten Domänencontroller stark beeinträchtigt. Man wird einwerfen, dass die Mitarbeiter bis zur Wiederverfügbarkeit des ersten Domänencontrollers zumindest Microsoft Office starten und neue Dokumente erstellen können, die sie dann auf der lokalen Festplatte zwischenspeichern können. Liegen jedoch die Vorlageverzeichnisse mit den Vorlagen für Geschäftsbriefe und Berichte ebenfalls auf dem ausgefallenen Server, so können auch keine Briefe oder Berichte verfasst werden. Könnten diese Dokumente denn ausgedruckt werden? Nicht, wenn der Ausdruck auf Netzdruckern erfolgen muss und die Warteschlangen der Netzdrucker auf dem ausgefallenen Server liegen.

In einer derartigen Stresssituation ist es andererseits für den Administrator kaum zumutbar, beim Lösen seines Serverproblems ständig durch die Anrufe von Mitarbeitern gestört zu werden, die zwar Word, Excel oder den Internet Explorer starten können, jedoch die Dokumentvorlagen nicht finden, nicht wissen, wohin sie ein neues Dokument speichern sollen, da doch der auf den ausgefallenen Server umgeleitete Ordner **Eigene Dateien** plötzlich ins Nichts verweist, oder deren Internet Explorer plötzlich keine Favoriten mehr anzeigt, weil das Favoriten-Verzeichnis ebenfalls auf den ausgefallenen Server umgelegt wurde.

Zweifelhaft ist es, ob die Mitarbeiter besser bedient sind, wenn sie während des Ausfalls des Servers weiterhin Dokumente erstellen und lokal auf den Festplatten abspeichern können. Ist der ausgefallene Server wieder betriebsbereit und melden die Mitarbeiter sich erneut an, so besteht die Gefahr, dass sie die lokal gespeicherten Dokumente nicht wieder finden oder aber nicht auf den Server verschieben und weitere Dokumente lokal speichern. Diese würden dann jedoch nicht in die tägliche Sicherung einfließen und bei einem Ausfall der lokalen Festplatte endgültig verloren gehen. Der Supportaufwand wird wahrscheinlich unverhältnismäßig hochgetrieben. Ein Konzept, das Datenhaltung aus Datenschutz- und Datensicherheitsgründen ausschließlich auf dem Server vorsieht, wird ausgehöhlt, wenn bei Ausfall eines Servers mit den lokal zwischengespeicherten Profilen weitergearbeitet werden darf.

Was nützt es andererseits, wenn der Domänencontroller zwecks Ausfallsicherheit doppelt ausgelegt wurde, jedoch der Datenbankserver ausfällt, der das Backend zur kaufmännischen Anwendung ist? Wenn z. B. SAP die geschäftskritische Anwendung ist und der SAP-Datenbankserver ausfällt oder die Leitung zum SAP-Host unterbrochen ist, können sich die Mitarbeiter zwar an der Domäne anmelden und vielleicht die Zeit mit Surfen im Internet überbrücken, der betriebliche Schaden wird dadurch jedoch kaum gemildert.

Und wie wichtig ist die Ausfallsicherheit des Exchange Server als Kommunikationsplattform zwischen den Mitarbeitern des Unternehmens und den Kunden? Wenn alle Kunden- und Lieferantenadressen als externe Kontakte auf dem Exchange Server gepflegt werden und die gesamte Korrespondenz mit Kunden und Lieferanten sowie geschäftskritischer Workflow über die öffentlichen Ordner des Exchange Server abgewickelt wird, nützt es recht wenig, wenn der

Exchange Server wegen fehlender Redundanz komplett ausfällt, dass die Domänencontroller, Dateiserver und Datenbankserver redundant ausgelegt sind und sauber ihre Dienste bereitstellen. Das Geschäft liegt dann danieder.

In Kapitel 24, *Serverdienste und Ausfallfallsicherheit*, wird auf die redundante Auslegung von Servern mit bestimmten Diensten ausführlich eingegangen.

18.16 Einsparpotenziale bei der Beschaffung von Hardware

18.16.1 Preis- und Garantieverfall verbieten den Kauf auf Vorrat

Bei Serverkomponenten habe ich z. B. festgestellt, dass die Preise bis zu 50 % pro Jahr verfallen bzw. dass man nach einem Jahr für denselben Preis Komponenten mit doppelter Kapazität oder Leistung erhält. Das bedeutet aber andererseits, dass Sie Ihre Server-Hardware innerhalb von zwei Jahren technisch abschreiben müssen. Folglich scheint es nicht angebracht, bei der Zusammenstellung der Komponenten zu große Reserven zu berücksichtigen, um das Wachstum im Mail-Aufkommen bei Exchange Servern oder im Datenvolumen bei Dateiservern einzuplanen. Eher scheint es sinnvoll, nach etwa drei Jahren einen neuen Server zu kaufen, diesen neuen Server parallel zum vorhandenen Server zu aktivieren, die Postfächer oder Dateibestände innerhalb der Folgezeit zu transferieren und den alten Server nach Übernahme aller Dateibestände und Funktionen für andere Zwecke (Softwarearchivserver oder Druckserver oder als Arbeitsplatzrechner) weiter zu verwenden. Bei den hinzugekauften Servern haben Sie nicht nur wieder eine entsprechende Garantiezeit, sondern auch optimal aufeinander abgestimmte Komponenten und dem aktuellen Stand der Technik angepasste Managementfunktionen.

Dasselbe gilt für Backup-Hardware. Die Kapazitäten von Streamern und Sicherungsbändern verdoppeln sich in kurzen Zeitabständen, die Preise verfallen ebenso schnell. Es ist also nicht sinnvoll, heute einen Streamer zu kaufen, der das vorhandene Datenvolumen und einen geplanten Zuwachs von 100 Prozent innerhalb der nächsten zwei Jahre jede Nacht komplett sichern kann. Spätestens in einem Jahr werden Sie am Markt einen weiteren Streamer für denselben Preis kaufen können, der die doppelte Kapazität an Daten bei halbierter Datentransferzeit sichern kann, der jedoch dann beim Kauf wieder eine frische Garantiezeit hat, während die des Altgerätes vielleicht schon abgelaufen ist.

> Aufschiebbare Investitionen sollten aufgrund des stetigen Preisverfalls zeitlich so weit wie möglich nach hinten verschoben werden. Kaufen Sie keine Hardware auf Vorrat und schließen Sie keine langfristigen Abrufverträge mit Lieferanten ab.

18.16.2 Wartungsverträge für Server nützen vorwiegend dem Hersteller

Dies gilt auch für Wartungsverträge. Für einen angebotenen Serverwartungsvertrag habe ich einmal durchgerechnet, dass der Hersteller bei Abschluss des Vertrages innerhalb von drei Jahren den Einstandspreis für die gekauften Server ein zweites Mal verdient hätte. Seine Gegenleistung bestand darin, an fünf Werktagen während der üblichen Geschäftszeiten (montags bis freitags von 8 Uhr bis 17 Uhr) eine Reaktionszeit von vier Stunden zu garantieren. Doch was verstand der Hersteller unter »Reaktionszeit«? Wenn dem Hersteller genau mitgeteilt wurde, welche Hardwarekomponente fehlerhaft war, so verpflichtete sich der Hersteller, diese Komponente als Ersatzteil auf den Weg zu bringen. Ein Fahrer des Lieferanten hätte dann das Ersatzteil vorbeigebracht und ich hätte es austauschen können. Ein derartiger Wartungsvertrag bedeutet also nicht unbedingt, dass im Ernstfall ein Experte des Herstellers das Problem analysiert, die richtigen Maßnahmen einleitet und selbst durchführt.

Berufserfahrene Systemadministratoren wissen jedoch, dass auftretende Probleme an einem Server sich oft nicht eindeutig auf eine defekte Hardwarekomponente zurückführen lassen. Man vermutet vielleicht, dass ein defekter Speicherbaustein oder ein Festplattencontroller oder auch nur ein fehlerhafter Treiber für diese Komponente den Fehler verursacht. Also tauscht man diese Komponente aus, um anschließend festzustellen, dass der Fehler immer noch vorliegt. Kauft man aber z. B. drei Server vom selben Typ ein und spielt mit dem Gedanken, einen Wartungsvertrag über diese Server abzuschließen, so könnte man statt des Wartungsvertrages kostenneutral einen vierten Server gleich dazuordern, denn dieser vierte Server kostet über drei Jahre gerechnet so viel wie ein Wartungsvertrag für drei Server. Diesen Ersatzserver kann man für Testzwecke nutzen und im Ernstfall quasi als Ersatzteillager für die Produktivserver verwenden.

18.17 Einsparpotentiale bei Software

In Kapitel 32, *Informationstechnologie und Recht*, finden Sie Informationen zu den Themen Urheberrecht an Software, Software-Lizenzmanagement, Lizenzmetering und geeigneten organisatorischen Maßnahmen, um die Anzahl der benutzten bzw. erforderlichen Lizenzen zu ermitteln. Wird selten benötigte Software von vielen Benutzern nur sporadisch genutzt, so muss überlegt werden, ob sie auf den Clients all dieser Benutzer installiert wird, denn dann muss auch eine entsprechende Anzahl von Lizenzen beschafft werden. In einer Gesamtbetrachtung kann es kostengünstiger sein, einen Terminalserver zu beschaffen und die nur selten benötigte Software dort zu installieren.

Es ist aber auch denkbar, diese Spezialsoftware auf einem Windows-XP-Client zu installieren, auf den sich die Benutzer dann remote aufschalten, um die Spezialsoftware zu nutzen.

[o] Der Artikel »How can I enable two concurrent sessions in Windows XP Service Pack 2 (SP2) or later« im Verzeichnis **Windows XP** der Buch-DVD ist diesbezüglich interessant, oder der Artikel »Terminal Server Patch« unter **http://sala.pri.ee/?page_id=11**. **WinConnect Server XP** von ThinSoftInc ist vielleicht für kleine Unternehmen eine preiswerte Alternative zu einem zusätzlichen Terminalserver (**www.thinsoftinc.com**).

18.17.1 PCs mit Windows XP Home Edition in eine Domäne aufnehmen

Discounter wie Saturn, Media-Markt, Aldi, Lidl usw. bieten PCs und Laptops mit einer großen Auswahl an Zubehör und Software zu sehr günstigen Preisen an, und auch im Internet finden Sie günstige Einkaufsmöglichkeiten für Soft- und Hardware. Bei Laptops ist **www.laptop-billiger.de** eine interessante Anlaufstelle. Achten Sie aber darauf, dass auf derartigen PCs oft Windows XP Home Edition oder Windows XP Media Edition statt Windows XP Professional vorinstalliert ist. Diese Versionen lassen sich nur über Tricks in eine Domäne einbinden und sind dann nicht voll kompatibel zu anderen Clients. Anleitungen, um aus einem Windows XP Home ein Windows XP Professional zu machen, finden Sie im Internet, z. B. unter **http://wintotal.de/Tipps/Eintrag.php?TID=1144**. Solange es sich dabei nur um Änderungen in der Registrierdatenbank handelt, ist dieses Vorgehen sogar lizenztechnisch legal.

18.17.2 Gebrauchte Software preiswert einkaufen

Laut einem Bericht von ZDNet UK verkauft das britische Unternehmen Disclic (**www.discount-licensing.com**) gebrauchte Lizenzen für Software von Microsoft, und zwar mit dem Segen des Software-Herstellers. Disclic verkaufe Volumenlizenzen von Unternehmen, die insolvent sind oder ihr Geschäft verringern und so über zu viele Lizenzen verfügen. Basis des Angebots sei ein Schlupfloch im britischen Insolvenzrecht und eine Klausel in den Microsoft-Lizenzen, die es Unternehmen erlaubt, nicht benutzte oder ungewollte Lizenzen zu übertragen. Disclic biete die Lizenzen laut ZDNet UK 20 bis 50 Prozent günstiger an als jeder andere von Microsoft autorisierte Händler. Einige Microsoft-Händler befürchten, Microsoft habe damit die Fluttore für einen Second-Hand-Markt geöffnet, denn bisher unterband Microsoft den Verkauf von Second-Hand-Lizenzen. Microsoft Deutschland hat zum Handel mit gebrauchten Microsoft-Software-Lizenzen ein Statement herausgegeben.

Lesen Sie auf der Buch-DVD im Verzeichnis **Lizenzierung** die Beiträge »Microsoft informiert zum Handel mit gebrauchten Lizenzen«, »Erläuterungen zu den verschiedene Software-Produktversionen« und »Gebrauchte Software – rechtliche Situation«.

18.17.3 Was ist »gebrauchte Software«?

Darunter versteht man Software, die vom Vorbesitzer erworben, aber nicht mehr eingesetzt wird. Er hat sich beispielsweise für ein neues Softwareprodukt entschieden und kann deshalb seine »alte« Software veräußern. Der neue Besitzer der Software erwirbt dann alle Nutzungsrechte vom Vorbesitzer, der seinerseits die Software von seinem Computer vollständig entfernt und alle Begleitmaterialien (Lizenzvertrag, Datenträger, eventuell zum Lieferumfang gehörende Handbücher etc.) an den neuen Besitzer abgibt.

18.17.4 Darf man Software weiterveräußern?

Die Software-Hersteller haben nach dem deutschen Urheberrecht zwar das Recht, darüber zu bestimmen, wer das Programm nutzen darf und zu welchem Preis es verkauft werden soll (§§ 15 Abs. 1, 17 Abs. III, IV, 31 Abs. I UrhG). Nach dem Wortlaut der Sonderregelung des § 69c Nr. 3 S.2 UrhG, der speziell für Computer-Programme gilt, verlieren sie dieses Recht aber mit dem Verkauf. Die Hersteller können folglich nicht darüber bestimmen, an wen die Software weiterverkauft wird, und sie haben auch keine Möglichkeiten, den Preis zu bestimmen.

18.17.5 Darf man OEM-Software weiterveräußern?

Das oberste deutsche Gericht, der BGH, hat am 6.7.2000 in einem Urteil (Az.: 1 ZR 244197) entschieden, dass die von einigen Herstellern gewünschte Bindung so genannter »OEM«-Software an bestimmte Hardware unzulässig ist und auch OEM-Software grundsätzlich frei gehandelt werden darf.

18.17.6 Ist Gebrauchtsoftware updateberechtigt?

Dem Käufer von gebrauchter Software werden alle Nutzungsrechte an diesem Produkt übertragen. Insbesondere kann er von einem späteren Updaterecht Gebrauch machen. Oft ist es erheblich günstiger, eine updateberechtigte alte Version als Gebrauchtsoftware zu kaufen und ein Update beim Hersteller zu erwerben, als eine neue Vollversion zu kaufen. Welche Software updateberechtigt ist, können Sie bei der Hotline des jeweiligen Herstellers erfragen.

18.17.7 Was ist, wenn die gebrauchte Software schon registriert wurde?

Die Nutzungsrechte sind unabhängig von der Einsendung einer Registrierkarte. Derjenige, der die Datenträger und dazugehörigen Benutzer-Unterlagen rechtmäßig erworben hat, ist nutzungsberechtigt. Die Registrierung dient vor allem dem Hersteller zur Adresserfassung für Werbezwecke. Im Einzelfall kann es jedoch Schwierigkeiten bei der Online-Aktivierung oder der Bestellung eines Updates geben. Lassen Sie sich eine Abtretungserklärung des Erstbesitzers aushändigen, die Sie bei Problemen an den Hersteller einsenden können, um sich als rechtmäßiger Besitzer der Software auszuweisen.

18.17.8 Nach gebrauchter Software recherchieren

Vielleicht erforscht ein Mitarbeiter Ihrer Einkaufsabteilung einmal das Internet nach Angeboten für gebrauchte Software. Anlaufstellen sind z. B. e-Bay, wo ich schon Angebote über z. B. Microsoft Small Business Server 2003 und über Clientzugriffslizenzen gesehen habe, **www.discount-licensing.com** und **www.u-s-c.de**. Suchen Sie auf Internet-Suchmaschinen nach Begriffen wie »gebrauchte Software Lizenz«, »used software license«, »gebrauchte Software«, »used software«, »second-hand software«, um sich über den Stand der Dinge zu informieren. Wenn einer Ihrer Geschäftspartner oder Konkurrenten Filialen schließt, Personal abbaut, sein Unternehmen oder Sparten schließt, so ist das vielleicht eine Gelegenheit, günstig an Software-Lizenzen oder Hardware zu kommen.

18.18 Kosten für WAN-Verbindungen – Ausbau der dezentralen IT-Struktur oder rigorose Zentralisierung?

Die für Server und Bandlaufwerke getroffenen Aussagen gelten übrigens auch für die Bandbreiten bei der Anbindung von Standorten oder Telearbeitsplätzen. Die Leitungskapazitäten und Kosten von WAN-Leitungen speziell über das Internet verändern sich drastisch. Beispiele dafür sind Flatrates und DSL-Verbindungen zum Internet Provider, die inzwischen jeder Privatperson zu erschwinglichen Kosten zur Verfügung stehen. Empfehlungen in Whitepapers, bei denen oft immer noch 64-KB/s Leitungen zugrunde gelegt werden, sind oft bereits Makulatur, wenn das Buch endlich gedruckt ist oder der Artikel im Internet erscheint. Mittels VPN können Standorte oder Telearbeitsplätze heute sicher, kostengünstig und mit hoher Bandbreite an zentrale Serverfarmen angeschlossen werden.

Das zukünftige Datenaufkommen auf den WAN-Leitungen setzt sich aus E-Mails, der Replikation der Inhalte öffentlicher Exchange-Ordner und dem Replikationsverkehr zwischen den globalen Katalogservern zusammen. Der angesprochene Active-Directory-Replikationsverkehr tritt natürlich nur in Domänen mit mehreren Standorten auf.

Zumindest in kleineren Organisationen ist der Replikationsverkehr zwischen den globalen Katalogservern der Standorte nur während der Einführungsphase beträchtlich. Denn bei Unternehmen, deren Organisationsstruktur recht stabil ist und die eine geringe Personalfluktuation haben, ändern sich sowohl die Mitgliedschaften in den Gruppen als auch die zu replizierenden Attribute nach der Einführung des Systems nicht mehr häufig.

Hinzu kommt eine weitere Auslastung der WAN-Leitungen, wenn Sie Terminalservertechnologie einsetzen. Diese Technologie ist unter Windows Server 2003 inzwischen so weit ausgereift, dass das Einsparpotenzial, das sich ergibt, wenn alle Anwendungen nur noch auf Servern in der Zentrale statt auf dezentralen Servern laufen, die Daten zentral gehalten und auch nur in der Zentrale gesichert werden müssen, immens ist.

18.18.1 Replikationsverkehr zwischen den Standorten abschätzen

Um den durch das Einrichten neuer Postfächer, die Neuzuweisung zu Gruppen und die Änderung einzelner Attribute (z. B. die Telefonnummer oder die Raumnummer eines Mitarbeiters) hervorgerufenen Replikationsverkehr nach der Implementierungsphase abzuschätzen, saldieren Sie die Anzahl der Personalzugänge und -abgänge pro Jahr. Außerdem stellen Sie fest, wie viele Mitarbeiter pro Jahr die Abteilung wechseln oder wie oft im Jahr ein Mitarbeiter in eine Projektgruppe ein- oder austritt. Diese Anzahl dividieren Sie durch die Anzahl der Jahresarbeitstage und durch die Anzahl der Active-Directory-Standorte. So erhalten Sie die Anzahl der Änderungen, die pro Arbeitstag über die WAN-Leitungen an die globalen Katalogserver repliziert werden müssen. Der dadurch verursachte Replikationsverkehr wird zumindest in Einrichtungen des öffentlichen Dienstes sehr gering ausfallen, da dort die Personalfluktuationsrate in der Regel sehr gering ist. Er fällt z. B. dadurch erheblich niedriger aus, wenn Sie neutrale Kennungen (z. B. Benutzer001 bis Benutzer999) statt personalisierter Kennungen (Name des Benutzers als Benutzerkennung) einführen, da an diesen Kennungen so gut wie keine Änderungen mehr vorgenommen werden.

Ein Beispielszenario kann diesen theoretischen Sachverhalt aufhellen: Stellen Sie sich ein Unternehmen vor mit je 100 Mitarbeitern an 5 Standorten, also insgesamt 500 Mitarbeitern. Wenn jedes Jahr 10 Mitarbeiter pro Standort das Unternehmen verlassen und 10 neue Mitarbeiter eingestellt werden, so sind das 50 Objekte, die pro Jahr gelöscht, und 50 Objekte, die pro Jahr neu angelegt werden müssen, in der Summe **100 Objektänderungen**.

Wenn außerdem an jedem Standort pro Jahr 10 Mitarbeiter die Abteilung wechseln, so müssen 50 Objekte aus Sicherheitsgruppen gelöscht werden und in eine andere Sicherheitsgruppe eingefügt werden. Das ergibt erneut **100 Objektänderungen**.

Wenn durchschnittlich pro Standort und pro Jahr 5 Projektgruppen neu erstellt werden und 5 aufgelöst werden und diese Projektgruppen durchschnittlich aus 6 Projektmitarbeitern bestehen, so sind das pro Standort 60 Objektveränderungen, bei 5 Standorten also in der Summe weitere **300 Objektänderungen**.

Insgesamt ergeben sich 100 + 100 + 300 = 500 Änderungen, die über ein Jahr mit ca. 220 Arbeitstagen zwischen den globalen Katalogservern der Standorte ausgetauscht werden müssen, das heißt **pro Arbeitstag im Durchschnitt 2,3 Objektänderungen**, die jedem globalen Katalogserver an jedem der 5 Standorte mitgeteilt werden müssen. Auch wenn in diesem Beispiel nicht sauber zwischen Objekten und Objektattributen unterschieden wird, so wird doch schnell deutlich, dass selbst eine langsame WAN-Verbindung zwischen den 5 Standorten mit dem erzeugten Replikationsverkehr nicht überfordert sein wird.

Besteht jedoch die Gesamtstruktur des Beispielunternehmens aus 50 Standorten mit durchschnittlich 500 Mitarbeitern, von denen pro Jahr 10% das Unternehmen verlassen und durch Neueinstellungen ersetzt werden, so sind das **5 000 Objektänderungen** pro Jahr (2 500 Abgänge und 2 500 Zugänge).

Wechseln außerdem 10% der Mitarbeiter im Durchschnitt pro Jahr die Abteilung und damit ihre Zugehörigkeit zu Sicherheitsgruppen, so sind das 2 500 Abgänge aus einer Sicherheitsgruppe und 2 500 Zugänge zu einer anderen Sicherheitsgruppe, also zusammen **weitere 5 000 Objektänderungen**, die repliziert werden müssen.

Werden an jedem Standort pro Jahr 10 Projektgruppen mit durchschnittlich 5 Projektmitarbeitern ins Leben gerufen und genau so viele Projektgruppen aufgelöst, so sind das insgesamt 100 Mitgliedschaften in Projektgruppen, die pro Standort eingetragen oder aufgelöst werden müssen, in der Summe **5 000 Objektänderungen** aufgrund von Änderungen bei der Projektgruppenzugehörigkeit.

Pro Jahr müssen also 15 000 Objektänderungen an jeden globalen Katalogserver repliziert werden, bei 220 Arbeitstagen sind das 68 Objektänderungen pro Arbeitstag. Bei einem kleinen Standort mit nur 20 Mitarbeitern, der durch eine langsame WAN-Verbindung angebunden ist und einen Domänencontroller mit globalem Katalogserver hat, können diese 68 Objektänderungen die Leitung stärker belasten. Ob die Leitung aber wegen des Replikationsverkehrs überlastet wird, ist zu bezweifeln. Der Engpass wird wahrscheinlich eher durch den E-Mail-Verkehr zwischen diesem Standort und den anderen Standorten verursacht als durch den Replikationsverkehr zum und vom globalen Katalogserver dieses Standortes.

18.18.2 In den Ausbau der WAN-Leitungen und nicht in dezentrale Strukturen investieren

Projektiert man die Entwicklung der von Providern angebotenen WAN-Bandbreiten und deren Kosten aus der Vergangenheit in die Zukunft und versucht man aufgrund dieser Kostenprojektion, die beiden Alternativen »Modernisierung und weiterer Ausbau der dezentralen IT-Infrastruktur« und »rigorose Zentralisierung der IT-Infrastruktur« in einer mittelfristigen Gegenüberstellung von Kosten und Nutzen zu vergleichen, so wird man wahrscheinlich zu dem Ergebnis kommen, dass jeder eingesparte dezentrale Server, dezentrale Streamer, dezentral abzusichernde Serverraum (Zugangskontrolle, Doppelböden, Feuerschutz, Klimaanlage) und besonders die eingesparten dezentralen IT-Personalkosten den Ausbau der WAN-Leitungen rechtfertigen, mit dem langfristigen Ziel, Serverhardware und teures Know-how nur noch in einem zentralen Rechenzentrum zu vereinen.

Microsoft ist übrigens diesen Weg selbst gegangen. Schon im Buch »Das Multi-Server-Netzwerk« (Martin Kuppinger und Hans-Roland Becker, Microsoft Press, 1995) wurde beschrieben, wie Microsoft Zentraleuropa die Server in einem zentralen Rechenzentrum in Unterschleißheim zusammenführte. In den Niederlassungen von Microsoft finden Sie kaum noch Produktivserver und erst recht keine dezentralen Administratoren. Microsoft bietet übrigens regelmäßig Führungen durch das Microsoft-Rechenzentrum in Unterschleißheim an und demonstriert, wie das Münchner Rechenzentrum in das weltweite Microsoft-Netz eingebunden ist und wie der Umzug in das neue Gebäude im Oktober 2000 gemeistert wurde.

18.19 Lizenzrechtliche Probleme

18.19.1 Microsoft Office oder OpenOffice?

Sollte ich als Autor eines Buches mit dem Titel »Integrationshandbuch Microsoft-Netzwerk« die Erörterung dieser Frage nicht besser übergehen? Nein, denn meine Leistung wird nicht von Microsoft bezahlt, sondern von den Lesern dieses Buches. Galileo Computing bietet das Buch »OpenOffice.org – Einstieg und Umstieg« von Thomas Krumbein an, und wer wie ich dieses Buch und andere Testberichte gelesen hat und anschließend OpenOffice ausprobierte, der weiß, dass dieses kostenlose Produkt erstaunlich leistungsfähig ist. Es unterstützt jedoch keine Gruppenrichtlinien, weil die generellen Einstellungen und die benutzerspezifischen Einstellungen nicht in der Registrierdatenbank, sondern in speziellen Dateien festgehalten werden. Mit ein wenig Nachdenken und geeigneten Freewaretools sind diese Probleme jedoch wahrscheinlich irgendwie lösbar.

Technisch spricht auch nichts dagegen, ein RIS-Abbild von einem Windows-XP-Client mit installiertem OpenOffice zu erstellen, und auch Tools von Drittanbietern wie Ghost oder TrueImage zieren sich nicht, ein Abbild einer Festplatte mit installiertem OpenOffice zu erzeugen.

Microsoft Office versus OpenOffice

OpenOffice ist vergleichbar zu Microsoft Office inzwischen leicht erlernbar und intuitiv nutzbar. Die im zugehörigen Tabellenverarbeitungsprogramm verwendeten Formeln sind bezüglich der Syntax weitgehend identisch mit Microsoft Excel. Der Schulungsaufwand ist zumindest für einen Durchschnittsanwender wahrscheinlich nicht höher als bei Microsoft Office. Ein Unternehmen, das komplexe Excel-Tabellen, Word-Makros und Access-Datenbanken einsetzt, hätte jedoch mit einem erhöhten, wenn auch einmaligen Umstellungsaufwand zu rechnen.

Ein größeres Problem ist eher, dass die mit OpenOffice erzeugten Dokumente nicht voll kompatibel zu Microsoft Office sind. Besonders beim Dokumentenaustausch zwischen Unternehmen kann dies zu erheblichem Mehraufwand führen, und noch arbeitet die Mehrzahl der Mitarbeiter von Unternehmen mit Microsoft Office. Ein großer Pluspunkt von OpenOffice ist, dass Dokumente ohne ein Tool eines Drittanbieters sofort im PDF-Format gespeichert werden können. Gerade in der Geschäftswelt ist es oft wünschenswert, dass Dokumente in einem nicht mehr veränderbaren Format ausgetauscht werden. Wird zum Beispiel ein Angebot, eine Bauzeichnung oder eine Tabellenkalkulation an einen Geschäftspartner verschickt, so kann es bei einem späteren Rechtsstreit entscheidend sein, dass dieses Dokument weder vom Versender noch vom Empfänger nachträglich manipulierbar war. Es gibt für Geschäftsvorgänge gesetzliche Aufbewahrungspflichten. Jedes Unternehmen sollte darüber nachdenken, alle Dokumente, die dieser Aufbewahrungspflicht unterliegen, in einem unveränderbaren Format z. B. als PDF-Dokumente zu archivieren.

[O] Sie finden jedoch z. B. auf der Buch-DVD kostenlose oder kostengünstige PDF-Tools wie z. B. **FreePDF**, um aus allen Anwendungen heraus PDF-Dokumente zu erzeugen, und Office 2007 soll das ebenfalls können.

Fraglich ist jedoch, ob sich ein Umstieg auf OpenOffice langfristig rechnet. Für einen derartigen Kosten-Nutzen-Vergleich dürfen niemals nur die Anschaffungskosten berücksichtigt werden, denn dann wäre die Entscheidung eindeutig.

Microsoft brachte in den Jahren 1995, 1997, 2000, 2002 und zuletzt 2003 eine neue Version von Office auf den Markt, und Office 2007 steht kurz vor der Einführung. Doch muss ein Unternehmen diese schnellen Versionswechsel nicht mitmachen. Unternehmen, die im Jahr 2000 und 2001 Microsoft Office 2000 ausrollten, konnten mit dieser Version gut und gerne bis heute leben. Und wenn Sie jetzt Office 2003 oder Office 2007 ausrollen, können Sie die Lizenzkosten technisch gesehen über mindestens fünf Jahre, meiner Meinung nach sogar erheblich länger abschreiben. Kalkulieren Sie einmal, was eine Microsoft Office Small Business Edition (besteht aus Word, Excel und Outlook) über fünf Jahre und angenommene 220 Arbeitstage pro Jahr kostet, und setzen Sie die Kosten in Relation zu den durchschnittlichen Kosten eines Sachbearbeiters (Personalkosten + Arbeitsplatzausstattung + Raummiete etc.).

Windows XP und Windows Vista versus Linux

Wenn man erwägt, ob OpenOffice eine brauchbare Alternative zu Microsoft Office sein könnte, schließt sich dann nicht sofort die Frage an, ob man auch das Betriebssystem durch ein Open-Source-Betriebssystem wie Linux ersetzen sollte? Solange jedoch Office-Anwendungen, egal ob Microsoft Office oder OpenOffice, nicht das eigentliche Business ausmachen, sondern die kaufmännische Anwendung, Grafikprogramme oder CAD, stellt sich die Frage anders: Laufen diese geschäftskritischen Anwendungen unter einem Open-Source-Betriebssystem? Wenn nicht, so hat sich das Thema hier erledigt. Und wenn z. B. Ihre kaufmännische Anwendung nur im Zusammenspiel mit Microsoft Office fehlerlos läuft, ist eigentlich auch die Entscheidung eindeutig, welches Office-Programm Sie einsetzen müssen.

Mit dem Small Business Server 2003 hat Microsoft für Unternehmen mit weniger als 75 Arbeitsplätzen eine Lösung auf den Markt gebracht, die bezüglich der Lizenzkosten, des Leistungsumfangs, des einmaligen Installationsaufwands und des langfristigen Verwaltungsaufwands äußerst attraktiv für die Mehrzahl der mittelständischen Unternehmen ist. Die Standard Edition, die für viele Unternehmen ausreichend ist, kostet ca. 600 Euro und beinhaltet fünf Clientzugriffslizenzen. Vergleicht man die Kosten weiterer CALs für den SBS 2003 mit den Kosten von CALs für die Einzelserverprodukte und berücksichtigt man, dass eine SBS-2003-CAL den Zugriff auf die Datei- und Druckserver, Exchange Server, einen abgespeckten Portal Server (beinhaltet Dokumentenmanagementsystem!) und zentrale Faxserverdienste beinhaltet, so dürften die Total Costs of Ownership der gesamten Lizenzkosten, verteilt auf fünf Jahre Nutzung, keinen Vergleich mit Open Source-Lösungen scheuen müssen.

18.19.2 Welche Microsoft-Office-Edition einsetzen?

Entscheiden Sie sich für den Einsatz von Microsoft Office, so haben Sie die Wahl zwischen vielen Editionen: Office Small Business, Office Standard, Office Professional, und dort wiederum zwischen mehreren Lizenzierungsmethoden. Laut dem Artikel »Using Windows XP Professional with Service Pack 1 in a Managed Environment« der Microsoft-Website kann ein Unternehmen schon ab fünf Lizenzen einen Volume License Key erhalten und damit das leidige Problem der Softwareaktivierung lösen:

»Choosing volume licensing so that individual product activation need not take place.

If you use the rights granted under a volume licensing agreement to purchase or re-image software, you cannot and need not perform activation on the individual computers that are installed under the volume license. Qualifying as a volume licensing customer is not difficult. Customers can qualify for the Microsoft Open Licensing program by purchasing as few as five licenses. For more information, see the Microsoft licensing Web site at: **www.microsoft.com/licensing**«

Wenn der Großteil Ihrer Anwender nur Office Small Business oder Office Standard benötigt und nur wenige Anwender zusätzlich Microsoft Access nutzen, ist es lizenzrechtlich sauber und von der Kostenseite her überlegenswert, nur Office-Small-Business-Lizenzen bzw. Office-Standard-Lizenzen zu kaufen und zusätzlich die benötigte Anzahl Access-Lizenzen separat zu erwerben.

Die Microsoft-Office-Komponenten Word, Excel und Outlook werden in einem Unternehmen in der Regel an jedem Arbeitsplatz benötigt. PowerPoint wird oft nur von wenigen Anwendern genutzt, gehört aber sowohl zum Paket Office Standard als auch zum Paket Office Professional dazu. Es gibt aber auch den kostenlosen PowerPoint-Viewer. Da jeder Anwender zumindest PowerPoint-Shows, die z. B. von der Abteilung Benutzerbetreuung oder der Abteilung Organisation erstellt werden, betrachten können soll, sollte diese Komponente auch in das Standardabbild aufgenommen werden. Vielleicht werden Sie Bedenken haben, dass der Sachbearbeiter seine Arbeitszeit damit verschwenden wird, mit PowerPoint herumzuspielen, obwohl sein Fachgebiet durch eine kaufmännische Anwendung abgedeckt ist. Doch zeigt die Erfahrung, dass diese anfängliche Neugierde bezüglich neu verfügbarer Anwendungen, die für die tägliche Arbeit aber irrelevant sind, schnell nachlässt. Außerdem besteht die Möglichkeit, über eine Gruppenrichtlinie den Aufruf von Anwendungen wie PowerPoint nur für eine spezielle Anwendergruppe zu erlauben. Es ist jedoch im Nachhinein viel aufwändiger, eine nicht mitinstallierte Komponente von Microsoft Office hinzuzuinstallieren, wenn der Anwender sie schließlich doch benötigt, als im Standard-Abbild gleich alle Komponenten zu installieren.

Anders stellt sich die Frage zu Microsoft Access. Selbst bei Einsatz von preisgünstigen Lizenzen aus einem Select-Vertrag ist der finanzielle Mehraufwand beträchtlich, wenn man auf vielen hundert Computern Office Professional statt Office Standard installiert, damit alle Mitarbeiter Access-Datenbanken einsehen und bearbeiten können.

Bezüglich des Einsatzes von Microsoft Access müssen Sie folgende Fragen klären:

- Reicht für die Mehrzahl der Arbeitsplätze die Installation von Microsoft Office Small Business oder Standard aus oder gibt es viele Arbeitsplätze, auf denen Microsoft Access benötigt wird?
- Ist es bezüglich der Lizenzkosten sinnvoll, für die Arbeitsplätze, auf denen Access-Datenbanken erzeugt werden, Microsoft-Office-Professional-Lizenzen zu erwerben, oder ist es kostengünstiger und bezüglich des Installationsaufwandes sinnvoller, die benötigte Anzahl von Microsoft Access-Einzellizenzen zu erwerben und hinzuzuinstallieren?
- Wenn nur wenige Anwender Access-Datenbanken erstellen, diese Datenbanken aber von anderen Anwendern mitgenutzt werden, reicht es dann aus, wenn auf den Arbeitsplätzen, auf denen keine Access-Datenbanken erstellt werden, nur die Runtime-Version von Access installiert wird?
- Ist eine professionelle Datenbank wie z. B. die kostenlose **SQL Server 2005 Express Edition** auf Dauer besser geeignet für die Anwendungen, die bisher mit Microsoft Access erledigt wurden, und ist es für viele Anwender einfacher, über in SharePoint Webparts eingebettete Ad-hoc-Abfragen auf SQL-Datenbanken die benötigten Auswertungen zu bekommen?

Lizenzrechtlich ist es übrigens seitens Microsoft nicht gestattet, auf bestimmten Computern Microsoft Office Professional ohne die Access-Komponente zu installieren und für diese Anzahl von Computern dann nur Office-Standard-Lizenzen zu erwerben. Dieses wäre zwar technisch die einfachste Installationsart und mit Office-Professional-CDs mit Volume License Key möglich. Es ist aber laut Auskunft von Microsoft nicht zulässig.

Ein potenzieller Lösungsansatz für den Einsatz von Microsoft Access

Wenn die Mehrheit der Anwender keinen Zugriff auf Access benötigt, nur wenige Anwender Access-Datenbanken erstellen müssen und eine begrenzte weitere Anzahl von Anwendern eventuell noch mit diesen Access-Datenbanken arbeiten muss, jedoch selbst keine Access-Datenbanken erstellen oder Änderungen am Design der Datenbanken vornehmen muss, erscheint folgender Vorschlag zumindest bezüglich des Installations- und Pflegeaufwands optimal:

- Sie erwerben für alle Arbeitsplätze Office-Standard-Lizenzen und erstellen ein Komplettabbild, das Office Standard enthält. Dieses Abbild installieren Sie auf allen Computern des Unternehmens.

- Sie erwerben für diejenigen Mitarbeiter, die Access-Datenbanken erstellen müssen, eine entsprechende Anzahl Lizenzen für das separate Microsoft-Produkt Access. Nach derselben Methode, mit der Sie in der Freigabe **Install** des Servers eine administrative Installation von Office 2003 Standard mit integriertem Service Pack erstellt und mit Hilfe des Tools **Custom Installation Wizard** aus dem Office Resource Kit eine MST-Datei erzeugt haben, um Office 2003 auf allen Computern vorkonfiguriert automatisch installieren zu können, erstellen Sie dann im Verzeichnis **\\s1\install\Access** eine administrative Installation von Access mit integriertem Service Pack.

- Sie wenden auf dieses Verzeichnis erneut das Tool **Custom Installation Wizard** des Office Resource Kits an und erzeugen eine weitere MST-Datei für eine angepasste Installation von Access.

- Auf den Computern, auf denen Access benötigt wird, installieren Sie es später über den Befehl **setup.exe TRANSFORMS=D:\install\Access\Access.MST /qb-** automatisch hinzu, nachdem das Standardimage, das Office 2003 Standard bereits enthält, aufgespielt wurde.

- Für Arbeitsplätze, an denen lediglich Access-Datenbanken geöffnet werden, um Datensätze einzusehen oder zu bearbeiten, installieren Sie die Access-Runtime-Version.

Unter **www.arstechnica.de/computer/msoffice/runtime.html** habe ich den Artikel »Lizenzgebühren sparen mit Access Runtime-Version« von Ralf Pfeifer gefunden. Der Artikel beschreibt, wie man von einer Access-Datenbank eine Runtime-Version erzeugt und Anwender diese Access-Datenbank anschließend nutzen können, ohne dass auf ihren Computern Access installiert ist. Sie finden den Artikel auf der beiliegenden DVD.

Durch diese Vorgehensweise minimieren Sie die Anzahl der benötigten Komplettabbilder und damit auch den Pflegeaufwand, der sich später ergeben wird, wenn die Abbilder überarbeitet werden müssen, weil neuere Versionen oder neue Service Packs, Patches und Hotfixes eingearbeitet werden müssen oder weil weitere Anwendungssoftware in das Standardimage eingefügt werden soll. Die Vorgehensweise ist lizenztechnisch sauber. Wenn ein Anwender, der bisher keine Access-Datenbanken erstellen musste, später Zugriff auf Access benötigt, so müssen Sie Office Standard nicht erst komplett de- und danach Office Professional installieren. Stattdessen wird eine weitere Lizenz von Microsoft Access erworben und mittels der erzeugten Konfigurationsdatei Access.MST mit geringem Aufwand hinzuinstalliert.

Abschließend sei der Hinweis gegeben, dass man mit Microsoft Office 2003 Small Business keine administrative Installation auf einem Server erzeugen kann. Die Installation von einem komprimierten Abbild, das auf dem Server liegt, ist aber möglich.

18.20 Daten von defekten Festplatten wiederherstellen lassen

Unter http://www.de.tomshardware.com/storage/20050603/cbl-datenrettung-08.html las ich den Artikel »Horrorszenario Festplattendefekt – Kosten der Datenwiederherstellung«. Es wird getestet, wie groß die Wahrscheinlichkeit ist, dass die Daten einer defekten Festplatte von einem hierauf spezialisierten Unternehmen wiederhergestellt werden können. Das Fazit des Artikels stimmt optimistisch:

»Die Kosten für einen Wiederherstellungsvorgang belaufen sich auf 800 bis 3500 Euro – je nach Art und Umfang der einzelnen Tätigkeiten. Wir konnten dabei alle nach unserer Einschätzung wichtigen Daten wiedererlangen. CBL garantiert dem Kunden, dass die Unkosten ausschließlich dann fällig werden, wenn die gewünschten Daten auch rekonstruiert werden konnten. Diese Aussage spricht für den Datenretter und auch für die scheinbar guten Chancen, in gewöhnlichen Defektfällen die meisten Inhalte wiederzuerlangen. In unserem Fall war es sogar möglich, die Festplatte weiterhin zu benutzen – auch wenn wir so etwas niemandem empfehlen würden.«

Für einen derartigen Notfall sollte man die Adressen von Firmen, die Datenrettung vornehmen, griffbereit haben:

http://www.billigste-angebote.de/datenrettung.php?so=go

Als Alternative können Sie eine Software wie **Ontrack EasyRecovery Professional** verwenden.

18.21 Das WWW-Prinzip: Work With Winners

Als Systemadministrator ist es Ihre Aufgabe, ein optimiertes System bei minimierten Kosten zu betreiben. Sie können jeden Euro nur einmal ausgeben und müssen Fehlinvestitionen in Hardware, Software und Wartungsverträge vermeiden. Bei der Auswahl der Hersteller und Lieferanten müssen Sie eine Politik betreiben, die auf einen langfristigen Schutz der Investitionen in die Informationstechnologie zielt. Experimente, die diesen Investitionsschutz in Frage stellen, sind daher zu vermeiden. Sie wurden als Systemadministrator oder als Leiter der IT-Abteilung eingestellt, nicht als Volkswirt. Sie mögen als Privatmann über die Monopolstellung gewisser Hersteller von Hard- oder Software denken, was Sie wollen, und emotionale Abneigungen gegen bestimmte Hersteller haben. Welchem Betriebssystem und welchen Anwendungen Sie auf Ihrem Computer zu Hause auf welcher Hardware den Vorzug geben, sollte Ihre Entscheidungen für das Unternehmen nicht beeinflussen. Hier muss das WWW-Prinzip gelten: Work With Winners. Denn die großen Marketplayer von heute werden mit großer Wahrscheinlichkeit auch morgen am Markt sein und diesen bestimmen.

Ein Beispiel soll dies veranschaulichen. Wenn Sie nach einer Antiviren-Lösung für Ihre Server und Workstations suchen, so können Sie sich Angebote von den international agierenden Anbietern einholen. Das sind unter anderem Network Associates, Symantec, Trend Micro, Computer Associates und inzwischen Microsoft selbst, nachdem Microsoft Firmen wie Sybari aufgekauft hat und mit Produkten und Diensten wie **Antigen**, **Microsoft Windows Defender** oder **Microsoft Exchange Hosted Services vorprescht.** In konjunkturell wackligen Zeiten sollten Sie das Antiviren-Produkt eines großen Herstellers aussuchen, denn geht dieser in Konkurs, so ist es fast sicher, dass seine Produkte von einem der verbliebenen Konkurrenten übernommen und weiter gepflegt werden. Kaufen Sie hingegen ein Antiviren-Produkt eines deutschen Herstellers, das vielleicht sogar in Tests deutscher Fachmagazine besser abschneidet als die Produkte der anderen Hersteller, das aber nur auf dem deutschen Markt vertrieben wird – was geschieht, wenn der Hersteller sich in diesem heiß umkämpften Markt nicht behaupten kann und in Konkurs geht? Wie wahrscheinlich ist es, dass das Produkt von einem Konkurrenzhersteller übernommen und weiter gepflegt wird?

Genauso verhält es sich bezüglich der Hersteller von Betriebssystemen, Datenbanken, kaufmännischer Software oder Netzwerkinfrastrukturanbietern oder Serverherstellern. Die großen Marketplayer heißen hier Microsoft, SUN, IBM, Oracle, SAP, Hewlett Packard, Cisco, Dell usw. Aus volkswirtschaftlicher Sicht ist die große Abhängigkeit von diesen Unternehmen sicherlich bedenklich. Abhängigkeiten von großen Monopolisten gab es jedoch in der Informationstechnologie schon immer und wird es auch in Zukunft geben. Diese Abhängigkeiten kosten den Kunden eventuell viel Geld, wenn es dem Hersteller gelingt, die Preise aufgrund von fehlenden Alternativen zu diktieren. Doch von solchen Preisdiktaten ist dann nicht nur Ihr Unternehmen betroffen, sondern auch die Konkurrenz.

Sich persönlich über die Monopolstellung von Microsoft zu ärgern ist so unproduktiv wie sich jeden Tag an der Tankstelle über steigende Benzinpreise zu ärgern. Machen Sie's stattdessen wie ich: Kaufen Sie ein Reverse-Bonuszertifikat auf Erdöl, um vom steigenden Erdölpreis zu profitieren, oder ein Reverse-Bonuszertifikat auf die Microsoft-Aktie (z. B. Wertpapierkennnummer DB7WTF von der deutschen Bank), um vom stagnierenden oder fallenden Kurs der Microsoft-Aktie zu profitieren.

18.22 Abhängigkeit von Einzelpersonen vermeiden

Viel schlimmer als die Abhängigkeit von großen Herstellern ist aber eine andere Abhängigkeit, nämlich die Abhängigkeit von Einzelpersonen in Ihrem Unternehmen, denn diese kann für Sie ruinös werden. Warum?

Die Wahrscheinlichkeit, dass ein monopolistischer Hersteller wie Microsoft oder SAP in Konkurs geht und als Folge die IT-Infrastruktur Ihres Unternehmens in eine Sackgasse gerät, ist eher gering. Wenn jedoch die IT-Infrastruktur Ihres Unternehmens von dem Know-how eines oder weniger Systemadministratoren abhängt und nicht dokumentiert ist, so kann dies fatale Folgen haben. Was geschieht, wenn diese Person von einem anderen Unternehmen von heute auf morgen abgeworben wird oder aber einen Unfall hat und nicht mehr verfügbar ist? Wie schnell kann sich ein neuer Mitarbeiter mit adäquater Ausbildung in die Strukturen des Netzwerkes einarbeiten? Welche Risiken bestehen, dass ein ehemaliger IT-Mitarbeiter nicht nur sein komplettes Know-how über das Netzwerk in ein Konkurrenzunternehmen transferiert und Sie »im Wald stehen lässt«, sondern auch noch Kundendaten, Preiskonditionen, Kalkulationsunterlagen oder Produktentwicklungsunterlagen seinem neuen Arbeitgeber verfügbar macht? Der Schaden ist aber auch schon dann groß genug, wenn ein Mitarbeiter die Sammlung von Kundendaten über einen Mittelsmann an eine Firma verkauft, die mit Adressen handelt.

Sich über die Abhängigkeit von großen Herstellern wie Microsoft oder SAP aufzuregen, ist mehr oder weniger verschwendete Energie. Sie als Systemadministrator und Entscheidungsträger in der IT-Abteilung können an diesen Abhängigkeiten kaum etwas verändern. Sehr wohl können Sie aber den Grad der Abhängigkeit von Einzelpersonen innerhalb Ihrer IT-Abteilung beeinflussen, indem Sie durch Qualitätsmanagement, einen hohen Grad der Standardisierung und eine ständig auf den neuesten Stand gebrachte Dokumentation des Netzwerks sicherstellen, dass jeder Mitarbeiter der IT-Abteilung ersetzbar bleibt.

18.23 Das Vieraugen-Prinzip

Ein wichtiges Prinzip, dass Sie beherzigen sollten, ist das Vieraugen-Prinzip. Es sollte selbstverständlich sein, dass alle wichtigen Kennwörter für den Fall, dass ein Systemadministrator ausfällt, in einem versiegelten Briefumschlag im Tresor des Unternehmens hinterlegt werden. Ein Mitarbeiter des Qualitätsmanagements muss in regelmäßigen Abständen kontrollieren, ob diese notierten Kennwörter wirklich funktionieren, der Inhalt des versiegelten Briefumschlags also ständig auf einem aktuellen Stand ist.

In Gesamtstrukturen, die aus einer Stammdomäne und mehreren Subdomänen bestehen, werden die Domänenadministratoren der Subdomänen eventuell befürchten, dass die Organisationsadministratoren und Schemaadministratoren der Stammdomäne ihre besondere Machtposition ausnutzen könnten und in den Subdomänen unkontrollierte Manipulationen vornehmen. Die Organisations-Admins (Enterprise-Admins) haben folgende besonderen Rechte:

- Nur sie können den ersten Domänencontroller einer neuen Subdomäne einrichten und den letzten Domänencontroller einer Subdomäne löschen. Das heißt, nur die Organisations-Admins können in der Gesamtstruktur weitere Domänen einrichten und wieder löschen.
- Nur die Organisations-Admins können neue Standorte sowie Standortverknüpfungen erstellen und den Standorten IP-Adressbereiche zuweisen. Nach der Einrichtung eines neuen Standortes können sie die Administration dieses Standortes an andere Administratoren delegieren.
- Die Gruppe Organisations-Admins wird bei der Einrichtung einer neuen Subdomäne automatisch in die Gruppe der Domänen-Admins eingetragen. Sie können aber aus diesen Gruppen entfernt und dann temporär wieder eingefügt werden, wenn z. B. unterhalb der Subdomäne eine weitere Subdomäne erstellt werden soll, denn auch das können nur die Organisations-Admins und nicht die Domänen-Admins.

Um zu verhindern, dass die Organisationsadministratoren zu viel unerwünschten Einfluss erhalten, gibt es aber nicht nur technische, sondern auch organisatorische Maßnahmen. Sie könnten zur Einhaltung eines schriftlichen Betriebskonzepts per Unterschrift angehalten werden, mit dem Hinweis, dass Zuwiderhandlungen mit disziplinarischen Maßnahmen geahndet werden. In diesem Betriebskonzept könnte schriftlich fixiert werden, dass Interaktionen nach Einrichtung der Subdomänen nur mit ausdrücklicher Genehmigung der dezentralen Domänenadministratoren zulässig sind und dann nur nach dem Vieraugen-Prinzip erfolgen dürfen. Die Kennwörter des Organisationsadministrators als auch des Schemaadministrators könnten z. B. aus einem 12-stelligen Kennwort bestehen, dessen erste sechs Stellen nur einem von zwei Administratoren und die zweiten sechs Stellen nur dem anderen bekannt sind. Würden beide sechsstelligen Teilkennwörter schriftlich in separaten und versiegelten Umschlägen in einem Tresor aufbewahrt, so wäre sichergestellt, dass ein Administrator allein keine Handlungen (speziell keine widerrechtlichen Handlungen) vornehmen kann. Bei der Abwesenheit eines der Organisationsadministratoren kann jedoch ein Vertreter in den Besitz des Teilkennwortes gelangen, um zusammen mit dem anderen Organisationsadministrator die notwendigen Handlungen vorzunehmen.

Ebenso muss es für Schemaänderungen am Active Directory, die nur durch Schemaadministratoren durchgeführt werden können, eine organisatorische Regelung geben, denn Schemaänderungen betreffen alle Subdomänen und sind nicht revidierbar. Produkte, die eine Schemaerweiterung benötigen, müssen in einer Testumgebung auf Kompatibilität mit den anderen Produkten getestet werden und am besten durch eine Kommission freigegeben werden, der ein Domänenadministrator jeder Subdomäne angehört.

18.24 Das KISS-Prinzip zur Vermeidung unnötiger Komplexität

Microsoft liefert mit seinen Serverprodukten eine Technologie, mit der äußerst komplexe IT-Strukturen aufgebaut werden können. Die Anzahl der verwaltbaren Objekte im Active Directory ist inzwischen so groß, dass kaum eine Organisation an Grenzen stößt, wenn sie beabsichtigt, alle Organisationseinheiten in einer gemeinsamen Active-Directory-Gesamtstruktur zu vereinigen. Doch auch das notwendige Know-how zur Beherrschung dieser Technologie ist immens gewachsen. Viele Wege sind möglich, wenn man sich in der konzeptionellen Planung der Gesamtstruktur befindet.

Man kann eine Organisation, die aus vielen Unterorganisationen besteht und räumlich dezentralisiert ist, auf mehrere Arten abbilden: durch mehrere Gesamtstrukturen, durch einen DNS-Namensraum, der unabhängig vom Active Directory ist, durch eine Stammdomäne mit vielen Subdomänen oder durch eine einzige Domäne, indem die ehemaligen selbstständigen NT-4.0-Domänen oder NetWare-Netze als Organisationseinheiten in einer großen Domäne zusammengeführt werden.

Sie können ein Meta-Directory einführen, um unterschiedliche Welten zusammenzuführen. Wenn Ihr Unternehmen international tätig ist, können Sie den Mitarbeitern nicht nur ein multilinguales Frontend-Betriebssystem und Office in der Landessprache zur Verfügung stellen, sondern auch auf den Servern die sprachlich lokalisierten Versionen einsetzen. Sie können sich aber auch zwecks Standardisierung und Reduzierung der Fehlerquellen und des Administrationsaufwandes zumindest bei den Serverprodukten auf eine Sprachversion einigen.

Sie können Wildwuchs von lokalen, globalen und universellen Sicherheits- oder Verteilergruppen erzeugen und dieses Gruppengebilde durch Verschachtelung undurchsichtig gestalten. Ebenso können Sie mit Organisationseinheiten verfahren. Und dasselbe gilt für die Softwareverteilung, die Struktur des Mustercomputers sowie für die Auswahl der Softwareprodukte, der Gruppenrichtlinien, der beschafften Hardware oder der eingesetzten Managementsoftware.

Wenn das vorrangige Ziel jedoch lautet, maximalen Nutzen bei minimierten Kosten zu erreichen, müssen Sie die Informationstechnologie standardisieren, standardisieren und noch einmal standardisieren! Das geht jedoch nur durch die Vermeidung von unnötiger Komplexität, und zwar nach dem **KISS-Prinzip: Keep It Simple and Smart** – das Gesamtsystem so einfach, durchsichtig, pfiffig und gleichzeitig kostenminimiert wie möglich gestalten.

Vermeiden Sie komplexe Active-Directory-Gesamtstrukturen. Bilden Sie ehemals eigenständige Domänen nach Möglichkeit als Organisationseinheiten in wenigen Subdomänen ab. Im Optimalfall erstellen Sie eine Single-Domain-Gesamtstruktur. Das muss nicht zur völligen Entmachtung der dezentralen IT-Abteilungen führen. Durch die Zuweisung von Berechtigungen an Organisationseinheiten können die ehemals autonomen Domänenadministratoren ihre nunmehr als Organisationseinheit abgebildete Unterorganisation weiterhin weitgehend eigenständig administrieren, solange die im Vorfeld abgesteckten Vereinbarungen wie z. B. organisationsübergreifende Namenskonventionen und Service Level Agreements von allen Beteiligten eingehalten werden.

- Verwenden Sie ein einfaches Namensschema für AD-Objekte und nutzen Sie statt komplizierter Objektnamen die Möglichkeit, die Objekte über die Felder **Beschreibung** und **Standort** näher zu definieren.
- Erstellen Sie möglichst wenig Organisationseinheiten, Sicherheitsgruppen und Gruppenrichtlinien.
- Nutzen Sie die Möglichkeiten der Gruppenverschachtelung.
- Vermeiden Sie, jeden Sonderfall über eine neue Gruppenrichtlinie abbilden zu wollen.
- Gehen Sie das Risiko ein, dass ein Anwender tatsächlich einmal aufgrund zu vieler Rechte einen Computer oder sein Benutzerprofil »ruiniert«.

Wenn Sie eine Methode gefunden haben, mit der ein fehlerhafter Computer in kurzer Zeit wieder neu eingerichtet werden kann, und wenn Sie sicherstellen, dass dabei keine Anwenderdaten verloren gehen, da diese Daten alle auf dem Server liegen, ist das nicht tragisch. Ein defektes Benutzerprofil reparieren Sie, indem Sie sowohl das lokale Profil als auch das servergespeicherte Profil im schlimmsten Fall einfach löschen. Bei der nächsten Anmeldung erhält dann der

Benutzer ein neues Profil. Wenn Sie aber die Einstellungen des **Default Users** bereits in der Planung optimiert haben und alle anderen wichtigen Benutzer-Einstellungen durch ein abgestimmtes Zusammenspiel von Anmeldeskripten und Gruppenrichtlinien bereits sinnvoll vorgegeben werden, werden dem Benutzer durch das Löschen seines Profils keine wesentlichen Dinge verloren gehen.

Reduzieren Sie die eingesetzten Softwareprodukte, Virenscanner, Managementtools zur Komponentenüberwachung, zur Hardware- und Softwareinventarisierung und zur Softwareverteilung und schulen Sie die zentralen und dezentralen Administratoren gezielt in den verbleibenden Produkten, besonders auch in den Themen Backup, Restore und Disaster Recovery.

Stellen Sie durch eine strikte Standardisierung der Serverhardware und Netzwerkkomponenten sicher, dass der Administrator eines Standortes im Notfall auch den Administrator eines anderen Standortes vertreten kann und dass neue Mitarbeiter, die ausgewählt wurden, weil sie eine qualifizierte Ausbildung in gängigen Netzwerkprodukten nachweisen konnten, innerhalb einer angemessenen Einarbeitungszeit produktiv werden können. Diese Standardisierung stellt zugleich sicher, dass externe Mitarbeiter von Beraterfirmen sich schnell zurechtfinden und neu zusammengestellte IT-Projektgruppen keinen großen Aufwand betreiben müssen, um den Ist-Zustand aufzunehmen, bevor sie mit der eigentlichen Projektarbeit beginnen können.

18.25 Empfehlungen in Büchern und in Whitepapers des Internets haben ein sehr kurzes Verfallsdatum

Wenn Sie Empfehlungen in Whitepapers oder Referenzhandbüchern z. B. zur Hardwareausstattung der Server oder zur Auslegung von WAN-Leitungen lesen, so achten Sie auf das Datum der Veröffentlichung des Artikels bzw. des Buches. Bedenken Sie, dass vom Zeitpunkt, an dem das Manuskript entstand, bis zum Zeitpunkt der Veröffentlichung oft mehrere Monate vergehen, und dass Autoren auch Aussagen wiedergeben, die sie in der Fachliteratur gelesen, nicht aber unbedingt selbst auf den Aktualitätsgrad überprüft haben. Selbst wenn Sie eine Empfehlung aus einem gerade veröffentlichten Artikel oder Buch lesen, kann der Zeitpunkt, zu dem eine Aussage aufgrund von Tests zustande kam, schon Monate, unter Umständen Jahre zurückliegen und die Empfehlung durch die zwischenzeitliche Entwicklung längst überholt sein.

Das Ihnen vorliegende Buch wurde bereits nach einem Jahr nach dem Erscheinen der Erstauflage komplett überarbeitet, weil es inzwischen eine Vielzahl neuer Entwicklungen gegeben hat und die in der Erstauflage beschriebenen Produkte inzwischen durch neuere Versionen ersetzt wurden. Hinterfragen Sie also alle Aussagen und Empfehlungen aus der Fachliteratur und aus dem Internet kritisch, natürlich auch die Aussagen und Empfehlungen der zweiten Neuauflage dieses Buches.

Ein im Vorfeld sorgfältig geplantes, einheitliches Schema der Namenskonventionen für alle Objekte der Active-Directory-Gesamtstruktur ist unerlässlich, um Wildwuchs zu vermeiden und die langfristigen Kosten der Verwaltung niedrig zu halten. An dieses Namenskonzept müssen sich später alle Administratoren unbedingt halten.

19 Namenskonventionen für Active-Directory-Objekte

19.1 Generelles zu Namenskonventionen im Active Directory

Wie wichtig mittel- und langfristig ein sauber durchdachtes Namenskonzept für Active-Directory-Objekte ist, wissen IT-Profis, die viel Erfahrung mit Netzwerk-Migrationen und Serverkonsolidierungen haben. Die konzeptionelle Problematik eines Namenskonzeptes ist dabei vergleichbar der Problematik einer relationalen Datenbank, die aus wenigen großen Tabellen oder vielen kleineren Tabellen mit einer entsprechenden Zahl von Primärschlüsseln und Sekundärschlüsseln bestehen. Wurde die Datenbank-Hierarchie blauäugig erstellt, so lässt sie sich später entweder gar nicht oder nur mit großem Aufwand anpassen oder erweitern.

19.1.1 Distinguished Name, Relative Distinguished Name, User Principal Name, Full Qualified Name und NetBIOS Name

Bei der Namensvergabe in einer Active-Directory-Gesamtstruktur sind zuerst technische Beschränkungen zu beachten. Definierte Namen (**Distinguished Names, DN**) müssen eindeutig sein. Innerhalb einer Domäne können definierte Namen für Objekte wie Benutzerkennungen, Computernamen, Namen für Sicherheitsgruppen etc. nur einmal vergeben werden. Auch wenn zwei dieser Objekte in unterschiedlichen Organisationseinheiten (OUs) liegen, können sie nicht denselben Namen haben. Neben dem definierten Namen gibt es den relativ definierten Namen (**Relative Distinguished Name, RDN**) und den **User Principal Name (UPN)**, der mehr schlecht als recht mit »benutzerfreundlicher Name« ins Deutsche übersetzt wird. Der RDN eines Benutzers besteht aus dem Vornamen und dem Nachnamen. Sein UPN kann z. B. nur der Nachname sein oder sich aus einer Kombination aus Nachnamen und dem ersten Buchstaben des Vornamens zusammensetzen. Besteht eine Gesamtstruktur aus mehreren Domänen, so bedeutet das aber auch im Umkehrschluss, dass die Benutzerkennung **Meier** mehrfach vorkommen darf, so lange sie in einer Subdomäne nicht mehrfach vorkommt.

Ein Beispiel soll den Unterschied zwischen DN, RDN und UPN veranschaulichen: Der Benutzer Hans Meier ist Mitglied der OU **Buchhaltung** in der Domäne **company.com**. Sein DN lautet:

/DC=COM /DC=company /OU=Buchhaltung /CN=Benutzer /CN=Hans Meier

Der RDN des Benutzers Hans Meier lautet **Hans Meier**.

Der UPN könnte **Meier** oder **MeierH** oder **Hans.Meier** lauten, aber auch ganz anders, z. B. **Benutzer123**.

Neben dem definierten Namen, dem relativ definierten Namen und dem User Principal Name gibt es aber auch noch den **Full Qualified Name (FQN)**, einen Begriff, der nicht aus dem Microsoft Active Directory, sondern aus der DNS-Welt stammt und sich aus dem UPN und der Domänenzugehörigkeit zusammensetzt. Hans Meier könnte z. B. den FQN **meier@company.com** oder **meierh@company.com** haben.

Um die Verwirrung vollständig zu machen, muss auch noch erwähnt werden, dass Computer, Drucker und Gruppen einen **NetBIOS-Namen** haben. Ein NetBIOS-Name ist eine eindeutige 16-Byte-Adresse, die für die Bezeichnung einer NetBIOS-Ressource in einem Netzwerk verwendet wird. NetBIOS-Namen werden für die Namensauflösung von WINS benötigt. Wenn Sie z. B. den Befehl **ping W003** oder den Befehl **nslookup S1** eingeben, so muss der DNS-Dienst zusammen mit dem WINS-Dienst den Namen **W003** oder **S1** eindeutig einer Netzwerkressource zuordnen können. Die WINS-Datenbank bzw. der DNS-Server liefert dazu den Full Qualified Name. Erst dann ist die IP-Adresse der Netzwerkressource bekannt. Der NetBIOS-Name einer Netzwerkressource darf maximal 15 Zeichen haben und ist in der Regel identisch mit dem UPN.

Besteht eine Active-Directory-Gesamtstruktur aus mehreren Subdomänen, so kann es den RDN **meierh** nun mehrmals in der Gesamtstruktur geben, solange es pro Subdomäne nur einmal den RDN **meierh** gibt. Die beiden Kennungen **meier@xxx.company.com** und **meier@yyy.company.com** haben zwar denselben RDN **meierh**, sie unterscheiden sich aber sowohl im DN als auch im FQN. Dasselbe gilt für andere Objekte wie Computer-, Server- oder Gruppennamen. Nur innerhalb einer Domäne kann es keine gleichnamigen Benutzerkennungen, Computer- oder Gruppennamen geben.

19.1.2 Auf Umlaute und Sonderzeichen verzichten

Aus Gründen der Abwärtskompatibilität zu alten Anwendungen und Diensten kann es sinnvoll sein, bei bestimmten Objekttypen keine Namen mit mehr als acht Zeichen zu verwenden und Umlaute, Sonderzeichen und Leerzeichen etc. zu vermeiden. Auch in Hinblick auf den immer wichtiger werdenden Geschäftskontakt mit dem Ausland kann so argumentiert werden. In international operierenden Unternehmen verbieten sich Sonderzeichen in Active-Directory-Objektnamen geradezu, da es z. B. auf einer englischen Tastatur keine Umlaute (ü, ö, ä) und kein »ß« gibt. Aufgrund eines anderen Zeichenvorrats ist nicht einmal sichergestellt, dass ein Name wie Ulrich Schlüter oder René Weißkohl auf einem PC mit US-amerikanischem Betriebssystem richtig angezeigt wird. Da Namen von Servern, Workstations oder Druckern sowie von Sicherheitsgruppen in Batch-Routinen, Skripten, Icon-Verknüpfungen etc. vorkommen können, kann es auch diesbezüglich sinnvoll sein, sich auf eine bestimmte Anzahl von Zeichen zu beschränken und Sonderzeichen nicht zuzulassen. Lange Namen sind fehleranfälliger (Tippfehler), ohne deswegen aussagefähiger sein zu müssen.

Außerdem gibt es bei jedem Active-Directory-Objekt die Möglichkeit, ein Beschreibungsfeld auszufüllen. Folglich muss z. B. der Name eines Servers nicht den exakten Standort (z. B. Zentrale Aachen, 2. Obergeschoss, Raum 202) oder die Funktionen dieses Servers beinhalten (z. B. Domänencontroller, Dateiserver, Exchange Server). Diese Informationen können auch in der Beschreibung untergebracht werden. Dort können sie auch problemlos geändert werden, wenn ein Server eine weitere Funktion übernimmt oder eine Funktion an einen anderen Server übergibt. Es ist jedoch aufwendig und problematisch, wenn nicht unmöglich, den Namen eines Servers umzubenennen, nur weil sein Standort sich ändert oder der Server mit der Zeit andere oder weitere Funktionen übernimmt.

19.2 Namenskonvention für Anmeldenamen und E-Mail-Adressen

19.2.1 Üblicherweise genutzte Konventionen

Eine Konvention für einen Anmeldenamen, der aus dem Nachnamen und dem Vornamen gebildet wird und maximal 13 Stellen lang sein soll, würde zu folgenden umständlichen Anmeldenamen führen:

Schlüter, Ulrich	schlueterulri
Floren, Karl-Heinz	florenkarlhei
Lütke Volksbeck, Martina	luetkevolsbec

Müller-Lüdenscheid, Christoph	muellerlueden
van Wamelen, Joop	wamelenvanjoo

Einprägsamer und mit geringerem Risiko von Tippfehlern behaftet wäre folgende Namenskonvention für Benutzerkennungen:

- Anmeldenamen bestehen aus höchstens zehn Buchstaben. Umlaute und Sonderzeichen werden nicht verwendet.
- Anmeldenamen werden aus dem Nachnamen gebildet, wobei Titel und Zusätze wie »van«, »von«, »zu« etc. wegfallen.
- Bei Namensgleichheit von Nachnamen (Ulrich Schlüter und Ute Schlüter) kann die erste Kennung **schlueter**, die zweite Kennung **schlueteru** heißen, also aus bis zu 9 Stellen des Nachnamens und einer Stelle des Vornamens gebildet werden. Durchnummerierungen (schlueter1, schlueter2) sollten vermieden werden, damit sich niemand »degradiert« fühlt. Gibt es mehr als zwei Mitarbeiter mit identischem Vor- und Zunamen (z. B. dreimal den Namen »Ulrich Schlüter«), so heißt die erste Kennung **schlueter**, die zweite Kennung **schlueteru**, die dritte Kennung muss in Abstimmung mit dem Anwender gebildet werden (z. B. **schluetu**, **schluetr** oder dann auch **schlueter3**).
- Die E-Mail-Adresse wird aus Vornamen und Nachnamen gebildet: z. B. **ulrich.schlueter@company.com**
- Bei Zusätzen wie »van«, »von« oder »zu« wird dem Anwender ein Vorschlag unterbreitet: **joop.wamelen@company.com** oder **joop.van.wamelen@company.com** oder **wamelen@company.com**. Im Zweifelsfall soll der Anwender selbst entscheiden dürfen, wie er nach außen (d.h. im E-Mail-Verkehr) benannt sein möchte. Bei Namensgleichheit (z. B. zwei Mitarbeiter namens Hans Meier) muss in Absprache mit dem Anwender eine akzeptable Lösung gefunden werden (z. B. **hans.meier@company.com** für den ersten und **h.meier@company.com** oder **meierh@company.com** für den zweiten Anwender). Gleichzeitig muss jedoch geprüft werden, ob beim Versenden von Mails die automatische Namensauflösung zu Konflikten führt. Diese müssen dann durch Umbenennung gelöst werden.
- Im Adressbuch von Exchange müssen die Namen in der Form »Nachname, Vorname« oder »Nachname – Vorname« auftauchen. Bei Namensgleichheit kann durch einen Zusatz, z. B. Meier, Hans (Aachen) oder Meier, Hans (Ort, Abteilung), Eindeutigkeit herbeigeführt werden.

19.2.2 Anonyme Anmeldekennungen verwenden

Die oben aufgeführten, oft genutzten Konventionen für Anmeldenamen haben jedoch einige gravierende Nachteile:

- Geht der Nachname in die Anmeldekennung ein, so gibt es keine Eindeutigkeit, wenn ein Nachname mehrmals auftaucht.

- Ändert sich der Nachname wegen Heirat oder Scheidung, so muss die Kennung umbenannt werden. Die Umbenennung einer Benutzerkennung ist im Snap-In **Active Directory-Benutzer und -Computer** zwar möglich, doch wird dabei weder das Profilverzeichnis des Benutzers auf dem Server (serverbasiertes Benutzerprofil) noch das lokale auf dem Client unter **C:\Dokumente und Einstellungen** umbenannt, und auch das Basisverzeichnis (Home Directory) auf dem Server hat nach der Umbenennung immer noch den alten Namen. Wurde in speziellen Skripten die Kennung fest verdrahtet, so tauchen auch dort Probleme auf. Gravierender sind aber oft die Probleme, die sich in anderen Anwendungen ergeben, z. B. dann, wenn die Anmeldekennung redundant in Datenbankanwendungen von Drittanbietern genutzt wird, z. B. in SAP oder Sage KHK.

- Oft wird der Fehler begangen, einzelnen Benutzerkennungen Zugriffsberechtigungen auf Ressourcen wie Serververzeichnisse, Personaldaten, Kundendaten usw. zu vergeben. Übernimmt ein anderer oder neu eingestellter Mitarbeiter nun diesen Aufgabenbereich, so müssen alle Berechtigungen für die neue Benutzerkennung manuell eingerichtet werden. Wurde die Kennung des ehemaligen Sachbearbeiters auch noch für die Anmeldung in Datenbanken von Drittprodukten verwendet, so müssen in diesen Datenbanken nun ebenfalls eine neue Kennung angelegt und passende Berechtigungen vergeben werden.

- Beschäftigt ein Unternehmen regelmäßig Praktikanten, Auszubildende, Zeitarbeiter oder externe Projektmitarbeiter, so ist die Einrichtung von Benutzerkennungen und das spätere Löschen der Kennungen sehr aufwendig, wenn derartige Kennungen den Nachnamen eines Mitarbeiters enthalten.

Als sinnvolle Alternative bietet es sich an, anonymisierte Anmeldekennungen zu verwenden und diese Kennungen bezüglich der Berechtigungen an bestimmte Stellen zu binden. So wären z. B. folgende Lösungen denkbar:

- **User001** bis **User999** oder noch einfacher **001** bis **999**
- **Benutzer001** bis **Benutzer999**
- **Einkauf001** bis **Einkauf999**, **Verkauf001** bis **Verkauf999** usw., d. h. Kennungen, in die der Name der Abteilung einfließt.

- Die Durchwahlen der Telefonanlage als Benutzerkennungen, wenn es sicher ist, dass der jetzige Nummernkreis der Telefonanlage sich nicht ändern wird, wenn das Unternehmen wächst oder die Telefonanlage irgendwann ausgetauscht werden muss.
- Die Raumnummern mit einer angehängten fortlaufenden Nummer, wenn es ein klares Gebäudeleitsystem gibt. Die Kennung **312-03** ist damit einem Benutzer zugeordnet, der in Raum 312 arbeitet. Diese Lösung ist jedoch schon wieder problematisch, wenn eine Abteilung in einen anderen Raum oder ein anderes Gebäude umzieht.

Derartige anonymisierte Anmeldekennungen haben Vorteile. Ändert sich der Nachname des Benutzers, so muss nicht die Kennung geändert werden, sondern lediglich der Anzeigename oder die Bemerkung und bezüglich der E-Mail-Adresse eventuell die SMTP-Hauptadresse. Wenn z. B. die Kennung **User442** eindeutig einer bestimmten Sachbearbeiterstelle im Personalwesen zugeordnet ist und diese Kennung bestimmte Zugriffsrechte auf Gruppenverzeichnisse und Netzwerkdrucker der Personalabteilung hat und wenn diese Kennung ebenso als Anmeldekennung im Modul Personalwesen der kaufmännischen Anwendung genutzt wird, so ist der Aufwand sehr gering, wenn es zu einem Stellenwechsel kommt. Verlässt ein Mitarbeiter das Unternehmen und übernimmt ein neu eingestellter Mitarbeiter dessen Stelle, so arbeitet dieser Mitarbeiter unter derselben Kennung und mit demselben Exchange-Postfach weiter, wobei bezüglich der E-Mail-Adresse überlegt werden muss, ob die SMTP-Hauptadresse den Namen des Mitarbeiters enthalten oder ebenso anonymisiert sein soll.

19.2.3 Anonyme E-Mail-Adressen oder Sammel-E-Mail-Adressen verwenden

Bezüglich der E-Mail-Postfächer sind weitere Überlegungen notwendig. Sicherlich ist es sinnvoll, dass jeder Mitarbeiter des Unternehmens jeden anderen Mitarbeiter per E-Mail erreichen und auch auf die öffentlichen Ordner des Exchange Server zugreifen kann, wenn diese intensiv genutzt werden. Doch muss hinterfragt werden, welche Mitarbeiter darüber hinaus die Möglichkeit erhalten sollen, mit externen Stellen und Adressaten per E-Mail zu kommunizieren, und ob bei diesen Mitarbeitern als Absenderadresse eine persönliche SMTP-Adresse verwendet werden soll, die den Namen des Mitarbeiters enthält, oder aber eine anonymisierte Adresse. Bedenken Sie, welche Kosten einzusparen wären und wie drastisch die Risiken von Viren, Spam und Hackerangriffen reduziert werden könnten, wenn nur ausgewählte Mitarbeiter eine eigene Mail-Adresse erhielten. Welcher Mitarbeiter würde noch private E-Mails während der Arbeitszeit verfassen, wenn eine Antwort darauf nur an eine Sammeladresse wie einkauf@company.com möglich und in einem öffentlichen Exchange-Ordner für alle Mitarbeiter des Einkaufs lesbar wäre?

Technisch ist es möglich, unter Exchange Server eine Mitarbeitergruppe anzugeben, die E-Mails in das Internet verschicken oder von dort erhalten kann. Ebenso ist es möglich, z. B. alle für den Einkauf eingehenden E-Mails und Faxe unter einer Sammeladresse in einen öffentlichen Exchange-Ordner einfließen zu lassen.

19.3 Namenskonvention für Servernamen

Bei Windows-Servern sollte die Funktion nicht in den Namen eingehen, wie z. B. »EX« für Exchange Server, »FS« für Fileserver, »DC« für Domänencontroller oder andere Kürzel für SQL-, Proxy-, oder Archivierungsserver. Es gibt und wird auch in Zukunft Windows-Server geben, die mehrere Funktionen haben, die also gleichzeitig Anmeldeserver, DNS-Server, DHCP-Server sind, die sowohl als Dateiserver wie als Druckserver fungieren und zusätzlich als RIS-Server Abbilder für Clients verteilen. Ein SMS-Server ist z. B. immer auch ein SQL-Server, da SMS eine Microsoft-SQL-Datenbank voraussetzt. Außerdem zeigt die Erfahrung, dass sich die Funktionen eines Servers im Laufe der Zeit ändern, weil ein vorhandener Server weitere Funktionen übernimmt oder zwecks Lastenausgleichs bestimmte Funktionen an einen neuen Server abgibt. Serverfunktionen sind also selbst bei guter Planung über einen längeren Zeitraum hinweg nicht eindeutig. Ein Domänencontroller übernimmt oft weitere Funktionen wie die des DNS-, DHCP- oder WINS-Servers.

Da alle zu installierenden Windows-Server in der Regel über dasselbe Betriebssystem (Windows 2000 Server bzw. Windows 2003 Server) verfügen, wäre es nur verwirrend, wenn das Betriebssystem in den Namen eingehen würde. Selbst wenn sich zukünftig die Betriebssysteme unterscheiden, weil einige Server unter Windows 2000 Server, andere aber bereits unter Windows 2003 Server laufen, besteht kein zwingender Grund, die Art des Betriebssystems oder sogar dessen Version in den Servernamen aufzunehmen. Bei einem Update wäre man folgerichtig gezwungen, den Servernamen zu ändern, was technisch nur mit hohem Aufwand bzw. gar nicht möglich ist.

Diese zusätzlichen, oft aber dynamischen Eigenschaften eines Servers können besser in das Feld **Beschreibung** bzw. in der Registerkarte **Standort** eingegeben und dort jederzeit geändert werden. Ein zentral gehaltenes Dokument (z. B. eine Excel-Tabelle), das alle Server, die Betriebssystemversion und ihre Funktionen auflistet, sowie Aufkleber auf den Servern erfüllen dieselbe Informationsleistung.

Servernamen sollten zur Vermeidung von Tippfehlern in Skripten und von Hörfehlern bei Fehlermeldungen über das Telefon kurz sein. Wenn der Standort eines Servers in den Namen eingehen soll, kann z. B. die Stadt, in der der Server steht, mit zwei oder drei Buchstaben eingehen (Aachen = AA, Dortmund = DO). Gibt es aber in einer Stadt mehrere Standorte im Sinne von Active Directory (d. h. keine Verbindung mit großer Bandbreite), so können ein oder zwei weitere Stellen für diese Differenzierung genutzt werden. So könnte z. B. »DO3« für den Standort Dortmund, Bachstraße und »DO5« für Dortmund, Heinestraße stehen.

Um Server von Workstations zu unterscheiden, kann der Name eines Servers immer mit dem Buchstaben »S«, der Name einer Workstation immer mit dem Buchstaben »W« und der Name eines Netzdruckers immer mit einem »P« für Printer beginnen.

Die Server könnten folglich **S01** bis **S99** heißen oder, wenn der Standort mit einfließen soll, z. B. **SDO01** bis **SDO99** für alle Server am Standort Dortmund.

19.4 Namenskonvention für Workstations

Auch bei der Bezeichnung der Workstations (Clients) kann der Standort mit in den Namen eingehen, muss es aber nicht, da auch hier das Beschreibungsfeld bzw. die Registerkarte **Standort** Angaben über den Standort, die Raumnummer oder z. B. auch die Inventarnummer aufnehmen kann. Im Snap-In **Active Directory-Benutzer und -Computer** können die gewünschten Spalten für Anzeigename, Beschreibung oder Standort hinzugefügt werden, sodass ein Administrator alle Informationen über eine Workstation sofort tabellarisch sieht.

Die Workstations könnten also Namen zwischen **W0001** bis **W9999** bekommen oder **WDO0001** bis **WDO9999** für Workstations, die z. B. am Standort Dortmund stehen. Wenn Sie unter dem Begriff »Workstation« nur herkömmliche PCs verstehen, jedoch keine mobilen Computer wie Laptops oder Tablet-PCs, so können Sie alternativ statt des »W« auch ein »C« für Client als Sammelbegriff für alle Arten von Anwendercomputern verwenden.

Zwar wurde in diesem Buch für Arbeitsplatzcomputer regelmäßig der Begriff »Clients« verwendet, doch scheint der Begriff »Workstations« verbreiteter zu sein. Wenn Sie die Workstations jedoch bereits bei der Namensvergabe in fest installierte und mobile Arbeitsplätze unterscheiden wollen, können Sie auch Bezeichnungen wie **PC0001** und **LT0001** einführen, wobei LT dann eine Abkürzung für Laptops wäre. Tablet-PCs müssten dann schon wieder eine neue Bezeichnung erhalten. Andererseits trifft auch hier wieder das Argument zu, dass der Typ und das Modell eines Arbeitsplatzcomputers im Beschreibungsfeld angegeben werden können und folglich nicht in den Namen eingehen müssen.

19.5 Namenskonvention für Drucker

Wenn die Server den Zusatz **S** und die Workstations den Zusatz **W** (oder **C** für Clients) erhalten, sollten folgerichtig die Printer den Zusatz **P** erhalten (**P0001** bis **P9999** oder **PDO0001** bis **PDO9999** für Netzdrucker am Standort Dortmund). Außerdem sollte jeder Drucker einen Aufkleber mit seinem Namen erhalten, so dass ein Anwender, der auf einen weiteren Drucker Zugriff erhalten möchte, dem Administrator am Telefon lediglich die aufgeklebte Bezeichnung mitteilen muss. Über die Felder **Ort** und **Kommentar**, die beim Einrichten eines freigegebenen Druckers ausgefüllt werden sollten, kann ein Drucker mit dieser schlichten Bezeichnung auch über den Befehl **Start · Suchen · Nach Druckern** und dann über die Schaltfläche **Jetzt suchen** im Active Directory identifiziert werden.

19.6 Namenskonvention für Organisationseinheiten (OUs)

Die OUs einer Domäne werden nur von den Administratoren dieser Domäne, nicht aber von den Mitarbeitern der Domäne eingesehen. OUs dienen dazu, die Domäne in kleinere Verwaltungseinheiten zu zerlegen und ausgewählten IT-Mitarbeitern klar definierte Verwaltungsrechte auf bestimmte Objekte innerhalb einer OU zu erteilen. OUs werden hierarchisch ineinander verschachtelt. Handelt es sich nur um ein Unternehmen mit mehreren Standorten, so kann die OU-Struktur wie in der folgenden linken Abbildung gezeigt aussehen. Wenn in einer Domäne mehrere Filialen oder eigenständige Unternehmen eines Konzerns verwaltet werden, kann die OU-Struktur so wie in der rechten Abbildung aussehen.

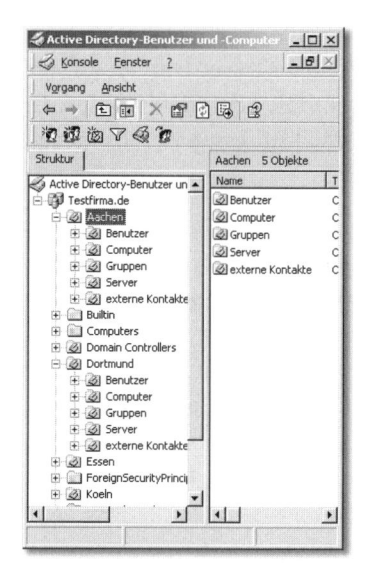

19 | Namenskonventionen für Active-Directory-Objekte

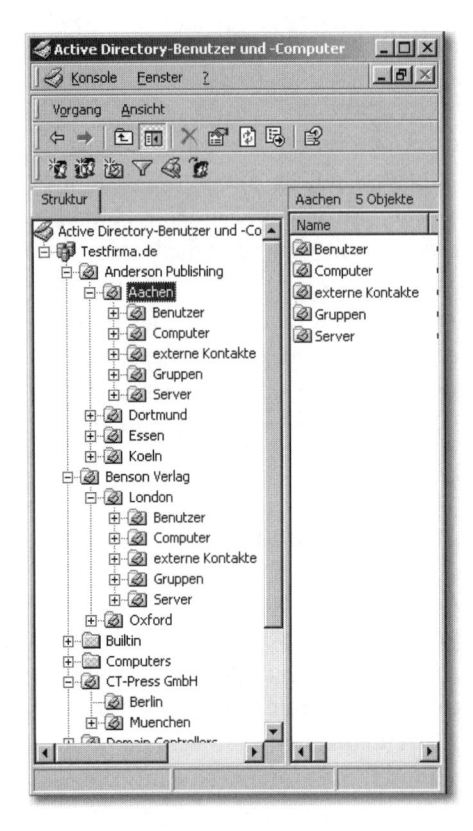

Die Sub-OU **Benutzer** nimmt jeweils alle Benutzer eines Standorts auf, die Sub-OU **Computer** nimmt alle Clients auf. Sie könnte auch **Clients** statt **Computer** heißen.

Die Sub-OU **Server** muss eventuell feiner untergliedert werden, wenn für bestimmte Servertypen jeweils andere Sicherheitsrichtlinien definiert werden. In der Sub-OU **externe Kontakte** können externe E-Mail-Adressen des Exchange Server für Kunden und Lieferanten abgelegt werden.

Die Sub-OU **Gruppen** muss eventuell feiner in weitere SUB-OUs unterteilt werden, z. B. in **Computergruppen** und **Benutzergruppen**. Alternativ kann jedoch auch unterhalb der OU **Benutzer** eine Sub-OU **Benutzergruppen** und unterhalb der Sub-OU **Computer** eine Sub-OU **Computergruppen** erstellt werden. Wenn Laptops, Tablet-PCs und andere mobile Computer eingesetzt werden, so wird es unterhalb der Sub-OU **Computer** sicherlich eine OU **mobile Computer** geben müssen, da für mobile Computer andere Gruppenrichtlinien aktiviert werden müssen (z. B. Richtlinien für die Offline-Synchronisierung) als für Clients, die immer online sind.

19.7 Namenskonventionen für persönliche Basisordner, Gruppenverzeichnisse und servergespeicherte Benutzerprofile

An dieser Stelle ist es vielleicht sinnvoll, einmal generell auf Namenskonventionen für bestimmte Freigaben auf dem Server einzugehen. Sie benötigen mindestens drei Verzeichnisse auf dem Server, die Sie freigeben müssen: eines für servergespeicherte Benutzerprofile (Roaming User Profiles, RUPs), eines für servergespeicherte Basisordner (Home Directories) und eines für Gruppenverzeichnisse. Wenn Ihr Unternehmen international tätig ist und Sie mit Systemadministratoren an nicht deutschen Standorten zusammenarbeiten, sollten Sie generell auf allen Windows-Servern dieselbe Sprachversion, vorzugsweise die englische nutzen. Aus Gründen der Standardisierung liegt es dann auch nahe, auf allen Servern dieselben Verzeichnisnamen und Freigabenamen zu verwenden, also englische Bezeichnungen: **Users** (bzw. alternativ **Userhomes** oder **Homedir**), **Profiles** und **Groups** (bzw. alternativ **Company** oder **Groupdirectories**).

> Wenn Sie einen Microsoft Small Business Server 2003 einrichten, werden übrigens standardmäßig automatisch die Verzeichnisse **User Shared Folders** und **Company Shared Folders** mit den Freigabenamen **Users** und **Company** erzeugt.

Wenn Ihr Unternehmen nur im deutschsprachigen Raum tätig ist, ist es für dezentrale Helpdesk-Mitarbeiter einfacher, wenn Sie nur die deutschen Versionen für alle Microsoft-Serverprodukte wie Windows Server, Exchange Server, ISA Server und SQL Server verwenden, weil auch die Hilfetexte dann in Deutsch erscheinen und deutsche Handbücher verwendet werden können. Hier bieten sich dann folgende Bezeichnungen an: **Benutzer** (oder alternativ **Privat**), **Profile** und **Gruppen**.

In einem international operierenden Unternehmen, in dem man sich auf die englischen (bzw. amerikanischen) Versionen der Serverprodukte festgelegt hat, sollten an allen Standorten dann auch dieselben englischen Namen für diese Verzeichnisse verwendet werden. Da man diese Namen oft in Skripten verwendet, sollten kurze Namen ohne Bindestriche oder Leerzeichen gewählt werden, um Fehlerquellen zu minimieren. Hier bieten sich die kurzen und prägnanten Namen **Users**, **Profiles** und **Groups** oder **Company** an.

Auch die Bezeichnungen für andere Verzeichnisse und Freigaben wie das Firmenvorlageverzeichnis für Dokumentvorlagen sollten standardisiert sein.

19.8 E-Mail-Verteilerlisten, Ressourcen und externe Kontakte

Damit in Outlook alle E-Mail-Verteilerlisten und Ressourcen wie Besprechungsräume oder Beamer, die bei Besprechungsanfragen mitgebucht werden sollen, leicht auffindbar untereinander und nicht verteilt zwischen den Benutzernamen stehen, sollten die Anzeigenamen mit einer einheitlichen Buchstabenkombination beginnen. Die Anzeigenamen aller Verteilerlisten könnten so mit der Buchstabenkombination **VL** beginnen (z. B. VL Einkauf), die Anzeigenamen aller Ressourcen mit **RES** (z. B. RES Konferenzraum 331). Dabei müssen Sie berücksichtigen, dass der Anwender in Outlook nur ungefähr die ersten 27 Buchstaben des Anzeigenamens sieht, wenn er im Adressbuch einen E-Mail-Empfänger sucht.

Der Anzeigename von externen Kontakten könnte auf das Format **Nachname, Vorname (Firma)** festgelegt werden.

Nur wenn sowohl eine Domäne als auch die Exchange-Organisation von Anfang an im einheitlichen Modus erstellt werden, kann die gewählte Gruppenstruktur durch die Beschränkung auf wenige Gruppenbereiche und durch eine Verschachtelung der Gruppen übersichtlich und leicht verwaltbar bleiben.

20 Gruppen und Gruppenverschachtelung

20.1 Gruppentypen und Gruppenbereiche

Unter Microsoft Active Directory gibt es die Gruppentypen **Sicherheitsgruppe** und **Verteilergruppe**. Sicherheitsgruppen können als Mitglieder Benutzer, externe Kontakte oder Computer haben, wobei Computer auch Server sein können. Sie können prinzipiell gemischte Sicherheitsgruppen erstellen, die z. B. als Mitglieder sowohl Benutzer als auch Computer haben. Einer Sicherheitsgruppe können Zugriffsrechte auf Dateien, Verzeichnisse, Freigaben und Netzwerkdrucker erteilt werden. Ebenso kann eine Sicherheitsgruppe berechtigt werden, bestimmte Objekttypen innerhalb einer bestimmten Organisationseinheit (OU) zu verwalten. Weiterhin ist es möglich, einer bestimmten Sicherheitsgruppe die Rechte **Lesen** und **Übernehmen** für eine Gruppenrichtlinie zu erteilen. Gruppen vom Typ **Sicherheit** können aber gleichzeitig als E-Mail-Verteilerlisten genutzt werden. Dazu klicken Sie die Gruppe mit der rechten Maustaste an und wählen **Exchange-Aufgaben · E-Mail-Adresse erstellen**.

Verteilergruppen werden dann angelegt, wenn eine Gruppe von Benutzern über einen Exchange-E-Mail-Verteiler adressierbar sein soll, jedoch keine Berechtigungen auf ein Gruppenverzeichnis erhalten soll. Auf einem Exchange Server können Sie öffentliche Ordner erstellen. Wenn Sie die Zugriffsberechtigungen für einen öffentlichen Ordner verändern, indem Sie einer Verteilergruppe bestimmte Rechte geben, so wird die Verteilergruppe automatisch in eine Sicherheitsgruppe umgewandelt.

Probieren Sie das einmal aus: Erstellen Sie eine globale Verteilergruppe namens **Testverteiler** und erstellen Sie für diese Verteilergruppe eine Exchange-E-Mail-Adresse, indem Sie die Verteilergruppe mit der rechten Maustaste anklicken, **Exchange-Aufgaben** wählen und **E-Mail-Adresse einrichten** wählen. Danach starten Sie Outlook, wechseln in **Öffentliche Ordner · Alle öffentlichen Ordner** und erstellen dort einen Testordner. Sie öffnen nun die Eigenschaften dieses Testordners, dort die Registerkarte **Berechtigungen**, fügen den neuen Verteiler **Testverteiler** hinzu und vergeben ihm Rechte. Danach verlassen Sie das Eigenschaftsfenster und sehen sich nun die Eigenschaften der ehemaligen Verteilergruppe **Testverteiler** an. Aus der Verteilergruppe ist eine Sicherheitsgruppe geworden.

Welche Konsequenzen hat das für Ihre Planung? Wenn aus Verteilergruppen spätestens dann, wenn man ihnen bestimmte Rechte auf einen öffentlichen Ordner des Exchange Server zuweist, automatisch Sicherheitsgruppen werden, können Sie auch von vorneherein nur noch Sicherheitsgruppen anlegen. Damit bleibt Ihre Dokumentation dann auch sauber, denn die automatische Umwandlung einer Verteilergruppe in eine Sicherheitsgruppe werden Sie bewusst gar nicht mitbekommen, erst recht nicht, wenn Kollegen berechtigt sind, ab einer bestimmten Ordnerhierarchie eigene öffentliche Ordner anzulegen und darauf Berechtigungen zu vergeben. Auch ist es unsinnig, eine Namenskonvention für Gruppen festzulegen, bei der in Sicherheits- und Verteilergruppen unterschieden wird, indem Sie z. B. jede Sicherheitsgruppe mit dem Buchstaben »S« und jede Verteilergruppe mit dem Buchstaben »V« beginnen würden. Spätestens nach einem Jahr Produktivbetrieb würden Sie wahrscheinlich feststellen, dass viele der Gruppen, deren Namen mit »V« beginnt, inzwischen zu Sicherheitsgruppen umgewandelt wurden.

Diese Gruppentypen haben jeweils die drei Gruppenbereiche **Lokale Domäne**, **Global** und **Universal**, wobei die Begriffe »universal« und »universell« in der Fachliteratur durcheinander verwendet werden. Im Snap-In **Active Directory-Benutzer und -Computer** heißen diese Gruppen **Universal**, gemeint ist aber, dass sie universell genutzt werden können. Auch ich benutze beide Begriffe in diesem Buch nebeneinander.

In der Fachliteratur werden nun diese Gruppen gegeneinander abgegrenzt. Dabei wird in der Regel ein Konzept zur Nutzung dieser Gruppenbereiche erklärt, bei dem ein Mehrdomänenkonzept Pate steht und darauf hingewiesen wird, dass dieses Konzept bezüglich späterer Erweiterungen die größte Flexibilität bietet. Dieses Konzept schlägt folgende Vorgehensweise vor: Alle Benutzer, die auf eine bestimmte Ressource zugreifen sollen (z. B. auf bestimmte Netzdrucker oder ein bestimmtes Gruppenverzeichnis auf einem Dateiserver), sollen in einer globalen Gruppe zusammengefasst werden. Die passenden Rechte für die Ressource sollen jedoch nicht direkt dieser globalen Gruppe erteilt werden. Stattdessen soll eine lokale Gruppe erstellt werden, und die globale Gruppe soll als Mitglied in diese lokale Gruppe aufgenommen werden. Diese lokale Gruppe soll nun die passenden Rechte auf die Ressource erhalten.

Dieses Vorgehen wird damit begründet, dass auf diese Weise auch Mitglieder einer anderen Domäne der Gesamtstruktur auf diese Ressource zugreifen können. Da globale Gruppen immer nur Mitglieder derselben Domäne aufnehmen können, lokale Gruppen jedoch auch globale Gruppen anderer Domänen aufnehmen können, kann auf diese Weise z. B. auf ein Verzeichnis **Projekt ABC** des Servers **S1.HansenVerlag.Company.com** nicht nur jedes Mitglied der globalen Gruppe **Projekt ABC HansenVerlag** der Zugriff gewährt werden, sondern auch der globalen Gruppe **Projekt ABC BensonVerlag**, wenn die letztere globale Gruppe zur Subdomäne **BensonVerlag.Company.com** gehört und folglich nur Domänenbenutzer der Subdomäne **BensonVerlag** enthält.

Sie können und sollten vielleicht auch so vorgehen, wenn Ihre Gesamtstruktur aus politischen Gründen unbedingt eine Vielzahl von Subdomänen unter einer Stammdomäne vereint. Doch macht dies die Verwaltung bestimmt nicht gerade einfacher. Ein Grundprinzip bei der Einführung von Active Directory ist nämlich, dass Sie den Umbau ehemaliger Windows-NT-4.0-Domänen und Netware-Netze nutzen sollten, um diese Komplexität zurückzuführen, indem ehemalige NT-4.0-Domänen unter Microsoft Active Directory in OUs umgewandelt und im Idealfall unter einer einzigen Domäne zusammengeführt werden. OUs sind nämlich später bei Umstrukturierungen viel flexibler als Subdomänen.

Außerdem kommt es in der Praxis oft nur ausnahmsweise vor, dass Mitarbeiter verschiedener Subdomänen auf dieselben Ressourcen zugreifen müssen. Handelt es sich hierbei um Ordner mit Dokumenten (z. B. Projektordner), so können Sie diesen Projektordner aber auch als öffentlichen Exchange-Ordner oder über einen SharePoint Portal Server verfügbar machen. Eine Exchange-Organisation jedoch ist nicht an eine bestimmte Domäne gebunden. Sie können ein und dieselbe Exchange-Organisation für alle Domänen einer Gesamtstruktur nutzen, ja müssen es sogar, da es nicht möglich ist, zwei Exchange-Organisationen in einem Domänenwald parallel zu betreiben.

20.2 Altlasten aus Windows-NT-4.0-Domänen

In Windows-NT-4.0-Domänen gab es Beschränkungen, die es in einer Windows-2003-Domäne zwar nicht mehr gibt, wenn diese im einheitlichen Modus betrieben wird. Dennoch wirken diese ehemaligen Restriktionen in der Literatur auch auf Active Directory zurück, wenn Empfehlungen darüber ausgesprochen werden, welche Gruppenbereiche genutzt und wie diese Gruppen ineinander verschachtelt werden sollen. Lesen Sie deshalb auch dann den nachfolgenden Abschnitt, wenn Sie keine NT-4.0-Domänen migrieren müssen. Danach werden

Sie verstehen, warum die in der Literatur ausgesprochenen Empfehlungen oft so konfus wirken, und dass diese Empfehlungen kritisch zu beurteilen sind.

Erinnern wir uns: Unter NT 4.0 gab es Primary Domain Controller (PDCs) und Backup Domänen Controller (BDCs), Einzeldomänen, Masterdomänen und Ressourcen-Domänen, mehrfache Master-Domänen, einfache und gegenseitige Vertrauensbeziehungen zwischen den Domänen. Eine einzelne Domäne durfte wegen der Beschränkung der SAM-Datenbank nicht mehr als 40.000 Konten haben, wobei dieser Maximalwert wohl eher theoretischer Natur war, weil eine SAM-Datenbank mit 40000 Konten nicht nur bezüglich der Performance des Domänencontrollers erhebliche Schwierigkeiten bereitet hätte, sondern auch bei der Replikation zumindest über langsame WAN-Leitungen das Netzwerk lahm gelegt hätte. In größeren Organisationen wurden also viele Einzeldomänen angelegt, um nicht in Konflikt mit dieser Restriktion zu geraten. Diese Einzeldomänen mussten dann über Vertrauensstellungen manuell miteinander verwoben werden.

Es gab keine universellen Gruppen, sondern nur lokale und globale Gruppen. Lokale Gruppen wurden nur in der lokalen Kontendatenbank verwaltet, globale Gruppen jedoch in der Domänenkontenbank. Eine lokale Gruppe wurde z. B. für einen Mitgliedsserver erstellt. Rechte für diese lokale Gruppe konnten dann aber auch nur für Ressourcen auf diesem Mitgliedsserver vergeben werden. Lokale Gruppen konnten als Mitglieder zwar globale Gruppen derselben Domäne oder einer vertrauten Domäne aufnehmen, jedoch konnten die lokalen Gruppen nicht ineinander verschachtelt werden. Globale Gruppen wiederum konnten nur Benutzer oder Computer aufnehmen, jedoch keine anderen globalen Gruppen und auch keine lokalen Gruppen. Verwirrend, nicht wahr?

Solange Sie eine Windows-2003-Domäne im gemischten Modus fahren, weil Sie alte Windows-NT-4.0-Server integrieren müssen, gelten alle diese Restriktionen weiter. Erst nach der Umstellung in den einheitlichen Modus sind Sie endgültig davon befreit. Das gilt auch für einen Gemischtbetrieb von Exchange-2003-Servern und Exchange-5.5-Servern. Erst nach der Umstellung in den einheitlichen Modus gibt es keine Restriktionen mehr bezüglich der Verwendung der Gruppenbereiche und der Gruppenverschachtelung.

20.3 Sicherheitsgruppen im Active Directory

In Active Directory sieht die Sache ein wenig anders aus: Die Anzahl von Konten in einem Domänenwald ist faktisch unbeschränkt, ein Grund, möglichst wenig Domänen in der Gesamtstruktur anzulegen und stattdessen OUs zur Strukturierung zu nutzen.

Lokale Gruppen können nicht nur ineinander verschachtelt werden. Man spricht jetzt auch von **domänenlokalen Sicherheitsgruppen,** was nichts anderes bedeutet, als dass auch die lokalen Gruppen jetzt im Active Directory und nicht mehr in der lokalen Sicherheitsdatenbank verwaltet werden. Das wiederum bedeutet, dass einer lokalen Gruppe nun Rechte für beliebige Ressourcen innerhalb der Domäne zugewiesen werden können, in der sie erstellt wurde. Die lokale Gruppe ist also nicht mehr an einen speziellen Server gebunden.

Ebenso können globale Gruppen einer Domäne ineinander verschachtelt werden. Im einheitlichen Modus kann die globale Gruppe ein Mitglied von globalen, lokalen oder universalen Gruppen in der gleichen Domäne sein. Eine globale Gruppe der Domäne X kann aber auch ein Mitglied von universalen oder lokalen Gruppen einer anderen Domäne Y sein, wenn beide Domänen zur selben Gesamtstruktur gehören. Eine globale Gruppe der Domäne X kann aber nicht ein Mitglied einer globalen Gruppe einer anderen Domäne sein.

Universale Gruppen werden zur Zusammenfassung von Gruppen aus unterschiedlichen Domänen zu einer administrativen Einheit verwendet. Eine Liste der Mitgliedschaften in universalen Gruppen wird im globalen Katalog verwaltet. Änderungen an den Daten, die im globalen Katalog gespeichert werden, werden zu jedem globalen Katalog in einer Gesamtstruktur repliziert. Indem die Verwendung universaler Gruppen minimiert wird, kann die Replikationsaktivität im Wesentlichen auf eine einzelne Domäne beschränkt werden.

Sollten Sie aus diesem Grunde aber die Anzahl der universalen Gruppen minimieren? Repliziert werden immer nur Änderungen auf Attributsebene, nicht aber das ganze Objekt. Wenn sich also die Telefonnummer oder der Nachname eines Benutzers ändert, so wird nur diese Attributsänderung über Domänengrenzen hinweg weitergegeben, es wird aber nicht das ganze Objekt mit all seinen Attributsinhalten erneut repliziert. Sobald Ihre Gesamtstruktur steht, alle Benutzer angelegt und die Gruppenmitgliedschaften definiert wurden, nimmt der Replikationsverkehr drastisch ab, es sei denn, Sie arbeiten in einer Organisation, in der eine hohe Personalfluktuation herrscht oder permanent umstrukturiert wird, etwa wegen Firmenfusionen, Firmenauflösungen oder sich ständig und in großer Zahl ändernden Projektgruppen und Mitgliedschaften in temporären Projektgruppen.

Das Konzept, Benutzer nur in globale Gruppen aufzunehmen, diese globalen Gruppen wiederum zu Mitgliedern von lokalen Gruppen zu machen und nur den lokalen Gruppen Rechte zu Ressourcen zuzuweisen, führt damit zu einer unnötigen Komplexität, die eigentlich nur berechtigt ist, solange Sie sich in der Umbauphase von Windows-NT-4.0-Domänen zu einem Active Directory befinden.

20 | Gruppen und Gruppenverschachtelung

[»] Haben Sie diese Altlasten nicht oder führen Sie statt einer Migration (Update von alten NT-4.0-Domänencontrollern auf Windows 2003 Server) das neue System Active Directory parallel ein und ersetzen schlagartig statt über die »sanfte Migration« ein lokales Netzwerk durch Active Directory, so können Sie das neue System sofort im einheitlichen Modus, seit Windows Server 2003 »Domänenfunktionsebene Windows Server 2003« genannt, fahren und alle Vorteile nutzen.

Ich rate Ihnen dazu, diesen Weg zu gehen. Oft sind die alten NT-4.0-Server vom Stand der Technik her überaltert. Serverhardware verliert pro Jahr ungefähr 50 Prozent an Wert. Schon allein deshalb sind der Aufwand und das Risiko, alte Windows-NT-4.0-Server mühselig auf Windows Server 2003 zu updaten, oft unakzeptabel. Sie können besser die alte Serverhardware für andere Zwecke weiterverwenden und parallel zur alten Windows-4.0-Domäne ein sauberes Active Directory auf neuer Serverhardware im einheitlichen Modus hochziehen, mit Testkennungen und Testgruppen durchtesten und dann eine Abteilung nach der anderen schlagartig umstellen. Bei dieser Umstellung werden Sie dann auch die Workstations z. B. mit einem RIS-Abbild innerhalb kurzer Zeit auf das aktuelle Betriebssystem und die aktuelle Office-Version umstellen und dabei überalterte Client-Hardware aussondern.

[»] Die Kenntnisse, die Ihre Mitarbeiter sich aneignen müssen, um die Besonderheiten eines Gemischtmodus von Active Directory und alter NT-4.0-Domänenlandschaft sowie einem Gemischtmodus von Exchange 2003 und Exchange 5.0/5.5 zu beherrschen, sind enorm. Der Gemischtbetrieb ist fehleranfällig.

Versuchen Sie darüber hinaus auch noch, Netware-Netze zu integrieren, so werden Sie mit großer Wahrscheinlichkeit irgendwo im Umstellungsprozess stecken bleiben und nie zu sauberen und überschaubaren Strukturen gelangen. Vor allem wird es Ihnen nicht gelingen, eine Dokumentation zu erstellen, die alle Zwischenschritte mit allen Besonderheiten darstellt und auf dem Weg zum einheitlichen Modus ständig mitgepflegt wird. Und denken Sie daran, dass auch die für die Verwaltung von Active Directory bestimmenden Elemente wie Gruppenrichtlinien, OUs, Zuweisung von Verwaltungsaufgaben über OUs für Server und Clients unter Windows NT 4.0 nicht wirken.

20.4 Umwandlung von Gruppen

Wenn sich die Domäne in der höchsten **Domänenfunktionsebene Windows Server 2003** (bei Windows 2000 Server als **einheitlicher Modus** bezeichnet) befindet, so können Sie lokale, globale und universale Gruppen beliebig ineinander umwandeln, zumindest solange diese Gruppen keine verschachtelten Untergruppen enthalten. Sie können aber z. B. eine globale Gruppe nicht direkt in eine lokale Gruppe umwandeln. Legen Sie eine globale Testgruppe an. Wenn Sie die Eigenschaften der Testgruppe öffnen, so ist die Option **Lokale Domäne** nicht aktivierbar. Aktivieren Sie nun die Option **Universal** und klicken Sie auf **OK**. Wenn Sie erneut die Eigenschaften derselben Testgruppe öffnen, werden Sie feststellen, dass Sie jetzt in einem zweiten Schritt diese universale Gruppe in eine domänenlokale Gruppe umwandeln können.

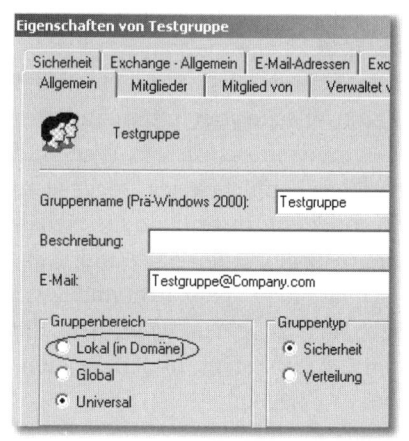

20.5 Globale oder universelle Gruppenbereiche verwenden

Die Begriffe »universale Gruppe« und »universelle Gruppe« werden in der Literatur parallel verwendet. Der Technet-Artikel »MS Exchange 2000 Server – Verzeichniszugriff und Integration mit MS Windows 2000« liefert eine Antwort auf die Frage, ob globale oder universelle Sicherheitsgruppen als Verteilerlisten genutzt werden sollen. Gleichzeitig liefert er damit aber auch eine Antwort auf die generelle Frage, ob globale oder universelle Gruppen genutzt werden sollen. Nachfolgend einige Zitate:

»Typ und Geltungsbereich der in Exchange 2000 verwendeten Gruppen hängt von den Unternehmens- und Benutzeranforderungen ab. Um eine volle Flexibilität zu erhalten, implementieren Sie Gruppen vom Typ ›Sicherheit‹ mit dem Geltungsbereich ›Universal‹. Obwohl es sich um eine Definition einer Gruppe vom Typ ›Sicherheit‹ handelt, kann diese (durch Hinzufügen einer SMTP-Adresse) mit Mailfunktionalität versehen und im globalen Adressbuch angezeigt werden. Ein Nachteil von Gruppen vom Typ ›Sicherheit‹ mit dem Geltungsbereich ›Universal‹ besteht darin, dass sie nur in Domänen im einheitlichen Modus erstellt werden können. Erfreulicherweise müssen Sie für einen Wechsel einer Domäne vom gemischten in den einheitlichen Modus nur eine Aktualisierung der Domänencontroller auf Windows 2000 durchführen. Der Wechsel zu Domänen im einheitlichen Modus erleichtert den Aktualisierungs- und Implementierungsprozess von Exchange 2000 und bietet eine weitere Verzeichniskalierbarkeit.«

[»] Um das Funktions- und Rationalisierungspotential von Active Directory voll auszuschöpfen, sollten Sie bei der Konzeption des neuen Systems den Idealzustand in den Fokus Ihrer Planung stellen und nicht die Migrationsfähigkeit von Altlasten.

Haben Sie den Mut und planen Sie den Soll-Zustand ideal ohne ständige Bedenken, wie alte Systeme dorthin überführt werden können. Erst dann, wenn das Idealkonzept steht, planen Sie in der zweiten Phase, wie Sie vom Ist-Zustand zum Soll-Zustand gelangen. Viele augenscheinliche Probleme auf diesem Weg sind nur auf den ersten Blick aufwands- oder kostenintensiv und vielleicht sogar technisch nicht machbar. Je tiefer Sie in die neue Technik eindringen und die vielfältigen Migrationstools kennen lernen, desto mehr Hürden fallen nach und nach. Verbauen Sie sich durch einen komplex erscheinenden, jedoch einmalig zu bewältigenden Umstellungsaufwand nicht den Weg zu einem langfristig die »Total Costs of Ownership« drastisch senkenden Gesamtsystem. In dem genannten Technet-Artikel finden Sie weiterhin folgende Aussagen:

»Ein weiterer Punkt, der beim Einrichten von Gruppen mit dem Geltungsbereich ›Universal‹ beachtet werden muss, ist die Veröffentlichung ihrer Mitgliedschaft auf den globalen Katalogservern, sodass eine Änderung der Mitgliedschaft für Replikationsverkehr sorgt. Obwohl Active Directory die Replikation auf Eigenschaftsebene unterstützt, ist die Mitgliedschaft in einer Gruppe in einer Eigenschaft mit mehreren Werten für das Gruppenobjekt enthalten. Bei einer großen Gruppe kann daher ein beträchtlicher Replikationsverkehr erzeugt werden. Um dieses Risiko zu *mildern, legen Sie Benutzerobjekte in anderen Gruppen mit dem Geltungsbereich ›Universal‹ ab und verschachteln diese Gruppen unter einer übergeordneten Gruppe mit dem Geltungsbereich ›Universal‹. Wenn sich die Mitgliedschaft eines Benutzers in der Gruppe ändert, wird das übergeordnete ›Universal‹-Gruppenobjekt nicht geändert, weshalb kein Replikationsverkehr erzeugt wird.«*

Der im Artikel angesprochene Replikationsverkehr tritt natürlich nur in Domänen mit mehreren Standorten auf. Beträchtlich ist er jedoch in der Regel nur in der Einführungsphase, denn bei Unternehmen, deren Organisationsstruktur recht stabil ist und die eine akzeptable Personalfluktuation haben, ändern sich sowohl die Mitgliedschaften in den Gruppen als auch die zu replizierenden Attribute nach der Einführung des Systems nicht mehr häufig.

Um den durch das Einrichten neuer Postfächer, die Neuzuweisung zu Gruppen und die Änderung einzelner Attribute (z. B. die Telefonnummer oder die Raumnummer eines Mitarbeiters) hervorgerufenen Replikationsverkehr nach der Implementierungsphase abzuschätzen, saldieren Sie die Anzahl der Personalzugänge und -abgänge pro Jahr und die Anzahl der Abteilungswechsel bzw. die Anzahl der temporären Projektgruppen, die pro Jahr als Sicherungsgruppen eingerichtet werden müssen. Diese Anzahl dividieren Sie durch die Anzahl der Jahresarbeitstage und durch die Anzahl der Active-Directory-Standorte. So erhalten Sie die Anzahl der Änderungen, die pro Arbeitstag über die WAN-Leitungen an die globalen Katalogserver repliziert werden müssen. Der dadurch verursachte Replikationsverkehr wird zumindest in Einrichtungen des öffentlichen Dienstes sehr gering ausfallen. Weiter heißt es in dem Artikel:

»Da Gruppen mit dem Geltungsbereich ›Universal‹ in diesem Szenario verwendet wurden, können Outlook-Benutzer weiterhin die volle Mitgliedschaft der übergeordneten Gruppe und deren Untergruppen anzeigen. Sie können anstelle von Gruppen mit dem Geltungsbereich ›Universal‹ Gruppen mit dem Geltungsbereich ›Global‹ verwenden. Bei Verwenden dieser Konfigurationsmethode wird jedoch die Mitgliedschaft der Gruppen mit dem Geltungsbereich ›Global‹ nicht direkt auf den globalen Katalogservern veröffentlicht. Dadurch ist es möglich, dass ein Outlook-Client die Mitgliedschaft nicht auf der Empfängerebene anzeigen kann.

Wird eine Nachricht an eine Gruppe gesendet, muss der SMTP-Dienst die Mitgliedschaft des Gruppenobjekts erweitern. Wurde in der lokalen Domäne eine Gruppe mit dem Geltungsbereich ›Lokale Domäne‹ oder ›Global‹ definiert, kann die Mitgliederliste von einem beliebigen lokalen Domänencontroller abgerufen werden. Wenn es sich um eine Gruppe mit dem Geltungsbereich ›Universal‹ handelt und Benutzer direkt in der Liste angezeigt werden, kann die Mitgliedschaft von einem beliebigen lokalen globalen Katalogserver abgerufen werden.

Wenn eine Nachricht an eine Gruppe mit dem Geltungsbereich ›Lokale Domäne oder ›Global‹ gesendet wird, die in einer anderen Domäne erstellt wurde, oder eine Gruppe mit dem Geltungsbereich ›Universal‹ Gruppen mit dem Geltungsbereich ›Global‹ in anderen Domänen enthält, gibt es für die Erweiterung zwei Möglichkeiten:

Weiterleiten der Nachricht an die Remotedomäne, um sie dort zu erweitern.

Lokales Erweitern der Nachricht, wobei direkte LDAP-Aufrufe an einen Domänencontroller in der Remotedomäne gerichtet werden, um die Mitgliedschaft abzurufen. Dabei wird impliziert, dass zwischen dem erweiternden Server und dem Remotedomänencontroller eine direkte IP-Konnektivität besteht.

Der Nachteil der zweiten Methode besteht abhängig von der Netzwerkgeschwindigkeit darin, dass der Remoteabruf einige Zeit dauern kann, wodurch die Nachrichtenübermittlung verlangsamt wird. Ist in der Remotedomäne ein Exchange Servercomputer vorhanden, ist es u. U. effizienter, die Erweiterung auf diesem Server auszuführen, anstatt die Mitgliedschaft remote abzurufen.

Sie müssen entscheiden, ob Sie eine Gruppe mit dem Geltungsbereich ›Universal‹ für die Liste erstellen oder Gruppen mit dem Geltungsbereich ›Lokale Domäne oder ›Global‹ verwenden und den Abruf der Mitgliedschaft für Remotedomänen annehmen möchten, wenn die Liste erweitert werden muss. Beachten Sie beim Festlegen des Gruppentyps folgende Fragen:

- Verwenden Sie eine oder mehrere Active-Directory-Domänen innerhalb der Organisation?
- Ist zwischen allen Domänen eine direkte IP-Konnektivität möglich?
- Wie viele Mitgliedschaftsänderungen erfolgen in einem gegebenen Zeitraum, z. B. einer Woche oder einem Monat?
- Wer sendet den Großteil der E-Mail-Nachrichten an die Liste: Benutzer in lokalen Domänen oder Benutzer in Remotedomänen?

Beachten Sie ferner beim Implementieren von Gruppen mit dem Geltungsbereich ›Lokale Domäne und/oder ›Global‹, dass Outlook-Benutzer die Mitgliedschaft der Gruppe nur dann anzeigen können, wenn die Gruppen mit dem Geltungsbereich ›Lokale Domäne oder ›Global‹ in derselben Domäne definiert werden wie der Benutzer ...

Die Anzahl der Mitglieder einer (beliebigen) Gruppe muss stets unter 5000 liegen. Soll eine Gruppe mehr als 5000 Benutzer umfassen, muss eine Verschachtelung erfolgen. Aus Gründen der Effizienz und Skalierbarkeit sollten Sie das Verschachteln von Gruppen erwägen, die über mehr als 500 Mitglieder verfügen.«

Wenn Sie tatsächlich Gesamtstrukturen mit mehreren Domänen aufsetzen, so hat das seinen Grund. Meistens stellen die Subdomänen weitgehend autonome Tochterfirmen oder Behörden dar. Es schließt sich dann sofort die Frage an, ob nicht der Großteil der versendeten Nachrichten innerhalb einer Domäne verbleibt. Wie oft wird es vor allen Dingen vorkommen, dass ein Mitarbeiter der einen Domäne eine Nachricht an einen Verteiler einer anderen Domäne verschickt, und wie viele Empfänger gehören dann zu diesem Verteiler? Ist es wahrscheinlich, dass z. B. ein Vertriebsmitarbeiter der Domäne A eine Nachricht an den Verteiler **VL Vertrieb B** der Domäne B oder sogar an alle Mitarbeiter dieser Domäne verschickt, oder wird er nicht eher Nachrichten an einzelne ihm bekannte Mitarbeiter der anderen Tochterfirma schicken?

Mailbomben verhindern

Werden Sie nicht eher unterbinden wollen, dass ein Mitarbeiter z. B. eine ihm wichtige Virenwarnung an alle Empfänger der Exchange-Organisation verschickt und damit ungewollt den eigentlichen »Virus« auslöst (Schneeballsystem; Mailbombe)? Überschlagen Sie den wirtschaftlichen Schaden, der entsteht, wenn jeder Empfänger eine Minute Arbeitszeit verschwendet, um diese angeblich echte Virenwarnung zu lesen und darüber nachzudenken, an welche Bekannten und Kollegen er diese »wichtige« Warnung weiterschicken sollte. Es gibt übrigens unter Exchange Server mehrere Möglichkeiten zum Unterbinden solcher Massenmails: Sie können die Anzahl der gleichzeitig adressierten Empfänger oder die Maximalgröße einer Nachricht über globale Parameter beschränken oder auch die Adressierbarkeit einer Verteilergruppe derart einschränken, dass z. B. der Verteiler VL Vertrieb Hansen-Verlag nur durch Mitglieder des Verteilers VL Hansen-Verlag · alle Mitarbeiter erreichbar ist, und somit nicht durch Absender, die nicht zur Domäne Hansen-Verlag gehören.

> Die Schlussfolgerung aus diesen Überlegungen könnte sein, dass ausschließlich universale Gruppen angelegt werden. Sollte diese Entscheidung später zu Problemen führen, so können die entsprechenden universalen Gruppen auch nachträglich wieder in globale oder sogar lokale Gruppen umgewandelt werden.

20.6 Einige Ratschläge zur Auswahl des Gruppentyps und des Gruppenbereichs

▸ Nutzen Sie die Einführung von Active Directory, um eine Gesamtstruktur zu erstellen, die aus möglichst wenigen Subdomänen besteht, im Idealfall nur aus einer Domäne.

- Wandeln Sie alte NT-4.0-Domänen nicht 1:1 in Windows-2003-Domänen um. Erstellen Sie stattdessen OUs und nutzen Sie die differenzierten Möglichkeiten der Verwaltungsdelegation, um bestimmten Benutzern, besser jedoch Sicherheitsgruppen, die Verwaltung von OUs statt von Subdomänen zu übertragen.

- Legen Sie nur Gruppen vom Typ »Sicherheit« an, auch wenn diese Gruppen zukünftig nur als E-Mail-Verteilerlisten in Exchange Server benötigt werden. Sie vergeben sich dadurch nichts, vereinfachen aber schlagartig Ihr Administrationskonzept. Spätestens dann, wenn Sie einer Verteilerliste bestimmte Zugriffsrechte auf einen öffentlichen Exchange-Ordner geben, wird eine ursprünglich als Verteiler angelegte Gruppe automatisch in eine Sicherheitsgruppe umgewandelt.

- Nutzen Sie die Möglichkeiten der Gruppenverschachtelung aus, um die Aufbauorganisation Ihres Unternehmens 1:1 abzubilden. Benutzen Sie dazu entweder nur globale Gruppen oder wegen der größeren Flexibilität besser noch nur universelle Gruppen. Wenn es Ihnen gelingt, die Anzahl der Domänen in der Gesamtstruktur möglichst gering zu halten (im Idealfall nur eine Domäne, in der die Standorte oder Tochterfirmen als OUs eingerichtet sind), so ist es oft eine Glaubensfrage, ob Sie nur globale Gruppen oder nur universelle Gruppen nutzen. Zumindest in Domänen, die in der höchsten **Domänenfunktionsebene Windows Server 2003** (im einheitlichen Modus) gefahren werden, spricht vieles für die ausschließliche Verwendung von universellen Sicherheitsgruppen.

- Weisen Sie den globalen bzw. universellen Gruppen direkt Rechte auf Verzeichnisse zu, statt separate domänenlokale Gruppen zu erstellen, die Rechte auf Ressourcen nur diesen domänenlokalen Gruppen zuweisen und als Mitglieder dieser lokalen Gruppen wiederum nur globale bzw. universelle Gruppen, nicht jedoch einzelne Benutzer zulassen. Die Komplexität des Systems sinkt dadurch drastisch, und in Outlook erscheinen auch nicht dieselben Gruppenbezeichnungen doppelt als Verteilerlisten.

- Jeder Gruppe, der eine Exchange-E-Mail-Adresse zugewiesen wird, kann über die Registerkarte **Exchange · Allgemein** ein Anzeigename zugewiesen werden. Dieser Anzeigename erscheint in Outlook, wenn ein Benutzer eine neue Mail schreiben möchte und auf die Schaltfläche **An** klickt. Damit die Verteilerlisten nicht völlig ungeordnet zwischen einzelnen Empfängernamen erscheinen, sollten Sie im Feld **Anzeigename** dem eigentlichen Namen der Gruppe eine Abkürzung wie »VL« voranstellen.

Wenn Sie anschließend Ihre Anwender anleiten, dass man zur Suche von Verteilerlisten nur den Buchstaben »V« eingeben muss und danach alle vorhandenen Verteilerlisten untereinander erscheinen, ist das sehr hilfreich:

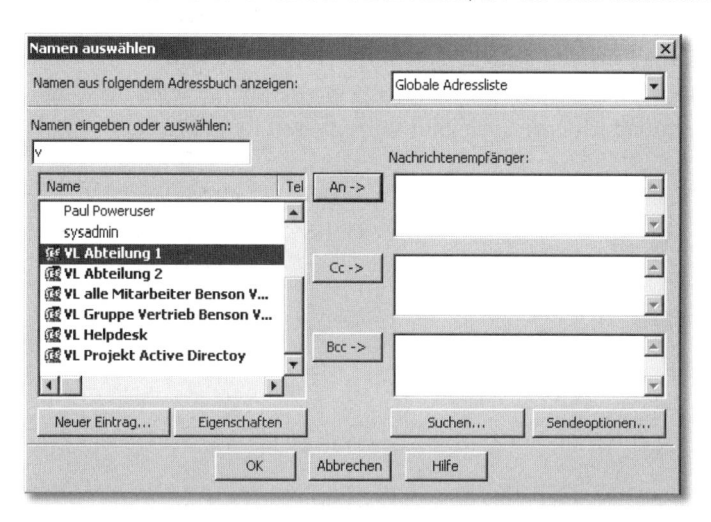

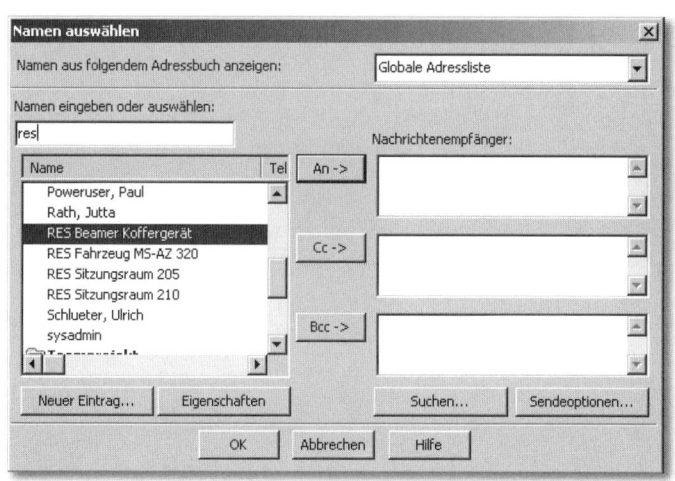

Eine Alternative wäre es, den Anzeigenamen der Verteilerlisten mit einem Leerzeichen beginnen zu lassen. Da das Leerzeichen in der Sortierreihenfolge an erster Stelle steht, erscheinen im Adressbuch die Verteilerlisten ganz oben als Block alphabetisch sortiert und darunter die Mitarbeiter, ebenfalls alphabetisch sortiert.

Jedoch gibt es neben den Mitarbeitern und Verteilerlisten auch noch Ressourcen, die im Adressbuch erscheinen können. Ressourcen sind Postfächer für Sitzungszimmer, Dienstfahrzeuge, Beamer, Overheadprojektoren usw. Auch Ressourcen sollten nicht wie Kraut und Rüben zwischen den Mitarbeitern im Adressbuch auftauchen. Eine Möglichkeit wäre es, den Anzeigenamen für alle Ressourcen mit den Buchstaben »RES« beginnen zu lassen. Getrennt durch ein Leerzeichen würde dann der eigentliche Name der Ressource folgen. Möchte ein Mitarbeiter eine Nachricht an einen Verteiler schicken, so tippt er »VL« ein und sieht danach eine Liste aller Verteiler. Möchte der Mitarbeiter eine Ressource buchen, so gibt er »RES« ein und sieht danach eine Liste aller verfügbaren Ressourcen.

Access-based Enumeration, abgekürzt ABE, bedeutet übersetzt »zugriffsbasierte Auflistung« oder besser »berechtigungsgesteuerte Auflistung«. Dem Anwender werden im Windows-Explorer nur noch diejenigen Verzeichnisse und Dateien aufgelistet, für die er auch Zugriffsrechte besitzt. Alle anderen Ordner und Dateien sind ausgeblendet.

21 Access-based Enumeration ABE

21.1 Installationsvoraussetzungen und Quelle zum Download

Die lang ersehnte Funktion ABE setzt Windows Server 2003 mit installiertem Service Pack 1 voraus, wird also nicht nachträglich auch für Windows 2000 Server angeboten. Zusätzlich muss auf dem Windows Server 2003 eine MSI-Datei installiert werden. Das Interface für Windows 2003 Access-based Enumeration steht in den drei Versionen x86, amd64 und ia64 zum kostenlosen Download bereit, den Sie über folgenden Link finden:

http://www.microsoft.com/downloads/details.aspx?FamilyID=04A563D9-78D9-4342-A485-B030AC442084&displaylang=en

Für Intel-basierte Server laden Sie das Installationspaket **I386\ABEUI.msi** herunter. Es handelt sich um eine englische Version, die sich auch auf dem deutschen Windows Server 2003 installieren und nutzen lässt.

21.2 Installation und Konfiguration von ABE

Das Installationspaket ABEUI.MSI startet einen Installationsassistenten. Im Eingangsbildschirm erfahren Sie, dass sowohl ein grafisches Interface als auch ein Befehlszeilentool namens **ABEcmd** installiert wird und dass Sie im Installationsverzeichnis anschließend eine Anleitung zur Verwendung des Tools finden werden.

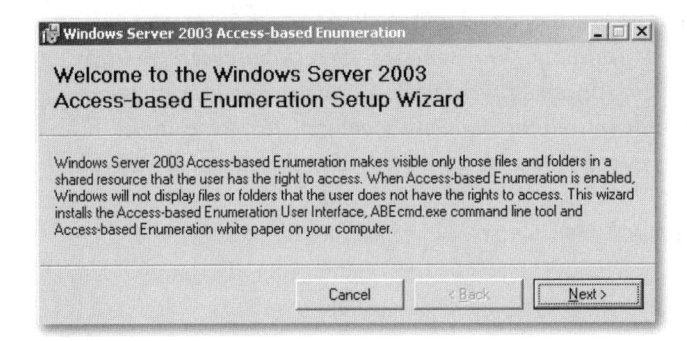

Im nächsten Fenster des Assistenten können Sie über eine Option festlegen, ob das Tool nur für Sie oder für jeden Benutzer des Servers verfügbar sein soll. Eigentlich ist es selbstverständlich, dass jeder Administrator des Servers später auf das Tool zugreifen können muss.

Zuletzt müssen Sie entscheiden, ob ABE bereits jetzt für alle Freigaben des Servers oder erst später gezielt für einzelne Freigaben aktiviert werden soll. Damit ist die Installation von ABE abgeschlossen.

Wenn Sie nun im Windows Explorer die Eigenschaften einer Freigabe öffnen, erscheint zusätzlich die Registerkarte »Access-based Enumeration«. Die Konfiguration von ABE ist genauso einfach wie die Installation des Tools, denn auf dieser Registerkarte gibt es lediglich die Auswahl, ABE nur für diese Freigabe oder für alle Freigaben des Servers zu aktivieren.

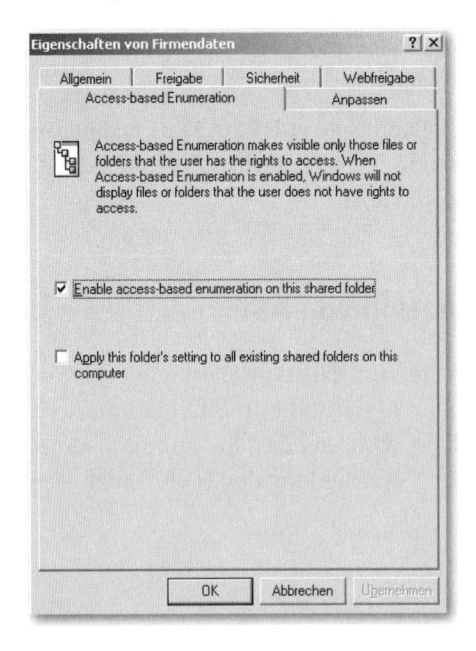

Hatten Sie während der Installation des Installationspakets ABEUI.MSI die Option gewählt, ABE später nur für ausgewählte Freigaben zu aktivieren, so haben Sie bei der Konfiguration einer Freigabe die Möglichkeit, die Aktivierung von ABE nachträglich nun auf alle Serverfreigaben auszudehnen. Das Befehlszeilentool **ABEcmd.exe** wird im Whitepaper ABEWhitePaper.doc erklärt, das Sie im Installationsordner finden. Mit dem Befehlszeilentool können Sie aber nicht mehr und nicht weniger als über das grafische Interface (die zusätzliche Registerkarte in den Eigenschaften eines freigegebenen Ordners) konfigurieren. Sie werden das Befehlszeilentool wahrscheinlich nie benötigen.

21.3 Bedeutung von ABE für Anwender und IT-Personal

Am Beispiel eines imaginären Unternehmens soll nachfolgend demonstriert werden, welche Optionen sich mit ABE nunmehr auftun. Auf dem Windows-Dateiserver unseres Beispielunternehmens gibt es bisher eine Freigabe namens »Firmendaten«, in der die Mitarbeiter Dokumente für ihre Arbeitsgruppen ablegen. Dieser Gruppenordner hat eine Struktur, die sich an die Aufbauorganisation des Unternehmens anlehnt. Es gibt Unterordner für die einzelnen Abteilungen. Daneben gibt es Ordner für abteilungsübergreifende Projekte und einen Ordner namens »allgemein zugängliche Informationen«, in dem Dokumente abgelegt werden, die alle Mitarbeiter des Unternehmens einsehen dürfen. Weiterhin gibt es spezielle Ordner für den Betriebsrat, für Dokumentvorlagen usw.

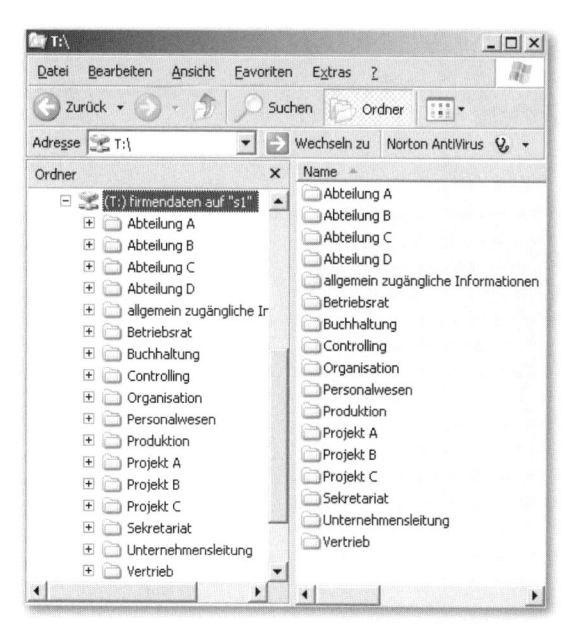

21 | Access-based Enumeration ABE

Im Active Directory sind in Anlehnung an die Aufbauorganisation des Unternehmens Sicherheitsgruppen angelegt, denen exklusive Zugriffsrechte auf die Unterordner der Freigabe »Firmendaten« erteilt werden.

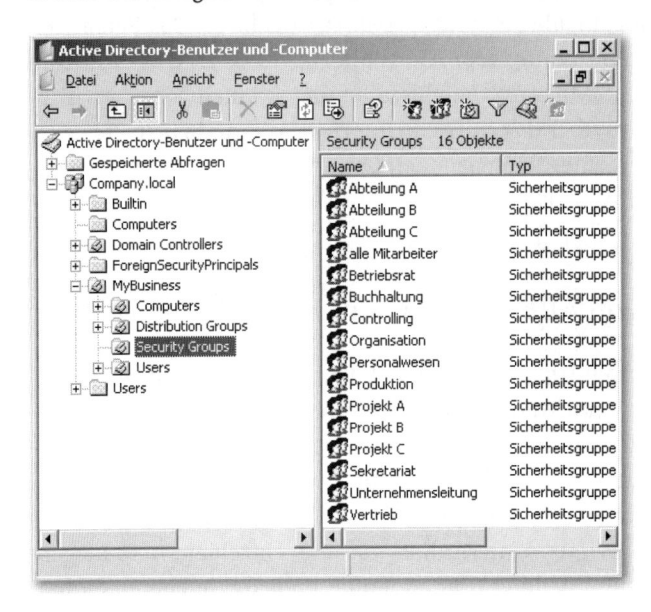

So gibt es z. B. die Sicherheitsgruppe »Abteilung C«. Dieser Sicherheitsgruppe wurde das Recht zum Ändern der Inhalte des Ordners »Abteilung C« erteilt.

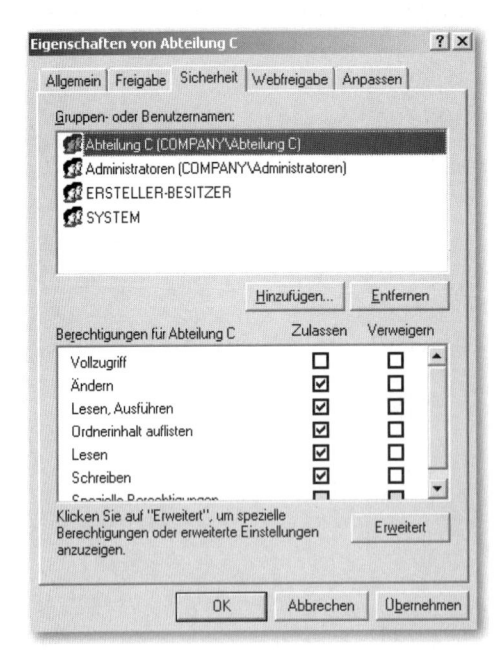

Öffnete ein Mitarbeiter, der ein Mitglied der Sicherheitsgruppen »Abteilung C«, »Projekt B« und »Betriebsrat« ist, im Windows-Explorer die Freigabe »Firmendaten«, so sah er bisher alle Unterordner der Freigabe »Firmendaten«, und nicht nur diejenigen, für die er aufgrund seiner Mitgliedschaft in den verschiedenen Sicherheitsgruppen überhaupt Zugriffsrechte besitzt. Erst beim Versuch, z. B. den Unterordner »Abteilung A« zu öffnen, erhielt der Mitarbeiter die Meldung »Zugriff verweigert«.

Mit installiertem ABE hat der Mitarbeiter ein gänzlich neues Anwendererlebnis. Im Windows-Explorer werden nun unterhalb der Freigabe »Firmendaten« nur noch diejenigen Ordner aufgelistet, die für seine Arbeit relevant sind. Er sieht seinen Abteilungsordner, seine Projektordner und diejenigen Ordner, die alle Firmenmitarbeiter einsehen dürfen.

Die Freigabe »Firmendaten« wirkt aufgeräumt und übersichtlich. Schnell findet der Mitarbeiter die Speicherorte für seine Dokumente und die wenigen Ordner, in denen allgemein zugängliche Informationen hinterlegt sind. Das spart nicht nur Zeit und Nerven beim Anwender, sondern auch beim IT-Supportpersonal.

Ein weiterer, nicht zu unterschätzender Vorteil von ABE ist aber der folgende. Der Administrator kann nunmehr auf einen Blick einsehen, ob ein Mitarbeiter ausreichende Berechtigungen hat, um seine Dokumente einzusehen, oder ob dem Mitarbeiter versehentlich zu viele Berechtigungen erteilt wurden, so dass er ungewollt auch auf sensible, nicht für ihn bestimmte Dokumente zugreifen kann. Richtet der Administrator ein neues Benutzerkonto für einen neuen Mitarbeiter im Vertrieb ein, so nimmt er die Benutzerkennung in die entsprechenden Sicherheitsgruppen auf (z. B. »Vertrieb Süddeutschland« und »Projekt Internetauftritt«). Wechselt z. B. ein anderer Mitarbeiter von der Abteilung C in die Abteilung A, so entfernt der Administrator die zugehörige Benutzerkennung aus der Sicherheitsgruppe »Abteilung C« und fügt sie in die Sicherheitsgruppe »Abteilung A« ein. Danach meldet sich der Administrator unter dieser Benutzerkennung an und überprüft, ob der betreffende Mitarbeiter wirklich nur die Dateibestände sieht, auf die er zugreifen darf. Falsch vergebene Gruppenmitgliedschaften oder Zugriffsberechtigungen sind nun im Windows Explorer sofort sichtbar.

[O] Auf der Buch-DVD finden Sie im Verzeichnis **Windows Server\Access-based Enumeration – ABE** wichtige Artikel und Hinweise auf zusätzliche Quellen im Internet.

21.4 Access-based Enumeration (ABE) und Hochverfügbarkeitscluster

In einem Clusterserver wurde bezüglich ABE folgendes Problem bekannt: Wenn eine Freigabe, für die ABE auf dem ersten Clusterserver aktiviert wurde, bei dessen Ausfall vom zweiten Clusterserver übernommen wird, geht die ABE-Aktivierung verloren. Innerhalb der Ressourcengruppe kann man in den Eigenschaften der Freigaberessource keine ABE-Einstellung vornehmen. Der Clusterdienst kennt die ABE-Eigenschaft nicht und reaktiviert sie folglich auch nicht, wenn eine Clusterressource an einen anderen Clusterknoten übergeben wird.

Wie Sie unter http://blogs.technet.com/windowsserver/archive/2005/07/06/407385.aspx nachlesen können, hat einer der Programmierer von ABE namens Sundar Subbarayan jedoch eine Lösung für das Problem veröffentlicht:

Installieren Sie das ABE-Tool auf beiden Clusterknoten.

Erstellen Sie im Cluster-Administrator für jede Freigabe des Clusters eine Ressource vom Typ »Anwendung«. Als Ausführungsbefehl dieser Ressource (unter Parameter) muss folgender Befehl eingegeben werden:

```
cmd /k abecmd /enable <Freigabename>
```

Wenn Sie unterdrücken wollen, dass die Ausführung des Befehls auf dem Bildschirm angezeigt wird, so deaktivieren Sie die Option **Allow interaction with the desktop**.

Stellen Sie sicher, dass die Anwendungsressource und die Freigaberessource zur selben Gruppe gehören.

Nehmen Sie diese Gruppe offline und wieder online, damit die gewünschten Freigaben die ABE-Eigenschaften übernehmen.

Das Thema »Drucken im Netzwerk« würde ein eigenes Buch füllen. In diesem Kapitel habe ich nur einige Erfahrungen und Tipps gesammelt, die ich in der täglichen Praxis zusammengetragen habe.

22 Netzwerkdrucker einrichten

Im Verzeichnis **H:\DVD2006\Windows Server\Netzwerkdrucker** der Buch-DVD [○] finden Sie aber eine reichhaltige Sammlung von Artikeln und Anleitungen zum Thema Netzwerkdrucker und zum speziellen Thema »Drucken auf Terminalservern«. Übrigens können fast alle Aussagen in diesem Kapitel und den Dokumenten der Buch-DVD auch auf Netzwerkplotter übertragen werden.

22.1 Remote-Anschlussmonitore

Auf dem Server können und sollten Sie alle Netzwerkdrucker installieren und dort verwalten. Wenn ein Netzwerkdrucker über eine Netzwerkkarte und das Protokoll TCP/IP angesprochen werden kann, so ist es zwar möglich, diesen Drucker direkt vom Client aus anzusprechen. Insbesondere in größeren Netzwerken mit vielen Netzdruckern und vielen Clients wird die Verwaltung der Netzdrucker aber völlig unübersichtlich, wenn alle Clients ganz nach Belieben die Netzwerkdrucker direkt mit Aufträgen beschicken.

Wenn Sie den Server als Druckserver für die Netzdrucker und Plotter einrichten und freigeben, bekommen Sie wieder die Kontrolle über die Vorgänge. Die Clients verbinden sich dann mit den Druckerfreigaben des Servers und spoolen ihre Druckaufträge in die zentralen Druckwarteschlangen des Servers ein. Dort werden die Druckaufträge nacheinander abgearbeitet, ohne dass es zu Rivalitäten kommt. Über die Vergabe von Berechtigungen und über zentrale Skripte zur Zuweisung der Netzwerkdrucker des Servers an die Clients kann der Administrator detailliert festlegen, wer auf welchen Netzdrucker drucken darf, wer dort eigene oder fremde Druckaufträge anhalten, löschen oder deren Priorität verändern darf.

Netzwerkdrucker werden normalerweise über Remote-Anschlussmonitore mit dem Server verbunden. Der **Anschlussmonitor SPM** ist dabei der Standard-

TCP/IP-Portmonitor und bietet universelle Möglichkeiten für die Verbindung mit Druckern und Plottern über das Protokoll TCP/IP. Er bietet auch eine LPT-Unterstützung und sollte nach Möglichkeit dem LPT vorgezogen werden.

Der **Anschlussmonitor LPR** kann über eine LPR-Clientfunktionalität Druckdaten zu LPD-Servern (UNIX) versenden. Der **Anschlussmonitor HPMON** benutzt anstelle von TCP/IP das Protokoll DLC und wird oft von HP-Drucksystemen genutzt. Zum Anschluss von Appletalk-Druckern über das Appletalk-Protokoll wird der **Anschlussmonitor SFMMON** verwendet. NetWare-Druckwarteschlangen werden hingegen über den **Anschlussmonitor NWMON** und das NWlink-Protokoll angesteuert.

22.1.1 Drucksystem über Standard-TCP/IP-Portmonitor ansteuern

Im Fenster **Drucker und Faxgeräte** starten Sie den Druckerinstallations-Assistenten. Sie aktivieren die erste Option **Lokaler Drucker** und achten darauf, dass die Option **Plug & Play-Drucker...** nicht aktiviert ist.

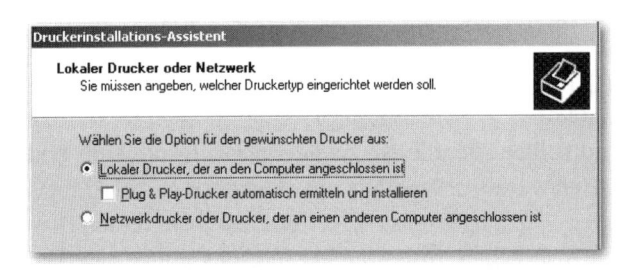

TCP/IP-Netzwerkdrucker werden also als »lokal« angesehen. Im nächsten Dialogfenster wählen Sie als Anschlusstyp **Standard TCP/IP-Port**.

Im Folgefenster **Port hinzufügen** geben Sie die IP-Adresse des Druckers an. Das Feld **Portname** wird daraufhin automatisch mit IP_<eingegebene Ip-Adresse> ausgefüllt. Dieser Portname kann bei Bedarf überschrieben werden. Ist der Netzwerkdrucker unter der angegebenen IP-Adresse erreichbar, so versucht der Assistent nun, mit dem Drucker Kontakt aufzunehmen. Deshalb ist es so wichtig, dass Sie vor dem Installationsversuch den Drucker eingeschaltet und bereits korrekt eingerichtet haben. Kann der Drucker erkannt werden, so müssen Sie lediglich die Meldung des Assistenten bestätigen und einen Druckertreiber zuweisen. Falls Windows Server keine geeigneten Treiber bereithält, können Sie eine Quelle für den Druckertyp angeben (CD-Laufwerk oder vom Internet heruntergeladene, neueste Druckertreiber).

Konnte kein Drucker erkannt werden, obwohl er z. B. über den Befehl **Ping** erreichbar ist, so wählen Sie im erscheinenden Dialogfenster entweder unter Standard einen passenden Port aus oder definieren die Einstellungen selbst. Hier können Sie übrigens neben einem Standard-TCP/IP-Port mit eigenen Einstellungen auch eine LPR-Druckverbindung einrichten.

22.1.2 Drucker über LPR-Anschlussmonitor ansteuern

Wollen Sie anstelle des Standard-TCP/IP-Portmonitors einen Drucker über den LPR-Anschlussmonitor anschließen, dann gehen Sie wie folgt vor:

Die LPR-Clientkomponente ist standardmäßig nicht installiert. Um sie nachträglich einzurichten, öffnen Sie in der Systemsteuerung **Software** und klicken dort auf **Windows-Komponenten hinzufügen/entfernen**. In der Kategorie **Weitere Datei- und Druckdienste für das Netzwerk** klicken Sie auf die Schaltfläche **Details** und aktivieren die Option **Druckdienste für Unix**.

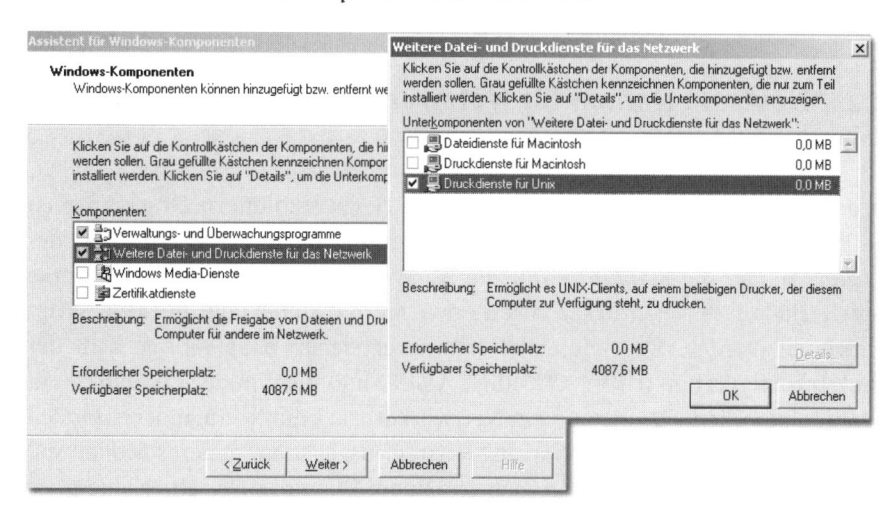

Öffnen Sie das Fenster **Drucker und Faxgeräte** und starten Sie den Druckerinstallations-Assistenten. Aktivieren Sie hier die erste Option **Lokaler Drucker...** und achten Sie wieder darauf, dass das Kontrollkästchen **Plug & Play-Drucker...** nicht aktiviert ist. Wählen Sie danach als Anschlusstyp **LPR Port**.

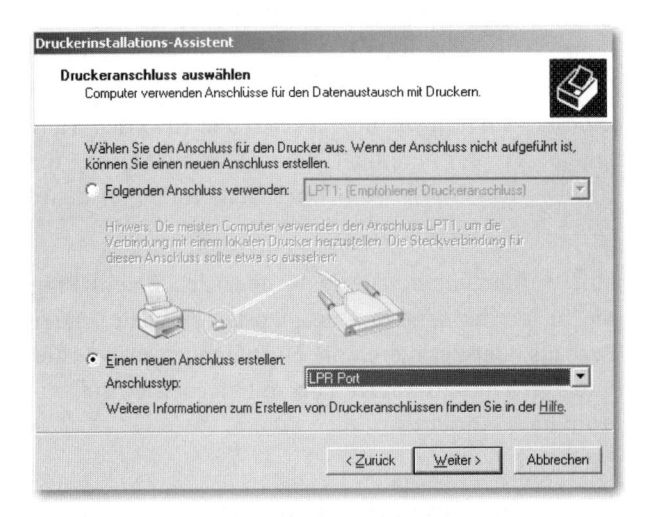

Im nächsten Fenster **LPR-kompatiblen Drucker hinzufügen** geben Sie die IP-Adresse oder den Namen des LPD-Druckservers sowie den Namen der Warteschlange ein. Der Standard-Warteschlangenname ist bei vielen Systemen **lp**. Er kann aber anders gewählt sein. Wichtig ist die korrekte Groß- und Kleinschreibung. Sobald Sie das Fenster schließen, erfolgt eine Überprüfung, ob es diesen LPR-Port gibt. Wird eine Fehlermeldung ausgegeben, so können Sie die Fehlermeldung ignorieren, wenn Sie wissen, dass das Drucksystem nur vorübergehend nicht erreicht werden kann.

22.2 Neutrale Namen für Netzwerkdrucker und deren Freigaben vergeben

Oft erlebt man, dass Netzwerkdruckern oder Netzwerkplottern Druckernamen und Freigabenamen gegeben wurden, in denen die Herstellerbezeichnung, der Druckertyp oder der Standort enthalten ist. Wenn es sich um große Netzwerke handelt, sind diese Netzdrucker vielen Anwendern manuell oder über ein Skript zugewiesen worden. Zugewiesene Netzdrucker stehen dabei übrigens in der Benutzerkonfiguration (HKEY_CURRENT_USER) und nicht in der Computerkonfiguration der Clients. Muss nun ein Netzwerkdrucker durch ein anderes Modell ersetzt werden (Gerät defekt, Wartungsvertrag ausgelaufen, neueres Modell soll älteres Modell ersetzen), so steht man vor einem Dilemma: Der alte Name passt nicht mehr. Richtet man den neuen Drucker unter einem anderen Namen ein, so können viele Benutzer nicht mehr drucken, bis in den Benutzerprofilen der alte Netzdrucker durch den neuen ersetzt wird.

Viel einfacher ist es, wenn Netzdrucker und deren Freigaben einen neutralen Namen erhalten, z. B. P001 bis P999 (»P« für Printer und Plotter) oder DR001 bis DR999 (»D« für Drucker). Denn dann kann man einfach auf dem Druckserver die Druckertreiber austauschen, statt den Netzdrucker löschen und einen neuen Netzdrucker installieren und freigeben zu müssen. Druckerattribute wie Druckertyp und dessen Standort kann man bei der Einrichtung auf dem Server in die Felder **Ort** und **Kommentar** eingeben und dort jederzeit an zentraler Stelle ändern. Am Drucker sollten Sie einen gut sichtbaren Aufkleber mit dem Namen des Druckers anbringen. Je einfacher der Druckername ist, desto weniger Fehler gibt es, wenn der Drucker einem Benutzer zugewiesen werden muss oder wenn die Hotline am Telefon herausfinden muss, auf welchen Drucker ein Benutzer zukünftig drucken möchte oder mit welchem Drucker ein Benutzer Probleme hat.

Der Benutzer sollte das Fenster »Drucker und Faxgeräte« aufrufen, die Ansicht auf **Details** umstellen, mit der Maus die Reihenfolge der Spalten sowie deren Breite so anpassen, dass er mit einem Blick erkennen kann, welcher Drucker mit welcher Funktion (Spalten **Name** und **Kommentar**) an welchem Standort (Spalte **Ort**) verfügbar ist. Die Vorgehensweise zur sinnvollen Einstellung der Ansicht dieses Fensters muss dem Benutzer gezeigt werden.

22.3 Netzdrucker mit mehreren Papierschächten mehrfach einrichten

Hat ein Drucker mehrere Schächte für Briefpapier, weißes DIN-A4-Papier, DIN-A3-Papier und die manuelle Zuführung von Folien, so sollten alle Schächte mittels weiterer Aufkleber sowohl für den Anwender als auch für die Druckoperatoren leicht und eindeutig identifizierbar sein. Zumindest bei baugleichen Druckern sollte das vorbedruckte Briefpapier immer im selben Schacht liegen. Da Anwender in der Hektik oft vergessen, vor dem Druck den richtigen Schacht einzustellen, sollte das teure Briefpapier nicht unbedingt im ersten Schacht liegen, denn nur zu häufig werden dann umfangreiche Handbücher versehentlich auf teurem Briefpapier statt auf weißem Papier ausgedruckt. Den Anwendern muss erklärt werden, über welche Option sie die verschiedenen Papierfächer ansteuern.

Als Alternative ist es möglich, einen Drucker mit mehreren Einzugsschächten mehrfach als Netzdrucker einzurichten. Dabei vergibt man für jeden so eingerichteten Netzdrucker einen Namen und einen Freigabenamen, aus denen

Papierschacht oder die Funktion hervorgehen. Ein und derselbe physische Drucker könnte z. B. auf dem Server unter den Namen und Freigabenamen »P013-Briefpapier«, »P013-A4«, »P013-A3« und»P013-manuelle_Zufuhr« eingerichtet und freigegeben werden.

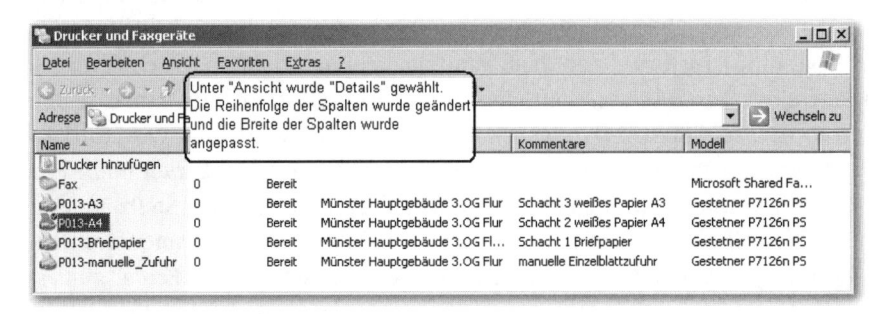

Name		Bereit		Kommentare	Modell
Drucker hinzufügen					
Fax	0	Bereit			Microsoft Shared Fa...
P013-A3	0	Bereit	Münster Hauptgebäude 3.OG Flur	Schacht 3 weißes Papier A3	Gestetner P7126n PS
P013-A4	0	Bereit	Münster Hauptgebäude 3.OG Flur	Schacht 2 weißes Papier A4	Gestetner P7126n PS
P013-Briefpapier	0	Bereit	Münster Hauptgebäude 3.OG Fl...	Schacht 1 Briefpapier	Gestetner P7126n PS
P013-manuelle_Zufuhr	0	Bereit	Münster Hauptgebäude 3.OG Flur	manuelle Einzelblattzufuhr	Gestetner P7126n PS

Unter "Ansicht wurde "Details" gewählt. Die Reihenfolge der Spalten wurde geändert und die Breite der Spalten wurde angepasst.

Anschließend werden zentral auf dem Druckserver in den Eigenschaften der so eingerichteten Drucker die Zusatzkomponenten (Papierschächte, Duplexeinheit etc.) über die Registerkarte **Geräteeinstellungen** hinzugefügt und weitere Optionen eingestellt. Zuletzt klickt man in der Registerkarte **Erweitert** auf die Schaltfläche **Standardwerte** und ordnet in der Registerkarte **Papier/Qualität** den richtigen Papierschacht als Papierquelle zu. Diese Voreinstellungen sind dann die Standardwerte für alle Benutzer, denen die logischen Netzdrucker später zugewiesen wurden. Im Beispiel kann der Benutzer anschließend nicht nur den Drucker P013 auswählen und muss bei jedem Ausdruck den Papierschacht neu auswählen. Stattdessen sieht er denselben physischen Drucker unter vier eindeutigen Bezeichnungen und wählt nur noch den richtigen Netzdrucker aus. Die Optionen und die richtige Papierquelle sind voreingestellt.

Auch bei Plottern, bei denen oft ein benutzerspezifisches Papierrollenformat und andere Optionen mühselig eingestellt werden müssen, ist es sinnvoll, diese Voreinstellungen für alle Benutzer bereits auf dem Druckserver über die Schaltfläche **Erweitert – Standardwerte** vorzunehmen, statt sie später in jedem Benutzerprofil einzustellen.

22.4 Druckserver-Konfiguration anpassen

Wenn Sie das Fenster »Drucker und Faxgeräte« auf dem Druckserver geöffnet haben und auf **Datei – Servereigenschaften** klicken, so können Sie über vier Registerkarten generelle Einstellungen vornehmen, die für alle installierten Netzdrucker gelten sollen. In der Registerkarte **Erweitert** können Sie z. B. den Spoolordner verlegen. Er liegt standardmäßig im Verzeichnis **%windir%\system32\spool\PRINTERS**.

Die Spooldateien können bei einem stark frequentierten Druckserver einen hohen Umfang annehmen und damit das Startvolume entsprechend stark belasten. Da die Dateien im Normalfall permanent angelegt und wieder gelöscht werden, wird die Fragmentierung des Volumes mit der Zeit immer mehr zunehmen. Werden viele Netzdrucker eingerichtet und intensiv genutzt, so kann es sinnvoll sein, den zentralen Spoolordner auf ein separates Volume zu verschieben.

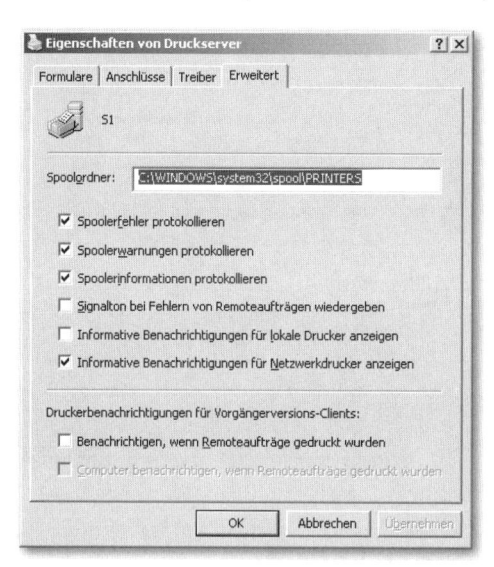

Ebenfalls in der Registerkarte **Erweitert** finden Sie die Optionen »Informative Benachrichtigungen für lokale Drucker anzeigen« und »Informative Benachrichtigungen für Netzwerkdrucker anzeigen«. Diese Optionen sollten Sie deaktivieren, wenn bei den Benutzern keine Popupfenster aufgehen sollen, die über den Status eines Druckauftrags informieren.

In der Registerkarte **Formulare** können Sie spezielle Formate und Formatbezeichnungen definieren. Diese selbst erstellten Formate heißen Formulare, weil Sie einen nicht bedruckbaren Bereich definieren können.

In der Registerkarte **Anschlüsse** finden Sie alle bisher definierten Anschlussports wieder. Die Einstellmöglichkeiten entsprechen genau denen in der gleichnamigen Registerkarte im Druckertreiber. Sie können neue logische Anschlüsse hinzufügen. Zum Beispiel können Sie den logischen LocalPort »\\S03\P015« auf dem Druckserver **S04** hinzufügen und über diesen neuen LocalPort den Netzdrucker **P015** auf dem Server **S03** ansprechen. Ehemals hinzugefügte, jedoch inzwischen nicht mehr benötigte Anschlüsse können hier gelöscht werden.

In der Registerkarte **Treiber** sind alle bislang auf dem System installierten Druckertreiber zu finden. Über die Schaltfläche **Eigenschaften** werden alle zu einem

Drucktreiber gehörigen Dateien inklusive Dateiname, Pfad und Version aufgeführt. Um einen Treiber zu aktualisieren, wählen Sie hier die Schaltfläche **Neu installieren**.

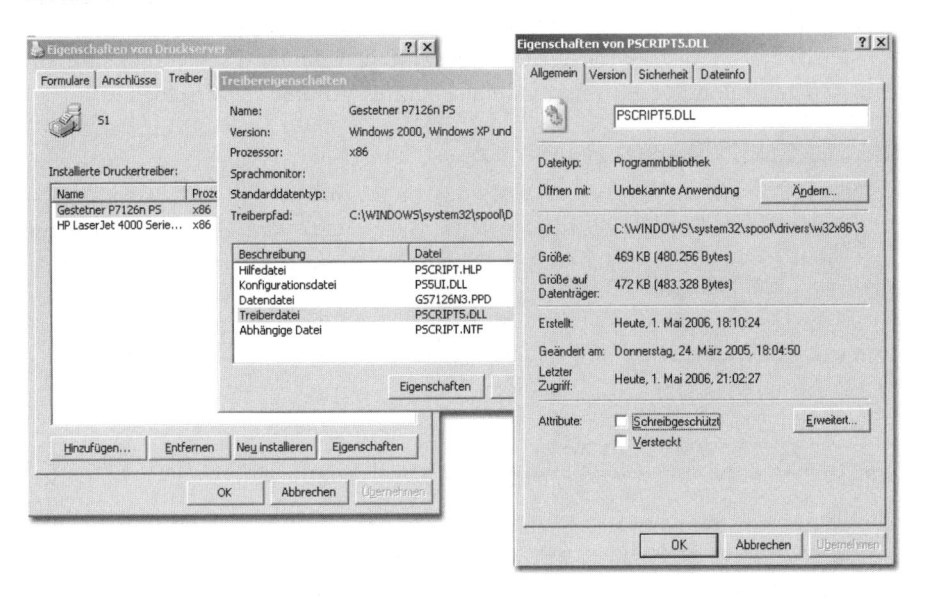

22.5 Netzdrucker beim Anwender einrichten

22.5.1 Netzdrucker manuell zuweisen

Der aufwendigste Weg, einen Netzwerkdrucker auf dem Client für einen Anwender verfügbar zu machen, führt über **Start · Einstellungen · Drucker und Faxgeräte · Drucker hinzufügen**. Dadurch wird der Druckerinstallations-Assistent gestartet, in dem man nun die Option **Netzdrucker** auswählt, danach die Option **Einen Drucker im Verzeichnis suchen** und zuletzt auf **Jetzt suchen** klickt, um alle im gesamten Active Directory freigegebenen Drucker anzeigen zu lassen. Ein Doppelklick auf den gewünschten Netzdrucker installiert daraufhin die Treiber vom Druckserver auf den Client. Danach ist der Netzdrucker verfügbar.

Es gibt aber einen schnelleren Weg: Der Benutzer öffnet über **Start – Einstellungen** das Fenster »Drucker und Faxgeräte« und gleichzeitig den Windows-Explorer. Er ordnet die Fenster so an, dass sie sich nicht überlappen und beide Fenster also gut sichtbar sind. Im Windows-Explorer gibt er den Druckservernamen, geführt von zwei Backslashs, in die Adresszeile ein, also in der Form **\\Servername**. Daraufhin werden alle Freigaben des Druckservers angezeigt, also auch die freigegebenen Drucker. Nun wählt man mit gedrückter Strg-Taste alle gewünschten Netzdrucker aus und zieht sie anschließend mit gedrückter rechter

Maustaste in das Fenster »Drucker und Faxgeräte« hinein. Sobald man die Maustaste loslässt, erscheint ein Menü, aus dem man den Befehl **Installieren** wählt. Sofort werden alle ausgewählten Netzdrucker inklusive der benötigten Treiber auf dem Client installiert und sind danach verfügbar.

22.5.2 Netzdrucker über Skripte zuweisen

Müssen vielen Anwendern Netzdrucker, abhängig von der Mitgliedschaft des jeweiligen Benutzers in einer Sicherheitsgruppe und vom Standort des Benutzers, zugewiesen werden, so bieten sich die Möglichkeiten eines Loginskriptes an. In Kapitel 15, *Das Anmeldeskript*, finden Sie Anregungen zu diesem Thema.

Ausführlichere Informationen und Beispielskripte finden Sie auf der Buch-DVD im Verzeichnis **Scripting** (»Managing printing from the command line or by scripts«) bzw. im Verzeichnis **Netlogon\VBS** (NetzdruckerVerbinden.vbs). [O]

22.5.3 Netzdrucker über Gruppenrichtlinien zuweisen

Ab Windows Server 2003 R2 besteht darüber hinaus die Möglichkeit, Netzdrucker über Gruppenrichtlinien zuzuweisen. Dazu wird das Tool **PushPrinterConnections** einem Startupskript oder einem Benutzerlogonskript hinzugefügt.

Die Details lesen Sie in den Dokumenten »Deploying Printers to Users or Computers by using Group Policy«, »Deploy printers by using Group Policy« bzw. »Set Group Policy for printers«, die Sie auf der Buch-DVD finden. [O]

22.6 Unterschied zwischen LocalPort und Standard-TCP/IP-Port

Wurden auf dem Server **S1** Netzwerkdrucker installiert und freigegeben und sollen diese Netzdrucker nun von einem Client oder von einem Terminalserver aus angesprochen werden, so gibt es die beiden Möglichkeiten, die Netzdrucker des Servers **S1** den Benutzern oder den Computern zuzuweisen.

Werden die Netzdrucker den Benutzern zugewiesen, so wird diese Zuweisung unter **HKEY_CURRENT_USER** in der Registrierdatenbank gespeichert. Bei servergespeicherten Benutzerprofilen (roaming profiles) wandern diese Einstellungen mit, wenn sich der Benutzer heute an diesem, morgen an jenem Computer anmeldet. Meldet sich jedoch ein anderer Benutzer am Client an, so fehlen die Druckerzuweisungen, die für den ersten Benutzer gemacht wurden.

Oft ist es aber sinnvoll, einem Client, der in einer bestimmten Abteilung steht, bestimmte Drucker zuzuweisen: nämlich die Netzwerkdrucker der Abteilung. Egal welcher Benutzer sich an diesem Client anmeldet, er soll immer auf die Abteilungsdrucker zugreifen können. Also wäre es in diesem Fall sinnvoll, die bestreffenden, auf dem Server **S1** eingerichteten Netzdrucker direkt dem Client-Computer statt einem Benutzer zuzuweisen.

Richtet man einen Terminalserver **S2** für eine Abteilung ein, so kann es sinnvoll sein, die Netzdrucker des Servers **S1** auf diesem Terminalserver **S2** so einzurichten, dass jeder Benutzer, der sich am Terminalserver **S2** anmeldet, auf die Netzdrucker zugreifen kann.

In beiden Fällen bietet sich folgende Vorgehensweise an:

Im Fenster **Drucker und Faxgeräte** des Clients bzw. des Terminalservers **S2** startet man den Druckerinstallations-Assistenten, wählt die Option **Einen neuen Anschluss erstellen** und als Anschlusstyp **LocalPort**. Als Anschlussnamen gibt man nun den Server **S1** und den dort bereits eingerichteten und freigegebenen Netzdrucker in der Syntax **\\Servername\<Netzdruckerfreigabename>** an, z. B. **\\S1\P013-Briefpapier**.

Erneut muss man einen Druckernamen eingeben und kann wählen, ob der Drucker im Netzwerk freigegeben werden soll. Dieses Mal sollte der Drucker aber nicht erneut freigegeben werden, denn es handelt sich nicht um einen lokalen Drucker, sondern um einen Drucker, der bereits auf dem zentralen Druckserver **S1** eingerichtet und freigeben wurde. Und es war ja eines unserer Ziele, alle Druckaufträge zentral über einen Druckserver zu spoolen und zu verwalten.

Ebenso sollten die Berechtigungen zentral und eindeutig verwaltet werden, was nicht möglich ist, wenn ein und derselbe physische Netzdrucker auf mehreren Servern als logischer Netzdrucker eingerichtet und freigegeben ist.

Öffnet man anschließend die Eigenschaften des so eingerichteten Druckers und dort die Registerkarte **Anschlüsse**, so ist die UNC-Angabe **\\Servername\Druckerfreigabe** dort eingetragen. Dennoch handelt es sich logisch um einen lokalen Port, der wie andere LPT-Ports, COM-Ports und USB-Ports behandelt wird: Ein Drucker, der an einem lokalen Port eines Computers angeschlossen ist, steht allen Benutzern dieses Computers zur Verfügung. Das gilt auch für den gerade eingerichteten Drucker, obwohl er nicht an einem physisch lokalen Port angeschlossen ist, sondern über den Druckserver **S1** angeboten wird.

Alle Netzdrucker, die auf einem Terminalserver auf diese Weise eingerichtet werden, stehen sofort allen Benutzern des Terminalservers zur Verfügung.

22.7 Druckwarteschlangen im Notfall durch Domänenbenutzer sicher neu starten

Auf der Buch-DVD finden Sie im Verzeichnis **Windows Server\Netzwerkdrucker\Druckwarteschlangen mit einfachen Benutzerrechten auf Server neu starten** eine Anleitung zur Erstellung einer Routine, über die Benutzer mit einfachen Domänen-Benutzerrechten Druckwarteschlangen auf Druckservern neu starten können, wenn ein Drucker durch einen Druckauftrag blockiert ist und der Netzwerkadministrator nicht zugegen ist.

22.8 Druckverwaltung unter Windows Server 2003 R2

Die PMC (Print Management Console) von Windows Server 2003 R2 ist ein aktualisiertes Microsoft-Management-Console-Snap-In (MMC), mit dem Sie Drucker und Druckserver im Unternehmen anzeigen und verwalten können. PMC schafft einen besseren Überblick über die Druckertopologie im Netzwerk, so dass der Administrator besonders auch die Drucker in Zweigstellen überwachen und im Falle eines Problems schnell reagieren kann. PMC kann auf jedem Windows Server 2003 R2 ausgeführt werden, und Sie können sämtliche Netzwerkdrucker auf Druckservern unter Windows 2000 Server, Windows Server 2003 oder Windows Server 2003 R2 verwalten.

Unter Windows Server 2003 R2 können Sie die Druckverwaltung für das Senden von E-Mail-Benachrichtigungen oder Ausführen von Skripten konfigurieren, sobald ein Drucker oder Druckserver Ihre Aufmerksamkeit erfordert. Weitere Informationen finden Sie im Dokument »Print Management Step-by-Step Guide« unter **http://go.microsoft.com/fwlink/?LinkId=50141**.

Ein wesentlicher Schritt bei der Erstellung einer Standorttopologie ist die Platzierung der globalen Katalogserver und der Betriebsmaster. Alle sechs Rollen können nur auf Domänencontrollern, nicht auf Mitgliedsservern untergebracht werden.

23 Betriebsmasterfunktionen und der globale Katalogserver

23.1 Der globale Katalog und die Betriebsmasterrollen

In einem Microsoft Active Directory gibt es die Rolle des globalen Katalogservers und fünf Betriebsmasterfunktionen, die so genannten »Flexible Single Master Operations (FSMO) Roles«, Betriebsmaster = Operation Master.

Globaler Katalogserver
Ein globaler Katalogserver enthält eine Kopie des globalen Katalogs der Gesamtstruktur. Ein globaler Katalog enthält ein Replikat von jedem Active-Directory-Objekt, jedoch mit einer begrenzten Anzahl von Attributen für jedes Objekt, nämlich diejenigen Attribute, die bei Suchvorgängen am häufigsten verwendet werden (z. B. Vor- und Zuname von Benutzern), und solche Attribute, die zur Ermittlung eines vollständigen Objektreplikats erforderlich sind. Die in den globalen Katalog replizierten Attribute umfassen einen von Microsoft definierten Basissatz, der jedoch von den Schemaadministratoren erweitert werden kann. Der globale Katalog enthält deshalb nur einen Teil der Attribute, um in einer komplexen Gesamtstruktur den Replikationsverkehr gering zu halten und um die Datenbank, die auf jedem globalen Katalogserver vorgehalten werden muss, nicht zu groß werden zu lassen.

An jedem Standort muss bei der Anmeldung eines Benutzers ein globaler Katalogserver verfügbar sein, weil der Domänencontroller, der die Anmeldung ausführt, im globalen Katalog die Mitgliedschaft in universellen Gruppen überprüfen muss. Da über die Mitgliedschaft in universellen Gruppen Zugriffsrechte auf Ressourcen gesteuert werden können, müssen diese Informationen zumindest in Domänen im einheitlichen Modus bei der Anmeldung vorliegen. Ohne einen Zugriff auf einen globalen Katalog verweigert im einheitlichen Domänenmodus der Domänencontroller die Anmeldung. Die Funktion **globaler Katalogserver** können mehrere Domänencontroller innerhalb einer Domäne übernehmen. An jedem größeren Standort der Domäne sollte nach Möglichkeit zumindest ein Domänencontroller auch den globalen Katalog beherbergen, damit Anmeldungen durchgeführt werden können, wenn die WAN-Leitung ausgefallen ist.

Schemamaster
Das Active-Directory-Schema definiert Klassen von Objekten und die zugehörigen Attribute. Für jede Gesamtstruktur existiert nur ein Schema, das von allen Domänen in dieser Gesamtstruktur gemeinsam verwendet wird. Auf dem Domänencontroller der Gesamtstruktur, der die Schemamasterrolle besitzt, werden Schemaaktualisierungen und Schemaerweiterungen durchgeführt. Jedoch können mit Hilfe des Snap-Ins **Active Directory-Schema** auf einem beliebigen Domänencontroller Schemaänderungen von einem Mitglied der Sicherheitsgruppe **Schema-Admins** vorgenommen werden, wenn das Snap-In eine Verbindung zum Schemamaster herstellen kann.

Domänennamenmaster
Zum Hinzufügen und Entfernen von Domänen in einer Gesamtstruktur muss ein Mitglied der Sicherheitsgruppe **Organisations-Admins** einen Kontakt zum Domänennamenmaster herstellen, um den ersten Domänencontroller der neuen Domäne in die Gesamtstruktur aufnehmen zu können oder den letzten Domänencontroller einer zu löschenden Domäne aus der Gesamtstruktur entfernen zu können. Weitere Domänencontroller kann ein Mitglied der Sicherheitsgruppe **Domänen-Admins** dann dieser Subdomäne hinzufügen oder löschen.

RID-Master
In einer Domäne erhält jedes Sicherheits-Principal wie Benutzer, Computer und Sicherheitsgruppen einen eindeutigen SID (**Security Identifier**). Dieser SID besteht aus einem RID (**Relative ID**) und einem eindeutigen SID der Domäne. Der RID-Master vergibt jedem Domänencontroller in einer Domäne einen Pool von RIDs, damit jeder Domänencontroller selbstständig Sicherheits-Principals erstellen und ihnen SIDs zuweisen kann. Wenn die Anzahl noch verfügbarer RIDs im Pool eine vorbestimmte Anzahl (standardmäßig 100) unterschreitet, fordert der Domänencontroller zusätzliche RIDs vom RID-Master der Domäne an. In jeder Domäne einer Gesamtstruktur darf nur ein RID-Master vorhanden sein.

PDC-Emulationsmaster
In jeder Domäne einer Gesamtstruktur darf nur ein PDC-Emulator vorhanden sein. In Windows-2003-Domänen, die noch nicht aus dem gemischten Modus in die Domänenfunktionsebene **Windows Server 2003 (einheitlicher Modus)** hochgestuft wurden, weil es noch aktive Windows-NT-4.0-Domänencontroller gibt, sorgt der PDC (Primary Domain Controller) für die Abwärtskompatibilität und das Zusammenspiel zwischen Windows-2003-Servern und den PDCs und

BDCs (Backup Domain Controller) der Windows-NT-4.0-Domäne. Doch auch nach der Hochstufung der Domänenfunktionsebene in den einheitlichen Modus verliert der PDC-Emulator nicht seine Funktion. Er ist nämlich zugleich die zentrale Referenz für Kennwortänderungen: Wenn ein Benutzer sein Kennwort an einem beliebigen Domänencontroller geändert hat, repliziert dieser Domänencontroller unverzüglich die Änderung an den PDC-Emulator der entsprechenden Domäne. Meldet sich der Benutzer später mit dem neuen Kennwort erneut an und führt dann ein anderer Domänencontroller die Authentifizierung durch, so schlägt die Anmeldung nicht fehl, weil dieser Domänencontroller beim PDC-Emulator zuerst das neue Kennwort gegenprüft.

Infrastrukturmaster
In jeder Domäne darf nur ein Domänencontroller als Infrastrukturmaster fungieren. Der Infrastrukturmaster aktualisiert Verweise zwischen Gruppen und Benutzern, sobald eine Gruppenmitgliedschaft geändert wird. Er repliziert diese Änderung auf alle weiteren Domänencontroller dieser Domäne.

23.2 Die Verteilung der Betriebsmasterfunktionen und der Funktion des globalen Katalogservers auf die Domänencontroller

Der Knowledge-Base-Artikel 223346 »FSMO Placement and Optimization on Windows 2000 Domain Controllers« gibt Empfehlungen zur Verteilung dieser Betriebsmasterfunktionen auf mehrere Domänencontroller. Fällt ein Server mit Betriebsmasterfunktionen für längere Zeit oder unwiederbringlich aus, so müssen diese Funktionen auf andere Domänencontroller verschoben werden, damit es nicht zu Betriebsstörungen kommt. Selbstverständlich muss dazu immer eine aktuelle Tabelle vorliegen, aus der hervorgeht, welche Server aktuell welche Funktionen haben. Außerdem sollte eine klare Handlungsanleitung griffbereit für den Fall vorliegen, dass ein Server mit wichtigen Betriebsmasterfunktionen oder anderen Funktionen (DNS, DHCP, WINS, RIS) längere Zeit oder unwiederbringlich ausfällt und Rollen zwischen den Servern verschoben werden müssen. Es sollte ebenso ein Plan vorliegen, welcher Server beim Ausfall eines anderen Servers dessen Funktionen übernehmen kann, weil bestimmte Betriebsmasterfunktionen sich gegenseitig ausschließen oder aber zu Problemen führen, wenn auf demselben Server andere Dienste laufen.

Der Schemamaster und der Domänennamenmaster sind für jede Gesamtstruktur einmalig. Besteht die Gesamtstruktur z. B. aus einer Stammdomäne (Root Domain) und mehreren untergeordneten Domänen, so müssen nur die Domänencontroller der Stammdomäne die Funktion Schemamaster und Domänennamenmaster übernehmen.

Die Rollen des PDC-Emulators, des Infrastrukturmasters und des RID-Masters sind domänenspezifisch, müssen also in jeder Domäne einschließlich der Stammdomäne vergeben werden.

Der erste Domänencontroller übernimmt bei der Einrichtung des Active Directory und der Erstellung einer neuen Gesamtstruktur alle fünf Betriebsmasterfunktionen und die Rolle des globalen Katalogservers. Besteht die Domäne nur aus einem Domänencontroller, so verbleiben alle Rollen auf diesem einen Domänencontroller. Werden der Domäne weitere Domänencontroller zum Lastenausgleich und aus Verfügbarkeitsgründen hinzugefügt, so müssen die Betriebsmasterfunktionen nachträglich zwischen den Domänencontrollern neu verteilt werden.

Wird eine Gesamtstruktur erzeugt, die aus einer Stammdomäne und mehreren untergeordneten Domänen besteht, so erhält der erste Domänencontroller einer neuen Subdomäne nur und automatisch die drei Betriebsmasterfunktionen PDC-Emulator, Infrastrukturmaster und RID-Master. Außerdem wird er automatisch ein globaler Katalogserver. Die bereits in der Stammdomäne vergebenen Funktionen Schemamaster und Domänennamenmaster werden also nicht mehr an die Domänencontroller der untergeordneten Domänencontroller vergeben.

Bei Verfügbarkeit einer ausreichenden Anzahl von Domänencontrollern in einer Domäne sollte jeder Domänencontroller zum Lastenausgleich nur eine domänenspezifische Rolle besitzen. Folgende Empfehlungen sollten dabei eingehalten werden:

- Der Schemamaster und der Domänennamenmaster müssen stets auf demselben Domänencontroller aktiv sein, und dieser Server muss ein Server mit globalem Katalog sein.
- Die Funktionen RID-Master und PDC-Emulator sollten auf demselben Domänencontroller platziert werden.
- Die Rolle des Infrastrukturmasters sollte nicht einem Server mit globalem Katalog zugewiesen werden.

Zwei Beispiele sollen die Verteilung der FSMO-Rollen und der Rolle des globalen Katalogservers verdeutlichen.

1. Beispiel: Einzeldomäne

Gibt es nur eine Domäne, die aus nur zwei Domänencontrollern **DC1** und **DC2** sowie weiteren Mitgliedsservern besteht, so sollten die Rollen wie folgt verteilt werden.

DC1: Schemamaster, Domänennamenmaster und globaler Katalog

DC2: Infrastrukturmaster, RID-Master und PDC-Emulator

2. Beispiel: Domänenwald

Gibt es eine Stammdomäne **Company.com** mit zwei Domänencontrollern **DC1** und **DC2** sowie zwei Subdomänen **SUB1.Company.com** und **SUB2.Company.com**, und bestehen die beiden Subdomänen aus jeweils zwei Domänencontrollern (**DC1SUB1, DC2SUB1, DC1SUB2** und **DC2SUB2**) und sonst nur Mitgliedsservern, so sollten die Rollen wie folgt verteilt werden.

Auf den beiden Domänencontrollern der Stammdomäne **Company.com** werden die Rollen wie im ersten Beispiel verteilt:

DC1: Schemamaster, Domänennamenmaster und globaler Katalog

DC2: Infrastrukturmaster, RID-Master und PDC-Emulator

Auf den Domänencontrollern **DC1SUB1** und **DC2SUB1** der Subdomäne **SUB1.Company.com** werden die Rollen wie folgt verteilt.

DC1SUB1: Infrastrukturmaster, RID-Master und PDC-Emulator

DC2SUB1: globaler Katalog

Auf den Domänencontrollern **DC1SUB2** und **DC2SUB2** der Subdomäne **SUB2.Company.com** werden die Rollen analog zur Subdomäne **SUB1.Company.com** verteilt.

DC1SUB2: Infrastrukturmaster, RID-Master und PDC-Emulator

DC2SUB2: globaler Katalog

23.3 Die Verschiebung der Betriebsmasterrollen

Wenn ein Domänencontroller heruntergefahren wird, überträgt er nicht automatisch seine Betriebsmasterfunktionen an einen anderen Domänencontroller. Dies wäre auch nicht sinnvoll, da die Aufteilung der FSMO-Rollen auf die verschiedenen Domänencontroller ja aus diversen Gründen geplant war und nicht einfach durch einen Automatismus des Betriebssystems geändert werden sollte. Wenn ein Domänencontroller z. B. aus Wartungsgründen (Ausbau der Hardware oder Austausch defekter Hardwarekomponenten) nur eine befristete Zeit vom Netz geht, müssen in der Regel die FSMO-Rollen nicht verschoben werden. Die FSMO-Rollen müssen jedoch bei der erstmaligen Einrichtung mehrerer Domänencontroller verteilt und dann neu zugeordnet werden, wenn ein Domänencontroller neu hinzukommt oder endgültig (geplant oder ungeplant) ausfällt.

Die Vorgehensweise bei der Übertragung bzw. der Übernahme einer FSMO-Rolle wird im Knowledge-Base-Artikel 223787 »Flexible Single Master Operation Transfer and Seizure Process« beschrieben.

23.3.1 Die Routine DUMPFSMOS.CMD zum Anzeigen der Betriebsmasterfunktionen

Im Windows Server 2003 Resource Kit finden Sie die Routine **Dumpfsmos.cmd** (Dump FSMO Roles). Sie hat folgenden Inhalt:

```
@echo off
REM
REM Script to dump FSMO role owners on the server designated by %1
REM
if ""=="%1" goto usage
ntdsutil roles Connections "Connect to server %1" Quit "select Opera
tion Target" "List roles for connected server" Quit Quit Quit
goto done
:usage
@echo Please provide the name of a domain controller
@echo.
:done
```

Diese Routine zeigt die Betriebsmasterfunktionen (FSMO-Rollen) eines Domänencontrollers an. Der Befehl **dumpfsmos Server1** erzeugt z. B. folgendes Ergebnis, wenn alle FSMO-Rollen vom selben Domänencontroller **Server1** ausgeführt werden:

ntdsutil: roles
fsmo maintenance: Connections
server connections: Connect to server Server1
Binding to Server1 ...
Connected to Server1 using credentials of locally logged on user.
server connections: Quit
fsmo maintenance: select Operation Target
select operation target: List roles for connected server
Server »Server1« knows about 5 roles
Schema – CN=NTDS Settings, CN=SERVER1, CN=Servers, CN=New-Site, CN=Sites, CN=Configuration, DC=contoso, DC=com
Domain – CN=NTDS Settings, CN=SERVER1, CN=Servers, CN=New-Site, CN=Sites, CN=Configuration, DC=contoso, DC=com
PDC – CN=NTDS Settings, CN=SERVER1, CN=Servers, CN=New-Site, CN=Sites, CN=Configuration, DC=contoso, DC=com

RID – CN=NTDS Settings,CN=SERVER1,CN=Servers,CN=New-Site,CN=Sites,CN=Configuration,DC=contoso,DC=com
Infrastructure – CN=NTDS Settings,CN=SERVER1,CN=New-Site,CN=Sites,CN=Configuration,DC=contoso,DC=com
select operation target: Quit
fsmo maintenance: Quit
ntdsutil: Quit
Disconnecting from Server1…

23.3.2 Wann sollten Betriebsmasterfunktionen übertragen werden?

Im Artikel »Professor Windows – March 2002 – Best Practise for Active Directory Design and Deployment« (**www.microsoft.com/technet/colums/profwin**) finden Sie folgende Hinweise zum Ausfall von Domänencontrollern mit Betriebsmasterfunktionen:

»*A few words on Flexible Single Master Operation (FSMO) roles offline scenarios Having the Schema, Domain Naming master and Infrastructure master offline for a short time does not affect the Directory Service. Essentially, the RID Master is also non-critical for a short period of time, unless you're planning bulk-operations (migrations) at the time of the outage. The RID master should be brought back online in a few hours, just to be on the safe side. The exception is the PDC Emulator role, which should be online always. For any of the other FSMO roles, transfer the role(s) to another server only when the role is needed urgently, and while perfectly understanding that the original server that held that role up till now is NOT coming back online into your network without a re-install.*«

23.3.3 Das Tool NTDSUTIL zum Übertragen oder Übernehmen von Betriebsmasterfunktionen

Die Betriebsmasterfunktionen können zwischen den Domänencontrollern über das Befehlszeilenprogramm **NTDSUTIL** verschoben werden.

So übertragen Sie die Funktion des Schemamasters:

Die Übertragung der Funktion Schemamaster vom Domänencontroller **DC1** aus auf den Domänencontroller **DC2** mit dem Tool **NTDSUTIL** läuft wie folgt ab:

1. Klicken Sie auf **Start** und dann auf **Ausführen**, und geben Sie **cmd** ein. Sie geben den Befehl **ntdsutil** ein.
2. Es erscheint eine Meldung »ntdsutil:« Geben Sie **roles** ein.
3. Es erscheint eine Meldung »FSMO-Wartung:« Geben Sie **connections** ein.

4. Hinter der Meldung »Serververbindungen:« geben Sie **connect to server dc2** ein.
5. Geben Sie **quit** ein.
6. Der nächste Befehl lautet **transfer schema master**.
7. Die Rollenübertragung muss in einem sich öffnenden Fenster »Transfer Confirmation Dialog: Are you sure you want server dc2.Company.com to transfer the schema master for the enterprise?« durch Anklicken der Schaltfläche **Yes** bestätigt werden.

Wäre der Domänencontroller **DC1** ausgefallen, so könnte auch eine Rollenübernahme vom zweiten Domänencontroller **DC2** aus eingeleitet werden. Die Abfolge der Befehle ist ähnlich der Abfolge der Befehle bei der Übertragung der Rolle vom **DC1** aus. Jedoch muss statt des Befehls **transfer schema master** dann der Befehl **seize schema master** eingegeben werden. Es öffnet sich dann ein Fenster »Role Seizure Confirmation«, in dem die Rollenübernahme durch Anklicken der Schaltfläche **Yes** bestätigt werden muss.

So übernehmen Sie die Funktion des Schemamasters:

1. Klicken Sie auf **Start** und dann auf **Ausführen**, und geben Sie **cmd** ein.
2. Geben Sie an der Eingabeaufforderung **ntdsutil** ein.
3. Geben Sie an der Eingabeaufforderung »ntdsutil:« den Befehl **roles** ein.
4. Geben Sie an der Eingabeaufforderung »FSMO-Wartung:« den Befehl **connections** ein.
5. Geben Sie an der Eingabeaufforderung »Serververbindungen:« den Befehl **connect to server**, gefolgt von einem voll qualifizierten Domänennamen ein.
6. Geben Sie an der Eingabeaufforderung »Serververbindungen:« den Befehl **quit** ein.
7. Geben Sie an der Eingabeaufforderung »FSMO-Wartung:« den Befehl **seize schema master** ein.
8. Geben Sie an der Eingabeaufforderung »FSMO-Wartung:« den Befehl **quit** ein.
9. Geben Sie an der Eingabeaufforderung »ntdsutil:« den Befehl **quit** ein.

Vorsicht Die Übernahme des Schemamasters ist ein drastischer Schritt, der nur in Betracht gezogen werden sollte, wenn ein neuerlicher Betrieb des aktuellen Betriebsmasters vollständig ausgeschlossen wird.

So übernehmen Sie die RID-Masterfunktion:
Verfahren Sie wie unter »So übernehmen Sie die Funktion des Schemamasters«. Geben Sie jedoch in Punkt 7 den Befehl **seize RID master** ein.

> [!] Die Übernahme der RID-Masterfunktion ist ein drastischer Schritt, der nur in Betracht gezogen werden sollte, wenn ein neuerlicher Betrieb des aktuellen Betriebsmasters vollständig ausgeschlossen wird.

Vor der Übernahme des RID-Masters können Sie mit dem Programm **Repadmin** aus den Active-Directory-Support-Tools prüfen, ob der neue Betriebsmaster Aktualisierungen des vorherigen Masters empfangen hat. Entfernen Sie dann den aktuellen Betriebsmaster aus dem Netzwerk.

So übernehmen Sie die Domänennamenmasterfunktion:
Verfahren Sie wie unter »So übernehmen Sie die Funktion des Schemamasters«. Geben Sie jedoch in Punkt 7 den Befehl **seize domain naming master** ein.

> [!] Die Übernahme der Domänennamenmasterfunktion ist ein drastischer Schritt, der nur in Betracht gezogen werden sollte, wenn ein neuerlicher Betrieb des aktuellen Betriebsmasters vollständig ausgeschlossen wird.

So übernehmen Sie die Funktion des Infrastrukturmasters:
Verfahren Sie wie unter »So übernehmen Sie die Funktion des Schemamasters«. Geben Sie jedoch in Punkt 7 den Befehl **seize infrastructure master** ein.

Anmerkung: Wenn der ursprüngliche Infrastrukturmaster wieder in Betrieb genommen wird, können Sie die Funktion auf den ursprünglichen Domänencontroller zurückübertragen.

So übernehmen Sie die PDC-Emulationsfunktion:
Verfahren Sie wie unter »So übernehmen Sie die Funktion des Schemamasters«. Geben Sie jedoch in Punkt 7 den Befehl **seize PDC** ein.

Anmerkung: Wenn der ursprüngliche PDC-Emulator wieder in Betrieb genommen wird, können Sie die Funktion auf den ursprünglichen Domänencontroller zurückübertragen.

Die FSMO-Rollen eines Servers anzeigen:
Das Tool **NTDSUTIL** ermöglicht auch das Anzeigen von Betriebsmasterrollen. Die Eingabe der Befehle ist weitgehend identisch, jedoch muss statt des Befehls **transfer schema master** bzw. **seize schema master** der Befehl **select operation target** und danach der Befehl **list roles for connected server** eingegeben werden. Die Ausgabe kann wie folgt aussehen:

23.3.4 Snap-Ins zur grafischen Anzeige und Übertragung der Betriebsmasterfunktionen

Neben dem Tool **NTDSUTIL** können Sie auch Snap-Ins benutzen, um die FSMO-Rollen grafisch zu managen. Zum Anzeigen der Server mit domänenspezifischen Betriebsmasterrollen starten Sie **Active Directory-Benutzer und -Computer**, klicken den Domänennamen mit der rechten Maustaste an und wählen **Betriebsmaster** aus. Sie sehen drei Register für die Rollen RID, PDC und Infrastruktur und können die Rollen über die Schaltfläche **Ändern** verschieben. Zuvor muss jedoch eine Verbindung zum Zieldomänencontroller hergestellt werden. Auch dazu klicken Sie den Domänennamen mit der rechten Maustaste an und wählen den Befehl **Verbindung mit Domänencontroller herstellen**.

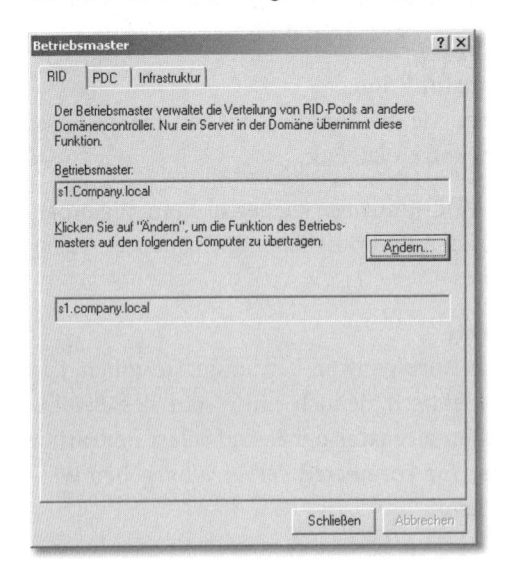

Zum Anzeigen des Schemamasters muss das Snap-In **Active Directory-Schema** gestartet werden. Aus Sicherheitsgründen wird dieses Snap-In jedoch nicht unter **Programme · Verwaltung** angezeigt. Sie müssen zuerst den Befehl **mmc** eingeben, im Menü **Datei** den Befehl **Snap-In hinzufügen/entfernen** wählen, erneut **Hinzufügen** wählen und aus der Liste der verfügbaren Snap-Ins das Snap-In **Active Directory-Schema** wählen.

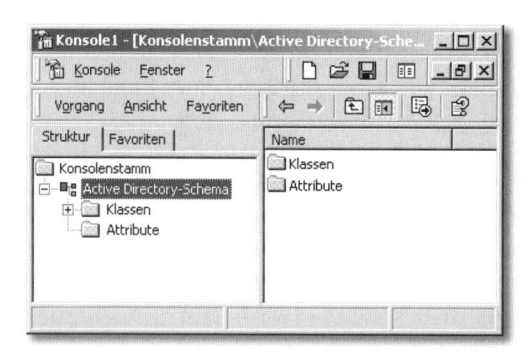

Wenn Sie in der neuen Konsole **Active Directory-Schema** mit der rechten Maustaste anklicken, können Sie die Option **Betriebsmaster** wählen. Im Fenster **Schemamaster ändern** ist auch beim ersten Domänencontroller einer Domäne die Option **Schema kann auf diesem Domänencontroller geändert werden** nicht standardmäßig aktiviert! Über die Schaltfläche **Ändern** können Sie aber auch die Schemamasterrolle verschieben.

Um den Domänennamenmaster anzuzeigen bzw. die Rolle zu verschieben, starten Sie das Snap-In **Active Directory-Domänen und -Vertrauensstellungen**, klicken **Active Directory-Domänen und -Vertrauensstellungen** mit der rechten Maustaste an und wählen die Option **Betriebsmaster** aus.

23.4 Einem Server die Funktion »Globaler Katalog« zuweisen

Der globale Katalog ist eine Verzeichnisdatenbank, die von Anwendungen und Clients zum Suchen eines beliebigen Objekts in einer Gesamtstruktur abgefragt werden kann. Genauer gesagt enthält ein globaler Katalog ein Replikat jedes Objekts in Active Directory, wobei jedoch nur eine begrenzte Anzahl der jeweiligen Objektattribute übernommen wird. Im globalen Katalog werden die in Suchvorgängen am häufigsten verwendeten Attribute (z. B. Vor- und Zuname des Benutzers) sowie die für das Auffinden eines vollständigen Objektreplikats benötigten Attribute gespeichert.

Der globale Katalog wird vom Replikationssystem Active Directory automatisch erstellt und auf einem oder mehreren Domänencontrollern in der Gesamtstruktur gehostet. Er enthält ein Teilreplikat jeder Domänenverzeichnispartition in der Gesamtstruktur. Die in den globalen Katalog replizierten Attribute beinhalten einen von Microsoft festgelegten Basissatz. Administratoren können entsprechend den Anforderungen an ihre Installation zusätzliche Eigenschaften festlegen. Durch die Installation von Exchange Server wird z. B. die Anzahl der in den globalen Katalog replizierten Attribute erheblich vergrößert, damit ein Benutzer an einem Standort A in Outlook die für ihn wichtigen Attribute eines Empfängers oder einer Verteilerliste aus dem Standort B einsehen kann.

Mehrere Domänencontroller innerhalb einer Domäne können die Funktion **globaler Katalogserver** übernehmen. An jedem Standort der Domäne sollte nach Möglichkeit zumindest ein Domänencontroller auch den globalen Katalog beherbergen. Jedoch sollte dieser Server nicht gleichzeitig Infrastrukturmaster sein. Um einen Domänencontroller zum globalen Katalogserver heraufzustufen oder die Funktion des globalen Katalogs zu entfernen, gehen Sie wie folgt vor:

1. Öffnen Sie das Snap-In **Active Directory-Standorte und -Dienste**.
2. Doppelklicken Sie in der Konsolenstruktur auf den Domänencontroller, der die Funktion **globaler Katalog** erhalten oder abgeben soll.
3. Wechseln Sie nach **Sites · Standortname · Server · Domänencontroller**.
4. Klicken Sie mit der rechten Maustaste auf **NTDS-Einstellungen**, und klicken Sie dann auf **Eigenschaften**.
5. Aktivieren oder deaktivieren Sie das Kontrollkästchen **Globaler Katalog**.

Bei der Planung der Verteilung der Betriebsmasterrollen, der Rolle des globalen Katalogservers und der weiteren Serverdienste wie DNS, DHCP, WINS usw. muss der Ausfall eines Servers und dessen Folgen berücksichtigt werden. Dieses Kapitel listet die verschiedenen Serverfunktionen auf, bevor im folgenden Kapitel konkrete Vorschläge zur Verteilung der Funktionen an verschiedenen Active-Directory-Modellen gemacht werden.

24 Serverdienste und Ausfallsicherheit

Neben den fünf Betriebsmasterfunktionen und der Zuweisung des globalen Katalogs müssen folgende Rollen bzw. eine Teilmenge daraus verteilt werden:

- DNS-Server
- DHCP-Server
- WINS-Server
- Zeitserver
- Datei- und Druckserver
- Exchange Server
- RIS-Server und Softwarearchivserver
- Datenbankserver
- SharePoint Server
- SQL-Server
- SMS-Server
- Backup-Server
- WSUS-Server
- Terminalserver

Im Folgenden werde ich nun zeigen, wie Sie bei den hier aufgelisteten Servern vorgehen müssen.

24.1 DNS-Server

Die Installation und Konfiguration des DNS-Dienstes ist in einer Gesamtstruktur, dessen Active Directory aus nur einer Domäne besteht, relativ einfach, besonders dann, wenn das Active Directory sich nicht über mehrere Standorte erstreckt.

[O] Auf der Buch-DVD finden Sie viele Artikel und Anleitungen zu den Themen DNS und DHCP sowie einen Hinweis auf das kostenlose Tool **DNSlint**, das im Knowledge-Base-Artikel 321045 beschrieben wird und zur Analyse von DNS-Problemen geeignet ist.

Erstreckt sich das Active Directory über mehrere Standorte, müssen in der Gesamtstruktur des Active Directory mehrere Domänen installiert werden, oder es muss eine Interoperabilität mit anderen Welten wie z. B. UNIX oder Novell NetWare gewährleistet werden, so wird die Konfiguration von DNS zu einem komplexen Thema. Lesen Sie in diesem Fall die Artikel »Chapter 5 – Introduction to DNS« und »Chapter 6 – Windows 2000 DNS« und suchen Sie die wichtigen Artikel aus der Microsoft Knowledge Base zum Thema DNS zusammen.

Zur Ausfallsicherheit sollten bei größeren Standorten zwei Server als DNS-Server fungieren. Wichtig ist, dass die beiden Domänencontroller in den Eigenschaften des TCP/IP-Protokolls jeweils den anderen Domänencontroller als primären DNS-Server eingetragen haben. Lesen Sie hierzu den Knowledge-Base-Artikel 275278 »DNS Server Becomes an Island When a Domain Controller Points to Itself for the _Msdcs_ForestDnsName Domain«. Für die Implementierung des Active Directory in einer Gesamtstruktur mit vielen Standorten ist das Studium der Artikelserie »Active Directory Branch Office Guide Series« sehr hilfreich. In »Chapter 2 – Structural Planning for Branch Office Environments« wird ausführlich die DNS-Installation in räumlich verteilten Strukturen beschrieben.

[O] Auf der Buch-DVD finden Sie im Verzeichnis **DNS und TCP-IP-Protokoll** weitere Artikel und Anleitungen zum Thema DNS. Der dort befindliche Artikel »Best practices for DNS client settings in Windows 2000 Server and in Windows Server 2003« beschreibt, wie die DNS-Client-Konfiguration speziell bei mehreren Domänen-Controllern mit mehreren DNS-Serverdiensten optimiert wird.

24.2 DHCP-Server

Der Artikel »Chapter 4 – Dynamic Host Configuration Protocol« unter **www.microsoft.com** ist hilfreich bei der Planung der DHCP-Server. Der DHCP-Serverdienst sollte nur in den Domänen installiert werden, in denen sich die Clients anmelden, d. h. nicht auf den Servern einer Stammdomäne, die eigens zur Verwaltung von mehreren untergeordneten Subdomänen erstellt wurde und keine bzw. nur wenige Computer- und Benutzerkonten enthält.

Außerdem sollte eine ausreichend lange Gültigkeitsdauer für die vergebenen IP-Adressen eingestellt werden. Dies ist auch notwendig, wenn alle IP-Adressen fest reserviert werden. Sie reduzieren dadurch den DHCP-Verkehr zwischen anfordernden Clients und DHCP-Servern und zwischen DHCP-Server und DNS-Server, wenn die dynamische NetBIOS-Namensregistrierung durch DHCP-Server bei DNS-Servern aktiviert wurde. Wenn nach dem Ausrollen des Systems die Computer, die dynamisch IP-Adressen erhalten, nur noch selten den Standort wechseln, sollte der Standardwert von 8 auf mindestens 60 Tage erhöht werden. Fällt in einem Standort ein DHCP-Server temporär aus, so ist die Wahrscheinlichkeit, dass ein DHCP-Client ausgerechnet während der Ausfallzeit eine neue IP-Adresse anfordert, umso kleiner, je höher die Gültigkeitsdauer der vom DHCP-Server zugeteilten IP-Adressen ist.

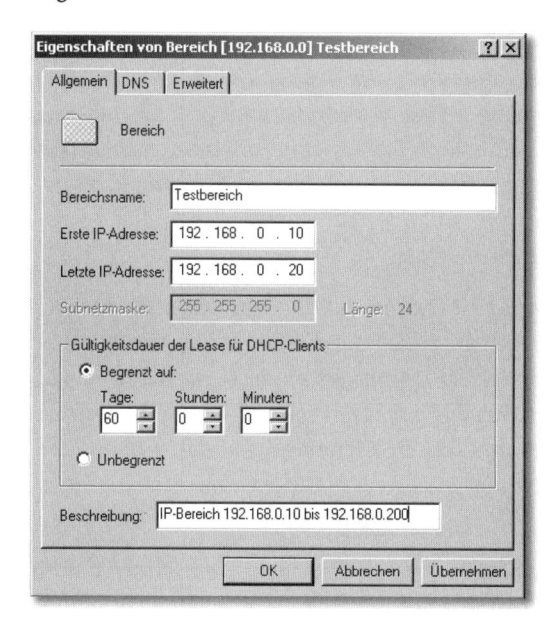

Ein Client, dessen Lease-Gültigkeitsdauer abgelaufen ist, kann keine Verbindung zur Domäne herstellen, solange der DHCP-Server nicht wieder aktiv wird.

24.2.1 Die Gültigkeitsdauer (Lease Duration) für IP-Adressen festlegen

Im Artikel »Chapter 4 – Dynamic Host Configuration Protocol« unter **www.microsoft.com** finden Sie zur Gültigkeitsdauer von dynamisch vergebenen IP-Adressen folgende Empfehlungen:

»Managing Lease Durations

When a scope is created, the default lease duration is set to eight days, which works well in most cases. However, because lease renewal is an ongoing process that can affect the performance of DHCP clients and your network, it might be useful to change the lease duration. Use the following guidelines to decide how best to modify lease duration settings for improving DHCP performance on your network:

If you have a large number of IP addresses available and configurations that rarely change on your network, increase the lease duration to reduce the frequency of lease renewal queries between clients and the DHCP server. This reduces network traffic.

If there are a limited number of IP addresses available and if client configurations change frequently or clients move often on the network, reduce the lease duration. This increases the rate at which addresses are returned to the available address pool for reassignment.

Consider the ratio between connected computers and available IP addresses. For example, if there are 40 systems sharing a Class C address (with 254 available addresses), the demand for reusing addresses is low. A long lease time, such as two months, would be appropriate in such a situation. However, if 230 computers share the same address pool, demand for available addresses is greater, and a lease time of a few days or weeks is more appropriate.

Use infinite lease durations with caution. Even in a relatively stable environment, there is a certain amount of turnover among clients. At a minimum, roving computers might be added and removed, desktop computers might be moved from one office to another, and network adapter cards might be replaced. If a client with an infinite lease is removed from the network, the DHCP server is not notified, and the IP address cannot be reused. A better option is a very long lease duration, such as six months. This ensures that addresses are ultimately recovered.«

Sobald die Clients mit dem neuen Abbild an einem Standort ausgerollt sind, wird sich deren IP-Adresse wahrscheinlich nur noch selten ändern müssen. Wenn Sie darüber hinaus keine öffentlichen IP-Adressen, sondern IP-Adressen aus einem der drei privaten Bereiche 10.0.0.1 bis 10.0.0.254, 172.16.0.1 bis 172.31.255.254 oder 192.168.0.1 bis 192.168.255.254 verwenden, so sind die verfügbaren IP-Adressen in der Regel auch nicht knapp. Folglich können Sie die Gültigkeitsdauer vom Standardwert 8 Tage auf z. B. 60 Tage hochsetzen, um den DHCP-Verkehr und die Belastung des DHCP-Servers durch DHCP-Anforderungen seitens der Clients zu minimieren.

24.2.2 DHCP-Bereiche verwalten

Ein DHCP-Bereich (DHCP Scope) ist eine Gruppierung von Computern in einem Subnetz, das den DHCP-Dienst verwendet. Der Administrator erstellt zunächst einen DHCP-Bereich für jedes physische Subnetz und verwendet diesen Bereich zur Festlegung der Parameter für die Clients. Ein Bereich besitzt folgende Eigenschaften:

- Einen Bereichsnamen, der dem Bereich beim Erstellen zugewiesen wird.
- Einen Bereich von IP-Adressen, auf dessen Grundlage die Adressen zur Verwendung als Lease-Angebote durch den DHCP-Dienst festgelegt werden.
- Eine eindeutige Subnetzmaske zur Bestimmung des Subnetzes, das einer bestimmten IP-Adresse zugeordnet ist.
- Werte für die Gültigkeitsdauer der Lease, die solchen DHCP-Clients zugewiesen werden, die dynamisch zugeteilte IP-Adressen empfangen.

Jedes Subnetz kann nur über einen einzigen DHCP-Bereich verfügen, der aus einer einzigen ununterbrochenen Folge von IP-Adressen besteht. Um mehrere Adressbereiche innerhalb eines einzigen Bereichs oder Subnetzes für den DHCP-Dienst verwenden zu können, müssen Sie zunächst den DHCP-Bereich festlegen und anschließend die Ausschlussbereiche für anders benötigte IP-Adressen.

24.2.3 Ausfallsicherheit durch redundante DHCP-Server

Zur Ausfallsicherheit sollten an einem größeren Standort zwei DHCP-Server auf demselben Subnetz installiert werden. Ist bei zwei DHCP-Servern einer nicht verfügbar, kann der andere Server dessen Part übernehmen und weiter neue Adressen leasen oder vorhandene Clients erneuern. Die beiden DHCP-Server dürfen jedoch keine überlappenden IP-Bereiche bedienen, da sie nicht miteinander kooperieren können, und folglich der eine DHCP-Server nicht weiß, welche IP-Adressen vom anderen DHCP-Server bereits vergeben wurden. Der verfügbare IP-Adressbereich muss deshalb zwischen den beiden Servern derart aufgeteilt werden, dass IP-Adressen eindeutig vergeben werden. Eine häufige Methode beim Ausgleichen eines einzelnen Netzwerks und eines Adressenbereichs zwischen DHCP-Servern ist es, 80 % der Adressen von einem DHCP-Server und die übrigen 20 % von einem zweiten verteilen zu lassen. Wird der Server 1 so konfiguriert, dass er die meisten Adressen (etwa 80 %) zur Verfügung stellt, so kann Server 2 so konfiguriert werden, dass er den Clients die restlichen Adressen (etwa 20 %) zur Verfügung stellt. Dieselbe 80/20-Regel kann auch in einem Multinetz-Szenario verwendet werden, also einem Netz mit mehreren Subnetzen. In der folgenden Abbildung wird ein Beispiel für diese Regel dargestellt:

24 | Serverdienste und Ausfallsicherheit

```
                              DHCP-Clients

                              DHCP-Server 1
                              192.168.1.2

DHCP-Clients
                              20% der Adressen von DHCP-Server 1 umfassen:
                              Adressenbereich: 192.168.1.10 - 192.168.1.254
                              Ausgeschlossene Adressen: 192.168.1.10 - 192.168.1.205
    DHCP-Server 2
    192.168.1.1

    80% der Adressen von DHCP-Server 2 umfassen:
    Adressenbereich: 192.168.1.10 - 192.168.1.254
    Ausgeschlossene Adressen: 192.168.1.206 - 192.168.1.254
```

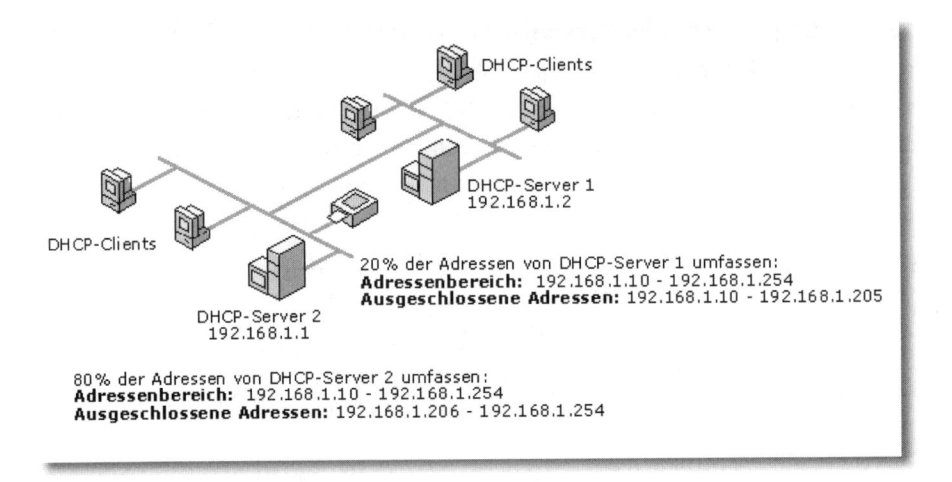

Sind an den zentralen Standorten kleinere Filialen angeschlossen, in denen nur wenige Clients (weniger als z. B. 10 Computer) stehen, so ist es zur Vermeidung unnötiger Komplexität durchaus erwägenswert, bei diesen Clients statische IP-Adressen einzutragen, sie also nicht mittels DHCP mit IP-Adressen zu versorgen. Sie sollten dann aber Aufkleber an diesen Clients anbringen, auf denen mindestens der Name des PCs, die IP-Adresse, die Subnetz-Maske, das Standard-Gateway und der DNS-Server festgehalten sind. Fällt einer dieser Clients dann aus, so kann er durch einen Ersatzcomputer ausgetauscht werden, und die IP-Protokollparameter können schnell manuell eingetragen werden.

24.2.4 Verwenden von DHCP-Bereichsgruppierungen

Eine Bereichsgruppierung (Superscope) ermöglicht es einem DHCP-Server, den DHCP-Clients IP-Adressen aus mehreren Bereichen anzubieten. Mit einer Bereichsgruppierung können mehrere Bereiche zu einer Verwaltungseinheit gruppiert werden. Ein DHCP-Server mit eingerichteter Bereichsgruppierung kann folgende Funktionen ausführen:

- Er kann DHCP-Clients eines einzelnen physischen Netzwerksegments (z. B. eines Ethernet-LAN-Segments), auf dem mehrere logische IP-Netzwerke verwendet werden, unterstützen. Werden mehrere logische IP-Netzwerke auf jedem einzelnen physischen Subnetz oder Netzwerk verwendet, so spricht man von einer Multinet-Konfiguration.

- Der IP-Adressenpool eines vorhandenen aktiven DHCP-Bereichs ist erschöpft. Es müssen aber weitere DHCP-Clients unterstützt werden. Der ursprüngliche Bereich umfasst den vollständigen, unter einer angegebenen Adressklasse adressierbaren Bereich eines einzelnen IP-Netzwerks. Um den Adressraum für dasselbe physische Netzwerksegment zu erweitern, müssen Sie einen anderen IP-Netzwerk-Adressbereich verwenden.

- Clients müssen in einen neuen Bereich migriert werden, um beispielsweise die aktuelle Nummerierung des IP-Netzwerks von einem Adressbereich, der für einen vorhandenen aktiven Bereich verwendet wird, auf einen neuen Bereich mit einem anderen IP-Netzwerk-Adressbereich zu übertragen.
- Es sollen DHCP-Clients unterstützt werden, die sich jenseits eines DHCP-Relay-Agents oder BOOTP-Relay-Agents befinden, wobei das Netzwerk des betreffenden Relay-Agents Multinets verwendet.
- Sie möchten DHCP-Server auf demselben physischen Netzwerksegment zum Verwalten getrennter logischer IP-Netzwerke verwenden.

24.2.5 Bereichsgruppierungskonfigurationen für Multinets

Nachfolgend wird gezeigt, wie ein aus einem physischen Netzwerksegment und einem DHCP-Server bestehendes DHCP-Netzwerk erweitert werden kann, um durch die Verwendung von Bereichsgruppierungen die Unterstützung von Multinet-Konfigurationen zu ermöglichen.

Beispiel 1: Ein nicht gerouteter DHCP-Server vor Verwendung von Bereichsgruppierungen

In der Ausgangssituation bedient ein einziger DHCP-Server ein einzelnes physikalisches Subnetz A. Der DHCP-Server in dieser Konfiguration beschränkt sich auf die Vergabe von Adress-Leases an die Clients dieses physischen Subnetzes. Die folgende Abbildung zeigt den Originalzustand dieses Netzwerks. Zu diesem Zeitpunkt sind noch keine Bereichsgruppierungen hinzugefügt worden, und für alle Clients auf Subnetz A werden DHCP-Dienste über einen einzelnen Bereich bereitgestellt, der als **Bereich 1** bezeichnet wird.

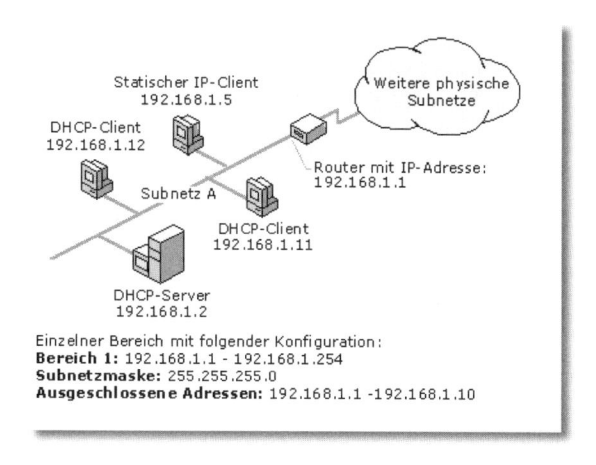

Einzelner Bereich mit folgender Konfiguration:
Bereich 1: 192.168.1.1 - 192.168.1.254
Subnetzmaske: 255.255.255.0
Ausgeschlossene Adressen: 192.168.1.1 - 192.168.1.10

24 | Serverdienste und Ausfallsicherheit

Beispiel 2: Bereichsgruppierungen für nicht geroutete DHCP-Server, die lokale Multinets unterstützen

Zum Hinzufügen von Multinets für die Clientcomputer, die auf Subnetz A implementiert wurden (das Netzwerksegment, auf dem sich der DHCP-Server befindet), kann eine Bereichsgruppierung eingerichtet werden, die folgende Bereiche als Mitglieder enthält: den ursprünglichen **Bereich 1** und weitere Bereiche für die logischen Multinets, für die zusätzliche Unterstützung benötigt wird (**Bereich 2**, **Bereich 3**). Die folgende Abbildung zeigt die Bereichsgruppierungskonfiguration auf, die zum Unterstützen von Multinets auf dem physischen Netzwerk (Subnetz A) des DHCP-Servers erforderlich ist.

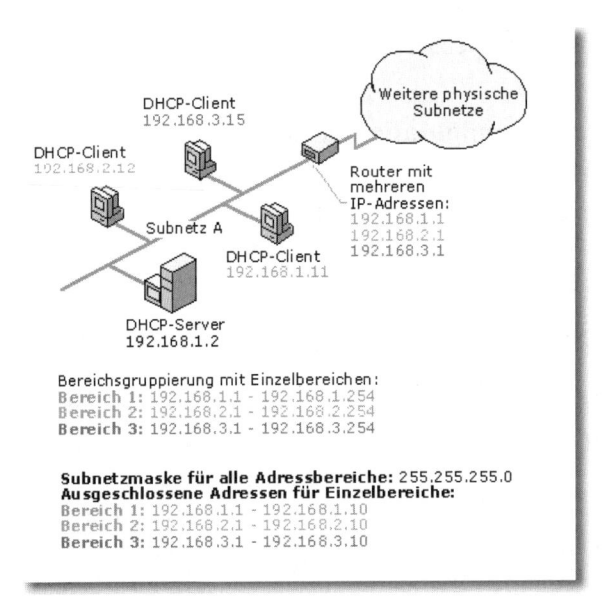

```
                    DHCP-Client
                    192.168.3.15          Weitere physische
    DHCP-Client                              Subnetze
    192.168.2.12
                                         Router mit
                                         mehreren
                Subnetz A                IP-Adressen:
                                         192.168.1.1
                                         192.168.2.1
                    DHCP-Client          192.168.3.1
                    192.168.1.11

        DHCP-Server
        192.168.1.2

Bereichsgruppierung mit Einzelbereichen:
Bereich 1: 192.168.1.1 - 192.168.1.254
Bereich 2: 192.168.2.1 - 192.168.2.254
Bereich 3: 192.168.3.1 - 192.168.3.254

Subnetzmaske für alle Adressbereiche: 255.255.255.0
Ausgeschlossene Adressen für Einzelbereiche:
Bereich 1: 192.168.1.1 - 192.168.1.10
Bereich 2: 192.168.2.1 - 192.168.2.10
Bereich 3: 192.168.3.1 - 192.168.3.10
```

Beispiel 3: Bereichsgruppierung für geroutete DHCP-Server mit Relay-Agent, der Remote-Multinets unterstützt

Subnetz B ist durch einen Router vom DHCP-Server im Subnetz A getrennt. Um Multinets für die Clientcomputer auf Subnetz B hinzuzufügen, kann auf dem DHCP-Server eine Bereichsgruppierung eingerichtet werden, die folgende Mitglieder enthält:

Den ursprünglichen **Bereich 1** für das lokale Subnetz A.

Die zusätzlichen **Bereiche 2** und **3** für die logischen Multinets, für die weitere Remoteunterstützung benötigt wird.

Die nachfolgende Abbildung zeigt die Bereichsgruppierungskonfiguration auf, die zum Unterstützen von Multinets auf dem physischen Remotenetzwerk (Subnetz B) des DHCP-Servers erforderlich ist.

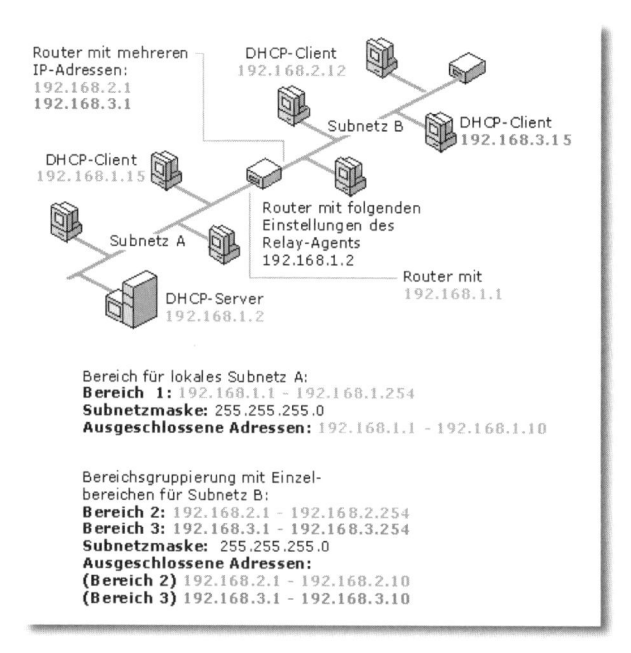

```
Router mit mehreren      DHCP-Client
IP-Adressen:             192.168.2.12
192.168.2.1
192.168.3.1
                              Subnetz B      DHCP-Client
DHCP-Client                                  192.168.3.15
192.168.1.15
                         Router mit folgenden
        Subnetz A        Einstellungen des
                         Relay-Agents
                         192.168.1.2
                                         Router mit
                                         192.168.1.1
        DHCP-Server
        192.168.1.2

Bereich für lokales Subnetz A:
Bereich 1: 192.168.1.1 - 192.168.1.254
Subnetzmaske: 255.255.255.0
Ausgeschlossene Adressen: 192.168.1.1 - 192.168.1.10

Bereichsgruppierung mit Einzel-
bereichen für Subnetz B:
Bereich 2: 192.168.2.1 - 192.168.2.254
Bereich 3: 192.168.3.1 - 192.168.3.254
Subnetzmaske: 255.255.255.0
Ausgeschlossene Adressen:
(Bereich 2) 192.168.2.1 - 192.168.2.10
(Bereich 3) 192.168.3.1 - 192.168.3.10
```

24.2.6 Router sollten DHCP-Request weiterreichen

Wenn Router mehrere physikalische Netzwerke verbinden, sollten sie so konfiguriert werden, dass DHCP-Requests eines anfordernden DHCP-Clients den Router passieren können, wenn der einzige verfügbare DHCP-Server jenseits des Routers steht. Unterstützt der Router kein BOOTP/DHCP-Relay, sollte beim Hersteller zuerst nachgefragt werden, ob es ein Upgrade gibt. Ist ein Upgrade nicht möglich, so kann auf mindestens einem Windows-Server jedes gerouteten Subnetzes ein DHCP-Relay-Agent installiert werden. Der Relay-Agent leitet DHCP und BOOTP-Nachrichtenverkehr zwischen den DHCP-aktivierten Clients auf einem lokalen physischen Netzwerk und einem Remote-DHCP-Server auf einem anderen physischen Netzwerk.

24.2.7 Clusterunterstützung für DHCP-Server

Der DHCP-Serverdienst von Windows Server 2000/2003 ist eine Anwendung mit Clusterunterstützung. Der Clusterdienst setzt allerdings einen Windows Advanced Server voraus.

24.2.8 APIPA-Funktion auf den Windows-XP-Clients deaktivieren

Wichtig ist, dass die APIPA-Funktion auf den Windows-XP-Clients deaktiviert werden sollte, wenn Sie DHCP-Server einsetzen. APIPA steht für »Automatic Private IP Adressing« und ist eine neue Funktion unter Windows XP, die standardmäßig aktiviert ist. Microsoft hat sich die IP-Adressen 169.254.0.1 bis 169.254.255.254 reservieren lassen. Wird auf einem Computer Microsoft Windows XP installiert, so wird standardmäßig das Internetprotokoll (TCP/IP) für die dynamische Adressierung konfiguriert. Findet der Computer beim Start keinen DHCP-Server, so werden ihm automatisch eine Adresse aus dem oben genannten Bereich und die Subnetz-Maske 255.255.0.0 zugewiesen.

Dieses Verhalten hat aber auch ein Client unter Windows XP Professional, der in einem Netzwerk als DHCP-Client konfiguriert wird. Solange ein DHCP-Server gefunden wird, erhält der Client eine IP-Adresse und weitere IP-Optionen (Subnetz-Maske, DNS-Server, WINS-Server, Gateway-Server usw.) vom DHCP-Server zugewiesen. Fällt jedoch der DHCP-Server aus, und findet der Client beim Start keinen Ersatz-DHCP-Server, so behält er nicht die zugewiesene IP-Adresse und Subnetz-Maske, obwohl die Lease-Dauer noch nicht abgelaufen ist. Stattdessen erhält er aufgrund der aktiven APIPA-Funktion eine IP-Adresse zwischen 169.254.0.1 und 169.254.255.254 sowie die Subnetz-Maske 255.255.0.0. Mit diesen neuen Protokolleinstellungen ist aber anschließend eine Verbindungsaufnahme zu den Servern nicht möglich, auch wenn alle anderen Server verfügbar sind.

Sie können dieses Verhalten testen, indem Sie von einem Client, der eine IP-Adresse von einem DHCP-Server erhalten hat, das Netzwerkkabel abziehen, bevor Sie den Client starten. Wenn Sie sich mit einer lokalen Administratorkennung anmelden und den Befehl **ipconfig /all** eingeben, erhalten Sie eine Fehlermeldung, jedenfalls wird nicht die zuletzt vom DHCP-Server zugewiesene Adresse angezeigt.

Um die APIPA-Funktion zu deaktivieren, müssen Sie in der Registrierdatenbank unter **HKEY_LOCAL_MACHINE\System\CurrentControlSet\Services\TCPIP\Parameters** einen Schlüssel namens **IpAutoConfigurationEnabled** anlegen und ihm den Wert **0** zuweisen. Leider gibt es in den mitgelieferten Vorlagedateien für Gruppenrichtlinien keine Richtlinie, über die Sie die APIPA-Funktion zentral für alle DHCP-Clients deaktivieren können.

[O] In Kapitel 12, *Vorlagedateien für fehlende Gruppenrichtlinien selbst erstellen*, wird aber die Vorlagendatei **WindowsXP-HLM.adm** erklärt, die Sie auf der Buch-DVD finden. Diese Vorlagendatei können Sie nutzen, um die APIPA-Funktion von zentraler Stelle aus für alle DHCP-Clients zu deaktivieren. Mit deaktivierter APIPA-Funktion behalten die Clients zumindest bis zum Ablauf der Lease-Dauer die ihnen zugewiesene IP-Adresse auch dann, wenn sich beim Start kein DHCP-Server meldet.

24.2.9 DHCP-Server autorisieren

Nur Mitglieder der Gruppe **Organisations-Admins** können standardmäßig DHCP-Server und RIS-Server autorisieren, während die Verwaltung dieser Server dann durch andere Administratoren erfolgen kann. Dieses Recht kann aber laut dem Microsoft-Technet-Artikel »Whitepaper: Technical Guide to Remote Installation Services« delegiert werden:

»Only members of the Enterprise Administrators group have the necessary rights to authorize RIS servers. If you want to give other users or groups this ability, use the following steps:
Start Active Directory Sites Manager.
On the View menu in the MMC console, click Show Services Node.
Expand the Service key, and then locate the NetServices key.
Right-click this item, and then click Properties.
In the Security box, enable the Read, Write, and Create All Child Objects rights for the appropriate user or group.
Click Advanced.
In the Access control Settings for NetServices dialog box, click the user or group you just added.
On the View menu, click Edit.
In the Apply onto box, click This object and All Child Objects.
Note: This permission allows a user or group to authorize DHCP servers in Active Directory.«

Auf der Buch-DVD finden Sie im Verzeichnis **DHCP** weitere Artikel und Anleitungen zum Thema DHCP. [O]

24.3 WINS-Server

Der WINS-Dienst wird nur noch für Clients benötigt, die dynamisches DNS nicht unterstützen (Win95, Windows NT 4) bzw. für Anwendungen, die auf NetBIOS-Namen angewiesen sind. Da die Installation und Konfiguration von WINS unter Windows 2003 nicht sehr kompliziert ist, sollten Sie im Zweifelsfall einen Domänenserver mit dem WINS-Dienst ausstatten. Er belastet den Server nur unwesentlich. Bei der Planung der WINS-Server sollten Sie folgende Aufgaben durchführen:

Legen Sie die Anzahl der benötigten WINS-Server fest.
Ein WINS-Server kann Anforderungen zur NetBIOS-Namensauflösung zahlreicher Computer verarbeiten. Sie sollten bei der Festlegung der tatsächlich benötigten WINS-Server jedoch den Standort der Router im Netzwerk sowie die Vertei-

lung der Clients in den Subnetzen berücksichtigen. Bei umfangreichen Netzwerken empfiehlt sich die Installation eines WINS-Servers und eines WINS-Sicherungsservers für je 10.000 Computer im Netzwerk. Die Konfigurierung eines weiteren Computers unter Windows Server als sekundären WINS-Server (oder WINS-Sicherungsserver) bietet neben der Lastverteilung zusätzliche Fehlertoleranz, z. B. bei einem Stromausfall des ersten WINS-Servers.

Planen Sie die Replikationsbeziehungen.
Konfigurieren Sie WINS-Server entweder als Pull- oder Push-Partner und legen Sie die Partnereinstellungen für alle Server fest. Wenn Sie lediglich zwei WINS-Server verwenden, können Sie diese problemlos als Replikationspartner einrichten. Konfigurieren Sie für einfache Replikationsvorgänge zwischen zwei Servern den einen Server als Pull-Partner und den anderen Server als Push-Partner. Replikationsvorgänge werden in der Regel automatisch durchgeführt, können aber auch manuell angestoßen werden.

Ermitteln Sie den Einfluss des WINS-Verkehrs auf Verbindungen mit geringer Übertragungsgeschwindigkeit.
Obwohl WINS auf die Verringerung des Datenverkehrs zwischen lokalen Subnetzen ausgerichtet ist, findet zwischen Servern und Clients dennoch ein bestimmter Datenaustausch statt. Dies kann bei der Verwendung von WINS in TCP/IP-Netzwerken mit Routing eine große Rolle spielen.

Beachten Sie außerdem die Auswirkungen von Verbindungen mit geringer Übertragungsgeschwindigkeit auf den Replikationsverkehr zwischen den WINS-Servern sowie den für WINS-Clients benötigten Erneuerungsverkehr.

Legen Sie die Fehlertoleranzebene für WINS im Netzwerk fest.
Berücksichtigen Sie die Auswirkungen eines WINS-Serverausfalls auf das Netzwerk, auch wenn er nur vorübergehend auftritt. Verwenden Sie zusätzliche WINS-Server für die Wiederherstellung nach einem Serverausfall, für die Sicherung und die Redundanz. Die beiden häufigsten Ursachen für den Ausfall eines WINS-Servers im Netzwerk sind Hardware- oder Stromausfälle, die ein Herunterfahren des Servers für Reparatur- oder Pflegemaßnahmen erforderlich machen, und der Ausfall einer Netzwerkverbindung oder eines Routers, wodurch der WINS-Server von den Clients getrennt wird.

Mobile Benutzer müssen bei der Planung von WINS in Netzwerken mit Routing ebenfalls berücksichtigt werden. Wenn ein Benutzer einen Computer an einen anderen Standort verlegt und den Computer in einem anderen Subnetz mit einem anderen primären WINS-Server startet, kann dies zu einem Anzweifeln des Namens durch WINS führen.

Interessante Aussagen zum Einsatz und zur Ausfallsicherheit von WINS finden Sie im Artikel »Chapter 7 – Windows Internet Name Service« auf der Microsoft-Webseite. Nachfolgend Auszüge aus diesem Artikel:

»Secondary WINS Servers

Client computers should be configured with both a primary and secondary WINS server. If the primary WINS server cannot be reached for a WINS function (such as registration, refresh, release, query), the client requests that function from its secondary WINS server. The client periodically retries its primary WINS server.

Note: While Windows 2000 Advanced Server supports the use of clustering for WINS servers, in almost all cases this service is unnecessary. Configuring secondary WINS servers provides the same function. In addition, maintaining secondary WINS servers is easier, and secondary WINS servers can be at a different location ...

In networks with both a primary and secondary WINS server, it is best to configure half the clients with one server as the primary and the other server as secondary, and configure the other half of the clients with the opposite selections for primary and secondary servers. This cuts the burden on each server in half, while ensuring that a secondary server does not sit idle until the primary server fails.«

»Use the Default Configuration

The default settings of WINS, set when the service is first installed, provide the optimal configuration for most conditions and should be used in most WINS network installations. If you modify the default settings, be sure that the need to do so is clear and necessary, and that you understand all the implications.«

»Minimize the Number of WINS Servers

Using too many WINS servers can complicate network problems, so be conservative when adding WINS servers to your network. Use the minimum number of WINS servers to support all your clients while maintaining acceptable performance. When planning your servers, remember that each WINS server can simultaneously handle hundreds of registrations and queries per second.

WINS network traffic during client registration can be much less than that of DHCP, which uses client broadcasts to discover servers. By default, most WINS clients first send directed point-to-point datagrams to the primary WINS servers.

In general, avoid deploying large numbers of WINS servers unless they are strictly necessary. Limiting the number of WINS servers minimizes WAN traffic related to WINS replication, provides good NetBIOS name resolution, and reduces administ-

rative problems without sacrificing functionality ... Requests to WINS servers are directed datagrams, meaning that WINS requests are routed. Therefore, one WINS server is adequate for a network of 10,000 nodes, although to provide fault tolerance, at least two WINS servers are recommended. Because the data exchange between WINS servers and clients is typically about 40 bytes in size, and WINS communicates using directed datagrams, a single WINS server may be enough for very small networks.«

»Use High-Performance Disk Hardware

WINS causes frequent and intense activity on server hard disks. To provide the best performance, consider RAID-based solutions that improve disk access time when you purchase hardware for a WINS server.«

»Configure Each Server to Point to Itself

Each WINS server you install on your network must register in WINS its own set of unique and group NetBIOS names. WINS service problems can occur when registration and ownership of a WINS record become split – that is, when names registered for a particular WINS server are owned by different WINS servers. To prevent these problems, configure each WINS server as its own primary and secondary WINS servers.«

»Do Not Use Extended Characters

Do not use extended characters in NetBIOS names, especially the underscore (_) and the period (.). The underscore character is converted to a dash in DNS host names. For example, NTServer_1 becomes NTServer-1, leading to failure of name resolution of a name that may, in fact, be recorded in the DNS files.«

»Align the Lease and Refresh Periods for DHCP and WINS

When you configure a network to use both DHCP and WINS, set the DHCP lease period to be roughly equal to or greater than the WINS renewal period. This prevents a situation in which the WINS server fails to notice that a DHCP client releases a DHCP-assigned IP address; the client cannot send a WINS renewal request if the client fails to renew its IP address. If another computer is assigned that IP address before the WINS server notes the change, the WINS server mistakenly directs requests for the address to the new client.«

[O] Auf der Buch-DVD finden Sie im Verzeichnis **WINS** weitere Artikel und Anleitungen zum Thema WINS.

24.4 Zeitserver

Der erste Domänencontroller, der in einer neuen Gesamtstruktur von Domänen erstellt wird, fungiert standardmäßig als Zeitserver für die anderen Server, während sich Clients mit Windows XP Professional automatisch bei der Anmeldung an einem Domänencontroller die aktuelle Zeit von diesem Domänencontroller abholen. Der Knowledge-Base-Artikel 216734 »How to Configure an Authoritative Time Server in Windows 2000« erklärt, wie die Clients und die Server in einem Active-Directory-Forest die interne Zeit synchronisieren:

»Windows-based computers use the following hierarchy by default:

All client desktop computers nominate the authenticating domain controller as their in-bound time partner.

All member servers follow the same process as client desktop computers.

Domain controllers may nominate the primary domain controller (PDC) operations master as their in-bound time partner but may use a parent domain controller based on stratum numbering.

All PDC operations masters follow the hierarchy of domains in the selection of their in-bound time partner.

Following this hierarchy, the PDC operations master at the root of the forest becomes authoritative for the organization, and you should configure the PDC operations master to gather the time from an external source. This is logged in the System event log on the computer as event ID 62. Administrators can configure the Time service on the PDC operations master at the root of the forest to recognize an external Simple Network Time Protocol (SNTP) time server as authoritative by using the following »net time« command, where »server_list« is the server list: net time /setsntp:server_list

After you set the SNTP time server as authoritative, run the following command on a computer other than the domain controller to reset the local computer's time against the authoritative time server: net time /set

SNTP defaults to using User Datagram Protocol (UDP) port 123. If this port is not open to the Internet, you cannot synchronize your server to Internet SNTP servers. NOTE: Administrators can also configure an internal time server as authoritative by using the »net time« command. If the administrator directs the command to the operations master, it may be necessary to reboot the server for the changes to take effect.

For additional information, see the following Microsoft white paper: The Windows Time Service

http://www.microsoft.com/windows2000/docs/wintimeserv.doc«

Im Whitepaper »The Windows Time Service« finden Sie folgende Aussagen:

»The Net Time tool allows you to designate an external time source. It is important to note that even though the net time /? command returns a syntax that specifies that an »NTP List« can be designated, it is highly recommended that you only list one DNS name or IP address at a time. W32Time only recognizes the first DNS name or IP address listed and listing more than one might return an error.

To designate an external time source

At the command prompt, type:

net time /setsntp:DNSName – or – net time /setsntp:IPAddress

Many sites exist throughout the world that can be used for time synchronization. To find them, run a search for ›time synchronization‹ on the Internet.

Currently, no time protocols in Windows 2000 work across forests and require that forests be in sync. However, PDC emulators in separate, independent forests need to be synchronized with the same globally correct time in order to provide for accurate time stamping on e-mail, log files, etc. ...

Is it necessary to synchronize time across forests?

Currently, no time protocols in Windows 2000 work across forests and require that forests be in sync. However, PDC emulators in separate, independent forests need to be synchronized with the same globally correct time in order to provide for accurate time stamping on e-mail, log files, etc.

Can a time server be run on any computer?

You can designate any computer as a time server by changing the value of the LocalNTP entry in the registry from 0 to 1. All registry entries for the Windows Time Service are in the HKEY_LOCAL_MACHINE\SYSTEM\CurrentControlSet\Services\W32Time\Parameters subkey. See Table 6 earlier in this article for a complete list of all registry entries associated with W32Time.

It is important to note that the automatic discovery mechanism in the time service client never chooses a computer that is not a domain controller. Clients must be manually configured to use any server that is not a domain controller.«

Sie müssen also am Domänencontroller der Stammdomäne den Befehl **net time /setsntp:DNSName** bzw. den Befehl **net time /setsntp:IPAddress** absetzen.

Das Freeware-Tool **NetTime** hilft Ihnen, Zeitserver im Internet zu finden. Deren DNS-Namen bzw. IP-Adresse können Sie dann im obigen Befehl einsetzen. Folgende Zeitserver können Sie z. B. im deutschsprachigen Raum nutzen:

ntp0.fau.de	ntp1.fau.de
ntp2.fau.de	ntps1-0.cs.tu-berlin.de
ntps1-1.cs.tu.berlin.de	ptbtime1.ptb.de
ptbtime2.ptb.de	rustime01.rus.uni-stuttgart.de
swisstime.ethz.ch	ntp0.nl.net

Auf der Buch-DVD finden Sie im Verzeichnis **Active Directory\Time Service** weitere Artikel zum Thema Zeitdienst.

24.5 Datei- und Druckserver

Es ist weitgehend von der Anzahl der Benutzer eines Standortes und deren Arbeitsweise abhängig, wie groß das von den Benutzern erzeugte Dokumentvolumen ist, wie oft diese Dokumente angefasst und geändert werden und mit welchem Zuwachs zu rechnen ist. Wenn der Großteil der Benutzer überwiegend mit kaufmännischen Anwendungen wie SAP arbeitet, aus diesen ERP-Anwendungen heraus Dokumente wie Geschäftsbriefe oder Rechnungen und Lieferscheine erzeugt und nur selten z. B. Microsoft Office-Anwendungen wie Word, Excel, Access oder PowerPoint startet, wird ein performanter Datenbankserver wichtiger sein als ein Datei- und Druckserver. Ist jedoch das Dokumentvolumen auf einem Dateiserver groß, geschäftskritisch und unterliegt es permanenten Zugriffen und einem großen Zuwachs, so kann es sinnvoll erscheinen, einen speziellen Mitgliedsserver als Datei- und Druckserver einzurichten, der also nicht durch zusätzliche Dienste wie Anmeldedienste, Active-Directory-Replikation, RIS, DNS oder DHCP belastet wird.

Es kann sinnvoll sein, die Warteschlangen von Netzdruckern nicht auf den Dateiserver zu legen, sondern auf einen separaten Druckserver auszulagern und im Extremfall zur Steigerung der Ausfallsicherheit den Dateiserver zu clustern. Als Alternative zu einem Cluster kommt Distributed File System (DFS) in Frage. Dabei werden bestimmte Verzeichnisse eines Servers wie z. B. das Gruppenverzeichnis auf zwei oder mehr Servern eingerichtet und mittels DFS synchronisiert.

Mittels DFS können bestimmte Dateibestände über Standorte hinweg allen Anwendern angeboten werden. Es ist aber auch denkbar, an einem Standort zwei Domänencontroller gleichzeitig als Dateiserver zu nutzen und die Dokumentenverzeichnisse mittels DFS auf beiden Servern synchron zu halten. Fällt dann einer der Server aus, so können die Anwender immer noch über den zweiten Server auf die Datenbestände zugreifen.

Wenn Sie darüber nachdenken, die Gruppendaten über DFS ausfallsicherer verfügbar zu machen, so sollten Sie aber auch die Verzeichnisse für **Basisverzeichnisse** (Home Directories) und **servergespeicherte Anwenderprofile** (Roaming Profiles) in diese Überlegungen einbeziehen. Als Serverpfad für ein servergespeichertes Anwenderprofil wird in der Registerkarte **Profil** eines Benutzers normalerweise ein Pfad in der Form **\\Servername\Freigabe\%USERNAME%** eingetragen. Es wäre interessant, hier statt eines fixen Servernamens z. B. die Variable **%LOGONSERVER%** verwenden zu können. Fällt dann einer der Domänencontroller aus, so könnte der zweite Domänencontroller die Profilverzeichnisse überbrückend zur Verfügung stellen.

Das Problem der Verfügbarkeit der **Basisverzeichnisse** kann eventuell durch folgende Überlegungen gelöst werden: Generell werden Sie zustimmen, dass Dokumente, die während der Arbeitszeit erstellt werden, überwiegend keinen privaten Charakter haben. In ein privates Verzeichnis eines Mitarbeiters gehören eigentlich keine »privaten« Dinge, sondern nur solche Dokumente, die zwar das Unternehmen betreffen, jedoch aus bestimmten Gründen nicht oder zumindest im momentanen Bearbeitungsstatus jetzt noch nicht der Abteilung oder der Arbeitsgruppe zugänglich gemacht werden sollen.

Es stellt sich damit die berechtigte Frage, ob der Standardpfad für Office-Dokumente auf das private Verzeichnis verweisen sollte oder nicht gleich auf das Gruppenverzeichnis des Anwenders. Verfasst z. B. der Anwender 90 % seiner Dokumente für die Gruppenablage und nur 10 % für seine private Ablage, so ist es zeitsparend, wenn z. B. in Word beim Ausführen der Befehle **Datei · Öffnen** und **Datei · Speichern unter** als Standardverzeichnis das Gruppenverzeichnis angezeigt wird. Denn dann muss der Anwender nur jedes zehnte Mal den Ordner wechseln. Es wäre unter diesen Umständen sinnvoll, das Word-Ablageverzeichnis dem Gruppenverzeichnis des Anwenders zuzuweisen. Vielleicht ist es sogar angemessen, für den Großteil der Anwender den Ordner **Eigene Dateien** über Gruppenrichtlinie auf die entsprechenden Gruppenverzeichnisse umzuleiten statt auf die privaten Verzeichnisse dieser Anwender.

Eine weitere Spielart dieser konzeptionellen Überlegungen wäre es, überhaupt keine separate Freigabe wie **Users** für die Basisverzeichnisse der Anwender anzulegen, sondern für die Mitglieder einer Abteilungsgruppe im zugehörigen Gruppenverzeichnis persönliche Verzeichnisse anzulegen und durch entsprechende Berechtigungsvergabe diese Verzeichnisse nur den jeweiligen Anwendern zugänglich zu machen. Statt also auf dem Dateiserver zwei Freigaben wie **Groups** und **Users** mit entsprechenden Unterverzeichnissen einzurichten, würden Sie nur die Freigabe **Groups** einrichten und die privaten Verzeichnisse der Anwender in Unterverzeichnissen dieser Freigabe **Groups** unterbringen. Diese Verzeichnisstruktur könnte wie folgt aussehen:

\\Servername\Groups\Abteilung1\Gruppe1 mit den Unterverzeichnissen
privat\Schlueter
privat\Schmidt
privat\Wenzel usw.
\\Servername\Groups\Abteilung1\Gruppe2 mit den Unterverzeichnissen
privat\Janssen
privat\Rath
privat\Wolters usw.
\\Servername\Groups\Abteilung2\Gruppe1 mit den Unterverzeichnissen
privat\Fleischer
privat\Hanssen
privat\Terlau usw.

Wenn Mitarbeiter oft die Abteilung oder Abteilungsgruppe wechseln, wäre folgende alternative Verzeichnisstruktur flexibler:

\\Servername\Groups\Abteilung1\Gruppe1
\\Servername\Groups\Abteilung1\Gruppe2
\\Servername\Groups\Abteilung2\Gruppe1
\\Servername\Groups\privat mit den Unterverzeichnissen
Schlueter
Schmidt
Wenzel
Janssen
Rath
Wolters
Fleischer
Hanssen
Terlau

Wenn jetzt das Gruppenverzeichnis **Groups** zwischen zwei Servern mittels DFS synchronisiert wird, steht bei einem Ausfall des einen Servers jedem Anwender sowohl das Gruppenverzeichnis als auch sein persönliches Verzeichnis über den zweiten Server weiter zur Verfügung.

[o] Auf der Buch-DVD finden Sie weitere Artikel und Anleitungen zum Thema Datei- und Druckserver, unter anderem in den Verzeichnissen **Windows Server\Windows Server 2003 R2\DFS, Cluster iSCSI NAS SAN, Windows Server\Netzwerkdrucker, Terminal Server\Drucken unter Terminalserver.**

24.6 Exchange Server

Kann in einem kleinen Unternehmen oder einem Standort mit wenigen Anwendern vielleicht noch hingenommen werden, dass der Exchange Server gleichfalls als Domänencontroller und Dateiserver fungiert und weitere Dienste wie DHCP oder DNS ausführt, so ist eine derartige Zusammenlegung von Funktionen ab einer bestimmten Anzahl von Benutzern sowohl bezüglich des Ausfallrisikos als auch von der Performance-Einbuße her nicht mehr vertretbar. Es ist dann sinnvoll, den Exchange Server auf einem Mitgliedsserver zu installieren. Es ist aber auch denkbar, einen oder mehrere Server in einer Zentrale aufzustellen, die Postfächer der Anwender aller Standorte dort zu verteilen oder die Exchange Server zu clustern.

Lastverteilung, Ausfallsicherheit und hohe Verfügbarkeit der Postfächer und der Groupware-Funktionalität des Produkts Exchange Server können in einer über mehrere Standorte verteilten Organisation durch die nachfolgend aufgelisteten Maßnahmen sukzessiv erhöht werden, wobei Sie sich durch die Wahl für eine Alternative nicht den Ausbau oder Umbau zu einer anderen Alternative verbauen. Sie können mit einer hinsichtlich des Investitionsaufwands kostengünstigen und hinsichtlich des Administrationsaufwands leicht zu installierenden und zu wartenden Alternative beginnen und diese Lösung dann den Erfordernissen entsprechend schrittweise ausbauen:

1. Es gibt nur einen zentralen Exchange Server, auf den alle Anwender über die WAN-Leitungen permanent online zugreifen.

2. Es werden für einige oder alle Benutzer persönliche Outlook-Ordner (PST-Dateien) im Basisverzeichnis auf dem Dateiserver des jeweiligen Benutzers erstellt. Dadurch ist gewährleistet, dass die persönlichen Outlook-Ordner in die nächtliche Sicherung eingehen. Neue Mails verbleiben nicht in der Datenbank des Exchange Server, sondern werden in die persönliche PST-Datei übermittelt. Der Anwender stellt nur in definierten Zeitintervallen eine Verbindung zum Exchange Server her, um neu verfasste E-Mails zu übermitteln und auf dem Exchange Server neu eingegangene E-Mails in seinen persönlichen Ordner zu übernehmen.

3. Es wird zusätzlich mit Offline-Ordnern (OST-Dateien) gearbeitet. Die Benutzer stellen sporadisch eine Verbindung zum Exchange Server her und synchronisieren dabei ihre Offline-Ordner mit dem Postfach und ausgewählten öffentlichen Ordnern des Exchange Server.
4. An Standorten mit einer großen Anzahl von Benutzern werden dezentrale Exchange Server aufgestellt, um die Belastung der WAN-Leitungen zu reduzieren und bei Ausfall der WAN-Leitung ein weiteres Arbeiten mit dem Exchange Server zu ermöglichen.
5. An allen Standorten werden Exchange Server aufgestellt.
6. Die Postfächer der Empfänger und die öffentlichen Ordner werden auf mehrere (zentrale oder dezentrale) Exchange Server verteilt.
7. Die Exchange Server werden geclustert.
8. Wenn die Bedeutung und der Umfang der Nutzung von öffentlichen Exchange-Ordnern zunimmt, wird mindestens ein spezieller Exchange Server aufgestellt, der keine Postfächer aufnimmt, sondern nur öffentliche Ordner und Groupware-Funktionalität zur Verfügung stellt.
9. Es werden Frontend- und Backend-Exchange Server installiert.

Eine Entscheidung, welche dieser Spielarten sowohl bezüglich der Kosten (Hardware, Softwarelizenzen, Wartungs- und Supportkosten) als auch bezüglich Zugriffszeiten und Verfügbarkeit am sinnvollsten ist, hängt von der Bandbreite der WAN-Leitungen, vom Mail-Aufkommen und der Intensität der Nutzung der Groupware-Funktionen ab. Wenn z. B. öffentliche Ordner sehr intensiv genutzt werden, sollten deren Inhalte nicht unbedingt über langsame WAN-Verbindungen geladen werden. In diesem Fall wäre es bestimmt besser, zumindest an Standorten mit einer größeren Anzahl von Anwendern je einen Exchange Server aufzustellen und die betroffenen öffentlichen Ordner über die Standorte hinweg zu replizieren.

Hinzu kommt, dass ein Exchange Server gegen Viren, Einbruchsversuche und Spionage durch Spezialsoftware (Firewall, spezielle Exchange-Antivirensoftware) abgesichert werden und diese Spezialsoftware regelmäßig auf den neuesten Stand gebracht werden muss (z. B. Update der Antivirendateien).

Ein zentraler Lösungsansatz bezüglich Exchange Server muss nicht endgültig sein. Es ist denkbar, mit zentral aufgestellten Exchange Servern zu beginnen, große Standorte später mit eigenen Exchange Servern nachzurüsten oder aber durch die Nutzung der Offline-Funktionen von Outlook (PST- bzw. OST-Dateien) für bestimmte Benutzergruppen den Leitungsverkehr zwischen Clients und Exchange Servern zu reduzieren. Verfügbarkeit und Lastausgleich können nicht nur erhöht werden, indem ein Cluster aus Exchange Servern bereitgestellt wird. Die Beherrschung der Cluster-Methode setzt besonders in Hinblick auf Disaster Recovery ein hohes Verständnis der Technologie voraus.

Eine Alternative zu einem Cluster von Exchange Servern ist die Verteilung der Postfächer und öffentlichen Ordner auf mehrere Exchange Server. Werden z. B. zwei zentrale Exchange Server eingesetzt, so können die Postfächer der Anwender mit einer Anmeldekennung, die mit einem Buchstaben zwischen A und M liegt, auf dem ersten Server bereitgestellt werden.

Die restlichen Postfächer mit einer Anmeldekennung beginnend mit einem Anfangsbuchstaben zwischen N und Z werden dann auf dem zweiten Exchange Server angelegt. Fällt nun der erste Exchange Server aus, so ist nur die Hälfte der Mitarbeiter betroffen. Es wird sich fast immer ein Kollege in der Abteilung finden, dessen Postfach auf dem zweiten Exchange Server liegt, und der deshalb bis zur Wiederherstellung des ersten Exchange Server Mails vertretungsweise empfangen und senden kann.

Kommen später weitere zentrale oder dezentrale Exchange Server hinzu, so können die Postfächer über das Snap-In **Active Directory-Benutzer und -Computer** komfortabel zwischen den Exchange Servern verschoben werden. Der Outlook-Client wird automatisch über die Verschiebung informiert und muss nicht umkonfiguriert werden.

[O] Auf der Buch-DVD finden Sie im Verzeichnis **Exchange Server** den Artikel »Microsoft Exchange Hosted Services (Overview)«, in dem Microsoft über neue Dienstleistungen bezüglich E-Mail berichtet. Im Verzeichnis **Exchange Server\Exchange 2007** der Buch-DVD finden Sie außerdem Hinweise, wohin die Reise bezüglich der neuen Version von Exchange Server geht.

24.7 RIS-Server und Softwarearchivserver

Über den RIS-Server (Remote Installation Service) können neue Clients mit dem Betriebssystem Windows 2000 Professional oder Windows XP Professional oder gleich mit Komplettabbildern, die das Betriebssystem und einen Satz von Standardanwendungen enthalten, bespielt werden. Damit weitere Hardwaretreiber, Spezialanwendungen und Tools schnell nachinstalliert werden können, ist es sinnvoll, an jedem großen Standort nicht nur einen RIS-Server aufzustellen, sondern auf diesem Server auch ein zentrales Softwarearchiv unterzubringen und diese RIS-Server mit Softwarearchiv ständig zu synchronisieren, z. B. mit dem Tool **Robocopy** (siehe Verzeichnis **Tools\Robocopy Version XP010** auf der Buch-

DVD) aus dem Windows Server Resource Kit. Ein RIS-Server kann auch ein Mitgliedsserver sein. Wenn nach dem Ausrollen des Systems nur noch sporadisch weitere Computer mit Abbildern bespielt werden müssen, belastet der RIS-Dienst den Server und die Netzwerkkarte des Servers nicht mehr zu stark. Somit kann z. B. einer der Domänencontroller oder aber ein als Mitgliedsserver ausgelegter Dateiserver die RIS-Funktionalität mitübernehmen, um Hardwarekosten oder eine sonst zusätzlich benötigte Serverlizenz einzusparen. Außerdem muss ja jeder weitere Server gesichert und dessen Ausfall durch ein Disaster Recovery-Konzept mit bedacht werden.

Weitere Artikel und Tipps finden Sie auf der Buch-DVD im Verzeichnis **RIS – Remote Installation Service**. [O]

24.8 Datenbankserver

Was für den Dateiserver gesagt wurde, gilt entsprechend für einen Datenbankserver. Laufen dort geschäftskritische Anwendungen, so sollte seine Performance und Ausfallsicherheit nicht dadurch heruntergesetzt werden, dass er andere Funktionen übernimmt. Speziell ein Microsoft SQL Server sollte an einem Standort mit vielen Anwendern auf keinen Fall gleichfalls z. B. als Exchange Server dienen, wenn hohe Verfügbarkeit und gute Zugriffsgeschwindigkeit garantiert werden sollen.

24.9 SQL-Server und SMS-Server

Wenn z. B. die Neuverteilung von Software oder Service Packs, Patches, Hotfixes und Antiviren-Updates und die Hardware- und Softwareinventarisierung über einen SMS-Server abgewickelt werden, der bekanntlich auf einem SQL-Server aufsetzt, so muss auch hier abgewogen werden, ob dieser Server weitere Funktionen übernehmen soll oder aufgrund der Vielzahl von Clients, die er zuverlässig bedienen soll, als separater Mitgliedsserver aufgesetzt wird. Auch diese Entscheidung hängt vom verfügbaren Budget und den Anforderungen ab, die die Geschäftsleitung in Bezug auf Verfügbarkeit und Ausfallsicherheit postuliert.

Übrigens wird der Microsoft **SQL Server 2005 Express Edition** als kostenloser Download angeboten.

Auf der Buch-DVD finden Sie eine reichhaltige Sammlung von Artikeln im Verzeichnis **SQL-Server**. [O]

24.10 Backup-Server

Wenn an einem Standort mehrere Server stehen, jedoch aus Kostengründen nur in einen Server ein Streamer eingebaut wurde, und die anderen Server über eine Sicherungssoftware eines Drittanbieters über einen Agenten mitgesichert werden sollen, so kann die Sicherungssoftware den Server und die LAN-Leitungen erheblich belasten, vor allem dann, wenn tagsüber einmal ein großer Datenbestand oder sogar ein kompletter Server zurückgesichert werden muss. Der Streamer sollte dann in den Server eingebaut werden, der das größte zu sichernde Datenvolumen hat: den Dateiserver oder den Exchange Server. Außerdem ist es dann bestimmt sinnvoll, die Server über je eine zweite Netzwerkkarte direkt miteinander zu verbinden (Backbone), damit die LAN-Leitungen zu den Clients nicht durch Backup- und Restore-Datenströme unerträglich belastet werden.

[O] Lesen Sie die Beiträge zum Microsoft-Produkt **Data Protection Manager 2006** im Unterverzeichnis **Windows Server\Data Protection Manager 2006** sowie der Buch-DVD. Durchstöbern Sie auch das Verzeichnis **Sicherheit – Sicherung – Disaster Recovery** der Buch-DVD nach wichtigen Artikeln.

24.11 Terminalserver

Oft wird argumentiert, dass das Produkt Windows Small Business Server 2003 an seine Einsatzgrenzen stößt, wenn ein Unternehmen mehrere Standorte hat. Diese Einschränkung ist aber nur bedingt richtig. Handelt es sich z. B. um Filialen mit einer beschränkten Anzahl von Mitarbeitern, so ist es denkbar, in der Zentrale zusätzlich zum SBS-2003-Server einen Terminalserver als Mitgliedsserver aufzustellen. Die Mitarbeiter der Filiale starten dann die Anwendungen z. B. über eine DSL-Verbindung auf dem Terminalserver der Zentrale und greifen über den Terminalserver auf die Datenbestände und den Exchange Server der Zentrale zu.

Ab einer bestimmten Anzahl von Anwendern, die durch einen Terminalserver bedient werden, muss über Redundanz und Ausfallsicherheit nachgedacht werden. Zum Lastenausgleich kann ein zweiter Terminalserver aufgestellt werden. Fällt einer der beiden Terminalserver aus, so können sich die Anwender am zweiten Terminalserver anmelden und weiterarbeiten, bis das Problem behoben ist.

[O] Auf der Buch-DVD finden Sie im Hauptverzeichnis **Terminalserver** ausgewählte Informationen zum Thema Terminalserver. Über **www.tricerat.com/ebooks/ index.php** können Sie übrigens kostenlose Bücher wie »The Definitive Guide to Windows Server 2003 Terminal Services – Updated Edition« oder »The How-To

Guide to Windows Server 2003 Terminal Services« als PDF-Dokumente herunterladen.

24.12 SharePoint, Virtuelle Server, Schattenkopien, Windows Storage Server, Cluster, NAS, SAN, iSCSI, Data Protection Manager

Zu den genannten Themen finden Sie eine reichhaltige Sammlung von Artikeln, Anleitungen und Tipps in den gleichnamigen Hauptverzeichnissen bzw. im Unterverzeichnis Windows Server der Buch-DVD. Die NAS- und iSCSI-Produkte von Open E (**www.open-e.com**) scheinen interessant zu sein. Testversionen stehen zum Download zur Verfügung. Weitere Infos finden Sie im Verzeichnis **Tools\open-e NAS und iSCSI** auf der Buch-DVD.

Mit dem Wissen, welche Betriebsmasterrollen, Dienste und Funktionen auf die Server verteilt werden müssen und wie das Risiko eines Serverausfalls abgefedert werden kann, können nun Modelle für die Aufteilung der Funktionen und Dienste aufgestellt werden, die in einer Gesamtstruktur mit nur einem oder mit mehreren Standorten sinnvoll erscheinen.

25 Active-Directory-Modelle zur Verteilung der Serverfunktionen

25.1 Aufteilung der Serverfunktionen bei nur einem Standort

Können alle Clients über schnelle und ausfallsichere Leitungen an einen zentralen Pool von Servern angeschlossen werden, so ist das Servermodell wenig komplex. Dieses Modell kommt auch dann in Frage, wenn nicht alle Clients physisch am selben Ort stehen, jedoch über Leitungen mit ausreichender Bandbreite mit den Servern verbunden sind, oder die Anwender in Filialen ausschließlich auf Terminalservern der Zentrale arbeiten.

»Standorte« im technischen Sinn
Der Active-Directory-Begriff »Standort« (Site) beschreibt die Summe von Servern und Clients, die über Leitungen mit großer Bandbreite miteinander verbunden sind. Diese Definition ist jedoch auslegbar. Innerhalb eines Standortes muss Folgendes sichergestellt sein:

Replikationsvorgänge zwischen den Servern müssen fehlerlos und in akzeptablen Zeitintervallen ausgeführt werden. Änderungen an den Attributen des Active Directory müssen so schnell auf allen Servern bekannt gemacht werden, dass das Active Directory in sich konsistent bleibt. Anwender müssen sich fehlerlos anmelden können und auf die Dateibestände und Dienste mit akzeptabler Performance zugreifen können. Außerdem darf die Verfügbarkeit des Systems zumindest während der Arbeitszeiten nicht durch Sicherungs- und Rücksicherungsvorgänge spürbar leiden.

Das nachfolgend dargestellte Servermodell wäre in einer Domäne mit nur einem Standort bei Berücksichtigung von Ausfallsicherheit und akzeptabler Gesamtperformance denkbar:

Die Domäne **Testfirma.de** besteht aus zwei Domänencontrollern **DC1** und **DC2**. Der zweite Domänencontroller soll im Notfall den Betrieb aufrechterhalten, bis der erste Domänencontroller wieder hergestellt ist. Zwar führt die Verteilung der Betriebsmasterfunktionen und der Dienste DNS, DHCP, WINS etc. auf zwei Domänencontroller auch zu einer Lastenverteilung und damit zu besserem Antwortverhalten. Jedoch stellen Hersteller wie Compaq, Hewlett Packard, IBM, DELL und andere auf Serverhardware spezialisierte Hersteller inzwischen derart leistungsfähige und ausfallsichere Server mit guten Management-Funktionen (Hardwareüberwachung, Fehleranalyse, Frühwarnsysteme) zur Verfügung, dass ein solcher Server mit entsprechend viel RAM und mehreren Prozessoren viele Hundert Clients auch bei der Anmeldelast in morgendlichen Stoßzeiten bedienen kann, ohne an die Grenzen seiner Leistungsfähigkeit zu stoßen.

Werden mehr als zwei Domänencontroller zwecks Ausfallsicherheit eingesetzt, so muss der Administrator genau wissen, welche Schritte bezüglich der Übernahme der Betriebsmasterfunktionen und des globalen Katalogs vorzunehmen und zu unterlassen sind, wenn einer der Domänencontroller ausfällt, speziell dann, wenn nicht sofort abzusehen ist, ob und wann der ausgefallene Server wieder ans Netz geht oder durch einen anderen Server ersetzt wird. Dazu muss eine Checkliste bereitliegen, denn ein falsches Vorgehen in einer derartigen Stresssituation verschlimmert nicht selten die Lage. In jedem Fall ist es besser, beim Ausfall eines wichtigen Domänencontrollers einen durchgetesteten Disaster-Recovery-Plan anzuwenden und den Server möglichst schnell wieder mit vollem Funktionsumfang ans Netz zu bringen.

Der erste Domänencontroller **DC1** übernimmt die Betriebsmasterfunktionen **Schemamaster** sowie **Domänennamenmaster** und fungiert außerdem als **globaler Katalogserver**. Er ist der zentrale Zeitserver der Domäne und gleicht seine Zeit mit der Weltzeit ab. Er fungiert als **DNS-Server**, **DHCP-Server** und **WINS-Server**, wenn WINS benötigt wird.

Dieser erste Domänencontroller sollte bezüglich seiner Hardwarekomponenten hoch ausfallsicher sein:

- RAID-Controller mit RAID Level 1
- redundantes Netzteil
- redundante Lüfter
- redundante Netzwerkkarten

Der zweite Domänencontroller **DC2** übernimmt die Betriebsmasterfunktionen **Infrastrukturmaster**, **RID-Master** und **PDC-Emulator**. Seine Funktion als Infrastrukturmaster schließt aus, dass er gleichzeitig den globalen Katalog beherbergt. Jedoch kann er bei einem längeren Ausfall des **DC1** zu einem globalen Katalogserver hochgestuft werden. In diesem Fall müssen so oder so alle Betriebsmasterfunktionen des ausgefallenen **DC1** auf den **DC2** übertragen werden. In einer Domäne mit nur einem Domänencontroller dürfen jedoch alle Betriebsmasterfunktionen und der globale Katalog auf demselben Domänencontroller liegen.

Der Server **DC2** kann außerdem als **Ausfall-DHCP-Server** eingesetzt werden, wobei sich die von beiden Domänencontrollern zur Verfügung gestellten IP-Adressbereiche nicht überschneiden dürfen. Alternativ ist denkbar, den DHCP-Serverdienst auf diesem Server passend einzurichten, dann zu deaktivieren und nur beim Ausfall des **DC1** temporär zu aktivieren. Ebenso kann der **DC2** als **Ausfall-WINS-Server** eingerichtet werden, soweit der WINS-Dienst weiterhin benötigt wird.

Bei Ausfall des ersten Domänencontrollers muss der **DC2** auch als **DNS-Server** fungieren. Wichtig ist hierbei, dass die beiden Domänencontroller in den Eigenschaften des TCP/IP-Protokolls jeweils den anderen Domänencontroller als primären DNS-Server eingetragen haben. Lesen Sie hierzu den Artikel 275278 »DNS Server Becomes an Island When a Domain Controller Points to Itself for the _ Msdcs_ForestDnsName Domain« bzw. in »Active Directoy Branch Office Guide Series« das »Chapter 2 – Structural Planning for Branch Office Environments« der Microsoft Knowledge Base.

Wenn das Budget knapp ist, kann beim zweiten Domänencontroller bezüglich der Hardwareausstattung eingespart werden. Der **DC2** dient dann vorwiegend zum Lastausgleich des **DC1** und nur im Notfall als Ausfallserver zur Überbrückung der Zeit, bis der **DC1** wieder ans Netz geht. Ist mit einem längeren Ausfall des **DC1** zu rechnen, müssen alle Betriebsmasterfunktionen vom **DC1** übernommen werden. Außerdem muss der globale Katalog auf dem **DC2** aktiviert werden, bis der ausgefallene **DC1** wieder verfügbar ist und die Betriebsmasterfunktionen wieder zurückübertragen werden können. Da dann der **DC1** wieder den globalen Katalog bereitstellt, muss er auf dem **DC2** dann wieder deaktiviert werden, weil es anderenfalls erneut zu einem Konflikt zwischen den Rollen des Infrastrukturmasters und des globalen Katalogservers käme.

25.2 Aufteilung der Serverfunktionen bei mehreren Standorten und einer Domäne

Eine Domäne mit mehreren Standorten könnte folgende Struktur haben:

Das Unternehmen besteht aus dem Hauptsitz in Aachen und Filialen oder auch Tochterfirmen in Essen, Dortmund und an anderen Standorten, deren Serverstruktur jedoch wie in den Standorten in Essen und Dortmund gestaltet wird. Die WAN-Leitungen zu den Standorten haben eine zu niedrige Bandbreite, so dass im Active Directory – im technischen Sinne – Standorte eingerichtet werden müssen. Zwecks Ausfallsicherheit werden an jedem Standort zwei Domänencontroller eingerichtet. Der erste Domänencontroller jedes Standorts wird außerdem zum globalen Katalogserver.

Auf dem ersten Domänencontroller jedes Standortes werden die Dienste globaler Katalog, DNS, DHCP-Server und bei Bedarf WINS-Server eingerichtet. Der globale Katalog und der DNS-Dienst sollten auch auf dem zweiten Domänencontroller eingerichtet werden, um bei einem Ausfall des ersten Domänencontrollers eine Anmeldung zu ermöglichen.

Wenn der Router DHCP-Requests durchlässt, können DHCP-Server und WINS-Server am Hauptsitz diese Funktionen übernehmen, falls der erste Domänencontroller ausfällt. Wurde die Lease-Dauer jedoch auf z. B. 60 Tage hochgestellt, so ist die Wahrscheinlichkeit gering, dass bis zur Wiederherstellung des ersten Domänencontrollers eine merkliche Mehrbelastung auf der WAN-Leitung aufgrund von DHCP-Requests oder Namensauflösungen auftritt. Wenn der zweite Domänencontroller keine anderen Aufgaben übernimmt, als bei Ausfall des ersten Domänencontrollers die Anmeldung zu übernehmen, kann an der Hardwareausstattung des Servers gespart werden.

Der Standort und Hauptsitz Aachen hat zwei Domänencontroller **DC1AA** und **DC2AA**:

DC1AA.Testfirma.de	DC2AA.Testfirma.de
globaler Katalogserver	Infrastrukturmaster
Schemamaster	RID-Master
Domänennamenmaster	PDC-Emulator
1. DNS-Server	2. DNS-Server
1. DHCP-Server	2. DHCP-Server
1. WINS-Server	2. WINS-Server

Der Standort Essen hat zwei Domänencontroller **DC1ES** und **DC2ES**:

DC1ES.Testfirma.de	DC2ES.Testfirma.de
globaler Katalogserver	globaler Katalogserver
1. DNS-Server	2. DNS-Server
DHCP-Server	
WINS-Server	

Der Standort Dortmund hat ebenfalls zwei Domänencontroller **DC1DO** und **DC2DO**:

DC1DO.Testfirma.de	DC2DO.Testfirma.de
globaler Katalogserver	globaler Katalogserver
1. DNS-Server	2. DNS-Server
DHCP-Server	
WINS-Server	

Selbstverständlich läuft auf jedem der Server ein Virenscanner. Zusätzlich müssen jetzt die Serverfunktionen **Datei- und Druckserver**, **Exchange Server** und **RIS-Server** untergebracht werden. Die Verteilung dieser Funktionen hängt von der Anzahl der Mitarbeiter an den Standorten und natürlich vom verfügbaren Budget ab. Es wäre denkbar, mit einem zentralen Exchange Server am Hauptsitz in Aachen zu beginnen. Es kann aber auch an jedem Standort ein Exchange Server auf einem der Domänencontroller oder zwecks Lastverteilung auf einem separaten Mitgliedsserver installiert werden.

An jedem Standort müssen außerdem ein Datei- und Druckserver und ein RIS-Server installiert werden. Auch diese Funktionen können von einem separaten Mitgliedsserver übernommen werden.

Die Domänencontroller sind tagsüber, sobald sich alle Mitarbeiter angemeldet haben, oft wenig belastet. Wenn es die Ausstattung der Hardware zulässt (genug RAM, gute Prozessorleistung, durch RAID 1 oder RAID 5 abgesicherte Festplatten mit ausreichender Dimensionierung), können sie eventuell auch die Funktionen RIS und dezentrale Exchange Server mit übernehmen. Doch scheint es ratsam, einen Exchange Server über einen direkt im Server eingebauten Streamer zu sichern, statt ihn mittels eines Sicherungsagenten über das Netzwerkkabel auf den Streamer eines anderen Servers mitzusichern.

Sicherung der Server

Weiterhin müssen die Server an jedem Standort durch mindestens einen Streamer gesichert werden. Das in Windows Server integrierte **NTBackup** kann nicht die Registrierdatenbank eines Remote-Servers sichern. Es ist aber möglich, über den Scheduler-Dienst mittels **NTBackup** den Domänencontroller inklusive der Registrierdatenbank nachts in eine Datei auf die Festplatte zu sichern. Danach könnte jeder Domänencontroller automatisch diese Sicherungsdatei auf den Dateiserver kopieren. Der Dateiserver würde seine Sicherung dann später ausführen und dabei die überspielten Sicherungsdateien der beiden Domänencontroller mit auf das Sicherungsband sichern. Sie müssten dann nur im Dateiserver einen Streamer einbauen und dafür Sorge tragen, dass in jedem Standort ein Mitarbeiter dieses eine Band morgens wechselt. Alternativ können Sie ein Sicherungsprodukt eines Drittanbieters einsetzen. Dieses Produkt muss dann einen Agenten bereitstellen, der auf den nicht mit einem Streamer ausgestatteten Servern installiert wird und diese Server komplett auf dem zentralen Sicherungsserver mitsichert.

Bei der Installation von Microsoft Exchange Server wird die Datei **ntbackup.exe** gegen eine andere Version ausgetauscht, die einen Exchange Server im laufenden Betrieb sichern kann. Auch für professionelle Backup-Produkte von Drittanbietern wie z. B. Backup Exec, Legato oder ArcServe können Sie spezielle Exchange Server-Agenten hinzukaufen, mit denen dann sogar einzelne Postfächer separat zurückgesichert werden können.

25.3 Aufteilung der Serverfunktionen bei mehreren Standorten und mehreren Domänen

Sie sollten bei der Planung von Active Directory möglichst auf die Einrichtung weiterer Domänen verzichten und statt Subdomänen Organisationseinheiten (OUs) verwenden, um die Verwaltung der Domäne einfach zu gestalten, Domänencontroller, Serverlizenzen und Sicherungsstreamer einzusparen sowie bezüglich späterer Umstrukturierungen möglichst flexibel zu bleiben. Die Objekte einer OU lassen sich mit geringem Aufwand in eine andere OU verschieben. Zumindest unter Windows 2000 Server ist das Jonglieren mit Objekten zwischen einzelnen Domänen einer Gesamtstruktur sehr aufwendig bzw. nicht möglich. Wird z. B. eine Domäne aufgelöst, weil durch eine Fusion alle Mitarbeiter des Tochterunternehmens A in das Tochterunternehmen B übernommen werden, so müssen die Benutzer- und Computerobjekte unter Windows 2000 Server in der Domäne der Tochterfirma B komplett neu angelegt und dann in der Domäne A gelöscht werden.

Dennoch kann es z. B. aus politischen Gründen notwendig sein, dass Sie mehrere Domänen in einer Active-Directory-Gesamtstruktur erstellen. In der Regel wird dann dazu geraten, eine Stammdomäne (Root-Domäne) als Verwaltungsdomäne für die Gesamtstruktur zu erstellen. In dieser Stammdomäne werden keine Benutzer- oder Clientcomputerkonten außer den Konten angelegt, die zur Verwaltung der Gesamtstruktur notwendig sind.

Eine Gesamtstruktur, die aus einer Stammdomäne und mehreren Subdomänen mit mehreren Standorten besteht, könnte folgende Beispielstruktur haben:

Der Konzern besteht aus der Konzernleitung in Aachen und angeschlossenen Unternehmen mit Hauptsitzen in Essen und Dortmund. Zu jedem Unternehmen kann es mehrere Standorte geben.

Die Betriebsmasterfunktionen **Schemamaster** und **Domänennamenmaster** werden jedoch nur einmal auf dem Domänencontroller **DC1AA** am Hauptsitz in Aachen vergeben. Der erste Domänencontroller jedes Standorts wird außerdem zum **globalen Katalogserver**.

Auf dem zweiten Domänencontroller werden die Rollen **Infrastrukturmaster**, **RID-Master** und **PDC-Emulator** vergeben.

Auf dem ersten Domänencontroller jedes Standortes werden zusätzlich die Dienste **DNS-Server**, **DHCP-Server** und bei Bedarf **WINS-Server** eingerichtet. Diese Dienste können aus Redundanzgründen auch auf dem zweiten Domänencontroller eingerichtet werden, damit beim Ausfall eines Servers die Namensauflösung nicht über die langsame WAN-Leitung erfolgen muss.

Bei der Einrichtung des DHCP-Serverdienstes auf beiden Domänencontrollern eines Standortes müssen natürlich je zwei IP-Adressbereiche eingerichtet werden, die sich nicht überlappen dürfen. Fällt ein DHCP-Server aus, so kann ein Client eine neue IP-Adresse immer noch vom zweiten Domänencontroller anfordern. Alternativ wird der DHCP-Serverdienst auf dem zweiten Server zwar eingerichtet, jedoch deaktiviert. Nur beim Ausfall des ersten Servers wird er temporär aktiviert.

Auf den Servern wird nur dann zusätzlich der WINS-Serverdienst eingerichtet, wenn es noch Anwendungen oder Dienste gibt, die nicht mit vollqualifizierten Domänennamen zurechtkommen, sondern auf NetBIOS-Namen angewiesen sind.

Die Server der Stammdomäne Testfirma.de und deren Funktionen
In der Konzernleitung am Standort Aachen besteht die Stammdomäne aus den zwei Domänencontrollern DC1ROOT und DC2ROOT:

25 | Active-Directory-Modelle zur Verteilung der Serverfunktionen

DC1ROOT.Testfirma.de	DC2ROOT.Testfirma.de
globaler Katalogserver	Infrastrukturmaster
Schemamaster	RID-Master
Domänennamenmaster	PDC-Emulator
1. DNS-Server	2. DNS-Server
1. DHCP-Server	2. DHCP-Server
1. WINS-Server	2. WINS-Server
Zeitserver	

Die Server der Subdomänen und deren Funktionen

Die Subdomäne **XXX.Testfirma.de** der Konzernleitung hat je einen Standort in Aachen und in Essen. Sowohl am Standort Aachen als auch am Standort Essen stehen dann mindestens zwei Domänencontroller für die Subdomäne.

Am Standort Aachen:

DC1AA.XXX.Testfirma.de und **DC2AA.XXX.Testfirma.de**

Am Standort Essen:

DC1ES.XXX.Testfirma.de und **DC2ES.XXX.Testfirma.de**

Auf diesen Servern könnten die Funktionen wie folgt verteilt werden:

DC1AA.XXX.Testfirma.de	DC2AA.XXX.Testfirma.de
globaler Katalogserver	Infrastrukturmaster
1. DNS-Server	RID-Master
1. DHCP-Server	PDC-Emulator
1. WINS-Server	2. DNS-Server
	2. DHCP-Server
	2. WINS-Server

DC1ES.XXX.Testfirma.de	DC2ES.XXX.Testfirma.de
globaler Katalogserver	globaler Katalogserver
1. DNS-Server	2. DNS-Server
DHCP-Server	
WINS-Server	

Am Standort Dortmund gibt es eine zweite Subdomäne **YYY.Testfirma.de** mit zwei Domänencontroller **DC1DO** und **DC2DO**.

DC1DO.YYY.Testfirma.de	DC2DO.YYY.Testfirma.de
globaler Katalogserver	Infrastrukturmaster
1. DNS-Server	RID-Master
1. DHCP-Server	PDC-Emulator
1. WINS-Server	2. DNS-Server
	2. DHCP-Server
	2. WINS-Server

Die nachfolgende Abbildung veranschaulicht die Verteilung der Betriebsmasterfunktionen und Serverdienste in der Multidomänen-Gesamtstruktur.

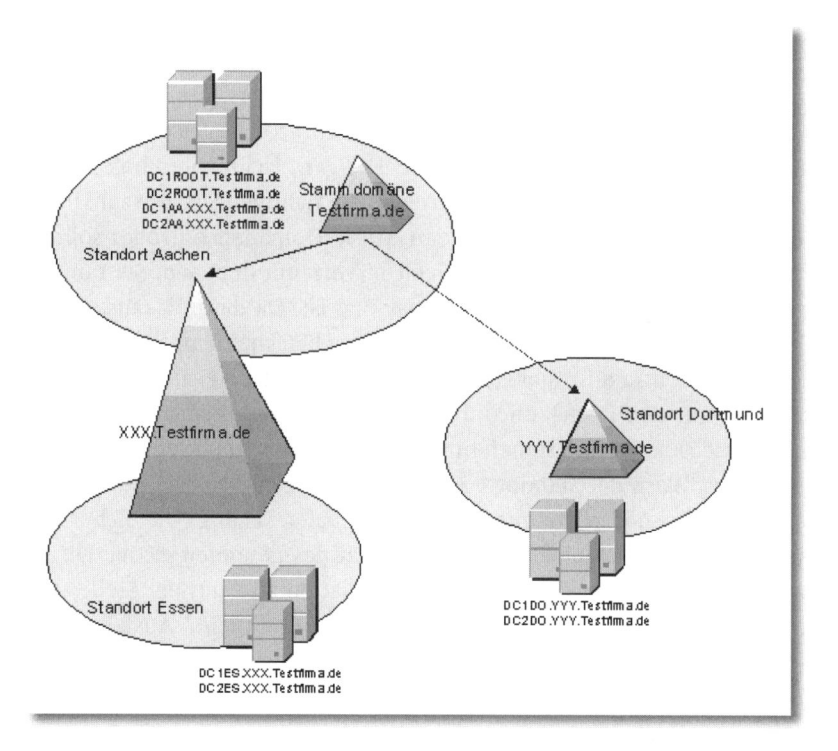

Die Subdomäne **XXX.Testfirma.de** erstreckt sich also über die beiden Standorte Aachen und Essen, während die Subdomäne **YYY.Testfirma.de** nur den Standort Dortmund hat.

Wenn der erste Domänencontroller bezüglich der verwendeten Hardware ausfallsicherer ist als der zweite Domänencontroller (Festplatten mit RAID-Controller gespiegelt, redundantes Netzteil, redundanter Lüfter, redundante Netzkarte) und wenn die Subdomänen bezüglich der Benutzeranzahl nicht sehr groß sind, können die Betriebsmasterfunktionen **RID-Master** und **PDC-Emulator** auch zusätzlich auf dem ersten Domänencontroller untergebracht werden. Nur die Funktion **Infrastrukturmaster** verbleibt dann auf dem zweiten Domänencontroller, da sie mit der Funktion des **globalen Katalogservers** unverträglich ist. Fällt der zweite Domänencontroller aus, so müsste dann nur die Funktion **Infrastrukturmaster** vom ersten Domänencontroller übernommen werden. Dafür könnte der zweite Domänencontroller dann zusätzlich die Funktion **RIS-Server** übernehmen, d. h., er würde als Softwareverteilungsserver dienen. Würde Microsoft SMS eingesetzt, so könnte dieser Server, eine gute Hardwareausstattung vorausgesetzt (genügend RAM und gute Prozessorleistung), auch als SMS-Server fungieren. Das würde jedoch bedeuten, dass auf diesem Server auch der Microsoft SQL Server installiert werden müsste, denn der SMS-Server basiert auf einer SQL-Datenbank.

Jedoch muss besonders in einer Gesamtstruktur, die aus mehreren Domänen besteht, sichergestellt sein, dass die Hauptdomänencontroller, die den globalen Katalog und die Betriebsmasterfunktionen beherbergen, fachmännisch gesichert und beim Ausfall eines Hauptdomänencontrollers die richtigen Schritte zur Übernahme dieser Funktionen eingeleitet werden. Diese Domänencontroller sollten aus Sicherheitsgründen in einem klimatisierten Serverraum stehen, der vor unberechtigtem Zugang und auch gegen Feuer geschützt ist. Da diese Voraussetzungen bei kleineren Tochterfirmen nicht unbedingt gegeben sind, empfiehlt es sich, im Serverraum der Zentrale für jede Subdomäne zusätzlich zwei Domänencontroller zusammen mit den Domänencontrollern der Stammdomäne aufzustellen und dort die Betriebsmasterfunktionen für die Subdomänen unterzubringen. Auf den Domänencontrollern der Standorte ist dann keine der Betriebsmasterfunktionen untergebracht, sondern nur zusätzlich ein globaler Katalog. Die Sicherung aller wichtigen Serverfunktionen, die zur Integrität des gesamten Active Directory notwendig sind, kann in dieser Serverkonstellation an zentraler Stelle von qualifiziertem IT-Personal wahrgenommen werden, und beim Ausfall eines Domänencontrollers, der eine Betriebsmasterfunktion ausführt, werden durchgetestete Maßnahmen anhand einer Checkliste ausgeführt.

Die nachfolgende Abbildung veranschaulicht die Änderungen, die sich durch die Verlagerung aller wichtigen Betriebsmasterfunktionen von allen Subdomänen auf Server im zentralen Rechenzentrum am Hauptsitz des Unternehmens ergeben.

Aufteilung der Serverfunktionen bei mehreren Standorten und mehreren Domänen | 25.3

Stammdomäne Testfirma.de

Standort Aachen

DC1ROOT.Testfirma.de
DC2ROOT.Testfirma.de
DC1AA.XXX.Testfirma.de
DC2AA.XXX.Testfirma.de
DC1AA.YYY.Testfirma.de
DC1AA.YYY.Testfirma.de

XXX.Testfirma.de

YYY.Testfirma.de

DC1ES.XXX.Testfirma.de
DC2ES.XXX.Testfirma.de

Standort Essen

DC1DO.YYY.Testfirma.de
DC2DO.YYY.Testfirma.de

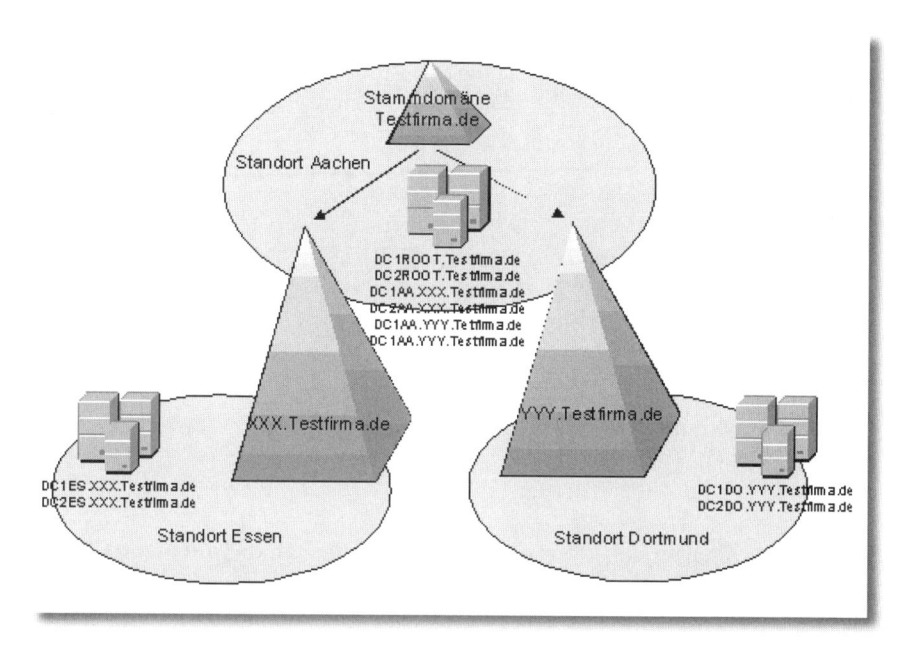

Standort Dortmund

In diesem Fall würden sich beide Subdomänen, **XXX.Testfirma.de** und **YYY.Testfirma.de**, über je zwei Standorte erstrecken.

In allen Subdomänen müssen die Funktionen Datei- und Druckserver, Exchange Server, Sicherungsserver und eventuell Datenbankserver untergebracht werden. Hier gelten prinzipiell dieselben Überlegungen, die auch in den anderen Modellen angestellt wurden.

In Kapitel 4, »Die Installation der Exchange-Organisation«, wurde ein Exchange Server nur rudimentär aufgesetzt, damit für die nachfolgenden Erläuterungen über Gruppenrichtlinien und die Office-Installation bereits ein Exchange Server verfügbar war. In diesem und den sich anschließenden Kapiteln erfolgt nun eine ganzheitliche Betrachtung des Produktes Exchange Server in einer Active-Directory-Gesamtstruktur.

26 Der Ausbau der Exchange Server-Organisation

26.1 Das Exchange Server 2003 Service Pack 2

Zur Zeit der Erstellung dieses Manuskripts lag für den Exchange Server 2003 das Service Pack 2 vor. Dieses Service Pack hat nicht nur die Stabilität und Sicherheit von Exchange Server 2003 erheblich verbessert, sondern neue Features wie z. B. den jetzt integrierten Spam-Filter IMF eingeführt. Bei der Standard Edition von Exchange Server 2003 wurde die Maximalgröße der Datenbanken von ehemals 16 Gigabyte auf nunmehr 75 Gigabyte erhöht. Diese Erhöhung hat erhebliche Auswirkungen auf die Planung der Hardware eines Produktivsystems. In einer Produktivumgebung dürfen die Werte der Registrierdatenbank, die die Maximalgröße der Datenbank festlegen, auf keinen Fall geändert werden, wenn die Festplattenpartitionen, auf denen die Exchange-Datenbanken und die Transaktionsdateien liegen, nicht ausreichend dimensioniert sind. Eventuell muss die Serverhardware komplett getauscht werden, damit es später nicht zu unvertretbaren Einbrüchen in der Performance kommt. Ebenso muss die Hardware zur Sicherung derart großer Datenbanken (Streamer) angepasst werden. Der Exchange Server muss nicht nur im gewünschten Zeitintervall (i. d. R. außerhalb der Arbeitszeit, also nachts) gesichert werden, er muss z. B. bei einem Hardware-Crash auch innerhalb einer akzeptablen Zeitspanne vom Sicherungsband wiederhergestellt werden können. Werden die Spam-Filter von IMF Version 2 eingesetzt, so kann es bei hohem Aufkommen von Spam sogar sinnvoll sein, das Spam-Archiv auf eine separate Partition umzulegen. Auch das Zusammenspiel der unterschiedlichen Spam-Filter (SCL Spam Confidence Level, Absenderkennungsfilterung, Verbindungsfilterung, Empfängerfilterung, Absenderfilterung etc.) ist komplex.

Mit dem Service Pack 2 wurden aber auch viele Neuerungen bezüglich der öffentlichen Exchangeordner und der Anbindung mobiler Endgeräte (ActiveSync etc.) eingeführt. Eine detaillierte Besprechung dieser Neuerungen innerhalb des Buches würde die Seitenanzahl des Buches erheblich steigern und damit den Preis des Buches unvertretbar erhöhen.

[O] Ich habe mich deshalb dazu entschieden, die Abhandlung des Service Pack 2 auf die Buch-DVD zu verlagern. Eine ausführliche Besprechung der Vorüberlegungen zur Installation des Service Packs 2, der manuell vorzunehmenden Einträge in die Registrierdatenbank und zum Einsatz der Spam-Filter finden Sie auf der Buch-DVD im Unterverzeichnis **Exchange Server\Exchange 2003 Service Pack 2**, dort im Dokument »Exchange Server 2003 Service Pack 2«.

In diesem Unterverzeichnis der Buch-DVD finden Sie auch Beiträge, die die Auswirkungen des Service Pack 2 auf öffentliche Exchangeordner oder auf die Anbindung mobiler Geräte betreffen, z. B. den Artikel »Step-by-Step Guide to Deploying Windows Mobile-based Devices with Microsoft Exchange Server 2003 SP2«. Bevor Sie einen Produktivserver unter Exchange Server 2003 aufsetzen, sollten Sie diese Dokumente der Buch-DVD unbedingt lesen.

Übrigens gibt es eine **neue Exchange-Hilfedatei**, die die Änderungen des Service Pack 2 enthält. Diese Hilfedatei muss separat heruntergeladen werden, weil sie später als das Service Pack 2 zum Download bereitgestellt wurde. Lesen Sie dazu den Beitrag »Microsoft Exchange Server 2003 Service Pack 2 (SP2) Help« im oben genannten Verzeichnis der Buch-DVD.

Damit die Updates zum Intelligent Message Filter IMF automatisch installiert werden, muss übrigens ein weiterer Eintrag in die Registrierdatenbank eingepflegt werden. Die Vorgehensweise dazu wird im Beitrag »Automatisches IMF Update muss durch Registry-Eintrag aktiviert werden« erklärt. Diesen Beitrag finden Sie auf der Buch-DVD im oben genannten Verzeichnis.

Außerdem sollten Sie nicht nur die Windows-XP-Clients, sondern auch die Server von Windows Update auf Microsoft Update umstellen, damit nicht nur die Betriebssystem-Updates zeitnah heruntergeladen und installiert werden, sondern alle installierten Microsoft-Produkte, darunter dann auch die Updates zum Exchange Server 2003.

[O] Lesen Sie dazu den Beitrag »Von Windows Update zu Microsoft Update wechseln« im Verzeichnis **Windows Server** der Buch-DVD.

26.2 Kompatibilität zwischen Exchange 2000/2003 und Windows Server 2000/2003

Die Änderungen in Windows Server 2003 haben zur Registrierung von beinahe 350 Code-Änderungen geführt, die sich auf Exchange 2000 Server auswirken. Diese Änderungen lassen sich in drei große Kategorien einteilen: Sicherheitsverbesserungen, Verbesserungen von IIS 6.0 und allgemeine Verbesserungen des Betriebssystems. In Windows Server 2003 wurden z. B. Änderungen für das Sperren von IIS vorgenommen, damit die Standardinstallation besser vor Angriffen geschützt ist. Ein Teil dieser Änderungen bezieht sich auf das standardmäßige Deaktivieren von ISAPI (Internet Server Application Programming Interface). Damit eine ausführbare Datei mit IIS-Anforderungen interagieren kann, muss sie mit Hilfe von ISAPI geschrieben werden. Das standardmäßige Deaktivieren von ISAPI bedeutet, dass IIS bei einer Windows-Server-2003-Standardinstallation nur statische HTML-Dateien bereitstellen kann. Um diese Sicherheitsänderung in Windows auszugleichen, wurde eine neue Architektur für das Exchange Server-Installationsprogramm erforderlich. **Als Folge lässt sich unter Windows Server 2003 nur noch der Exchange Server 2003 installieren.** Ältere Versionen des Exchange Server können nicht unter Windows Server 2003 installiert werden.

Exchange Server 2003 unter Windows Server 2003 stellt eine Vielzahl neuer Funktionen zur Verfügung, beispielsweise die Unterstützung für Cluster mit acht Knoten, die Unterstützung für Volumenschattenkopie-Dienste und das neue »RPC über HTTP«-Protokoll, das Benutzern von Outlook 2003 die sichere und direkte Kommunikation mit dem Exchange Server 2003 über MAPI oder eine HTTP-Verbindung ermöglicht. Zwar kann Exchange Server 2003 auf einem Servercomputer installiert und ausgeführt werden, der Windows 2000 Server ausführt, diese neuen Funktionen erfordern jedoch, dass Exchange 2003 auf einem Servercomputer mit einer Installation von Windows Server 2003 ausgeführt wird.

Dem Whitepaper »Microsoft Exchange Server – Kompatibilität mit Windows Server 2003« können Sie einige wichtige Aussagen bezüglich der Kompatibilität der Produkte Exchange 2000/2003 Server, Exchange 5.0/5.5 Server und Windows Server 2000/2003 entnehmen. Einige wichtige Aussagen werden nachfolgend zitiert:

»In der Produktfamilie des Windows-Betriebssystems sind viele Komponenten vorhanden, die inzwischen veraltet sind oder durch neuere Technologien ersetzt wurden. Um mögliche Sicherheitsrisiken zu vermeiden, die durch die veralteten Komponenten entstehen können, wurden einige dieser Komponenten aus der Standardinstallation oder aus dem gesamten Produkt entfernt.

Durch Entfernen unnötiger Komponenten und Verzicht auf die Installation von Komponenten, die später durch unsachgemäße Verwaltung ein Sicherheitsrisiko darstellen können, beseitigt Windows Server 2003 die häufigsten Angriffspunkte, die Programmierer für unberechtigte Zugriffe verwenden.

Microsoft Exchange 2000 Server und Microsoft Exchange 5.5 Server können nicht auf einem Servercomputer installiert und ausgeführt werden, der Windows Server 2003 ausführt. Exchange 2000 Server muss auf einem Computer mit Windows 2000 Server installiert werden. Exchange 5.5 kann auf einem Computer installiert werden, der Windows NT oder Windows 2000 Server ausführt.«

Ein Exchange Server 2003 kann sowohl auf einem Windows Server 2003 als auch auf einem Windows 2000 Server installiert werden. Jedoch kann auf einem Windows Server 2003 weder ein Exchange Server 5.5 noch ein Exchange 2000 Server installiert werden. Exchange 5.5 Server kann auch in einer gemischten Windows-2000-Server- und Windows-Server-2003-Umgebung vorhanden sein, obwohl Exchange 5.5 Server Active Directory nicht verwendet

26.3 Wichtige Exchange Server-Begriffe

Um das Zusammenspiel mehrerer Exchange Server in einer komplexeren Umgebung mit mehreren Standorten zu verstehen, müssen Sie einige Exchange-Begriffe beherrschen:

Exchange-Organisation
Organisation, administrative Gruppen und Exchange Server bilden die administrative Topologie der Exchange-Organisation. Der Organisationsname muss bei der Installation des ersten Exchange Server bzw. bei der Ausführung von **Forest-Prep** angegeben werden. Microsoft empfiehlt, in einer Multidomänen-Gesamtstruktur den Namen der Stammdomäne, bei einer Einfachdomänen-Struktur den Namen der einzigen Domäne als Organisationsnamen für die Exchange-Organisation zu verwenden. Die SMTP-Adressen der Postfächer werden standardmäßig aus dem Organisationsnamen gebildet. Diese Grundeinstellung kann aber über eine Richtlinie geändert werden.

In einer Gesamtstruktur kann es nur eine Exchange-Organisation geben. Existieren mehrere Gesamtstrukturen, so muss für jede Gesamtstruktur eine separate Exchange-Organisation mit unterschiedlichen Organisationsnamen erstellt werden, da sich eine bestimmte Exchange-Organisation nicht über mehrere Active-Directory-Gesamtstrukturen erstrecken kann. Es ist auch unter Exchange 2003 nicht möglich, Exchange-2003-Server aus verschiedenen Gesamtstrukturen in einer Exchange-Organisation zusammenzuführen. Man kann aber eine globale

Adressliste erstellen, indem aufwandsintensiv die Empfänger der jeweils anderen Gesamtstruktur als externe Kontakte in der eigenen Gesamtstruktur gepflegt werden.

Prinzipiell können auch die Inhalte öffentlicher Ordner über mehrere Exchange-2003-Organisationen hinweg synchronisiert werden, z. B. mit dem Microsoft Exchange InterOrg Replication Utility. Es besteht aus dem **Exchange Server Replication Configuration Utility** (Exscfg.exe) und dem **Exchange Server Replication Service** (Exssrv.exe). Zum Thema Exchange Server Interorg Replication finden Sie folgende Microsoft-Knowledge-Base-Artikel:

- 238573 – XADM Installing, Configuring, and Using the InterOrg Replikation Utility
- 238642 – XADM Troubleshooting the InterOrg Replication Utility
- 316022 – XADM InterOrg Replication Utility Does Not Replicate Free-and-Busy Information
- 221767 – XADM Public Folder InterOrg Replication Does Not Work Across Different Languages

In einer Gesamtstruktur, die aus mehreren Domänen besteht, ist es aber möglich und oft auch sinnvoll, aus Kostengründen und zur Reduzierung des Administrationsaufwands alle Postfächer aus allen Domänen über dieselben Exchange Server zu bedienen oder alle Exchange Server durch dieselben Administratoren betreuen zu lassen. Besteht z. B. eine Gesamtstruktur aus einer Stammdomäne und drei Subdomänen für drei zusammengeschlossene Unternehmen, so könnten z. B. alle Postfächer auf einem einzigen Exchange Server in der Zentrale angelegt und verwaltet werden, wenn die Anzahl der Postfächer, die Bandbreite der WAN-Verbindungen und die Hardwareausstattung des Servers angemessen ist. Dieser einzige Exchange Server könnte dann aus Hochverfügbarkeitsgründen z. B. als geclusterter Server ausgelegt werden.

Schemaerweiterung
Bei der Installation des ersten Exchange Server in einer Gesamtstruktur wird das Active-Directory-Schema um eine Vielzahl von Exchange-spezifischen Konfigurationsobjekten und Attributen erweitert. Deshalb muss die erste Installation von Exchange Server von einem Mitglied der Gruppe **Schema-Administratoren** durchgeführt werden.

Zum Thema Schemaerweiterungen empfehle ich Ihnen den Artikel »Keep Active Directory Schema Updates Under Control« von Alex Zammit, den Sie auf der Buch-DVD im Ordner **Active Directory\AD Schemaänderungen** finden. Das Tool AD Schema Diagnose finden Sie unter **http://www.windeveloper.com/schemadiag/schemadiag.htm**.

Einheitlicher Modus (Native Mode) und gemischter Modus (Mixed Mode)

Der einheitliche Modus ist ein Betriebsmodus von Exchange Server 2000 bzw. 2003, in dem nur Exchange Server 2000 bzw. 2003 unterstützt wird. Der erste Exchange 2000 Server (bzw. 2003) ist nach der Installation standardmäßig im gemischten Modus und arbeitet dadurch mit Exchange 5.0/5.5-Servern zusammen. Im Exchange System-Manager kann der Modus über die Schaltfläche **Modus ändern** in der Registerkarte **Allgemein** des Organisationsobjekts in den einheitlichen Modus umgestellt werden. Danach können Sie z. B. die Ressourcen unabhängig von den Grenzen administrativer Gruppen zusammenfassen. Doch können dann Exchange 5.0/5.5 Server der Exchange-Organisation nicht mehr beitreten.

Administrative Gruppen

Administrative Gruppen bezeichnen unter Exchange 2003 Server Sammlungen von Exchange Servern, Routinggruppen, Empfänger- und Systemrichtlinien, Hierarchien für öffentliche Ordner oder virtuelle Serverressourcen, die zur gemeinsamen Verwaltung in eine Gruppe zusammengefasst und von einer bestimmten Gruppe von Administratoren verwaltet werden. Nur die berechtigten Administratoren können Änderungen an der Konfiguration dieser Server und Routinggruppen vornehmen.

Routinggruppen

Eine Gruppe von Exchange Servern, die untereinander eine permanente und zuverlässige Netzwerkverbindung mit hoher Bandbreite nutzen. In einer Routinggruppe kommunizieren alle Server über das SMTP-Protokoll direkt miteinander und nicht über einen Connector oder nach einem Zeitplan.

Es gibt keine prinzipielle Abhängigkeit zwischen administrativen Gruppen und Routinggruppen. Obwohl Server in Routinggruppen aufgeteilt und Routinggruppen in administrativen Gruppen gesammelt werden, sind diese Unterteilungen nicht notwendigerweise hierarchisch. So kann ein Server beispielsweise von der administrativen Gruppe **EXADMINS1** verwaltet werden, obwohl die Routinggruppe Teil der administrativen Gruppe **EXADMINS2** ist. In diesem Fall können die berechtigten Administratoren der Gruppe **EXADMINS1** Änderungen an der Serverkonfiguration vornehmen, während Administratoren der Gruppe **EXADMINS2** Änderungen an der gesamten Routinggruppe ausführen können.

Connector

Eine Messagingkomponente, die E-Mail-Nachrichten zwischen Exchange Servern verschiedener Routinggruppen an andere Messagingsysteme überträgt. Neben der Nachrichtenübertragung übernimmt ein Connector die Verzeichnissynchronisation sowie Kalenderabfragen zwischen Exchange Server und anderen Messagingsystemen.

SMTP-Connector

Ein SMTP-Connector ist für Internetmailfunktionen nicht unbedingt erforderlich. Exchange Server 2000/2003 kann standardmäßig Internet-E-Mail senden und empfangen. Alle Server können direkt Verbindungen mit externen SMTP-Adressen herstellen, wenn alle Server das Internet erreichen können und wenn Sie DNS-Server für alle Netzwerkverbindungen eingerichtet haben. Nach der Installation von Exchange empfängt der SMTP-Anschluss 25 eingehenden E-Mail-Verkehr aus dem Internet. Um E-Mails zu senden und ausgehende Internet-E-Mails zu routen, verwendet Exchange Server DNS (Domain Name System). Der primäre Verwendungszweck von SMTP-Connectors ist die Anbindung von Exchange Servern an fremde SMTP-Systeme, beispielsweise SMTP-Hosts oder auch andere Exchange-Organisationen im Internet. Der SMTP-Connector kann aber auch statt des Routinggruppen-Connectors verwendet werden, um Exchange-Routinggruppen derselben Exchange-Organisation über das Internet zu verbinden. Er ermöglicht eine feinere Steuerung der Nachrichtenübermittlung als der Routinggruppen-Connector, z. B. durch die Fähigkeit, Remotedomänen vor dem Versenden von Nachrichten zu authentifizieren, spezielle Übermittlungszeiten einzuplanen und unterschiedliche Berechtigungsstufen für die Benutzer einzurichten.

Wichtige Artikel zum Thema Mail-Routing finden Sie im Verzeichnis **Exchange Server\Routing – SMTP – SMTP-Connector** der Buch-DVD.

Routinggruppen-Connector (RGC, Routing Group Connector)

Ein Connector, der nur zur Bereitstellung eines Nachrichtenpfads zwischen Routinggruppen in der gleichen Exchange-Organisation verwendet werden kann. Er gibt außerdem gegebenenfalls den lokalen Brückenkopfserver (Bridgeheadserver), die Verbindungskosten, den Zeitplan und andere Konfigurationsmerkmale an.

Brückenkopfserver (Bridgeheadserver)

Ein E-Mail-System wie z. B. ein Exchange Server, auf dem Connector-Software ausgeführt wird und der als Verbindungspunkt zwischen Routinggruppen oder zu einem fremden Messagingsystem fungiert. Brückenkopfserver übernehmen das Nachrichtenrouting über die Grenze der Routinggruppe hinaus.

Smarthost (Relayhost)

Ein designierter Server, über den Exchange alle ausgehenden Nachrichten routen kann, wobei als Protokoll SMTP genutzt wird. Der Smarthost kann z. B. auch unter UNIX bzw. Linux laufen. Der Smarthost stellt anschließend die Remoteverbindung zum entfernten System oder Internet Provider her. Wenn ein Smarthost festgelegt werden kann, muss der Exchange Server Mails nur an den Smarthost übertragen und nicht wiederholt versuchen, die Domäne zu erreichen, bis eine Verbindung hergestellt wurde.

Virtueller Server
Die von Exchange Server unterstützten Protokolle werden hauptsächlich über virtuelle Server konfiguriert. Ein virtueller HTTP-Server ist beispielsweise eine Instanz des HTTP-Protokolls, die auf dem Exchange Server ausgeführt wird. Eine Instanz eines virtuellen Servers setzt sich aus einer Kombination aus IP-Adresse und TCP-Anschlussnummer sowie aus individuellen Konfigurationsparametern des betreffenden Protokolls zusammen. Jedes Protokoll kann mehrere virtuelle Server besitzen, die auf einem Computer ausgeführt werden. Standardmäßig konfiguriert Exchange einen virtuellen Server für jedes Protokoll. Sie können einen virtuellen Standardserver für ein beliebiges Protokoll nicht löschen, bevor Sie einen neuen virtuellen Server erstellt haben, der seinen Platz einnimmt.

Speichergruppen (Storage Groups) und Exchange-Datenbanken
Exchange Server unterstützt mehrere in einer Speichergruppe enthaltene Datenbanken. Eine Speichergruppe enthält eine bis fünf Datenbanken sowie einen Satz von Transaktionsprotokolldateien für alle Datenbanken in der Speichergruppe. Sie können maximal vier Speichergruppen auf einem Exchange Server erstellen. Wenn jede Speichergruppe die maximal zulässigen fünf Datenbanken enthält, können also maximal 20 Datenbanken auf einem Server erstellt werden.

Wenn viele Postfächer auf einem Exchange Server untergebracht werden, sollten sie auf mehrere Datenbanken verteilt werden. Einzelne Datenbanken können unabhängig voneinander gesichert und restauriert werden. Beim Rücksichern muss die Datenbank deaktiviert werden, damit sie überspielt werden kann. Wenn also die Postfächer auf mehrere Datenbanken verteilt sind, ist auch nur ein Teil der Benutzer während der Dauer der Rücksicherung betroffen und nicht in der Lage, auf den Exchange Server zuzugreifen. Aufgrund der geringeren Größe der Datenbank ist der Vorgang der Datenwiederherstellung schneller. Darüber hinaus muss der Server nicht offline sein. Liegen die Speichergruppen auf verschiedenen Festplatten, so steigert das die Performance des Exchange Server. Folglich kann eine größere Anzahl von Benutzern performant mit einem Exchange Server bedient werden.

Es sind zwei Arten von Datenbanken vorhanden: Postfachspeicher und Informationsspeicher für öffentliche Ordner.

Adressbuch
Zeigt Empfängerinformationen aus einem Verzeichnis (z. B. Active Directory) an. Benutzer können mit zentral verwalteten, serverbasierten Adressbüchern oder mit persönlichen Adressbüchern arbeiten. Ein Adressbuch kann eine oder mehrere Adresslisten enthalten.

Adressliste
Eine Sammlung von Postfachempfängern, Verteilergruppen, externen Kontakten oder E-Mail-aktivierten öffentlichen Exchange-Ordnern. Jede Adressliste kann einen Objekttyp oder mehrere Objekttypen enthalten. Ein Beispiel für eine Adressliste ist die globale Adressliste (GAL), die alle Empfängerobjekte einer Exchange-Organisation enthält.

Richtlinien (Policies)
Richtlinien sind ein neues Feature ab Version Exchange 2000. Sie wurden entwickelt, um eine flexible Administration einer großen Zahl von Exchange-Objekten zu ermöglichen. Eine Richtlinie ist eine Sammlung von Konfigurationseinstellungen, die auf ein oder auf mehrere Exchange-Objekte derselben Klasse angewendet wird. Ein Administrator kann z. B. eine Richtlinie definieren, implementieren und auch später ändern, welche die Konfigurationseinstellungen für mehrere Server steuert. Dadurch können Einstellungen für viele Exchange Server zentral verwaltet werden.

Empfängeraktualisierungsdienst (RUS, Recipient Update Service)
Ein Exchange-Dienst, der die Empfängerobjekte in einer Domäne mit den in Empfängerrichtlinien definierten Einstellungen aktualisiert. Die Hauptaufgabe dieses Dienstes ist die Erstellung von E-Mail-Adressen.

Empfängerrichtlinie (Recipient Policy)
Richtlinien, die für E-Mail-aktivierte Objekte zum Generieren von E-Mail-Adressen gelten. Sie können so definiert werden, dass sie für alle oder bestimmte Gruppen von Benutzern, Gruppen und Kontakten im Active Directory gelten, indem eine LDAP-Abfrageschnittstelle in einer einzigen Operation verwendet wird. LDAP steht für »Lightweight Directory Access Protocol«.

Installierbares Dateisystem (IFS, Installable File System)
Eine Speichertechnologie, die als Archivierungssystem fungiert. Sie macht Postfächer und öffentliche Ordner über Win32-Standardprozesse wie beispielsweise den Microsoft Explorer, den Microsoft Internet Explorer und die Eingabeaufforderung als traditionelle Verzeichnisse verfügbar. Clients erhalten dadurch die Möglichkeit, über einen Laufwerksbuchstaben auf öffentliche Ordner zuzugreifen. Die Weiterentwicklung des IFS wurde seitens Microsoft jedoch eingestellt.

Offlineadressbuch (OAB)
Eine serverbasierte Adressenliste, die auf einem Exchange Server generiert wird und von Outlook heruntergeladen und später ständig synchronisiert werden kann, damit Benutzer Nachrichten adressieren können, wenn sie offline arbeiten. Exchange-Administratoren können festlegen, welche Adresslisten ihren Benutzern offline zur Verfügung stehen.

E-Mail-aktiviert

Ein E-Mail-aktiviertes Objekt ist ein Active-Directory-Objekt, für das mindestens eine E-Mail-Adresse definiert ist. Wenn der Benutzer E-Mail-aktiviert ist, besitzt er eine zugehörige E-Mail-Adresse, jedoch kein zugehöriges Exchange-Postfach. Der Benutzer sendet und empfängt E-Mails mit einem Messagingsystem eines Drittanbieters, nicht mit Exchange. Benutzer können die E-Mail-Adresse aus dem globalen Katalog abrufen; die Adresse bezieht sich jedoch auf einen Benutzer auf einem Remotesystem. Verteilerlisten sind E-Mail-aktiviert und nicht Postfach-aktiviert. Öffentliche Exchange-Ordner können ebenfalls E-Mail-aktiviert werden.

Postfach-aktiviert

Ein Postfach-aktiviertes Objekt ist ein Active-Directory-Objekt, mit dem ein Exchange-Postfach verknüpft ist. Es kann daher Nachrichten sowohl senden als auch empfangen. In Exchange kann nur ein Benutzerobjekt ein Postfach besitzen. Ein Objekt, das Postfach-aktiviert ist, ist auch E-Mail-aktiviert.

[O] Auf der Buch-DVD finden Sie im Ordner **Exchange Server\Glossary** das **Exchange Server 2003 Glossary** und im Ordner **Active Directory** das **Active Directory Glossary**.

26.4 Namenskonventionen bei Exchange-Objekten

Einige Zeichen sind in Objekt- oder Anzeigenamen der folgenden Exchange-Objekte nicht zulässig:

- Exchange-Organisation
- Domänenanzeigenamen von Internet-Nachrichtenformaten
- Richtlinien
- Adresslisten
- Offlineadresslisten
- Administrative Gruppen
- Routinggruppen
- Speichergruppen
- Postfachspeicher
- Informationsspeicher für öffentliche Ordner
- SMTP- und X.400-Connectors
- Öffentliche Ordner-Hierarchien

- Virtuelle Instant-Messaging-Server
- Instant-Messaging-Benutzeradressen
- Chat-Gemeinden

Objektnamen dürfen nicht mehr als 64 Zeichen beinhalten. Außerdem sind folgende Symbole nicht zulässig: # ; , « » / \ < > + *

26.5 ForestPrep und DomainPrep in einer Multidomänen-Gesamtstruktur

Die Setup-Optionen **ForestPrep** und **DomainPrep** bereiten eine Organisation für die Installation von Exchange 2000/2003 vor, indem sie Teile der Installation, die Netzwerkberechtigungen auf hoher Ebene erfordern, von den Teilen trennen, für die lediglich die Berechtigungen eines Exchange-Administrators benötigt werden. Weder ForestPrep noch DomainPrep müssen ausgeführt werden, wenn

- alle Exchange Server sich in einer einzigen Domäne befinden,
- diese Domäne auch den Schemamaster-Server enthält,
- alle Exchange-Benutzer sich in dieser Domäne befinden und
- die Kennung, unter der Exchange Server installiert wird, zu den Gruppen **Schema-Administratoren** und **Organisations-Administratoren** gehört.

Unter Exchange 2000 müssen **ForestPrep** und **DomainPrep** in einer einfachen Gesamtstruktur, die nur aus einer Domäne besteht, nicht separat durchgeführt werden. Stattdessen installieren Sie direkt den ersten Exchange Server, wodurch indirekt **ForestPrep** und **DomainPrep** mit ausgeführt werden. Bei der Installation eines Windows Small Business Servers 2003 führt der Setup-Assistent diese Installationsschritte vollautomatisch durch. Unter Exchange Server 2003 wurde der Installationsassistent gegenüber Exchange Server 2000 stark verbessert und führt Sie Schritt für Schritt durch die Installation des ersten und weiterer Exchange Server. Die nachfolgenden Unterkapitel über **ForestPrep** und **DomainPrep** sind deshalb nur dann für das Verständnis wichtig, wenn Sie mehrere Exchange Server einsetzen, und besonders dann, wenn sich Exchange Server 2000 darunter befinden.

26.5.1 ForestPrep in der Gesamtstruktur ausführen

ForestPrep wird pro Gesamtdomäne nur einmal ausgeführt, um das Active-Directory-Schema zu erweitern, die Gruppe der Schema-Administratoren und die Strukturen für die Berechtigungen anzulegen. Unter Exchange 2000 wird dazu die Exchange Server-CD eingelegt und der Befehl **\setup\i386\setup /ForestPrep** abgesetzt. Im Fenster Installationsart wählen Sie Neue Exchange-Organisation erstellen.

Im Fenster **Name der Organisation** geben Sie den Namen Ihrer neuen Organisation ein. Beachten Sie, dass Sie den Namen der Exchange-Organisation nach der Eingabe nicht mehr ändern können.

Im Fenster **Exchange 2000-Administratorkonto** geben Sie den Namen des Benutzers ein, der für die Installation von Exchange verantwortlich ist. Das angegebene Konto verfügt außerdem über die Berechtigung, alle Typen von Exchange-Administratorkonten mit Hilfe des **Assistent für die Zuweisung von Verwaltungsberechtigungen auf Exchange-Objekte** zu erstellen. Diesen Assistenten können Sie später im Snap-In **Exchange System-Manager** starten, indem Sie z. B. mit der rechten Maustaste auf eine administrative Gruppe klicken und **Objektverwaltung zuweisen** wählen.

ForestPrep wird gestartet und Sie werden aufgefordert, die Schemaaktualisierung zu überprüfen. Laut Artikel Q274737 »XADM: Verifying If ForestPrep and DomainPrep Have Completed« kann der Erfolg wie folgt überprüft werden:

»To verify that the changes from setup /forestprep have been replicated throughout the forest, use either of the following methods:

Look for event ID 1575 in the directory event log on each domain controller–or–follow these steps:

Start the ADSI Edit snap-in that is located in root/Program Files/Support Tools. NOTE: Before you start the ADSI Edit snap-in, you must first manually register Adsiedit.dll after you run Setup.exe from the Support\Tools folder on the Windows 2000 CD-ROM.

Navigate to Schema and look for the following entry: cn=ms-Exch-Schema-Version-Pt.

In the Select a property to view box, click rangeUpper and type the value 4397. Any value that is less than 4397 represents an earlier version of Exchange 2000.«

26.5.2 DomainPrep in jeder Domäne ausführen

DomainPrep wird in jeder Domäne ausgeführt, in der es Exchange 2000/2003 Server oder aber Benutzerkonten mit Postfach-Zugriff auf einen Exchange Server einer anderen Domäne geben soll, einschließlich der Domäne, in der **ForestPrep** ausgeführt wurde. Die Exchange-Organisation kann also domänenübergreifend sein. In einem Domänenwald können z. B. im Extremfall ausschließlich ein oder mehrere Exchange Server in der Stammdomäne die Postfächer aller Benutzer aus allen Subdomänen aufnehmen.

Mittels **DomainPrep** wird der Proxy-Container für den öffentlichen Ordner erstellt, es werden die beiden Sicherheitsgruppen **Exchange Domain Servers** und **Exchange Enterprise Servers** angelegt und Berechtigungen innerhalb der Domäne eingerichtet. Der Server, auf dem der **DomainPrep** ausgeführt wird, wird zum **Empfängeraktualisierungsdienstserver** der Domäne. Andere Bezeichnungen für den Empfängeraktualisierungsdienstserver sind **Adresslistenserver** oder **RUS Server** (RUS = Recipient Update Service).

Um **DomainPrep** auszuführen, muss Ihr Konto Mitglied der Sicherheitsgruppe **Domänen-Admins** der betreffenden Domäne und der Sicherheitsgruppe **Administratoren** des Computers sein, auf dem Sie **DomainPrep** ausführen. Unter Exchange Server 2000 gehen Sie wie folgt vor:

- Legen Sie die Exchange Server-CD in das CD-ROM-Laufwerk ein.
- Geben Sie den Befehl **CD-ROM-Laufwerk:\setup\i386\setup.exe /?** ein. Sie erhalten eine Hilfe zu den möglichen Parametern der Datei **setup.exe**, darunter auch eine Erklärung zur Syntax des Parameters **/DomainPrep**.
- Geben Sie den Befehl **Laufwerk:\setup\i386\setup.exe /domainprep** ein.
- Im Willkommensbildschirm klicken Sie auf **Weiter**.
- Stimmen Sie den EULA-Bestimmungen zu und geben Sie den Schlüssel ein, den Sie auf der Exchange Server-CD finden.
- Geben Sie im Fenster **Empfängeraktualisierungsserver** den Namen des Servers ein, der als Server für die Exchange-Empfängeraktualisierung in der Domäne dienen soll. Der Computer muss zu diesem Zeitpunkt noch nicht installiert sein, jedoch muss für ihn ein Computerkonto im Snap-In **Active Directory-Benutzer und -Computer** existieren. Wenn Sie die erste Exchange-Instanz in dieser Domäne installieren, muss zur Installation das in diesem Schritt eingegebene Computerkonto verwendet werden. Klicken Sie auf **Weiter**.
- Im Abschlussbildschirm klicken Sie auf **Fertig stellen**.

Nach dem Ausführen von **DomainPrep** sollte die Replikation der Domäne abgewartet werden, bevor der Exchange Server installiert wird. Eine manuelle Kontrolle der Synchronisation kann gemäß Artikel Q274737 »XADM: Verifying If ForestPrep and DomainPrep Have Completed« vorgenommen werden:

»*To verify that setup /domainprep has completed, run the Policytest utility on the domain controller. This utility is found in the Support/Utils/platform folder on the*

Exchange 2000 Server Enterprise Edition CD-ROM. When you run this utility from a command prompt, all domain controllers report with the same security settings.«

26.6 Die eigentliche Installation von Exchange 2000/2003 in einer Multidomänen-Gesamtstruktur

Sobald Sie **ForestPrep** einmalig für die Gesamtstruktur und **DomainPrep** in jeder Domäne ausgeführt haben, können Sie Exchange 2000/2003 in einer Domäne installieren. Das Exchange-Setupprogramm kann nun die Exchange-spezifischen Konfigurationsinformationen im Active Directory erkennen. Die einzigen Informationen, die Sie während der Installation angeben müssen, sind die zu installierenden Komponenten und die Beantwortung der Frage, welchen administrativen Gruppen und Routinggruppen der neue Exchange Server beitreten soll.

Mit einer **Updateinstallation** wird ein existierender Exchange-5.5-Server auf Exchange 2000/2003 aktualisiert. Mit einer **Erstinstallation** wird der erste Exchange 2000/2003 Server in der Domäne installiert, wenn es keine Exchange-5.5-Organisation gab. Nach der Erstinstallation von Exchange besteht der einzige Unterschied zum Verfahren bei nachfolgenden Installationen in der Auswahl der administrativen Gruppen und Routinggruppen. Mit einer **nachfolgenden Installation** wird ein weiterer Exchange Server hinzugefügt.

Nach der Installation des ersten Exchange Server in Ihrem Unternehmen sollten Sie in einer komplexen Gesamtstruktur mit mehreren Domänen oder aber mehreren Organisationseinheiten, die Tochterunternehmen oder Standorte repräsentieren, und vielen Administratoren mit unterschiedlichen Aufgaben (Administratoren für die Gesamtstruktur, Domänenadministratoren, Exchange-, Konten- und Postfach- oder Serveradministratoren) folgende Schritte ausführen:

▶ Erstellen von administrativen Gruppen und Routinggruppen für die Exchange-Organisation

Bevor Sie jedoch weitere administrative Gruppen und Routinggruppen anlegen, sollten Sie die Standardnamen **Erste administrative Gruppe** und **Erste Routinggruppe** umbenennen. Wenn die Gesamtstruktur mehrere Subdomänen enthält und die Domänenadministratoren einer Subdomäne nur die Exchange Server dieser Subdomäne verwalten sollen, scheint es sinnvoll, die administrativen Gruppen nach den Domänen zu benennen und über den **Assistent für die Zuweisung von Verwaltungsberechtigungen auf Exchange-Objekte** die Domänenadministratoren in die Gruppe **Exchange-Administrator** aufzunehmen. Nur die Administratoren der Stammdomäne würden in die Gruppe der **Vollständigen Exchange-Administratoren** aufgenommen. Nur sie können dann Berechtigungen bezüglich der Exchange-Organisation zuweisen. Nachdem diese Infrastruktur etabliert wurde, können Sie bei nachfolgenden Installationen von Exchange die entsprechenden administrativen Gruppen und Routinggruppen im Setup angeben.

- Anlegen von Sicherheitsgruppen mit Namen, die identisch sind mit den Exchange-Administrationsgruppen, die der **Assistent für die Zuweisung von Verwaltungsberechtigungen auf Exchange-Objekte** zur Auswahl anbietet:
    - Exchange-Administratoren – Vollständig
    - Exchange-Administratoren
    - Exchange-Administratoren – Nur Ansicht

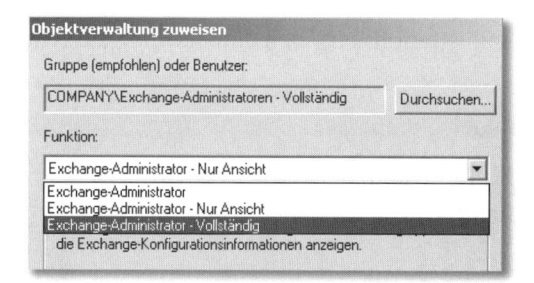

- Ausführen des **Assistent für die Zuweisung von Verwaltungsberechtigungen auf Exchange-Objekte**, um Administratoren entsprechende Exchange-spezifische Funktionen zuzuordnen.

26.7 Delegieren von Verwaltungsberechtigungen an Exchange-Objekten

Der erste Exchange Server einer neuen Exchange-Organisation wird standardmäßig einer administrativen Gruppe mit dem Namen **Erste administrative Gruppe** zugewiesen. Wenn Sie mehrere administrative Gruppen benötigen, weil z. B. die Systemadministratoren einer Subdomäne berechtigt sein sollen, die Exchange Server ihrer Domäne zu verwalten, so sollten Sie die **Erste administrative Gruppe** umbenennen und die weiteren administrativen Gruppen anlegen, bevor ein weiterer Exchange Server installiert wird, der einer anderen administrativen Gruppe zugewiesen werden soll. Denn unter Exchange Server 2000/2003 muss die administrative Gruppe, der ein Exchange Server angehörigen soll, bereits bei der Installation angegeben werden. Die administrativen Gruppen werden im Snap-In **Exchange System-Manager** nur angezeigt, wenn diese Option über die Eigenschaften des Organisationssymbols aktiviert wurde.

Die Delegation von Berechtigungen ist die einzige Aufgabe, die Sie mit einer administrativen Gruppe durchführen können. Dazu klicken Sie mit der rechten Maustaste auf eine administrative Gruppe und wählen **Objektverwaltung zuweisen**. Sie können einer administrativen Gruppe folgende Rollen zuweisen:

- Exchange-Administrator – Vollständig
- Exchange-Administrator
- Exchange-Administrator – Nur Ansicht

Ein Mitarbeiter, dem die Berechtigungsstufe **Exchange-Administrator – Vollständig** zugewiesen wurde, darf die gesamte Konfiguration der Exchange-Organisation verwalten und auch administrative Berechtigungen delegieren.

Ein Mitarbeiter, dem die Berechtigungsstufe **Exchange-Administrator** zugewiesen wurde, darf alle Exchange-Administrationsaufgaben durchführen, ausgenommen folgende:

- Administrative Berechtigungen delegieren
- Sicherheitseinstellungen für Informationsspeicherdatenbanken ändern
- Sicherheitseinstellungen für öffentliche Ordner-Hierarchien ändern
- Adresslisten ändern

Ein Mitarbeiter, dem die Berechtigungsstufe **Exchange Administrator – Nur Ansicht** zugewiesen wurde, kann die Konfigurationseinstellungen mit dem Snap-In **Exchange System-Manager** zwar einsehen, nicht aber verändern. Mitarbeiter, die lediglich Postfächer oder E-Mail-Verteiler anlegen, an den globalen Parametern der Exchange-Organisation und der Exchange Server jedoch keine Manipulationen vornehmen sollen, sollten Sie mit der Berechtigungsstufe **Exchange-Administrator – Nur Ansicht** ausstatten. Die wenigen Administratoren, die das Fachwissen haben, um globale Parameter zu verändern, und z. B. Postfachspeicher hinzufügen oder verschieben dürfen, können mit der Berechtigungsstufe **Exchange-Administratoren – Vollständig** dazu ermächtigt werden. Den »Zwittertyp« **Exchange-Administrator** werden Sie wahrscheinlich nicht benötigen, da sonst das Administrationskonzept schnell unübersichtlich wird.

Ausschließlich Domänen-Administratoren, keine Exchange-Administratoren, können Verwaltungsrechte zum Verwalten von Benutzer- und Kontaktobjekten zuweisen. Wenn einem Mitarbeiter keine Berechtigungen zum Verwalten von Exchange-Objekten zugewiesen werden, kann er Gruppen, Kontakte und Benutzer nicht E-Mail-aktivieren.

Sie können alle Aufgaben zur Verwaltung einer Exchange-2000/2003-Organisation in einer Matrix auflisten und den einzelnen Aufgaben dann die Administratorgruppen zuordnen, die diese Aufgaben erledigen sollen. Dadurch erhalten Sie auch einen Überblick, worin die verschiedenen Mitarbeiter spezifisch geschult werden müssen, um diese Aufgaben wahrnehmen zu können.

Wer darf organisationsweite Exchange-Verwaltungsaufgaben durchführen?

- Globale Einstellungen vornehmen und pflegen
- Empfängerrichtlinien anlegen und pflegen
- Adresslisten anlegen und Parameter verwalten
- Neue globale Adressbücher anlegen
- Neue Offline-Adressbücher anlegen
- Administrative Gruppen anlegen und deren Mitglieder verwalten
- Routinggruppen auf Organisationsebene anlegen
- Hauptordner unterhalb von **Alle Öffentlichen Ordner** anlegen und Rechte vergeben
- Die **Globale Formularbibliothek** verwalten
- Outlook-Sicherheitseinstellungen vornehmen (Sicherheit von Dateianhängen)

Wer darf folgende Aufgaben auf einzelnen Exchange Servern durchführen?

- Routinggruppen-Connectors verwalten
- Neue Speichergruppen anlegen
- Neue Postfachspeicher anlegen
- Neue Speicher für öffentliche Ordner anlegen
- Nachrichtenwarteschlagen einsehen
- Nachrichtentracking verwalten
- Exchange-Monitore verwalten
- Öffentliche Ordner verwalten
- Replikation verwalten
- Affinitäten verwalten
- Konfiguration der Ordner allgemein
- Formulare veröffentlichen
- Sich am Exchange 2000 Server lokal anmelden
- Remote per Terminaldienst auf den Exchange Server zugreifen
- Die Windows-2000-Server-Einstellungen des Exchange Server verändern
- Ereignisprotokolle auf dem Exchange Server ansehen
- Den Exchange Server sichern

- Einzelne Objekte (z. B. Mails) zurücksichern
- Einzelne Postfächer zurücksichern
- Den Exchange Server komplett zurücksichern
- Einzelne öffentliche Ordner zurücksichern
- Einen Notfallplan bei Komplettausfall ausführen

Wer darf Postfächer und Verteiler verwalten?

- Postfächer anlegen und löschen
- E-Mail-Adressen (SMTP-Adressen) von einzelnen Objekten verwalten
- Postfächer in Verteilergruppen einfügen oder löschen
- Empfangseinschränkungen ändern
- Zustelloptionen ändern
- Postfachgrenzwerte ändern
- Postfachberechtigungen ändern
- Postfächer zwischen Postfachspeichergruppen verschieben
- Postfächer zwischen Exchange Servern verschieben
- Weitere Mailattribute verwalten
- Verteilergruppen anlegen und verwalten
- Ressourcen anlegen und verwalten
- Externe Kontakte anlegen und verwalten

26.8 Exchange-Registerkarten werden im Snap-In »Active Directory-Benutzer und -Computer« nicht angezeigt

Wenn Sie die Administrationstools von Exchange Server installiert haben, so starten Sie danach das Snap-In **Active Directory-Benutzer und -Computer** und wählen die Schaltfläche **Ansicht**. Aktivieren Sie die Optionen **Benutzer, Gruppen und Computer als Container** sowie **Erweiterte Funktionen**. Ohne die **erweiterten Funktionen** werden Ihnen in den Eigenschaften eines Benutzerkontos nicht die zusätzlichen drei Exchange-Registerkarten angezeigt. Beenden Sie das Snap-In und starten Sie es erneut. Wählen Sie erneut **Ansicht** und überprüfen Sie, ob die Auswahl der beiden Optionen zwischen den beiden Starts des Snap-Ins gespeichert wurde. Ich habe in einer größeren Produktivumgebung das Phänomen beobachtet, dass die Ansichtseinstellungen auf Mitgliedsservern erhalten blieben, auf Domänencontrollern jedoch nicht. Das Problem konnte gelöst werden, indem das Snap-In einmal im Autorenmodus gestartet wurde: Wählen Sie das Snap-In **Active Directory-Benutzer und -Computer** mit der rechten Maustaste an. Sie sehen den Menüpunkt **Autor**. Wählen Sie **Autor** an, um das Snap-In dieses Mal im Autorenmodus zu starten. Wählen Sie erneut **Ansicht** und aktivieren Sie die Optionen **Benutzer, Gruppen und Computer als Container** sowie **Erweiterte Funktionen**. Wenn Sie jetzt das Snap-In **Active Directory-Benutzer und -Computer** beenden, erscheint eine Abfrage: **Konsoleneinstellungen nach USERS AND COMPUTERS.MSC speichern?** Wählen Sie **Ja**, und die gewählten Ansichtsoptionen gehen nicht mehr verloren.

26.9 Namen und Speicherort der Exchange-Speichergruppen und -Datenbanken

Exchange Server bietet die Möglichkeit, die Postfächer auf maximal vier Speichergruppen und innerhalb dieser Speichergruppen auf maximal fünf Datenbanken (Storage Groups) zu verteilen. Generell wird dabei empfohlen, die Menge von Datenbanken einer Speichergruppe auszuschöpfen, bevor weitere Speichergruppen erstellt werden.

Die Speichergruppen, die Postfachspeicher und die Informationsspeicher für öffentliche Ordner können nach der Installation so umbenannt werden, dass aus dem Namen eine eindeutige Zuordnung zur Funktion, zum Speicherort (Standort des Exchange Server) oder zur Filiale ersichtlich ist. Die Standardnamen nach der Installation des Exchange Server lauten **Erste Speichergruppe**, **Postfachspeicher (<Name des Servers>)** und **Informationsspeicher für Öffentliche Ordner (<Name des Servers>)**:

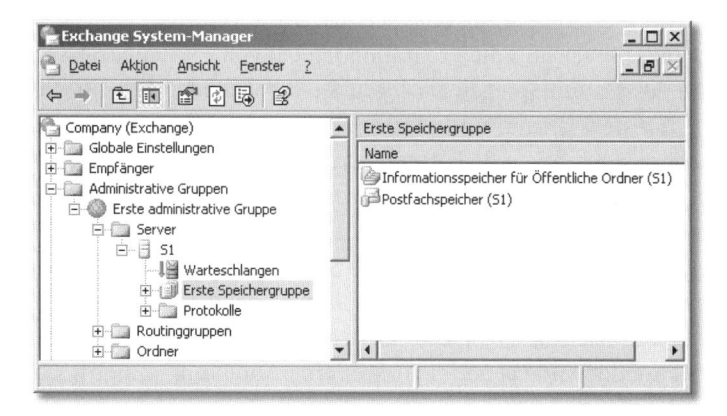

Enthält nun z. B. ein Postfachspeicher nur alle Postfächer des Standorts Dortmund, ein zweiter nur die Postfächer des Standorts Hamburg, so könnten die

Postfachspeicher in **Postfachspeicher Dortmund** und **Postfachspeicher Hamburg** umbenannt werden.

Die Postfächer können im Snap-In **Active Directory-Benutzer und -Computer** zwischen den Postfachspeichern und Speichergruppen verschoben werden.

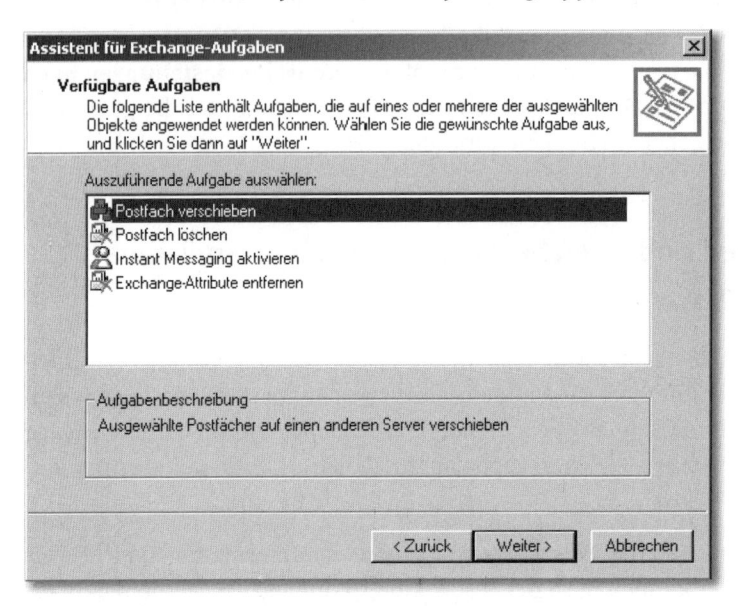

```
Assistent für Exchange-Aufgaben

Verfügbare Aufgaben
    Die folgende Liste enthält Aufgaben, die auf eines oder mehrere der ausgewählten
    Objekte angewendet werden können. Wählen Sie die gewünschte Aufgabe aus,
    und klicken Sie dann auf "Weiter".

Auszuführende Aufgabe auswählen:
    Postfach verschieben
    Postfach löschen
    Instant Messaging aktivieren
    Exchange-Attribute entfernen

Aufgabenbeschreibung
    Ausgewählte Postfächer auf einen anderen Server verschieben

                              < Zurück    Weiter >    Abbrechen
```

Beim Anlegen einer neuen Speichergruppe werden Sie nach den Verzeichnispfaden für die Transaktionsprotokolle und die Datenbanken (Systempfad) gefragt. Sie können zur Steigerung der Zugriffsgeschwindigkeit und auch zur Steigerung der Ausfallsicherheit unterschiedliche Plattenarrays angeben. Stehen Ihnen z. B. acht Festplatten zur Verfügung, so können Sie jeweils zwei Platten als RAID-1 (Plattenspiegelung) konfigurieren. Auf dem ersten Array bringen Sie das Betriebssystem Windows Server und die Programmdateien von Exchange Server unter. Auf das zweite Festplatten-Spiegelpaar legen Sie die Datenbanken für die öffentlichen Ordner. Auf dem dritten und vierten Spiegelpaar legen Sie jeweils eine Exchange-Speichergruppe an und darunter einen oder mehrere Postfachspeicher. Wenn Sie nun die Postfächer aller Mitarbeiter zwischen dem dritten und vierten Spiegelpaar aufteilen, so ist nur die Hälfte der Mitarbeiter betroffen, wenn dieses Spiegelpaar ausfällt. Enthält das dritte Spiegelpaar z. B. alle Postfächer von Anwendern, deren Kennung mit einem Buchstaben zwischen A und M liegt, und das vierte Spiegelpaar die Postfächer zwischen N und Z, so ist es wahrscheinlich, dass die Hälfte der Mitarbeiter einer größeren Abteilung immer noch Nachrichten verschicken und empfangen kann, wenn eine Speichergruppe wegen eines Hardwaredefekts ausfällt.

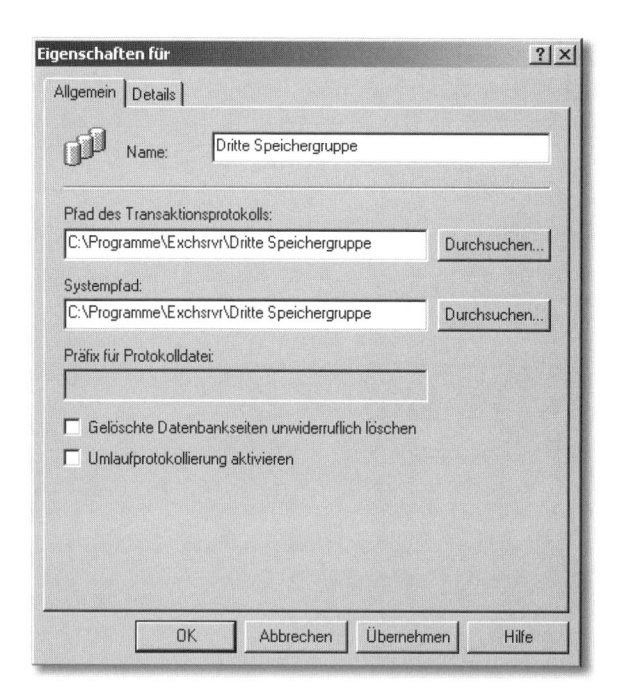

Dieselbe Taktik können Sie abgewandelt verwenden, wenn Sie die Postfächer aller Mitarbeiter auf zwei Exchange Server verteilen. Fällt der erste Exchange Server mit Postfächern zwischen A und M aus, so können alle Mitarbeiter mit Outlook weiterarbeiten, deren Kennung zwischen N und Z liegt, weil deren Postfächer auf dem zweiten Exchange Server liegen.

Postfachspeicher können einzeln bereitgestellt oder deaktiviert werden, wenn z. B. ein Postfachspeicher defekt ist und vom Sicherungsband zurückgespielt werden muss. Auch deshalb ist es sinnvoll, mehrere Postfachspeicher anzulegen und die Postfächer auf diese Postfachspeicher zu verteilen. Sie verringern dadurch das Risiko eines Komplettausfalls und die für einen Rücksicherungsvorgang benötigte Zeit.

26.10 Globale Einstellungen für Postfachspeicher

Die Standardeinstellungen für Optionen aller Postfächer eines Postfachspeichers definieren Sie über das Snap-In **Exchange System-Manager**.

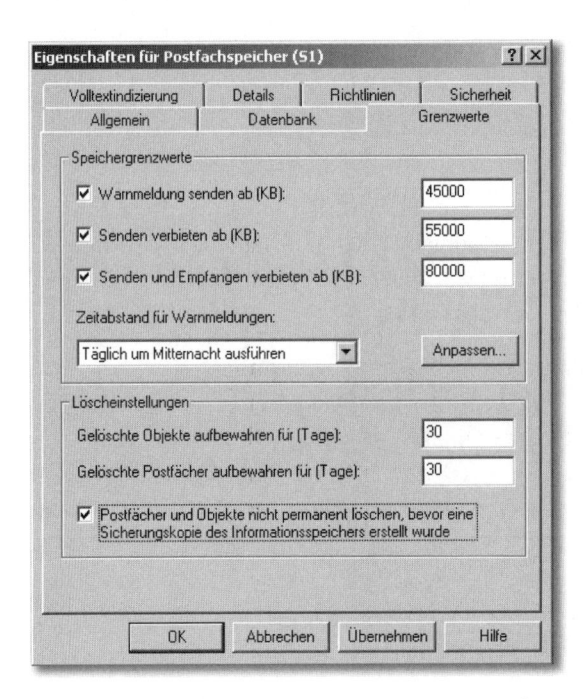

26 | Der Ausbau der Exchange Server-Organisation

In der Registerkarte **Grenzwerte** sollten Sie die Standardwerte durch geeignete Werte ersetzen. In der Abbildung sehen Sie Vorschläge für eine mögliche Konfiguration. Für einen Standardanwender wird eine maximale Postfachgröße von 50 Megabyte festgelegt. Er soll eine erste Aufforderung erhalten, sein Postfach aufzuräumen, wenn diese Maximalgröße zu 90 % (45 Megabyte) erreicht wurde. Wenn er das Postfach anschließend nicht aufräumt, obwohl er bei jedem Start von Outlook erneut eine Warnmeldung erhält, so kann er ab dem Überschreiten von 55 MB nicht mehr senden. Spätestens jetzt wird der Anwender entweder sein Postfach aufräumen oder sich mit der Bitte melden, dass der Maximalwert für die Größe seines Postfachs erhöht werden muss.

Der Schwellwert, ab dem auch das Empfangen neuer Nachrichten nicht mehr möglich ist und die Nachrichten an den Versender zurückgeschickt werden, muss hoch angesetzt werden. Wenn ein Anwender z. B. in einem längeren Urlaub oder in einer Kur ist, dürfen Nachrichten an ihn nicht einfach abgewiesen werden. Andererseits sollten für längerfristige Abwesenheiten von Mitarbeitern organisatorische Maßnahmen (Stellvertreterregelung) angeordnet werden, durch die sichergestellt ist, dass eingehende E-Mail-Nachrichten nicht unbearbeitet liegen bleiben. Die Option **Senden und Empfangen verbieten ab** sollte jedoch auf jeden Fall nicht ungesetzt bleiben, damit ein Server nicht zum Opfer einer gezielten Mailüberflutung werden kann.

Gelöschte Objekte und gelöschte Postfächer sollten eine bestimmte Anzahl von Tagen noch reaktivierbar sein. Dadurch können vom Anwender versehentlich gelöschte Objekte (Nachrichten, Termine, Kontakte) und vom Administrator gelöschte Postfächer schnell wiederhergestellt werden, ohne dass eine Wiederherstellung vom Sicherungsband erforderlich wird.

Die im Snap-In **Exchange System-Manager** gesetzten Standardwerte für alle Postfächer können jedoch pro Benutzer über das Snap-In **Active Directory-Benutzer und -Computer** feinjustiert werden.

Gelöschte Objekte in allen Ordnern wiederherstellen können
Die Möglichkeit, gelöschte Objekte wiederherzustellen, bietet Outlook standardmäßig nur für den Ordner **Gelöschte Objekte**. Wird ein Objekt in irgendeinem Ordner des Postfachs gelöscht, so wird es zuerst in den Ordner **Gelöschte Objekte** verschoben. Löscht der Anwender das Objekt auch in diesem Ordner oder ist in den Optionen von Outlook eingestellt, dass beim Beenden von Outlook alle gelöschten Objekte endgültig gelöscht werden, so wird das Objekt im Exchange-Postfachspeicher endgültig erst nach Ablauf der Anzahl von Tagen gelöscht, die in der Registerkarte **Grenzwerte** angegeben ist. Bis zum Ablauf kann der Anwender ein gelöschtes Objekt wiederherstellen, jedoch muss er zuerst in den Ordner **Gelöschte Objekte** wechseln. In anderen Ordnern des Postfachs wie **Gesendete Objekte**, **Entwürfe**, **Postausgang** und **Posteingang** erscheint der Menüpunkt **Gelöschte Elemente wiederherstellen** unter dem Menü **Extras** abgeblendet.

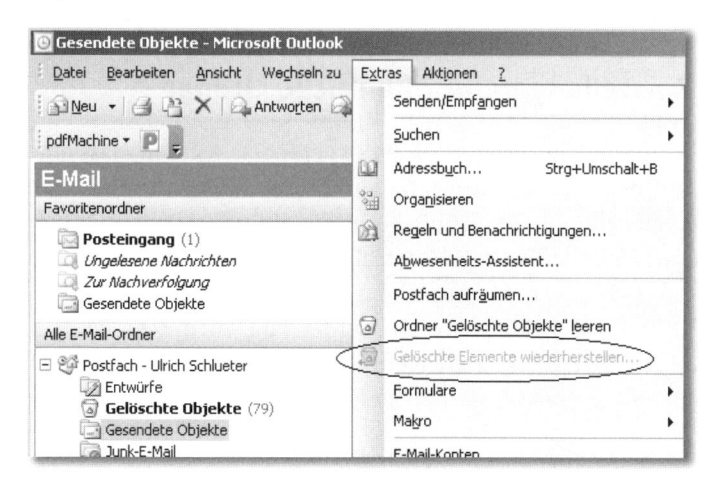

Um dies zu ändern, muss auf allen Clients in der Registrierdatenbank unter **HKEY_LOCAL_MACHINE\SOFTWARE\Microsoft\Exchange\Client\Options** der DWORD-Wert **DumpsterAlwaysOn** hinzugefügt und auf **1** gesetzt werden (siehe Microsoft-Knowledge-Base-Artikel 178630).

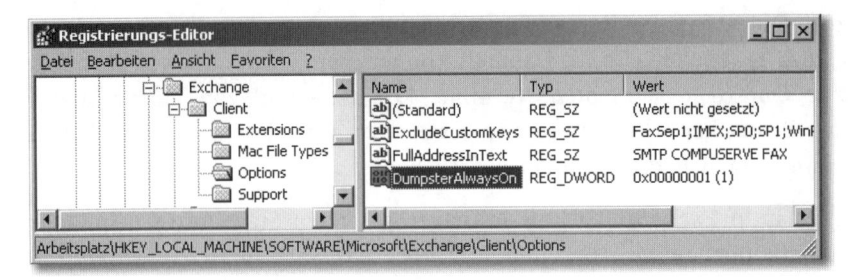

[Screenshot: Registrierungs-Editor mit Pfad HKEY_LOCAL_MACHINE\SOFTWARE\Microsoft\Exchange\Client\Options und Eintrag DumpsterAlwaysOn REG_DWORD 0x00000001 (1)]

Danach kann der Menüpunkt **Gelöschte Elemente wiederherstellen** in allen Ordnern des Posteingangs gestartet werden.

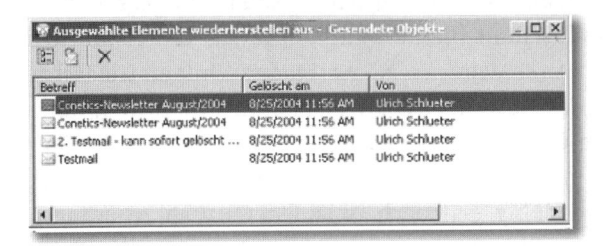

[Screenshot: Ausgewählte Elemente wiederherstellen aus – Gesendete Objekte]

Für den Anwender ist es natürlich wesentlich einfacher, wenn er in jedem Ordner den Menüpunkt **Gelöschte Elemente wiederherstellen** aufrufen kann. Sie sollten den Eintrag in die Registrierdatenbank bereits vornehmen, bevor das RIS-Abbild erstellt wird. Danach können Sie entweder über das Anmeldeskript oder über eine selbst erstellte Gruppenrichtlinie die Änderung vornehmen.

26.11 Globale Einstellungen für öffentliche Ordner

Die Standardwerte für öffentliche Ordner sollten so verändert werden, dass eine Warnmeldung beim Überschreiten einer Maximalgröße (z. B. 100.000 KB) erzeugt wird. Das Bereitstellen weiterer Inhalte in diesem öffentlichen Ordner sollte beim Überschreiten der definierten Maximalgröße + Puffer (z. B. 20 %, also ab 120.000 KB) unterbunden werden. Außerdem sollte eine maximale Objektgröße (z. B. 10.000 KB) für Objekte definiert werden, die in diesem Ordner erstellt werden können. Durch diese Grenzwerte kann verhindert werden, dass ein öffentlicher Ordner zum Opfer einer Mailattacke wird (Nachrichtenüberflutung des Servers).

Gelöschte Objekte sollten eine bestimmte Anzahl von Tagen aufbewahrt werden (z. B. 14 Tage) und außerdem erst endgültig gelöscht werden, wenn sie gesichert wurden. Bis zum Ablauf dieser Frist kann der Anwender ein versehentlich gelöschtes Objekt eines öffentlichen Ordners selbst wiederherstellen.

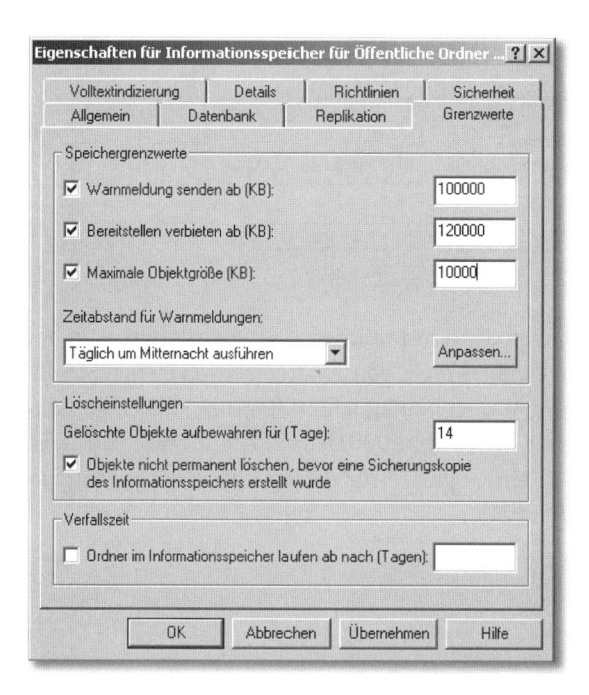

Die allgemeinen Grenzwerte für öffentliche Ordner können jedoch für einzelne öffentliche Ordner neu festgelegt werden. Dazu wählen Sie den Ordner im Snap-In **Exchange System-Manager** unter **Administrative Gruppen** · **<Name der administrativen Gruppe>** · **Ordner** · **Öffentliche Ordner** mit der rechten Maustaste an und öffnen die Eigenschaften des Ordners. Auch dort finden Sie dann eine Registerkarte mit der Bezeichnung **Grenzwerte**, in der Sie für diesen Ordner spezielle Höchstspeicherwerte angeben können.

26.12 Die Berechtigung zum Erstellen öffentlicher Ordner auf oberster Ebene einschränken

Unter Exchange 2000 können standardmäßig alle Benutzer in der Exchange-Organisation öffentliche Ordner auf oberster Ebene erstellen. Unter Exchange 2003 ist diese Berechtigung auf Administratoren eingeschränkt. Sie können diese Berechtigungen ändern.

Die Methode ist im Knowledge-Base-Artikel 256131 »XADM: Restricting Users from Creating Top-Level Folders in Exchange 2000 Server« beschrieben. Erstellen Sie zuerst unter **HKEY_CURRENT_USER\Software\Microsoft\Exchange\ExAdmin** einen neuen DWORD-Wert mit dem Namen **ShowSecurityPage** und geben Sie ihm den Wert **1**.

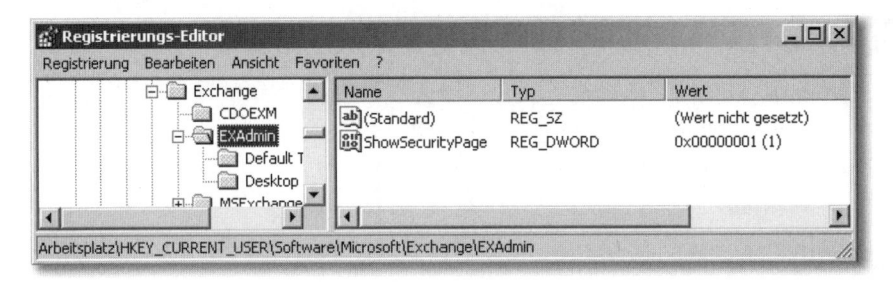

Wenn Sie jetzt im Snap-In **Exchange System-Manager** das Organisationssymbol mit der rechten Maustaste anklicken und die Eigenschaften starten, sehen Sie die Registerkarte **Sicherheit**, die erst mit dem neu erstellten Registry-Key eingeblendet wird. Dort deaktivieren Sie für die Gruppe **Jeder** das Recht **Create top level public folder** und erteilen es z. B. einer speziell für diesen Zweck eingerichteten Gruppe von Mitarbeitern der IT-Abteilung.

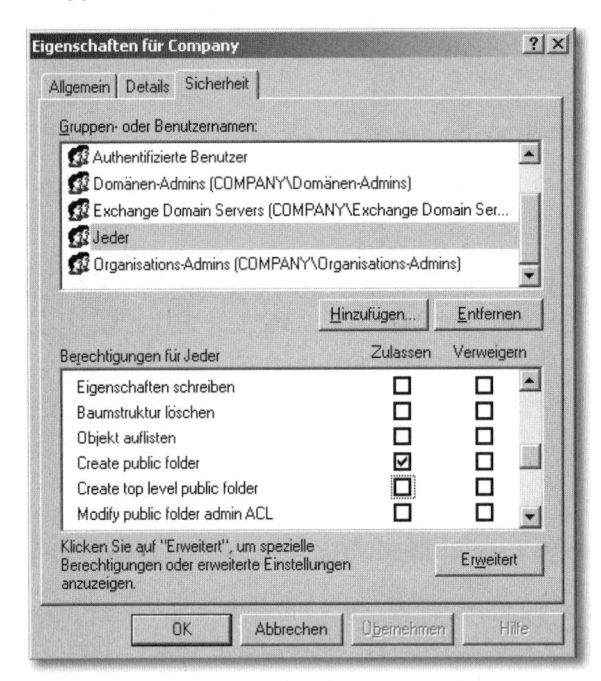

Beachten Sie folgenden Hinweis aus dem Knowledge-Base-Artikel 256131:

»NOTE: When a new Exchange 2000 server is added to an organization, the Everyone Security Principle permission to Create Top Level Public Folder is reset to »allow«. Thus, after any new Exchange 2000 Server install into an Organization, you must click to clear the ›Create Top Level Public Folder‹ right for Allow.«

26.13 Globale oder universelle E-Mail-Verteiler

Im Abschnitt »Globale oder universelle Gruppenbereiche verwenden« des Kapitels 20, *Gruppen und Gruppenverschachtelung*, wird ausführlich die Frage diskutiert, ob lokale, globale oder universelle Gruppenbereiche verwendet und ob die Gruppentypen **Verteilergruppe** und **Sicherheitsgruppe** parallel genutzt werden sollten. Der dort zitierte TechNet-Artikel »MS Exchange 2000 Server – Verzeichniszugriff und Integration mit MS Windows 2000« gilt auch für Exchange Server 2003 und liefert eine Antwort auf die Frage, ob globale oder universale Sicherheitsgruppen als Verteilerlisten genutzt werden sollten. Nachfolgend nochmals die Kernzitate:

»Typ und Geltungsbereich der in Exchange 2000 verwendeten Gruppen hängt von den Unternehmens- und Benutzeranforderungen ab. Um eine volle Flexibilität zu erhalten, implementieren Sie Gruppen vom Typ ›Sicherheit‹ mit dem Geltungsbereich ›Universal‹. Obwohl es sich um eine Definition einer Gruppe vom Typ ›Sicherheit‹ handelt, kann diese (durch Hinzufügen einer SMTP-Adresse) mit Mailfunktionalität versehen und im globalen Adressbuch angezeigt werden. Ein Nachteil von Gruppen vom Typ ›Sicherheit‹ mit dem Geltungsbereich ›Universal‹ besteht darin, dass sie nur in Domänen im einheitlichen Modus erstellt werden können. Erfreulicherweise müssen Sie für einen Wechsel einer Domäne vom gemischten in den einheitlichen Modus nur eine Aktualisierung der Domänencontroller auf Windows 2000 durchführen. Der Wechsel zu Domänen im einheitlichen Modus erleichtert den Aktualisierungs- und Implementierungsprozess von Exchange 2000 und bietet eine weitere Verzeichnisskalierbarkeit.«

»Sie müssen entscheiden, ob Sie eine Gruppe mit dem Geltungsbereich Universal für die Liste erstellen oder Gruppen mit dem Geltungsbereich Lokale Domäne oder Global verwenden und den Abruf der Mitgliedschaft für Remotedomänen annehmen möchten, wenn die Liste erweitert werden muss. Beachten Sie beim Festlegen des Gruppentyps folgende Fragen:

- *Verwenden Sie eine oder mehrere Active-Directory-Domänen innerhalb der Organisation?*
- *Ist zwischen allen Domänen eine direkte IP-Konnektivität möglich?*
- *Wie viele Mitgliedschaftsänderungen erfolgen in einem gegebenen Zeitraum, z. B. einer Woche oder einem Monat?*
- *Wer sendet den Großteil der E-Mail-Nachrichten an die Liste: Benutzer in lokalen Domänen oder Benutzer in Remotedomänen?«*

»Bedenken Sie weiterhin, dass Gruppen für das Bestimmen des Zugriffs auf Öffentliche Ordner verwendet werden. Im Gegensatz zu früheren Versionen von Exchange

muss der Informationsspeicher eine Gruppe nicht erweitern, wenn ein Benutzer auf einen Öffentlichen Ordner zugreift. Da alle Zugriffssteuerungslisten für Öffentliche Ordner auf Active Directory basieren, wird die Gruppenmitgliedschaft in einem Benutzerzugriffstoken übermittelt und dem Exchange Servercomputer bei Verbindung mit der Ressource zur Verfügung gestellt.«

Wenn Sie tatsächlich Gesamtstrukturen mit mehreren Domänen aufsetzen, so hat das seinen Grund. Meistens stellen die Subdomänen weitgehend autonome Tochterfirmen oder Behörden dar. Es schließt sich dann sofort die Frage an, ob nicht der Großteil der versendeten Nachrichten innerhalb einer Domäne verbleibt. Wie oft wird es vor allen Dingen vorkommen, dass ein Mitarbeiter der einen Domäne eine Nachricht an einen Verteiler einer anderen Domäne verschickt, und wie viele Empfänger gehören dann zu diesem Verteiler? Ist es wahrscheinlich, dass z. B. ein Vertriebsmitarbeiter der Domäne A eine Nachricht an den Verteiler **VL Vertrieb B** der Domäne B oder sogar an alle Mitarbeiter dieser Domäne verschickt, oder wird er nicht eher Nachrichten an einzelne ihm bekannte Mitarbeiter der anderen Tochterfirma schicken?

Mailbomben verhindern
Werden Sie nicht eher unterbinden wollen, dass ein Mitarbeiter z. B. eine ihm wichtige Virenwarnung an alle Empfänger der Exchange-Organisation verschickt und damit ungewollt den eigentlichen »Virus« auslöst (Schneeballsystem; Mailbombe)? Es gibt übrigens unter Exchange Server mehrere Möglichkeiten zum Unterbinden solcher Massenmails: Sie können die Anzahl der gleichzeitig adressierten Empfänger oder die Maximalgröße einer Nachricht über globale Parameter beschränken oder auch die Adressierbarkeit einer Verteilergruppe derart einschränken, dass z. B. der Verteiler **VL Vertrieb Hansen-Verlag** nur durch Mitglieder des Verteilers **VL Hansen-Verlag – alle Mitarbeiter** erreichbar ist und somit nicht durch Absender, die nicht zur Domäne **Hansen-Verlag** gehören.

Wenn Sie eine Gruppe vom Typ **Verteiler** erstellen und später ein anderer Administrator dieser Gruppe Berechtigungen auf einen öffentlichen Exchange-Ordner gibt, so wird die Verteilergruppe automatisch in eine Sicherheitsgruppe umgewandelt. Überprüfen Sie, ob etwas dagegen spricht, ausschließlich universelle Sicherheitsgruppen einzurichten und diesen Sicherheitsgruppen schon bei der Erstellung eine Exchange-E-Mail-Adresse zuzuweisen, sie also gleichzeitig als Verteilerlisten zu nutzen, wann immer dies sinnvoll ist. Sollte diese Entscheidung später zu Problemen führen, so können die Probleme verursachenden universalen Gruppen auch nachträglich wieder in globale Gruppen oder sogar in lokale umgewandelt werden. In Abschnitt 15.12, *Die Möglichkeiten der Gruppenverschachtelung nutzen*, wurde an Beispielen gezeigt, wie eine Organisation auf diese Weise eins zu eins abgebildet werden kann und der Verwaltungsaufwand sich durch diese Vorgehensweise drastisch senken lässt.

26.14 Verteilerlisten, Ressourcen-Postfächer und externe Kontakte

Bei der Zusammenstellung der Verteilerlisten und deren Verschachtelung sollten Sie Folgendes berücksichtigen:

Sie können und sollten dieselben Sicherheitsgruppen als Verteilerlisten verwenden, die Sie auch nutzen, um Mitarbeitern Zugriffsrechte auf Abteilungs- bzw. Gruppenablagen zu vergeben. Dadurch reduzieren Sie die Komplexität des Systems. Außerdem ist es wahrscheinlich, dass die Struktur der benötigen Verteilerlisten zum großen Teil deckungsgleich mit der Struktur der Sicherheitsgruppen ist, die Sie für das Dateiablagesystem auf den Dateiservern verwenden. Denn mit dieser Struktur bilden Sie in der Regel die Aufbauorganisation des Unternehmens ab.

Anzeigename ist auf ungefähr 27 Buchstaben beschränkt
Die Bezeichnungen der Sicherheitsgruppen und deren Anzeigenamen im Outlook-Adressbuch müssen nicht und sollten auch nicht übereinstimmen. Damit im Adressbuch die Verteilerlisten nicht ungeordnet zwischen einzelnen Empfängern stehen, sollten alle Anzeigenamen von Sicherheitsgruppen mit demselben Buchstaben bzw. derselben Buchstabenkombination beginnen, z. B. »VL«. Der Anzeigename der Sicherheitsgruppe »Gruppe A3«, die eine Mitarbeitergruppe innerhalb der Abteilung A darstellt, sollte sprechend sein, z. B. **VL Abteilung A Gruppe 3**, damit jeder Benutzer sofort weiß, welche Empfänger sich hinter diesem Verteiler verbergen. Dabei müssen Sie allerdings Folgendes berücksichtigen: Wenn ein Benutzer in Outlook eine neue Nachricht verfassen möchte und auf die Schaltfläche **An** klickt, so sieht er im Fenster **Namen auswählen** nur ungefähr die ersten 27 Zeichen des Anzeigenamens. Versuchen Sie deshalb, ein Schema für die Anzeigenamen aller Verteiler zu finden, das einerseits diese Beschränkung einhält und andererseits die laut Organisationsplan vergebenen Abteilungs- und Gruppenbezeichnungen nicht verstümmelt. Um hier sieben Buchstaben einzusparen, sollten Sie die Anzeigenamen nicht mit »Verteiler«, sondern mit »VL« beginnen lassen.

Verteiler einheitlich mit »VL« bezeichnen
Wenn Sie möchten, dass alle Verteiler im Adressbuch ganz oben stehen, so könnten Sie im Anzeigenamen dem Kürzel VL ein Leerzeichen voranstellen (z. B. _**VL Abteilung A Gruppe 3**«). Im Adressbuch erscheinen zuerst Namen, die mit einem Sonderzeichen beginnen, und dazu gehört das Leerzeichen. Jedoch müssten Sie dann folgerichtig auch die Ressourcen mit einem Leerzeichen beginnen lassen. Die Mitarbeiter werden aber auch schnell lernen, ein »V« bzw. ein »R« einzugeben, um im Adressbuch zu den Verteilern oder Ressourcen zu gelangen.

Ressourcen einheitlich mit »RES« bezeichnen

Unter Ressourcen werden in Exchange Server Postfächer für z. B. Besprechungsräume, Laptops, Beamer, Overheadprojektoren und Firmenfahrzeuge verstanden, die man über eine Besprechungsanfrage buchen kann. Auch deren Anzeigenamen sollten mit einer genormten Buchstabenkombination, z. B. »RES Sitzungsraum 201«, »RES Beamer 3«, »RES Fahrzeug DO-AX 488« beginnen, damit alle Ressourcen im Adressbuch als ein Block untereinander erscheinen. Felder wie **Anmerkung** können bei der Einrichtung dieser Ressourcenkonten genutzt werden, um den für die Einsatzplanung einer Ressource verantwortlichen Mitarbeiter, dessen Telefonnummer, den genauen Typ oder die Lage einer Ressource und andere Informationen (Kaufdatum, Rechnungsnummer, Lieferant, technischer Support) anzugeben.

Bei externen Kontakten die Firmenbezeichnung in Klammern angeben

Der Anzeigename von externen Kontakten, die zentral in das Active Directory eingepflegt werden, könnte einheitlich das Format **Nachname, Vorname (Firmenname)** haben, z. B. »Schumann, Michael (United Parcel Service)«.

26.15 Empfängerrichtlinien und SMTP-Adressen

Die SMTP-Adressen der Empfängerobjekte (Benutzer, Benutzergruppen, öffentliche Ordner) werden in Exchange 2000/2003 in Empfängerrichtlinien (Recipient Policies) definiert und über den Empfängeraktualisierungsdienst (RUS, Recipient Update Service) den Active-Directory-Objekten zugewiesen. Standardmäßig erhalten die Empfängerobjekte dabei z. B. eine SMTP-Adresse in der Form Anmeldekennung@Organisationsname.

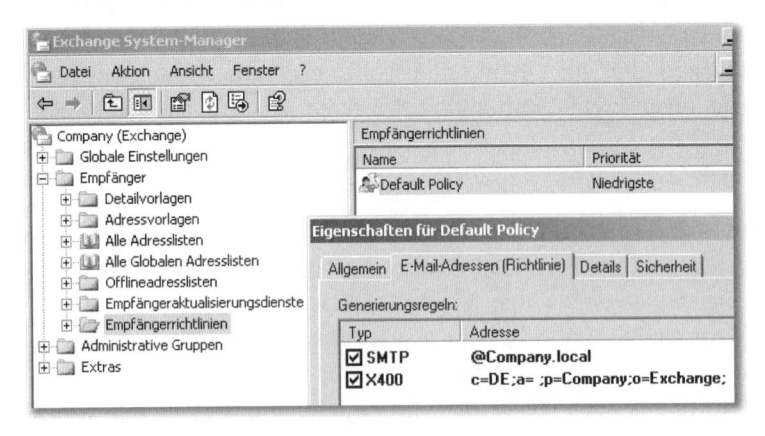

Sie können jedoch eine neue SMTP-Hauptadresse der Form **%g.%s@company.com** hinzufügen. Der Eintrag »%g.%s« steht für »GivenName.Surname«

und sorgt dafür, dass die SMTP-Adresse das Format **Vorname.Nachname@Organisationsname** annimmt.

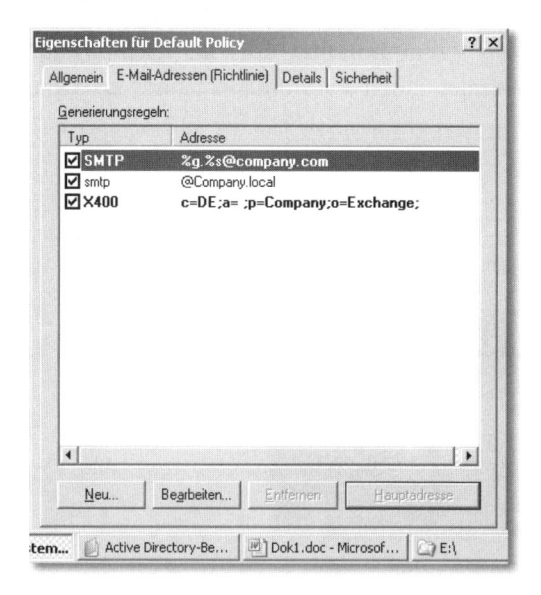

26.15.1 MX-Record beim Provider eintragen lassen

Wenn eine Internet-Domain am Mailverkehr teilnehmen soll, so muss der Internet-Provider einen oder mehrere MX-Records in die DNS-Zone eintragen. MX-Records haben zusätzlich zu ihrem Ziel eine Priorität. Wird eine Mail an die Domain zugestellt, so versucht der absendende Mailserver zuerst, den Server mit dem MX-Record niedrigster Priorität zu erreichen. Kann er die Mail dort nicht ausliefern, versucht er der Reihe nach, die Server mit höherer MX-Priorität zu erreichen und die Mail dort abzuliefern. Verwechseln Sie übrigens nicht den Begriff »Internet Domains« mit Microsoft-Windows-Domänen.

Ein Beispiel dazu. Beim Internet-Provider wurden für die drei Exchange Server von Company folgende Einträge vorgenommen:

Hostpart	Priorität	Host
company.com	MX 10	s1.company.com
	MX 30	s4.company.com
	MX 50	s9.company.com

Der Mailserver **S1** der Domain **company.com** hat die niedrigste MX-Priorität. Er wird deshalb bei der Nachrichtenzustellung bevorzugt kontaktiert. Ist er nicht erreichbar, so wird als Nächstes versucht, den Mailserver **S4** zu kontaktieren.

Meldet sich auch der Server **S4** nicht, so wird versucht, die Nachricht über den Server **S9** zuzustellen. Wenn Sie die MX-Records, die Ihr Internet-Provider eingetragen hat, überprüfen möchten, so öffnen Sie eine Command-Box und geben entweder den Befehl **nslookup -q=mx <domainname>** oder die nachfolgende Befehlsfolge ein, wobei Sie **<domainname>** durch den Domänennamen ersetzen:

nslookup
set type=mx
<domainname>

Der Befehl **nslookup -q=mx nrw.de** liefert folgendes Ergebnis:

```
C:\>nslookup -q=mx nrw.de
Server:  muensmain.citykom.de
Address:  195.202.33.68

Nicht autorisierte Antwort:
nrw.de    MX preference = 30, mail exchanger = email.lds.nrw.de

nrw.de    nameserver = ns.lds.nrw.de
nrw.de    nameserver = deneb.dfn.de
nrw.de    nameserver = proxy.lds.nrw.de
email.lds.nrw.de        internet address = 193.159.218.5
ns.lds.nrw.de   internet address = 193.159.218.2
deneb.dfn.de    internet address = 192.76.176.9
proxy.lds.nrw.de        internet address = 193.159.218.140
```

Der Mailserver der Domäne **NRW.DE** heißt also **email.lds.nrw.de**, hat die MX-Priorität 30 und steht in der Subdomäne **lds**. Wenn Sie den Befehl **nslookup -q=mx microsoft.de** absetzen, erfahren Sie viele Einzelheiten über die Mailserver von Microsoft.

```
C:\>nslookup -q=mx microsoft.de
Server:  muensmain.citykom.de
Address:  195.202.33.68

Nicht autorisierte Antwort:
microsoft.de    MX preference = 60, mail exchanger = met02.muc.eurotel.de
microsoft.de    MX preference = 50, mail exchanger = et16.eurotel.net
microsoft.de    MX preference = 20, mail exchanger = mail.microsoft.de

microsoft.de    nameserver = nt6.eurotel.net
microsoft.de    nameserver = ns.muc.eurotel.de
met02.muc.eurotel.de    internet address = 212.184.117.34
et16.eurotel.net        internet address = 212.184.80.185
nt6.eurotel.net internet address = 212.184.80.110
ns.muc.eurotel.de       internet address = 212.184.117.34
```

26.15.2 SMTP-Adresse für Empfängerobjekte individuell ändern

Nach der Installation des Exchange Server finden Sie ein Snap-In **Active Directory-Benutzer und -Computer** vor, das um einige Exchange-Registerkarten erweitert ist. Wenn Sie diese zusätzlichen Registerkarten nicht sehen, überprüfen Sie, ob unter **Ansicht** die Option **Erweiterte Funktionen** aktiviert ist. Sie können die SMTP-Adresse jedes Benutzers und jeder Verteilergruppe einzeln ändern, indem Sie im Snap-In **Active Directory-Benutzer und -Computer** die Registerkarte **E-Mail-Adressen** öffnen (siehe nächste Abbildung).

Dort können Sie die SMTP-Adressen ändern, eine neue Adresse hinzufügen und nicht mehr benötigte Adressen löschen. Außerdem können Sie diejenige SMTP-Adresse als **Hauptadresse** festlegen, die als Absenderadresse beim Empfänger der Nachricht erscheinen soll. Neben dieser SMTP-Hauptadresse können weitere SMTP-Adressen hinzugefügt werden, unter denen der Benutzer adressierbar sein soll. Deaktivieren Sie die Option **E-Mail-Adressen anhand Empfängerrichtlinien automatisch aktualisieren**, wenn die beim Benutzer individuell eingestellten SMTP-Adressen nicht wieder durch die Standardadressen der global definierten Empfängerrichtlinie überschrieben werden sollen.

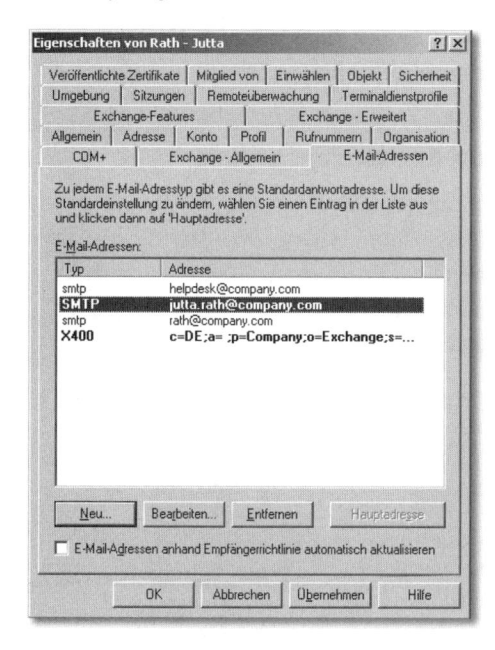

Auf dem Server Ihres Internet-Providers müssen über MX-Records alle SMTP-Adressenzusätze eingetragen werden, die für Ihr Unternehmen relevant sind. Wenn z. B. alle E-Mails mit Adressen wie @company.com, @company.de, @anderson-publishing.com akzeptiert und an Ihre Exchange-Organisation bzw. Ihr Mail-Gateway weitergeleitet werden sollen, so muss der Provider diese Einträge als MX-Records eintragen. Er muss jedoch in der Regel keine Sub-SMTP-Adressen eintragen. Hat er @testfirma.com als MX-Record eingetragen, so werden auch E-Mails wie z. B. @benson-verlag.testfirma.com an Ihr Mail-Gateway zugestellt.

Postfächer müssen eine SMTP-Adresse besitzen, die der Standardempfängerrichtlinie entspricht
Damit ein Benutzer mit Outlook Web Access auf das Postfach zugreifen kann, muss das Benutzerobjekt eine SMTP-Adresse haben, die der Standardempfängerrichtlinie entspricht. Diese SMTP-Adresse muss nicht die Haupt-SMTP-Adresse

des Benutzers sein. Einem Postfach können mehrere SMTP-Adressen zugewiesen werden. Wenn also ein Benutzer nicht mittels Outlook Web Access auf sein Postfach zugreifen kann, so überprüfen Sie im Snap-In **Active Directory-Benutzer und -Computer**, ob es eine SMTP-Adresse gibt, die der SMTP-Adresse in der Standardempfängerrichtlinie entspricht.

Auch in den Eigenschaften einer E-Mail-aktivierten Sicherheitsgruppe finden Sie die Registerkarte **E-Mail-Adressen**, in der Sie die SMTP-Adressen für diese Gruppe individuell einstellen können. Damit derartige individuelle Einstellungen nicht mit dem nächsten Zyklus der Empfängerrichtlinienaktualisierung wieder überschrieben werden, können Sie auch hier die Option **E-Mail-Adressen anhand Empfängerrichtlinien automatisch aktualisieren** deaktivieren.

26.15.3 Aktualisierungsintervall von Empfängerrichtlinien

Wenn Sie eine Änderung in einer Empfängerrichtlinie vorgenommen oder eine neue Empfängerrichtlinie erstellt haben, so kann es eine Zeit dauern, bis diese Richtlinie auf die der Filterregel entsprechenden Exchange-Objekte tatsächlich angewendet wird. Diese Zeitspanne hängt auch davon ab, wie das Aktualisierungsintervall für den Empfängeraktualisierungsdienst eingestellt wurde.

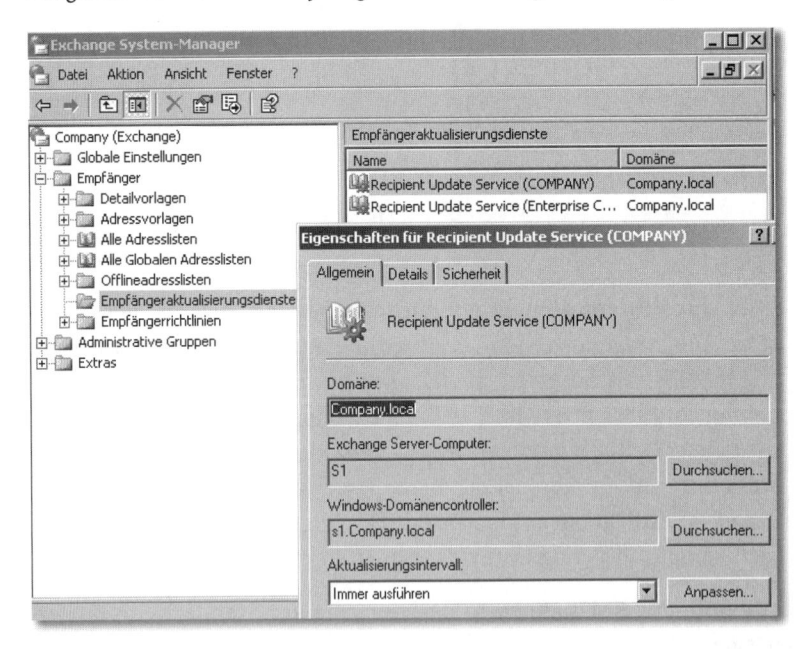

Sie können jedoch eine sofortige Aktualisierung für alle Exchange-Objekte erzwingen. Wenn Sie eine Richtlinie sofort erneut anwenden möchten, klicken Sie im **Exchange System-Manager** unter **Empfänger · Empfängerrichtlinien** die

Richtlinie mit der rechten Maustaste an und wählen **Diese Richtlinie jetzt anwenden**. Wenn diese Vorgehensweise nicht zum Erfolg führt, klicken Sie unter **Empfänger · Empfängeraktualisierungsdienste** die verschiedenen Dienste mit der rechten Maustaste an und wählen **Neu erstellen**. Daraufhin erscheint ein Fenster **Adresslisten und Empfängerrichtlinien werden neu erstellt**.

[Dialogfenster: Adresslisten und Empfängerrichtlinien werden neu erstellt. Dieser Vorgang berechnet die Mitgliedschaft in Adressliste und die Einstellungen in Empfängerrichtlinien aller Empfänger in 'Company.local' beim nächsten geplanten Aktualisierungsintervall neu. Je nach der Zahl der Empfänger in der Domäne, kann dieser Vorgang mehrere Stunden benötigen. Möchten Sie fortfahren? Ja / Nein]

Solange die Domäne noch in der Erprobung ist und wenige Exchange-Objekte enthält, ist der Vorgang der Neuberechnung nach wenigen Sekunden abgeschlossen. Jetzt sollten die neuen Empfängerrichtlinien durchgereicht worden sein.

In Domänen mit eigenem Exchange Server wird der Empfängeraktualisierungsdienst (RUS) bei der Installation des ersten Exchange Server automatisch konfiguriert. Für Subdomänen in einer Gesamtstruktur ohne eigenen Exchange Server wird bei der Ausführung von **DomainPrep** ein Exchange Server einer anderen Domäne angegeben, der den Empfängeraktualisierungsdienst für diese Domäne mit ausführen soll. Der Dienst erscheint zweimal im **Exchange System-Manager**: einmal für die Domäne und einmal als globaler Dienst **Recipient Update Service (Enterprise Configuration)** für die Gesamtstruktur. Es ist ein globaler Dienst, dessen Konfiguration und Wiederherstellung nach einem Systemausfall nur durch die Administratoren der Stammdomäne bzw. durch diejenigen Administratoren durchgeführt werden kann, denen mit dem **Assistent für die Zuweisung von Berechtigungen an Exchange-Objekten** die Berechtigungsstufe **Exchange-Administrator · Vollständig** zugewiesen wurde.

26.15.4 Unterschiedliche SMTP-Adressen automatisch generieren

Tochterunternehmen können auch in einer gemeinsamen Domäne unter unterschiedlichen Organisationseinheiten angelegt werden. Wenn Sie auf einem Exchange Server die Postfächer von Benutzern unterschiedlicher Domänen oder auch unterschiedlicher Organisationseinheiten und mehrerer Standorte verwalten, so sollen eventuell die Mitarbeiter der Subdomäne xxx.company.com eine SMTP-Adresse der Form **Vorname.Nachname@xxx.de** erhalten, während die Mitarbeiter der Subdomäne yyy.company.com eventuell die alten Kennungen **Anmeldename@yyy.com** weiter benutzen möchten. Dazu müssen Sie dann ein

Attributsfeld für alle Mitarbeiter einer Domäne mit immer demselben Wert ausfüllen. Sie können nun dieses Attributsfeld in einer Richtlinie abfragen und nach einer Regel die Default-SMTP-Adresse zuweisen:

Wenn der Eintrag im Feld **Firma** eines Benutzerkontos mit »Hansen« beginnt (oder gleich dem Wert »Hansen-Verlag« ist), so generiere die SMTP-Adresse **Vorname.Nachname@hansen.verlag.com**.

Tragen Sie über das Snap-In **Active Directory-Benutzer und -Computer** bei einem Benutzer in der Registerkarte **Organisation** im Feld **Firma** die Firmenbezeichnung **Hansen-Verlag** ein.

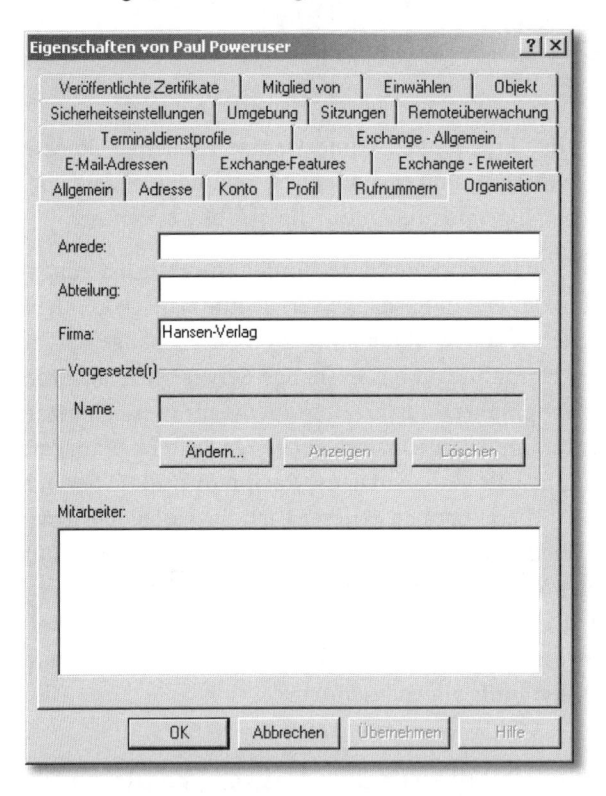

Klicken Sie im **Exchange System-Manager** unter **Empfänger** den Container **Empfängerrichtlinien** mit der rechten Maustaste an und wählen Sie **Neu · Empfängerrichtlinie**. Um eine Empfängerrichtlinie zu erstellen, die auf alle Postfächer von Benutzern angewendet wird, bei denen in der Registerkarte **Organisation** ein Eintrag wie **Hansen-Verlag** im Feld **Firma** steht, klicken Sie in der Registerkarte **Allgemein** auf die Schaltfläche **Ändern** und aktivieren nur die Empfängertypen, auf die diese Richtlinie wirken soll (siehe folgende Abbildungen).

In der letzten Registerkarte **Weitere** wird dann das Feld angegeben, in dem nach einem Kriterium gesucht werden soll. Im nachfolgenden Beispiel soll bei allen Benutzern im Feld **Firma** überprüft werden, ob dort ein Eintrag steht, der mit **Hansen** beginnt. Man könnte auch statt **Beginnt mit** die Bedingung **Ist (genau) Hansen-Verlag** wählen (siehe folgende Abbildungen).

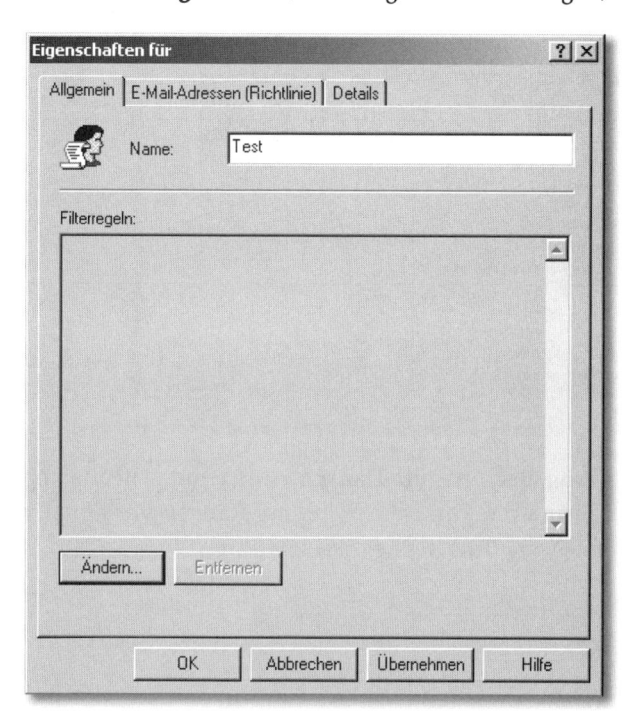

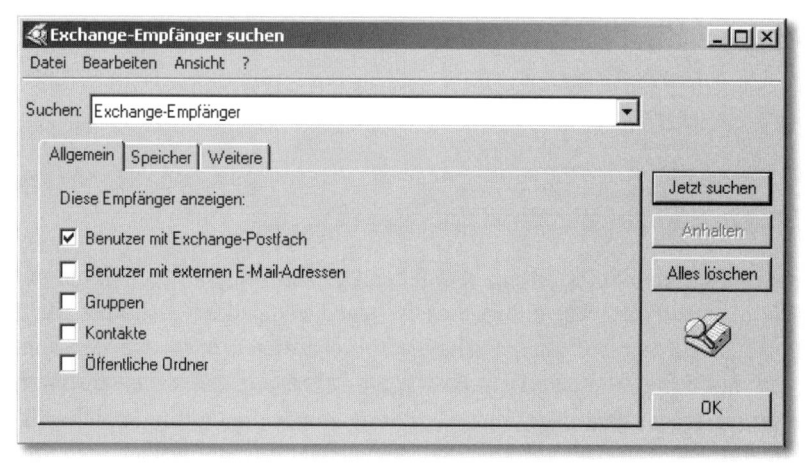

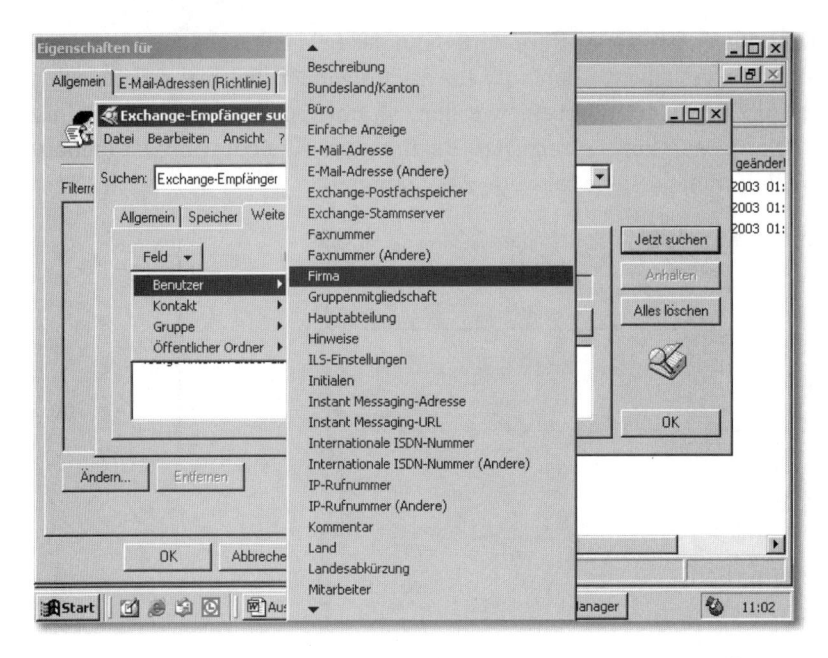

26 | Der Ausbau der Exchange Server-Organisation

Wählt man aber als Bedingung **Beginnt mit Hansen**, so ist diese Bedingung erfüllt, egal ob in das Feld **Firma** die Firmenbezeichnung **Hansen-Verlag** oder **Hansen Verlag** oder **Hansen Verlag GmbH** eingetragen wurde.

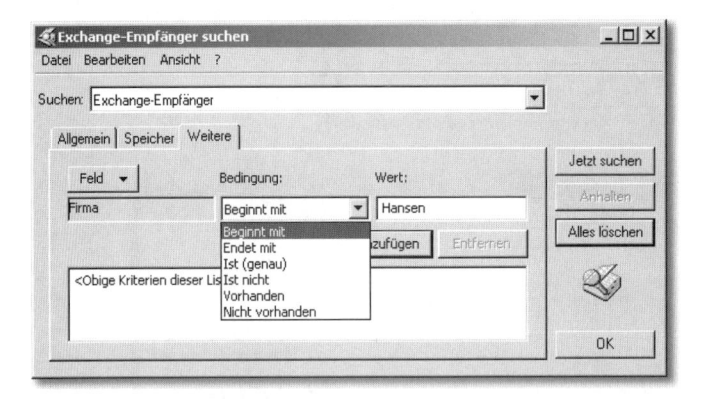

Wenn Sie aber für jeden Standort einen eigenen Postfachspeicher erstellt hätten, könnten Sie in der Registerkarte **Speicher** festlegen, dass diese Richtlinie nicht auf alle Postfachspeicher auf allen Exchange Servern angewendet werden soll, sondern nur auf einen bestimmten Postfachspeicher auf einem bestimmten Exchange Server. In der nachfolgenden Abbildung wurde die Option **Speicherfilter auswählen für Postfächer auf allen Servern** ersetzt durch **Postfächer in diesem Postfachspeicher: Postfachspeicher Essen**, wobei der Postfachspeicher Essen auf einem bestimmten Exchange Server liegt.

780

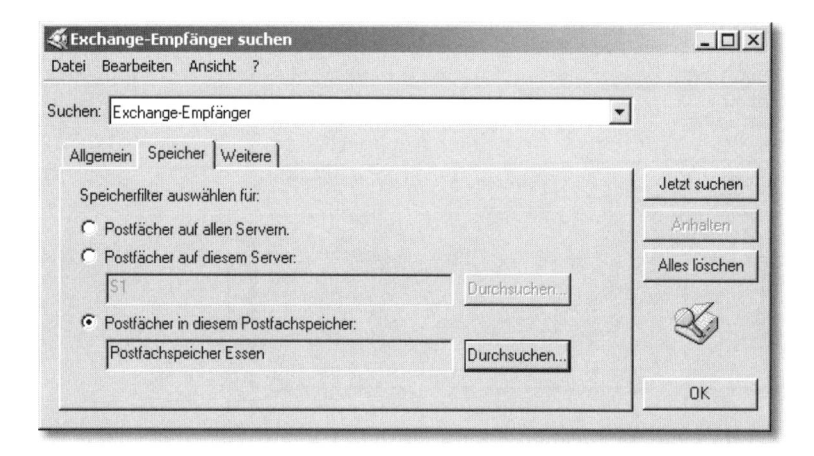

[Screenshot: Exchange-Empfänger suchen Dialog, Registerkarte Speicher]

26.15.5 Priorität bei mehreren Empfängerrichtlinien

Im Snap-In **Exchange System-Manager** können Sie nicht nur unterhalb von **Empfängerrichtlinien** die Richtlinie **Default Policy** ändern, sondern auch weitere Richtlinien erstellen.

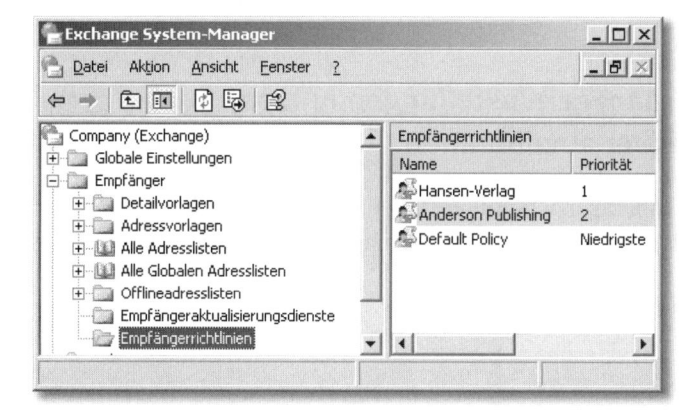

[Screenshot: Exchange System-Manager mit Empfängerrichtlinien Hansen-Verlag (1), Anderson Publishing (2), Default Policy (Niedrigste)]

Wichtig ist dabei jedoch die Reihenfolge! Die Empfängerrichtlinien werden nach ihrer angegebenen Priorität abgearbeitet. Dabei wird jeweils untersucht, ob die in der Registerkarte **Allgemein** angegebene Filterregel zutrifft. Beim Erstellen der Filterregel werden Sie nun gefragt, ob diese Regel nur auf Benutzerpostfächer oder auch auf andere Exchange-Objekte wie z. B. öffentliche Ordner angewendet werden soll.

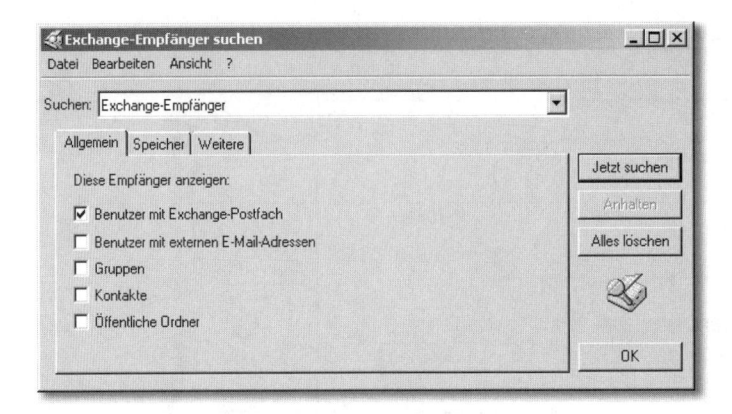

Wenn Sie hier alle Objekte angeben oder aber in der Registerkarte **Weitere** das Suchkriterium zu global angeben, trifft die Filterregel eventuell auf ein Postfach zu und wird angewendet. Danach werden aber dann die nachfolgenden Empfängerrichtlinien nicht weiter abgearbeitet. Das kann dann die Ursache dafür sein, dass eine Empfängerrichtlinie mit niedrigerer Priorität, die für bestimmte Postfächer oder auch für bestimmte Verteilergruppen erstellt wurde, nie ausgeführt wird.

26.16 Postfach-Managereinstellungen nutzen, um Postfächer aufzuräumen

Wenn Sie eine neue Empfängerrichtlinie erstellen, können Sie neben der Option **E-Mail-Adressen** auch die Option **Postfach-Managereinstellungen** aktivieren.

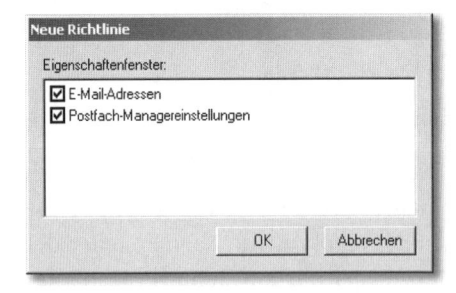

Sie können die Postfach-Managereinstellungen für die Empfängerrichtlinie **Default Policy** nachträglich aktivieren, indem Sie die Richtlinie mit der rechten Maustaste anklicken und den Befehl **Eigenschaftenfenster ändern** wählen. Sie erhalten dann in der Richtlinie die zusätzliche Registerkarte **Postfach-Managereinstellungen**. Dort können Sie z. B. einstellen, dass für alle von dieser Richtlinie betroffenen Postfächer alle Objekte im Ordner **Versendete Objekte** nach einer bestimmten Anzahl von Tagen gelöscht werden oder auch nur ein Bericht erstellt und dieser optional dem Benutzer zugeschickt wird.

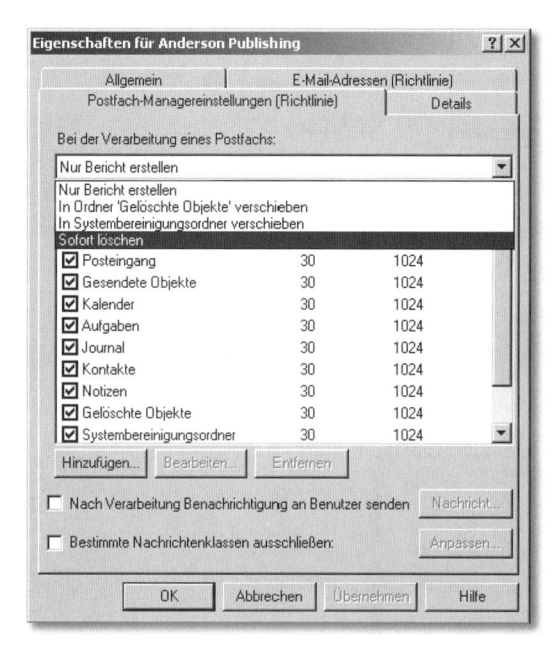

Sicherlich ist es überlegenswert, ob gelöschte Objekte nach einer geringen Anzahl von Tagen (z. B. 30 Tage) endgültig gelöscht und zumindest nach einer akzeptablen Zeit (z. B. 180 Tage) auch die Kopien von gesendeten Objekten gelöscht werden, damit die Exchange-Datenbanken nicht zu schnell wachsen und dadurch die Gesamtperformance leidet. Bedenken Sie, dass von jeder Nachricht inklusive der Dateianhänge, die ein Benutzer verschickt, eine Kopie standardmäßig unter **Versendete Objekte** gespeichert, d. h. im Postfachspeicher des Benutzers auf dem Exchange Server aufbewahrt wird, bis der Benutzer selbst auf die Idee kommt, seinen Outlook-Ordner **Versendete Objekte** zu entrümpeln.

Wenn über den Postfach-Manager nicht alle Postfächer regelmäßig aufgeräumt werden sollen, sondern nur bestimmte Postfächer, oder wenn alle Postfächer mit Ausnahme von bestimmten Postfächern regelmäßig aufgeräumt werden sollen, so erstellen Sie eine zusätzliche Empfängerrichtlinie. Das Verfahren ist im Knowledge-Base-Artikel 288115 »How to Exclude a Single Mailbox, Multiple Mailboxes, or a Group When You Use Mailbox Manager« detailliert beschrieben.

Sie finden diesen und andere Artikel zum Postfach-Manager auf der Buch-DVD im Ordner **Exchange Server\Mailbox Manager**. In den Optionen einer Empfängerrichtlinie kann aber auch angegeben werden, dass sie nur auf einen bestimmten Postfachspeicher angewendet werden soll. In Abänderung der Vorschläge des genannten Artikels ist es vielleicht einfacher, einen Postfachspeicher explizit für Benutzer anzulegen, deren Postfächer regelmäßig aufgeräumt werden sollen, und die Empfängerrichtlinie auf diesen Postfachspeicher anzuwenden.

26.17 Virtueller Standardserver für SMTP

Unter **Administrative Gruppen · Name der administrativen Gruppe · Server · Name des Exchange Server · Protokolle SMTP** finden Sie den **Virtuellen Standardserver für SMTP**.

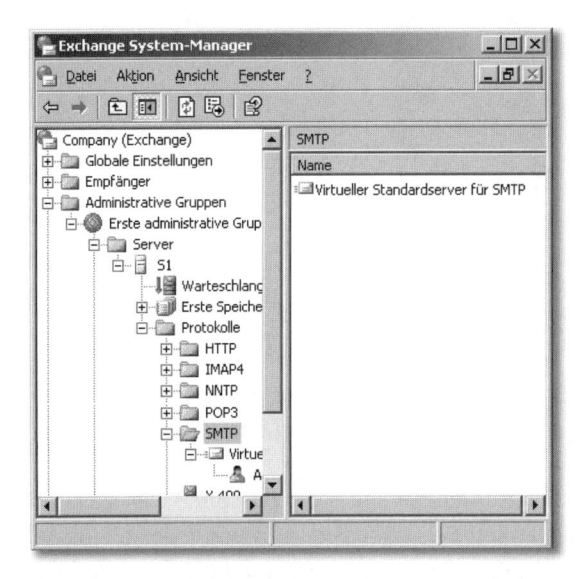

Sie können den **Virtuellen Standardserver für SMTP** umbenennen und weitere virtuelle Server für das Protokoll SMTP erstellen und an unterschiedliche Netzwerkkarten binden. Die eine Netzwerkkarte könnte z. B. mit dem internen LAN verbunden sein, die zweite Netzwerkkarte mit dem Internet. Wenn Sie die Eigenschaften eines virtuellen Servers für SMTP öffnen, finden Sie die Registerkarte **Zugriff** mit der Schaltfläche **Relay** (siehe nächste Abbildung).

Hier können Sie Einstellungen vornehmen, um zu verhindern, dass der Exchange Server aus dem Internet heraus als Relay-Server missbraucht wird, indem z. B. über ihn eine Massenmail an Adressen im Internet verschickt wird. Die Standardeinstellung verhindert aber schon die Ausnutzung als Relay-Server, da der Server nur Nachrichten zur Weiterleitung akzeptiert, die von authentifizierten Computern stammen, also Computern, die ein Konto in der Domäne haben. Sie können jedoch die Computer, von denen Nachrichten zur Weiterleitung akzeptiert werden, noch weiter über die Schaltfläche **Hinzufügen** einschränken, indem Sie explizit eine Domäne oder eine Subnetz-Maske angeben. Alle anderen Nachrichten werden verworfen.

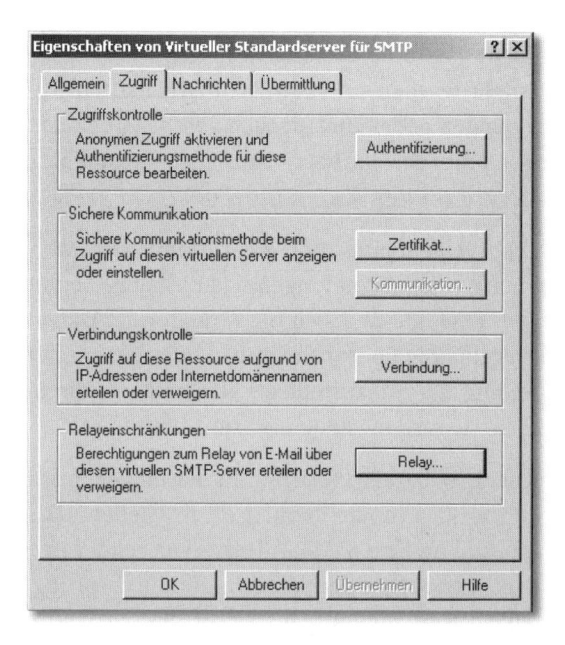

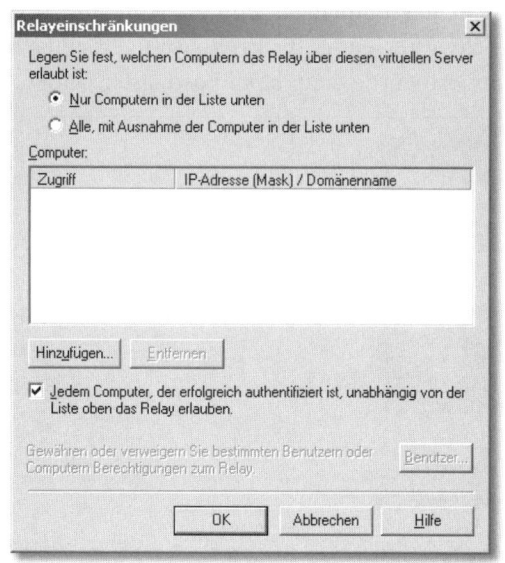

In der Registerkarte **Nachrichten** steht der Standardwert für die maximale Nachrichtengröße auf 4.096 KB. Dieser Wert kann sich als zu niedrig erweisen, wenn z. B. CAD-Anwender größere Pläne verschicken müssen, und sollte dann höher gesetzt werden. Im Feld **Kopie von Unzustellbarkeitsberichten** sollte ein Empfänger wie z. B. der Postmaster des Exchange Server eingetragen werden. In diesem Feld muss ein existierendes Postfach eingetragen sein. Ein E-Mail-aktivierter öffentlicher Exchange-Ordner kann laut Knowledge-Base-Artikel 295653 leider nicht eingetragen werden. Jedoch kann bei diesem Postfach mit dem Regelassistenten eine Weiterleitungsregel erstellt werden, die Unzustellbarkeitsnachrichten an einen öffentlichen Ordner weitersendet und danach löscht. Über den öffentlichen Ordner können sich mehrere Mitarbeiter um nicht zustellbare E-Mails kümmern.

Das **BADMAIL**-Verzeichnis sollte eventuell auf eine andere Partition verlegt werden, wenn Sie auf eine strikte Trennung von Anwendungen wie Exchange Server und »Bewegt«-Daten (vom Anwender erzeugte und sich oft verändernde Daten) Wert legen. Es muss auf jeden Fall regelmäßig überprüft werden. Der Postmaster erhält aber automatisch eine Mitteilung über unzustellbare Nachrichten, die in diesem Verzeichnis zwischengespeichert werden (siehe nächste Abbildung).

Der Postmaster erhält danach die Unzustellbarkeitsberichte. In der eingehenden Fehlermeldung wird er als Ursache für die Unzustellbarkeit oft feststellen, dass der Absender sich vertippt oder eine inkorrekte SMTP-Adresse verwendet hat. Der Postmaster kann dann auf **Extras · Erneut senden** klicken, um die ursprüngliche Nachricht anzuzeigen. In das Feld **Neu senden An** trägt er die korrigierte Empfängeradresse ein. Allerdings sieht der Empfänger nun als Absender den Postmaster und nicht den ursprünglichen Versender. Er kann also nicht einfach auf **Antworten** klicken, denn die Antwort würde dann beim Postmaster landen.

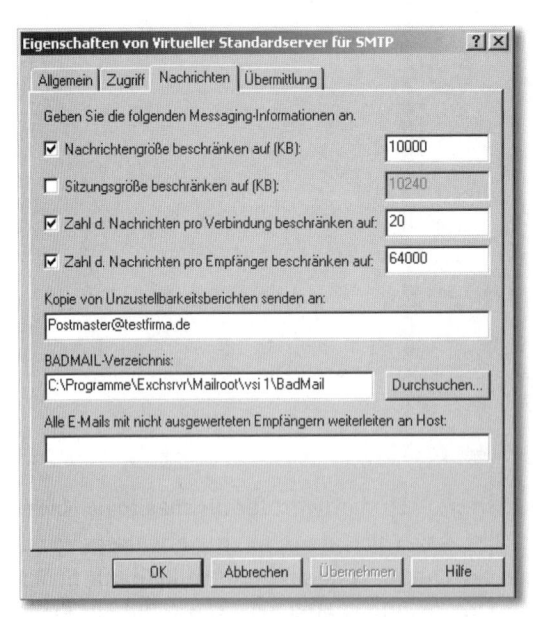

26.18 Automatische Antworten, Weiterleitungen, Abwesenheitsmeldungen und Unzustellbarkeitsberichte

Im **Exchange System-Manager** finden Sie unter **Globale Einstellungen · Internet-Nachrichtenformate** das Format **Standard**. Rufen Sie dessen Eigenschaften auf und öffnen Sie die Registerkarte **Erweitert**. Dort können Sie einige wichtige Optionen einstellen, z. B. die, ob Abwesenheitsbenachrichtigungen, automatische Antworten, automatische Weiterleitungen, Übermittlungsberichte oder Unzustellbarkeitsberichte zugelassen werden sollen.

Bezüglich automatischer Abwesenheitsbenachrichtigungen muss eine Grundsatzentscheidung herbeigeführt werden. Soll z. B. ein Kunde, der eine dringende E-Mail geschickt hat, mit einer automatischen Antwort wie »Ich bin zwei Monate in Kur und bitte um Ihr Verständnis.« verärgert werden? Es ist sinnvoller, innerbetrieblich klare Vertretungsregeln aufzustellen und dafür zu sorgen, dass E-Mails von externen Geschäftspartnern immer unverzüglich bearbeitet werden.

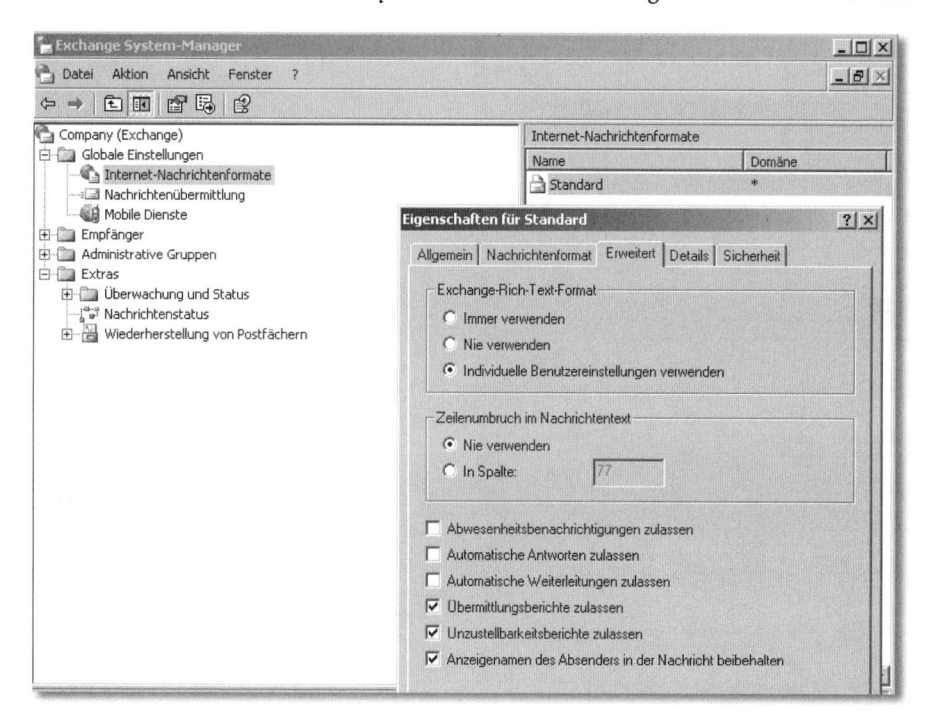

26.19 Das gewünschte Adressbuch als Standardadressbuch einstellen

Leider habe ich bisher keine Möglichkeit gefunden, von zentraler Stelle aus zu steuern, dass bei allen Benutzern einer bestimmten Benutzergruppe, Organisationseinheit oder Subdomäne in Outlook bei mehreren Adressbüchern ein Adressbuch als Standardadressbuch angezeigt wird. Folglich muss jeder Outlook-Benutzer selbst einstellen, dass nicht zuerst das globale Adressbuch angezeigt wird, sondern das Adressbuch seiner Firma, seines Standorts bzw. seiner Subdomäne oder aber ein Adressbuch mit externen Kontakten, das sich in einem öffentlichen Exchange-Ordner befindet. Dazu startet der Benutzer Outlook und wählt **Extras · Adressbuch**. Im Fenster **Adressbuch** wählt er **Extras · Optionen** und stellt im Auswahlfeld **Diese Adressliste zuerst anzeigen** die gewünschte Adressliste ein.

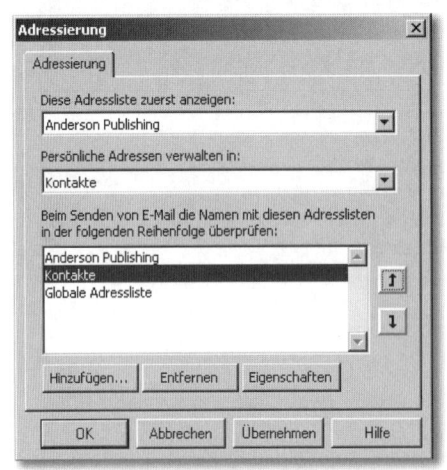

Außerdem fügt der Benutzer diese Adressliste zur Liste der Adresslisten hinzu, die abgeprüft werden sollen, wenn er den Nachnamen des Empfängers beim Erstellen einer neuen Nachricht in das Feld **An** eintippt. Die Suchreihenfolge sollte so eingestellt werden, dass Outlook zuerst in der internen Adressliste (im Beispiel »Anderson Publishing«), danach in den privaten Kontakten des Benutzers und erst zuletzt im globalen Adressbuch den eingegebenen Empfängers sucht, um ihn in eine vollständige E-Mail-Adresse aufzulösen.

Warum sollte diese Reihenfolge gewählt werden? Wenn ein Mitarbeiter in einem großen Konzern arbeitet und beim Erstellen einer neuen Nachricht in das Feld **An** z. B. den Namen »Meier« eingibt, so würde Outlook wahrscheinlich in der globalen Adressliste viele Einträge finden, da »Meier« ein häufig vorkommender Name ist. Wird jedoch nicht zuerst in der globalen Adressliste gesucht, sondern in der kleineren Adressliste des Verlags »Anderson Publishing«, so würden als Suchergebnisse nur die wenigen »Meier« aufgelistet, die bei »Anderson Publishing« arbeiten. Wenn Outlook im Adressbuch **Anderson Publishing** nicht fündig wird, wird in den privaten Kontakten des Mitarbeiters weitergesucht. Nur, wenn auch dort kein Empfänger namens »Meier« gefunden wird, wird zuletzt im globalen Adressbuch nach »Meier« gesucht.

Wenn Sie einen öffentlichen Exchange-Ordner vom Typ Kontakte erstellen und dort externe Kontakte von Kunden oder Lieferanten pflegen, so wird dieser Kontakteordner erst dann im Adressbuch des Anwenders angezeigt, wenn der Anwender den öffentlichen Kontakteordner mit der rechten Maustaste anklickt und in den Eigenschaften des Ordners in der Registerkarte **Outlook-Adressbuch** die Option **Diesen Ordner als E-Mail-Adressbuch anzeigen** aktiviert. Das gilt übrigens auch, wenn ein Benutzer sich neben seinem Standard-Kontakteordner weitere Ordner vom Typ Kontakte anlegt.

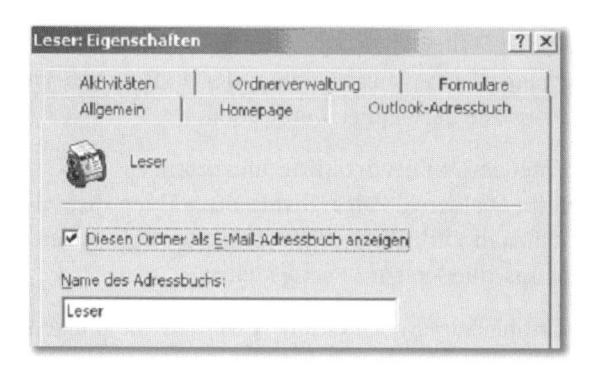

26.20 Exchange-Offline-Adressbücher

Offline-Adressbücher (OABs) können mittels Outlook über den Befehl **Extras · Senden/Empfangen · Adressbuch downloaden** vom Exchange Server heruntergeladen und dann regelmäßig synchronisiert werden, damit ein Notebook-Besitzer oder ein Telearbeiter offline Nachrichten adressieren kann.

Sie können mehrere Offlineadresslisten erstellen, um die Anforderungen der Benutzer in Ihrer Organisation zu erfüllen. Wenn Sie eine Offlineadressliste anlegen, enthält sie standardmäßig nur die globale Adressliste. Sie können nach Belieben die Adresslisten hinzufügen, die die Offlineadressliste enthalten soll.

Um eine neue Offlineadressliste zu erstellen, starten Sie das Snap-In **Exchange System-Manager** und öffnen den Container **Empfänger**. Klicken Sie mit der rechten Maustaste auf **Offlineadresslisten** und wählen Sie **Neu · Offlineadressliste**.

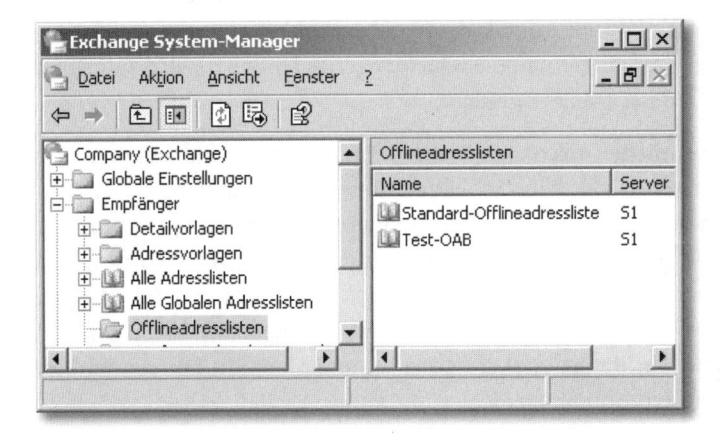

Geben Sie einen Namen für die neue Offlineadressliste ein und klicken Sie dann auf **Durchsuchen**, um den Exchange Server auszuwählen, der zum Speichern und Generieren dieser Offlineadressliste verwendet werden soll.

Um bestimmte Adresslisten zur neuen Offlineadressliste hinzuzufügen, klicken Sie auf **Hinzufügen** und wählen im Dialogfeld **Adresslisten auswählen** diejenigen Adresslisten aus, die in der neuen Offlineadressliste enthalten sein sollen. Klicken Sie dann auf **Weiter** und anschließend auf **Fertig stellen**.

Pro Datenbank kann exakt ein Offline-Adressbuch definiert werden. Sie müssen jedem Postfachspeicher über dessen Eigenschaften eine Offlineadressliste zuweisen.

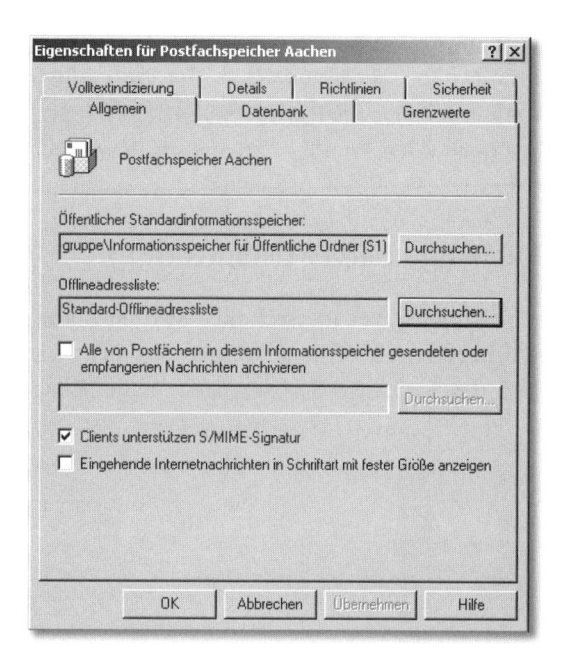

[Screenshot: Eigenschaften für Postfachspeicher Aachen – Registerkarte Allgemein mit Öffentlichem Standardinformationsspeicher und Offlineadressliste]

Um die Offlineadressliste auf einem Laptop herunterzuladen, starten Sie Outlook und wählen **Extras · Senden/Empfangen · Adressbuch downloaden**.

[Screenshot: Dialog „Offlineadressbuch downloaden" mit Downloadoptionen „Alle Details" bzw. „Keine Details"]

Das Offline-Standardadressbuch wird in der Sprache des ersten installierten Exchange Server angezeigt

In mehrsprachigen Organisationen mit mehreren Sprachservern werden die Offline-Standardadressbücher nur in der Sprache des ersten installierten Exchange Server angezeigt. Es erscheint auch aus Supportgründen sinnvoll, in mehrsprachigen Organisationen nur englischsprachige Serverversionen einzusetzen, da diese Vorgehensweise die Fehlersuche, das Einspielen von Service Packs und Hotfixes und auch die Abstimmung zwischen den Administratoren vereinfacht.

> Beachten Sie bei der Umstellung von Exchange Server 2000 auf 2003 den Knowledge-Base-Artikel 817377 »Offline Address Book Replication Does Not Work After You Upgrade to Exchange Server 2003« (**http://support.microsoft.com/?kbid=817377**).

26.21 Überwachung des Exchange Server (Monitoring)

Wenn Sie die Eigenschaften eines Exchange Server im **Exchange System-Manager** starten und die Registerkarte **Überwachen** öffnen, können Sie über die Schaltfläche **Hinzufügen** Ressourcen des Exchange Server angeben, die überwacht werden sollen.

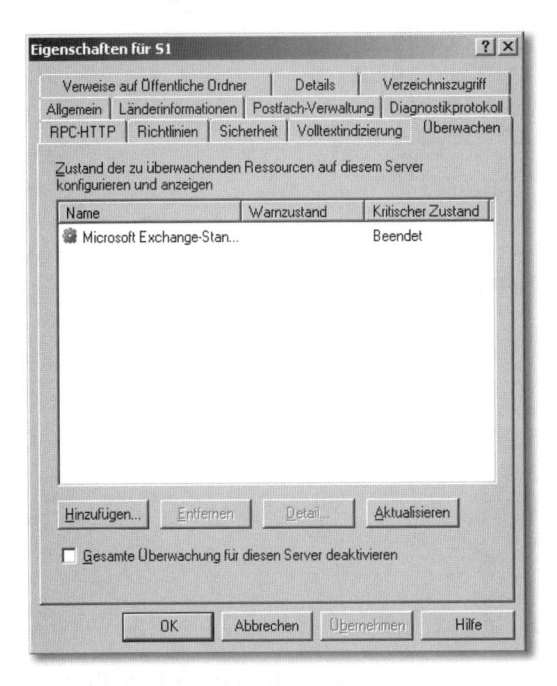

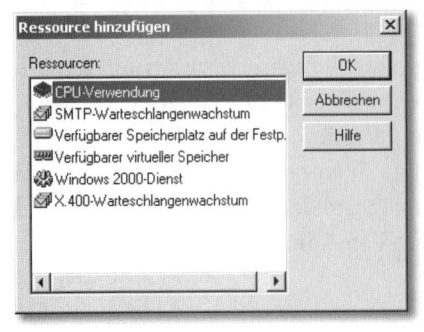

Bestimmt ist es sinnvoll, den verfügbaren Platz auf den Festplatten zu überwachen, auf denen die Exchange-Datenbanken und die Protokolldateien liegen.

Auch das Überwachen des SMTP-Warteschlangenwachstums sollte eingeschaltet werden. Der Administrator kann sich dann eine Warnung zuschicken lassen, wenn die SMTP-Warteschlange plötzlich permanent wächst, was darauf hindeutet, dass Nachrichten nicht weitergeleitet werden können, weil z. B. der als **Smarthost** eingetragene Server nicht erreichbar ist, der für die Versendung aller Nachrichten in das Internet zuständig ist.

Lesen Sie die Hilfetexte zu den Schwellwerten der einzelnen Ressourcen. Man kann hier keine generellen Empfehlungen geben, da die Schwellwerte von der verwendeten Hardware, der Größe der Exchange-Datenbanken und der Nutzungsintensität des Exchange Server abhängen.

Wer in welcher Form zu benachrichtigen ist, wenn die Schwellwerte über- bzw. unterschritten werden, wird nicht in einer Registerkarte des Servers hinterlegt, sondern im Snap-In **Exchange System-Manager** unter **Extras · Überwachung und Status · Benachrichtigung**. Über die rechte Maustaste können Sie den Befehl **Neu · E-Mail-Benachrichtigung** starten.

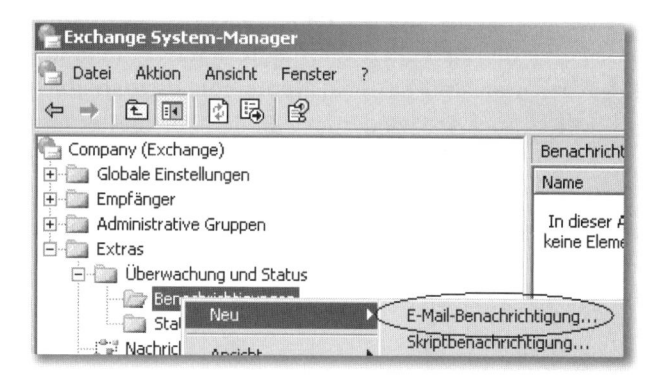

Sie können detaillierte Angaben machen, ob nur dieser Server oder alle Server der administrativen Gruppe überwacht werden sollen, an wen eine Warnmeldung über einen Warnzustand oder einen kritischen Zustand verschickt werden soll und welchen Inhalt die Meldung haben soll.

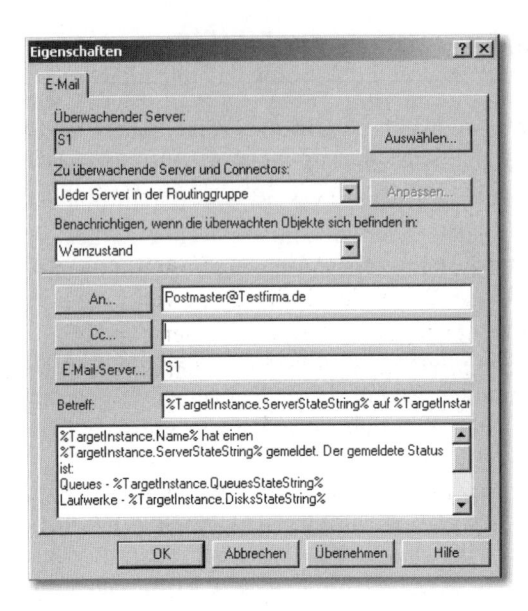

26 | Der Ausbau der Exchange Server-Organisation

Die Benachrichtigung über nicht zustellbare Nachrichten wird allerdings nicht an dieser Stelle eingestellt, sondern unter **Administrative Gruppen · Name der administrative Gruppe · Server · Name des Exchange Server · Protokolle SMTP**. Wenn Sie die Eigenschaften des **virtuellen Servers für SMTP** öffnen, finden Sie die Registerkarte **Nachrichten** und das Feld **Kopie von Unzustellbarkeitsberichten senden an**. Dort können Sie wiederum z. B. den Postmaster eintragen.

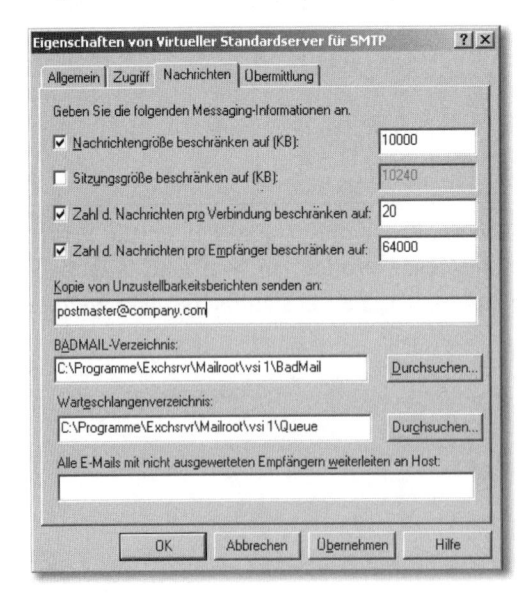

26.22 Die Exchange-Dienste mit einer Stapeldatei stoppen und starten

Sie sollten auf dem Exchange Server je eine Batchroutine in Form einer CMD-Datei zum Starten und zum Stoppen der Dienste anlegen, die durch die Installation von Exchange Server installiert werden, und Verknüpfungen zu diesen Stapeldateien unter **C:\Dokumente und Einstellungen\All Users\Startmenü** oder auf dem Desktop von **All Users** ablegen. Wenn der Exchange Server träge oder nicht fehlerfrei läuft, können Sie mit Hilfe dieser Batchroutinen zuerst versuchen, durch das Beenden aller Dienste und durch einen anschließenden Neustart der Dienste das Problem in den Griff zu bekommen, ohne den Exchange Server komplett neu starten zu müssen.

Wenn darüber hinaus z. B. die Hardware des Exchange Server unzuverlässig wird und Sie den Fehler nicht sofort orten können, kann es sinnvoll sein, durch die Deaktivierung des zuerst geladenen Exchange-Dienstes zumindest temporär zu unterbinden, dass der Server beim Hochfahren automatisch die Exchange-Dienste startet und damit die Exchange-Datenbanken hochfährt. So kann verhindert werden, dass beim unkontrollierten (insbesondere mehrmaligen) Booten und Abschmieren des Servers durch einen Hardwarefehler eine Beschädigung der Datenbanken eintritt.

Wenn die Startart des Dienstes **Microsoft Exchange-Verwaltung** von **Automatisch** auf **Deaktiviert** umgestellt wird, starten auch die anderen von diesem Dienst abhängigen Dienste nicht. Sie müssen dann aber die Exchange Server-Dienste mit Hilfe einer Batchdatei jedes Mal manuell starten, wenn es zum Beispiel nachts einen Stromausfall gab.

Beim Start des Exchange Server werden folgende Exchange-Dienste in der angegebenen Reihenfolge gestartet:

- Microsoft Exchange-Verwaltung
- Microsoft Exchange-Systemaufsicht
- Microsoft Exchange-Informationsspeicher
- Microsoft Exchange MTA-Stacks
- Microsoft Exchange-Routingmodul
- Microsoft Exchange POP3
- Microsoft Exchange IMAP4

Jedoch werden mit dem Exchange Server auch noch folgende Dienste installiert:

- WWW-Publishingdienst
- Simple Mail-Transportprotokoll (SMTP)
- Microsoft IIS Admin-Dienst

Folgende Batch-Datei mit dem Namen EXSTART.CMD startet alle Dienste:

```
@echo off
echo Starting Microsoft Exchange Services ....
net start "Network News-Transportprotokoll (NNTP)"
net start "WWW-Publishingdienst"
net start "Simple Mail-Transportprotokoll (SMTP)"
net start "Microsoft IIS Admin-Dienst"
net start "Microsoft Exchange-Verwaltung"
net start "Microsoft Exchange-Systemaufsicht"
net start "Microsoft Exchange-Informationsspeicher"
net start "Microsoft Exchange MTA-Stacks"
net start "Microsoft Exchange-Routingmodul"
net start "Microsoft Exchange POP3"
net start "Microsoft Exchange IMAP4"
```

Folgende Batch-Datei mit dem Namen EXSTOP.CMD stoppt alle Dienste:

```
@echo off
echo Stopping Microsoft Exchange Services ....
net stop "Microsoft Exchange POP3" /y
net stop "Microsoft Exchange IMAP4" /y
net stop "Microsoft Exchange-Routingmodul" /y
net stop "Microsoft Exchange MTA-Stacks" /y
net stop "Microsoft Exchange-Informationsspeicher" /y
net stop "Microsoft Exchange-Systemaufsicht" /y
net stop "Microsoft Exchange-Verwaltung" /y
net stop "Microsoft IIS Admin-Dienst" /y
net stop "Simple Mail-Transportprotokoll (SMTP)" /y
net stop "WWW-Publishingdienst" /y
```

Beachten Sie, dass in der **EXSTOP.CMD** die Dienste in der umgekehrten Reihenfolge gestoppt werden, wie sie in der **EXSTART.CMD** gestartet werden. Der undokumentierte Parameter **/y** hinter den **net stop**-Befehlen bewirkt übrigens, dass abhängige Dienste ebenfalls ohne Nachfrage beendet werden. Wenn Sie z. B. den Befehl **net stop** »Microsoft Exchange-Systemaufsicht« eingeben, erscheint die Frage, ob die abhängigen Dienste **Microsoft Exchange MTA-Stacks** und **Microsoft Exchange-Informationsspeicher** dann ebenfalls beendet werden. Hängen Sie jedoch den Parameter **/y** an den Befehl an, so werden alle betroffenen Dienste ohne Nachfrage gestoppt.

```
C:\>net stop "microsoft exchange-systemaufsicht"
Die folgenden Dienste hängen vom Dienst Microsoft Exchange-Systemaufsi
Das Beenden des Dienstes Microsoft Exchange-Systemaufsicht beendet auc
enste.

   Microsoft Exchange MTA-Stacks
   Microsoft Exchange-Informationsspeicher

Möchten Sie diesen Vorgang fortsetzen? (J/N) [N]: n

C:\>net stop "microsoft exchange-systemaufsicht" /y
Die folgenden Dienste hängen vom Dienst Microsoft Exchange-Systemaufsi
Das Beenden des Dienstes Microsoft Exchange-Systemaufsicht beendet auc
enste.

   Microsoft Exchange MTA-Stacks
   Microsoft Exchange-Informationsspeicher

Microsoft Exchange MTA-Stacks wird beendet.....
Microsoft Exchange MTA-Stacks wurde erfolgreich beendet.

Microsoft Exchange-Informationsspeicher wird beendet........
Microsoft Exchange-Informationsspeicher wurde erfolgreich beendet.

Microsoft Exchange-Systemaufsicht wird beendet...
Microsoft Exchange-Systemaufsicht wurde erfolgreich beendet.
```

26.23 Fehler beim Start der Exchange-Dienste

Wenn auf einem Server wie z. B. dem Windows Small Business Server Premium Edition sehr viele Dienste installiert sind (beim SBS 2003 Premium sind es neben dem Exchange Server ein ISA-Server und ein SQL-Server), so kann es sein, dass beim Hochfahren des Servers einige Dienste nicht starten, weil ihr Start davon abhängig ist, dass bereits andere Dienste laufen, und es zu einem Timeout kommt, wenn die anderen Dienste nicht schnell genug verfügbar sind.

Sie haben zwei Möglichkeiten, um derartige Startprobleme von Diensten zu lösen. In den Eigenschaften eines jeden Dienstes können Sie über die Registerkarte **Wiederherstellen** bestimmen, was bei Dienstfehlern geschehen soll. Sie können z. B. festlegen, dass im Abstand von drei Minuten zweimal versucht werden soll, den Dienst neu zu starten, und dass beim erneuten Scheitern eine Batchdatei wie **Warnung_an_Administrator.cmd** gestartet wird. In dieser Batchdatei kann dann mittels **net send**-Befehl und zusätzlich über ein Tool wie **SMTPSEND** der Administrator eine Warnung erhalten.

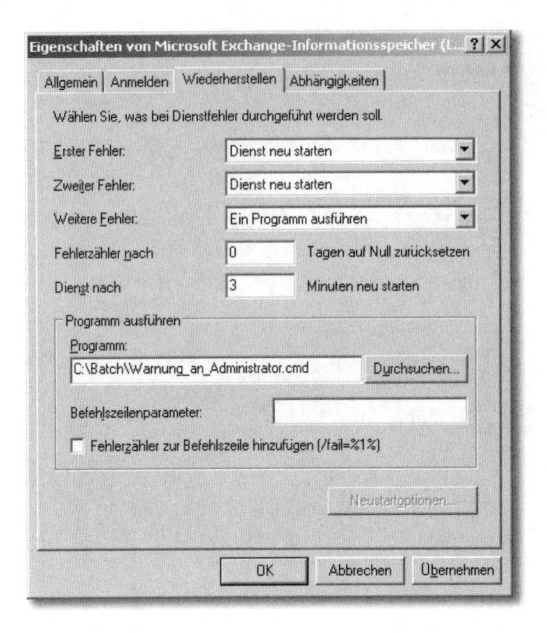

Denken Sie aber daran, dass es wenig nützt, wenn eine Warnmeldung an denjenigen Exchange Server geschickt wird, dessen Informationsspeicher nicht gestartet wurde.

Wenn Sie das Problem so nicht in den Griff bekommen, so erstellen Sie eine Batchroutine, die alle benötigten Dienste nacheinander startet und die dazu notwendige Befehlsfolge mehrmals wiederholt. Mit dem Tool **SrvAny** aus dem Windows Server Resource Kit kann ein beliebiges Programm als Dienst gestartet werden. Mit diesem Tool können Sie folglich auch die erstellte Batchroutine als Dienst laufen lassen, und zwar unter dem Systemkonto. Dadurch erreichen Sie, dass die Batchroutine nach einem Serverneustart automatisch abläuft, ohne dass sich jemand anmelden muss. Dies kann z. B. nach einem Stromausfall notwendig sein oder dann, wenn Sie den Server remote neu starten müssen.

26.24 Versenden und Empfangen von Internet-E-Mails für bestimmte Benutzer unterbinden

Zweifellos sollten alle Mitarbeiter einer Organisation ein Postfach auf dem Exchange Server erhalten, um intern Nachrichten austauschen und die öffentlichen Ordner des Exchange Server mitnutzen zu können, wenn diese z. B. als »schwarze Bretter« genutzt werden. Jeder Mitarbeiter sollte z. B. eine E-Mail-Nachricht an seinen Vorgesetzten, seinen Personalsachbearbeiter oder auch an den Betriebsrat senden können.

Dennoch kann es sinnvoll und erwünscht sein, dass nur diejenigen Mitarbeiter Nachrichten an externe Adressen schicken oder von diesen empfangen können, die die externe Kommunikation zur Erledigung ihres Aufgabenbereiches benötigen. Mitarbeiter, die z. B. in der Fertigung arbeiten, benötigen den Zugang zum Internet genauso wenig wie Fahrer oder das Küchenpersonal in der Kantine. Durch die Einschränkung des Nachrichtenaustausches dieser Mitarbeiter auf die nur interne Nutzung des Exchange Server kann das Gefahrenpotenzial, das der Zugriff auf das Internet birgt, erheblich reduziert werden. Gleichzeitig kann verhindert werden, dass diese Mitarbeiter den Zugang zum Internet für private Zwecke missbrauchen und einen Teil der Arbeitszeit damit verschwenden, im Internet zu surfen oder zu mailen. Jede private E-Mail inklusive Anhang, die so vermieden wird, landet auch nicht auf den Festplatten des Servers und auf dem Sicherungsband. Je weniger unproduktive E-Mails und Internet-Downloads stattfinden, desto weniger Plattenplatz geht verloren, umso schneller läuft die nächtliche Sicherung durch und umso schneller lässt sich eine defekte Exchange Server-Datenbank wiederherstellen.

Um bei bestimmten Anwendern zu unterbinden, dass sie E-Mails über den Exchange Server in das Internet senden können, muss ein **SMTP-Connector** erstellt werden. Diese Einschränkung kann nicht über den **virtuellen SMTP-Server** erreicht werden. Erstellen Sie zuerst eine Sicherheitsgruppe mit einem Namen, aus dem die Bedeutung dieser Gruppe hervorgeht, z. B. **externe Nachrichten nicht zugelassen**. Weisen Sie der Gruppe eine Exchange-E-Mail-Adresse zu.

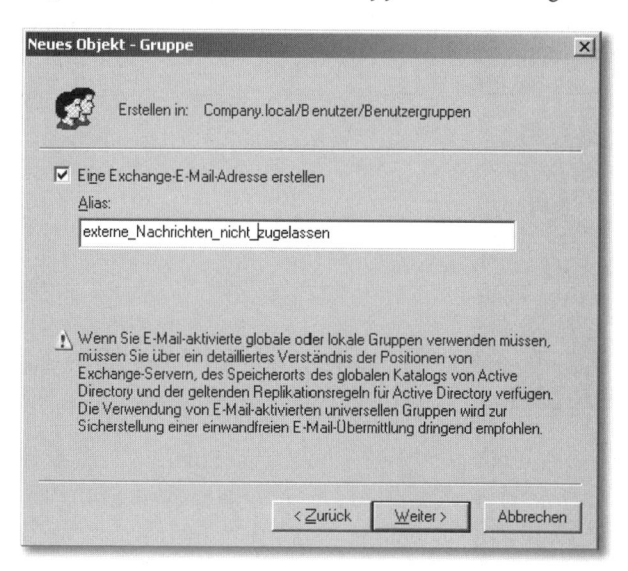

In diese Gruppe fügen Sie diejenigen Benutzer als Mitglieder ein, die keine externen Mails senden dürfen.

[!] Wenn diese Einschränkungen auf eine Benutzergruppe statt auf einzelne Anwender angewendet werden sollen, so muss in die Registrierdatenbank unter **HKEY_LOCAL_MACHINE/System/CurrentControlSet/Services/Resvc/Parameters** ein neuer Wert vom Typ REG_DWORD namens **CheckConnectorRestrictions** mit dem Wert **1** eingefügt werden. Danach müssen die Dienste **Microsoft Exchange-Routingmodul** und **Simple Mail Transfer Protocol (SMTP)** beendet und wieder gestartet werden. Der KnowledgeBase-Artikel 277872 »Connector Delivery Restrictions May Not Work Correctly« beschreibt das Problem (**http://support.microsoft.com/default.aspx?scid=kb;en-us; Q277872**).

Als Nächstes muss ein SMTP-Connector erstellt werden. Im **Exchange System-Manager** klicken Sie den Container für Connectoren mit der rechten Maustaste an und wählen **Neu · SMTP Connector**. Im Fenster **Eigenschaften** geben Sie dem SMTP-Connector einen geeigneten Namen, z. B. den Namen Ihres Internet-Providers.

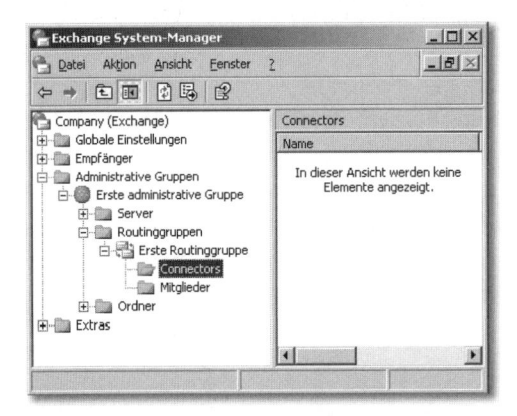

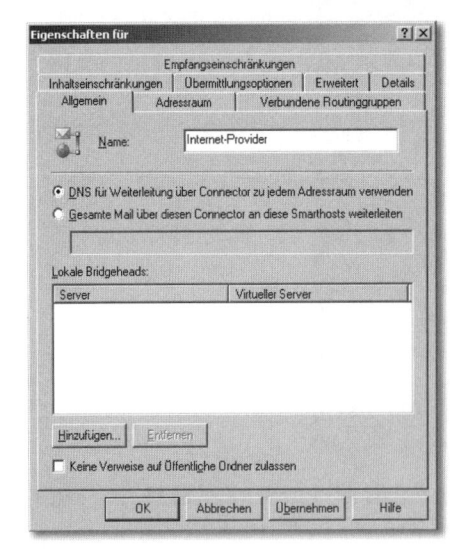

Versenden und Empfangen von Internet-E-Mails für bestimmte Benutzer unterbinden | 26.24

Über die Schaltfläche **Hinzufügen** muss der SMTP-Connector nun mit dem virtuellen SMTP-Server verbunden werden.

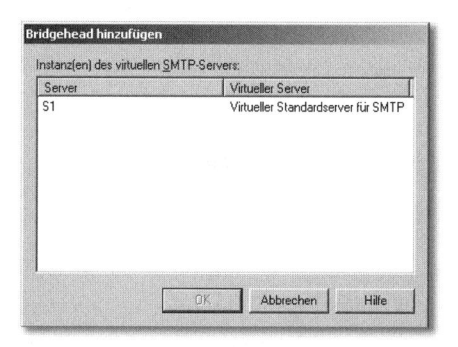

Danach weisen Sie dem SMTP-Connector einen Adressraum zu. Der Adressraum ist eine Liste von Adressen, an die der SMTP-Connector E-Mails versenden soll. In der Registerkarte **Adressraum** klicken Sie auf die Schaltfläche **Hinzufügen** und klicken im Fenster **Adressraum hinzufügen** auf **SMTP**.

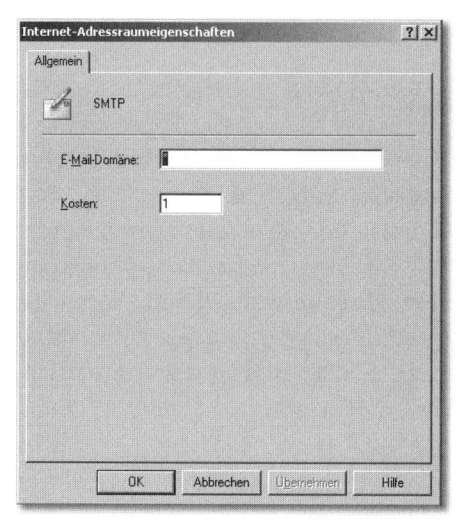

Nun erscheint ein Fenster **Internet-Addressraumeigenschaften**. Das Platzhalterzeichen * im Feld **E-Mail-Domäne** bedeutet, dass dieser SMTP-Connector E-Mails an alle SMTP-Domänen senden darf.

Danach werden die Beschränkungen für die Gruppe **externe Nachrichten nicht zugelassen** so gesetzt, dass Mitglieder dieser Gruppe keine Nachrichten über das Internet schicken können. Klicken Sie auf die Schaltfläche **Empfangseinschränkungen** und fügen Sie die Gruppe **externe Nachrichten nicht zugelassen** hinzu.

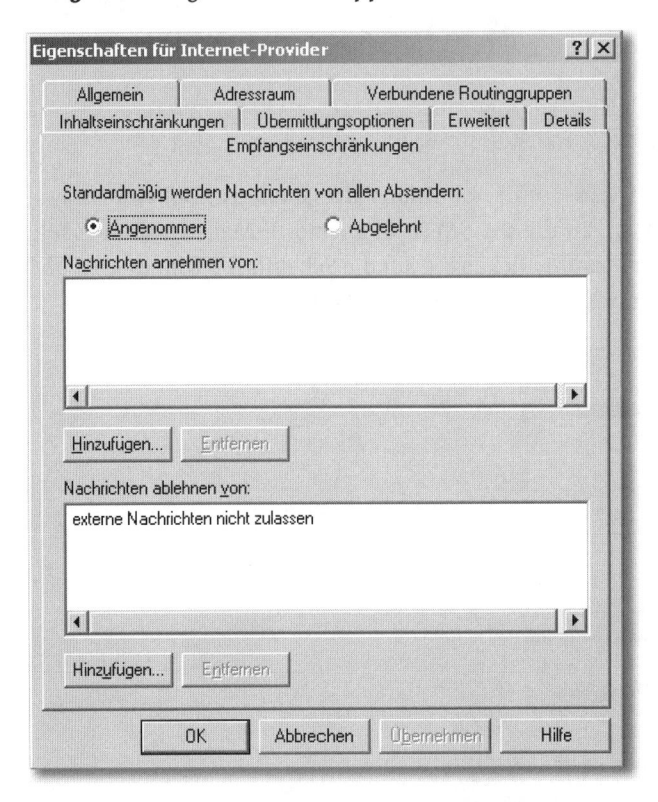

Wie Sie den Auswahloptionen der Registerkarte **Empfangseinschränkungen** entnehmen, können Sie auch genau umgekehrt vorgehen: Sie erstellen eine Sicherheitsgruppe **externe Nachrichten zulassen** und fügen diese Gruppe unter der Rubrik **Nachrichten annehmen von:** ein. Sie aktivieren also die Option **Standardmäßig werden Nachrichten von allen Absendern abgelehnt**. Wenn die Mehrheit der Mitarbeiter nur intern Mails verschicken darf, ist dieser Weg weniger aufwändig, weil später nur selten Benutzer in die Gruppe **externe Nachrichten zulassen** eingepflegt werden müssen.

In meiner Testumgebung konnte übrigens der Gruppenname **externe Nachrichten nicht zugelassen** nicht aufgelöst werden, als ich ihn in der Registerkarte **Empfangseinschränkungen** hinzugefügt habe. Daraufhin habe ich im Snap-In **Active Directory-Benutzer und -Computer** eine Gruppe mit dem Namen **Testgruppe** eingerichtet. Diese Gruppe konnte ich problemlos hinzufügen, vielleicht, weil dieser Name kürzer war und keine Leerzeichen enthielt. Anschließend habe ich die Gruppe **Testgruppe** umbenannt in **externe Nachrichten nicht zugelassen**, habe deren Eigenschaften geöffnet, mich durch alle Registerkarten geklickt und sichergestellt, dass überall der Name **Testgruppe** durch **externe Nachrichten nicht zugelassen** ersetzt wurde. Als ich die Registerkarte **Empfangseinschränkungen** des SMTP-Connectors erneut öffnete, war auch dort der Eintrag **Testgruppe** durch **externe Nachrichten nicht zugelassen** ersetzt worden. Ich ging diesem merkwürdigen Phänomen nicht weiter nach.

Versucht nun ein Mitglied der Gruppe **externe Nachrichten nicht zulassen**, eine E-Mail über das Internet zu verschicken, so erhält es eine Fehlermeldung mit sinngemäß folgendem Inhalt:

»*Your message did not reach some or all of the intended recipients.*

The following recipient(s) could not be reached:

'name@domainname.com'

You do not have permission to send to this recipient. For assistance, contact your system administrator.«

26.25 Verhindern, dass bestimmte Anwender Mails aus dem Internet erhalten

Während das Blockieren des Empfangs von Internet-E-Mails für bestimmte Anwender unter Exchange 2000 recht kompliziert zu konfigurieren war, ist dieses nun in Exchange 2003 erheblich einfacher. Im Snap-In **Active Directory-Benutzer und -Computer** wählen Sie die Eigenschaften des Benutzers oder der Benutzergruppe an. In der Registerkarte **Exchange Allgemein** klicken Sie auf die Schaltfläche **Empfangseinschränkungen** und aktivieren im Bereich **Einschränken des Nachrichtenempfangs** unterhalb von **Nachrichten annehmen:** die Option **Nur von authentifizierten Benutzern**.

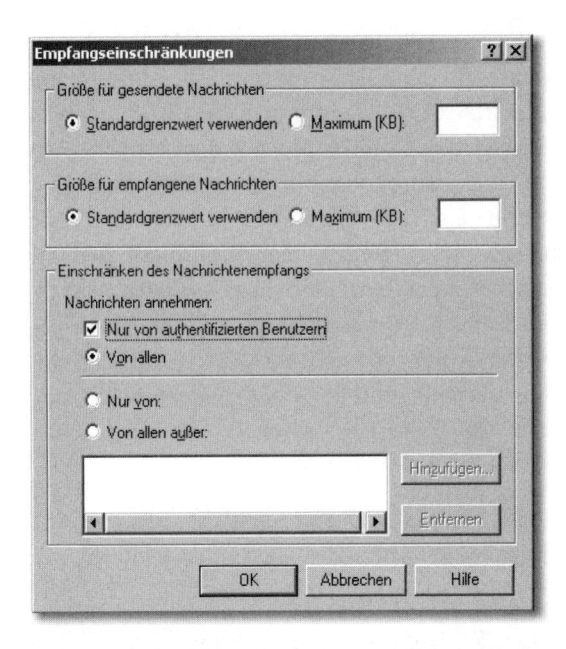

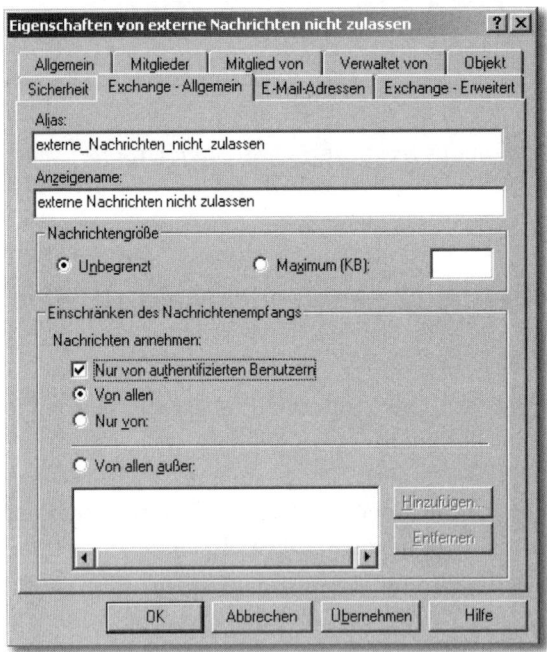

Authentifizierte Benutzer sind ausschließlich Mitglieder des Active Directory. Nachrichten von Versendern, die sich nicht am Active Directory des Unternehmens angemeldet haben, werden folglich nicht zugestellt. Allerdings müssten Sie diese Einstellung bei jedem Benutzer vornehmen.

Eine Alternative ist, dass Sie bei denjenigen Benutzern, die keine Mails aus dem Internet erhalten sollen, eine nicht erreichbare SMTP-Adresse einsetzen. Wenn Sie bei der Einrichtung der Domäne den Namen **Company.local** gewählt haben, so wurde in der Empfängerrichtlinie **Default Policy** als SMTP-Hauptadresse ebenso **@Company.local** eingetragen. Wenn im DNS-Server des Providers aber nur **Company.com** oder **Company.de** als Domain nach außen bekannt gemacht und die Empfängerrichtlinie **Default Policy** nicht geändert wird, so erhalten nur diejenigen Mitarbeiter E-Mails, bei denen über die Registerkarte **E-Mail-Adressen** eine zusätzliche, gültige SMTP-Adresse eingetragen wird.

26.26 Exchange Backup und Restore

Die Sicherung und Wiederherstellung von Postfächern bzw. ganzen Exchange-Datenbanken und die Komplett-Wiederherstellung (Disaster Recovery) eines Exchange Server sind komplexe Themen, zu denen Sie einige Artikel und Whitepapers auf der Buch-DVD in den Verzeichnissen **Exchange Server\Sicherung – Wiederherstellung** und **Sicherheit – Sicherung – Disaster Recovery\Sicherung und Disaster Recovery** finden.

Exchange 2000/2003 enthält im Gegensatz zu Exchange 5.x kein eigenes Exchange Server-Verzeichnis für Objekte wie Postfächer oder Verteilerlisten. Stattdessen werden die Informationen von Exchange 2000/2003 im Active Directory gespeichert und zwischen den Domänencontrollern der Gesamtstruktur repliziert. Exchange Server 2000/2003 ist sehr stark in das Active Directory integriert. Wurde der Exchange Server auf einem Mitgliedsserver statt auf einem Domänencontroller installiert, so ist nicht einmal eine Kopie der Active-Directory-Datenbank auf dem Exchange Server gespeichert. Der Server stellt stattdessen als Client eine Verbindung zu einem Active-Directory-Domänencontroller her, um Verzeichnisinformationen zu lesen und zu schreiben. Ein einfacher Administrator eines Exchange Server hat keine Kontrolle über die Sicherung und Wiederherstellung des Active Directory. Nur ein Domänenadministrator kann das Active Directory wiederherstellen.

Auch wenn ein Computer mit Exchange Server vollständig zerstört wird, sind alle Konfigurationsinformationen in der Regel sicher an einem anderen Speicherort im Active Directory gespeichert. Mit dem Installationsparameter **/disasterrecovery** der **setup.exe** der Exchange Server-CD kann die Neuinstallation eines Computers mit Exchange 2000/2003 durchgeführt werden. Denn dessen logische Konfigurationsinformationen sind im Active Directory sicher gespeichert, solange ein Domänencontroller im Netzwerk fehlerfrei arbeitet.

Postfächer können vom zugewiesenen Benutzerkonto getrennt und einem anderen Benutzer neu zugewiesen werden. Wenn Sie ein Exchange-Postfach löschen, wird der Postfachinhalt nicht mehr unmittelbar aus der Informationsspeicher-Datenbank gelöscht. Das physische Postfach bleibt 30 Tage erhalten. Dieses Intervall kann vom Administrator konfiguriert werden. Während der Zeit, in der sich das gelöschte Postfach auf der Liste der getrennten Postfächer befindet, können Sie dieses Postfach mit einem anderen Benutzer verknüpfen und damit reaktivieren.

Vom Anwender gelöschte Objekte sind nicht endgültig gelöscht, sondern können eine Zeit lang vom Anwender selbst wiederhergestellt werden, indem er in Outlook den Container **Gelöschte Objekte** öffnet und im Menü **Extras** den Befehl **Gelöschte Elemente wiederherstellen** wählt. Über die globalen Optionen kann im Snap-In **Exchange System-Manager** außerdem eingestellt werden, dass Postfächer und Objekte frühestens dann permanent gelöscht werden, wenn der Informationsspeicher gesichert wurde. Wenn Sie Sicherungssoftware von Drittherstellern verwenden, können einzelne Postfächer, ja sogar einzelne Objekte von Postfächern wie Kontakte, Nachrichten oder Termine zurückgesichert werden. Sie sollten alle diese Optionen kennen und beherrschen, damit Sie keinen unnötigen Aufwand betreiben, wenn ein Benutzer versehentlich eine Nachricht oder einen Kontakt gelöscht hat oder wenn ein Postfach zu schnell gelöscht wurde und der Inhalt des gelöschten Postfachs wieder benötigt wird.

In Exchange 2000/2003 können bis zu vier Speichergruppen für jeden Server konfiguriert werden und jede Speichergruppe kann bis zu fünf Datenbanken umfassen. Auf einem Exchange Server, der eine große Anzahl von Postfächern beherbergt, können Sie die Postfächer auf mehrere Postfachspeicher aufteilen und diese Datenbanken getrennt voneinander sichern und auch rücksichern. Sie können mehrere Speichergruppen gleichzeitig auf unterschiedlichen Bändern sichern. Es ist jedoch nicht möglich, einzelne Datenbanken innerhalb einer Speichergruppe gleichzeitig auf unterschiedlichen Bändern zu sichern. Alle Datenbanken in einer Speichergruppe müssen nacheinander gesichert werden, entweder in einem Sicherungsauftrag oder in mehreren Aufträgen, deren Ausführung nacheinander geplant ist.

Der **Exchange System-Manager** (ESM) unterstützt das Bereitstellen und das Aufheben der Bereitstellung einzelner Datenbanken. Alle Datenbanken werden standardmäßig beim Start des Dienstes bereitgestellt. Sie können dieses Verhalten jedoch in den Datenbankeigenschaften ändern. Wenn nur einer von mehreren Postfachspeichern bzw. eine von mehreren Speichergruppen wiederhergestellt werden muss, so muss auch nur die Bereitstellung dieser Datenbank bzw. Speichergruppe temporär beendet werden. Benutzer, deren Postfächer in anderen

Postfachspeichern liegen, können ohne Beeinträchtigung mit dem Exchange Server weiterarbeiten.

Gab es unter Exchange 5.0/5.5 nur je eine Datenbank **Priv.edb** für die Postfächer und **Pub.edb** für die öffentlichen Ordner, so können unter Exchange 2000/2003 bis zu 20 Informationsspeicher-Datenbanken erstellt und die Postfächer und öffentlichen Ordner darauf verteilt werden. Die Namen für diese Datenbanken können frei gewählt werden. Zu jeder Datenbankdatei gibt es eine begleitende Streamingdatenbank-Datei. Diese Datei hat bis auf die Dateinamenerweiterung STM denselben Namen wie die EDB-Datei. Bei Offlinesicherungen müssen die EDB- und STM-Dateien wie eine einzige Datei behandelt werden: Sie müssen gemeinsam kopiert und wiederhergestellt werden.

Der Windows Small Business Server 2003 wartet mit einem Sicherungs- und Wiederherstellungsassistenten auf, der im Vergleich zum NTBACKUP-Assistenten vorbildlich ist und auch gleich die Einstellungen für Schattenkopien vornimmt.

Das Microsoft-Handbuch »Exchange 2003-Handbuch zur Wiederherstellung nach Datenverlust« bietet einen umfassenden Überblick über die Möglichkeiten der Datensicherung und Wiederherstellung. Sie finden es auf der Buch-DVD.

26.27 Client/Server-Kommunikation über WAN-Verbindungen

Um die benötigte Anzahl dezentraler Exchange Server bzw. die Belastung der WAN-Leitungen beim Zugriff dezentraler Outlook-Clients auf einem zentralen Exchange Server herauszufinden, empfiehlt es sich, in einer Tabelle oder einer Grafik alle Standorte, die Anzahl der zukünftigen Postfächer pro Standort und die verschiedenen Bandbreiten der WAN-Verbindungen dieser Standorte zur Zentrale aufzulisten, danach die Intensität der Nutzung des Exchange Server (Mailaufkommen, Nutzung öffentlicher Ordner) kurz- und mittelfristig abzuschätzen und dem geplanten Ausbau der WAN-Leitungen gegenüberzustellen.

In Whitepapers bzw. im Technischen Referenzhandbuch zu Exchange 2000 Server finden Sie zum Bandbreitenproblem folgende Abschätzungen:

»**Erfahrungswerte/Annahmen:**

Bei Anbindung eines MAPI-Clients wie Outlook 2000/2002 an einen Exchange 2000 Server ist mit folgenden Belastungen der Leitungen zu rechnen:

Mailbenutzer mit geringem Nachrichtenvolumen: 1,5 Kbit/s
Mailbenutzer mit mittlerem Nachrichtenvolumen: 2,5–3,2 Kbit/s
Mailbenutzer mit hohem Nachrichtenvolumen: 6–9 Kbit/s

Wenn an einem Standort z. B. 10 Benutzer mit mittlerem Nachrichtenvolumen arbeiten und eine 64-Kbit/s-Verbindung zum zentralen Exchange Server existiert, können sie wahrscheinlich über die WAN-Verbindung angemessen auf ihre Postfächer zugreifen (10 Benutzer x 3,2 Kbit/s = 32 Kbit/s). Wenn es sich jedoch um 10 Benutzer mit hohem Aufkommen und dieselbe 64-Kbit/s-Verbindung handelt, reicht die Bandbreite nicht dafür aus, dass die Benutzer angemessen auf ihre Postfächer zugreifen können (10 Benutzer x 7,5 Kbit/s = 75 Kbit/s).«

Diese Abschätzung müssen Sie jedoch kritisch sehen: Die Bandbreite reicht nicht aus, wenn sie auch noch für andere Dienste benutzt wird, z. B. den Zugriff auf eine Datenbank (SAP-Host) oder das Internet. Andererseits gelten wahrscheinlich inzwischen die angegebenen Durchschnittswerte nicht mehr, da die Mailnutzung auch bei E-Mail-Nutzern mit »geringem Nachrichtenvolumen« zugenommen hat, nicht nur die Anzahl der Mails pro Tag, sondern auch deren Größe inklusive Anhänge. Andererseits stehen inzwischen preiswerte Anbindungsmöglichkeiten über Flatrates bzw. DSL zur Verfügung und 64-Kbit/s-Leitungen werden kaum noch genutzt. 2 MBit/s-Leitungen sind wohl eher Standard geworden. Passen Sie also derartige Empfehlungen immer an den aktuellen Stand an, indem Sie überprüfen, wann diese Empfehlung zu Papier gebracht wurde und wie sich die Leistungsfähigkeit der inzwischen verfügbaren Technik geändert hat. Bedenken Sie dabei, dass vom Erstellen des Manuskripts bis zum Erscheinen im Internet oder als Buch oft einige Monate vergehen und Empfehlungen alleine deshalb veraltet sind.

26.28 Anbindung über MAPI oder POP3

Unternehmen, die einem großen Teil ihrer Mitarbeiter den Remotezugriff auf das Netzwerk ermöglichen (entweder über DFÜ oder über ein VPN), konfigurieren Outlook normalerweise für die Verwendung der MAPI-Protokolle. Wenn Outlook als MAPI-Client für Exchange 2000/2003 verwendet wird, bietet es die volle Funktionalität für Messaging und Gruppenterminplanung sowie für die Verwaltung von Kontakten, Aufgaben und Ansichten. Outlook stellt eine Reihe von Tools zur Arbeitserleichterung bereit, wie beispielsweise die Rechtschreibprüfung, die Suchfunktion und serverseitige Regeln, die es dem Exchange Server ermöglichen, E-Mails zu verwalten und zu sortieren, wenn keine Verbindung zum Client besteht.

Wenn ein Unternehmen seine Benutzer nicht in der richtigen Remoteverwendung von Outlook mit MAPI-Protokollen (Offlineordner, Synchronisieren und Remotemail) schulen kann, kann es Outlook mit Hilfe von POP3 konfigurieren, um die Komplexität für den Endbenutzer zu verringern und gleichzeitig die Messagingfunktionalität aufrechtzuerhalten. Dadurch fällt auch weniger Netzwerkverkehr an. Bei Verwendung in der Internetkonfiguration ist Outlook für Exchange ein POP3- oder IMAP4-Client und verwendet LDAP für den Zugriff auf das Verzeichnis. In dieser Konfiguration bietet Outlook E-Mail-Unterstützung sowie in begrenztem Umfang Gruppenterminplanung und Verwaltung persönlicher Informationen.

Beide Konfigurationen unterstützen sicheres Messaging durch S/MIME (Multipurpose Internet Mail Extensions) und digitale Zertifikate.

26.29 Outlook Mobile Access (OMA)

Die Funktionalität des ehemals eigenständigen Produktes **Microsoft Mobile Information Server** ist in Exchange 2003 integriert worden. Der Exchange 2003 wartet mit **Outlook Mobile Access (OMA)** auf. Anwender können mit mobilen Geräten wie Pocket PCs, Smartphone usw. auf ihr Postfach zugreifen. Eine Liste der von Microsoft als kompatibel bezeichneten Geräte finden Sie im Artikel »Exchange 2003 Compatibility with Mobile Devices« unter **www.microsoft.com/exchange/techinfo/outlook/OWA_Mobile.asp**.

Mit WAP-fähigen Endgeräten wie z. B. Mobiltelefonen ist ein einfacher Zugriff auf Ihren Posteingang und die Suche nach Kontakten möglich. Dies funktioniert z. B. problemlos mit gängigen Mobiltelefonen. Neue E-Mails können direkt an ein mobiles Gerät weitergeleitet werden. Diese Funktionalität ist z. B. für technisches Personal interessant, denn Meldungen über Systemfehler oder ausgefallene Dienste können direkt an das Handy geschickt werden. Mittels **ActiveSync** können Daten zwischen Exchange Server und Systemen ausgetauscht werden, die mit **Pocket Outlook** ausgestattet sind.

Zum Thema Outlook Mobile Access finden Sie auf der Buch-DVD viele Beiträge im Verzeichnis **Exchange Server\Outlook Mobile Access**. Sehr empfehlenswert sind die Anleitungen unter **www.msxfaq.de** und **www.msexchange.org** sowie der ActiveSync Troubleshooting Guide unter **www.pocketpcfaq.com**.

Mobile Dienste testen Sie am einfachsten an einer Installation von Windows Small Business Server 2003. Starten Sie den **Exchange System-Manager** und öffnen Sie die Eigenschaften von **Globale Einstellungen** · **Mobile Dienste**. Dort müssen in der Registerkarte **Allgemein** die Optionen **Outlook Mobile Access** und **Nicht unterstützte Geräte** aktiviert werden.

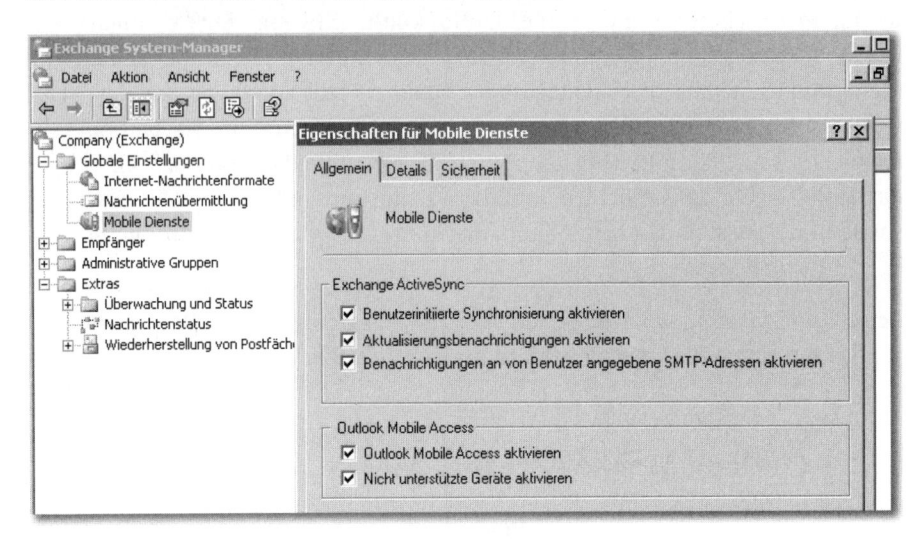

Nun kann im Snap-In **Active Directory-Benutzer und -Computer** pro Benutzer **Outlook Mobile Access** aktiviert oder deaktiviert werden.

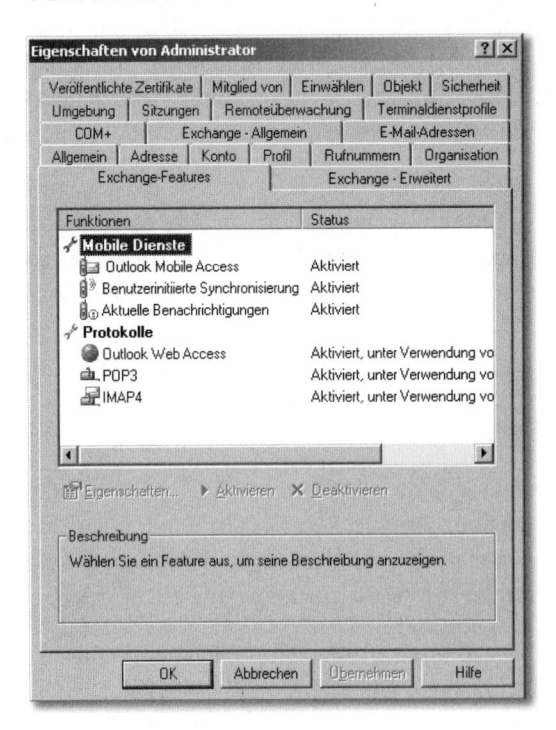

Sie benötigen kein mobiles Gerät, um einen Eindruck von OMA zu bekommen. Entweder geben Sie an einem Windows-XP-Client unter dem Webbrowser die Adresse **http://s1.company.com/oma** oder direkt auf dem SBS2003-Server im Internet-Explorer die Adresse **http://s1/oma** ein. Es wird nach einer Kennung und einem Kennwort gefragt. Danach erscheint folgender Bildschirm:

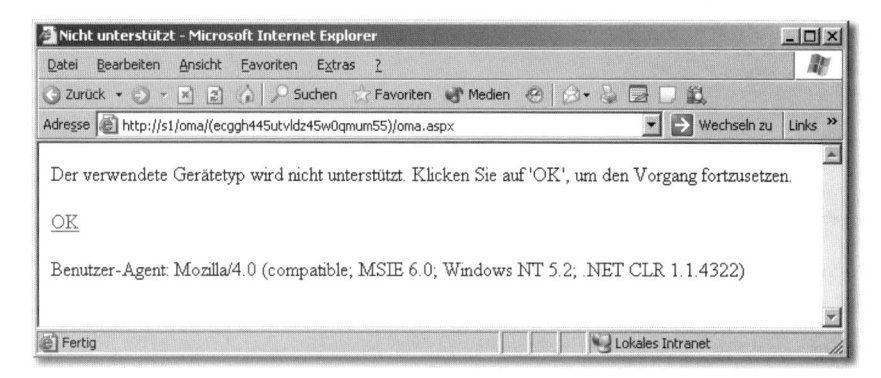

Wenn Sie auf **OK** klicken, öffnet sich der OMA-Bildschirm:

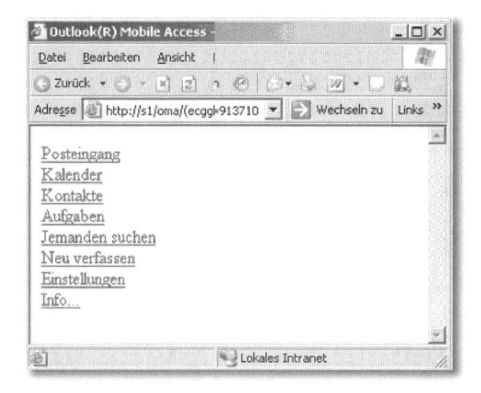

Im **Posteingang** haben noch nicht gelesene Nachrichten ein Sternchen *.

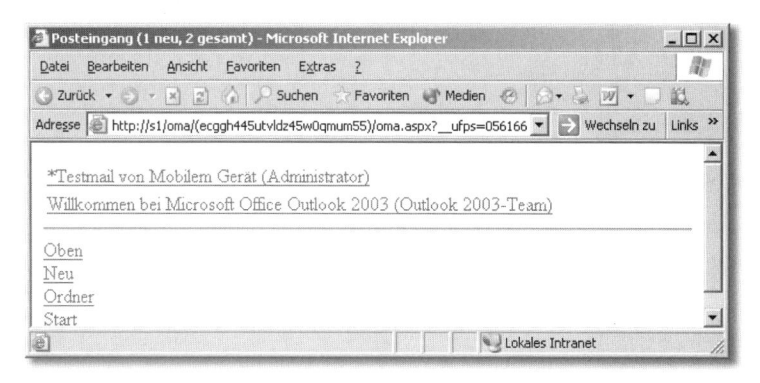

Wenn Sie die Nachricht anklicken, können Sie direkt darauf antworten.

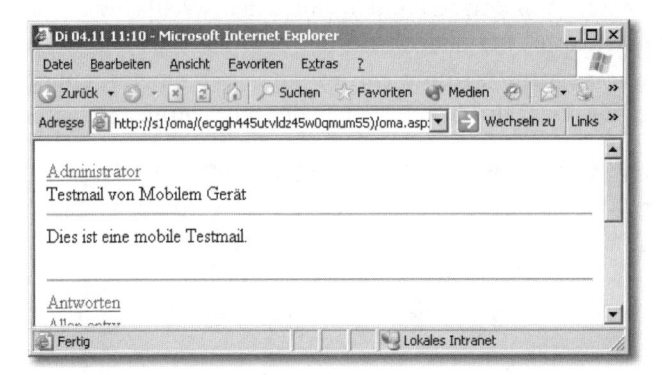

Ihnen stehen die üblichen Felder wie **An**, **Cc**, **Bcc** zur Verfügung. Ebenso können Sie die **Wichtigkeit** und **Vertraulichkeit** der Nachricht definieren. Der Kalender hat unter OMA das nachfolgend abgebildete Aussehen:

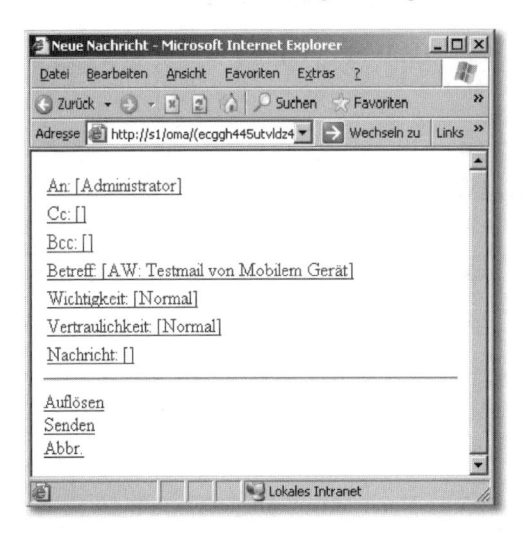

Die Anwahl von **Neu · Termin** ergibt das folgende linke Bild. Auch die Aufgaben können eingesehen und neue Aufgaben verfasst werden.

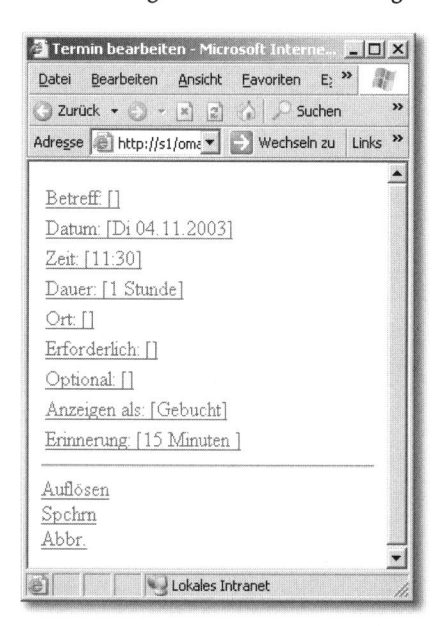

Natürlich können Sie auch Ihre Kontakte einsehen und neue Kontakte einpflegen:

26.30 Optimierung von Exchange Server

[o] Bezüglich der Optimierung von Exchange verweise ich auf die Anleitungen im Verzeichnis **Exchange Server\Optimierung** der Buch-DVD und auf die folgende Literatur:

- Exchange 2000 Server, ResKit, Kap. 15, Server Sizing
- Exchange 2000 Server, Resource Guide, Kap. 31, Optimizing Exchange 2000
- Microsoft White Paper: »Microsoft Exchange 2000 Interna: Anleitung zur schnellen Optimierung«
- Handbuch zur Leistung und Skalierbarkeit von Exchange Server 2003
- Exchange 2003-Handbuch für hohe Verfügbarkeit
- Troubleshooting Exchange 2003 Performance (Beheben von Exchange 2003-Leistungsproblemen)
- Webcast: Exchange Server 2003 (Teil 9) – Exchange-Installationen überwachen und optimieren, Download über **http://www.microsoft.com/germany/technet/webcasts/library.aspx?id=118771513**

▶ Webcast: Exchange server 2003 Teil 9 von 14 Installation überwachen und optimieren – Technet_118771513.pdf, Download über **http://download.microsoft.com/download/b/3/7/b3750c45-e079-48d5-8401-88dcae5e47f7/Technet_118771513.pdf**

Unter **www.microsoft.com/germany/ms/exchange/library/default.mspx** und unter **http://www.microsoft.com/technet/prodtechnol/exchange/2003/library/default.mspx** finden Sie die jeweils aktuelle Auflistung der technischen Dokumentbibliothek von Exchange 2003.

Outlook bietet bereits einfache Groupware- und Workflow-Funktionen. Doch erst im Zusammenspiel mit Exchange Server entfaltet sich die volle Produktivität. Über die Nutzung der öffentlichen Ordner gewinnt das Produkt Exchange Server seinen Zusatznutzen gegenüber einfachen E-Mail-Servern. Öffentliche Ordner bringen Groupware- und Workflow-Funktionalität an jeden Arbeitsplatz. Ihre Inhalte können auch offline durch mobile Mitarbeiter genutzt werden.

27 Outlook und öffentliche Exchange-Ordner praxisnah nutzen

Die Neuerungen, die sich durch das Service Pack 2 hinsichtlich der öffentlichen Exchangeordner ergeben haben, können Sie nachlesen im Artikel »In-depth look at the Public Folder Improvements in Exchange 2003 Service Pack 2« bei **http://www.msexchange.org/tutorials**.

Weitere Informationen zu öffentlichen Exchangeordnern finden Sie in den Verzeichnissen **Exchange Server\Beispielinhalte fuer öffentliche Ordner** und **Exchange Server\Öffentliche Ordner** der Buch-DVD.

27.1 Einfache Groupware- und Workflow-Funktionen nutzen

Sobald ein Benutzer ein Postfach auf dem Exchange Server besitzt und dieses über Outlook öffnen kann, stehen ihm in den Office-Anwendungen Word, Excel und PowerPoint nun jeweils unter dem Befehl **Datei · Senden an** einige neue Möglichkeiten zur Verfügung: Er kann das geöffnete Dokument an einen E-Mail-Empfänger normal und zur Überarbeitung, an einen Verteilerempfänger oder einen öffentlichen Exchange-Ordner senden. Auch im Windows Explorer kann er eine Datei mit der rechten Maustaste anklicken und den Befehl **Senden an · E-Mail-Empfänger** wählen.

27.1.1 Senden eines Dokuments zur Überarbeitung

Um ein Dokument zur Überarbeitung zu senden, öffnen Sie es und wählen den Befehl **Datei · Senden an · E-Mail-Empfänger (zur Überarbeitung)**. Wenn das Dokument in einem gemeinsam genutzten Gruppenverzeichnis oder Projektverzeichnis auf einem Dateiserver liegt, enthält die E-Mail-Nachricht eine Verknüpfung zu der Datei, die überarbeitet werden soll. Wenn Sie das Dokument an einen Bearbeiter senden, der keinen Zugriff auf den gemeinsam genutzten Speicherort hat, klicken Sie auf **Ja**, wenn Sie aufgefordert werden, die Datei einzufügen.

27.1.2 Senden eines Dokuments als Textkörper einer E-Mail-Nachricht

Öffnen Sie das Dokument, das Sie senden möchten, und wählen Sie den Befehl **Datei · Senden an · E-Mail-Empfänger**. In der Standardeinstellung wird der Name der Datei im Feld **Betreff** angezeigt. Sie können auch Ihren eigenen Betreff eingeben. Geben Sie im Feld **Einleitung** einen Kommentar ein. Beispielsweise könnten Sie in Ihrem Kommentar Überarbeitungsanweisungen für die Empfänger angeben. Klicken Sie dann auf **Kopie senden**.

27.1.3 Senden eines Dokuments als Anlage einer E-Mail-Nachricht

Um ein Dokument als Anlage zu senden, öffnen Sie das Dokument und wählen den Befehl **Datei · Senden an · E-Mail-Empfänger (als Anlage)**. Geben Sie in den Feldern **An** und **Cc** die Empfänger durch Semikolon getrennt ein oder wählen Sie die Empfängernamen aus einer Liste aus, indem Sie auf die Schaltfläche **An** oder **Cc** klicken. Im Feld **Betreff** steht der Name des Dokuments, das als Anlage eingefügt ist.

27.1.4 Senden eines Dokuments zur Überarbeitung

Wenn Sie den Befehl **Datei · Senden an · E-Mail-Empfänger (zur Überarbeitung)** verwenden, wird das Dokument wieder als Anlage verwendet. Im Feld **Betreff** und im Textkörper steht bereits »Bitte überarbeiten Sie das angehängte Dokument«. Sie können sowohl den Text ändern als auch weitere Dateien als Anlagen anfügen.

27.1.5 Senden eines Dokuments an eine Verteilerliste

Wenn Sie direkt aus einer Office-Anwendung wie Word den Befehl **Datei · Senden an · Verteilerempfänger** wählen, so starten Sie damit einen Workflow: Sie suchen mehrere Empfänger aus, denen das Dokument nacheinander oder gleichzeitig zugesandt wird. Bei einem Word-Dokument dürfen die ausgewählten Empfänger entweder direkte Änderungen am Original vornehmen oder nur Kommentare einfügen. Außerdem bietet das Fenster **Verteiler** folgende Optionen beim Versenden von Word-Dokumenten:

Wenn Sie die Option Änderungen verfolgen aktivieren, kann jeder weitere Empfänger in der angegebenen Reihenfolge die Änderungen der Vorgänger in der Kette der Zusendung als markierte Überarbeitungen verfolgen.

Wenn Sie die Option Formulareingabe aktivieren, können Sie ein Formular (z. B. einen Urlaubsantrag, einen Beschaffungsantrag oder eine Materialanforderung) versenden, das nur ausgefüllt, selbst aber nicht verändert werden darf (siehe nächste Abbildung).

Wenn Sie die Option Nach Erledigung zurück zum Absender wählen, wird das Dokument automatisch an Sie zurückgeleitet, sobald der letzte Empfänger in der Kette es empfangen, bearbeitet und wieder geschlossen hat.

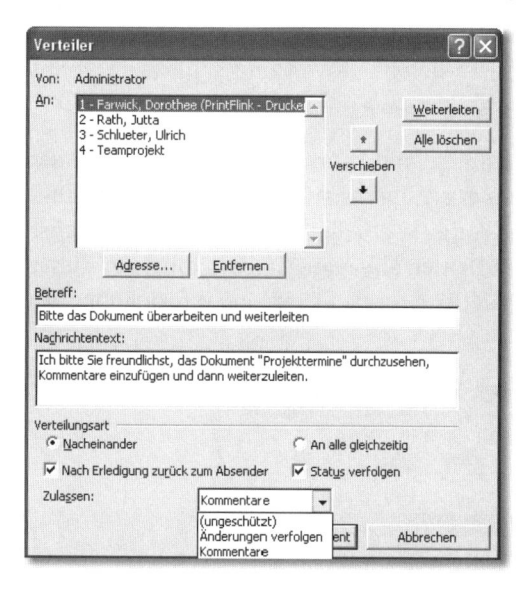

Die Option **Status verfolgen** bewirkt, dass Sie jedes Mal eine kurze E-Mail erhalten, sobald ein Empfänger das Dokument an den nächsten Empfänger der Kette weiterleitet. Sie wissen also immer genau, bei welchem Mitarbeiter sich ein Vorgang zurzeit befindet.

27.1.6 Aufgaben zuweisen

Ein Gruppenleiter kann in Outlook eine neue Aufgabe erfassen und diese anschließend über die Schaltfläche **Aufgabe zuordnen** einem seiner Mitarbeiter zuweisen.

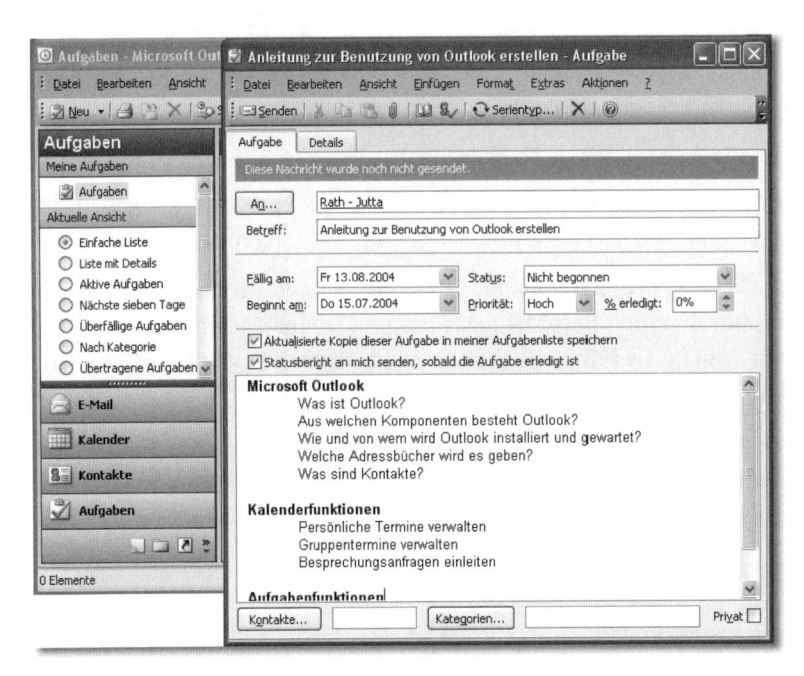

Der Mitarbeiter erhält die Aufgabenanfrage und kann die Aufgabe übernehmen oder auch begründet ablehnen. Wenn er sie übernommen hat, kann er regelmäßig eingeben, zu wie viel Prozent die Aufgabe erledigt ist, ob die weitere Aufgabenerledigung von der Zuarbeit eines Dritten abhängig ist usw. Sobald er diesen Aufgabenstand wieder speichert, erhält der Gruppenleiter eine Information über den Stand der Aufgabenerledigung.

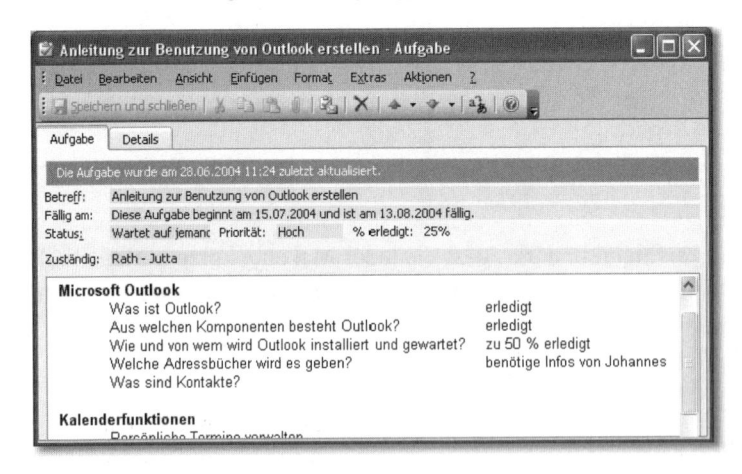

Füllt der mit der Aufgabenerledigung betreute Mitarbeiter die Registerkarte **Details** aus, so erhält der Gruppenleiter weitere Informationen über angefallenen Aufwand und Reisekilometer.

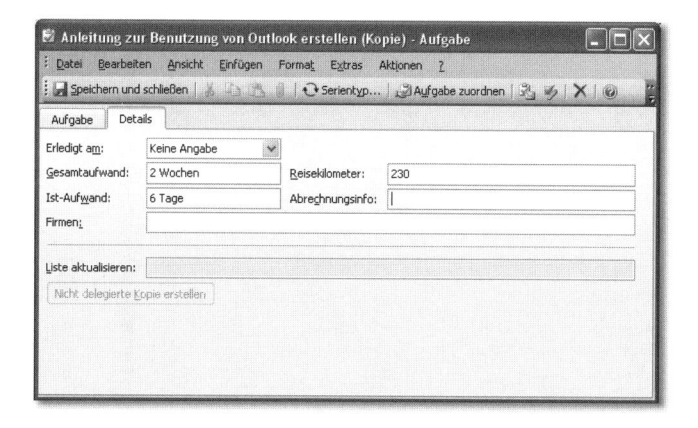

27.2 Verwenden von Gruppenzeitplänen

27.2.1 Was sind Gruppenzeitpläne?

Der Gruppenzeitplan im Kalender vereinfacht die Anzeige der Zeitpläne mehrerer Personen oder Ressourcen auf einen Blick. Sie können mehrere Gruppenzeitpläne erstellen und speichern, die jeweils eine Gruppe von Personen oder Ressourcen anzeigen. Ein Gruppenzeitplan kann beispielsweise alle Mitarbeiter in einer Abteilung umfassen. Ein anderer Gruppenzeitplan kann alle Konferenzräume in einem Gebäude beinhalten. Sie können nicht nur Personen zu Besprechungen einladen, sondern auch Ressourcen einplanen, beispielsweise den Konferenzraum, in dem die Besprechung stattfinden soll, oder den Projektor, den Sie für eine Präsentation benötigen. Während der Anzeige eines Gruppenzeitplans können Sie damit in kurzer Zeit eine Besprechung planen oder eine E-Mail an ein bzw. alle Gruppenmitglieder senden. Sie können die aktuellsten **Frei/Gebucht-Informationen** für jedes Gruppenmitglied abrufen, bevor Sie planen. Mit der **AutoAuswahl** können Sie einen freien Zeitraum für alle Gruppenmitglieder suchen.

Ressourcen werden wie Exchange-Postfächer eingerichtet. Weiterhin muss Ihnen die Berechtigung erteilt worden sein, Ressourcen einzuplanen, einschließlich dieser Ressource.

27.2.2 Erstellen, Anzeigen oder Löschen eines Gruppenzeitplans

Klicken Sie unter **Kalender** im Menü **Aktionen** auf **Gruppenzeitpläne ermitteln**. Klicken Sie auf **Neu**. Geben Sie einen Namen für den neuen Gruppenzeitplan ein und klicken Sie auf **OK**. Klicken Sie auf **Weitere einladen** und dann auf **Von Adressbuch hinzufügen** bzw. auf **Öffentlichen Ordner hinzufügen**. Wählen Sie die Namen oder den öffentlichen Ordner aus und klicken Sie auf **OK**.

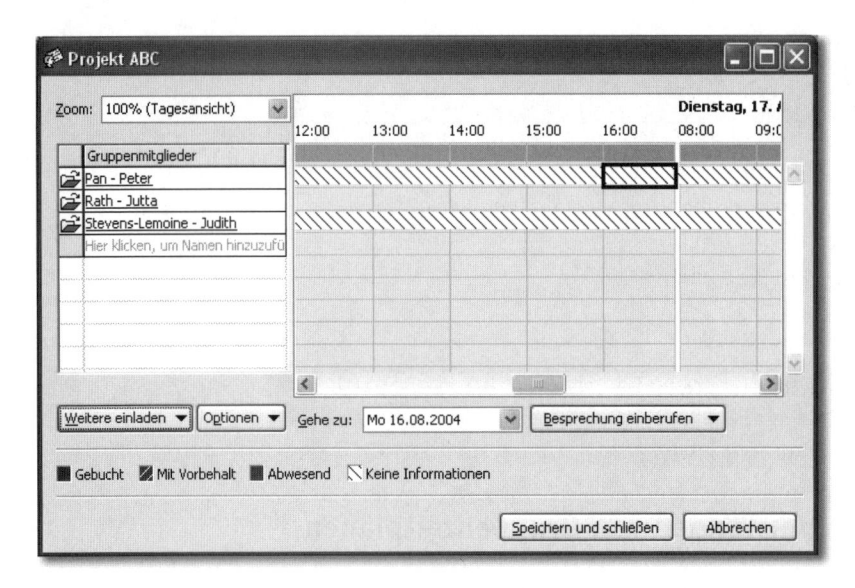

Um einen Gruppenzeitplan zu löschen, wählen Sie denjenigen aus, den Sie löschen möchten, und klicken Sie dann auf **Löschen**. Um die **Frei/Gebucht-Daten** im Kalender zu aktualisieren, klicken Sie auf **Optionen** und dann auf **Frei/Gebucht aktualisieren**.

27.2.3 Anpassen von Gruppenzeitplänen

Klicken Sie unter **Kalender** im Menü **Aktionen** auf **Gruppenzeitpläne anzeigen**. Klicken Sie auf den gewünschten Gruppenzeitplan und dann auf **Öffnen**. Klicken Sie auf **Optionen** und dann auf eine der folgenden Optionen:

- **Nur Arbeitsstunden anzeigen:** Standardmäßig zeigt der Gruppenkalender die Arbeitsstunden an, die Sie über **Extras · Optionen** im Dialogfeld **Kalenderoptionen** in den Feldern **Beginnt um** und **Endet um** angegeben haben. Wenn Sie das Kontrollkästchen neben **Nur Arbeitsstunden anzeigen** deaktivieren, werden bei der Anzeige des Gruppenkalenders alle 24 Stunden des jeweiligen Tages angezeigt.

- **Kalenderdetails anzeigen:** Standardmäßig zeigt der Gruppenkalender die Details von Kalenderelementen an, sofern ein Element von seinem Besitzer nicht als »privat« markiert wurde. Wenn Sie das Kontrollkästchen neben dieser Option deaktivieren, schließt der Kalender keine Details ein.

- **AutoAuswahl:** Sucht verfügbare Zeiten für alle Gruppenmitglieder.

- **Frei/Gebucht aktualisieren:** Stellt eine Verbindung zum Exchange Server her und ruft die aktuellen Frei/Gebucht-Informationen für alle Gruppenmitglieder ab.

27.2.4 Senden einer Besprechungsanfrage oder E-Mail-Nachricht aus einem Gruppenzeitplan

Klicken Sie unter **Kalender** im Menü **Aktionen** auf **Gruppenzeitpläne anzeigen**. Wählen Sie den gewünschten Gruppenzeitplan aus und klicken Sie dann auf **Öffnen**. Wählen Sie die Gruppenmitglieder aus, die Sie einschließen möchten. Klicken Sie auf **Besprechung einberufen** und dann auf **Neue Besprechung** bzw. auf **Neue E-Mail-Nachricht**.

27.3 Zugriffsrechte für Stellvertretung

27.3.1 Berechtigungsstufen für Outlook-Ordner

Hat ein Mitarbeiter ein Postfach auf einem Exchange Server, so kann er einer anderen Person Zugriff auf seinen Posteingang und beliebige andere Outlook-Ordner erteilen. Das Erteilen von Berechtigungen, damit eine andere Person Outlook-Ordner öffnen, dort Elemente erstellen und lesen sowie Anfragen beantworten kann, wird Stellvertreterzugriff genannt. Wenn Sie die Person sind, die Berechtigungen erteilt, bestimmen Sie auch die Berechtigungsstufe für den Stellvertreter. Sie können einem Stellvertreter die Berechtigung erteilen, Elemente in Ihren Ordnern zu lesen oder Elemente zu lesen, zu erstellen, zu ändern und zu löschen. Sie können einem Stellvertreter die Berechtigung erteilen, in Ihrem Auftrag Nachrichten zu senden und zu beantworten. Darüber hinaus kann der Stellvertreter in Ihrem Auftrag Besprechungen organisieren und an Sie gerichtete Besprechungs- und Aufgabenanfragen beantworten.

Wenn Sie einer Person Zugriff auf Ihre Ordner gewähren, kann dieser Stellvertreter standardmäßig auf die Objekte in den Ordnern zugreifen, jedoch mit Ausnahme der Objekte, die als »privat« gekennzeichnet sind. Um den Zugriff auf private Objekte zu gewähren, müssen Sie zusätzliche Berechtigungen erteilen. Die Stellvertretung kann nicht für Ordner verwendet werden, die sich in einer PST-Datei statt in der Exchange-Datenbank befinden.

Die folgenden Berechtigungsstufen können einer Stellvertretung erteilt werden:

Stufe 1 – Der Stellvertreter darf Elemente nur lesen.

Stufe 2 – Der Stellvertreter darf Elemente lesen und erstellen und seine eigenen Elemente ändern oder löschen. Eine Stellvertretung kann z. B. direkt im Ordner **Aufgaben** oder **Kalender** des Vorgesetzten Aufgaben- und Besprechungsanfragen erstellen und die Elemente anschließend im Auftrag des Vorgesetzten senden.

Stufe 3 – Der Stellvertreter darf alle Aktionen ausführen wie bei Stufe 2 und zusätzlich die vom Vorgesetzten erstellten Elemente ändern und löschen.

Bei den Berechtigungen der Stufe 2 oder Stufe 3 verfügt der Stellvertreter über die Berechtigung **Senden im Auftrag von**. Nachrichten, die auf diese Weise gesendet wurden, enthalten sowohl den Namen des Vorgesetzten als auch den der Stellvertretung. Die Empfänger der Nachricht können den Namen des Vorgesetzten im Feld **Gesendet im Auftrag von** und den Namen der Stellvertretung im Feld **Von** anzeigen.

27.3.2 Freigeben von privaten Ordnern durch Gewähren von Zugriffsrechten für Stellvertretung

Wählen Sie über **Extras · Optionen** die Registerkarte **Stellvertretungen** und dann **Hinzufügen**. Geben Sie im Feld **Namen eingeben oder auswählen** den Namen der Stellvertretung ein, für die Sie Berechtigungen festlegen möchten. Klicken Sie auf **Hinzufügen** und auf **OK** und dann für jeden Microsoft-Outlook-Ordner, auf den die Stellvertretung Zugriff haben soll, auf einen Berechtigungstyp. Um eine Nachricht zu senden, die den Stellvertreter über die geänderten Berechtigungen informiert, aktivieren Sie das Kontrollkästchen **Automatisch Zusammenfassung der Berechtigungen an Stellvertretung senden**.

27.3.3 Nur die Berechtigung für die Bearbeitung von Besprechungsanfragen und -antworten erteilen

Benötigt ein Stellvertreter lediglich die Berechtigung für die Bearbeitung von Besprechungsanfragen und -antworten, kann der Vorgesetzte den Benutzer über **Extras · Optionen** in der Registerkarte **Stellvertretungen** auswählen und dann auf **Berechtigungen** klicken. Anschließend aktiviert er das Kontrollkästchen **Anfragen und Antworten nicht mir, sondern meiner Stellvertretung senden**.

Für diesen Vorgang muss der Vorgesetzte keine Berechtigung für seinen Posteingang erteilen. Besprechungsanfragen und -antworten gehen direkt an den Posteingang des Stellvertreters. Der Stellvertreter benötigt jedoch die Berechtigung der **Stufe 3** für den Ordner **Kalender** des Vorgesetzten, da die Besprechung nach dem Beantworten der Besprechungsanfrage im Auftrag des Vorgesetzten automatisch zum Ordner **Kalender** des Vorgesetzten hinzugefügt wird.

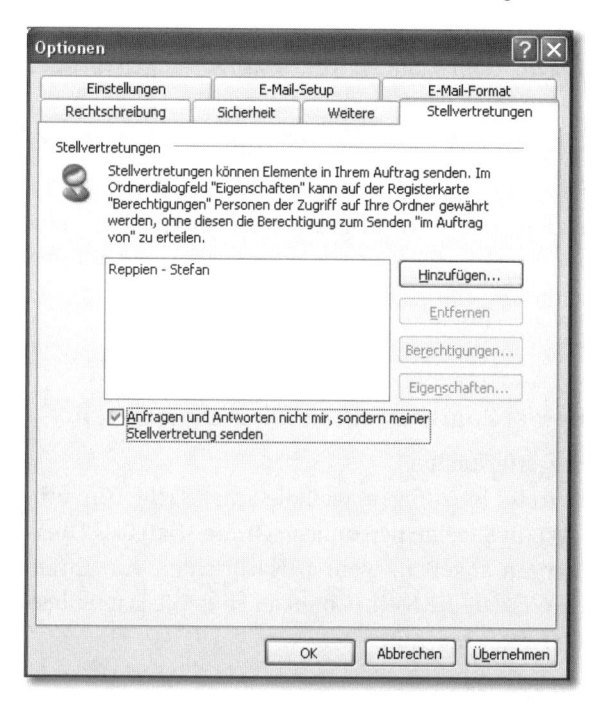

27.3.4 Freigeben eines öffentlichen oder privaten Ordners mit Hilfe von Berechtigungen

Über den Menübefehl **Wechseln zu** gelangen Sie zur Ordnerliste. Klicken Sie mit der rechten Maustaste den privaten oder öffentlichen Ordner an, den Sie freigeben möchten, und wählen Sie **Freigeben**. Um die Freigabeberechtigungen für einen öffentlichen Exchange-Ordner neu festlegen zu dürfen, müssen Sie über die Berechtigung **Besitzer** verfügen. Klicken Sie auf die Registerkarte **Berechtigungen** und dann auf **Hinzufügen**. Geben Sie im Feld **Namen eingeben oder auswählen** den Namen der Person oder der Verteilerliste ein, der Sie Freigabeberechtigungen erteilen möchten. Klicken Sie auf **Hinzufügen** und dann auf **OK**.

Klicken Sie im Feld **Name** auf den Namen der Person oder Verteilerliste, die Sie hinzugefügt haben, und wählen Sie unter **Berechtigungen** die gewünschten Einstellungen aus. Bei öffentlichen Ordnern können Sie jeder Person, die auf den Ordner zugreifen kann, dieselben Berechtigungen zuweisen, indem Sie im Feld **Name** auf **Standard** klicken.

27.3.5 Problembehandlung bei Zugriffsrechten für Stellvertretung

Fehlende Schaltflächen oder Registerkarten
Sie können keine neuen Stellvertreter hinzufügen, weil die Schaltfläche **Hinzufügen** nicht zur Verfügung steht. Wenn Sie eine persönliche Ordner-Datei als Übermittlungsort für E-Mail-Nachrichten angeben, werden Nachrichten von Ihrem Postfach dorthin weitergeleitet. Werden die Nachrichten an eine PST-Datei übermittelt, können Sie keine Stellvertreter hinzufügen.

Die Registerkarte »Stellvertreter« wird nicht angezeigt
Entweder haben Sie keine Verbindung zum Microsoft Exchange Server oder das Add-In, das das Feature **Zugriffsrechte für Stellvertretung** enthält, ist nicht installiert. Wählen Sie über **Extras · Optionen** die Registerkarte **Weitere**. Klicken Sie auf **Erweiterte Optionen** und dann auf **Add-In-Manager**. Wenn das Kontrollkästchen **Zugriffsrechte für Stellvertretung** nicht zur Verfügung steht, müssen Sie das Add-In installieren.

Anzeigen von Ordnern einer anderen Person
Sie können keine Termine im Kalender einer anderen Person anzeigen, obwohl Sie Stellvertreter sind. In der Tagesansicht des Ordners **Kalender** werden keine Details eines Termins angezeigt, die **Frei/Gebucht-Informationen** zeigen jedoch, dass die Zeit der Person während des Termins gebucht ist. Es handelt sich wahrscheinlich um einen als privat gekennzeichneten Termin. Wenn in den Berechtigungen eines freigegebenen Ordners die Option **Stellvertretung kann private**

Elemente sehen nicht explizit aktiviert ist, sieht der Stellvertreter nur, dass der Termin gebucht ist. Er sieht jedoch keine Termindetails.

Sie erhalten Besprechungsanfragen und -antworten, die Ihr Stellvertreter erhalten sollte
Das Postfach der Person, die Sie als Stellvertreter eingerichtet haben, wurde möglicherweise aus der globalen Adressliste von Microsoft Exchange gelöscht. Eventuell ist auch ein Fehler bei der internen Regelverwaltung auf dem Server aufgetreten. Um die Berechtigungen des Stellvertreters zu überprüfen, klicken Sie im Menü **Extras** auf **Optionen** und dann auf die Registerkarte **Stellvertretungen**. Eine andere Ursache kann sein, dass das Kontrollkästchen **Anfragen und Antworten nicht mir, sondern meiner Stellvertretung senden** möglicherweise nicht aktiviert ist.

Sie erhalten keine Antworten auf eine Aufgabenanfrage
Wenn Sie eine Aufgabenanfrage als Stellvertreter erstellen, werden die Antworten an die Person gesendet, für die Sie als Stellvertreter fungieren, und nicht an Sie selbst.

Sie können in einem Aufgabenordner keine Aufgaben nach oben oder unten verschieben
Wenn Sie in einem Aufgabenordner, für den Sie Stellvertreterzugriff haben, die Reihenfolge der Aufgaben ändern möchten, muss die Person, die Ihnen die Zugriffsrechte für Stellvertretung erteilt hat, Ihnen zusätzlich die Berechtigung **Besitzer** erteilen.

27.3.6 Einen Vertreter für ein gesamtes Postfach bestimmen

Sobald Sie für einen Benutzer ein Exchange-Postfach angelegt haben, können Sie weitere Mitarbeiter oder Sicherheitsgruppen angeben, die dieses Postfach einsehen oder als Stellvertreter bearbeiten dürfen. Dazu wählen Sie im Snap-In **Active Diretory-Benutzer und -Computer** die Registerkarte **Exchange · Erweitert** dieser Kennung an und klicken auf die Schaltfläche **Postfachberechtigungen**. Wenn Sie zum Beispiel eine Benutzerkennung **Helpdesk** erstellen und für diese Kennung ein Postfach anlegen, so können Sie danach der Gruppe **IT-Abteilung** Zugriffsrechte für dieses Postfach geben.

Auf dieselbe Weise kann einer Sekretärin Zugriff auf das gesamte Postfach ihres Chefs gegeben werden. Ein Mitarbeiter der IT-Abteilung kann nun in Outlook das Postfach von **Helpdesk** hinzuladen, indem er unter **Extras · E-Mail-Konten · Vorhandene E-Mail-Konten anzeigen und bearbeiten** wählt, auf **Ändern** klickt, **weitere Einstellungen** wählt und in der Registerkarte **Erweitert** unter **Zusätzliche Postfächer öffnen** das Postfach **Helpdesk** hinzufügt. Damit das Postfach jedoch hinzugeladen werden kann, müssen Sie sich zumindest einmal unter der Kennung **Helpdesk** anmelden und Outlook starten, denn erst dadurch wird das Postfach auf dem Exchange Server erzeugt.

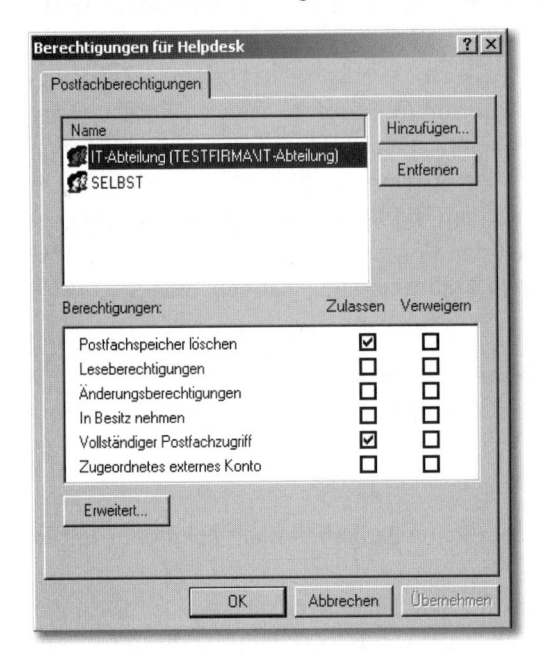

Auf gleiche Weise erzeugen Sie Kennungen und zugehörige Postfächer für Ressourcen wie Sitzungsräume, Projektoren, Beamer, Laptops oder Firmenfahrzeuge und schalten diese Postfächer anschließend zur Bearbeitung für diejenigen Mitarbeiter oder Mitarbeitergruppen frei, die die Ressourcen verwalten sollen. Eine Sekretärin kann auf diese Weise z. B. die Frei-/Gebuchtzeiten der Sitzungsräume mitverwalten. Ein Mitarbeiter der IT-Abteilung verwaltet die Ressourcen Beamer, Projektoren und Laptops mit.

Ein Anwender kann nun eine Terminanfrage für ein Meeting im Sitzungsraum XYZ an die gewünschten Meeting-Teilnehmer verschicken und gleichzeitig den Sitzungsraum und einen benötigten Beamer buchen. Ebenso könnte er beim Kantinenchef Kaffee und Kuchen mitbuchen.

27.3.7 Eine kostenlose Helpdesk-Verwaltung

Die erzeugte und mit einem Exchange-Postfach versehene Kennung **Helpdesk** erfüllt jedoch noch andere Aufgaben. Sie bestimmen einen Mitarbeiter der IT-Abteilung als postfachberechtigte Person. Dieser Mitarbeiter verwaltet das Postfach der Kennung **Helpdesk**. Mitarbeiter des Unternehmens können nun Nachrichten an die Kennung **Helpdesk** schicken, in denen sie ihre IT-Probleme nennen oder Aufgaben für die IT-Abteilung formulieren. Der Mitarbeiter der IT-Abteilung zieht die im Postfach **Helpdesk** eingehenden Nachrichten in den Container **Aufgaben** und weist die so aus der Nachricht erstellte neue Aufgabe einem Experten der IT-Abteilung zu. Dieser Experte erhält die Aufgabenanfrage und nimmt sie an. Dadurch landet diese Aufgabe als Kopie in seinem eigenen Aufgabencontainer. Sobald er dieser Aufgabe den Status **erledigt** zuweist, erhält die Kennung **Helpdesk** eine Rückmeldung, und auch im Aufgabencontainer von **Helpdesk** ist dann der Status dieser Aufgabe auf **erledigt** gestellt.

In den nachfolgenden Abbildungen ist die Mitarbeiterin Jutta Rath berechtigt, das Postfach von **Helpdesk** zu öffnen, die Aufgaben den Mitarbeitern der IT-Abteilung zuzuweisen und den Grad der Aufgabenerledigung zu überwachen. Sie hat dazu im Container **Aufgaben** des Postfachs **Helpdesk** eine Ansicht erzeugt, die alle Aufgaben zuerst nach dem Fälligkeitstermin, danach nach dem Status der Erledigung, dann nach dem für die Aufgabenerledigung zuständigen Mitarbeiter und zuletzt nach der Priorität der Aufgaben gruppierend ordnet.

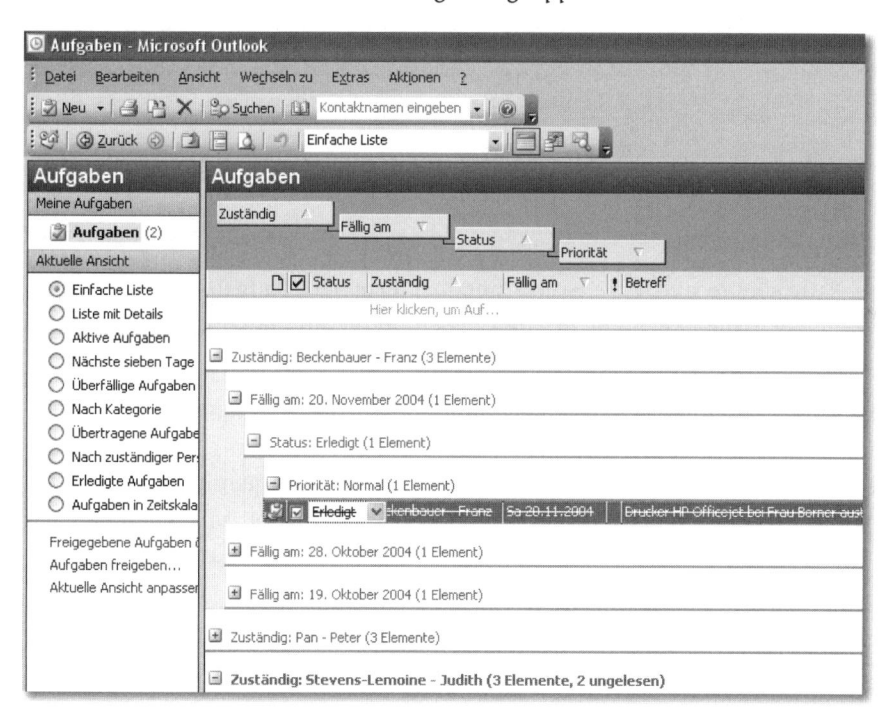

Auf diese Weise hat sie alle Aufgabentermine im Griff und kann schnell agieren, wenn eine Aufgabe mit hoher Priorität den Fertigstellungstermin überschritten hat. Wenn Frau Rath mit der Maus das Feld **Zuständig** nach oben zieht, ändert sich die Ansicht. Jetzt sind die an die Mitarbeiter verteilten Aufgaben nach Zuständigkeit geordnet. Ruft morgens ein Kollege aus der IT-Abteilung an und

27 | Outlook und öffentliche Exchange-Ordner praxisnah nutzen

meldet sich krank, so aktiviert Frau Rath diese Ansicht, um schnell sehen zu können, welche Aufgaben dieser Kollege gerade bearbeitet und ob wichtige Aufgaben einem anderen Mitarbeiter zugewiesen werden müssen.

Wenn jedoch Frau Rath die Aufgaben nach dem Feld **Status** als erstem Gruppierungsfeld umordnet, sieht sie auf einen Blick, welche Aufgaben erledigt sind.

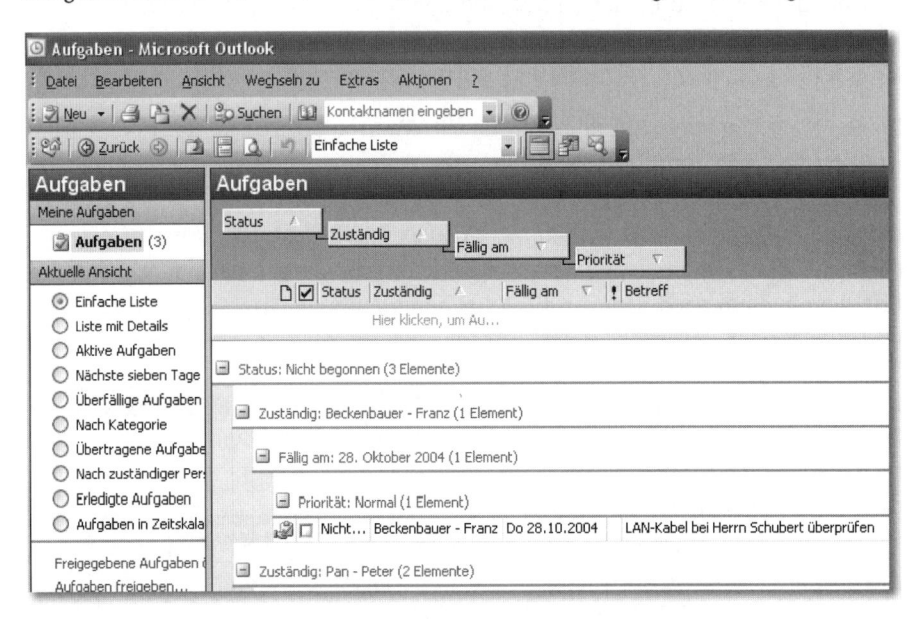

Frau Rath könnte einen weiteren Container **Erledigte Aufgaben** erstellen und alle Aufgaben, die den Status **Erledigt** haben, in diesen Container verlagern und damit archivieren.

Schnell dürften Ihnen weitere Anwendungsmöglichkeiten dieses Beispiels einfallen: Sie können die Aktivitäten von Außendienstmitarbeitern, Technikern oder Projektmitarbeitern über Möglichkeiten der Aufgabendelegierung effizient koordinieren. Jeder Abteilungsleiter kann seine Mitarbeiter mit Outlook und Exchange steuern und muss dafür keine neue Anwendung erlernen.

[o] Das Dokument »Automating Workflow on Exchange Folders« im Verzeichnis **Exchange Server\Öffentliche Ordner** der Buch-DVD demonstriert am Beispiel der Genehmigung einer Spesenabrechnung die Implementierung von Workflow über öffentliche Exchangeordner. Wenn Sie die Mitarbeiter bei der Einführung von Exchange Server und Outlook zielgerecht in diesen Groupware- und Workflow-Funktionen schulen, werden Sie einen echten Mehrwert aus diesen Produkten für Ihr Unternehmen schöpfen.

27.3.8 Senden eines Dokuments an einen öffentlichen Ordner

Sie können nun öffentliche Ordner in Outlook oder im Exchange-System-Manager anlegen, Zugriffsrechte für diese öffentlichen Ordner vergeben und ihnen eine E-Mail-Adresse zuweisen.

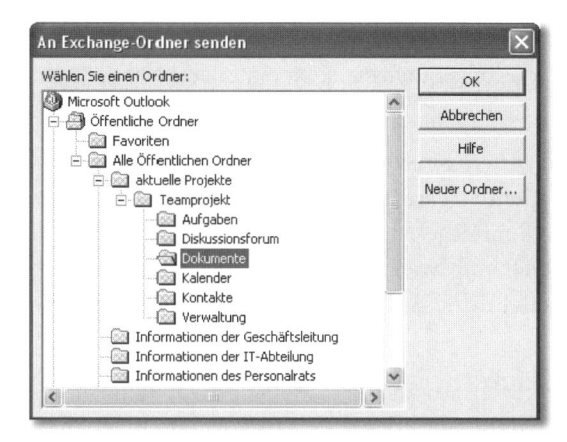

Wenn Sie nun in Word, Excel oder PowerPoint ein Dokument öffnen und den Befehl **Datei · Senden an · Exchange-Ordner** wählen, so öffnet sich ein Fenster **An Exchange-Ordner senden**, in dem Sie den gewünschten öffentlichen Ordner auswählen können.

27.4 Einheitliche Signaturen für E-Mails

27.4.1 Standardisierte Signaturen statt Wildwuchs

Als ich meine Lehre bei einer Bank machte und dann später im Einkauf eines Rechenzentrums arbeitete, wäre es undenkbar gewesen, dass ein Mitarbeiter, vielleicht sogar ein Auszubildender, ein schriftliches Statement nach außen gegeben hätte, ohne sich an bestimmte Normen halten zu müssen und ohne dass dieses Schriftstück von seinem Vorgesetzten gegengezeichnet wurde, bevor es auf den Postweg ging. Briefe wurden nur auf Briefpapier nach DIN-Vorschrift verfasst, mussten inhaltlich den Gepflogenheiten einer professionellen Geschäftskorrespondenz gerecht werden und wurden nur von Mitarbeitern unterschrieben, die dazu berechtigt waren. Die Form der Unterschrift war rechtlichen Normen unterworfen. Man unterschrieb i. a. (im Auftrag), i. V. (in Vertretung) oder pp. bzw. ppa. (per Prokura) und nur der Inhaber unterschrieb einfach mit seinem Namen.

27 | Outlook und öffentliche Exchange-Ordner praxisnah nutzen

Im Zeitalter des Internets hat sich das grundlegend gewandelt. Jeder mailt mit jedem. Die Form ist oft nebensächlich, nur das schnelle Ergebnis scheint zu zählen. Doch kann ein derartig unbedarfter Umgang mit Geschäftspartnern, Kunden oder Behörden auch rechtlich bedenklich, ja geschäftsschädigend sein. Es ist vorgekommen, dass negative Meldungen über ein Unternehmen in der Presse erschienen und sich der verantwortliche Redakteur als Quelle auf eine E-Mail eines Mitarbeiters berief, der die Konsequenzen seiner Verlautbarung nicht abschätzen konnte.

E-Mails, die bestimmten Regeln nicht entsprechen, können nicht den Unternehmensrichtlinien einer Corporate Identity gerecht werden, die dazu gedacht ist, ein einheitliches und positives Außenimage zu schaffen. Es ist Aufgabe der IT-Verantwortlichen, diese Fehlentwicklung wieder einzufangen, weiteren Wildwuchs zu verhindern und die geschäftliche E-Mail-Korrespondenz in geordnete Bahnen zu leiten.

Technischer Dreh- und Angelpunkt dazu kann die E-Mail-Signatur sein, die in Outlook über **Extras · Optionen** in der Registerkarte **E-Mail-Format** eingerichtet wird.

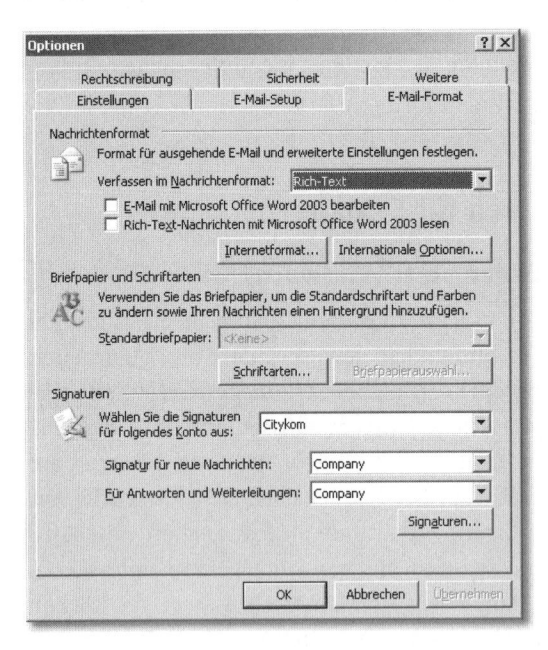

Doch sollte es nicht jedem Mitarbeiter überlassen bleiben, diese Signatur nach Belieben mal so, mal so einzurichten. Zwei Fragen stellen sich: Welchen Inhalt und welches Format sollte eine E-Mail-Signatur haben, um den Regelungen einer Corporate Identity zu entsprechen? Kann es technisch realisiert werden, die Signaturen aller E-Mail-berechtigten Mitarbeiter an zentraler Stelle einzurichten, starr vorzugeben und bei Bedarf zentral für alle Mitarbeiter zu ändern, z. B. dann, wenn sich am Firmennamen, der Anschrift oder der Telefonnummer eine Änderung ergibt?

27.4.2 Welchen Inhalt könnte eine standardisierte E-Mail-Signatur haben?

- Eine Signatur, die an E-Mails eines Mitarbeiters automatisch angehängt wird, sollte die Schriftart des Unternehmens und bestimmte Inhalte standardisiert enthalten, außerdem eventuell einen Verweis auf die Webseite des Unternehmens und aus rechtlichen Gründen einen E-Mail-Disclaimer.
- Das Format der Telefonnummer und einer angegebenen Faxnummer sollte internationalen Normen entsprechen:

  +Landesvorwahl (0)Stadtvorwahl gefolgt von der zentralen Telefonnummer und/oder der Durchwahl des Mitarbeiters.
- Wenn oft mit ausländischen Geschäftspartnern korrespondiert wird, sollten Sie darüber nachdenken, ob in der Grußformel und in der Firmenadresse Umlaute oder deutsche Sonderzeichen vermieden werden, weil diese z. B. auf einer amerikanischen Tastatur nicht auffindbar sind und auf dem PC des Empfängers mit englischem Betriebssystem nicht dargestellt werden können.
- Die Unternehmensleitung sollte vorgeben, dass von bestimmten Mitarbeitern in der E-Mail-Unterschrift die Kürzel i. a. (im Auftrag), i. V. (in Vertretung) oder pp. bzw. ppa. (per Prokura) verwendet werden.
- Damit Antworten schnell eingeordnet werden können, könnte die Signatur wie jeder Geschäftsbrief mit einem Satz eingeleitet werden, der ein Geschäftszeichen (unser Zeichen/Schreiben von/Aktenzeichen) enthält.

Eine standardisierte E-Mail-Signatur könnte folgendes Aussehen haben:

Geben Sie bei einer Antwort bitte folgendes Aktenzeichen an:

Alternativ:

Geben Sie bitte bei Antworten im Betreff folgende Schriftverkehrsnummer ein:

Mit freundlichen Grüßen
i. a. (bzw. i. V.) Titel Vorname Nachname
Firmenname
Strasse
Postfach

PLZ Ort
Land
Tel. +49 (0)12345 6781–0 / -xy
Fax: +49 (0) 12345 6781–12
Mobil: +49 170 987654321
mail to: **vorname.nachname@firmenname.de**
Internet: **www.firmenname.de**

Aus rechtlichen Gründen kann die Unternehmensleitung vorgeben, dass die Signatur zusätzlich einen Text enthält, der gegen rechtliche Unsicherheiten schützt. Bei international agierenden Unternehmen kann dieser **E-Mail-Disclaimer** auch mehrsprachig erwünscht sein. Nachfolgend zwei Beispiele für einen E-Mail-Disclaimer:

Diese E-Mail enthält vertrauliche und/oder rechtlich geschützte Informationen. Wenn Sie nicht der richtige Adressat sind oder diese E-Mail irrtümlich erhalten haben, informieren Sie bitte den Absender und löschen Sie diese Mail. Das unerlaubte Kopieren sowie die unbefugte Weitergabe dieser E-Mail und der darin enthaltenen Informationen sind nicht gestattet.

This e-mail may contain confidential and/or privileged information. If you are not the intended recipient (or have received this e-mail in error) please notify the sender immediately and delete this e-mail. Any unauthorized copying, disclosure or distribution of the material in this e-mail is strictly forbidden.

Diese E-Mail, einschließlich sämtlicher mit ihr übertragenen Dateien, ist vertraulich und für die ausschließliche Verwendung durch die Person oder das Unternehmen vorgesehen, an die/das sie adressiert ist. Für den Inhalt dieser E-Mail ist alleine der Autor verantwortlich, Inhalt und Meinung müssen nicht die Ansicht der Firma [Name] wiedergeben.

Es kann auch ein Text wie der folgende an alle E-Mails angehängt werden:

Wichtig: Schicken Sie keine Nachrichtenanhänge mit folgenden Dateierweiterungen, da aus Sicherheitsgründen derartige Nachrichtenanhänge nicht zugestellt werden.

Please note: For security reasons mail attachments with the following extensions will not be delivered.

»*.ade«, »*.adp«, »*.bad«, »*.bat«, »*.chm«, »*.cmd«, »*.com«, »*.cpl«, »*.crt«, »*.exe«, »*.hlp«, »*.hta«, »*.inf«, »*.ins«, »*.isp«, »*.js«, »*.jse«, »*.lnk«, »*.mdb«, »*.mde«, »*.msc«, »*.msi«, »*.msp«, »*.mst«, »*.pcd«, »*.pif«, »*.reg«, »*.scr«, »*.sct«, »*.shb«, »*.shs«, »*.url«, »*.vb«, »*.vbe«, »*.vbs«, »*.wsc«, »*.wsf«, »*.wsh«

Auf der Buch-DVD finden Sie eine Beispielsammlung von E-Mail-Disclaimern. **[o]**

27.4.3 Wie kann eine standardisierte E-Mail-Signatur technisch zentral verwaltet werden?

Wie kann der Administrator nun technisch durchsetzen, dass jeder Mitarbeiter eine standardisierte Signatur erhält, die zentral verwaltet und automatisiert jedem Benutzer zugewiesen wird? Dazu muss man zuerst wissen, was technisch geschieht, wenn in Outlook eine Signatur erzeugt wird. Wenn Sie in Outlook 2003 eine Signatur erstellen, wird im Moment der Abspeicherung der ersten Signatur (Sie können mehrere Signaturen erstellen) im Verzeichnis **%USERPROFILE%\Anwendungsdaten\Microsoft** ein Unterverzeichnis **Signatures** erstellt und nimmt die neue Signatur in Form von drei Dateien auf. Diese Dateien haben die Erweiterungen **txt**, **rtf** und **htm**, weil Sie in Outlook als Nachrichtenformat **Nur-Text**, **Rich-Text** oder **HTML** einstellen können. Außerdem wird in der Registrierdatenbank ein Schlüssel mit den zwei DWORD-Werten **New Signature** und **Reply-Forward Signature** erstellt.

Die Idee zur technischen Realisierung ist nun folgende:

1. Sie erzeugen einmalig in Outlook eine Mustersignatur für die Company und legen diese Mustersignatur als Vorlage unter dem Namen Company ab.
2. Für jeden neuen Mitarbeiter wird später eine Outlook-Signatur erzeugt, wobei die Mustersignatur als Vorlage geladen wird. Die erzeugten Mitarbeitersignaturen werden in einem zentralen Verzeichnis unter dem Anmeldenamen des Mitarbeiters abgelegt.
3. Im Anmeldeskript wird für jeden Mitarbeiter die passende Signatur aus dem zentralen Verzeichnis in sein Profilverzeichnis kopiert und dabei in einen einheitlichen Namen umbenannt.
4. Weil die Signatur jedes Mitarbeiters nun wieder denselben Namen hat, ist auch der Eintrag in der Registrierdatenbank immer derselbe. Dieser Eintrag wird durch den Import einer reg-Datei oder durch eine selbst erstellte Gruppenrichtlinie vorgenommen.

Die Realisierung im Detail: Sie legen in einem zentralen Serververzeichnis, z. B. in der Freigabe **NETLOGON** des Domänencontrollers, ein Unterverzeichnis **Signatures** an. Sie erzeugen in Outlook eine neutrale und standardisierte Signatur (siehe das oben angegebene Beispiel) unter dem Signaturnamen **Company** und kopieren die dabei erzeugten Dateien **Company.txt**, **Company.rtf** und **Company.htm** in dieses zentrale Verzeichnis. Für jeden neu eingestellten Mitarbeiter erstellen Sie in Outlook über **Extras · Optionen · E-Mail-Format · Signaturen · Neu** eine genormte Signatur, indem Sie die Firmensignatur **Company** als Vorlage öffnen und die neutralen Einträge **Titel Vorname Nachname** durch die Daten des Mitarbeiters ersetzen. Ebenso tragen Sie die Telefondurchwahl des Mitarbeiters ein und speichern diese Signatur anschließend unter der Anmeldekennung des Mitarbeiters.

Danach verlegen Sie die neu erzeugten Signaturdateien in das zentrale Serververzeichnis **NETLOGON\Signatures**. Als Ergebnis gibt es später für jeden Mitarbeiter, der E-Mails nach außen verschicken darf, drei Signaturdateien im Serververzeichnis **NETLOGON\Signatures**. Für Herrn Dr. Krumbiegel, der sich unter der Kennung **KRUMBIEGEL** anmeldet, existieren z. B. anschließend unter **NETLOGON\Signatures** die drei Dateien **krumbiegel.txt**, **krumbiegel.rtf** und **krumbiegel.htm**.

Im Anmeldeskript fügen Sie einen Befehl ein, der sicherstellt, dass das Verzeichnis **%USERPROFILE%\Anwendungsdaten\Microsoft\Signatures** existiert:

```
md    %USERPROFILE%\Anwendungsdaten\Microsoft\Signatures > NUL: 2>&1
```

Durch einen weiteren Befehl im Anmeldeskript kopieren Sie die drei Signaturdateien des Mitarbeiters aus dem Verzeichnis **%LOGONSERVER%\NETLOGON\Signatures** in das lokale Verzeichnis **%USERPROFILE%\Anwendungsdaten\Microsoft\Signatures** des Clients und benennen sie dabei in **Company** um:

```
copy  %LOGONSERVER%\NETLOGON\Signatures\%username%.*
%USERPROFILE%\Anwendungsdaten\Microsoft\Signatures\Company.*
> NUL: 2>&1
```

Durch diesen Copy-Befehl erhält zwar jeder Mitarbeiter eine standardisierte Signatur, jedoch ist diese Signatur in Outlook noch nicht eingetragen. Dazu muss nun in einem letzten Schritt die Registrierdatenbank geändert werden. Um diese Änderung einfacher zu gestalten, wurde beim letzten Copy-Befehl der Name der Signatur wieder einheitlich in **Company** umbenannt.

In den Vorgängerversionen von Outlook 2003 wurde die Signatur in folgenden Zweigen der Registrierdatenbank eingetragen:

Outlook 2000:

HKEY_CURRENT_USER\Software\Microsoft\Office\9.0\Common\MailSettings

Outlook XP:

HKEY_CURRENT_USER\Software\Microsoft\Office\10.0\Common\MailSettings

In Outlook 2003 kann man nicht nur wie in den Vorgängerversionen definieren, ob eine Signatur nur für neue Nachrichten oder auch für Antworten und Weiterleitungen verwendet wird. Darüber hinaus kann man mehrere Signaturen anlegen. Das macht die Sache ein wenig komplizierter, weil bei mehreren möglichen Signaturen der Zweig der Registrierdatenbank nicht mehr eindeutig ist. Es wird nunmehr unter **HKEY_CURRENT_USER\Software\Microsoft\Windows NT\CurrentVersion\Windows Messaging Subsystem\Profiles\Outlook\9375C FF0413111d3B88A00104B2A6676** ein Unterschlüssel mit einer Bezeichnung wie **00000002** erstellt. Wenn alle Clients gleich konfiguriert sind, ist dieser Schlüssel aber eindeutig und leicht herauszufinden. Dort finden Sie die zwei entscheidenden DWORD-Werte **New Signature** und **Reply-Forward Signature**. Wenn Sie einheitlich für alle Mitarbeiter den Signaturnamen **Company** eintragen, enthalten diese Felder auch immer denselben Wert.

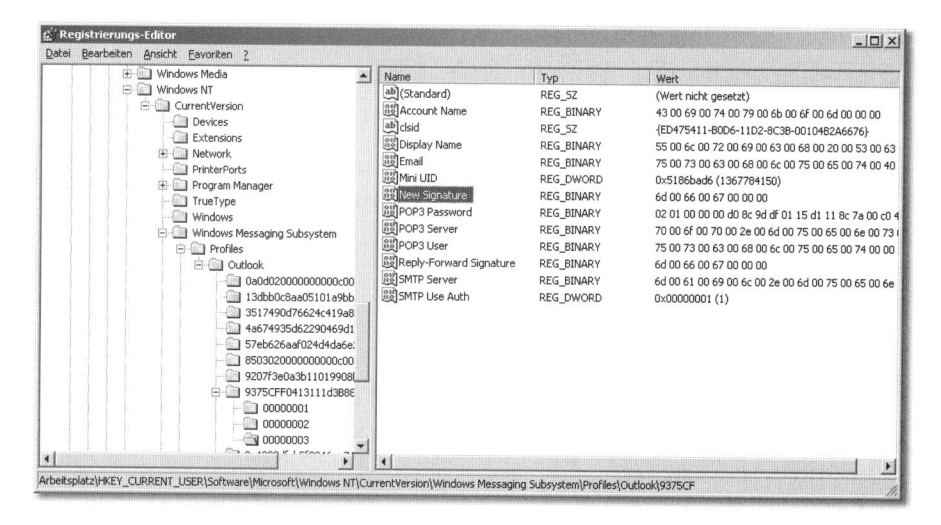

Im letzten Schritt exportieren Sie diese beiden DWORD-Werte aus der Registrierdatenbank in eine reg-Datei namens **companysignature.reg**. Die exportierte Datei hat folgenden Inhalt:

```
Windows Registry Editor Version 5.00
[HKEY_CURRENT_USER\Software\Microsoft\Windows NT\CurrentVersion\
Windows Messaging Subsystem\Profiles\Outlook\
9375CFF0413111d3B88A00104B2A6676\00000002]
"New Signature"=hex:43,00,6f,00,6d,00,70,00,61,00,6e,00,79,00,00,00
"Reply-Forward Signature"=hex:43,00,6f,00,6d,00,70,00,61,00,6e,00,
79,00,00,00
```

Nun verändert man diese reg-Datei, indem man aus den HEX-Werten Text-Werte erstellt:

```
Windows Registry Editor Version 5.00
[HKEY_CURRENT_USER\Software\Microsoft\Windows NT\CurrentVersion\
Windows Messaging Subsystem\Profiles\Outlook\
```

```
9375CFF0413111d3B88A00104B2A6676\00000002]
"New Signature"="Company"
"Reply-Forward Signature"="Company"
```

Bei allen Mitarbeitern, denen die standardisierte Firmensignatur vorgegeben werden soll, wird nun über das Anmeldeskript diese reg-Datei bei jeder Anmeldung importiert. Der Befehl dazu lautet:

```
regedit /s %LOGONSERVER%\NETLOGON\reg\companysignature.reg
```

Nach dem Import sehen Sie in der Registrierdatenbank die lesbaren Signaturnamen statt der Hexadezimalwerte, jedoch funktionieren diese Einträge ebenso gut.

Mit unserem Wissen über den Aufbau von Vorlagedateien für Gruppenrichtlinien können wir alternativ aber auch eine eigene adm-Vorlagedatei erstellen, um die Registrierdatenbank über eine Gruppenrichtlinie passend einzustellen.

[o] Auf der Buch-DVD finden Sie im Ordner **Gruppenrichtlinien** die selbst erstellte adm-Datei **Outlook-Signatur.adm** mit folgendem Inhalt.

```
CLASS MACHINE
CLASS USER
CATEGORY "Outlook 2003-
Signatur fuer neue Nachrichten und Anworten erzwingen"
  KEYNAME "Software\Microsoft\Windows NT\CurrentVersion\
Windows Messaging Subsystem\Profiles\Outlook\
9375CFF0413111d3B88A00104B2A6676\00000002"
    POLICY "New Signature"
    Part "New Signature:" EDITTEXT
    DEFAULT "Company"
    VALUENAME "New Signature"
    REQUIRED
    END PART
    Part "Outlook-Signatur fuer neue Nachrichten setzen"Text
    End Part
    END POLICY
    POLICY "Reply-Forward Signature"
    Part "Reply-Forward Signature:" EDITTEXT
    DEFAULT "Company"
    VALUENAME "Reply-Forward Signature"
    REQUIRED
    END PART
    Part "Outlook-Signatur fuer Antworten und Weiterleitungen
        setzen" Text End Part
```

```
END POLICY
END CATEGORY
```

Der **KEYNAME** muss eventuell noch angepasst werden, indem statt **00000002** ein anderer Wert, z. B. **00000003**, eingetragen wird. Diesen Wert müssen Sie einmalig für Ihre Konfiguration herausfinden.

27.5 Den Schriftverkehr standardisieren und rationalisieren

Sagt Ihnen der Begriff »Corporate Identity« etwas? Darunter versteht man das Erscheinungsbild einer Firma in der Öffentlichkeit, und dieses sollte nach Möglichkeit einheitlich und genormt sein. Dazu gehört neben vielen anderen Dingen auch die schriftliche Korrespondenz innerhalb des Unternehmens und vor allem mit Kunden und Geschäftspartnern. Wie gehen z. B. in Ihrem Unternehmen die Mitarbeiter in der Personalabteilung vor, wenn einem Stellenbewerber abgesagt werden muss, eine schriftliche Kündigung geschrieben oder ein Zeugnis formuliert werden muss? Wie viel Zeit wird für derartige, immer wieder vorkommende Arbeitsvorgänge benötigt? Gibt es in den unterschiedlichen Abteilungen für derartige Geschäftsvorgänge Musterbriefe oder Sammlungen von Musterformulierungen in digitaler Form?

Auf der Buch-DVD finden Sie eine kleine Sammlung derartiger Musterbriefe und Musterformulare, die Sie in einem öffentlichen Exchange-Ordner für alle Mitarbeiter verfügbar machen können:

- Geschäftsbriefformulare nach neuester DIN-Vorschrift inklusive Falzmarken am linken Rand
- Fahrtenbuch für Firmenwagen
- Personalfragebogen
- Musterbriefe rund um Bewerbungsverfahren für eine ausgeschriebene Stelle
- Formulierungen für Kündigungen aus betriebsbedingten oder verhaltensbedingten Gründen
- Abmahnung
- Arbeitszeugnisse
- Wochenzeitpläne

Bei bestimmten Verlagen wie dem Haufe-Verlag können Sie ganze Sammlungen von Musterformularen finden. Sichten Sie außerdem den Schriftverkehr der Abteilungen, scannen Sie oft benutzte Standardschreiben und Formulierungen ein und stellen Sie diese Schriftsätze als Musterdokumente auf dem Exchange Server zur Verfügung.

27.6 Zentral gepflegte Internetfavoriten über Outlook

Wenn das Internet von den Mitarbeitern Ihres Unternehmens professionell genutzt wird, so wird jeder Mitarbeiter im Internet Browser mit der Zeit eine umfassende Sammlung von Favoriten zu Internetportalen der Branche anlegen. Die Mitarbeiter des Einkaufs werden dort Bezugsquellen sammeln. Die Mitarbeiter des Vertriebs werden die Webadressen der Kunden sammeln und die Mitarbeiter der IT-Abteilung z. B. wichtige Webseiten zu Hard- und Software. Doch hat jeder Mitarbeiter seine private Sammlung, und wenn ein neuer Mitarbeiter kommt, muss er zuerst mühselig seine eigene Sammlung erstellen. Sicherlich würde es zur produktiven Nutzung des Internets maßgeblich beitragen, wenn für alle Mitarbeiter des Unternehmens wichtige Links auf Webforen an zentraler Stelle gepflegt würden und z. B. die Internetadressen von Bezugsquellen für alle Mitarbeiter des Einkaufs an zentraler Stelle abrufbar wären. Doch wie kommt man dahin?

Der erste Schritt ist eine Stoffsammlung von wichtigen Internetadressen. Dazu untersuchen Sie die Favoritenverzeichnisse der einzelnen Abteilungen. Sie finden diese Verzeichnisse unter **C:\Dokumente und Einstellungen\%username%\Favoriten**. Wenn Sie serverbasierte Benutzerprofile verwenden, so liegt eine Kopie der Favoritenordner aller Mitarbeiter auf dem Server. Dürfen Sie diese Verzeichnisse einsehen, um eine Sammlung von interessanten Favoriten erstellen zu können? Wenn Sie, wie in der vorgeschlagenen »Musterverpflichtungserklärung zur verantwortungsbewussten und kostenbewussten Nutzung der Informationstechnologie des Unternehmens« vorgeschlagen wird (Sie finden diese Musterverpflichtungserklärung auf der Buch-DVD als Datei **IT-Verpflichtungserklärung.doc** im Ordner **Recht**), die Nutzung von Internet und E-Mail ausschließlich für dienstliche Zwecke erlauben, so können Sie durch die Einsichtnahme dieser Profilverzeichnisse nicht gegen ein Gesetz verstoßen, denn dann sollte es dort keine privaten Favoriten geben.

Internetfavoriten, die für das gesamte Unternehmen wichtig sind, sind neben der Intranetadresse die Webseiten von Auskunftsdiensten wie z. B. **www.telefonbuch.de**, **www.wlwonline.de** (Wer liefert was?), **www.branchenbuch.de** usw.

[o] Im Ordner **Beispielinhalte für öffentliche Exchangeordner** der Buch-DVD finden Sie eine Outlook-PST-Datei mit einer Sammlung derartiger Webquellen, die

Sie in Outlook öffnen und ausbauen können. Danach verschieben Sie den geladenen Ordner in einen öffentlichen Exchange-Ordner.

Wie können Internet-Webseitenadressen technisch zentral gepflegt und allen Mitarbeitern oder bestimmten Abteilungen zur Verfügung gestellt werden? Es gibt dazu mindestens drei Lösungsansätze:

1. Lösung: Sie legen z. B. das zentrale Verzeichnis **%LOGONSERVER%\NETLOGON\Favoriten\ausgewählte Internetfavoriten** an. Dort erzeugen Sie eine Struktur von Internetlinks in Form von url-Dateien.

Auf der Buch-DVD finden Sie eine Mustersammlung im Ordner **NETLOGON**. Über das Anmeldeskript kopieren Sie dessen Inhalt mit dem Tool **Robocopy** in die Favoritenverzeichnisse der Anwender. Der Anleger kann weiterhin selbst Favoriten im Microsoft Internet Explorer anlegen, findet dort aber zusätzlich zu seinen selbst gesammelten Favoriten den Favoritenordner **ausgewählte Internetseiten**. Im Ordner **NETLOGON** der Buch-DVD finden Sie die vorgefertigte Routine **favoriten.cmd**, die Sie nur noch in das Anmeldeskript einfügen müssen.

2. Lösung: Es gibt die Möglichkeit, über Gruppenrichtlinien zentral Favoriten anzulegen. Unter **Benutzerkonfiguration · Windows-Einstellungen · Internet-Explorer-Wartung · URLs** können Sie mit der Richtlinie **Favoriten und Links** wichtige Favoriten und Links für alle Anwender vorkonfigurieren. Wenn Sie die Option **Vorhandene Favoriten und Links löschen** markieren, werden nicht mehr die vom Microsoft Internet Browser voreingestellten Favoriten **MSN** und **Radiostationsübersicht** sowie die Links **Kostenlose Hotmail**, **Links anpassen**, **Windows** und **Windows Media** angezeigt.

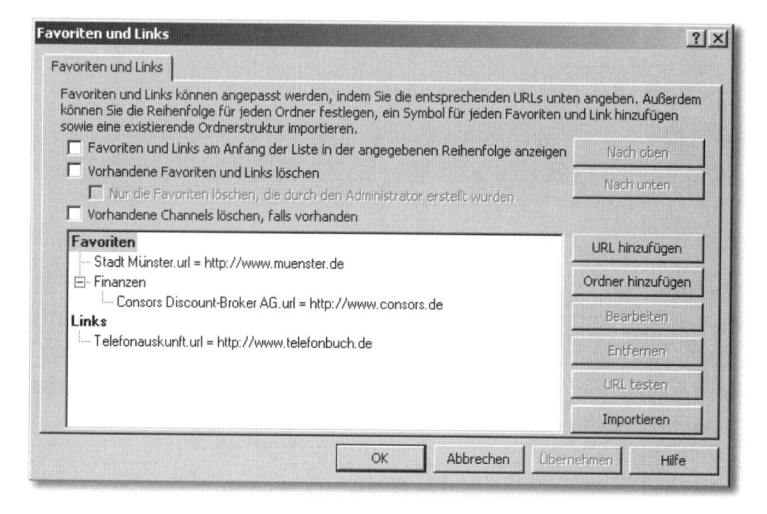

Unter **Benutzerkonfiguration** · **Windows-Einstellungen** · **Internet Explorer-Wartung** · **URLs** können Sie mit der Richtlinie **Wichtige URLs** die Startseite und den Suchdienst für alle Anwender vorgeben. Diese Seiten müssen mit dem Ausdruck **http://** beginnen (siehe nächste Abbildung).

Diese Möglichkeit bevorzuge ich jedoch nicht, weil sie bezüglich der fortlaufenden Pflege der zentralen Favoriten in der Handhabung zu kompliziert ist. Eine neue url-Datei in das Verzeichnis **NETLOGON\Favoriten\ausgewählte Internet-Favoriten** hineinkopieren kann jeder Mitarbeiter des Helpdesks, ohne besondere Kenntnisse bezüglich Gruppenrichtlinien haben zu müssen.

Ein Kopiervorgang ist in wenigen Sekunden erledigt. Das Starten der Gruppenrichtlinienverwaltungskonsole, die Suche nach dem richtigen Gruppenrichtlinienobjekt, das Öffnen dieses GPOs zum Bearbeiten, die Suche nach der richtigen Richtlinie im GPO und zuletzt das Einpflegen eines neuen Internetlinks ist beträchtlich aufwändiger und fehleranfälliger.

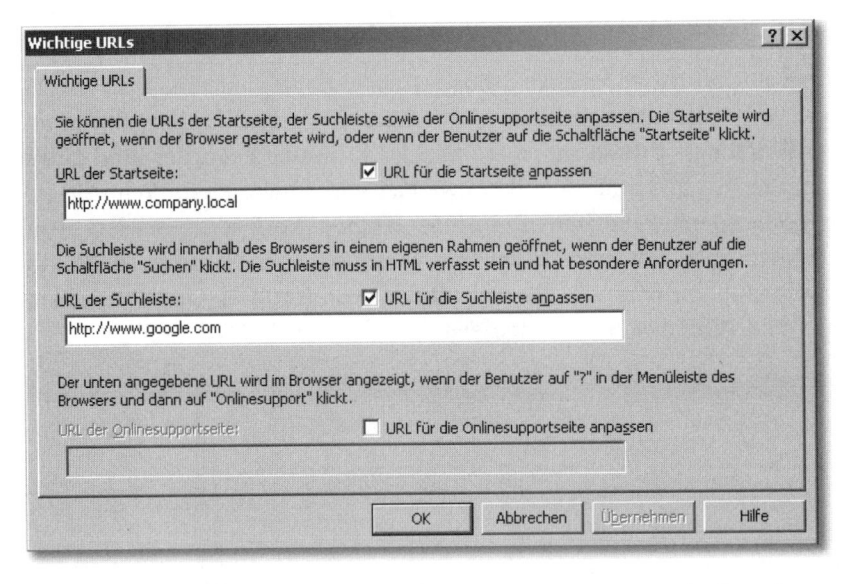

3. Lösung: Sie können eine Sammlung von Internetseiten auch über einen öffentlichen Exchange-Ordner zur Verfügung stellen. Sie legen in Outlook für jede Internetseite einen neuen Unterordner mit einem sprechenden Namen an, öffnen dessen Eigenschaften und tragen in der Registerkarte **Homepage** die Internetadresse des Webportals ein. Außerdem aktivieren Sie die Option **Homepage dieses Ordners standardmäßig anzeigen**.

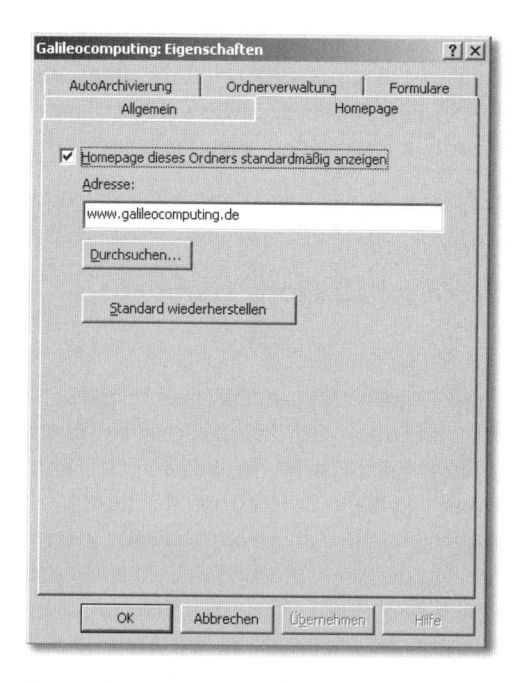

27.6 Zentral gepflegte Internetfavoriten über Outlook

Die Internetseiten werden beim Benutzer in Outlook statt im Internetbrowser geöffnet, sobald der Benutzer einen Unterordner öffnet.

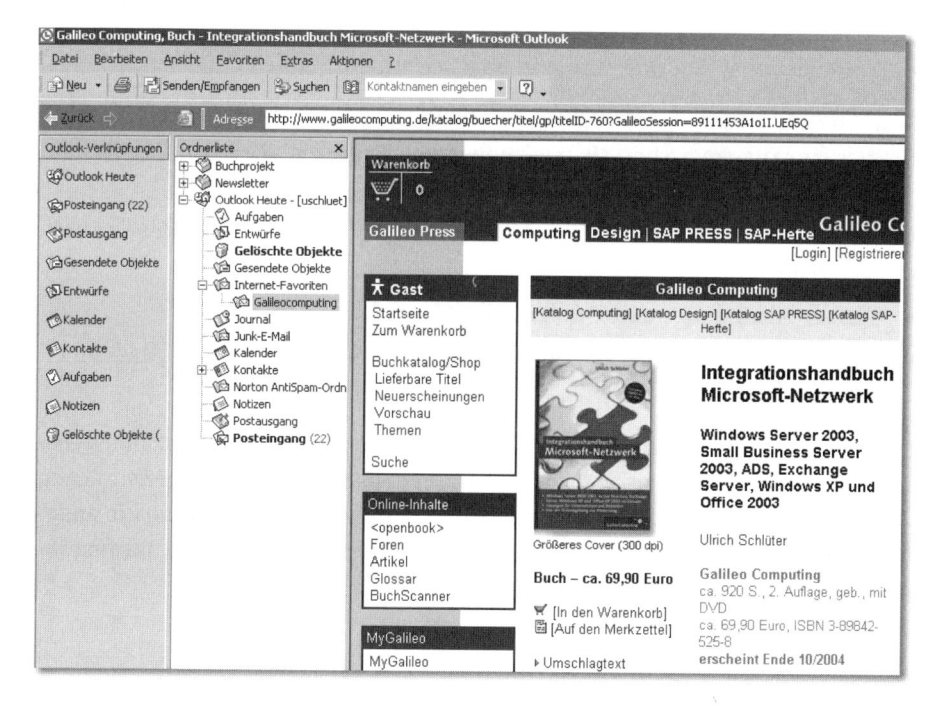

Wenn nur wenige Mitarbeiter frei im Internet surfen sollen, die Mehrheit der Mitarbeiter aber nur eine geringe Anzahl von Auskunftsdiensten des Internets aufsuchen darf, so bietet die Alternative, diese wenigen ausgewählten Seiten über öffentliche Exchange-Ordner in Outlook anzuzeigen, eine vielleicht sinnvolle Alternative.

27.7 Inhalte für ausländische Geschäftskorrespondenz bereitstellen

Das Geschäft mit dem Ausland, früher eine Domäne für große Konzerne und spezielle Unternehmen aus der Branche Im- und Export, wird auch für immer mehr mittelständische Unternehmen und Handwerksbetriebe bedeutsamer. Damit diese Unternehmen dort mitmischen können, müssen Broschüren, Kataloge, Verträge, Produktbeschreibungen, Handbücher und alle Arten von Geschäftsbriefen zukünftig in anderen Sprachen, besonders in der Weltsprache Englisch abgefasst werden. Daneben wird natürlich auch die E-Mail für die Korrespondenz mit dem Ausland immer wichtiger. Die Sachbearbeiter sind auf diese neuen Anforderungen oft gänzlich unvorbereitet.

- Wie verfasst man eine Mängelrüge formgerecht und inhaltlich korrekt in einer anderen Sprache?
- Wie redet man den Adressaten in Englisch an?
- Welche Grußformeln sollte man verwenden?
- Was sind die englischen Übersetzungen von Begriffen wie »unfrei«, »Postanweisung« oder »Mehrwertsteuer«?
- Was bedeuten die verschiedenen Abkürzungen in den verschiedenen Weltsprachen?
- Welche Abkürzungen gibt es speziell in E-Mails?
- Was verbirgt sich hinter den englischen oder US-amerikanischen Maßeinheiten und Gewichtseinheiten?

Der Administrator des Exchange Server kann die Sachbearbeiter hinsichtlich dieser Problematik praxisnah unterstützen. Er erstellt dazu z. B. einen öffentlichen Ordner namens **Wirtschaftskorrespondenz in Englisch** und bei Bedarf in anderen Sprachen auf dem Exchange Server und füttert diese Ordner mit Informationen.

Auf der Buch-DVD finden Sie im Ordner **Beispiele für öffentliche Ordner in Exchange** viele Ideen und Inhaltssammlungen. So finden Sie dort folgende Dokumente:

- Englische Briefe – Anrede und Schlussformel
- Wirtschaftsenglisch – Abkürzungen und Kurzwörter
- Wirtschaftsenglisch – Akronyme oder Initialwörter
- Wirtschaftsenglisch – Maße und Gewichte
- Wirtschaftsenglisch – Postalische Begriffe
- Wirtschaftsvokabular – Deutsch-Englisch
- Wirtschaftsvokabular – Englisch-Deutsch

Diese Beispielsammlung sollten Sie ergänzen oder ähnliche Beispielsammlungen für andere Sprachen zusammenstellen. Sie besorgen sich ein entsprechendes Fachbuch aus dem Einkauf oder dem Vertrieb. Sie sichten den alten Schriftverkehr und scannen immer wiederkehrende Formulierungen, Redewendungen und Vokabeln ein. Sie stellen für häufig vorkommende Vorgänge eine Sammlung von Mustergeschäftsbriefen zusammen: Werbebrief, Anfrage, Bestellung, Auftragsbestätigung, Lieferschein, Reklamation, Mahnung, Personalanzeige usw.

27.8 Den »Knigge« im öffentlichen Exchange-Ordner bereitstellen

Auf der Buch-DVD finden Sie im Ordner **Beispiele für öffentliche Ordner in Exchange** den »Knigge – Die Kunst des Benehmens« als PDF-Datei. Diese Datei, die von der CoachAcademy (**www.coachacademy.de**) freundlicherweise zur Verfügung gestellt wurde, können Sie allen Mitarbeitern des Unternehmens über einen öffentlichen Ordner verfügbar machen. Bereits bei der Einstellung sollte man vielleicht neue Mitarbeiter auf dieses Angebot aufmerksam machen, denn das einwandfreie Benehmen gegenüber Kollegen, Vorgesetzten, Kunden und Geschäftspartnern ist für die Unternehmenskultur und das Erscheinungsbild des Unternehmens nach außen von unschätzbarem Wert.

Im »Knigge« sind die wichtigsten und aktuellen Regeln für Beruf und Karriere zusammengestellt:

- Kleidung und Außenwirkung
- Wer grüßt wen zuerst im Geschäftsleben
- Die ungeschriebenen Gesetze des Gesprächs

- Gesprächskultur am Telefon
- E-Mail-Knigge
- Tischmanieren als Visitenkarte für gutes Benehmen
- Feiern ohne Karriereknick
- Mit dem Duzen diplomatisch umgehen

Seien Sie nicht nur Techniker, seien Sie darüber hinaus Ideengeber für die innerbetriebliche Organisation und für Rationalisierungsmaßnahmen. Geben Sie mit den Möglichkeiten Ihres IT-Equipments Impulse für das Unternehmen.

27.9 Mitarbeiter sehen nur die öffentlichen Ordner, auf die sie zugreifen können

Im Gegensatz zum Dateisystem lassen sich Ordner für die Anwendergruppen, die keinen Zugriff haben sollen, vollständig ausblenden. Die Anwender sehen dann in der Ordnerhierarchie nur diejenigen Ordner, deren Inhalte sie auch tatsächlich einsehen können. In der nachfolgenden Abbildung sehen Sie den öffentlichen Ordner **Personalrat**, auf den nur die Gruppe **Personalrat** alle Rechte besitzt. Nur der Personalrat kann als Besitzer des Ordners die Rechte neu vergeben oder Unterordner einrichten und dort spezielle Rechte vergeben. Für alle anderen Gruppen ist die Option **Ordner sichtbar** deaktiviert worden, so dass der Ordner für Nichtmitglieder des Personalrats aus der Ordnerhierarchie ausgeblendet ist.

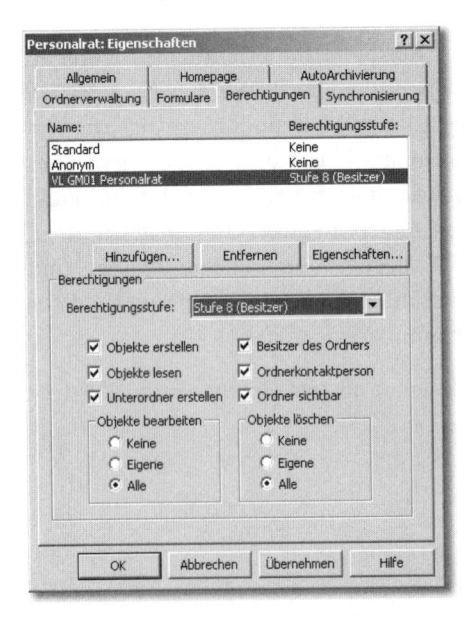

Es könnte ein weiterer Ordner mit dem Namen **Der Personalrat informiert** eingerichtet werden, auf den die Gruppe **Standard** die beiden Rechte **Objekte lesen** und **Ordner sichtbar** und die Gruppe **Personalrat** wieder die Berechtigungsstufe 8 (Besitzer) erhält. Dort könnte der Personalrat dann Inhalte hinterlegen, die jeder Mitarbeiter des Unternehmens einsehen darf.

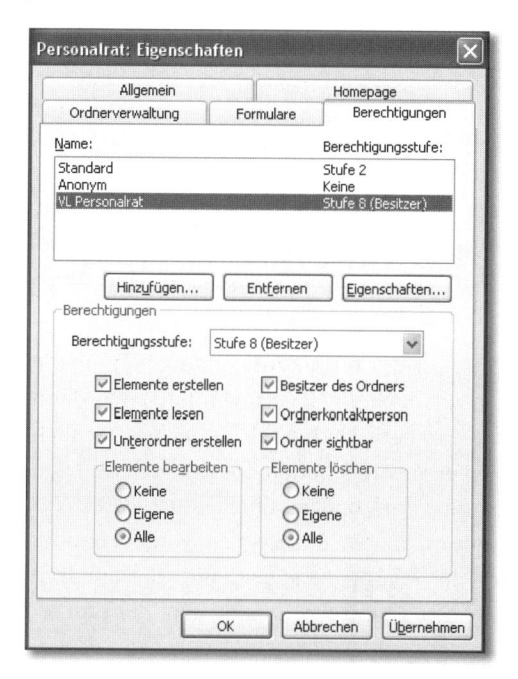

27.10 Öffentliche Ordner erstellen

Festlegen von Berechtigungen für das Stammverzeichnis

Unter Exchange 2000 können standardmäßig alle Benutzer in der Exchange-Organisation öffentliche Ordner auf oberster Ebene erstellen, unter Exchange 2003 standardmäßig nur die Domänen-Admins. Sie sollten die Berechtigung zum Erstellen von Stammverzeichnissen ändern, indem Sie die Benutzer oder die Sicherheitsgruppe angeben, die Änderungen am Stammverzeichnis vornehmen dürfen.

Die Methode ist im Knowledge-Base-Artikel 256131 »XADM: Restricting Users from Creating Top-Level Folders in Exchange 2000 Server« beschrieben. Erstellen Sie zuerst unter **HKEY_CURRENT_USER\Software\Microsoft\Exchange\ExAdmin** einen neuen DWORD-Wert mit dem Namen **ShowSecurityPage** und geben Sie ihm den Wert **1**.

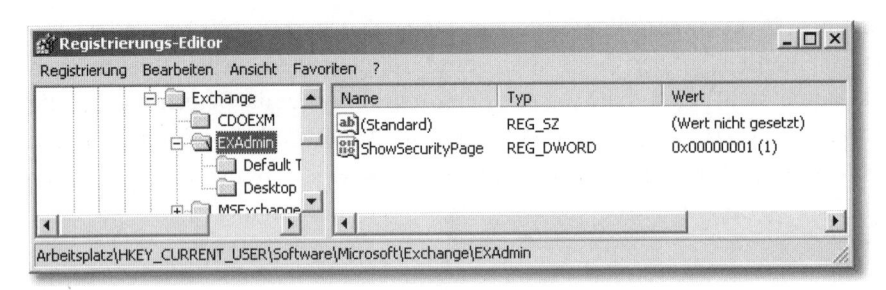

27 | Outlook und öffentliche Exchange-Ordner praxisnah nutzen

Wenn Sie jetzt im Snap-In **Exchange System-Manager** das Organisationssymbol mit der rechten Maustaste anklicken und die Eigenschaften starten, sehen Sie die Registerkarte **Sicherheit**, die erst mit dem neu erstellten Registry-Key eingeblendet wird. Dort deaktivieren Sie für die Gruppe **Jeder** das Recht **Create top level public folder** und erteilen es stattdessen einer Verteilergruppe, zu der ausgewählte Mitarbeiter der IT-Abteilung gehören.

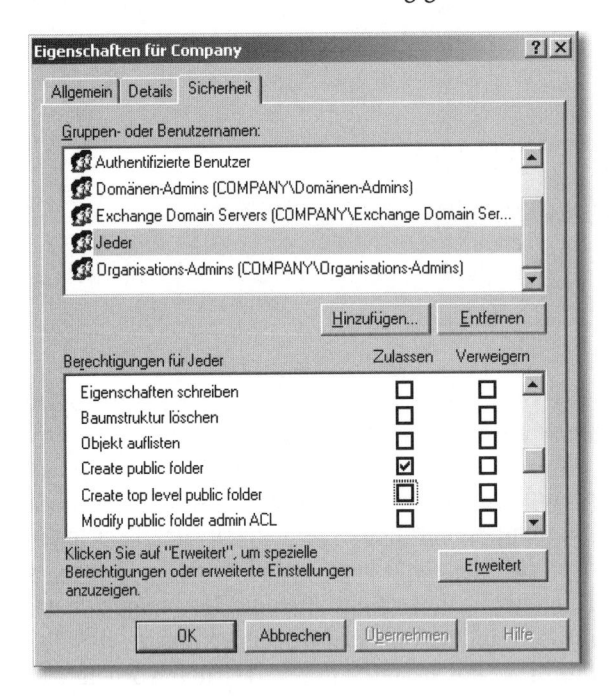

Beachten Sie folgenden Hinweis aus dem genannten Knowledge-Base-Artikel 256131:

NOTE: When a new Exchange 2000 server is added to an organization, the Everyone Security Principle permission to Create Top Level Public Folder is reset to ›allow‹. Thus, after any new Exchange 2000 Server install into an Organization, you must click to clear the ›Create Top Level Public Folder‹ right for Allow.

848

27.11 Öffentliche Ordner über den Exchange System-Manager oder in Outlook erstellen

Sie können einen neuen öffentlichen Ordner erstellen, indem Sie im Snap-In **Exchange System-Manager** in der gewünschten administrativen Gruppe unter **Ordner · Öffentliche Ordner** mit der rechten Maustaste **Neu · Öffentlicher Ordner** wählen.

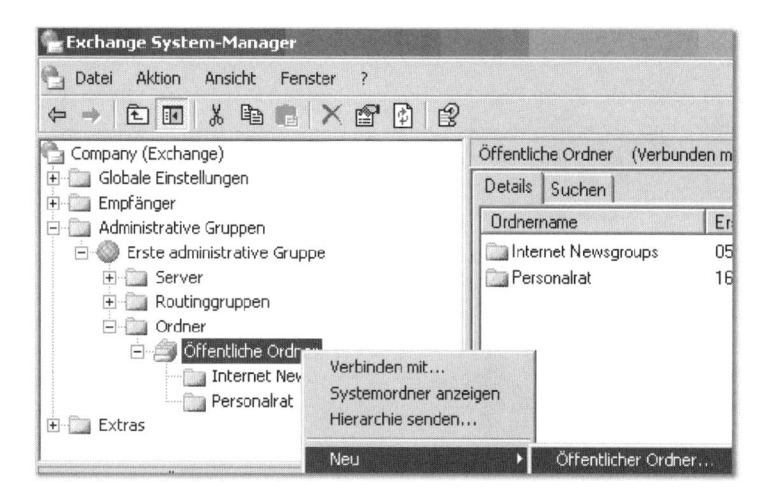

Nach der Erstellung können Sie über die Eigenschaften des Ordners die Berechtigungen für diesen Ordner vergeben.

Sie können jedoch einen öffentlichen Ordner auch in Outlook erstellen und nach der Erstellung ebenfalls über die Eigenschaften die Berechtigungen vergeben. In Outlook können Sie außerdem explizit den Typ des Ordners festlegen. Der Ordnertyp lässt sich später nicht mehr ändern. In einem Ordner des Typs **E-Mail und Bereitstellung** können alle Arten von Inhalten untergebracht werden, z. B. auch Office-Dokumente. Möchten Sie aber z. B. einen Ordner für die externen Kontakte einer bestimmten Projektgruppe erstellen, so wählen Sie als Ordnertyp **Kontakt** aus. Ebenso können Sie einen Ordner vom Typ **Aufgaben** erstellen, um z. B. die Aufgaben einer Abteilung oder Projektgruppe zentral zu verwalten.

Wer die Berechtigung hat, unterhalb eines Ordners neue Ordner zu erstellen, kann wählen, welchen Typ der Ordner haben soll: E-Mail und Bereitstellung, Kontakte, Aufgaben, Kalender. Es ist denkbar, Ordner für Gruppen- oder Projektterminkalender, für Gruppenaufgaben oder für externe Gruppenkontakte anzulegen.

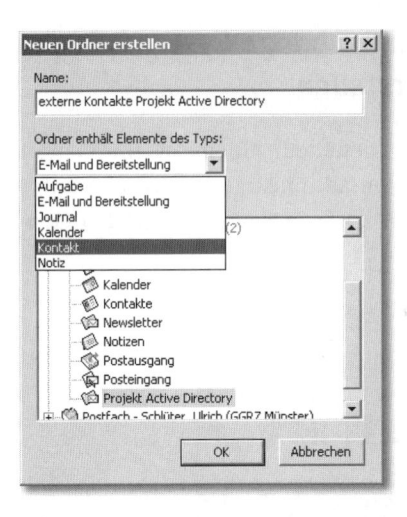

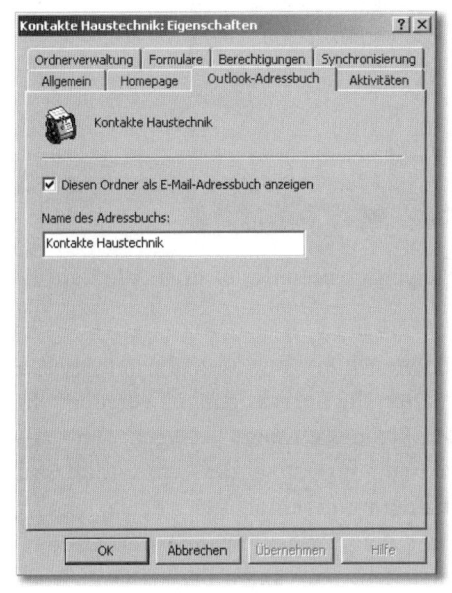

Wenn z. B. die Haustechnik an einer zentralen Stelle alle Telefonnummern und Ansprechpartner für Support und Wartung der Heizung, Klimaanlagen etc. speichern will, wird ein entsprechender Kontaktordner für die Technik angelegt. Damit dieser Kontaktordner direkt aus dem Fenster **Neue Nachricht verschicken** angesprochen werden kann, muss in der Registerkarte **Outlook-Adressbuch** die Option **Diesen Ordner als E-Mail-Adressbuch anzeigen** aktiviert sein.

Im Snap-In **Exchange System-Manager** können Sie im Unterschied zur Berechtigungsvergabe in Outlook sowohl die Clientberechtigungen als auch die Administratorrechte einstellen.

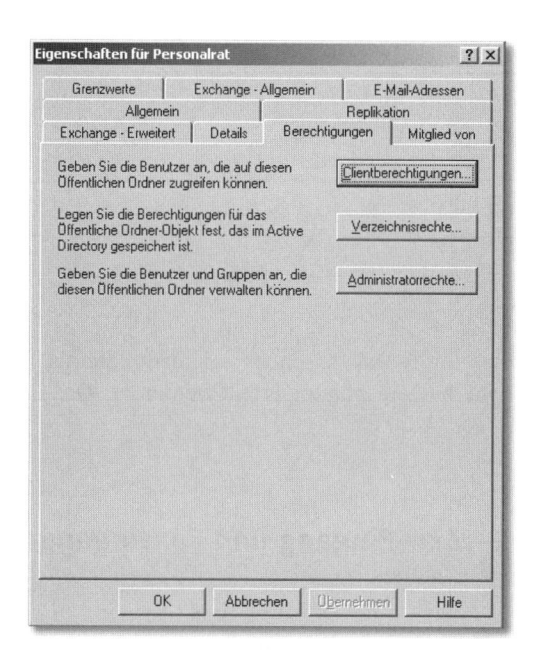

Wenn ein Benutzer in einem Ordner die Berechtigung besitzt, Unterordner zu erstellen, so kann er die Berechtigungen für einen Unterordner so einschränken, dass nur er und bestimmte andere Mitarbeiter, nicht aber der Exchange-Administrator diesen Ordner einsehen oder die Rechte verändern kann. Über die Schaltfläche **Administratorrechte** kann jedoch der Exchange-Administrator sich wieder Zugang zu solch einem Ordner verschaffen. Er sollte von dieser Möglichkeit allerdings nur in begründeten Fällen und nach Rücksprache mit dem Besitzer des Ordners Gebrauch machen, denn der Besitzer kann diese Manipulation in Outlook in den Eigenschaften des Ordners über die Registerkarte **Berechtigungen** feststellen.

27.12 Einen öffentlichen Ordner für E-Mail aktivieren

Öffentliche Ordner können Mailadressen haben und dann für viele Zwecke eingesetzt werden. Um einem Ordner eine SMTP-Adresse zuzuweisen oder sie nachträglich zu ändern, starten Sie das Snap-In **Exchange System-Manager**, klicken den Ordner in der entsprechenden administrativen Gruppe unter **Ordner · Öffentliche Ordner** mit der rechten Maustaste an und wählen aus dem Untermenü **Alle Tasks** den Befehl **E-Mail aktivieren**. Wenn Sie danach die Eigenschaften des Ordners öffnen, sehen Sie nach der E-Mail-Aktivierung auch hier drei Exchange-Registerkarten. In der Registerkarte **E-Mail-Adressen** können Sie nun die SMTP-Adresse bei Bedarf anpassen.

[»] Damit ein öffentlicher Exchange-Ordner für E-Mail-Absender aus dem Internet erreichbar ist, muss dem Benutzer **anonym** die Berechtigung erteilt werden, im Ordner neue Elemente erstellen zu dürfen.

27.13 Anonyme Ordner für E-Mail-Eingang und Faxeingang erstellen

Häufig wird für ein Unternehmen nach außen eine anonyme Mailadresse wie **info@company.com** bekannt gegeben, z. B. auf der Webseite des Unternehmens oder auf den Briefbögen. An diese Mailadresse können Anfragen gerichtet werden, wenn der Absender keinen direkten Ansprechpartner kennt. Ebenso existieren aber in vielen Unternehmen E-Mail-Adressen wie z. B. **vertrieb@company.com**, **publicrelations@company.com** oder **redaktion@company.com**. Für eingehende Faxe kann ebenso ein öffentlicher Ordner angelegt und E-Mail-aktiviert werden (siehe nächste Abbildung).

Der Vorteil dieser Vorgehensweise ist, dass durch gezielte Berechtigungsvergabe z. B. alle Mitarbeiter der Redaktion die Mails einsehen können, die an die Adresse **redaktion@company.com** gesendet wurden. Auch eingehende Faxe sind an zentraler Stelle für alle Berechtigten zugänglich.

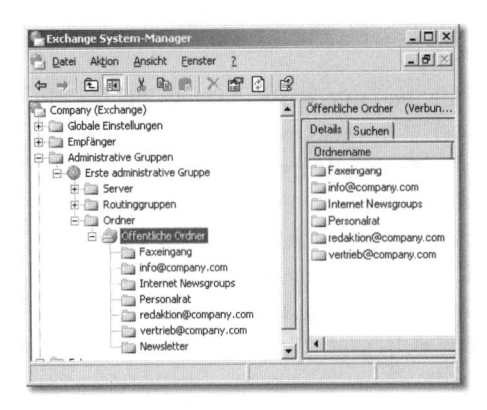

Viele Unternehmen gehen inzwischen sogar dazu über, für Mitarbeiter generell nur noch den innerbetrieblichen E-Mail-Austausch zu gestatten und nur denjenigen Mitarbeitern den Mailaustausch nach außen unter einer persönlichen E-Mail-Adresse zu gewähren, die aufgrund ihrer Position geschäftlich mit externen Partnern und Kunden per Mail kommunizieren sollen. Für die Abteilungen werden dann nur noch Abteilungs-Mailadressen wie **einkauf@company.com** angelegt. Derartige Maßnahmen vermindern nicht nur maßgeblich die nicht gewünschte private Nutzung von E-Mails mit den hinlänglich bekannten Kosten, sie reduzieren auch die Belastung durch Viren und Spam sowie die Risiken durch Hackerangriffe.

Ein öffentlicher Ordner, der für den zentralen Post- und Faxeingang einer Abteilung eingerichtet wird, kann über die Registerkarte **Ordnerverwaltung** auch zum moderierten Ordner gemacht werden. Als Moderator kann der Abteilungsleiter oder das Sekretariat fungieren. Der Moderator sichtet die eingehenden Mails und gibt sie an die Sachbearbeiter weiter. Wird diese Lösung mit der vorgestellten Helpdesk-Lösung kombiniert, so kann der Moderator und Helpdesk-Leiter jederzeit Auskunft geben, welcher Mitarbeiter gerade mit welchem Vorgang beschäftigt ist und welchen E-Mail-Verkehr es zu diesem Vorgang gibt.

27.14 Eine automatische Antwort für eingehende Mails aktivieren

Wenn man einen öffentlichen Exchange-Ordner über die Registerkarte **Ordnerverwaltung** zum moderierten Ordner umgestaltet, so kann man dort die Option aktivieren, dass auf eingehende E-Mails mit einer Standardantwort reagiert wird.

Stattdessen können Sie in der Registerkarte **Ordnerverwaltung** aber auch auf die Schaltfläche **Ordner-Assistent** klicken und eine Regel eingeben. Sie klicken auf **Regel hinzufügen** und im Regelassistenten wählen Sie **Antworten mit**. Klicken Sie anschließend auf **Vorlage**, um einen Standardbetreff wie »Vielen Dank für Ihre Nachricht« und einen Nachrichtentext wie »Ihre Nachricht wird schnellstmöglich von uns bearbeitet« einzugeben, der jedem Versender zugeschickt wird. Zum Schluss wählen Sie nicht **Senden**, sondern schließen das Fenster. Die Standardantwort wird gespeichert und es erscheint ein Fenster mit folgendem Text: **Diese Regel betrifft alle eingehenden Nachrichten. Ist das Ihre Absicht?**

Anschließend schicken Sie eine E-Mail an den öffentlichen Ordner, um das Funktionieren der automatisch generierten Antwort zu testen. Sie können nun auch von außerhalb jederzeit testen, ob der Exchange Server einwandfrei läuft, indem Sie eine kurze Testnachricht an den öffentlichen Ordner schicken. Die Funktion einer automatisch generierten Antwort kann zum Beispiel für eingehende Bestellungen, Bewerbungen oder Buchungen genutzt werden. Denkbar ist aber auch, mit einer derartigen Standardantwort zu testen, ob es den Absender überhaupt gibt oder ob es sich um Spam handelt. Gibt es den Absender nicht, so erscheint im öffentlichen Ordner bald eine Unzustellbarkeitsmeldung. Sie müssen dann weitere Regeln entwerfen, die Mails mit ähnlichem Inhalt sogleich endgültig löschen.

Damit automatische Antworten auf externe E-Mails überhaupt zugelassen sind, muss die entsprechende Option im **Exchange System-Manager** unter **Globale Einstellungen · Internet-Nachrichtenformate** in den **Eigenschaften** von **Standard** und dort in der Registerkarte **Erweitert** aktiviert sein.

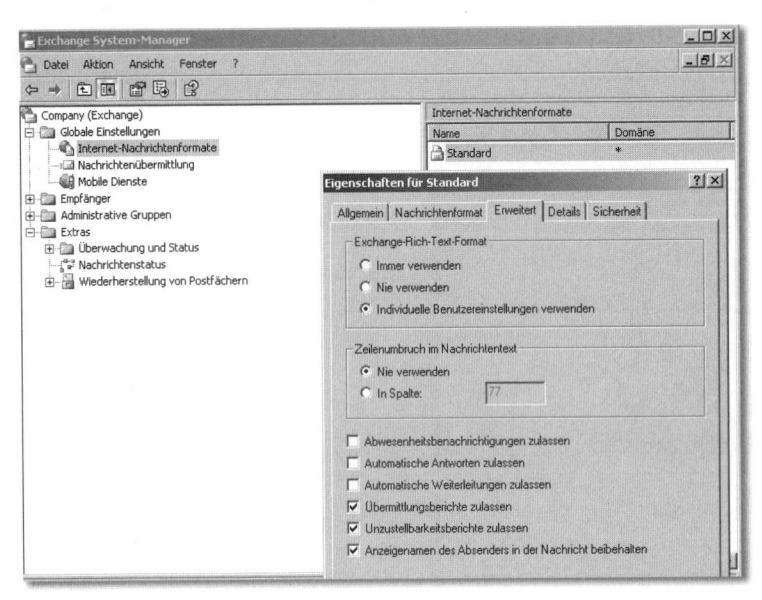

27.15 Newsletter in öffentlichen Ordnern sammeln

Eine andere von vielen möglichen Anwendungen E-Mail-aktivierter öffentlicher Ordner könnte sein, dass Sie einen Newsletter im Internet abonnieren und als Empfängeradresse für den Newsletter die SMTP-Adresse eines öffentlichen Ordners angeben. Auf diese Weise könnten Sie eine ganze Hierarchie von Unterordnern für interessante Newsletter einrichten und den Mitarbeitern der IT-Abteilung zugänglich machen (siehe nächste Abbildung).

Kein Mitarbeiter der IT-Abteilung würde danach die Newsletter mehr persönlich abonnieren und in seinem Postfach horten müssen, denn alle interessanten Newsletter würden automatisch an zentraler Stelle in die öffentlichen Exchange-Ordner eingespeist. Newsletter gibt es aber nicht nur für IT-Themen, sondern auch für Themen wie Recht und Steuern. Recherchieren Sie also im Internet nach interessanten Newslettern für die Abteilungen Ihres Hauses oder fragen Sie in den Fachabteilungen nach, ob es interessante Newsletter für die Fachabteilung gibt, die zentral in einem öffentlichen Ordner für die gesamte Abteilung verfügbar gemacht werden sollen.

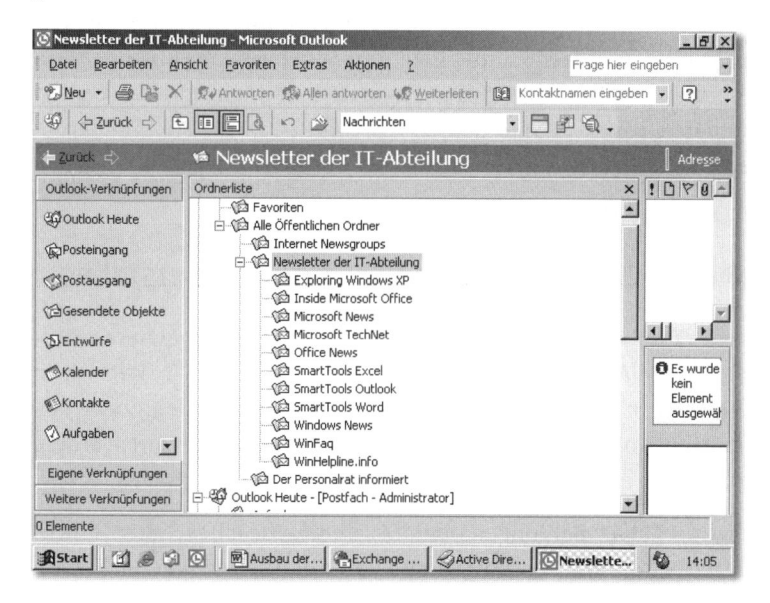

27.16 Öffentliche Ordner offline verfügbar machen

Um in Outlook offline arbeiten zu können, wählen Sie zuerst **Datei · Offline arbeiten**. Dieser Menüpunkt steht nicht zur Verfügung, wenn in den Exchange Server-Einstellungen die Option **Exchange-Cache-Modus verwenden** deaktiviert ist und wenn auch keine lokale PST-Datei angelegt wurde, um Outlook-Elemente lokal statt auf dem Exchange Server speichern zu können. Um das sicherzustellen, starten Sie Outlook 2003 und klicken in der Menüleiste von Outlook auf **Extras** und anschließend **E-Mail-Konten**. Im **E-Mail-Konten Assistent** wählen Sie **Vorhandene E-Mail-Konten anzeigen oder bearbeiten** und dann **Weiter**. Aktivieren Sie das Konto **Microsoft Exchange Server** und klicken Sie auf **Ändern**. Aktivieren Sie im Fenster **Exchange Server-Einstellungen** die Option **Exchange-Cache-Modus verwenden**. Klicken Sie auf **Weitere Einstellungen**. In der Registerkarte **Erweitert** aktivieren Sie die Option **Öffentliche Ordner-Favoriten downloaden**. Nach einem Neustart von Outlook werden die geänderten Einstellungen übernommen.

Um einen bestimmten öffentlichen Exchange-Ordner in Outlook offline verfügbar zu machen, muss der Benutzer in den Favoriten eine Verknüpfung zu diesem Ordner erzeugen und der Ordner muss als Teil einer Übermittlungsgruppe synchronisiert werden. Übermittlungsgruppen definieren Sie in Outlook 2003 über **Extras · Senden und empfangen · Übermittlungseinstellungen**. Enthält ein öffentlicher Exchange-Ordner weitere Unterordner, so muss für jeden Unterordner, der ebenfalls offline benötigt wird, eine eigene Verknüpfung unter **Favoriten** erzeugt werden. Wenn Sie jedoch die Eigenschaften eines öffentlichen Ordners öffnen, so finden Sie die Registerkarte **Favoriten**, können dort die Option **Neue untergeordnete Ordner diesem Ordner hinzufügen** aktivieren und darunter die Option **Alle untergeordneten Öffentlichen Ordner** auswählen.

27.17 Mit dem Ordner-Assistenten Ordnerregeln erstellen

Einem öffentlichen Ordner können eine oder mehrere Regeln zugewiesen werden: Wenn jemand an diesen Ordner eine Mail schickt oder ein Dokument in diesen Ordner ablegt, sollen bestimmte Aktionen ausgelöst werden. Zum Beispiel sollen bei einem Projektordner alle Projektmitarbeiter informiert werden, dass es im Projektordner einen neuen Inhalt gibt.

Denkbar ist auch, dass Fehlermeldungen oder Warnhinweise eines Systems nicht mehr an einen Mitarbeiter oder an eine Gruppe von Mitarbeitern geschickt werden, sondern an einen öffentlichen Ordner, dessen Inhalt nur diese Systemverwalter einsehen können. Für diesen Ordner kann dann eine Regel hinterlegt werden, dass die betreffenden Mitarbeiter über neue Fehlermeldungen informiert werden. Zum Hinzufügen einer Regel öffnen Sie mit der rechten Maustaste die Eigenschaften und starten in der Registerkarte **Ordnerverwaltung** den **Ordner-Assistenten**. Sie müssen über die Berechtigung **Besitzer** verfügen, um die Registerkarte **Ordnerverwaltung** zu sehen.

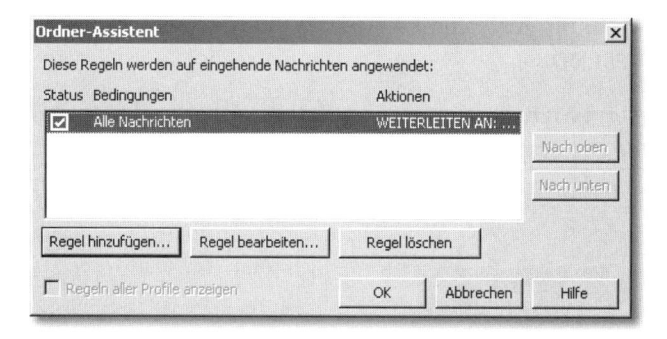

Im Ordner-Assistenten können Sie eine Regel hinzufügen.

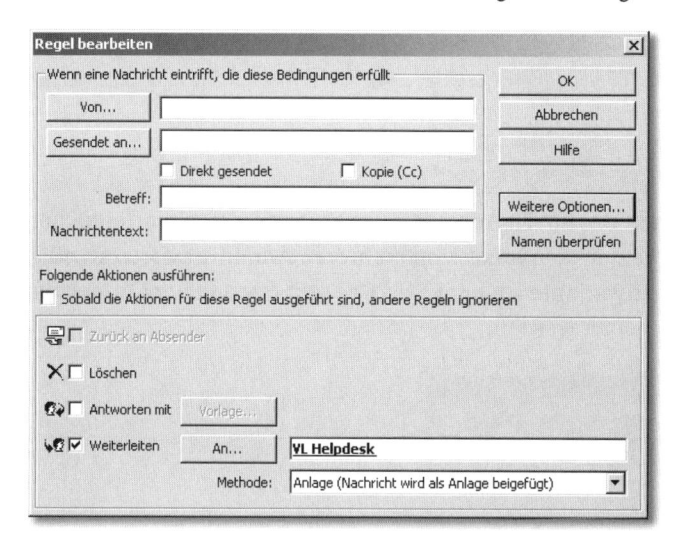

27.18 Mit dem Tool SMTPSEND Nachrichten aus Batchroutinen verschicken

Das Freeware-Tool **SMTPSEND** (Quelle: **www.swsoft.co.uk**) ermöglicht z. B. die Versendung von Nachrichten vom Command-Prompt oder aus einer Batchroutine an ein Postfach eines Benutzers, einer Verteilerliste oder einen E-Mail-aktivierten öffentlichen Ordner. Sie können nun Batchroutinen erstellen, die bestimmte Systemzustände auf den Servern oder Clients überwachen und mit Hilfe des Tools SMTPSEND Warnungen an Empfänger eines Exchange Server versenden. Wenn Sie als Empfänger solcher Warnmeldungen einen öffentlichen Ordner angeben, so kann jeder Mitarbeiter des Helpdesks regelmäßig überprüfen, ob in diesem öffentlichen Ordner Warnungen eingegangen sind, die ein Eingreifen erfordern.

[o] Auf der Buch-DVD finden Sie im Verzeichnis **Exchange** eine Beispielroutine für die Anwendung von **SMTPSEND**.

Im Snap-In **Exchange System-Manager** sollte unter **Extras · Überwachung und Status · Benachrichtigung** ein Empfänger für Warnungen eingetragen werden, die aus der automatischen Überwachung (Monitoring) des Exchange Server erzeugt werden.

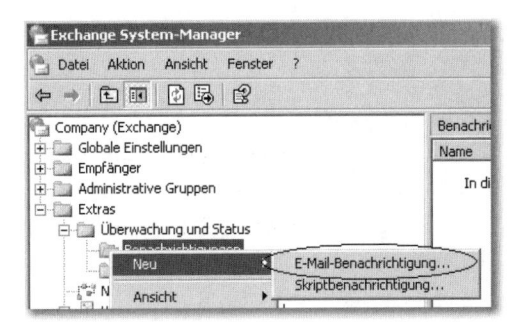

An dieser Stelle kann statt der SMTP-Adresse einer Einzelperson ein öffentlicher Ordner angegeben werden, dessen Inhalt von mehreren Administratoren ständig überwacht wird. Alternativ könnte auch im Feld **Cc...** ein öffentlicher Ordner für Systemmeldungen angegeben werden.

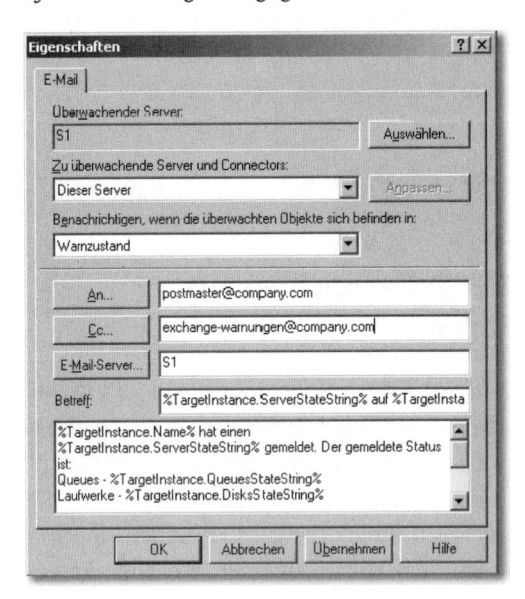

Wenn Sie in diesem Ordner einen Unterordner namens **Erledigt** anlegen, so kann derjenige Administrator, der der Warnungsmeldung nachgegangen ist, die bearbeitete Warnung in den Unterordner **Erledigt** verschieben und mit einem

Kommentar versehen, welche Aktion er aufgrund der Fehlermeldung vorgenommen hat. Somit werden alle eingehenden Warnungen und die Art der Reaktion auf die Warnungen an zentraler Stelle dokumentiert. Wenn alle Systemadministratoren die in diesem öffentlichen Ordner eingehenden Meldungen abarbeiten, ist sichergestellt, dass wichtige Systemwarnungen immer abgearbeitet werden, auch dann, wenn der Hauptverantwortliche Exchange-Systemadministrator verhindert ist.

27.19 Moderierte Ordner

Öffentliche Ordner können moderierte Ordner sein. Schickt jemand einen neuen Inhalt an einen moderierten Ordner oder kommentiert er einen dort befindlichen Beitrag, so erhält er eine vorgefertigte Standardantwort wie z. B. *Der Moderator dieses Ordners wird Ihren Beitrag prüfen und danach freischalten*. Der Moderator erhält den Beitrag zur Ansicht. Er kann den Beitrag verwerfen oder mit Änderungen in den moderierten Ordner einstellen. Ein moderierter Ordner ist also eine Art »Diskussionsordner«. Jedoch kann auch ein Projektordner vom Projektleiter oder dessen Assistenten moderiert werden, damit die Beiträge der Projektmitarbeiter koordiniert und systematisch in den Projektordner eingestellt werden.

Zum Erstellen eines moderierten Ordners öffnen Sie mit der rechten Maustaste die Eigenschaften des Ordners und klicken in der Registerkarte **Ordnerverwaltung** auf **Moderierter Ordner**.

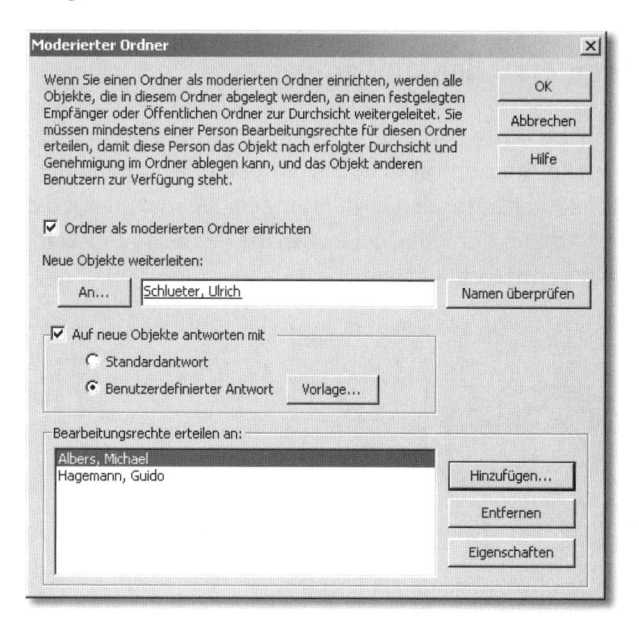

27.20 Weitere mögliche Inhalte von öffentlichen Ordnern

Weitere Inhalte von öffentlichen Ordnern könnten sein:

- Ein Ordner **Der Personalrat informiert**, in dem der Personalrat Informationen für die Mitarbeiter einstellt
- Eine Sammlung von Anleitungen und Tipps für die Nutzung von Software, Hardware und Diensten
- Ordner, an die automatisch Fehlermeldungen gesendet werden, wenn Dienste ausfallen oder nicht ordnungsgemäß beim Hochfahren eines Servers gestartet wurden.
- Ordner, in die Fehlermeldungen oder Warnhinweise des auf dem Server installierten Antiviren- oder Antispam-Produktes eingestellt werden.
- Ordner, an die automatisch wichtige Meldungen der Ereignisprotokolle der Server gesendet werden.
- Innerbetriebliches Fortbildungsangebot
- Tabelle der Brief- und Paketgebühren der Deutschen Post
- Verpflichtung zum kostenbewussten und verantwortungsbewussten Umgang mit der Informationstechnologie
- Anleitungen zum Verhalten bei Feuer oder Katastrophen
- Erste-Hilfe-Anleitung

27.21 Ordneransichten erstellen und zuweisen

Man kann einem Ordner Ansichten zuweisen. Über Ordneransichten bestimmen Sie z. B., welche Felder angezeigt und ob diese Felder gruppiert werden sollen. Zuerst erstellen Sie eine eigene Ansicht für den Ordner, indem Sie in Outlook die Maus auf den Ordner stellen und im Outlook-Menü **Ansicht · Anordnen nach · Aktuelle Ansicht · Ansichten definieren** wählen.

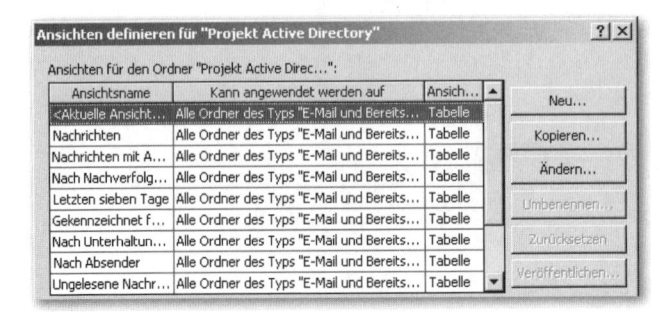

Sie wählen die Schaltfläche **Neu** und geben einen Namen für die neue Ansicht ein. Im nächsten Fenster wählen Sie die anzuzeigenden Felder und deren Reihenfolge aus.

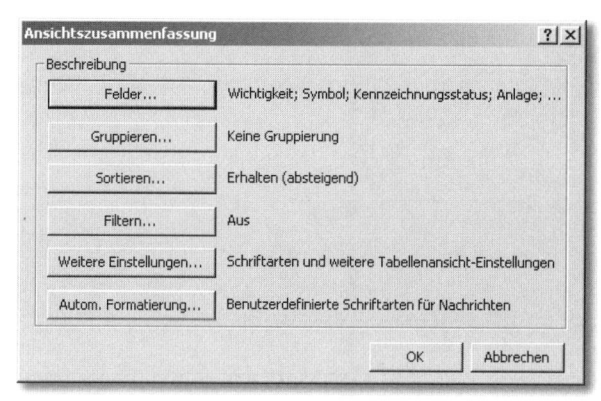

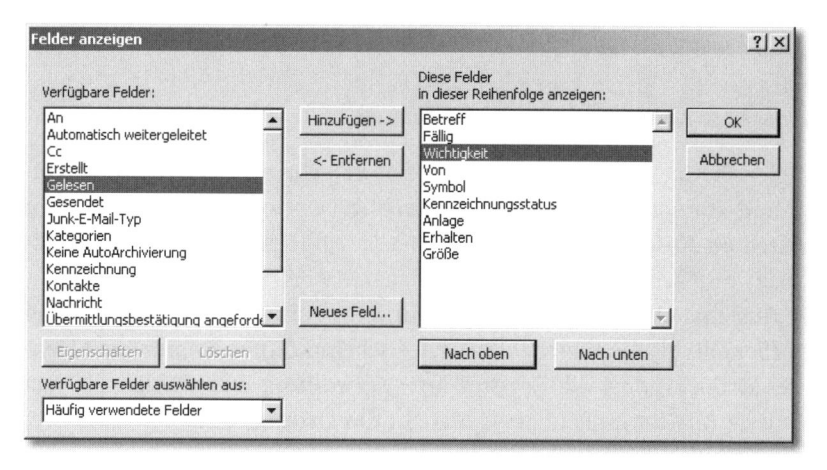

Sie können die ausgewählten Felder zusätzlich gruppieren und sortieren.

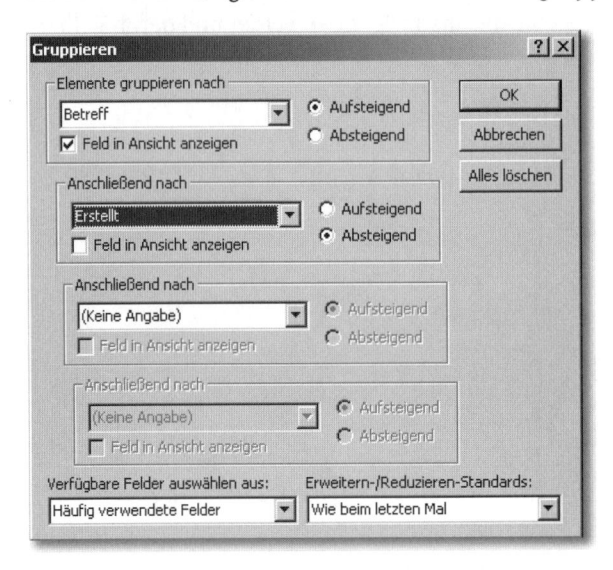

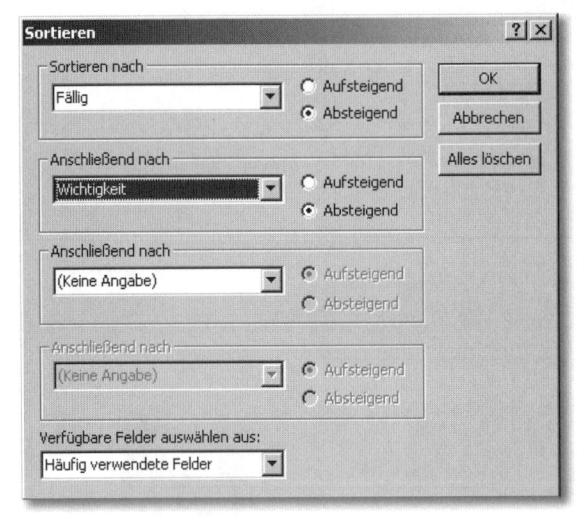

Zuletzt wählen Sie im Fenster **Ansichten definieren für** die Schaltfläche **Veröffentlichen** und können in diesem Fenster auch die Option **Nur die für diesen Ordner erstellten Ansichten anzeigen** aktivieren. Ab jetzt erscheint die so definierte Ansicht mit dem vergebenen Ansichtsnamen bei allen Exchange-Benutzern unter **Ansicht · Aktuelle Ansicht**. Damit diese Ansicht bei jedem anderen Anwender ebenfalls als die zuerst angezeigte erscheint, öffnen Sie nun die Eigenschaften des Ordners, dort die Registerkarte **Verwaltung** und wählen die von Ihnen definierte Ansicht im Feld **Erste Ansicht des Ordners** aus.

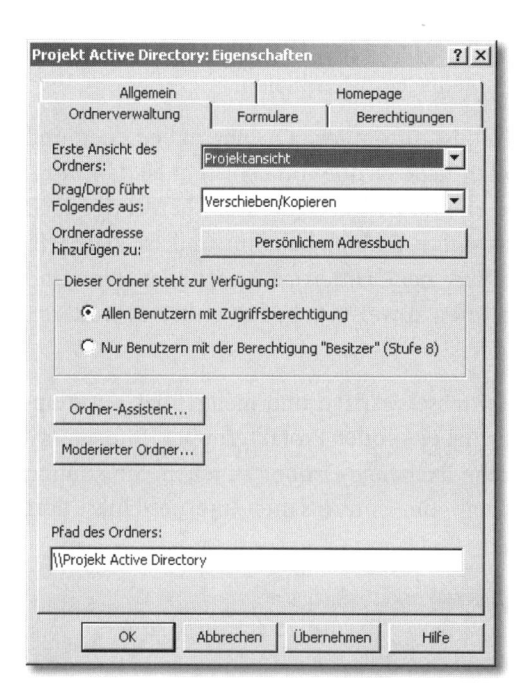

Bestimmte Ordner können auf Wunsch im Internet oder Extranet freigeschaltet werden. Lieferanten oder Geschäftspartner erhalten damit Zugriff auf diese Ordner, ohne über eine Kennung in der Domäne zu verfügen. Dazu muss der Standardkennung **Anonym** die Berechtigung **Lesen** für den öffentlichen Ordner erteilt werden.

27.22 Hierarchie der öffentlichen Ordner

Die Struktur der öffentlichen Ordner kann der Aufbauorganisation Ihres Unternehmens nachgebildet werden: Jede Abteilung erhält ihren eigenen öffentlichen Ordner. Die Ordnerstruktur kann aber auch nach Projekten, Produktsparten oder einer Kombination davon gegliedert sein. Da öffentliche Ordner ausgeblendet werden können, wenn eine Gruppe wie die Exchange Server-interne Gruppe **Standard** keinen Zugriff haben soll, ist die Ordnerstruktur auch bei einer Kombination aus verschiedenen Gliederungsmerkmalen für den Anwender nicht unübersichtlich. Der Anwender sieht nicht alle Abteilungs- und Projektordner, sondern nur den Abteilungsordner seiner Abteilung, die Projektordner der Projektteams, in denen er mitarbeitet, sowie das Informationsangebot seines Unternehmens oder des Personalrats. Öffentliche Ordner können die Funktion eines »elektronischen Organisationshandbuchs« übernehmen, indem jede Abteilung andere Abteilungen über abteilungsübergreifende Dinge informieren kann. So kann die IT-Abteilung einen Ordner mit Tipps zu den Diensten und Anwendungen, die sie für andere Abteilungen anbietet, veröffentlichen.

Da es für jeden Mitarbeiter sehr einfach ist, öffentliche Ordner zu bedienen und dort neue Inhalte abzulegen, lösen öffentliche Ordner oft sehr schnell den Intranet-Server ab. Denn ist ihre Struktur einmal definiert, sind die Berechtigungen vergeben, sind Moderatoren für bestimmte Ordner benannt und ist klar definiert, welcher Mitarbeiter jeder Abteilung neue Unterordner erstellen kann und wie er seinen Kollegen Berechtigungsstufen zuweist, so bedarf es keiner weiteren zentralen Administration dieser Ordner.

Mitarbeiter müssen keine HTML-Kenntnisse besitzen und nichts über Verknüpfungen von Webseiten wissen, um in Arbeits- oder Projektgruppen Informationen zeitnah und aktuell über öffentliche Exchange-Ordner zu teilen. Sie können z. B. Word-Dokumente, Excel-Tabellen oder interessante Internet-Links dort ablegen.

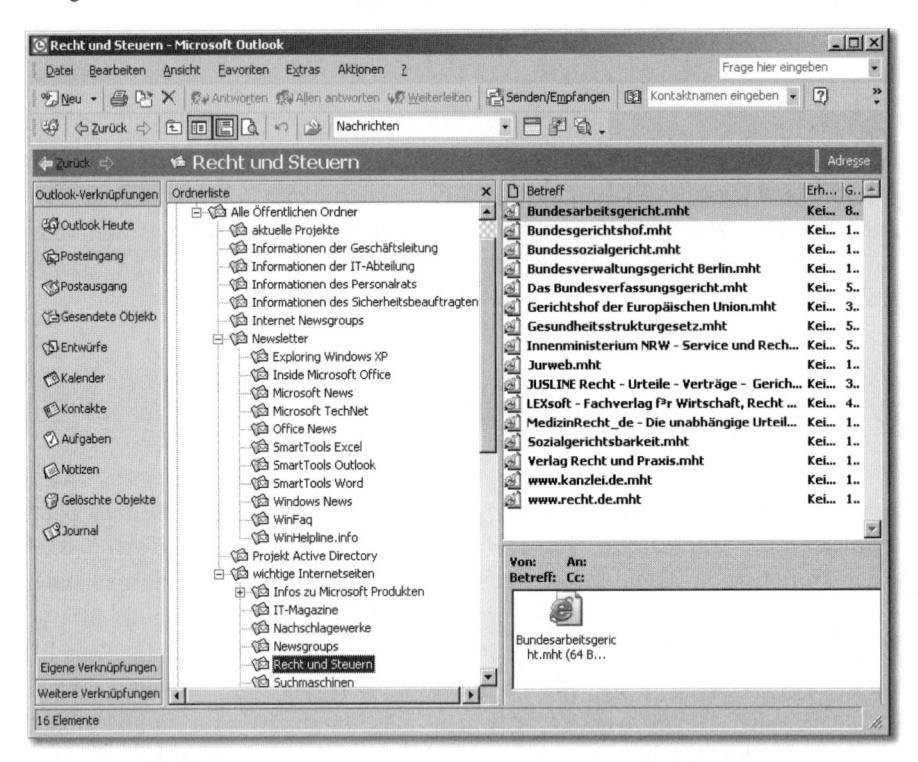

Wenn Sie Internetseiten im Archivformat MHT als eine Datei speichern, kann ein Anwender diese Datei auch unter Outlook sofort öffnen, da Dateien mit der Erweiterung »mht« nicht zu den Dateien gehören, die aus Sicherheitsgründen blockiert sind oder zuerst gespeichert werden müssen, bevor sie geöffnet werden dürfen. Um also den Inhalt einer interessanten Webseite in einem öffentlichen Ordner verfügbar zu machen, gehen Sie wie folgt vor: Sie öffnen die gewünschte Webseite im Microsoft Internet Explorer, wählen den Befehl **Datei · Speichern unter** und wählen als Dateityp **Webarchiv, einzelne Datei (*.mht)**. Die so erstellt mht-Datei stellen Sie in den öffentlichen Ordner ein.

Auf der Buch-DVD finden Sie im Verzeichnis **Beispiele fuer oeffentliche Ordner** die Datei **PublicFolders.pst**. Diese Datei enthält eine umfassende Beispielsammlung von interessanten Webseiten zu vielen Themen. Dabei wurden die Webseiten im Archivformat MHT abgespeichert. Starten Sie Outlook und laden Sie die Datei **PublicFolders.pst** über den Befehl **Datei · Öffnen · Datendatei** hinzu. In Outlook können Sie nun den gesamten Ordner **Beispiele für öffentliche Ordner** aus Ihrem Postfach in einen öffentlichen Ordner verschieben und dann umbenennen. Danach sichten Sie die Inhalte der Beispielsammlung, löschen diejenigen Inhalte, die für Ihr Unternehmen nicht relevant sind, und ergänzen diese Beispielsammlung um eigene Inhalte. Die Buch-DVD enthält außerdem wichtige Knowledge-Base-Artikel zu den Microsoft-Produkten als MHT-Dateien. Sie können auf dem Exchange Server einen öffentlichen Ordner mit dem Ordnernamen **Microsoft Knowledge Base-Artikel** anlegen, in diesem Ordner weitere Unterordner wie **Active Directory**, **Windows Server 2003**, **Exchange Server**, **Windows XP** und **Office 2003** erzeugen und dort wichtige Knowledge-Base-Artikel als MHT-Archivdateien sammeln bzw. aus der Buch-DVD übernehmen. Alle Mitarbeiter der IT-Abteilung sollten dann auf diese zentrale Artikelsammlung zugreifen können.

Auf der Buch-DVD finden Sie in Unterordnern von **Office** viele Anleitungen und Tipps zu den einzelnen Microsoft Office-Anwendungen. Wenn Sie diese Beiträge in entsprechend benannte öffentliche Ordner des Exchange Server übernehmen, können die Mitarbeiter auf eine Sammlung von Schulungsunterlagen und Hilfestellungen zugreifen und werden dann vielleicht bald mehr als die rudimentären Funktionen von Microsoft Office nutzen.

27.23 Inhalte in öffentliche Ordner einstellen

Es gibt viele Wege, Inhalte in öffentliche Ordner einzustellen:

Ein Anwender kann in Outlook einen öffentlichen Ordner öffnen und auf das Symbol **Neu** klicken. Je nach Typ des Ordners hat er nun die Möglichkeit, einen Text, einen Termin, eine Aufgabe oder einen externen Kontakt einzupflegen.

In Anwendungen wie Word, Excel oder PowerPoint verwendet der Anwender den Befehl **Datei · senden an** und sucht im nächsten Fenster den gewünschten öffentlichen Ordner.

Wenn der Anwender gleichzeitig den Windows Explorer und Outlook startet und beide Fenster nebeneinander anordnet, kann er ein beliebiges Dokument mit der Maus aus der Dateiablage des Dateisystems in einen öffentlichen Ordner kopieren oder verschieben.

Sie können aber auch innerhalb von Outlook beliebige Objekte aus einem beliebigen Container in einen öffentlichen Ordner kopieren oder verschieben. Wenn Sie ein Objekt mit der gedrückten rechten Maustaste von Ihrem Posteingang in einen öffentlichen Ordner ziehen, werden Sie anschließend gefragt, ob das Objekt dorthin kopiert oder verschoben werden soll. Dieses Kopieren oder Verschieben von Objekten funktioniert aber nicht nur mit Nachrichten, sondern auch mit Aufgaben, Kontakten oder Terminen.

Probieren Sie einmal aus, was geschieht, wenn Sie eine von einem externen Versender erhaltene Nachricht in einen Kontakte-, Aufgaben- oder Termincontainer in Ihrem eigenen Postfach oder in einen öffentlichen Ordner des entsprechenden Typs verschieben. Es ist beinahe unheimlich, mit welcher spielerischen Leichtigkeit Sie aus einer Nachricht einen Kontakt, aus einem Termin eine Aufgabe oder aus einer Aufgabe wieder eine Nachricht erstellen können, indem Sie die Aufgabe wieder in den Postausgang verschieben.

27.24 Öffentliche Ordner mit sensiblen Daten schützen

Öffentliche Ordner können sensible Daten enthalten, die dem Datenschutz unterliegen. Dem Unternehmen kann ein beträchtlicher Schaden entstehen, wenn derartige Daten in falsche Hände geraten. Wenn Sie z. B. alle Anschriften und sonstige Daten zu Kunden in einen öffentlichen Ordner vom Typ **Kontakte** einstellen und den Außendienstlern erlauben, unbeschränkt auf alle Kundenadressen zuzugreifen und diesen Ordner sogar offline zu verwenden, so besteht die Gefahr, dass diese für die Konkurrenz äußerst wertvolle Adressensammlung irgendwann den Besitzer wechselt. Wie kann verhindert werden, dass ein Außendienstler den Arbeitgeber wechselt und diese Adressensammlung seinem neuen Arbeitgeber zugänglich macht? Das Problem beschränkt sich aber nicht nur auf den Außendienstler. Ein beliebiger Mitarbeiter könnte auf die Idee kommen, die Adressensammlung über einen Mittelsmann einem Adressenhändler zu verkaufen.

Sie sollten die Zugriffsberechtigungen auf derartige Adressensammlungen so restriktiv einstellen, dass z. B. die für das Verkaufsgebiet Süd zuständigen Vertriebsmitarbeiter auch nur auf den Adressbestand Süd zugreifen können und nicht auf andere Bestände. Dazu müssen dann mehrere Kontaktordner angelegt werden.

27.25 Die Bedeutung von Outlook

Outlook ist als Frontend zum Exchange Server nicht nur eine weitere Anwendung wie Excel oder Word, sondern kann als der Dreh- und Angelpunkt jeder Arbeit am PC in einem Unternehmen genutzt werden. Der Mitarbeiter eines Unternehmens startet morgens Outlook als übergeordnete Arbeitsoberfläche und wickelt über Outlook alle Aktivitäten ab, beispielsweise:

- Nachrichten verschicken und lesen
- Private Termine und Gruppentermine verwalten
- Aufgaben und To-Do-Listen führen
- Aufgaben delegieren und die Einhaltung der Fristen zur Erledigung überwachen
- Eigene Dokumente oder Dokumente in öffentlichen Ordnern bearbeiten
- Formulare jeder Art ausfüllen und abschicken wie Urlaubsanträge
- Personalanforderungen, Materialanforderungen, Reisekostenabwicklung
- Spesenabwicklung
- Kontaktadressen pflegen

Somit kann das Gespann Exchange Server/Outlook, wenn es geschickt genutzt wird, die Basis für jede Art von Informationsbeschaffung und Informationsbereitstellung innerhalb eines Unternehmens und zu externen Personen oder Organisationen sein. Auch die Groupware- und Workflow-Möglichkeiten dieses Gespanns sind beachtlich, und ich frage mich, ob die im Small Business Server 2003 bereits integrierten SharePoint-Portaldienste geeignet sind, dem Exchange Server diese Funktionen streitig zu machen. Der Anwender muss, wenn die Funktionen des SharePoint Portal Servers genutzt werden, den Umgang mit einer weiteren Informationsquelle erlernen. Irgendwann wird es den Anwender aber verwirren, welche Informationen er nun in der Gruppenablage des Dateisystems, auf dem Exchange Server, auf dem SharePoint Portal Server oder dem Intranetserver finden oder ablegen soll. Zu viele Köche verderben den Brei, und zu viele Breie verderben den Koch und dessen Kunden.

Der Exchange Server kann prinzipiell auch von außerhalb des Firmennetzes erreicht werden, und zwar nicht nur über einen Computer mit installiertem Outlook, sondern über einen beliebigen Internetbrowser. Der Mitarbeiter kann, wenn die Sicherheitsrichtlinien des Unternehmens dieses erlauben, aus einem Hotel oder Internet-Café oder direkt beim Kunden in jedem Ort der Welt seine Nachrichten und Aufgaben lesen, Nachrichten und Aufgaben zuweisen und den Inhalt öffentlicher Ordner einsehen. Nutzt er die Synchronisationsmöglichkeiten von Outlook für den Offline-Betrieb, so kann er das globale Adressbuch als Offline-Adressbuch nutzen und bestimmte öffentliche Ordner, z. B. Projektordner, mit seinem Laptop regelmäßig synchronisieren. Er kann im Offline-Modus Nachrichten verfassen, Aufgaben zuweisen und Besprechungsanfragen erstellen. Er kann offline Inhalte von öffentlichen Ordnern einsehen, bearbeiten und neue Beiträge erstellen. Sobald er wieder online ist, werden die Mails und Besprechungsanfragen verschickt und seine Offline-Inhalte mit den öffentlichen Ordnern des Exchange Server synchronisiert. Damit ist die Kombination von Exchange Server und Outlook ideal für Telearbeiter, Außendienstmitarbeiter und Projektleiter, die viel unterwegs wird. Durch die Kombination von Handy, Notebook und Outlook Web Access (OWA) ist er auch vom Zugriff auf das Festnetz unabhängig. Auf der Buch-DVD finden Sie zu diesen Themen weiterführende Informationen.

27.26 Abgrenzung von Exchange Server zu einem Intranet- bzw. Internetserver

Wenn man die vielfältigen Möglichkeiten erkannt hat, die das Gespann Exchange Server und Outlook gerade in Hinblick auf Workflow- und Groupware-Funktionalität unter Ausnutzung von öffentlichen Ordnern bietet, stellt sich schnell die Frage, ob es eine Rivalität zwischen einem Exchange Server und einem Intranetserver oder Internetserver gibt. Wo sollen nun Informationen für Mitarbeiter oder auch für Geschäftspartner und Kunden untergebracht werden? Eine mögliche Antwort ist folgende. Ein Internetserver soll repräsentativ sein: Er soll die Organisation nach innen und nach außen darstellen. Er muss in der Gestaltung der Corporate Identity nachkommen: Alle HTML-Seiten haben eine ähnliche Gestalt, verwenden dasselbe Firmenlogo, dieselbe Schriftart usw. Alle HTML-Dokumente müssen auf einem Internetserver fehlerlos verlinkt sein und in einer sauberen Struktur erscheinen. Bei den Inhalten des Exchange-Ordners geht es weniger um Schönheit, sondern um Aktualität der Inhalte und um Gruppenfunktionalität. Jeder Mitarbeiter eines Projekts muss neue Inhalte ohne Lernaufwand schnell beisteuern und vorhandene Dokumente schnell aktualisieren können. Kundenkontakte und Produktinformationen lassen sich an zentraler Stelle pflegen und abrufen.

Inhalte eines Internet-/Intranetservers sind vorrangig HTML-Dokumente. Inhalte eines öffentlichen Ordners auf dem Exchange Server können beinahe beliebige Objekte sein: Sammlungen externer Kontakte, Aufgabenlisten, Gruppenterminkalender, Word-Dokumente, Excel-Tabellen, PowerPoint-Shows, HTML-Verweise auf andere Server, Grafiken, Fotosammlungen und vieles mehr.

27.27 Abgrenzung Exchange öffentliche Ordner zu SharePoint (Gastbeitrag von Ulrich B. Boddenberg)

Mein Name ist Ulrich B. Boddenberg. Ich bin der Autor der Bücher »SharePoint Portal Server 2003 & Windows SharePoint Services«, »Exchange Server 2003 & Live Communications Server 2005« sowie »Microsoft Netzwerke – Konzepte & Lösungen«, alle erschienen bei Galileo Computing.

Auf der Buch-DVD finden Sie Probekapitel dieser Bücher. Außerdem arbeite ich an einem Buch über »Windows Mobile«, das bei Microsoft Press erscheinen wird.

Die öffentlichen Ordner des Exchange Systems eignen sich zur Bereitstellung von unterschiedlichen Informationen für ganze Arbeitsgruppen, also Gruppenterminkalender, Gruppenkontakte, Gruppenmailpostfächer und vieles andere mehr. Grundsätzlich könnte man mit der Unterstützung der öffentlichen Ordner ein durchaus komplexes Informationsmanagement aufbauen, das auch vor Workflow-Szenarien nicht Halt macht.

Bevor Sie sich nun mit Begeisterung auf die öffentlichen Ordner stürzen, muss ich Sie darauf hinweisen, dass bei Microsoft zwar nicht zur Debatte steht, die Öffentlichen Ordner kurz- oder mittelfristig komplett zu Grabe zu tragen, sie stehen aber keinesfalls mehr im Mittelpunkt von Microsofts Collaboration-Strategie. Anders gesagt brauchen Sie bestehende auf öffentlichen Ordnern basierende Verfahren und Prozesse nicht hektisch zu ersetzen. Wenn Sie allerdings in der Planung für ein neues großes Integrations- oder Softwareentwicklungsprojekt sind, ist es sicherlich langfristig besser, auf SharePoint anstatt auf Öffentliche Ordner zu setzen.

Der Themenkomplex »Collaboration« teilt sich bei Microsoft in drei Produkte:

- **Exchange**: »Klassisches« Mail und Messaging
- **SharePoint**: Zusammenarbeit in Teams oder im Unternehmen, umfasst beispielsweise den Umgang mit Dokumenten und mit Listen aller Art (Termine, Kontakte, Aufgaben sind im Endeffekt auch Listen), die strukturierte Bereit-

stellung von Informationen, den Zugriff auf »externe« Daten und vieles andere mehr.

- **Live Communications Server**: Dies ist ein Instant Messaging System.

Die Produkte werden auf die jeweiligen Kernkompetenzen zurückgeführt, dabei ist das Informationsmanagement ein SharePoint-Thema geworden und geht, im Gegensatz zu Zeiten von Exchange 2000, nicht mehr in Richtung der Exchange öffentlichen Ordner.

SharePoint ist in zwei Varianten erhältlich:

- **Windows SharePoint Services 2.0**. Dieses Produkt ist als kostenlose Erweiterung zum Windows Server 2003 erhältlich und dient vor allem der Optimierung der Zusammenarbeit von Teams. In Windows Server 2003 R2 gehören die SharePoint Services bereits zum Grundlieferumfang.
- **SharePoint Portal Server 2003**: Hierbei handelt es sich um einen kostenpflichtigen Server, der auf den zuvor genannten SharePoint Services aufsetzt und diese um Features für die unternehmensweite Zusammenarbeit erweitert.

Richtig ist, dass es zwischen SharePoint und öffentlichen Ordnern Überschneidungen gibt. Beide Ansätze dienen zunächst der Informationsbereitstellung für Teams, gehen aber deutlich unterschiedliche Wege. Insgesamt bietet das Thema »SharePoint versus Öffentliche Ordner« mindestens so viel Diskussionspotential für viele hitzige Stammtischrunden, Podiumsdiskussionen und Leserbriefe wie die Frage, ob Linux oder Windows das »bessere« Serversystem ist, ob der Mac einfacher zu bedienen ist als Windows XP oder (speziell für die heute 35- bis 40-Jährigen) ob der Atari oder der Amiga der »coolere Computer« war.

Fakt ist, dass in der Microsoft-Collaboration-Strategie die primäre Plattform für die Zusammenarbeit jenseits von Mail und Messaging SharePoint ist.

[o] Wenn Sie auf der Begleit-DVD im Verzeichnis **SharePoint\SharePoint – Boddenberg – Galileo Computing** das SharePoint-Dokument gelesen haben, werden Sie mir sicherlich zustimmen, dass SharePoint dramatisch mehr Möglichkeiten als die öffentlichen Ordner von Exchange Server bietet.

SharePoint verfolgt einen wesentlich ganzheitlicheren Ansatz als die öffentlichen Ordner. Während öffentliche Ordner recht punktuelle Anforderungen bedienen, nämlich eine Aufgabenliste oder einen Gruppenkalender für ein Team bereitzustellen, ist die Idee hinter SharePoint, eine »integrierte Arbeitsumgebung« für einen Anwender zu realisieren, in der dieser gemeinsam mit seinen Kollegen an Dokumenten arbeitet, Listen (z. B. Kontaktliste, Terminliste, Aufgabenliste etc.)

aller Art erzeugt und füllt und auch »externe« Informationen (z. B. aus dem zentralen ERP-System) in seiner Arbeitsumgebung bereitstellt.

In öffentlichen Ordnern lassen sich teamübergreifend Kontakte, Termine, Aufgaben etc. verwalten – dies ist erfahrungsgemäß die Hauptanwendung für öffentliche Ordner. Diese Art von Informationen werden in SharePoint als Listen dargestellt, und in der Tat stellt man beispielsweise eine Sammlung von Kontakten gemeinhin als Liste dar, eben die Kontaktliste. Generell ermöglicht SharePoint eine sehr flexible Listenverwaltung. Ansonsten sind wesentliche Vorteile von SharePoint gegenüber öffentlichen Ordnern:

- Dokumentverwaltung: nahtlose Integration in Office, Ein- und Auschecken von Dokumenten, Versionierung
- Leistungsfähiges Webinterface zum Zugriff auf die Daten (das Webinterface zum Zugriff auf öffentliche Ordner ist vergleichsweise eher »dürftig«).
- Benachrichtigung bei Änderung des Inhalts von Listen oder Dokumentbibliotheken
- Einbindung von externen Daten, beispielsweise aus dem ERP-System
- Ablage sämtlicher Daten auf dem SQL-Server

Einige spezielle zusätzliche Vorteile des SharePoint Portal Servers sind:

- Unternehmensweite Informationsbereitstellung (Portal/Intranet)
- Sehr leistungsfähiger Such- und Indexdienst
- Single Sign On-Dienst zum Zugriff auf externe Informationen
- Zielgruppengerichtete Inhalte

Ein wesentlicher Vorteil der öffentlichen Ordner ist die Möglichkeit der Replikation, diese ist in der aktuellen SharePoint-Version (Windows SharePoint Services 2.0 bzw. SharePoint Portal Server 2003) nicht vorhanden. SharePoint ist als reines Online-System konzipiert, das von einem zentralen Server oder einer Serverfarm aus die Clients versorgt. In einer Zeit, in der die WAN-Bandbreiten genauso steigen, wie sich die Kosten reduzieren, ist der Ansatz, ohne Replikate auszukommen, einerseits sicher zu begrüßen. Andererseits wird man in der Praxis hinreichend viele Fälle finden, in denen replizierte Daten eben doch notwendig sind.

Die schon im Grundlieferumfang deutlich umfangreichere Funktionalität und die wesentlich flexibleren Erweiterungsmöglichkeiten sprechen deutlich für SharePoint. Die drei in der Praxis am häufigsten genannten Hinderungsgründe, direkt von öffentlichen Ordnern zu SharePoint zu migrieren, sind:

- Produktüberblick: Die Möglichkeiten von SharePoint sind den meisten IT-Verantwortlichen, Administratoren und erst recht Anwendern (noch) weitgehend unbekannt – zumindest in Deutschland.

- Viele Anwendungsszenarien basieren mehr oder weniger stark auf Replikation. Ob dies vor dem Hintergrund der veränderten Ausgangslage (fast überall kann man mehr oder weniger breitbandig Daten übertragen) überhaupt noch die beste Lösung ist, muss natürlich im Einzelfall geprüft werden. Fakt ist, dass die Replikation von SharePoint-Daten heute (Sommer 2006) nur mit Zusatzprodukten möglich ist.

- Microsoft stellt momentan kein Werkzeug zur Verfügung, mit dem man einfach von öffentlichen Ordnern zu SharePoint migrieren könnte.

Die Kernaussage eines Dokuments, das von Microsoft unter **http://www.microsoft.com/technet/prodtechnol/exchange/2003/pubfolders_faq.mspx** bereitgestellt wird, ist: Die öffentlichen Ordner werden zwar nicht kurzfristig aus dem Produkt genommen. Wenn Sie heute beginnen, eine Lösung zu entwerfen, sollten Sie aber auf SharePoint und nicht auf öffentliche Ordner setzen.

Bevor es Missverständnisse gibt: Der Exchange Server an sich wird von SharePoint natürlich *keinesfalls* in Frage gestellt. SharePoint bedient nicht die klassischen Mail- und Messaging-Funktionen – und wird dies auch niemals tun.

Man kann es natürlich auch etwas anders formulieren: Exchange besinnt sich auf seine Kernkompetenzen. Alles, was nicht direkt mit Mail und Messaging zu tun hat, nämlich die Arbeit mit Dokumenten und Listen, die Integration von externen Daten und vieles andere mehr, wird in SharePoint ausgelagert. Diese Besinnung auf die Kernkompetenzen gibt es bei Exchange übrigens auch in einigen anderen Bereichen:

- Mit Exchange 2000 wurde ein Instant Messaging Dienst eingeführt. Dieser ist mit Version 2003 wieder aus Exchange herausgenommen und in ein eigenständiges Produkt, den Live Communications Server, überführt worden.

- Die Verwaltung von Schlüsseln (zum Verschlüsseln und Signieren) ist eine Funktion des Betriebssystems geworden; Exchange 2000 hatte noch ein eigenes Key Management System.

Es gibt aber auch den umgekehrten Fall: Um den mobilen Zugriff auf Mails zu verbessern (Kernkompetenz!), wurde die Funktion des bis dato eigenständigen Mobile Information Server in Exchange überführt. Der »drahtlose« Zugriff auf Exchange ist somit ohne Zusatzprodukte möglich.

Sie sehen, dass mittelfristig die Überführung von Collaboration-Funktionen aus Exchange konsequent ist. Fairerweise werden auch Verfechter der Exchange öffentlichen Ordner zugeben müssen, dass es viele Anwendungsfälle gibt, bei denen diese sich eben doch nicht als optimal herausgestellt haben.

An dieser Stelle möchte ich Sie auf zwei Möglichkeiten der weiteren Beschäftigung mit SharePoint hinweisen:

- Mein Konzepte-Buch enthält eine recht ausführliche Einführung in die SharePoint-Technologien (**http://www.galileocomputing.de/1030**).
- Das entsprechende Kapitel findet sich übrigens als Leseprobe im Verzeichnis **Projektierung\Microsoft Netzwerke – Konzepte und Lösungen – Boddenberg** der Begleit-DVD dieses Buchs. [O]
- Wenn Sie noch tiefer in SharePoint einsteigen möchten, wird Sie mein ebenfalls bei Galileo Press erschienens SharePoint-Buch interessieren (**http://www.galileocomputing.de/936**).

27.28 Konsequenzen für Small Business Server 2003

Welche der Anregungen, Anleitungen und Tipps aus diesem Kapitel können Sie auch unter Windows Small Business Server 2003 verwerten? Kurze und knappe Antwort: alle!

Das vorliegende Kapitel beschreibt einige typische und regelmäßig anfallende Administrationsaufgaben beim Betrieb einer Exchange-Organisation. Der hauptamtliche Exchange-Administrator kann die Inhalte dieses Kapitels als Grundlage für eine Anleitung nutzen, um andere Administratoren und Helpdesk-Mitarbeiter darin einzuweisen, diese Aufgaben fachmännisch zu erledigen.

28 Exchange-Administrationsaufgaben

Das »Administratorhandbuch Exchange Server 2003 V3« im Verzeichnis **[o]**
Exchange Server der Buch-DVD enthält noch nicht die Neuerungen des Service Pack 2. Vielleicht gibt es auf der Website von Microsoft inzwischen eine neuere Version. Im Verzeichnis Exchange **Server\Exchange 2003 Service Pack 2** finden Sie die bisher bekannten Artikel zum Service Pack 2.

28.1 Einrichtung der Exchange-Systemverwaltungstools

Damit Exchange-Administrationsaufgaben ausgeführt werden können, müssen auf dem Computer, von dem die Benutzerkonten und Postfächer administriert werden sollen, die **Microsoft-Exchange-Systemverwaltungstools** von der Exchange-CD installiert werden. Die Exchange-Systemverwaltungstools erweitern das Snap-In **Active Directory-Benutzer und -Computer** um zusätzliche Menüpunkte. Letzteres setzt natürlich voraus, dass die Active-Directory-Verwaltungswerkzeuge bereits installiert wurden. Diese Verwaltungskonsolen werden wiederum installiert, indem die Datei **AdminPak.MSI** der Windows-Server-CD gestartet wird. Installieren Sie auch das neueste Service Pack von Exchange Server bzw. überprüfen Sie, ob das neueste Service Pack von Windows Server eine aktuellere **AdminPak.MSI**-Datei enthält. Die Verwaltungswerkzeuge auf einem Windows-XP-Client sollten auf demselben Versionsstand sein wie die entsprechenden Werkzeuge auf dem Server. In den Abschnitten 3.3.7, »Das Startmenü für Exchange Server anpassen«, 3.3.8, »Konsolansichten im Autorenmodus dauerhaft anpassen«, und 5.10, »Administrationswerkzeuge auf einem Windows-XP-Client installieren«, erhalten Sie detaillierte Hinweise zur Installation und Anpassung der Verwaltungswerkzeuge auf einem Windows XP-Client.

Über das Snap-In **Active Directory-Benutzer und -Computer** können Postfächer hinzugefügt und zwischen Postfachspeichern und Exchange Servern verschoben werden. Ebenso finden Sie dort in den Eigenschaften der Benutzer und Benutzergruppen diverse Registerkarten, mit denen die Exchange-Optionen für Postfächer feinjustiert werden können. Über das Snap-In **Exchange System-Manager** können die Exchange Server selbst verwaltet werden.

Die Rechte zur Verwaltung eines Exchange Server sind jedoch davon abhängig, welcher administrativen Sicherheitsgruppe der Systembetreuer angehört. Nur die Organisationsadministratoren der Stammdomäne haben standardmäßig komplette Administrationsrechte über die gesamte Exchange-Organisation. Nur sie dürfen neue Exchange Server installieren, so genannte **Administrative Gruppen** und **Routinggruppen** einrichten, den Berechtigungsumfang der dezentralen Exchange-Verwalter festlegen, Connectoren, Empfängerrichtlinien und zusätzliche Adressbücher einrichten. Über den **Assistenten für die Zuweisung von Verwaltungsberechtigungen auf Exchange-Objekte** können jedoch die Organisationsadministratoren Exchange-Verwaltungsaufgaben an andere Benutzer oder Benutzergruppen delegieren.

Starten Sie das Snap-In **Exchange System-Manager**, klicken Sie das Symbol der Exchange-Organisation mit der rechten Maustaste an und wählen Sie **Eigenschaften**. Aktivieren Sie die Optionen **Routinggruppen anzeigen** und **Administrative Gruppen anzeigen**. Erst jetzt werden administrative Gruppen und Routingruppen angezeigt. Bei der Installation des ersten Exchange Server wird automatisch eine administrative Gruppe mit dem Namen **Erste administrative Gruppe** angelegt. Darunter wird außerdem eine Routinggruppe mit dem Namen **Erste Routinggruppe** erzeugt. Beide Namen können durch Anklicken der entsprechenden Symbole mit der rechten Maustaste geändert werden.

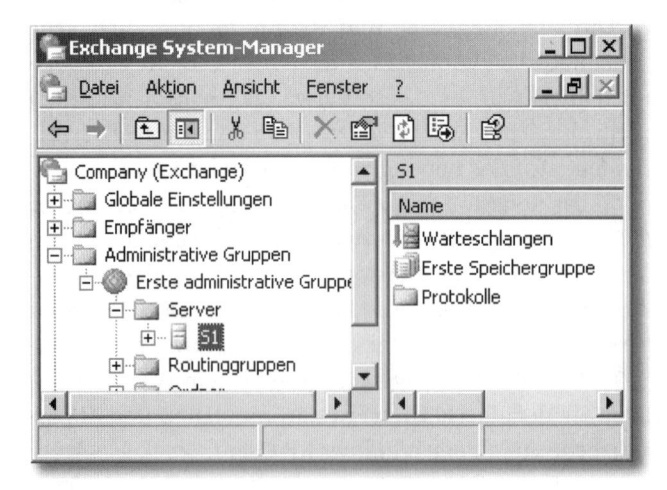

Anschließend können über die rechte Maustaste und die Auswahl von **Neu** weitere administrative Gruppen als auch Routinggruppen angelegt werden. Ebenfalls durch Rechtsklick kann sowohl für die gesamte Exchange-Organisation als auch für einzelne administrative Gruppen der Menüpunkt **Objektverwaltung zuweisen** gewählt werden. Er startet den **Assistenten für die Zuweisung von Verwaltungsberechtigungen auf Exchange-Objekte**.

Mit diesem Assistenten können einzelnen Benutzern oder aber auch einer Sicherheitsgruppe eine von drei Funktionen zugewiesen werden:

- **Exchange-Administratoren**
- **Exchange-Administratoren · Nur Ansicht**
- **Exchange-Administratoren · Vollständig**

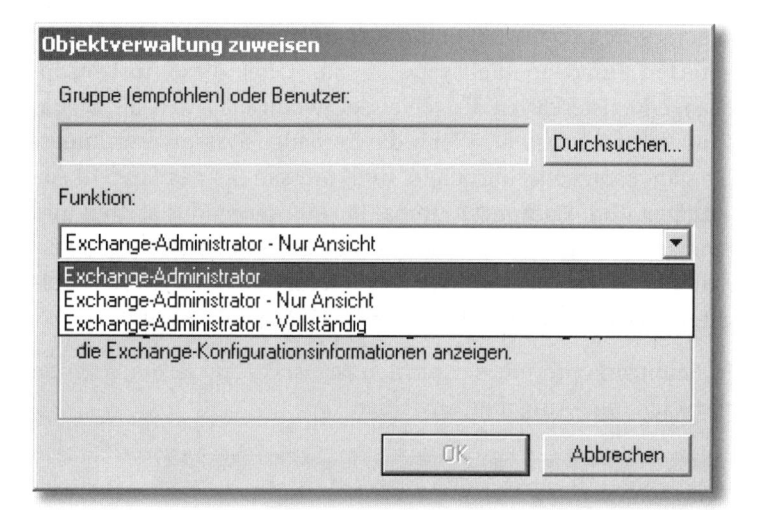

Die Funktion **Exchange-Administratoren · Nur Ansicht** gestattet es Systembetreuern lediglich, die Konfiguration aller Exchange-Objekte über das Snap-In **Exchange System-Manager** einzusehen. Um die Konfiguration eines Exchange Server zu ändern, ist jedoch die Zuweisung der Funktion **Exchange-Administratoren** erforderlich. Die letzte Funktion **Exchange-Administratoren · Vollständig** ist mit der zusätzlichen Befugnis verbunden, die Berechtigungen für Exchange-Objekte zu ändern.

In einer großen Exchange-Organisation mit vielen Exchange Servern an verschiedenen Standorten ist es sinnvoll, die Objektverwaltung nicht einzelnen Benutzern, sondern Sicherheitsgruppen zuzuweisen. Es bietet sich an, eine Sicherheitsgruppe **Exchange-Administratoren** sowie eine Gruppe **Exchange-Administratoren · Nur Ansicht** zu erstellen und diesen beiden Gruppen die gleichnamigen Funktionen über den **Assistenten für die Zuweisung von Ver-**

waltungsberechtigungen auf Exchange-Objekte einmalig zuzuweisen. Administratoren, die die globalen Einstellungen bestimmter Exchange Server über das Snap-In **Exchange System-Manager** verändern dürfen, werden dann in die Sicherheitsgruppe **Exchange-Administratoren** aufgenommen. Systembetreuer, die lediglich Postfächer erstellen und löschen dürfen, werden hingegen in die Gruppe **Exchange-Administratoren · Nur Ansicht** aufgenommen. Für die tägliche Arbeit benötigen die Systembetreuer nur das um Exchange-Registerkarten erweiterte Snap-In **Active Directory-Benutzer und -Computer**.

28.2 Einrichtung eines Postfachs auf dem Exchange Server

Um ein Postfach für einen bereits angelegten Benutzer zu erstellen, starten Sie das Snap-In **Active Directory-Benutzer und -Computer** und stellen sicher, dass unter **Ansicht** die **Erweiterten Funktionen** ausgewählt sind. Ohne diese Ansichtsoption sind die Exchange-Registerkarten ausgeblendet, wenn man sich die Eigenschaften eines Benutzerkontos ansieht. Wenn die Exchange-Systemverwaltungstools auf einem Domänencontroller installiert sind, müssen Sie das Snap-In **Active Directory-Benutzer und -Computer** einmal im Autorenmodus starten und diese Einstellung vornehmen, weil sie anderenfalls zwischen den Sitzungen verloren geht. Dazu klicken Sie das Snap-In **Active Directory-Benutzer und -Computer** mit der rechten Maustaste an und wählen den Menüpunkt **Autor**.

Wenn Sie nun ein Benutzerkonto mit der rechten Maustaste anklicken, können Sie den Menüpunkt **Exchange-Aufgaben** anwählen.

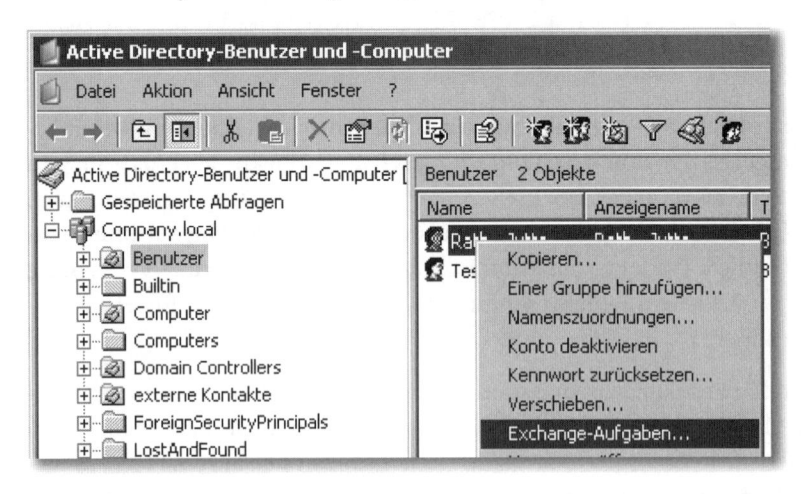

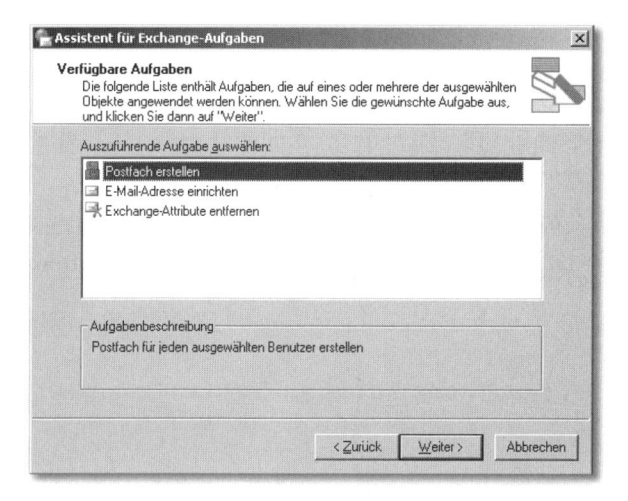

Soll für ein bereits bestehendes Benutzerkonto nachträglich ein Exchange-Postfach erstellt werden, so wählen Sie den Menüpunkt **Postfach erstellen**. Existiert das Postfach bereits, so erscheint dieser Menüpunkt nicht. Stattdessen erscheinen dann die Menüpunkte **Postfach löschen** bzw. **Postfach verschieben**. Mittels des letzten Menüpunkts kann ein Postfach zwischen mehreren Postfachspeichern verschoben werden. Zusätzliche Postfachspeicher werden über das Snap-In **Exchange System-Manager** angelegt.

Die anderen Menüpunkte **E-Mail-Adressen einrichten**, **Instant Messaging aktivieren** und **Exchange-Attribute entfernen** werden in der Regel nicht benötigt. Nach Auswahl von **Weiter** erscheint das Fenster **Postfach erstellen**, in dem der Aliasname des Empfängers sowie der Server und derjenige Postfachspeicher angegeben werden, in dem das Postfach erstellt werden soll.

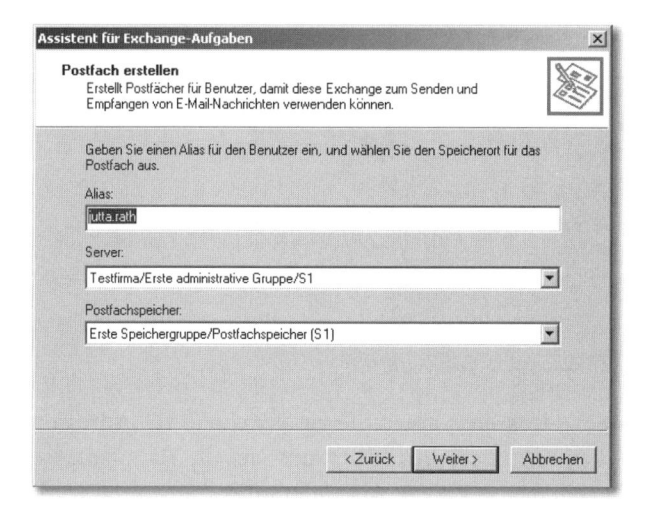

An dieser Stelle ist es in einer Organisation mit mehreren Exchange Servern an verschiedenen Standorten wichtig, den richtigen Server auszuwählen, damit das Postfach eines Anwenders am Standort A nicht auf dem Exchange Server am Standort B erstellt wird. Der Assistent für Exchange-Aufgaben zeigt eine Zusammenfassung an und erstellt danach das Postfach.

Sobald für einen Benutzer ein Postfach angelegt wurde, können Sie die Eigenschaften des Benutzers öffnen und sehen nun folgende Exchange-Registerkarten:

- **Exchange · Allgemein**
- **Exchange · Erweitert**
- **E-Mail-Adressen**
- **Exchange-Features**

Die Registerkarte **Exchange-Features** bietet die Möglichkeit, auf Benutzerebene einzelne Dienste oder Protokolle zu aktivieren oder zu deaktivieren und damit die globalen Einstellungen zu überschreiben, die im Snap-In **Exchange System-Manager** vorgenommen wurden.

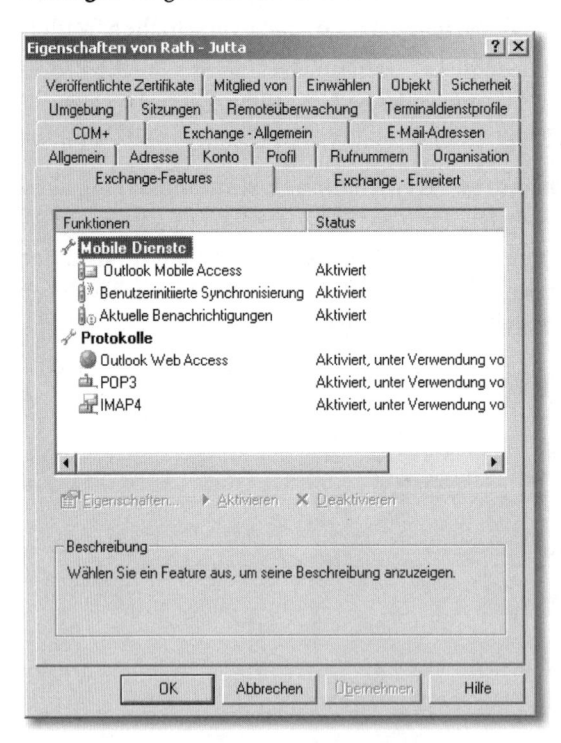

Über die Registerkarte **E-Mail-Adressen** können Sie zusätzliche SMTP-Adressen eingeben, unter denen ein Benutzer erreichbar sein soll, und die Hauptadresse auswählen, die beim Empfänger einer E-Mail als Absenderadresse angezeigt wird.

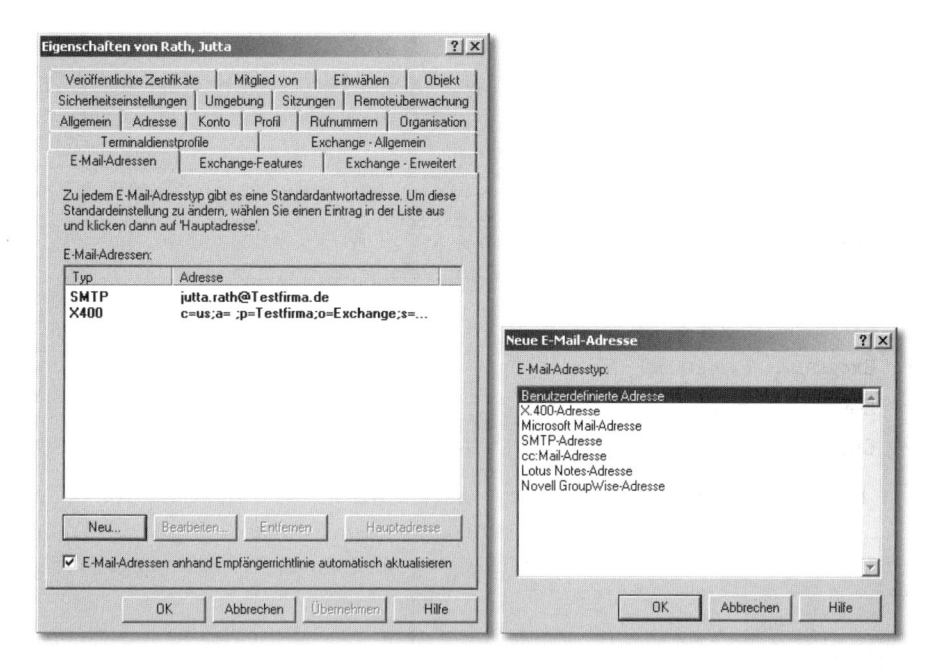

Wenn sich der Name eines Benutzers durch Heirat oder Scheidung ändert, können Sie hier den neuen Nachnamen einpflegen und zur Haupt-SMTP-Adresse hochstufen. Die alte SMTP-Adresse mit dem ehemaligen Nachnamen sollten Sie aber nicht löschen, damit Mails, die an diese SMTP-Adresse gerichtet sind, weiterhin zugestellt werden können. Soll ein Mitarbeiter zusätzlich zu seinen eigenen E-Mails auch solche empfangen, die an eine anonyme Adresse wie info@company.com oder einkauf@company.com gerichtet sind, so können Sie diese SMTP-Adressen hier hinzufügen.

Sobald die SMTP-Adressen eingetragen sind, erscheint die SMTP-Hauptadresse nun auch in der Konsole **Active Directory-Benutzer und -Computer**.

Zuletzt ein Blick auf die Registerkarte **Exchange · Allgemein**.

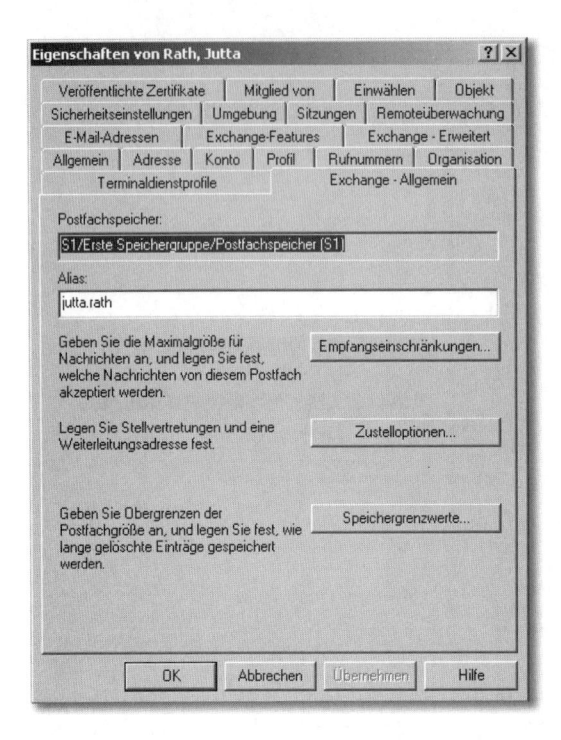

Ganz oben können Sie überprüfen, in welchem Postfachspeicher das Postfach des Benutzers liegt. Darunter steht ein Alias, über den der Benutzer später beim Schreiben einer E-Mail als Empfänger angegeben werden kann. Lautet z. B. der Anzeigename des Benutzers **Schlüter, Ulrich**, so kann im Feld **Alias** z. B. der Nachname ohne Sonderzeichen eingegeben werden, also **schlueter**. Tippt später ein Benutzer beim Erstellen einer neuen Nachricht im Feld **An...** nur den Aliasnamen **schlueter** ein, so wird der Empfänger vom Exchange Server in **Schlüter, Ulrich** aufgelöst.

Wenn Sie im Fenster **Exchange · Allgemein** die Schaltfläche **Empfangsbeschränkungen** anwählen, erscheint ein Fenster, in dem die Standardwerte für die Größe von Nachrichten geändert werden können, die über das Snap-In **Exchange System-Manager** für alle Postfächer des Exchange Server global festgelegt wurden. Ebenso kann in diesem Fenster eingeschränkt werden, von welchen Absendern Nachrichten angenommen werden. Hier kann z. B. eingegeben werden, dass ein Benutzer nur von Mitarbeitern, nicht aber von externen Versendern E-Mails empfangen kann.

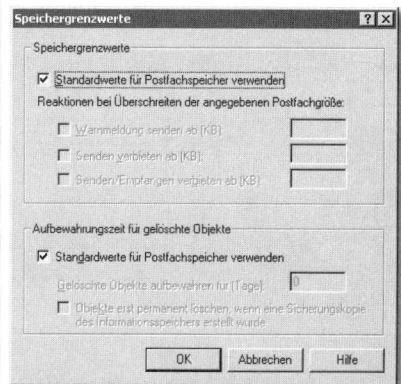

Im Fenster **Zustelloptionen** können Sie weitere Personen hinzufügen, die im Auftrag dieses Postfachs Nachrichten verschicken dürfen, eine Weiterleitungsadresse für Nachrichten anlegen oder eine Höchstzahl von Empfängern angeben, an die der Benutzer gleichzeitig eine Nachricht verschicken kann. Die Weiterleitungsfunktion ist z. B. wichtig, wenn sich ein Mitarbeiter krank meldet und sichergestellt werden muss, dass in dessen Abwesenheit eingehende Nachrichten von einem Vertreter bearbeitet werden.

Im Fenster **Speichergrenzwerte** können Sie die Standardwerte für die maximale Postfachgröße überschreiben, die für alle Postfächer des Exchange Server über das Snap-In **Exchange System-Manager** global festgelegt wurden.

> Wenn ein Mitarbeiter ausscheidet oder längere Zeit in Kur geht, so löschen Sie die Kennung nicht gleich, sondern deaktivieren die Kennung und damit das Postfach. Schreiben Sie sich eine Erinnerung in Ihren Terminkalender, dass Sie die deaktivierte Kennung nach 60 Tagen endgültig löschen. Bitten Sie den Mitarbeiter, private Mails zu löschen und andere Mails, Kontakte und Termine an eine Vertretung zu schicken. Ist der Mitarbeiter nicht mehr erreichbar, so klären Sie mit seinem Vorgesetzten ab, wie mit noch vorhandenen Outlook-Objekten (Mails, Kontakte, Termine) zu verfahren ist.

[«]

Weisen Sie Ihre Anwender außerdem in die Benutzung des Abwesenheits-Assistenten ein. Dieser kann in Outlook über den Menüpunkt **Extras** aktiviert werden. Es ist jedoch oft nicht ausreichend, einen Hinweis an den Versender zu schicken, dass man bis zum xx.yy.2004 nicht im Hause ist. Vielmehr müssen zumindest Kopien der eingehenden Nachrichten an einen Vertreter geschickt werden. Dazu erstellen Sie in Outlook über den Regelassistenten eine entsprechende Eingangsregel.

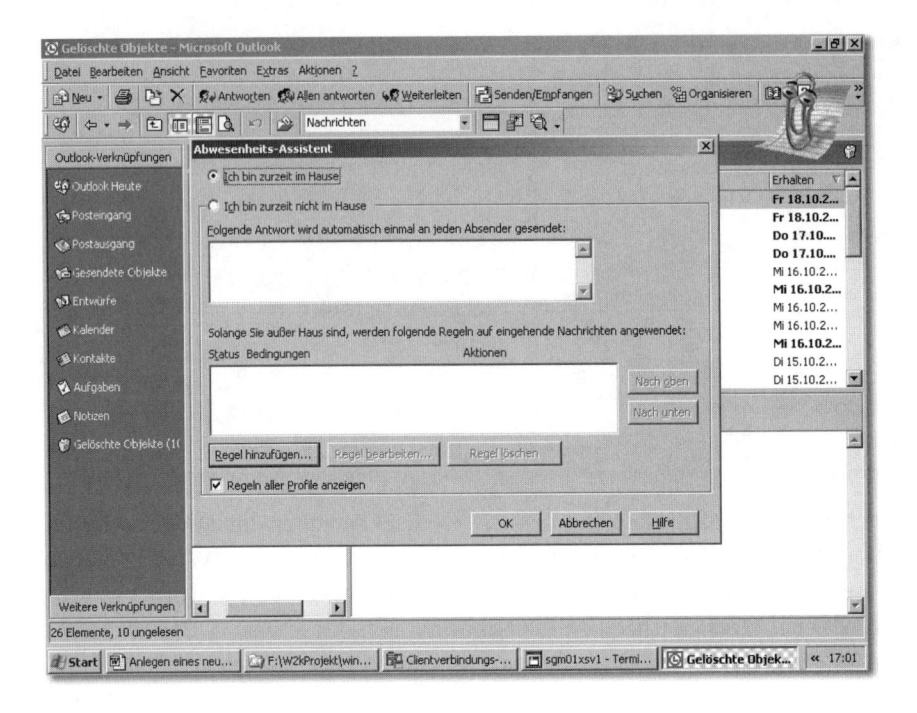

28.3 Verteilerlisten für E-Mails

Jeder Benutzer, für den ein Postfach eingerichtet wird, sollte auch in den Verteiler seiner Abteilung aufgenommen werden. Um einen Benutzer in eine Verteilerliste einzufügen, wählen Sie die Registerkarte **Mitglied von** und dort die Schaltfläche **Hinzufügen**. Dort tragen Sie den kompletten Namen der Verteilerliste oder einen Teil des Namens ein und wählen die Schaltfläche **Namen überprüfen** und danach **OK**. Legen Sie nicht mehr Verteilerlisten an als unbedingt nötig, damit Sie und die Anwender nicht den Überblick verlieren. Verteilerlisten werden von den Anwendern nur dann genutzt, wenn aus dem Namen klar hervorgeht, welche Personen Mitglieder des Verteilers sind. Überprüfen Sie, ob die Sicherheitsgruppen, die Sie angelegt haben, um Berechtigungen auf Gruppenverzeichnisse des Dateiservers zu vergeben, nicht selbst gleichzeitig als Verteilergruppen genutzt werden können, indem sie e-mail-aktiviert werden. Klicken Sie dazu die Sicherheitsgruppe mit der rechten Maustaste an und wählen Sie **Exchange-Aufgaben · e-mail-aktivieren**. Wenn Sie die Aufbauorganisation Ihres Unternehmens durch verschachtelte universelle Sicherheitsgruppen einrichten und alle Sicherheitsgruppen e-mail-aktivieren, können Sie bis auf wenige Ausnahmen auf die Erstellung von expliziten Verteilerlisten verzichten. Eine Ausnahme könnte z. B. sein, dass Sie einen E-Mail-Verteiler benötigen, der sowohl

Benutzerkonten der Domänen bzw. der Active-Directory-Gesamtstruktur als auch externe Kontakte aufnehmen soll, weil es externe Projektmitarbeiter gibt.

Benutzer können sich über die Outlook-Kontakte selbst eigene Verteiler erstellen und in einen derartigen Verteiler auch externe Kontakte aufnehmen. Schulen Sie also für solche Zwecke Ihre Mitarbeiter. Wenn für ein befristetes Projekt eine neue Verteilerliste angelegt werden soll, so machen Sie sich einen Erinnerungstermin in Ihren Terminkalender und fragen in regelmäßigen Abständen wieder nach, ob diese Projekt-Verteilerliste noch benötigt wird oder gelöscht werden kann. Halten Sie Ordnung in Ihren Verteilerlisten.

28.4 Ressourcen anlegen

Ressourcen sind z. B. Besprechungsräume, Dienstfahrzeuge, Beamer oder Overheadprojektoren. Eine Ressource wird, technisch gesehen, wie ein Mitarbeiterkonto angelegt, indem ein postfach-aktiviertes Benutzerkonto für die Ressource erzeugt wird. Anschließend wird jedoch einem oder mehreren Mitarbeitern der Zugriff auf das Postfach dieser Ressource erlaubt, denn diese Mitarbeiter sollen die Ressource verwalten.

Wozu sind Ressourcen gut? Ein Beispiel dazu: Ein Mitarbeiter möchte drei Kollegen zu einer Besprechung im Sitzungsraum 238 einladen. Er benötigt für eine Präsentation einen Overheadprojektor. Der Mitarbeiter startet Outlook und wählt **Datei · Neu · Besprechungsanfrage**. Er gibt das Thema der Besprechung an:

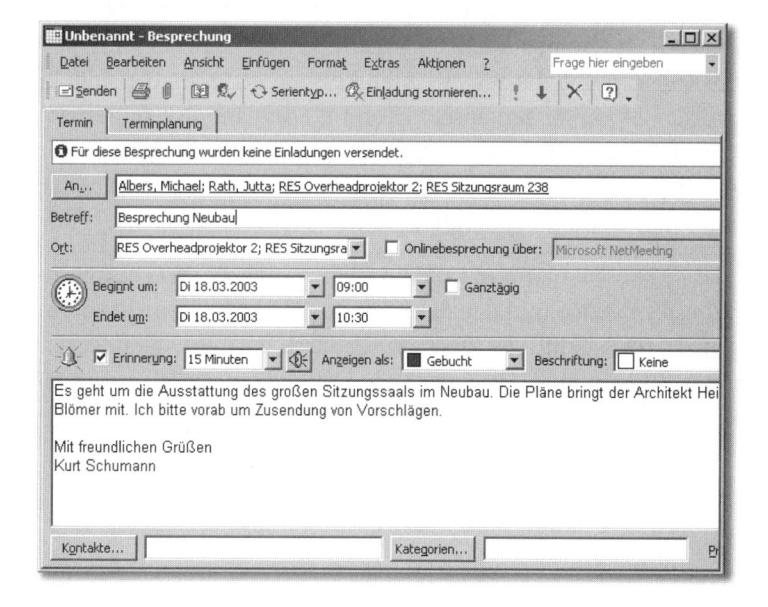

Jetzt möchte er herausfinden, ob und wann am gewünschten Termin der Besprechungsraum und ein Projektor verfügbar sind und ob die Kollegen Zeit haben. Dazu wählt er die Registerkarte **Teilnehmerverfügbarkeit**.

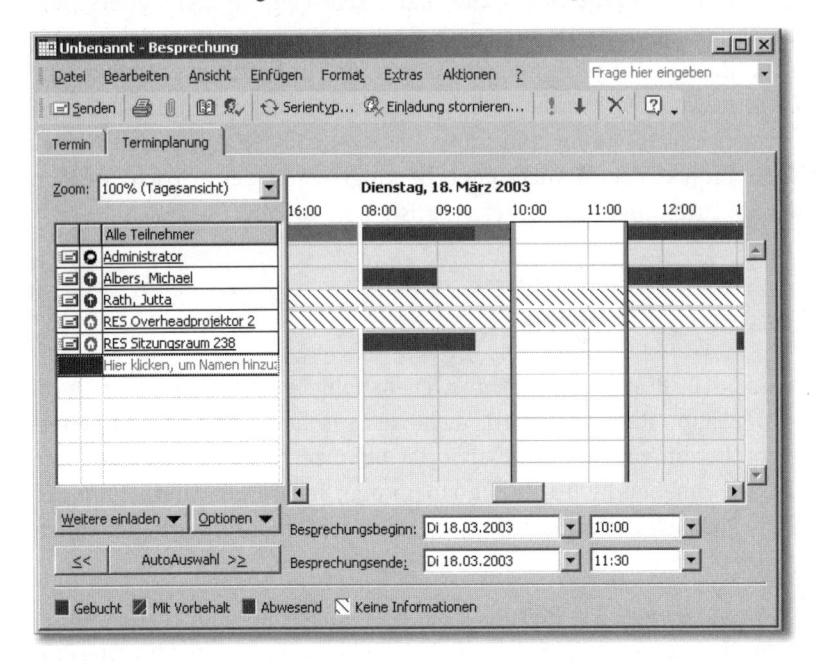

Über die Schaltfläche **Weitere einladen** können die gewünschten Kollegen und die benötigten Ressourcen ausgewählt werden. Wenn alle Mitarbeiter ihre Kalender unter Outlook pflegen und Ressourcen nicht mehr mündlich zugesagt werden, sondern nur noch über Outlook und Exchange Server, so kann der Mitarbeiter sehen, wann die Kollegen und die gewünschten Ressourcen verfügbar sind. In obigem Beispiel würde der zuerst gewünschte Termin 8:00 Uhr sich mit einem anderen Termin überschneiden. Deshalb verschiebt der einladende Mitarbeiter die Balken auf die Zeitspanne 10:00 Uhr bis 11:30 Uhr, wechselt dann zurück zur Registerkarte **Termin** und wählt dann **Senden**.

Die Mitarbeiter, die die Ressourcen verwalten, erhalten eine **Besprechungsanfrage** für den Overheadprojektor und den Sitzungsraum 238. Wenn nichts dagegen spricht, wählen sie die Schaltfläche **Zusagen**. Dadurch wird im Kalender der Ressource der Termin gebucht, und der einladende Mitarbeiter erhält eine Bestätigung, dass die Ressource den Termin akzeptiert oder der eingeladene Mitarbeiter zugesagt hat.

28.5 Den Cleanup-Agenten nutzen

Im Snap-In **Exchange System-Manager** öffnen Sie den Postfachspeicher und klicken mit der rechten Maustaste auf **Postfächer**, um den Cleanup-Manager auszuführen. Sie können diese Ansicht nach der Größe der Postfächer sortieren, um Postfächer herauszufinden, die besonders viel Speicher in der Exchange-Datenbank belegen.

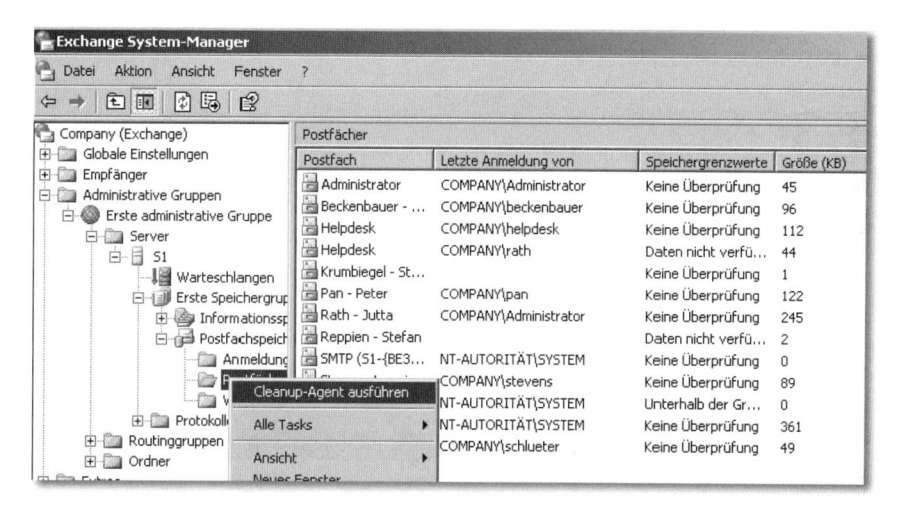

Nach der Ausführung des Cleanup-Agenten werden gelöschte Postfächer mit einem roten, durchgeixten Kreis angezeigt. Wird eine Benutzerkennung mit einem zugehörigen Postfach gelöscht, so wird das Postfach erst nach der Anzahl von Tagen endgültig entfernt, die in der Registerkarte **Grenzwerte** des Postfachspeichers angegeben wurde.

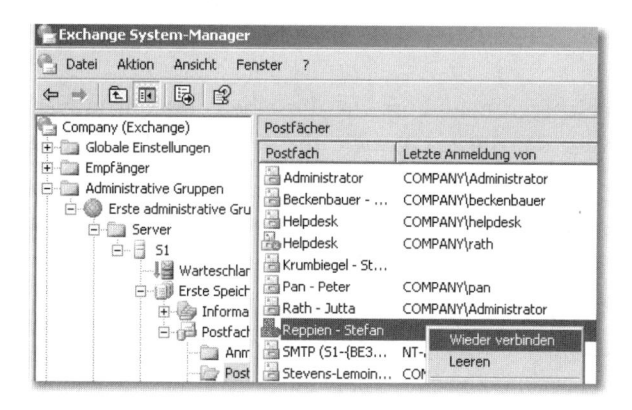

Bis dahin kann ein als gelöscht markiertes Postfach wieder mit einer anderen Benutzerkennung verbunden werden.

28.6 Die »Speichergruppe für die Wiederherstellung« einer Speichergruppe eines beliebigen Exchange Server

Wenn Sie im **Exchange System-Manager** einen Exchange Server 2003 mit der rechten Maustaste anklicken, finden Sie unter **Neu** den Menüpunkt **Speichergruppe für die Wiederherstellung**. Unter Exchange 2000 stand dieses Feature noch nicht zur Verfügung. Sie erzeugen damit eine weitere Speichergruppe, deren Zweck es ist, eine Sicherung eines älteren Stands des Informationsspeichers dort einspielen zu können.

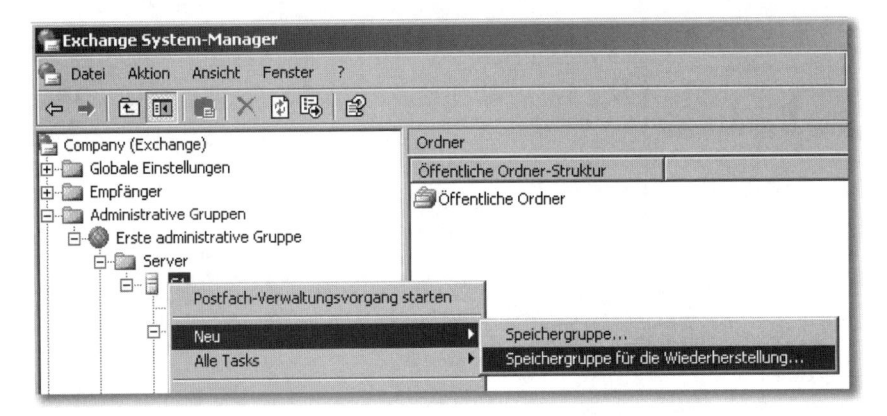

Bei der Speichergruppe für die Wiederherstellung handelt es sich um eine spezielle Speichergruppe, die gemeinsam mit regulären Speichergruppen in Exchange vorhanden sein kann (selbst wenn der Server bereits über vier reguläre Speichergruppen verfügt). Sie können Postfachspeicher von allen regulären Speichergruppen wiederherstellen, die den folgenden Bedingungen entsprechen:

- Auf dem Server mit der Speichergruppe wird Microsoft Exchange 2000 SP3 oder höher ausgeführt.
- Der Server mit der Speichergruppe muss zu derselben administrativen Gruppe wie der Server mit der Speichergruppe für die Wiederherstellung gehören.
- Wenn Sie mehrere Postfachspeicher gleichzeitig wiederherstellen, müssen diese alle aus einer einzigen Speichergruppe stammen.

Nachdem Sie einen Postfachspeicher in der Speichergruppe für die Wiederherstellung wiederhergestellt haben, können Sie die wiederhergestellten Postfachdaten mit dem Dienstprogramm aus der Speichergruppe für die Wiederherstellung in eine reguläre Speichergruppe verschieben. In der Onlinehilfe steht, dass dazu Exmerge benötigt wird. Seit der Veröffentlichung des Exchange Server 2003 Service Pack 1 ist das Verfahren jedoch einfacher geworden.

Mit dem Verfahren kann ein gesamter Postfachspeicher (die gesamten Datenbankinformationen einschließlich der Protokolldaten) oder nur ein einzelnes Postfach wiederhergestellt werden. Es kann auch ein Postfach wiederhergestellt werden, das sich auf einem anderen Exchange Server befindet, selbst wenn es sich um einen Exchange Server 2000 handelt.

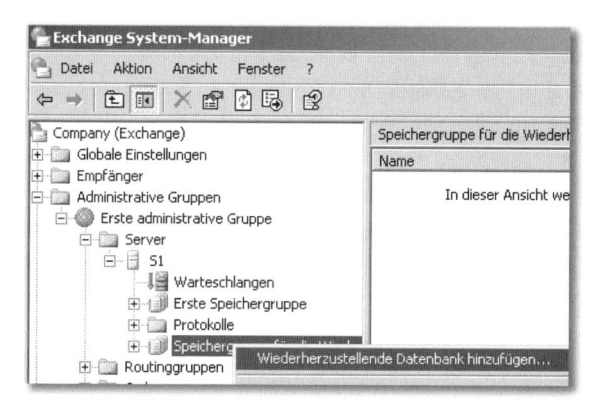

Sobald die Speichergruppe vom Sicherungsband in die Speichergruppe für die Wiederherstellung eingespielt wurde, wählen Sie den Exchange Server und die Speichergruppe aus, in die das Postfach zurückgesichert werden soll.

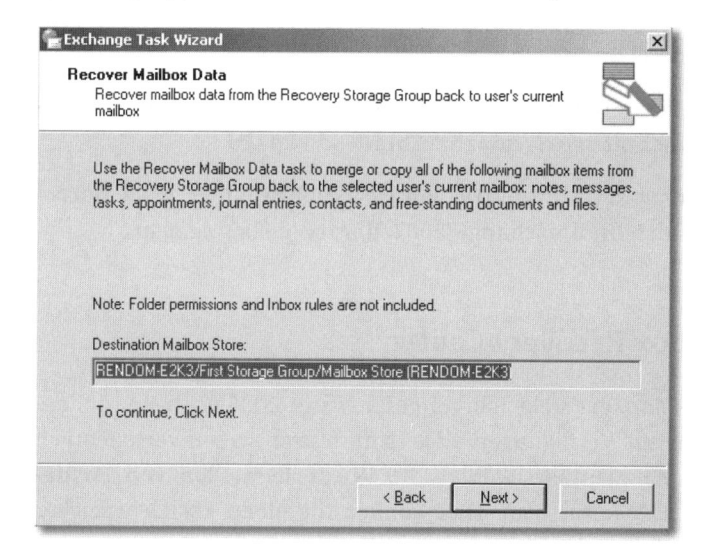

Danach entscheiden Sie, ob die Daten direkt in das Postfach eines Benutzers oder in einen Unterordner zurückgespielt werden sollen. Im ersten Fall werden gleichnamige, bereits vorhandene Objekte im Postfach überschrieben, im zweiten Fall muss der Benutzer später selber die gewünschten, zurückgesicherten Objekte aus dem Recovery-Ordner in die Unterordner seines Postfachs übernehmen.

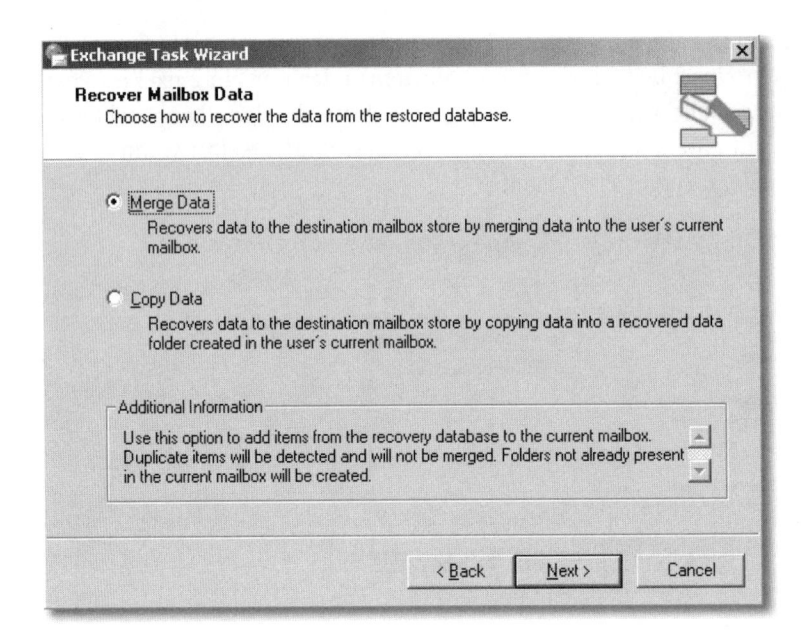

Neben der Onlinehilfe finden Sie zum Thema »Speichergruppe für die Wiederherstellung« folgende Artikel:

»Exchange Server 2003 SP1 Recover Mailbox Data Feature« unter **www.microsoft.com/technet/prodtechnol/exchange/2003/RMD.mspx**

»How to Use Recovery Storage Groups in Exchange Server 2003« unter **support.microsoft.com/default.aspx?scid=kb;%5bLN%5d;824126**

»Using Exchange Server 2003 Recovery Storage Groups« unter **www.microsoft.com/technet/prodtechnol/exchange/2003/library/ue2k3rsg.mspx**

28.7 Das Mailbox Recovery Center

Im **Exchange System-Manager** steht aber unter Exchange 2003 noch eine andere Funktion unter **Extras** zur Verfügung, die Sie dann nutzen, wenn versehentlich viele Postfächer gelöscht wurden. Wählen Sie **Wiederherstellen von Postfächern** mit der rechten Maustaste an. Hier können Sie einen Postfachspeicher angeben. Geben Sie z. B. den Namen des ersten Postfachspeichers in der ersten Speichergruppe an. Nach kurzer Zeit werden alle gelöschten Postfächer angezeigt, die noch nicht endgültig gelöscht wurden, wenn in der Registerkarte **Grenzwerte** des Postfachspeichers eine entsprechende Zahl von Tagen angegeben wurde.

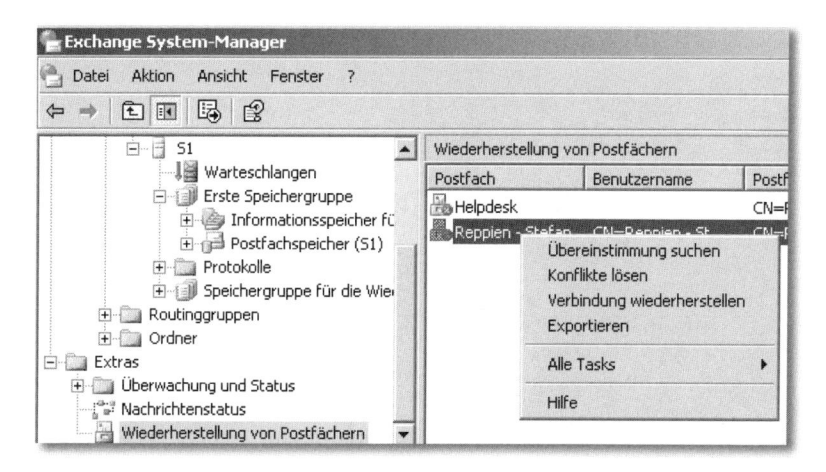

Wenn Sie jetzt ein dort angezeigtes gelöschtes Postfach mit der rechten Maustaste anklicken, können Sie nach einer Übereinstimmung mit einem Active-Directory-Objekt suchen und anschließend das Postfach wieder mit einem Benutzerkonto verbinden.

Dieses Kapitel fasst Hinweise zusammen, die bei der Installation von Exchange Server 2003 und der Migration von Exchange Server 5.x beachtet werden sollten.

29 Hinweise zur Exchange-Installation und -Migration

29.1 Allgemeine Hinweise zur Abwärtskompatibilität von Exchange 2000/2003

Der Versuch, eine Art »Integrationshandbuch für die Microsoft-Produkte Windows Server, Exchange Server und Office« zu schreiben, ist immer ein Wettlauf gegen die Zeit. Sind alle Manuskripte druckbereit und die Buch-DVD erstellt, so gibt es wahrscheinlich schon Beta-Versionen zu einer Folgeversion eines der Produkte. Außerdem muss berücksichtigt werden, dass inzwischen in vielen Unternehmen bereits Windows 2000 Server und Exchange 2000 Server eingeführt wurden und nun mit einem Mischbetrieb zwischen Active Directory 2000 und 2003 zu rechnen ist. Müssen zudem noch Windows-NT-4.0-Netze mit Exchange 5.0/5.5 umgestellt werden, so potenzieren sich die möglichen Fehlerquellen und das notwendige Know-how, um diese Probleme zu beseitigen.

In diesem Kapitel werden einige Probleme und deren Lösungen angesprochen, die bei der Migration nach Exchange 2000 im Zusammenspiel mit Outlook 2000/XP bekannt sind. Trotz intensiver Recherchen konnte nicht immer geklärt werden, ob diese Probleme mit Exchange 2003 und Outlook 2003 nicht mehr auftreten. Doch nicht nur Autoren haben mit diesen Aktualitäts- und Komplexitätsfragen zu kämpfen, sondern auch die Entwickler bei Microsoft. Als Folge werden mit großer Wahrscheinlichkeit viele der nachfolgend angesprochenen Installationsprobleme und Abwärtsinkompatibilitäten auch unter Exchange 2003 nicht gelöst sein. Und viele der nachfolgenden Hinweise und Tipps werden sicherlich auch auf Exchange 2003 noch zutreffen.

Auf der Buch-DVD finden Sie zum Inhalt dieses Kapitels viele Beiträge in den Verzeichnissen **Migration\Exchange** und **Exchange Server\Migration – Upgrade**. Im Verzeichnis **Exchange Server\Exchange 2007** der Buch-DVD finden Sie au-

[O]

ßerdem viele Informationen zu Exchange 2007 und Angaben zu Quellen im Internet, um weitere Anleitungen und Tipps zur Nachfolgeversion von Exchange 2003 zu sammeln.

29.2 Exchange Standard und Enterprise Edition

Exchange Server 2003 ist in den zwei Editionen Standard Edition und Enterprise Edition verfügbar.

29.2.1 Standard Edition

Diese Edition von Exchange Server 2003 erfüllt die Anforderungen, die kleine und mittlere Unternehmen an das Messaging und die Zusammenarbeit stellen. Genauso eignet sich die Standard Edition für bestimmte Messaging-Server-Funktionen sowie zum Einsatz in Zweigstellen.

- Outlook Web Access (OWA) und Outlook Mobile Access (OMA) inklusive
- Eine Speichergruppe mit bis zu zwei Postfach-Datenbanken
- Postfach-Datenbankgröße mit Service Pack 2 maximal 75 GB
- Speichergruppe für die Wiederherstellung

In Exchange 2000 Standard Edition ist der Speicherplatz auf 16 GB pro Postfachspeicher beschränkt, für Anwendungsspeicher (Speicher für öffentliche Ordner) jedoch unbeschränkt. Diese Beschränkung wird auch durch Service Packs nicht erweitert werden. Server, die Standard Edition ausführen, dürfen keine Frontend-Server, sehr wohl aber Backend-Server sein.

29.2.2 Enterprise Edition

Diese Edition von Exchange Server 2003 ist für große Unternehmen konzipiert und ermöglicht die Erstellung mehrerer Speichergruppen und Datenbanken. Mit der Enterprise Edition können Nachrichten in unbegrenztem Umfang gespeichert werden, und die Datenmenge ist nicht auf die Kapazität eines Servers beschränkt.

- Beinhaltet alle Funktionen der Standard Edition
- Vier Speichergruppen mit jeweils bis zu fünf Postfach-Datenbanken möglich
- Postfach-Datenbankgröße nur durch die Hardware begrenzt
- X.400-Connector im Lieferumfang enthalten
- Chat-Dienst

- Cluster-Unterstützung mit Windows Server 2003, Enterprise Edition und Datacenter Edition (bis zu acht Knoten) sowie Windows 2000 Advanced Server und Datacenter Server (bis zu vier Knoten)
- Unterstützung für Front-/Backend-Architektur

29.2.3 Betriebssystem-Kompatibilität von Exchange Server 2003

Exchange Server 2003 kann unter Windows Server 2003 Standard Edition und höher oder unter Windows 2000 Server mit Service Pack 3 und höher ausgeführt werden. Exchange Server 2003 lässt sich in einer Active-Directory-Umgebung mit Windows Server 2003 oder Windows 2000 Server mit Service Pack 3 und höher einsetzen. Bei der Migration von Exchange 2000 Server auf Exchange Server 2003 ist zu beachten, dass sich Exchange 2000 Server nicht auf Windows Server 2003 einsetzen lässt. In diesem Fall muss zuerst die Migration auf Exchange Server 2003 vorgenommen und anschließend das Betriebssystem von Windows 2000 Server auf Windows Server 2003 aktualisiert werden.

Die nachfolgende Tabelle beschreibt, welche Kombinationen von Exchange Server 2003 und Exchange 2000/5.5 mit Windows Server 2003 und Windows 2000 Server unterstützt werden. Der physische Server unter Exchange muss auf einer Windows-Server-Version wie in der Tabelle angegeben installiert sein. Exchange 5.5 kann z. B. nicht auf einem Windows-Server-2003-System laufen. Außerdem gibt die Tabelle einen Überblick für die von Exchange unterstützten Active-Directory-Umgebungen. Exchange 5.5 benötigt kein Active Directory, kann jedoch verwendet werden, wenn ein Active Directory vorhanden ist.

Exchange-Version	Einsatz von Exchange Server auf		Unterstützte Active-Directory-Umgebungen	
	Windows Server 2003	Windows 2000 Server SP3+	Windows Server 2003	Windows 2000 Server SP3+
Exchange Server 2003	Ja	Ja	Ja	Ja
Exchange 2000 mit SP3 und höher	Nein	Ja	Ja	Ja
Exchange 2000 mit SP2	Nein	Ja	Ja	Ja
Exchange 5.5 mit SP3	Nein	Ja	Nicht erforderlich	Nicht erforderlich

29.3 Exchange Server Best Practices Analyzer Tool

Nach der Installation von Exchange Server 2003 sollten Sie die neueste Version des **Exchange Server Best Practices Analyzer Tools** durchlaufen lassen. Bei Performance-Problemen setzen Sie das **Exchange Server Performance Troubleshooting Analyzer Tool** in der neuesten Version ein.

[O] Informationen zu diesen und anderen Tools finden Sie im Verzeichnis Exchange Server\Downloads und Tools der Buch-DVD. Anleitungen zu fast allen Tools finden Sie unter www.msexchange.org.

29.4 Konfigurieren von /Userva und SystemPages

Wenn auf dem Server Windows Server 2003 ausgeführt wird, legen Sie den Wert für **SystemPages** auf **0** fest und geben in der Datei **Boot.ini** den Parameter **/Userva=3030** an. Der Pfad des Registrierungsschlüssels SystemPages lautet HKEY_LOCAL_MACHINE\SYSTEM\CurrentControlSet\Control\Session Manager\Memory Management\SystemPages.

Mit diesen Einstellungen können auf dem Server mehr Tabelleneinträge für Seitenauslagerungsdateien angelegt werden. Dies ist insbesondere für große Systeme von hoher Bedeutung. Im Knowledge-Base-Artikel 810371 »XADM: Using the /Userva Switch on Windows 2003 Server-Based Exchange Server« wird der Parameter **Userva** näher beschrieben.

Wenn auf dem Server Windows 2000 ausgeführt wird, legen Sie den Registrierungsschlüssel **SystemPages** auf einen Wert zwischen **24000** und **31000** fest.

29.5 Bei mehr als 1 GB RAM die BOOT.INI verändern

Unter Windows Server 2003 und Windows 2000 Advanced Server wird in der Standardeinstellung ein virtueller Adressraum von 2 GB für Prozesse im Benutzermodus zugewiesen, z. B. für den Informationsspeicherprozess von Exchange (Store.exe). Dem Knowledge-Base-Artikel 266096 »Exchange 2000 Requires /3GB Switch with More Than 1 GB RAM« entnehmen Sie, dass der Parameter **/3GB** in die Datei **C:\BOOT.INI** eingefügt werden muss, wenn Exchange Server unter Windows Server 2003 oder unter Windows 2000 Advanced Server läuft und der Server mit mehr als 1 GB RAM ausgestattet ist. Nachfolgend ein Zitat aus dem Artikel:

»After you have installed Microsoft Windows 2000 Advanced Server, you must modify the Boot.ini file and add the /3GB parameter to the startup line. For example:

```
[Boot Loader]
Timeout=30
Default=multi(0)disk(0)rdisk(0)partition(2)\WINNT
[Operating Systems]
multi(0)disk(0)rdisk(0)partition(2)\WINNT="Microsoft Windows 2000
Server" /fastdetect /3GB
```

Note: Do not add the /3GB switch if you are running Windows 2000 Server, Microsoft Small Business Server 2000, or Microsoft BackOffice Server 2000. This switch is designed for use only with Windows 2000 Advanced Server and above.«

Der Parameter /3GB wurde für alle Versionen von Windows Server 2003 und Windows 2000 Advanced Server entwickelt. Setzen Sie den Parameter /3GB nicht, wenn Windows 2000 Server ausgeführt wird.   [!]

Beim Small Business Server 2003 darf der Parameter /3GB nicht gesetzt werden, es sei denn, dass im Ereignisprotokoll spezifische Fehlermeldungen auftauchen. Lesen Sie dazu den Artikel »3GB Schalter bei SBS 2003 nicht in boot.ini verwendet« im Verzeichnis **Small Business Server 2003** der Buch DVD.   [o]

29.6 Leistungssteigerung durch separate Laufwerke für Transaktionsprotokolldateien

Standardmäßig werden bei der Installation von Exchange die Transaktionsprotokolldateien und Datenbankdateien auf demselben Laufwerk erstellt. Die Leistung und die Fehlertoleranz eines Exchange Server kann verbessert werden, indem Transaktionsprotokoll- und Datenbankdateien auf unterschiedliche Laufwerke verlegt werden. Diese Laufwerke sollten durch Hardware-Spiegelung mittels RAID-Technologie gegen Ausfälle geschützt werden. Es wird empfohlen, RAID 1, RAID 0+1 oder RAID 10 zu verwenden.

Eine optimale Leistung wird erzielt, wenn die Transaktionsprotokolle jeder Speichergruppe auf einem gesonderten Laufwerk abgelegt werden. Jede Speichergruppe verfügt über eigene Transaktionsprotokolle. Die Anzahl der dedizierten Transaktionsprotokoll-Laufwerke sollte deshalb der Anzahl der geplanten Speichergruppen entsprechen. Wenn Sie SCSI-Festplatten einsetzen, so verteilen Sie die Datenbanklaufwerke über mehrere SCSI-Kanäle oder SCSI-Controller, konfigurieren Sie diese jedoch als ein einziges logisches Laufwerk, um die SCSI-Bus-Sättigung zu minimieren. Nachfolgend eine optimierte Beispiel-Konfiguration:

C:\ System- und Startdateien (Spiegelsatz)

D:\ Auslagerungsdatei

E:\ Transaktionsprotokolle für Speichergruppe 1 (Spiegelsatz)

F:\ Transaktionsprotokolle für Speichergruppe 2 (Spiegelsatz)

G:\ Datenbankdateien für beide Speichergruppen (mehrere Laufwerke, konfiguriert als Hardware-Stripesets mit Parität)

29.7 Festplatten-Cache abschalten

Dem Kapitel 15 des Exchange 2000 Server Resource Kits entnehmen Sie, dass bei Festplatten, die mit Cache ausgestattet sind, der Cache deaktiviert werden soll, weil bei einem hardwarebedingten Absturz die Datenbank anderenfalls inkonsistent werden kann. Transaktionen befinden sich eventuell noch im Cache und wurden somit noch nicht in die Transaktionsprotokolldateien weggeschrieben, obwohl Exchange diese Transaktionen in seiner Checkpoint-Datei als weggeschrieben vermerkt hat. Nachfolgend ein Zitat aus diesem Kapitel:

»*Disk Controller Cache Settings for Mailbox and Public Folder Servers*

To maximize RAID-1, RAID-0+1, and RAID-5 performance, the caches should be located on the disk controllers; disk drive caches should never be used because they are not protected and can result in database corruption. Due to the write-intensive nature of Exchange 2000, all the cache memory should be write-back cache. Read-ahead cache offers a performance gain when the disk accesses contiguous blocks of information. Because disk operations in Exchange databases are non-sequential, it is unlikely that the disk controller can use the next disk block. Therefore, any transfer to read-ahead cache is wasted.

Read-ahead cache does not help when a stream of data (for example, a video clip) is read from the Web Storage System. The streaming file itself could be made contiguous on disk, but there is no guarantee that Exchange will save the video clip data sequentially inside the streaming file.«

Ist der Festplattencontroller nicht gegen einen Stromausfall gesichert (batteriegepuffert), so gilt die Empfehlung auch weiterhin.

29.8 Wozu wird ein SMTP-Connector benötigt?

Exchange kann standardmäßig Internet-E-Mail senden und empfangen. Alle Server können direkt Verbindungen mit externen SMTP-Adressen herstellen, wenn alle Server das Internet erreichen können und wenn Sie DNS-Server für alle Netzwerkverbindungen eingerichtet haben. Ein SMTP-Connector wird nicht unbedingt benötigt. Der Hauptgrund, einen SMTP-Connector zu erstellen, besteht im Routen der gesamten ausgehenden SMTP-Mail über einen bestimmten Server oder eine Sammlung von Gatewayservern. Durch SMTP-Connectors werden einzelne Routen für Nachrichten festgelegt. Sie können mit SMTP-Connectors ein Gateway für Internet-Mail einrichten oder eine Verbindung mit einer bestimmten Domäne oder einem bestimmten E-Mail-System herstellen. Mit Connectors können Sie spezielle Optionen für die festgelegte Nachrichtenroute definieren.

Obwohl Sie Internet-Mail mit einem virtuellen SMTP-Server senden und empfangen können, richten die meisten Unternehmen zum Weiterleiten von Internet-Mail einen SMTP-Connector ein. Die Verwendung eines SMTP-Connectors wird empfohlen, da dieser eine einzelne Route für Nachrichten bereitstellt, die für das Internet bestimmt sind. Darüber hinaus sind mit einem SMTP-Connector mehr Konfigurationsoptionen als mit einem virtuellen SMTP-Server verfügbar.

Um bei bestimmten Anwendern zu unterbinden, dass sie E-Mails über den Exchange Server in das Internet senden können, muss ein SMTP-Connector erstellt werden. Diese Einschränkung kann nicht über den virtuellen SMTP-Server erreicht werden. Lesen Sie dazu Abschnitt 23.23, *Versenden und Empfangen von Internet-E-Mails für bestimmte Benutzer unterbinden*.

Ausführliche Informationen zum SMTP-Connector erhalten Sie in der Exchange-Onlinehilfe, in der PDF-Datei »Configuring SMTP in Exchange 2000«, im »Bereitstellungshandbuch für Exchange 2003« und im »Exchange 2003-Administratorhandbuch«.

Wichtige Dokumente finden Sie im Verzeichnis Exchange **Server\Routing – SMTP – SMTP-Connector** auf der Buch-DVD. **[O]**

29.9 Frontend-Server sollte kein Clusterserver sein

Clustering stellt Exchange-Postfachservern Failover-Möglichkeiten zur Verfügung, wenn sie mit gemeinsam verwendeten Speichern verbunden sind. Frontend-Server haben jedoch keinen Postfachspeicher, sondern übergeben nur Internetclient-Protokollbefehle mittels Relay an dahinter liegende Backend-Exchange-Postfachserver. Daher ergibt es wenig Sinn, Frontend-Server über

Clustering absichern zu wollen. Durch die Verwendung mehrerer Frontend-Server kann die Fehlertoleranz von Frontend-Servern jedoch verbessert und zusätzlich ein Lastausgleich erzielt werden.

[O] Beachten Sie auch die Dokumente im Verzeichnis **Cluster iSCSI NAS SAN** der Buch-DVD.

29.10 Hinweise zu verschiedenen Sprachversionen

29.10.1 Der globale Zeichensatz basiert auf der Sprache des ersten installierten Exchange Server

Der Standardzeichensatz des Internet-Nachrichtenformats basiert auf der Sprache des ersten installierten Exchange Server. Wenn Sie beispielsweise eine deutsche Version von Exchange Server auf einem Server installieren, der eine englische Version von Windows Server ausführt, ist der Standardzeichensatz des Internet-Nachrichtenformats Deutsch. Wenn der Standardzeichensatz für Internetnachrichten ein anderer sein soll, müssen Sie ihn manuell ändern.

So ändern Sie den Standardzeichensatz manuell:

- Doppelklicken Sie im Exchange System-Manager auf **Globale Einstellungen**.
- Klicken Sie auf **Internet-Nachrichtenformate**, klicken Sie mit der rechten Maustaste auf **Standard**, und klicken Sie dann auf **Eigenschaften**.
- Wählen Sie auf der Registerkarte **Nachrichtenformat** unter **Zeichensätze** in **MIME** und **Nicht-MIME** die gewünschten Zeichensätze aus.

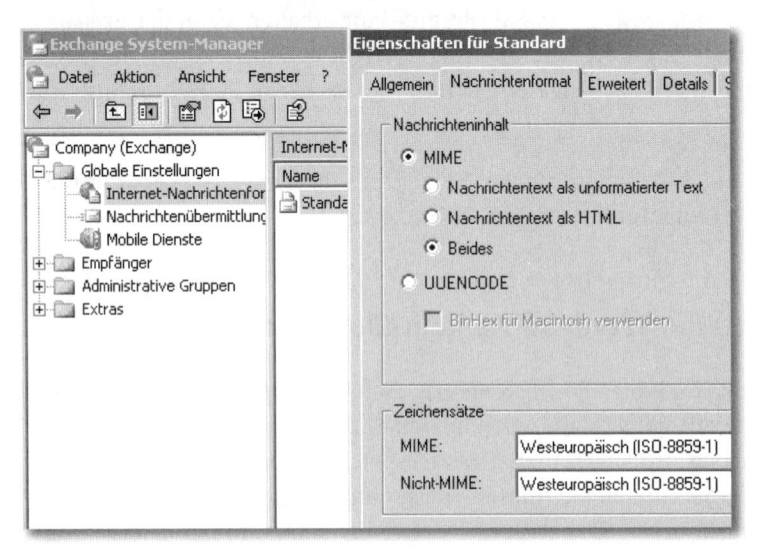

29.10.2 Unterstützung internationaler Clients

Zur Unterstützung mehrsprachiger Outlook-Clients muss auf dem Windows Server, auf dem der globale Katalog installiert ist, Sprachunterstützung installiert sein. Um Sprachunterstützung zu installieren, klicken Sie in der Systemsteuerung unter den Ländereinstellungen auf die Registerkarte **Allgemein** und wählen unter **Spracheinstellungen für das System** die Sprachen aus, die Sie unterstützen möchten.

Weiterhin müssen Sie einen Registrierungsschlüssel hinzufügen, um internationale Sortierung in Active Directory für MAPI-Clients zu unterstützen. Standardmäßig unterstützt Active Directory nur englische Sortierreihenfolgen. Eine Sortierreihenfolge kann hinzugefügt werden, indem die Gebietsschema-ID-Werte einem Registrierungsschlüssel auf dem Windows-2000-Server hinzugefügt werden, auf dem der globale Katalog installiert ist.

Starten Sie den Registryeditor **regedit.exe** und wählen Sie den Registrierungsschlüssel **HKEY_LOCAL_MACHINE/SOFTWARE/Microsoft/NTDS/Language**. Klicken Sie mit der rechten Maustaste auf **Language** und wählen Sie **Neu · DWORD**. Geben Sie einen Namen für die Zeichenfolge ein. Klicken Sie mit der rechten Maustaste auf den zuvor erstellten Zeichenfolgewert, und klicken Sie dann auf **Ändern**. Geben Sie im Feld **Wert** den Namen der Gebietsschema-ID ein, die Sie unterstützen möchten.

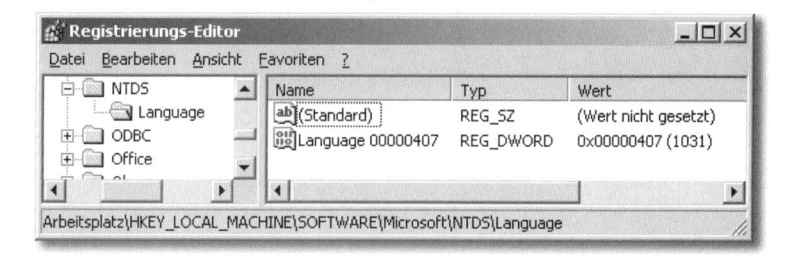

29.11 Dateibeschränkungen bei Outlook aufheben

Ich habe diesen Abschnitt der Erstauflage nicht mehr für die Neuauflage überarbeitet, da ich aufgrund der immensen Zunahme der Gefahren des Internets eine Empfehlung, die Restriktionen für Dateianhänge unter Outlook zu lockern, nicht mehr aussprechen kann. Wenn Outlook und der Exchange Server jedoch vorwiegend zum innerbetrieblichen Nachrichtenaustausch genutzt werden, und es nur wenigen Mitarbeitern technisch ermöglicht wird, E-Mails über das Internet auszutauschen, so ist das Risiko immens reduziert. In diesem Fall kann darüber nachgedacht werden, die Blockaden beim Öffnen von Dateien wieder zu lockern.

Besonders die produktive Nutzung der Inhalte öffentlicher Exchange-Ordner leidet darunter, wenn die Inhalte erst anderswo gespeichert werden müssen, um sie einsehen zu können.

[o] Sie finden auf der Buch-DVD den Text »Dateibeschränkungen bei Outlook aufheben« im Ordner **Office\Outlook**.

Viele der nachfolgend aufgelisteten Hinweise und Empfehlungen wurden aus Microsoft Whitepapers zusammengestellt. An die endgültigen Sicherheitsrichtlinien eines Servers müssen Sie sich jedoch in einer Testumgebung herantasten.

30 Sicherheit im verteilten Active Directory

Wichtiger Hinweis In einem komplexeren LAN oder WAN können die nachfolgend aufgeführten Maßnahmen unter Umständen mehr schaden als nützen, da Sie die Auswirkungen der Maßnahmen nicht sofort abschätzen können. Wenn Sie z. B. die im Abschnitt »Überwachungsrichtlinien (Auditing)« aufgelisteten Überwachungsrichtlinien zeitgleich aktivieren, könnte es sein, dass der Server im Produktivbetrieb stark überlastet wird, da er seine Dienste nicht nur vielen Benutzern zur Verfügung stellen muss, sondern gleichzeitig viele Zugriffe überprüft und mitprotokolliert. Ebenso kann es sein, dass Einstellungen, die in der Testumgebung nicht zu Problemen führen, in der Produktivumgebung zu Fehlern führen, da dort aufgrund der komplexen Netzstruktur (aktive Komponenten wie Router, Bridges, Switches, Firewalls) andere Verhältnisse herrschen.

Nehmen Sie nach Möglichkeit keine Änderungen an der Default Domain Policy vor. Testen Sie die wirklich gewünschten Einstellungen in einer Test-Gruppenrichtlinie aus, jedoch nicht gleichzeitig, sondern Richtlinie für Richtlinie. Nur so können Sie bei plötzlich oder auch erst nach Tagen auftretenden Problemen feststellen, welche Änderung die Ursache war. Verfahren Sie ebenso mit Änderungen an der Registrierdatenbank des Servers oder an den Standardberechtigungen von wichtigen Verzeichnissen auf den Servern.

Die Verzeichnisse **Sicherheit – Sicherung – Disaster Recovery** und **Projektierung** der Buch-DVD enthalten ein reichhaltiges Angebot an Anleitungen, Checklisten und Hinweisen auf weiterführende Literatur zum Thema Sicherheit. Microsoft bietet Tools wie den **Microsoft Baseline Security Analyzer** an, um Schwachstellen aufzuspüren.

Bei allen Netzwerksicherheitsproblemen kann man unter dem Strich folgendes Fazit ziehen: Hacken geschieht, weil man es zulässt. Wenn eine umfassende Sicherheitsarchitektur eingerichtet, gepflegt und befolgt wird, kann von außen nur sehr schwer in die Systeme eingedrungen werden. Die große Schwachstelle in der IT-Sicherheit ist der Mensch. Die meisten Betrugsfälle wären vermeidbar gewesen, wenn einfach sinnvolle Protokolle eingehalten und die verfügbaren Sicherheitslösungen ordnungsgemäß implementiert worden wären. Es ist sehr viel einfacher, wichtige Informationen von einer Person zu erschleichen, als sie aus einem gut organisierten und geschützten Computersystem zu holen.

[O] Der Artikel »Social Engineering – Die größte Gefahr für die Internet-Sicherheit« im Verzeichnis **Sicherheit** der Buch-DVD führt drastisch vor Augen, welche Gefahren hier lauern.

30.1 Sicherheitsrisiken

In einer Organisation können folgende Arten von Sicherheitsrisiken auftreten:

Abfangen von Benutzeridentitäten
Der Eindringling entdeckt mit sozialen oder technischen Mitteln den Benutzernamen und das Kennwort eines gültigen Benutzers.

Beispiele für soziale Mittel: Der Eindringling gibt sich am Telefon gegenüber einem Benutzer als Mitarbeiter des Supportteams aus und erbittet zwecks angeblicher Administrationsnotwendigkeit das Kennwort des Benutzers.

Der Eindringling verschafft sich über die Internetseiten oder über Gespräche mit Mitarbeitern Informationen über die Organisationsstruktur und die technische Infrastruktur.

Beispiele für technische Mittel: Der Eindringling wählt über eine Spezialsoftware alle potenziellen Telefonnummernkreise der Organisation ab, um herauszufinden, hinter welchen Telefonnummern sich technische Einwahlkomponenten (RAS-Zugänge) befinden. Anschließend fragt er zu bereits bekannten oder gängigen Anmeldenamen vorgefertigte Kennwortlisten ab, um Kennungen mit Kennwort zu erschleichen.

Maskierung
Ein nicht autorisierter Benutzer gibt vor, ein gültiger Benutzer zu sein. Er nimmt z. B. die IP-Adresse eines vertrauenswürdigen Systems an und verschafft sich mit ihrer Hilfe die Zugriffsrechte für das benutzte Gerät oder System.

Replay-Angriff
Der Eindringling zeichnet die Netzwerkkommunikation zwischen einem Benutzer und einem Server auf und spielt sie zu einem späteren Zeitpunkt ab, um sich als Benutzer auszugeben.

Abfangen von Daten

Wenn Daten als Klartext oder ungenügend verschlüsselt über das Netzwerk ausgetauscht werden, können unbefugte Personen die Daten überwachen und aufzeichnen.

Manipulation von Daten oder Programmen

Der Eindringling oder Viren verursachen die Änderung oder Beschädigung von Daten und Programmen.

Blockieren des Betriebs

Der Eindringling überschwemmt einen Server mit Anfragen, die Systemressourcen verbrauchen und entweder einen Zusammenbruch des Servers verursachen oder den normalen Betrieb erheblich stören.

Missbrauch von Privilegien

Ein Administrator oder Benutzer mit erhöhten Rechten benutzt wissentlich oder unwissentlich seine Privilegien, um auf vertrauliche Daten zuzugreifen. Ein Sicherungsoperator benutzt seine Zugangsberechtigung zum Serverraum für Handlungen, die außerhalb seines Aufgabenbereichs liegen, oder spielt Datenbänder auf private Geräte zurück, um die Daten zu missbrauchen.

30.2 Sicherheitskonzepte

Authentifizierung und Autorisierung im Active Directory

Die Sicherheit von Windows Server basiert auf Authentifizierung und Autorisierung. Die Authentifizierung identifiziert den Benutzer bei der Anmeldung und beim Verbindungsaufbau zu Netzwerkdiensten. Einmal identifiziert, ist der Benutzer durch Berechtigungen für den Zugriff auf bestimmte Netzwerkressourcen autorisiert. Die Autorisierung findet durch die Zugriffskontrolle mit Hilfe der Zugriffskontrolllisten (ACLs) statt. Sie definieren, welche Benutzer bzw. Benutzergruppen welche Art von Berechtigungen für Dateien, Verzeichnisse, Drucker, Dienste etc. haben.

Domänen und Vertrauensstellungen

Eine Domäne besteht in Windows 2000/2003 aus einer Sammlung von Netzwerkobjekten (Benutzer, Computer, Gruppen von Benutzern oder Computern usw.), die unter Berücksichtigung der Sicherheit eine gemeinsame Verzeichnisdatenbank verwenden. Eine Domäne bildet mit konsistenten internen Richtlinien und expliziten Sicherheitsbeziehungen zu anderen Domänen eine Sicherheitsumgrenzung. In Windows 2000/2003 unterstützen Vertrauensstellungen die domänenübergreifende Authentifizierung durch die Verwendung des Kerberos-v5-Protokolls für Windows-2000/XP-Clients und NTLM-Authentifizierung für Nicht-Windows-2000/XP-Clients (NT-4.0-Clients, Windows-95-Clients etc.). Innerhalb einer Active-Directory-Gesamtstruktur vertrauen sich die Domänen automatisch. Vertrauensstellungen zwischen Domänen verschiedener Gesamtstrukturen müssen bei Bedarf manuell eingerichtet werden.

Sicherheitsrichtlinie

Die Einstellungen der Sicherheitsrichtlinie definieren das Sicherheitsverhalten des Systems. Durch die Verwendung von Gruppenrichtlinienobjekten können Administratoren auf verschiedenen Computerklassen explizite Sicherheitsprofile verwenden. Windows Server enthält z. B. ein Standard-Gruppenrichtlinienobjekt, das als Standardrichtlinie für Domänencontroller deren Sicherheitsverhalten bestimmt.

Sicherheitskonfiguration und -analyse

Durch das Starten der Microsoft-Management-Konsole (MMC) und durch das Hinzufügen des Snap-Ins **Sicherheitskonfiguration und -analyse** können die Sicherheitseinstellungen eines Servers oder einer Workstation mit einer Standardvorlage verglichen und Sicherheitslücken festgestellt werden.

Sicherheitsvorlagen (Security Templates)

Durch Starten der MMC und durch das Hinzufügen des Snap-Ins **Sicherheitsvorlagen** können vorgefertigte Sicherheitsvorlagedateien (inf-Dateien des Verzeichnisses **%systemroot%\security\templates**) in ein Gruppenrichtlinienobjekt importiert und das Sicherheitsprofil nach Anpassung anschließend auf viele Computer verteilt werden.

Verschlüsselung mit symmetrischen (geheimen) Schlüsseln

Diese Verschlüsselungsart verwendet für die Ver- und Entschlüsselung von Daten denselben Schlüssel. Sie verarbeitet die Daten sehr schnell und wird in zahlreichen Datenverschlüsselungen für Netzwerke und Dateisysteme eingesetzt.

Verschlüsselung mit öffentlichen Schlüsseln

Diese Verschlüsselungsart verwendet einen öffentlichen und einen privaten Schlüssel. Zur Verwendung dieser Technologie muss eine Infrastruktur für öffentliche Schlüssel eingerichtet werden (PKI, Public Key Infrastructure).

Authentifizierung

Die Windows-2000/2003-Authentifizierung bestätigt die Identität des Benutzers durch Eingabe eines Kennworts, Verwendung einer Smartcard oder mit biometrischen Spezialgeräten (Erkennung der Stimme, des Fingerabdrucks, der Iris etc.) mit Hilfe des Kerberos v5-Protokolls.

Authentifizierung von Softwarecode

Diese Strategie erfordert es, dass Softwarecode, der aus dem Internet oder Intranet heruntergeladen wird, die digitale Signatur eines vertrauenswürdigen Softwareherstellers trägt. Webbrowser können so konfiguriert werden, dass die Ausführung von unsigniertem Softwarecode verhindert wird. Das Signieren von Software beweist, dass der Softwarecode authentisch ist, das heißt, dass er nach der Veröffentlichung nicht mehr manipuliert wurde.

Überwachungsprotokolle

Die Überwachung mittels definierter Sicherheitsrichtlinien legt fest, welche Netzwerkoperationen mitprotokolliert werden: erfolgreiche oder fehlgeschlagene Anmeldeversuche, erfolgreiche oder fehlgeschlagene Zugriffe auf Ressourcen, die Registrierdatenbank usw. Diese Protokolle ermöglichen die Erkennung von Eindringlingen und zeichnen die Versuche von Benutzern auf, sich unerlaubt Zugriff zu verschaffen, und können als Beweismittel herangezogen werden.

Physische Sicherheit

Wichtige Ressourcen wie Server oder RAS-Geräte müssen in verschlossenen Räumen untergebracht werden. Beträchtlicher Schaden kann nicht nur durch intelligente Hackerangriffe von außen, sondern auch durch verärgerte Mitarbeiter auf unintelligente Weise herbeigeführt werden, indem z.B. Geräte mit Gewalt beschädigt oder Datenträger entwendet werden.

Benutzerschulung

Der Trick beim Social Engineering ist, sich vom Türhüter mit einem Lächeln durchwinken zu lassen. Die beste Verteidigung gegen Übergriffe aus dem sozialen Umfeld ist die Schulung des IT-Personals und der Benutzer zum Thema »Geheimhaltung und Schutz von Kennwörtern«. Die Unternehmensrichtlinien zur Verteidigung kritischer Informationen müssen allen Mitarbeitern deutlich dargestellt werden, ebenso wie die Konsequenzen, die sich aus der Nichteinhaltung ergeben.

30.3 Sicherheitsmaßnahmen

Nachfolgend werden Mindestmaßnahmen für die Sicherheit der Domänencontroller und Dateiserver aufgelistet.

Alle Serverpartitionen mit NTFS formatieren

NTFS-Partitionen bieten durch die Access Control Lists fein abgestufte Möglichkeiten der Berechtigungsvergabe an. Deshalb sollten alle Festplattenpartitionen eines Windows Server mit NTFS partitioniert sein. Mit dem Tool **Convert** kann eine FAT-Partition nachträglich in eine NTFS-Partition umgewandelt werden.

Administratorkennwörter müssen stark sein

Es sollten mindestens neun Zeichen mit mindestens einem nicht druckbaren Sonderzeichen verwendet werden. Auf jedem Server sollten unterschiedliche Kennwörter gesetzt werden, um bei einem gelungenen Einbruch den möglichen Schaden in Grenzen zu halten.

In komplexen Active-Directory-Strukturen einer Root-Domäne und mit mehreren Sub-Domänen kann das Kennwort des Administrators, der Mitglied der Gruppen **Organisations-Admins** und **Schema-Admins** ist, aus Sicherheitsgründen nach dem Vier-Augen-Prinzip aus zwei Teilen bestehen, wobei die beiden Teile separaten Administratoren bekannt sind. Beide Kennworthälften sollten in separaten und versiegelten Umschlägen im Safe aufbewahrt werden. Der Zugriff auf die Domänenstruktur oder auf das Active-Directory-Schema ist dann nur möglich, wenn beide Administratoren in gemeinsamer Verantwortung handeln. Ist einer der Administratoren z. B. in Urlaub, so kann in dringenden Fällen der versiegelte Umschlag mit dem Teilpasswort in Anwesenheit eines Vertreters oder des IT-Sicherheitsbeauftragten geöffnet werden.

Keine LAN-Manager-Hashwerte für nächste Kennwortänderung speichern

Kennwörter sind Schwachstellen. Um die Kennwort-Verschlüsselung stärker zu schützen, kann der relativ schwache LanMan-(LM-)Verschlüsselungsalgorithmus des Active Directory und besonders im Mischbetrieb mit NT-4.0-Domänen von der SAM (Security-Account-Manager-Datenbank) entfernt werden, indem der Registrierdatenbankschlüssel **HKEY_LOCAL_MACHINE\SYSTEM\CurrentControlSet\Control\Lsa\nolmhash** auf »1« gesetzt wird. Unter Windows Server gibt es dazu unter **Computerkonfiguration** · **Windows-Einstellungen** · **Sicherheitseinstellungen** · **Lokale Richtlinien** · **Sicherheitsoptionen** die Gruppenrichtlinie **Netzwerksicherheit: Keine LAN Manager-Hashwerte für nächste Kennwortänderung speichern**.

Eingebautes Brennprogramm deaktivieren

Unter Windows XP können Dateien oder ganze Verzeichnisse im Windows Explorer über die rechte Maustaste und den Menüpunkt **Senden an** auf eine CD gebrannt werden, wenn ein CD- oder DVD-Brenner eingebaut ist. Für bestimmte Benutzer oder Sicherheitsgruppen kann diese Funktion aus Datenschutzgründen ausgeblendet werden, indem über **Benutzerkonfiguration · Administrative Vorlagen · Windows-Komponenten · Windows Explorer** die Gruppenrichtlinie **CD-Brennfunktionen entfernen** aktiviert wird. Sie bewirkt, dass unter **HKEY_CURRENT_USER\Software\Microsoft\Windows\CurrentVersion\Policies\Explorer** der DWORD-Eintrag **NoCDBurning** eingefügt und mit dem Wert **1** belegt wird.

Nutzung externer Datenträger über USB und Firewire einschränken

Es sollte unterbunden werden, dass beliebige Benutzer einen externen Datenträger wie einen USB-Stick oder eine externe Festplatte über USB- oder Firewire anschließen und Firmendaten abziehen können. Wenn die Nutzung dieser Schnittstellen über das BIOS abgeschaltet werden kann, muss ein Kennwort für das BIOS gesetzt werden. Unter **www.gruppenrichtlinien.de** finden Sie den Artikel »USB STICKS per Richtlinie deaktivieren«. Mit der Software **GFI EndPointSecurity** sollen Administratoren gruppenbasiert verwalten können, welche Anwender Zugriff auf USB-Sticks, MP3-Player, PDAs und andere mobile Speichermedien erhalten (**www.gfisoftware.de**).

Nicht benötigte Dienste deaktivieren, nur benötigte Anwendungen installieren

Unter Windows 2000 Server sollten diejenigen Dienste deaktiviert werden, die für die Funktionen des Servers nicht benötigt werden. Speziell der standardmäßig installierte IIS-Dienst sollte auf Datei- und Druckservern – wann immer möglich – deaktiviert werden. Auf einem Server sollten keine Anwendungen und Tools installiert werden, die nicht für die Funktion des Servers erforderlich sind.

Sicherheitskonfigurations-Assistent unter Windows Server 2003

Unter Windows Server 2003 sind viele Dienste standardmäßig nicht mehr aktiviert, und Serverrollen müssen nach der Grundinstallation über einen Assistenten explizit zugewiesen werden. Außerdem gibt es aber im Service Pack 1 den Sicherheitskonfigurations-Assistenten (C:\Windows\Help\scwhelp). Er bestimmt die für die Rollen eines Servers erforderliche Mindestfunktionalität und deaktiviert nicht erforderliche Rollen (siehe auch die Verzeichnisse **Sicherheitskonfigurations-Assistent Windows Server 2003**, **Sicherheitshandbuch für Windows Server 2003** und **Best Practice Guide for Securing Active Directory Installations** im Verzeichnis **Sicherheit** auf der Buch-DVD).

Nicht benötigte Kennungen und Gruppen wie z. B. »Gast« und »Domänen-Gäste« deaktivieren oder löschen

Die Kennung »Gast« ist bereits standardmäßig deaktiviert. Unter **Computerkonfiguration · Windows-Einstellungen · Sicherheitseinstellungen · Lokale Richtlinien · Sicherheitsoptionen** können diese Einstellungen in den Gruppenrichtlinien zentral vorgenommen werden. Kennungen von Benutzern, die gar nicht mehr oder über einen längeren Zeitraum nicht benötigt werden, sollten gelöscht oder zumindest deaktiviert werden.

Die Registrierdatenbank gegen anonyme Zugriffe schützen

Dazu muss der Schlüssel **HKEY_LOCAL_MACHINE\SYSTEM\CurrentControlSet\Control\SecurePipeServers** mit dem Wertnamen **winreg** angelegt werden. Es muss sichergestellt werden, dass nur der Administrator die Berechtigung **Full Control** über diesen Key hat. Unter **Computerkonfiguration · Windows-Einstellungen · Sicherheitseinstellungen · Lokale Richtlinien · Sicherheitsoptionen** können diese Einstellungen über die Gruppenrichtlinie **Weitere Einschränkungen für anonyme Verbindungen** zentral vorgenommen werden.

Den Zugriff auf die Local Security Authority (LSA)-Informationen einschränken

Um dies zu erreichen, legen Sie unter **HKEY_LOCAL_MACHINE\SYSTEM\CurrentControlSet\Control\LSA** den Schlüssel **RestrictAnonymous** vom Typ **REG_DWORD** an und weisen ihm den Wert **1** zu.

Für alle Anwender mit dem Snap-In »Sicherheitsrichtlinien für Domänen« starke Kennwörter setzen

- Kennwortchronik erzwingen: 6 gespeicherte Kennwörter
- Minimale Kennwortlänge: 8 Zeichen
- Maximales Kennwortalter: 42 Tage
- Kennwörter müssen den Komplexitätsanforderungen entsprechen.

In einer Active-Directory-Domäne erfolgt die Verwaltung der Kennwortrichtlinie in der **Default Domain Policy** unter **Computerkonfiguration · Windows-Einstellungen · Sicherheitseinstellungen · Kontorichtlinien**. Jede an einer anderen Stelle konfigurierte Kennwortrichtlinie hat nur Auswirkungen auf die lokalen Benutzerkonten der betreffenden Computer in derjenigen OU, auf der diese Richtlinie wirkt, nicht aber auf die Domänenkennungen.

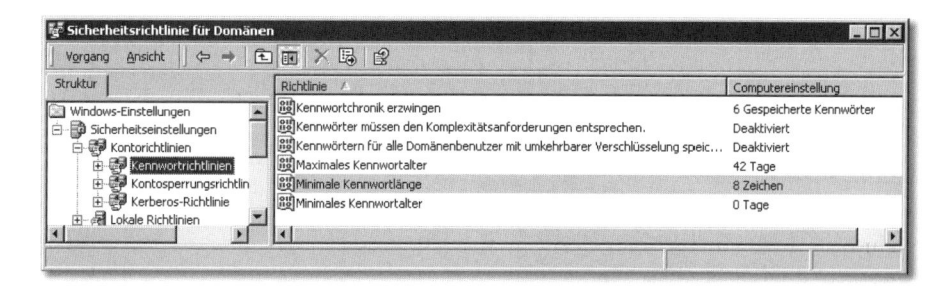

Die Benutzer mit der Verwendung komplexer Kennwörter vertraut machen
Gemäß den Komplexitätsregeln dürfen Kennwörter weder einen Teil noch den vollständigen Kontonamen des jeweiligen Benutzers enthalten, müssen mindestens sechs Zeichen lang sein und Zeichen aus drei der vier folgenden Kategorien enthalten:

- Großbuchstaben von A bis Z
- Kleinbuchstaben von A bis Z
- Ziffern der Basis 10 (0 bis 9)
- Nichtalphanumerische Zeichen (z. B. !, $, #, %)

Wenn Sie dem Anwender keine Hilfestellung zur Auswahl von komplexen und dennoch leicht merkbaren Kennwörtern geben, werden die Anwender die geforderten komplexen Kennwörter als Schikane missdeuten. Sie werden komplizierte Kennwörter bilden, die sie sich selbst nicht merken können, und die Kennwörter deshalb auf einem Zettel unter der Tastatur oder im Schreibtisch aufschreiben. Klären Sie deshalb die Mitarbeiter über den Sinn komplexer Kennwörter auf und nennen Sie leicht einprägsame Beispiele für komplexe Kennwörter:

Untertasse12, +Verdistrasse23, 8tung!, 4zylinder-, 3malHelau!!!, 7FässerWein##

Die Kontosperrungsrichtlinien verschärfen, um Einbruchversuchen entgegenzuwirken

- Kontosperrungsschwelle: höchstens 5 (besser: nur 3) ungültige Anmeldeversuche
- Kontosperrdauer: 0 (bedeutet: bis ein Administrator die Sperre aufhebt)
- Kontosperrungszähler zurücksetzen nach: 30 Minuten (der Standardwert beträgt 0 Minuten)

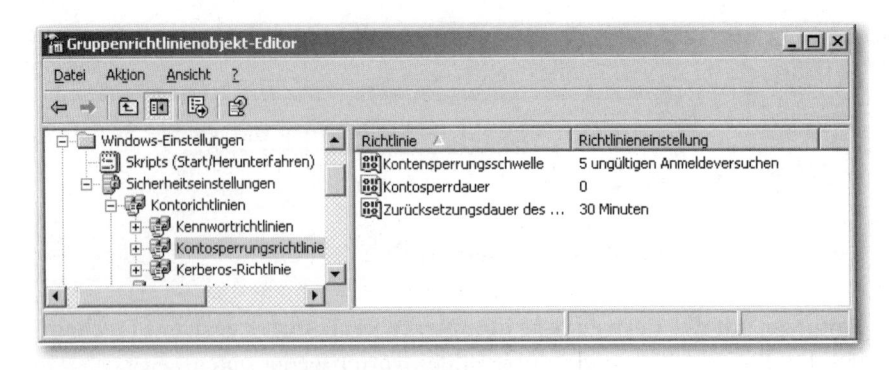

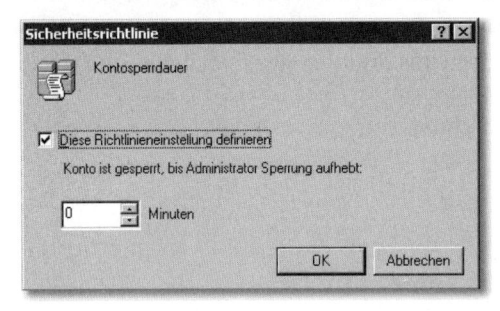

Den Administrator-Account konfigurieren

Da die Kennung **Administrator** ein vorrangiges Ziel von Hackerangriffen ist, jedoch nicht gelöscht werden kann, kann wie folgt vorgegangen werden:

- Es sollten so viele Domänenadmin-Kennungen mit unscheinbaren Namen (also nicht (!) **admin01** und **admin02**, sondern z. B. **minad01**, **minad02**) angelegt werden, wie es zukünftig Domänenadministratoren geben wird. Durch unterschiedliche Admin-Kennungen kann später nachvollzogen werden, welcher Administrator welche Handlungen vorgenommen hat. Prinzipiell könnte die Admin-Kennung eines Administrators namens Karl Friedrich z. B. **kf01** oder auch **Benutzer01** heißen. Wenn jedoch ein neuer Administrator die Stelle eines ehemaligen Administrators einnimmt, ist der Verwaltungsaufwand geringer, wenn der neue Administrator mit der alten Kennung weiterarbeiten kann. Das Kennwort muss natürlich sofort durch den neuen Administrator geändert werden. Unscheinbare Admin-Kennungen enthalten keinen Hinweis auf die besonderen Berechtigungen dieser Kennung. Die Kennungen **admin01**, **admin02** und **admin03** sind nicht unscheinbar und schnell das Ziel von Hackern.

- Die Domänenadministratoren sollten außer ihrer Admin-Kennung eine private Kennung erhalten und nur unter der Admin-Kennung arbeiten, wenn dies zu administrativen Zwecken notwendig ist.

- Die Kennung **Administrator** sollte in eine Kennung umbenannt werden, aus deren Name die besondere Funktion des Administrators nicht mehr hervorgeht. Danach sollte dieser Account gesperrt werden. Unter **Computerkonfiguration** · **Windows-Einstellungen** · **Sicherheitseinstellungen** · **Lokale Richtlinien** · **Sicherheitsoptionen** kann diese Einstellung über die Domänenrichtlinie **Administrator umbenennen** zentral vorgenommen werden.

- Nach der Umbenennung der Kennung **Administrator** sollte eine neue Scheinkennung **Administrator** angelegt werden, damit ein Angreifer auf ein falsches Ziel geführt wird. Dieser Kennung sollten alle Rechte entzogen werden. Sie sollte außerdem aus allen Sicherheitsgruppen entfernt werden. Für diese Scheinkennung sollte ein sehr komplexes Kennwort vergeben werden, und zwar mit der Option, dass der Benutzer das Kennwort nicht ändern kann. Das Scheinkonto **Administrator** sollte danach gesperrt werden. Mittels Account-Logging sollte überprüft werden, ob und wann versucht wurde, über die neue Scheinkennung **Administrator** Zugang zur Domäne oder zum lokalen Server zu erhalten.

Alle nicht benötigten Freigaben löschen

Alle Freigaben (z. B. C$, D$), damit sie nicht zum Ziel von Angriffen werden, gelöscht werden.

Berechtigungen auf benötigte Freigaben überprüfen und gegebenenfalls einschränken

Wurden Freigaben wie z. B. **Users**, **Groups**, **Profiles** oder **install** erstellt, so wird unter Windows Server 2000 standardmäßig die Freigabeberechtigung **Full Control** mit den Verzeichnisrechten **Full Control** für die Gruppe **Jeder** erstellt und auf neu eingerichtete Unterverzeichnisse vererbt. Unter Windows Server 2003 wird der Gruppe **Jeder** standardmäßig nur das Recht zum Lesen erteilt. Nach Möglichkeit sollte statt der Gruppe **Jeder** nur die Gruppe **Domänen-Benutzer** oder eine speziellere Gruppe Zugangsrechte auf Freigaben und Verzeichnisse erhalten. Auf Wurzelverzeichnisse sollte – wann immer möglich – nur das Mindestrecht **Lesen** vergeben werden.

Access-based Enumeration (ABE) verwenden

Ist Access-based Enumeration installiert und für die Freigaben der Server aktiviert, so werden dem Anwender im Windows-Explorer nur noch diejenigen Verzeichnisse und Dateien aufgelistet, für die er auch Zugriffsrechte besitzt. Alle anderen Ordner und Dateien sind ausgeblendet. Lesen Sie das Kapitel 21, *Access-based Enumeration*.

Antivirus-Software in der neuesten Version installieren

Ein geeigneter Mechanismus muss gefunden werden, so dass diese Antivirensoftware nach Möglichkeit automatisch auf dem neuesten Stand bleibt, jedoch nicht jeder Server zwecks Update unbeschränkt Zugriff auf die Antiviren-Updateseiten des Herstellers erhält.

Service Packs und Hotfixes nach Test einspielen

Die neuesten Service Packs und Hotfixes zum Betriebssystem und auch zu Anwendungen wie dem Exchange Server sollten nach erfolgreichem Test auf allen Servern eingespielt werden.

Nur streng kontrollierten Computern für Delegierungszwecke vertrauen

Über das Snap-In **Active Directory-Benutzer und -Computer** kann pro Computer über die **Eigenschaften** festgelegt werden, ob diesem Computer für Delegierungszwecke vertraut wird. Dieses Auswahlfeld ist standardmäßig deaktiviert. Der Zugang zu Computern, denen für Delegierungszwecke vertraut wird, sollte streng kontrolliert werden. Ihre Anzahl muss stark begrenzt bleiben. So kann die Einführung »trojanischer Pferde« (destruktive Viren) verhindert werden.

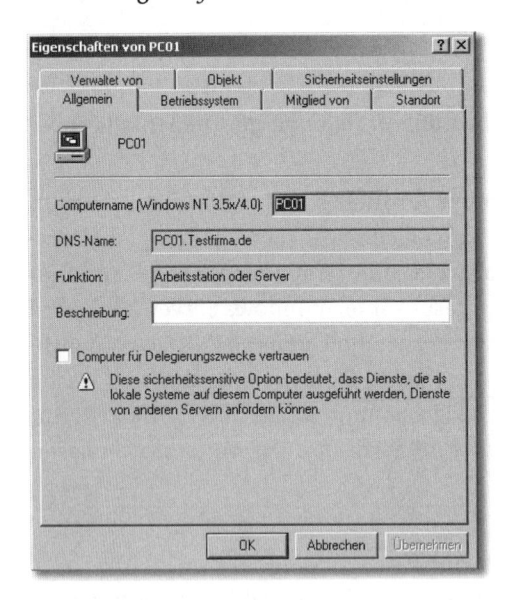

Delegierte Benutzerkonten und Smartcard-Verwendung

Über die Eigenschaften des Benutzerkontos kann in der Registerkarte **Konto** und dort über die **Kontooptionen** festgelegt werden, ob das Konto delegiert werden kann und ob sich der Benutzer nur über eine Smartcard anmelden kann.

Bestimmte Benutzerkonten wie z. B. solche, die zu systemtechnischen Zwecken angelegt werden, sollten nicht delegierbar sein.

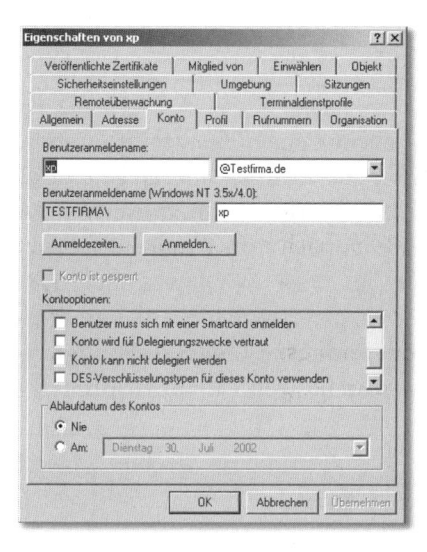

Anmeldung auf bestimmte Computer beschränken

Über die Schaltfläche **Anmelden** kann angegeben werden, dass sich bestimmte Benutzer (z. B. externe Mitarbeiter oder auch Domänenadministratoren) nur an bestimmten Computern anmelden können. Es sollte geprüft werden, ob sich Domänenadministratoren nur an den Servern selbst und an ihren Arbeitsplatzcomputern anmelden können, um das Risiko zu vermindern, dass von beliebigen Computern aus illegal versucht wird, domänenadministrative Tätigkeiten durchzuführen.

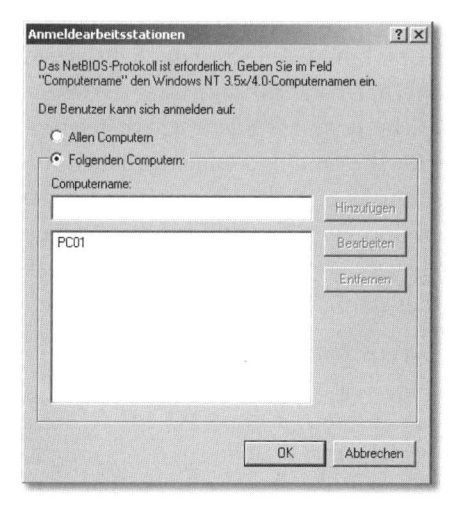

Kontoablaufdatum festlegen

Für temporär angelegte Benutzerkonten (externe Mitarbeiter) sollte ein Konto-Ablaufdatum eingetragen werden.

Kerberos-Sicherheitsparameter einstellen

Das Kerberos-Protokoll reduziert die Anzahl der für einen Benutzer erforderlichen Kennwörter und damit das Risiko, dass seine Identität abgefangen wird. Vertrauensstellungen zwischen den Domänen einer Gesamtstruktur erweitern den Anwendungsbereich von Kerberos auf eine umfangreiche Gruppe von Netzwerkressourcen. Kerberos ist standardmäßig in einer Windows-2000/2003-Domäne aktiv und muss nicht installiert oder aktiviert werden. Die Kerberos-Sicherheitsparameter können über die Gruppenrichtlinie **Computerkonfiguration · Windows-Einstellungen · Sicherheitseinstellungen · Kontorichtlinien · Kerberos-Richtlinien** gesteuert werden.

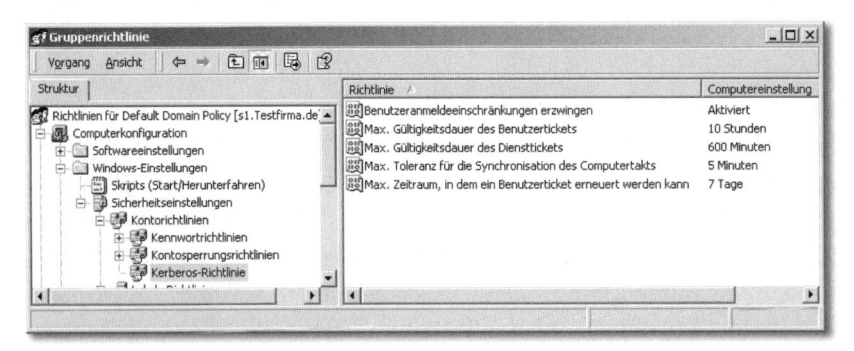

Anwenden der Zugriffskontrolllisten

Die Zugriffskontrolllisten (ACLs, Access Control Lists) beschreiben die Sicherheitsgruppen und Einzelpersonen, die auf bestimmte Objekte Zugriff besitzen. Jedem Objekt (z. B. einzelnen Dateien, Ordnern, Druckern) kann über die Registerkarte **Sicherheit** zugewiesen werden, welche Benutzer oder Sicherheitsgruppen lesende, schreibende oder ausführende Rechte für dieses Objekt erhalten sollen. Nur wenigen Personen oder Personengruppen sollte erlaubt werden, in oberster Hierarchie neue Objekte anzulegen und Zugriffsrechte auf diese neuen Objekte zu erteilen. Ebenso sollte nur wenigen Personen oder Personengruppen das Recht **Vollzugriff** erteilt werden, über das die Zugriffsrechte verändert werden können.

Zugriffssteuerung über Sicherheitsgruppen

Die Anzahl der Sicherheitsgruppen sollte überschaubar bleiben. Durch hierarchische Gruppenverschachtelung kann erreicht werden, dass auch die Berechtigungsvergabe eindeutig nachvollziehbar bleibt und die Anzahl der Sicherheitsgruppen, in die ein Benutzer zur Erledigung seiner Arbeit einzupflegen ist, überschaubar und eindeutig ist. Ein Beispiel hierzu: Die Sicherheitsgruppe **Abteilung 2-1** ist Mitglied der Sicherheitsgruppe **Abteilung 2**. Ein Mitglied von **Abteilung 2-1** hat automatisch Schreibrechte auf das Gruppenverzeichnis **Abteilung 2-1** sowie Leserechte auf das Sammelgruppenverzeichnis **Abteilung 2**.

Zugriffrechte sollen in der Regel keinen Einzelkonten, sondern lokalen Sicherheitsgruppen erteilt werden. Da sich Objektrechte über untergeordnete Hierarchien (Unterverzeichnisse, Sub-OUs) vererben, sollten die vergebenen Rechte restriktiv und nicht großzügig sein. Der Gruppe **Jeder** sollten nach Möglichkeit die Rechte an oberster Hierarchieebene entzogen werden.

Damit das System der vergebenen Berechtigungen überschaubar bleibt, sollte bei der Anwendung von Gruppenrichtlinien von den Möglichkeiten, die Vererbung zu deaktivieren oder die Überschreibung zu verhindern, nur in Ausnahmefällen Gebrauch gemacht werden.

Daten generell nur auf Dateiservern ablegen

Generell sollen Datenbestände aus Datenschutz- und Sicherheitsgründen nur auf Servern und nicht auf lokalen Festplatten von Workstations oder USB-Sticks gehalten werden, denn nur Server werden regelmäßig gesichert. Ausnahmen bedürfen der Zustimmung durch die IT-Abteilung und/oder des Sicherheitsbeauftragten. Speziell bei Laptop-Benutzern, die regelmäßig offline arbeiten, muss geprüft werden, welche Datenbestände über die Offline-Synchronisation auf lokale Datenträger gelangen und das Firmengelände verlassen dürfen.

Datenverschlüsselung

Unverschlüsselte Daten sind besonders für Unternehmen ein hohes Risiko. Dabei sind es neben Hackerangriffen und gezielter Industriespionage banale Dinge, die vertrauliche Daten in Gefahr bringen:

- Ein Mitarbeiter vergisst seinen Laptop oder USB-Stick im Zug.
- Arbeitskollegen werfen einen Blick auf Personaldaten, die in einem Ordner auf dem gemeinsam genutzten Server abgelegt sind.
- Bei einem Einbruch werden Festplatten gestohlen.
- Ausrangierte Computer enthalten Reste vertraulicher Informationen.
- Bei einer PC-Reparatur werden sensible Unternehmensdaten kopiert.

Viele Unternehmen haben Bedenken, starke Verschlüsselung einzusetzen. Wie an die Daten kommen, wenn ein Mitarbeiter sein Passwort vergisst oder schlimmer noch verunglückt? Was passiert, wenn ein Mitarbeiter plötzlich das Unternehmen verlässt? Wie bringt man seine Mitarbeiter dazu, sichere, also auch schwieriger zu merkende Passwörter zu verwenden? Wie kann festgelegt werden, wer auf sensible Daten zugreifen darf und wer nicht?

Einzelne Dateien, ganze Datenverzeichnisse auf den Dateiservern sowie auf den Clients können über das verschlüsselte Dateisystem (EFS) gesichert werden. Mittels EFS verschlüsselte Daten kann nur der Benutzer lesen, der sie angelegt hat, und ein Administrator, der im Besitz eines EFS-Wiederherstellungszertifikates ist. Da der Verschlüsselungsmechanismus in das Dateisystem integriert ist, ist sein Verfahren für den Benutzer transparent: Dateien werden ohne besondere Handlungen »on the fly« ver- und entschlüsselt. Bei sensiblen Datenbeständen wie personenbezogenen muss in Absprache mit den Abteilungsverantwortlichen und dem Datenschutzbeauftragten geprüft werden, ob EFS eingesetzt wird. Dies gilt besonders für Datenbestände, die z. B. für Telearbeitsplätze auf den lokalen Festplatten von Computern und Laptops gehalten werden müssen. Es muss jedoch sichergestellt sein, dass verschlüsselte Daten gesichert und zurückgesichert werden können und autorisierte Personen mit entsprechenden Verfahren oder Tools diese Dateien im Notfall wieder zugänglich machen können, wenn der Besitzer der Datei nicht erreichbar ist und sein Kennwort nicht bekannt ist. Das Tool **EFSinfo**, das zusammen mit der Komponente **Security Tools** vom Microsoft Windows Server Resource Kit installiert werden kann, zeigt die Verschlüsselungsinformationen für ein angegebenes Verzeichnis oder eine Datei an und gibt z. B. Auskunft, wer die Verschlüsselung vorgenommen hat.

[o] Auf der Buch-DVD finden Sie im Verzeichnis **Sicherheit** den Testbericht »Test – Tools zur Festplattenverschlüsselung.pdf«. Getestet wurden die Produkte **Utimaco Safe Guard Easy 4.11**, **Steganos Safe Professional 2006** und **Exlade Disk Password Protection 4.5.115** Im Verzeichnis **Tools\Steganos Safe Professional** der Buch-DVD finden Sie eine Testversion von Steganos Safe Professional. In Steganos Safe Professional 2006 kann der Administrator über Gruppenrichtlinien die Datenverschlüsselung auf Endgeräten verwalten. So kann die Mindestqualität von Passwörtern voreingestellt werden, was sicherstellt, dass alle Anwender Passwörter einer bestimmten Sicherheitsstärke benutzen. Außerdem kann bei der Installation die **Emergency Decription Key**-Funktionalität aktiviert werden, über die der Administrator auch dann bei Schlüsselverlust wieder Zugriff auf die Daten erhält, wenn der Anwender das Passwort des Safes vergessen hat. Mit dem Add-On **Portable Safe** lassen sich USB-Sticks verschlüsseln.

IP-Sicherheit und virtuelle private Netzwerke

Der Datenverkehr zwischen einzelnen Computern (z. B. Servern) einer oder mehrerer Domänen kann durch das Sicherheitsprotokoll IPSec zusätzlich gesichert werden. IPSec bietet Sicherheit gegen die Manipulation und das Abfangen von Daten sowie gegen Replay-Angriffe. Auch innerhalb eines Intranets können virtuelle private Netzwerke (VPNs) in Zusammenarbeit mit IPSec den sensiblen Datenverkehr zusätzlich schützen.

Einsetzen sicherer Anwendungen

Das Musterbeispiel einer Anwendung, die Sicherheitsüberlegungen nicht berücksichtigt, ist eine Anwendung, die Kennwörter unverschlüsselt über das Netzwerk überträgt. Eine sichere Umgebung benötigt sichere Anwendungen.

Software, die aus dem Internet heruntergeladen wird, kann nicht autorisierte Programme und Viren enthalten. Im Microsoft Internet Explorer kann festgelegt werden, welche Internetseiten als vertrauenswürdig eingestuft werden und ob nicht signierte ActiveX-Steuerelemente heruntergeladen und ausgeführt werden dürfen. Über Gruppenrichtlinien kann festgelegt werden, wie die Sicherheit des Microsoft Internet Explorers konfiguriert sein soll und welche Manipulationsmöglichkeiten der Anwender an diesen Voreinstellungen haben soll. Ebenso kann über Gruppenrichtlinien die Sicherheit von Outlook beim Empfang von Nachrichten, speziell mit Anhang, eingestellt und verhindert werden, dass der Anwender diese Einstellungen lockern kann.

Optionen der Wiederherstellungskonsole festlegen

Unter **Computerkonfiguration · Windows-Einstellungen · Sicherheitseinstellungen · Lokale Richtlinien · Sicherheitsoptionen** können in den Gruppenrichtlinien folgende Richtlinien für alle Server zentral eingestellt werden:

- Wiederherstellungskonsole: Automatische administrative Anmeldungen zulassen
- Wiederherstellungskonsole: Kopieren von Disketten und Zugriff auf Laufwerke und alle Ordner zulassen

Es sollte geprüft werden, ob diese Richtlinien für die Server aktiviert werden, da nur durch die Aktivierung dieser Richtlinien im Notfall alle Möglichkeiten der Wiederherstellungskonsole voll genutzt werden können, um einen defekten Server wieder startfähig zu machen.

Lokale Anmeldung ohne verfügbaren Domänencontroller unterbinden

Über **Computerkonfiguration · Windows-Einstellungen · Sicherheitseinstellungen · Lokale Einstellungen · Sicherheitsoptionen** kann die Richtlinie **Anzahl zwischenzuspeichernder vorheriger Anmeldungen** auf **0** gesetzt werden, so dass eine lokale Anmeldung ohne Verbindung zu einem den Anwender verifizierenden Domänencontroller mittels eines zwischengespeicherten Profils nicht möglich ist. Mögliche Werte für diese Richtlinie liegen zwischen 0 und 50 und bestimmen die Anzahl der Anmeldungen, die ohne Serververbindungen möglich sind. Standardmäßig sind zehn Anmeldungen ohne Serververbindung möglich. Kann jedoch für den Anmeldevorgang kein Kontakt zu einem Domänencontroller hergestellt werden, weil die Domänencontroller ausgefallen oder überlastet sind, so ist ein effektives Arbeiten in der Regel nicht möglich, weil Dateibestände auf den Dateiservern und der E-Mail-Server nicht erreichbar sind, Anwendungsserver wie der SAP-Host nicht kontaktiert und zentrale Serververzeichnisse für Briefformatvorlagen und Netzdrucker nicht zugewiesen werden können. Kann sich der Anwender trotzdem mittels eines zwischengespeicherten Profils anmelden, so ist er anschließend verwirrt, weil seine Netzlaufwerke nicht verfügbar sind und seine Anwendungen sich anders als üblich verhalten. Es besteht die Gefahr, dass er mit Office-Anwendungen Dokumente erstellt und diese dann lokal statt auf dem Dateiserver abspeichert. Durch die lokale Speicherung von Dokumenten werden dann aber nicht nur Vereinbarungen zum Datenschutz unterlaufen, lokal gehaltene Dokumente fließen in der Regel auch nicht in die nächtliche Sicherung ein. Außerdem müssen alle Anwender nach dem Beheben des Fehlers am Domänencontroller informiert werden, dass sie sich neu anmelden, um fehlerfrei weiterarbeiten zu können.

Der Vorteil, dass einzelne Anwender bei Ausfall der Domänencontroller mit großen Einschränkungen temporär lokal weiterarbeiten können, steht in einem negativen Verhältnis zu den Nachteilen. Deshalb sollte die Möglichkeit der lokalen Anmeldung ohne Netzverbindung prinzipiell unterbunden werden.

Verwalten der Administration

Für Nicht-Domänenadministratoren sollten spezielle MMCs erstellt und zugewiesen werden, die genau auf die administrativen Aufgaben dieser Mitarbeiter zugeschnitten sind und verhindern, dass diese Administratoren Bereiche der Domäne sehen oder gar manipulieren, für die sie nicht verantwortlich sind. Über ein Administrationskonzept sollte festgelegt werden, welche Benutzer berechtigt sind, in welchen Organisationseinheiten des Active Directory welche Objekte (Benutzerkonten, Computerkonten, Sicherheitsgruppen, untergeordnete OUs usw.) zu verwalten. Ebenso sollte das Administrationskonzept eindeutig bestimmen, wer Gruppenrichtlinien konfigurieren darf.

30.4 Überwachungsrichtlinien (Auditing)

Motive für die Überwachung der Aktivitäten auf den Servern

Die Überwachung und Sicherheitsprotokollierung von Netzwerkaktivitäten sind wichtige Schutzvorkehrungen. Windows Server 2000/2003 ermöglicht die Überwachung unterschiedlicher Ereignisse, mit deren Hilfe die Aktivitäten eines Eindringlings verfolgt werden können. Die Einträge der Protokolldatei können als Beweismaterial herangezogen werden, wenn der Eindringling identifiziert ist.

Ereignisprotokolloptionen

Damit Ereignisse über einen geeignet langen Zeitraum überwacht werden können, müssen die Optionen der Ereignisprotokolle geeignet gesetzt werden. Dieses kann ebenfalls über eine Gruppenrichtlinie für alle Domänencontroller erfolgen, und zwar über **Computerkonfiguration · Windows-Einstellungen · Sicherheitseinstellungen · Ereignisprotokoll · Einstellungen für Ereignisprotokoll**.

Soweit genug Plattenplatz auf den Servern vorhanden ist, sollten ca. 10 bis 20 Megabyte für alle Ereignisprotokolle reserviert und die Einstellung getroffen werden, nach wie viel Tagen Ereignisprotokolle überschrieben werden dürfen. Es muss in regelmäßigen Abständen überprüft werden, ob die Ereignisse über einen geeignet langen Zeitraum (mindestens fünf Arbeitstage) protokolliert werden, bevor die Protokolldatei überschrieben wird.

Aktivierung der Serverüberwachung

Auf Servern sollten die Überwachungsrichtlinien mittels der Gruppenrichtlinien unter **Computerkonfiguration · Windows-Einstellungen · Sicherheitseinstellungen · lokale Einstellungen · Überwachungsrichtlinien** konfiguriert werden. Mindestens fehlgeschlagene Zugriffsversuche sollten mitprotokolliert werden.

Damit die Überwachungsrichtlinien nicht für alle Server einzeln gesetzt werden müssen, sollten Servertypen in Organisationseinheiten zusammengefasst werden. Für die jeweilige Organisationseinheit kann dann eine Überwachungsrichtlinie erstellt werden.

Überwachung des Systems

Folgende Mindesteinstellungen sollten auf Domänencontrollern vorgenommen werden:

- Fehlgeschlagene Active-Directory-Zugriffe
- Fehlgeschlagene Anmeldeversuche

- Fehlgeschlagene Objektzugriffsversuche
- Fehlgeschlagene Versuche, Gruppenrichtlinien zu verändern
- Fehlgeschlagene Versuche, die Eigenschaften der Ereignisprotokollierung zu verändern

Wenn es die Serverleistung zulässt, sollten alle oben angegebenen Ereignisse auf **fehlgeschlagen** und **erfolgreich** überprüft und mitprotokolliert werden. Diese Einstellungen sollten auch auf den Dateiservern vorgenommen werden.

Überwachung der Registrierdatenbank

Bei der Überprüfung der Registrierdatenbank auf unberechtigte Änderungen muss ebenfalls ein Kompromiss zwischen der Menge der möglichen Ereignisse, die überwacht werden können, und der Belastung des Computers durch die permanente Überwachung gefunden werden. Ebenso sollte das Ereignisprotokoll nicht von unwichtigen Meldungen überschwemmt und damit unübersichtlich werden, so dass wirkliche Eindringversuche in der Fülle der Meldungen nicht auffallen.

Besondere Beachtung verdienen Manipulationen an der Registrierdatenbank, die das System betreffen. Deshalb sollten mindestens folgende Unterschlüssel der Registrierdatenbank überwacht werden:

- HKEY_LOCAL_MACHINE\System
- HKEY_LOCAL_MACHINEW\Software
- HKEY_CLASSES_ROOT

Über die Gruppenrichtlinie **Computerkonfiguration · Windows-Einstellungen · Sicherheitseinstellungen · Registrierung** können diese Schlüssel zwecks Überwachung hinzugeladen werden. Dies sollte auf Domänencontrollern und Dateiservern geschehen. Die durch die Überwachung hinzukommende Systembelastung muss dabei kontrolliert werden.

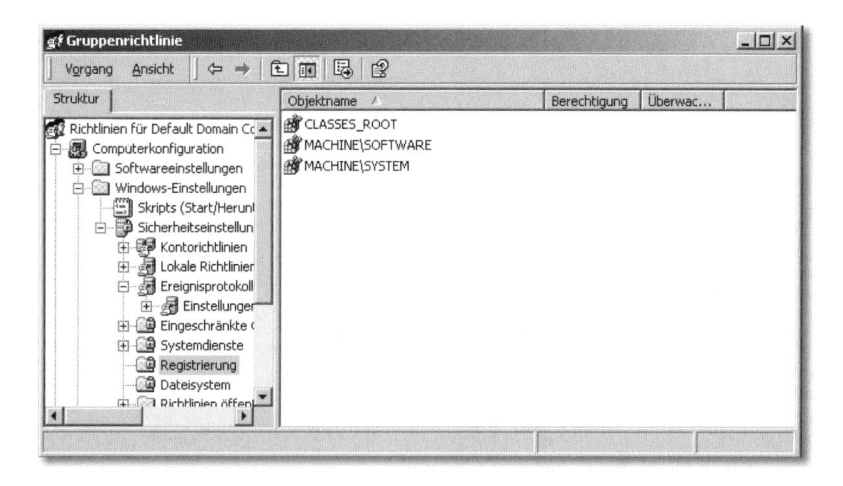

Überwachung des Dateisystems

Windows Server bietet die Möglichkeit, Zugriffe auf Verzeichnisse oder auch auf einzelne Dateien zu überwachen. Auf allen Servern sollte mindestens der Zugriff auf wichtige Systemverzeichnisse überwacht werden. Bei Dateiservern kann in Absprache mit den Fachabteilungen zusätzlich der Zugriff auf sensible Anwendungsdaten überwacht werden. Die Überwachung kann auf jedem Server über den Explorer eingestellt werden. Um jedoch auf allen Servern eines Servertyps gleiche Einstellungen zu erzielen, sollte dies über eine Gruppenrichtlinie auf OU-Ebene erfolgen: Über die Gruppenrichtlinie **Computerkonfiguration · Windows-Einstellungen · Sicherheitseinstellungen · Dateisystem** können Ordner sowie die Art der Protokollierung angegeben werden. Speziell der Zugriff auf die Dateien der Registrierdatenbank und auch der Ereignisprotokolldateien selbst im Verzeichnis **c:\winnt\system32\config** sollte überwacht werden.

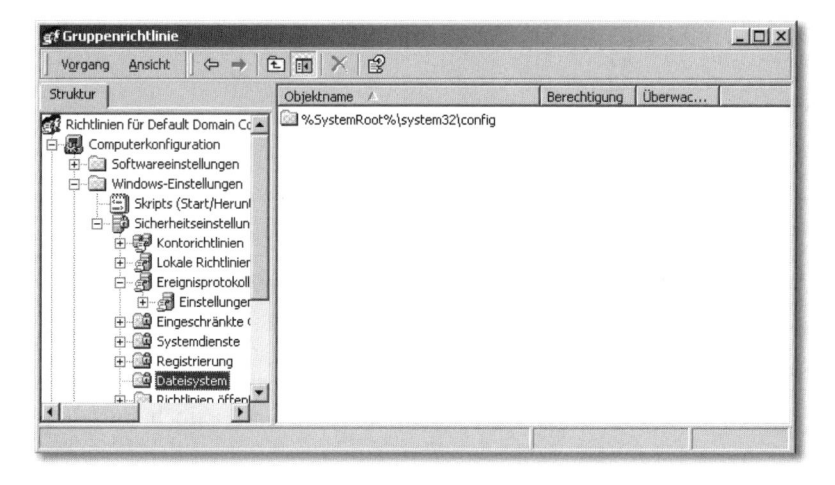

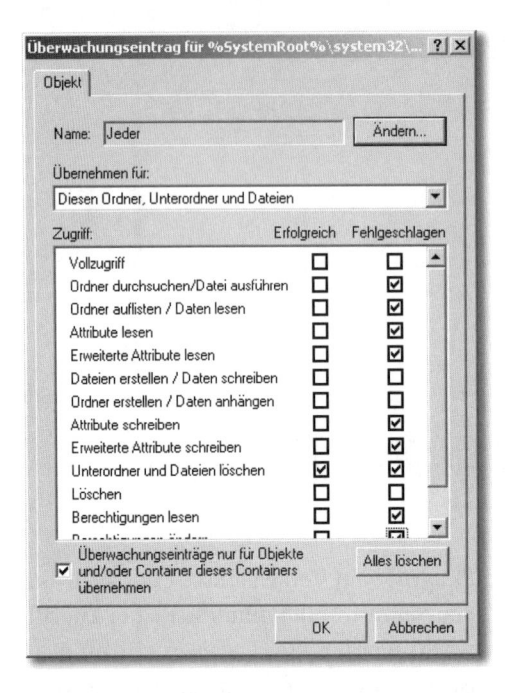

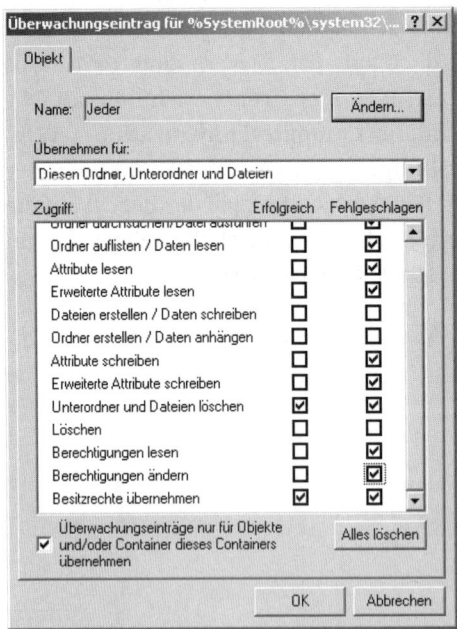

Da sich die Konfiguration der Domänencontroller und Dateiserver nach ihrer Grundkonfiguration in der Regel nicht mehr ändert, kann jedoch auch das gesamte Betriebssystem unter **%SystemRoot%** und **c:\Programme** überwacht werden.

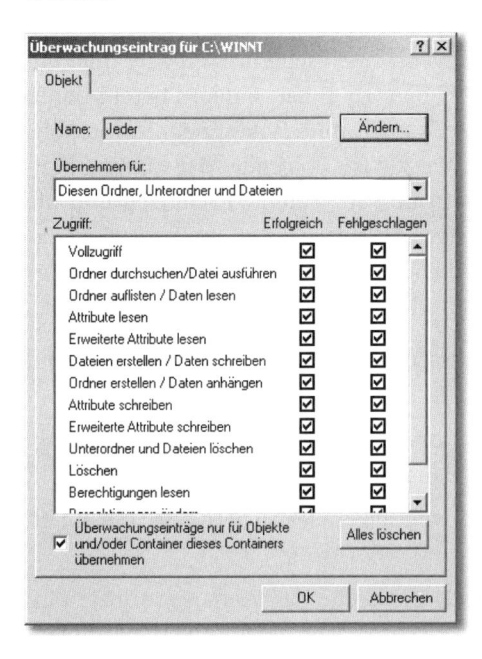

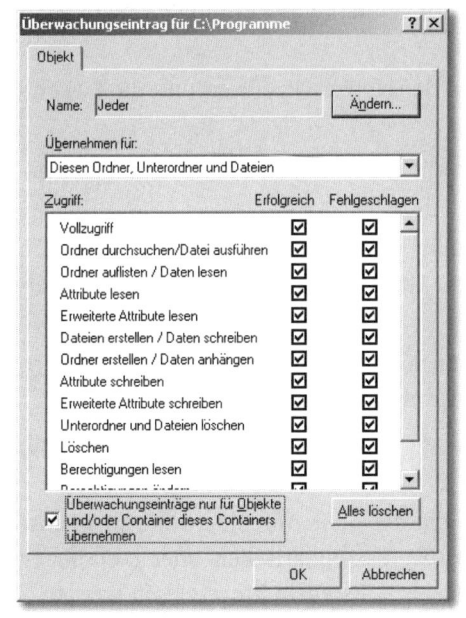

30.5 Maßnahmen zur Reduzierung und Auswirkungen von sicherheitsrelevanten Vorfällen

Es sollte nicht erst dann reagiert werden, wenn ein System instabil wird oder ein Eindringling erfolgreich war und Schaden angerichtet hat, sondern bereits dann, wenn z. B. aufgrund der Überwachung des Systems mittels des Ereignisprotokolls der Verdacht aufkommt, dass Gefahr im Verzug ist. Folgende Maßnahmen können geeignet sein, das System vor Fehlern und Angriffen zu schützen und die Ursachen von Zwischenfällen (Anwendungsfehler eines Administrators, Fehlverhalten einer Komponente oder Routine oder wirklicher Angriff von innen oder außen auf das System) effektiv zu finden und zu beseitigen:

- Alle Vorschriften und Prozeduren müssen sorgfältig aufgesetzt, getestet und produktiv geschaltet werden.
- Die beteiligten Personen (Administratoren, Helpdesk, Sicherheitsbeauftragter) müssen mit den Zielen und dem Handling vertraut gemacht werden.
- Die Organisationsleitung muss die Notwendigkeit der Sicherheitsmaßnahmen erkennen und sie unterstützen.
- Bei sensiblen Servern bzw. Datenbeständen sollte das Vieraugenprinzip eingeführt werden. Ein Kennwort setzt sich z. B. aus zwei Teilen zusammen, deren Einzelteile jeweils nur eine Person kennt. Beide Einzelteile sind in separaten Couverts im Tresor hinterlegt.
- In festgelegten Zeitabständen müssen der Netzwerkverkehr und die Systemperformance beobachtet werden.
- In festgelegten Zeitabständen müssen alle Protokolldateien und Schutzmechanismen kontrolliert werden.
- Das Gesamtsystem und die Einzelsysteme müssen in regelmäßigen Abständen durch einen Sicherheitsspezialisten mit Tools auf Unsicherheiten geprüft werden (simulierter Hackangriff).
- In festgelegten Zeitabständen müssen alle Server bezüglich des aktuellen Stands von Patches und Hotfixes überprüft werden.
- In regelmäßigen Zeitabständen müssen Sicherheitstrainings für Administratoren und Endanwender durchgeführt werden.
- Die Mitarbeiter können z. B. durch Schilder oder Anmeldehinweise an ihre Mitverantwortung erinnert und auf die disziplinarischen oder rechtlichen Konsequenzen bei Verstößen gegen Sicherheitsregeln hingewiesen werden.
- Eine Vorschrift für sichere Kennwörter muss entwickelt und durchgesetzt werden.

- Die Backup- und Restore-Prozeduren müssen regelmäßig getestet werden. Das Personal muss im Umgang damit und in der Systemwiederherstellung für den Notfall geübt sein.
- Nur ausgewähltes Personal darf in den Besitz von Sicherungsbändern gelangen.
- Defekte Bänder und Sicherungsstreamer müssen sofort ausgetauscht werden.
- Sicherungsgeräte müssen regelmäßig mit Reinigungsbändern gewartet werden.
- Die Batterien für die unterbrechungsfreie Stromversorgung (USV) müssen in regelmäßigen Abständen getestet werden. Nach Ablauf der vom Hersteller genannten Zeit müssen die Batterien ausgetauscht werden. Ebenso muss getestet werden, ob die Server bei einem längeren Ausfall des Stromnetzes automatisch fehlerfrei heruntergefahren werden.
- Es sollte ein IT-Sicherheitsteam mit klaren Verantwortlichkeiten und Eskalationsprozeduren gebildet werden.
- Es sollte eine Auswahl von geeigneten Sicherheitstools (z. B. aus den Server Resource Kits) getroffen und die Systemverantwortlichen sollten im Gebrauch der Tools unterwiesen werden.
- Für den Fall eines Komplettausfalls müssen alle zum Disaster Recovery benötigten Routinen und Tools auf externen Datenmedien oder einem Standalone-PC (Laptop) bereitgehalten werden.
- Alle wichtigen Kontaktinformationen (Handynummern) zu Administratoren und Sicherheitsbeauftragten, dezentralen Administratoren, Haustechnikern, Supportstellen von Herstellern, Virenexperten usw. müssen zentral gepflegt und als Ausdruck in den Serverräumen bereitgelegt werden.
- Alle wichtigen Informationen wie System-Kennwörter, IP-Adressen, Servernamen, Server- und Netzdokumentationen, Routerkonfigurationen, Firewall-Konfigurationen, Kopien von PKI-Zertifikatautoritäten (Diskette zum Wiederherstellen eines Zertifikatsservers), Eskalationspläne usw. müssen redundant und sicher aufbewahrt werden.
- Die Funktionen und Verantwortungsbereiche der einzelnen Administratoren und Sicherheitsbeauftragten müssen klar gegeneinander abgegrenzt werden.
- Es sollten Bulletins, Newsletter und Fachzeitschriften abonniert werden, die über neueste Sicherheitsgefährdungen aktuell berichten (speziell Virensupport-Hilfen im Internet).
- Es sollten Websites gesammelt werden, die Inhalte zu Netzwerksicherheit und Hackerangriffen anbieten.

- Alle Sicherheitsroutinen müssen bei Umstrukturierungen und Erweiterungen des Systems unverzüglich angepasst und regelmäßig auf Aktualität überprüft werden.
- Bei Windows-basierter Software sollte die Website **windowsupdate.microsoft.com** regelmäßig auf sicherheitsrelevante Updates überprüft werden.

30.6 Erstellung eines Reaktionsplans für sicherheitsrelevante Zwischenfälle des Systems

Kommt es zu einem Fehlverhalten des Systems oder gibt es Verdachtsmomente auf Angriffe durch Hacker, so muss mit Bedacht vorgegangen werden. Eine geplante Vorgehensweise kann helfen, aus einem falsch eingeschätzten Problem kein wirkliches Problem werden zu lassen, jedoch z. B. auch vermeiden helfen, dass ein erkannter Hacker zu schnell gewarnt wird, bevor seine Identität festgestellt werden konnte. Folgende Reihenfolge des Vorgehens kann gewählt werden, um mit adäquaten Maßnahmen den Schaden zu begrenzen und Beweismittel sicherzustellen:

1. Eine erste Analyse erstellen:
    - Handelt es sich um einen ernsthaften Zwischenfall oder z. B. um einen Bedienungsfehler eines Administrators?
    - Was könnte der Typ des Fehlers oder Angriffs sein und wie ernsthaft ist er?
    - Die ersten Schritte dokumentieren
2. Den Zwischenfall mit dem Sicherheitsteam diskutieren:
    - Wer muss noch informiert werden?
    - Welche Sofortmaßnahmen sind angemessen?
    - Wie kann ein Überreagieren vermieden und gleichzeitig ein potenzieller Schaden in Grenzen gehalten werden?
    - Wie können Beweise für eine Attacke gesichert werden?
3. Den Schaden eingrenzen, weiter bestehende Risiken minimieren oder ausschalten:
    - Für Sicherheit des Personals sorgen
    - Klassifizierte und sensible Daten zuerst schützen
    - Weitere Datenbestände in der Reihenfolge der Wichtigkeit schützen
    - Hardware und Software gegen Attacken schützen

- Die Unterbrechungszeit der Online-Zeit minimieren (entscheiden, ob einzelne Datenbestände restauriert werden oder das System mit der letzten Sicherung komplett neu aufgesetzt wird)

4. Den Typ und die Ernsthaftigkeit der Sicherheitsverletzung identifizieren
   - Den wirklichen Typ des Angriffs identifizieren
   - Den Ausgangsangriffspunkt des Systems finden
   - Das eigentliche Ziel des Angriffs identifizieren
   - Die betroffenen Dateibestände identifizieren und den durch Diebstahl oder Manipulation dieser Dateien entstandenen Schaden einschätzen

5. Beweismaterial sichern
   - Manipulierte Dateibestände sichern (Festplatten austauschen), bevor der Schaden behoben wird (soweit zeitlich und vom Aufwand her möglich und sinnvoll)
   - Protokolle als Beweismittel sichern und ausdrucken
   - Zeugen herbeiholen und Zeugenaussagen schriftlich niederlegen
   - Verlauf des Angriffs dokumentieren und jedes Dokument mit Zeit und Datum versehen

6. Externe Stellen benachrichtigen (z. B. weitere externe Empfänger virenverseuchter Mails, Virenexperten, externe Systemexperten, Staatsanwaltschaft, Versicherungen)

7. Das betroffene System restaurieren
   - Den Zeitpunkt des Angriffs bestimmen, damit nicht bereits manipulierte Dateien vom Backupband zurückgespielt werden
   - Restaurierung einzelner Komponenten oder Komplett-Restore des Servers

8. Den Zwischenfall, seine Auswirkungen und seine Beseitigung dokumentieren

9. Die durch den Zwischenfall entstandenen Kosten zusammentragen (abschätzen) und dokumentieren (wichtig, um für sicherheitsrelevante Vorkehrungen Gelder bewilligt zu bekommen)

10. Neu entdeckte Sicherheitslücken schließen

11. Die Antwortzeit auf einen Zwischenfall beurteilen und das Sicherheitskonzept überdenken, wenn die Reaktionszeiten nicht akzeptabel sind

30.7 Tools für die Sicherheitskonfiguration und Sicherheitsüberwachung

Über den Link **http://www.microsoft.com/technet/security/tools/default.mspx** finden Sie eine Liste der aktuell von Microsoft angebotenen Werkzeuge zur Analyse der Sicherheit und Aufdeckung von Schwachstellen.

Microsoft Baseline Security Analyzer (MBSA)
Dieses von Microsoft zum Download angebotene Tool analysiert die Windows Server und spürt Schwachstellen auf.

Microsoft Security Risk Self-Assessment Tool (MSRSAT)
Dieses Tool bietet Informationen und Empfehlungen zur Erhöhung der Sicherheit. Näheres erfahren Sie über **www.securityguidance.com**.

Account Logout Tools

[o] Lesen Sie hierzu die Artikel »Account Logout Tools« und »Account Logout« im Verzeichnis **Sicherheit** der Buch-DVD.

Sicherheitskonfiguration und -analyse
Durch das Starten der Microsoft-Management-Konsole (MMC) und Hinzufügen des Snap-Ins **Sicherheitskonfiguration und -analyse** können die Sicherheitseinstellungen eines Servers oder einer Workstation mit einer Standardvorlage verglichen und Sicherheitslücken festgestellt werden.

Sicherheitsvorlagen (Security Templates)
Durch das Starten der MMC und Hinzufügen des Snap-Ins **Sicherheitsvorlagen** können vorgefertigte Sicherheitsvorlagedateien (inf-Dateien des Verzeichnisses **%SystemRoot%\security\templates**) in ein Gruppenrichtlinienobjekt importiert und das Sicherheitsprofil nach Anpassung anschließend auf viele Computer verteilt werden.

Security Tools des Windows Server Resource Kit
Das Microsoft Windows Server Resource Kit fasst Sicherheitstools unter der Komponente **Security Tools** zusammen.

Das Tool **System Scanner** aus dem Resource Kit überprüft das System auf generelle Sicherheitsschwachstellen.

Das Tool **CyberSafe Log Analyst (CLA)** ermöglicht, die an verschiedenen Stellen verteilten Sicherheitsprotokolle der Systeme in einer Domäne als Ganzes zu analysieren.

Das Tool **DSStore** aus dem Resource Kit unterstützt den Administrator bei der Diagnose und Verwaltung einer Active-Directory-integrierten Public Key-Infrastruktur (PKI).

Auf der Buch-DVD finden Sie im Ordner **Sicherheit** und im Ordner **Tools** weitere Artikel und Hinweise auf zusätzliche Sicherheitstools. So informiert z. B. der Artikel »VoIP – Sicherheitsrisiken begegnen« über die bisher wenig bekannten Sicherheitsrisiken bei der Internettelefonie. Suchen Sie dort auch gezielt nach Artikeln zum Thema Mobile Sicherheit.

Das komplette **IT-Grundschutzhandbuch** des Bundesamtes für Sicherheit in der Informationstechnik (BSI) finden Sie auf der Buch-DVD im Verzeichnis Recht\IT-Grundschutzhandbuch. Es wird unter **http://www.bsi.bund.de/gshb**. stetig aktualisiert.

Besuchen Sie außerdem die Website **Microsoft Windows Server 2003 Security Services** unter **http://technet2.microsoft.com/windowsserver/en/technologies/featured/gensec/default.mspx**.

Dieses Kapitel soll keine Projektplanung zur Einführung von Microsoft Active Directory ersetzen, sondern dem mit der Einführung des neuen Systems beauftragten Systemadministrator als Leitfaden für den Einstieg in die Projektierung dienen.

31 Einstieg in die Projektierung

31.1 Ein möglicher Ablauf des Projekts zur Einführung von Active Directory bzw. zur Aktualisierung auf neue Microsoft-Produktversionen

Nur wer bereits vom Start eines Projekts an »mit dem Schlimmsten rechnet« und ein aktives, vorausschauendes Risikomanagement betreibt, kann bereits in den »Genen« eines Projekts Vorkehrungen gegen Krisenfälle treffen. Die Projektsteuerung ist kein Nebenjob. Eine Vielzahl von Projekten scheitert nicht an zu hohen funktionalen Anforderungen oder Qualitätsmängeln der Software, sondern an den Folgen eines unzureichenden Projektmanagements:

- unklare Zielvorgaben
- unrealistische Planungen
- mangelnde Verfügbarkeit von Ressourcen
- nicht funktionierende Eskalationsprozeduren

Ein Vollzeit-Projektleiter mit einschlägigen Erfahrungen und klaren Entscheidungskompetenzen ist bei komplexen Projekten wie der Einführung oder Migration nach Microsoft Active Directory unerlässlich. Sind Erfahrungen im Projektmanagement bei den eigenen Mitarbeitern noch nicht vorhanden, kann externe Hilfe nützlich sein.

31.1.1 Projektziele eindeutig definieren

IT-Projekte leiden häufig unter dem Problem zu großer Komplexität. Projektlaufzeiten, Projektkosten und das Risiko des Scheiterns steigen überproportional, wenn die Projektziele, der Funktionsumfang und der Integrationsgrad maximiert werden. Um dem zu begegnen, können Ziele in mittelfristige und langfristige

Ziele aufgeteilt werden und das Gesamtprojekt in überschaubare Teilprojekte zerlegt werden, die dann nacheinander angegangen werden.

Um das Projekt erfolgreich zu beenden, ist es also wichtig, den Rahmen des Projekts abzugrenzen. Schon bei der Formulierung der Projektziele in Zusammenarbeit mit dem Auftraggeber ist es sinnvoll, schriftlich festzuhalten, was nicht zu den Projektzielen gehört. Diese Projektziele dürfen auch später nicht durch den Auftraggeber erweitert werden, zumindest nicht ohne eine Erweiterung der Ressourcen und des zeitlichen Projektrahmens. Es ist z. B. eindeutig zu klären, ob bzw. in welchem Rahmen die Einführung von Videokonferenzen, Multimedia, Telefonintegration, Telearbeit, Mobilcomputing, Voice over IP (Telefonieren über Internet), wireless LAN usw. zum Projektumfang gehören.

31.1.2 Projekt-Qualitätssicherung (PQS) einführen

Die Projekt-Qualitätssicherung hat unter anderem folgende Aufgaben:

- wirkungsvolles Risikomanagement
- neutrale Überwachung von fachlicher und technischer Ergebnisqualität
- Koordination eines Projekt-Lenkungsausschusses

Oft wird auf die explizite Besetzung dieser Rollen aus Gründen des Ressourcenmangels verzichtet. Um die Qualität des Projektergebnisses sicherzustellen und ein Scheitern des Projekts zu verhindern, sollten diese Funktionen jedoch nach Möglichkeit von Personen wahrgenommen werden, die nicht direkt in die Projektarbeit involviert sind.

In einer Art Projektskizze werden nachfolgend viele Aufgaben und Probleme aufgelistet, die im Laufe des Projekts bewältigt werden müssen. Vorrangiges Ziel Ihrer eigenen Projektplanung muss sein, dass keine wesentlichen Dinge vergessen werden, die für die Planung der Ressourcen, des Zeitaufwands und des benötigten Budgets wichtig sind.

31.1.3 Details der Projektdokumentation festlegen

Auch die Art der Projektdokumentation müssen Sie selbst festlegen: Fließtext, Tabellen, Grafiken usw. Sie sollten schon zu Projektbeginn für die an der Erstellung aller Projektdokumentationen beteiligten Personen verbindlich festlegen, welche Tools, welche Anwendungsprogramme in welcher Version und welche Dateiformate verwendet werden dürfen, damit jeder Projektmitarbeiter und auch jeder externe Mitarbeiter die einzelnen Teile der Projektdokumentation später einsehen und weiterbearbeiten kann. Außerdem soll die Projektdokumentation später als Dokumentation des neuen Systems dienen und muss auch nach dem Ende des Projekts kontinuierlich weitergepflegt werden. Machen Sie also Vorgaben, mit welcher Textverarbeitung, Tabellenkalkulation und mit welchen Grafikprogrammen in welcher Version und welchem Dateiformat die Dokumentation erstellt werden soll. Diese Hilfsmittel sollten auch im Verlauf der weiteren Projektarbeit verwendet werden, damit die Dokumente nicht zueinander inkompatibel werden. Ebenso muss die gesamte Dokumentation ein eindeutiges Inhaltsverzeichnis und eine einheitliche Gestalt erhalten.

31.1.4 Ziele der Ist-Aufnahme

Bereits in der ersten Projektphase sollten Sie eine möglichst detaillierte Ist-Aufnahme des Systems machen. Diese Ist-Aufnahme hat folgende Ziele:

- Sie können feststellen, wie detailliert Ihre IT-Infrastruktur dokumentiert ist und welchen Kenntnisstand Sie und das Projektteam über diese Infrastruktur haben.
- Sie können feststellen, welche Mitarbeiter des Unternehmens Wissensträger und Entscheidungsträger der IT-Infrastruktur sind.
- Sie können feststellen, welche Erwartungen andere Unternehmensbereiche an die Einführung von Active Directory haben und welche Ziele sie damit verknüpfen.
- Sie können feststellen, welche Sicherheitsprobleme es in der IT-Infrastruktur gibt und die Lösung dieser Probleme in den Anforderungskatalog aufnehmen.
- Sie können die Ist-Analyse als Grundlage für eine mittelfristige und eine langfristige Planung der anzustrebenden IT-Strukturen und der dafür notwendigen Budgetierung verwenden.
- Sie können den Kenntnisstand der eigenen Mitarbeiter in Bezug auf das vorhandene System und das einzuführende System einschätzen und Rückschlüsse auf notwendige Schulungsmaßnahmen ziehen.

Wenn Sie ein externes IT-Systemhaus mit dem Projekt oder Teilen des Projekts beauftragen wollen, kann eine Ist-Aufnahme bereits bei den Vorgesprächen mit potenziellen IT-Systemhäusern wichtig sein.

- Sie können abstecken, welche Leistungen von eigenen Mitarbeitern erbracht werden können und für welche Leistungen Sie externe Hilfe benötigen.
- Sie können bei der Einholung von Angeboten Teile oder eine Zusammenfassung der Ist-Analyse den infrage kommenden IT-Systemhäusern zur Verfügung stellen, die von externen Unternehmen zu erbringenden Leistungen katalogisieren und um die Abgabe eines detaillierten Konzeptvorschlags bitten. Aus den eingehenden Angeboten und Konzeptvorschlägen der IT-System-

häuser können Sie bereits Rückschlüsse ziehen, welche Konzepte offensichtlich allgemein geltende Standards sind und welche IT-Systemhäuser überhaupt in der Lage sind, konzeptionell und professionell zu arbeiten.

- Da externe Montagen teuer sind, können Sie viel Geld einsparen, wenn eine detaillierte Ist-Aufnahme und ein Soll-Konzept bereits vorliegen und nicht erst später von Mitarbeitern externer IT-Systemhäuser erstellt werden müssen.
- Eine detaillierte Ist-Aufnahme erleichtert die Einarbeitung weiterer interner und externer Projektmitarbeiter sowie Beratungsleistungen durch Lieferanten.

31.1.5 Soll-Konzept nach Top-Down-Methode erstellen

An die Ist-Analyse schließt sich die Erstellung des Soll-Konzepts an. Sie erfolgt in der Regel nach der Top-Down-Methode, d. h., man geht vom Groben ins Detail. Ziele der Erstellung des Soll-Konzepts sind unter anderem folgende:

- Es muss ein systematischer Aufgabenkatalog erstellt werden.
- Die logischen und zeitlichen Abhängigkeiten zwischen den einzelnen Aufgaben müssen transparent werden.

31.1.6 Projekt-Netzplan zeigt den kritischen Weg

Am Ende dieses Vorgangs sollte ein Netzplan erstellt werden, aus dem hervorgeht, in welcher Reihenfolge die Teilaufgaben abgearbeitet werden und welche Teilaufgaben parallel zueinander abgearbeitet werden können. Dieser Netzplan liefert den »kritischen Weg«. Das ist der zeitlängste Weg durch das Projekt, bei dem keine Zeitreserven mehr verfügbar sind. Verzögerungen auf dem kritischen Weg führen unweigerlich zur Verlängerung der Gesamtprojektdauer.

31.1.7 Projektteilaufgaben managen

- Für die Teilaufgaben muss der personelle, zeitliche und monetäre Aufwand geschätzt werden. Die Summe dieser Aufwendungen für die Teilaufgaben ergibt den voraussichtlichen Gesamtaufwand des Projekts.
- Die Teilaufgaben müssen zu Arbeitspaketen zusammengestellt werden.
- Die Arbeitspakete müssen den internen und externen Projektmitarbeitern zugeordnet werden können.
- Der Schulungsbedarf für Projektmitarbeiter, Mitarbeiter der IT-Abteilung und für Endanwender muss ermittelt werden.

- Notwendige Anschaffungen müssen zusammengestellt werden. Diese umfassen Hardware- und Softwarebeschaffungen, Beschaffungen von Dienstleistungen (externe Beraterleistungen, externe Projektmitarbeiter, Schulungen für interne Projektmitarbeiter, Verträge mit Internet-Providern) sowie den Abschluss von Wartungsverträgen.
- Die Budgetierung für die Anschaffungen muss erfolgen.
- Ein Zeitplan für die Auslösung der Anschaffungsvorgänge muss erstellt werden.
- Es müssen so genannte »Projekt-Meilensteine« aufgestellt werden.

31.1.8 Funktion der Projekt-Meilensteine

Bei Erreichen der Projekt-Meilensteine erfolgt eine Abnahme des Projektfortschritts durch den Projektauftraggeber. Ebenso erfolgt an den Projekt-Meilensteinen eine Kontrolle der bisherigen zeitlichen und monetären Aufwendungen und eine Risikoabschätzung für die verbleibenden Teilaufgaben. Dabei müssen unter anderem folgende Fragen geklärt werden:

- Kann das Projekt im zeitlich und finanziell geplanten Rahmen erfolgreich beendet werden?
- Reichen die personellen Ressourcen aus?
- Welche neuen Probleme sind aufgedeckt worden, und können sie gelöst werden?
- Gibt es Alternativen, wenn bestimmte Lösungswege nicht greifen?
- Bis zu welchen Zeitpunkten müssen welche Entscheidungen gefallen sein, die außerhalb der Entscheidungskompetenz der Projektleitung liegen?
- Sind notwendige Anschaffungsvorgänge zeitgerecht eingeleitet worden?
- Können die Lieferanten fristgerecht liefern?

31.1.9 Wie Sie den Inhalt dieses Kapitels praktisch umsetzen können

Der nachfolgende Kriterienkatalog für eine Ist-Aufnahme und die Checkliste zur Erstellung eines Soll-Konzepts erheben keinen Anspruch auf Vollständigkeit. Ebenso sind die Aufbaustruktur und der Grad an Detailliertheit nur beispielhaft. Da ein Soll-Konzept zur Einführung von Microsoft Active Directory, Exchange Server und Microsoft Office von Unternehmen zu Unternehmen sehr unterschiedlich ausfallen wird, kann die Checkliste zur Erstellung des Soll-Konzepts exemplarisch einen Eindruck davon vermitteln, wie das Projektteam die Problemkreise sammelt, systematisiert und immer tiefer in Detailfragen zerlegt. Erst, wenn alle offenen Fragen ausformuliert wurden und sauber strukturiert in einer logischen Reihenfolge vorliegen, sind der Projektumfang und zumindest ansatzweise auch der Projektablauf sowohl für den Auftraggeber als auch für die Projektmitarbeiter ausreichend vorgegeben.

[o] Sie finden die nachfolgenden Fragenkataloge und Checklisten zur Ist-Analyse und zur Erstellung des Soll-Konzeptes in ungekürzter Fassung als Worddateien im Verzeichnis **Projektierung** der Buch-DVD. Damit haben Sie eine erste Arbeitsgrundlage für Ihr Active-Directory-Projekt. Diese Arbeitgrundlage können Sie nicht nur bei der Ersteinführung von Microsoft Active-Directory oder bei einer Migration verwenden, sondern auch für eine spätere Serverkonsolidierung (Zusammenlegung von Servern/Virtualisierung) oder Umstellung auf neue Microsoft-Versionen wie Windows Vista, Office 2007, Microsoft Server Longhorn oder Exchange 2007.

Für ein neues Projekt löschen Sie die Punkte in den Fragenkatalogen und Checklisten, die für das aktuelle Projekt irrelevant sind, und ergänzen es um weitere Fragestellungen, Checklisten-Punkte und Todo-Listen.

31.2 Ist-Analyse

31.2.1 Analyse der Aufbau- und Ablauforganisation

- Skizzieren Sie z. B. in Form eines Organigramms den aktuellen Aufbau Ihrer Organisation.
- Erstellen Sie eine Abbildung aller Standorte mit den verfügbaren WAN-Leitungen zwischen den Standorten sowie deren Bandbreite.
- Benennen und beschreiben Sie den Zweck aller Standorte, Bereiche, Abteilungen und Abteilungsgruppen.
- Listen Sie die Anzahl der Netzwerkbenutzer in jedem Bereich der Organisation, die Anzahl der Netzwerkbenutzer an jedem Standort sowie die Gesamtanzahl der Netzwerkbenutzer auf.
- Beschreiben Sie, wie die Netzwerkbenutzer der einzelnen Abteilungen momentan das Netzwerk nutzen (Betriebssysteme, Anwendungen, Dienste).
- Beschreiben Sie, mit welchen Änderungen in der Aufbauorganisation kurzfristig (1 Jahr), mittelfristig (2 bis 3 Jahre) und langfristig gerechnet werden muss.
- Listen Sie geplante Änderungen bezüglich der WAN-Leitungen und der verfügbaren Bandbreiten auf.

31.2.2 Analyse zum IT-Management

- Skizzieren Sie die Aufbau- und Ablauforganisation des IT-Managements in Ihrer Organisation.
- Welche Aufgaben und Befugnisse sind zentral bzw. dezentral angesiedelt?
- Welche Abteilungen und Entscheidungsträger legen IT-Standards fest?
- Wird zentral oder dezentral über zu beschaffende Hardware oder einzuführende Software und andere einzuführende IT-Dienste entschieden?
- Wer ist für die Budgetierung verantwortlich? Wer genehmigt das Budget?
- Listen Sie alle ausgelagerten IT-Dienste auf und geben Sie die entsprechenden Lieferanten an.
- Beschreiben Sie den Entscheidungsfindungsprozess für das IT-Management Ihrer Organisation.
- Wie werden IT-Änderungen innerhalb des IT-Managements gehandhabt?
- Welche Abhängigkeiten gibt es bei den Herstellern von Hardware und Software? Handelt es sich um technische, logistische, monetäre oder politische Abhängigkeiten?
- Gibt es Vorlieben für bestimmte Hardware- oder Softwarehersteller oder Lieferanten?
- Welche Wartungs- und Supportverträge mit welcher Laufzeit gibt es?
- Gibt es Leasing- und Mietverträge bezüglich der Hardware oder Software?
- Welche Verträge mit welcher Laufzeit gibt es über die Nutzung von WAN-Leitungen und mit den Internet-Providern? Wie sind diese Verträge zu bewerten? Gäbe es kostengünstigere und technisch bessere Alternativen?
- Welche Komponenten des IT-Betriebs sind von Einzelpersonen abhängig, und was bedeutet es, wenn diese Einzelpersonen plötzlich ausfallen?
- Notieren Sie bekannte Schwierigkeiten oder Probleme, die in der Struktur des IT-Managements Ihrer Organisation begründet sind und Auswirkungen auf die Projektarbeit haben können.

31.2.3 Analyse des Kommunikationsflusses

- Welche Kommunikationsdienste werden in der Organisation zu welchen Zwecken benutzt?
- In welchen Sprachen wird kommuniziert?

- Listen Sie die Benutzer und Benutzergruppen auf, die die im Netzwerk verwalteten Kommunikationsdienste nutzen. Wozu benötigen die Benutzer die einzelnen Kommunikationsdienste?
- Wird auf diese Kommunikationsdienste zentral oder dezentral (z. B. über RAS oder VPN) zugegriffen?
- Wie groß sind das Datenaufkommen und die benötigte Bandbreite beim Zugriff über externe Leitungen?
- Gibt es Zugriffsbeschränkungen für die einzelnen Kommunikationsdienste?
- Liegt die Zuständigkeit für die Telefonanlage im Verantwortungsbereich der IT-Abteilung? Wie groß ist der aktuelle und zukünftig gewünschte Integritätsgrad zwischen Telefondiensten und Datendiensten?
- Wer ist für die Administration der Kommunikationsdienste zuständig?
- Gehören Themen wie Telearbeit, Videokonferenzen, Mobilcomputing zum Projektinhalt?
- Notieren Sie bekannte Schwierigkeiten oder Probleme mit den aktuell verwendeten Kommunikationsdiensten.

31.2.4 Analyse der Netzwerkarchitektur

- Skizzieren Sie die Netzwerkarchitektur Ihrer Organisation. Geben Sie hier die Netzwerkstandorte, die Anzahl der Benutzer pro Standort, die Leitungsverbindungen zwischen den Standorten und deren Bandbreiten an.
- Listen Sie die an jedem Standort verwendeten Netzwerkbetriebssysteme auf (Microsoft Windows, Novell NetWare, UNIX, Apple Macintosh).
- Listen Sie die TCP/IP-Subnetze an jedem Standort auf. Geben Sie an, ob und für welche Computer IP-Adressen statisch oder dynamisch vergeben werden.
- Geben Sie die Verbindungsgeschwindigkeit für alle lokalen Netzwerke an allen Standorten an.
- Listen Sie für jeden Standort die Server, deren Funktionen und die darauf ausgeführten Dienste auf.
- Listen Sie alle aktiven und passiven Komponenten auf (Router, Gateways, Bridges, Switches, Kabeltyp).
- Geben Sie die Standorte aller Firewalls im Netzwerk an.
- Notieren Sie bekannte Schwierigkeiten oder Probleme, die in der aktuellen Netzwerkarchitektur Ihrer Organisation auftreten.
- Welche Komponenten sind technisch überaltert oder an der Grenze ihres Leistungsvermögens?

- Skizzieren Sie bereits eine vorhandene Windows-NT-Architektur Ihrer Organisation. Kennzeichnen Sie vorhandene Domänen hierbei als Ovale. Verwenden Sie Pfeile, um die Richtung der Vertrauensstellungen zwischen diesen Domänen auszudrücken.
- Geben Sie die Standorte der Domänencontroller im Netzwerk an.
- Analysieren Sie bereits vorhandene Exchange-5.0/5.5-Organisationen oder andere E-Mail-Systeme.

31.2.5 Analyse der Namenskonventionen

- Welche Konventionen gibt es in Ihrem Unternehmen bezüglich der Namensgebung und der Beschreibungsfelder für:
    - Domänen
    - Standorte
    - Server
    - Workstations
    - Netzdrucker
    - lokale Drucker
    - weitere Peripheriegeräte
    - aktive und passive Netzwerkkomponenten wie Router, Switches, Verteilerschränke usw.
    - Benutzer (Kennung, vollständiger Name, Anzeigename, SMTP-Adresse)
    - Benutzergruppen
    - E-Mail-Verteiler
    - Freigaben von Verzeichnissen
    - Partitionen und Verzeichnisse
    - weitere Objekte
- Wie viele und welche Zeichen sind bei der Namensvergabe erlaubt?
- Wenn sich Ihre Organisation über mehrere Länder verteilt, werden einheitliche oder sprachspezifische Namenskonventionen in den einzelnen Standorten verwendet?
- Wenn es mehrere getrennte Domänen gibt, die eventuell in einer Domäne oder in einer Active-Directory-Gesamtstruktur zusammengeführt werden sollen, wie viele Namen sind derzeit doppelt belegt und müssten geändert werden?

- Welche Namenskonventionen müssen bei der Einführung von Active Directory geändert werden, weil die Eindeutigkeit sonst nicht gegeben ist oder weil verwendete Zeichen unter Active Directory zu Problemen führen könnten (Sonderzeichen, Leerzeichen, Länge der verwendeten Namen, Doppelbelegung).

31.2.6 Analyse der Serverstruktur

- Welche Typen von Servern werden an welchen Standorten eingesetzt, und welches Betriebssystem in welcher Version und in welcher Sprache läuft auf diesen Servern?
    - Dateiserver
    - Druckserver
    - Anmeldeserver (Domänencontroller)
    - Mitgliedsserver (keine Domänencontroller)
    - Mailserver bzw. Groupwareserver
    - Datenbankserver
    - Anwendungsserver
    - Terminalserver
    - Server zur Softwareverteilung und Patchverteilung
    - Internetserver
    - Proxy-Server
    - DNS-, DHCP-, WINS-Server
    - Firewall-Server
    - Sicherungsserver
    - Weitere Servertypen und Serverrollen
- Wie sind die Server hardwaretechnisch ausgestattet?
    - Prozessoranzahl und Leistung
    - RAM-Ausstattung
    - Festplattencontroller
    - Anzahl, Größe und Zugriffsgeschwindigkeit der Serverfestplatten
    - RAID-Level der Festplatten
    - Clustertechnik
    - NAS-Technik (Network Attach Storage)
    - Anschluss an SAN (Storage Area Network)Verwendung von iSCSI

- CD-ROM- bzw. DVD-Laufwerk
- Anzahl und Art der Netzwerkkarten
- Anschluss an Backbone
- Streamer
- Weitere Ausstattung und Eigenschaften
▶ Welche Protokolle und welche Ports sind für den Zugriff auf die Server zugelassen?
▶ Wie werden sie gesichert und vor Viren, Spyware, Spam etc. geschützt?
▶ Wer ist in welchem Umfang für die Server zuständig (Beschaffung, Installation, Ausbau, Wartung, Backup und Restore, Disaster Recovery, Virenschutz)?
▶ Wie sind die Server vor unberechtigtem Zugang gesichert?
  - Welche Administratorengruppen dürfen sich an der Konsole der Server anmelden, nur von Workstations aus administrierend zugreifen oder die Server über WAN-Leitungen bzw. über externe Leitungen warten?
  - Gibt es Serverräume mit Zugangskontrolle, Klimaanlagen und Feuerschutz?
▶ Wie ist die Ausfallsicherheit und Verfügbarkeit gewährleistet?
  - RAID-Level
  - Redundante Komponenten
  - Cluster, SAN, NAS, iSCSI
  - Ausfall-Rechnerraum in einem anderem Gebäude
  - Ausfallserver oder Notrechenzentrum an anderen Standorten
  - Disaster-Recovery-Konzepte

31.2.7 Analyse von DNS, DHCP, WINS

▶ Welche Art von Namensräumen und DNS-Diensten gibt es?
▶ Geben Sie den Standort der DNS-, DHCP- und WINS-Server an.
▶ Werden DHCP-Adressen statisch oder dynamisch zugewiesen?
▶ Welchen Geräten sind feste IP-Adressen, welchen Geräten sind dynamische IP-Adressen zugewiesen?
▶ Wie werden NetBIOS-Namen bekannt gemacht?
▶ Wo sind die Grenzen für die Namensauflösung von NetBIOS-Namen bzw. DHCP-Requests von Clients an DHCP-Server?
▶ Wie ist die Organisation an das Internet angebunden?

- Beschreiben Sie eventuell vorhandene demilitarisierte Zonen und Proxy-Server.
- Welche Subnetze und welche IP-Adressräume gibt es?

31.2.8 Analyse der technischen Standards

- Beschreiben Sie Typen von PC-Arbeitsplätzen, die in Ihrem Unternehmen vorkommen: Standardarbeitsplatz, Entwicklerarbeitsplatz, diskless Workstations, Laptop-Benutzer, Telearbeitsplätze, CAD-Arbeitsplätze, Computerarbeitsplätze mit speziellem technischen Equipment, Kiosk-Computer für Besucher oder Kunden, Computer, die die Produktion überwachen, Terminalserverclients usw.
- Wenn Sie Standorte im Ausland haben: Werden Tastaturen mit unterschiedlichen Tastenbelegungen verwendet? Werden sprachspezifische Betriebssysteme und Anwendungen eingesetzt?
- Gibt es standardisierte Hardwarekonfigurationen für Server, Desktops, Laptops, Drucker und andere Peripheriegeräte sowie Standards für Netzwerkkomponenten wie Netzwerkkarten, Router, Switches usw.?
- Welche Verfahren und Vorschriften gibt es für die Anforderungen, Beschaffung, Wartung und Garantieleistungen von Software und Hardware?
- Welche Sicherheitsrichtlinien gibt es bezüglich der Einstellungen von Kennwortlänge und -komplexität, Kontosperrung, Verschlüsselung von Daten auf Laptop-Festplatten oder externen Speichern wie USB-Sticks, Internetbenutzung, Zugang zu den Systemen von innen und außen (über das Internet, VPN, gemietete Leitungen, RAS, wireless LAN, Anschluss externer Speichergeräte über USB, Firewire oder Bluetooth)?
- Welche Namenskonventionen für Benutzer, Gruppen, Geräte und Domänen gelten?
- Gibt es eine Klassifizierung der Datenbestände hinsichtlich der Datensicherheit und des Datenschutzes?
- Mit welchen Methoden werden neue Clients erstmalig installiert (Betriebssystem, Anwendungen, Service Packs, Hotfixes, Antiviren-Programme)?
- Mit welchen Mitteln werden Updates, Hotfixes, neue Anwendungen und Antiviren-Dateien verteilt und gewartet?
- Mit welchen Mitteln inventarisieren Sie die eingesetzte Hardware und Software?
- Welche Management-Tools setzen Sie zur Leistungs- und Fehlerüberwachung ein?

- Welche Antiviren-Software wird auf den verschiedenen Servertypen (Datei-, Mail-, Datenbank-, Internetserver) und auf den Clients eingesetzt?
- Listen Sie die Sicherheitsstandards auf, die in Ihrer Organisation gelten.
- Von welchen Bereichen der Organisation werden diese Standards nicht eingehalten?
- Notieren Sie bekannte Schwierigkeiten oder Probleme, die bei den aktuell in Ihrer Organisation verwendeten Standards auftreten.

31.2.9 Analyse zur Hardware

- Listen Sie die in Ihrer Organisation verwendeten Hardwaregeräte auf: Server, Workstations, Laptops, Drucker, Scanner, Plotter, Router, Switches, Streamer, Grafikkarten, Netzwerkkarten, Monitore, Spezialhardware zur Produktionssteuerung, Zugangskontrollsysteme, Karten- und Chiplesegeräte, Notstromversorgung usw.
- Markieren Sie alle Komponenten, die nicht mit Windows Server 2000/2003 bzw. mit Windows XP oder Windows Vista kompatibel sind.
- Wenn sich Ihr Unternehmen über mehrere Länder erstreckt, notieren Sie die eingesetzten sprachspezifischen Komponenten (verschiedene Tastaturlayouts). Welche Probleme ergeben sich daraus?
- Welche Herstellertypen von Servern werden wo eingesetzt?
- Wie sind die Server hardwaretechnisch ausgestattet?
- Mit welcher Hardware werden die Server gesichert und vor Viren geschützt?
- Wer ist in welchem Umfang für die Server zuständig (Beschaffung, Installation, Ausbau, Wartung, Backup und Restore, Disaster Recovery, Virenschutz)?
- Gibt es Serverräume mit Zugangskontrolle, Klimaanlagen, Feuerschutz?
- Wie ist die Ausfallsicherheit und Verfügbarkeit gewährleistet (RAID-Level, redundante Komponenten, Cluster, Ausfall-Rechnerraum in einem anderen Gebäude, Ausfallserver oder Notrechenzentrum an anderen Standorten)?
- Mit welchen Mitteln inventarisieren Sie die eingesetzte Hardware?
- Welche Management-Tools setzen Sie zur Leistungs- und Fehlerüberwachung ein?
- Welche Antiviren-Software wird auf den verschiedenen Servertypen (Datei-, Mail-, Datenbank-, Internetserver) und auf den Clients eingesetzt?
- Notieren Sie Schnittstellenprobleme, die zwischen den eingesetzten Hardwarekomponenten auftreten.

- Notieren Sie bekannte Schwierigkeiten oder Probleme, die bei der aktuell in Ihrer Organisation installierten Hardware auftreten.

31.2.10 Analyse zur Software

- Listen Sie die in Ihrer Organisation eingesetzte Software auf:
  - Textverarbeitung
  - Tabellenkalkulation
  - Datenbankanwendungen
  - Grafikprogramme
  - E-Mail-Programme
  - Groupware
  - Kaufmännische Anwendungen
  - CAD
  - Technische Anwendungen
  - Projektmanagement-Software
  - Sicherungssoftware
  - Programme zum Schutz vor Viren, Spyware, Spam etc.
  - IT-Management-Tools
  - Synchronisationssoftware für mobile Geräte wie Handys
  - Software für Telefonie (Anschluss an Telefonanlage, Voice over IP)
  - Weitere Software
- Werden für die gleichen Aufgaben unterschiedliche Anwendungen oder unterschiedliche Versionen derselben Anwendungen eingesetzt?
- Werden verschiedene Sprachversionen eingesetzt?
- Welche Anwendungen sind untereinander inkompatibel?
- Mit welchen Mitteln inventarisieren Sie die eingesetzte Software?
- Welche Anwendungen sind zu Windows Server 2000/2003, Windows XP, Windows Vista, oder Office XP/2003/2007 inkompatibel?
- Welche Komponenten sind nicht mit Exchange Server kompatibel?
- Bieten die Hersteller bereits neuere Versionen an, die mit den Microsoft-Produkten kompatibel sind? Ist damit zu rechnen, dass die Hersteller bis zur Einführung des neuen Systems zu den Microsoft-Produkten kompatible Versionen anbieten werden, oder gibt es alternative Produkte von anderen Herstellern, die kompatibel sind?

- Notieren Sie bekannte Schwierigkeiten oder Probleme, die bei der aktuell in Ihrer Organisation installierten Software auftreten.
- Notieren Sie Schnittstellenprobleme, die zwischen den eingesetzten Hardware- und Softwarekomponenten auftreten.
- Notieren Sie Inkompatibilitäten der Datenformate zwischen den eingesetzten Komponenten.
- Notieren Sie Sicherheitsprobleme der eingesetzten Software.
- Gibt es Gesetzesvorschriften oder Richtlinien zur Arbeitssicherheit, die von den eingesetzten Produkten nicht erfüllt werden?

31.2.11 Analyse der Datenbestände und der Zugriffsbeschränkungen

- Listen Sie die Datenbestände und Informationen auf, die im Netzwerk gespeichert und verwaltet werden, und geben Sie den jeweiligen Standort dieser Daten an.
- Listen Sie auf, welche Daten zentral auf Servern bzw. dezentral auf Computern und Laptops gespeichert werden.
- Geben Sie an, wie und in welchen Zyklen die Daten hardware- und softwaretechnisch gesichert werden.
- Listen Sie die Benutzer oder Benutzergruppen auf, die Zugriff auf die verschiedenen Datenbestände benötigen. Begründen Sie kurz, warum die Benutzer Zugang zu diesen Daten benötigen.
- Notieren Sie, wie Zugriffsbeschränkungen realisiert sind.
- Erstellen Sie eine Tabelle, aus der alle Arten von Sicherheitsgruppen und Verteilerlisten und deren Verschachtelung hervorgehen.
- Welche Mitarbeiter bzw. Gruppen von Mitarbeitern sind für die Administration der Daten verantwortlich?
- Welche Mitarbeiter bzw. Gruppen von Mitarbeitern sind für die Einrichtung von Benutzer- und Gruppenkonten, von Computerkonten, von Verzeichnissen auf den Servern und für die Zuweisung von Rechten zu den Datenbeständen zuständig?
- Wer ist für Backup und Restore, Disaster Recovery dieser Datenbestände und für den Schutz vor Viren verantwortlich?
- Listen Sie alle Daten und Informationen auf, die von den bestimmten Abteilungen oder einzelnen internen oder externen Anwendern genutzt, jedoch von einer anderen Abteilung gespeichert und verwaltet werden. Benennen Sie die Abteilung, die für die Speicherung und Verwaltung der Informationen verantwortlich ist.

- Gibt es Datenbestände, die an externe Stellen transferiert werden, z. B. an Banken, Lieferanten, Kunden, das Statistische Bundesamt?
- Wer ist in Ihrem Unternehmen für Datenschutz verantwortlich?
- Gibt es eine Klassifizierung der Datenbestände hinsichtlich Datensicherheit und Datenschutz, Verfügbarkeit und Wichtigkeit für das Unternehmen?

31.2.12 Analyse der Sicherheitsstandards

- Wie ist die Ausfallsicherheit und Verfügbarkeit gewährleistet (RAID-Level, redundante Komponenten, Cluster, Notstromversorgung, Ausfall-Rechnerraum in einem anderen Gebäude, Ausfallserver oder Notrechenzentrum an anderen Standorten)?
- Wie werden die Dienste und Datenbestände gesichert und vor Viren, Spyware etc. geschützt?
- Wer ist in welchem Umfang für die Sicherheit der IT-Dienste und Server zuständig (Zugangskontrolle, Change-Management, Backup und Restore, Disaster Recovery, Virenschutz)?
- Gibt es Serverräume mit Zugangskontrolle, Klimaanlagen, Feuerschutz?
- Welche Richtlinien gibt es für die Einrichtung von Passwörtern?
- Wer darf Benutzer- und Computerkonten, Sicherheitsgruppen und E-Mail-Verteiler einrichten und Rechte auf Dateibestände vergeben?
- Wer ist für die Sicherheit von Firewalls, WAN-Lcitungen und des Internetzugangs verantwortlich?
- Sind alle wichtigen Passwörter schriftlich an sicherer Stelle (z. B. im Firmensafe) hinterlegt?
- Sind die Seriennummern der Softwareprodukte an sicherer Stelle hinterlegt?
- Sind wichtige Adressen externer Ansprechpartner an zentraler Stelle hinterlegt?
- Wo werden Sicherungsbänder deponiert?
- Welche Notfallpläne gibt es für Disaster Recovery?
- Sind die Mitarbeiter der IT-Abteilung für ein Disaster Recovery ausreichend geschult?
- Sind die Anwender hinsichtlich der Datensicherheit und des Datenschutzes ausreichend sensibilisiert und geschult?

- Gibt es Gesetzesvorschriften oder Richtlinien zur Arbeitssicherheit, die von der IT-Infrastruktur nicht erfüllt werden?
- Notieren Sie Sicherheitsprobleme in der bestehenden IT-Infrastruktur.

31.3 Fragenkataloge und Checklisten zur Erstellung des Soll-Konzepts

31.3.1 Fragenkatalog zur Ermittlung der Anzahl, der Funktion, der Ausstattung und der Konfiguration der Windows Server

Der nachfolgende Fragenkatalog dient zur systematischen Ermittlung,

- welche Serverfunktionen an welchen Standorten benötigt werden,
- auf wie viele Server die benötigten Funktionen aufgeteilt werden müssen,
- wie diese Server zur Ausführung der Funktionen ausgestattet sein müssen,
- wie diese Server konfiguriert werden sollen, damit eine standardisierte Verwaltung möglich wird.

Der Fragenkatalog: Wird eine dedizierte Stammdomäne eingerichtet?

- Wo stehen die Domänencontroller dieser Stammdomäne?
- Welcher Server ist der zentrale Zeitserver für das Active Directory und wie erhält er die Weltzeit?
- Wie erfolgt der Zugang zum Internet? Wird eine demilitarisierte Zone eingerichtet? Werden Microsoft ISA Server eingerichtet?
- Wird RIS zum Ausrollen von Abbildern verwendet?
- Welche Server übernehmen die Softwareverteilung über RIS und RIPrep?
- Wird der Microsoft SMS Server oder ein Produkt eines Drittanbieters zur Softwareverteilung eingesetzt? Kommt deshalb SQL Server zum Einsatz?
- Werden nur zentrale oder auch dezentrale DNS-, DHCP- und WINS-Server aufgestellt?
- Werden nur zentrale Exchange Server am Hauptsitz des Unternehmens oder dezentrale Exchange Server an den einzelnen Standorten aufgestellt?
- Wird pro Standort ein SQL Server mit SMS Server zur Softwareverteilung benötigt?
- Wird der bzw. werden die Exchange Server als Mitgliedsserver eingerichtet oder zusätzlich auf den Domänencontrollern installiert?

- Werden die Datei- und Druckserver als Mitgliedsserver eingerichtet oder dient ein Domänencontroller gleichzeitig als Datei- und Druckserver?
- Werden Fax-Produkte von Drittanbietern benötigt?
- Welcher Server übernimmt jeweils welche der nachfolgenden Funktionen?
    - Domänencontroller
    - Globaler Katalogserver
    - Schemamaster (nur einmal pro Gesamtstruktur)
    - DNS-Master (nur einmal pro Gesamtstruktur)
    - RID-Master (mindestens einmal pro Domäne)
    - PDC-Emulator (mindestens einmal pro Domäne)
    - Infrastrukturmaster (mindestens einmal pro Domäne)
    - Dateiserver
    - Druckserver
    - Datenbankserver
    - Terminalserver
    - Exchange Server
    - Internet- bzw. Intranetserver
    - Sicherungsserver
    - Proxy-Server (ISA Server)
    - Gateway-Funktion
    - DNS-Server
    - DHCP-Server
    - WINS-Server
    - Softwarearchive
    - Server für WSUS Windows Software Update Service
    - Softwareverteilung
- Welches Windows-Server-Betriebssystem soll eingesetzt werden?
    - Windows Small Business Server 2003 R2
    - Standard Server 2000/2003 R2
    - Advanced Server 2000/2003 R2
    - Data Server 2000/2003 R2
- Welche Sprachversion von Windows Server soll installiert werden?
- Welche Version von Exchange Server soll eingesetzt werden?

- ▸ Standard Edition
- ▸ Enterprise Edition
- Soll der Microsoft Windows Storage Server R2 eingesetzt werden?
- Soll die Software Microsoft Windows Compute Cluster Server 2003 eingesetzt werden?
- Sollen Microsoft-Terminalserver eingesetzt werden?
- Soll Microsoft Data Protect Manager 2003 zur zentralen Sicherung eingesetzt werden?
- Sollen Server mittels Virtualisierungssoftware wie Microsoft Virtual Server 2005 R2 konsolidiert werden?
- Sollen Daten standortintern oder standortübergreifend mithilfe von DFS-Namespaces und DFS-Replikation abgeglichen werden?
- Soll Access Based Enumeration ABE eingesetzt werden?
- Welche Service Packs und Hotfixes müssen für Windows Server eingespielt werden?
- Welche Hotfixes müssen für RIS-Server eingespielt werden?
- Welche Service Packs und Hotfixes werden für den SQL Server, SMS Server oder ISA Server eingespielt?
- Welcher Viren-, Spyware- und Spam-Scanner wird auf welchen Servern installiert? Wird auf dem bzw. den Exchange Server(n) ein spezieller Virenscanner installiert, der die VSAPI 2.0 unterstützt? Informationen finden Sie auf der Buch-DVD im Verzeichnis **Sicherheit\Antivirenprodukte**.
- Wie werden diese Malware-Scanner aktualisiert?
- Welche Voreinstellungen müssen für die Malware-Scanner vorgenommen werden?
- Auf welchen Servern wird zusätzliche Management-Software zur Überwachung der Server (Monitoring) installiert?
- Auf welchem Server jedes Standorts werden Roaming Profiles, Userhome Directories und Gruppenverzeichnisse untergebracht?
- Wie groß ist das benötigte Speichervolumen aufgrund der von vorhandenen Servern zu übernehmenden Datenbestände und des einzuplanenden Wachstums an Daten innerhalb der nächsten drei Jahre?
- Welche Serverfunktionen und Serverrollen müssen aus Gründen der Verfügbarkeit und Sicherheit redundant ausgelegt werden?
- Werden das Betriebssystem, das SYSVOL-Verzeichnis und die Auslagerungsdatei auf verschiedenen Partitionen oder Festplatten untergebracht?

- Wird eine separate Partition oder Festplatte für RIS-Server oder SQL Server benötigt?
- Soll das Betriebssystem auf mittels RAID-1 gespiegelten Festplatten, die Benutzerdaten aber auf einem RAID-5-Festplattensubsystem untergebracht werden?
- Welche Anforderungen ergeben sich aus der Aufteilung der Serverrollen, der zu erwartenden Belastung der Server und den bereitzustellenden Datenmengen an die Anzahl sowie die Hardwareausstattung der Server an den einzelnen Standorten?
  - Typ, Hersteller, Garantie, Wartungsvertrag
  - Prozessorleistung und Prozessoranzahl
  - Second Level Cache
  - RAM-Ausstattung
  - Grafikkarte
  - Controller- und Festplattentyp (SCSI, RAID-Controller, Cache usw.)
  - Festplatten (Anzahl, Kapazität, Zugriffsgeschwindigkeit, Cache)
  - Netzwerkkarten (Typ, Anzahl)
  - Redundant ausgelegte Netzteile, Lüfter, Netzwerkkarten
  - CD-ROM-Laufwerk oder DVD-Laufwerk
  - Streamer
  - Ausstattung mit Remote-Board
  - SAN-Technologie
- Ist der Einsatz von Server-Clustern, SAN, NAS oder iSCSI sinnvoll?
- Sollten selten benötigte Daten automatisch auf langsame Medien ausgelagert werden?
- Welches Namenskonzept gibt es für die Bezeichnung der Server, der Partitionen, der Verzeichnisse, der Freigaben?
- Welche Einstellungen werden im BIOS der Server vorgenommen?
- Gibt es eine festgelegte Vergabe der Laufwerksbezeichnungen für das Systemlaufwerk, das CD-ROM-Laufwerk bzw. DVD-Laufwerk, die SYSVOL-Partition, die RIS-Partition, das Datenlaufwerk?
- Wie groß werden die verschiedenen Partitionen eingerichtet?
- Mit welcher Clustergröße werden die Partitionen formatiert?
- Werden die Server mit einer bestimmten Management-CD installiert, wenn ja, mit welchem Versionsstand?

- Welche Komponenten von Windows Server werden installiert?
- Welche Grundeinstellungen werden nach der Installation von Windows Server standardmäßig vorgenommen?
- Wird auf jedem Server ein Verzeichnis mit einem vorgegebenen Namen an einer definierten Stelle eingerichtet, die die Quelldateien zur Windows-Server-CD und weitere Tools oder Treiber enthält?
- Welche Windows-Server-Resource-Kit-Tools und andere Tools werden wo installiert?
- Welche Windows-Server-Dienste werden installiert und wie werden sie konfiguriert?
- Wie werden die Protokolle, insbesondere das TCP/IP-Protokoll, konfiguriert?
- Welche Änderungen werden in der Systemsteuerung vorgenommen:
  - Energieoptionen
  - Abschalten von visuellen Effekten
  - Boot-Verhalten
  - Verhalten bei Systemfehlern
  - Anzahl, Lage und Größe der Auslagerungsdatei(en)
  - Umgebungsvariablen
  - Fehlerberichterstattung
  - Systemwiederherstellung
  - Automatische Updates
  - Einstellungen der Ereignisprotokolle
- Werden Änderungen an der Registrierdatenbank der Server vorgenommen?
- Darf vom Server aus auf das Internet zugegriffen werden, um Treiber und Updates von bestimmten Foren herunterzuladen (vom Hersteller des Servers, von den Webseiten von Microsoft oder dem Hersteller eines Antiviren-Produkts)?
- Wie sind die Sicherheitseinstellungen des Internet Explorers konfiguriert?
- Wie sind die Einstellungen von Temporary Internet Files, Cache und Cookies konfiguriert?
- Wird der Terminal-Server-Dienst installiert, damit der Server remote verwaltet werden kann?
- Welche Hardware-Management-Tools werden wo installiert und wie werden sie konfiguriert?
- Welche Antiviren-Software wird installiert und wie wird sie konfiguriert?

- Welches Backup-Programm wird installiert und wie wird es konfiguriert?
- Wird das Konto **Administrator** aus Sicherheitsgründen umbenannt?
- Welche Verzeichnisse für Daten und Datenbanken mit welchen Standardnamen und Standardfreigaben werden angelegt und welche Rechte werden für diese Verzeichnisse vergeben?
- Wird das Distributed File System (DFS) installiert? Wie wird es konfiguriert?
- Wird eine Quotierung für Partitionen konfiguriert (maximaler Plattenplatz pro Anwender)?
- Welche unterbrechungsfreie Stromversorgung wird angeschlossen und wie wird die USV-Software installiert und konfiguriert?
- Werden Schwellenwerte für die Management-Software eingerichtet, bei deren Überschreiten bzw. Unterschreiten Aktionen ausgelöst werden? Welche Aktionen werden ausgelöst und welche Administratoren erhalten eine Warnung?
- Werden Serversicherheitsrichtlinien aktiviert und konfiguriert?
- Werden Netzwerkdrucker physisch an einen Server angeschlossen?
- Welche Druckwarteschlangen für nicht direkt am Server angeschlossene Netzdrucker werden angelegt?
- Wenn mehrere RIS-Server für die verschiedenen Standorte benötigt werden, wie werden dann die RIPrep-Abbilder zwischen den RIS-Servern synchronisiert?
- Welche Änderungen sollen an den OSC-Dateien der RIS-Server vorgenommen werden?
- Gibt es eine Checkliste für Tests, die abgearbeitet werden muss, bevor ein Server seinen Betrieb aufnimmt?

[O] Ergänzen Sie diesen Fragenkomplex durch weitere Fragen, die sich beim Studium des Buches und der Artikel der Buch-DVD ergeben. Besonders Kapitel 18, *Strategische Überlegungen und Tipps*, wirft vielleicht weitere Fragen auf.

31.3.2 Fragenkatalog zur Ermittlung der Anforderungen an die Workstations

Der nachfolgende Fragenkatalog dient zur systematischen Ermittlung,

- welche Typen von Workstations benötigt werden,

- welche hardwaretechnischen Voraussetzungen diese Typen erfüllen müssen,
- wie die Workstations konfiguriert werden sollen, damit eine standardisierte Verwaltung möglich wird.
- Der Fragenkatalog: Welche Sprachversionen des Betriebssystems und der Anwendungen werden benötigt?
- Welche Typen von Standardarbeitsplätzen müssen unterstützt werden?
  - Arbeitsplätze mit und ohne Microsoft Office
  - Arbeitsplätze mit und ohne Microsoft Access
  - Arbeitsplätze mit kaufmännischer Software
  - Arbeitsplätze mit CAD-Software
  - Terminalserverclients
  - Telearbeitsplätze
  - Mobilcomputing-Arbeitsplätze
  - Arbeitsplätze der Mitarbeiter der IT-Abteilung
  - Entwicklerarbeitsplätze
  - Weitere Typen von Arbeitsplätzen
- Welche Hardwareanforderungen stellen die verschiedenen Typen von Arbeitsplätzen an Prozessorleistung, RAM-Ausstattung, Grafikkarte, Festplattengröße, Multimedia-Ausstattung?
- Wie ist der Zugang der Arbeitsplatztypen auf Internet und Intranet geregelt?
- Welche Arbeitsplätze müssen mit welchem Monitortyp ausgestattet werden?
- Welche Arbeitsplätze erhalten ein Diskettenlaufwerk, CD-ROM-Laufwerk oder DVD-Laufwerk? Wird für bestimmte Arbeitsplätze auf ein Diskettenlaufwerk verzichtet oder das Diskettenlaufwerk für bestimmte Benutzergruppen, z. B. durch eine Gruppenrichtlinie, deaktiviert?
- Wie viele unterschiedliche Grafikkarten und Netzwerkkarten gibt es?
- Sind die vorhandenen Workstations kompatibel zu Windows XP bzw. Windows Vista?
- Wie viele Workstations können aufgerüstet werden, um den Mindestanforderungen zu genügen? Wie viele Clients müssen neu beschafft werden?
- Sind die Clients RIS-fähig, d. h. mit einer PXE-basierten Remotestart-ROM mit einer Version ».99c« oder höher und einer PCI-Plug-&-Play-fähigen Netzwerkkarte ausgestattet, oder sind sie mit einer Netzwerkkarte bestückt, die den Start von einer RIS-Startdiskette unterstützt?

- Gibt es Mitarbeiter, die mit Laptops ausgestattet sind und regelmäßig offline arbeiten? Welche Besonderheiten ergeben sich für Mitarbeiter, die regelmäßig offline arbeiten?
- Welche Typen von Druckern, Scannern und Plottern gibt es, und sind diese Peripheriegeräte kompatibel zu Windows XP bzw. Windows Vista? Wie viele nicht kompatible Peripheriegeräte müssen durch kompatible Geräte ersetzt werden?
- Welche Einstellungen müssen im BIOS der verschiedenen Workstations vorgenommen werden?
- Wie groß soll die Systempartition der Workstations angelegt werden?
- Werden weitere Partitionen benötigt?
- Werden Basisdatenträger oder dynamische Datenträger erzeugt?
- Welchen Laufwerksbuchstaben und welche Bezeichnungen erhalten die Partitionen?
- Welchen Laufwerksbuchstaben erhält ein CD-ROM- oder DVD-Laufwerk?
- Welche zusätzlichen Verzeichnisse müssen auf den Clients eingerichtet werden?
- In welchem Verzeichnis werden zusätzlich benötigte Treiberdateien hinterlegt?
- Wo werden temporäre Dateien erzeugt?
- Werden zusätzliche Umgebungsvariablen benötigt?
- Welche Komponenten von Windows XP bzw. Windows Vista werden installiert?
- Welchen Komponenten von Windows XP bzw. Windows Vista werden durch neuere Versionen von Microsoft oder bessere Software von Drittherstellern ausgetauscht?
    - Vervollständigen Sie folgende Liste: Windows Media Player (Version 11 oder höher), Microsoft Movie Maker (Version 2.0 oder höher), Windows Live Messenger (Version 8.0 oder höher), Windows Desktop Search (Version 2.6.5 oder höher), Microsoft Internet Explorer (Version 7), GetFolderSize (Version 1.4.1 oder höher), Picasa von Google, Fotostory 3 (Photo Story 3) von Microsoft, Wörterbücher wie z. B. Quick Dictionary (wwww.quickdic.de) oder Lingo4u Dictionary, eine einheitliche Brennsoftware für CDs und DVDs. Durchsuchen Sie das Verzeichnis **Tools** auf der Buch-DVD.
- Wird Windows XP Media Center Edition 2005 bzw. Windows Vista auf bestimmten Arbeitsplätzen benötigt? Stellt es ein Problem dar, dass Clients

mit Windows XP Media Center Edition nicht in Domänen aufgenommen werden können?
- Soll DVD-Brennsoftware installiert werden?
- Welches Passwort erhält der lokale Administrator?
- Müssen zusätzliche OEM-Hardwaretreiber installiert werden?
- Welche Treiber für Peripheriegeräte müssen installiert werden?
- Müssen Voreinstellungen an installierten Druckern vorgenommen werden?
- Auf welche Bildschirmauflösung und Wiederholfrequenz wird die Grafikkarte eingestellt?
- Welche Service Packs und Hotfixes müssen installiert werden?
- Wird WSUS Windows Software Update Services eingesetzt?
- Welche Komponenten von Microsoft Office werden installiert? Zusatztools und Add-Ins zu Microsoft Office wie z. B. **SetHolidays** von **www.theprojectgroup.com**, mit dem Sie automatisch alle deutschen Feiertage bis 2049, nur bundesweit gültige Feiertage und/oder die Feiertage bestimmter Bundesländer in den Kalender von Microsoft Outlook einfügen können. Auf der Buch-DVD finden Sie einige interessante Office-Tools im Verzeichnis **Office\Tools** bzw. **Office\Outlook\Tools**. In diesen Verzeichnissen finden Sie auch die Quellen auf dem Microsoft-Webforum für Office-Zusatzanwendungen.
- Wird der Microsoft Office Installation Wizard eingesetzt, um die Installation von Office anzupassen? Welche Einstellungen werden mit dem Office Installation Wizard vorgenommen?
- Wird der Profile Wizard aus dem Office Resource Kit verwendet?
- Welche Version des Acrobat Readers wird installiert?
- Welcher Viren-, Spyware- und Spam-Scanner wird installiert?

Informationen finden Sie auf der Buch-DVD im Verzeichnis **Sicherheit\Antivirenprodukte**.

- Wie werden diese Malware-Scanner aktualisiert?
- Welche Voreinstellungen müssen für die Malware-Scanner vorgenommen werden?
- Welche Voreinstellungen müssen am Betriebssystem vorgenommen werden?
- Welche Voreinstellungen müssen an den Anwendungen vorgenommen werden?
- Welche Änderungen müssen in der Registrierdatenbank vorgenommen werden?

- Welche Änderungen müssen am Profil von **Default User** vorgenommen werden?
- Welche Änderungen müssen an den Startmenüs von **Default User** und **All Users** vorgenommen werden?
- Welche Icons sollen auf dem Desktop und der Schnellstartleiste erscheinen?
- Soll der Zugriff auf das BIOS für Anwender durch ein Passwort blockiert werden?
- Soll der Anwender den Desktop und die Startleiste verändern dürfen?
- Auf welche Symbole der Systemsteuerung dürfen welche Benutzergruppen zugreifen?
- Welche Benutzergruppen erhalten Zugriff auf welche Komponenten von Windows XP bzw. Windows Vista?
- Welche Benutzergruppen erhalten welche Zugriffsrechte auf bestimmte lokale Verzeichnisse?
- Welche Benutzergruppen erhalten Zugriff auf Diskettenlaufwerke, CD-ROM- oder DVD-Laufwerke?
- Mit welchem Tool erfolgt die Fernadministration der Arbeitsplätze und wie muss das Tool vorkonfiguriert werden?
- Welche Besonderheiten gelten für Laptop-Benutzer?
- Wie viele verschiedene Abbilder (Images) müssen aufgrund verschiedener HAL-Typen erstellt werden, wenn die RIPrep-Methode oder Tools wie Ghost oder TrueImage eingesetzt werden sollen, um Clients automatisch zu installieren?
- Für welche Benutzer ist der Zugriff auf externe Speichermedien erlaubt, die über USB, Firewire, Bluetooth oder wireless LAN angesprochen werden können. Wie soll er kontrolliert bzw. unterbunden werden?
- Werden Daten auf mobilen Geräten verschlüsselt? Welche Methoden sollen zur Verschlüsselung eingesetzt werden?
- Ergänzen Sie diesen Fragenkomplex durch weitere Fragen, die sich beim Studium des Buches und der Artikel der Buch-DVD ergeben.

31.3.3 Fragenkatalog zur Ermittlung der Anforderungen an die Administration des Gesamtsystems

Der nachfolgende Fragenkatalog dient zur systematischen Ermittlung,

- welche Objekte administriert werden müssen,
- welche technischen Mittel zur Administration genutzt werden können,

- wie die Administrationsaufgaben zwischen den beteiligten Personen verteilt werden sollen,
- welcher Schulungsbedarf sich aus dieser Aufteilung ergibt.

Was muss administriert werden?
- Die Stammdomäne, speziell das Active-Directory-Schema
- Die Subdomänen
- Die Standorte und Standortverknüpfungen
- Zentrale Dienste wie DNS, DHCP, WINS, Internetzugang, RAS-Zugang
- Backup und Restore
- Softwareverteilung
- Patchmanagement
- Abbilder von Workstations, RIS-Abbilder
- Hardware- und Softwareinventarisierung
- Organisationseinheiten
- Sicherheitsgruppen und Verteilerlisten
- Benutzerkonten und Computerkonten
- Exchange-Organisation
- Server
- Clients
- Zugriffsberechtigungen auf Verzeichnisse, Datenbestände, öffentliche Exchange-Ordner, Internet- und Intranetseiten
- Speicherkontingente für einzelne Benutzer oder Benutzergruppen
- Aktive und passive Netzwerkkomponenten

Worüber wird administriert?
- Wie werden die Windows-Server-systeminternen Gruppen eingesetzt?
- Wie werden die Exchange Server-systeminternen Gruppen eingesetzt?
- Wie werden die systeminternen Sicherheitsgruppen von Windows XP bzw. Windows Vista eingesetzt?
- Wie werden die systeminternen Gruppen von weiteren Produkten wie SQL Server, SMS Server, ISA Server zur Verwaltung eingesetzt?
- Welche lokalen, globalen und universellen Sicherheitsgruppen werden eingerichtet?

- Wie werden diese Sicherheitsgruppen ineinander verschachtelt?
- Welche lokalen, globalen und universellen Verteilerlisten werden eingerichtet?
- Wie werden diese Verteilerlisten ineinander verschachtelt?
- Welche Freigaben für Verzeichnisse werden auf den Servern eingerichtet?
- Welche Freigabeberechtigungen und NTFS-Berechtigungen werden für Verzeichnisse erteilt?
- Soll Access Based Enumeration ABE eingesetzt werden?
- Sollen Datenträgerkontingente (Begrenzungen des belegten Speichers) für Userhomedirectories oder Gruppenverzeichnisse verwendet werden?
- Wie sollen Schattenkopien (Shadow Copies, siehe Verzeichnis **Windows Server\Schattenkopien** auf der Buch-DVD) eingesetzt werden?
- Wozu werden Skripte eingesetzt?
  - Startskripte
  - Herunterfahren-Skripte
  - Anmeldeskripte
  - Abmeldeskripte
  - Von Zeitplandiensten regelmäßig gestartete Skripte
- Welche Microsoft-Management-Konsolen (MMCs) müssen für unterschiedliche administrative Rollen (Administratoren der Stammdomäne, Domänen-Administratoren, Standort-Administratoren, Server-Administratoren, Exchange-Administratoren, Helpdesk-Mitarbeiter) erstellt werden?
- Welche Gruppenrichtlinien werden konfiguriert?
  - Lokale Computerrichtlinien
  - Standort-Gruppenrichtlinien
  - Domänenrichtlinien
  - OU-Gruppenrichtlinien
  - Verknüpfung von Gruppenrichtlinien
  - Filterung von Gruppenrichtlinien
- Welche Datenbestände werden durch das verteilte Dateisystem DFS über mehrere Server hinweg synchronisiert?
- Welche öffentlichen Exchange-Ordner werden über mehrere Server hinweg repliziert?

- Welche Backup- und Restore-Software von Microsoft Windows Server oder Drittanbietern kommt zum Einsatz?
- Erfolgt die Softwareverteilung über RIS, REPrep, Installationsrichtlinien, Installationsskripte, SMS Server oder Produkte von Drittanbietern?
- Welche Inventarisierungssoftware kommt zum Einsatz?
- Welche Antiviren-Managementsoftware kommt zum Einsatz?
- Welche Tools aus dem Windows Server Resource Kit werden wozu eingesetzt?
- Speziell über die Gruppenrichtlinien kann eine Active-Directory-Gesamtstruktur von zentraler Stelle aus bis in die Tiefe gesteuert werden. Über Gruppenrichtlinien können Server, Clients und Anwendungen sowie Zugriffsrechte und Sicherheitsaspekte verwaltet werden. Die Vielzahl der verfügbaren Gruppenrichtlinien und die Komplexität des Zusammenspiels dieser Gruppenrichtlinien machen es aber erforderlich, dass deren Einsatz detailliert getestet, geplant und dokumentiert wird. Folgende Fragen müssen während der Projektierung geklärt werden:
- Welche Gruppenrichtlinien von Windows Server werden verwendet?
- Welche Gruppenrichtlinien von Windows XP bzw. Windows Vista werden verwendet?
- Welche Gruppenrichtlinien von Microsoft Office werden verwendet?
- Welche Gruppenrichtlinien sollen domänenübergreifend zum Einsatz kommen?
- Welche Gruppenrichtlinien sollen auf bestimmte Standorte beschränkt bleiben?
- Welche Gruppenrichtlinien sollen nur auf bestimmte Organisationseinheiten wirken?
- Gibt es Gruppenrichtlinien, die über Filter nur auf bestimmte Sicherheitsgruppen innerhalb einer Organisationseinheit wirken sollen?
- Sollen Verknüpfungen von Gruppenrichtlinien genutzt werden, um zentral abgelegte Richtlinien auf Objekte oder Objektgruppen verschiedener Organisationseinheiten wirken zu lassen?
- Lassen sich die Benutzer in Klassen wie Standardbenutzer, Hauptbenutzer und lokale Administratoren einteilen und können diesen Benutzerklassen abgestufte Richtlinien über Filter zugewiesen werden?

- Müssen für Laptop-Benutzer spezielle Richtlinien für die Synchronisation der Offline-Ordner eingerichtet werden?
- Welche Administratoren sollen berechtigt sein, Gruppenrichtlinien zu manipulieren?

Ergänzen Sie diesen Fragenkomplex durch weitere Fragen, die sich beim Studium des Buches und der Artikel der Buch-DVD ergeben.

31.4 Vorgehensweise zur Ermittlung des Schulungsbedarfs für Systembetreuer und Anwender

Um den Schulungsbedarf für die Einführung von Active Directory, Exchange Server, SharePoint Services, Terminalserver, Microsoft Office und weiterer neuer Anwendungen zu planen, unterteilen Sie die Mitarbeiter des Unternehmens zuerst in Gruppen:

- Schema-Administratoren
- Organisations-Administratoren
- Domänen-Administratoren
- Exchange-Administratoren
- Sharepoint-Administratoren
- Terminalserver-Administratoren
- Serveroperatoren
- Helpdesk-Mitarbeiter
- Einfache Benutzer mit mehreren Anwendungen
- Fortgeschrittene Benutzer mit mehreren Anwendungen

Danach stellen Sie alle Produkte und deren Features zusammen, um pro Produkt eine Übersicht zu erhalten, in welchen Einzelkomponenten die verschiedenen Gruppen geschult werden müssen. Es kann hilfreich sein, einen Fragenkatalog für jedes Produkt zusammenzustellen, um in einem zweiten Schritt die Frage zu klären, welche Mitarbeitergruppen welche Kompetenzen und Verantwortungen übernehmen sollen und welches Wissen sie dazu benötigen. Am Beispiel von Exchange Server und Outlook finden Sie nachfolgend einen derartigen Fragenkatalog.

Exchange Server

- Was ist ein Exchange Server?
- Was kann ein Exchange Server?
- Wie viele Exchange Server gibt es jetzt und zukünftig?
- Wo stehen diese Exchange Server?
- Was sieht der Systemverwalter vom Exchange Server?
- Was sieht der Benutzer vom Exchange Server?
- Wer sichert den Exchange Server?
- Was geschieht, wenn E-Mails oder ganze Postfächer versehentlich gelöscht werden?
- Wie wird der Exchange Server gegen Viren geschützt?

Postfächer auf dem Exchange Server

- Wie und von wem werden Postfächer angelegt?
- Wie werden die Standardeinstellungen für Grenzwerte für Postfächer festgelegt?
- Wer darf diese Standardeinstellungen auf Postfachebene individuell anpassen?

Verteilerlisten

- Was sind verschachtelte Verteilerlisten?
- Welche Struktur von Verteilerlisten wird vor dem Ausrollen des Systems angelegt?
- Wer wartet diese Verteilerlisten und legt weitere Verteilerlisten an?
- Kann ein Benutzer persönliche Adressbücher und Verteilerlisten haben?

Ressourcen

- Wozu dienen Ressourcen unter Exchange Server?
- Wie legt man sie an?
- Wie bucht man Ressourcen?
- Wie kann man einen Benutzer für eine Ressource bevollmächtigen?

Was ist in der E-Mail-Verwaltung zu tun,

- wenn ein neuer Benutzer hinzukommt,

- wenn ein Mitarbeiter ausscheidet,
- wenn ein Mitarbeiter die Arbeitsgruppe wechselt?

Microsoft Outlook

- Was ist Outlook?
- Aus welchen Komponenten besteht Outlook?
- Wie und von wem wird Outlook installiert und gewartet?
- Welche Einstellmöglichkeiten bietet Outlook?
- Welche Adressbücher wird es geben?
- Wie stellt man die Ansicht der Adressbücher und die Suchreihenfolge ein?
- Was sind Kontakte?

Kalenderfunktionen

- Wie verwaltet man persönliche Termine?
- Wie werden Gruppentermine verwaltet?
- Wie wird eine Besprechungsanfrage eingeleitet?

Aufgabenfunktionen

- Wie werden persönliche Aufgaben verwaltet?
- Wie können Aufgaben an andere Mitarbeiter delegiert werden?

Öffentliche Ordner

- Welche Informationen können sie aufnehmen?
- Wer darf öffentliche Ordner anlegen und verwalten?
- Wozu sollen öffentliche Ordner im Unternehmen genutzt werden?
- Welche Informationen sollen zukünftig in das Dateisystem, auf den Intranetserver und in öffentlichen Ordnern gespeichert werden?

Abwesenheitsassistent von Outlook

- Wie funktioniert der Abwesenheitsassistent?
- Wer benötigt ihn?

Regelassistent für eingehende Post

- Wie funktioniert der Regelassistent?
- Wer benötigt ihn?

Auf der Buch-DVD finden Sie im Verzeichnis **Projektierung\Schulung** zwei [o] Exceltabellen, mit deren Hilfe Sie den Schulungsaufwand für die Einführung von Exchange Server und Outlook detailliert planen können. In gleicher Weise können Sie bei der Planung des Schulungsbedarfs für Windows XP, Windows Vista, Word und anderer Produkte und Technologien wie z. B. Mobile Computing vorgehen: Sie stellen alle Aufgaben bzw. Features, die bezüglich einer Software oder Technologie von verschiedenen Anwendergruppen beherrscht werden müssen, in Form einer Matrix zusammen. Diese Matrix füllen Sie für die verschiedenen Anwendergruppen aus und fügen zum Beispiel ein »x« ein, wenn eine Anwendergruppe in einer bestimmten Aufgabe oder einem bestimmten Feature geschult werden muss. Sie können statt des »x« auch mehrere Zeichen eintragen, z. B. ein »i« für »intensive Schulung«, ein »s« für »Schulung« und ein »u« für »Schulungsbedarf unbekannt«. Das Ergebnis dieser Zusammenstellung übergeben Sie der Schulungsabteilung des Unternehmens bzw. einem externen Schulungsanbieter, damit er Ihnen ein maßgeschneidertes Angebot erstellen kann. Auf dieselbe Weise gehen Sie vor, um den Schulungsbedarf für Windows Server, Windows XP, Windows Vista, Word oder Excel zu ermitteln.

Besorgen Sie zu jedem Thema ein Lehrbuch. Überprüfen Sie das Inhaltsverzeichnis des Lehrbuchs nach Stichworten, die in der Schulungsmatrix links als Spalten erscheinen können. [«]

Erstellen Sie auf einem Dateiserver, einem öffentlichen Exchangeordner oder unter SharePoint einen Ordner, in dem Sie alle Schulungsunterlagen und Anleitungen sammeln. Unterteilen Sie diesen Ordner nach Themen wie Windows XP, Windows Vista, Internet-Explorer, Word, Excel, Outlook, PowerPoint, SAP, CAD, Umgang mit Druckern, digitalen Kameras, Scannern, VoIP-Geräten (VoIP = Voice over IP), mobilen Geräten, Umgang mit Laptops im Offline-Modus usw. Fordern Sie die Mitarbeiter der IT-Abteilung auf, zu allen regelmäßig auftretenden Problemen und Fragen kurze und leicht verständliche Anleitungen mit Screenshots zu erstellen. Weisen Sie die Mitarbeiter des Unternehmens durch eine E-Mail auf diesen Ordner mit Anleitungen hin und bitten Sie darum, ein Feedback über fehlende und zusätzlich gewünschte Anleitungen zu geben.

Auf der Buch-DVD finden Sie im Verzeichnis **Projektierung** viele Vorlagen, [o] Prüflisten und Hilfen für die Projektierung von Microsoft Active Directory und Exchange Server. Außerdem finden Sie in den Unterverzeichnissen von Mobile Computing, Office, Windows XP oder Windows Vista viele Tipps und Anleitungen, die Sie mit geringem Aufwand für Ihr Unternehmen anpassen und dann in den oben genannten Ordner für Anleitungen und Schulungsunterlagen aufnehmen können. Im Verzeichnis **Projektierung** ist der Artikel »Improving IT Efficiency at Microsoft Using Virtual Server 2005« aufschlussreich bezüglich des Themas Serverkonsolidierung.

Ein Computernetz ist nicht nur ein technisches Gebilde, sondern ein sozio-technisches System. Besonders mit der Öffnung der Netze zum Internet ergeben sich viele rechtliche Fragestellungen. Der Systemadministrator muss in den rechtlichen Aspekten zumindest ein Minimalwissen erlangen. Denn nicht alles, was technisch möglich ist, ist auch legal.

32 Informationstechnologie und Recht

32.1 Das vollständige Kapitel finden Sie auf der Buch-DVD

In die neue Auflage dieses Buches sind wie bereits im Vorwort erwähnt umfangreiche neue Inhalte eingegangen. Aus den ehemals 28 Kapiteln der Erstauflage wurden inzwischen 32 Kapitel. Damit das Buch jedoch weiterhin handlich und bezüglich des Preises auch für Auszubildende, Umschüler und Studenten erschwinglich bleibt, habe ich mir zum Ziel gesetzt, die Seitenanzahl nicht über 1000 anwachsen zu lassen. Das war nur möglich, indem ganze Passagen der früheren Ausgaben zwar aktualisiert, dann jedoch auf die Buch-DVD ausgelagert wurden. So verhält es sich auch mit dem Kapitel »Informationstechnologie und Recht«.

Nachfolgend finden Sie im Buch abgedruckt nur eine Zusammenfassung des Kapitels. Das ungekürzte Kapitel finden Sie als gleichnamige Word-Datei auf der Buch-DVD im Hauptverzeichnis **Recht**. Dort finden Sie unter anderem auch Informationen zur Archivierungspflicht geschäftsrelevanter elektronischer Informationen, das **IT-Grundschutzhandbuch** des Bundesamtes für Sicherheit in der Informationstechnik BSI, das Buch »Internetrecht« als PDF-Datei und eine hilfreiche Sammlung von **Musterformularen**, die Sie für Ihr Unternehmen anpassen und sofort verwenden können. Lesen Sie die »Hinweise zum IT-Grundschutzhandbuch des BSI« auf der Buch-DVD. Das BSI stellt übrigens unter **http://www.bsi-fuer-buerger.de/druck/recht_im_internet.pdf** den Artikel »Recht im Internet« zur Verfügung. Im Hauptverzeichnis **Lizenzierung** der Buch-DVD habe ich Informationen zur Software-Lizenzierung von Microsoft-Produkten zusammengestellt.

32.2 Warum Sie dieses Kapitel lesen sollten

Was hat ein Kapitel über »Informationstechnologie und Recht« in einem Buch verloren, das sich vorwiegend mit der professionellen Installation von Active Directory, Microsoft Windows 2000/XP, Microsoft Office und Exchange Server beschäftigt?

Der Betrieb eines Computernetzes kann zur Begehung verschiedener Straftaten missbraucht werden. In Betracht kommen z. B. Hacker-Delikte wie das Ausspähen von Daten gem. § 202a StGB, Computersabotage gem. § 303b StGB oder Computerbetrug gem. § 263a StGB, die Verbreitung rechtswidriger Inhalte oder die Verschaffung von Kinderpornografie gem. § 184 Abs. 5 StGB. Immer wieder ist zu beobachten, dass bei nicht wenigen Computernutzern das Bewusstsein für die Beachtung von Rechten (bzw. gesetzlichen Regelungen) kaum oder gar nicht ausgebildet ist. Beispiele hierfür sind das oft unzulängliche Wissen um die rechtliche Verantwortung bei der Verbreitung von Text-, Bild- oder Audio-Informationen im Internet oder auch um Bestimmungen zur legalen Nutzung von Software.

Unternehmen haften für illegale Downloads
In der vom Ministerrat der Europäischen Union verabschiedeten Richtlinie über die Maßnahmen und Verfahren zum Schutz der Rechte an geistigem Eigentum werden Aktivitäten unter Strafe gestellt, die den Kopierschutz von Filmen, Musik oder Software umgehen. Firmen sind damit voll haftbar, wenn Mitarbeiter, Auszubildende, Praktikanten oder auch freie Mitarbeiter nicht lizenzierte Software einsetzen oder kopiergeschützte Inhalte wie Musik und Filme über das Web herunterladen.

Software und Urheberrecht
Microsoft hat in seine Softwareprodukte keinen Lizenzzähler eingebaut. Zwar müssen Sie unter Windows Server die Anzahl der erworbenen Client-Zugriffslizenzen (CAL) für den Windows Server und den Exchange Server eingeben, doch werden weitere Clients bei der Anmeldung nicht abgewiesen, wenn die eingetragene Anzahl der Client-Zugriffslizenzen überschritten wird. Der Systemadministrator ist dafür verantwortlich, dass genügend Lizenzen gekauft wurden, und er selbst – nicht nur die Unternehmensleitung – macht sich strafbar, wenn gegen Software-Lizenzbedingungen verstoßen wird.

Doch wie viele Lizenzen müssen vorhanden sein? Benötigen Sie eine separate Lizenz für den Server und je eine Lizenz für jeden Anwender oder eine Lizenz für jede Festplatte, auf der Software zusätzlich installiert ist, auch wenn dem Anwender der Zugriff über Gruppenrichtlinien verboten wird? Darf der Systemadministrator oder ein Mitarbeiter eine Kopie der von ihm genutzten Software zusätzlich auf dem Laptop oder dem PC zu Hause haben, um auch am Wochenende arbeiten zu können? Wie sieht es mit den Lizenzen von Programmpaketen wie Microsoft Office aus, speziell dann, wenn nicht nur Microsoft-Office-Lizenzen, sondern auch Einzellizenzen der Komponenten, z. B. Microsoft Access, separat gekauft wurden? Wie wird lizenziert, wenn das komplette Microsoft Office von einem Terminalserver gestartet wird, jedoch bei bestimmten Benutzern (Laptop-Besitzern) das Microsoft-Office-Paket zusätzlich lokal installiert ist, damit der Benutzer auch netzunabhängig arbeiten kann? Was ist beim Einsatz von Virtualisierungssoftware wie VMware oder Microsoft Virtual Server 2003 R2 zu beachten? Darf man gebrauchte Software-Lizenzen z. B. über eBay erwerben und einsetzen?

Lizenzmetering als Allheilmittel?
Die Softwarehersteller mahnen zur Legalisierung der benutzten Softwarelizenzen und zum regelmäßigen Abgleich der Anzahl der gekauften und benutzten Lizenzen. Doch wie kontrolliert man die Anzahl der genutzten Lizenzen? Müssen Sie dazu, wie von den Herstellern vorgeschlagen und in den Fachzeitschriften beinahe zum »Muss« deklariert, ein Lizenzmetering-Programm einsetzen? Dürfen Sie das überhaupt ohne Einwilligung des Betriebsrates? Der Netzwerk-Administrator kann sich hier schnell in die Nesseln setzen.

Nicht alles, was technisch machbar ist, ist auch legal!
Gerade der Einsatz von Hard- und Softwareprodukten im Netzwerk, die eine Überwachung einzelner Mitarbeiter ermöglichen, kann ohne Zustimmung der Arbeitnehmer oder ihrer Vertreter eine strafbare Handlung darstellen. Generell ist jede Form von automatisierter Arbeitsüberwachung und Leistungsbewertung von Mitarbeitern vom Betriebsrat zu genehmigen. Nicht erst der Einsatz derartiger Software zur Überwachung, sondern alleine die Möglichkeit, mittels derartiger Software Mitarbeiter bezüglich ihrer Leistung und ihres Verhaltens zu kontrollieren, löst das Mitspracherecht des Betriebsrates aus, und zwar bereits bei der Anschaffungsplanung. Auch hier gilt: Unwissenheit schützt den verantwortlichen IT-Leiter nicht vor Strafe, ganz abgesehen von dem Imageschaden, den sich die IT-Abteilung beim unbedachten Einsatz derartiger Programme ohne Wissen der Kollegen und ihrer Interessenvertretung einhandelt. Hier sind Sensibilität und Verantwortungsbewusstsein des Systemadministrators gefragt.

Schon ein einziges personenbezogenes Datum kann das Mitbestimmungsrecht des Betriebsrates auslösen, wenn es durch Verknüpfung mit anderen Daten oder unter Verwendung von Zusatzwissen Aussagen über die Leistung oder das Verhalten eines Arbeitnehmers ermöglicht.

Zwar gibt es auf dem Markt kaum Software, die gezielt zur Überwachung der Leistung und des Arbeitsverhaltens von Mitarbeitern entwickelt wurde, doch beinhalten viele Softwareprogramme die Möglichkeit, Daten zu erzeugen, die zur Mitarbeiterkontrolle geeignet sind. Beispiele für derartige Programme sind

Lizenzüberwachungsprogramme, Remote-Control-Software oder auch Textverarbeitungsprogramme, die Rückschlüsse auf die Benutzereffizienz bei der Arbeit am PC zulassen. Man muss nicht jedes dieser Tools einsetzen, nur weil die Fachzeitschriften voll von Artikeln über die Mächtigkeit dieser Werkzeuge sind und den Eindruck vermitteln, als sei ein Netzwerk ohne Lizenzmetering oder LAN-Inventory kein richtiges LAN.

Das Mitspracherecht des Betriebsrates schiebt einen wirkungsvollen Riegel vor die totale technische Überwachung der Arbeitnehmer. In kleinen Unternehmen ohne Betriebsrat hingegen kann der Arbeitnehmer derartigen Kontrollen seiner Leistung relativ ungeschützt ausgesetzt sein.

Vorschriften des Bundesdatenschutz- und Telekommunikationsgesetzes
Die Nutzung von Daten zur Verhaltens- und Leistungskontrolle ist auch Bestandteil der Bestimmungen des Bundesdatenschutzgesetzes (BDSG § 9). Das BDSG regelt den Umgang mit personenbezogenen Daten. Dazu stellt es zunächst Voraussetzungen auf, unter denen personenbezogene Daten erhoben, verarbeitet und genutzt werden dürfen.

Für die Verarbeitung und Nutzung personenbezogener Daten gilt als allgemeiner Grundsatz ein so genanntes Verbot mit Erlaubnisvorbehalt. Das bedeutet, dass die Verarbeitung und Nutzung von Daten verboten ist, es sei denn:

- sie ist durch das BDSG oder eine andere Rechtsvorschrift ausdrücklich erlaubt oder angeordnet oder
- der Betroffene hat dazu seine Einwilligung erklärt.

Die Verantwortung liegt beim Systemadministrator
Der Systemadministrator sollte nicht der Verlockung des technisch Machbaren nachgeben, sondern sich eher auf sein Solidaritätsgefühl besinnen, wenn er sich nicht auf Dauer die Missgunst seiner Kollegen im Betrieb zuziehen will. Hier gilt es, die notwendige Sensibilität zu entwickeln und auch die eigenen Mitarbeiter der IT-Abteilung im sensiblen Umgang mit personenbezogenen Daten und mit Programmen, die bezüglich des Datenschutzes bedenklich sind, zu schulen. Gleiches gilt für den Umgang mit Software, die dem Urheberrecht unterliegt.

Selbst die Installation von Videoüberwachungskameras zum Überwachen von Gebäuden, Mitarbeiterräumen oder Serverräumen unterliegt gesetzlichen Vorschriften. Grund genug also für den Systemadministrator, sich in Sachen »Informationstechnologie und Recht« fit zu machen.

[o] Das vorliegende Kapitel und das gleichnamige, ungekürzte Dokument auf der Buch-DVD sollen für ihn eine Art Schnellkurs sein. Doch ist es auch ein interes-

santer Lesestoff für die Unternehmensleitung, den Datenschutzbeauftragten oder die Mitarbeiter des Betriebsrates. Denn nicht zuletzt ist der Inhalt dieses Kapitels auch dazu geeignet, dem Systemadministrator ab und zu kritisch auf die Finger zu sehen.

Es versteht sich von selbst, dass dieses Kapitel keinerlei verbindliche Rechtsberatung darstellen kann und dass längst nicht alle Details dieser umfangreichen und auch nicht ganz einfachen Materie hier angesprochen werden können.

32.3 Das Urheberrecht von Software

Das deutsche Urheberrechtsgesetz (UrhG) macht klare Aussagen zum Lizenzrecht an Software. Sie können das Urheberrecht unter **http://transpatent.com/ gesetze/urhg.html** einsehen. Interessant ist vor allem der »Achte Abschnitt«, den Sie unter **http://transpatent.com/gesetze/urhg11.html#AI8** einsehen können.

Wer besitzt das Urheberrecht an einer Software?

Computerprogramme sind als geistiges Eigentum durch das Urheberrecht geschützt. Das Urheberrecht besteht ohne eine besondere Anmeldung beim Patentamt und mit oder ohne eine Kennzeichnung durch ein Zeichen wie ©. Copyright-Hinweise auf einer CD oder Verpackung sind insofern also rein deklaratorisch. Urheber ist grundsätzlich der Schöpfer des Werkes. Dies ist bei einer Software der Programmierer. Da aber die meisten Programme von angestellten Arbeitnehmern im Rahmen ihrer Arbeit geschaffen werden, wird im Regelfall der Arbeitgeber zur Ausübung der Rechte befugt sein. Das Gesetz hat diesen Fall unter § 69b UrhG besonders geregelt. Der Urheber hat gemäß § 69c UrhG das ausschließliche Recht zur Vervielfältigung, Verbreitung und Bearbeitung.

Eigenmächtige Änderungen an einer Software

Änderungen am Programm und deren Vervielfältigung sind, sofern keine anderen vertraglichen Bestimmungen vorliegen, nur zur Fehlerberichtigung zulässig (§ 69d Abs. 1 UrhG). Das Herstellen und Vervielfältigen einer Umarbeitung, sofern diese über die Bestimmung nach § 69d Abs. 1 UrhG hinausgeht, sind von der vorherigen Zustimmung des Urheberrechtsberechtigten abhängig.

Einsatz auf mehreren Rechnern

Wer ein Programm erwirbt, hat – wenn nicht ausdrücklich eine Mehrplatzlizenz vergeben wird – das Recht zur Nutzung auf einem einzelnen Computer. Er darf die Software also ohne besondere Genehmigung (und Bezahlung) nicht in einem Mehrplatzsystem einsetzen. Auch ist er nicht berechtigt, das Programm auf alle

Rechner des Hauses zu kopieren. Wird in einer Lizenz eine Anzahl von zulässigen Arbeitsplätzen vereinbart, ist diese bindend. Jede Kopie, die über die vereinbarte Anzahl hinausgeht, verletzt das Urheberrecht.

Gebrauchte Softwarelizenzen kaufen und verkaufen

Wer ein rechtmäßig erworbenes Softwareprodukt weiterverkauft oder verschenkt, muss alle bei ihm vorhandenen Kopien löschen.

[o] Lesen Sie dazu auch Abschnitt 18.16.2, *Gebrauchte Software preiswert einkaufen*, und den Beitrag »Microsoft informiert zum Handel mit gebrauchten Lizenzen im Verzeichnis **Lizenzierung** der Buch-DVD.

Sicherungskopien

Die Erstellung einer Sicherungskopie ist erlaubt und kann auch nicht vertraglich untersagt werden, sofern diese für die Sicherung künftiger Benutzung erforderlich ist (§ 69d Abs. 2 UrhG).

Freeware, Public-Domain und Shareware

Die Nutzung von Freeware- oder Public-Domain-Produkten ist urheberrechtlich unbedenklich. Jedoch muss bei einer kommerziellen Anwendung geprüft werden, ob der Urheber die kostenlose Nutzung nur für Privatpersonen genehmigt, bei Unternehmen jedoch eine Vergütung verlangt. Bei Shareware-Produkten hingegen ist die Nutzung durch die sharewarespezifische Nutzungslizenz begrenzt.

Arten von Verstößen gegen das Software-Urheberrecht

Mit dem In-Kraft-Treten der EG-Richtlinie vom 14. Mai 1991 zum Schutz des Urheberrechts von Software und deren Umsetzung in deutsches Recht im Juni 1993 besitzen Softwarehersteller nun auch in Europa die Möglichkeit, ihr Recht gegen Urheberrechtsverstöße durchzusetzen. Software-Piraterie ist somit nicht mehr als Kavaliersdelikt anzusehen. Vorsätzliche Verletzungen des Urheberrechts sind strafbar und werden durch die Staatsanwaltschaft verfolgt. Das Risiko der Strafbarkeit trifft nicht nur Softwarefälscher und Anbieter von illegaler Software wie Mailbox-Betreiber und unseriöse Händler, sondern auch Endanwender. Insbesondere Unternehmen, die zu wenige Arbeitsplatzlizenzen erwerben, drohen hohe Schadensersatzforderungen und staatsanwaltliche Verfolgung. Einige Rechtsanwälte haben sich auf Abmahnungsverfahren spezialisiert und werden in Unternehmen vorstellig, wenn der Verdacht einer Unterlizenzierungen besteht. Die Unternehmen können neben der hohen Abmahnungsgebühr angehalten werden, alle rechtswidrigen Kopien zu vernichten. Der betroffene Softwarehersteller hat Anspruch auf Unterlassung, Auskunft, Rechnungslegung und Schadensersatz. Damit bekommt eine ordnungsgemäße unternehmensinterne Kontrolle des Softwareeinsatzes nunmehr besondere Bedeutung. Die Varianten der Software-Urheberrechtsverstöße sind zahlreich: professionelle Fälschung, Raubkopien im Internet, Raubkopien über Mailboxen, Unbundling, illegale Dreingabe, Missbrauch von Schulversionen, Missbrauch von Update-Versionen usw.

Organisationsverschulden

Setzt ein Unternehmen illegal Software ein, ohne die entsprechende Anzahl von Lizenzen erworben zu haben, verstößt es gegen das Urheberrecht und macht sich mindestens schadensersatzpflichtig. Haftbar gemacht werden in diesem Fall – im Rahmen des so genannten »Organisationsverschuldens« – die Organe des Unternehmens, das heißt der oder die Geschäftsführer bzw. der Vorstand einer AG, und zwar unabhängig davon, ob fahrlässig oder vorsätzlich gehandelt wurde. Fahrlässig handelt beispielsweise ein Geschäftsführer, der bei der Auswahl der Lieferanten die verkehrsübliche Sorgfalt außer Acht lässt oder seinen Mitarbeitern keine geeigneten Arbeitsanweisungen gibt, um die Einhaltung der Lizenzbestimmungen sicherzustellen oder zu kontrollieren. Vorsätzlich verstößt der Geschäftsführer gegen geltendes Urheberrecht, wenn er von der Verwendung nicht lizenzierter Software in seinem Unternehmen weiß und nicht einschreitet oder den Einsatz sogar fördert.

IT-Leiter macht sich strafbar

Auch der IT-Leiter, der den Einsatz von nicht oder unterlizenzierter Software wissentlich billigt oder sogar fördert, macht sich strafbar. Im Ernstfall wird er sich schwerlich damit herausreden können, dass er auf Anweisung der Betriebsleitung gegen geltendes Recht gehandelt hat.

> In Anbetracht der Tatsache, dass der Anteil der Softwarelizenzkosten heutzutage nur einen Bruchteil der Gesamtkosten der IT ausmacht, sollte sich der Systemadministrator erst gar nicht in derlei Gewissensnöte bringen lassen. Sein Ziel sollte nicht sein, durch illegale Lizenzen Kosten einsparen zu wollen, sondern die legal erworbene Software derart effizient einzusetzen, dass bei der Sachbearbeitung Personalkosten eingespart werden und dem Unternehmen durch den zielgerichteten Einsatz der Gesamt-IT Marktvorteile entstehen.

[«]

Lizenzmanagement im Unternehmen

Zu Recht mahnt die Software-Anbieterindustrie ihre Kunden zur Einhaltung der Lizenzbedingungen, um ihre Entwicklungsinvestitionen zu schützen und der Software-Piraterie entgegenzuwirken. Der verantwortliche Systemadministrator sollte den begründeten Interessen der Softwareanbieter Rechnung tragen, indem er für eine ausreichende Anzahl von Lizenzen sorgt. Da eine regelmäßige Überwachung des Lizenzierungsstatus die Analyse der Softwarestruktur beinhaltet, geht er dabei nicht nur den rechtlichen Risiken aus dem Weg, sondern legt gleichzeitig den Grundstein für ein effektives Softwaremanagement.

Es gibt Software verschiedener Anbieter, die die auf den Servern und auf den Clients installierten Softwareprodukte automatisch zählt. Kein Softwareanbieter kann den Systemadministrator jedoch zwingen, ein Lizenzüberwachungsprogramm auf dem Server einzusetzen, auch wenn dies dem Systemadministrator mehr und mehr als der einzig gangbare Weg dargestellt wird, »seine Weste sauber zu halten«.

Geeignete organisatorische Maßnahmen treffen

Richtig ist, dass zur Ermittlung der im Unternehmen benötigten Softwarelizenzen ausreichende organisatorische Maßnahmen ergriffen werden müssen, falsch jedoch, dass nur ein Lizenzüberwachungsprogramm den IT-Verantwortlichen rechtlich absichert. Als geeignete organisatorische Maßnahme kann z. B. angesehen werden, wenn in regelmäßigen Abständen und zu repräsentativen Zeitpunkten (also nicht um Mitternacht) die Spitzen-Zugriffsanzahl auf ein Programm notiert wird. Auch Mitschriften der Mitarbeiter, in der Form, dass diese in regelmäßigen Abständen aufschreiben, mit welchen Programmen sie wann und wie lange gearbeitet haben, können als geeignete organisatorische Maßnahmen angesehen werden, wenn die Ergebnisse dieser Notizen anschließend lückenlos zusammengetragen, ausgewertet und dokumentiert werden.

Sinnvoll ist es auch, für jeden PC eine Software-Karte mit den entsprechenden Lizenzverträgen anzulegen. In regelmäßigen Abständen sollten dann die Festplatten der PCs unangekündigt überprüft werden. Dadurch ist zudem leicht festzustellen, ob der Mitarbeiter eigene Software auf seinen Arbeitsplatzrechner aufgespielt hat.

Durch Einweisung, Belehrung und Schulung der Mitarbeiter sollten diese über die ihnen zur Verfügung gestellte Software und die dafür geltenden Lizenzbedingungen unterrichtet werden. Durch die Aufstellung interner Arbeitsanweisungen kann den Mitarbeitern u. a. der Einsatz von privater Software, Shareware und Public-Domain-Produkten untersagt werden, da dadurch eine ordnungsgemäße Lizenzierung nur schwer zu überprüfen ist.

[O] Auf der Buch-DVD finden Sie eine **IT-Verpflichtungserklärung** im Verzeichnis **Recht\Musterformulare**.

Regelmäßiger Bericht an die Geschäftsleitung

Die Ergebnisse der Überprüfungen, die mindestens in einem halbjährlichen Abstand durchgeführt werden sollten, sollten in einem Protokoll festgehalten und an die Geschäftsleitung weitergeleitet werden. So können gegebenenfalls unverzüglich fehlende Lizenzen erworben werden.

Die Lizenzüberwachung ist sicher eine zeitaufwändige Aufgabe. Berücksichtigt man jedoch, dass im Rahmen einer zentralen Analyse der anfallenden Informationen ein detaillierter und übergreifender Einblick in die Softwarestruktur eines Unternehmens erfolgt, so kann deren Nutzen weit über eine rechtliche Absicherung hinausgehen.

32.4 Das Mitbestimmungsrecht des Betriebsrates

Das Mitspracherecht durch den Betriebsrat wird in § 75 BetrVG festgelegt: »Betriebsrat und Arbeitgeber sind verpflichtet, die Persönlichkeitsrechte der Arbeitnehmer im Zusammenhang mit u. a. der Datenverarbeitung im Betrieb zu wahren.« Nach § 80 BetrVG hat der Betriebsrat darüber zu wachen, »dass alle zu Gunsten der Arbeitnehmer geltenden Gesetze und Vorschriften durchgeführt werden.« Laut § 80, Absatz 2, Nr. 1 BetrVG muss der Arbeitgeber den Betriebsrat über die bevorstehende Einführung entsprechender Anlagen oder Programme, die unter das Mitbestimmungsrecht fallen, in Kenntnis setzen, und zwar in einer sprachlich und inhaltlich verständlichen Form.

Da der verantwortliche IT-Abteilungsleiter dazu in der Regel die Vorarbeit leisten muss, heißt das konkret für ihn, dass er die wirklichen Möglichkeiten eines Programms nicht verschleiern oder durch Fachjargon für DV-Laien unverständlich darstellen sollte. Anderenfalls kann der Betriebsrat laut § 80 Absatz 1, Nr. 1 BetrVG auf Kosten des Arbeitgebers ein unabhängiges Sachverständigengutachten einholen, wenn alle innerbetrieblichen Informationsquellen erschöpft sind und anhand der bereitgestellten Informationen dem Betriebsrat eine ausreichende Beurteilung des Sachverhaltes nicht möglich ist. Da laut §§ 90 bis 92 des BetrVG die Mitbestimmung seitens des Betriebsrates bei IT-Vorhaben schon in der Planungsphase beginnt, sollte dieser nicht erst informiert werden, wenn die betreffende Hard- oder Software bereits angeschafft wurde.

Unternehmen mit Betriebsrat

Der Betriebsrat kann die Anschaffung und den Betrieb von technischen Einrichtungen (Hardware- und Software), die zur Überwachung und Leistungskontrolle geeignet sind, verhindern und derartige Prüfläufe und Auswertungen unterbinden. Aus dem Überwachungsrecht des Betriebsrates laut § 80, Absatz 1, Nr. 1 BetrVG leitet sich für den Betriebsrat das Recht ab, mit dem Arbeitgeber firmeninterne Verträge bezüglich der EDV-Nutzung und Datenverarbeitung abzuschließen. Da in der Praxis im Einzelfall oft nur schwer zu prüfen ist, ob anhand gespeicherter Personalstatusdaten trotzdem gewisse Leistungsauswertungen möglich sind und durchgeführt werden, sollte im Zweifelsfall immer zuerst das Gespräch mit dem Betriebsrat gesucht werden, denn ohne dessen ausdrückliches Einvernehmen – »Stillschweigen« heißt hier nicht Zustimmung – kann dieser auch nachträglich rechtliche Schritte einleiten, um die vertretenen Arbeitnehmer vor Konsequenzen der Arbeitsüberwachung bis hin zur Kündigung zu schützen.

Unternehmen ohne Betriebsrat

In kleinen Betrieben ohne Betriebsrat gilt nicht das kollektive Betriebsverfassungsgesetz, sondern das individuelle Persönlichkeitsrecht des einzelnen Arbeitnehmers. In diesen Unternehmen kann der Arbeitnehmer derartigen Kontrollen seines Verhaltens und seiner Leistung relativ ungeschützt ausgesetzt sein. Gerade deswegen sollte der IT-Verantwortliche in diesen Betrieben nicht der Verlockung des technisch Machbaren unterliegen, sondern sich eher auf sein Solidaritätsgefühl besinnen, wenn er sich nicht auf Dauer die Missgunst seiner Kollegen zuziehen will. Hier gilt es, die notwendige Sensibilität zu entwickeln und auch die eigenen Mitarbeiter der IT-Abteilung im sensiblen Umgang mit personenbezogenen Daten und mit Programmen, die aus datenschutzrechtlichen Gründen bedenklich sind, zu schulen.

32.5 Der innerbetriebliche Datenschutzbeauftragte

Nach § 36 BDSG muss der Arbeitgeber in Betrieben, in denen personenbezogene Daten automatisiert verarbeitet werden und die regelmäßig mindestens fünf Arbeitnehmer beschäftigen, einen Datenschutzbeauftragten benennen. Zum Beauftragten für den Datenschutz darf nur bestellt werden, wer die zur Erfüllung seiner Aufgaben erforderliche Fachkunde und Zuverlässigkeit besitzt. Der Beauftragte ist bei Anwendung seiner Fachkunde auf dem Gebiet des Datenschutzes weisungsfrei und darf wegen der Erfüllung seiner Aufgaben nicht benachteiligt werden. Der Datenschutzbeauftragte ist für die Überwachung und Kontrolle der Datenverarbeitung hinsichtlich der gültigen Datenschutzgesetze verantwortlich. Schwerpunkte seiner Tätigkeit sind:

- Prüfung der Zulässigkeit des Umgangs mit Daten
- Überwachung der ordnungsgemäßen Programmanwendung
- Unterrichtung von Mitarbeitern über die Anforderungen des Datenschutzes

Der Arbeitgeber muss dem Datenschutzbeauftragten nach § 36, Absatz 5 die zur Erfüllung der Kontrollaufgabe erforderlichen Hilfsmittel, nötiges Personal und nach § 37 als wichtiges Arbeitsmittel u. a. eine Dateienübersicht und eine Übersicht der eingesetzten DV-Anlagen zur Verfügung stellen.

Für die Kontrolle des Datenschutzes bei den nicht öffentlichen Stellen sind die Aufsichtsbehörden der Länder zuständig. Die Aufsichtsbehörde überprüft ebenfalls die Ausführung des BDSG und anderer Vorschriften zum Datenschutz; im Allgemeinen allerdings nur, wenn Anhaltspunkte für einen Datenschutzverstoß vorliegen.

32.6 Nutzung von E-Mail- und anderen Internetdiensten am Arbeitsplatz

Immer mehr Beschäftigte erhalten die Möglichkeit, das Internet oder E-Mail auch am Arbeitsplatz zu nutzen. Neben der dienstlichen Telekommunikation können diese neuen Medien auch für dienstfremde Zwecke eingesetzt werden. Bei den Arbeitgebern ist dieses Verhalten der Arbeitnehmer nicht immer erwünscht: Neben zusätzlichen Verbindungskosten kann die effektive Arbeitsleistung in der regulären Arbeitszeit sinken. Damit der Arbeitgeber bei extensivem, jedoch nicht erlaubtem privaten Gebrauch von Internet oder E-Mail im Wege der Abmahnung oder gar Kündigung gegen den betreffenden Arbeitnehmer vorgehen kann, muss er Beweise für die unzulässige Nutzung ermitteln. Dies setzt neben dem zufälligen »Ertappen auf frischer Tat« eine individuelle Überwachung des Nutzerverhaltens der Arbeitnehmer voraus.

In Deutschland sind den Überwachungspraktiken Grenzen vor allem durch das Fernmeldegeheimnis und Datenschutzrecht gesetzt. Ferner hängt die Zulässigkeit wesentlich davon ab, ob die private betriebliche Telekommunikation erlaubt ist.

Unterscheidung zwischen privater und dienstlicher Nutzung

Grundsätzlich steht es dem Arbeitgeber als Eigentümer der Telekommunikationsanlage frei, zu bestimmen, ob und in welchem Umfang er seinen Arbeitnehmern den privaten Gebrauch einräumt. Diese Entscheidungsfreiheit des Arbeitgebers ist Ausfluss des Eigentumsgebrauchs und der betrieblichen Mitbestimmung entzogen (vgl. LAG Nürnberg, LAGE § 87 BetrVG 1972 – Kontrolleinrichtung-Nr. 9). Welche Tätigkeiten der privaten bzw. dienstlichen Nutzung zuzuordnen sind, ist einzelfallabhängig. Als Leitlinie gilt: Soweit ein Bezug zu den dienstlichen Aufgaben besteht und der Arbeitnehmer durch seine Tätigkeit den Unternehmenszweck fördert (unabhängig von der Frage der Zweckmäßigkeit), ist von einer dienstlichen Nutzung auszugehen. Ferner ist der dienstlichen Nutzung die Privatnutzung des Arbeitnehmers aus dienstlichem Anlass zuzuordnen. Hierzu gehören beispielsweise die Fälle, in denen den Angehörigen via E-Mail mitgeteilt wird, dass der private Termin aus dienstlichen Gründen verschoben wird (Balke/Müller, DB 1997, 326).

Private E-Mail-Nutzung

Bei der individuellen Nachrichtenübermittlung, wozu neben dem klassischen Briefpostverkehr auch die E-Mail gehört, ist das Fernmeldegeheimnis (Art. 10 GG) zu beachten. Für den Bereich der Telekommunikation wurde das Fernmeldegeheimnis in § 85 Telekommunikationsgesetz (TKG) konkretisiert. Höchstrichterliche Rechtsprechung zum Fernmeldegeheimnis hat sich bisher nur zum Telefonierverhalten der Arbeitnehmer herausgebildet. So darf beispielsweise der Arbeitgeber bei Ferngesprächen die Rufnummer der Gesprächsteilnehmer aufzeichnen, speichern oder in sonstiger Form erfassen (BAG, RDV 1991, 79). Nach einem Grundsatzurteil des Bundesarbeitsgerichts (BAG, RDV 1998, 69 ff.) ist aber auch im beruflichen Bereich das Recht am gesprochenen Wort als Teil des allgemeinen Persönlichkeitsrechts zu gewährleisten (s. auch § 75 II Betriebsverfassungsgesetz). Das Bundesverfassungsgericht (BB 1992, 708 und zuletzt DB 1997, 326/327) hat festgestellt, dass ein Telefonüberwachungssystem, mit dessen Hilfe der Arbeitgeber alle dienstlichen und privaten Telefongespräche seiner Arbeitnehmer aufzeichnen und abhören kann, einen Eingriff in den Schutzbereich des allgemeinen Persönlichkeitsrechts darstellt.

Die Tatsache, dass das Telefongespräch in den Räumen des Arbeitgebers stattfindet, rechtfertigt nicht das Mithören ohne Zustimmung des Betroffenen. Ausnahmen zu diesem Grundsatz bestehen dann, wenn zugunsten des Arbeitgebers Rechtfertigungsgründe eingreifen. Diese können dann vorliegen, wenn im Einzelfall das Interesse des Arbeitgebers Vorrang vor demjenigen des Arbeitnehmers hat. Dies gilt unter der Prämisse, dass der Eingriff nach Inhalt, Form und Begleitumständen erforderlich ist und gleichzeitig das mildeste Mittel zur Erreichung des rechtlich gebilligten Zweckes darstellt (BAG, NZA 1996, 218/221).

Wurde die private E-Mail-Nutzung generell ausdrücklich oder konkludent (z. B. durch eine Schulung) zugelassen, ist demnach eine Überwachung grundsätzlich unzulässig. Besteht allerdings ein konkreter Missbrauchsverdacht, so z. B. bei »ausschweifendem« E-Mail-Verkehr (siehe dazu LAG Köln, LAGE § 1 KSchG – verhaltensbedingte Kündigung – Nr. 66), Austausch von Dateien mit strafbarem Inhalt oder Verrat von Betriebsgeheimnissen, ist eine Protokollierung und Einsichtnahme von E-Mails durch den Arbeitgeber erlaubt, soweit dies vorher bekannt gegeben wurde. Ist hingegen die Privatnutzung des betrieblichen E-Mail-Systems untersagt oder limitiert, so ist der Arbeitnehmer auf eine Nutzung zu dienstlichen Zwecken beschränkt. Nutzt der Arbeitnehmer dennoch die

Telekommunikationsanlage zu privaten Zwecken, verletzt er eine arbeitsvertragliche Nebenpflicht und ist unter Umständen während der Zeit der Nutzung seiner vertraglichen Arbeitspflicht nicht nachgekommen.

Private Internetnutzung

Für die Internetnutzung der betrieblichen Telekommunikationsanlagen gilt Ähnliches wie für die E-Mail-Nutzung: Eine systematische Überwachung und Protokollierung der Internetaktivitäten von Mitarbeitern ist unzulässig, wenn und sofern private Telekommunikation nicht verboten ist. Allerdings sind Missbrauchskontrollen bei konkretem Verdacht zulässig. Hierzu gehören beispielsweise »ausschweifendes« Surfen im Internet (Kronisch, AuA 1999, 550) oder das Beschaffen von Videokassetten/Bilddateien mit indiziertem Inhalt über das Internet. Ist eine private Internetnutzung nicht erlaubt, muss hinsichtlich der Überwachung des Nutzerverhaltens der Arbeitnehmer zwischen dem allgemeinen Persönlichkeitsrecht und dem Direktionsrecht des Arbeitgebers abgewogen werden. Geeignete und zulässige Kontrollmaßnahmen sind z. B. der Einsatz von Filterprogrammen oder andere technische Zugangssperren, die bereits im Vorfeld eine andere außer der betrieblich veranlassten Nutzung unterbinden.

Betriebsvereinbarung als Lösung des Konflikts

Aus den Auswirkungen der § 3 und 5 des Telekommunikationsgesetzes folgt bezüglich der privaten Nutzung von E-Mail- und Internetdiensten, dass der Arbeitgeber grundsätzlich überhaupt keine E-Mails lesen und Verbindungsdaten speichern darf. Auch das Lesen fremder Mails im Notfall, z. B. bei Erkrankung des Mitarbeiters, wäre ohne vorherige Zustimmung des Betroffenen unzulässig.

Als Lösung dieses Dilemmas bietet sich die Festlegung eindeutiger Regelungen für die E-Mail- und Internetnutzung in Form einer Betriebsvereinbarung an, in deren Gestaltung der Betriebsrat einbezogen werden sollte.

Eine an der Praxis von mittelständischen Unternehmen orientierte Musterverpflichtungserklärung »Vorschlag für eine schriftliche Verpflichtung der Mitarbeiter zur Datensicherheit und zur verantwortungsbewussten und kostenbewussten Nutzung der Informationstechnologie des Unternehmens« finden Sie auf der Buch-DVD im Ordner **Recht\Musterformulare**. Dieser Vorschlag geht weit über das Problem der privaten Nutzung von E-Mails und Internet hinaus und bietet ein Regelwerk, dessen Ziel die allgemeine Reduzierung der Kosten der Informationstechnologie einschließt. Dieser von mir stammende Vorschlag wurde inzwischen auch beim BSI veröffentlicht.

Insbesondere sollte das datenschutzrechtliche Problem des Zugriffs auf personenbedingte Daten des Arbeitnehmers wie E-Mails gelöst werden. Das kann und sollte durch individuelle Bestätigungen geschehen, in denen der Beschäftigte sich damit einverstanden erklärt, dass die ihm zugestandene private Nutzung elektronischer Datendienste wie die dienstliche zu behandeln ist. Es sollte genau festgelegt werden, unter welchen Umständen persönliche Mails durch Dritte eingesehen werden dürfen oder welche Nutzungsdaten zu welchem Zweck protokolliert werden. Ein Einwilligungsschreiben sollte bereits mit dem Arbeitsvertrag eingeholt werden. Verweigert der Mitarbeiter die Zustimmung, so bleibt nur ein striktes Verbot der Privatnutzung.

Besondere Arbeitnehmergruppen

Schließlich müssen im Falle der Überwachung des telekommunikativen Nutzerverhaltens die Besonderheiten derjenigen Arbeitnehmer mit Sonderstatus beachtet werden. Hierzu gehören insbesondere Arbeitnehmer der Mitarbeitervertretung (Betriebs- und Personalrat), Betriebsärzte und Psychologen als Träger von Berufsgeheimnissen oder Beschäftigte mit fachlicher Unabhängigkeit wie z. B. die betrieblichen Datenschutzbeauftragten. Die grundsätzlich zulässige Erfassung der Nummer des Angerufenen im Rahmen von Dienstgesprächen und erst recht eine Überwachung der Inhalte dieser Gespräche oder E-Mails muss für diese Personengruppen eingeschränkt werden.

Rechtsfolgen unzulässiger Internet- und E-Mail-Nutzung

Wird eine unzulässige Internet- oder E-Mail-Nutzung vom Arbeitgeber festgestellt, muss vor einer Kündigung eine Abmahnung gegenüber dem betreffenden Arbeitnehmer ausgesprochen werden. Nur bei eklatanten Fällen ist eine fristlose Entlassung geboten.

In diesem Zusammenhang ist anzumerken, dass durch unzulässige Kontroll- und Überwachungsmaßnahmen erlangte Beweismittel generell nicht verwertet werden dürfen (BAG, NZA 1998, 307). Dieses Verwertungsverbot hat zur Folge, dass Beurteilungen oder Abmahnungen bzw. Kündigungen nicht auf Tatsachen gestützt werden dürfen, wenn diese Tatsachen auf unzulässige Weise ermittelt wurden.

32.7 Basel-II-Richtlinie und deren Auswirkung auf Informationstechnologie

Die ab Ende 2006 verbindliche Basel-II-Richtlinie verpflichtet Banken, vor der Vergabe von Krediten an Unternehmen eine Risikoüberprüfung vorzunehmen, bei der auch die Organisation und die IT-Systeme analysiert und auf Basis eines Rating-Systems bewertet werden. Zentrale Basis jedes Ratings (Bewertung) ist dabei die (auch internationale) Vergleichbarkeit der erhobenen quantitativen Kennzahlen mit anderen Unternehmen aus derselben Branche. Als Benchmark dienen international erhobene, standardisierte Kennzahlen.

Auf Basis dieser Kennzahlen kann aus Sicht der Banken im Rahmen eines Risikomanagementprozesses das Kreditrisiko objektiv und realistisch bewertet werden. Als Folge werden die Kreditinstitute zukünftig darauf bestehen, dass die zur Verfügung gestellten Daten auf Basis einer international anerkannten Methode ermittelt wurden.

IFRS ist im Gegensatz zum nationalen HGB der international anerkannte Standard für Rechnungslegung und Bilanzierung. Somit folgt aus dem Zwang zum Rating unmittelbar der Zwang zum Erstellen eines IFRS-konformen Jahresabschlusses. De facto wird dadurch die IFRS-Pflicht weit über die in der EU-Richtlinie erfassten Unternehmen hinaus ausgedehnt und praktisch auf den gesamten Mittelstand erweitert.

Banken und Analysten des Kapitalmarktes beurteilen die Kreditwürdigkeit von Unternehmen zukünftig aber auch danach, wie ausfallsicher die Informationstechnologie ist, wie transparent die elektronischen Geschäftsabläufe sind und ob die vom Finanzministerium erlassenen Grundsätze des Handelsrechts und Steuerrechts auch bezüglich der Informationstechnologie erfüllt werden. Zu nennen sind hier z. B. die »Grundsätze zum Datenzugriff und zur Prüfbarkeit digitaler Unterlagen (GDPdU)«.

Auch die zunehmende Globalisierung des Kapitalmarktes und die für börsennotierte Unternehmen geltenden Veröffentlichungspflichten werden mittelfristig dazu führen, dass nur noch solche Unternehmen sich über Kreditinstitute oder die Börse Eigenkapital oder Fremdkapital beschaffen können, die nach IAS und IFRS bilanzieren und darüber hinaus nachweisen können, dass sie organisatorisch und informationstechnisch gut aufgestellt sind.

Auf der Buch-DVD finden Sie im Verzeichnis **Recht** weitere Informationen zur Basel-II-Richtlinie. **[O]**

32.8 Gesetzliche Archivierungspflicht für E-Mails und geschäftsrelevante digitale Dokumente

32.8.1 Rechtsvorschriften für Archivierung

E-Mail-Dokumente sind nach den Grundsätzen des Handelsrechts und Steuerrechts zu archivieren. Die Finanzbehörde ist laut § 147 Abs. 6 AO berechtigt, im Rahmen einer Außenprüfung Einsicht in die gespeicherten Daten zu nehmen und das Datenverarbeitungssystem zur Prüfung dieser Unterlagen zu nutzen. Während der Archivierung müssen die Dokumente für die Finanzbehörden maschinell auswertbar sein. Der Steuerpflichtige muss die steuerlich relevante E-Mail-Kommunikation elektronisch archivieren und sicherstellen, dass die Dokumente während der Aufbewahrungsfrist maschinell ausgewertet werden können. Diese gesetzlichen Anforderungen hat das Bundesfinanzministerium (BFM) mit seinem Schreiben vom 16. Juli 2001 »Grundsätze zum Datenzugriff und zur Prüfbarkeit digitaler Unterlagen (GDPdU)« und ergänzenden »Fragen und Antworten« vom 6. März 2003 sowie 1. Februar 2005 konkretisiert. Hiermit werden die seit dem Schreiben des BFM vom 7.11. 1995 bestehenden »Grundsätze ordnungsmäßiger DV-gestützter Buchführungssysteme (GoBS)« ergänzt.

32.8.2 Aufbewahrungsfristen

Die Aufbewahrungsfristen hängen von der Art der Unterlagen ab. Steuerrelevante Unterlagen der Buchhaltung, Rechnungen, Buchungen, Bilanzen und Organisationsunterlagen müssen zehn Jahre archiviert werden. Versandte und empfangene Handelsbriefe einschließlich der geschäftsrelevanten E-Mails müssen sechs Jahre aufbewahrt werden. Eine Fristverlängerung durch offene Steuerbescheide oder richterliche und behördliche Auflagen ist allerdings möglich.

32.8.3 Haftung für gelöschte oder manipulierte geschäftsrelevante E-Mails

Mitarbeiter, die geschäftsrelevante und archivierungspflichtige E-Mails irrtümlich als nicht geschäftskritisch einstufen, sie nachträglich verändern oder löschen, handeln im Hinblick auf die Aufbewahrungspflichten und die möglichen Folgen eines Verstoßes grob fahrlässig, vergleichbar, als würden sie Papierbelege und Handelsbriefe nachträglich manipulieren oder vernichten. Im Außenverhältnis, d. h. gegenüber dem Finanzamt, Geschäftspartnern und Kunden haftet jedoch i. d. R. das Unternehmen für seine Mitarbeiter, so dass Verstöße dem Betrieb angelastet werden. Da die gesetzlichen Anforderungen häufig nicht bekannt sind, werden E-Mails nicht selten gelöscht, um teuren Speicherplatz frei zu machen.

Was als dienstlich nicht mehr relevant gilt, wird häufig eigenmächtig entfernt, verändert oder kopiert und nach eigenen Ordnungsprinzipien archiviert.

Auf der Buch-DVD finden Sie im Verzeichnis **Recht** weitere Informationen zu den GDPdU, zur Archivierungspflicht für geschäftsrelevante E-Mails und elektronische Informationen sowie zu den Aufbewahrungsfristen. Im Verzeichnis **Projektierung** der Buch-DVD liegt der »Leitfaden für die Durchführung eines Projektes zu Abdeckung der Anforderungen der Grundsätze zum Datenzugriff und zur Prüfbarkeit digitaler Unterlagen (GDPdU)«.

32.9 Rechtsprobleme bei der Bereitstellung von Internetportalen

Von im Internet abrufbaren Inhalten können zahlreiche Rechtsverletzungen ausgehen. In Betracht kommen z. B. Verletzungen von Urheber- und Markenrechten und Verstöße gegen Strafgesetze. Die Haftung für derartige Rechtsverletzungen ist differenziert geregelt. Für die Haftung im Bereich der Online-Dienste haben der Bund durch das Teledienstegesetz (TDG) sowie die Bundesländer durch den inhaltlich mit dem TDG weitgehend identischen Mediendienste-Staatsvertrag (MDStV) Regelungen erlassen. Im Betrieb der Rechenzentren ist überwiegend das Teledienstegesetz einschlägig, der Mediendienste-Staatsvertrag gilt nur für »redaktionelle« Dienste wie z. B. elektronische Zeitungen.

Nach diesen Gesetzen ist für die Haftung zwischen den eigenen Inhalten des Diensteanbieters, fremden Inhalten auf den eigenen Servern sowie der Zugangsvermittlung zu fremden Inhalten auf anderen Servern zu unterscheiden. Bei den Haftungsgründen selbst ist insbesondere zwischen zivilrechtlichen und strafrechtlichen Rechtsverletzungen zu differenzieren.

Die beim Betrieb eines eigenen Internetportals in Betracht kommenden zivilrechtlichen Ansprüche sind überwiegend auf Schadensersatz und Unterlassung gerichtet, d. h. meistens Sperrung der rechtsverletzenden Inhalte. Strafrechtlich können nur Einzelpersonen verantwortlich sein. Es kommt aber nicht alleine darauf an, wer eine Seite tatsächlich erstellt hat. Die Verantwortung für Verstöße gegen Strafgesetze trägt auch der Auftraggeber, wenn für ihn Seiten durch andere Personen erstellt wurden, deren Inhalt er kennt. Zu beachten ist, dass man sich auch fremde Inhalte zu Eigen machen kann, indem man etwa durch Hyperlinks eine Verbindung schafft oder die Inhalte direkt in eigene Seiten übernimmt.

Index

A

ABE 675
ABEcmd 675
ABEUI.MSI 675
Abfangen von Benutzeridentitäten 904
Abmahnung 980
Abmeldeskripte 960
Absenderfilterung 743
Absenderkennungsfilterung 743
absolute Pfade 574
Abzweigungspunkt 596
Access Runtime-Version 638, 640
Access-based Enumeration (ABE) 35, 675, 913
ACPI Advanced Control and Power Interface 198, 577, 615
ACPI-APIC-MP 198, 615
ACPI-APIC-UP 198, 615
ACPI-PIC 198, 615
Active Desktop 320
Active Directory Federation Services ADFS 106
Active Directory-Verbunddienste 99, 106
ActiveSync 744, 809
Add-Ins deaktivieren 569
Add-Ins für Office 553
Add-Ins installieren 569
ADFS 106
Administration des Gesamtsystems 958
Administrative Gruppen 748
 anzeigen 876
Administrator umbenennen 64, 555
Administrator-Account 912
Administratorkennwort 908
Administratorkonto deaktivieren 579
AdminPak.msi 170
AdminPassword 579
Adobe Reader 360, 539
Adressbuch 750
Adressliste 751
Adresslistenserver 755
Adressraum 801
ADSI Edit 140
Aktualisierungsintervall 776

Aliasname 882
All Users 558
AllDup 589
Analyse
 der Datenbestände 947
 der Namenskonventionen 941
 der Netzwerkarchitektur 940
 der Serverstruktur 942
 der Sicherheitsstandards 948
 der technischen Standards 944
 der Zugriffsbeschränkungen 947
 des Kommunikationsflusses 939
 von DNS, DHCP, WINS 943
 zum IT-Management 939
 zur Hardware 945
 zur Software 946
Analysepunkte RIS 232
Anbieten von Remoteunterstützung 179, 184, 574
Animation der Fenster 353
Anmeldeoptionen 347
Anmeldeskript 467, 960
 sichtbar ausführen 475
Anmeldeskript Small Business Server 530
Anmeldung als Stapelverarbeitungsauftrag 217
anonyme Anmeldekennungen 653
anonyme E-Mail-Adressen 654
Antigen 642
Antwortdatei 241
Anwendungen
 deaktivieren 561
 sperren 563
Anwendungskompatibilität 99
Anwendungsmodus 157
Anwendungsservermodus 156
Anzeigename 139, 771
APIC Advanced Programmable Interrupt Controller 198, 577, 615
APIPA – Automatic Private IP Adressing 347, 713
APIPA-Funktion 346, 713
Arbeitsgruppenvorlagen 454
Archivierung von E-Mails 593
Assistent für die Suchfunktion 357

Assistent für Internetzugang deaktivieren 312
Audiorekorder 563
Auditing 921
Aufbewahrungsfristen 982
Aufgaben zuweisen 819
Ausfallsicherheit 625, 705
Ausfallszenarien 626
Ausführen als 176
Auslagerungsdatei 89
  defragmentieren 576
ausländische Geschäftskorrespondenz 844
Authentifizierung von Softwarecode 907
Authoritative Time Server 112
Autoarchivierung 391, 432
Automatic Private IP Adressing 347, 713
Automating Workflow 830
Automatische Antworten 787
Automatische Updates konfigurieren 301
Autorenmodus 126
Autorisierung 905
Autorisierung eines RIS-Servers 212
Autorisierungs-Manager 172
Autoritätsursprung 67
AutoStart 427
AutoStart-Verzeichnis 462
AutoWiederherstellen-Dateien 455

B

Backend-Server 894
Backup Domänen Controller 664
Backup-Server 728
BADMAIL 786
Basel-II-Richtlinie 981
Basisordner 435, 443
Basisverzeichnis – Home Directory 49, 438, 722
batcom 505, 509
Benutzerkonfiguration 270, 308
Benutzerprofile löschen 575
Benutzervariable 88
Benutzervorlagen 454
Berechtigungsstufen 823
Bereichsoptionen 76
Besprechungsanfrage 823, 885
Betreff-Zeile ändern 570
Betriebsmaster 693

Betriebsmasterfunktionen übertragen 699
Betriebsmaster-Rollen verschieben 697
Betriebsvereinbarung 979
BGInfo 161, 519
Binary-Patch 372
boot.ini 553, 896
Brennprogramm deaktivieren 909
Brückenkopfserver – Bridgeheadserver 749
BSI 967
Buchupdates 551
Bundesamtes für Sicherheit in der Informationstechnik (BSI) 931, 967
Bundesdatenschutzgesetz 970

C

Cache Exchange Mode 138, 399
CACHEMOV 324
Calendar Options 386
Calendar week numbers 386
CD-basierte Abbilder 196, 218
CD-Brennfunktionen entfernen 313
Checklisten 949
Cleanup-Agenten 887
Clientinstallationsoptionen 220
Clientzugriffslizenz CAL 99, 149
Cluster 626, 729
Clusterverwaltung 172
Codec-Download 315, 358
CommonFilesDir 349
Computer sperren 84, 560
Computerinformationen 574
Computerkonfiguration 270
Computersabotage 968
Connect to Exchange Mailbox using HTTP 401
Connector 748
Cookies 571
CorelDraw11.ADM 365
Corporate Identity 839
Create top level public folder 768, 848
CreateProcessAsUser error 505
Custom Installation Wizard 378, 380, 542, 543
Custom Maintenance Wizard 413
CyberSafe Log Analyst 930

D

Data Protection Manager 2006   105, 591, 601, 728, 729
Dateibeschränkungen   901
Dateiduplikate   586
Dateifilterung   103, 592
Dateiinformationen   568
Dateireplikation   105
Dateiserververwaltung   102
Datenbankserver   727
Datenschutzbeauftragte   976
Datenträger ausblenden   313
Datenträgerbereinigung automatisieren   576
Datenträgerkontingent   102, 593
Datenverschlüsselung   917
dcdiag   116
dcgpofix   281
dcpromo   55
Default User   558
Default User-Profil domänenweit   573
defekte Festplatte wiederherstellen   641
Definierte Namen – Distinguished Names DN   649
Defragmentieren von Volumes   102
Defragmentierung   576
Delegierte Benutzerkonten   914
Delegierungszwecke   914
deploy.cab   109, 197, 241, 578
deploy.chm   240
Deployment Planning Tools   411
Desktop   557
Desktop-Bereinigungs-Assistent deaktivieren   572
Device CAL   150
DFS Distributed File System   604
DFS-Namespace DFS-N   105, 604
DFS-Replikation DFS-R   105, 604
DHCP-Bereiche   709
DHCP-Bereichsgruppierungen – Superscopes   710
DHCP-Datenbank   76
DHCP-Lease   75
DHCP-Relayagent   711
DHCP-Server   706
  autorisieren   715
Die selbst erstellte Gruppenrichtliniendatei »ExchangeProvider« nutzen   362
Die selbst erstellte Gruppenrichtliniendatei »Windows Explorer« nutzen   360
Die selbst erstellte Gruppenrichtliniendatei »WindowsXP-HCU« nutzen   351
Die selbst erstellte Gruppenrichtliniendatei »WindowsXP-HLM« nutzen   344
Die Struktur von Vorlagedateien für Gruppenrichtlinien   337
Die Vorlagedatei CorelDraw11.ADM nutzen   365
Dienste deaktivieren   554
digital signierte Treiber   554
DirectX   92
DisableAdminAccountOnDomainJoin   240, 579
DisableChangePassword   358
DisableLockWorkstation   358
DisableTaskMgr   358
Disaster Recovery   728, 805
Disclaimer   570
DiskSpaceThreshold   353
Diskuse   587
Distinguished Name   649
Distributed File System DFS   105, 604
DMS   593
DNSlint   706
DNS-Server   706
Dokument Management System DMS   593
Dokumentbibliotheken   106
Dokumenteigenschaften   568
Dokumentvorlagen synchronisieren   465
Dokumentvorlageverzeichnisse   435
Domain Controller Diagnosis   116
DomainPrep   118, 753
Domäne umbenennen   610, 614
Domänen- und Gesamtstrukturfunktionsebene   61
Domänenfunktionsebene heraufstufen   62
Domänenfunktionsebene Windows Server 2003   666
domänenlokale Sicherheitsgruppe   665
Domänennamen-Betriebsmaster – DNS-Master   694
Domänennamenmaster   694
domänenneutraler Client   576
DoubleKiller   589
Druckanschlussport   687
Drucken auf Terminalservern   681

Drucken im Netzwerk 681
Drucker einrichten 572
Druckformulare 687
Druckserver 721
Druckverwaltung 103
Druckwarteschlange 691
dsquery 587
DSRM-Kennwort festlegen 59
DSStore 931
dumpfsmos.cmd 698
DuplikatFinder 589

E

echo@tu-berlin.de 134
echte Gruppenrichtlinien 345
Editionen von Windows Server 2003 R2 97
EFSinfo 918
eingeschränkte/zugelassene Snap-Ins 313
einheitlicher Modus – Native Mode 60, 124, 608, 665, 666, 748
Einsparpotentiale bei Software 629
Einsparpotenziale Hardware 628
Einzeldomäne 696
Einzelinstanz-Speicherung (Groveler) 207, 230
E-Mail aktivieren 752, 851, 884
E-Mail-Adressen 880
E-Mail-Disclaimer 570
E-Mail-Muster-Disclaimer 571
E-Mail-Mustersignatur 570
Empfängeraktualisierungsdienst – Recipient Update Service 751, 772, 777
Empfängeraktualisierungsdienstserver 755
Empfängerfilterung 743
Empfängerrichtlinie – Recipient Policy 751, 772, 781
Empfängerrichtlinienaktualisierungsintervall 776
Empfangsbeschränkungen 882
EncryptedAdminPassword 251, 579
Energieoptionen 366, 554
Enterprise-Admins 644
Ereignisprotokoll 92
Ereignisprotokolle aufräumen 576
Ereignisprotokolloptionen 921
Errorlevel 482

erste administrative Gruppe 756
erste Routinggruppe 756
Eurowährungstool 569
Exchange 2003 Server Service Pack 2 36
Exchange Backup 805
Exchange Datenbank Maximalgröße 743
Exchange Enterprise Edition 894
Exchange InterOrg Replication Utility 747
Exchange Server 2003 Service Pack 2 122, 743
Exchange Server 2007 726
Exchange Server Best Practices Analyzer Tool 896
Exchange Server Performance Troubleshooting Analyzer Tool 896
Exchange Spam-Filter 743
Exchange Standard Edition 894
Exchange-Administrationsaufgaben 875
Exchange-Administrator – Nur Ansicht 758, 877
Exchange-Administrator – Vollständig 758, 877
Exchange-Datenbanken 750
Exchange-Dienste 795
Exchange-Organisation 746
ExchangeProvider 362
Exchange-Systemverwaltungstools 119
Exlade Disk Password Protection 918
EXSTART.CMD 796
EXSTOP.CMD 796
External Connector License 150
externe Kontakte 771
externes Laufwerk einhängen 605
Extranetkonfigurationen 108
EMail-Signaturen 570

F

Favoriten löschen 565
faxclient 190
Faxeingang 852
Fehler melden 306
Fehlerbenachrichtigung anzeigen 306
Fehlerberichterstattung deaktivieren 88
Fernadministration 156
Fernmeldegeheimnis 978
Festplatte als Verzeichnis mounten 606
Festplatte defekt 641
Festplatten-Cache 898

Festplatten-Speicherplatzüberprüfung 353
File Screening 103, 592
File Server Resource Manager 103
File System Resource Manager FSRM 102
Filmstreifen 568
Filterfunktion der Druckverwaltung 104
FindDuplicates 589
FLAT-Abbilder 196
FLAT-Images 220
Flexible Single Master Operations (FSMO) Roles 693
Forest – Gesamtstruktur 695
ForestPrep 116, 746, 753
Format des Anzeigenamens 139
Forward-Lookupzone 67
Fotostory 3 552
FreePDF 636
Frontend-Server 894, 899
FSMO-Rolle 698
FSRM 102
Full Qualified Name (FQN) 649, 650
Full-file-Patches 372
Fully Qualified Domain Name 72

G

GDPdU 981, 982
gebrauchte Software 630
gelöschte Objekte wiederherstellen 765
gemischter Modus – Mixed Mode 60, 124, 609, 748
Gesamtstruktur – Forest 695
gesetzliche Archivierungspflicht 982
GetFolderSize 365, 552, 587
GFI EndPointSecurity 909
Ghost 193
ghost.exe 235
ghostpe.exe 235
globale Gruppen 662
globale Verteiler 769
globalen Katalog zuweisen 703
globaler Katalog 693
Globaler Katalogserver 693
GoBS 982
GPCs 262
gpedit 555
GPMC.MSI 175, 269
GPOs 261

GPRESULT 284
GPT 263
gpt.ini 264
gpupdate 184, 277, 288
group policy 49
Group Policy Objects 261
Group Policy Templates 263
grovctrl.exe 231
Groveler Einzelinstanz-Speicherung 207
Groveler-Dienst 230
Gruppenbereiche 661
Gruppenlaufwerk definieren 479
Gruppenrichtlinie übernehmen 625
Gruppenrichtlinien 49, 259, 287
Gruppenrichtlinien-Aktualisierungs-intervall 287, 309
Gruppenrichtliniencontainer 262
Gruppenrichtlinieneditor 268
Gruppenrichtlinienobjekte 261
Gruppenrichtlinien-Verknüpfung 261, 279
Gruppenrichtlinienverwaltungskonsole 175
Gruppenrichtlinienverwaltungs-werkzeuge 266
Gruppenrichtlinien-Vorlagedateien 290
Gruppenrichtlinienvorlagen 263
Gruppentypen 607, 661
Gruppenumwandlung 666
Gruppenverschachtelung 487, 607, 661
Gruppenzeitpläne 821
Gültigkeitsdauer 707

H

HAL Hardware Abstraction Layer 198, 615
HAL-Abbilder 615
HAL-Typ 198
Hardlink 596
Hardwareverwaltung 104
Hardware-Virtualisierung 600
Hauptbenutzer 556
Helpdesk-Verwaltung 828
Herunterfahren-Abfrage deaktivieren 90
Herunterfahrenskript 477, 960
Home Directory – Basisverzeichnis 438
HPMON 682
hyperfil.sys 366, 554, 555

I

Identitätsverwaltung für UNIX 100
Iexpress 620
if errorlevel 482
ifmember 479, 480
IFRS-konformer Jahresabschluss 981
IFS 751
Image 193
Imagetool 613, 617
IMAPI-Brennfunktion 92
IMF 743
IMirror.dat 578
Informationsspeicher für Öffentliche Ordner 761
Informations-Tour deaktivieren 349
Infrastrukturmaster 695
Installable File System (IFS) 130, 751
Installation Source 82
Installer2GO 619
Installierbares Dateisystem – Installable File System 751
InstallRite 619
InstallShield 618
InstallShield Tuner 619
InstallWatch 619
intel.bat 509
Internet Explorer Cache 571
IP-Adressverwaltung 172
IpAutoConfigurationEnabled 347
ISAPI 745
iSCSI 729
iSCSI-Speichersubsysteme 105
Ist-Analyse 938
IT-Grundschutzhandbuch 931, 967
IT-Management 939
IT-Verpflichtungserklärung 974

J

Java Virtual Machine 91
Junction Point 596
Junk Files 586

K

Kennwortrichtlinie 910
Kennwortsynchronisierung 109
Kerberos-Sicherheitsparameter 916

Keyfinder 244, 255, 370
Kinderpornografie 968
KISS-Methode 328
KISS-Prinzip 645
Kix32 497
KixtArt 497
klassische Anmeldung 304
klassische Shell
   Active Desktop 313
   aktivieren 313
   Webansicht 313
klassischer Stil 322
klassisches Startmenü 316
Knigge 845
Kommunikationsfluss 939
komplexe Kennwörter 911
komprimiertes CD-Abbild 377
Konsolensitzung 165
Kontoablaufdatum festlegen 916
Kontosperrungsrichtlinien 911
Kostenreduzierung 583
Kündigung 980

L

Laufwerkszuordnungen 492
Lautsprecher abschalten 527
Lautstärke 563
Lease Duration 707
Lease-Gültigkeitsdauer 707
Limitierung Speicherverbrauch 102
Lingo4u Dictionary 552
LinkResolveIgnoreLinkInfo 359
Linux 637
Lizenzierung 99, 150, 967
Lizenzierungsprotokollierdienst 152
Lizenzmanagement 973
Lizenzmetering 969
lizenzrechtliche Probleme 635
Lizenzserver 150
Lizenzverwaltung 151
local Admins 258
Local Security Authority – LSA 910
LOCALCACHEDRIVE 379
LocalPort 687
LOGONSERVER 476
lokale Gruppen 662
Loopbackadapter 49

LPR 682
LPR-Anschlussmonitor 683

M

MachMichAdmin 509
Mailbomben 671
Mailbox Recovery Center 890
makecab.exe 620
MakeMeAdmin 509
Maskierung 904
Maus und Tastatur Recorder 544
MediaPath 349
Mediendienstestaatsvertrag 983
MenuShowDelay 189
message.exe 525
Microsoft Baseline Security Analyzer 903, 930
Microsoft Exchange Hosted Services 726
Microsoft Explorer konfigurieren 567
Microsoft Internet Explorer 7 552
Microsoft Management Console MMC 101
Microsoft Movie Maker 552
Microsoft Update 552, 744
Microsoft Windows Defender 642
Microsoft-Dienste für NFS MSNFS 109
Migration 609
Mini-Setup-Assistenten sysprep.exe 228, 235
Mitbestimmungsrecht 975
Mixed Mode 748
MMC 3.0 101
moderierte Ordner 859
modprof.exe 403
Monitoring 792
moveuser.exe 454
Movie Maker 563
MSCONFIG 554
MSI-Dateien erstellen 619
MSI-Dateien neu packen 618
MSINFO32 523
msinfo32.exe 523
MSI-Pakete
 veröffentlichen 622
 zuweisen 622
MSNFS 109
MSOCache 372
MSRDPCLI 159, 191

MST-Transformationsdatei 380
Multidomänen-Gesamtstruktur 739
multilng.osc 220
Multimedia-Programme 563
Multinet-Konfiguration 710
Multinets 711
Musterclient testen 574
Musterverpflichtungserklärung 979
MX-Record 773

N

Namen für RIPrep-Abbilder 577
Namensformat für RIS-Clients 209
Namenskonventionen 649, 752, 941
NAS 729
Native Mode 748
NetBIOS-Name 649, 650
netdiag 116
NETLOGON 469
NetTime 607, 721
Network File System NFS 109
Netzdrucker zuweisen 515, 688
Netzwerkarchitektur 940
Netzwerkdrucker 36, 681
Newprof.exe 403
NewSID 235
Newsreader 553
NIS 109
NoLowDiskSpaceChecks 353
Non-ACPI 577
Non-ACPI-APIC-MP 198
Non-ACPI-APIC-UP 198
Non-ACPI-PIC-UP 198
Non-APIC 577
Ntdsutil 59, 699
NTFS-Ordner bereitstellen 605
ntuser.dat 588
NWMON 682

O

OAB 751
Objektverwaltung zuweisen 215, 877
OEM Preinstallation Kit 371
OEM.BAT 370
OEM2.DOC 370
OemPnPDriversPath 252
OEM-Treiber installieren 252

Index

Öffentliche Ordner 817
   erstellen 847
Öffentliche Ordnerhierarchie 863
Öffentliche Schlüssel 906
Office 2003 Policy Template Files 411
Office 2003 SP1 411
Office 2003 SP2 411
Office 2007 551
Office Service Pack integrieren 375
Office-Edition 638
Office-Gruppenrichtlinien 411
Office-Zusatzanwendugen 553
Offline Address Book 401
Offline Storage 402
Offline Store file 401
Offline-Adressbuch OAB 751, 790
Offlineadressliste 790
Offlinedateien 306, 454
Offlinedateiordner 323
Offline-Standardadressbuch 791
Offline-Synchronisation 323, 453
Ontrack EasyRecovery Professional 641
Open E 729
OpenOffice 635
Operation Master 693
OPS-Datei 405
Optimierung von Exchange 814
Ordneransichten 860
   erstellen 860
Ordner-Assistenten 856
Ordnerumleitung 435, 443, 445, 447
Organisations-Admins 644
Organisationseinheit 49
Organisationskey 638
Organisationsname 350
Organisationsverschulden 973
Organization Name 381
organization unit (OU) 49
OrgName 579
ORKSP2AT.EXE 411
OSChooser 580
OST Creation 431
OST-Datei 402
Outlook Express 553
Outlook Mobile Access (OMA) 809
Outlook Web Access (OWA) 168
Outlook-Dateibeschränkungen 901
Outlook-Verknüpfungen 136

P

Papiereinzugsschacht 685
Papierschächte 685
pathman.exe 514
PDC-Emulationsmaster 694
PDC-Emulator 694
PDF-Dokumente erzeugen 552
pdfMachine 360
PDF-Tools 636
Persistent Connections 354
Pfad zu den Anwendungsinstallations-
   dateien 348
Photo Story 3 552
PIC Programmable Interrupt Controller
   198, 577, 615
Picasa 552
Plotter 572, 681
PMC 103, 691
Pocket Outlook 809
Policy Template File Editor 283
Positivliste für Programme 561
Postfach-aktiviert 752
Postfachberechtigungen 827
Postfach-Manager 590, 782
Postfachspeicher 761
Postmaster 786
PowerPoint-Dateien verkleinern 588, 595
Primary Domain Controller 664
Print Management 104, 692
Print Management Console PMC 103,
   691
Printer Migrator 610
Priv.edb 807
private E-Mail-Nutzung 978
private Internetnutzung 979
ProduktKey 229, 255
Profile Wizard 383
ProgramFilesDir 349
ProgramFilesPath 349
Programme deaktivieren 561
Projektierung 933
Projekt-Lenkungsausschusses 934
Projekt-Meilensteine 937
Projekt-Qualitätssicherung 934
Proxyserver 360
psexec.exe 509
ptfe 283
Pub.edb 807

Pull-Partner 81
Push-Partner 81
PushPrinterConnections 104
PXE-basiertes Boot-PROM 199

Q

Quick Dictionary 552
Quick Launch 571
quickdic 552
Quotierung 102

R

RAM-DVD 606
RControl 177
RDC 105, 604
Rechtsprobleme Internetportale 983
Recipient Policy 751
Recipient Update Service 751, 777
REDIRCMP 210
redundante Dateien 586
ref.chm 228, 240, 578
reg.exe 508, 526
REG_DWORD-Werte 340
REG_EXPAND_SZ-Werte 341
reg2adm 283
regini.exe 508, 526
RegisteredOrganization 350
RegisteredOwner 350
Registry System Wizard 282, 335
RegShot 282
relativ definierten Namen – Relative Distinguished Name RDN 649
Relativ Distinguished Name 649
relative Pfade 574
Relay-Agent 712
Relayhost 749
Relay-Server 784
Reminder Options 391
Remote Control Add-In 177
Remote Differential Compression RDC 105, 604
Remote Installation Preparation Wizard 195, 577
Remote Installation Service RIS 193
Remote-Anschlussmonitore 681
Remotedesktop 155, 163, 165

Remotedifferenzialkomprimierung 105, 604
Remote-Konsolensitzung 162
Remotespeicher 172
Remotestartdiskette 238
Remoteunterstützung 155, 179, 306, 574
  anbieten 306
Remoteverwaltungsmodus 156, 157
Reparse Points 232
Repartition 249
Replay-Angriff 904
Replikationspartner 80
Replikationsverkehr abschätzen 633
Ressourcen-Manager für Dateiserver 102
Ressourcen-Postfächer 771
Reverse-Lookupzonen 67
RG_SZ-Werte 341
RGC 749
rgfg.exe 200
Richtlinien – Policies 751
Richtlinien für Offlinedateien 323
Richtlinienvererbung 273
RID – Relative ID 694
RID-Master 694
RIPrep 195
riprep.exe 577
riprep.sif 196, 240, 247, 578
RIPrep-Abbild 196
RIPrep-Abbild erstellen 577
RIPrep-Steuerdatei anpassen 578
RIS Remote Installation Service 193, 611
Risikomanagement 981
risndrd.sif 247
risntrd.sif 195, 238, 240
RIS-Server 726
  autorisieren 212
RIS-Startdiskette 199
ristndrd.sif 196
roaming profile 49
Roaming User Profiles 435
Robocopy 233, 589, 604
Robocopy Version XP010 726
RockXP 244, 255, 370
Root-Domäne – Stammdomäne 695
Routing Group Connector 749
Routinggruppen 748
  anzeigen 876
Routinggruppenconnector – RGC 749
Ruhezustand 366, 554

Index

RUS 751
RUS Server 755

S

Sammel-E-Mail-Adressen 654
SAN 104, 729
SaveConnections 354
Schattenkopien 729
Schema-Administratoren 747
Schemaänderungen 747
Schemaerweiterung 747
Schemamaster 694
Schnellstartleiste konfigurieren 571
Schriftverkehr standardisieren 839
Schulungsbedarf 962
SCL Spam Confidence Level 122, 743
ScriptIt 544
secedit 277, 288
second-hand software 632
Security Templates 906, 930
Security Tools 918, 930
selbstextrahierende Archive 620
Self-Service Site Creation 107
SENDMAIL 857
SendTo 565
Server für NIS 109
Server umbenennen 614
Serverdienste 705
Serverfunktionen 731
servergespeicherte Anwenderprofile 722
servergespeicherte Basisordner 659
servergespeicherte Benutzerprofile 435, 659
Serverkonsolidierung 600, 601, 966
Servername sekundärer 611
Serverstruktur 942
Serverüberwachung 921
ServicePackSourcePath 82
SetHolidays 552, 957
setupmgr.exe 579
SFMMON 682
SharePoint 729
SharePoint Anwendungen 107
SharePoint Central Administration 107
SharePoint Server 607
SharePoint Services 2.0 106
SharePoint-Bibliotheken 107
Shellshortcuts 225, 319, 573

Shortcut.exe 522
Showman 589
ShowSecurityPage 767
Sicherheit 931
Sicherheitsgruppen 608, 661, 664
Sicherheitskonfiguration und -analyse 906, 930
Sicherheitskonfigurations-Assistent 909
Sicherheitskonzepte 905
Sicherheitsmaßnahmen 908
Sicherheits-Principal 694
sicherheitsrelevante Vorfälle 926
Sicherheitsrichtlinie 906
Sicherheitsrichtlinien für Domänen 910
Sicherheitsrisiken 904
Sicherheitsstandards 948
Sicherheitsvorlagen – Security Templates 906, 930
Sichern von Richtlinieneinstellungen 278
Sicherung der RIS-Partition 232
SID – Security Identifier 694
Signaturen für E-Mails 831
Single Instance Store (SIS) 195, 207, 230
Sinnbilder der Systemsteuerung 320
SIS Common Store 230
SIS Single Instance Store 207
Slow shutdown 123
Small Business Server 2003 41, 637
Small Business Server 2003 R2 41
Small Business Server Anmeldeskript 530
Smartcard 914
Smarthost – Relayhost 749, 793
SMS-Server 727
SMTP-Adressen 772
SMTP-Connector 749, 799, 899
SnapToDefaultButton 354
SNTP time 719
Social Engineering 904, 907
Softlink 596
Software-Archiv 538
Softwarearchivserver 726
Soll-Konzept 949
SourcePath 82
Spam-Archiv 122
Spamfilter 122, 743
Speichergrenzwerte 883
Speichergruppe für die Wiederherstellung 888
Speichergruppen – Storage Groups 750

994

Speichermanager für SANs 104
Speicherplatz zurückgewinnen 583
Speicherverbrauch 589
Speicherverwaltung für SANs 104
Spesenabrechnung 830
Spooldateien 687
Spoolordner 686
Sprachunterstützung 901
Sprachversionen 900
SQL Server 2005 Express Edition 639, 727
SQL-Server 727
SRV Records 275
SrvAny 798
Standardadressbuch 788
Standard-Benutzerprofil 225
Standardinstallationspfade verändern 349
Standardisieren 612
standardisierte E-Mail-Signatur 833
Standort (Site) 731
Standort umbenennen 63
Startmenü 355, 557
  anpassen 82
  beschleunigen 355
Startskript 477, 960
  sichtbar ausführen 502
Startup 427
Steganos Safe Professional 918
Stellvertretung 823
Steuerprüfung 584
Storage Area Network SAN 104
Storage Groups 750, 761
Storage Manager for SANs 104
Streamer 628
Streamingdatenbank 807
Struktur laden 574
stsadm 107
SU 500
su.exe 500
subst 494
Subtools.msi 116
suchbasierte Methode 574
Superscope 710
Support-Tools 109, 116, 241
suss.exe 500
Switch User 499
symmetrische Schlüssel 906
Synchronisieren von Datenbeständen 602
sysoc.inf 258, 553

sysprep.exe 228
sysprep.inf 228, 235
System Scanner 930
Systemlautsprecher deaktivieren 357
System-Loginskript 471
SystemPages 896
Systemvariable 88
Systemvorbereitungsinstallation 241
Systemwiederherstellung 298, 553
Systemwiederherstellungsprüfpunkte 298
Systemwiederherstellungspunkt erzeugen 575
Systemwiederherstellungspunkte löschen 575

T

Taskleiste 357
Taskleiste einblenden 571
Taskleiste fixieren 571
Taskleiste konfigurieren 571
Taskmanager 358
Tastaturnavigation 566
Tastenkombinationen in Remotedesktop 164
TCP/IP-Portmonitor 682
Teamzusammenarbeit 106
technische Standards 944
Teilnehmerverfügbarkeit 886
Teledienstegesetz TDG 983
Telefoniedienste 172
Telekommunikationsgesetz TKG 978
Temporary Internet Files 442
Terminalserver 41, 557, 601, 607, 728
Time Service 719
Tools für die Sicherheit 930
TrueImage 193
tsclient 190
twcli32.msi 191
twclient 190
Typen von Standardarbeitsplätzen 955

U

Überwachung (Monitoring) 792
  der Registrierdatenbank 922
  des Dateisystems 923
  des Systems 921

Überwachungsprotokolle 907
Überwachungsrichtlinie 903, 921
UDDI-Dienste 173
Umgebungsvariable 88, 512
Umwandlung von Gruppen 666
unattended Installation 196
unbeaufsichtigten Installation 193
Unbundling 973
unechte Gruppenrichtlinie 345
universale Gruppen 662, 667
universelle Verteiler 769
UNIX-Interoperabilität 109
unzulässige E-Mail-Nutzung 980
unzulässige Internetnutzung 980
unzulässige Kontroll- und Überwachungsmaßnahmen 980
Unzustellbarkeitsberichte 785, 787, 794
Updateinstallation 756
upx 505, 509
upx123w 510
Urheberrecht 968, 971
USB-Sticks per Richtlinie deaktivieren 909
USB-Sticks verschlüsseln 918
User CAL 150
user home directory 49
User Principal Name UPN 649
User templates path 424, 457
Users Shared Folders 444
Userva 896
UseWholeDisk 249
Utimaco Safe Guard Easy 918

V

Variable LOGONSERVER 485
VB-Skripte 468
VDS Virtual Disk Server 105
Verbindungsfilterung 743
verfolgungsbasierte Methode 574
Verhandlungsschicht für Startinformationen 207
Verknüpfungen mit relativen Pfaden 358
Verknüpfungsdateien verstecken 561
Veröffentlichung von DFS-Stämmen 322
Verpflichtungserklärung 596
verschlüsselte Dateisystem EFS 918
Verteilergruppe 608, 661
Verteilerliste 771

verteiltes Dateisystem DFS 106
verwaiste Dateien 587
verwaiste Datenbestände 591
Verwalten von SANs 102
Videoüberwachungskamera 970
Vieraugen-Prinzip 643
Virenscanner 621
Virtual Disk Server VDS 105
Virtual Server 2005 R2 601
Virtualisierungs-Technologie 601
Virtuellen Standardserver für SMTP 784
Virtueller Arbeitsspeicher 89
Virtueller Server 729, 750, 784
Visual Basic-Skripte 532
Visuelle Effekte 359
  abstellen 89
  deaktivieren 359
Vollständigen Exchange-Administratoren 757
Volume License Key 370
  verschlüsseln 244
Vorlagedateien mit dem Tool »Registry System Wizard« erstellen 335

W

WaitToKillServiceTimeout 123
wanderndes Benutzerprofil 49
Warnmeldung, wenn Festplatte voll 349
Wartungsverträge 629
Webpart 106
Weiterleitungen 73
  Abwesenheitsmeldungen 787
welcome.osc 220
Werbefaxe 591
Wiederherstellen der Standarddomänenrichtlinie 281
Wiederherstellungskonsole 919
Wiederherstellungsmodus 59
WinConnect Server XP 630
Windows Compute Cluster Server 2003 591, 601
Windows Desktop Search 552
Windows Live Messenger 552
Windows Media Player 552
Windows Messenger 314
Windows Server 2003 R2 39, 97
Windows Server 2003 R2 Features 99

Windows Server 2003 Terminal Services 42
Windows Services für UNIX 109
Windows Storage Server 591, 596, 601, 729
Windows Update 314, 552
Windows XP Installationsmanager 109, 240, 241, 579
Windows XP-Product-ID 229
Windows XP-Tour 563
Windows-Anwendungen blockieren 561, 563
Windows-Anwendungen freischalten 563
Windows-Installationsdateipfad 302
Windows-Remoteverwaltung 104
WinINSTALL LE 619
WinKeyfinder 244, 255, 370
WinPack 619
WINS konfigurieren 77
WINS-Datenbank 78
WINS-Server 715
Wintidy 589
Workflow automatisieren 830
Workgroup templates path 424, 457
Wörterbücher 455, 552
WWW-Prinzip 641

X

Xcacls 544, 561
XSET 513
X-Setup 282

Z

Zeit synchronisieren 607, 719
Zeitplandienst 960
Zeitserver 607, 719
zentral gepflegte Internetseiten 840
zugelassene Snap-Ins 313
Zugriffsrechte für Stellvertretung 824
Zustelloptionen 883
Zweigstellenserver 100

Technische Umsetzung,
Benutzereffizienz,
Verfügbarkeit,
Kostenoptimierung

664 S., 2005, mit Poster, 59,90 Euro
ISBN 3-89842-663-7

Konzepte und Lösungen für Microsoft-Netzwerke

www.galileocomputing.de

Ulrich B. Boddenberg

Konzepte und Lösungen für Microsoft-Netzwerke

Technische Umsetzung, Verfügbarkeit, Kostenoptimierung

Dieses Buch enthält keine langatmigen Installationsanleitungen, sondern liefert »Fakten, Fakten, Fakten« zu Design und Konzeption von Microsoft-Umgebungen. Es beginnt mit den Grundlagen des Sizings von Servern und Storage-Bereichen, beschäftigt sich detailliert mit den »großen« Applikationsservern, erklärt, was eigentlich hinter .NET steckt, diskutiert die Voraussetzungen einer sicheren Internetanbindung und behält stets die Kernaspekte Kosten, Performance und Verfügbarkeit im Auge.

>> www.galileocomputing.de/1030

SharePoint Portal Server 2003,
Windows SharePoint Services
v2, Office System 2003

Entwicklung von Webparts und
SharePoint-Erweiterungen

Webparts, Office und XML,
Server-Integration

623 S., 2005, mit CD
49,90 Euro
ISBN 3-89842-607-6

SharePoint Portal Server 2003 und Windows SharePoint Services

www.galileocomputing.de

Ulrich B. Boddenberg

SharePoint Portal Server 2003 und Windows SharePoint Services

Der SharePoint Portal Server 2003 ermöglicht die Entwicklung eines intelligenten Portals, das einzelne Mitarbeiter und Teams aus unterschiedlichen Geschäftsprozessen miteinander verbindet. Dieses Buch bietet einen Einstieg und einen Überblick in die SharePoint Portal-Technologien.
Es ist ein Praxishandbuch, das für Entwickler, Administratoren und Entscheider das nötige Wissen an die Hand gibt, die SharePoint-Technologien in mittelständischen Unternehmen effektiv einzusetzen.

>> www.galileocomputing.de/936

Grundlagen, Architektur und Design

Hochverfügbarkeit und Clustering

Inkl. »Exchange für Entwickler«

1066 S., 2006, mit CD, 59,90 Euro
ISBN 3-89842-691-2

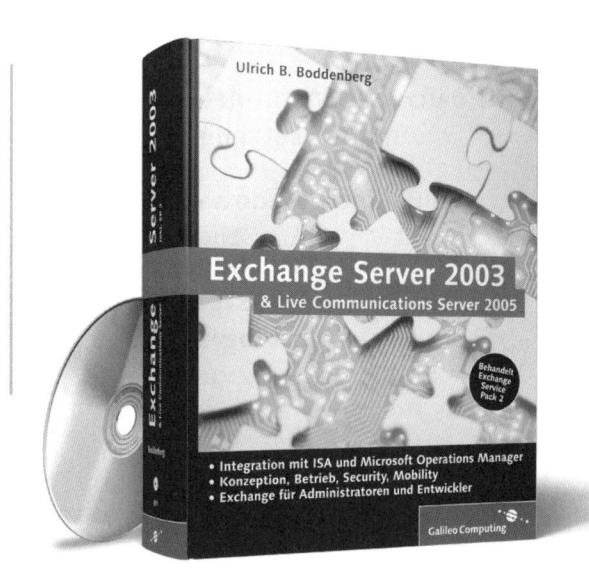

Exchange Server 2003 und Live Communications Server

www.galileocomputing.de

Ulrich B. Boddenberg

Exchange Server 2003 und Live Communications Server

Integration mit ISA 2004 und MOM 2005

Dieses umfassende Handbuch behandelt alle wichtigen Themen zum Exchange Server und Live Communications Server. Neben den Grundlagen kommen auch Ausführungen zu Architektur und Design nicht zu kurz.
Aus dem Inhalt: Konzepte, Architektur, Planung und Sizing, Verfügbarkeit und Notfallvorsorge, Clients und mobile Clients, Sicher-heit, Sichere Anbindung an das Internet, Integration, Erweiterungen und Utilities, Entwicklung, Betrieb und Administration

>> www.galileocomputing.de/1080

Riskoanalyse, Methoden und Umsetzung

Für Unix/Linux und Windows

VPN, WLAN, Intrusion Detection, Disaster Recovery, Kryptologie

544 S., 2005, mit CD, 39,90 Euro
ISBN 3-89842-571-1

Praxisbuch Netzwerk-Sicherheit

www.galileocomputing.de

»... hervorragendes Lehr- und Nachschlagewerk für Administratoren ...«
InfoWeek.ch, 04/2005

Johannes Plötner, Steffen Wendzel

Praxisbuch Netzwerk-Sicherheit

Riskoanalyse, Methoden und Umsetzung

Dieses Buch liefert umfassendes Praxiswissen zur IT-Sicherheit. Sie erfahren, wie man Server und Router schützen kann und lernen alles Wissenswerte zu Verschlüsselungen und zur Datensicherheit.

Aus dem Inhalt:
Gefahrenanalyse, Kryptographie, TCP/IP, physikalische Sicherheit, VPN-Grundlagen, Firewalls und Proxies, Topologien, Einbruchserkennung, Netzwerksicherheit, Secure Shell, Unix- und Windows-Sicherheit, Disaster Recovery, Security Policies, sichere Software

>> www.galileocomputing.de/878

Einstieg, Praxis, Referenz, Best Practices

Installation, Konfiguration, Troubleshooting

Das Praxishandbuch für Admins

501 S., 2006, 49,90 Euro
ISBN 3-89842-726-9

Citrix

www.galileocomputing.de

Nico Lüdemann

Citrix Presentation Server 4

Grundlagen, Praxis, Referenz

Dieses Buch gibt eine detaillierte Anleitung für den Einsatz und die Administration des Citrix Servers. Nach einer ausführlichen Einführung in Terminaldienste werden Verwaltungsstruktur, Installation und Konfiguration erläutert. Des Weiteren hält das Buch ein Kapitel zum Troubleshooting bereit und spart auch nicht mit Best Practices.

>> www.galileocomputing.de/1122

ITIL im Unternehmen einführen

Entscheidung, Konzeption und Umsetzung

Inkl. Übersichtsgrafiken, Checklisten, Kennzahlen und Praxisbeispiele

328 S., 2006, 49,90 Euro
ISBN 3-89842-717-X

ITIL

www.galileocomputing.de

Wolfgang Bock, Günter Macek, Thomas Oberndorfer, Robert Pumsenberger

ITIL

Zertifizierung nach BS 15000/ISO 20000

Das Buch beschreibt die Grundlagen von ITIL, erläutert und veranschaulicht alle Prozesse und gibt einen Überblick über die speziellen Anforderungen an ein ITIL-Umsetzungs-projekt. Neben Tipps & Tricks und DOs & DON'Ts in der Projektarbeit ist der hohe Praxisbezug durch zahlreiche konkrete Beispiele anhand einer Musterfirma sichergestellt.

>> www.galileocomputing.de/1112

Installation, Anwendung und Konfiguration

Konzeption und Einsatzmöglichkeiten

Virtuelle Maschinen erstellen und nutzen

350 S., mit DVD, 39,90 Euro
ISBN 3-89842-822-4

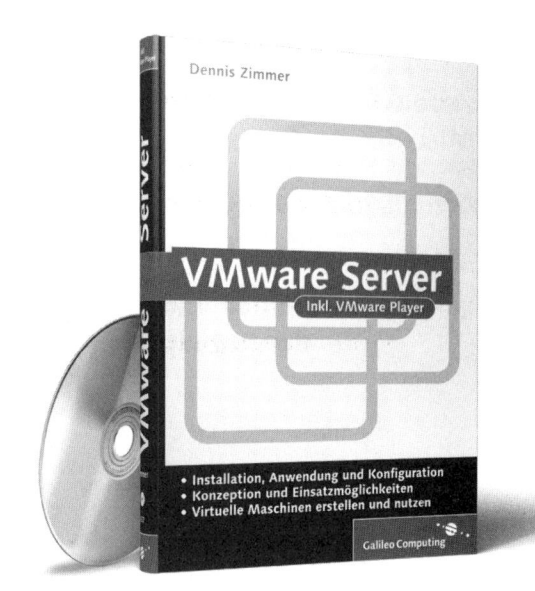

VMware Server

www.galileocomputing.de

Dennis Zimmer

VMware Server

inkl. VMware Player

Die beiden erfolgreichen freien VMware-Produkte werden unter die Lupe genommen. Beide werden zunächst in ihrer Anwendung und ihren Funktionen und Einsatzmöglichkeiten vorgestellt. Neben der Installation und der Auswahl der richtigen Hardware geht es in diesem Buch dann um die Erstellung virtueller Maschinen und virtueller Netzwerke. Auch die wichtigsten Virtualisierungs-Tools und der Einsatz des Players und des Servers in komplexen Umgebungen werden beschrieben. Grundlagen, Konzepte und Einsatz werden verständlich und anschaulich beschrieben, so dass auch Einsteiger in die Materie sich schnell zurechtfinden.

\>> www.galileocomputing.de/1302

VMware GSX, VMware ESX
und Microsoft Virtual Server

Virtualisierungssoftware
im Vergleich

Planung, Installation und
Verwaltung

612 S., 2005, mit CD, 49,90 Euro
ISBN 3-89842-701-3

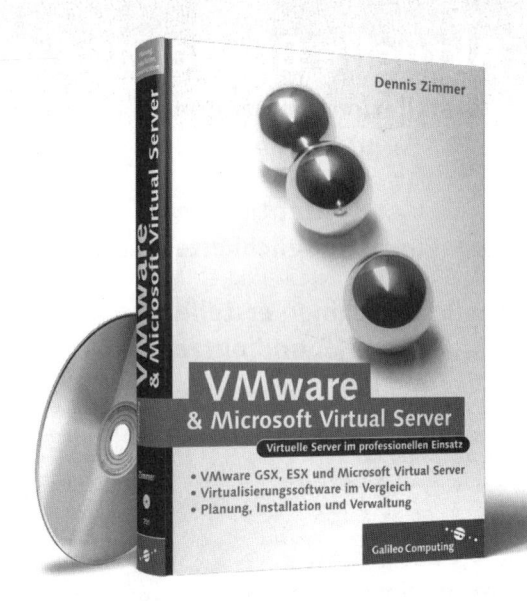

VMware
und Microsoft Virtual Server
www.galileocomputing.de

Dennis Zimmer

VMware und Microsoft Virtual Server

Virtuelle Server im professionellen Einsatz

Dieses Buch bietet von der Konzeption bis zum Einsatz das nötige Wissen für professionelle Virtualisierungsprojekte im Unternehmen. Es klärt nicht nur die Frage, was Virtualisierung bedeutet und welches Produkt sich für welchen Zweck am besten eignet, sondern liefert auch umfassendes Profi-Wissen für den praktischen Einsatz, die Einrichtung und Verwaltung virtueller Server-Welten.

>> www.galileocomputing.de/1102